MICHELIN

ITALIA

MICHELIN

INDICE

Introduzione

Carte regionali   32

Ristoranti & alberghi   78

Distinzioni 2020   824

Consultate la guida MICHELIN su:
www.viamichelin.it
www.guide.michelin.com
e scriveteci a:
laguidamichelin-italia@michelin.com

CARO LETTORE,

Uno tra i più leggendari autori di viaggio del Novecento, Bruce Chatwin, scriveva che "il viaggio è diversivo, distrazione, fantasia, cambiamento di moda, di cibo, amore e paesaggio. Ne abbiamo bisogno come dell'aria che respiriamo".

● *La valenza positiva dello spostamento era già nota ai nostri antenati, quando per procurarsi il cibo si trasformarono da stanziali a nomadi. Nel corso dei secoli, il viaggio non ha perso il suo appeal sull'uomo e da necessità per la sopravvivenza è diventato afflato di conoscenza ed evasione. Basti pensare ad alcuni capolavori del passato che già fanno capolino fin dalla nostra più tenera età; per non parlare dei classici sull'argomento come "Il giro del mondo in 80 giorni" di Jules Verne o "Il Milione" di Marco Polo. Ebbene sì, il viaggio fa parte del nostro DNA che - poi - la società moderna tende ad etichettare con definizioni tratte dal mondo anglosassone, business, leisure, incentive... Una, però, più di altre è intimamente sentita da noi italiani e ci appartiene: il viaggio enogastronomico, ovvero quel moto interiore che ci spinge ad abbandonare - anche solo il tempo di una cena - le rassicuranti abitudini quotidiane per andare alla scoperta dei poliedrici sapori e della biodiversità che caratterizzano il nostro Bel Paese.*

● *Lasciandoci magari illuminare da chi dello stare a tavola, ne ha fatto la propria professione.*

● *Benvenuta, quindi, 65a edizione della guida Michelin Italia che ti presenti fiera della tua selezione prodiga di nuovi indirizzi e di una punta di diamante...*

● *Si accende la terza stella ❀❀❀ su Enrico Bartolini al Mudec! Nell'elegante struttura in metallo del Museo delle Culture che espone sculture africane, kimono giapponesi e gioielli dell'età della pietra, il ristorante dello chef toscano propone piatti creativi, ludici, di grande sostanza. Analisi, studio, precisione maniacale sono gli architravi su cui poggia la sua cucina.*

5

La Stüa de Michil/Michelin

Una galassia sempre in movimento anche nelle altre sfere...

● Con ben 30 ristoranti una stella ✿ e due insegne geograficamente opposte - una ad ovest, l'altra ad est - che vedono affiancarsi alla loro prima distinzione una seconda stella ✿✿ : **La Madernassa** di Guarene caratterizzata dalla cucina giovane ed energica di Michelangelo Mammoliti, e il **Glam Enrico Bartolini** - nella Venezia più nascosta - dove il bravo Donato Ascani mostra le sue abilità con piatti di grande precisione.

● Tra le novità, ci piace ricordare la cucina premiata con una stella di due giovani chef creativi e concentrati sulla linearità dei sapori : **Villa Naj** a Stradella, nell'Oltrepò Pavese, e **La Tuga** ad Ischia. A questi fanno eco **Zash** a Riposto - alle falde dell'Etna - e **Casamatta** a Manduria, all'interno di una masseria di moderna concezione.

La buona tavola nelle sue più svariate declinazioni!

● Debuttato in guida nel 1997, il simbolo Bib Gourmand ⊛ è diventato un affidabile ed amato faro per i clienti alla ricerca di una cucina di qualità ad un buon prezzo. Ogni anno, se ne scovano di nuovi ed anche per questa edizione gli ispettori non si sono sottratti al loro compito; nelle ultime pagine l'elenco suddiviso per regioni.

● Tra le new entry fanno capolino - giusto per citarne qualcuna - **Accademia** a Casale Monferrato, sapori del territorio con alcune proposte di pesce. **Buatta Cucina Popolana** a Palermo, con piatti della tradizione isolana. **Kanton Restaurant** a Capriate San Gervasio, riuscito connubio di ricette cinesi e metodi di cottura d'avanguardia.

Invitandovi, quindi, a seguire la Guida – sempre più social – non dimenticate di condividere con noi le vostre esperienze scrivendo a laguidamichelin-italia@michelin.com : ci aiuterete in tal modo a migliorare sempre di più la nostra selezione.

Buona lettura!

Jose Restaurant/Michelin -Iacobucci/Michelin

PALMARES 2020

LE NUOVE STELLE ✿

✿✿✿

Milano	**Enrico Bartolini al Mudec**

✿✿

Guarene	**La Madernassa**
Venezia	**Glam Enrico Bartolini**

✿

Amalfi	**Glicine**
Bagno di Romagna / San Piero in Bagno	**Da Gorini**
Bergamo	**Impronte**
Blevio	**L˜ARIA**
Borgoricco	**Storie D'Amore**
Bressanone	**Apostelstube**
Capri (Isola di) / Capri	**Le Monzù**
Castel Maggiore	**Iacobucci**
Castelnuovo Berardenga	**L'Asinello**
Courmayeur	**Petit Royal**
Domodossola	**Atelier**
Firenze	**Gucci Osteria da Massimo Bottura**
Firenze	**Santa Elisabetta**
Forte dei Marmi	**Il Parco di Villa Grey**
Ischia (Isola d') / Sant'Angelo	**La Tuga**
Manduria	**Casamatta**
Milano	**L'Alchimia**
Milano	**IT Milano**
Monforte d'Alba	**Fre**
Napoli	**George Restaurant**
Ravello	**Il Flauto di Pan**
Riposto / Archi	**Zash**
Roma	**Idylio by Apreda**
Scarperia / Lucigliano	**Virtuoso - Tenuta le Tre Virtù**
Stradella	**Villa Naj**
Taormina	**Otto Geleng**
Torino	**Condividere**
Torre del Greco	**Josè Restaurant - Tenuta Villa Guerra**
Trani	**Memorie di Felix Lo Basso**
Viareggio	**Lunasia**

Iacobucci/Michelin

I NUOVI BIB GOURMAND

Anterivo	**Kurbishof**
Bressanone	**Alpenrose**
Capriate San Gervasio	**Kanton Restaurant**
Cherasco	**Osteria La Torre**
Firenze	**Podere 39**
Galeata	**La Campanara**
Genova	**L'Osteria del San Giorgio**
Grottaferrata	**L'Oste della Bon'Ora**
Lesina	**Le Antiche Sere**
Milano	**Le nove scodelle**
Montone	**Tipico & La Locanda del Capitano**
Offida	**Osteria Ophis**
Orvieto / Morrano Nuovo	**Da Gregorio**
Parma / Gaione	**Trattoria Antichi Sapori**
Pescara	**Estrò**
Quarona	**Italia**
Randazzo	**Veneziano**
Roma	**Da Armando al Pantheon**
Roma	**Green T.**
Roma	**Trattoria Pennestri**
Sasso Marconi / Mongardino	**La Grotta dal 1918**
Sizzano	**Impero**
Spoleto	**Il Tempio del Gusto**
Teramo	**Spoon**
Valdastico	**Elisa e Fausto-Locanda Setteca'**

Le tavole stellate 2020

Il colore indica l'esercizio più stellato della località.

Roma ✿✿✿ La località possiede almeno un ristorante 3 stelle
Imola ✿✿ La località possiede almeno un ristorante 2 stelle
Caltagirone ✿ La località possiede almeno un ristorante 1 stella

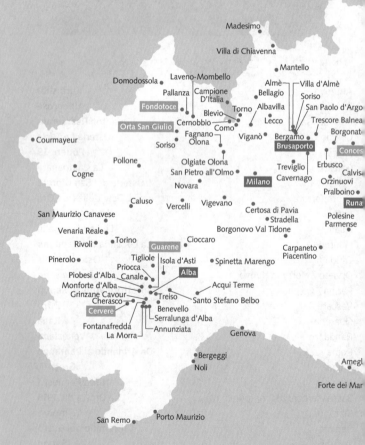

Molini

Mules

Tirolo
Chiusa
Merano
Bressanone
Dobbiaco
Selva di Val Gardena
Sappada
Ortisei
San Cassiano
Cortina d'Ampezzo
Sarentino
Corvara
stelbello
Tesimo
Collepietra in Badia
Ciardes
Nova
Tamion
Vodo Cadore
Bolzano
Levante
Colloredo di
San Michele
Moena
Monte Albano
Godia
ladonna di
Cavalese
Vencò
ampiglio
Pieve d'Alpago
Cormons
Puos d'Alpago
San Quirino
Ruda
Ravina
Follina
Rivignano
Trieste
Asiago
Oderzo
Castelfranco
asano del Garda
Veneto
Treviso
Malcesine
Schio
Gargnano
Altissimo
Borgoricco
Scorzè
Burano
Bardolino
Vicenza
Rubano
Venezia
Cavaion
Arzignano
Veronese
San Bonifacio
Lughetto
Sirmione
Verona
Lonigo
Selvazzano
Desenzano
Dentro
del Garda
Isola Rizza
Pontelongo
anerba
Barbarano Vicentino
el Garda

Quistello

Codigoro

arma

Rubiera
Modena
Rubbianino
Castel Maggiore
Bologna
Imola
Savigno
Sasso
Marconi
Cesenatico

Rimini
Miramare
Lucigliano
Pesaro
San Marino
Senigallia
Marlia
San Piero in Bagno
Marzocca
Lucca
Pennabilli
iareggio
Lamporecchio
Firenze
Cerbaia
Loreto
Tavarnelle
Badia a Passignano
Val di Pesa
Lucignano
San Gimignano
Gaiole in Chianti

11

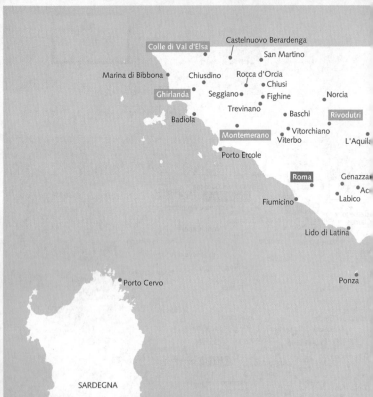

Le tavole stellate 2020

Il colore indica l'esercizio più stellato della località.

Roma ✳✳✳ La località possiede almeno un ristorante 3 stelle

Imola ✳✳ La località possiede almeno un ristorante 2 stelle

Caltagirone ✳ La località possiede almeno un ristorante 1 stella

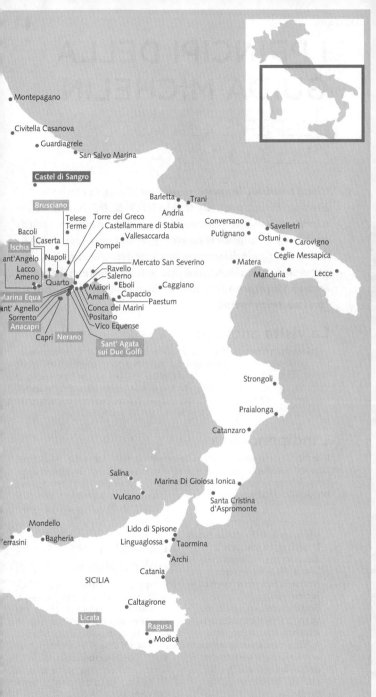

Montepagano

Civitella Casanova

Guardiagrele

San Salvo Marina

Castel di Sangro

Barletta Trani

Brusciano

Andria

Telese Torre del Greco
Terme

Conversano

Savelletri

Castellammare di Stabia

Putignano Ostuni

Carovigno

Bacoli

Vallesaccarda

Ceglie Messapica

Caserta

Pompei

Ischia

Napoli

Mercato San Severino

Matera

Sant'Angelo

Manduria

Lecce

Lacco
Ameno

Quarto

Ravello
Salerno

Marina Equa

Maiori Eboli

Caggiano

Sant' Agnello

Amalfi Capaccio

Sorrento

Conca dei Marini

Paestum

Anacapri

Positano

Capri Nerano

Vico Equense

Sant' Agata
sui Due Golfi

Strongoli

Praialonga

Catanzaro

Salina

Marina Di Gioiosa Ionica

Vulcano

Santa Cristina
d'Aspromonte

Mondello

Lido di Spisone

errasini Bagheria

Linguaglossa Taormina

Archi

Catania

SICILIA

Caltagirone

Licata

Ragusa

Modica

I PRINCIPI DELLA GUIDA MICHELIN

L'ESPERIENZA AL SERVIZIO DELLA QUALITÀ

Che si trovi in Giappone, negli Stati Uniti, in Cina o in Europa, l'ispettore della Guida MICHELIN rimane fedele ai criteri di valutazione della qualità di un ristorante o di un albergo, e applica le stesse regole durante le sue visite. Se la guida gode di una reputazione a livello mondiale è proprio grazie al continuo impegno nei confronti dei suoi lettori. Un impegno che noi vogliamo riaffermare, qui, con i nostri principi:

La visita anonima

Prima regola d'oro, gli ispettori verificano - regolarmente e in maniera anonima - ristoranti e alberghi, per valutare concretamente il livello delle prestazioni offerte ai loro clienti. Pagano il conto e - solo in seguito, se necessario - si presentano per ottenere altre informazioni. La corrispondenza con i lettori costituisce, inoltre, un ulteriore strumento per la realizzazione dei nostri itinerari di visita.

L'indipendenza

Per mantenere un punto di vista obiettivo, nell'interesse del lettore, la selezione degli esercizi viene effettuata in assoluta indipendenza: l'inserimento in guida è totalmente gratuito. Le decisioni sono prese collegialmente dagli ispettori con il capo redattore e le distinzioni più importanti, discusse a livello europeo.

Le nostre stelle - una ✿, due ✿✿ o tre ✿✿✿ – distinguono le cucine più meritevoli, qualunque sia il loro stile: la qualità della materia prima, la tecnica di cottura, la personalità dello chef, la costanza della prestazione in tutto il pasto e in tutte le stagioni, il buon rapporto qualità-prezzo: queste sono le condizioni che definiscono - al di là dei generi e tipi di cucina – le nostre migliori tavole.

La scelta del migliore

Lungi dall'essere un semplice elenco d'indirizzi, la guida si concentra su una selezione dei migliori alberghi e ristoranti in tutte le categorie di confort e di prezzo. Una scelta che deriva dalla rigida applicazione dello stesso metodo da parte di tutti gli ispettori, indipendentemente dal paese.

✿✿✿ TRE STELLE MICHELIN
Una cucina unica. Merita il viaggio!

La cifra di un grandissimo chef! Prodotti d'eccezione, purezza e potenza dei sapori, equilibrio delle composizioni: la cucina qui assurge al rango d'arte. I piatti, perfettamente realizzati, si ergono spesso a classici.

✿✿ DUE STELLE MICHELIN
Una cucina eccellente. Merita la deviazione!

I migliori prodotti esaltati dalla competenza e dall'ispirazione di uno chef di talento che « firma » con la sua squadra piatti eterei ed evocatori, talvolta molto originali.

✿ UNA STELLA MICHELIN
Una cucina di grande qualità. Merita la tappa!

Prodotti di prima qualità, finezza nelle preparazioni, sapori distinti, costanza nella realizzazione dei piatti.

☺ BIB GOURMAND
Il nostro migliore rapporto qualità-prezzo

Piacevole esperienza gastronomica a meno di 35 €: buoni prodotti ben valorizzati, un conto ragionevole, una cucina con un eccellente rapporto qualità/prezzo.

⫶○ IL PIATTO MICHELIN
Una cucina di qualità

Prodotti di qualità e abilità dello chef: semplicemente un buon pasto!

L'aggiornamento annuale

Tutte le classificazioni, distinzioni e consigli pratici sono rivisti ed aggiornati ogni anno per fornire le informazioni più affidabili.

L'omogeneità della selezione

I criteri di classificazione sono identici per tutti i paesi interessati dalla guida Michelin. Ad ogni cultura la sua cucina, ma la qualità deve restare un principio universale...

"L'aiuto alla mobilità": è la missione che si è prefissata Michelin.

COME LEGGERE LA GUIDA

RISTORANTI

I ristoranti sono presentati in base alla qualità della cucina.

Stelle

✿✿✿ Una cucina unica. Merita il viaggio!

✿✿ Una cucina eccellente. Merita la deviazione!

✿ Una cucina di grande qualità. Merita la tappa!

Bib Gourmand

☺ Il nostro migliore rapporto qualità-prezzo.

Il piatto

🍴 Una cucina di qualità.

All'interno della stessa qualità di cucina, gli esercizi sono classificati per grado di confort (da XXXXX a X) e in ordine alfabetico.

Il rosso, i nostri indirizzi più piacevoli: charme, carattere, un supplemento d'anima

ALBERGHI

Gli alberghi sono classificati per categoria di confort da 🏨🏨 a 🏠 e in ordine alfabetico.

🏠 Forme alternative di ospitalità.

Il rosso, i nostri indirizzi più piacevoli: charme, carattere, un supplemento d'anima

ACQUAPENDENTE

✉ 01021 - Viterbo (VT) - 5544 ab. - Carta stradale Michelin 563-N17

✿ **Colline Ciociare** (Salva

CREATIVA • ACCOGLIANTE X

zione ciociara agli accostame
quello di un cuoco-poeta. Al n
l'omaggio alle ricette storiche
Specialità: Ravioli di aglio in c
fumato alle rose. Patata confit
patata croccante.

Menu 75/100 €

via Prenestina 27 - ☎ 0 77 55
sera, martedì a mezzogiorno

☺ **IL Carpaccio**

REGIONALE • ROMANTICO X

novo ha dotato di una bella sa
calabresi, pesce su prenotazior

Menu 25/40€ - Carta 18/4

Contrada Cocozzello 197/D, Ov
Chiuso lunedì e domenica sera

🍴 **Enoteca La Curia** N

CUCINA CLASSICA • ELEGAN

accompagnata da un'ampia sc
teca adiacente): ambiente rus

Menu 20 € (pranzo)/50€

via alla Bollente 72 - ☎ 01 44 3
lunedì

🏨 **Abano Grand Hotel**

CENTRO BENESSERE • CLAS

sivo hotel dagli ambienti in ra
zona benessere, composta da
un'atmosfera tranquilla e app
psicofisico.

179 cam - 👥260/394€ - 8

Pianta: B2h - *via Valerio Flacc*
www.abanograndhotel.it - Ch

Localizzare l'esercizio

Gli esercizi sono localizzati sulla pianta di città (coordinate e indice)

Parole-chiave

Due parole-chiave per identificare in un colpo d'occhio, il tipo di cucina (per i ristoranti) e lo stile (contesto, ambiente...) dell'esercizio.

Localizzazione

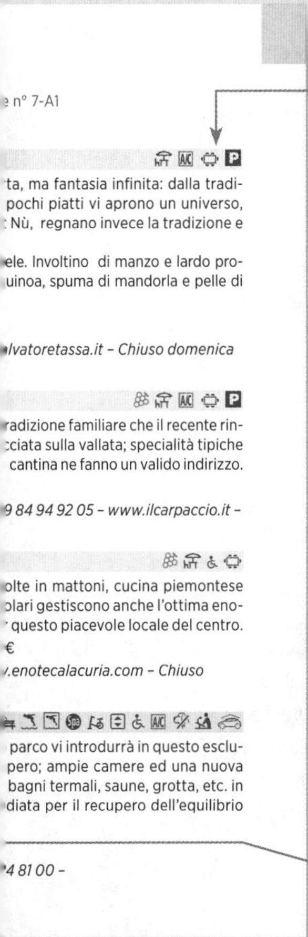

- ○ MILANO
- ● **ROMA**
- ○ SARDEGNA
- ○ SICILIA

Installazioni e servizi

🍇	Carta dei vini particolamente interessante
⚐	Servizio di ristorazione nell'hotel
⇄	Ristorante con camere
⌖ ≤	Risorsa tranquilla • Vista interessante
⌂	Parco o giardino
⛳	Golf
⊡	Ascensore
♿	Strutture per persone diversamente abili
AC	Aria condizionata
⌂	Pasti serviti all'aperto
⚓	Spiaggia privata
⌄ ⌃	Piscina: all'aperto, coperta
🆂🅿🅰	Spa
♨ ⅃	Sauna • Palestra
⚒	Sale per conferenze
⇳	Sale private
🅿 🏠	Parcheggio • Garage
✄	Carte di credito non accettate
Ⓜ	Stazione metropolitana
Ⓝ	Nuovo esercizio in guida

(left column fragments)

e n° 7-A1

⌂ AC ⇳ 🅿

ta, ma fantasia infinita: dalla tradi-
pochi piatti vi aprono un universo,
: Nù, regnano invece la tradizione e

ele. Involtino di manzo e lardo pro-
uinoa, spuma di mandorla e pelle di

lvatoretassa.it – Chiuso domenica

🍇 ⌂ AC ⇳ 🅿

radizione familiare che il recente rin-
cciata sulla vallata; specialità tipiche
cantina ne fanno un valido indirizzo.

9 84 94 92 05 – www.ilcarpaccio.it –

🍇 ⌂ ♿ ⇳

olte in mattoni, cucina piemontese
olari gestiscono anche l'ottima eno-
questo piacevole locale del centro.
€

.enotecalacuria.com – Chiuso

⌂ ⌄ 🆂🅿🅰 ⅃ ⊡ ♿ AC ♨ ⚒ 🏠

parco vi introdurrà in questo esclu-
pero; ampie camere ed una nuova
bagni termali, saune, grotta, etc. in
diata per il recupero dell'equilibrio

4 81 00 –

Prezzi

Alberghi

⌂†† 110/150 €	Prezzo minimo/massimo di una camera per due persone, comprensivo della prima colazione
⌂18 €	Prezzo della prima colazione
1/2 P	L'esercizio propone solo la mezza pensione

Ristoranti

Menu 15/25 €	Prezzo minimo/ massimo del menu
Carta 30/46 €	Prezzo minimo/ massimo della carta

LEGENDA DELLE PIANTE

Alberghi •
Ristoranti •

Curiosità

| | Edificio interessante |
| | Costruzione religiosa interessante |

Viabilità

	Autostrada, doppia carreggiata
	Numero dello svincolo
	Grande via di circolazione
	Via regolamentata o impraticabile
	Via pedonale
	Parcheggio
	Galleria
	Stazione e ferrovia
	Funicolare
	Funivia, Cabinovia
	Zona a traffico limitato (Italia)

Simboli vari

	Ufficio informazioni turistiche
	Costruzione religiosa
	Torre • Ruderi • Mulino a vento
	Giardino, parco, bosco • Cimitero
	Stadio • Golf • Ippodromo
	Piscina (all'aperto o coperta)
	Vista • Panorama
	Monumento • Fontana
	Porto turistico
	Faro
	Aeroporto
	Stazione della Metropolitana
	Autostazione
	Tranvia
	Trasporto con traghetto: passeggeri ed autovetture • solo passeggeri
	Ufficio postale centrale
	Municipio • Università

CONTENTS

Introduction

Regional maps   32

Restaurants & hotels   78

Thematic index   824

Consult the MICHELIN guide at:
www.viamichelin.it
www.guide.michelin.com
and write to us at:
laguidamichelin-italia@michelin.com

DEAR READER

Bruce Chatwin, one of the twentieth century's legendary travel writers, once described travel in the following way: "Diversion. Distraction. Fantasy. Change of fashion, food, love and landscape. We need them as the air we breathe."

● The positive effects of moving from place to place were familiar to our ancestors, who would swap their non-migratory lifestyle for a nomadic one in their search for food. Over the centuries, travel has lost none of its appeal for the human race, although we now travel to escape and to see new things rather than simply to survive. You only have to think of past literary masterpieces that remain popular to this day, including classics such as "Around the World in 80 Days" by Jules Verne or "The Travels of Marco Polo", to understand the fascination that travel still exerts upon us. Travel is a part of our DNA, which modern society tends to define in categories such as "business", "leisure", "incentive" etc. One particular feature of travel in Italy, however, is a strong focus on food and wine, where travellers are encouraged to abandon their comforting daily habits – even if it's just for the duration of a meal – in order to discover the many different flavours and ingredients that characterise this beautiful country.

● And so it's time, once again, to be illuminated by those whose profession it is to share their gastronomic insights with us.

● Welcome to the 65th edition of the Michelin Italy guide which proudly presents its new selection of addresses and rising stars.

● Enrico Bartolini al Mudec has been awarded its third Michelin star ❀❀❀ ! Housed in the elegant metal structure of the Museo delle Culture with its collection of African sculptures, Japanese kimonos and Stone Age exhibits, the restaurant run by this Tuscan chef serves creative and distinctive cuisine which is full of substance, meticulously thought out and beautifully presented, with a focus on precise attention to detail.

FRE/Michelin

An ever-changing galaxy of stars

● Italy now boasts no fewer than 30 restaurants with one star ✿ and two addresses on different sides of the country – one to the west, the other to the east – which have been awarded a second star ✿✿ for the first time: **La Madernassa** in Guarene, characterised by the young and energetic cuisine created by Michelangelo Mammoliti, and the **Glam Enrico Bartolini** (hidden in the alleyways of Venice), where talented chef Donato Ascani demonstrates his culinary skill through his expertly prepared dishes.

● Among the new restaurants on the list, we'd like to highlight two which have been awarded one Michelin star and which are run by young, creative chefs who focus on modern flavours: **Villa Naj** in Stradella, in the Oltrepò Pavese area, and **La Tuga** in Ischia. Also deserving of a mention are **Zash** in Riposto – at the foot of Etna – and **Casamatta**, housed in a contemporary-style farmhouse in Manduria.

Good food in a whole host of different guises!

● Having made its debut in the guide in 1997, the Bib Gourmand symbol ⊛ has become a trusted and much-loved beacon for visitors in search of good-quality, reasonably priced cuisine. We continue to discover new Bib Gourmand restaurants and once again this year our inspectors have come up trumps – a list of these addresses sub-divided into regions can be found at the back of the guide.

● Among the new entries, particular highlights include **Accademia** in Casale Monferrato, a restaurant which showcases regional cuisine alongside a few fish dishes; **Buatta Cucina Popolana** in Palermo, which focuses on Sicilian specialities; and **Kanton Restaurant** in Capriate San Gervasio, a successful combination of Chinese recipes and cutting-edge cooking techniques.

You are warmly invited to follow the recommendations in the Michelin guide, with its ever-growing presence on social media, and to share your experiences with us by writing to laguidamichelin-italia@michelin.com. Your opinions and suggestions are invaluable in helping us to improve the guide, year after year.

Buon appetito!

La Stũa de Michil/Michelin

THE MICHELIN GUIDE'S COMMITMENTS

EXPERIENCED IN QUALITY!

Whether they are in Japan, the USA, China or Europe, our inspectors apply the same criteria to judge the quality of each and every hotel and restaurant that they visit. The Michelin guide commands a worldwide reputation thanks to the commitments we make to our readers – and we reiterate these below:

Anonymous inspections

Our inspectors make regular and anonymous visits to hotels and restaurants to gauge the quality of products and services offered to an ordinary customer. They settle their own bill and may then introduce themselves and ask for more information about the establishment. Our readers' comments are also a valuable source of information, which we can follow up with a visit of our own.

Independence

To remain totally objective for our readers, the selection is made with complete independence. Entry into the guide is free. All decisions are discussed with the Editor and our highest awards are considered at a European level.

Our famous one ✿, two ✿✿ and three ✿✿✿ stars identify establishments serving the highest quality cuisine – taking into account the quality of ingredients, the mastery of techniques and flavours, the levels of creativity and, of course, consistency.

Selection and choice

The guide offers a selection of the best hotels and restaurants in every category of comfort and price. This is only possible because all the inspectors rigorously apply the same methods.

✿✿✿ THREE MICHELIN STARS

Exceptional cuisine, worth a special journey!

Our highest award is given for the superlative cooking of chefs at the peak of their profession. The ingredients are exemplary, the cooking is elevated to an art form and their dishes are often destined to become classics.

✿✿ TWO MICHELIN STARS

Excellent cooking, worth a detour!

The personality and talent of the chef and their team is evident in the expertly crafted dishes, which are refined, inspired and sometimes original.

✿ ONE MICHELIN STAR

High quality cooking, worth a stop!

Using top quality ingredients, dishes with distinct flavours are carefully prepared to a consistently high standard.

😊 BIB GOURMAND

Good quality, good value cooking

'Bibs' are awarded for simple yet skilful cooking for under €35.

🍴 THE MICHELIN PLATE

Good cooking

Fresh ingredients, capably prepared: simply a good meal.

Annual updates

All the practical information, classifications and awards are revised and updated every year to give the most reliable information possible.

Consistency

The criteria for the classifications are the same in every country covered by the MICHELIN guide.

The sole intention of Michelin is to make your travels safe and enjoyable.

SEEK AND SELECT...

HOW TO USE THIS GUIDE

RESTAURANTS

Restaurants are classified by the quality of their cuisine:

Stars

❀❀❀ Exceptional cuisine, worth a special journey!

❀❀ Excellent cooking, worth a detour!

❀ High quality cooking, worth a stop!

Bib Gourmand

❀ Good quality, good value cooking.

The Plate Michelin

❀ Good cooking.

Within each cuisine category, restaurants are listed by comfort, from XXXXX to X, and in alphabetic order.

Red: Our most delightful places.

HOTELS

Hotels are classified by categories of comfort, from 🏨 to 🏠 and in alphabetic order.

🏠 Guesthouses

Red: Our most delightful places.

Locating the establishment

Location and coordinates on the town plan, with main sights.

ACQUAPENDENTE

✉ 01021 – Viterbo (VT) – 5544 ab. –
Carta stradale Michelin 563-N17

❀ **Colline Ciociare** (Salv...
CREATIVA • ACCOGLIENTE
zione ciociara agli accostame...
quello di un cuoco-poeta. Al...
l'omaggio alle ricette storiche
Specialità: Ravioli di aglio in...
fumato alle rose. Patata confi...
patata croccante.
Menu 75/100 €
via Prenestina 27 – ☎ 0 77 55...
sera, martedì a mezzogiorno

❀ **IL Carpaccio**
REGIONALE • ROMANTICO X
novo ha dotato di una bella sa...
calabresi, pesce su prenotazio...
☎ Menu 25/40€ – Carta 18/...
Contrada Cocozzello 197/D, O...
Chiuso lunedì e domenica ser...

❀ **Enoteca La Curia**
CUCINA CLASSICA • ELEGA...
accompagnata da un'ampia s...
teca adiacente): ambiente rus...
☎ Menu 20 € (pranzo)/50€...
via alla Bollente 72 – ☎ 01 44...
lunedì

🏨 **Abano Grand Hotel**
CENTRO BENESSERE • CLAS...
sivo hotel dagli ambienti in r...
zona benessere, composta da...
un'atmosfera tranquilla e app...
psicofisico.
179 cam ☲ – ♦♦260/394€ – 8...
Pianta: B2h – via Valerio Flacc...
www.abanograndhotel.it – Ch...

Key words

Each entry now comes with two key words, making it qu... and easy to identify the type of establishment and/or the food that it serves.

n° 7-A1
ta, ma fantasia infinita: dalla tradi-
pochi piatti vi aprono un universo,
Nù, regnano invece la tradizione e
ele. Involtino di manzo e lardo pro-
uinoa, spuma di mandorla e pelle di
lvatoretassa.it - Chiuso domenica
radizione familiare che il recente rin-
cciata sulla vallata; specialità tipiche
cantina ne fanno un valido indirizzo.
9 84 94 92 05 - www.ilcarpaccio.it -
olte in mattoni, cucina piemontese
olari gestiscono anche l'ottima eno-
questo piacevole locale del centro.
€
.enotecalacuria.com - Chiuso
parco vi introdurrà in questo esclu-
pero; ampie camere ed una nuova
bagni termali, saune, grotta, etc. in
diata per il recupero dell'equilibrio
4 81 00 -

Locating

- MILANO
- ROMA
- SARDEGNA
- SICILIA

Facilities & services

- Particularly interesting wine list
- Hotel with a restaurant
- Restaurant or pub with bedrooms
- Peaceful establishment
- Great view
- Garden or park
- Golf course
- Lift (elevator)
- Wheelchair access
- Air conditioning
- Outside dining available
- Private beach
- Swimming pool: outdoor or indoor
- Wellness centre
- Sauna • Exercise room
- Conference room
- Private dining room
- Car park • Garage
- Credit cards not accepted
- Nearest Underground station

N New establishment in the guide

Prices

Restaurants

Menu 35/60 €	Fixed price menu. Lowest/highest price
Carte 30/46 €	A la carte menu. Lowest/highest price

Hotels

110/150 €	Lowest/highest price for double room, breakfast included
18 €	Breakfast price where not included in rate.
½ P	Establishment only offering half board

TOWN PLAN KEY

- Hotels
- Restaurants

Sights

Place of interest

Interesting place of worship

Road

Motorway, dual carriageway

Junction: complete, limited

Main traffic artery

Unsuitable for traffic

Pedestrian street

Car park

Tunnel

Station and railway

Funicular

Cable car, cable way

Street subject to restrictions

Various signs

Tourist Information Centre

Place of worship

Tower or mast • Ruins • Windmill

Garden, park, wood • Cemetery

Stadium • Golf course • Racecourse

Outdoor or indoor swimming pool

View • Panorama

Monument • Fountain

Pleasure boat harbour

Lighthouse

Airport

Underground station

Coach station

Tramway

Ferry services:
passengers and cars, passengers only

Main post office with poste restante

Town Hall • University, College

Carte regionali

Regional maps

La località possiede come minimo...

- un albergo o un ristorante
- ✿ un ristorante « stellato »
- ❀ un ristorante « Bib Gourmand »
- ⌂ una risorsa di ospitalità particolarmente piacevole

Place with at least...

- one hotel or a restaurant
- ✿ one starred restaurant
- ❀ one Bib Gourmand restaurant
- ⌂ one particularly pleasant hotel or guesthouse

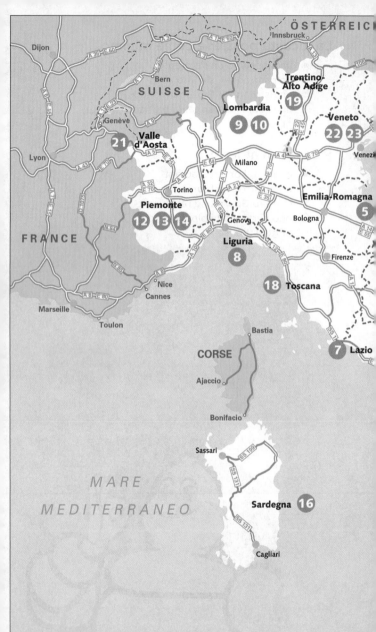

Italia

Basilicata ②

Lavello

Melfi

Venosa

Castelmezzano

CAMPANIA
(piante ④)

Località con almeno:

- una possibilità di alloggio
  o un ristorante
- ❋ una tavola stellata
- 😊 un ristorante "Bib Gourmand"
- 🏠 un albergo o forma alternativa
  di ospitalità particolarmente
  piacevole

Trecchina

Maratea

🏠 Fiumicello Santa Venere

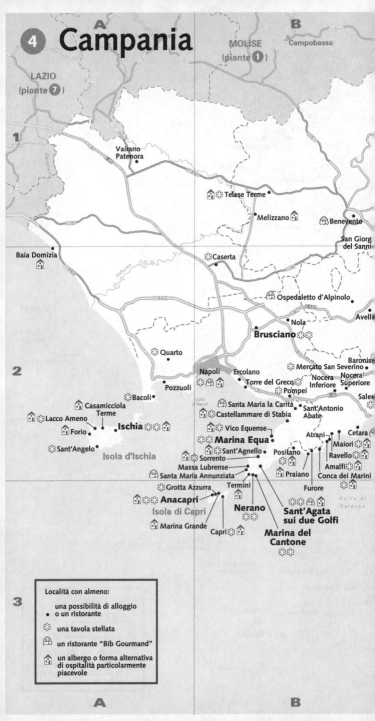

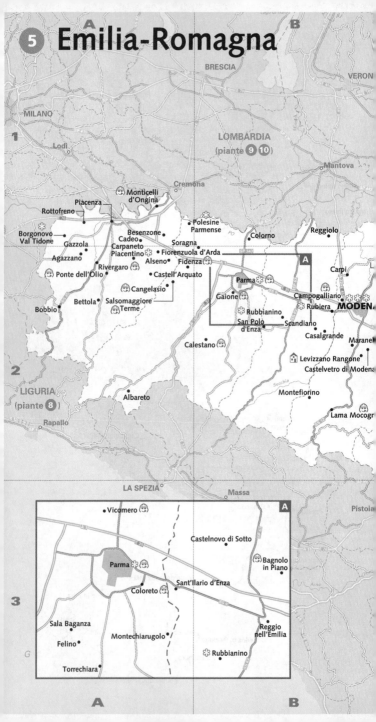

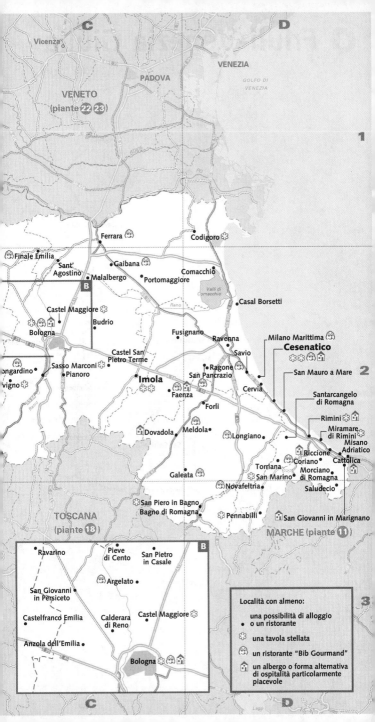

A
B

1

Sappada ❄

Sutrio

Sauris 😊

Cavazzo Carnico 😊

Meduno

Cavasso Nuovo 😊

❄ Colloredo
di Monte Albano

Maniago

Fagagna

2

Belluno

Spilimbergo

VENETO
(piante 22 23)

Flaibano

San Giorgio della Richinvelda

San Quirino ❄

Fontanafredda

Pordenone 😊

Rivignano ❄

Sacile

Pocen

Rivarotta 🏛

3

Oderzo

A
B

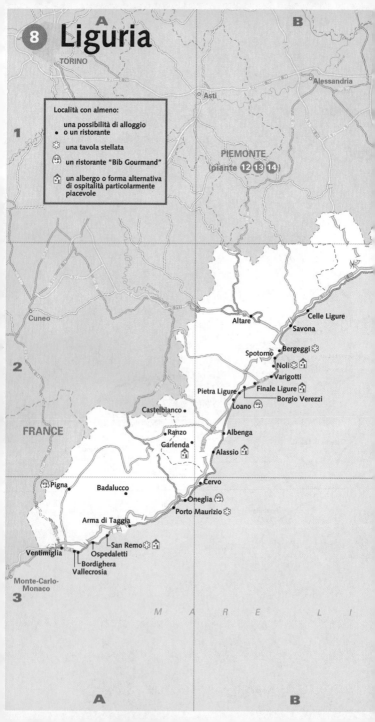

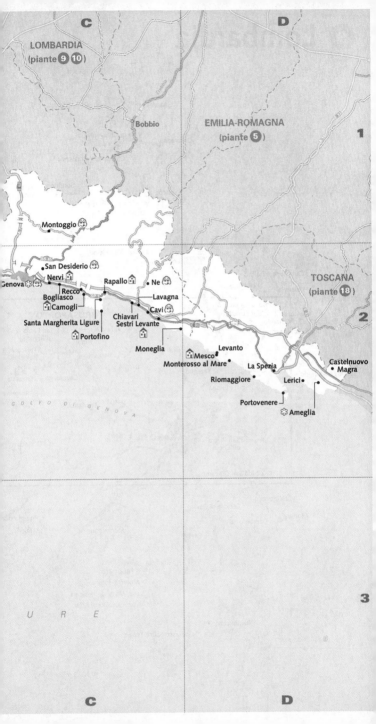

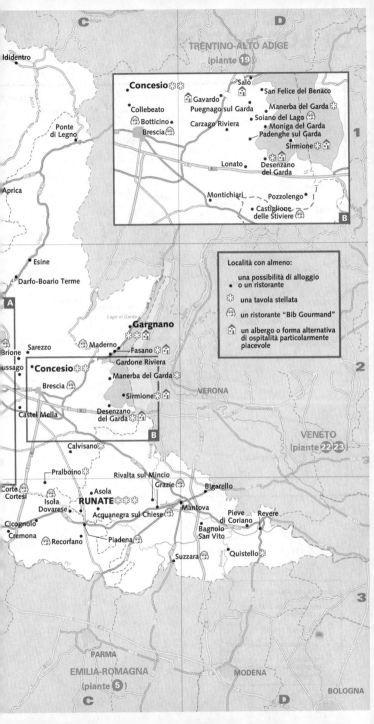

Ididentro

TRENTINO-ALTO ADIGE
(piante 19)

Concesio ✿✿

Salò

Collebeato

🏠 Gavardo
Puegnago sul Garda

• San Felice del Benaco

Ponte
di Legno

😊 Botticino •
• Brescia 😊

Carzago Riviera

• Manerba del Garda ✿

Soiano del Lago 😊
• Moniga del Garda
Padenghe sul Garda
Sirmione ✿ 🏠

Aprica

Lonato •

Desenzano
del Garda

1

Montichiari

Pozzolengo •

• Castiglione
delle Stiviere 😊

B

Esine

Località con almeno:

Darfo-Boario Terme

• una possibilità di alloggio
  o un ristorante

A

✿ una tavola stellata

Lago di Garda

Gargnano
✿✿✿ 🏠

😊 una ristorante "Bib Gourmand"

Brione

Sarezzo

😊 Maderno

🏠 un albergo o forma alternativa
  di ospitalità particolarmente
  piacevole

ussago

Concesio ✿✿

Fasano ✿ 🏠
Gardone Riviera

• Manerba del Garda ✿

2

Brescia 😊

• Sirmione ✿ 🏠

VERONA

Castel Mella

Desenzano
del Garda ✿ 🏠

B

VENETO
(piante 22 23)

Calvisano ✿

Pralboino ✿

Rivalta sul Mincio
Grazie 😊

Bigarello

Corte 😊
Cortesi

😊

• Asola

RUNATE ✿✿✿

Isola
Dovarese
Acquanegra sul Chiese 😊

Mantova

Pieve
di Coriano

Revere

Cicognolo
• Cremona

😊 Recorfano

Piadena 😊

Bagnolo
San Vito

3

Suzzara 😊

Quistello ✿

PARMA

EMILIA-ROMAGNA
(piante 5)

MODENA

BOLOGNA

C

D

⑩ Lombardia

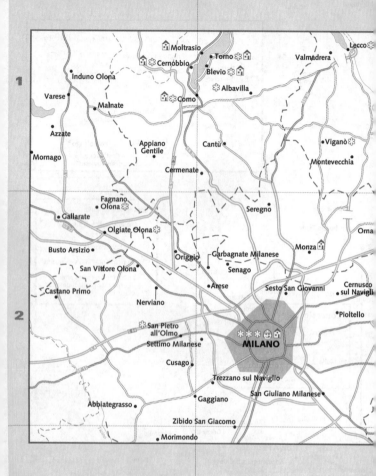

Località con almeno:

- una possibilità di alloggio o un ristorante
- ❀ una tavola stellata
- 🐵 un ristorante "Bib Gourmand"
- 🏠 un albergo o forma alternativa di ospitalità particolarmente piacevole

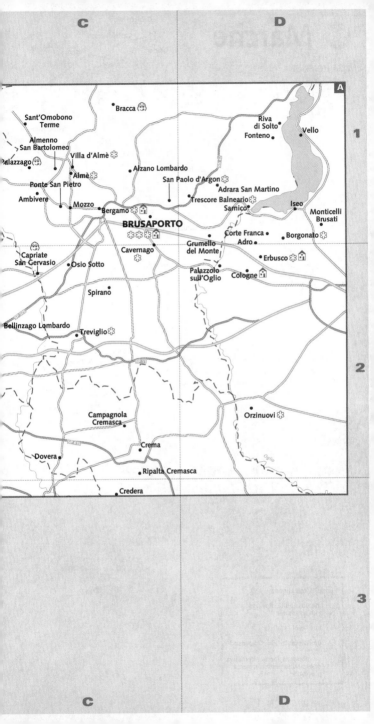

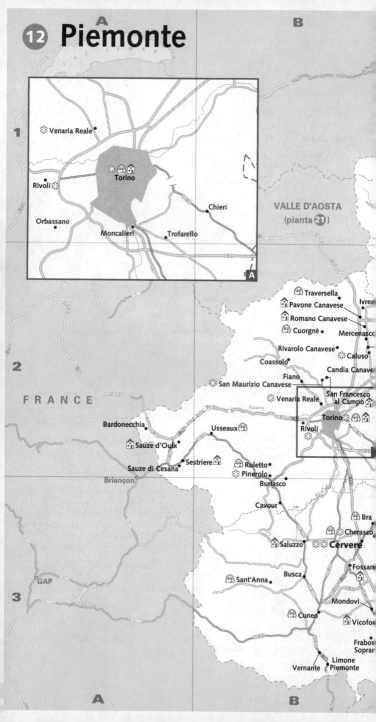

12 Piemonte

A **B**

LAC LEMAN

1

❀ Venaria Reale •

❀ Torino
✳ 🍴 🏠

Rivoli ✳

Orbassano •

Moncalieri •

Chieri •

Trofarello •

VALLE D'AOSTA
(pianta 21)

2

FRANCE

❀ Traversella
🏠 Pavone Canavese
🏠 Romano Canavese
🍴 Cuorgnè •

Rivarolo Canavese •

Coassolo •

Fiano •

❀ San Maurizio Canavese

❀ Venaria Reale •

Bardonecchia •

Usseaux 🍴

🏠 Sauze d'Oulx •

Sauze di Cesana • Sestriere 🏠

Brianзon

🍴 Roletto
❀ Pinerolo •

Buriasco •

Cavour •

Ivrea

Mercenasco

❀ Caluso

Candia Canave

San Francesco
al Campo 🏠

Torino ✳ 🍴 🏠
❀
Rivoli 🍴
✳

Riparia

🍴 Bra
🍴 ❀ Cherasco

🏠 Saluzzo ✳ ❀ Cervere

Busca •

🍴 Sant'Anna •

🍴 Cuneo •

Fossan

Mondovì •

🏠 Vicofo

Frabos
Sopran

Vernante • Limone
Piemonte

3

GAP

A **B**

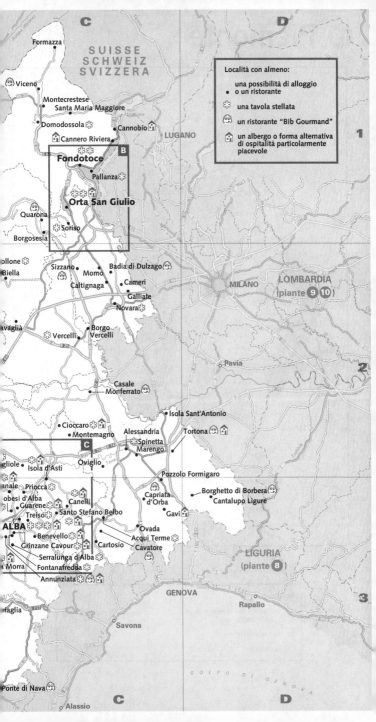

13 **Piemonte**

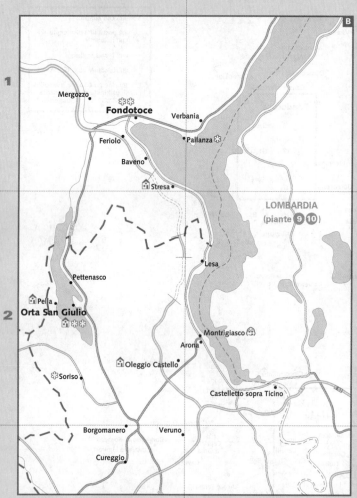

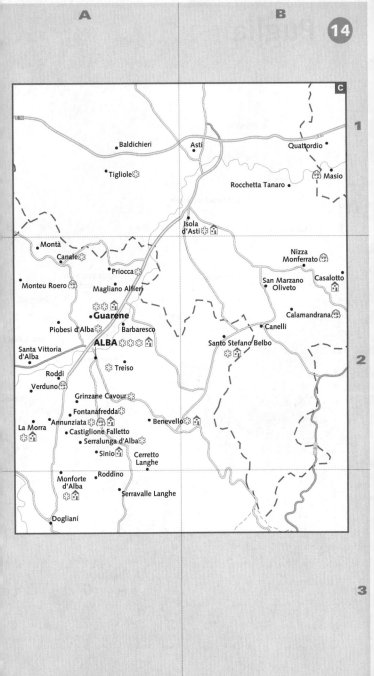

A   B   **14**

C

1

Baldichieri   Asti   Quattordio

Tigliole   Masio

Rocchetta Tanaro

Isola
d'Asti

Montà   Nizza
Canale   Monferrato   Casalotto

Priocca   San Marzano
Monteu Roero   Oliveto

Magliano Alfieri

Calamandrana

Guarene

Piobesi d'Alba   Barbaresco   Canelli

ALBA   Santo Stefano Belbo

Santa Vittoria
d'Alba

Roddi   Treiso

Verduno

Grinzane Cavour

Fontanafredda

La Morra   Annunziata   Benevello

Castiglione Falletto
Serralunga d'Alba

Sinio   Cerretto
Langhe

Roddino

Monforte
d'Alba

Serravalle Langhe

Dogliani

2

3

A   B

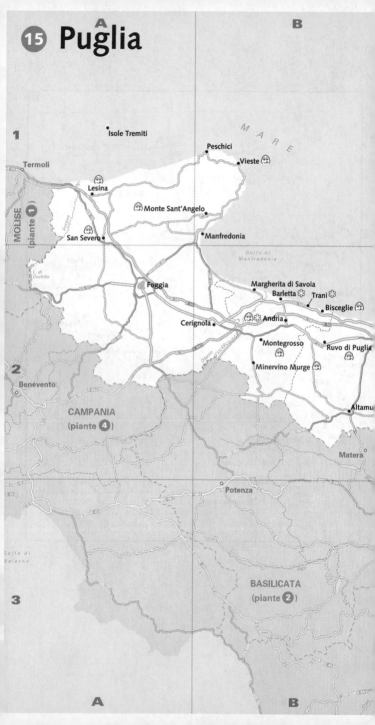

Località con almeno:

- una possibilità di alloggio
  o un ristorante
- ✿ una tavola stellata
- 😊 un ristorante "Bib Gourmand"
- 🏠 un albergo o forma alternativa di ospitalità particolarmente piacevole

ADRIATICO

Bari

Polignano a Mare
Monopoli 🏠
Conversano ✿
Savelletri ✿🏠
Turi
Torre Canne
✿ Putignano
Noci
Alberobello
Ostuni ✿😊🏠
Gioia del Colle
✿ Carovigno
Brindisi 😊
Ceglie ✿😊
Messapica
😊 Crispiano
San Pietro Mar Piccolo 🏠
✿🏠 Lecce
Taranto
🏠 Lizzano
Manduria ✿🏠
Avetrana 🏠
😊 Marina di Pulsano
Otranto 🏠
Galatina
🏠 Cutrofiano
Maglie
Scorrano
🏠 Gallipoli
😊 Racale
🏠 Ugento

Golfo di Taranto

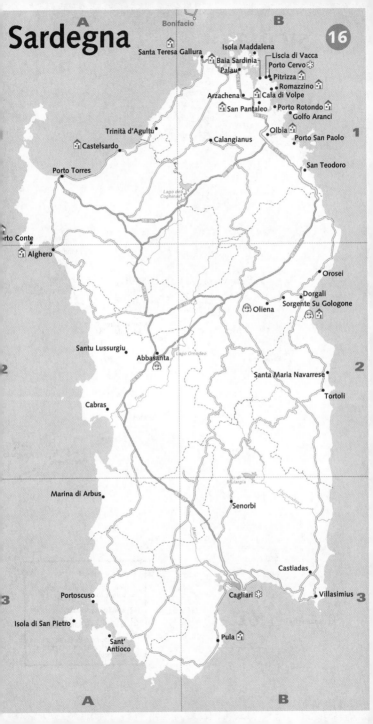

17 Sicilia

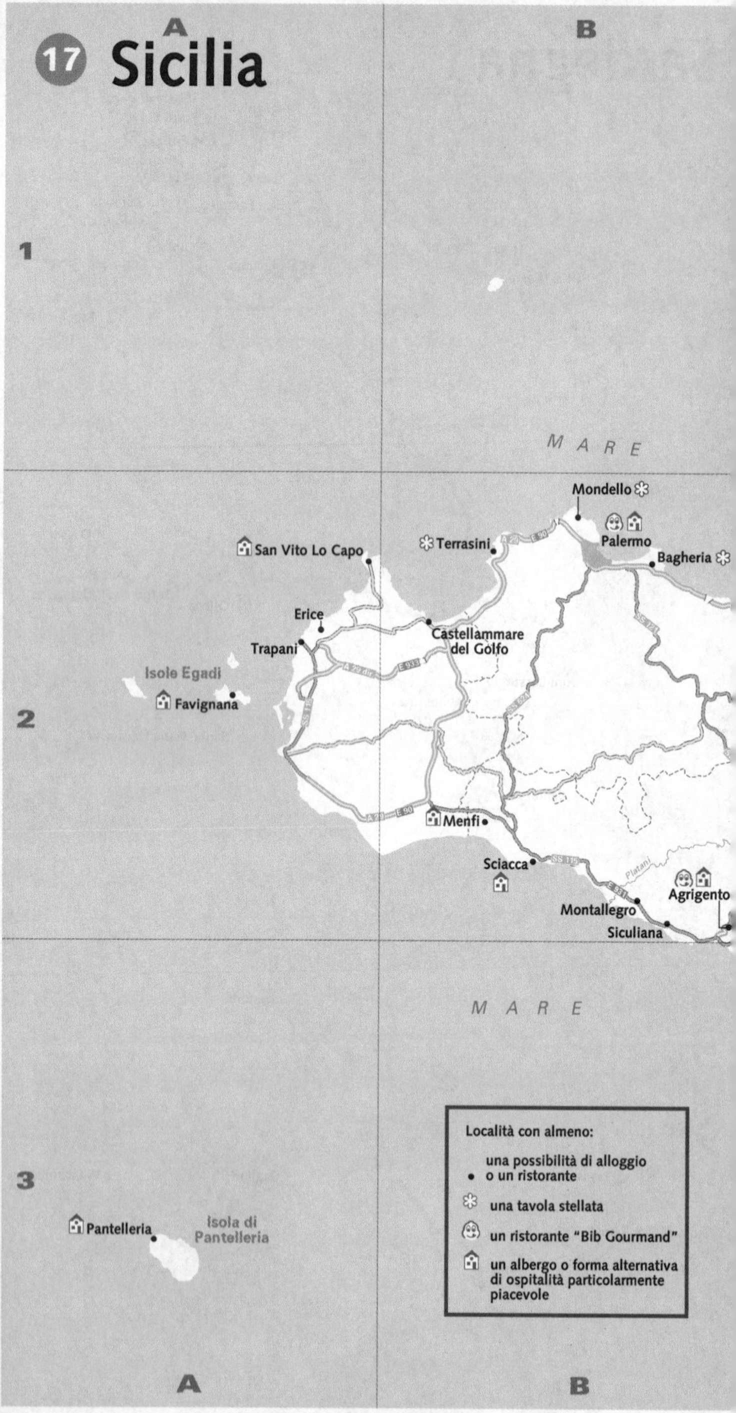

M A R E

Mondello ✲

San Vito Lo Capo 🏠

✲ Terrasini

🏠 Palermo 😊🏠

Bagheria ✲

Erice

Trapani

Castellammare del Golfo

Isole Egadi

🏠 Favignana

2

🏠 Menfi

Sciacca 🏠

Montallegro

😊🏠 Agrigento

Siculiana

M A R E

3

🏠 Pantelleria

Isola di Pantelleria

Località con almeno:

● una possibilità di alloggio o un ristorante

✲ una tavola stellata

😊 un ristorante "Bib Gourmand"

🏠 un albergo o forma alternativa di ospitalità particolarmente piacevole

A · B

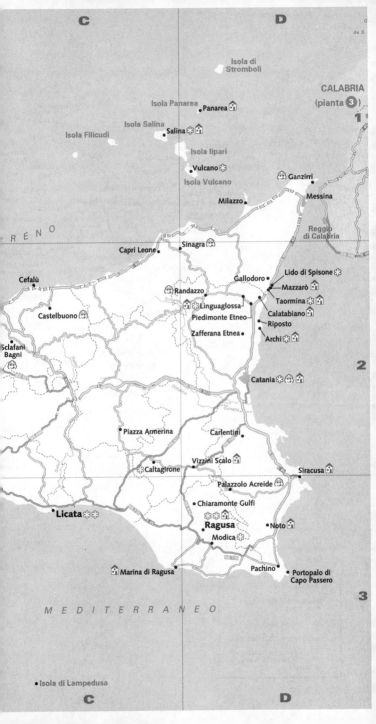

Toscana

EMILIA-ROMAGNA (piante 5)

C

D

Lucarelli

San Donato in Poggio

Radda in Ch.

Castellina in Ch.

Poggibonsi

Vagliagli

Colle di Val d'Elsa

B

1

Lucigliano

Campestri

Moggiona

FIRENZE
A

Poppi

Bibbiena

MARCHE
(piante 11)

Cerbaia

Terranuova Bracciolini

Loro Ciuffenna

San Giustino Valdarno

Sansepolcro

Anghiari

Tavarnelle Val di Pesa

Badia a Passignano

Cavriglia

B

Moncioni

UMBRIA
(piante 20)

Lucignano

San Gimignano

Gaiole in Ch.

Montebenichi

Arezzo

Civitella in Val di Chiana

Colle di Val d'Elsa

iasole
'Elsa

Siena

Castelnuovo Berardenga

Rapolano Terme

Pozzo

Cortona

San Martino

2

Asciano

Trequanda

Sinalunga

Torrita di Siena

Lago Trasimeno

San Giovanni d'Asso

Pienza

Montefollonico

Montepulciano

Chiusdino

Monticiano

Castiglione del Bosco

San Quirico d'Orcia

Monticchiello

Chianciano Terme

Ghirlanda

Montalcino

Castelnuovo dell'Abate

Rocca d'Orcia

Chiusi

Cetona

Roccastrada

Poggio alle Mura

Seggiano

Sarteano

Gavorrano

Castel del Piano

Fighine

San Casciano dei Bagni

3

Piancastagnaio

A

Badiola

Grosseto

Fiesole

Castiglione della Pescaia

Saturnia

Pitigliano

FIRENZE

Candeli

Montemerano

Magliano in Toscana

Manciano

Galluzzo

Cerbaia

San Casciano in Val di Pesa

Porto Santo Stefano

Cala Piccola

Orbetello

LAZIO
(piante 7)

Mercatale in Val di Pesa

Porto Ercole

Greve in Ch.

Isola del Giglio

C

D

SUISSE
SCHWEIZ
SVIZZERA

Vipiteno

Merano
Tirolo
Lagundo
San Martino in Passiria

Senales
Parcines
Avelengo
Sarenti
Malles Venosta
Marlengo
Freiberg
Castelbello Ciardes
Naturno
San Vigilio
Lana
Postal
Laces
Cermes
Tesimo
Nàlles
Foiana
Ultimo
Bolzano

Brez
San Michi
Ronzone
Romeno

Ossana
Mezzolombardo
Sorni
Baselg di Pine
Madonna di Campiglio

Pinzolo
Pergine Valsugana
Calavino
Trento
Levic Term
Castel Toblino
Ravina

Arco
Nogaredo
Riva del Garda
Isera
Rovereto
Torbole

LOMBARDIA
(piante 9 10)

Bormio

Adige

Aprica

Idro

Lago di Garda

A   B

ÖSTERREICH

Mules ❄❄

San Lorenzo di Sebato 🏠🏠
Vandoies
❄ Molini
Chienes 🏠🏠
Falzes
Brunico
Valle di Casies 🏠🏠
Tesido 🏠
Dobbiaco ❄
Valdaora 🏠
Villabassa
San Candido 🏠
Sesto • Moso 🏠

Bressanone ❄🏠🏠
• San Vigilio
di Marebbe 🏠

Chiusa ❄❄
Villandro
Selva di Val Gardena ❄🏠
🏠❄ Ortisei
Kastelruth
Bulla 🏠
Canazei
🏠 Alpe di Siusi
Campitello di Fassa 🏠
Pozza di Fassa
va Levante ❄🏠
Tamion
❄
Moena ❄🏠
Passo San Pellegrino
❄
Cavalese
San Martino di 🏠
Castrozza
Fiera di Primiero •

Abtei/Badia 🏠
•SAN CASSIANO ❄❄❄🏠
Corvara in Badia ❄🏠

Località con almeno:

• una possibilità di alloggio
   o un ristorante
❄ una tavola stellata
🏠 un ristorante "Bib Gourmand"
🏠 un albergo o forma alternativa
   di ospitalità particolarmente
   piacevole

VENETO
(piante 22 23)

Bassano del Grappa

🏠 Soprabolzano
• Collalbo 🏠
Terlano
San Genesio 🏠
Bolzano ❄🏠🏠
Missiano 🏠
Collepietra ❄
🏠 Cornaiano 🏠
San Michele ❄
🏠❄ Nova Levante
• Nova Ponente
• Caldaro sulla
   Strada del Vino
Termeno sulla
Strada del Vino
Aldino
• Redagno 🏠
• Egna
Cavalese ❄
Anterivo 🏠

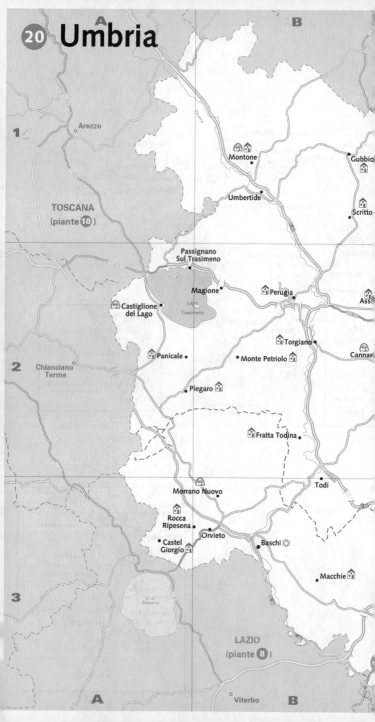

20 # Umbria

Arezzo

TOSCANA
(piante 18)

Montone

Gubbio

Umbertide

Scritto

Passignano
Sul Trasimeno

Magione

Perugia

Ass

Castiglione
del Lago

Lago
Trasimeno

Panicale

Torgiano

Cannar

Chianciano
Terme

Monte Petriolo

Piegaro

Fratta Todina

Todi

Morrano Nuovo

Rocca
Ripesena

Orvieto

Baschi

Castel
Giorgio

Macchie

L. di
Bolsena

LAZIO
(piante 8)

Viterbo

A

B

Località con almeno:

• una possibilità di alloggio o un ristorante

✿ una tavola stellata

😊 un ristorante "Bib Gourmand"

🏠 un albergo o forma alternativa di ospitalità particolarmente piacevole

Ristoranti & alberghi

Restaurants & Hotels

Città dalla A alla Z • Towns from A to Z

ABANO TERME

✉ 35031 – Padova (PD) – Carta regionale n° **23**–B3 – Carta stradale Michelin 562-F17

⫯○ Aubergine ☎ 🅰🅲 🅿

CLASSICA · ACCOGLIENTE ✗✗ Piatti ispirati alla stagione e al territorio, sia di terra, sia di mare, in un ristorante-pizzeria dalla calda atmosfera. Il centro dista solo pochi passi.

Menu 18 € (pranzo) – Carta 27/47 €

via Ghislandi 5 –
☏ 049 866 9910 – www.aubergine.it –
Chiuso 17-26 febbraio, 20 luglio-5 agosto, martedì

🏨 Tritone Terme ☆ ⛲ 🏊 🎖 🆒 🛜 🕸 Ⳑ🌀 🔁 🕹 🅰🅲 🅿

SPA E WELLNESS · ELEGANTE A pochi passi dal centro storico, esclusività e confort in un hotel che vanta camere spaziose ed accoglienti, nonché eccellenti spazi all'aperto; splendida collezione di antiche biciclette disseminate nei locali comuni. Cucina classica per un ristorante, dove sembra di poter toccare la vegetazione attraverso le finestre.

110 camere ☲ – ♦♦ 194/350 € – 11 suites

via Volta 31 – ☏ 049 866 8099 – www.termetritone.it –
Chiuso 7 gennaio-7 febbraio

🏨 Abano Grand Hotel ☆ ⛲ 🏊 🏊 🆒 🛜 🕸 Ⳑ🌀 🔁 🕹 🅰🅲 ⚽ 🅿 🚗

LUSSO · STORICO Un ameno parco vi introdurrà in questo esclusivo hotel dagli ambienti in raffinato stile impero; ampie camere ed una nuova zona benessere, composta da un percorso di bagni termali, saune, grotta, etc. in un'atmosfera tranquilla e appositamente studiata per il recupero dell'equilibrio psicofisico.

179 camere ☲ – ♦♦ 216/414 € – 8 suites

via Valerio Flacco 1 – ☏ 049 824 8100 – www.gbhotelsabano.it –
Chiuso 30 giugno-4 agosto

ABBASANTA – Oristano → Vedere Sardegna

ABBIATEGRASSO

✉ 20081 – Milano (MI) – Carta regionale n° **10**–A2 – Carta stradale Michelin 561-F8

⫯○ Il Ristorante di Agostino Campari ☎ 🅰🅲 ♻ 🅿

LOMBARDA · AMBIENTE CLASSICO ✗✗ Roccaforte della cucina lombarda, gli amanti della tradizione non si perderanno i risotti e quel sapore piacevolmente ed irresistibile antico del carrello di arrosti e bolliti. Servizio estivo sotto un glicine, su tutto veglia una calorosa ospitalità familiare.

Carta 33/65 €

via Novara 81 – ☏ 02 942 0329 – www.agostinocampari.com – Chiuso 5-28 agosto,
26 dicembre-3 gennaio, lunedì

ABETONE

✉ 51021 – Pistoia (PT) – Carta regionale n° **18**–B1 – Carta stradale Michelin 563-J14

a Val di Luce Nord : 8 km

🏨 Val di Luce SPA Resort ☆ ⛷ ⟨ ⛲ 🎖 🆒 🛜 🕸 Ⳑ🌀 🔁 🕹 🅿 🚗

LUSSO · STILE MONTANO Charme in stile alpino per questo resort ai piedi della pista della Val di Luce: camere ampie (alcune sono veri e propri mini-appartamenti dotati di angolo cottura) e centro benessere con piccola piscina sotto una piramide a vetri, che lascia intravedere scorci di cielo.

77 camere ☲ – ♦♦ 150/400 €

via Val di Luce 22 – ☏ 0573 60961 – www.valdilucesparesort.it –
Chiuso 15 aprile-6 luglio, 15 settembre-8 dicembre

ACQUALAGNA

✉ 61041 – Pesaro e Urbino (PU) – Carta regionale n° **11**–B1 – Carta stradale Michelin 563-L20

a **Furlo** Nord - Est : 4 km

⑪ **Anticofurlo**

REGIONALE · **ACCOGLIENTE** XX Locale dall'atmosfera informale, ma nel piatto la creatività fa "vibrare" i tradizionali sapori regionali; imperdibile il rito dell'aperitivo, che si consuma nella caratteristica grotta scavata nella roccia. Camere a disposizione per chi vuole prolungare la sosta, alcune dedicate a personaggi storici del passato.

Menu 25/59 € – Carta 36/59 €

Via Furlo 60 – ℰ 0721 700096 – www.anticofurlo.it – Chiuso 10 gennaio-1 febbraio, lunedì sera, martedì

ACQUANEGRA SUL CHIESE

✉ 46011 – Mantova (MN) – Carta regionale n° **9**–C3 – Carta stradale Michelin 561-G13

verso **Calvatone** Sud : 2 km

⑱ **Trattoria al Ponte**

REGIONALE · **FAMILIARE** X Specialità del territorio, elaborate partendo da ottime materie prime, in un'accogliente trattoria a pochi metri dal ponte sull'Oglio e dall'interessante rapporto qualità/prezzo. Risotto al salmerino, nonché anguilla al limone, tra gli imperdibili del menu.

Specialità: Risotto al salmerino. Anguilla al limone. Dolce di zucca.

Menu 15 € (pranzo), 25/30 € – Carta 31/35 €

via Ponte Oglio 1312 – ℰ 0376 727182 – Chiuso 6-20 gennaio, 6-20 luglio, lunedì sera, martedì, mercoledì-giovedì sera

ACQUAPARTITA – Forlì-Cesena → Vedere Bagno di Romagna

ACQUAPENDENTE

✉ 01021 – Viterbo (VT) – Carta stradale Michelin 563-N17

a **Trevinano** Nord - Est : 15 km – Carta regionale n° **7**–A1

❀ **La Parolina** (Iside De Cesare e Romano Gordini)

DEL TERRITORIO · **CONTESTO CONTEMPORANEO** XX Se è vero che differenza è sinonimo di ricchezza, Iside e Romano ne hanno qui di che attingere a piene mani! Si va dai funghi dell'Amiata ai tartufi delle crete senesi, dagli asparagi di Canino alle nocciole dei Monti Cimini, senza dimenticare i tanti prodotti ittici provenienti dal vicino lago di Bolsena e dal mar Tirreno. Coppia nella vita e nel lavoro, i coniugi Gordini inaugurano nel 2012 questo bel locale con terrazza panoramica – superba nei mesi estivi – dedicando anche uno spazio all'ospitalità presso la locanda la Letterina. Valorizzazione dei prodotti del territorio ed una buona dose di fantasia sono le chiavi di un intramontabile successo!

Specialità: Uovo alla carbonara. Sella di suino brado con clementine e cipollato marinato. Gianduiotto cremoso al caffè.

Menu 60/120 € – Carta 60/90 €

via Giovanni Pascoli 1 – ℰ 0763 717130 – www.laparolina.it – Chiuso 15-30 novembre, lunedì, martedì

🕸🕸🕸, 🕸🕸, 🕸, ⑱ & ⑪

81

ACQUI TERME

✉ 15011 – Alessandria (AL) – Carta regionale n° **12**-C3 – Carta stradale Michelin 561-H7

⛄ I Caffi (Bruna Cane)   🎷 AK

CLASSICA · ELEGANTE XXX Nel centro storico, al 1° piano di un palazzo cinque-centesco, due anime formano un solo locale. La sala gourmet è apparecchiata nell'affrescata "stanza del sindaco" dove si assaggia un'elegante versione di cucina piemontese con qualche inserimento di pesce. La Brasserie, invece, occupa due sale più moderne; è aperta anche a pranzo ed offre una cucina più semplice che la sera si arricchisce di carni alla griglia. Il pane, la pasta e la piccola pasticceria preparate giornalmente, la selezione di carni - piemontesi e non - i formaggi di varia provenienza, la verdura in parte biologica, le erbe aromatiche di produzione propria, la ricerca del migliore pesce fresco, fanno sì che l'attenzione nella scelta sia una costante. In stagione funghi e tartufi rigorosamente del territorio permettono di arricchire ulteriormente la proposta.

Specialità: Insalatina di stagione con frutta e petti di quaglia. Carrè d'agnello in crosta di fiori. Tortino al fondente con gelato di lavanda.

Menu 35 € (pranzo), 55/65 € – Carta 53/97 €

via Scatilazzi 15 – ☏ 0144 325206 – www.icaffi.it – Chiuso 2-13 febbraio, 1-13 settembre, lunedì, domenica

ⅉ Enoteca La Curia   🎷 🍴 ♿ 🗘

PIEMONTESE · ACCOGLIENTE XX A pochi metri dalla celebre fontana, ambiente intimo e accogliente per accogliervi in uno dei ristoranti più interessanti della zona: intrigante interpretazione della cucina piemontese, innaffiata da un'ottima scelta di vini.

Carta 40/64 €

via alla Bollente 26 – ☏ 0144 356049 – www.enotecalacuria.com – Chiuso lunedì

ACRI

✉ 87041 – Cosenza (CS) – Carta regionale n° **3**-A1 – Carta stradale Michelin 564-I31

ⅉ IL Carpaccio   🎷 🍴 AK 🗘 🅿

CALABRESE · ACCOGLIENTE XX Ristorante di tradizione familiare dotato di una bella sala-veranda affacciata sulla vallata; in carta si trovano specialità tipiche calabresi, il pesce solo su prenotazione, e tanti prodotti dell'orto di casa curato direttamente dai proprietari. Il tutto accompagnato da una buona cantina.

Menu 25/35 € – Carta 25/50 €

Contrada Cocozzello 197/D – ☏ 0984 949205 – www.ilcarpaccio.it – Chiuso lunedì, domenica sera

ACUTO

✉ 03010 – Frosinone (FR) – Carta regionale n° **7**-C2 – Carta stradale Michelin 563-Q21

⛄ Colline Ciociare (Salvatore Tassa)   🍴 AK 🗘

CREATIVA · ELEGANTE XXX Ad una sessantina di chilometri dalla capitale, con un strada che nell'ultimo tratto è punteggiata di curve, per venire fino a qua bisogna proprio averne voglia o – molto più probabilmente –aver sentito parlare delle leccornie che Salvatore Tassa, porta in tavola. Scelta ridotta, ma fantasia infinita: dalla tradizione in bilico tra Lazio e classici italiani, agli accostamenti più audaci, pochi piatti si aprono un universo, quello di questo cuoco-poeta lontano da ogni moda e da ogni definizione. Al moderno bistrot Nù, regnano invece la tradizione e l'omaggio alle ricette storiche dello chef.

Specialità: La cipolla fondente. Fettuccine con pomodori bruciati, pecorino e menta. Wafer alla cannella e gelato al cardamomo.

Menu 90/120 €

via Prenestina 27 – ☏ 0775 56049 – www.collineciociare.it – Chiuso 10-20 gennaio, lunedì, martedì a mezzogiorno, domenica sera

ADRARA SAN MARTINO

✉ 24060 – Bergamo (BG) – Carta regionale n° **10**-D1 – Carta stradale Michelin 561-E11

⅋○ **Ai Burattini** 🛋 AC

DEL TERRITORIO · MINIMALISTA ⅋ Giovane gestione che rappresenta però la quarta generazione familiare in un ristorante dove un tempo si tenevano spettacoli di burattini. La cucina rinnova con gusto e senso della misura le tradizioni locali.
Menu 14 € (pranzo) – Carta 25/38 €
via Madaschi 45 – ☏ 035 933433 – www.aiburattini.it – Chiuso 5-12 giugno, martedì sera, mercoledì

ADRIA

✉ 45011 – Rovigo (RO) – Carta regionale n° **23**–C3 – Carta stradale Michelin 562-G18

⅋○ **Molteni** 🛋 🛋 AC 🔄 P

PESCE E FRUTTI DI MARE · FAMILIARE ⅋ Si respira già profumo di mare ad Adria, alle porte del Delta del Po. La stessa famiglia - ora alla terza generazione - gestisce questo ristorante dal 1921, proponendo piatti di pesce dell'Adriatico in un ambiente composto da due sale: una più intima, raccolta e personalizzata, l'altra più luminosa ed ariosa, affacciata sul servizio all'aperto.
Carta 35/79 €
via Ruzzina 2/4 – ☏ 042642520 – www.albergomolteni.it – Chiuso 16-30 agosto, 24 dicembre-8 gennaio, sabato a mezzogiorno, domenica sera

ADRO

✉ 25030 – Brescia (BS) – Carta regionale n° **10**–D1 – Carta stradale Michelin 561-F11

a **Torbiato** Sud-Est: 4 km

⅋○ **Dispensa Pani e Vini Franciacorta** ♿ AC P

MODERNA · CONVIVIALE ⅋⅋ Atmosfera familiare resa ancora più scenografica dalle bottiglie di vino dell'enoteca che ne riempiono le pareti, per un locale che declina le ottime materie prime della Franciacorta in ricette gustose e tradizionali, forti delle verdure che provengono da un grande orto biologico sostenuto dal locale. Al bancone ci si diverte a tutte le ore del giorno con simpatici assaggi degli ingredienti utilizzati dallo chef (pasta, formaggi, salumi, etc.).
Menu 38 € – Carta 54/74 €
via Principe Umberto 23 – ☏ 030 745 0757 – www.dispensafranciacorta.com – Chiuso lunedì

⅋○ **Natura** 🛋 ♿ AC

MODERNA · ELEGANTE ⅋⅋ Il nome rispecchia la filosofia dell'ambiente, nonché della cucina. Profusione di legno, luci e colori tenui, per piatti contemporanei sia nelle cotture che nelle presentazioni. La selezione di ottime materie prime tiene in grande conto la naturalezza.
Menu 50/120 € – Carta 60/84 €
via Principe Umberto 35 – ☏ 030 728 1670 – www.ristorantenatura.it – Chiuso lunedì, domenica sera

AFFI

✉ 37010 – Verona (VR) – Carta regionale n° **23**–A2 – Carta stradale Michelin 561-F14

⅋○ **Locanda Moscal** 🛋 🛋 AC

ITALIANA · CONVIVIALE ⅋ Semplice e colorato, informale e conviviale, ma anche un'insospettabile tappa gastronomica che richiama avventori dal lago come da Verona. Ai margini del grazioso centro storico di Affi, qui troverete una cucina generosa e saporita, basata su un'ottima materia prima.
Menu 35/40 € – Carta 30/60 €
via Pigna 1 – ☏ 045 626 0309 – www.moscal.it – Chiuso lunedì

AGAZZANO

✉ 29010 – Piacenza (PC) – Carta regionale n° **5**-A2 – Carta stradale Michelin 562-H10

a Sarturano Nord: 4 km

🍴○ **Antica Trattoria Giovanelli**   🏠 AC P

DEL TERRITORIO · FAMILIARE ✗ In una piccola frazione di poche case in aperta campagna, una trattoria che esiste da sempre, dove gustare genuine specialità piacentine; grazioso cortile per servizio estivo.

Carta 25/42 €

via Centrale 5 – ℰ 0523 975209 – www.anticatrattoriagiovanelli.it –
Chiuso 17-24 febbraio, 17-31 agosto, lunedì, mercoledì sera, domenica sera

AGRIGENTO – Agrigento ➜ Vedere Sicilia

AGROPOLI

✉ 84043 – Salerno (SA) – Carta regionale n° **4**-C3 – Carta stradale Michelin 564-F26

🍴○ **Il Ceppo**   🕸 ⇐ 🏠 AC ⇄ P

PESCE E FRUTTI DI MARE · FAMILIARE ✗ Trattoria familiare, al comando due giovani fratelli, uno in sala, l'altro in cucina, per servire una cucina tipica, in prevalenza marina, con una vera griglia di carboni tra i punti di forza. La sera anche pizza con mozzarella di bufala. Davanti al ristorante c'è l'albergo della medesima proprietà con camere semplici, ma accoglienti.

Carta 24/65 €

via Madonna del Carmine 31 – ℰ 0974 843036 – www.hotelristoranteilceppo.com –
Chiuso 6-13 gennaio, 19-26 ottobre, lunedì

🍴○ **Il Cormorano**   🏠

PESCE E FRUTTI DI MARE · FAMILIARE ✗ Direttamente sul porto turistico, caratteristica atmosfera marinara in un ambiente curato ed accogliente, dove gustare pesce fresco e piatti locali serviti anche sull'incantevole terrazza vista mare.

Carta 30/55 €

via C. Pisacane 13 – ℰ 0974 823900 – www.ristoranteilcormorano.it –
Chiuso 4 novembre-29 febbraio, mercoledì

ALASSIO

✉ 17021 – Savona (SV) – Carta regionale n° **8**-B2 – Carta stradale Michelin 561-J6

🍴○ **Nove**   ⇐ 🕀 🏠 AC ⇄ P

MODERNA · ELEGANTE ✗✗✗ Con l'arrivo di un nuovo chef, questa stupenda dimora inaugura il proprio ristorante gourmet, Nove. Se gli interni sono caldi ed eleganti, nobilitati da quadri con scorci liguri, gli esterni sono una gioia nel verde, mentre la cucina porta i sapori liguri su percorsi creativi.

Menu 70/95 € – Carta 70/119 €

Hotel Villa della Pergola, via Privata Montagù 9/1 – ℰ 0182 646140 –
www.noveristorante.it – Chiuso 1 dicembre-20 marzo, martedì

🍴○ **Lamberti**   🕸 ⇐ 🏠 ♿ AC

PESCE E FRUTTI DI MARE · CONTESTO CONTEMPORANEO ✗✗ Nel duello fra tradizione e creatività, quest'ultima ha la meglio in diversi piatti; siamo all'interno dell'omonimo albergo, quindi a pochi passi dal mare.

Carta 46/90 €

via Gramsci 57 – ℰ 0182 642747 – www.ristorantelamberti.it –
Chiuso 15 novembre-3 dicembre

🏚️ Villa della Pergola 🕭 ⩽ �│ ⣧ 🗚 🅿️

DIMORA STORICA · GRAN LUSSO In spettacolare posizione rialzata su Alassio ed immersa in due ettari di parco botanico, Villa la Pergola è una delle residenze più esclusive della Riviera. Costruita nell'Ottocento da una famiglia anglosassone, l'atmosfera di una signorile dimora privata inglese ne pervade ancora i lussuosi interni, mentre le eleganti camere sono distribuite tra la villa principale e le dépendance.

15 camere ⌂ – 👫 300/500 € – 5 suites

via Privata Montagù 9/1 – ℰ 0182 646130 – www.villadellapergola.com –
Chiuso 4 novembre-13 marzo

🍽️ **Nove** – Vedere selezione ristoranti

🏚️ Grand Hotel Alassio 🕭 ⩽ 🖳 🕸 🐾 🛴 🖵 ⣧ 🗚 🎴 🕭

TRADIZIONALE · ELEGANTE Imponente edificio ottocentesco affacciato sulla spiaggia, qui rivivrete i fasti dei grandi alberghi d'epoca, ma con tutti i confort offerti dalle stanze dagli arredi contemporanei. Da non perdere una sosta al ristorante gourmet Gazebo, come una visita al centro talassoterapico con piscina di acqua di mare.

54 camere ⌂ – 👫 198/789 € – 7 suites

via Gramsci 2 – ℰ 0182 648778 – www.grandhotelalassio.com –
Chiuso 8 gennaio-20 marzo

ALBA

✉ 12051 – Cuneo (CN) – Carta regionale n° **14**–A2 – Carta stradale Michelin 561-H6

✿✿✿ Piazza Duomo 🕸 ⇆ 🗚 🔄

CREATIVA · ELEGANTE 🕸🕸🕸 In questo atelier gastronomico, lo chef Enrico Crippa celebra le Langhe, ma lo fa secondo una meticolosità tutta nipponica.

Il pasto debutta in maniera esplosiva con una serie di finger creativi, mentre erbe, fiori, verdura e frutta non sono mai attori non protagonisti dei piatti, ma li esaltano sia nel sapore sia nell'estetica. "Bisogna rimettere al centro ciò che mangiamo, curandoci della provenienza delle materie prime. In tal senso, un prodotto che nasce in un territorio d'eccellenza, e che per arrivare a tavola impiega una manciata di minuti, è un bene prezioso". Sono le parole del cuoco piemontese d'adozione, ma in realtà nato a Carate Brianza, che in una serra di 450 mq e in un appezzamento di 4. 000 mq coltiva i suoi ortaggi.

"Elogio della freschezza" potrebbe essere lo slogan di questo ristorante griffato Ceretto, per una cucina leggera, contemporanea, esteticamente bella.

Specialità: Insalata 21.31.41.51. Agnello e camomilla. Panna cotta Matisse.

Menu 200/290 €

vicolo dell'Arco 1, angolo piazza Risorgimento 4 – ℰ 0173 366167 –
www.piazzaduomoalba.it – Chiuso 1-23 gennaio, 9-27 agosto, lunedì, domenica

✿ Locanda del Pilone 🕸 ⇆ ⩽ �│ 🏠 ⣧ 🗚 🔄 🅿️

CREATIVA · ELEGANTE 🕸🕸 Quasi in bilico su una lingua di terra che si insinua tra le zone vinicole più prestigiose delle Langhe, le sale si affacciano su pittoreschi paesaggi collinari, ma è la cucina a rubare il palcoscenico. Attore un giovanissimo cuoco, ma già tra i più bravi della regione, artefice di piatti sorprendenti ed originali, equilibrati e gustosi. A tutto ciò si aggiungono il savoir-faire e la discrezione di un servizio giovane, ma non per questo impreparato. La location- inoltre – è talmente accattivante che di per sé giustificherebbe il viaggio e la sosta. La locanda dispone – inoltre – di eleganti camere custodi di memorie piemontesi.

Specialità: Tonno di coniglio, olive taggiasche, limone e salsa all' aglio dolce. Tajarin 40 tuorli, burro affumicato, uova di trota e coriandolo. Latte e miele.

Menu 90/135 € – Carta 70/130 €

frazione Madonna di Como 34 (strada della Cicchetta) – ℰ 0173 366616 –
www.locandadelpilone.com – Chiuso 1 gennaio-20 marzo, martedì, mercoledì

✿ Larossa [AC]

CREATIVA · CONTESTO CONTEMPORANEO XX Originario del Lago Maggiore, ma cresciuto con una cultura culinaria legata alle origine laziali della mamma e lucane del papà, lo chef-patron, Andrea Larossa, disegna la propria strada giocando con la tradizione piemontese. In alcuni piatti la cita con ossequio, in altri se ne allontana alla ricerca di spunti più creativi. Un esempio? "Il mio plin... in aria di Alba", ovvero un agnolotto ed una vescica a lento rilascio di aroma alla nocciola. Le presentazioni sono accattivanti ed il piacere del palato non si fa attendere; la carta dei vini curata da Patrizia, compagna di Andrea, accompagna con disinvoltura le varie proposte del menu. Anche le più inusitate.

Specialità: Polpo, fragole, gazpacho, olive e guanciale. Piccione salsa BBQ, erbe selvatiche, burro d'arachidi e pop corn al cumino. Yogurt, curry crumble e albicocca.

Menu 85/110€ – Carta 70/115€

via Alberione 10/D – ℰ 0173 060639 – www.ristorantelarossa.it – Chiuso martedì, mercoledì a mezzogiorno

ⅠⅠ○ Enoclub [⋈] [AC]

PIEMONTESE · CONTESTO STORICO XX Sotto i portici della piazza ora intitolata al fondatore di un'importante industria dolciaria locale, per il ristorante bisogna scendere nelle suggestive cantine in mattoni, dove vengono serviti piatti sempre piemontesi, ma elaborati e accompagnati da una selezione di vini importante. L'ingresso si apre comunque sul Caffè Umberto: ambiente semplice e moderno con pareti ricoperte da bottiglie e una carta più semplice e regionale.

Carta 39/50€

piazza Michele Ferrero 4 – ℰ 0173 33994 – www.caffeumberto.it – Chiuso 10-23 agosto, lunedì, domenica sera

ⅠⅠ○ L'Inedito Vigin Mudest [🛱] [AC]

PIEMONTESE · CONVIVIALE XX Nuova vita per un vecchio locale del centro storico "riproposto" con una gestione esperta e qualificata. Cucina del territorio in chiave moderna, ma - potendo scegliere - si consiglia la sala interrata più elegante e romantica.

Menu 30/50€ – Carta 34/68€

via Vernazza 11 – ℰ 0173 441701 – www.lineditoviginmudest.it – Chiuso 8-25 gennaio, 20 luglio-5 agosto, mercoledì

ⅠⅠ○ Ventuno.1 [AC] [⟷]

MEDITERRANEA · MINIMALISTA XX Due campani dall'ottimo curriculum approdano in Langa, in un locale centrale e dal look moderno; toni bianchi e neri, cucina prevalentemente di mare tranne quando la stagione impone carni e tartufo.

Menu 38/50€ – Carta 35/55€

via Cuneo 8 – ℰ 0173 290787 – www.ventunopuntouno.it – Chiuso 15 febbraio-18 marzo, mercoledì

ⅠⅠ○ Lalibera [⋈] [AC] [⟷]

PIEMONTESE · DESIGN X Moderno e di design il locale, giovane ed efficiente il servizio. La cucina propone appetitosi piatti della tradizione piemontese, nonché specialità di pesce: spesso rielaborati con tocchi di fantasia.

Carta 32/50€

via Pertinace 24/a – ℰ 0173 293155 – www.lalibera.com – Chiuso 5-25 agosto, 23 dicembre-9 gennaio, lunedì a mezzogiorno, domenica

ⅠⅠ○ Osteria dell'Arco [⛛] [AC]

PIEMONTESE · CONTESTO REGIONALE X La cucina rispolvera i piatti del territorio, rivisitati con fantasia, in questo locale del centro affacciato su un cortile interno. Ambiente informale ed accogliente, con il vino in bella mostra.

Menu 38€ – Carta 24/48€

piazza Michele Ferrero 5 – ℰ 0173 363974 – www.osteriadellarco.it – Chiuso 1-31 agosto, 24-26 dicembre

🏠 **Palazzo Finati** ⬆️ 🅰️🅲 **P**

TRADIZIONALE · ROMANTICO Crema, vermiglio, indaco, eleganza delle forme e morbidezza dei tessuti: nell'ottocentesco palazzo del centro convivono una romantica storicità e l'attenzione per il dettaglio.

9 camere ⌂ – 🍴 150/250€

via Vernazza 8 – ☎ 0173 366324 – www.palazzofinati.it – Chiuso 5-20 agosto

ALBA ADRIATICA

✉️ 64011 – Teramo (TE) – Carta regionale n° **1**-B1 – Carta stradale Michelin 563-N23

🍽️ **Arca** 🐂 🛋️ 🅰️🅲

MODERNA · CONTESTO CONTEMPORANEO ✕✕ Locale elegantemente moderno con cucina a vista, lo chef ricco di passione e fantasia reinterpreta l'Abruzzo nelle sue declinazioni di terra e di mare. La qualità dei prodotti è certificata bio.

Menu 43/70€ – Carta 37/82€

viale Mazzini 109 – ☎ 0861 714647 - www.arcaristorante.it – Chiuso 6-20 settembre, martedì, sabato a mezzogiorno

🍽️ **Il Palmizio** 🛋️

ITALIANA · CONVIVIALE ✕✕ L'Abruzzo - terra di contadini e pescatori - offre qui il migliore connubio: il pesce di giornata e i prodotti della terra, in un locale dal concept contemporaneo con ampio servizio estivo in terrazza (vista mare!). Imperdibili gli antipasti, crudi e cotti.

Carta 35/75€

lungomare Marconi 160 – ☎ 0861 751339 – Chiuso 1-16 gennaio, lunedì, domenica sera

ALBANO LAZIALE

✉️ 00041 – Roma (RM) – Carta regionale n° **7**-B2 – Carta stradale Michelin 563-Q19

🍽️ **La Galleria di Sopra** 🅰️🅲

MODERNA · ELEGANTE ✕✕ La sala moderna ed essenziale riflette una cucina così lontana dagli stereotipi dei Castelli Romani: benché non manchino tracce dei prodotti dei colli, i piatti sono creativi, a volte elaborati, comunque originali.

Menu 40/60€ – Carta 45/70€

*via Leonardo Murialdo 9 – ☎ 06 932 2791 – www.lagalleriadisopra.it –
Chiuso 7-14 gennaio, 10-20 agosto, lunedì, martedì-sabato a mezzogiorno,
domenica sera*

ALBAREDO D'ADIGE

✉️ 37041 – Verona (VR) – Carta regionale n° **23**-B3 – Carta stradale Michelin 562-G15

a Coriano Veronese Sud : 5 km

🍽️ **Locanda dell'Arcimboldo** 🛏️🚪🛋️🦽🅰️🅲🔄 **P**

CLASSICA · CONTESTO TRADIZIONALE ✕✕ Elegante casa dell'Ottocento ristrutturata e trasformata in una signorile locanda: particolarmente curate sia la sala che la veranda, dove potrete gustare saporiti piatti locali rivisitati e tante specialità di pesce. Sontuose le camere, arredate con raffinata ricercatezza.

Menu 35/60€ – Carta 32/85€

*via Gennari 5 – ☎ 045 702 5300 – www.locandadellarcimboldo.it –
Chiuso 1-10 gennaio, 5-25 agosto, lunedì, domenica*

ALBARETO

✉️ 43051 – Parma (PR) – Carta regionale n° **5**-A2 – Carta stradale Michelin 562-I11

🍽️ **Casimiro e voi** 🐂 🛏️ 🔄 **P**

CREATIVA · ROMANTICO ✕ L'antico borgo, stazione di passaggio lungo la via Francigena nel XV secolo, è diventato - ora - un raffinato relais con ristorante; cucina fantasiosa che punta a stimolare i cinque sensi di chi si siede a tavola, mentre a pranzo c'è anche una più semplice formula bistrot.

Menu 40/100€ – Carta 45/90€

*Hotel Borgo Casale, località Casale – ☎ 0525 929032 – www.borgocasale.it –
Chiuso 6-23 gennaio*

ALBAVILLA

22031 – Como (CO) – Carta regionale n° **10**–B1 – Carta stradale Michelin 561-E9

Il Cantuccio (Mauro Angelo Elli)

MODERNA · ELEGANTE XX Accogliente e curatissimo, il Cantuccio è un romantico indirizzo elegantemente rustico, nel cuore della verde Brianza, dove "perdersi". Smarrirsi solo concettualmente nelle creazioni di Mauro Elli: lo chef-patron vi condurrà – infatti - lungo un piacevole percorso gastronomico, consigliandovi pietanze e abbinamenti, raccontandovi aneddoti e curiosità in merito alle materie prime selezionate. Un cantuccio dalle fantasiose rielaborazione che – a dispetto della posizione geografica – subisce il fascino del mare, sebbene il menu citi tutto l'anno "proposta di selvaggina del giorno". Cucina dalle basi solidissime e di carattere, accompagnata da una cantina di grande interesse.

Specialità: Capesante, mandorle e caffè. Coniglio nostrano con capperi, limone e amaranto. Cremoso al liquore amaro alle erbe nocciole e caffè.

Carta 56/78€

*via Dante 36 – ℰ 031 628736 – www.mauroelli.com – Chiuso 1-23 gennaio,
16-21 agosto, lunedì, martedì-giovedì a mezzogiorno*

ALBENGA

17031 – Savona (SV) – Carta regionale n° **8**-B2 – Carta stradale Michelin 561-J6

Pernambucco

PESCE E FRUTTI DI MARE · ELEGANTE XXX Gestione capace e insolita collocazione all'interno di un giardino, dove trova posto anche un delizioso dehors, per un locale dall'ambiente elegante che vi farà amare la cucina di mare.

Menu 40€ – Carta 60/80€

*viale Italia 35 – ℰ 0182 53458 – www.ilpernambucco.it – Chiuso 10-25 novembre,
mercoledì*

Babette

LIGURE · STILE MEDITERRANEO XX Direttamente sul mare, dalla sua bella terrazza la vista offerta è quella dell'isola di Gallinara, mentre il menu propone suggestive rivisitazioni di piatti locali e sapori mediterranei.

Menu 38€ (pranzo), 44/48€ – Carta 42/60€

*via Michelangelo 17 – ℰ 0182 544556 – www.ristorantebabette.net –
Chiuso 2-18 marzo, 3-18 novembre, martedì*

Osteria dei Leoni

PESCE E FRUTTI DI MARE · CONTESTO TRADIZIONALE XX Nel centro storico di Albenga, in un edificio quattrocentesco che fu convento alle origini e scuola elementare nel secolo scorso, due caratteristiche sale e una corte interna per la bella stagione. In menu: fragranti specialità di pesce.

Menu 40/50€ – Carta 45/84€

*Strada Vicinale Avarenna – ℰ 0182 51937 – www.osteriadeileoni.it –
Chiuso 15 febbraio-10 marzo, martedì*

ALBEROBELLO

70011 – Bari (BA) – Carta regionale n° **15**-C2 – Carta stradale Michelin 564-E33

Il Poeta Contadino

MODERNA · CONTESTO TRADIZIONALE XXX La visita del paese non è completa, senza i colori tutti pugliesi della cucina della famiglia Leonardo: d'ispirazione tipicamente regionale, in essa convivono armoniosamente tradizione antica e creatività. Ricavata in una vecchia stalla utilizzata come sosta per i viandanti cha da Alberobello proseguivano il loro cammino, l'Osteria del Poeta delizia i suoi ospiti con piatti contadini e specialità di mare.

Carta 45/75€

*via Indipendenza 21 – ℰ 080 432 1917 – www.ilpoetacontadino.it –
Chiuso 7-31 gennaio, lunedì*

ALBIGNASEGO

✉ 35020 – Padova (PD) – Carta regionale n° **23**-C3 – Carta stradale Michelin 562-F17

⭐ **Il Baretto**   🛏 ㎆ **P**

PESCE E FRUTTI DI MARE · ACCOGLIENTE ✕✕ Una piccola sala, meta di chi vuole fare la più classica "mangiata di pesce": senza inutili svolazzi o provocazioni gastronomiche, qui troverete le classiche preparazioni venete o più genericamente italiane, tutte incentrate su un'ottima materia prima.

Menu 80€ (pranzo)/100€ – Carta 60/80€

via Europa 6 – ℰ 049 862 5019 – Chiuso 1-10 gennaio, 10-30 agosto, lunedì, domenica sera

ALDEIN – Bolzano → Vedere Aldino

ALDINO • ALDEIN

✉ 39040 – Bolzano (BZ) – Carta regionale n° **19**-D3 – Carta stradale Michelin 562-C16

⭐ **Ploner**   🛏 ♿ **P**

PESCE E FRUTTI DI MARE · FAMILIARE ✕✕ Un imperdibile, se si è in zona, ma la fragranza della cucina meriterebbe la deviazione: cucina esclusivamente a base di pesce in inverno, nelle altre stagioni anche carne. Due menu degustazione da cui si possono estrapolare a propria scelta i piatti.

Menu 50/99€ – Carta 60/100€

via Dachselweg 1 – ℰ 0471 886556 – Chiuso 6 gennaio-7 febbraio, 15 giugno-8 luglio, lunedì, martedì

⭐ **Krone** ⓝ   ⇦ ⇜ 🛏 ⇪

REGIONALE · ROMANTICO ✕ Il passato è una prerogativa di fascino che ancora non cede il passo alla modernità; in un piccolo paese di montagna, Krone è un ristorante di antica tradizione dove gustare piatti genuini e ricette sudtirolesi. Nato come punto di riferimento per l'ospitalità, conserva tutt'oggi camere semplici e discrete dall'arredo antico... ma la nuova sauna è moderna!

Carta 36/65€

piazza Principale 4 – ℰ 0471 886825 – www.gasthof-krone.it – Chiuso 1 novembre-1 dicembre, lunedì

ALESSANDRIA

✉ 15121 – Alessandria (AL) – Carta regionale n° **12**-C2 – Carta stradale Michelin 561-H7

⭐ **I Due Buoi**   ⅏ ⇦ ♿ ㎆ ⇪

MODERNA · ELEGANTE ✕✕✕ Territorio e creatività sono le parole d'ordine di questo giovane chef del Sol Levante, che propone una cucina personalizzata e molto tecnica, in cui sapori occidentali e piccole contaminazioni asiatiche – come i brodi speziati in accompagnamento – cadenzano il ritmo del pasto.

Menu 30€ (pranzo), 60/80€ – Carta 60/81€

Hotel Alli Due Buoi Rossi, via Cavour 32 – ℰ 0131 517105 – www.iduebuoi.it – Chiuso 1-12 gennaio, 1-31 agosto, sabato a mezzogiorno, domenica

⭐ **Duomo**   ⅏ 🛏 ㎆

MODERNA · AMBIENTE CLASSICO ✕✕ Accanto al Duomo, un locale accogliente che vi sorprenderà con curati piatti del territorio, "firmati" con fantasia da una coppia di fratelli. Sempre disponibili anche alcuni piatti a base di pesce.

Carta 35/70€

via Parma 28 – ℰ 0131 52631 – www.ristorante-duomo.com – Chiuso 19-31 gennaio, 31 agosto-16 settembre, sabato a mezzogiorno, domenica

¡O **Osteria della Luna in Brodo**

REGIONALE · **CONTESTO CONTEMPORANEO** X Piatti della tradizione regionale in un locale colorato ed accogliente. Un consiglio: non andatevene senza prima aver assaggiato gli agnolotti, il brasato e il bunet, per non dire del carrello di formaggio!

Menu 30/45€ – Carta 29/50€

via Legnano 12 – ℰ 0131 231898 – Chiuso 16-30 agosto, lunedì

a **Spinetta Marengo** Est : 3 km per via Marengo – Carta regionale n° **12**-C2

❀ **La Fermata** (Riccardo Aiachini)

MODERNA · **ELEGANTE** XxX Nella campagna intorno ad Alessandria, in un cascinale settecentesco dagli interni moderni ed essenziali, Riccardo Aiachini propone un'intelligente rivisitazione della cucina piemontese: la giusta dose di creatività, senza strafare, in prevalenza carne e appaganti sapori che si ricordano nel tempo. Piatti che trasmettono sensazioni e non solo sapori. Emozioni esaltate dalla atmosfera ricercata ed esclusiva di una sala, tornata a splendere dopo un rigoroso restauro e che è - oggi - un trionfo di arte e design.

Specialità: Cipolla cotta al sale e ripiena. Guancia di vitello. Tortino di mele croccante, pasta di mandorle e gelato di crema.

Menu 55/65€ – Carta 53/83€

via Bolla 2 – ℰ 0131617508 – www.ristorantelafermata.it – Chiuso 6-12 gennaio, 10-23 agosto, sabato a mezzogiorno, domenica

¡O **Le Cicale**

MODERNA · **BISTRÒ** XX La casa dei nonni è diventata un piacevole locale arredato con gusto moderno e leggero. In sala due coniugi ed in cucina il fratello di lei: nel piatto, sapori classici italiani e regionali. Splendido il dehors sul retro circondato dal verde.

Carta 33/64€

via Pineroli 32 – ℰ 0131 216130 – www.lecicale.net – Chiuso 1-15 gennaio, lunedì-sabato a mezzogiorno, domenica

ALGHERO – Sassari → Vedere Sardegna

ALGUND – Bolzano → Vedere Lagundo

ALLEGHE
✉ 32022 – Belluno (BL) – Carta stradale Michelin 562-C18

a **Caprile** Nord - Ovest : 4 km

¡O **Il Postin**

REGIONALE · **STILE MONTANO** XX Se dopo una giornata all'aria aperta, l'appetito si fa sentire, il Postin saprà saziare la vostra fame con ricette e sapori del territorio, in un'elegante sala da pranzo dal caldo stile montano: dalle finestre, a tenervi compagnia, l'incantevole scenario delle Dolomiti.

Menu 30/70€ – Carta 30/70€

Hotel alla Posta, piazza Dogliani 19 – ℰ 0437 721171 – www.hotelposta.com – Chiuso 1 aprile-14 giugno, 14 settembre-18 dicembre

a **Masarè** Sud - Ovest : 2 km – Carta regionale n° **23**-C1

❀ **Barance**

REGIONALE · **STILE MONTANO** XX Ampia e luminosa sala con spioventi in legno ed arredo classico per gustare specialità della tradizione, come i casunziei alla zucca, lo spezzatino di cervo e molto altro.

Specialità: Involtini di melanzane grigliate. Guanciale di vitello ai funghi porcini. Strudel di mele con spuma alla vaniglia.

Carta 28/48€

Hotel Barance, corso Venezia 45 – ℰ 0437723748 – www.hotelbarance.com – Chiuso 6 aprile-19 giugno, 20 settembre-30 novembre

ALMÈ

✉ 24011 – Bergamo (BG) – Carta regionale n° **10**–C1 – Carta stradale Michelin 561-E10

✿ **Frosio**   ❀ 🛋 ⇄

MODERNA · ELEGANTE ✕✕✕ All'interno di una villa settecentesca, un tempo casa-bottega della famiglia, i Frosio sono nell'ambito della ristorazione da diversi lustri: professionalità ed esperienza si percepiscono a livello energetico. Nulla d'improvvisato, quindi, ma Camillo in sala a garantire un servizio inappuntabile, Paolo ai fornelli per assicurare una cucina che si divide equamente tra terra e mare; piatti rassicuranti, pacati, di gusto classico-moderno, spesso elaborati partendo da prodotti tradizionalmente "importanti" come scampi, astice, foie gras, piccione e caviale.. Sempre eccellente la carta dei vini, con un volume dedicato all'Italia ed uno al resto del mondo; nella torre del XIII secolo, che svetta nella sua austera eleganza, la cantina custodisce più di mille etichette.

Specialità: Cuore di carciofo con burrata scampi e caviale. Ricciola di fondale, pomodoro, capperi e basilico. Macedonia di frutta esotica con gelato al frutto della passione.

Menu 70/75€ – Carta 60/88€

piazza Lemine 1 – ☎ 035 541633 – www.frosioristoranti.it – Chiuso 10-27 agosto, martedì a mezzogiorno, mercoledì, giovedì-venerdì a mezzogiorno

ALMENNO SAN BARTOLOMEO

✉ 24030 – Bergamo (BG) – Carta regionale n° **10**–C1 – Carta stradale Michelin 561-E10

⅟○ **Collina**   ⪕ 🛋 🛋 ⅟ 🄰🄺 ⇄ 🄿

MODERNA · CONTESTO CONTEMPORANEO ✕✕✕ Grazie ad un generale e profondo rinnovo, la storica trattoria di famiglia si presenta - oggi - come un elegante ristorante panoramico e dallo stile decisamente attuale: tante opere d'arte, grande passione del patron, disseminate in sala e negli spazi comuni. La cucina continua nel suo percorso di ricerca di pulizia dei sapori e di qualità della materia prima, quasi sempre locale, spesso lacustre.

Carta 50/69€

via Ca' Paler 5 – ☎ 035 642570 – www.ristorantecollina.it – Chiuso 2-12 gennaio, lunedì, martedì

⅟○ **Antica Osteria Giubì dal 1884**   ❀ 🛋 🄰🄺 ⇄ 🄿

REGIONALE · FAMILIARE ✕✕ Autentica trattoria immersa nel verde di un parco, da sempre di famiglia e da sempre vocata alla cucina del territorio. Un altro motivo per venirci è certamente la fornitissima cantina con circa 20. 000 bottiglie, 2. 000 etichette diverse e molte "verticali".

Menu 25€ (pranzo), 49/55€ – Carta 35/55€

via Cascinetto 2 – ☎ 035 540130 – Chiuso 4-16 settembre, mercoledì, domenica sera

ALPE DI SIUSI · SEISER ALM

✉ 39040 – Bolzano (BZ) – Carta regionale n° **19**–C2 – Carta stradale Michelin 562-C16

⅟○ **Gostner Schwaige**   ⪕ 🛋 🥢

REGIONALE · STILE MONTANO ✕ Lasciata la cabinovia si percorre una strada non impegnativa e in mezz'ora di cammino (accorciabile tramite autobus), eccoci in questa celebre malga-gourmet. Troverete anche proposte semplici per pause veloci, ma vi consigliamo di optare per i piatti più elaborati a base di prodotti alpini, erbe di montagna, agnello, manzo e latticini. La sera è aperto solo su prenotazione con menu fisso.

Carta 41/75€

via Saltria Numero 13, sentiero Hans e Paula – ☎ 347 836 8154 – www.gostnerschwaige.com – Chiuso 13 aprile-28 maggio, 5 novembre-13 dicembre

🏚️ Alpina Dolomites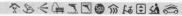

LUSSO · ELEGANTE Calore ed eleganza sono cuore e anima di questo lussuoso albergo dal design montano-minimalista, dove la luce è protagonista assoluta: tutte le camere sono infatti esposte a sud, verso il sole e la meraviglia delle Dolomiti. La loro ampiezza è un'ulteriore cifra distintiva dell'albergo.

47 camere ⌒ – ♥♥ 388/908€ – 13 suites

via Compatsch 62/3 – ℰ 0471 796004 – www.alpinadolomites.it –
Chiuso 12 aprile-5 giugno, 1 novembre-4 dicembre

🏚️ Seiser Alm Urthaler

LUSSO · ELEGANTE Pietra, ferro, vetro e tanto legno sono i materiali utilizzati per questo hotel di concezione "bio" ispirato ad un coinvolgente minimalismo, con ottimi servizi e spazi comuni. I sapori della tradizione vi attendono, invece, nell'ampia sala ristorante o nelle intime stube, tra cui la Jagerstube che ha una propria carta territoriale.

62 camere – ♥♥ 140/275€ – 7 suites

via Compatsch 49 – ℰ 0471 727919 – www.alpedisiusi.com –
Chiuso 29 marzo-17 maggio, 1 novembre-4 dicembre

ALSENO

✉ 29010 – Piacenza (PC) – Carta regionale n° **5**–A2 – Carta stradale Michelin 562-H11

a Cortina Vecchia Sud - Ovest : 5 km

🍴 Da Giovanni

MODERNA · AGRESTE ✗✗ La settecentesca stufa in ceramica e l'arredo d'epoca potranno far volare la fantasia dei più romantici avventori. Le certezze in ogni caso vengono dalla cucina, ispirata alla tradizione piacentina, ma con molta attenzione anche alle ricette di pesce.

Menu 65€ – Carta 45/79€

via Cortina 1040 – ℰ 0523948304 – www.dagiovanniacortina.com –
Chiuso 1-18 gennaio, 5-18 agosto, lunedì, martedì

sugar0607//iStock

ALTA BADIA

✉ 39036 – Bolzano (BZ) – Carta stradale Michelin 562-C17

Ci piace

La straordinaria collezione di stube storiche dell'albergo **La Perla**, culminanti con quelle del suo ristorante stellato La **Stüa de Michil**. Il servizio del **St. Hubertus**: professionalità unita ad una genuina simpatia e piacevole informalità. Il côté chalet, ma di lusso, del **Ciasa Salares**.

A Pedraces, I Dolci di Ricky: assortimento selezionato e creativo di raffinatissimi prodotti da forno. A San Cassiano, Delizius: prodotti tipici della tradizione ladina e vini dell'Alto Adige. Per chi non ha ceduto alle lusinghe del vegetarianesimo - sempre nel ridente paesino - Macelleria Pizzinini: specialità di carne di manzo, vitello ed agnello prodotte da bestiame allevato in loco.

Mikadun/Shutterstock.com

Colfosco

ⅼⅼ○ Stria

MODERNA · AMBIENTE CLASSICO ХХ A pochi metri dalla caratteristica chiesa del paese, in una sala semplice ma accogliente, la cucina prevede diversi spunti locali, sebbene non disegni anche proposte più personali e creative.

Carta 41/78 €

via Val 18 – ☎ 0471 836620

🏠 Colfosco-Kolfuschgerhof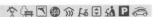

FAMILIARE · STILE MONTANO Ambienti signorili recentemente rinnovati con numerose salette tutte rivestite in legno, ed una dinamica famiglia - ormai da diverse generazioni - al timone di questa bella risorsa, non priva di un'ottima spa.

49 camere – 👫 125/280 € – 7 suites

via Roenn 7, verso Passo Gardena – ☎ 0471 836188 – www.kolfuschgerhof.com – Chiuso 18 aprile-28 maggio, 8 ottobre-1 dicembre

Corvara in Badia Carta regionale n° **19**-C2

☸ La Stüa de Michil

MODERNA · ROMANTICO ХХХ Non è azzardato definirlo uno dei ristoranti più romantici d'Italia: avvolti nel legno di stube storiche dal fascino intimo e sussurrato, la cucina parte dai prodotti alpini, ma non si vieta escursioni in altri territori e arriva fino al mare. Papà pugliese e mamma ladina, il giovane cuoco è stato cresciuto a suon di canederli; non c'è quindi da stupirsi se la fama dei suoi Griess Knödel oltrepassa i confini della regione. La carta dei vini è leggendaria; la possibilità di visitare la cantina va presa in considerazione al momento della prenotazione.

Specialità: Spuma al tuorlo d´uovo affumicata, crema al topinambur, pane nero e nocciola Piemonte. Spaghetto aglio olio e peperoncino con granchio reale. Soufflè alla vaniglia con salsa al caramello.

Menu 129/139 € – Carta 80/139 €

Hotel La Perla, strada Col Alt 105 – ☎ 0471 831000 – www.hotel-laperla.it – Chiuso 31 marzo-12 giugno, 21 settembre-6 dicembre, lunedì-sabato a mezzogiorno, domenica

ⅼⅼ○ Bistrot La Perla

ITALIANA · BISTRÒ ХХ Viaggiare restando comodamente seduti a tavola: con gusto, passione e curiosità Bistrot La Perla propone un excursus da nord a sud attingendo alla ricchezza di sapori ed ingredienti di cui il nostro Paese sa essere prodigo. Ottime anche le specialità di pesce!

Carta 50/100 €

Hotel La Perla, strada Col Alt 105 – ☎ 0471 831000 – www.hotel-laperla.it – Chiuso 31 marzo-12 giugno, 21 settembre-6 dicembre

ⅼⅼ○ L'Ostì ⓝ

MODERNA · MINIMALISTA ХХ Ai piedi del Sassongher, in una sala moderna e minimalista con esposizione di vini in parte naturali e biodinamici, la cucina del giovane cuoco parte dai classici nazionali - dalla Sicilia alle Alpi - per arrivare a divagazioni più personali e creative.

Menu 60/70 € – Carta 49/90 €

Strada Col Alt 10 – ☎ 333 819 4890 – www.ristorantelosti.it – Chiuso 15 aprile-15 giugno, 25 settembre-1 dicembre, lunedì

ⅼⅼ○ Rifugio Col Alt

CLASSICA · SEMPLICE Х Si raggiunge con comodità dal paese con l'ovovia, pochi minuti di salita per accedere ad una vista mozzafiato sulle Dolomiti; la sera invece è necessario accordarsi per il trasporto con il gatto delle nevi. Il nome rifugio non tragga in inganno: c'è qualche piatto rustico, ma anche proposte più ricercate.

Carta 35/84 €

strada Col Alt – ☎ 0471 836324 – www.rifugiocolalt.it – Chiuso 15 aprile-15 giugno, 30 settembre-1 dicembre

La Perla

GRAN LUSSO · PERSONALIZZATO Nella parte più alta, storica e tranquilla del paese, vicino agli impianti di risalita, qui sono di casa le tradizioni ladine, ma soprattutto un'instancabile capacità inventiva, la ricerca di soluzioni sempre nuove e il romanticismo di camere personalizzate. Una straordinaria successione di stube impreziosisce i pasti al ristorante.

40 camere ☑ – †† 380/1150 € – 14 suites

strada Col Alt 105 – ℰ 0471 831000 – www.laperlacorvara.it –
Chiuso 29 marzo-13 giugno, 27 settembre-3 dicembre

❀ **La Stüa de Michil** · Ⅰ○ **Bistrot La Perla** – Vedere selezione ristoranti

Sassongher

LUSSO · STILE MONTANO Dominante il paese, ai piedi dell'omonima montagna, l'albergo fu costruito nel '33 e da allora mantiene l'inossidabile fascino della tradizione, soprattutto per chi non ama un design più moderno e preferisce le rassicuranti atmosfere montane. Se nell'ampio centro benessere c'è spazio anche per una sauna con vista, la sala ristorante è altrettanto panoramica sui tetti di Corvara, ma se siete romantici prenotate un tavolo nella stube del cacciatore o delle bambole.

65 camere – †† 135/408 € – 12 suites

strada Sassongher 45 – ℰ 0471 836085 – www.sassongher.it –
Chiuso 14 aprile-20 giugno, 13 settembre-5 dicembre

San Cassiano Carta regionale n° **19**-C2

❀❀❀ St. Hubertus

CREATIVA · LUSSO XxxX Mai come in questo caso i piatti riescono a rivelare con tanta finezza psicologica la personalità dello chef, il riservato Norbert Niederkofler. Nell'accomodarsi ai suoi tavoli si prende parte ad uno spettacolo dove non ci sono "attori" principali e ruoli secondari, perché qualsiasi elemento concorre a definire il tutto.

Nei piatti del cuoco altoatesino si rintracciano, infatti, i gusti schietti e intensi delle sue montagne, la natura e la cultura di questi luoghi accompagnati dalla passione e dalla fatica quotidiana dei contadini e degli allevatori, la qualità eccelsa dei loro prodotti, le tradizioni e i metodi tramandati di generazione in generazione. Se la sua cucina è un trionfo di colori e sapori locali (pino mugo, ginepro, qualche fiore e spezia...), va anche ricordato che siamo in presenza di tecnicismi sofisticati che spiegano - senza esitazioni - la sua proiezione nell'Olimpo delle stelle.

Qualcuno - un giorno - ha detto che l'incontro con questa cucina non è un pasto, ma un'indimenticabile esperienza umana e noi ci domandiamo: come non dargli ragione?

Specialità: Tartare di coregone. Agnello della Val d'Isarco. Tarte Tatin.

Menu 220/300 €

Hotel Rosa Alpina, strada Micura de Rue 20 – ℰ 0471 849500 – www.st-hubertus.it –
Chiuso 30 marzo-5 giugno, 4 ottobre-16 dicembre, lunedì a mezzogiorno, martedì,
mercoledì-domenica a mezzogiorno

ⅠO Dine Bar Bona Lüna

CLASSICA · ELEGANTE XX Cucina ricercata, estrosa e stuzzicante, servita in una sala allegra ed informale, ideale per serate conviviali e in compagnia... di ottimo vino!

Carta 44/81 €

Hotel Ciasa Salares, via Prè de Vi 31 – ℰ 0471 849445 – www.ciasasalares.it –
Chiuso 29 marzo-13 giugno, 20 settembre-5 dicembre, martedì sera

ⅠO Wine Bar & Grill

CLASSICA · CONVIVIALE XX Qui non fanno difetto i coperti, la convivialità e l'abbondanza delle porzioni: in carta troverete piatti ladini, classici italiani, secondi piatti sia di carne che di pesce alla griglia e fondute su prenotazione. La sera anche pizza, escluso il giovedì.

Carta 42/90 €

Hotel Rosa Alpina, strada Micura de Rue 20 – ℰ 0471 849500 – www.rosalpina.it –
Chiuso 30 marzo-5 giugno, 4 ottobre-16 dicembre

 Ciasa Salares

LUSSO · STILE MONTANO Ai piedi delle cime del Conturines e del Lavarella, un incantevole chalet-hotel dove sarete accolti da un moltiplicarsi di salotti dalle atmosfere ovattate, nonché camere rivestite in legni locali in un piacevolissimo mix di antico e moderno. Fra le numerose offerte gastronomiche dei ristoranti della casa, non perdetevi una serata nella suggestiva cantina con salumi, formaggi, fondute ed altro ancora!

47 camere ☑ – ♥♥ 285/442 € – 19 suites

via Prè de Vi 31 – ✆ 0471 849445 – www.ciasasalares.it – Chiuso 29 marzo-13 giugno, 20 settembre-5 dicembre

⫶○ **Dine Bar Bona Lüna** – Vedere selezione ristoranti

 Rosa Alpina

GRAN LUSSO · ELEGANTE Nel cuore di San Cassiano, vicino al celebre campanile, il Rosa Alpina è uno degli alberghi più celebri dell'Alto-Adige e a giusto titolo. L'eleganza delle camere, il centro benessere e soprattutto l'eccellenza del servizio concorreranno a rendere la vostra vacanza indimenticabile.

35 camere ☑ – ♥♥ 630/900 € – 20 suites

strada Micura de Rue 20 – ✆ 0471 849500 – www.rosalpina.it – Chiuso 30 marzo-5 giugno, 4 ottobre-16 dicembre

❀❀❀ **St. Hubertus** · ⫶○ **Wine Bar & Grill** – Vedere selezione ristoranti

Badia Carta regionale n° **19**-C2

⊛ Maso Runch-Hof

REGIONALE · SEMPLICE ⊠ Come in una fiaba, alla fine di un bosco, un maso del '700 con cinque incantevoli stube ed un menu fisso, ideale escursione fra le ricette ladine; abbondanza e qualità in un ambiente squisitamente familiare. Specialità: costine di maiale con polenta e crauti.

Specialità: Speck al formaggio. Stinco di maiale con polenta e crauti. Strudel di mele.

Menu 33 €

via Runch 11, località Pedraces – ✆ 0471 839796 – www.masorunch.it – Chiuso domenica

⫶○ Stüa dla Lâ

CREATIVA · ROMANTICO ⊠⊠ Tradotto dal ladino, è la stanza ricoperta di legno e di origini ottocentesche in cui viveva la nonna: oggi, il giovane e simpatico nipote è tornato a riscaldarla, proponendo due menu degustazione che spaziano da prodotti locali ad altri più esotici. Il cuoco stesso porta i piatti in sala insieme alla moglie e i suoi collaboratori in un'atmosfera intima, romantica e familiare.

Menu 68/78 €

Hotel Gran Ander, via Runcac 29, località Pedraces – ✆ 0471 839718 – www.granander.it – Chiuso 5 aprile-6 giugno, 27 settembre-5 dicembre, lunedì, martedì, mercoledì, giovedì-domenica a mezzogiorno

ALTAMURA

⊠ 70022 – Bari (BA) – Carta regionale n° **15**-B2 – Carta stradale Michelin 564-E31

⫶○ Tre Torri

REGIONALE · CONVIVIALE ⊠ Anche se la zona è un po' periferica e non propriamente attraente, il ristorante si caratterizza per vivacità ed accoglienza; mentre la sua cucina per la qualità e le porzioni talmente generose, che la clientela locale lo sceglie soprattutto per il pesce. Menu esposto a voce e grazioso dehors climatizzato d'estate.

Menu 30/80 € – Carta 25/70 €

via Ostuni 44 – ✆ 080 314 4024 – www.osteriatretorri.com – Chiuso 10-20 gennaio, 20-30 luglio, martedì

ALTARE

✉ 17041 – Savona (SV) – Carta regionale n° **8**–B2 – Carta stradale Michelin 561-I7

🍴 **Quintilio**

REGIONALE · CONTESTO CONTEMPORANEO XX Cortesia e professionalità vi accompagneranno nella degustazione di ricette liguri e piemontesi, sebbene dopo un soggiorno in Francia da parte dello chef, il menu proponga anche specialità d'Oltralpe. Per quanto concerne l'ambiente, toni neutri per un effetto più naturale e largo spazio alla tecnologia applicata all'illuminazione a led in un ristorante le cui origini risalgono al 1889.

Menu 45/120 € – Carta 38/67 €

via Gramsci 23 – ℰ 019 58000 – www.ristorantequintilio.it – Chiuso 1-16 luglio, 25 dicembre-7 gennaio, lunedì, domenica sera

ALTAVILLA VICENTINA

✉ 36077 – Vicenza (VI) – Carta regionale n° **22**-A2 – Carta stradale Michelin 562-F16

🍴 **L'Altro Penacio**

MEDITERRANEA · ALLA MODA XX Nel contesto dell'hotel Tre Torri, un ristorante classico-elegante con proposte derivanti da una cucina che ama attingere alla tradizione, ma anche ai sapori del mare.

Menu 29/39 € – Carta 35/65 €

Hotel Tre Torri, via Tavernelle 71 – ℰ 0444 371391 – www.hoteltretorrivicenza.it – Chiuso 1-12 gennaio, 4-23 agosto, lunedì a mezzogiorno, domenica

ALTISSIMO

✉ 36070 – Vicenza (VI) – Carta regionale n° **23**-B2 – Carta stradale Michelin 562-F15

🌸 **Casin del Gamba** (Antonio Dal Lago)

MODERNA · STILE MONTANO XX Non semplice da raggiungere, vi consigliamo di partire con anticipo per affrontare i numerosi tornanti tra boschi e monti, ma la ricompensa per un po' di fatica non tarderà ad arrivare. E' infatti il calore e l'esperienza di un'intera famiglia a gestire questo delizioso ristorante a circa 10 chilometri da Valdagno. La signora Daria conduce la sala con precisione, un ambiente festoso, ampio, dove il figlio Luca serve dei vini proverbiali, che compaiono in una carta particolarmente strutturata, con tante etichette sconosciute e soprattutto di genere bio. Lo chef-patron, Antonio, fa dei prodotti del territorio la bandiera della propria cucina, autentica e saporita. Va inoltre ricordato che hanno superato i 40 anni di attività e per oltre la metà del percorso fregiati dalla stella: bravissimi!

Specialità: Petto di colombaccio, terrina di foie gras, germogli e rosa canina. Fagiano, zucca, nocciola e zafferano. Sfera croccante di cioccolato, semifreddo di meringa, frutto della passione, menta e abete bianco.

Menu 90/95 € – Carta 70/125 €

via Roccolo Pizzati 1 (strada per Castelvecchio) – ℰ 0444 687709 – www.casindelgamba.it – Chiuso 7-23 gennaio, 18 agosto-3 settembre, lunedì, martedì a mezzogiorno, domenica sera

ALTOMONTE

✉ 87042 – Cosenza (CS) – Carta regionale n° **3**-A1 – Carta stradale Michelin 564-H30

🍴 **Barbieri**

CALABRESE · AMBIENTE CLASSICO XX Ci si accomoda nella classica sala interna in attesa che il bel tempo permetta di sfruttare gli spazi all'aperto, mentre la carta seguendo le stagioni vi propone il meglio della tradizione del parco del Pollino. Anche menu vegetariano e vegano.

Menu 22/64 € – Carta 20/64 €

Hotel Barbieri, via Italo Barbieri 30 – ℰ 0981 948072 – www.famigliabarbieri.net

ALTOPASCIO

✉ 55011 – Lucca (LU) – Carta regionale n° **18**-B1 – Carta stradale Michelin 563-K14

ⅱ◯ Il Melograno

REGIONALE · CONTESTO STORICO ✕✕ Varcata una delle porte che interrompono le mura, una suggestiva enclave di strade e dimore storiche: una cittadella fortificata piacevolmente illuminata la sera. Al primo piano di uno di questi palazzi, rivivono ricette tradizionali di terra e di mare, non prive di vena creativa.

Menu 30 € – Carta 35/73 €

piazza degli Ospitalieri 9 – ☏ 0583 25016 – www.ilmelogranoristorante.net –
Chiuso 16-23 agosto, 3-8 settembre, lunedì, sabato a mezzogiorno

ALTREI • ANTERIVO – Bolzano → Vedere Anterivo

ALZANO LOMBARDO
✉ 24022 – Bergamo (BG) – Carta regionale n° **10**–C1 – Carta stradale Michelin 561-E11

ⅱ◯ RistoFante

PESCE E FRUTTI DI MARE · ELEGANTE ✕✕✕ Nel centro storico, in un antico palazzo ristrutturato, ambiente elegante e sobriamente arredato all'interno, addirittura raffinato nel bel dehors, gestito da una solida coppia di ristoratori; nonostante ne sia distante geograficamente, la cucina parla soprattutto la lingua del mare.

Menu 55 € – Carta 60/100 €

via Mazzini 41 – ☏ 035 511213 – www.ristofante.it – Chiuso 1-15 gennaio, 10-22 ottobre,
lunedì, martedì-sabato a mezzogiorno, domenica sera

AMALFI
✉ 84011 – Salerno (SA) – Carta regionale n° **4**–B2 – Carta stradale Michelin 564-F25

✼ Glicine ◍

MEDITERRANEA · LUSSO ✕✕✕ Sulla terrazza da sogno oppure nella saletta interna con vista su Amalfi, in entrambi i casi la cucina di Beppe Stanzione sorprende per semplicità e sapore: pochi fronzoli, concretezza, giochi di acidità piacevoli al palato. Originario di Salerno, lo chef si diploma all'alberghiero nel 1997 per poi dedicarsi a tante esperienze professionali all'estero, in un lungo tour tra California, Australia, Cina e Thailandia. Al rientro in Italia, accresce la sua esperienza nelle cucine di un importante ristorante ed - ora - delizia i commensali in questo fine dining restaurant sospeso tra cielo e mare. Molte le proposte anche per vegani, vegetariani e celiaci.

Specialità: Tagliatelle di seppia, cetrioli, limone salato e avocado. Coscia di faraona con broccolo romano e tartufo nero. Bufala e lamponi.

Menu 90/130 € – Carta 82/110 €

Hotel Santa Caterina, via Mauro Comite 9 – ☏ 089 871012 –
www.hotelsantacaterina.it – Chiuso 1 gennaio-14 marzo, 31 ottobre-31 dicembre,
lunedì-domenica a mezzogiorno

✼ La Caravella dal 1959 (Antonio Dipino)

CAMPANA · STILE MEDITERRANEO ✕✕ In un palazzo del 1100 che fu dimora dei Piccolomini, l'ala dell'edificio dov'è collocata La Caravella fu adibita nel Rinascimento ad archivio ducale. Grande storia alle spalle ed indiscussa icona gastronomica della costiera amalfitana, che - ancora oggi - non smette di raccogliere "fedeli" attorno alla sua tavola, negli anni Sessanta la Caravella è stato il primo ristorante del sud a conquistare la stella e poi il titolo di ristorante-museo per la bella e vasta collezione di opere dei più grandi maestri ceramisti locali dal 1800 ai giorni nostri. La sua cucina ammicca a ricette tradizionali, riproposte in versione moderna, profumi e sapori mediterranei, il proverbiale limone sfusato che ricorre in molti piatti, dalla vellutata al celebre soufflé; l'allegria di questo paese e – soprattutto – il mare, a seconda della stagione e del pescato. Strepitosa, infine, la cantina che teme pochi rivali per ricchezza di spunti, annate e selezioni.

Specialità: Alici ripiene di provola con salsa di colatura di alici e friarielli. Risotto al limone d'Amalfi e gamberi cotti e crudi. Il sole nel piatto.

Menu 60 € (pranzo), 90/140 € – Carta 70/140 €

via Matteo Camera 12 – ☏ 089 871029 – www.ristorantelacaravella.it –
Chiuso 11 gennaio-12 febbraio, 15 novembre-26 dicembre, martedì

🍽️ **Sensi** 🏠 AC

CREATIVA · ELEGANTE XXX Saranno tutti i cinque i sensi ad essere soddisfatti da una sosta in questo angolo gourmet all'interno di uno splendido palazzo nobiliare del XVIII secolo, a pochi metri dalla Cattedrale. Se l'arredamento coniuga il classico della struttura con soluzioni moderne e funzionali, i colori si rifanno a quella tavolozza naturale che risponde al nome di Costiera Amalfitana, mentre la cucina attinge a piene mani dal Mare Nostrum. Il menu contempla - tuttavia - anche qualche specialità di terra.

Menu 65/100 € – Carta 62/81 €

via Pietro Comite 4 – 𝒞 089 871183 – www.sensiamalfi.it –
Chiuso 2 gennaio-20 marzo

🍽️ **Eolo** 🦋 ≤ 🏠

MEDITERRANEA · INTIMO XX Al primo piano, senza ascensore, in un edificio all'ingresso della località, piatti tradizionali rivisitati in un piccolo ristorante dall'ambiente intimo e curato. Dal balcone c'è una romantica vista su Amalfi, ma con spazio solo per tre ambitissimi tavoli: vi suggeriamo, quindi, di prenotare con anticipo.

Carta 70/120 €

via Comite 3 – 𝒞 089871241 – www.eoloamalfi.it – Chiuso martedì

🍽️ **Marina Grande** ≤ 🏠 AC

PESCE E FRUTTI DI MARE · STILE MEDITERRANEO XX Direttamente sulla spiaggia, un piacevole locale dai toni contemporanei con splendida vista mare. Ricette che ripercorrono la tradizione, ma in chiave moderna; presenti anche piatti classici.

Carta 51/78 €

viale delle Regioni 4 – 𝒞 089 871129 – www.ristorantemarinagrande.com –
Chiuso 15 novembre-1 marzo, mercoledì

🏨 **Grand Hotel Convento di Amalfi**

🌳 🐾 ≤ 🛏️ �🏊 🎵 🛎️ ⬆️ ⚐ AC P

STORICO · GRAN LUSSO In un convento del XIII secolo abbarbicato sulla scogliera che domina la costa, impreziosito da una chiesa e dallo stupendo chiostro antico, spettacolari terrazze offrono più di un chilometro di passeggiate tra limoni e bouganvillee, piscina a sfioro riscaldata camere vista mare - molte ricavate dalle ex celle dei monaci.

45 camere – ⚥ 350/1000 € – 🍽️ 25 € – 8 suites

via Annunziatella 46 – 𝒞 089 873 6711 – www.ghconventodiamalfi.com –
Chiuso 8 gennaio-15 marzo

🏨 **Santa Caterina** 🌳 ≤ ⚓ 🛏️ 🏊 🎵 🛎️ ⬆️ AC 🧖 P

DIMORA STORICA · GRAN LUSSO A strapiombo sul mare, immerso tra limoni e baciato da un'incantevole vista sulla vicina Amalfi, nel Santa Caterina troverete un grande albergo, di un'eleganza classica e senza tempo. Un ascensore vi condurrà ad una piattaforma con sdrai di fronte alla distesa blu, così come d'acqua di mare riscaldata è riempita anche la piscina. Due opzioni per la ristorazione: Glicine fine dining e Al Mare (pranzo e cena) per proposte più tradizionali.

51 camere 🍽️ – ⚥ 350/2550 € – 15 suites

via Mauro Comite 9 – 𝒞 089 871012 – www.hotelsantacaterina.it –
Chiuso 1 gennaio-15 marzo, 3 novembre-31 dicembre

❀ **Glicine** - Vedere selezione ristoranti

🏨 **Marina Riviera** ≤ 🎵 🛎️ ⬆️ AC

TRADIZIONALE · MEDITERRANEO All'ingresso della località, in posizione panoramica, struttura dei primi anni del '900 (su fondamenta tardo settecentesche): ariosi spazi comuni e camere vista mare. All'ultimo piano la piscina riscaldata, ma anche il bar per gli aperitivi al tramonto.

30 camere 🍽️ – ⚥ 470/726 € – 4 suites

via P. Comite 19 – 𝒞 089 871104 – www.marinariviera.it – Chiuso 1 gennaio-31 marzo,
1 novembre-31 dicembre

AMANTEA

✉ 87032 – Cosenza (CS) – Carta regionale n° **3**-A2 – Carta stradale Michelin 564-J30

⍰○ **Due Bicchieri Gourmet** 🏠 🅰🅲

PESCE E FRUTTI DI MARE · ALLA MODA ✕✕ Ambiente sfizioso dedicato al mondo del vino e piatti mediterranei in prevalenza di pesce: ecco la ricetta di un simpatico locale a pochi passi dalla strada del passeggio e dei negozi.

Carta 35/50 €

via Dogana 92 – ℰ 0982 424409 – www.ristoranteduebicchieri.it –
Chiuso 4-17 novembre, lunedì, martedì, mercoledì-sabato a mezzogiorno,
domenica sera

AMBIVERE

✉ 24030 – Bergamo (BG) – Carta regionale n° **10**-C1 – Carta stradale Michelin 561-E10

⍰○ **Antica Osteria dei Camelì** 🐾 🏠 ⅋ 🅰🅲 ⇎ 🅿

MODERNA · ELEGANTE ✕✕✕ In una cascina di origini cinquecentesche che si fa inaspettatamente moderna ed elegante all'interno, ricette della tradizione, ma anche diversi viaggi verso prodotti di ogni paese, mare compreso.

Menu 50 € (pranzo)/75 € – Carta 60/101 €

via Marconi 13 – ℰ 035 908000 – www.anticaosteriadeicameli.it – Chiuso 1-7 gennaio,
4-25 agosto, lunedì, martedì sera

AMEGLIA

✉ 19031 – La Spezia (SP) – Carta regionale n° **8**-D2 – Carta stradale Michelin 561-J11

⑳ **Mauro Ricciardi alla Locanda dell'Angelo** 🐾 ⇎ 🅰🅲 🅿

MODERNA · AMBIENTE CLASSICO ✕✕ Gli ambienti sono rimasti immutati, sobri e luminosi, disegnati negli anni '70 da Vico Magistretti, ma il timone è nelle mani di Mauro Ricciardi, celebre figura della ristorazione del Levante. Il segno d'autore ai fornelli si rivela nella scelta di prodotti enogastronomici della grande tradizione italiana, alla base di piatti preparati con la massima cura. Partendo dal presupposto che gli elementi stimolanti le papille gustative sono l'aspro, l'amaro, il dolce e il salato, il piatto perfetto è quello in grado di raggiungere tra questi elementi l'equilibrio assoluto. Una sfida che Mauro riesce a portare a termine: carne e pesce in ricette di misurata creatività.

Specialità: Astice con lampredotto, spugnole e salsa al foie-gras. Ravioli di scampi con brodo di crostacei, acqua di pomodoro e ricotta stagionata. Nuvola di riso, gelato allo zafferano, salsa al limone, mandorle pralinate e riso soffiato.

Menu 55 € (pranzo), 60/90 € – Carta 75/90 €

Hotel Locanda dell'Angelo, viale XXV Aprile 60 (strada provinciale Sarzana-
Marinella) – ℰ 0187 65336 – www.chefmauroricciardi.it – Chiuso 1-9 ottobre,
20 dicembre-23 gennaio, lunedì, martedì

🏠 **Locanda dell'Angelo** 🐾 ⇎ 🍸 🅰🅲 ⚒ 🅿

TRADIZIONALE · MINIMALISTA Albergo dedicato alla memoria dell'architetto-designer Vico Magistretti, che negli '70 progettò e arredò l'intera struttura in uno stile minimalista che segnò un'epoca, ancora oggi riconoscibile e ricercato dagli amanti di quegli anni.

31 camere ⌷ – 🍴🍴 100/160 € – 1 suite

viale XXV Aprile 60 (strada provinciale Sarzana-Marinella) – ℰ 0187 64391 –
www.paracucchilocanda.it – Chiuso 3 novembre-23 febbraio

⑳ **Mauro Ricciardi alla Locanda dell'Angelo** – Vedere selezione ristoranti

🏘🏘 , 🏘🏘 , 🏠🏠 , 🏠 , 🏠 & 🏠

a **Montemarcello** Sud : 5, 5 km

🍴○ **Pescarino-Sapori di Terra e di Mare**

REGIONALE · RUSTICO XX In un locale semplice avvolto nel legno – quasi una baita – troverete una delle cucina più interessanti della zona con grande cura nella selezione dei prodotti; per chi ama la tranquillità consigliamo anche un pernottamento nelle camere, solo due ma incantevoli, con ceramiche di Vietri nei bagni.

Menu 48/50€ – Carta 40/62€

via Borea 52 – ℰ 0187 601388 – www.pescarino.it – Chiuso 8-22 gennaio, 25 settembre-5 ottobre, lunedì, martedì, mercoledì-venerdì a mezzogiorno

AMELIA

✉ 05022 – Terni (TR) – Carta stradale Michelin 563-O19

a **Macchie** Nord - Ovest : 8 km – Carta regionale n° **20**–B3

🍴○ **Tenuta del Gallo**

CLASSICA · ROMANTICO XX Negli ambienti interni della tenuta, ricchi di charme e romanticismo oppure seduti all'aperto davanti ad un bucolico panorama, la cucina prende spunto dalla tradizione locale senza dimenticare i classici nazionali.

Carta 32/65€

Relais Tenuta del Gallo, via Ortacci 34 – ℰ 0744 987112 – www.tenutadelgallo.com – Chiuso 3-30 novembre, lunedì

🏠 **Relais Tenuta del Gallo**

CASA DI CAMPAGNA · STORICO All'interno di una grande proprietà terriera, in posizione isolata e panoramica, ambienti eleganti e raffinati con mobili di pregio e quadri del Seicento e dell'Ottocento provenienti dalla collezione privata di famiglia.

7 camere ⌂ – ♙♙ 90/178€ – 1 suite

via Ortacci 34 – ℰ 0744 987112 – www.tenutadelgallo.com – Chiuso 7 gennaio-7 febbraio, 4 novembre-6 dicembre

🍴○ **Tenuta del Gallo** – Vedere selezione ristoranti

ANACAPRI – Napoli → Vedere Capri (Isola di)

ANCONA

✉ 60123 – Ancona (AN) – Carta regionale n° **11**–C1 – Carta stradale Michelin 563-L22

🍴○ **Ginevra**

CREATIVA · CONTESTO CONTEMPORANEO XXX Al quarto piano dell'albergo Seeport prendetevi il tempo di godervi l'aperitivo nella terrazza con vista a 180 gradi che regalerà tramonti fantastici. Poi, nella sala moderna ed elegante, vi aspettano piatti che valorizzano i prodotti e le ricette marchigiane in chiave moderna e personale. Carta semplice a pranzo.

Carta 45/110€

Hotel Seeport, Rupi di via XXIX Settembre 12 – ℰ 071 971 5100 – www.ginevrarestaurant.com – Chiuso domenica

🍴○ **Sot'Ajarchi**

PESCE E FRUTTI DI MARE · TRATTORIA X Sotto i portici, è una semplice trattoria familiare, dove gustare la tipica cucina marchigiana di mare in piatti fragranti preparati secondo l'offerta del mercato.

Carta 25/60€

via Marconi 93 – ℰ 071 202441 – Chiuso 10 agosto-10 settembre, domenica

🏨 Grand Hotel Palace

TRADIZIONALE · CLASSICO Situato in centro, in un palazzo ottocentesco austero e nobiliare, l'hotel gode di una posizione privilegiata trovandosi esattamente di fronte al mare e a poca distanza dalla zona pedonale. Totalmente rinnovato con un stile elegante e contemporaneo, le sue camere sono curate ed accoglienti. Piccola carta di gustosi piatti e vini di produzione propria presso il wine-bar.
41 camere ☑ – †† 120/250€ – 2 suites
lungomare Vanvitelli 24 – ☎ 071 201813 – www.grandhotelpalaceancona.com

a Portonovo Sud - Est : 12 km per Numana – Carta regionale n° **11**–C1

🍴 Clandestino Susci Bar

CREATIVA · ALLA MODA Direttamente su una bellissima spiaggia selvaggia, la maggior parte dei tavoli puntano verso la baia ed il mare. Vero e proprio laboratorio dell'idee culinarie di Moreno Cedroni, la carta non è ampia, ma la linea di cucina è interessante, creativa ed a base di pesce (ottimi i crudi). A mezzogiorno solo panini ed insalate.
Menu 85€ – Carta 48/80€
via Portonovo, località Poggio – ☎ 071 801422 – www.morenocedroni.it –
Chiuso 14 ottobre-1 aprile, martedì

🏨 Fortino Napoleonico

STORICO · CLASSICO Conserva tutto l'aspetto di un fortino costruito ad inizio dell'800, che si estende orizzontalmente a pochi metri dall'acqua, immerso nel verde della baia. Camere con arredi d'epoca ed in stile, comunque omogenei con un'idea di raffinata eleganza. Curata anche la ristorazione, dalla cucina escono interessanti piatti creativi.
26 camere ☑ – †† 180/520€ – 4 suites
via Poggio 166 – ☎ 071 801450 – www.hotelfortino.it – Chiuso 2 gennaio-31 marzo

🏨 Emilia

TRADIZIONALE · MEDITERRANEO In posizione isolata, su un promontorio e con un curato giardino da cui si apre una vista mozzafiato sul mare e la baia di Portonovo, all'interno prevale un'atmosfera bianca e luminosa, uno stile classico e funzionale. Navetta per le spiagge in estate.
33 camere ☑ – †† 299/899€ – 4 suites
via Poggio 149/a (in collina) – ☎ 071 801117 – www.hotelemilia.com –
Chiuso 1 gennaio-1 aprile, 1 novembre-31 dicembre

ANDRIA

✉ 76123 – Barletta-Andria-Trani (BT) – Carta regionale n° **15**–B2 –
Carta stradale Michelin 564-D30

🌸 Umami

MODERNA · ELEGANTE Fu grazie ad uno studio sulle alghe che agli albori del '900 i giapponesi scoprirono il quinto gusto, "umami", il saporito o sapido. Ed è, proprio, a tale filosofia che s'ispira questo locale, che mette in tavola i gustosi prodotti del territorio, siano essi i frutti della terra o quelli del mare, elaborati con fantasia e rispetto. In un ambiente raffinato, accogliente, innovativo - alle porte della città - Umami si rivela, dunque, un'esperienza sensoriale a tutto tondo.
Se vi farete tentare da uno dei menu degustazione – ottima opzione per assaggiare di tutto un po' – soffermatevi sui titoli degli stessi: chiacchierando, conversando, filosofando... sono già un invito ad una prospettiva di relax e piacevolezza.
Specialità: Seppia in oliocottura, ricotta e tartare di tre varietà di pomodori. Bottoni di patata e pecorino, asparagi e calamaro. Nocciole, yogurt e velo al mango.
Menu 50/90€ – Carta 50/120€
via Trani 103 – ☎ 0883 261201 – www.umamiristorante.com – Chiuso martedì, domenica sera

⊕ Il Turacciolo   🦋 😤 AC

MODERNA · SEMPLICE Ⅹ Ambiente informale con tovagliette di carta e menu esibito su due lavagne, in un'enoteca wine-bar del centro, dove gustare una schietta cucina regionale, che sorprende in alcuni piatti per fantasia e modernità.

Specialità: Galletto ruspante affumicato. Orzotto ai carciofi e tartufo nero estivo. Maialino caramellato al cotto di fichi.

Menu 25/50€ – Carta 25/50€

piazza Vittorio Emanuele II° 4 –

☎ 388 199 8889 – www.turacciolo.it – Chiuso 22-27 giugno, 14-19 settembre, lunedì-sabato a mezzogiorno, domenica

a **Montegrosso** Sud - Ovest : 15 km – Carta regionale n° **15**–B2

⊕ Antichi Sapori   🕭 AC

REGIONALE · RUSTICO Ⅹ E' dal 1993 che questa trattoria delizia i palati con piatti tradizionali che traggono ispirazione anche dalle vicine Murge. Si viene qui per gustare l'agnello ripieno di lampascioni, ma tante altre specialità regionali vi attendono in questa originale trattoria con decorazioni di vita contadina. Dal vicino orto, le saporite verdure presenti in menu.

Specialità: Sponsali arraganati alla vecchia maniera. Agnello ripieno di lampascioni. Quasi tiramisù pugliese.

Menu 30/35€ – Carta 38/40€

piazza Sant'Isidoro 10 – ☎ 0883 569529 – www.pietrozito.it –

Chiuso 28 giugno-9 luglio, 15-30 agosto, 23 dicembre-3 gennaio, lunedì sera, sabato sera, domenica

ANGHIARI

✉ 52031 – Arezzo (AR) – Carta regionale n° **18**–D2 – Carta stradale Michelin 563-L18

⊕ Da Alighiero   AC

REGIONALE · TRATTORIA Ⅹ Nel dedalo di strade della pittoresca Anghiari, qui troverete un'autentica trattoria, ricca d'atmosfera e gestita da un toscano tanto preparato, quanto simpatico e generoso.

Specialità: Insalata di fegatini al vin santo. Petto d' anatra porchettato. Panna cotta con gelatina di rose.

Menu 25€ (pranzo), 30/45€ – Carta 24/45€

via Garibaldi 8 – ☎ 0575 788040 – www.daalighiero.it – Chiuso 16 febbraio-15 marzo, martedì

ANNONE VENETO

✉ 30020 – Venezia (VE) – Carta regionale n° **23**–D2 – Carta stradale Michelin 562-E20

ⅠO Il Credenziere   😤 🕭 AC

PESCE E FRUTTI DI MARE · FAMILIARE ⅩⅩ In una piccola frazione di campagna, piacevole ambiente di calda atmosfera e accoglienza familiare, qui le proposte parlano principalmente di pesce con alcune elaborazioni stuzzicanti. A pranzo anche formule più economiche per chi ha poco tempo.

Carta 50/70€

via Quattro Strade 12 –

☎ 0422 769922 – www.ilcredenziereristorante.it –

Chiuso 23 febbraio-10 marzo, lunedì, domenica sera

ANNUNZIATA – Cuneo → Vedere La Morra

ANTERIVO • ALTREI

✉ 39040 – Bolzano (BZ) – Carta regionale n° **19**–D3 – Carta stradale Michelin 562-D16

😊 Kurbishof

REGIONALE · ROMANTICO ✗ Piacevole quanto romantica locanda ricavata da un antichissimo maso con fienile: in due caratteristiche stube, di cui una con vista sulla val di Cembra, una coppia propone il meglio dei prodotti del territorio, cucinati spesso nel rispetto della tradizione, sebbene non manchino lievi tocchi di fantasia. Un esempio? Grostl di maiale con patate e cavolo cappuccio allo speck a cui fanno eco i canederli di zucca su fonduta di formaggio e mandorle di terra. Graziose camere nel fienile.

Specialità: Testina di vitello tiepida con cipolla rossa e vinaigrette. Grostl di maiale e patate con cavolo cappuccio allo speck. Variazione al caffe di Anterivo.

Carta 35/60€

via Guggal 23 – ℰ 0471 882140 – www.kuerbishof.it – Chiuso 14 aprile-14 maggio, 4 novembre-5 dicembre, martedì, mercoledì a mezzogiorno

ANZIO

✉ 00042 – Roma (RM) – Carta regionale n° **7**–B3 – Carta stradale Michelin 563-R19

ⅈ○ Romolo al Porto

PESCE E FRUTTI DI MARE · MINIMALISTA ✗ Prettamente a conduzione familiare, un ristorante dalla filosofia esplicita: solo pesce fresco locale, talvolta pescato con la propria barca. Tavoli all'aperto con vista mare.

Carta 45/100€

via Porto Innocenziano 19 – ℰ 3392379839 – www.daromoloalporto.com – Chiuso 7-22 gennaio, mercoledì

ANZOLA DELL'EMILIA

✉ 40011 – Bologna (BO) – Carta regionale n° **5**–C3 – Carta stradale Michelin 562-I15

ⅈ○ Il Ristorantino-da Dino

REGIONALE · AMBIENTE CLASSICO ✗ Ristorantino in zona residenziale che vale la pena di provare per le interessanti preparazioni di cucina tradizionale: materie prime di qualità, prezzi convenienti e pesce secondo il mercato (giovedì e venerdì).

Carta 28/60€

via 25 Aprile 11 – ℰ 051 732364 – www.ristorantinodadino.it – Chiuso 27 gennaio-4 febbraio, 9-16 giugno, 2-25 settembre, lunedì, domenica sera

AOSTA

✉ 11100 – Aosta (AO) – Carta regionale n° **21**–A2 – Carta stradale Michelin 561-E3

😊 Osteria da Nando

REGIONALE · INTIMO ✗ Splendida collocazione nel cuore della città - tra l'arco di Augusto e le Porte Pretoriane - per questa semplice risorsa, a conduzione familiare, giunta ormai alla terza generazione e con più di 60 anni di storia. Cucina squisitamente regionale, il menu fisso "Nando" permette di contenere un po' i costi, mentre tutti i vini valdostani presenti in carta possono essere degustati anche al bicchiere.

Specialità: Affettato valdostano. Carbonade e patate lesse. Delizia di panna.

Menu 35/60€ – Carta 38/48€

via Sant'Anselmo 99 – ℰ 0165 44455 – www.osterianando.com – Chiuso 22 giugno-1 luglio, martedì, mercoledì a mezzogiorno

ⅈ○ Vecchio Ristoro

MODERNA · ELEGANTE ✗✗ Partendo dai sapori regionali e dall'accurata selezione delle materie prime, la cucina spicca il volo verso l'innovazione e la creatività, come nei tre menu degustazione di cui uno dedicato alla selvaggina da piuma. Gli artefici di questa interessante riapertura? Paolo e Filippo: nomi noti in zona!

Menu 65/85€ – Carta 59/88€

via Tourneuve 4 – ℰ 0165 33238 – www.ristorantevecchioristoro.it – Chiuso 8-21 giugno, 1-14 ottobre, lunedì a mezzogiorno, domenica

APPIANO GENTILE

✉ 22070 – Como (CO) – Carta regionale n° **18**–A1 – Carta stradale Michelin 561-E8

ⅠⓄ **Il Portico**   ♿ 🅰️

DEL MERCATO · CONVIVIALE ⅹ Lo chef Lopriore torna nella sua terra natia con un nuovo locale dal format originale. Se a pranzo la scelta è orientata su piatti unici, la sera vanno in scena menu degustazione "scomposti": carne, pesce o verdura con complementi originali, a voi il piacere di creare i vostri equilibri preferiti. Cucina del mercato dove il prodotto locale è protagonista indiscusso.

Menu 18 € (pranzo), 55/65 €

piazza Libertà 36 – ℰ 031 931982 – Chiuso martedì sera, mercoledì, domenica sera

APPIANO SULLA STRADA DEL VINO •
EPPAN AN DER WEINSTRASSE

✉ 39057 – Bolzano (BZ) – Carta stradale Michelin 562-C15

a San Michele Carta regionale n° **19**–D3

❀ **Zur Rose** (Herbert e Daniel Hintner)   🕸 🏠 ⇄

MODERNA · AMBIENTE CLASSICO ⅹⅹ La tappa gourmet che lascia il segno lungo la golosa e romantica strada del vino tirolese è - sicuramente - Zur Rose: storica insegna dove lo chef Herbert Hintner propone la sua idea di creatività contemporanea scandita da una forte identità regionale e altoatesina. Nell'elegante spazio risalente al 1300 - con il nome "La Rosa" utilizzato per il ristorante sin dal 1585 - i prodotti e, di conseguenza i piatti, si "adeguano" alle stagioni in quattro menu ad hoc. Da decenni sulla cresta dell'onda, la cucina di Hintner non ha preso una ruga, a maggior ragione ora che lo affianca il figlio, e rimane sempre una sosta gastronomica irrinunciabile lungo la romantica strada del vino.

Specialità: Ravioli di grano saraceno con ortica, ricotta e formaggio di malga. Fegato di vitello in crosta all'aglio. Soufflé di panettone con ragù di arance e zabaione al miele.

Menu 80/105 € – Carta 60/90 €

via Josef Innerhofer 2 – ℰ 0471 662249 – www.zur-rose.com – Chiuso 9-20 marzo, 6-16 luglio, 24-27 dicembre, lunedì a mezzogiorno, domenica

a Cornaiano Nord - Est : 2 km – Carta regionale n° **19**–D3

🏨 **Weinegg**   ⇗ 🐾 ≼ 🍴 🍸 🎦 🕸 Ⅼ🄳 ⬚ ♿ 🅰️ 🛎 🅿️ 🚗

LUSSO · PERSONALIZZATO Nella tranquillità totale della natura, imponente edificio moderno con incantevole vista su monti e frutteti. Migliorato ulteriormente grazie agli ingenti, recenti investimenti, la struttura offre ambienti personalizzati in raffinato stile moderno-tirolese. Le ultime suite realizzate offrono accesso diretto ad una nuova piscina come si fosse su una palafitta! Molto bella e completa anche la zona spa.

58 suites ⌸ – 👫 180/350 € – 29 camere

via Lamm 22 – ℰ 0471 662511 – www.weinegg.com

a Missiano Nord : 4 km – Carta regionale n° **19**–D3

🏨 **Schloss Korb**   ⇗ 🐾 ≼ 🍴 🍸 🎦 🕸 ⬚ 🛎 🅿️

DIMORA STORICA · CLASSICO Incantevole veduta panoramica sulla vallata e quiete assoluta in un castello medioevale dai raffinati e tipici interni; molte camere nell'annessa struttura più recente. Calda, raffinata atmosfera nella sala in stile rustico con pareti in pietra; cucina locale.

29 camere ⌸ – 👫 146/278 € – 20 suites

via Castello d'Appiano 5 – ℰ 0471 636000 – www.schloss-hotel-korb.com – Chiuso 10 novembre-1 aprile

APPIGNANO

✉ 62010 – Macerata (MC) – Carta regionale n° **11**–C2 – Carta stradale Michelin 563-L22

⊛ **Osteria dei Segreti** ⇦ ⪡ ⪧ 🛏 🏠 AC P

REGIONALE · RUSTICO XX Piatti della tradizione a prezzi particolarmente interessanti in un ex borgo agricolo con casolare, fienile ed annessi. Specialità: carpaccio di chianina, rucola e grana - grigliata mista - panna cotta ai frutti di bosco. Per chi volesse prolungare la sosta, la struttura dispone di camere recentemente rinnovate in stile moderno, centro benessere e piscina estiva.

Specialità: Cargiu e cappellacci. Tagliata di vitello marchigiano. Crema maceratese.

Carta 15/50€

via Verdefiore 25 – ☎ 0733 57685 – www.osteriadeisegreti.com – Chiuso 1-15 marzo, sabato a mezzogiorno, domenica sera

APRICA

✉ 23031 – Sondrio (SO) – Carta regionale n° **9**-C1 – Carta stradale Michelin 561-D12

🏵 **Gimmy's** ⇦ & P

TRADIZIONALE · ROMANTICO XX Cucina tradizionale rivisitata in chiave moderna: per gli appassionati della carne, una pagina del menu è dedicata solo per loro. Si cena in una bella sala/stube dai caldi toni di montagna.

Carta 35/55€

Hotel Arisch, via Privata Gemelli sn – ☎ 0342 747048 – www.hotelarisch.com

APRILIA

✉ 04011 – Latina (LT) – Carta regionale n° **7**-B2 – Carta stradale Michelin 563-R19

🏵 **Il Focarile** 🏖 ⇦ 🛏 🏠 AC P

CLASSICA · AMBIENTE CLASSICO XXX Ristorante classico, a gestione familiare, sulla "piazza" da molti anni; al suo interno un'ampia e luminosa sala con tavoli ben distanziati per una cucina sia di carne sia di pesce, dai sapori spiccatamente italiani. Per serate più leggere, c'è anche l'Osteria Mangiaitaliano, mentre quattro eleganti camere di fronte al laghetto completano l'offerta.

Carta 50/60€

via Pontina al km 46,5 – ☎ 06 928 2549 – www.ilfocarile.it – Chiuso lunedì, domenica sera

ARABBA

✉ 32020 – Belluno (BL) – Carta regionale n° **23**-B1 – Carta stradale Michelin 562-C17

🏵 **Stube Ladina** ⇦

REGIONALE · STUBE XX Della cucina se ne occupa direttamente il patron dell'albergo che, in una raccolta stube, propone ai suoi ospiti la materia prima del territorio in piatti ricercati e ben fatti. A coronamento di tutto, un'interessante carta dei vini.

Menu 20/30€ – Carta 38/75€

Hotel Alpenrose, via Precumon 24 – ☎ 0436 750076 – www.alpenrosearabba.it – Chiuso 10 aprile-20 maggio, 1 ottobre-30 novembre

ARBATAX – Ogliastra → Vedere Sardegna (Tortolì)

ARCETO – Reggio nell'Emilia → Vedere Scandiano

ARCETRI – Firenze → Vedere Firenze

ARCHI – Catania → Vedere Sicilia (Riposto)

ARCIPELAGO DELLA MADDALENA – Olbia-Tempio → Vedere Sardegna - Maddalena (Arcipelago della)

ARCO

✉ 38062 – Trento (TN) – Carta stradale Michelin 562-E14

¶○ **Peter Brunel Ristorante Gourmet** Ⓝ   &. 🅰️🅲 ⇆ 🅿️

MODERNA · CONTESTO CONTEMPORANEO XxX Peter Brunel, dopo una breve ma intensa esperienza fiorentina, torna a casa apre il suo ristorante, tavoli tutti bianchi e piatti disegnati dallo chef-patron in un ambiente luminoso, arredato con l'ormai imprescindibile gusto minimalista, alla ricerca, di una proposta di cucina che racconti non solo le tradizioni e le selezionate materie prime territoriali ma anche le sue esperienze ed i suoi viaggi in altri luoghi. Cucina moderna, creativa e di personalità.

Menu 70/90 € – Carta 110/120 €

Via Linfano 47 – ☏ 0464 076705 – www.peterbrunel.com – Chiuso lunedì

ARCUGNANO

✉ 36057 – Vicenza (VI) – Carta regionale n° **22**–A2 – Carta stradale Michelin 562-F16

⋔ **Villa Michelangelo**   ⇗ 🈺 ⇐ 🛏 🎮 ⊡ &. 🅰️🅲 🏖️ 🅿️

STORICO · ELEGANTE Camere arredate con mobili antichi e rese uniche da dettagli d'epoca, si differenziano per la particolarità del movimento architettonico naturale della villa: siamo infatti in una residenza nobiliare del '700 con grande parco, nel suggestivo quadro dei colli Berici.

52 camere 🖙 – †† 120/500 €

via Sacco 35 – ☏ 0444 550300 – www.starhotels.com – Chiuso 1-29 febbraio

a Soghe Sud : 9, 5 km

¶○ **Antica Osteria da Penacio**   🏮 🅰️🅲 ⇆ 🅿️

VENEZIANA · CONTESTO TRADIZIONALE XX Ristorante a conduzione familiare in una villetta al limitare di un bosco: all'interno due raffinate salette e una piccola, ma ben fornita, enoteca; cucina tradizionale.

Menu 30/45 € – Carta 28/55 €

Via Soghe 37 – ☏ 0444 273540 – www.penacio.it – Chiuso 15-28 febbraio, 1-15 novembre, lunedì-martedì a mezzogiorno, mercoledì, giovedì-sabato a mezzogiorno

a Lapio Sud : 5 km

¶○ **Trattoria da Zamboni**   🕸 ⇐ 🏮 🅰️🅲 ⇆ 🅿️

CREATIVA · ACCOGLIENTE XX In un imponente palazzo d'epoca, le sobrie sale quasi si fanno da parte per dare spazio al panorama sui colli Berici e alla cucina, tradizionale e rivisitata al tempo stesso.

Menu 35/50 € – Carta 35/50 €

via Santa Croce 37 – ☏ 0444 273079 – www.trattoriazamboni.it – Chiuso 2-10 gennaio, 16-29 agosto, lunedì, martedì

ARDENZA – Livorno ➜ Vedere Livorno

AREMOGNA – L'Aquila ➜ Vedere Roccaraso

ARESE

✉ 20020 – Milano (MI) – Carta regionale n° **10**–B2 – Carta stradale Michelin 561-F9

¶○ **Il Piccolo Principe**   🏮 &. 🅰️🅲

ITALIANA · CONTESTO CONTEMPORANEO XX Ambiente moderno nello stile e nell'offerta gastronomica che propone i sapori nazionali; in aggiunta troverete anche l'offerta più informale dell'Hostaria con piccoli percorsi (dai 10 ai 13 euro) di piatti in versione finger.

Carta 30/60 €

via Caduti 35/37 – ☏ 02 9358 0144 – www.ilpiccoloprincipe-arese.it – Chiuso 12-26 agosto, lunedì, domenica sera

AREZZO

✉ 52100 – Arezzo (AR) – Carta regionale n° **18**-D2 – Carta stradale Michelin 563-L17

🍴 **Le Chiavi d'Oro** 🛖 ⅙ AC

MODERNA · CONTESTO CONTEMPORANEO ✕✕ Accanto alla basilica di San Francesco, il ristorante sfoggia un look originale: pavimento in parte in legno, in parte in resina, nonché sedie girevoli anni '60 ed altre di design danese; una parete di vetro consente di sbirciare il lavoro in cucina. Sulla tavola, piatti del territorio moderatamente rivisitati.

Carta 35/58€

piazza San Francesco 7 – ℰ 0575 403313 – www.ristorantelechiavidoro.it – Chiuso 6-10 gennaio, lunedì

🍴 **Saffron** 🛖 AC

MODERNA · CONTESTO CONTEMPORANEO ✕✕ Uno dei locali più originali della città, a cominciare dall'elegante design contemporaneo, ma ancor di più per la rimarchevole offerta gastronomica. Tra piatti fusion, crudi di pesce e sushi - tradizionali o più creativi - complimenti al coraggio e all'abilità del cuoco!

Carta 45/98€

piazza Sant'Agostino 16 – ℰ 0575 182 4560 – Chiuso 12-17 agosto, lunedì, martedì-domenica a mezzogiorno

🍴 **La Tagliatella** 🐝 AC

REGIONALE · AMBIENTE CLASSICO ✕✕ In un locale leggermente periferico, colori chiari per un ambiente luminoso le cui decorazioni sono un evidente richiamo al mondo del vino. In menu: cucina di terra con specialità di carne di razza chianina.

Carta 35/55€

viale Giotto 45/47 – ℰ 0575 21931 – Chiuso 4-21 agosto, mercoledì, domenica sera

🏨 **Graziella Patio Hotel** ⬓ AC

BOUTIQUE HOTEL · CENTRALE Segni d'Africa e d'Oriente in un albergo che presenta ambientazioni davvero originali, le camere s'ispirano, infatti, ai racconti di viaggio del romanziere Bruce Chatwin. Tra di esse, inoltre, sono dedicate alla spa: una con vasca jacuzzi, l'altra con sauna ed, ultima ma non ultima, una con lampada per cromoterapia.

6 camere ⌂ – 👫 135/185€ – 4 suites

via Cavour 23 – ℰ 0575 401962 – www.hotelpatio.it

a Giovi : 8 km per Cesena

🍴 **Antica Trattoria al Principe** ⬅ 🛖

REGIONALE · FAMILIARE ✕ Diverse salette in un locale dove gustare sia le specialità tradizionali sia i piatti a base di pesce; assolutamente da provare i pici fatti a mano, ma anche l'anguilla al tegamaccio che ricorda le origini ottocentesche di questa simpatica trattoria.

Menu 30/40€ – Carta 25/52€

piazza Giovi 25 – ℰ 0575 362046 – www.ristorantealprincipe.it – Chiuso lunedì

ARGELATO

✉ 40050 – Bologna (BO) – Carta regionale n° **5**-C3 – Carta stradale Michelin 562-I16

🍴 **L'800** 🛖 AC P

REGIONALE · FAMILIARE ✕✕ Un casolare di fine Ottocento ha dato il nome al ristorante, dove si serve una cucina regionale, con rane e lumache tra i piatti più rappresentativi, carne ma anche qualche proposta di pesce. L'antica rusticità dell'edificio ha lasciato oggi il passo ad una bella casa con tocchi di eleganza.

Specialità: Insalata di lumache e lumache gratinate. Delicata frittura di cosce di rane. Gelato di crema con fichi caramellati.

Menu 15€ (pranzo), 20/25€ – Carta 25/40€

via Centese 33 – ℰ 051 893032 – www.ristorante800.it – Chiuso 1-10 gennaio, 10-20 agosto, lunedì, sabato a mezzogiorno, domenica sera

ARIANO IRPINO

✉ 83031 – Avellino (AV) – Carta regionale n° **4**–C1 – Carta stradale Michelin 564-D27

La Pignata

REGIONALE · FAMILIARE ✕✕ Nell'ampia sala dal soffitto ad archi aleggia un'atmosfera piacevolmente rustica, anticipo di ciò che arriverà dalla cucina: tagliolini alle ortiche, porcini e tartufo nero - baccalà fritto con peperoni cruschi. Ma la carta ha ancora tanto da raccontare...

Specialità: Pancotto all' arianese. Baccalà fritto con peperoni cruschi. Cannolo di pasta fillo.

Menu 30 € (pranzo), 35/44 € – Carta 26/40 €

viale Dei Tigli 7 – ℰ 0825 872571 – www.ristorantelapignata.it –
Chiuso 9-18 settembre, martedì

Maeba Restaurant ⓝ

CAMPANA · ELEGANTE ✕✕ Ricavato dalla splendida ristrutturazione di un frantoio del Settecento nella campagna fuori Ariano Irpino, ecco un locale difficilmente immaginabile in queste zone montuose: elegante, dal design attuale, e con una cucina che riprende i sapori del territorio e – al tempo stesso – il mare. Il tutto in chiave decisamente moderna. Bella carta dei vini, nonché dei distillati.

Menu 30/55 € – Carta 36/50 €

contrada Serra 29 – ℰ 3386387407 – www.maeba.it – Chiuso 17-27 febbraio,
3-20 novembre, lunedì, domenica sera

ARMA DI TAGGIA

✉ 18011 – Imperia (IM) – Carta regionale n° **8**–A3 – Carta stradale Michelin 561-K5

La Conchiglia

LIGURE · ELEGANTE ✕✕✕ Ambiente ultra-classico per una cucina leggera, dalle linee semplici, estranea al tentativo di procurare eccessivo stupore: la qualità del pescato è valorizzato in ogni piatto. Per gli amanti della terra, anche qualche proposta di carne.

Menu 45 € (pranzo), 65/110 € – Carta 60/120 €

Lungomare 33 – ℰ 0184 43169 – www.la-conchiglia.it –
Chiuso 10 novembre-1 dicembre, mercoledì, giovedì a mezzogiorno

ARMENZANO – Perugia → Vedere Assisi

ARONA

✉ 28041 – Novara (NO) – Carta regionale n° **13**–B2 – Carta stradale Michelin 561-E7

Taverna del Pittore

CLASSICA · ELEGANTE ✕✕ Di scorta al porto di Arona, la guarnigione spagnola contemplava - quattro secoli or sono - lo spettacolo che ancora oggi il cliente può ammirare dalla veranda di questo raffinato locale che rappresenta una sicurezza grazie alla solidità dell'offerta. Due le linee culinarie proposte: una più ricercata con tanto pesce, e l'alternativa bistrot-carpacceria con piatti meno impegnativi, ma sempre di qualità.

Carta 50/68 €

piazza del Popolo 39 – ℰ 0322 243366 – www.ristorantetavernadelpittore.it –
Chiuso lunedì

a Montrigiasco Nord - Ovest : 6 km – Carta regionale n° **13**–B2

Castagneto

REGIONALE · FAMILIARE ✕✕ Superati ormai i 50 anni di attività, il locale ha visto avvicendarsi diverse generazioni della medesima famiglia, ma lo spirito genuino è rimasto sempre immutato, così come l'atmosfera, calda e rilassata. Altrettanto, la fragrante cucina piemontese: paniscia novarese - lumache di Briona in guscio con aglio, burro e prezzemolo - bonèt con gelato alla nocciola.

Specialità: Sfogliatina con scarola stufata e fonduta di toma Walser. Agnolotti di carne alla piemontese con Castelmagno. Torta nocciolina con crema di nocciole e gelato.

Menu 15 € (pranzo)/20 € – Carta 25/45 €

via Vignola 14 – ℰ 0322 57201 – www.ristorantecastagneto.com – Chiuso 8-26 giugno,
22 dicembre-17 gennaio, lunedì, martedì

ARPINO

⊠ 03033 – Frosinone (FR) – Carta stradale Michelin 563-R22

a Carnello Nord : 5 km – Carta regionale n° **7**–D2

Mingone   🐾 🛋 🏠 ⚄ 🅰🄲 ⇧ 🅿

ITALIANA · **CONTESTO REGIONALE** ✗✗ Da oltre un secolo intramontabile rappresentante della cucina locale, ai consueti piatti laziali si aggiungono specialità ittiche di fiume e di mare (ottima la trota al cartoccio!). Si può scegliere fra un ambiente più informale, "Il Bistro" o la classica ed elegante sala affrescata. La cantina sottostante nasconde piccole rarità; le camere sono spaziose e in piacevole stile rustico.

Specialità: Delizie di acqua dolce. Tonnarelli ai gamberi di fiume. Pan di spagna con crema Chantilly.

Carta 30/45€

via Pietro Nenni 96 – ℰ 0776 869140 – www.mingone.it – Chiuso domenica sera

ARZACHENA - Olbia-Tempio → Vedere Sardegna

ARZIGNANO

⊠ 36071 – Vicenza (VI) – Carta regionale n° **23**–B2 – Carta stradale Michelin 562-F15

Damini Macelleria & Affini   🐾 ⚄ 🅰🄲

ITALIANA · **ALLA MODA** ✗ Gastronomia, enoteca e macelleria di lusso, dietro le scintillanti vetrine si nascondono i tavoli e una cucina di rimarchevoli prodotti e gustose elaborazioni, mentre i tantissimi vini sono suggeriti a voce dal patron: senza dubbio, un'originale esperienza gourmet fatta di sapori immediati, appaganti, che nascono da un grande rispetto per le materie prime, trattate con mano esperta. È possibile prenotare una "Lezione sulla Carne" tenuta dal patron Gian Pietro con visita alle celle di frollatura situate sotto il ristorante, seguita dal percorso degustazione "La nostra carne" con i grandi classici della macelleria interpretati dallo chef.

Specialità: Il mio fegato alla veneziana. Spaghetto in saor. Ricordo di MAU.

Carta 40/88€

via Cadorna 31 – ℰ 0444 452914 – www.daminieaffini.com – Chiuso 6-27 agosto, lunedì, domenica sera

ASCIANO

⊠ 53041 – Siena (SI) – Carta regionale n° **18**–C2 – Carta stradale Michelin 563-M16

🍽 La Tinaia   🐾 🛋 🍴 🏠 🅰🄲 🅿

TOSCANA · **RUSTICO** ✗✗ Immerso nel verde della proverbiale campagna toscana, il ristorante è riscaldato da un piacevole caminetto e propone piatti legati al territorio, accompagnati da qualche rivisitazione. Décor rustico-elegante.

Carta 25/55€

Hotel Borgo Casabianca, località Casa Bianca – ℰ 0577 704362 – www.casabianca.it – Chiuso 2 gennaio-1 aprile, lunedì-martedì a mezzogiorno, mercoledì, giovedì-venerdì a mezzogiorno

ASCOLI PICENO

⊠ 63100 – Ascoli Piceno (AP) – Carta regionale n° **11**–D3 – Carta stradale Michelin 563-N22

🍽 Caffè Meletti   🏠 🅰🄲

MARCHIGIANA · **ACCOGLIENTE** ✗✗ Al primo piano di questo storico caffè dov'è nata l'omonima anisetta, una cucina regionale e di mare venata di sobria creatività. Non perdete l'occasione di una cena in terrazza con vista su piazza del Popolo. A pranzo formule più veloci servite al bar.

Menu 34/65€ – Carta 34/46€

via del Trivio 56 – ℰ 0736 255559 – www.caffemeletti.it – Chiuso 18-26 gennaio, lunedì, martedì sera, domenica sera

🏨 Palazzo dei Mercanti   🎐 🎐 ⬆ ᴔ AC

LUSSO · PERSONALIZZATO In pieno centro storico - a soli 20 metri dalla suggestiva piazza del Popolo - Palazzo dei Mercanti vi coccolerà in camere eleganti e signorili, nonché nell'ampliato centro benessere. Piatti caldi e delizie del territorio servite nel bistrot.

19 camere ⌸ – 🍴 72/186 € – 4 suites

corso Trento e Trieste 35 – 𝒞 0736 256044 – www.palazzodeimercanti.it

ASIAGO

✉ 36012 – Vicenza (VI) – Carta regionale n° **23**–B2 – Carta stradale Michelin 562-E16

✾ Stube Gourmet   ᴔ 🅿

CREATIVA · ROMANTICO XxX All'interno dell'Hotel Europa, Stube Gourmet attira i buongustai con le sofisticate idee di Alessio Longhini. Giovane altopianese cresciuto professionalmente con Norbert Niederkofler e capace d'innovare i grandi classici della tradizione, Alessio sa – comunque – valorizzare sia gli ingredienti locali che internazionali con proposte quali perle di merluzzo, brodo dashi, zenzero e coriandolo oppure coppa di maialino iberico con patate, carciofi e senape. Come definirli se non i colorati affreschi di un'alta cucina legata a stagionalità e ricerca?

Specialità: Animelle, crema di anguilla, carciofi e funghi pioppini. Spaghetto integrale con fondo di faraona, alici marinate e crumble di pane alle erbette. Tartelletta, crema al limone, meringa bruciata all'essenza di cedro.

Menu 85/110 € – Carta 60/100 €

Hotel Europa, corso IV Novembre 65/67 – 𝒞 0424 462659 –
www.hoteleuroparesidence.it – Chiuso 15 aprile-14 giugno, 19 ottobre-1 dicembre,
lunedì, martedì, mercoledì-domenica a mezzogiorno

✾ La Tana Gourmet (Alessandro Dal Degan)   🎐 🍴 ᴔ 🅿

MODERNA · ELEGANTE XxX A pochi passi dalle piste da sci, La Tana Gourmet è un sofisticato indirizzo con vista altipiano che riflette la colta e curiosa personalità di Alessandro Dal Degan. Il ristorante sorge in un crocevia d'influenze normanne, cimbre e veneziane, ed essendo l'altipiano collocato tra alpi e pianura, il particolare microclima genera grandi quantità di erbe spontanee: sapori e profumi che caratterizzano una cucina tecnica ed intrigante. Intento a recuperare la cultura perduta di questo territorio, lo chef propone una ristorazione fondata sui prodotti locali, ma non tradizionale e con forme e formati avanguardistici. Il grande amore per la materia prima e la regione, si riflette anche nella passione di Alessandro per i formaggi locali. La Tana Gourmet è stata recentemente oggetto d'importanti lavori che non l'hanno cambiata nella struttura, ma hanno reso il servizio ancor più performante.

Specialità: Orzo, terra e acqua. Sella di capriolo alla resina di ginepro, trombette e sedano rapa. La Pigna: gelato al mùgolio grano saraceno, uovo e liquirizia selvatica.

Menu 80/200 € – Carta 65/90 €

località Kaberlaba 19 – 𝒞 0424 176 0249 – www.latanagourmet.it –
Chiuso 14 aprile-31 maggio, 5 giugno-27 novembre, lunedì, domenica sera

🕙 Locanda Aurora   🅿

REGIONALE · FAMILIARE X Aurora è non solo la titolare, ma l'anima del ristorante: un personaggio carismatico che vi affascinerà con i suoi racconti e ancor di più con la sua cucina, eseguita ai fornelli con la figlia. Prodotti del suggestivo altopiano - dalla patata al formaggio - in piatti gustosi. Specialità: maccheroncini alla zingara - gnocchetti in fonduta di Asiago con speck croccante - mousse di nocciolata.

Specialità: Carne salada con scaglie di Vezzena. Maccheroncini alla zingara, filetto stracciato alle erbe. Cremino al latte e miele.

Menu 20 € – Carta 25/30 €

via Ebene 71 – 𝒞 0424 462469 – www.locandaurora.it – Chiuso lunedì, martedì sera

‖○ **Osteria Europa** ⓞ

REGIONALE · STILE MONTANO X All'interno dell'omonimo albergo, un'osteria semplice nell'impostazione, ma interessante per quanto concerne i piatti che arrivano in tavola: cucina della tradizione gustosa e ben fatta!

Carta 38/49€

Hotel Europa, Corso 4 Novembre 65/67 – ℰ 0424 462659 –
www.hoteleuroparesidence.it

⌂ **Meltar Boutique Hotel**

LUSSO · ELEGANTE All'interno dei campi da golf, elegante hotel di raffinato arredo e pezzi originali dispone anche di un moderno centro benessere dove rilassarsi. Nella luminosa club house, le opzioni per soddisfare il palato passano dalla proposta più semplice alla cena gourmet (quest'ultima su prenotazione). La cucina della tradizione s'ingentilisce in ricette contemporanee al Meltarino.

15 camere 😑 – 👯 220/320€ – 2 suites

via Meltar 1 – ℰ 0424 460626 – www.meltarhotel.com

⌂ **Europa**

BOUTIQUE HOTEL · ACCOGLIENTE Signorile ed imponente palazzo nel cuore di Asiago apparentemente d'epoca, ma in realtà completamente ricostruito; al primo piano un'elegante stufa riscalda le zone comuni; mentre vivamente consigliata è una sosta nella piccola e curatissima area relax.

22 camere 😑 – 👯 150/180€ – 5 suites

corso IV Novembre 65/67 – ℰ 0424 462659 – www.hoteleuroparesidence.it

✿ **Stube Gourmet** · ‖○ **Osteria Europa** – Vedere selezione ristoranti

ASOLA

✉ 46041 – Mantova (MN) – Carta regionale n° **9**–C3 – Carta stradale Michelin 561-G13

‖○ **La Chiusa** ⓞ

PESCE E FRUTTI DI MARE · CASA DI CAMPAGNA XX Location storica sulla chiusa del Chiese - nei secoli al centro di dispute tra Asola e le vicine comunità - per questa imprenscindibile tappa gastronomica per chi ama il pesce: grande varietà di golose crudité.

Carta 43/59€

via Parma 82 – ℰ 0376 710242 – www.ristorantelachiusa.it – Chiuso martedì

‖○ **La Filanda**

PESCE E FRUTTI DI MARE · ACCOGLIENTE XX Al primo piano di un ex opificio per l'allevamento dei bachi da seta, alto soffitto in legno e alle pareti esposizione di quadri di artisti locali, per una cucina che predilige piatti di mare rielaborati con fantasia. A pranzo, scelta à la carte più contenuta.

Carta 30/75€

via Carducci 21/E – ℰ 0376 720418 – www.la-filanda.it – Chiuso 7-16 gennaio,
1-12 giugno, lunedì, sabato a mezzogiorno

ASOLO

✉ 31011 – Treviso (TV) – Carta regionale n° **23**–C2 – Carta stradale Michelin 562-E17

‖○ **Villa Cipriani**

CLASSICA · ELEGANTE XXX Nella terra dove artisti come Tiziano e Giorgione immortalarono i loro celebri paesaggi, le grandi vetrate ad arco di questo ristorante si aprono sulla vallata, mentre la cucina ha un respiro classico, senza voltare le spalle ai sapori della tradizione locale.

Carta 66/105€

Hotel Villa Cipriani, via Canova 298 – ℰ 0423 523411 – www.villacipriani.it –
Chiuso 25 febbraio-8 marzo

🍴 **La Terrazza**

MODERNA · ROMANTICO XXX La Terrazza: un salotto en plein air affacciato sul centro storico di Asolo, dove farsi coccolare da una cucina che percorre i prodotti del territorio - e non solo - in leggera chiave moderna. Ambiente raffinato e alla moda, ideale per una romantica cena tête-à-tête.

Menu 40/60 € – Carta 53/68 €

*Hotel Al Sole, via Collegio 33 – ℰ 0423 951332 – www.albergoalsole.com –
Chiuso 1 gennaio-8 febbraio, lunedì-mercoledì a mezzogiorno, giovedì, venerdì a mezzogiorno*

🍴 **Locanda Baggio**

MODERNA · FAMILIARE XX Posizionato in zona tranquilla alle spalle di Asolo, con piacevole giardino estivo, il ristorante propone una cucina che valorizza la tradizione e i prodotti locali rielaborandoli in raffinata chiave moderna. Per gli amanti del succo di Bacco notevole selezione anche internazionale.

Menu 65 € – Carta 44/86 €

*via Bassane 1, località Casonetto – ℰ 0423 529648 – www.locandabaggio.it –
Chiuso lunedì, domenica sera*

🏠 **Villa Cipriani**

LUSSO · PERSONALIZZATO In centro, ma in zona tranquilla, un'elegante dimora cinquecentesca con vista sulle colline dagli spazi comuni, da alcune camere e, soprattutto, dalla bella piscina. Le stanze - distribuite tra Villa e Casa Giardino - sono arredate con mobili in stile, i bagni ornati con piastrelle di Vietri dipinte a mano.

27 camere ☑ – ♥♥ 225/815 €

via Canova 298 – ℰ 0423 523411 – www.villacipriani.it – Chiuso 28 febbraio-8 marzo
🍴 **Villa Cipriani** – Vedere selezione ristoranti

🏠 **Al Sole**

LUSSO · PERSONALIZZATO Sovrastante la piazza centrale di Asolo, signorilità e raffinatezza in un hotel di charme. Camere eleganti, ma il gioiello è la terrazza per pasti e colazioni panoramiche.

23 camere ☑ – ♥♥ 170/450 €

*via Collegio 33 – ℰ 0423 951332 – www.albergoalsole.com –
Chiuso 1 gennaio-9 febbraio*
🍴 **La Terrazza** – Vedere selezione ristoranti

ASSISI

✉ 06081 – Perugia (PG) – Carta regionale n° **20**–B2 – Carta stradale Michelin 563-M19

🍴 **La Locanda del Cardinale** 🕸

CREATIVA · ROMANTICO XXX Archi in pietra di una casa medioevale e sospesi sui resti e mosaici di una domus romana rendono già di per sé l'esperienza indimenticabile. Se - poi - aggiungiamo una cucina moderna e curata dove il territorio è valorizzato, non resta che prenotare!

Menu 50/70 € – Carta 45/90 €

*piazza del Vescovado 8 – ℰ 075 815245 – www.lalocandadelcardinale.com –
Chiuso 8-26 gennaio, 16 giugno-1 luglio, martedì*

🍴 **Eat | Emanuele Mazzella Chef**

MODERNA · CONTESTO CONTEMPORANEO XX Per il giovane cuoco lavorare prodotti quasi esclusivamente umbri è un punto d'orgoglio, sebbene offra il destro anche ad ingredienti della sua terra natia: Ischia. In menu leggerete, quindi, piatti di terra e di mare (con qualche inserto d'acqua dolce) proposti in una bella sala dall'ambiente signorile, ampie vetrate con vista sulla città.

Menu 45 € (pranzo), 60/75 € – Carta 60/80 €

*Hotel Nun Assisi Relais, via Eremo delle Carceri 1a – ℰ 075 813163 –
www.eatassisi.com – Chiuso mercoledì, dal 27 maggio al 20 settembre aperto solo la sera*

‖○ **Buca di San Francesco**

REGIONALE · CONTESTO TRADIZIONALE ✗✗ Dagli anni Settanta uno dei capisaldi della ristorazione cittadina, la bandiera della ristorazione umbra è da allora una costante e, a giudicare dal successo, anche una garanzia.

Carta 23/51€

via Brizi 1 – ℰ 075 812204 – www.buca-di-san-francesco.business.site –
Chiuso 7 gennaio-15 febbraio, 1-15 luglio, lunedì

⌂ **Nun Assisi Relais**

STORICO · CONTEMPORANEO All'interno di un ex monastero del 1275, le forme sobrie ed essenziali degli arredi ne rispettano ancor oggi l'antica destinazione religiosa. Spettacolare "Museum Spa" ricavata tra i pilastri di un anfiteatro romano.

10 suites ⌷ – ♯♯ 450/770€ – 8 camere

via Eremo delle Carceri 1a – ℰ 075 815 5150 – www.nunassisi.com
‖○ **Eat | Emanuele Mazzella Chef** – Vedere selezione ristoranti

ad Armenzano Est : 12 km – Carta regionale n° **20**-C2

‖○ **Armentum**

MODERNA · ROMANTICO ✗✗ Armenzano era un zona di transumanza e la sala con camino del ristorante, un tempo, fu un ovile: oggi - inaspettatamente - vi trovate una cucina accattivante e moderna, dove le carni e i prodotti della tenuta vengono sapientemente valorizzati. Splendido panorama del dehors!

Menu 40/65€ – Carta 34/67€

Hotel Le Silve, località Armezzano – ℰ 075 782 9404 – www.ristorantearmentum.it –
Chiuso 6 gennaio-1 marzo

⌂ **Le Silve**

TRADIZIONALE · BUCOLICO Ideale per chi ama il silenzio e la solitudine, ci vuole tempo per raggiungerlo, ma il contesto naturalistico ai piedi del monte Subasio è da cartolina. Arredi d'arte povera nelle camere.

19 camere ⌷ – ♯♯ 90/220€

località Armenzano 89 – ℰ 075 801 9000 – www.lesilve.it –
Chiuso 3 gennaio-31 marzo, 1 novembre-23 dicembre
‖○ **Armentum** – Vedere selezione ristoranti

ASTI

✉ 14100 – Asti (AT) – Carta regionale n° **14**-B1 – Carta stradale Michelin 561-H6

‖○ **Il Cavallo Scosso** ❶

CONTEMPORANEA · CONTESTO CONTEMPORANEO ✗✗ Risorsa giovane e moderna, situata in zona residenziale a circa 2 km dal centro, lo chef-patron propone un menu equamente diviso in due: da una parte la tradizione piemontese a base di carne leggermente rivisitata, dall'altra la linea a base di pesce dove emerge con maggior slancio la creatività.

Menu 25€ (pranzo), 42/70€ – Carta 50/72€

via al Duca 23/d – ℰ 0141 211435 – ilcavalloscosso.it – Chiuso lunedì

ATRANI

✉ 84010 – Salerno (SA) – Carta regionale n° **4**-B2 – Carta stradale Michelin 564-F25

‖○ **'A Paranza**

PESCE E FRUTTI DI MARE · STILE MEDITERRANEO ✗✗ Nel centro del caratteristico paese, due brillanti fratelli propongono specialità di mare: espressione di saporite ricette, con ottimo rapporto qualità/prezzo.

Menu 35/50€ – Carta 35/65€

via Traversa Dragone 1 – ℰ 089 871840 – www.ristoranteparanza.com –
Chiuso 7-31 gennaio, martedì

ATRI

✉ 64032 – Teramo (TE) – Carta regionale n° **1**–B1 – Carta stradale Michelin 563-023

⭑○ Tosto   🍴 AC

MODERNA · TRATTORIA Ⅹ Piacevole locale nel pieno centro di Atri, incantevole borgo d'arte adagiato tra colline e calanchi, Tosto è gestito da una giovane coppia capace e volonterosa; la cucina reinterpreta il territorio in chiave moderna, supportata da un attento studio degli ingredienti.

Menu 40/55 € – Carta 36/53 €

via Angelo Probi 8/10 – ℰ 324 084 2077 – www.ristorantetosto.it –
Chiuso 7 gennaio-7 febbraio, lunedì, martedì, mercoledì-sabato a mezzogiorno,
domenica sera

AVELENGO • HAFLING

✉ 39010 – Bolzano (BZ) – Carta regionale n° **19**–B2 – Carta stradale Michelin 562-C15

⛰️ Chalet Mirabell   🏔️ ☕ ← ⛵ 🍴 🏊 🌐 🕸️ 🛁 🖼️ ᠹ 🅿️ 🚗

LUSSO · STILE MONTANO Una struttura che incarna appieno quello che i turisti cercano in Alto Adige: tipicità, calda atmosfera, ma anche modernità e confort. Degno di nota, il nuovissimo centro benessere, ma anche il laghetto balneabile con acqua riscaldata.

70 camere ⌷ – ♥♥ 180/420 € – 4 suites

via Falzeben 112 – ℰ 0473 279300 – www.residence-mirabell.com –
Chiuso 22 marzo-1 aprile, 15 novembre-19 dicembre

⛰️ San Luis   🏔️ ☕ ← ⛵ 🍴 🏊 🌐 🕸️ 🛁 ᠹ 🚗

LUSSO · ORIGINALE A pochi km da Merano, una sorta di piccolo paese nel paese... Attorno a un lago che in certi periodi dell'anno pare incantato - in inverno si può anche pattinare! - una radura inviolata immersa in un parco alpino dove trovano posto chalet e casette (tipo palafitte) sugli alberi: suggestioni green, ma confort e servizi degni di una struttura ricettiva di alta gamma.

39 suites ⌷ – ♥♥ 305/800 €

via Verano 5 – ℰ 0473 279570 – www.sanluis-hotel.com – Chiuso 8 marzo-2 aprile,
9-27 novembre

⛰️ Miramonti   🏔️ ☕ ← ⛵ 🍴 🕸️ 🛁 ᠹ 🅿️

TRADIZIONALE · DESIGN In posizione deliziosamente panoramica, appoggiato sulla roccia sopra Merano, questo moderno hotel è un'oasi verde dove rilassarsi grazie ad un'eccellente e calorosa gestione. Più che varia la ristorazione con il plus di una piccolissima stube serale per gustare i genuini sapori della regione.

30 camere ⌷ – ♥♥ 250/400 € – 14 suites

via St. Kathrein 14 – ℰ 0473 279335 – www.hotel-miramonti.com –
Chiuso 22 marzo-3 aprile, 16 novembre-10 dicembre

AVELLINO

✉ 83100 – Avellino (AV) – Carta regionale n° **4**–B2 – Carta stradale Michelin 564-E26

⭑○ Antica Trattoria Martella   AC

REGIONALE · CONVIVIALE ⅩⅩ Un'accogliente trattoria arredata in modo classico con tavoli quadrati, propone un buffet d'antipasti accanto ad una cucina e ad una cantina che riflettono i sapori regionali.

Carta 30/42 €

via Chiesa Conservatorio 10 – ℰ 0825 31117 – www.ristorantemartella.it –
Chiuso 10-24 agosto, lunedì, domenica sera

⭑○ Triglia Trattoria di Mare 🆕   AC

PESCE E FRUTTI DI MARE · COLORATO Ⅹ Come dicono i titolari ed i cuochi di questa moderna trattoria di mare, finalmente è arrivato: il mare in Irpinia! In un ambiente frizzante e giovane si serve - infatti - solo cucina di pesce in ricette classiche, tradizionali ed altre più moderne. Inaspettatamente, la carta dei vini omaggia anche la Francia.

Menu 35/45 € – Carta 35/65 €

via Cristoforo Colombo 35 – ℰ 3483196669 – Chiuso lunedì, domenica sera

AVETRANA

✉ 74020 – Taranto (TA) – Carta regionale n° **15**–D3 – Carta stradale Michelin 564-F35

🏠 Relais Terre di Terre   🍃 🐾 🛏 🛎 AC 🛁 **P**

DIMORA STORICA · AGRESTE Tra il verde odoroso degli ulivi e l'azzurro del mar Mediterraneo, la struttura è composta da due masserie: caratteristiche camere con soffitto in tufo e bagni policromi in una, stanze più moderne nell'altra. La tradizione si esprime anche al ristorante Masseria Bosco.

29 camere 🖙 – 🛉🛉 85/140 € – 5 suites

via per Erchie – 𝒞 099 970 4099 – www.masseriabosco.it – Chiuso 1 novembre-31 marzo

AZZATE

✉ 21022 – Varese (VA) – Carta regionale n° **10**–A1 – Carta stradale Michelin 561-E8

🍴 Blend 4   🎋 AC 💠

MODERNA · DESIGN 🗙 Un ristorante dall'aspetto giovane, moderno, e una cucina che saprà conquistarvi grazie alla sua precisione e nitidezza gastronomica. Non secondaria la cantina con le sue selezionate proposte.

Menu 15 € (pranzo) – Carta 40/70 €

via Piave 118 – 𝒞 0332 457632 – www.blend4.it – Chiuso mercoledì, domenica sera

BACOLI

✉ 80070 – Napoli (NA) – Carta regionale n° **4**–A2 – Carta stradale Michelin 564-E24

⚜ Caracol   ⟨ 🛏 🍴 AC **P**

MODERNA · INTIMO 🗙🗙 La sensazione è quella di trovarsi sulla prua di una nave con davanti il mare, Ischia, Procida e Capri. Piccola bomboniera moderna dove nel dehors si "respira" tutta l'anima del sud è lo chef partenopeo, Carannante: Angelo (e non solo nel nome) custode della tradizione regionale che lui rielabora con grande capacità ed afflato moderno. La cantina annovera pregiati vini un po' di tutte le regioni, ma anche etichette straniere da accostare alle pietanze servite al ristorante o presso la meravigliosa terrazza a picco sul mare.

Specialità: Caponata a modo mio. Purea di cavolfiore, acqua di friarielli e perle di tartufo nero. Caracol.ato.

Menu 90/110 € – Carta 62/72 €

Hotel Cala Moresca, via del Faro 44, località Capo Miseno – 𝒞 081 523 3052 – www.caracolgourmet.it – Chiuso 1 gennaio-15 marzo, lunedì, martedì-venerdì a mezzogiorno, domenica sera

🏠 Cala Moresca   🐾 ⟨ 🔑 🛏 🛎 ⊕ AC 🛁 **P**

BOUTIQUE HOTEL · MEDITERRANEO Investe su se stessa – migliorando di anno in anno – questa bella casa dall'anima mediterranea che parte avvantaggiata grazie ad una posizione tranquilla e scenografica vista sul golfo, nonché terrazza benessere provvista di sauna, stanza del sale dell'Himalaya, bagno turco, docce emozionali, angolo tisaneria, jacuzzi esterna, percorso Kneipp e solarium panoramico. Insomma, una vera oasi di relax.

24 camere 🖙 – 🛉🛉 89/269 €

via del Faro 44, località Capo Miseno – 𝒞 081 523 5595 – www.calamoresca.it

  ⚜ **Caracol** – Vedere selezione ristoranti

BADALUCCO

✉ 18010 – Imperia (IM) – Carta regionale n° **8**–A3 – Carta stradale Michelin 561-K5

🍴 Le Macine del Confluente   ⟨ 🛏 🍴 **P**

LIGURE · ROMANTICO 🗙 Circondato da orti da cui provengono molte delle verdure che ritroverete al ristorante, a cominciare dai celebri fagioli, ci sono anche una ruota, un torchio e una macina di un mulino ottocentesco. La sala è un romantico tripudio di legni e pietra, la cucina, in prevalenza di carne, s'ispira alla regione.

Menu 35 € – Carta 34/44 €

Macine del Confluente, località Oxentina – 𝒞 0184 407018 – www.lemacinedelconfluente.com – Chiuso 17-29 febbraio, 16-29 novembre, lunedì, martedì, mercoledì-sabato a mezzogiorno

BADIA • ABTEI – Bolzano → Vedere Alta Badia

BADIA A PASSIGNANO – Firenze → Vedere Tavarnelle Val di Pesa

BADIA DI DULZAGO – Novara → Vedere Bellinzago Novarese

BADIOLA – Grosseto → Vedere Castiglione della Pescaia

BAGHERIA – Palermo → Vedere Sicilia

BAGNARA CALABRA
✉ 89011 – Reggio di Calabria (RC) – Carta regionale n° **3**–A3 –
Carta stradale Michelin 564-M29

ⓘ○ **Taverna Kerkira**   🅰🅲

PESCE E FRUTTI DI MARE · FAMILIARE ⅹ Kerkira - Corfù in greco - vi racconta la bella storia della mamma del cuoco, di origine elleniche, che trasmise al figlio le tradizioni gastronomiche dell'isola, che oggi sopravvivono nel menu del ristorante, insieme ad altre proposte calabresi e mediterranee. Il tutto in una sala semplice e piacevolmente conviviale, non lontano dal centro e dal mare del paese che vide nascere Mia Martini.

Menu 40/50 € – Carta 38/60 €

corso Vittorio Emanuele 217 – ☏ 0966 372260 – Chiuso 6 agosto-6 settembre, 24 dicembre-7 gennaio, lunedì, martedì

BAGNI NUOVI – Sondrio → Vedere Valdidentro

BAGNO A RIPOLI
✉ 50012 – Firenze (FI) – Carta stradale Michelin 563-K15

a Candeli Nord: 1 km – Carta regionale n° **18**–D3

ⓘ○ **Il Verrocchio**   🍴 🏡 ⅇ 🅰🅲 ⟷ 🅿

MODERNA · ROMANTICO ⅩⅩ Soffitto a volte e camino, vasta selezione enologica di vini italiani e regionali, nonché cucina del territorio rivisitata, ma non solo, in un bel locale che mutua il nome dall'artista fiorentino alla cui bottega si formò Leonardo da Vinci. Le imponenti vetrate permettono di approfittare della vista sull'Arno e sul Chianti; d'estate i pasti sono serviti sulla terrazza a filo d'acqua.

Carta 70/152 €

Hotel Villa La Massa, via della Massa 24 – ☏ 055 62611 – www.villalamassa.com – Chiuso 30 novembre-12 marzo, lunedì-domenica a mezzogiorno

🏨 **Villa La Massa**   🌊 ⟨ 🍴 ⅉ 🅛🅸 ⇕ ⅇ 🅰🅲 🛁 🅿

GRAN LUSSO · STORICO Più che un hotel, è un gioiello architettonico dell'epoca medicea, un'oasi bucolica affacciata sul fiume Arno, a un quarto d'ora da Firenze (quest'ultima facilmente raggiungibile grazie ad un servizio di navetta messo a disposizione degli ospiti). Letti a baldacchino, boiserie, soffitti affrescati, tappezzerie, bagni in marmo: sobria e insieme calorosa, Villa La Massa invita a riscoprire l'arte di vivere della nobiltà fiorentina, sottilmente rivisitata dal confort più raffinato.

24 camere ⌕ – 👫 490/1000 € – 18 suites

via della Massa 24 – ☏ 055 62611 – www.villalamassa.com – Chiuso 30 novembre-12 marzo

ⓘ○ **Il Verrocchio** – Vedere selezione ristoranti

BAGNO DI ROMAGNA

✉ 47021 – Forlì-Cesena (FC) – Carta regionale n° **5**–D3 – Carta stradale Michelin 562-K17

⅍○ **Paolo Teverini**   🕸 ⇆ ⅊ 🆎 ⇧ 🅿

CLASSICA · **ELEGANTE** ✕✕ In ambienti di grande raffinatezza, la cucina reinterpreta in chiave moderna e personale le tradizioni romagnole e toscane. Attenzione particolare per i formaggi, funghi e tartufi ma, soprattutto, per i vini: molti al bicchiere, tanti dalla Francia.

Menu 39/88 € – Carta 61/99 €

Hotel Tosco Romagnolo, via del Popolo 2 – ℰ 0543 911260 –
www.hoteltoscoromagnolo.it/it/ristoranti.php –
Chiuso lunedì-venerdì a mezzogiorno

ad Acquapartita Nord - Est : 8 km

⅍○ **Del Lago**   🕸 🛖 🅿

REGIONALE · **AMBIENTE CLASSICO** ✕✕ Piccole, ma continue evoluzioni: cucina a vista per trasmettere all'ospite ancor più una sensazione di accoglienza, nuova cantina, visitabile, con un'apposita camera per i formaggi e il proverbiale carrello. Per gli irriducibili del bicchiere d'annata, la lista dei vini si arricchisce di tante chicche con oltre due decadi di età. Una buona sosta da consigliare!

Menu 58 € – Carta 38/59 €

via Acquapartita 147 – ℰ 0543 903406 – www.ristorantedellagoacquapartita.it –
Chiuso 6-20 gennaio, lunedì, martedì

a San Piero in Bagno Nord - Est : 2, 5 km – Carta regionale n° **5**–D2

⁂ **Da Gorini**   ⅊ 🆎 ⇧

MODERNA · **CONTESTO TRADIZIONALE** ✕✕ Dopo svariate esperienze, Gianluca ha deciso di mettere il suo talento nella propria attività. Nelle calde sale di un'antica dimora, l'atmosfera si è fatta più attuale – sembra di essere a casa dello chef tra musica blues, legno, luci alla giusta intensità - mentre la cucina dialoga con i prodotti del territorio, la valle del Savio, e una grammatica moderna. L'ispettore consiglia: cedete alla lusinga delle ottime carni alla brace ricche di sapore o alle preparazioni più audaci come la spoja lorda, "finita" con un brodo di funghi e tabacco...

Specialità: Cozze e vongole in tegame, crema di patate alla cenere, semi di finocchio e pepe verde. Piccione scottato alla brace, estratto di alloro e cipolla al cartoccio. Semifreddo al raviggiolo (formaggio fresco), amarene candite, croccante alle noci e vermouth rosso.

Menu 46/95 € – Carta 50/68 €

via Verdi 5, località San Piero in Bagno –
ℰ 0543 190 8056 – www.dagorini.it –
Chiuso 17 febbraio-5 marzo, 15-30 giugno, mercoledì, martedì a mezzogiorno

BAGNOLO IN PIANO

✉ 42011 – Reggio nell'Emilia (RE) – Carta regionale n° **5**–B3 –
Carta stradale Michelin 562-H14

⊛ **Trattoria da Probo**   🛖 ⅊ 🆎 ⇧ 🅿

EMILIANA · **FAMILIARE** ✕ Salumi fra gli antipasti insieme al gnocco fritto e all'erbazzone, si prosegue con le paste frasche, mentre i carrelli regnano sia tra i secondi (di bolliti e arrosti) che fra i dolci. Semplice ed informale trattoria familiare, qui uscire dall'ortodossia emiliana è ben difficile!

Specialità: Cappelletti in brodo. Carrello dei bolliti e arrosti. Zuppa inglese.

Menu 26/40 € – Carta 26/40 €

via Provinciale Nord 13 – ℰ 0522 951300 – www.trattoriadaprobo.it –
Chiuso 16-30 agosto, lunedì-martedì sera, domenica sera

BAGNOLO SAN VITO

✉ 46031 – Mantova (MN) – Carta regionale n° **9**–D3 – Carta stradale Michelin 561-G14

🟡○ **Villa Eden**   🛏 🏠 ♿ 🅰🅲 ⇄ 🅿

MANTOVANA · ACCOGLIENTE ✕✕ Gestita da una famiglia assai cordiale, questa villa tra i campi si presenta come un'ospitale abitazione privata. La cucina sa valorizzare le materie prime con piatti mantovani, stagionalità italiane ed alcune sorprese dal mare.

Menu 35€ (pranzo), 45/60€ – Carta 40/66€

via Gazzo 6 – ☎ 0376 415684 – www.ristorantevillaeden.it –
Chiuso 5-20 agosto, 28 dicembre-5 gennaio, lunedì, martedì, mercoledì-giovedì sera, domenica sera

BAIA DOMIZIA

✉ 81030 – Caserta (CE) – Carta regionale n° **4**–A2 – Carta stradale Michelin 563-S23

🏠 **Della Baia**   🏃 🏊 ≤ 🔥 🛏 🔨 🅰🅲 👙 🅿

TRADIZIONALE · PERSONALIZZATO Nel golfo di Gaeta, una ridente località turistica - Baia Domizia - ospita questa dimora dal fascino latino. Abbracciata da un vasto prato all'inglese che digrada nella macchia mediterranea fino a raggiungere il mare, la bianca costruzione custodisce al suo interno ambienti raffinati che coniugano mobili ottocenteschi e pezzi di modernariato. Buono anche il ristorante.

50 camere – 👫 150/220€ – 🍽 10€

via dell'Erica 410 – ☎ 0823 721344 – www.hoteldellabaia.it –
Chiuso 20 settembre-15 maggio

BAIA SARDINIA – Olbia-Tempio ➔ Vedere Sardegna (Costa Smeralda)

BALDICHIERI D'ASTI

✉ 14011 – Asti (AT) – Carta regionale n° **14**–A1 – Carta stradale Michelin 561-H6

🟡○ **Madama Vigna**   ⇔ 🏠 ♿ 🅰🅲 ⇄ 🅿

PIEMONTESE · ACCOGLIENTE ✕ Una bella selezione di vini, con particolare attenzione al territorio, fa da "spalla" ad una cucina che propone tante specialità regionali, rigorosamente presentate a voce da un patron che sa il fatto suo. Comode anche le camere.

Menu 20/40€ – Carta 25/40€

via Nazionale 41 – ☎ 0141 66471 – www.madamavigna.it – Chiuso 10-20 agosto,
27 dicembre-9 gennaio, lunedì a mezzogiorno, domenica sera

BARBARANO VICENTINO

✉ 36021 – Vicenza (VI) – Carta regionale n° **23**–B3 – Carta stradale Michelin 562-F16

🐝 **Aqua Crua** (Giuliano Baldessari)   ⇔ ♿ 🅰🅲 ⇄

MODERNA · ALLA MODA ✕✕ E' ancora un ristorante i cui piatti nel menu si presentano con poche parole: l'uovo, la mortadella, il piccione, gli spaghetti, il crudo... Proverbiale il suo signature-dish "Plancton" (abbinamento di alga spirulina con crema di ostriche e capperi), ma dietro all'essenzialità del titolo, c'è un lavoro di ricerca esasperato e raffinatissimo. Giuliano Baldessari va "oltre l'apparenza" di un curriculum che cita esperienze presso grandi nomi. Lo chef punta al nucleo delle cose e lo fa procedendo per sottrazione, riduzione di tutto ciò che è superfluo; i suoi piatti sono nitidi e trasparenti come l'acqua, crua, ovvero "naturale, senza filtri".

Specialità: Illusione. Il Miso (di pasta). Crema Carbonizzata.

Menu 45€ (pranzo), 95/135€ – Carta 72/125€

via IV Novembre 25 – ☎ 0444 776096 – www.aquacrua.it – Chiuso 1-9 gennaio,
9-28 agosto, lunedì, martedì, mercoledì a mezzogiorno

BARBARESCO

✉ 12050 – Cuneo (CN) – Carta regionale n° **14**–A2 – Carta stradale Michelin 561-H6

🍴 **Antinè**   🕸 AC

PIEMONTESE · **AMBIENTE CLASSICO** XX Nel cuore di una delle capitali dell'enologia italiana, giovane e brillante gestione per questo ristorante ubicato al primo piano di un edificio del centro storico; l'offerta gastronomica spazia dalla tradizione all'innovazione.

Menu 60/110 € – Carta 57/93 €

via Torino 16 – ☎ 0173 635294 – www.antine.it – Chiuso 20 dicembre-5 marzo, martedì sera, mercoledì

BARBIANO – Parma → Vedere Felino

BARCO – Brescia → Vedere Orzinuovi

BARCUZZI – Brescia → Vedere Lonato

BARDOLINO

✉ 37011 – Verona (VR) – Carta regionale n° **23**–A3 – Carta stradale Michelin 562-F14

🕸 **La Veranda**   🕸 ⟨ 🍴 ఈ AC P

MEDITERRANEA · **ELEGANTE** XXX Nella pregevole cornice del lago di Garda, col bello o col cattivo tempo, nella veranda del Color hotel sembrerà di mangiare sempre all'aperto; sotto una copertura che altro non è che un collegamento tra i due edifici che costituiscono l'albergo, da qui il nome Veranda, mentre la sala interna viene di fatto utilizzata con la canicola estiva, per chi ha bisogno dell'aria condizionata. Il cuoco pugliese aggiunge qualche piatto della sua regione alla carta, che complessivamente è più orientata ai sapori mediterranei piuttosto che nordici. Oltre al tacco dello Stivale, ricorrono ingredienti e proposte campane, carne e pesce egualmente presenti, ma un occhio di riguardo è anche riservato ai sempre più numerosi estimatori della dieta vegana con il menu "Natura" a loro interamente dedicato.

Specialità: Morbido di patata affumicata, spuma di Monte Veronese e caviale. Ristretto di bouillabaisse agli agrumi e crumble all'aglio nero. Parfait allo zafferano, sorbetto alla mela verde e cetriolo.

Menu 70/140 € – Carta 75/105 €

Color Hotel, via Santa Cristina 5 – ☎ 045 621 0857 – www.laverandadelcolor.it – Chiuso 1 novembre-27 marzo, lunedì-domenica a mezzogiorno

🍴 **Il Giardino delle Esperidi**   🕸 🍴 ఈ AC

CREATIVA · **ROMANTICO** X In pieno centro storico, locale tutto al femminile, dove gustare una golosa ed intrigante cucina - fortemente legata ai prodotti di stagione - elaborata con curiose ricette personali.

Carta 40/59 €

via Mameli 1 – ☎ 045 621 0477 – Chiuso 9-31 gennaio, lunedì a mezzogiorno, martedì, mercoledì-venerdì a mezzogiorno

🏨 **Color Hotel**   ⟨ 🗵 ⊕ ఈ AC 🐾 P

RESORT · **CONTEMPORANEO** Splendidi giardini tropicali e varie piscine (due anche riscaldate) contornano questa struttura di taglio moderno e personalizzato; tante attenzioni e grande professionalità fanno del soggiorno un'esperienza memorabile.

90 camere 🗵 – 👥 104/380 € – 17 suites

via Santa Cristina 5 – ☎ 045 621 0857 – www.colorhotel.it – Chiuso 1 novembre-22 marzo

🕸 **La Veranda** – Vedere selezione ristoranti

BARDONECCHIA

✉ 10052 – Torino (TO) – Carta regionale n° **12**–A2 – Carta stradale Michelin 561-G2

⚲○ **Locanda Biovey** ⇦ ⟨≙ ⇧ **P**

REGIONALE · FAMILIARE X Esercizio ospitato in una palazzina d'epoca del centro e circondato da un giardino, propone una cucina del territorio preparata con moderata creatività e "raccontata" in un menù degustazione che varia di giorno in giorno. Al piano superiore, camere colorate e confortevoli arredate in stili diversi, dall'800 al Luigi XV.

Menu 40/45€ – Carta 43/62€

via General Cantore 2 – ℰ 0122 999215 – www.biovey.it – Chiuso lunedì, martedì, mercoledì-sabato a mezzogiorno

BARI

✉ 70128 – Bari (BA) – Carta regionale n° **15**–C2 – Carta stradale Michelin 564-D32

⚲○ **Biancofiore** ⅍ AC

MODERNA · ACCOGLIENTE XX Ricavato in una delle antiche porte di accesso al centro storico, una confortevole e curata trattoria dove assaggiare fantasiosi piatti, sotto archi in pietra viva e sfumature marine.

Menu 45/50€ – Carta 40/73€

corso Vittorio Emanuele II 13 – ℰ 080 523 5446 – www.ristorantebiancofiore.it

⚲○ **La Bul** ⌂ ⅍ AC

MODERNA · VINTAGE XX In centro città, piacevoli ambienti di gusto vintage tra suggestioni da casa privata e spunti di design; vi è anche un piccolo giardino estivo. La cucina con estro moderno valorizza la Puglia e i suoi prodotti.

Menu 45/100€ – Carta 34/64€

via Villari 52 – ℰ 080 523 0576 – www.ristorantelabul.it –
Chiuso 7-14 gennaio, 7-21 agosto, lunedì, martedì-sabato a mezzogiorno, domenica sera

BARLETTA

✉ 76121 – Barletta-Andria-Trani (BT) – Carta regionale n° **15**–B2 –
Carta stradale Michelin 564-D30

❀ **Bacco** (Cosimo Cassano) ⌂ AC

CREATIVA · ELEGANTE XxX "Per raggiungere una buona cucina, l'unica strada è quella dell'innovazione, l'unico bagaglio da portarsi dietro è quello della tradizione": è la premessa da cui parte uno tra i più rinomati locali storici di Puglia e sud Italia, Bacco! Avvolto da un'atmosfera intima ed elegante, la sua cucina rimane sempre un capitolo interessante, interagendo con la terra e, un po' più, col mare, arricchendo le proposte con spunti creativi. L'attenzione è tutta rivolta ai prodotti del territorio che in questa regione sono assai variegati e a specialità che anche un neofita di cucina saprebbe ricondurre a questa terra. Artefici di questo goloso microcosmo sono Angela e Franco, due cuori e un ristorante!

Specialità: Fantasia di carpacci di pescato. Spaghetti ai ricci di mare. Sfogliatina calda alle mele.

Menu 75€ – Carta 52/100€

piazza Marina 30 – ℰ 0883 334616 – www.ristorantebacco.it – Chiuso 1-31 agosto, sabato, domenica

⚲○ **Antica Cucina 1983** ❀ ⌂ ⅍ AC

REGIONALE · ACCOGLIENTE XX Cucina del territorio con una lettura contemporanea che predilige il pesce, per questo rinomato locale trasferitosi in un ex opificio su due sale luminose e di design classico.

Menu 35/73€ – Carta 39/70€

Piazza Marina 5 – ℰ 0883 521718 – www.anticacucina1983.it –
Chiuso 24 giugno-8 luglio, lunedì, domenica sera

BARONISSI

✉ 84081 – Salerno (SA) – Carta regionale n° **4**–B2 – Carta stradale Michelin 564-E26

🍴○ Pensando A Te

MODERNA · **CONTESTO CONTEMPORANEO** ✕✕ E poi, una volta a casa sarete voi a pensare a lui: all'ambiente moderno e d'informale signorilità, giovane e dinamico, alla sua gustosa cucina che indugia molto sul territorio arricchita dalle tecniche apprese dallo chef-patron presso importanti e blasonati ristoranti.

Menu 40/55 € – Carta 40/70 €

via dei Due Principati 40h – ℰ 089 954740 – www.pensandoate.it –
Chiuso 7-21 gennaio, 16 agosto-1 settembre, lunedì, domenica sera

🍴○ Cetaria ⓝ

CONTEMPORANEA · **INTIMO** ✕ Insospettabile quanto piccola realtà gourmet a Baronissi! Ai fornelli di questo ristorante da oltre sette anni, il cuoco si è fatto una certa esperienza ed ora porta in tavola un'interessante cucina campano-contemporanea con qualche contaminazione internazionale.

Menu 27/50 € – Carta 30/60 €

piazza della Repubblica 9 – ℰ 089 296 1312 – www.cetariaristorante.com

BASCHI

✉ 05023 – Terni (TR) – Carta regionale n° **20**–B3 – Carta stradale Michelin 563-N18

a Civitella del Lago Nord - Est : 12 km

🍴○ Trippini ⟨ A/C

MODERNA · **CONTESTO CONTEMPORANEO** ✕✕ Ospiti di una raffinata sala -rinnovata recentemente- affacciata su uno straordinario belvedere, ma alla fine è la cucina a strappare l'applauso: Trippini offre una delle più interessanti ricerche sui prodotti e ricette umbre rivisitati con estro.

Menu 25 € (pranzo), 35/100 € – Carta 43/67 €

via Italia 14 – ℰ 0744 950316 – www.ristorantetrippini.com – Chiuso 8-31 gennaio,
16-27 novembre, lunedì

sulla strada statale 448 km 6,600

✿ Casa Vissani

CREATIVA · **LUSSO** ✕✕✕ La saletta rock – più semplice ed informale all'entrata – introduce a spazi di grande eleganza, mentre la cucina a vista realizzata qualche anno fa diventa trasparenza e strumento di condivisione, nonché possibilità offerta al cliente di avvicinarsi all'arte della trasformazione della materia prima in tutte le sue forme e fasi. Numerose decadi nell'alta gastronomia hanno permesso al cuoco umbro di oliare i numerosi e complessi ingranaggi del suo ristorante al fine di garantire un'esperienza sensoriale seducente per vista e palato. Per orientare al meglio le vostre scelte, Casa Vissani propone – oltre alla carta – il "three levels": tre menu che constano ciascuno di un diverso numero di portate a seconda dell'appetito e, perché no, del budget. Raffinate camere sono a disposizione degli ospiti per vivere la sosta nella sua completezza.

Specialità: Calamari sotto la cenere alla pera, con pomodoro e spinaci. Fettuccine, coltellacci (cannolicchi) e pecorino, crudo di agnello al caviale e limone sfusato in salmì. Classic - Operà al vermouth rosso e cioccolato bianco, passion fruit e pesche, uvetta sultanina.

Menu 55 € (pranzo), 90/250 € – Carta 105/250 €

Vocabolo Cannitello – ℰ 0744 950206 – www.casavissani.it –
Chiuso 7-27 gennaio, lunedì a mezzogiorno, mercoledì, giovedì a mezzogiorno,
domenica sera

BASELGA DI PINÈ

✉ 38042 – Trento (TN) – Carta regionale n° **19**–B3 – Carta stradale Michelin 562-D15

🍴○ **2 Camini** ⇦ 🛏 **P**

REGIONALE · FAMILIARE ✗ Il ristorante è in realtà una casa di montagna all'inizio del paese, ravvivata dal calore e dalla cortesia della titolare Franca, paladina della più tipica cucina trentina. E dopo una piacevole passeggiata attraverso l'altipiano, le graziose camere vi attendono per un ben meritato riposo.

Menu 25/35€ – Carta 25/44€

via del 26 Maggio 65 – ☎ 0461 557200 – www.locanda2camini.it – Chiuso lunedì, martedì, mercoledì-giovedì sera

BASSANO DEL GRAPPA

✉ 36061 – Vicenza (VI) – Carta regionale n° **23**–B2 – Carta stradale Michelin 562-E17

🍴○ **Ca' 7** ⇦ 🕌 🚻 AC ⇪ **P**

PESCE E FRUTTI DI MARE · AMBIENTE CLASSICO ✗✗ Struttura, colonne e materiali d'epoca si uniscono a quadri e illuminazione moderni in un ardito ma affascinante accostamento. In estate la magia si sposta in giardino.

Menu 59€ – Carta 52/112€

Hotel Ca' Sette, via Cunizza da Romano 4 – ☎ 0424 383350 – www.ca-sette.it – Chiuso 1-6 gennaio, 1-22 agosto, lunedì, domenica sera

🍴○ **Ottocento** 🛏 🚻 **P**

MODERNA · ACCOGLIENTE ✗ Nella bella cornice delle colline, un locale dai toni rustico-moderni dove la naturalità degli elementi prosegue nella filosofia che ispira la cucina, piatti eseguiti con attenzione e fantasia. Da non dimenticare i suoi prodotti "lievitati": pizze proverbiali!

Menu 9€ (pranzo)/13€ – Carta 32/42€

contrà San Giorgio 2 – ☎ 0424 503510 – www.800simplyfood.com

BAVENO

✉ 28831 – Verbano-Cusio-Ossola (VB) – Carta regionale n° **13**–A1 –
Carta stradale Michelin 561-E7

🍴○ **SottoSopra** 🕌 🚻

MODERNA · COLORATO ✗✗ Gradevole e colorato locale in centro paese, diviso su più sale, la sua anima è la passione con la quale lo chef patron prepara e propone una linea di cucina eclettica: la carta cita, infatti, piatti a base di carne, insieme a pesce sia di mare sia d'acqua dolce, nonchè qualche ricetta più legata al territorio.

Menu 20€ (pranzo)/55€ – Carta 34/68€

corso Garibaldi 40 – ☎ 0323 925254 – www.sottosoprabaveno.com – Chiuso 31 gennaio-1 marzo, 31 ottobre-3 dicembre, martedì, mercoledì

BELLAGIO

✉ 22021 – Como (CO) – Carta regionale n° **9**–B2 – Carta stradale Michelin 561-E9

🌼 **Mistral** ⩽ 🕌 AC **P**

MODERNA · ELEGANTE ✗✗✗ Sulla punta del promontorio di Bellagio, la superba terrazza con vista impareggiabile sulla distesa blu sarà seconda solo alla cucina che sperimenta ricette molecolari e cotture innovative accanto a piatti più tradizionali, sempre e necessariamente preparati con eccellenti materie prime il cui studio e ricerca sono le grandi passioni dello chef. Correva l'anno 2002, quando Ettore iniziò ad accostarsi a questo tipo d'indagine, che lo rese – in breve tempo - padre e guru della cucina molecolare italiana; un nuovo modo di stare ai fornelli, quindi, per questo chef-chimico interessato ad indagare – in maniere scientifica – il "destino" degli ingredienti nei processi di cottura, raffreddamento, abbinamento. Detto ciò, non aspettatevi piatti solo "cerebrali": da buon emiliano, Ettore in quello che fa ci mette il cuore.

Specialità: Gamberi rossi Sicilia con gelato al guacamole, spuma al cocco e cialda al nero di seppia. Tortellini di pasta fresca ripieni di pavone serviti con il suo brodetto e fave. Millefoglie con crema allo zabaione, pere fondenti e gelato alla mandorla.

Menu 180€ – Carta 80/190€

Grand Hotel Villa Serbelloni, via Roma 1 – ☎ 031 956435 – www.ristorante-mistral.com – Chiuso 30 ottobre-5 aprile, lunedì-venerdì a mezzogiorno

ⅼ○ Alle Darsene di Loppia   ⩽ 🏠 **P**

MEDITERRANEA · CONTESTO CONTEMPORANEO XX All'ombra del pergolato affacciato sul porticciolo di Loppia o nella curata sala interna, la cucina mediterranea dai toni contemporanei spazia dalla carne al pesce, sia di mare che di lago.

Menu 50/65€ – Carta 50/75€

via Melzi d'Eril 1, frazione Loppia – ☎ 031 952069 –
www.ristorantedarsenediloppia.com – Chiuso 6 gennaio-29 febbraio, lunedì

🏨 Grand Hotel Villa Serbelloni

🏠 🐾 ⩽ 🔥 🛏 🎿 🗔 🆂🅿🅰 🍸 🛗 ⊡ 🚫 🆔 🐕 **P** 🚗

GRAN LUSSO · STORICO Scaloni marmorei, colonne in stucco e splendidi trompe-l'oeil conferiscono alla struttura personalità ed uno stile che la rendono tra le più esclusive risorse del Bel Paese. Immerso nella lussureggiante vegetazione dei suoi giardini all'italiana, l'hotel ha ospitato regnanti e personalità da ogni continente: ora aspetta voi, non fatelo attendere...

95 camere ⮂ – 🛌 477/1365€ – 4 suites

via Roma 1 – ☎ 031 950216 – www.villaserbelloni.com – Chiuso 4 novembre-1 aprile

🌸 **Mistral** – Vedere selezione ristoranti

BELLINZAGO LOMBARDO

✉ 20060 – Milano (MI) – Carta regionale n° **10**-C2 – Carta stradale Michelin 561-F7

ⅼ○ Macelleria Motta   🏠 **P**

ITALIANA · ACCOGLIENTE XX Ne assaporerete di cotte e di crude, bollite e alla brace... sono le specialità di carne di questo ottimo ristorante, che d'estate offre anche il piacere del servizio all'aperto in una tipica corte lombarda.

Menu 15€ (pranzo)/40€ – Carta 40/70€

strada Padana Superiore 90 – ☎ 02 9578 4123 – www.ristorantemacelleriamotta.it –
Chiuso 1-7 gennaio, 10-30 agosto, domenica

BELLINZAGO NOVARESE

✉ 28043 – Novara (NO) – Carta stradale Michelin 561-F7

a Badia di Dulzago Ovest : 3 km – Carta regionale n° **12**-C2

🏵 Osteria San Giulio   🆔

REGIONALE · RUSTICO X Un'esperienza sensoriale a partire dalla collocazione all'interno di un'antica abbazia rurale, passando per l'accoglienza, l'atmosfera e la cucina. Tra le specialità: oca arrosto sotto grasso, paniscia e agnolotti, torta di mele con zabaione.

Specialità: Carne cruda marinata alla senape. Paniscia. Torta di mele con zabaione caldo.

Menu 26/33€ – Carta 26/33€

località Badia di Dulzago – ☎ 0321 98101 – www.osteriasangiulio.it –
Chiuso 22 luglio-25 agosto, 23 dicembre-6 gennaio, lunedì, martedì, domenica sera

BELLUNO

✉ 32100 – Belluno (BL) – Carta regionale n° **23**-C1 – Carta stradale Michelin 562-D18

🏵 Al Borgo   ⟵ 🏠 🏠 ⟳ **P**

REGIONALE · FAMILIARE X All'interno di una villa settecentesca in un antico e piccolo borgo, ambiente caldamente rustico e cucina del territorio. Il menu racconta: risotto ai funghi, capretto al forno, gelato artigianale della casa.

Specialità: Polentina calda con fonduta di Morlacco e funghi porcini. Capretto nostrano al forno con polenta. Gelato artigianale.

Carta 23/40€

via Anconetta 8 – ☎ 0437 926755 – www.alborgo.to – Chiuso 7-14 ottobre, lunedì sera, martedì

⏸️○ Astor

CLASSICA · MINIMALISTA ⅹ Annesso all'omonimo albergo, ambiente moderno, giovane ed informale, dal design originale: si propone per un aperitivo, uno snack veloce, ma ancor di più per una cena romantica.

Carta 41/51€

Hotel Astor, piazza Martiri 26/e – ℰ 0437 943756 – www.astorbelluno.it –
Chiuso lunedì, domenica

🏛️ Park Hotel Villa Carpenada

DIMORA STORICA · PERSONALIZZATO Abbracciata da un parco, una grande villa seicentesca caratterizzata da interni signorili e mobili d'epoca, per un soggiorno esclusivo a pochi chilometri dal centro città. Stessa ambientazione per il ristorante Lorenzo III, in carta sia carne sia pesce.

32 camere ⌂ – ♟♟ 69/350€

via Mier 158 – ℰ 0437 948343 – www.hotelvillacarpenada.it

BENEVELLO

✉ 12050 – Cuneo (CN) – Carta regionale n° **14**–A2 – Carta stradale Michelin 561-I6

🌸 Damiano Nigro

MODERNA · ELEGANTE ⅩⅩⅩ Il percorso professionale di Damiano, chef-patron, lo vede protagonista subito dopo la scuola, di un lungo apprendistato presso le grandi tavole di Francia e Gran Bretagna; per poi accedere ai fornelli del Ristorante Duomo di Alba, a fianco di Enrico Crippa. Ma sarà presso il Relais Villa d'Amelia a Benevello, che avverrà nel 2006 la svolta. Una saletta con pochi tavoli all'interno del suddetto albergo è l'angolo che il cuoco si è ritagliato per le proprie creazioni gastronomiche. Spasmodica ricerca della qualità nelle scelta delle materie prime, intrigante connubio di mare e monti: non c'è scelta alla carta, ma menu degustazione che vi guideranno tra piatti colorati ed originali, anche vegetariani. Per chiudere in dolcezza, lasciatevi conquistare da una delle tante creazioni di Giovanni, fratello pasticciere di Damiano.

Specialità: Mosaico di vicciola (bovino allevato a nocciole), bottarga e jus di carne. Spaghettoni, capperi, limone e caciocavallo. Fragola, "vitamiña" e gambero rosso.

Menu 85/130€

Hotel Villa d'Amelia, località Manera 1 – ℰ 0173 529108 – www.damianonigro.it –
Chiuso 1 gennaio-21 aprile, 25 agosto-6 settembre, lunedì, martedì a mezzogiorno

🏛️ Villa d'Amelia

DIMORA STORICA · ELEGANTE Una cascina ottocentesca raccolta attorno ad una corte è diventata oggi una villa signorile, caratterizzata da interni di moderno design che si alternano ad oggetti d'epoca, nel contesto di un affascinante paesaggio collinare. Al ristorante DaMà troverete una buona scelta gastronomica di piatti piemontesi, classici nazionali e qualcosa di più creativo.

34 camere ⌂ – ♟♟ 230/370€ – 3 suites

località Manera 1 – ℰ 0173 529225 – www.villadamelia.com – Chiuso 1 gennaio-9 aprile
🌸 **Damiano Nigro** – Vedere selezione ristoranti

BENEVENTO

✉ 82100 – Benevento (BN) – Carta regionale n° **4**–B1 – Carta stradale Michelin 564-D26

sulla provinciale per San Giorgio del Sannio Sud - Est : 7 km :

🍽️ Pascalucci

REGIONALE · RUSTICO ⅹ Ristorante nato dalla tradizione e che oggi, oltre a proposte locali, presenta anche una cucina di pesce elaborata con capacità, a base di prodotti freschi e genuini. Tra le specialità: filetto di marchigiana con salsa di caciocavallo.

Specialità: Antipasto Pascalucci. Tagliata di carne marchigiana su rucola all'aceto balsamico e olio extra vergine. Babà.

Carta 23/41€

via Appia 1 (contrada Iannassi) – ℰ 0824 778400 – www.pascalucci.it

Merinka/iStock

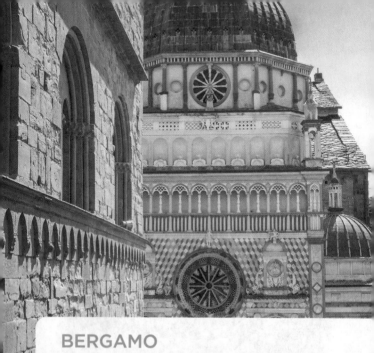

BERGAMO

✉ 24122 – Bergamo (BG) – Carta regionale n° **10**–C1 –
Carta stradale Michelin 561-E11

Ci piace

Il respiro moderno tra mura antiche del **Relais San Lorenzo**:
"su" nella splendida Città Alta, ricordandosi di cenare
nell'ottimo ristorante gourmet dell'hotel, l'**Hostaria**. La vista
sulla Città dei Mille dal moderno ristorante **Roof Garden**,
all'ultimo piano dell'hotel Excelsior San Marco. La cantina
fornitissima e la generosa offerta di vini al bicchiere
dell'informale bistrot **Al Carroponte**. Cucina sincera ed
accoglienza schietta da **N. O. I.**

Perdersi tra gli scaffali dello Schiaccianoci: boutique
alimentare che tratta solo eccellenze gastronomiche
provenienti dall'Italia e dal mondo, con attenzione
particolare ai presidi slow food e ai prodotti artigianali e di
nicchia.

Giacomo Scandroglio/iStock

Ristoranti

❀ **Imprinte** ⓝ (Cristian Fagone) 🛏️ 🔥 🆎 🅿️

MODERNA · DESIGN ✗✗ Marito e moglie ci mettono passione e cuore per lasciare le proprie "impronte" nella ristorazione bergamasca, all'interno di un ex deposito di autobus - appena fuori dal centro - trasformato in un locale di design dall'arredo essenziale. Lo chef-patron Cristian Fagone si cimenta con una linea di cucina che parte sempre da un'accurata selezione delle materie prime, confessando un debole per l'acidità di alcuni ingredienti e l'affumicatura di altri, nonché il gioco dei contrasti. Mamma lombarda e papà siciliano, è così che si spiegano le due anime della sua cucina, che - pur muovendosi tra citazioni isolane ed altre più territoriali - lascia spazio anche a qualche rinvio francese, crudi di mare e specialità cotte su una griglia di carboni.

Specialità: In fondo al mar: dentice, mandorla, ostrica, lattuga di mare e salicornia. Raviolo ripieno di pomodoro, ricotta salata, basilico, pomodorini confit e granita al limone. È un cannolo siciliano?

Menu 60/80€ – Carta 55/70€

Pianta B1-c – *via Cristoforo Baioni 38 – ☏ 035 017 5557 – www.impronteristorante.com – Chiuso 4-13 febbraio, 19 agosto-5 settembre, lunedì a mezzogiorno, martedì, mercoledì-venerdì a mezzogiorno*

🍴 **Lio Pellegrini** 🛏️ 🆎

MODERNA · ROMANTICO ✗✗✗ Locale del centro, accanto all'Accademia Carrara ed al GAMeC, la bellezza di tanta arte accoglie con piacere i raffinati interni del ristorante così come il bel dehors coi suoi ariosi drappi, un'insolita e piacevole oasi di pace. La cucina propone sapori mediterranei, di carne e di pesce, tra classico e moderno.

Menu 45€ (pranzo)/86€ – Carta 72/130€

Pianta B1-e – *via San Tomaso 47 – ☏ 035 247813 – www.liopellegrini.it – Chiuso 14-16 aprile, 10-31 agosto, lunedì, martedì a mezzogiorno*

🍴 **Roof Garden** 🔄 ≤ 🛏️ 🔥 🆎 🅿️

MODERNA · CONTESTO CONTEMPORANEO ✗✗✗ Cucina creativa, ma a pranzo c'è anche una carta più light, in questo ristorante che offre una romantica vista su Città Alta. (Prenotare un tavolo lungo la parete-vetrata!).

Menu 30€ (pranzo), 70/120€ – Carta 65/100€

Pianta A1-a – *Hotel Excelsior San Marco, piazza della Repubblica 6 – ☏ 035 366159 – www.roofgardenrestaurant.it – Chiuso 1-12 gennaio, sabato a mezzogiorno, domenica*

🍴 **Sarmassa** 🔥 🆎

CLASSICA · ACCOGLIENTE ✗✗ Ricavato da una porzione di chiostro millenario, ci sono colonne e affreschi d'epoca, ma la cucina è giovane e brillante, con un'ottima selezione di salumi italiani e spagnoli.

Menu 30/50€ – Carta 34/66€

Pianta A2-c – *vicolo Bancalegno 1h – ☏ 035 219257 – www.sarmassa.com – Chiuso 2-10 febbraio, 9-30 agosto, domenica*

🍴 **Al Carroponte** 🍷 🛏️ 🔥 🆎

MODERNA · DI TENDENZA ✗ Locale moderno sia nell'ambiente sia nell'offerta che nel nome ricorda il passato meccanico del sito. Oggi ci si viene per mangiare una cucina contemporanea di terra e di mare, completata da una vasta scelta di finger, salumi, ostriche, caviale sino agli hamburger gourmet. Per non farsi mancare nulla, il patron Oscar mescerà al bicchiere qualunque vino (al dovuto prezzo, naturalmente...) di una carta che ha superato le 1.000 etichette rendendola ormai un riferimento enoico per la città.

Menu 15€ (pranzo), 45/80€ – Carta 40/80€

Pianta A2-a – *via De Amicis 4 – ☏ 035 265 2180 – www.alcarroponte.it – Chiuso 1-12 gennaio, 15-30 giugno, domenica*

⫶○ **N.O.I. Restaurant** Ⓝ

MODERNA · ACCOGLIENTE X Un piccolo locale schietto e sincero per una cucina ben fatta, rispettosa delle cotture, attenta alla selezione delle materie prime. L'ottimo servizio è supervisionato dal padrone di casa.

Menu 50/90€ – Carta 40/80€

Pianta B1-d – *via Alberto Pitentino 6* –
✆ 035237750 – *www.noi-restaurant.it* –
Chiuso lunedì-venerdì a mezzogiorno, domenica

⫶○ **Osteria Al GiGianca**

DEL TERRITORIO · ACCOGLIENTE X Posizione decentrata non brillante, ma ambiente accogliente, in cui una giovane coppia, spinta dalla passione per la cucina, propone ricette stagionali legate al territorio e buona offerta di vini e birre.

Menu 16€ (pranzo)/37€ – Carta 34/51€

Fuori pianta – *via Broseta 113* –
✆ 035 568 4928 – *www.algigianca.com* –
Chiuso 1-7 gennaio, 7-21 luglio, lunedì a mezzogiorno, domenica

Alberghi

🏠 Petronilla ☆ 🛖 ♨ 🖭 🗲 🏧 🚗

BOUTIQUE HOTEL · DESIGN Splendido albergo del centro in cui convivono suggestioni anni '50, influenze Bauhaus e design contemporaneo: molti i quadri disegnati ad hoc, con dettagli d'opere di Hopper, De Chirico, Caravaggio. Un soggiorno esclusivo, perfetto per coloro che amano le raffinate personalizzazioni e il relax: quest'ultimo assicurato anche da un nuovo spazio nel cortile.

12 camere ☲ – ♛♛ 175/380 €

Pianta A2-f – *via San Lazzaro 4* – ☎ 035 271376 – *www.petronillahotel.com*

Città Alta

⁂ Casual (Enrico Bartolini) ⅍ 🛖 🖭 🅿

CREATIVA · ELEGANTE ⅩⅩ Nella suggestiva cornice di Bergamo Alta, al Casual si è puntato principalmente su una rilettura della cultura gastronomica del territorio in chiave contemporanea, proponendo una cucina gustosa, con una visione prevalentemente tradizionale aperta però all'innovazione. In uno spazio informale che privilegia l'utilizzo di materiali naturali (quali legno e pietra) e tonalità rilassanti, il locale dispone - nella bella stagione - di una panoramica terrazza la cui vista, nelle giornate più limpide, spazia dalla pianura agli Appennini.

Specialità: Anguilla arrostita, cipolle ed aneto. Sogliola, bagna caoda e carciofi grigliati. Arancia, pistacchio e zenzero.

Menu 45 € (pranzo), 80/120 € – Carta 80/120 €

Pianta A1-d – *via San Vigilio 1* – ☎ 035 260944 – *www.enricobartolini.net* – *Chiuso 3-12 febbraio, 10-26 agosto, martedì*

🍽 Hostaria ⟨ 🛒 🖭 🚗

MODERNA · ROMANTICO ⅩⅩ Nella parte più antica di questo bellissimo relais che la ospita, si mangerà tra scavi archeologici del 300 a. C. nonché muri e pozzi di epoca medievale. Per tutta risposta la cucina si fa moderna, ma la sua matrice di gusto e sapore resta decisamente italiana.

Carta 65/120 €

Pianta A1-f – *Hotel Relais San Lorenzo, piazza Mascheroni 9/a* – ☎ 035 237383 – *www.relaisanlorenzo.com/hostaria* – *Chiuso 7 gennaio-11 febbraio, 28 luglio-26 agosto, 4 novembre-2 dicembre, lunedì, martedì-sabato a mezzogiorno, domenica sera*

🏠 Relais San Lorenzo ⅍ ⟨ 🛒 ♨ 🖭 🗲 🏧 🎰 🚗

LUSSO · DESIGN Infine anche Bergamo ha il suo albergo 5 stelle e non poteva che essere nella splendida cornice di Città Alta. Gli ambienti offrono una versione sobria e moderna del concetto di lusso, mentre i confort - oltre che nella struttura - si percepiscono dal servizio. Dotato anche di piccola spa da prenotare.

25 camere ☲ – ♛♛ 285/375 € – 5 suites

Pianta A1-f – *piazza Mascheroni 9/a* – ☎ 035 237383 – *www.relaisanlorenzo.com*

🍽 **Hostaria** – Vedere selezione ristoranti

🏠 GombitHotel 🖭 🗲 🏧

STORICO · CONTEMPORANEO Adiacente alla torre del Gombito, il palazzo duecentesco riserva l'inaspettata sorpresa di un albergo moderno dagli arredi design, tonalità sobrie ed eleganti bagni con ampie docce. Molto bella anche la saletta delle colazioni con decori e vista sulla viuzza centrale.

12 camere ☲ – ♛♛ 180/350 € – 1 suite

Pianta A1-g – *via Mario Lupo 6* – ☎ 035 247009 – *www.gombithotel.it*

🏠 Piazza Vecchia 🖭 🗲 🏧

FAMILIARE · PERSONALIZZATO Situato in prossimità di piazza Vecchia, che il grande architetto Le Corbusier definì come "la più bella piazza d'Europa", camere spaziose, vivaci e colorate in un'antica casa del 1300.

13 camere ☲ – ♛♛ 120/350 €

Pianta A1-y – *via Colleoni 3/5* – ☎ 035 253179 – *www.hotelpiazzavecchia.it*

a San Vigilio Ovest : 1 km o 5 mn di funicolare A1

⁈○ **Baretto di San Vigilio**

CLASSICA · CONVIVIALE X Nella piazzetta antistante la stazione di arrivo della funicolare, caratteristico bar-ristorante di tono retrò, vagamente anglosassone, dove gustare piatti della tradizione italiana. Servizio estivo in terrazza con incantevole vista sulla città.

Menu 35 € (pranzo)/44 € – Carta 38/66 €

Fuori pianta – *via Al Castello 1 – ℰ 035 253191 – www.baretto.it*

BERGEGGI

✉ 17028 – Savona (SV) – Carta regionale n° **8**-B2 – Carta stradale Michelin 561-J7

✿ **Claudio** (Claudio e Lara Pasquarelli)   ≼ ⌂ 🏠 AC P

PESCE E FRUTTI DI MARE · ELEGANTE XxX La vista spazia sull'isola di Bergeggi che si innalza dall'acqua cristallina proprio davanti ai vostri occhi e la terrazza in stagione - certamente una delle più ambite della zona – varrebbe già di per sé il viaggio, ma lo scrigno di sorprese ha in serbo per gli ospiti di questo ristorante altre piacevolezze...

Una delle migliori cucine di pesce della zona, frutto del sodalizio tra Claudio e sua figlia Lara, abili nell'unire alla qualità indiscutibile delle materie prime, la cura estetica delle presentazioni, senza rinunciare alla generosità delle porzioni. Il menu asseconda le stagioni, ma alcuni piatti storici sono sempre presenti (fritto di pesci e crostacei del mar Ligure, bouquet di crostacei agli agrumi del Mediterraneo, rana pescatrice avvolta nel lardo di Colonnata con salsa al rossese...). I romantici tramonti non si possono prenotare, il tavolo – invece – sì: anzi è vivamente consigliato!

Specialità: Crudo di pesci e crostacei. Zuppa di pesce nella pietra ollare. Delizia ai limoni biologici di Bergeggi, salsa mojito.

Menu 90/120 € – Carta 80/140 €

Hotel Claudio, via XXV Aprile 37 – ℰ 019 859750 – www.hotelclaudio.it –
Chiuso 20 ottobre-1 aprile, lunedì, martedì-venerdì a mezzogiorno

🏠 **Claudio**   ⌖ ≼ 🗝 ⌂ 🎿 ⊟ AC 🛁 P 🚗

TRADIZIONALE · ACCOGLIENTE Suggestiva collocazione con vista eccezionale sul golfo sottostante. Camere ampie ed eleganti, piscina, spiaggia privata e numerosi altri servizi a disposizione.

22 camere ⌖ – 🍴 130/240 € – 4 suites

via XXV Aprile 37 – ℰ 019 859750 – www.hotelclaudio.it – Chiuso 20 ottobre-1 aprile

✿ **Claudio** – Vedere selezione ristoranti

BERSANO – Piacenza → Vedere Besenzone

BESENZONE

✉ 29010 – Piacenza (PC) – Carta regionale n° **5**-A1 – Carta stradale Michelin 561-H11

a Bersano Est : 5,5 km

⁈○ **La Fiaschetteria**   🎿 ⇐ AC P

REGIONALE · ELEGANTE XxX Elegante cascina immersa nelle terre verdiane, la cucina offrirà agli appassionati l'occasione di un viaggio nella bassa padana, tra salumi, paste fresche e arrosti. Per gli amanti del pesce, non manca qualche proposta di mare, oltre che di fiume. Infine, per prolungare il soggiorno, ci sono anche tre romantiche, incantevoli camere.

Menu 60 € – Carta 45/72 €

via Bersano 59/bis – ℰ 0523 830444 – www.la-fiaschetteria.it – Chiuso 1-31 agosto,
23 dicembre-6 gennaio, lunedì, martedì, mercoledì-sabato a mezzogiorno

BESOZZO

✉ 21023 – Varese (VA) – Carta regionale n° **9**-A2 – Carta stradale Michelin 561-E7

⑩ Osteria del Sass

MODERNA · ROMANTICO XX Ai tempi dei Celti l'edificio costituiva la porta d'ingresso del borgo di Besozzo con torretta di avvistamento per la sua posizione privilegiata; ora è il regno di una cucina di ottimo livello, curata nei dettagli, presentata in un locale elegante e caratteristico dalle antiche origini (nella saletta interna è ancora ben conservata una pietra con l'effige di una divinità apotropaica).

Menu 35/65 € – Carta 39/65 €

via Sant'Antonio 17/B, località Besozzo Superiore – 𝒞 0332 771005 –
www.osteriadelsass.it – Chiuso martedì

BETTOLA

✉ 29021 – Piacenza (PC) – Carta regionale n° **5**–A2 – Carta stradale Michelin 562-H10

⑩ Agnello

EMILIANA · CONTESTO TRADIZIONALE X Affacciato sulla scenografica piazza una gestione solida e professionale v'introdurrà ad una cucina saldamente piacentina, con salumi affinati in casa, paste fresche, carni locali. Comodo e piacevole dehors estivo sulla piazza.

Carta 25/45 €

piazza Colombo 70 – 𝒞 0523 917760 – agnello.bettola@gmail.com –
Chiuso 5-29 febbraio, martedì

BETTOLLE – Siena → Vedere Sinalunga

BEVAGNA

✉ 06031 – Perugia (PG) – Carta regionale n° **20**–C2 – Carta stradale Michelin 563-N19

⑩ Serpillo

ITALIANA CONTEMPORANEA · RUSTICO X All'interno dell'affascinante borgo, piacevoli e rustiche sale ricavate in un antico frantoio fanno da sfondo alla cucina di un giovane chef che, partendo da una base nazionale-regionale, propone piatti di respiro moderno. Un vanto il buffet per l'antipasto ricco di sfiziosità!

Carta 25/50 €

via di Mezzo 1, località Torre del colle – 𝒞 366 711 8212 – www.serpillo.it –
Chiuso 7-31 gennaio, lunedì, martedì-sabato a mezzogiorno

⑩ Trattoria da Oscar

ITALIANA CONTEMPORANEA · RUSTICO X E' Filippo, lo chef-patron, a gestire con passione e professionalità questo piccolo, quanto piacevole, locale in pieno centro (zona a traffico limitato, si posteggia fuori le mura). Cucina con ovvi riferimenti al territorio, ma che spazia con disinvoltura su tutta l'Italia.

Carta 38/60 €

piazza del Cirone 2h – 𝒞 0742 361107 – www.latrattoriadioscar.it –
Chiuso 15 gennaio-14 febbraio, martedì

BIANZONE

✉ 23030 – Sondrio (SO) – Carta regionale n° **9**–B1 – Carta stradale Michelin 561-D12

⑬ Altavilla

REGIONALE · RUSTICO X Nella parte alta della località, tra boschi e vigneti, lasciarsi consigliare dalla signora Anna, proprietaria e anima del ristorante, è forse la cosa migliore per assaggiare le gustose proposte del territorio. Bella terrazza panoramica.

Specialità: La selezione di salumi con giardiniera e funghi porcini. I pizzoccheri alla maniera di mamma Lucinda. La torta di saraceno con confettura ai mirtilli e gelato alla vaniglia.

Menu 22/28 € – Carta 30/45 €

via Monti 46 – 𝒞 0342 720355 – www.altavilla.info – Chiuso 13-30 gennaio,
8-12 giugno, 9-19 novembre, lunedì

BIBBIENA

✉ 52011 – Arezzo (AR) – Carta regionale n° **18**–D1 – Carta stradale Michelin 563-K17

⊛ **Il Tirabusciò** ⠀⠀⠀⠀⠀⠀⠀⠀⠀⠀⠀⠀⠀⠀⠀⠀ A/C

TOSCANA · **DI QUARTIERE** XX Questa è una tappa in pieno centro storico, imperdibile per conoscere la gastronomia della zona: dai salumi alla chianina o all'agnello, passando - in stagione - per funghi e tartufi. Il cuoco esce sovente in sala e con simpatia vi saprà ben consigliare.

Specialità: Battuta al coltello di chianina. Petto e coscia di piccione croccanti e farciti con fegato al vin santo. Lattaiolo.

Carta 32/40€

via Rosa Scoti 12 – ℰ 0575 595474 – www.tirabuscio.it – Chiuso lunedì sera, martedì

BIELLA

✉ 13900 – Biella (BI) – Carta regionale n° **12**–C2 – Carta stradale Michelin 561-F6

⫪○ **Matteo Caffè e Cucina** ⠀⠀⠀⠀⠀⠀⠀⠀⠀⠀ 🛋 & A/C

MODERNA · **ELEGANTE** XX Da poco trasferitosi nella bella piazza del Duomo, in due eleganti sale di uno storico palazzo, Matteo Caffè rimane un "imperdibile" per un coffee-break o per piatti ricchi di gusto e fantasia.

Carta 45/62€

piazza Duomo 6 – ℰ 015 355209 – www.matteocaffeecucina.it – Chiuso 15-18 agosto, domenica

⫪○ **Regallo** ⠀⠀⠀⠀⠀⠀⠀⠀⠀⠀⠀⠀⠀⠀⠀⠀⠀⠀⠀ & A/C P

PESCE E FRUTTI DI MARE · **CONTESTO CONTEMPORANEO** XX Leggermente periferico, un ristorante dal look contemporaneo nel singolare contesto di un ex opificio; la sua cucina allude al mare in proposte di gusto moderno e originale.

Menu 25€ (pranzo), 55/60€ – Carta 54/84€

via Tollegno 4 – ℰ 015 370 1523 – www.ristoranteregallo.com – Chiuso mercoledì, sabato a mezzogiorno

BIENTINA

✉ 56031 – Pisa (PI) – Carta regionale n° **18**–B2 – Carta stradale Michelin 563-K13

⫪○ **Osteria Taviani** ⠀⠀⠀⠀⠀⠀⠀⠀⠀⠀⠀⠀⠀ 🛋 & A/C

MODERNA · **FAMILIARE** XX Proprio nel cuore del paesino, una giovane coppia gestisce con passione questo gradevole locale dagli interni di caldo design: lei in sala, lui ai fornelli, in tavola una fragrante linea di cucina moderna - carne e pesce - con solide basi nella tradizione toscana. Durante la stagione venatoria, i piatti di selvaggina sono tra i più appetitosi.

Carta 40/65€

piazza Vittorio Emanuele II 28 – ℰ 0587 757374 – www.osteriataviani.it – Chiuso lunedì, martedì-sabato a mezzogiorno, domenica sera

BIGARELLO

✉ 46030 – Mantova (MN) – Carta regionale n° **9**–D3

a Stradella Sud - Ovest : 6 km

⫪○ **Osteria Numero 2** ⠀⠀⠀⠀⠀⠀⠀⠀⠀⠀⠀ 🛋 & A/C P

ITALIANA · **RUSTICO** X In un bel cascinale immerso nel verde, atmosfera autentica per una linea di cucina che spazia dalla tradizione regionale a quella nazionale. Sempre più viva la passione per le birre, alle quali è dedicata una grande carta. Molto frequentato dalla gente del luogo, vivamente consigliata è la prenotazione!

Carta 24/48€

via Ghisiolo 2/a – ℰ 0376 45088 – www.osterianumero2.it – Chiuso 2-25 agosto, 30 dicembre-9 gennaio, martedì, sabato a mezzogiorno

BIGOLINO – Treviso → Vedere Valdobbiadene

BIODOLA – Livorno → Vedere Elba (Isola d') : Portoferraio

BISCEGLIE

✉ 76011 – Barletta-Andria-Trani (BT) – Carta regionale n° **15**–B2 –
Carta stradale Michelin 564-D31

31.10 Osteria Lorusso 🛱 AC

CREATIVA · TRATTORIA X Una cucina creativa davvero stuzzicante grazie all'abilità ai fornelli di Giovanni, per un locale che – sebbene periferico – non smette di migliorare anche strutturalmente. Vale la sosta!

Specialità: Schiuma di mare. Spaghetto alle canocchie. Croccante alle mandorle e vaniglia.

Menu 25€ (pranzo), 35/60€ – Carta 25/60€

Via Alceo Dossena 8 – ☏ 3931867849 – www.3110.it – Chiuso 10-24 luglio, mercoledì, domenica sera

BLEVIO

✉ 22020 – Como (CO) – Carta regionale n° **10**–B1 – Carta stradale Michelin 561-E9

❀ L¯ARIA ◍

MODERNA · LUSSO XXX Nascosto nel parco botanico, in un moderno edificio fronte lago, il ristorante L¯ARIA ha un aspetto raffinato e contemporaneo. Le ampie finestre offrono viste panoramiche, come i superbi scorci su Cernobbio e la sponda ovest offerti dall'elegante terrazza. Qui, lo Chef Guarino esprime la sua idea di cucina mediterranea creativa, raccontando agli ospiti una storia attraverso ogni piatto.

Nel menu degustazione l'accento è posto sui prodotti locali freschi, in particolare sul pesce locale, insieme a carni e verdure di attenta selezione.

A fine pasto, gli ospiti possono scegliere tra una selezione di formaggi artigianali della vicina Valtellina, nonché una gamma di golose prelibatezze preparate con ingredienti autoctoni ed esotici. Una pausa al bar per un aperitivo o un cocktail dopo cena è un'esperienza vivamente consigliata.

Specialità: Storione, cavolfiore, alga wakame in agrodolce, limone in salamoia. Carne & carne. Guardo il mondo dall'oblò: cremoso al pistacchio, ganache allo yogurt di bufala, limone confit, sorbetto allo yuzu.

Menu 95/133€ – Carta 95/140€

Mandarin Oriental Lago di Como, via Enrico Caronti, 69 – ☏ 031 32511 – www.mandarinoriental.com/lake-como – Chiuso 16 novembre-18 marzo, lunedì-domenica a mezzogiorno

🏨 Mandarin Oriental Lago di Como

GRAN LUSSO · PERSONALIZZATO Immerso in un lussureggiante giardino botanico, questo resort rappresenta un seducente connubio di stile italiano, fascino orientale e bellezza naturale. L'arredamento delle camere e delle suite è semplice ed elegante, l'ambiente rilassante e la vista mozzafiato sul lago e sul verde può essere apprezzata dalle terrazze o dagli ampi balconi. Le aree pubbliche sono decorate in uno stile moderno e lineare, con arredi che richiamano il design italiano del primo '900.

47 suites 🖙 – 🛉 1225/2045€ – 28 camere

via Caronti 69 – ☏ 031 32511 – www.mandarinoriental.com/lake-como – Chiuso 16 novembre-17 marzo

❀ **L¯Aria** – Vedere selezione ristoranti

BOBBIO

✉ 29022 – Piacenza (PC) – Carta regionale n° **5**–A2 – Carta stradale Michelin 561-H10

⏽○ Piacentino ⇦ 🛱 AC ⇧ P

EMILIANA · FAMILIARE XX Nel centro storico, la tradizione familiare continua da più di un secolo all'insegna di salumi, paste e secondi di carne, in questo piacevole ristorante che dispone anche di un delizioso giardino estivo. Camere con letti in ferro battuto e mobili in arte povera, ma anche stanze più moderne.

Menu 26/40€ – Carta 28/53€

piazza San Francesco 19 – ☏ 0523 936266 – www.hotelpiacentino.it – Chiuso lunedì

ⅈ○ Enoteca San Nicola

DEL TERRITORIO · RUSTICO ℵ In un vecchio convento del '600 nel cuore della Bobbio storica, la cucina si riappropria del territorio con piatti dai gusti decisi e rispettosi delle stagioni; presso il book bar - nel fine settimana - è possibile fermarsi per un calice di vino, una cioccolata o un infuso particolare.

Carta 29/36 €

contrada di San Nicola 11/a – ℰ 0523 932355 – www.ristorantesannicola.it –
Chiuso lunedì, martedì

BODIO LOMNAGO
✉ 21020 – Varese (VA) – Carta regionale n° **9**–A2

ⅈ○ Villa Baroni

CLASSICA · ACCOGLIENTE ℵℵ Romantica struttura in riva al lago dagli ambienti accoglienti ed eleganti ed una splendida terrazza per il servizio estivo; la cucina propone diversi menu degustazione composti da varie portate, nonché una carta delle specialità. Nelle camere atmosfera provenzale ed intima.

Menu 15 € (pranzo)/25 € – Carta 44/93 €

via Acquadro 12 – ℰ 0332 947383 – www.villabaroni.it – Chiuso lunedì

BOGLIASCO
✉ 16031 – Genova (GE) – Carta regionale n° **8**–C2 – Carta stradale Michelin 561-I9

a San Bernardo Nord : 4 km

ⅈ○ Il Tipico

PESCE E FRUTTI DI MARE · CONVIVIALE ℵℵ L'ambiente è gradevole, con qualche tocco d'eleganza, ma ciò che incanta è il panorama sul mare. Ubicato in una piccola frazione collinare, propone cucina ligure di pesce.

Menu 50 € – Carta 31/78 €

via Poggio Favaro 20 – ℰ 010 347 0754 – iltipicobogliasco.eatbu.com –
Chiuso 16 settembre-3 ottobre, lunedì, martedì-mercoledì a mezzogiorno

BOLGHERI – Livorno → Vedere Castagneto Carducci

Jyliana/iStock

BOLOGNA

✉ 40124 – Bologna (BO) – Carta regionale n° **5**-C3 –
Carta stradale Michelin 562-I15

Ci piace

L'accogliente ed informale simpatia tutta emiliana della
Trattoria di Via Serra e i loro strepitosi tortellini in brodo.
Le atmosfere storiche e romantiche dell'hotel
Commercianti. L'eleganza e l'originale personalità di **Casa
Bertagni. All'Osteria Bottega**, una delle più coerenti e
golose espressioni della cucina bolognese.

Se passeggiando per la città dotta la sete si fa sentire, ecco
di che placarla presso l'Enoteca Storica Faccioli: ampia
selezione di vini biologici, biodinamici e naturali, oltre a
tutti gli altri! Caffè Terzi, una bomboniera di locale che
propone caffè, cioccolata e tè in foglie tra lampadari rétro e
sedie vestite di rosso scuro. Non solo "minestre", come
vengono chiamati i primi piatti in Emilia, ma golose
prelibatezze dolci come quelle proposte dal Forno
Pasticceria Pallotti.

RossHelen/iStock

Ristoranti

❀ I Portici   🕸 AC

CREATIVA · LUSSO ✕✕✕ Padronanza tecnica, metodo (quasi maniacale!) e un'attenzione ai sapori della tradizione sono gli assi nella manica di Emanuele Petrosino: atout che prendono forma concretamente in piatti di grande suggestione estetica e gustativa come il mitico uovo Fabergé. A beneficiare della presenza di questo giovane talento non è solo il ristorante gourmet, ma anche il bistrot "la Terrazza", dove si propone una cucina più semplice o - per dirla con le parole dello chef - "più facile da recepire".

Specialità: Insalata di mare. Dentice arrosto. Pink Season.

Menu 95/140 € – Carta 80/150 €

Pianta C1-e – *Hotel I Portici, via dell'Indipendenza 69 – ✆ 051 421 8562 – www.iporticihotel.com – Chiuso 2-25 agosto, 22 dicembre-7 gennaio, lunedì, martedì-sabato a mezzogiorno, domenica*

☺ Al Cambio   AC P

REGIONALE · CONTESTO CONTEMPORANEO ✕✕ In un contesto periferico e all'interno di una sala contemporanea e senza tanti fronzoli, se ciononostante tanti clienti ne affollano i tavoli un motivo ci sarà... Gli appassionati di cucina tradizionale ne troveranno qui una vera roccaforte: splendidamente eseguita e senza inutili rivisitazioni con sapori pieni e gustosi a farla da padrone.

Specialità: Crostatina di cipolla caramellata su caldo-freddo di parmigiano reggiano. Tagliatelle al ragù bolognese. Latte in piedi della tradizione.

Carta 30/50 €

Fuori pianta – *via Stalingrado 150 – ✆ 051 328118 – www.ristorantealcambio.it – Chiuso 5-19 gennaio, 9-30 agosto, sabato a mezzogiorno, domenica*

☺ Osteria Bartolini   🎆 ♿ AC

PESCE E FRUTTI DI MARE · COLORATO ✕ Come le osterie "consorelle" di Cesenatico e Milano Marittima, si propone la stessa formula vincente a base di fritti di pesce dell'Adriatico in porzioni generose (sono piatti unici!), pesce azzurro, paste fresche fatte in casa, voluttuosi dolci come lo storico cremoso alla nocciola e mascarpone con cuore di crème brûlée. E d'estate ci si accomoda sotto ad uno stupendo platano di fine Ottocento.

Specialità: Saraghinia scottata alla griglia. Totanetti novelli con zucchine croccanti. Terrina morbida alla crema e colata di zabaione fresco.

Carta 29/36 €

Pianta B2-b – *piazza Malpighi 16 – ✆ 051 262192 – www.osteriabartolini.com*

☺ Trattoria di Via Serra   AC

REGIONALE · TRATTORIA ✕ Alla Bolognina, storico quartiere operaio della città, oggi anche multietnico, vale proprio la pena uscire dalle tradizionali rotte turistiche del centro per provare questa trattoria! Semplice e informale, governata dalla gran simpatia del proprietario, la tradizione regionale viene celebrata a grandi livelli, dalla piada agli straordinari tortellini in brodo di cappone.

Specialità: Tortelloni con ricotta di bianca modenese. Guancia brasata. Zuppa inglese.

Carta 20/45 €

Fuori pianta – *via Luigi Serra 9/b – ✆ 051 631 2330 – www.trattoriadiviaserra.it – Chiuso lunedì, martedì-mercoledì a mezzogiorno, domenica*

◑○ I Carracci   AC

CLASSICA · CONTESTO STORICO ✕✕✕ Il soffitto è interamente dedicato ai meravigliosi affreschi della scuola dei fratelli Carracci - da cui il ristorante trae il nome - ed è già un valido invito a scegliere il locale per le proprie pause gourmet; anche la cucina fa la sua parte mettendo insieme gusto classico e moderno in una carta dove i sapori italiani sono ben rappresentati.

Carta 55/110 €

Pianta B2-e – *Grand Hotel Majestic già Baglioni, via dell'Indipendenza 8 – ✆ 051 225445 – grandhotelmajestic.duetorrihotels.com*

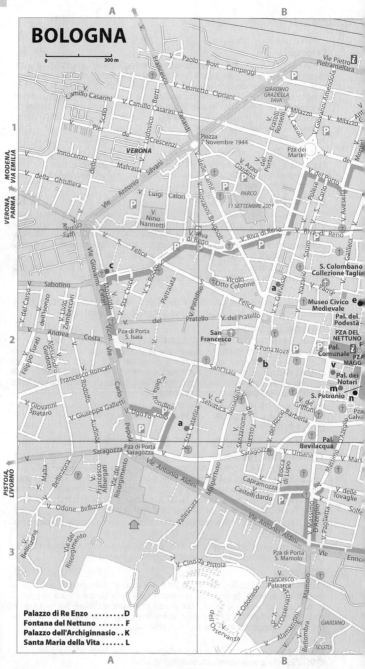

BOLOGNA

0 ⎯⎯ 300 m

Palazzo di Re Enzo ....D
Fontana del Nettuno ....F
Palazzo dell'Archiginnasio ..K
Santa Maria della Vita L

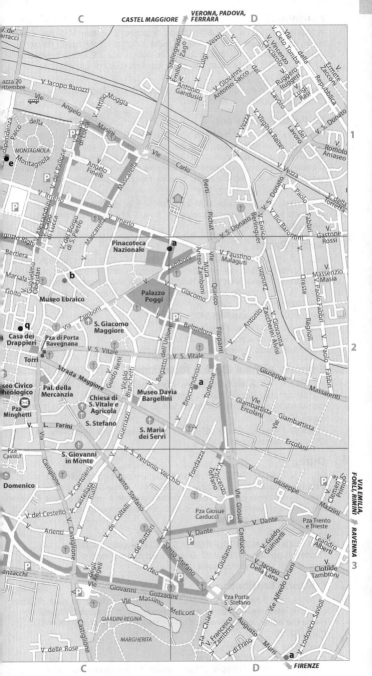

141

ⅱ○ Fourghetti ⇦ 🛋 ⅂ AC

MODERNA · DI TENDENZA XxX Design accattivante e modaiolo per questo nuovo indirizzo gestito da uno chef di fama e capacità note: Bruno Barbieri. Le sedie richiamano anni lontani, i tavoli sono nudi e scuri, di resina ovviamente il pavimento. Dalla cucina spunti locali non scevri da citazioni internazionali.

Carta 40/80€

Pianta D3-a – *via Augusto Murri 71* – ℰ *051 391847* – *www.fourghetti.com* – *Chiuso lunedì, martedì a mezzogiorno*

ⅱ○ La Porta Restaurant 🛋 ⅂ AC ⇔ P

CREATIVA · DESIGN XxX All'interno di un'avveniristica struttura, distesa come un ponte sulla via Stalingrado, La Porta Restaurant è uno spazio poliedrico: dal garage si accede alle leccornie del caffè, a pranzo apre il bistrot con proposte semplici, mentre per i gourmet l'appuntamento è serale con il ristorante dalle eleganti decorazioni in legno e cucina creativa, talvolta su basi regionali..

Menu 40/80€ – Carta 32/70€

Fuori pianta – *piazza Vieira de Mello 4 (parcheggio: via Stalingrado 37)* – ℰ *051 415 9491* – *www.laportadibologna.it* – *Chiuso 3-23 agosto, lunedì-sabato a mezzogiorno, domenica*

ⅱ○ Acqua Pazza 🛋 AC

PESCE E FRUTTI DI MARE · AMBIENTE CLASSICO XX Il locale non è in centro, ma se avete voglia di mangiare dell'ottimo pesce - quasi sempre del Mediterraneo - personalmente selezionato dallo chef patron, vale la pena perdere qualche minuto a cercar posteggio; apprezzabili anche le cotture, semplici e rispettose della materia prima.

Menu 60/75€ – Carta 58/95€

Fuori pianta – *via Murri 168/d* – ℰ *051 443422* – *www.acquapazzabologna.it* – *Chiuso 9-18 agosto, lunedì, martedì-giovedì a mezzogiorno*

ⅱ○ Emporio Armani Caffè e Ristorante 🛋 ⅂ AC

MODERNA · ALLA MODA XX In una storica galleria del centro trasformata nel quartiere generale dei più importanti marchi di moda nazionali, la cucina rivede i classici nazionali con creatività in una sala essenziale nel tipico stile della casa.

Carta 40/77€

Pianta B2-f – *galleria Cavour 1/d* – ℰ *051 268747* – *www.armanirestaurants.com* – *Chiuso 8-23 agosto, domenica sera*

ⅱ○ Oltre. AC

EMILIANA · DI TENDENZA XX Nel vivo quartiere del Mercato delle Erbe, la porta d'ingresso addobbata con centinaia di adesivi farà pensare ad un negozio di vinili. Invece è un recente ristorante che in maniera divertente coniuga un look giovane e di design con una carta che cita i classici della tradizione bolognese: in aggiunta un paio di creazioni più attuali.

Carta 37/59€

Pianta B2-a – *via Majani 1/b* – ℰ *051 006 6049* – *www.oltrebologna.it* – *Chiuso 7-15 gennaio, 3-23 agosto, lunedì a mezzogiorno, martedì, mercoledì-giovedì a mezzogiorno*

ⅱ○ Trattoria Battibecco 🛋 AC

REGIONALE · AMBIENTE CLASSICO XX In un vicolo centrale, un locale di classe e di tono elegante, che spicca nel panorama della ristorazione cittadina per la cucina che riesce con agilità a dividersi tra tradizione e proposte di mare.

Carta 47/75€

Pianta B2-v – *via Battibecco 4* – ℰ *051 223298* – *www.battibecco.com* – *Chiuso 5-19 gennaio, 21 giugno-12 luglio, sabato a mezzogiorno, domenica*

⋔○ All'Osteria Bottega   🛱 🅰️©

EMILIANA · FAMILIARE ⋇ Roccaforte della cucina bolognese, in una sala tanto semplice (seppur curata) quanto autenticamente calda e conviviale grazie alla cortese accoglienza familiare, arrivano i migliori salumi emiliani, le paste fresche e le carni della tradizione.

Carta 30/50€

Pianta A2-a – *via Santa Caterina 51b/55 – ℰ 051585111 –*
Chiuso 4 agosto-2 settembre, lunedì, domenica

⋔○ Posta   🛱 🅰️© ⇕

TOSCANA · CONTESTO TRADIZIONALE ⋇ Un angolo di Toscana a Bologna: qui le più celebri zuppe, come la ribollita e la pappa col pomodoro, si succedono alle pappardelle con il cinghiale, trippa, peposo e naturalmente fiorentine; così come toscani sono molti vini, ma con le tagliatelle e i tortellini - tuttavia - si torna a giocare in casa.

Carta 32/54€

Pianta A2-c – *via della Grada 21/a – ℰ 051 649 2106 – www.ristoranteposta.it –*
Chiuso lunedì, martedì a mezzogiorno

⋔○ Sale Grosso   🛱 🅰️©

MEDITERRANEA · BISTRÒ ⋇ Ristorante in stile bistrot, semplice nell'impostazione, ma dalla cucina ben fatta e prevalentemente di gusto mediterraneo; il mare è molto presente nei piatti, sebbene non manchino ricette vegetariane e qualche specialità vegana.

Carta 37/59€

Pianta C2-b – *vicolo De' Facchini 4a – ℰ 051 231721 – Chiuso 1-7 gennaio,*
10-31 agosto, domenica

⋔○ Scaccomatto   🅰️©

MODERNA · DI QUARTIERE ⋇ Gestito da due fratelli - uno in sala, l'altro in cucina - non si può che rimanere sorpresi dagli sforzi nella ricerca dei prodotti, impiegati in rivisitazioni di classici nazionali, locali o dagli accenti mediterranei.

Menu 35/55€ – Carta 35/70€

Pianta D2-a – *via Broccaindosso 63/b – ℰ 051 263404 –*
www.ristorantescaccomatto.com – Chiuso 1-31 agosto, lunedì a mezzogiorno

⋔○ Vicolo Colombina   🛱 🅰️©

TRADIZIONALE · DI QUARTIERE ⋇ In pienissimo centro storico fra i vicoletti adiacenti il mercato e piazza Maggiore, piatti tendenzialmente tradizionali (solo di terra!) leggermente rielaborati in chiave contemporanea; due salette piuttosto moderne negli arredi e una lista dei vini che concede grande spazio all'enologia regionale.

Carta 40/53€

Pianta B2-m – *vicolo Colombina 5/b – ℰ 051 233919 – www.vicolocolombina.it –*
Chiuso 8-18 gennaio, martedì

Alberghi

🏨 Grand Hotel Majestic già Baglioni   🏆 🛎️ 🛗 ⬆️ 🅰️© ♨️

DIMORA STORICA · GRAN LUSSO Dal '600 ad oggi, dal barocco al liberty, è una galleria di lusso e sfarzo questo storico albergo simbolo dell'ospitalità di lusso in città: ambienti sontuosi, camere raffinate, splendide suite ed i resti di una strada romana. Cucina italiana ed emiliana, curiosi cocktail e piatti futuristi, nell'elegante bistrot Cafè Marinetti.

97 camere ⌕ – ♟️ 350/950€ – 9 suites

Pianta B2-e – *via dell'Indipendenza 8 – ℰ 051 225445 –*
www.grandhotelmajestic.duetorrihotels.com

⋔○ **I Carracci** – Vedere selezione ristoranti

Corona d'Oro

LUSSO · STORICO Viaggio nell'eleganza cittadina: dalle origini medievali, attraverso il Rinascimento, fino alle decorazioni liberty per una struttura riferimento dell'ospitalità cittadina sin dal 1890! La Belle Époque rivive nelle camere, alcune con terrazza, ma il fiore all'occhiello rimane la corte interna del palazzo coperta da un lucernaio e trasformata in elegante salotto.

39 camere ⚏ – 👭 199/399€ – 1 suite

Pianta C2-q – *via Oberdan 12 – ☏ 051 745 7611 – www.hco.it*

I Portici

LUSSO · MINIMALISTA All'insegna del design e del minimalismo, del palazzo ottocentesco sono rimasti i soffitti affrescati di buona parte delle camere, il resto è di una semplicità quasi monacale. Al cibo si dedica molto spazio, al di là del gourmet serale, al 2° piano si assaggia una cucina della tradizione alla Terrazza Bistrot, mentre in strada troverete lo street food in veste bolognese alla Bottega Portici.

91 camere ⚏ – 👭 100/950€ – 3 suites

Pianta C1-e – *via dell'Indipendenza 69 – ☏ 051 42185 – www.iporticihotel.com – Chiuso 4-26 agosto, 22 dicembre-6 gennaio*

❀ **I Portici** – Vedere selezione ristoranti

Commercianti

STORICO · ELEGANTE All'ombra di S. Petronio, un edificio del '200 dedicato all'ospitalità da più di 100 anni è pronto ad accogliervi in ambienti di grande raffinatezza; quattro camere con terrazzo affacciato sul fianco della basilica e una romantica suite della torre con affreschi medioevali.

38 camere ⚏ – 👭 148/560€ – 2 suites

Pianta B2-n – *via dè Pignattari 11 – ☏ 051 745 7511 – www.art-hotel-commercianti.com*

Casa Bertagni ⓝ

FAMILIARE · A TEMA Per un soggiorno diverso da quello classico alberghiero, qui alloggerete in una raffinata casa privata. Dal salotto alla sala colazione, l'atmosfera è all'insegna di un sapiente ed originale mix di arredi d'epoca e contemporanei, che arriva sino alle camere, ciascuna dedicata ad un tema diverso.

6 camere ⚏ – 👭 120/190€

Pianta D2-a – *via De Rolandis 7 – ☏ 0039 3463239893 – www.casabertagni.it – Chiuso 5-26 gennaio*

a Borgo Panigale Nord - Ovest : 7,5 km

🍴 Sotto l'Arco

CREATIVA · AMBIENTE CLASSICO XX Villa Aretusi è una gradevole villa del Seicento cinta dal proprio giardino, alle porte di Bologna. Al 1° piano (con ascensore) si trova il ristorante gourmet Sotto l'Arco dove un esperto chef propone piatti di cucina italiana, moderna ed interessante; al piano terra, invece, va in scena la tradizione emiliana della Trattoria.

Menu 40€ (pranzo), 65/85€ – Carta 63/90€

Fuori pianta – *via Aretusi 5 – ☏ 051 619 9848 – www.villa-aretusi.it – Chiuso 5-26 agosto, 27 dicembre-5 gennaio, lunedì, martedì-mercoledì a mezzogiorno, venerdì-sabato a mezzogiorno, domenica sera*

dulezidary/iStock

BOLZANO • BOZEN

✉ 39100 – Bolzano (BZ) – Carta regionale n° **19**–D3 –
Carta stradale Michelin 562-C16

Ci piace

La cucina dello chef Claudio Melis che al ristorante **In Viaggio** ci accompagna lungo percorsi gastronomici e sensoriali. La calorosa atmosfera nella stube del **Vögele**.

Nove ettari di vigneti in gran parte di proprietà per una produzione di ben 96. 000 bottiglie di vino: vi presentiamo la cantina Schmid Oberrautner a Gries. Siamo in montagna, ma di un buon gelato c'è sempre voglia. Soddisfatta dove? All'Officina del Gelo AVALON! La sua filosofia è basata sull'obiettivo di produrre un gelato il più naturale possibile mediante l'utilizzo delle migliori materie prime disponibili sul mercato.

Olga Peshkova/iStock

Ristoranti

ᗺ In Viaggio - Claudio Melis ⓝ   &. AC P

CREATIVA · MINIMALISTA XX Claudio Melis rimane fedele alla propria filosofia ed al proprio programmatico nome e continua il... viaggio, trasferendo il proprio locale gourmet dalla prima sede - dietro a piazza Walther - all'attuale, all'interno del bel giardino del Parkhotel Luna Mondschein. Pochi sono i coperti ed anche i piatti in lista, nemmeno una decina; si possono ordinare alla carte, ma il consiglio è di costruire con essi un vero e proprio menu degustazione composto da 5, 7 oppure 9 portate. La sala è minimal e volutamente asettica: faretti e scena sono, infatti, strategicamente rivolti alle creazioni gastronomiche del bravissimo cuoco.

Specialità: Carote bruciate, piccante di pak choy, yogurt. Maialino cinturello: New York, Tokyo, Sardegna. Cioccolato, invidia belga, mascarpone, geranio al limone.

Menu 90/125€ – Carta 79/101€

Pianta B1-a – *via Piave 15 – ℰ 0471 168 4878 – www.inviaggioristorante.com – Chiuso 28 luglio-4 agosto, lunedì-martedì a mezzogiorno, mercoledì, giovedì-sabato a mezzogiorno, domenica*

☺ Vögele   🏠

REGIONALE · ROMANTICO X Un'istituzione in città, le cui radici si perdono nel Medioevo. Oggi si può mangiare sotto il passaggio dei portici, nella romantica stube, nell'atmosfera più borghese delle sale al primo piano o in quella moderna al secondo. Ovunque vi sediate, attendetevi una cucina locale e qualche piatto di pesce. Specialità: frittelle di patate con crauti della Val Venosta - rosticciata d'agnello con patate ed erbette aromatiche - canederli di ricotta.

Specialità: Testina di vitello rosolato con cipolla rossa, aceto di vino "Plunhof", fettine di canederli. Gulasch di manzo con canederli di speck. Canederli di ricotta con cuore di cioccolato.

Menu 20€ (pranzo), 25/51€ – Carta 18/50€

Pianta A1-b – *via Goethe 3 – ℰ 0471 973938 – www.voegele.it – Chiuso domenica*

ᥩᦞ Laurin   🖼 🏠 AC

MODERNA · LUSSO XXX Nella sontuosa cornice dell'hotel Laurin, il menu propone specialità altoatesine, vegetariane e - novità! - piatti da commercio equosolidale. Sebbene non prossimi al mare, il pesce è comunque ben rappresentato. Servizio professionale e gentile, molto confortevoli i pochi tavoli all'esterno.

Menu 35€ – Carta 48/74€

Pianta B1-e – *Parkhotel Laurin, via Laurin 4 – ℰ 0471 311000 – www.laurin.it – Chiuso 5 gennaio-9 febbraio, domenica sera*

ᥩᦞ Loewengrube   ⅏ 🏠 ᕮ

MODERNA · ROMANTICO XX Si narra che un tempo qui, nella "fossa dei leoni", venisse gettato chi non pagava il dazio della dogana. Trattoria dal 1500, cantina con tavolo prenotabile del 1200, oggi elegante ristorante con stube ed una delle migliori cucine di Bolzano.

Menu 12€ (pranzo)/60€ – Carta 38/69€

Pianta B1-g – *piazza della Dogana 3 – ℰ 0471 970032 – www.loewengrube.it – Chiuso domenica*

ᥩᦞ Zur Kaiserkron   🏠 &. AC

MODERNA · CONTESTO CONTEMPORANEO XX Storico locale del centro, oramai da anni vestito con "abiti" moderni, propone una cucina contemporanea, mai complicata e leziosa, sempre elaborata partendo da ottime materie prime. A pranzo la scelta è più ristretta, ma in realtà le si aggiunge un'offerta di piatti "light" sia nello stile sia nei prezzi; la sera troverete solo la carta gastronomica. La velocità del servizio non ne penalizza la professionalità.

Menu 30€ (pranzo)/55€ – Carta 46/75€

Pianta A1-c – *piazza della Mostra 1 – ℰ 0471 980214 – www.zurkaiserkron.com – Chiuso 28 giugno-5 luglio, sabato a mezzogiorno, domenica*

Alberghi

🏠 Parkhotel Laurin

LUSSO · STORICO Chi ama i fasti d'inizio Novecento troverà al Laurin tutta l'espressione di un'epoca favolosa, dal sontuoso palazzo che lo ospita ai saloni affrescati, nonché un esclusivo privilegio: un parco con alberi secolari nel cuore della città. Camere più sobrie, bagni in marmo.

100 camere ☲ – 👫 204/443 € – 7 suites

Pianta B1-e – *via Laurin 4* – ℰ *0471 311000* – *www.laurin.it*

🍴 **Laurin** – Vedere selezione ristoranti

🏠 Greif

LUSSO · PERSONALIZZATO Cinquecento anni di storia, da due secoli gestito dalla stessa famiglia, oggi felice connubio di antico e moderno: le camere - per metà circa affacciate su piazza Walther - sono decorate da artisti contemporanei, ma anche impreziosite da mobili d'epoca.

33 camere ☲ – 👫 170/449 €

Pianta B1-n – *piazza Walther* – ℰ *0471 318000* – *www.greif.it*

BOLZANO

a Cardano Est: 3 km

⊗ **Eggentaler** ◁🛏️ &️ AC P

CARNE · CONTESTO CONTEMPORANEO XX Celebre per essere una delle migliori steakhouse della regione, questo ristorante con hotel alle porte di Bolzano si propone, in realtà, con un ottimo menu sempre ben variegato, completato a voce con piatti stagionali. L'altra specialità del locale, inaspettata, ma non per questo meno interessante, è proprio il pesce.

Carta 40/80€

Fuori pianta – *via Val d'Ega 47 – ℰ 0471 365294 – www.eggentaler.com – Chiuso lunedì*

BOLZONE – Cremona → Vedere Ripalta Cremasca

BORDIGHERA

✉ 18012 – Imperia (IM) – Carta regionale n° **8**-A3 – Carta stradale Michelin 561-K4

⊗ **Le Chaudron** 🛏️

PESCE E FRUTTI DI MARE · CONTESTO STORICO XX E' in un vecchio deposito merci vicino al lungomare che questo ristorante di famiglia ha trovato posto; dell'epoca rimane il suggestivo soffitto in mattoni e a volte sotto cui si mangia, il resto dell'arredo è nelle mani della fantasia. Nei piatti il pescato locale, rinomato per la freschezza.

Menu 25/35€ – Carta 50/63€

via Vittorio Emanuele 7 – ℰ 0184 263592 – www.lechaudron.it – Chiuso 1-31 gennaio, lunedì, domenica sera

⊗ **Romolo Mare** 🛏️

PESCE E FRUTTI DI MARE · STILE MEDITERRANEO XX Al termine del lungomare, a pochi metri dalla spiaggia ghiaiosa, l'atmosfera è semplice per quanto suggestiva quando si mangia all'aperto, ma la vera sorpresa è la qualità della cucina: quasi esclusivamente di pesce, di ottimo livello. Attenzione: per la fine del 2018 è previsto il ritorno nella sede storica, adiacente!

Carta 33/100€

lungomare Argentina 1 – ℰ 0184 261105 – www.amareabordighera.it

⊗ **Magiargè Vini e Cucina** 🕸️ 🛏️ AC

LIGURE · CONTESTO STORICO X Caratteristico e vivace, nell'affascinante centro storico, le salette sembrano scavate nella roccia, coperte da un soffitto a volta. Nessuna sorpresa dalla cucina: cappon magro, stoccafisso mantecato "brandacujun", cuppin alla sanremasca (zuppa di pesce). La Liguria è tutta nel piatto!

Menu 19/25€ – Carta 34/52€

piazza Giacomo Viale – ℰ 0184 262946 – www.magiarge.it – Chiuso 20-31 ottobre, lunedì

BORGHETTO – Verona → Vedere Valeggio sul Mincio

BORGHETTO DI BORBERA

✉ 15060 – Alessandria (AL) – Carta regionale n° **12**-D3 – Carta stradale Michelin 561-H8

🏠 **Il Fiorile** ◁🚐🛏️ P

PIEMONTESE · CASA DI CAMPAGNA X Quasi come in una cartolina, il calore di un vecchio fienile immerso nel silenzio dei boschi induce a riscoprire i profumi e le ricette del passato. Un esempio? Salsiccia di coniglio nostrano con torta di patate in crosta di timo.

Specialità: Manzetta c' era una volta: vitello, tonno, pane. Risotto, zafferano montèbore, liquirizia. Cioccolato fondente: il soufflé.

Menu 20/35€ – Carta 20/40€

via XXV Aprile 6, frazione Castel Ratti – ℰ 0143 697303 – www.ilfiorile.com – Chiuso 19 agosto-4 settembre, 4 novembre-27 marzo, lunedì, martedì-venerdì a mezzogiorno

BORGIO VEREZZI

⊠ 17022 – Savona (SV) – Carta regionale n° **8**–B2 – Carta stradale Michelin 561-J6

ⅠO **Doc**   🚙 🛖 ♿

CLASSICA · **ELEGANTE** XXX All'interno di una signorile villetta d'inizio secolo adornata da un grazioso giardino - a cui si è aggiunto un nuovo spazio adibito ad arte ed eventi - un ristorante dall'ambiente raccolto e curato, in cui godere di una certa eleganza.

Carta 50/60€

via Vittorio Veneto 1 – ℰ 019 611477 – www.ristorantedoc.it – Chiuso lunedì, martedì, mercoledì-venerdì a mezzogiorno

BORGO FAITI – Latina → Vedere Latina

BORGOMANERO

⊠ 28021 – Novara (NO) – Carta regionale n° **13**–A3 – Carta stradale Michelin 561-E7

ⅠO **Pinocchio**   🏵 🚙 🛖 AC ♿ 🅿

REGIONALE · **CONTESTO TRADIZIONALE** XX Circondato da un delizioso giardino, dove d'estate viene svolto sia un servizio alternativo a base di piatti unici sia il rito dell'aperitivo, un elegante ristorante che continua a proporre una cucina tra passato e presente, tradizioni del territorio piemontese (specialità di carne e pesce di lago) ed interpretazioni più raffinate: una fusione che sorprende per naturalezza ed armonia del risultato.

Menu 30€ (pranzo), 65/100€ – Carta 55/120€

via Matteotti 147 – ℰ 0322 82273 – www.ristorantepinocchio.it – Chiuso 1-20 agosto, 23 dicembre-3 gennaio, mercoledì, domenica sera

BORGONATO – Brescia → Vedere Corte Franca

BORGONOVO VAL TIDONE

⊠ 29011 – Piacenza (PC) – Carta regionale n° **5**–A1 – Carta stradale Michelin 561-G10

⸙ **La Palta** (Isa Mazzocchi)   🏵 🛖 AC 🅿

CREATIVA · **ELEGANTE** XXX La tipica casa piacentina si trova al centro di questa frazione sperduta nella campagna; nacque come drogheria (palta del paese) e di cui il bar-ritrovo del centinaio di anime del luogo ne è ancora la testimonianza. Gli ambienti sono ampi e moderni con vetrate a 180° sul bel giardino e la natura circostante. E' qui che vengono servite coppe e pancette di tale qualità da non temere il confronto con i salumi più blasonati, oltre a piatti più elaborati, in prevalenza di carne. Una linea gastronomica del territorio, quindi, sebbene permeata da spunti più contemporanei: soprattutto nelle presentazioni moderne, ma mai eccessive. Un'intera famiglia è al timone della maison, i veterani con la loro esperienza, e i più giovani con nuovi stimoli - in cucina - ad apprendere il mestiere per una proposta solida e di qualità che spicca in un panorama molto più semplice e regionale.

Specialità: Le mie radici: filetto di cavallo crudo, maionese al gutturnio e radici di campo. Piccione arrostito con melanzane alla fiamma e salsa alle acciughe. Tortelli fritti al latte su zuppa di nespole e gelato al Vin Santo di Vigoleno.

Menu 55/80€ – Carta 57/81€

località Bilegno – ℰ 0523 862103 – www.lapalta.it – Chiuso 30 giugno-16 luglio, lunedì

BORGO PANIGALE – Bologna → Vedere Bologna

BORGORICCO

⊠ 35010 – Padova (PD) – Carta regionale n° **23**–C2 – Carta stradale Michelin 562-F17

⌘ Storie d'Amore ⌘ 🍴 ♿ 🅰 🔄 🅿

MODERNA · INTIMO XX Che siate a Padova o nei dintorni, gli ispettori sono unanimi nel consigliare questo ristorante: uno dei più interessanti in provincia. Massimo Foffani e Davide Filippetto sono - senza dubbio - un'accoppiata perfetta. Soci, fin dall'apertura del locale, il primo gestisce con eleganza e savoir-faire la sala, nonché la scelta dei vini (molto esaustiva, tra l'altro per la collezione di Champagne). Il secondo strappa l'attenzione per la qualità dei prodotti scegliendo eccellenze locali, spesso da piccole produzioni e – nei limiti del possibile – cercando di rispettare la stagionalità dei prodotti. La sua è una cucina tecnica, creativa, di grande equilibrio.

Specialità: Percorso del pescato crudo. Falso riso di asparagi con scampi al naturale. Il tiramisù.

Menu 25€ (pranzo), 60/90€ – Carta 70/100€

via Desman 418 – ☏ 049 933 6523 – www.storiedamorerestaurant.it –
Chiuso 10-25 gennaio, 15-25 settembre, giovedì

BORGOSESIA

✉ 13011 – Vercelli (VC) – Carta regionale n° **12**–C1 – Carta stradale Michelin 561-E6

⭑○ Casa Galloni 1669 ⌘ 🍴 🅰 🔄 🚭

REGIONALE · CONTESTO REGIONALE XX Nel centro storico, una casa intima e raccolta sin dalla corte interna (dove si apparecchia il frequentato dehors estivo), che si attraversa per salire alle tre sale al primo piano. Cucina della tradizione, abilmente rivisitata, mentre al pian terreno, alla Stube, il servizio è solo serale, dall'aperitivo sino a cene semplici a base di salumi, formaggi e qualche piatto rustico, nonché vini al bicchiere.

Carta 35/60€

via Cairoli 42 – ☏ 0163 23254 – Chiuso lunedì, domenica

BORGO VERCELLI

✉ 13012 – Vercelli (VC) – Carta regionale n° **12**–C2 – Carta stradale Michelin 561-F7

⭑○ Osteria Cascina dei Fiori 🅰 🔄 🅿

REGIONALE · RUSTICO XX Linea gastronomica legata al territorio, anche se non mancano alcune proposte innovative, in un ambiente rustico-elegante. Interessante scelta enologica.

Carta 45/75€

regione Forte - Cascina dei Fiori – ☏ 0161 32827 – Chiuso 10-31 luglio, lunedì,
domenica

BOSNASCO

✉ 27040 – Pavia (PV) – Carta regionale n° **9**–B3 – Carta stradale Michelin 561-G10

⭑○ Lo ⌘ 🍴 ♿ 🅰 🅿

CLASSICA · CONTESTO TRADIZIONALE XX Moderno locale gestito direttamente dalla famiglia Losio: padre, madre ed il figlio Tiziano, lo chef. A quest'ultimo il compito di selezionare le migliori carni, preparare ottime paste, proporre alcune ricette a base di pesce. In menu anche i celebri salumi della zona, mentre la cantina si farà ricordare per le sue circa trecento etichette, tra cui spiccano diverse bottiglie di Champagne vendute nell'enoteca.

Menu 40/50€ – Carta 38/62€

via Mandelli 60, località Cardazzo – ☏ 0385 272648 – www.ristorantelo.it –
Chiuso 11-27 agosto, domenica

⌘⌘⌘, ⌘⌘, ⌘, ⊛ & ⭑○

BOTTICINO

✉ 25082 – Brescia (BS) – Carta regionale n° **9**–C1 – Carta stradale Michelin 561-F12

Trattoria Eva

LOMBARDA · FAMILIARE ⅜ Un rustico di campagna e una famiglia con un passato nel settore delle carni, ma da sempre interessata alla ristorazione: senza dubbio un bel connubio, reso ancora più piacevole dalla panoramica terrazza estiva! Tra le specialità memorabili restano: "Peccati di Eva", un'entrecôte da leccarsi i baffi, e straccetti di maialino alla mediterranea.

Specialità: Tartara di manzo alla senape antica. "Peccati di Eva" con senape e pepe rosa. Zabaione tradizionale al marsala.

Menu 16 € (pranzo), 24/45 € – Carta 24/45 €

via Gazzolo 75, località Botticino Mattina – 𝒞 030 269 1522 – www.trattoriaeva.net – Chiuso 1-12 febbraio, 15-30 settembre, martedì sera, mercoledì

BOZEN – Bolzano → Vedere Bolzano

BRA

✉ 12042 – Cuneo (CN) – Carta regionale n° **12**–B3 – Carta stradale Michelin 561-H5

Battaglino

PIEMONTESE · FAMILIARE ⅜ E' dal lontano 1919 che una gestione familiare - vivace e cortese - propone i più tradizionali piatti piemontesi, ma con una particolare attenzione anche alle varie esigenze alimentari: intolleranze, allergie, scelte etiche...

Specialità: Carne cruda e salsiccia di Bra. Agnolotti del plin. Bunet.

Carta 28/40 €

piazza Roma 18 – 𝒞 0172 412509 – www.ristorantebattaglino.it – Chiuso 5 agosto-2 settembre, lunedì, domenica sera

Boccondivino

PIEMONTESE · CONTESTO TRADIZIONALE ⅜ Al primo piano di una casa di ringhiera in pieno centro storico, due salette ed una più grande tappezzata di bottiglie per una cucina fedele alla tradizione langarola: agnolotti al burro e rosmarino, panna cotta, e altro ancora... Servizio estivo nell'incantevole cortile con glicini secolari.

Specialità: Lardo, salsiccia di Bra e carne cruda. Brasato di vitello al Barolo. Panna cotta.

Menu 21 € (pranzo), 32/36 € – Carta 27/36 €

via Mendicità Istruita 14 – 𝒞 0172 425674 – www.boccondivinoslow.it

BRACCA

✉ 24010 – Bergamo (BG) – Carta regionale n° **10**–C1

Dentella

DEL TERRITORIO · FAMILIARE ⅜ La garanzia che qui si mangi bene è assicurata dalla famiglia Dentella che viaggia verso i 100 anni di gestione diretta: in ambienti semplici, ma accoglienti, si propongono salumi nostrani, casoncelli, piatti a base di carne, in stagione tartufo nero di Bracca e cacciagione, molto spazio è dedicato ai formaggi locali. Insomma, il meglio della cucina bergamasca!

Specialità: Carpaccio di bresaola con sformatino di zucchine e crema di caprino. Risotto mantecato con stracchino e tartufo nero di Bracca. Torta sbrisolona con crema al mascarpone.

Carta 25/35 €

via Dentella 25 – 𝒞 0345 97105 – www.trattoriadentella.com – Chiuso 20-26 gennaio, 15-26 giugno, lunedì sera

BRENZONE

✉ 37010 – Verona (VR) – Carta regionale n° **23**–A2 – Carta stradale Michelin 562-E14

a Castelletto di Brenzone Sud - Ovest : 3 km

⏸️ **Alla Fassa** ⇆ ⇤ 🏠 ♻️ **P**

PESCE E FRUTTI DI MARE · **CONTESTO CONTEMPORANEO** 🗙🗙 Già dalla parete vetrata della sala si può ammirare la bellezza del lago e delle montagne sulla sponda opposta, ma con il bel tempo è tutta una corsa verso i tavoli a pochi metri dall'acqua. La cucina si dimostrerà più che all'altezza: pesce, in prevalenza lacustre, di ottimo livello.

Carta 40/60 €

via Nascimbeni 13 – ☎ 045 743 0319 – www.ristoranteallafassa.com –
Chiuso 7 gennaio-6 marzo, 1-26 dicembre, martedì

BRESCIA

✉️ 25121 – Brescia (BS) – Carta regionale n° **9**–C1 – Carta stradale Michelin 561-F12

😊 **Trattoria Porteri** ⬇️ 🅰️🅲 ♻️

REGIONALE · **FAMILIARE** 🗙 Alle pareti e al soffitto il racconto di una passione che ha coinvolto due generazioni, al vostro tavolo la tradizione bresciana con un occhio di riguardo per polenta e formaggi. Ottimi anche: il manzo all'olio, l'agnello, la tartara di cavallo.

Specialità: misto di salumi locali con verdure in agrodolce. Casoncelli di pasta all'uovo con ripieno di Culatello e una crema di parmigiano e salvia fritta. Cestino di croccante con bavarese alla vaniglia di Tahiti e crema di fragole.

Menu 25 € (pranzo), 40/45 € – Carta 25/50 €

via Trento 52/d ⓜ Marconi – ☎ 030 380947 – www.trattoriaporteri.it –
Chiuso 2-23 agosto, lunedì, domenica sera

⏸️ **Castello Malvezzi** 🕸️ 🍽️🏠 **P**

CREATIVA · **ELEGANTE** 🗙🗙🗙 Cucina di stampo moderno che alterna pesce a ricette più regionali e bel dehors estivo davanti ai giardini della raffinata casa di caccia cinquecentesca. Vista sulla città di Brescia.

Carta 45/95 €

via Colle San Giuseppe 1 (via Torquato Taramelli) – ☎ 030 200 4224 –
www.castellomalvezzi.com – Chiuso 1-21 gennaio, 10-25 agosto, lunedì, martedì

⏸️ **Il Labirinto** 🕸️ 🅰️🅲 **P**

MEDITERRANEA · **ELEGANTE** 🗙🗙 Ristorante periferico di lunga tradizione e professionalità, le cui redini sono passate al figlio che da sempre cura con professionalità la sala. Cucina di ampio respiro a suo agio tra terra e mare. Imperdibili i salumi di produzione propria.

Menu 60 € – Carta 45/97 €

via Corsica 224 – ☎ 030 354 1607 – www.ristoranteillabirinto.it – Chiuso 12-18 agosto,
domenica

⏸️ **La Sosta** 🏠 🅰️🅲 ♻️ **P**

LOMBARDA · **CONTESTO STORICO** 🗙🗙 Ubicato in un palazzo seicentesco, locale ormai storico in città e alla sua seconda generazione dove sostare per apprezzare sapori lombardi accompagnati da buon vini. Nei mesi estivi si cena all'aperto (pochi posti, meglio prenotare!); il servizio è preciso e accurato.

Menu 25 € (pranzo) – Carta 48/78 €

via San Martino della Battaglia 20 ⓜ Vittoria – ☎ 030 295603 – www.lasosta.it –
Chiuso 1-6 gennaio, 4-24 agosto, lunedì, domenica sera

⏸️ **Carne & Spirito** ⇆ 🏠 🅰️🅲 **P**

MODERNA · **DI TENDENZA** 🗙🗙 Un po' nascosto, ma vale la pena scovarlo, è l'indirizzo d'elezione per gli amanti della carne in virtù della materia prima di ottima qualità. Piacevole atmosfera da trattoria moderna per lasciarsi sedurre anche nello spirito. Le vetrate della bella veranda si aprono con i primi tepori primaverili.

Menu 33/35 € – Carta 39/62 €

via dei Gelsi 2 – ☎ 030 207 0441 – www.carneespirito.it – Chiuso 9-23 agosto, sabato
a mezzogiorno, domenica

🍴○ **Lanzani Bottega & Bistrot** ⛩ & 🅐🅒

MODERNA · BISTRÒ ✖✖ In origine era la macelleria di famiglia, ora un moderno locale (aperto dalle 7 alle 23) che è anche gastronomia da asporto ed enoteca con grandi vini. Alle ore canoniche è un vero e proprio ristorante, più ridotta e meno golosa la proposta del pranzo. Posizione defilata e periferica.

Menu 40/45€ – Carta 35/70€

via Albertano da Brescia 41 – ☎ 030 313471 – www.lanzanibistrot.it – Chiuso 1-5 gennaio, 3-16 agosto, domenica

🍴○ **La Porta Antica** & 🅐🅒

PESCE E FRUTTI DI MARE · CONTESTO CONTEMPORANEO ✖✖ Un giovane cuoco di ritorno da esperienze fuori regione porta a casa il gusto e la tecnica di mangiare specialità ittiche con un approccio moderno; perfino nei piccoli lampadari a forma di meduse c'è un divertente richiamo al mare. Buona parte del pesce proviene dalla Liguria, ed è proprio la qualità del pescato il punto di forza del ristorante.

Menu 25€ (pranzo), 50/90€ – Carta 60/90€

via Quarto dei Mille 16 – ☎ 030 094 9313 – www.laportaantica.it – Chiuso 1-10 gennaio, 10 agosto-3 settembre, lunedì, martedì a mezzogiorno

🍴○ **Trattoria Rigoletto** & 🅐🅒

PESCE E FRUTTI DI MARE · DI TENDENZA ✖✖ Un locale che pur nella propria elegante semplicità, riesce ad esprimere una cucina interessante. La lista è abbastanza estesa: le proposte sono essenzialmente legate al pesce elaborato in chiave moderna con qualche tocco fantasioso. Ottime le materie prime!

Carta 60/100€

via Fontane 54/b – ☎ 030 200 4140 – Chiuso 1-31 agosto, lunedì

🍴○ **Trattoria La Campagnola** ⛩ & 🅿

REGIONALE · FAMILIARE ✖ Il capolavoro di due generazioni, nutrire di sapore e genuinità una tradizione mai perduta nell'incanto di un vecchio cascinale avvolto dal verde che racconta l'arte dell'ospitare.

Menu 15€ (pranzo) – Carta 25/40€

via Val Daone 25 – ☎ 030 300678 – www.trattorialacampagnolabrescia.it – Chiuso 16-26 agosto, 27 dicembre-3 gennaio, lunedì sera, martedì

a Sant'Eufemia della Fonte Est : 2 km per Lago di Garda B2

🍴○ **La Piazzetta** 🅐🅒 🅿

PESCE E FRUTTI DI MARE · ELEGANTE ✖✖ Piccolo ed elegante ristorante alle porte della città. La cucina si indirizza prevalentemente sul mare con elaborazioni fantasiose e originali: ottimi i crudi!

Menu 30€ (pranzo), 50/60€ – Carta 50/87€

via Indipendenza 87/c – ☎ 030 362668 – www.allapiazzetta.com – Chiuso 3-23 agosto, sabato a mezzogiorno, domenica

BRESSANONE · BRIXEN

✉ 39042 – Bolzano (BZ) – Carta regionale n° **19**-C1 – Carta stradale Michelin 562-B16

🌼 **Apostelstube** 🆕 🕸 ⛩ & 🅿

MODERNA · AMBIENTE CLASSICO ✖✖ Ambiente ispirato all'architettura anni '20 dell'art déco che vi invoglia ad un viaggio dei sensi che si farà ricordare. Apostelstube è - infatti - il laboratorio di un giovane chef altoatesino, Mathias Bachmann, che propone un menu degustazione unico, componibile con varie portate in base al proprio appetito, nonché al desiderio di divertirsi. Il territorio è ben rappresentato in virtù dei tanti prodotti locali ben mixati con agrumi ed erbe giapponesi: quest'ultime coltivate a Brunico da un appassionato di bonsai. La proverbiale accoglienza del giovane erede della famiglia, che da generazioni gestisce la struttura, e il savoir-faire della sua compagna sono un motivo in più per apprezzare quest'ottimo ristorante.

Specialità: Salmerino alpino, porro e dashi al latticello. Fagottini ripieni d'oca confit, radicchio alpino e nocciole. Crema di panna agra, rabarbaro e lamponi.

Menu 95€

Hotel Elephant, via rio Bianco 4 – ☎ 0472 832750 – www.hotelelefante.com – Chiuso lunedì-martedì a mezzogiorno, mercoledì, giovedì, venerdì-domenica a mezzogiorno

⊛ Alpenrose ❶   ⇦ 🛋 ㊐ 🎔 ⇧ 🅿

REGIONALE · CONTESTO CONTEMPORANEO 𝕏 Lo "scotto" da pagare è la sua posizione non proprio centrale, subito risarcito dal panorama che però essa offre: un ristorante a conduzione familiare, dove gustare piatti del territorio (in primis, tris della Valle Isarco) con leggere rivisitazioni.

Specialità: Tartare di manzo. Mousse di trota affumicata. "Schmarren" di mele (frittata dolce).

Menu 35/52€ – Carta 34/55€

località Pinzago 24 – ℰ 0472 832191 - www.alpenroses.com –
Chiuso 7 gennaio-4 febbraio, 22 giugno-7 luglio, 23-30 novembre, lunedì, martedì

⑪○ Elephant   🕸 ⇦ 🛋 ㊐ 🎔 🅿

CLASSICA · ELEGANTE 𝕏𝕏 Cucina del territorio, ma d'impostazione moderna, nelle belle sale al primo piano dell'albergo. A voi la scelta dell'ambiente tra la settecentesca stube tedesca o quella in cembro. Mentre la recente Apostestube (serale e chiusa mercoledì e giovedì) è il piccolo atelier gourmet, dove il giovane chef dà sfogo al proprio talento attraverso menu degustazione: territorio ma anche prodotti nazionali ed internazionali.

Carta 50/110€

Hotel Elephant, via rio Bianco 4 – ℰ 0472 832750 - www.hotelelephant.com –
Chiuso 16 febbraio-15 marzo

⑪○ Oste Scuro-Finsterwirt   🕸 🛋 🎔

REGIONALE · STUBE 𝕏𝕏 Il ristorante è situato nel centro storico e si contraddistingue per le sue confortevoli stube, la moderna terrazza nel cortile interno e un servizio cordiale, mentre lo chef delizia i suoi ospiti con specialità regionali, talvolta rivisitate con gusto moderno, nonché qualche piatto di pesce.

Menu 25€ (pranzo), 45/65€ – Carta 49/75€

Hotel Goldener Adler, vicolo del Duomo 3 – ℰ 0472 835343 - www.finsterwirt.com –
Chiuso 7-19 gennaio, 17-22 marzo, 7-12 luglio, 17-22 novembre, lunedì, domenica sera

⑪○ Der Traubenwirt   🛋

REGIONALE · CONVIVIALE 𝕏𝕏 Una cucina generosa, colorata, saporita, in un bel locale classico del centro storico con un servizio giovane, simpatico ed efficiente. Conosciuto da tutti in città e vivamente consigliato.

Menu 29/55€ – Carta 44/80€

via Portici Minori 9 – ℰ 0472 836552 - www.traubenwirt.it

⑪○ Vitis   🕸 🛋

REGIONALE · WINE-BAR 𝕏 Moderna enoteca del centro a fianco del glorioso ristorante familiare, l'Oste Scuro. Circondati da bottiglie e cassette di vini anche importanti, offerta variegata tra piatti cucinati, taglieri e proposte del giorno.

Menu 15€ (pranzo), 45/55€ – Carta 41/67€

Hotel Goldener Adler, vicolo del Duomo 3 – ℰ 0472 200621 - www.vitis.bz –
Chiuso 7-18 gennaio, 17-28 marzo, 10-15 novembre, lunedì, domenica

🏨 Elephant   ⇦ 🌊 🕸 🛁 ⊡ ㊐ 🆕 🅿

LUSSO · STORICO Dall'India alle Alpi, l'arrivo dell'elefante a Bressanone nel XVI secolo è documentato dai libri di storia, ma ancor meglio dall'affresco sulla facciata di questa casa, dove il pachiderma sostò prima di ripartire per Vienna: animale simbolo di persistenza tanto quanto la proprietà dell'hotel. La stessa famiglia dal 1773! E' la storia con la sua grandezza ritratta nei quadri e l'unicità dei mobili a conferire fascino agli interni. Impossibile non lasciarsi trasportare indietro nel tempo.

44 camere ⊑ – ♞♞ 192/350€

via rio Bianco 4 – ℰ 0472 832750 - www.hotelelephant.com –
Chiuso 14 febbraio-15 marzo

⑪○ **Elephant** · ⊛ **Apostelstube** – Vedere selezione ristoranti

🏨 Goldener Adler

LUSSO · STORICO Caratteristico edificio del '500, da secoli vocato all'ospitalità, offre ai propri clienti la possibilità di un soggiorno sobriamente elegante; la maggior parte delle camere, seppure senza stonare rispetto alla storia della casa, ha uno stile quasi da boutique hotel. Al piano terra si trova l'AdlerCafé.

29 camere ⌑ – 👫 148/263 €

via Ponte Aquila 9 – 𝒞 0472 200621 – www.goldener-adler.com

🍴 **Oste Scuro-Finsterwirt** · 🍴 **Vitis** – Vedere selezione ristoranti

BREUIL - CERVINIA

✉ 11021 – Aosta (AO) – Carta regionale n° **21**-B2 – Carta stradale Michelin 561-E4

🍴 La Chandelle 🆕

MODERNA · ELEGANTE XxX Ampio salone all'interno del celebre hotel Hermitage, di cui riprende lo stile di classica eleganza, e "grande carte" dove si presenta una cucina moderna e – al tempo stesso - concreta, senza inutili eccessi, completata da un'ulteriore offerta di piatti più tradizionali. Al ristorante, infatti, fa bella mostra di sé un'imponente griglia per piatti alla brace (la sera). La vista sulle montagne e l'eccellente carta dei vini aggiungono piacevolezza alla sosta gastronomica.

Carta 66/90 €

Hermitage, via Piolet 1 – 𝒞 0166948998 – www.hotelhermitage.com – Chiuso 25 aprile-3 luglio, 29 agosto-27 novembre

🍴 Wood

CREATIVA · CONTESTO CONTEMPORANEO XX Qualche coperto in meno per privilegiare tavoli più spaziosi, ma sempre una grande profusione di legno a caratterizzare questo moderno bistrot all'inizio del paese; tanta creatività nei piatti della cuoca svedese, mentre per chi volesse sentire la sua mano moderna alle prese col territorio, d'obbligo é la scelta del menu degustazione dedicato.

Menu 65/95 € – Carta 60/82 €

via Guido Rey 26 – 𝒞 0166 948161 - www.woodcervinia.it – Chiuso 1 maggio-24 luglio, 6 settembre-19 novembre, lunedì

🏨 Hermitage

GRAN LUSSO · ELEGANTE Grande chalet di montagna, nonché hotel di riferimento a Cervinia, per un'ospitalità esclusiva e raffinata. Il calore alpino viene ripreso anche nelle camere, la maggior parte in stile classico, le più recenti invece caratterizzate da un tocco moderno. Sosta rigenerante presso l'ottimo centro benessere, dove offrirsi un itinerario completo di trattamenti effettuati con prodotti di una prestigiosa casa cosmetica svizzera.

32 camere ⌑ – 👫 210/1280 € – 6 suites

via Piolet 1 – 𝒞 0166 948998 - www.hotelhermitage.com – Chiuso 30 aprile-30 giugno, 30 agosto-30 novembre

🍴 **La Chandelle** – Vedere selezione ristoranti

🏨 Bucaneve

LUSSO · TRADIZIONALE Già a cominciare dal nome, omaggio ad un fiore alpino, Bucaneve è un inno alla montagna: camere di moderno confort, personalizzate con materiali locali. A voi, scegliere tra quelle che beneficiano di una superba vista sul Cervino o quelle che godono di una maggiore esposizione solare. Al ristorante, legni e tessuti in perfetta armonia fanno da sfondo a proposte che si legano al territorio, ma con un pizzico di fantasia.

20 camere – 👫 254/546 €

piazza Jumeaux 10 – 𝒞 0166 949119 - www.bucanevehotel.it – Chiuso 26 aprile-2 luglio, 30 agosto-30 ottobre

Saint Hubertus ⭐🐾🔥🛁📺🕸🍸📶🔌♿🅿🚗

SPA E WELLNESS · PERSONALIZZATO Lusso alpino in questo delizioso resort con veri e propri appartamenti (tutti forniti di cucina), impreziositi da legni pregiati e marmi scavati "convertiti" in lavabo. Ovunque si posi lo sguardo, s'incontrerà la bellezza: anche nella strepitosa spa con vista sul monte Cervino. Servizio serale di piatti à la carte o nell'intimo ristorante gourmet.

18 camere – †† 300/1570 € – ☐ 25 € – 18 suites

via Piolet 5/a – ℰ 0166 545916 – www.sainthubertusresort.it

Principe delle Nevi ⓝ ⭐🔥🛁📺🕸🍸📶🔌🚗

TRADIZIONALE · STILE MONTANO Moderno albergo alpino situato nella parte alta della celebre località, suggestivo al punto tale da farvi sentire - almeno il tempo del soggiorno - come un principe delle nevi, che può permettersi di partire direttamente dalla camera con gli scarponi ai piedi. La pista è praticamente attaccata al The Bar dell'hotel: locale dove pranzare con piatti light e qualche specialità gourmet del ristorante Snowflake (aperto la sera con carta più impegnativa).

44 camere ☐ – †† 260/510 € – 13 suites

strada Giomein 46 – ℰ 0166 940992 – www.principedellenevi.com –
Chiuso 30 aprile-22 novembre

sulla strada regionale 46

🍴 La Luge ↩🍴🏠🅿

VALDOSTANA · STILE MONTANO 🗙 A pochi km dal centro di Cervinia, in una conca assolata e panoramica, i loro vicini sono le marmotte, mentre i loro clienti turisti di passaggio, ma anche breuilliençois che non si scoraggiano di dover percorrere un po' di strada pur di accomodarsi ai tavoli di questo ristorante dallo stile rustico. Proposta gastronomica particolarmente articolata in grado di soddisfare tutti i palati: taglieri, ricette tipiche valdostane, piatti italiani ed – inattesa – anche qualche spezia da fuori.

Carta 27/62 €

a Perreres, località Varvoyes – ℰ 0166 948758 – www.luge.it –
Chiuso 1 maggio-30 giugno, 1 ottobre-1 novembre, lunedì-giovedì a mezzogiorno

BREZ

✉ 38021 – Trento (TN) – Carta regionale n° **19**–B2 – Carta stradale Michelin 562-C15

🍴 Locanda Alpina ↩♿

REGIONALE · FAMILIARE 🗙🗙 Locale dalla lunga storia e dalla cucina moderatamente creativa, che comunque non disdegna le tradizioni locali pur "aprendosi" a sapori più moderni. Accoglienti anche le camere per un soggiorno rilassante.

Carta 40/65 €

piazza Municipio 23 – ℰ 0463 874396 – www.locandalpina.it – Chiuso 18-28 gennaio,
22-30 giugno, 16-24 novembre, martedì

BRIAGLIA

✉ 12080 – Cuneo (CN) – Carta regionale n° **12**–C3 – Carta stradale Michelin 561-I5

🍴 Marsupino 🐾↩🏠♿🎦🔄🅿

PIEMONTESE · CONTESTO REGIONALE 🗙🗙 In un paesino di poche case, una trattoria dall'atmosfera insieme rustica ed elegante. Cucina rigorosamente del territorio, attenta alle stagioni, nonché eccellente cantina con grandi vini: Barolo soprattutto, ma non solo. Camere arredate con mobili antichi, abbellite con stucchi ed affreschi.

Carta 55/70 €

via Roma Serra 20 – ℰ 0174 563888 – www.trattoriamarsupino.it –
Chiuso 8 gennaio-8 febbraio, mercoledì, giovedì a mezzogiorno

BRINDISI

✉ 72100 – Brindisi (BR) – Carta regionale n° **15**–D2 – Carta stradale Michelin 564-F35

🍴 Pantagruele   ⅄ AC

PESCE E FRUTTI DI MARE · FAMILIARE ⅄⅄ E' gestito con passione questo locale di tono classico che propone una cucina casalinga specializzata soprattutto nei piatti di mare: si va dal tipico e generoso giro di antipasti, al pesce di primissima qualità cotto alla griglia o al forno, alla ricotta "ubriaca". Sempre presente anche qualche piatto di carne.

Specialità: Riso pilaf, curry e gamberetti. Scorfano al pomodoro con crostini. Tiramisù espresso.

Carta 30/65 €

salita di Ripalta 1/5 – ☎ 0831 560605 – Chiuso sabato a mezzogiorno, domenica sera

BRIONE

✉ 25060 – Brescia (BS) – Carta regionale n° **9**–C2 – Carta stradale Michelin 561-F12

🍴 La Madia   ⪝ 🏠 & P

REGIONALE · RUSTICO ⅄ Vale la pena di fare qualche chilometro in più e inerpicarsi su qualche tornante, per mangiare in questo bel ristorante. Cucina molto personalizzata con utilizzo di prodotti locali ed ingredienti stagionali, erbe spontanee della zona e la passione dello chef: i fermentati!

Specialità: Geyser bread, erbe spontanee, sarda secca. Risotto, koji, infiorescenza di pino silvestre. Nord! Nord! Nord!.

Menu 30/45 € – Carta 30/40 €

via Aquilini 5 – ☎ 0308940937 – www.trattorialamadia.it –
Chiuso 27 gennaio-7 febbraio, 17-31 agosto, lunedì, martedì, mercoledì-venerdì a mezzogiorno

BRIXEN • BRESSANONE – Bolzano → Vedere Bressanone

BRUNECK – Bolzano → Vedere Brunico

BRUNICO • BRUNECK

✉ 39031 – Bolzano (BZ) – Carta regionale n° **19**–C1 – Carta stradale Michelin 562-B17

🍴 Oberraut   ⪍ 🛋 🏠 P

REGIONALE · FAMILIARE ⅄⅄ Ubicato nel verde di un bosco, questa sorta di maso propone al suo interno un servizio ristorante di tutto rispetto con gustosi piatti regionali, rivisitati in chiave moderna. D'estate ci si sposta all'aperto.

Menu 45/65 € – Carta 35/75 €

località Ameto 1 – ☎ 0474 559977 – www.oberraut.it – Chiuso 15-30 gennaio, 20 giugno-5 luglio, giovedì

a Riscone Sud - Est : 3 km

🏨 Majestic   ✿ 🏊 ⪍ 🛋 🎿 🖥 🛜 ♨ ⽊ 🎱 🕭 & P

SPA E WELLNESS · STILE MONTANO Una struttura dotata di tutti i confort diretta da un'intera famiglia: cio' si traduce in calda ospitalità, nonché ambienti eleganti e signorili. In estate si possono godere i curati giardini e tutto l'anno del piacevole centro benessere. Particolarmente adatto ad una vacanza di coppia, per i piccoli c'è pur sempre a disposizione una sala dedicata.

56 camere 🖙 – ♥♥ 150/350 € – 4 suites

via Im Gelande 20 – ☎ 0474 410993 – www.hotel-majestic.it –
Chiuso 18 aprile-21 maggio, 1 novembre-4 dicembre

BRUSAPORTO

✉ 24060 – Bergamo (BG) – Carta regionale n° **10**–C1 – Carta stradale Michelin 561-E11

✿✿✿ **Da Vittorio** (Enrico e Roberto Cerea)

MODERNA · **ELEGANTE** XxX In una villa sulle prime colline bergamasche, Da Vittorio è la gioiosa immagine della generosità e della laboriosità familiare. Elegante ma non ingessato, sontuoso ma non freddo, i clienti sono accolti con affettuosa e spontanea amicizia, mentre dalla cucina sopraggiunge una memorabile carrellata di piatti che, per quanto tecnici ed elaborati, puntano soprattutto ad un gusto pieno ed opulento. Se alla base vi è un'accurata selezione dei migliori ingredienti, le preparazioni si caratterizzano per il loro forte impatto scenico, nonché per un'onnipresente ricerca di sapori ricchi ed intensi, "tradizione e materia prima": la formula vincente. Se il tempo lo permette, non esitate a prenotare un tavolo in terrazza sotto il pergolato, coccolati come dei reali nella campagna inglese. Merita il viaggio!

Specialità: Uovo all'uovo. Moro antartico con crema di wasabi gratinata. Cioco punch.

Menu 80€ (pranzo), 190/280€ – Carta 115/255€

Hotel Relais da Vittorio, via Cantalupa 17 – ℰ 035 681024 – www.davittorio.com – Chiuso 10-29 agosto, mercoledì a mezzogiorno

Relais da Vittorio

LUSSO · **CLASSICO** I proprietari la descrivono come *una piccola locanda di charme* immersa nel verde, ma noi aggiungiamo grande nel confort. Belle camere diverse fra loro, contraddistinte dai nomi dei primi dieci nipoti della famiglia Cerea e bagni che seguono la felice linea della personalizzazione con rivestimenti in marmo e cromatismi.

10 camere ☲ – ♯♯ 400/500€

via Cantalupa 17 – ℰ 035 681024 – www.davittorio.com – Chiuso 10-29 agosto

✿✿✿ **Da Vittorio** – Vedere selezione ristoranti

BRUSCIANO

✉ 80031 – Napoli (NA) – Carta regionale n° **4**–B2 – Carta stradale Michelin 564-E25

✿✿ **Taverna Estia** (Armando e Francesco Sposito) 🕊 🛏 🖃 🗚 🅿

CREATIVA · **ELEGANTE** XxX Dimensione famigliare di alto livello – Mario in sala, Armando e Francesco ai fornelli – e la mamma che ancora aiuta nel servizio.

Un grazioso giardino di erbe aromatiche all'ingresso dà il benvenuto agli ospiti, mentre all'interno l'ambiente si fa accogliente e personalizzato grazie ad un mix di elementi rustici e moderni. Insomma, un indirizzo che sa sempre essere all'altezza in virtù di una cucina, inno alla regione in cui si trova, resa raffinata, elegante e complessa dalla creatività dello chef. Unica nel suo genere, "generosa" con terra e mare: ottime le tagliatelle con calamaro!

Oltre ad un'accurata carta dei vini, al cui interno trova spazio anche un buon numero di bollicine, Taverna Estia propone un'intrigante varietà di caffè provenienti da diverse parti del mondo.

Specialità: Tonno in carrozza. Risotto al limone con crudo di gamberi, vongole veraci ed olio ai pistacchi di Bronte. Milllefoglie al burro di Normandia farcita con crema alla vaniglia e caramello al latte.

Menu 110/160€ – Carta 95/185€

via Guido De Ruggiero 108 – ℰ 081 519 9633 – www.tavernaestia.it – Chiuso 7-15 gennaio, 10-28 agosto, martedì, mercoledì

BRUSSON

✉ 11022 – Aosta (AO) – Carta regionale n° **21**–B2 – Carta stradale Michelin 561-E5

⊛ **Laghetto** ⇔ ≼ 🛏 🛋 🅿

REGIONALE · **FAMILIARE** X Sapori di una solida cucina valdostana e piatti più moderni, ma sempre d'ispirazione regionale, in una bella sala rivestita in legno e dalle cui vetrate si può ammirare l'incantevole paesaggio della natura circostante. Non ripartite senza aver visitato la bella cantina! Prelibatezza delle prelibatezze: ravioli di coniglio, olive e pomodori.

Specialità: Tartare di pezzata rossa valdostana agli agrumi. Trancio di trota salmonata al forno alle erbe aromatiche. Morbidone al cioccolato con sorbetto al limone.

Menu 32/38€ – Carta 27/42€

rue Trois Villages 291 – ℰ 0125 300179 – www.hotellaghetto.it – Chiuso 1 ottobre-1 dicembre

BUDRIO

✉ 40054 – Bologna (BO) – Carta regionale n° **5**–C2 – Carta stradale Michelin 562-I16

🍴○ **Centro Storico** 🏠 ⅙ AC

ITALIANA CONTEMPORANEA · **INTIMO** 🗙 Non poteva che essere in pieno centro storico, in una viuzza pedonale, un locale con un tale nome. Ambiente semplice e familiare, dove tutti gli sforzi sono indirizzati verso una cucina sfiziosa preparata dal patron: qualche proposta creativa, carne e un po' di pesce.

Carta 40/45€

via Garibaldi 10 – ℰ 051 801678 – Chiuso lunedì, domenica sera

BULLA • PUFELS – Bolzano → Vedere Ortisei

BURANO – Venezia → Vedere Venezia

BURGSTALL – Bolzano → Vedere Postal

BURGUSIO • BURGEIS – Bolzano → Vedere Malles Venosta

BURIASCO

✉ 10060 – Torino (TO) – Carta regionale n° **12**–B2_3 – Carta stradale Michelin 561-H4

🍴○ **Tenuta La Cascinetta** 🡠 🍴 🏠 ⅙ AC P

MODERNA · **DI TENDENZA** 🗙🗙 La tenuta è seicentesca, ma la luminosa veranda è inaspettatamente moderna, come la cucina che si avvale di prodotti autoctoni anche della propria azienda agricola: km 0 e stagionalità!

Menu 45€ – Carta 30/62€

Hotel Tenuta la Cascinetta, regione Rena – ℰ 0121 368040 – www.tenutalacascinetta.it – Chiuso lunedì, domenica sera

BUSCA

✉ 12022 – Cuneo (CN) – Carta regionale n° **12**–B3 – Carta stradale Michelin 561-I4

🍴○ **San Quintino Resort** 🡠 🏠 AC P

CREATIVA · **ROMANTICO** 🗙🗙🗙 Abbandonata la pianura, salite verso le prime colline di San Quintino, dove troverete questa cascina ristrutturata, circondata da un bel giardino, all'interno divisa tra una sala in mattoni e un giardino d'inverno. Partendo da prodotti locali ma non solo, la cucina diventa creativa, includendo proposte di pesce. Incantevoli camere concluderanno un romantico soggiorno.

Menu 48/55€ – Carta 49/92€

via Vigne 6 – ℰ 0171 933743 – www.sanquintinoresort.com – Chiuso 15-30 gennaio, 19-29 agosto, lunedì, martedì a mezzogiorno

BUSTO ARSIZIO

✉ 21052 – Varese (VA) – Carta regionale n° **10**–A2 – Carta stradale Michelin 561-F8

🍴○ **I 5 Campanili** 🕸 🍴 🏠 AC

MODERNA · **ELEGANTE** 🗙🗙🗙 Può vantare una nutrita ed affezionata clientela d'habitué, questo elegante ristorante ospitato in un edificio del '900, con bel giardino ed una nuova struttura per il servizio estivo. La cucina si affida a valide e fantasiose elaborazioni.

Menu 40/70€ – Carta 50/80€

via Maino 18 – ℰ 0331 630493 – www.i5campanili.com – Chiuso 6-15 gennaio, 16-30 agosto, lunedì

🍴○ **Mirò il Ristorante** 🏠 ⇿

MODERNA · **CONTESTO STORICO** 🗙🗙 In un edificio d'epoca in pieno centro, ambienti piacevoli suddivisi tra una sala romantica e un godibile dehors per una cucina ricercata, fatta di elaborazioni fantasiose e ben riuscite.

Menu 16€ (pranzo) – Carta 46/69€

via Roma 5 – ℰ 0331 623310 – www.ristorantemiro.it – Chiuso 11-20 agosto, 27 dicembre-6 gennaio, lunedì, sabato a mezzogiorno

BUTTRIO

✉ 33042 – Udine (UD) – Carta regionale n° **6**–C2 – Carta stradale Michelin 562-D21

ⓐ **Trattoria al Parco**　　　　　　⚐ 🏠 AC P

DEL TERRITORIO · ACCOGLIENTE ✕ Eleganza degli ambienti e piacevole informalità del servizio viaggiano di pari passo in quest'ottimo ristorante. Originale il fatto di cuocere le carni alla griglia - in una delle sale - proprio di fronte ai clienti.
Specialità: Risotto aglio olio e peperoncino. Filetto di manzo alla brace. Semifreddo ai frutti di bosco e pistacchio.
Menu 30/60€ – Carta 30/50€

*via Stretta 7 – ℰ 0432 674025 – Chiuso 18 gennaio-7 febbraio,
5 agosto-5 settembre, martedì, mercoledì*

🏰 **Il Castello di Buttrio**　　　　🐾 🖾 ⚐ 🖂 ⅋ AC 🏊 P

DIMORA STORICA · PERSONALIZZATO Splendida risorsa ricavata dalla riuscita ristrutturazione di un castello tra le vigne; al suo interno ambienti raffinati caratterizzati da bei tessuti, lampadari preziosi e camere molto confortevoli, divise tra uno stile rustico-elegante e altre più contemporanee. La ristorazione rientra fra le mura del castello, mentre l'osteria propone una formula più snella ed alternativa di cucina del territorio; splendida terrazza per l'estate.
8 camere 🍷 – 👫 155/230€

via Morpugo 9 – ℰ 0432 673040 – www.castellodibuttrio.it

CABRAS – Oristano → Vedere Sardegna

CADEO

✉ 29010 – Piacenza (PC) – Carta regionale n° **5**–A1 – Carta stradale Michelin 562-H11

🍽️ **Lanterna Rossa**　　　　　　※ 🏠 AC ⇪ P

PESCE E FRUTTI DI MARE · FAMILIARE ✕ Due accoglienti salette entrambe con camino, una in legno ed una in marmo rosso, per una cucina che trae ispirazione dal mare. Coloro che amano stare all'aperto - tempo permettendo - potranno accomodarsi nel piacevole dehors.
Carta 42/70€

*via Ponte 8, località Saliceto – ℰ 0523 500563 – www.lanternarossa.it –
Chiuso 7-17 gennaio, 26 agosto-10 settembre, lunedì, martedì*

CAGGIANO

✉ 84030 – Salerno (SA) – Carta regionale n° **4**–D2 – Carta stradale Michelin 564-F28

✿ **Locanda Severino** (Giuseppe Misuriello)　　※ ⇦ ⅋ AC ⇪

MODERNA · CONTESTO CONTEMPORANEO ✕✕ Bussate e vi sarà aperto... ma alla Locanda Severino - nel cuore del centro storico di Caggiano, ridente località al confine del Parco Nazionale del Cilento e Vallo di Diano - sarà necessario suonare il campanello e salire qualche scalino per introdurvi in un ambiente di raffinata eleganza. Una sorta di galleria d'arte dove si mangia in compagnia di quadri di diversi artisti contemporanei, mentre la cucina s'ispira al territorio, portando in tavola prelibatezze di terra e di mare, sapientemente rielaborate dall'estro creativo del nuovo chef. Classe 1970, Giuseppe Misuriello si fa interprete di una cucina regionale, libera però da vincoli, che spazia per tecniche ed ingredienti utilizzati in territori sempre più ampi.
Specialità: Animelle, carciofo bianco e liquirizia. Maiale nero, finocchio e cioccolato. Uovo di cioccolato al latte, mango e passion fruit.
Carta 46/60€

*largo Re Galantuomo 11 – ℰ 0975 393905 – www.locandaseverino.it –
Chiuso 7-13 gennaio, lunedì, martedì-sabato a mezzogiorno, domenica sera*

CAGLI

✉ 61043 – Pesaro e Urbino (PU) – Carta regionale n° **11**–B2 –
Carta stradale Michelin 563-L19

La Gioconda   🍴 🏠

MARCHIGIANA · **CONTESTO STORICO** ✕ In pieno centro storico, questa moderna osteria si trova all'interno di spessi muri che custodiscono un tempo la cantina. La cucina parla marchigiano - in stagione molti piatti sono dedicati al tartufo, bianco e nero - ma con qualche concessione alla creatività. Il piatto preferito dalla redazione: passatelli asciutti con pollo e asparagi.

Specialità: Tris di carpacci di manzo marchigiano. Tagliatelle con alici e tartufo nero. Frammenti di zuppa inglese.

Menu 14/50 € – Carta 28/42 €

via Brancuti – 𝒞 *0721 781549 - www.ristorantelagioconda.it –*
Chiuso 27 gennaio-10 febbraio, 15-22 giugno, 7-14 settembre, lunedì

CAGLIARI – Cagliari → Vedere Sardegna

CALA DI VOLPE – Olbia-Tempio → Vedere Sardegna - Arzachena (Costa Smeralda)

CALA GONONE – Nuoro → Vedere Sardegna - Dorgali (Cala Gonone)

CALAMANDRANA

✉ 14042 – Asti (AT) – Carta regionale n° **14**–B2 – Carta stradale Michelin 561-H7

Violetta   🏠 ♿ 🅰🅲 ⟷ 🅿

REGIONALE · **FAMILIARE** ✕ Echi contadini in un locale che non lascia indifferenti: dal carretto in bella mostra nel cortile, ai piatti dalle sfumature alessandrine. Non meravigliatevi quindi di trovare in menu i classici tajarin ai funghi porcini, gli gnocchi al sugo di salsiccia o la finanziera.

Specialità: Aspic di verdure. Finanziera. Semifreddo al torrone.

Menu 35/40 € – Carta 28/40 €

via Valle San Giovanni 1 –
𝒞 *0141 769011 - www.ristorantevioletta.it – Chiuso 10 gennaio-12 febbraio, martedì sera, mercoledì, domenica sera*

CALANGIANUS – Olbia-Tempio → Vedere Sardegna

CALA PICCOLA – Grosseto → Vedere Porto Santo Stefano

CALATABIANO – Catania → Vedere Sicilia

CALAVINO

✉ 38072 – Trento (TN) – Carta regionale n° **19**–B3 – Carta stradale Michelin 562-D14

Cipriano   🏠 🅰🅲

REGIONALE · **FAMILIARE** ✕ Avrete solo l'imbarazzo della scelta, tra le varie proposte - presentate a voce - dal patron Cipriano. Degni di nota restano comunque i primi, ma lasciate un piccolo spazio per i dolci perché anche questi meritano. Un esempio? Torta di carote con Vin Santo!

Specialità: Salmerino del Brenta marinato con polenta alla griglia e porcini. Poker di strangolapreti, risotto porcini e tartufo, canederli e tortelloni radicchio e ricotta. Torta di carote con vin santo.

Menu 29 € – Carta 25/35 €

via Graziadei 13 – 𝒞 *0461 564720 – Chiuso 24 giugno-4 luglio, mercoledì, domenica sera*

CALDARO SULLA STRADA DEL VINO •
KALTERN AN DER WEINSTRASSE

✉ 39052 – Bolzano (BZ) – Carta regionale n° **19**-D3 – Carta stradale Michelin 562-C15

al lago Sud: 5 km

🏠 **Parc Hotel**   🏤 🐕 ⋖ 🔥 🛶 ⛄ 🖼 🕘 🐟 🏋 🛗 ⛴ 🚭 🈸 🆎 🅿 🚗

FAMILIARE · PERSONALIZZATO Lunga la costa orientale e più tranquilla del lago, solo il curato giardino lo separa dalle trasparenti acque per le quali si può partire con il pedalò. Eleganti e spaziose camere, alcune particolarmente nuove, ed un potenziato centro benessere per un esclusivo rifugio.

42 camere 🛏 – 🛏🛏 240/380 € – 3 suites

Campi al lago 9 – ☏ 0471 960000 - www.parchotel.info – Chiuso 1 gennaio-1 aprile, 10 novembre-31 dicembre

CALDERARA DI RENO

✉ 40012 – Bologna (BO) – Carta regionale n° **5**-C3 – Carta stradale Michelin 562-I15

a Sacerno Ovest: 5 km

ⅰ○ **Antica Trattoria di Sacerno**   🕸 🏡 ⅇ 🆎 🅿

PESCE E FRUTTI DI MARE · ACCOGLIENTE ⅩⅩ All'interno di una villetta di campagna a circa 20 minuti da Bologna, una giovane coppia propone tanto buon pesce raccontato in carta in due modi diversi: una pagina chiama all'appello la creatività, l'altra cita i classici tra cui i crudi e le cotture al forno. Tra i vini ampio spazio alle bollicine francesi.

Menu 55/75 € – Carta 40/80 €

via di Mezzo Levante 2/b – ☏ 051 646 9050 - www.sacerno.it – Chiuso lunedì, domenica sera

CALDIERO

✉ 37042 – Verona (VR) – Carta regionale n° **22**-B3 – Carta stradale Michelin 562-F15

sulla strada statale 11 Nord - Ovest : 2, 5 km

ⅰ○ **Renato**   🕸 🏡 🆎 ⇆ 🅿

PESCE E FRUTTI DI MARE · AMBIENTE CLASSICO ⅩⅩ Se il locale ha ormai festeggiato il mezzo secolo, da più di due lustri il timone della gestione è passato dal padre - quel Renato che diede il nome al tutto - al figlio, Daniele. La cucina, invece, rimane nelle mani della madre ed è squisitamente di pesce.

Carta 35/130 €

località Vago 6 – ☏ 045 982572 - www.ristoranterenato.it – Chiuso 6-17 gennaio, 3-28 agosto, lunedì sera, martedì

CALDOGNO

✉ 36030 – Vicenza (VI) – Carta regionale n° **22**-A1 – Carta stradale Michelin 562-F16

ⅰ○ **Molin Vecio**   🏡 ⅇ ⇆ 🅿

REGIONALE · ROMANTICO ⅩⅩ Il vecchio mulino affonda le proprie radici nel Cinquecento e i successivi eventi storici non ne hanno alterato il carattere. Ancor oggi si è ospiti in un caratteristico contesto rurale e la cucina si rifà a tre grandi fili conduttori: erbe e verdure dell'orto di casa (visitabile in stagione), pesce d'acqua dolce, tradizione vicentina.

Menu 25/40 € – Carta 26/52 €

via Giaroni 116 – ☏ 0444 585168 - www.molinvecio.it – Chiuso 10-20 gennaio, martedì

CALESTANO

✉ 43030 – Parma (PR) – Carta regionale n° **5**–B2 – Carta stradale Michelin 561-I12

⊛ Locanda Mariella   ⅋ 🏠 **P**

EMILIANA · FAMILIARE ✕ Armatevi di pazienza per raggiungerlo, guidando tra le colline, ma una volta al ristorante capirete perché Mariella è da tempo un'istituzione: un'emozionante doppia tappa gastronomica in virtù di una cucina di classica matrice emiliana, ma – ora – anche ricette più creative ed accattivanti, grazie all'apporto di forze giovani ed internazionali ai fornelli. Guancialino di vitello brasato con porcini secchi, tra gli irrinunciabili del menu.

Specialità: Mousse di patate e baccalà con spuma di ceci. Filetto di maiale gigante con salsa al gorgonzola e indivia. Crema di ricotta con gelatina di frutti di bosco.

Carta 28/38 €

località Fragnolo 29 – ℰ 0525 52102 –
Chiuso 15-30 settembre, lunedì a mezzogiorno

CALTAGIRONE – Catania ➜ Vedere Sicilia

CALTIGNAGA

✉ 28010 – Novara (NO) – Carta regionale n° **12**–C2 – Carta stradale Michelin 561-F7

ⅰ○ Cravero   ⇔ 🍴 🏠 🅰🅲 ⇆ **P**

CLASSICA · ACCOGLIENTE ✕✕ Da oltre trent'anni, Cravero vizia i suoi ospiti con proposte del territorio rielaborate con creatività, in un ambiente curato e signorile. Si mangia anche all'aperto, nella bella stagione.

Menu 18/32 € – Carta 26/45 €

via Novara 8 –
ℰ 0321 652696 – www.hotelcravero.it –
Chiuso 4-28 agosto, 27 dicembre-10 gennaio

CALUSO

✉ 10014 – Torino (TO) – Carta regionale n° **12**–B2 – Carta stradale Michelin 561-G5

❀ Gardenia (Mariangela Susigan)   ⅋ 🏠 ⅋ 🅰🅲 ⇆ **P**

MODERNA · ELEGANTE ✕✕✕ In una casa di fine 800 con giardini ed un immenso orto, la cucina di Mariangela Susigan s'ispira alla tradizione regionale, sebbene rivisitata in chiave moderna dalla sua fantasia e dalla profonda conoscenza della materia. Da 15 anni, la chef raccoglie erbe spontanee e fiori eduli nelle montagne dell'Anfiteatro Morenico per poi utilizzarle in ricette arcaiche, creando abbinamenti inusitati ed intriganti, dedicando loro un menu dal titolo fortemente evocativo: "Essenze e Consistenze", solo da marzo a ottobre. Gardenia, mai nome fu così azzeccato!

Specialità: Salmerino al fumo, asparagi di bosco, uovo e uova. Spaghettini, aglio orsino, calamari, acqua di telline, nero di seppia. Eva d'Or (Acqua d'Oro) al cioccolato, passito di Caluso.

Menu 20 € (pranzo), 50/95 € – Carta 73/108 €

corso Torino 9 –
ℰ 011 983 2249 – www.gardeniacaluso.com –
Chiuso 7-24 gennaio, 17-28 agosto, martedì, mercoledì a mezzogiorno

CALVISANO

✉ 25012 – Brescia (BS) – Carta regionale n° **9**-C2 – Carta stradale Michelin 561-F13

❀ **Al Gambero** (Mariapaola Geroldi) ❀ 🅰🅲 ⟲

REGIONALE · ACCOGLIENTE ✕✕ Questa bella stella del bresciano ripercorre senza esitazioni una strada che abbraccia le ricette della tradizione facendole rivivere con una nuova anima e il tocco originale della chef Mariapaola. I suoi piatti rivelano una mano personalissima e delicata nell'elaborare le selezionate materie prime, alcune – tra l'altro – non di facile impatto come cacciagione e selvaggina. Tra gli antipasti, gli ispettori consigliano il Salmone marinato, perfetto esempio della semplicità e ricercatezza di questa cucina, nonché portavoce di un'eccellenza a chilometro (quasi) 0 che il mondo intero c'invidia, il caviale, prodotto da storioni allevati nello stesso comune del ristorante. Servizio e mise en place riportano alla grande scuola della classicità, così come la carta dei vini rispetta tutte le caratteristiche che un indirizzo di questo livello dovrebbe avere.

Specialità: Risotto con punte d'asparagi alla crema di formaggio. Piccione in diverse cotture con patate al rosmarino. Gelato mantecato al pralinato di nocciole.

Menu 40 € (pranzo)/90 € – Carta 56/104 €

via Roma 11 – ☏ 030 968009 – Chiuso 7-10 gennaio, 13-17 gennaio, 10-28 agosto, mercoledì

🍽️○ **Fiamma Cremisi** 🏮 **P**

MODERNA · FAMILIARE ✕✕ Cucina del territorio che allea consistenza, sapori, qualità ad ottimi livelli; servizio estivo all'aperto sotto un gazebo, in un ristorante di campagna la cui sala principale è allietata da un caminetto. A pranzo solo menu business o carta più ridotta ed economica.

Carta 45/72 €

via De Gasperi 37, località Viadana – ☏ 030 968 6300 – www.ristorantefiammacremisi.it – Chiuso 28 gennaio-4 febbraio, 10-25 agosto, lunedì sera, martedì, sabato a mezzogiorno

CAMARDA – L'Aquila ➜ Vedere L'Aquila

CAMERI

✉ 28062 – Novara (NO) – Carta regionale n° **12**-C2 – Carta stradale Michelin 561-F7

🍽️○ **La Locanda** ⓝ ⇦ 🏮 ⅃ 🅰🅲

CONTEMPORANEA · AMBIENTE CLASSICO ✕✕ Nel centro della località, accoglienza signorile e familiare in un locale che mixa classico e moderno, per una linea di cucina che affronta con modernità e buon gusto piatti basati su materie prime nazionali: elaborati anche con spezie e sapori orientaleggianti. Buona selezione di risotti.

Menu 40/45 € – Carta 40/60 €

via De Amicis 17 – ☏ 392 1745486 – www.lalocandacameri.com – Chiuso 7-12 gennaio, 16-31 agosto, lunedì, sabato a mezzogiorno, domenica sera

CAMIGLIATELLO SILANO

✉ 87052 – Cosenza (CS) – Carta regionale n° **3**-A2 – Carta stradale Michelin 564-I31

verso il lago di Cecita Nord - Est : 5 km

🍽️○ **La Tavernetta** ❀ ⇦ ⟨ 🍴 ⟲ **P**

CALABRESE · COLORATO ✕✕ Ai fornelli, padre e figlio in un sodalizio tutto vocato ad esaltare i profumi della loro amata Calabria e - in particolare - i sapori montani della Sila come la carne di podolica, i funghi, le patate, i prosciutti; di solito si parte con un aperitivo sorseggiato nella fornitissima cantina.

Menu 65/80 € – Carta 43/68 €

Hotel San Lorenzo si Alberga, contrada campo San Lorenzo 14 – ☏ 0984 570809 – www.sanlorenzosialberga.it – Chiuso 16 marzo-25 maggio, 16 novembre-14 dicembre, lunedì, domenica sera

CAMOGLI

✉ 16032 – Genova (GE) – Carta regionale n° **8**–C2 – Carta stradale Michelin 561-I9

🍴 **Da Paolo**   📮 🗚

PESCE E FRUTTI DI MARE · FAMILIARE X Ristorantino rustico a conduzione familiare, ubicato nel borgo antico poco lontano dal porticciolo; cucina di mare secondo le disponibilità quotidiane del mercato.

Carta 40/70 €

via San Fortunato 14 - ℰ 0185 773595 - www.ristorantedapaolocamogli.com – Chiuso 18 febbraio-2 marzo, 10-23 dicembre, lunedì, martedì-giovedì a mezzogiorno

 Villa Rosmarino   🛏 🗚 **P**

FAMILIARE · ROMANTICO Sulla strada che scende verso il centro di Camogli, risorsa di charme dagli interni moderni e di design italiano, nonché piscina estiva per pause relax. Non aspettatevi numeri sulle porte, hall o portieri in livrea, perché come amano precisare i proprietari: "questo non è un albergo dove soggiornare, ma un luogo da vivere".

6 camere ⌿ – 👫 140/290 €

via Figari 38 - ℰ 0185 771580 - www.villarosmarino.com – Chiuso 4 novembre-28 febbraio

CAMPAGNA LUPIA

✉ 30010 – Venezia (VE) – Carta stradale Michelin 562-F18

a **Lughetto** Nord - Est : 7, 5 km – Carta regionale n° **23**–C3

❀❀ **Antica Osteria Cera** (Daniele, Lionello e Lorena Cera)   🕸 🗚 **P**

PESCE E FRUTTI DI MARE · ELEGANTE XxX E' uno dei pochi ristoranti che hanno sposato in modo esclusivo la linea di pesce, a cui si aggiunge qualche piatto vegetariano per accontentare la crescente richiesta in tal senso. Le radici gastronomiche e il tipo di pesce - dalla granseola alle moeche, giusto per citarne un paio - sono quelli dell'Adriatico (mare che si trova del resto a pochi chilometri da qui), ma al di là di questo la cucina può fregiarsi di essere tra le migliori rappresentanti della creatività, perlomeno in materia ittica. Non mancano tuttavia - per i puristi della tradizione - il fritto misto e una veneta "supa di pesse". Altra piacevole costante della carta è il vasto assortimento di crudi, conditi in maniera originale ed arricchiti di svariati ingredienti. Atmosfera moderna, sobria ed essenziale, proprio come si conviene a una ex-antica osteria.

Specialità: Spaghettino freddo con lucerna, mazzancolla, salsa ai pistacchi di Bronte, acqua di capperi, basilico. Scorfano in tecia con guazzetto di calamaretti. Cappuccino alla nocciola con spuma calda al cioccolato.

Menu 60 € (pranzo), 150/165 € – Carta 110/150 €

via Marghera 24 - ℰ 041 518 5009 - www.osteriacera.it – Chiuso 2-10 gennaio, 12 agosto-3 settembre, lunedì, domenica sera

CAMPAGNANO DI ROMA

✉ 00063 – Roma (RM) – Carta regionale n° **7**–B2 – Carta stradale Michelin 563-P19

🏠 **Il Postiglione-Antica Posta dei Chigi**   ☆ 🛏 🗚 🗚 **P**

STORICO · PERSONALIZZATO Nel giardino c'è ancora un tratto della via Cassia romana; locanda già nel '400, il salto della qualità avvenne nel '600 con l'acquisto e l'abbellimento della stazione di posta da parte dei Chigi. Tappa dei grand tour nell'Ottocento, vi alloggiò anche Goethe. Lo splendore continua ai giorni nostri, in camere raffinate ed eleganti bagni.

21 camere ⌿ – 👫 90/250 €

via Cassia Antica 15 - ℰ 06 904 1214 - www.ilpostiglione.it

CAMPAGNOLA CREMASCA

✉ 26010 – Cremona (CR) – Carta regionale n° **10**–C2

ⅱ◯ **La Fortuna**

MODERNA · CONTESTO CONTEMPORANEO ✗ Con oltre 45 anni di storia alle spalle, due generazioni a condurlo, ed il totale rinnovo a fine 2018, si è completata la formula... "fortunata" di un'offerta al passo con i tempi. Ambiente fresco, dal design minimalista ma accogliente, e piatti moderni che si dividono fra terra e mare; proposte gastronomiche in continua evoluzione sia per la ricerca di materie prime sia per le tecniche, grandi lievitati gourmet e pasticceria. Un imperdibile a Cremona!

Menu 35/50€ – Carta 40/70€

via Ponte Rino 6 – 𝒞 0373 74711 – www.la-fortuna.it – Chiuso 20 luglio-10 agosto, 27 dicembre-10 gennaio, lunedì, martedì

CAMPALTO – Venezia ➔ Vedere Mestre

CAMPESTRI – Firenze ➔ Vedere Vicchio

CAMPIANI – Brescia ➔ Vedere Collebeato

CAMPIONE D'ITALIA

✉ 22060 – Como (CO) – Carta regionale n° **9**–A2 – Carta stradale Michelin 561-E8

⸙ **Da Candida** (Bernard Fournier)

FRANCESE · AMBIENTE CLASSICO ✗✗ Il piccolo locale posto nel centro della cittadina è un delizioso scrigno dagli spazi contenuti e dal mood decisamente romantico. Se credete che i sapori aiutino a viaggiare restando seduti ad un tavolo, in questo raccolto ed elegante ristorante vi attende un entusiasmante incontro con il gusto e la raffinatezza della cucina francese e continui rimandi ai profumi e sapori del sud Italia. Ai fornelli lo chef patron, Bernard Fournier supportato dal giovane siciliano Giovanni Croce, non può – infatti – rinunciare a dedicare un'intera carta a sua maestà, il foie gras, ma pareggia – in parte - i conti con il menu "La Tradizione" (ancora un po' sbilanciato sulla Francia), la Carta con sapori più decisamente mediterranei, nonché i percorsi degustazione: una serie di portate (a numero variabile) servite per tutti i commensali del tavolo.

Specialità: Terrina di foie gras al whiskey torbato. Animella, bottarga di tonno rosso, carciofi e menta. Tarte Tatin alle mele golden.

Menu 62/105€ – Carta 54/113€

viale Marco da Campione 4 – 𝒞 091 649 75 41 – www.dacandida.ch – Chiuso 29 giugno-15 luglio, lunedì, martedì a mezzogiorno

CAMPITELLO DI FASSA

✉ 38031 – Trento (TN) – Carta regionale n° **19**–C2 – Carta stradale Michelin 562-C17

ⅱ◯ **DellaVilla Restaurant**

CREATIVA · DESIGN ✗✗ Una carta semplice a pranzo dal lunedì al venerdì, ma è alla sera che la creatività dello chef si esprime con piatti che spaziano dalla terra al mare, non privi di un pizzico di creatività.

Carta 40/73€

Hotel Villa Kofler, streda Dolomites 65 – 𝒞 366 935 5483 – www.dellavilla.it – Chiuso 31 marzo-19 giugno, 21 settembre-30 novembre

⌂ **Villa Kofler**

TRADIZIONALE · PERSONALIZZATO Per gli amanti dei viaggi in giro per il mondo, ogni camera - dotata di sauna privata! - è dedicata ad una città di cui ne ripropone stile e motivi: Campitello, Salisburgo e Montreal, tra le migliori, poi ci sono New York, Tokyo, Montecarlo, etc...

6 camere ⚏ – ♟♟ 106/300€ – 3 suites

streda Dolomites 63 – 𝒞 0462 750444 – www.villakofler.it – Chiuso 21 marzo-19 giugno, 21 settembre-19 dicembre

ⅱ◯ **DellaVilla Restaurant** – Vedere selezione ristoranti

167

CAMPOBASSO

✉ 86100 – Campobasso (CB) – Carta regionale n° **1**-D3 – Carta stradale Michelin 564-C25

⊩○ **Miseria e Nobiltà** ⇦ AC

REGIONALE · FAMILIARE ✕✕ In un palazzo di fine '700 dai piacevoli pavimenti e lampadari di Murano, la miseria allude alle tradizioni contadine, nobilitate in piatti ricercati e creativi: ravioli con ripieno di fiori di zucchine e mandorle al pomodorino e basilico per fare un esempio. Se ciò non bastasse al piano superiore la sala è dedicata alla loro pizza gourmet. Accoglienti camere per chi vuole dormire in centro.

Menu 25/40 € – Carta 27/50 €

via Sant'Antonio Abate 16 – ☎ 0874 94268 – www.ristorantemiseriaenobilta.it –
Chiuso 18 luglio-2 agosto, domenica

⊩○ **Aciniello** 🏠 AC ⟷

TRADIZIONALE · FAMILIARE ✕ Schietta trattoria a carattere familiare rinnovata in un grazioso stile shabby: due salette una delle quali più raccolta con tavoli ravvicinati, e un bel dehors estivo. I tanti habitué e la convivialità dei titolari rendono l'ambiente allegro, mentre la cucina riflette le tradizioni molisane.

Menu 18/30 € – Carta 25/35 €

via Torino 4 – ☎ 328 558 5484 – Chiuso 10-22 agosto, domenica

CAMPOGALLIANO

✉ 41011 – Modena (MO) – Carta regionale n° **5**-B2 – Carta stradale Michelin 562-H14

in prossimità del casello autostradale A 22 Sud - Est : 3, 5 km

🅐 **Magnagallo** ⇦ 🍴 🏠 ♿ AC P

EMILIANA · AMBIENTE CLASSICO ✕ Quanti pregi riassume questo ristorante! Facile da raggiungere, a pochi metri dal casello, all'ingresso sarà la tipica ospitalità della gente di queste parti ad accogliervi insieme ad un goloso tavolo di torte. Ma prima, spazio ai tortellini in brodo di cappone e al fritto misto all'emiliana! Specialità: Gnocco fritto con crudo di Parma. Fritto misto all'emiliana. Crostata di amarene.

Menu 25/40 € – Carta 25/40 €

via Magnagallo Est 7 – ☎ 059 528751 – www.magnagallo.it – Chiuso domenica sera

CANALE

✉ 12043 – Cuneo (CN) – Carta regionale n° **14**-A2 – Carta stradale Michelin 561-H5

🏵 **All'Enoteca** (Davide Palluda) 🦋 AC ⟷

MODERNA · AMBIENTE CLASSICO ✕✕✕ E' stato definito la "punta di diamante" della gastronomia roerina: è lui, Davide Palluda, chef-patron del ristorante all'Enoteca. Dopo gli studi presso la scuola alberghiera di Barolo, il suo curriculum è stato un susseguirsi di esperienze presso prestigiosi mentori italiani e stranieri. Nel 1995 la svolta con l'apertura – insieme alla sorella Ivana - del ristorante in questione: indiscusso punto di riferimento per raffinati gourmet. Al primo piano di un centrale palazzo ottocentesco, la sala è tanto moderna ed essenziale, quanto la cucina variopinta e creativa. Il trampolino di molti piatti sono gli straordinari prodotti piemontesi, ma ci sono anche pesce ed originali interpretazioni. Specialità: Il fassone dalla testa ai piedi. Ravioli quadrati di faraona. Sformato ai gianduja.

Menu 80/100 € – Carta 80/130 €

via Roma 57 – ☎ 0173 95857 – www.davidepalluda.it –
Chiuso 25 agosto-7 settembre, 23 dicembre-5 gennaio, lunedì a mezzogiorno, domenica

🍴 Villa Tiboldi

CREATIVA · ELEGANTE ✗✗ Splendido connubio tra cucina e ristrutturazione di un antico casolare in posizione collinare, l'atmosfera è romantica, i piatti di buon livello e la cantina merita una visita.

Menu 32/52 € – Carta 43/57 €

Agriturismo Villa Tiboldi, via Case Sparse 127, località Tiboldi – ☎ 0173 970388 – www.villatiboldi.it – Chiuso 2 gennaio-28 febbraio, lunedì, martedì a mezzogiorno

CANALE D'AGORDO

✉ 32020 – Belluno (BL) – Carta regionale n° **23**–B1 – Carta stradale Michelin 562-C17

🍴 Alle Codole

REGIONALE · FAMILIARE ✗ "Codole" è il soprannome del casato, cui appartengono i proprietari, che deve la propria fama all'attività dei suoi avi nelle miniere di rame. Oggi ristoratori e albergatori propongono piatti divisi tra tradizione (più economici) e innovazione con grande cura nella qualità. Un piatto iconico? Fagottino di patate ai porcini con ragù di cervo e fonduta.

Menu 25 € (pranzo), 39/49 € – Carta 24/53 €

via 20 Agosto 27 – ☎ 0437 590396 – www.allecodole.eu – Chiuso 8 giugno-6 luglio, 2 novembre-4 dicembre, lunedì

CANAZEI

✉ 38032 – Trento (TN) – Carta regionale n° **19**–C2 – Carta stradale Michelin 562-C17

🍴 Wine & Dine

REGIONALE · ROMANTICO ✗✗ Un ristorante che riscuote un certo successo in zona: ricreando l'atmosfera di una baita con legni vecchi ed angoli romantici, la cucina si fa sfiziosa e creativa. La carta dei vini propone alcune etichette anche al bicchiere.

Carta 37/60 €

Hotel Croce Bianca, stredà Roma 5 – ☎ 0462 601111 – www.hotelcrocebianca.com – Chiuso 22 marzo-1 luglio, 10 settembre-20 dicembre

🏨 Croce Bianca

TRADIZIONALE · STILE MONTANO Saloni con biliardo, camino, stube ed area fumatori in questo accogliente hotel, faro dell'ospitalità locale dal 1869. Poche camere standard, il resto con salottino e caratteristici arredi. Piscina coperta e ben due all'aperto, nella zona benessere recentemente potenziata.

44 camere ⌷ – 🛉🛉 200/500 € – 2 suites

stredà Roma 3 – ☎ 0462 601111 – www.hotelcrocebianca.com – Chiuso 1 aprile-1 giugno, 30 settembre-1 dicembre

🍴 **Wine & Dine** – Vedere selezione ristoranti

CANDELI – Firenze ➜ Vedere Bagno a Ripoli

CANDIA CANAVESE

✉ 10010 – Torino (TO) – Carta regionale n° **12**–B2 – Carta stradale Michelin 561-G5

🍴 Residenza del Lago

CLASSICA · FAMILIARE ✗ In una tipica casa colonica, la cucina ripercorre i migliori piatti del Piemonte con alcune aperture sui sapori più genericamente italiani, mentre la carta dei vini è addirittura cosmopolita: un doveroso occhio di riguardo è dato alla regione con Barolo e Barbaresco raccontati anno dopo anno. A sorpresa, oltre 100 etichette dalla Francia.

Menu 25/32 € – Carta 29/60 €

via Roma 48 – ☎ 011 983 4885 – www.residenzadelago.it

CANELLI

✉ 14053 – Asti (AT) – Carta regionale n° **14**–B2 – Carta stradale Michelin 561-H6

🌢️○ Enoteca di Canelli - Casa Crippa   A/C

MODERNA · CONTESTO STORICO XX In un palazzo di fine Ottocento, negli ambienti che furono di una storica cantina attiva fino agli anni '60, questo ristorante dalla solida conduzione familiare propone - nella sala interrata da raggiungere solo con le scale - piatti di cucina del territorio e d'ispirazione contemporanea.

Carta 39/57 €

corso Libertà 65/a – ℰ 0141 832182 – www.ristoranteenotecacanelli.com –
Chiuso 17-31 agosto, 26 dicembre-7 gennaio, lunedì, domenica sera

🌢️○ San Marco   🏤 A/C ⇔

PIEMONTESE · FAMILIARE XX Insegna storica dell'astigiano contraddistinta da una cucina del territorio, servizio impeccabile e una calda accoglienza. Nella sala d'impostazione classica il camino è sempre acceso a creare l'atmosfera.

Menu 30 € (pranzo), 48/55 € – Carta 48/70 €

via Alba 136 – ℰ 0141 823544 – www.sanmarcoristorante.it – Chiuso 10-20 gennaio,
20 luglio-10 agosto, martedì, mercoledì

CANGELASIO – Parma → Vedere Salsomaggiore Terme

CANNARA

✉ 06033 – Perugia (PG) – Carta regionale n° **20**–B2 – Carta stradale Michelin 563-N19

🕸️ Perbacco-Vini e Cucina

REGIONALE · COLORATO X Semplice, ma colorata trattoria familiare nel bel centro storico di Cannara, la cucina celebra l'omonima famosa cipolla, ma anche frittate, paste fresche, gnocchi e carni. Suggestioni dal menu: zuppa di cipolle - baccalà con prugne e uvetta.

Specialità: Zuppa di cipolle. Baccalà con prugne e uvetta. Crema inglese con biscottini all' arancia.

Carta 25/45 €

via Umberto I°, 14 – ℰ 0742 720492 – Chiuso 6-20 luglio, lunedì, martedì-sabato a
mezzogiorno

CANNERO RIVIERA

✉ 28821 – Verbano-Cusio-Ossola (VB) – Carta regionale n° **12**–C1 –
Carta stradale Michelin 561-D8

🌢️○ I Castelli   🏠 &. A/C ⇔ P

MODERNA · ELEGANTE XxX Non solo specialità lacustri in questo signorile ristorante, ma anche proposte nazionali ed internazionali, con alcuni piatti rifiniti in sala com'era d'uso nei grandi ristoranti, da consumarsi nella sala classica interna o - meglio ancora - sulla terrazza, nella cornice di una delle più belle e romantiche passeggiate del lago Maggiore. Sei tavoli soltanto, tra tutti quelli del servizio all'aperto, formano un'invidiabile piattaforma sull'acqua: consigliata laprenotazione! Europa.

Carta 42/87 €

Hotel Cannero, piazza Umberto I° 2 – ℰ 0323 788047 – www.hotelcannero.com –
Chiuso 3 novembre-1 marzo

🌢️○ Il Cortile   ⇦ 🏠

MODERNA · ROMANTICO XX Sito nel cuore della località e raggiungibile solo a piedi, un locale grazioso e curato, frequentato soprattutto da una clientela straniera, propone una cucina creativa. Dispone anche di alcune camere signorili dall'arredo ricercato.

Carta 50/75 €

via Massimo D'Azeglio 73 – ℰ 0323 787213 – www.cortile.net –
Chiuso 1 gennaio-5 aprile, 26 ottobre-31 dicembre, lunedì-martedì a mezzogiorno,
mercoledì, giovedì-domenica a mezzogiorno

Cannero ☆ ⌂ ← 🛎 🖭 ⬇ & 🄰🄲 ⚒ 🅿 🚗

LUSSO · ELEGANTE Prestigiosa ubicazione su una delle zone più romantiche del lungolago, la sensazione è quella di trovarsi in un piccolo borgo con viuzze private tra un edificio e l'altro della struttura, che comprendono un ex convento ed una villa baronale affrescata. Le camere offrono uno standard molto competitivo e la cura maniacale della famiglia - gestiscono l'hotel dal 1902 - le rende anche ordinate e pulitissime. Sapori italiani nell'adiacente ristorante Europa.

69 camere ⌂ – ♙♙ 132/186 € – 2 suites

piazza Umberto I° 2 - ☏ 0323 788046 – www.hotelcannero.com –
Chiuso 3 novembre-1 marzo

🍴 **I Castelli** – Vedere selezione ristoranti

CANNETO SULL'OGLIO

✉ 46013 – Mantova (MN) – Carta stradale Michelin 561-G13

a Runate Nord - Ovest : 3 km – Carta regionale n° **9**-C3

✿✿✿ **Dal Pescatore** (Nadia e Giovanni Santini) 🕸 🚅 🏠 🄰🄲 🅿

MODERNA · LUSSO XxxX Una delle grandi tavole d'Italia dove la tradizione rinasce e si consolida ogni giorno. Tutto ciò grazie ad una squadra vincente, o meglio, una famiglia affiatata! Giovanni in cucina con Nadia e nonna Bruna, vigile custode delle tradizioni e garante di continuità, Alberto in sala con papà Antonio. Oggi siamo alla quarta generazione dei Santini: una storia iniziata negli anni Venti del secolo scorso, quando il locale era una semplice trattoria. Ora, a distanza di quasi un secolo, di risultati se ne sono ottenuti: tanti e brillanti! Lo standard della cucina è inossidabile, i piatti esprimono una reale aderenza alle materie prime come nei tortelli di zucca, negli agnolini in brodo o nell'anguilla alle braci. Nel ricordare i motivi che accostano tanti clienti a questa raffinata maison, una nota di merito va anche ai vini, racchiusi in una carta leggendaria per quantità di etichette e qualità di millesimi

Specialità: Misticanza dell'orto con orata marinata, mousse di melanzane, burrata e maionese allo zenzero. Sella di capriolo con salsa al cabernet e mirtilli neri. Meringa con mousse di pistacchio di Bronte e zabaione al Marsala.

Menu 150/250 € – Carta 120/230 €

località Runate - Canneto sull'Oglio - ☏ 0376 723001 – www.dalpescatore.com –
Chiuso 2-31 gennaio, 10 agosto-4 settembre, lunedì, martedì, mercoledì a mezzogiorno

CANNOBIO

✉ 28822 – Verbano-Cusio-Ossola (VB) – Carta regionale n° **12**-C1 –
Carta stradale Michelin 561-D8

🍴 **Lo Scalo** 🏠 &

MODERNA · ACCOGLIENTE XX Merita di fare "scalo", questo ristorante sul lungolago con un bel dehors per il servizio all'aperto ed un ambiente rustico-elegante al suo interno. La cucina reinterpreta la tradizione locale ma anche, in generale, la classica cucina mediterranea, con tanto pesce e verdure, nonché guizzi di fantasia. In estate sempre aperti!

Carta 50/85 €

piazza Vittorio Emanuele 32 - ☏ 0323 71480 - www.loscalo.com –
Chiuso 1 novembre-20 dicembre, lunedì, martedì

🏨 **Park Hotel Villa Belvedere** 🐾 🚅 🛎 & 🅿

CASA DI CAMPAGNA · PERSONALIZZATO All'interno di un meraviglioso parco secolare con piscina, la struttura è ideale per una vacanza a tutto relax, nonché a contatto diretto con la natura. Camere ampie e confortevoli, dove colori solari si abbinano a materiali naturali quali legno, cotto e pietra; tutte le stanze dispongono di terrazzo o balcone.

27 camere ⌂ – ♙♙ 170/200 € – 1 suite

via Casali Cuserina 2 - ☏ 0323 70159 - www.villabelvederehotel.it –
Chiuso 1 gennaio-28 marzo, 19 ottobre-31 dicembre

CANTALUPO LIGURE

✉ 15060 – Alessandria (AL) – Carta regionale n° **12**-D3 – Carta stradale Michelin 561-H9

⭐ **Belvedere**   🏠 🗚 🅿

REGIONALE · FAMILIARE ✕✕ L'atmosfera vintage celebra un ristorante qui dal 1919 nella stessa gestione familiare, mentre l'offerta della carta si concentra - quasi esclusivamente - sulla carne, proponendo un'intelligente rivisitazione dei classici piemontesi. Servizio estivo in terrazza.

Menu 32 € – Carta 36/55 €

località Pessinate 53 – 𝒞 0143 93138 – www.belvedere1919.it – Chiuso 24-27 febbraio, lunedì

CANTÙ

✉ 22063 – Como (CO) – Carta regionale n° **10**-B1 – Carta stradale Michelin 561-E9

⭐ **La Scaletta**   🏠 🅿

MODERNA · AMBIENTE CLASSICO ✕✕ Ristorante a conduzione familiare ubicato alle porte della città, dalla calda atmosfera nella curata sala che accompagna piatti di carne e di pesce in chiave moderna. Cassœula, in inverno, durante il festival a lei dedicato.

Menu 19 € (pranzo), 40/55 € – Carta 35/63 €

via Milano 30 – 𝒞 031 716540 – www.trattorialascaletta.it –
Chiuso 11 agosto-1 settembre, 31 dicembre-5 gennaio, venerdì sera, sabato a mezzogiorno

CAPACCIO – Salerno → Vedere Paestum

CAPOLAGO – Varese → Vedere Varese

CAPOLIVERI – Livorno → Vedere Elba (Isola d')

CAPO VATICANO – Vibo Valentia → Vedere Tropea

CAPRAROLA

✉ 01032 – Viterbo (VT) – Carta regionale n° **7**-B1 – Carta stradale Michelin 563-P18

⭐ **Trattoria del Cimino da Colombo**

LAZIALE · FAMILIARE ✕ Lungo la salita che porta al maestoso Palazzo Farnese, il ristorante si trova nel palazzo più antico del paese, del 1370, mentre l'attuale gestione è qui dal 1940. Tanti record per coccolarvi con gustosi sapori laziali: ottimi salumi, paste fresche, carni alla brace e, oltre ai dolci, anche una rimarchevole selezione di formaggi.

Menu 35/40 € – Carta 25/55 €

via Filippo Nicolai 44 – 𝒞 0761 646173 – www.trattoriadelcimino.jimdo.com –
Chiuso 10-20 gennaio, 15-30 luglio, martedì-mercoledì sera, domenica sera

IriGri/Shutterstock.com

CAPRI (ISOLA DI)

Napoli (NA) – Carta stradale Michelin 564-F24

Ci piace

Il **Caesar Augustus**, raffinato albergo tra i più belli dell'isola, la cui vista panoramica riempie il cuore. L'ottima cucina servita in ambienti di classe a **Le Monzù**, del caratteristico hotel **Punta Tragara**, "attaccato" ai celebri Faraglioni. Il caldo stile mediterraneo del **Capri Tiberio Palace**: le sue personalizzazioni accendono la fantasia e la voglia di viaggio.

Piccolo Bar: aperitivo in piazzetta seduti sulle tipiche e comode sedie in vimini, sfogliando i giornali e sorseggiando un cocktail. Caffè Manari: vivamente consigliato per assortimento, qualità ed originalità! Gelateria Buonocore: ottime materie prime per una sosta golosa e rinfrescante.

George-Standen/iStock

Anacapri Carta regionale n° 4-B3

✿✿ L'Olivo

CREATIVA · LUSSO XXXX Un vasto e raffinato salotto elegantemente arredato dove le luci delle candele e delle lampade concorrono ad esaltare ogni dettaglio. Si cena comodamente seduti su divani e poltrone i cui tessuti preziosi di leggero cachemire creano un'ineguagliata armonia di stile e benessere. In cucina l'ischitano Migliaccio si fa portabandiera di piatti mediterranei e creativi, eleganti e sofisticati.

I principi che guidano il lavoro dello chef sono semplici: innovazione e tradizione, nuovi piatti e valorizzazione dei classici della cucina del territorio, con un'attenzione estrema alla selezione dei prodotti migliori che offre il Mediterraneo. La terrazza esterna de L'Olivo, completamente rinnovata, si pone in continuità con l'interno del ristorante, dando l'impressione di un orizzonte senza fine.

La carta dei vini omaggia la regione, ma tra le sue righe s'insinuano anche prestigiose etichette di altre parti dello Stivale e non solo.

Specialità: Tortelli di piselli con aneto, passato di pomodoro e spuma di seppie. Ventresca di tonno a bassa temperatura, scottata e glassata con melanzane e basilico. Banana, caramello salato e cioccolato.

Carta 130/190 €

Capri Palace Hotel, via Capodimonte 2 – ℰ 081 978 0111 – www.capripalace.com – Chiuso 21 ottobre-1 aprile, lunedì-domenica a mezzogiorno

🏨🏨 Capri Palace Hotel ⌂ ≤ ⚿ ⌸ ♨ 🎬 ⊕ 🐾 ♨ ⤢ 🅰🅒 ♨

GRAN LUSSO · ORIGINALE Svetta sui tetti di Anacapri, domina il mare e custodisce straordinarie opere d'arte contemporanea, questo celebre albergo dai soffici colori dotato di una spa di prim'ordine e camere di alto livello, alcune con piscina privata. Un inno allo stile mediterraneo nella sua massima espressione! A pranzo ci si accomoda al Ragù per una cucina campana e, volendo, anche per la pizza.

51 camere ☲ – †† 680/3500 € – 18 suites

via Capodimonte 14 – ℰ 081 978 0111 – www.capripalace.com – Chiuso 21 ottobre-31 marzo

✿✿ L'Olivo – Vedere selezione ristoranti

🏨🏨 Caesar Augustus ⌂ ⅏ ≤ ⌸ ⌸ 🐾 ⤢ 🔲 🅐🅒 ♨ 🅿

GRAN LUSSO · PERSONALIZZATO Nell'altera e discreta Anacapri, la vista da questo albergo è tra le più belle dell'intera isola! Qui nulla è lasciato al caso: gli eleganti arredi o l'ascensore d'epoca cattureranno la vostra attenzione, come del resto lo suggestiva piscina a picco sul mare. Se a pranzo, magari all'aperto, le proposte sono decisamente easy, la sera si cena presso "La Terrazza di Lucullo" scegliendo da una carta intrigante, davanti a un panorama mozzafiato.

51 camere ☲ – †† 390/1500 € – 5 suites

via Orlandi 4 – ℰ 081 837 3395 – www.caesar-augustus.com – Chiuso 2 novembre-8 aprile

alla Grotta Azzurra Nord - Ovest : 4,5 km

✿ Il Riccio ≤ 🏮

CAMPANA · STILE MEDITERRANEO XX L'alta cucina mediterranea si fa strada in un ristorante balneare a picco sul mare, a pochi passi dalla Grotta Azzurra, semplice e sofisticato al tempo stesso, radical chic dal divertente "vestito" bianco e blu. In questo posto incantato che ci avvicina alla perfezione del Creato, Andrea Migliaccio, chef ischitano di grande talento ed esperienza, abile ed intelligente nel raccogliere il testimone dal suo mentore alcuni anni or sono, ha saputo trovare - partendo da straordinarie materie prime - senza perdere d'occhio tradizione ed innovazione, una linea di cucina molto personale ed identificabile che predilige il mare, senza disdegnar la terra.

Specialità: Carpaccio di gamberi rossi, fragola, cetrioli e taralli alle mandorle. Medaglione di baccalà in crosta di pane con insalata di rinforzo e salsa di peperoni arrostiti. La stanza delle tentazioni: dolci al buffet.

Carta 87/150 €

via Gradola 4/11 – ℰ 081 837 1380 – www.capripalace.com – Chiuso 21 ottobre-1 aprile, lunedì-mercoledì sera

Capri Carta regionale n° 4-B3

✿ Le Monzù

MODERNA · LUSSO XXX La vista su Faraglioni, mare e Capri, soprattutto se si opta per il servizio all'aperto, vale già metà dell'esperienza; al resto, ci pensano gli infuocati tramonti e le suggestioni vespertine, ma soprattutto il cuoco indigeno Luigi Lionetti, classe 1984, enfant prodige dell'alta cucina campana e italiana, con un entusiasmo contagioso e il desiderio di portare in tavola sapori regionali rivisitati con gusto moderno e fantasia. Scusi chef, qual è il piatto che la rappresenta di più? "Bon bon di gamberi, zuppetta di olive di Nocellara, mandorla e limone candito".

Specialità: Bon bon di gamberi, zuppa di olive di Nocellara, mandorla e limone candito. Rombo con cipollotto nocerino, patate e vongole. Uovo di cioccolato ripieno di formaggio fresco e passion fruit.

Menu 90 € (pranzo), 120/190 € – Carta 75/160 €

Hotel Punta Tragara, via Tragara 57 – ☏ 081 837 0844 – www.hoteltragara.com –
Chiuso 21 ottobre-8 aprile

✿ Mammà

CREATIVA · CONTESTO CONTEMPORANEO XX Se di mamma ce n'è una sola di Mammà altrettanto! A pochi passi dalla celebre piazzetta, cucina mediterranea e piatti tipici della tradizione caprese preparati partendo da una materia prima di altissima qualità, prodotti del territorio - freschi e genuini - forniti quotidianamente dai migliori pescatori, nonché allevatori di Capri ed Anacapri. La coerenza tra la proposta culinaria e l'ambiente emerge anche nel décor del locale che gioca sull'accostamento fra le tinte tenui degli arredi con l'azzurro delle ceramiche e dei piatti, in una sorta di eco con il vicino mare, mentre alle pareti alcune fotografie in bianco e nero rievocano la storia dell'isola e del suo jet set internazionale.

Specialità: Tagliatella di seppia. Risotto al limone e tartare di orata alla pizzaiola. Babà napoletano al rhum con crema pasticcera e fragoline di bosco.

Menu 55 € (pranzo), 90/130 € – Carta 65/150 €

via Madre Serafina 6 – ☏ 081 837 7472 – www.ristorantemamma.com –
Chiuso 22 ottobre-1 aprile

○ Rendez Vous

MODERNA · CHIC XXX Nell'elegante sala interna, o in terrazza affacciati sulla via dello shopping per guardare o... farsi ammirare, l'appuntamento è con piatti campani e con il meglio della cucina classica di un albergo esclusivo, ma anche con piacevoli aperitivi e tante bollicine. Il servizio è sempre all'altezza!

Menu 90 € – Carta 60/144 €

Grand Hotel Quisisana, via Camerelle 2 – ☏ 081 837 0788 – www.quisisana.com –
Chiuso 28 ottobre-28 marzo, lunedì-domenica sera

○ Da Tonino

CAMPANA · STILE MEDITERRANEO XX Mettete in conto una mezz'oretta abbondante per raggiungere questo ristorantino di semplice atmosfera con un'arieggiata terrazza dove accomodarsi nelle giornate più miti. La cucina calca il solco della tradizione locale con i primi piatti tra i *must have*. Ottima anche la selezione enoica.

Carta 44/64 €

via Dentecala 12 – ☏ 081 837 6718 – www.ristorantedatonino.it –
Chiuso 6 gennaio-15 marzo, 4 novembre-6 dicembre, lunedì

○ Gennaro Amitrano

CREATIVA · INTIMO XX Nella Capri medievale adiacente alla famosa piazzetta, una piccola bomboniera con quattro tavoli e non più. Per una cenetta con al massimo otto invitati, prenotate la graziosa salettina a lato. La carta punta sulle specialità di mare e i proverbiali primi piatti.

Carta 75/115 €

via l'Abate 3 – ☏ 081 837 8380 – www.gennaroamitrano.it –
Chiuso 1 novembre-30 marzo, lunedì

🏨 Grand Hotel Quisisana ✿ ≼ 🏠 ♨ 🖥 ⦿ 🀫 🎛 ❖ 🅰🅲 ⚓

GRAN LUSSO · CLASSICO Nato nell'Ottocento come sanatorio, oggi è una delle icone dell'isola. Davanti scorre la rutilante mondanità dello shopping, nel giardino: silenzio, mare e faraglioni. Vicino alla piscina, il ristorante La Colombaia propone specialità regionali, grigliate ed anche pizza da forno a legna.

131 camere ☐ – �👫 363/1210 € – 16 suites

via Camerelle 2 – ℰ 081 837 0788 – www.quisisana.com –
Chiuso 28 ottobre-28 marzo

🍴 **Rendez Vous** – Vedere selezione ristoranti

🏨 Capri Tiberio Palace ✿ 🐾 ≼ 🖥 ⦿ 🀫 🎛 ❖ 🅰🅲

LUSSO · PERSONALIZZATO A pochi minuti dal centro, architettura eclettica che sposa richiami agli anni Cinquanta e Sessanta con soluzioni più contemporanee. Si crea così una convincente idea di viaggio. Belli gli ampi balconi incorniciati da archi e suggestive soluzioni di design per la sala da pranzo con sfogo in terrazza; cucina tradizionale e kosher.

45 camere ☐ – �👫 400/3000 € – 7 suites

via Croce 11/15 – ℰ 081 978 7111 – www.capritiberiopalace.com –
Chiuso 21 ottobre-10 aprile

🏨 Punta Tragara 🐾 ≼ 🖥 ❖ 🎛 🅰🅲

GRAN LUSSO · ORIGINALE La Dolce Vita a Capri è un concetto in auge sin dagli anni '20 e quale espressione più consona di questa gioia di vivere se non Punta Tragara? Progettata dal celebre Le Corbusier che definì questa magnifica villa dai riflessi dorati come le rocce e i tramonti locali una "fioritura architettonica", durante la II guerra mondiale vi soggiornarono Eisenhower e Churchill. Oggi i suoi interni moderni ospitano camere di riposante sobrietà, mentre dalle favolose terrazze si gode di una vista mozzafiato.

38 camere ☐ – �👫 650/1800 € – 6 suites

via Tragara 57 – ℰ 081 837 0844 – www.hoteltragara.com –
Chiuso 21 ottobre-8 aprile

🌸 **Le Monzù** – Vedere selezione ristoranti

🏨 Casa Morgano 🐾 ≼ 🖥 ❖ 🎛 🅰🅲

LUSSO · MEDITERRANEO Immersa nel verde, sorge questa raffinata struttura che vanta camere spaziose, arredate con estrema ricercatezza. A pranzo, possibilità di un pasto leggero a bordo piscina.

27 camere ☐ – �👫 250/840 €

via Tragara 6 – ℰ 081 837 0158 – www.casamorgano.com –
Chiuso 1 novembre-31 marzo

🏨 Scalinatella 🐾 ≼ 🖥 ❖ 🎛 🅰🅲

LUSSO · MEDITERRANEO Chi ama gli spazi non rimarrà deluso! In questa splendida costruzione "a cascata" si dorme quasi sempre in junior suite con pavimenti in ceramica di Vietri e arredi d'epoca. Dalla maggior parte delle camere la vista si posa su mare e certosa di San Giacomo. Pranzi easy a bordo piscina.

30 camere ☐ – �👫 370/1130 € – 1 suite

via Tragara 8 – ℰ 081 837 0633 – www.scalinatella.com –
Chiuso 1 novembre-31 marzo

🏨 La Minerva 🐾 ≼ 🏠 🖥 ❖ 🅰🅲

BOUTIQUE HOTEL · MEDITERRANEO Decorate con tipiche ceramiche vietresi, le sue camere sono ampie, panoramiche, tutte dotate di terrazza o balcone; ottima la prima colazione, mentre pranzi leggeri sono serviti a bordo piscina. Per un surplus di relax, c'è anche una piccola saletta per massaggi.

19 camere ☐ – �👫 180/820 €

via Occhio Marino 8 – ℰ 0818377067 – www.laminervacapri.com –
Chiuso 1 gennaio-25 marzo, 2 novembre-31 dicembre

Marina Grande Carta regionale n° **4**–B3

🍽️ **JKitchen** ⟨ 🛋️ 🛋️ 🅰️🅲 🅿️

MODERNA · INTIMO XXX A Capri quasi tutta la stagione permette di mangiare sul terrazzo che la sera potrebbe regalarvi la meraviglia della luna caprese, all'interno sempre pronto il salotto raffinato, è il JKichten: cucina moderna, contemporanea su base locale e con aperture nazionali.

Carta 72/111 €

Hotel J.K. Place Capri, via Provinciale Marina Grande 225 –
𝄐 081 838 4001 – www.jkcapri.com –
Chiuso 1 gennaio-9 aprile, 18 ottobre-31 dicembre, lunedì-sabato a mezzogiorno, domenica

 J.K. Place Capri ⟨ 🛋️ ☄️ 🕸️ 🛏️ ⬍ 🅰️🅲 🅿️

LUSSO · PERSONALIZZATO L'atmosfera e l'accoglienza di un'elegante residenza privata, dove una successione di salotti vi porta tra librerie e oggetti d'arte. Per chi non vuole rinunciare a bagnarsi nell'acqua di mare, nonostante la splendida piscina, l'albergo offre uno dei pochi accessi diretti alla spiaggia dell'isola.

22 camere 😐 – 👫 590/4000 €

via Provinciale Marina Grande 225 – 𝄐 081 838 4001 – www.jkcapri.com –
Chiuso 1 gennaio-9 aprile, 19 ottobre-31 dicembre

🍽️ **JKitchen** – Vedere selezione ristoranti

CAPRIATA D'ORBA

✉️ 15060 – Alessandria (AL) – Carta regionale n° **12**–C3 – Carta stradale Michelin 561-H8

😊 **Il Moro** 🛋️ 🕭 🅰️🅲 ↻

PIEMONTESE · FAMILIARE X In centro paese, all'interno di un palazzo del '600, una trattoria dai soffitti a volta e sulla tavola la vera cucina alessandrina: agnolotti al "tocco" - guancino di fassona e peperonata - semifreddo alla nocciola e cioccolato fondente. Piccola enoteca annessa.

Specialità: Rotolo di cipolla rossa con fonduta. I nostri agnolotti al tocco. Semifreddo alle nocciole con cioccolato fondente.

Carta 29/40 €

piazza Garibaldi 7 –
𝄐 0143 46157 – www.ristoranteilmoro.it –
Chiuso 14-28 giugno, 28 dicembre-5 gennaio, lunedì

CAPRIATE SAN GERVASIO

✉️ 24042 – Bergamo (BG) – Carta regionale n° **10**–C2 – Carta stradale Michelin 561-F10

😊 **Kanton Restaurant** 🛋️ 🕭 🅰️🅲

CINESE · DI TENDENZA XX E' la "cuCina che non ti aspetti", come ama definirla Weikun, lo chef-patron. Il ristorante si propone - infatti - come un luogo di ricerca e sperimentazione, che fonde sapori d'Oriente con metodi di cottura d'avanguardia. La carta elenca, quindi, piatti più vicini alla tradizione ed altri con prospettiva più contemporanea. Lasciatevi consigliare: non ve ne pentirete!

Specialità: Medusa. Insalata d'astice con fantasia rossa e verde di verdure. Tiramisù rétro verde.

Menu 45/60 € – Carta 25/60 €

via Antonio Gramsci 17 –
𝄐 02 9096 2671 – www.kantonrestaurant.it –
Chiuso 1-7 settembre, lunedì, martedì-venerdì a mezzogiorno

CAPRILE – Belluno ➜ Vedere Alleghe

CAPRI LEONE – Messina ➜ Vedere Sicilia

CAPRIVA DEL FRIULI

⊠ 34070 – Gorizia (GO) – Carta regionale n° **6**–C2 – Carta stradale Michelin 562-E22

⏷○ Tavernetta al Castello ⛷ ⇦ ⟨ 🍴 🏡 ⅙ 🖭 🅿

REGIONALE · **RUSTICO** ⅩⅩ Il verde dei vigneti e del vicino campo da golf (con club house e osteria!) allieta la taverna di tono rustico-elegante con l'immancabile camino, dove gustare piatti regionali legati alle stagioni. Camere confortevoli per un soggiorno di tranquillità.

Menu 49/68€ – Carta 40/70€

via Spessa 7 – ☎ 0481 808228 – www.castellodispessa.it –
Chiuso 20 gennaio-10 febbraio, lunedì, domenica sera

🏠 Castello di Spessa ⛷ ⟨ 🍴 🖾 🖭 🛁 🅿

DIMORA STORICA · **VINTAGE** Poche ed esclusive camere per una vacanza di relax a contatto con la storia, in questo castello ottocentesco che ha ospitato i signori della nobiltà friulana, circondato da un parco secolare e con splendida vista sui vigneti e sul campo da golf. Ai piedi del castello, La Tavernetta propone una cucina selezionata dal gusto raffinato con specialità di terra e di mare. Piatti freddi preparati con le eccellenze locali presso il Bistrot il Gusto di Casanova.

15 camere ⊡ – ♦♦ 170/350€

via Spessa 1 – ☎ 0481 808124 – www.castellodispessa.it

CARAMANICO TERME

⊠ 65023 – Pescara (PE) – Carta regionale n° **1**–B2 – Carta stradale Michelin 563-P23

🕸 Locanda del Barone ⇦ 🏡 ⅙ 🖭

REGIONALE · **CASA DI CAMPAGNA** Ⅹ Posizione tranquilla e panoramica per una bella casa dai toni rustici, ma molto accogliente. Specialità: stinco di maiale nero con passata di cipolle rosse e riduzione di Montepulciano.

Specialità: Fagottino di cipolla. Chitarra verde di borragine, guanciale croccante e stracciatella di pezzata rossa. Sfera di pistacchio, cuore alla centerba e crumble di nocciola.

Menu 30/35€ – Carta 30/35€

località San Vittorino – ☎ 085 92584 – www.locandadelbarone.it – Chiuso lunedì,
martedì, mercoledì

CARDANO/KARDAUN – Bolzano → Vedere Bolzano

CARLENTINI – Siracusa → Vedere Sicilia

CARLOFORTE – Carbonia-Iglesias → Vedere Sardegna - Carloforte (isola di)

CARNELLO – Frosinone → Vedere Arpino

CARONA

⊠ 24010 – Bergamo (BG) – Carta regionale n° **9**–B1 – Carta stradale Michelin 561-D11

⏷○ Locanda dei Cantù ⇦ ⛲

DEL TERRITORIO · **CONTESTO REGIONALE** Ⅹ Una locanda con la "L" maiuscola, alla fine della valle attorniata da ripidi pendiii, una sana cucina che è rinomata in zona per – inaspettatamente – il pesce! Lo chef-titolare ama infatti proporlo avvicinandolo al menu montano, ricco di polenta e primi piatti rustici.

Carta 26/57€

piazza Vittorio Veneto 3 – ☎ 0345 77044 – www.locandadeicantu.com –
Chiuso lunedì

CAROVIGNO

✉ 72012 – Brindisi (BR) – Carta regionale n° **15**–C2 – Carta stradale Michelin 564-E34

🕸 Già Sotto l'Arco (Teresa Galeone)   🏵 AC ⇄

CREATIVA · ELEGANTE XxX Storico fra gli stellati pugliesi, come storica è la scenografica collocazione: un salotto la piazza su cui si affaccia, ma ancor più signorile il ristorante, al primo piano di un bel palazzo barocco. Si sale un'elegante scala per raggiungere la sala, sobria come detta lo stile pugliese, raffinata, tra le più eleganti in zona; abilmente gestita da padre e figlia, mentre dalla cucina arrivano succulenti piatti sia di pesce che di carne. Teresa, chef-titolare, inserisce, oltre ai dovuti richiami al territorio, anche qualche prodotto e combinazione di natura più ampia, riallacciandosi ad un filone di cucina creativa-nazionale. Ottima anche la scelta enoica, in virtù di una sfrenata passione del patron che da alcuni anni si è lanciato in una sua propria produzione, giunta ormai a sette ettari, ma destinata ad ampliarsi diventando - quindi - un vero e proprio business.

Specialità: Burrata in pasta kataifi su salsa al pomodoro acerbo, capocollo di Martina Franca, olio al basilico e olive nere disidratate. Quaglia intera tartufata, su purè di patate e misticanza di stagione. Zuppetta di ciliegie e aleatico con gelato al bergamotto.

Menu 65/110 € – Carta 50/80 €

corso Vittorio Emanuele 71 – ☎ 0831 996286 – www.giasottolarco.it –
Chiuso 3 novembre-7 dicembre, lunedì, domenica sera

🍽️ Osteria Casale Ferrovia   🏵 ⇄ 🏠 🔣 AC ⇄ P

PUGLIESE · STILE MEDITERRANEO XX Nasce in quella che fu l'abitazione novecentesca di un antico frantoio, questo locale dagli interni eleganti, pochi mobili antichi di famiglia e tavoli costruiti su disegno Art Déco. La titolare-cuoca sforna dalla cucina sapori del territorio con fare leggero e moderno; la Puglia ritorna protagonista anche nella bella cantina. Come il nome lascia intuire, sul retro, ci sono le rotaie e passano i treni, ma niente paura: poco rumore e nessun disturbo!

Carta 38/60 €

via Stazione 1, sulla SP 34 – ☎ 0831 990025 – www.casaleferrovia.it – Chiuso lunedì

CARPANETO PIACENTINO

✉ 29013 – Piacenza (PC) – Carta regionale n° **5**–A2 – Carta stradale Michelin 562-H11

🕸 Nido del Picchio (Daniele Repetti)   🏵 🏠 AC ⇄

MODERNA · ELEGANTE XxX "Per noi non esistono clienti, ma ospiti" affermano i titolari. E, con questa premessa, ci si accomoda ai loro tavoli già ben predisposti. Atmosfera sobria e sussurrata, l'ambiente è quello di una dimora privata arredata con buon gusto: camino acceso nella stagione più fredda, fresco e accogliente dehors in quella più calda. Sulla carta si concentra tutto il lavoro dei padroni di casa e soprattutto la personalità di Daniele – lo chef - che si traduce in piatti creativi, ingegnosi, spesso a base di pesce. La selezione degli ingredienti è quasi maniacale: pochi elementi nel piatto, dettati dalle radici emiliane, dalle contaminazioni del passato e dall'ingegno e dallo studio che il cuoco svolge insieme alla sua brigata. Più di 700 etichette della miglior tradizione vinicola italiana e internazionale riposano in cantina, con una curiosa propensione per i vini delle zone fredde.

Specialità: Carpaccio di capesante, erbe, fiori e gel allo zafferano. Le quattro variazioni di piccione. Millefoglie di biscotti, semifreddo di zucca, gelato al caramello salato e arachidi sabbiate.

Menu 65/90 € – Carta 65/98 €

viale Patrioti 6 – ☎ 0523 850909 – www.ristorantenidodelpicchio.it – Chiuso lunedì,
martedì-sabato a mezzogiorno

CARPI

✉ 41012 – Modena (MO) – Carta regionale n° **5**–B2 – Carta stradale Michelin 562-H14

⫞○ **Il 25**   🕸 🛋 ⅙ 🅰🅲

MODERNA · **CONTESTO STORICO** ✕✕ In un palazzo di fine '800, la cucina non si pone confini: terra e mare, tradizione e creatività, ma un solo dogma, la pienezza del gusto tutta emiliana. In più, oltre alla cantina molto ben fornita, dove eventualmente organizzare una cena nei due tavoli a disposizione, anche un secondo locale, adiacente e più easy.

Carta 33/75€

via San Francesco 20 – ☎ 059 645248 – www.il25.it – Chiuso lunedì, martedì a mezzogiorno

⫞○ **Il Barolino**   🕸 🛋 🅰🅲

REGIONALE · **ACCOGLIENTE** ✕✕ Piatti unicamente del territorio e conduzione strettamente familiare per questo locale in posizione periferica, ma con piccolo e piacevole dehors sulla strada. Propone anche vendita di vini e di prodotti alimentari.

Menu 20€ (pranzo), 35/50€ – Carta 25/50€

via Giovanni XXIII 110 – ☎ 059 654327 – www.ilbarolinoristorante.com – Chiuso 1-25 agosto, 30 dicembre-6 gennaio, sabato a mezzogiorno, domenica

CARRARA

✉ 54033 – Massa-Carrara (MS) – Carta regionale n° **18**–A1 – Carta stradale Michelin 563-J12

⫞○ **Extra**   🛋 ⅙ 🅰🅲

MODERNA · **DESIGN** ✕✕ Una torre di marmo e vetro ospita questo locale di design dalle linee sobrie; la cucina spazia tra terra e mare con piatti ricchi di fantasia e buon gusto. A pranzo proposte e veste meno formale.

Carta 35/70€

Viale Turigliano 13 – ☎ 0585 74741 – www.extracarrara.it – Chiuso 10 agosto-10 settembre, domenica sera

a Colonnata Est : 7 km – Carta regionale n° **18**–A1

🏵 **Venanzio**   🛋 🅰🅲

TOSCANA · **SEMPLICE** ✕ Arrivarci, fra interminabili strade tortuose, è un viaggio nel cuore dei marmi toscani, che da qui sono partiti alla conquista del mondo. Indissolubilmente legato ad essi, qui troverete una delle eccellenze italiane, il lardo di Colonnata, insieme ad altri piatti di sorprendente qualità - a cominciare dalle paste fresche - in un locale per altro semplice e familiare. Suggestioni dal menu: lasagnette impastate con borragine e ragù di salsiccia, salsa alla soia e olio extra vergine di oliva - crem

Specialità: Piatto di lardo di Colonnata e carne in salamoia. Coniglio disossato farcito al lardo con lamelle di mandorle e verdure di stagione. Mousse allo zabaione con cioccolata fondente calda.

Menu 15€ (pranzo), 30/40€ – Carta 30/50€

piazza Palestro 3 – ☎ 0585 758033 – www.ristorantevenanzio.com – Chiuso 23 dicembre-16 gennaio, giovedì, domenica sera

CARSOLI

✉ 67061 – L'Aquila (AQ) – Carta regionale n° **1**–A2 – Carta stradale Michelin 563-P21

⫞○ **L'Angolo d'Abruzzo**   🕸 🛋 ⅙ 🜙

ABRUZZESE · **AMBIENTE CLASSICO** ✕✕ Per gli appassionati della cucina abruzzese, i migliori prodotti e i sapori più autentici della gastronomia regionale: carni, paste, salumi, formaggi, nonché funghi e tartufi (in stagione). Ottima cantina.

Menu 30/55€ – Carta 46/73€

piazza Aldo Moro 8 – ☎ 0863 997429 – www.langolodiabruzzo.it – Chiuso martedì sera

⁛○ **Al Caminetto** 🏵 🅰🄲 ⌨

ABRUZZESE · FAMILIARE XX Décor rustico in un locale poliedrico con sala eno-teca per degustazioni. In menu, l'offerta è ampia e variegata: si va dalle più tipiche specialità regionali, alle carni cotte alla brace, funghi e tartufi.

Menu 25/35€ – Carta 30/45€

via degli Alpini 95 – ℰ 0863 995105 – www.al-caminetto.it – Chiuso 5-12 febbraio, lunedì

CARTOSIO

✉ 15015 – Alessandria (AL) – Carta regionale n° **12**-C3 – Carta stradale Michelin 561-I7

⁛○ **Cacciatori** 🏵 ⇦ 🏠 🅿

PIEMONTESE · FAMILIARE XX Un bel paesaggio collinare vi porterà a Cartosio, dove, in una tipica casa di campagna in parte recentemente rinnovata, troverete questo caposaldo della cucina locale. In esercizio da cinque generazioni, eppure la formula è cambiata di poco: piatti piemontesi elencati a voce ricorrendo, laddove possibile, a prodotti della zona e cotture nella stufa a legna. Semplici, ma gradevoli camere se desiderate fermarvi dopo cena.

Menu 30/45€ – Carta 30/60€

via Moreno 30 – ℰ 0144 40123 – www.cacciatoricartosio.com –
Chiuso 26 giugno-13 luglio, 26 dicembre-24 gennaio, mercoledì, giovedì

CARZAGO RIVIERA

✉ 25080 – Brescia (BS) – Carta regionale n° **9**-D1 – Carta stradale Michelin 561-F13

⁛○ **Il Moretto** ⇦ 🛏 🏠 🅰🄲 ⌨ 🅿

MODERNA · ELEGANTE XX Grandi lampadari rinascimentali, candele sui tavoli, arredi antichi: sotto alte volte si consuma il rito serale della cena. Raffinata cucina moderna.

Menu 75€ – Carta 52/98€

Hotel Palazzo Arzaga, via Arzaga 1, località Calvagese della Riviera –
ℰ 030 680600 – www.palazzoarzaga.it – Chiuso 1 gennaio-22 marzo,
4 novembre-31 dicembre

CASACANDITELLA

✉ 66010 – Chieti (CH) – Carta regionale n° **1**-C2 – Carta stradale Michelin 563-P24

🏠 **Castello di Semivicoli** 🕭 ⇦ 🛏 🎿 🎱 🔄 🅰🄲 🎰 🅿

DIMORA STORICA · ROMANTICO Un mirabile lavoro di restauro ha restituito splendore al palazzo baronale del XVII sec, ora vanta splendide camere, dove mobili d'epoca si alternano a pezzi più moderni. La vista spazia dai monti abruzzesi al mare: impossibile rimanere indifferenti a tanto fascino!

10 camere ⌧ – ♙♙ 130/160€ – 1 suite

via San Nicola 24, contrada Semivicoli –
ℰ 0871 890045 – www.castellodisemivicoli.com –
Chiuso 7 gennaio-9 marzo, 24-26 dicembre

CASAGLIA – Perugia ➜ Vedere Perugia

CASAL BORSETTI

✉ 48010 – Ravenna (RA) – Carta regionale n° **5**-D2 – Carta stradale Michelin 562-T18

⁛○ **La Capannina** 🅰🄲

PESCE E FRUTTI DI MARE · CONTESTO CONTEMPORANEO XX Locale moderno ed accogliente affacciato sul porto canale di questa piccola frazione di Ravenna offre una fragrante cucina di mare: particolare attenzione ai crudi di pesce elaborati con raffinata fantasia accanto ad alcuni intramontabili classici.

Menu 25€ (pranzo), 55/78€ – Carta 35/90€

via Casalborsetti 181 – ℰ 0544 445071 – www.lacapanninacasalborsetti.it –
Chiuso lunedì, domenica sera

CASALE MONFERRATO

✉ 15033 – Alessandria (AL) – Carta regionale n° **12**-C2 – Carta stradale Michelin 561-G7

🏶 **Accademia Ristorante**

DEL TERRITORIO · **CONTESTO STORICO** XX All'interno dello storico Palazzo Gozzano Treville, sede anche della Filarmonica di Casale Monferrato, apre al pubblico questo ristorante dagli ambienti classici e dai magnifici saloni affrescati. Cucina fragrante che unisce con estro i sapori del territorio con alcune proposte di pesce; da ottobre ad aprile anche a base di oca.

Specialità: Vitello tonnato a bassa temperatura. Guancia di vitello. Il nostro bonet.

Menu 13 € (pranzo)/36 € – Carta 33/60 €

Via Mameli 29 – ☎ 0142 452269 – www.accademiaristorante.it – Chiuso 3-25 agosto, mercoledì

🍴○ **Faletta 1881** ⓝ ⇦ 🍴 ᵹ 🅰🅲 🅿

ITALIANA CONTEMPORANEA · **RUSTICO** XX Immersa nei vigneti di proprietà e nel paesaggio collinare del Monferrato, una cascina dalla lunga storia sapientemente restaurata da mani appassionate. Il ristorante propone piatti contemporanei su base locale e nazionale, a disposizione anche accoglienti camere (un paio con cucina) e una piscina d' acqua salata, oltre al relax della campagna.

Menu 38/55 €

Regione Mandoletta – ☎ 0142 670068 – www.faletta.it – Chiuso 1-31 gennaio, lunedì, martedì

CASALGRANDE

✉ 42013 – Reggio nell'Emilia (RE) – Carta regionale n° **5**-B2 –
Carta stradale Michelin 561-I14

🍴○ **Badessa** 🍴 🅰🅲 🅿

TRADIZIONALE · **CONTESTO REGIONALE** XX In un antico caseificio del XIX secolo, una giovane e appassionata gestione propone piatti del territorio con selezionate materie prime dei dintorni. Il loro motto è "antichi sapori a Km 0 e aceto balsamico tradizionale".

Carta 40/60 €

*via Case Secchia 2 – ☎ 0522 989138 – www.ristorantebadessa.it –
Chiuso 13-19 gennaio, 2-16 agosto, lunedì, sabato a mezzogiorno*

CASALOTTO – Asti → Vedere Mombaruzzo

CASAMICCIOLA TERME – Napoli → Vedere Ischia (Isola d')

CASELLE IN PITTARI

✉ 84030 – Salerno (SA) – Carta regionale n° **4**-D3 – Carta stradale Michelin 564-G28

🍴○ **Zi Filomena** 🍴 🅰🅲

DEL TERRITORIO · **FAMILIARE** X Dal 1932, anno di apertura, ad oggi, si è passati dalla nonna alla madre sino, appunto, all'attuale patron (e cuoco) Mario che, insieme alla moglie, mette tanta passione nel mantenere vivo e verace il gusto di questo locale perso nel verde del Parco Nazionale del Cilento. Vi si viene per gustare carni cotte alla griglia, funghi e verdure.

Menu 15/35 € – Carta 20/55 €

viale Roma 11 – ☎ 0974 988024 – www.ristorantezifilomena.it – Chiuso lunedì sera, mercoledì sera, domenica sera

🏶🏶🏶, 🏶🏶, 🏶, 🏶 & 🍴○ 😋

CASERTA

✉ 81100 – Caserta (CE) – Carta regionale n° **4**–B2 – Carta stradale Michelin 564-D25

🥨 **Le Colonne** (Rosanna Marziale) AIC ⇔ P

MODERNA · ELEGANTE XXX Lo sapevate che il nostro Paese detiene il primato in quanto a maggior numero di donne chef stellate al mondo? E Rosanna Marziale con la sua cucina contribuisce ad alimentare questo numero! Tra colonne e pavimenti in marmo, i sapori intensi e travolgenti delle proposte della giovane cuoca – allieva di Gianfranco Vissani e Martin Berasategui - fornirebbero un immediato indizio della zona geografica anche se vi conducessero qui bendati! Una cucina originale nella sua composizione ed esecuzione, che trova nella mozzarella di bufala la sua migliore alleata, presente addirittura in un dessert: mozzarella cake, deliziosa reinterpretazione del celebre dolce, che vede come protagonista della singolare ricetta la bufala.

Specialità: La pizza al contrario. Palla di mozzarella ripiena di tagliolini al basilico impanata e fritta. Creta.

Menu 70/100€ – Carta 45/100€

viale Giulio Douhet 7/9 – ☎ 0823 467494 – www.lecolonnemarziale.it –
Chiuso 8-27 gennaio, 4-26 agosto, lunedì sera, martedì a mezzogiorno,
mercoledì-giovedì sera, domenica sera

🍴 **Antica Locanda** 🏠 AIC

CAMPANA · SEMPLICE X Fuori dal centro ma praticamente di fronte all'ingresso del monumento Belvedere, quasi una trattoria dove si mangia in due caratteristiche sale separate da un arco in mattoni. Cucina di influenza partenopea, ma a sorpresa ci troverete anche molto pesce.

Carta 20/45€

piazza della Seta, località San Leucio – ☎ 0823 305444 – Chiuso 5-18 agosto,
lunedì, domenica sera

CASIER

✉ 31030 – Treviso (TV) – Carta stradale Michelin 562-F18

a Dosson Sud - Ovest : 3, 5 km – Carta regionale n° **23**–A1

🏡 **Alla Pasina** ⇔ 🏠 🏠 ⅓ AIC ⇔ P

REGIONALE · FAMILIARE XX Non è solo una casa di campagna a gestione familiare, le tre intime salette sono ben curate e la cucina si muove tra tradizione e fantasia. Qualche suggestione dal menu? Crema di fagioli con radicchio di Treviso - filetto di maiale in crosta di pistacchi - terrina di cioccolato e mandorle con fondente. Dopo un intervento architettonico, il vecchio granaio ospita camere affacciate sul fresco giardino.

Specialità: Carpaccio alla Pasina. Straccetti alla Pasina. Terrina di cioccolato.

Menu 20€ (pranzo), 38/50€ – Carta 20/50€

via Marie 3 – ☎ 0422 382112 – www.pasina.it – Chiuso 16-23 agosto, lunedì, domenica
sera

🏨 **Villa Contarini Nenzi** ✿ 🏠 🖼 🛎 🎵 🖸 ⅓ AIC 🛁 P

DIMORA STORICA · ELEGANTE Splendida ed elegante villa veneta del '700, con camere eleganti, ampio parco e moderna spa: il tutto per un soggiorno all'insegna del più totale relax. Ubicato nelle vecchie scuderie da cui prende il nome, il ristorante promuove una cucina eclettica che saprà soddisfarvi.

43 camere 🖙 – ♥♥ 130/190€ – 5 suites

via Guizzetti 78/82 – ☎ 0422 493249 – www.hotelvillacontarininenzi.com

CASINO DI TERRA – Pisa ➜ Vedere Guardistallo

CASOLE D'ELSA

✉ 53031 – Siena (SI) – Carta regionale n° **18**–C2 – Carta stradale Michelin 563-L15

�ⅼ◯ **Tosca** 🛋 AC

REGIONALE · ELEGANTE XXX Stile accattivante che fonde classica eleganza e tipicità toscana, archi e pareti in pietra, eleganti divanetti o comode poltroncine; la cucina richiama la tradizione locale, ma con uno spunto fresco ed innovativo.

Menu 90/105 € – Carta 70/105 €

Hotel Castello di Casole, località Querceto – 𝒞 0577 961501 – www.belmond.com – Chiuso 20 ottobre-20 aprile, lunedì-domenica a mezzogiorno

🏰 **Belmond Castello di Casole**

🐾 ⇐ 🛏 🆙 🏔 ⅃ⅈ 🖐 ⅆ AC 🧖 **P**

LUSSO · ELEGANTE All'interno di una vasta proprietà (1700 ettari) si erge questa dimora dalle origini medioevali, restaurata e riedificata nel XIX e XX secolo, diventata oggi un elegante ed esclusivo resort per soggiorni da fiaba; cena gourmet ai ristorante Tosca o più tipica ed informale al ristorante-pizzeria Pazzia.

41 camere 🖙 – 🍴 550/2400 € – 27 suites

località Querceto – 𝒞 0577 961501 – www.belmond.com – Chiuso 4 novembre-15 marzo

ⅼ◯ **Tosca** – Vedere selezione ristoranti

CASSINO

✉ 03043 – Frosinone (FR) – Carta regionale n° **7**–D2 – Carta stradale Michelin 563-R23

ⅼ◯ **Evan's** 🛋 AC

CLASSICA · CONTESTO CONTEMPORANEO XX Gestito con tanta passione dalla famiglia Evangelista – da cui l'abbreviazione Evan's – il tutto iniziò nel lontano 1960 negli USA dove rimangono alcuni parenti attivi sempre nel settore. Il locale si propone quindi ad una clientela in grado di apprezzare una cucina classica, sia di mare sia di terra, con qualche ricetta regionale.

Carta 28/54 €

via Gari 1/3 – 𝒞 0776 26737 – www.evans1960.it – Chiuso 27 agosto-6 settembre, lunedì, domenica sera

CASTAGNETO CARDUCCI

✉ 57022 – Livorno (LI) – Carta regionale n° **18**–B2 – Carta stradale Michelin 563-M13

a Bolgheri Nord : 10 km – Carta regionale n° **18**–B2

🅰 **Osteria Magona** 🛋 AC **P**

REGIONALE · CASA DI CAMPAGNA XX L'eccellente rapporto qualità/prezzo ha già conquistato un'amplia platea di buongustai ed anche voi non vi sottrarrete al suo fascino; tra ulivi e vigneti, in questa dimora rurale la "ciccia" è la vera padrona di casa, in tutte le sue possibili, intriganti, declinazioni. Il menu racconta: quaglia con pancetta croccante - gelato fatto in casa - e tanto ancora...

Specialità: Degustazione di tartara, bocconcino di manzo al rosmarino, piccola melanzana alla parmigiana e tortino di erbe selvatiche. Quaglia disossata e pancetta croccante. Tortino di mele e gelato ai pinoli.

Menu 30 € (pranzo), 35/60 € – Carta 30/50 €

località Vallone dei Messi 199, strada provinciale 16/b al km 2.400 – 𝒞 0565 762173 – www.osteriamagona.com – Chiuso 26 gennaio-1 marzo, lunedì

a Marina di Castagneto Carducci Nord - Ovest : 9 km

🏰 **Tombolo Talasso Resort**

🏌 🐾 ⇐ ⅆ 🛏 ⅃ 🖼 🆙 🏔 ⅃ⅈ 🖐 ⅆ AC 🧖 **P**

LUSSO · CLASSICO Uno dei vertici alberghieri della zona, si sviluppa orizzontalmente nella pineta con accesso diretto alla spiaggia; eleganti camere e bagni in travertino, splendido centro benessere con scenografiche piscine d'acqua salata incastonate nella roccia. Molto rilassante la nuova ristorazione in spiaggia per pasti easy davanti al mare.

112 camere 🖙 – 🍴 290/804 € – 5 suites

via del Corallo 3 – 𝒞 0565 74530 – www.tombolotalasso.it – Chiuso 1-31 gennaio

CASTANO PRIMO

✉ 20022 – Milano (MI) – Carta regionale n° **10**–A2 – Carta stradale Michelin 561-F8

ⓘ○ **Cafè Bistrot Gamba de Legn** 🛋 ⅗ 🄰🄲 ⇿

CLASSICA · BISTRÒ 🗶 In centro alla località, aperto nel 2017, un bistrot moderno e ben arredato, con - all'esterno - una splendida fontana in marmo rosa e tavoli in ceramica di Caltagirone. Si parte dal mattino con le colazioni sino al dopo cena, mentre il ristorante effettua orari canonici e propone una cucina sia di mare sia di terra.

Menu 15€ (pranzo), 25/50€ – Carta 30/60€

corso Martiri Patrioti 93 –
✆ 0331 880237 – www.gambadelegn.com

CASTELBELLO CIARDES · KASTELBELL TSCHARS

✉ 39020 – Bolzano (BZ) – Carta regionale n° **19**–B2 – Carta stradale Michelin 562-C14

⚭ **Kuppelrain** (Jörg e Kevin Trafoier) ⸸ ⇦ ⸜ 🛋 ⅗ 🅿

MODERNA · ROMANTICO 🗶🗶 Il Kuppelrain ha ormai trent'anni di storia! Ed è tutta una famiglia che si adopera per la riuscita di questo locale; in cucina il figlio Kevin per la parte salata con la sorella Nathalie ad occuparsi della pasticceria e cioccolateria. Non a caso in entrata un'ampia vetrinetta dà il benvenuto con un'esposizione di cioccolatini ed altre dolcezze. Situato proprio sotto il castello e preceduto da un curato giardino, la sala del ristorante è immacolata con pochi quadri alle pareti. Due menu degustazione a diversi prezzi a seconda del numero di portate che si scelgono, ma che si possono ordinare anche separatamente con relativo prezzo per piatto; carta semplice a pranzo.

Specialità: Salmerino della val Venosta, cavolo rapa, aceto di mela e olio di prezzemolo. Pancetta di maiale, crema di lenticchie, scampi, cipollotti. Cioccolata bianca, yuzu, curry alpino e granella di biscotti.

Menu 38€ (pranzo), 95/120€ – Carta 38/102€

via Stazione 16, località Maragno –
✆ 0473 624103 – www.kuppelrain.com –
Chiuso 18 gennaio-10 marzo, lunedì, domenica

CASTELBIANCO

✉ 17030 – Savona (SV) – Carta regionale n° **8**–A2 – Carta stradale Michelin 561-J6

ⓘ○ **Gin** ⸸ ⇦ 🛏 🛋 🅿

REGIONALE · FAMILIARE 🗶🗶 Piacevole ristorante nel cuore della valle che propone piatti elaborati, partendo da tradizioni locali e che amplia l'offerta con un interessante menu vegano! Altro punto di forza è l'hotel, caratterizzato da camere belle e curate e da spazi comuni ridotti. Gin: l'indirizzo giusto per un soggiorno immerso nel verde!

Menu 32/38€ – Carta 41/48€

via Pennavaire 99 –
✆ 0182 77001 – www.dagin.it –
Chiuso lunedì, martedì, mercoledì-domenica a mezzogiorno

ⓘ○ **Scola** ⸸ ⇦ 🛋 ⇿ 🅿

CREATIVA · ACCOGLIENTE 🗶🗶 Ci si aspetterebbe piatti semplici e ruspanti, e invece dalla cucina arrivano proposte elaborate e di ottimo livello: un ottimo motivo per far la strada fin qui!

Menu 45/55€ – Carta 45/60€

via Pennavaire 166 –
✆ 0182 77015 – www.scolarist.it –
Chiuso 26 dicembre-10 febbraio, martedì, mercoledì

CASTELBUONO – Palermo → Vedere Sicilia

CASTEL DEL PIANO

✉ 58033 – Grosseto (GR) – Carta regionale n° **18**-C3 – Carta stradale Michelin 563-N16

Antica Fattoria del Grottaione ≤ 🏠 点 🆎

TOSCANA · **RUSTICO** ✗✗ C'era una volta… una fattoria, oggi divenuta trattoria, piacevolmente rustica e variopinta nella sala interna, ma con un appuntamento imperdibile sulla terrazza panoramica nella bella stagione. Il peposo, un brasato di manzo al pepe, è tra le specialità.

Specialità: Zuppa Arcidossina di ricotta e spinaci. Zuppa di ricotta, spinaci e bietola. Gelato di ricotta e olio extra vergine di oliva.

Menu 25/40 € – Carta 31/43 €

via della Piazza, località Montenero d'Orcia –
☎ 0564 1827081 – www.anticafattoriadelgrattaione.it –
Chiuso 1 gennaio-28 febbraio, lunedì

CASTEL DI LAMA

✉ 63031 – Ascoli Piceno (AP) – Carta regionale n° **11**-D3

Borgo Storico Seghetti Panichi

🏡 🐾 ≤ 🧘 🦌 🖨 点 🆎 🎿 🅿

CASA PADRONALE · **STORICO** Vista incantevole per questa struttura che sorge su una verdeggiante collina: un panorama che spazia dalla cornice di montagne comprese fra i Monti Sibillini e la vetta del Gran Sasso, proseguendo fino alle colline dell'Appennino marchigiano. Belle camere e moderni confort nella Residenza San Pancrazio del 1600, in prossimità della piscina.

4 camere – 👥 100/300 €

via San Pancrazio 1 –
☎ 0736 812552 – www.seghettipanichi.it –
Chiuso 1 settembre-31 maggio

CASTELDIMEZZO

✉ 61100 – Pesaro e Urbino (PU) – Carta regionale n° **11**-B1 –
Carta stradale Michelin 563-K20

La Canonica 🏠 🅿

PESCE E FRUTTI DI MARE · **ACCOGLIENTE** ✗ A pochi metri da un belvedere sul mare, in un grazioso borgo, l'appuntamento qui è con una cucina di pesce fresco e di qualità. La scelta dei piatti è volutamente ristretta per contenere i prezzi; l'esperienza varrà la salita sin quassù, anche per i dolci. I nostri preferiti: gnocchi di patate al rombo, profumo di salvia - palamita arrostita, ceci di Serra de' Conti e fondo di pesce - cagliata al limone e liquirizia.

Specialità: Trancio d ombrina con frutti di mare alla marinara. Brodetto scientifico. Cagliata al limone, alloro e liquirizia.

Menu 27/47 € – Carta 29/42 €

via Borgata 20 –
☎ 0721 209017 – www.ristorantelacanonica.it –
Chiuso lunedì, martedì-venerdì a mezzogiorno

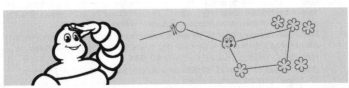

CASTEL DI SANGRO

✉ 67031 – L'Aquila (AQ) – Carta regionale n° **1**–C3 – Carta stradale Michelin 563-Q24

✿✿✿ **Reale** (Niko Romito) ✿ ⇐ 🖴 ℗

CREATIVA · MINIMALISTA XxxX Cuoco autodidatta profondamente legato alla sua terra, lo chef-patron Niko Romito, in soli sette anni ha conquistato l'ambito riconoscimento.

In un ex monastero cinquecentesco - alle pendici di un monte - oggi trasformato in albergo, Reale è l'espressione concreta di essenzialità e minimalismo: caratteristiche salienti della sala, ma anche tratti distintivi di una cucina creativa in questa parte di Abruzzo che si vuole intima e meno conosciuta. La tecnica si sgancia da ogni fronzolo, barocchismo, surplus. La purezza dei sapori è perseguita con ammirabile ostinazione, i piatti presentati con una grazia estetica che subito riconducano al Sol Levante.

Come una vestale della buona tavola, Cristina sovraintende il servizio, sempre impeccabile ed attento. Insomma, un indirizzo imperdibile per chi è alla ricerca di un'esperienza culinaria ad alti livelli!

Specialità: Cavolfiore gratinato. Piccione, chiodi di garofano, acqua e senape. Cioccolato bianco, aceto balsamico, granita di liquirizia e aceto bianco.

Menu 170/210 € – Carta 100/160 €

Hotel Casadonna, contrada Santa Liberata, località Casadonna – ℰ 0864 69382 – www.ristorantereale.it – Chiuso 6 gennaio-17 marzo, 2-11 novembre, lunedì, martedì, mercoledì a mezzogiorno

🏠 **Casadonna** ⌂ ⇐ 🖴 ⚒ ℗

DIMORA STORICA · PERSONALIZZATO Chi è alla ricerca di un Abruzzo intimo e appartato troverà a Casadonna il suo paradiso, un ex monastero cinquecentesco alle pendici di un monte oggi trasformato in albergo. Le camere riflettono l'anima dell'antica funzione: sobrie ed essenziali, non rinunciano tuttavia ad un'eleganza discreta e misurata.

7 camere 🖵 – 🍴 250/280 € – 2 suites

contrada Santa Liberata, località Casadonna – ℰ 0864 69382 – www.nikoromito.com – Chiuso 6 gennaio-17 marzo, 2-11 novembre

✿✿✿ **Reale** – Vedere selezione ristoranti

CASTELFALFI – Firenze ➜ Vedere Montaione

CASTELFRANCO EMILIA

✉ 41013 – Modena (MO) – Carta regionale n° **5**–C3 – Carta stradale Michelin 562-I15

ⅈ❍ **La Lumira** ⇌ ℗

EMILIANA · CONTESTO REGIONALE XX Al termine dei portici che ombreggiano la passeggiata lungo i negozi del centro storico, il ristorante propone i classici emiliani, a cominciare dai celebri tortellini in brodo.

Carta 34/60 €

corso Martiri 74 – ℰ 059 926550 – www.ristorantelumira.com – Chiuso 1-31 agosto, lunedì, domenica sera

CASTELFRANCO VENETO

✉ 31033 – Treviso (TV) – Carta regionale n° **23**–C2 – Carta stradale Michelin 562-E17

✿ **Feva** (Nicola Dinato) 🏠 ⅅ 🅰 ℗

CREATIVA · CONTESTO CONTEMPORANEO XX Nel centro storico di Castelfranco Veneto, se la corte è d'epoca, lo stile del locale s'ispira - invece - ad un contemporaneo minimalismo, intimo ed elegante. La raffinata cucina di Nicola Dinato si esprime in percorsi degustazione imperdibili e in piatti di rara bellezza, dove tecnica ed ottime materie prime gareggiano per un risultato di grande spessore. Ad anticipare la sfrenata creatività che si ritroverà nei piatti sono i titoli dati agli stessi: tiramigiù, cuore tonnato. Splendido dehors estivo!

Specialità: Gamberi rossi di Sardegna, capelonghe grigliate e legumi. Paccheri alla carbonara di canestrelli, pesto di ricci di mare e santoreggia. Tiramigiù.

Menu 25 € (pranzo), 55/80 € – Carta 82/94 €

Borgo Treviso 62 – ℰ 0423 197565 – www.fevaristorante.it – Chiuso 7-13 gennaio, 10-18 agosto, lunedì, domenica sera

CASTEL GANDOLFO

✉ 00040 – Roma (RM) – Carta regionale n° **7**–B2 – Carta stradale Michelin 563-Q19

⑪○ **Antico Ristorante Pagnanelli**   ⅏ ⩤ 🏠

CLASSICA · **ELEGANTE** XX In attività dal 1882, eppure in continuo rinnovo: splendidamente affacciato sul lago, la carta si divide tra mare e monti, ma è da ricordare anche l'originale ricerca di erbe spontanee. Non mancate di visitare le celebri cantine scavate nella roccia con piccolo museo del vino.

Menu 55/90 € – Carta 35/98 €

via Gramsci 4 – ℰ 069360004 – www.pagnanelli.it

CASTEL GIORGIO

✉ 05013 – Terni (TR) – Carta regionale n° **20**–A3 – Carta stradale Michelin 563-N17

⑪○ **Radici** ❶   🏠 ⅃ 🅰🅺 🅿

CREATIVA · **ELEGANTE** XXX In un ambiente elegante o nella bella terrazza esterna tempo permettendo, la cucina affonda le radici nel territorio e in piccoli, ottimi produttori locali, ma - al tempo stesso - la fervida creatività vi renderà difficile abbandonare questo bel posto, tra sinuose verdi vallate.

Menu 50/95 € – Carta 61/100 €

Località Borgo – ℰ 0763 627123 – www.borgolachiaracia.it –
Chiuso 20 gennaio-9 marzo, lunedì, martedì

🏨 **Borgo La Chiaracia** ❶   ⅋ ⥀ ⌁ ⍰ 🆗 ⍰ ⬆ ⅃ 🅰🅺 ⚒ 🅿 ⌁

SPA E WELLNESS · **ELEGANTE** Immerso nella quiete di verdeggianti colline, questo hotel di recente apertura sembra ricreare un piccolo e lussuoso borgo, ambienti di ampio respiro ed attrezzata spa per un soggiorno all'insegna di piacere e relax.

26 camere ⌂ – ⅋⅋ 140/350 €

Località Borgo – ℰ 0763 627123 – www.borgolachiaracia.it –
Chiuso 14 gennaio-1 marzo

CASTELLABATE

✉ 84048 – Salerno (SA) – Carta stradale Michelin 564-G26

a Santa Maria di Castellabate Nord - Ovest : 5 km –

Carta regionale n° **4**-C3

⑪○ **I Due Fratelli**   ⩤ 🏠 🅿

PESCE E FRUTTI DI MARE · **AMBIENTE CLASSICO** XX Ristorante di tono classico, dotato di un'ampia e bella terrazza che usufruendo della posizione fuori dal centro e rialzata rispetto alla costa offre la vista del mare. Le proposte di pesce variano in base a quanto fornisce il mercato locale, tra le specialità più apprezzate il risotto alla marinara.

Carta 29/65 €

via Sant'Andrea – ℰ 0974 968004 – Chiuso 8 gennaio-7 febbraio, mercoledì

🏨 **Villa Sirio**   ⩤ ⌁ ⍰ 🅰🅺 🅿

TRADIZIONALE · **LUNGOMARE** In una delle più belle località del Cilento, in un contesto storico ben tenuto e di romantico impatto, l'albergo si trova all'interno di un maestoso palazzo d'inizio Novecento proprio di fronte al mare. Camere di diversa tipologia e cura negli arredi caratterizzano gli interni, particolarmente belle le suite.

34 camere ⌂ – ⅋⅋ 140/340 € – 1 suite

via lungomare De Simone 15 – ℰ 0974 961099 – www.villasirio.it –
Chiuso 16 ottobre-14 aprile

CASTELLAMMARE DEL GOLFO – Trapani ➜ Vedere Sicilia

CASTELLAMMARE DI STABIA

✉ 80053 – Napoli (NA) – Carta regionale n° **4**–B2 – Carta stradale Michelin 564-E25

❄ **Piazzetta Milù** (Maicol Izzo)   🏵 ᕒ 🅰🅲

CREATIVA · ELEGANTE XxX Costeggiando il maestoso golfo con vista su Capri e
Vesuvio, la sosta culinaria da non perdere prima di addentrarsi nella Penisola Sorrentina è da Piazzetta Milù, dove troverete un'intera famiglia a coccolarvi - insieme ad un
giovane cuoco (il più giovane dei tre fratelli!) dalla solida esperienza - in un ambiente
elegantemente moderno. Il menu contempla piatti altrettanto contemporanei, sebbene
ispirati alla tradizione locale, ma anche ottime carni alla griglia.

Specialità: Baccalà mantecato, miele piccante e scarola cruda. Spaghetto di Gragnano
al limone e 'nduja di gamberi rossi. Tartelletta al tiramisù, tufo di amaretto e tartufo nero.

Menu 80/100€ – Carta 56/80€

corso Alcide De Gasperi 23 – 𝒞 081 871 5779 – www.piazzettamilu.it –
Chiuso 9-23 agosto, mercoledì, domenica sera

🏨 **La Medusa Hotel**   ⛲ 🌿 ᕒ 🛏 🍸 🛖 ₤ 🔼 🅰🅲 🆂🅰 🅿

LUSSO · ELEGANTE In un vasto e curato giardino-agrumeto, questa villa ottocentesca ha conservato anche nei raffinati interni lo stile e l'atmosfera fin-de-siècle. Molto rilassante, appartata e luminosa la Spa con area relax e piacevole
cabina per massaggi di coppia, ma altrettanti imperdibile la colazione al roof garden con vista su tutto il Golfo di Napoli. Ampi e diversificati gli spazi per la ristorazione, ce n'è davvero per tutti i gusti!

46 camere ⛲ – 🍴 200/600€ – 3 suites

via passeggiata Archeologica 5 – 𝒞 081 872 3383 – www.lamedusahotel.com

CASTELL'ARQUATO

✉ 29014 – Piacenza (PC) – Carta regionale n° **5**-A2 – Carta stradale Michelin 562-H11

🍽 **Maps**   🛖

MODERNA · AMBIENTE CLASSICO XX Una collezione di quadri di artisti locali
arreda il locale, ricavato in un vecchio mulino ristrutturato. Piccole salette
moderne e servizio estivo all'aperto per una cucina di ispirazione contemporanea.

Menu 40€ – Carta 36/60€

piazza Europa 3 – 𝒞 0523 804411 – www.ristorantemaps.com –
Chiuso 30 gennaio-10 febbraio, 20 agosto-2 settembre, lunedì, martedì

🍽 **Da Faccini**   🛖 🅿

REGIONALE · CONVIVIALE X Lunga tradizione familiare per questa tipica trattoria, che unisce alle proposte classiche piatti più fantasiosi, stagionali. Una piccola elegante sala riscaldata dal caminetto e una attrezzata per i fumatori. I prodotti che vengono degustati nel ristorante ed altri generi alimentari legati alla
tradizione gastronomica piacentina sono acquistabile presso l'annessa bottega.

Menu 30/45€ – Carta 34/46€

località Sant'Antonio – 𝒞 0523 896340 – www.ristorantecastellarquato.it –
Chiuso 20 gennaio-7 febbraio, mercoledì

CASTELLETTO DI BRENZONE – Verona ➜ Vedere Brenzone

CASTELLETTO SOPRA TICINO

✉ 28053 – Novara (NO) – Carta regionale n° **13**-B2 – Carta stradale Michelin 561-E7

🍽 **Rosso di Sera**   🏵 🛖 ᕒ 🅰🅲 ↩

MODERNA · BISTRÒ XX "Rosso di sera", come l'antico adagio che preannuncia il bel
tempo o come un buon bicchiere di vino da degustare in questo informale, ma elegante, wine-bar che propone una grande scelta di etichette e distillati, nonché piatti di
qualità. A volte si cita il territorio, più spesso si gioca con la modernità. A pranzo, in
aggiunta alla carta, una bella offerta più easy. Una coppia di fratelli affidabili ed in continua crescita: in sostanza, un indirizzo caldamente suggerito!

Menu 20€ (pranzo)/40€ – Carta 40/60€

via Pietro Nenni 2 – 𝒞 0331 963173 – www.osteriarossodisera.it –
Chiuso 16 agosto-5 settembre, mercoledì, sabato a mezzogiorno

CASTELLINA IN CHIANTI

✉ 53011 – Siena (SI) – Carta regionale n° **18**–D1 – Carta stradale Michelin 563-L15

ⅈ○ **Albergaccio di Castellina**   🏠 ⅊ 🄿

REGIONALE · FAMILIARE ⅩⅩ Una genuina accoglienza familiare - il marito in sala, la moglie e il figlio in cucina - vi condurranno alla scoperta dei sapori toscani, in un ristorante dal tono rustico ed accogliente. Paste fresche, carni, salumi e formaggi, talvolta rivisti e aggiornati in un gusto più attuale. A pranzo è aperta anche l'osteria, con piatti più semplici.

Menu 45/60 € – Carta 45/65 €

via Fiorentina 63 –
℘ 0577 741042 – www.ristorantealbergaccio.com –
Chiuso 1-26 dicembre, domenica

ⅈ○ **La Tavola di Guido**   ⇐ ⇐ 🏠 🏠 🄰🄲 🄿

REGIONALE · ELEGANTE ⅩⅩ Se la sala interna coccola l'ospite come il resto dell'albergo, il dehors vi farà godere della pace e della tranquillità del bellissimo giardino, mentre Guido cucina per voi piatti legati al territorio, talvolta un po' più moderni. La carta del pranzo propone una scelta leggermente ristretta.

Menu 60/80 € – Carta 56/85 €

Hotel Locanda Le Piazze, località Le Piazze 41, Sud-Ovest: 6 km –
℘ 0577 743192 – www.tavoladiguido.com –
Chiuso 1 novembre-31 marzo, mercoledì

verso Castellina Scalo Sud - Ovest: 3 km

🏰 **Castello La Leccia**   ⛲ 🐾 ⇐ 🏠 🎾 🛖 🄿

DIMORA STORICA · ELEGANTE Non sarà l'unico castello a vantare mille anni di storia, altri ancora sono immersi come La Leccia tra gli ulivi e i vigneti, camere dal gusto contemporaneo così eleganti non saranno le uniche in zona... ma una vista a 360° sui colli, Siena, San Gimignano e Monteriggioni è un privilegio raro, indimenticabile e mozzafiato, di cui potrete godere da alcune camere e dal giardino all'italiana.

12 camere ⯑ – 🛏 300/400 €

località La Leccia – ℘ 0577 743148 – www.castellolaleccia.com –
Chiuso 1 novembre-1 aprile

CASTEL MAGGIORE

✉ 40013 – Bologna (BO) – Carta regionale n° **5**–C3 – Carta stradale Michelin 562-I16

✿ **Iacobucci** Ⓝ   🏠 ⅊ 🄰🄲 🄿

ITALIANA CONTEMPORANEA · CONTESTO STORICO ⅩⅩⅩ A Castel Maggiore, praticamente a due passi dalla "città dotta", un parco secolare immerso nel verde sottolinea il fascino di una dimora tardo cinquecentesca: è villa Zarri, sede di un celebre produttore di distillati.

In questa sontuosa cornice, tra lampadari di Murano e soffitti affrescati, lo chef campano Agostino Iacobucci realizza una felicissima sintesi di cucina partenopea ed emiliana, a cui si aggiungono proposte più personali, di terra e di mare in piatti di alto livello: moderni per ricette ed impostazioni.

Aperto sia a pranzo che a cena, affrettatevi a prenotare uno dei suoi nove tavoli, assecondando il consiglio dell'ispettore che raccomanda di non rinunciare al dessert. Ad uno, in particolare: il delizioso babà a tre lievitazioni.

Specialità: Il mare e non solo. Agnello, Castelmagno, carciofi e lamponi. Babà a 3 lievitazioni.

Menu 58/80 € – Carta 63/97 €

via Ronco 1, Villa Zarri – ℘ 051 459 9887 – www.agostinoiacobucci.it –
Chiuso 7-15 gennaio, 11-26 agosto, domenica

a Trebbo di Reno Sud - Ovest : 6 km

🍴○ **Massimiliano Poggi Cucina** 🏠 🅰️🄲 ♿ 🅿️

MODERNA · **CONTESTO CONTEMPORANEO** XX Alle porte di Bologna ma in zona tranquilla, il locale porta il nome del suo bravissimo chef-patron e si propone in maniera vivace e moderna, in virtù di piatti che citano la tradizione bolognese, la riviera romagnola e - più ampiamente - la cucina di campagna della regione. Sempre con un occhio attento alla contemporaneità.

Menu 50/80 € – Carta 55/87 €

via Lame 67 – 𝄞 051 704217 - www.mpoggi.it – Chiuso 1-8 gennaio, 10-24 agosto, lunedì a mezzogiorno, domenica

CASTEL MELLA

✉️ 25030 – Brescia (BS) – Carta regionale n° **9**-C2

🍴○ **Chicco di Grano** 🆕 🏠 ♿ 🅰️🄲 🅿️

REGIONALE · **FAMILIARE** XX Piatti di solida cucina regionale preparati a regola d'arte: sapori buoni e fragranti in ricette classiche, che denotano capacità e bravura ai fornelli.

Menu 35/60 € – Carta 40/70 €

via dei Caduti 5 – 𝄞 030 358 2055 – www.ristorantechiccodigrano.it – Chiuso 5-27 agosto, 27 dicembre-7 gennaio, lunedì, domenica sera

CASTELMEZZANO

✉️ 85010 – Potenza (PZ) – Carta regionale n° **2**-B2 – Carta stradale Michelin 564-F30

🐝 **Al Becco della Civetta** 🔙 🅰️🄲

REGIONALE · **FAMILIARE** X Nel centro del paesino, isolato tra le suggestive Dolomiti Lucane, ad occuparsi della cucina è la proprietaria, che fa rivivere le ricette - sovente proposte a voce - delle sue muse, mamma e nonna, come la proverbiale mousse di ricotta. Dalle finestre delle camere, la maestosa scenografia naturale; all'interno, tranquillità e calorosa accoglienza.

Specialità: Lonzino di maiale marinato all'aglianico. Agnello alle erbe. Mousse di ricotta.

Menu 25/40 € – Carta 30/50 €

vico I Maglietta 7 – 𝄞 0971 986249 – www.beccodellacivetta.it – Chiuso 4 aprile-4 novembre

CASTELNOVO DI BAGANZOLA – Parma → Vedere Parma

CASTELNOVO DI SOTTO

✉️ 42024 – Reggio nell'Emilia (RE) – Carta regionale n° **5**-B3 –
Carta stradale Michelin 562-H13

🍴○ **Poli-alla Stazione** 🐝 🔙 🏠 🅰️🄲 🅿️

CLASSICA · **ACCOGLIENTE** XxX Oltrepassata una promettente carrellata di antipasti e l'esposizione di diversi tagli di carne e tipi di pesce, vi accomoderete in due ariose sale di tono elegante o nella gradevole terrazza estiva. La specialità è la cottura alla griglia di carbone.

Carta 40/70 €

*Hotel Poli, viale della Repubblica 10 –
𝄞 0522 682342 – www.hotelpoli.it –
Chiuso 1-7 gennaio, 9 agosto-1 settembre, lunedì, domenica sera*

CASTELNUOVO BERARDENGA

✉ 53019 – Siena (SI) – Carta regionale n° **18**-C2 – Carta stradale Michelin 563-L16

⛁ L'Asinello (Senio Venturi) ⌂ AC

MODERNA · INTIMO ✗✗ All'ingresso di un romantico borgo del Chianti, dal bel giardino per il servizio estivo è ancora possibile ascoltare il simpatico vociare dei residenti nelle serate dopocena, un piacevole spaccato dell'Italia di un tempo. Qui una giovane coppia ha trasformato un'ex stalla in un grazioso e raccolto ristorante. Ai fornelli il marito è fautore di una cucina che evoca i tempi passati, essenziale nella sua concezione di gusto, con pochissimi ingredienti ben dosati. Il servizio è accogliente nella sua semplicità. L'Asinello: piccola chicca gastronomica nel panorama della buona cucina italiana!

Specialità: Zuppa di funghi e vitello. Filetto di capriolo, radici, mirtilli e sake. Cheese Passion.

Menu 50/60 € – Carta 52/72 €

via Nuova 6, località Villa a Sesta – ☎ 0577 359279 – www.asinelloristorante.it –
Chiuso 1-10 settembre, lunedì, martedì-sabato a mezzogiorno

⛁ La Bottega del 30 (Hélène Stoquelet) ⌂ ⛉

TOSCANA · ROMANTICO ✗✗ Vi domanderete il perché di un'insegna con un tale nome. Il 30 non è l'anno della sua creazione, né il numero civico della via. Qui tutto ha il sapore di una fiaba...

Il 30 di ogni mese un venditore ambulante faceva tappa in questo piccolo incantevole borgo di poche anime. Nel frattempo, dalla Francia, arrivava una giovane cuoca, Hélène, che s'innamorò del Chianti e della sua cucina. Dedicò il suo ristorante a quel venditore e la magia continua ancora oggi: a trent'anni di distanza! Piatti sapidi, colorati, alieni a tante novità dell'attualità culinaria (benché in cucina ci sia oltre alla titolare, una giovane cuoca a coordinare il tutto), ma assolutamente gioiosi e saporiti.

Tra mura in pietra e raccolta di ricordi di una vita dedicata alla Toscana, una sosta qui non è solo una piacevole parentesi gastronomica, ma un momento di pienezza e di appagamento sensoriale dal quale si riparte rigenerati.

Specialità: Fegatello con zuppa. Capriolo con grattini mantecati al cipresso. Zabaione e arancia, riduzione al Vin Santo.

Menu 70/110 € – Carta 60/93 €

via Santa Caterina 2, località Villa a Sesta – ☎ 0577 359226 –
www.labottegadel30.it – Chiuso 7 gennaio-1 aprile, lunedì a mezzogiorno, martedì,
mercoledì-sabato a mezzogiorno

⛶ Poggio Rosso ⊗ ⩤ ⌂ ⌂ AK P

CREATIVA · ELEGANTE ✗✗✗ Proposta gastronomica basata sulla valorizzazione della tradizione toscana e degli ingredienti locali, ma con una visione cosmopolita del gusto, bilanciando capacità tecnica, creatività ed abbinamenti espressivi di sapori e profumi.

Menu 140/180 € – Carta 90/120 €

Hotel Borgo San Felice, località San Felice – ☎ 0577 3964 –
www.borgosanfelice.com – Chiuso 1 gennaio-31 marzo, 16 novembre-31 dicembre,
lunedì-domenica a mezzogiorno

⛶ Contrada ⩤ P

MODERNA · ELEGANTE ✗✗✗ All'interno dell'albergo Castel Monastero, il giovane cuoco è di origine piemontese, ma ha fatto presto ad ambientarsi qui in Toscana: la sua carta propone un'ottima selezione di prodotti e ricette del territorio. Nell'affascinante contesto di un autentico borgo, la regione è servita in tavola accanto a spunti più creativi.

Menu 75/90 € – Carta 85/100 €

Hotel Castel Monastero, località Monastero d'Ombrone 19 – ☎ 0577 570001 –
www.castelmonastero.com – Chiuso 1 novembre-30 aprile, lunedì, martedì-sabato a
mezzogiorno, domenica

⫶○ Il Convito di Curina   🦟 ⇦ ⇤ 🏠 🛏 AC P

TOSCANA · ACCOGLIENTE ✕✕ Cucina toscana, nonché ampia scelta enologica con vini regionali e champagne di piccoli produttori, in un ambiente rustico-signorile, dove (meteo permettendo) vi consigliamo di optare per la terrazza panoramica.

Carta 46/60€

Hotel Villa Curina Resort, strada provinciale 62, località Curina –
℘ 0577 355647 - www.ilconvitodicurina.it –
Chiuso 4 novembre-5 marzo, lunedì-martedì a mezzogiorno, mercoledì,
giovedì-domenica a mezzogiorno

🏨 Borgo San Felice   🏝 🦟 ⇤ 🏠 ⌁ 🛏 Ⅎ AC 🛁 P

LUSSO · ELEGANTE Lussuoso resort all'interno di un antico borgo, la cui storia si perde nel Medio Evo. Tra i vigneti del Chianti classico, camere e ambienti completamente rinnovati così come l'accogliente Osteria del Grigio, dove troverete i piatti della tradizione, una semplice ma gustosa alternativa al ristorante gourmet Poggio Rosso. Nel moderno centro benessere, tra le tante opzioni i benefici del vino si estendono al corpo in trattamenti per la pelle.

39 camere ⊊ – ♮♮ 400/900€ – 21 suites

località San Felice – ℘ 0577 3964 - www.borgosanfelice.it – Chiuso 1 gennaio-1 aprile,
16 novembre-31 dicembre

⫶○ **Poggio Rosso** – Vedere selezione ristoranti

🏨 Castel Monastero   🏝 🦟 ⇤ 🏠 ⌁ 🏊 💷 ⌁ 🛏 Ⅎ AC 🛁 P

DIMORA STORICA · GRAN LUSSO Raccolto intorno ad un'incantevole piazzetta dov'era il monastero medioevale, l'albergo si è da qui successivamente sviluppato su una vasta proprietà, tra ville e dépendance, ma sempre in stile toscano, tra incantevoli panorami e camere dai sobri ma raffinati arredi in stile. La spa è una delle migliori in zona.

62 camere ⊊ – ♮♮ 400/900€ – 12 suites

località Monastero d'Ombrone 19 –
℘ 0577 570001 - www.castelmonastero.com –
Chiuso 1 novembre-30 aprile

⫶○ **Contrada** – Vedere selezione ristoranti

🏨 Le Fontanelle   🏝 🦟 ⇤ 🏠 ⌁ 🏊 💷 ⌁ 🛏 Ⅎ 🖥 🛁 AC P 🚗

BOUTIQUE HOTEL · ELEGANTE L'antico complesso rurale risalente al XIII sec è stato ristrutturato per valorizzarne la tipicità dell'architettura: splendidi dettagli come le vasche d'acqua sorgiva ed eleganti interni da residenza privata. Le camere sono omogenee per confort, ma leggermente diverse nelle dimensioni e nell'esposizione. Affacciato sulle colline del Chianti Classico, il ristorante propone piatti regionali e una cantina principalmente improntata sulla territorialità.

36 camere ⊊ – ♮♮ 350/440€ – 6 suites

località Fontanelle di Pianella – ℘ 0577 35751 - www.hotelfontanelle.com –
Chiuso 1 novembre-8 aprile

CASTELNUOVO DELL'ABATE – Siena → Vedere Montalcino

CASTELNUOVO MAGRA

✉ 19033 – La Spezia (SP) – Carta regionale n° **8**-D2 – Carta stradale Michelin 561-J12

⫶○ Armanda   🛏 AC P

REGIONALE · CONTESTO TRADIZIONALE ✕ In un caratteristico borgo dell'entroterra, andamento e ambiente familiari in una trattoria che propone piatti stagionali del territorio ben elaborati. Se volete gustare un piatto veramente speciale optate per il coniglio farcito.

Menu 37€ – Carta 29/52€

piazza Garibaldi 6 – ℘ 0187 674410 –
Chiuso 24 dicembre-10 gennaio, mercoledì

CASTELPETROSO

✉ 86090 – Isernia (IS) – Carta regionale n° **1**–C3 – Carta stradale Michelin 564-C25

sulla strada statale 17 uscita Santuario dell'Addolorata

Ovest : 6 km

🏠 **Fonte del Benessere Resort** ✿ 🛎 ⌁ 🖾 🕸 🏊 ♨ 🈳 ♿ 🅰🅲 🅿

LUSSO · CONTEMPORANEO Nei pressi del splendido santuario, hotel elegantemente moderno dalle ampie camere per un totale relax che prosegue nella spa, affidata alla qualificata consulenza Mességué.

34 suites ➄ – 👫 180/320 €

via Santuario 21 – ☎ 0865 936258 – www.fontedelbenessereresort.it –
Chiuso 6 gennaio-21 marzo

CASTELROTTO • KASTELRUTH

✉ 39040 – Bolzano (BZ) – Carta regionale n° **19**–C2 – Carta stradale Michelin 562-C16

🍴 **Zum Turm** 🏛

REGIONALE · ROMANTICO ✕✕ A pochi metri dal campanile, in un tipico edificio del 1511, la cucina vi farà conoscere i prodotti alpini in porzioni generose, accuratamente selezionati e cucinati. C'è una sala classica, ma vi consigliamo di prenotare un tavolo nella Stube del 1880.

Carta 40/65 €

via Colle 8 – ☎ 0471706349 – www.zumturm.com – Chiuso 22 marzo-18 maggio,
18 ottobre-5 dicembre, mercoledì

CASTEL SAN PIETRO TERME

✉ 40024 – Bologna (BO) – Carta regionale n° **5**–C2 – Carta stradale Michelin 562-I16

a Varignana Ovest: 5 km

🏠 **Palazzo di Varignana** ✿ ≤ 🛎 ⌁ 🖾 🕸 🏊 ♨ 🈳 ♿ 🅰🅲 ⚿ 🅿

RESORT · CONTEMPORANEO Grande resort in posizione defilata, tranquilla e panoramica, diffuso su più edifici tra cui segnaliamo la lussuosa eleganza e raffinatezza della Villa Amagioia che ospita le camere più belle, poche ed esclusive. Diversi ristoranti per soddisfare ogni palato, dalla cucina più tradizionale a quella gourmet nonché internazionale, spesso a base di prodotti della propria azienda agricola, a cominciare dall'olio. Splendido giardino ornamentale con labirinto.

140 camere ➄ – 👫 170/450 € – 4 suites

via Cà Masino 611a – ☎ 051 1993 8300 – www.palazzodivarignana.com

CASTELSARDO – Sassari → Vedere Sardegna

CASTEL TOBLINO

✉ 38076 – Trento (TN) – Carta regionale n° **19**–B3 – Carta stradale Michelin 562-D14

🍴 **Castel Toblino** 🛎 🏛 🅿

MODERNA · ROMANTICO ✕✕ Affascinante castello medioevale proteso sull'omonimo lago, in questa bucolica zona trentina dove si produce il grande Vino Santo; la cucina di stile moderno è curata dal patron mentre - davvero suggestiva - è la terrazza per il servizio estivo.

Menu 37 € (pranzo)/58 € – Carta 43/69 €

Località Castel Toblino 1 – ☎ 0461 864036 – www.casteltoblino.com –
Chiuso 25 dicembre-1 marzo, martedì

CASTELVECCANA

✉ 21010 – Varese (VA) – Carta regionale n° **9**–A2 – Carta stradale Michelin 561-E8

ⅠⅠ○ **Soul Kitchen** ⓝ   ⪪ 🛖 ⅃ 🅰🅒

CONTEMPORANEA · ACCOGLIENTE ⅩⅩ Molto ben ubicato sulla piccola e pittoresca piazzetta fronte lago, i suoi tavoli a ridosso del porticciolo offrono un dehors molto rilassato, curato e con ampia vista panoramica. Tre le linee di cucina con pesce di lago, mare e terra. Il titolare: un ottimo professionista del settore!

Carta 45/55€

località Caldè di Castelveccana, Nord-Est: 2 km –
𝒞 0332 521091 – www.soulkitchencalde.it –
Chiuso 11 novembre-29 febbraio, mercordì

ⅠⅠ○ **Sunset Bistrot**   🕸 ⪪ 🛖 🅰🅒

MEDITERRANEA · BISTRÒ Ⅹ I tavolini danno sul piccolo porticciolo per questa risorsa in stile bistrot, ubicata proprio sulla piazzetta della suggestiva frazione di Castelveccana, in posizione fronte lago. Piatti decisamente mediterranei in menu ed un'accoglienza, nonché ospitalità, davvero proverbiali!

Carta 35/50€

località Caldè di Castelveccana –
𝒞 0332 521307 – www.santaveronicaguesthouse.com –
Chiuso martedì sera

CASTELVETRO DI MODENA

✉ 41014 – Modena (MO) – Carta regionale n° **5**–B2 – Carta stradale Michelin 562-I14

ⅠⅠ○ **Locanda del Feudo**   ⪪🍽 🛖 🅰🅒

MODERNA · ROMANTICO ⅩⅩ Sulla sommità del pittoresco borgo, un romantico nido di fantasiosa cucina, nonché eleganti suite per un soggiorno immersi nella storia, lontano dal traffico e dalla modernità. Piccolo e suggestivo dehors sulla via centrale.

Menu 35€ (pranzo)/40€ – Carta 44/64€

via Cialdini 9, ang. via Trasversale – 𝒞 059708711 – www.locandadelfeudo.it –
Chiuso 8-30 gennaio, lunedì, domenica sera

a Levizzano Rangone Sud - Ovest : 5 km – Carta regionale n° **5**–B2

ⅠⅠ○ **Opera|02**   ⪪🍴 🛖 ⅃ 🅰🅒 ⇔ 🅿

EMILIANA · DESIGN ⅩⅩ Un bel ristorante che di giorno gode di un'ottima illuminazione naturale grazie ad ampie vetrate che regalano una suggestiva vista; nei suoi interni coniuga sapientemente - e con gusto - la tradizione locale fatta di sasso e legno con un ambiente moderno ed essenziale. Cucina del territorio, sempre in crescita a livello qualitativo.

Carta 44/68€

Agriturismo Opera 02, via Medusia 32 –
𝒞 059 741019 – www.opera02.it

🏠 **Agriturismo Opera|02**   🕸 ⪪🍴 🌊 ⅃ 🅰🅒 🧖 🅿

CASA DI CAMPAGNA · DESIGN In un idilliaco contesto di colline e vigneti, cinquecento botti di aceto balsamico in attesa di fregiarsi dell'aggettivo "tradizionale" fiancheggiano le belle camere, moderne, quasi tutte soppalcate e con ampio terrazzo su un paesaggio mozzafiato.

8 camere ⌁ – ♥♥ 120/190€

via Medusia 32 – 𝒞 059 741019 – www.opera02.it
ⅠⅠ○ **Opera|02** – Vedere selezione ristoranti

CASTIADAS – Cagliari ➜ Vedere Sardegna

CASTIGLIONE DEL BOSCO – Siena ➜ Vedere Montalcino

CASTIGLIONE DEL LAGO

✉ 06061 – Perugia (PG) – Carta regionale n° **20**–A2 – Carta stradale Michelin 563-M18

⊛ L'Acquario 🛖

UMBRA · FAMILIARE XX Nel centro storico di questo gradevole borgo sopra al lago, una buona tappa per conoscere la cucina umbra e, soprattutto, la tradizione di piatti a base di pesce d'acqua dolce: il caviale del Trasimeno, i tagliolini con la tinca affumicata, la carpa in porchetta.

Specialità: Assaggi di lago. Carpa regina in porchetta. Bavarese allo zafferano.

Carta 22/42 €

via Vittorio Emanuele 69 – ☎ 075 965 2432 – www.ristorantelacquario.it – Chiuso 7 gennaio-6 marzo, 9-27 novembre, mercoledì

CASTIGLIONE DELLA PESCAIA

✉ 58043 – Grosseto (GR) – Carta regionale n° **18**–C3 – Carta stradale Michelin 563-N14

⊛ Osteria del mare già Il Votapentole 🕸 🛖 AC

MODERNA · COLORATO X Partendo da ottime materie prime, lo chef vi aggiunge la sua "firma" creando piatti sempre personalizzati ed intriganti (ottimi, ad esempio, i pici all'amatriciana di tonno, il cacciucco, il fondente di cioccolato e crema all'arancia). Il locale è molto piccolo, ma questo non è un difetto: anzi, l'intimità è garantita! Di sera, nell'annessa Crudosteria, i prodotti del mare vi saranno proposti così come vengono pescati.

Specialità: Alici marinate. Pici all'amatriciana di tonno. Cannolo ricotta e pistacchio.

Carta 34/47 €

via IV Novembre 15 – ☎ 0564 934763 – www.osteriadelmarecdp.it – Chiuso 6 novembre-6 dicembre, lunedì

ⅱO La Terra di Nello 🖨 🛖 P

REGIONALE · ROMANTICO X Seguendo l'imprinting di nonno Nello, oggi il nipote, Gianni, continua a proporre sapori regionali: con la discendenza, però, i piatti si arricchiscono di modernità. E dalla griglia la specialità: la bistecca!

Carta 45/65 €

località Poggetto – ☎ 347 954 6258 – www.laterradinello.it – Chiuso 15-30 gennaio, 20 ottobre-8 dicembre, lunedì a mezzogiorno, martedì, mercoledì-sabato a mezzogiorno, domenica sera

a Badiola Est : 10 km – Carta regionale n° **18**–C3

⊛ La Trattoria Enrico Bartolini 🛖 AC P

MEDITERRANEA · ELEGANTE XXX Immaginate una tenuta nel cuore della maremma, punteggiata da oliveti e vigneti, abbracciata da morbide colline e dalla macchia mediterranea: ecco tratteggiato il profilo dell'esclusivo resort L'Andana che ospita tra le sue possenti mura La Trattoria Enrico Bartolini. Se la cucina a vista e il forno a legna esaltano l'esperienza del gusto, la sala ristorante scommette sul calore intimo dato dalle travi in legno, dai mattoni a vista, dal camino e dal pavimento in cotto. L'elegante osteria gourmet si voca alla più autentica cucina del territorio, i classici della regione vengono qui reinterpretati con creatività e leggerezza: piatti di grande equilibrio in cui i sapori sapidi e delicati del mare si affiancano a quelli decisi della terra, anche attraverso l'antica cottura alla brace.

Specialità: Scaloppa di fegato grasso, pesche, finferli e consommé di dashi. Animelle ai carboni, porro bruciato, salsa al cocco e pepe Timur. Soufflé cavaion al limoni dolci della tenuta La Badiola con gelato mantecato al pistacchio.

Menu 125/150 € – Carta 85/180 €

Hotel L'Andana-Tenuta La Badiola, località la Badiola – ☎ 0564 944322 – www.enricobartolini.net – Chiuso 4 novembre-15 marzo, martedì-domenica sera

L'Andana-Tenuta La Badiola

GRAN LUSSO · PERSONALIZZATO Dimora estiva del duca Leopoldo, il mare brilla in lontananza, ma sono i vigneti e gli ulivi a cingerla dappresso. Colori pastello e uno stile bucolico-contemporaneo ispirano i lussuosi interni, la cifra della casa è un lusso campestre ed ovattato.

38 camere ⌑ – ♥♥ 250/1300 € – 9 suites

località la Badiola –
✆ 0564 944800 – www.andana.it –
Chiuso 4 novembre-15 marzo

❀ **La Trattoria Enrico Bartolini** – Vedere selezione ristoranti

CASTIGLIONE DELLE STIVIERE

✉ 46043 – Mantova (MN) – Carta regionale n° **9**–D1 – Carta stradale Michelin 561-F13

Hostaria Viola

MANTOVANA · OSTERIA ✕✕ E' dal 1909 che la famiglia Viola gestisce l'Hostaria, facendo rivivere - sotto i caratteristici soffitti a volta - la tradizione gastronomica locale, accompagnata da tutti i vini in carta anche al bicchiere (bollicine, incluse!). Specialità: trittico di paste ripiene mantovane.

Specialità: Luccio in salsa mantovana. Trittico di pasta ripiena. Tortino al ciocco-lato fondente.

Carta 29/48 €

via Verdi 32 – ✆ 0376 670000 – www.hostariaviola.com –
Chiuso 30 dicembre-6 gennaio, lunedì, domenica sera

Osteria da Pietro

MODERNA · ELEGANTE ✕✕✕ Territorialmente alla confluenza tra la tradizione mantovana e gardesana, la cucina riprende entrambe le zone con l'aggiunta di elementi moderni. Il ristorante si trova nel centro storico della località, in un edifi-cio seicentesco con soffitto dalle caratteristiche volte ad "ombrello".

Menu 25 € (pranzo)/60 € – Carta 42/65 €

via Chiassi 19 – ✆ 0376 673718 – www.osteriadapietro.it – Chiuso 10-30 agosto,
mercoledì, domenica sera

Hostaria del Teatro

MODERNA · ROMANTICO ✕✕ Un locale accogliente nel centro della località: un'appassionata coppia lo conduce con grande savoir-faire proponendo una cucina venata di fantasia e - al tempo stesso - legata alle tante tradizioni locali.

Carta 47/75 €

via Ordanino 5b –
✆ 0376 670813 – www.hostariadelteatro.it –
Chiuso 2-8 gennaio, 10-20 agosto, giovedì

Trattoria Paola

REGIONALE · FAMILIARE ✕✕ Cucina regionale mantovana con un pizzico di estro nelle presentazioni ed una formula più semplice a pranzo, sebbene sia sem-pre disponibile anche la carta. Per gli amanti della grappa la proposta è davvero ampissima.

Menu 13 € (pranzo), 25/50 € – Carta 23/75 €

via Porta Lago 23 –
✆ 0376 638829 – www.trattoriapaola.it –
Chiuso 12 agosto-4 settembre, lunedì-martedì sera, mercoledì

CASTIGLIONE D'ORCIA

✉ 53023 – Siena (SI) – Carta stradale Michelin 563-M16

a Rocca d'Orcia Nord: 1 km – Carta regionale n° **18**–C2

🕸 **Osteria Perillà** 🏠 🅰🅲

MODERNA · CONTESTO CONTEMPORANEO ✗✗ Passato, presente, ricerca ed ingredienti del territorio – molti dei quali provenienti dall'azienda agricola di proprietà– sono tratti distintivi dell'Osteria Perillà a Castiglione d'Orcia: suggestivo comune arroccato su una collina della pendice settentrionale del monte Amiata. Indirizzo dall'ambiente moderno con opere d'arti alle pareti e menu firmato da Marcello Corrado che ai fornelli non rinuncerebbe mai a cerfoglio, cacio e manzo, ovvero a quanto di meglio la zona sa offrire. Napoletano di nascita, romano d'adozione ed errante per esigenze professionali, lo chef ammette di avere un debole per la cucina di Portinari ed i suoi bigoli al torchio con cipolla e alici del Cantabrico, ma se dovesse indicarne uno identificativo della propria idea di cucina non esiterebbe a scegliere la tartare di capriolo con tamarindo e foie gras.

Specialità: Fondente di coda di vitello, il suo estratto alla vaccinara e gelo di sedano. Tortelli farciti di faraona, porro, verza e salsa del suo arrosto. Ricotta di pecora, pistacchio, olive e caramello al timo.

Menu 85/120 € – Carta 90/120 €

via Borgo Maestro 74 – ℰ 0577 887263 – www.osteriaperilla.net –
Chiuso 8 gennaio-20 marzo, 16-30 novembre, martedì, mercoledì a mezzogiorno

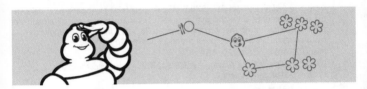

CASTIGLIONE FALLETTO

✉ 12060 – Cuneo (CN) – Carta regionale n° **14**–A2 – Carta stradale Michelin 561-I5

🕸 **L'Argaj** 🐝 🏠

CREATIVA · SEMPLICE ✗ La formula è presto detta: sala e servizio semplici, si punta tutto sulla cucina, che parte dai prodotti piemontesi per giungere a risultati di rimarchevole tecnica ed elaborazione. Esperienza gourmet ad ottimi prezzi, qualsiasi sia la vostra scelta, ma noi vi consigliamo: tortelli di capriolo, gel di cassis, latte di mandorle amore - piccione, rabarbaro, peperoncino e aglio nero - cheese cake di caprino, lampone e Genepy.

Carta 37/50 €

via Alba-Monforte 114 – ℰ 0173 62882 – www.argajristorante.it –
Chiuso 1 febbraio-1 marzo, 22 luglio-2 agosto, mercoledì sera, giovedì

CASTROVILLARI

✉ 87012 – Cosenza (CS) – Carta regionale n° **3**–A1 – Carta stradale Michelin 564-H30

🕸 **Il Ristorante di Alia** 🐝 ⟷ 🦽 🏠 🅰🅲 🅿

CALABRESE · ACCOGLIENTE ✗✗ Nato agli inizi degli anni '50, questo ristorante di tono rustico-elegante non smette di piacere ai suoi ospiti: sarà per la qualità del servizio, o per la cucina rigorosamente calabrese? Probabilmente, entrambi!

Menu 35 € (pranzo), 40/50 € – Carta 37/60 €

Hotel La Locanda di Alia, via Jetticelli 55 – ℰ 0981 46370 – www.locandadialia.it –
Chiuso 12-20 agosto, 24-26 dicembre, domenica sera

CATANIA – Catania → Vedere Sicilia

CATANZARO

✉ 88100 – Catanzaro (CZ) – Carta regionale n° **3**–B2 – Carta stradale Michelin 564-K31

❀ Abbruzzino

MODERNA · ELEGANTE ✕✕✕ Abbruzzino è sempre Abbruzzino è sempre un valido indirizzo per chi cerca i sapori del territorio reinterpretati in chiave moderna. A questo piccolo locale di soli sette tavoli si accede attraverso un giardino; qui ci si trova in un ambiente contemporaneo e raffinato, con un arredamento minimal dalle linee ispirate al design scandinavo. In cucina lo chef Luca (figlio del patron Antonio) propone piatti che ben rappresentano l'incontro tra creatività e tradizione calabra. Servizio professionale a cui la presenza della mamma in sala aggiunge una piacevole e genuina nota familiare.

Specialità: Ravioli integrali alla genovese di volatili, pecorino crotonese, caramello di cipolla e anice nero. Cernia arrosto, zucchine alla scapece, semi di zucca e salsa alle vongole. Caramello salato, fragole e fiori di sambuco.

Menu 60/90€ – Carta 60/100€

via Fiume Savuto, località Santo Janni – ☎ 0961 799008 – www.abbruzzino.it – Chiuso 7-27 gennaio, 14-28 ottobre, lunedì, martedì-sabato a mezzogiorno, domenica sera

a Catanzaro Lido Sud : 14 km

⊪○ Sunrise Beach 🛖

PESCE E FRUTTI DI MARE · STILE MEDITERRANEO ✕✕ Appena fuori dal centro e direttamente sulla spiaggia, è questo l'indirizzo giusto per gli amanti del pesce: schietta cucina mediterranea e pizze (la sera). In estate, si aggiunge alla carta un menu più semplice per il proprio stabilimento balneare.

Menu 25/45€ – Carta 29/45€

via Lungomare, località Giovino – ☎ 338 842 4193 – www.sunrisebeach.it – Chiuso 15-31 ottobre, lunedì

🏠 Perla del Porto 🛖 🐾 ⬆ ⬇ 🅰️🅒 🏋️ 🅿

BUSINESS · LUNGOMARE Direttamente sul mare, albergo adatto sia ad una clientela business sia leasure: ampie sale riunioni, piccolo centro benessere dotato anche di beauty farm. Ambiente elegante al ristorante caratterizzato da volte con vetrate artistiche.

52 camere – 🛏 69/149€ – ⬜ 4€ – 5 suites

Martiri di Cefalonia 64 – ☎ 0961 360325 – www.hotelperladelporto.it

CATTOLICA

✉ 47841 – Rimini (RN) – Carta regionale n° **5**–D2 – Carta stradale Michelin 562-K20

⊪○ Locanda Liuzzi

CREATIVA · ALLA MODA ✕✕ Liuzzi è anche il nome del cuoco e non è possibile parlare di questo ristorante se non partendo da lui: generoso e fantasioso, sforna una cucina caratterizzata da originalità ed estro creativo, combinati a richiami alla Puglia, sua terra d'origine.

Menu 45€ (pranzo), 60/75€ – Carta 49/71€

via Fiume 61, angolo via Carducci – ☎ 0541 830100 – www.locandaliuzzi.com – Chiuso 25 novembre-3 dicembre, mercoledì, giovedì a mezzogiorno

🏠 Carducci 76 🛖 ⬅ 🐾 ⟆ 🈂 ⬆ 🅰️🅒 🚗

TRADIZIONALE · ELEGANTE Un'enclave in stile neocoloniale nel cuore di Cattolica e direttamente sul mare: rilassante corte interna ed ampio giardino con piscina. Camere originali e minimaliste.

39 camere ⬜ – 🛏 120/340€ – 6 suites

via Carducci 76 – ☎ 0541 954677 – www.carducci76.it – Chiuso 1 gennaio-31 marzo, 1 ottobre-31 dicembre

CAVAGLIÀ

✉ 13881 – Biella (BI) – Carta regionale n° **12**–C2 – Carta stradale Michelin 561-F6

Ⅰ○ **Osteria dell'Oca Bianca** 🕸 ⇔ & 🔟 ⇧

REGIONALE · RUSTICO X Nel cuore della piccola località, di fronte alla chiesa, osteria di paese a simpatica conduzione familiare diretta, piatti della tradizione piemontese, e ovviamente tanta oca, serviti in un locale rustico ed accogliente; ottima lista vini con cantina visitabile. Tre belle camere a disposizione esclusivamente dei clienti che cenano qui.

Carta 40/55 €

via Umberto I 2 - ☎ 0161 966833 - www.osteriadellocabianca.it - Chiuso 1-16 luglio, 17 agosto-3 settembre, martedì, mercoledì

CAVAION VERONESE
✉ 37010 - Verona (VR) - Carta regionale n° **23**-A3 - Carta stradale Michelin 562-F14

✸ **Oseleta** 🈵 🏠 & 🔟 🅿

CREATIVA · ELEGANTE XxxX I sontuosi e romantici ambienti di Villa Cordevigo ospitano - in una delle ali laterali della villa veneta - il ristorante Oseleta composto da due sale, di cui una veranda, con magnifica vista sui vigneti della tenuta Villabella. La carta spazia un po' ovunque; c'è qualche proposta campana - terra d'origine dello chef, D'Aquino - ricette a base di pesce di lago, ma anche divagazioni più internazionali per accontentare la clientela dell'albergo, oltre a piatti unicamente vegetariani. Spirito green, quindi, per il nostro bravo cuoco: va - infatti - ricordato che Giuseppe fu un precursore nel proporre un menu a impatto zero, riducendo gli scarti degli alimenti e il consumo energetico.

Specialità: Salmerino alpino. Guancia di fassona all' Oseleta. Il cioccolato.

Menu 110/145 € - Carta 78/150 €

Hotel Villa Cordevigo Wine Relais, località Cordevigo - ☎ 045 723 5287 - www.ristoranteoseleta.it - Chiuso 5 gennaio-26 marzo, martedì

🏨 **Villa Cordevigo Wine Relais** 🕸 🈵 🏊 🏠 🕋 🔄 & 🔟 🛁 🅿

LUSSO · STORICO Sarà un giardino all'italiana a darvi il benvenuto in questo esclusivo buen retiro di origini cinquecentesche alle spalle del lago, caratterizzato da vigneti, chiesa con reliquie e romantici bagni retrò nelle belle camere. Ottima anche la qualità dei servizi.

33 camere ☲ - 🛏 238/700 €

località Cordevigo - ☎ 045 723 5287 - www.villacordevigo.com - Chiuso 5 gennaio-26 marzo

✸ **Oseleta** - Vedere selezione ristoranti

CAVALESE
✉ 38033 - Trento (TN) - Carta regionale n° **19**-D3 - Carta stradale Michelin 562-D16

✸ **El Molin** (Alessandro Gilmozzi) 🕸

CREATIVA · ROMANTICO XxX Il suo piatto preferito? Tutti quelli legati alla botanica. La ricetta che ama di più cucinare? Il risotto. La tua cucina in una parola? Emozionante! Il piatto che l'ha sorpreso di più? Il suo Border line (dolce con le gemme di larice, pino silvestre, abete). Se non avesse fatto il cuoco sarebbe stato? ... Uno scultore. Chi è il personaggio misterioso? Alessandro Gilmozzi.

Con una cultura culinaria acquisita ai fornelli di maison stellate (Adrià e Ducasse, giusto per citarne un paio), Alessandro è lo chef di questo delizioso ristorante tra le mura di un mulino del '600. Se l'interno è un susseguirsi di ballatoi e decorazioni in legno tra le antiche macine, la cucina - tecnica e creatività, spesso di selvaggina - porta il bosco nel piatto.

Specialità: Cervo marinato in rapa rossa, betulla e cagliata. Il risotto e la cenere fermentata di pigna. Border Line (dessert a base di resine).

Menu 90/130 €

via Muratori 2 - ☎ 0462 340074 - www.alessandrogilmozzi.it - Chiuso 15 aprile-15 giugno, 15 ottobre-1 dicembre, lunedì a mezzogiorno, martedì, mercoledì-venerdì a mezzogiorno

ⅱ○ **Costa Salici** 🛋 ⇔ **P**

REGIONALE · **RUSTICO** ✗✗ E' una famiglia a gestire con grande passione e dinamismo questa casa di montagna, con sala classica e caratteristica stube in legno
di cirmolo, rivisitando con fantasia i "baluardi" della tradizione.

Menu 25€ (pranzo) – Carta 28/48€

*via Costa dei Salici 10 – ☏ 0462 340140 – www.costasalici.com – Chiuso 17-24 giugno,
21-28 ottobre, lunedì*

CAVALLINO

✉ 30013 – Venezia (VE) – Carta regionale n° **23**-C2 – Carta stradale Michelin 562-F19

a Treporti Ovest : 11 km

ⅱ○ **Ai Do Campanili** 🛋 **AC**

PESCE E FRUTTI DI MARE · **INTIMO** ✗✗ Ridotte sono le dimensioni della casa
che lo ospita e piccola è anche la saletta al 1° piano, ma se non gli spazi, sarà la
qualità del cibo un valido motivo per venire a trovare questa giovane e dinamica
gestione. In carta non mancano mai i crudi e variazioni più moderne sul tema del
pesce. Interessante selezione di vini, da acquistare anche per asporto.

Menu 60/80€ – Carta 35/65€

*piazza Santissima Trinità 5 –
☏ 041 530 1716 – www.aidocampanili.it –
Chiuso 14-30 gennaio, 12-28 novembre, mercoledì*

CAVASSO NUOVO

✉ 33092 – Pordenone (PN) – Carta regionale n° **6**-B2 – Carta stradale Michelin 562-D20

⊕ **Ai Cacciatori** **AC** **P**

FRIULANA · **CONTESTO TRADIZIONALE** ✗ Daniel e la moglie Angelina propongono - rigorosamente a voce - fragranti e gustosi piatti, fieri della propria forte
radice territoriale. Ottime le pappardelle con porcini - il cinghiale con polenta -
e, come il nome lascia intuire, la cacciagione!

Specialità: Pitina (polpetta di carne) con polenta e ricotta di pecora. Tagliata di
cervo con i mirtilli neri. Semifreddo alla vaniglia con zabaglione caldo e scaglie
di cioccolato fondente.

Carta 40/60€

*via Diaz 4 – ☏ 0427 777800 –
Chiuso 6-22 gennaio, 6 luglio-5 agosto, lunedì, martedì, domenica sera*

CAVATORE

✉ 15010 – Alessandria (AL) – Carta regionale n° **12**-C3 – Carta stradale Michelin 561-I7

⊕ **Da Fausto** ❀ ⇦ ⇚ 🛋 ⇔ **P**

PIEMONTESE · **CONVIVIALE** ✗✗ All'interno di una cascina ristrutturata, in splendida posizione collinare e panoramica - lo sguardo spazia sino alla Alpi nelle giornate più limpide - qui si celebra la cucina piemontese. Quindi tanta carne, ma
anche ottime paste fresche, come i celebri agnolotti, e gustosi dolci. Conviviale
cantina per degustazioni; nelle camere c'è anche una sauna.

Specialità: Carne cruda e insalata russa. Pasta fresca fatta in casa. Semifreddo al
torrone con fonduta di cioccolata.

Menu 18€ (pranzo), 30/38€ – Carta 30/35€

*località Valle Prati 1 –
☏ 0144 325387 – www.relaisborgodelgallo.it –
Chiuso 1 gennaio-13 febbraio, lunedì, martedì*

CAVAZZO CARNICO

✉ 33020 – Udine (UD) – Carta regionale n° **6**-B1 – Carta stradale Michelin 562-C21

⊛ **Borgo Poscolle** ⏏   🏠 ♿ **P**

TRADIZIONALE · AGRESTE ✕ Cucina casalinga legata al territorio in una gradevole trattoria familiare, con orto biologico e fattoria didattica per la pet therapy, dove la ricerca del prodotto locale - possibilmente a km 0 - si è trasformata in piacevole ossessione: i dolci, la passione della cuoca-titolare! Volete una dritta? Millefoglie alla crema con fragole.

Specialità: Blecs alle ortiche con ragù di coniglio. Frico con çuç e polenta. Crostata all'olio con rabarbaro, fragole e gelato alla vaniglia.

Menu 30/40 € – Carta 28/39 €

via Poscolle 21/a – ☏ 0433 935085 – Chiuso 15-25 gennaio, 20-30 ottobre, lunedì sera, martedì, mercoledì

CAVERNAGO

✉ 24050 – Bergamo (BG) – Carta regionale n° **10**-C2 – Carta stradale Michelin 561-F11

۞ **Il Saraceno** (Roberto Proto)

MODERNA · CONTESTO CONTEMPORANEO ✕✕✕ Inaugurato una quarantina di anni fa, Il Saraceno si colloca tra i due castelli medievali di Cavernago e di Malpaga, entrambi costruiti dalla famiglia Colleoni. Se al suo interno, gli ambienti sono accoglienti e raffinati e lo stile spazia con nonchalance dal design al classico, la cucina si vuole seria, capace di accostamenti creativi, realizzata con prodotti di ottimo valore qualitativo: il pesce è il grande protagonista del menu. Lo chef-patron Roberto Proto, non a caso, è nato nella prima repubblica marinara. La carta dei vini ricca e ben articolata tradisce un debole per bollicine e vini bianchi. In alternativa alla carta, a pranzo, anche menu business.

Specialità: Il gambero rosso si fa in quattro. Ricciola cotta fuori e cruda dentro, salsa pizzaiola e cipollotto bruciato. Nocciola.

Menu 30 € (pranzo)/90 € – Carta 77/122 €

piazza Don Verdelli 2 –
☏ 035 840007 – www.ristorante-ilsaraceno.it –
Chiuso 1-9 giugno, 3-26 agosto, lunedì, martedì

CAVI – Genova → Vedere Lavagna

CAVOUR

✉ 10061 – Torino (TO) – Carta regionale n° **12**-B3 – Carta stradale Michelin 561-H4

ⅰ◯ **La Nicchia**   🍸 🏠

REGIONALE · RUSTICO ✕✕ Una nicchia di "buon gusto" all'interno di un edificio di fine '700, già indicato in un'antica mappa napoleonica. Sulla tavola, il meglio delle materie prime locali in ricette regionali, benevolmente aperte ad intrusioni moderne. In cantina un'ottima selezione di vini, mentre il locale si sdoppia con la Vineria dove si servono piatti regionali più semplici ed economici.

Menu 37/44 € – Carta 39/62 €

via Roma 9 –
☏ 0121 600821 – www.lanicchia.net –
Chiuso mercoledì, giovedì a mezzogiorno

ⅰ◯ **La Posta**

PIEMONTESE · CONTESTO TRADIZIONALE ✕ La fantasiosa insalata di mele ed il paté di fegato di selvaggina, gli agnolotti (o i tagliolini) fatti a mano, i bolliti con le mille salse, il bonet: insomma, se volevate gustare l'autentica cucina piemontese siete cascati bene! Camere semplici e confortevoli all'interno di una corte rendono La Posta una vera locanda.

Menu 13 € (pranzo), 33/38 € – Carta 25/55 €

via dei Fossi 4 – ☏ 0121 69989 – www.locandalaposta.it –
Chiuso 28 dicembre-4 gennaio, venerdì

CAVRIGLIA

✉ 52022 – Arezzo (AR) – Carta regionale n° **18**–C2 – Carta stradale Michelin 563-L16

⑪○ Il Casale di Grimoli
≤ 🛋 🛋 P

PESCE E FRUTTI DI MARE · FAMILIARE X Non semplice da raggiungere, ma alla fine si rimane doppiamente appagati: dall'affascinante paesaggio collinare, ma soprattutto dalla qualità della cucina, esclusivamente imperniata su prodotti di mare, proposti in piatti creativi e serviti in una piccola veranda panoramica. Complimenti al giovane cuoco!

Menu 45/55€ – Carta 43/69€

località il Casale 259, frazione Grimoli – ☎ 055 966 9609 –
www.ilcasaledigrimoli.com – Chiuso 1 gennaio-12 febbraio, lunedì, martedì,
mercoledì-domenica a mezzogiorno

🏠 Le Lappe
✿ 🐾 ≤ 🛋 🛏 🛋 AC P

CASA DI CAMPAGNA · BUCOLICO Circondati da un panorama di colline e boschi toscani, due casali "uniti" da un bel giardino con piscina formano una residenza d'epoca, isolata, tipica, ma - al tempo stesso - particolarmente curata, con camere dai raffinati e originali arredi (quasi tutti i bagni dotati di vasca idromassaggio). Colazioni e pasti verranno consumati nella veranda o meglio ancora, tempo permettendo, all'aperto. Un contesto da fiaba!

11 suites ⌑ – 🍴 200/350€

località Rimontoli, frazione Montegonzi – ☎ 3318510309 – www.lelappe.it –
Chiuso 1-6 gennaio

CECINA

✉ 57023 – Livorno (LI) – Carta regionale n° **18**–B2 – Carta stradale Michelin 563-M13

⑪○ Il Doretto
🛏 🛋 AC P

MODERNA · ACCOGLIENTE XX Nella gradevole atmosfera di un cascinale ristrutturato, il cuoco, appassionato di Champagne di cui serve una buona selezione, reinterpreta i classici toscani, sia di terra che di mare. Concretezza di sapori ed estro inventivo ne sanciscono il successo.

Carta 42/74€

via Pisana Livornese 32 – ☎ 0586 668363 – Chiuso 10-25 novembre, mercoledì

CEFALÙ – Palermo → Vedere Sicilia

CEGLIE MESSAPICA

✉ 72013 – Brindisi (BR) – Carta regionale n° **15**–C2 – Carta stradale Michelin 564-F34

✿ Antonella Ricci-Vinod Sookar
✿✿ 🛋 🛏 AC P

PUGLIESE · RUSTICO XX Continua inossidabile l'avventura della famiglia Ricci, autentica espressione della Puglia, tra cucina agricola, tradizionale e dell'entroterra, nonché una calorosa accoglienza nella sala con tanto di camino e ambiente rustico. Due sorelle e un'unica passione condivisa: la buona tavola nelle sue diverse declinazioni. Una si occupa con garbo e gentilezza del servizio; l'altra sovraintende ai fornelli con il marito. Venite dunque preparati, e questo non è solo un monito, ma una promessa! Oltre all'abbondanza che caratterizza le porzioni, qui vi aspettano verdure freschissime, cotture tradizionali, sapori fragranti e genuini. Gli antipasti sono una mini degustazione obbligata, ma sono quanto di più tipico e locale ci sia qui.

Specialità: Verdura, cardoncelli selvatici in brodo bollente di ortaggi e canestrato pugliese. Orecchiette di semola di grano arso ai tre pomodorini e basilico. Tatin di mele Murgine e fior di latte di capra alla vaniglia dell'isola Mauritius e gel di bucce di mele.

Menu 45/80€ – Carta 65/85€

via delle Grotte 11, contrada Montevicoli – ☎ 0831 377104 –
www.alfornellodaricci.com – Chiuso 20 gennaio-10 febbraio, 21 settembre-2 ottobre,
lunedì, martedì, mercoledì, giovedì-domenica a mezzogiorno

Cibus 😀 🏖 🏠 AC

PUGLIESE · CONTESTO TRADIZIONALE XX Parlare di cucina regionale qui sarebbe riduttivo, il ristorante custodisce infatti ricette di Ceglie, a volte persino familiari, con una straordinaria ricerca di prodotti quando ancora la filosofia del km 0 era ben lontana! Tra indimenticabili antipasti e gustose paste fresche, è una tappa immancabile di ogni viaggio in Puglia. Da assaggiare gli straccetti di maialino nero in riduzione di primitivo con cipolla di Acquaviva, il biscotto cegliese, ma anche gli eccellenti formaggi!

Specialità: Sformatino con gli asparagi selvatici. Paccheri farciti con ricotta podolica e cardetti selvatici. Pandispagna con crema di arancia biologica.

Carta 30/45€

via Chianche di Scarano 7 – 𝒞 0831 388980 – www.ristorantecibus.it –
Chiuso 1-14 giugno, 19-30 ottobre, martedì

CELLE LIGURE

✉ 17015 – Savona (SV) – Carta regionale n° **8**-B2 – Carta stradale Michelin 561-I7

⅒ Meta Ristorante 🆕 AC

PESCE E FRUTTI DI MARE · CONTESTO TRADIZIONALE XX Nel pittoresco centro storico di Celle, quella che un tempo fu una rimessa per le barche dal tipico soffitto in mattoni oggi è un ottimo ristorante gourmet, con un giovane cuoco che rappresenta una delle proposte più interessanti della zona.

Menu 30/38€ – Carta 40/65€

via Generale Pescetto 5 – 𝒞 347 212 0267 019994222 –
Chiuso 27 gennaio-10 febbraio, 9-23 novembre, lunedì, martedì a mezzogiorno

CERBAIA – Firenze → Vedere San Casciano in Val di Pesa

CERIGNOLA

✉ 71042 – Foggia (FG) – Carta regionale n° **15**-B2 – Carta stradale Michelin 564-D29

⅒ U' Vulesce 🏠 AC

PUGLIESE · ACCOGLIENTE X Rappresentano una bella storia di famiglia i Di Donna che, sulla base della gastronomia aperta più di 60 anni fa, hanno impostato anche un valido ristorante dove proporre i migliori prodotti di questa generosa regione, tra terra e mare, salumi e formaggi, accompagnando il tutto con buoni vini.

Carta 25/48€

via Cesare Battisti 3 – 𝒞 0885 425798 – www.rosariodidonna.it – Chiuso 12-17 agosto,
lunedì a mezzogiorno, domenica sera

CERMENATE

✉ 22072 – Como (CO) – Carta regionale n° **10**-B1 – Carta stradale Michelin 561-E9

⅒ Castello 😀 🏠 ♻ 🅿

CONTEMPORANEA · ACCOGLIENTE XX Locale storico in zona, ma moderno con qualche arredo tradizionale e tante bottiglie (soprattutto di distillati) a riempire le molte teche in vetro. Cucina stagionale e territoriale con qualche spunto di fantasia.

Carta 55/65€

via Castello 28 – 𝒞 031 771563 – www.ristorantecastellocomi.it – Chiuso 1-30 agosto,
26 dicembre-6 gennaio, lunedì, domenica sera

CERMES · TSCHERMS

✉ 39010 – Bolzano (BZ) – Carta regionale n° **19**-B2 – Carta stradale Michelin 354-AB4

⅒ Miil 🏠 ♻ 🅿

CLASSICA · ELEGANTE XX All'interno della tenuta vinicola Kränzelhof, le sale del ristorante propongono un elegante mix di legni antichi e moderni, un'atmosfera raffinata e alla moda per una cucina creativa, sia di carne che pesce.

Menu 75€ – Carta 49/61€

via Palade 1 – 𝒞 0473 563733 – www.miil.it – Chiuso lunedì, domenica

CERNOBBIO

✉ 22012 – Como (CO) – Carta regionale n° **10**-A1 – Carta stradale Michelin 561-E9

🍃 Materia (Davide Caranchini)   ⅙ AC

CREATIVA · CONTESTO CONTEMPORANEO ⅩⅩ "Mi sono formato nella ristorazione classica poi è arrivata l'esperienza al Noma, Copenaghen, che ha cambiato completamente le mie idee e percezioni riportandomi un po' alle origini nelle valli del lago di Como – racconta Caranchini – dove da piccolo mia nonna raccoglieva le cose selvatiche d'estate per poi mangiarle d'inverno quando da noi non cresce quasi niente".

Cucina di contaminazione italiana, asiatica e altro ancora, in carta troverete molte verdure, spezie ed erbe aromatiche, che il cuoco mette al servizio del suo credo: sgrassare i piatti estraendo e concentrando i sapori. La sensibilità del giovane cuoco, oltre che nell'esaltare i gusti contrapponendo acidi e amari, sta anche nel captare trend (non solo alimentari) ed esigenze legate alla sostenibilità. Bravo Davide!

Specialità: Insalata di cavolo rosso sott'aceto, midollo affumicato, latte di mandorle amare e caviale. Piccione cotto in crosta di sale e fave di cacao, frutti rossi e alloro. Midollo e zafferano.

Menu 16€ (pranzo), 60/105€ – Carta 59/87€

via Cinque Giornate 32 – ☏ 031 207 5548 – www.ristorantemateria.it –
Chiuso 26 gennaio-10 febbraio, 10-17 agosto, 2-16 novembre, lunedì, martedì a mezzogiorno

🍴 La Veranda   ≤ 🍴 ⌂ AC P

MODERNA · LUSSO ⅩⅩⅩⅩ Si gode di un magnifico panorama sui giardini e sul lago da questo raffinato ristorante che richiede un dress code serale (giacca e cravatta per gli uomini), e dove d'estate le ampie vetrate vengono abbassate per accentuare l'impressione di essere immersi nel parco: il miglior contorno immaginabile per una cucina che propone piatti della migliore tradizione italiana.

Carta 95/152€

Hotel Villa d'Este, via Regina 40 – ☏ 031 348720 – www.villadeste.com –
Chiuso 17 novembre-5 marzo

🍴 Trattoria del Vapore   ⅋⅋ ⌂

DEL TERRITORIO · AMBIENTE CLASSICO ⅩⅩ Un camino d'inizio secolo scorso, pietra a vista e numerose foto d'epoca conferiscono al locale un'atmosfera di calda accoglienza, mentre la cucina è legata alle tradizioni lacustri; ad essa si affianca una ricca enoteca.

Menu 30€ (pranzo) – Carta 42/58€

via Garibaldi 17 – ☏ 031 510308 – www.trattoriadelvapore.it –
Chiuso 20 dicembre-20 gennaio, mercoledì

🍴 Trattoria del Glicine   ⅋⅋ ⌂

REGIONALE · VINTAGE Ⅹ Nella parte alta della località, lo chef-patron appassionato di cucina viene coadiuvato con altrettanto spirito dal figlio, che cura i vini, e la figlia compagna di fornelli. I piatti parlano d'italia e sapori regionali con una strizzata d'occhio per il Piemonte. Servizio all'aperto su una terrazza ombreggiata da un antico glicine, impagabile durante la fioritura.

Carta 45/75€

via Vittorio Veneto 1 (ang. via P. Carcano) – ☏ 031 511332 – www.trattoriadelglicine.com –
Chiuso 13-23 gennaio, 31 dicembre-1 gennaio, martedì a mezzogiorno

🏨 Villa d'Este   🎿 🍃 ≤ 🍴 ⌇ 🎇 🌐 🏊 ⅃₄ 🖃 ⅙ AC 🎱 🚗

GRAN LUSSO · BORDO LAGO In una dimora cinquecentesca, che è un invito alla "dolce vita", il lusso si veste d'intemporalità sfoggiando stucchi, arcate, quadri, lampadari di Murano. Le alternative al ristorante Veranda sono diverse: l'ambiente del Grill si fa più rilassato, mentre Il Platano si propone come bistrot internazionale, entrambi dotati di belle terrazze dove è possibile cenare in compagnia di una spettacolare vista.

145 camere ⌂ – 👫 590/2300€ – 7 suites

via Regina 40 – ☏ 0313481 – www.villadeste.com – Chiuso 17 novembre-5 marzo
🍴 **La Veranda** – Vedere selezione ristoranti

CERNUSCO SUL NAVIGLIO

✉ 20063 – Milano (MI) – Carta regionale n° **10**–B2 – Carta stradale Michelin 561-F10

🍴○ **Due Spade**　　　　　　　　　　　　　🕸 ⛩ AC

MODERNA · **ELEGANTE** XX Sorto ai piedi della ciminiera della vecchia filanda, la sala del ristorante si apre intorno alla base di questo reperto industriale. Moderno nell'atmosfera e informale nel servizio, la cucina rivisita i classici piatti italiani.

Menu 47€ – Carta 57/57€

via Pietro da Cernusco 2/a – ℰ 02 924 9200 – www.ristoranteduespade.it –
Chiuso 3-30 agosto, 24-31 dicembre, domenica sera

CERRETO GUIDI

✉ 50050 – Firenze (FI) – Carta regionale n° **18**–B1 – Carta stradale Michelin 563-K14

🍴○ **PS Ristorante**　　　　　　　　　　　⛩ ᵹ AC P

MODERNA · **INTIMO** XX All'ingresso del paese, PS sono le iniziali del giovane cuoco che sposa le esperienze gastronomiche apprese in giro per il mondo con un cucina imperniata sui prodotti del territorio: fantasia ed elaborazione sono il condimento di ottimi piatti a base sia di pesce che di carne. Ambiente recentemente rinnovato, buona carta dei vini ed - ora - anche degli oli. Bravi!

Menu 50/70€ – Carta 65/85€

via Pianello val Tidone 41 – ℰ 0571 559242 – www.ps-ristorante.it – Chiuso lunedì,
martedì-sabato a mezzogiorno, domenica

CERRETTO LANGHE

✉ 12050 – Cuneo (CN) – Carta regionale n° **14**–A3 – Carta stradale Michelin 561-I6

🍴○ **Trattoria del Bivio**　　　　　　　🕸 ⇦ ⛩ ⊕ P

PIEMONTESE · **ROMANTICO** XxX In alta Langa, l'antica cascina è stata ristrutturata e oggi offre eleganti ambienti dallo stile rurale contemporaneo. Il legame della cucina con la terra è forte, ma divagazioni sul pesce non sono escluse. I risultati, in ogni caso, sono encomiabili. Ottime infine anche le camere, come la calorosa accoglienza familiare.

Menu 48€ – Carta 47/73€

località Cavallotti 9 – ℰ 0173 520383 – www.trattoriadelbivio.it – Chiuso 1-15 gennaio,
4-13 marzo, 29 giugno-10 luglio, lunedì, martedì

CERTOSA DI PAVIA

✉ 27012 – Pavia (PV) – Carta regionale n° **9**–A3 – Carta stradale Michelin 561-G9

🕸 **Locanda Vecchia Pavia "Al Mulino"** (Annamaria Leone)
🕸 ⛩ AC P

CREATIVA · **ELEGANTE** XxX Situato nel cuore di Certosa, nell'antico mulino quattrocentesco annesso alla abazia cistercense, gli innamorati del tempo che fu troveranno qui il loro ristorante, in un contesto bucolico e romantico. La cucina affidata all'esperienza e delicatezza tutta femminile di Annamaria Leone presenta qualche specialità locale, ma è fondamentalmente libera di orientarsi in ogni direzione, pesce di mare compreso. Una parentesi di tranquillità e sapori autentici nella frenesia della vita moderna. Nella bella stagione assicuratevi un tavolo nel dehors, prenotando con anticipo!

Specialità: Capesante su tartare di asparagi, salsa fricassea al prezzemolo. Cappellacci di pasta fresca ai piselli novelli, foie gras e guanciale croccante. Mille foglie con mousse al cioccolato, pesche, amaretti, salsa di pesche e vaniglia.

Menu 40€ (pranzo), 60/75€ – Carta 70/85€

via al Monumento 5 – ℰ 0382 925894 – www.vecchiapaviaalmulino.it –
Chiuso 1-19 gennaio, 5-25 agosto, lunedì, domenica sera

CERVERE

✉ 12040 – Cuneo (CN) – Carta regionale n° **12**–B3 – Carta stradale Michelin 561–I5

✿✿ **Antica Corona Reale** (Gian Piero Vivalda)   ☕ 🍴 ♿ 🅰️ ⇄ 🅿️

PIEMONTESE · CONTESTO TRADIZIONALE ✕✕✕ Comune di circa duemila anime in provincia di Cuneo, Cervere deve la sua fama all'Antica Corona Reale e anche ad un umile porro dalle caratteristiche organolettiche molto speciali. Storico indirizzo tra Langhe e Monvisio, che nel 2016 ha celebrato il suo duecentesimo anniversario, il ristorante gestito dalla famiglia Vivalda da cinque generazioni nasce come cascina, per ottenere – poi – con il nuovo millennio i riconoscimenti culinari che tutti conoscono. Lo chef-patron Gian Piero dà vita a dei menu vocati all'eccellenza, proponendo una cucina colorata, profumata, trasparente e contraddistinta da esecuzioni di alto livello divenitando un riferimento per gourmet italiani ed internazionali, nonché di numerose aziende legate al territorio che gli forniscono capponi, faraone, vitelli, peperoni di Carmagnola, funghi porcini, e tanto ancora...

Specialità: Uovo in cocotte al tartufo bianco d' Alba. La finanziera della tradizione piemontese. La dolce storia dell'Antica Corona Reale.

Menu 90/110 € – Carta 80/100 €

via Fossano 13 –
✆ 0172 474132 – www.anticacoronareale.it –
Chiuso 5-20 agosto, 26 dicembre-10 gennaio, martedì sera, mercoledì

CERVIA

✉ 48015 – Ravenna (RA) – Carta regionale n° **5**–D2 – Carta stradale Michelin 562–J19

ⓘ○ **Locanda dei Salinari**   🍴 🅰️

REGIONALE · CONTESTO TRADIZIONALE ✕✕ Locale raccolto ed accogliente nell'antico borgo dei Salinari: lo chef-patron propone una cucina pacatamente moderna usufruendo dei migliori prodotti della Romagna, sia di terra sia di mare.

Menu 30/47 € – Carta 40/100 €

Via XX Settembre 67 – ✆ 0544 971133 – Chiuso 8-12 gennaio, 11-17 novembre, mercoledì, giovedì

a Milano Marittima Nord : 2 km – Carta regionale n° **5**–D2

🍴 **Osteria Bartolini**   🍴

PESCE E FRUTTI DI MARE · CONVIVIALE ✕ Nella zona del porto canale, dei cantieri e del centro velico, bianca struttura in legno con dehors sulla spiaggia. Specialità di mare campeggiano in menu, ma - sebbene il nome del locale sia cambiato - il fritto la fa sempre da padrone, insieme al pesce azzurro; volendo anche piatti da asporto.

Specialità: Crocchette di patate e baccalà. Brodetto. Cremoso alla Nocciola e Mascarpone.

Carta 29/36 €

via Leoncavallo 11 – ✆ 0544 974348 – www.osteriabartolini.com –
Chiuso 7-30 gennaio

ⓘ○ **Sale Grosso**   🍴 🅰️

PESCE E FRUTTI DI MARE · ACCOGLIENTE ✕✕ Ristorante di pesce diventato un autentico punto di riferimento in città: ambiente gradevole dai colori chiari e decorazioni d'ispirazione marinara, cucina con tanti crudi ed un tocco di modernità.

Menu 37/55 € – Carta 49/92 €

viale 2 Giugno 15 –
✆ 0544 971538 – www.ristorantesalegrossomilanomarittima.it –
Chiuso 2 novembre-7 dicembre, lunedì

CERVINIA – Aosta ➔ Vedere Breuil-Cervinia

CERVO

✉ 18010 – Imperia (IM) – Carta regionale n° **8**–B3 – Carta stradale Michelin 561-K6

⅟O **San Giorgio** ఆ ⇐ ⇐ 🏠 AIC ⇧

REGIONALE · ROMANTICO XX Salette raccolte e romantiche sembrano riflettere il fascino della località, mentre la cucina punta sulla qualità del pescato in piatti semplici e tradizionali. Se mangiate in terrazza, prenotate un tavolo con vista su Diano e la baia, una cornice mozzafiato. Al San Giorgino stesse materie prime, ma elaborazioni più semplici e ambiente informale.

Menu 35€ (pranzo)/55€ – Carta 62/140€

via Ugo Foscolo 36 –
✆ 0183 400175 – www.ristorantesangiorgio.net –
Chiuso 7-28 gennaio, 9-25 dicembre, martedì

CESENATICO

✉ 47042 – Forlì-Cesena (FC) – Carta regionale n° **5**–D2 – Carta stradale Michelin 562-J19

✿ ✿ **Magnolia** (Alberto Faccani) ఆ 🏠 AIC

CREATIVA · DESIGN XXX Un'indiscussa realtà gastronomica la cui fama ha ormai valicato i confini della riviera romagnola. Per lo chef-patron, Alberto Faccani, la cucina è stato un sogno coltivato fin da bambino, della serie: "da grande farò il cuoco! ", ma che poi – una volta adulto – solo una ferrea disciplina ed un'incessante curiosità gli hanno permesso di coronare.

I suoi piatti memorabili hanno conquistato le due stelle, in virtù di costanti quali l' elaborazione, la fantasia e gli accostamenti originali. Ricette che valorizzano le materie prime del territorio, superando, tuttavia, le ideali barriere geografiche.

Se il servizio è preciso e professionale, la carta dei vini si mostra ben fornita ed articolata, riservando un'attenzione particolare alle bollicine italiane e non. E per chi volesse passare dall'altra parte, ovvero ai fornelli, si propongono lezioni di cucina tematiche e serate speciali "a quattro mani", per imparare a creare piatti insieme ad Alberto e ad altri chef stellati suoi ospiti.

Specialità: Calamaro, carbonara e tartufo nero. Linguine alla busara di canocchie, seppie e gamberi rosa. Uovo tropicale.

Menu 110/140€ – Carta 88/115€

viale Trento 31 –
✆ 0547 81598 – www.magnoliaristorante.it –
Chiuso 9-20 marzo, 16 novembre-3 dicembre, lunedì-martedì a mezzogiorno,
mercoledì, giovedì-venerdì a mezzogiorno

✿ **La Buca** 🏠 ⅟ AIC

PESCE E FRUTTI DI MARE · MINIMALISTA XXX Col bel tempo i romantici troveranno imperdibile il dehors lungo il porto canale, mentre in condizioni avverse ci si rifugia volentieri nella moderna ed elegante essenzialità della sala interna, dove ogni minimo dettaglio - dagli arredi, ai tavoli, alle luci - sono stati ideati per trasmettere l'idea dell'artigianalità, dell'ambiente naturale, sebbene tutto sia stato lungamente ponderato. Il concetto di essenzialità non si limita agli spazi, ma diventa tratto costitutivo della cucina di Gregorio Grippo. Nei piatti sbarcano i prodotti del mare, dal grande assortimento di crudi ai grandi classici della cucina marinara romagnola, sino a proposte più articolate, ma sempre tese ad evidenziare la qualità del pescato. Grande attenzione alle allergie alimentari: segnalate al momento della prenotazione online, si viene già informati sui piatti – eventualmente - da evitare.

Specialità: Carpaccio di ricciola, artemisia, salsa tonnata alla mandorla e riso croccante. Soaso, asparagi e tartufo nero pregiato. Cioccolato e abete bianco.

Menu 80€ – Carta 58/91€

corso Garibaldi 45 – ✆ 0547 186 0764 – www.labucaristorante.it –
Chiuso 7-17 gennaio, lunedì

😊 Osteria Bartolini 🛖 ⛔ AC

PESCE E FRUTTI DI MARE · STILE MEDITERRANEO ⅹ Cambia il nome, ma non la proposta che rimane fortemente ancorata al fritto, a cui si aggiungono piatti della tradizione popolare adriatica (seppie, sarde, poverazze, calamari...) nella sala azzurra dai richiami marini o in quella ornata da suggestive foto di pescatori. Col bel tempo è una corsa ai tavoli lungo il romantico porto canale!

Specialità: Sardoncini saltati in tegame all'olio e limone. Gran fritto di pesce dell'Adriatico. Gelato al pistacchio di Bronte e pistacchi glassati.

Carta 29/36 €

corso Garibaldi 41 – ☎ 0547 82474 – www.osteriabartolini.com

🍽️ Maré ⬅ 🛖 ⛔

MODERNA · ALLA MODA ⅹⅹ Non solo ristorante, ma anche spiaggia, bar e bottega, dalla colazione del mattino agli aperitivi con tapas, dallo spuntino veloce alla cenetta intima, sarete accolti in un ambiente informale, fresco, personalizzato.

Menu 19 € (pranzo) – Carta 33/50 €

via Molo Di Levante 74 – ☎ 331 147 6563 – www.mareconlaccento.it – Chiuso 1 novembre-1 marzo

🍽️ 12 Ristorante 🛖 AC

PESCE E FRUTTI DI MARE · DI TENDENZA ⅹⅹ Ambiente originale di grande personalità per una cucina di pesce ad alti livelli, delizioso dehors affacciato sul canale che ospita i battelli storici del museo della marineria.

Menu 39/79 € – Carta 49/79 €

Casadodici, via Armellini 12a – ☎ 0547 82093 – www.12ristorante.com – Chiuso lunedì a mezzogiorno, martedì, mercoledì-venerdì a mezzogiorno

🏨 Grand Hotel da Vinci 🎇 🍴 🌊 🔆 📶 🌀 🧖 🔁 ⛔ AC 🏊 P

LUSSO · CONTEMPORANEO A pochi metri dalla spiaggia, il corpo centrale è frutto del restauro di una colonia d'inizio Novecento, recentemente ampliato e trasformato in albergo nel marchio di un'eleganza lussuosa, che ha dato particolare importanza a piastrelle e lampadari, tra raffinati arredi contemporanei. Splendido centro benessere, la piscina esterna misura 700m².

98 camere � – 🍴 170/450 € – 6 suites

via Carducci, 7 – ☎ 0547 83388 – www.grandhoteldavinci.com

🏠 Casadodici 🔁 AC

LOCANDA · PERSONALIZZATO Sul porto canale leonardesco, ogni camera è stata arredata in modo diverso e s'ispira a sei icone del mondo cinematografico - Sofia Loren, Brigitte Bardot, Greta Garbo, Audrey Hepburn, Jane Birkin e Grace Kelly - in una casa che offre al suo interno una sorta di show room riassumente il piacere dei viaggi dei titolari. Non meno affascinante la sala colazioni con ricordi asiatici e uno splendido tavolo di Bali.

6 camere � – 🍴 89/279 €

via Armellini 12a – ☎ 0547 401709 – www.casadodici.com

🍽️ 12 Ristorante – Vedere selezione ristoranti

CETARA

✉ 84010 – Salerno (SA) – Carta regionale n° 4-B2 – Carta stradale Michelin 564-F26

😊 Al Convento 🎐 🛖 AC

CAMPANA · AMBIENTE CLASSICO ⅹ Quando non si cena in terrazza, la sala interna è stata ricavata dal chiostro di un convento francescano, dove sono ancora visibili degli affreschi seicenteschi, ma con la copertura e l'installazione delle cucine a vista l'atmosfera è indubbiamente quella di un classico ed informale ristorante. Regina è ovviamente la specialità di Cetara, l'alice e la sua colatura!

Specialità: Misto di alici. Spaghetti con colatura tradizionale di Cetara. Spumone.

Carta 30/60 €

piazza San Francesco 16 – ☎ 089 261039 – www.alconvento.net – Chiuso mercoledì

CETONA

✉ 53040 – Siena (SI) – Carta regionale n° 18-D2 – Carta stradale Michelin 563-N17

¶○ **La Frateria di Padre Eligio**   🕸 ≤ 🛋 🏠 ⇔ **P**

MODERNA · **ELEGANTE** XxX In un parco, la frateria è un convento fondato da San Francesco nel 1212 - gestito da una comunità, "Mondo X" - i cui prodotti provengono dalle varie loro sedi. Tra suggestioni mistiche, ci si lascia andare a peccati di gola.

Carta 70/100€

via San Francesco 2 – ☎ 339 202 3859 – www.lafrateria.it –
Chiuso 13 dicembre-31 marzo, lunedì, martedì

¶○ **Da Nilo**   🏠 AC ⇔

REGIONALE · **ACCOGLIENTE** XX Direttamente sulla piazza principale, un edificio del Seicento ospita questo piccolo locale di tono rustico-moderno, dove gustare una cucina tradizionale.

Menu 25/45€ – Carta 30/60€

piazza Garibaldi 33 – ☎ 0578 239040 – www.iltigliodipiazza.com –
Chiuso 15 gennaio-6 febbraio, martedì

CHERASCO

✉ 12062 – Cuneo (CN) – Carta regionale n° **12**-B3 – Carta stradale Michelin 561-I5

⬡ **Da Francesco** (Francesco Oberto)   AC

CREATIVA · **CONTESTO STORICO** XX Sala nell'onirico salone dello storico Palazzo Burotti con tanto di piccoli putti affrescati e scalone di accesso al piano nobile, intuizioni come risotto all'aglio nero fermentato, lumache di Cherasco e il loro caviale contribuiscono a rendere i contenuti - sia in termini di ambiente che di esecuzione – di questo ristorante un'allettante esperienza sui generis.

"Stare ai fornelli è un lavoro dove serve soprattutto tantissimo impegno e spirito di sacrificio" – precisa lo chef Francesco Oberto, abile nel coniugare semplicità con tecniche moderne ed istinti creativi. Ne consegue che il risultato si traduce in piatti della tradizione regionale elevati a potenza – a volte addirittura provocanti.

Specialità: Tartare di gamberi rossi di Mazara del Vallo, spuma di rocchetta (formaggio), scorza di limone. Risotto all'aglio nero, lumache e uova di lumaca. Il germoglio di Co.Chì (mousse al cioccolato bianco, frutto della passione, terra di cacao).

Menu 70/90€ – Carta 60/80€

via Vittorio Emanuele 103 – ☎ 339 809 6696 – www.ristorantedafrancesco.com –
Chiuso 3-20 febbraio, 1-9 agosto, martedì, mercoledì a mezzogiorno

⬡ **Osteria La Torre** ⓝ   🏠 �&. AC

PIEMONTESE · **OSTERIA** X In pieno centro storico, il ristorante omaggia la produzione locale proponendo una cucina schietta e fragrante con ottimi sapori e un'attenzione particolare alla disponibilità del mercato per i "fuori carta" del giorno. La selezione enoica ed il dehors estivo sono altri due interessanti motivi per sceglierlo. Ottimi i primi, tra cui gli gnocchetti di farina di castagne, porri e Castelmagno (rigorosamente invernale) o le proverbiali chiocciole di Cherasco.

Specialità: Cipolla ripiena all' amaretto (inverno). Chiocciole, clorofilla e testina di vitello al vino rosso. Torta morbida di nocciole, gelato al latte di capra, nocciola e zabaione.

Menu 30/40€ – Carta 35/55€

via dell'Ospedale 22 – ☎ 0172 488458 – www.osterialatorre-cherasco.it –
Chiuso 25 giugno-18 luglio, 26 dicembre-20 gennaio, lunedì

¶○ **La Lumaca**   🕸 AC

PIEMONTESE · **CONTESTO STORICO** X Nelle cantine di un edificio di origini cinquecentesche, caratteristico ambiente con volte in mattoni per una cucina tradizionale dove regnano due elementi: la lumaca nel piatto e i vini in cantina.

Menu 25/35€ – Carta 28/45€

via San Pietro 26/a – ☎ 0172 489421 – www.osterialalumaca.it – Chiuso 1-7 gennaio,
3-24 agosto, lunedì, martedì

CHIANCIANO TERME

⊠ 53042 – Siena (SI) – Carta regionale n° **18**-D2 – Carta stradale Michelin 563-M17

⍩○ **Hostaria il Buco**

REGIONALE · FAMILIARE ⍩ Appena sotto al centro storico, nella parte alta della località, un piccolo ristorante-pizzeria dalla calorosa atmosfera familiare. In menu: proposte tipiche toscane, come pici, ravioli ripieni di pecorino, tagliata, fiorentina e torta di Chianciano.

Carta 20/45€

via Della Pace 39 – ℰ 0578 30230 – Chiuso 4-20 novembre, mercoledì

CHIARAMONTE GULFI – Ragusa → Vedere Sicilia

CHIAVARI

⊠ 16043 – Genova (GE) – Carta regionale n° **8**-C2 – Carta stradale Michelin 561-J9

⍩○ **Lord Nelson**

PESCE E FRUTTI DI MARE · ELEGANTE ⍩⍩⍩ Direttamente sul lungomare, locale raffinato con american bar ed enoteca: una profusione di legno lucidato a specchio in elegante stile marinaro e stuzzicanti proposte a base di pesce.

Menu 55€ – Carta 48/80€

corso Valparaiso 27 – ℰ 0185 302595 – www.thelordnelson.it –
Chiuso 3-22 novembre, mercoledì

⍩○ **Da Felice**

PESCE E FRUTTI DI MARE · MINIMALISTA ⍩⍩ Ambiente moderno dai toni caldi e dallo stile minimalista, con cucina a vista e dehors estivo, per questo storico ristorante presente in città dal 1903! In menu: pesce in tante varianti, ma subordinato al mercato del giorno.

Carta 35/55€

corso Valparaiso 136 – ℰ 0185 308016 – www.ristorantefelice.it

CHIAVENNA

⊠ 23022 – Sondrio (SO) – Carta regionale n° **9**-B1 – Carta stradale Michelin 561-D10

a Mese Sud - Ovest : 2 km

⍩○ **Crotasc**

REGIONALE · STILE MONTANO ⍩⍩ Dal 1928 il fuoco del camino scalda le giornate più fredde e le due sale riscoprono nella pietra la storia del crotto e una cordiale accoglienza; in cucina, la tradizione rivive con creatività. Carta dei vini notevole con etichette molto interessanti del territorio.

Carta 45/65€

via Don Primo Lucchinetti 63 – ℰ 0343 41003 – www.ristorantecrotasc.com –
Chiuso 15 giugno-10 luglio, lunedì, martedì

CHIENES • KIENS

⊠ 39030 – Bolzano (BZ) – Carta regionale n° **19**-C1 – Carta stradale Michelin 562-B17

⊛ **Gassenwirt**

REGIONALE · FAMILIARE ⍩ A fianco alla chiesa del piccolo paese, l'ospitalità qui ha radici antiche, risale al 1602, e continua ancor oggi, con i sapori del territorio sudtirolese. Specialità: gröstel di vitello e patate con insalata di crauti allo speck.

Specialità: Antipasto di salumi e speck fatti in casa. Gröstel di Vitello e patate con insalata di crauti allo speck. Caramello di mele e mirtilli rossi.

Menu 28/35€ – Carta 28/39€

via Paese 42 – ℰ 0474 565389 – www.gassenwirt.it – Chiuso 28 aprile-24 maggio,
27 ottobre-30 novembre, sabato

🏨 Gourmethotel Tenne Lodges 🔟

SPA E WELLNESS · STILE MONTANO A pochi passi dagli impianti, una bella realtà in stile alpino-moderno con legno e pietra a profusione, centro benessere e camere dalle dimensioni generose: si parte da un minimo di 60 mq! Ciliegina sulla torta, il ristorante gourmet per concludere in bontà la serata.

20 suites – 🛏 360/560 € – 15 camere

Strada Racines di Dentro 51 – ℰ 0472 433300 –
www.hotels-ratschings.com/tenne-lodges – Chiuso 17 aprile-16 maggio,
3 novembre-7 dicembre

CHIERI
✉ 10023 – Torino (TO) – Carta regionale n° **12**–B1 – Carta stradale Michelin 561-G5

🍴 Sandomenico   🕸 AC ⟷

ITALIANA · ELEGANTE XxX Luminoso ed elegante dal soffitto con travi a vista ed arredato con pochi tavoli rotondi. Dalle cucine, piatti di terra e di mare, dalle cantine, bottiglie italiane e francesi.

Menu 40/55 € – Carta 40/70 €

via San Domenico 2/b – ℰ 011 941 1864 – Chiuso lunedì, domenica sera

🍴 Cascina Lautier   ⇖ 🛖 & AC ⟷ P

MODERNA · CASA DI CAMPAGNA XX Fuori dal centro abitato, sulla sommità di una collinetta, bell'ambiente signorile con proposte di cucina moderna che spaziano dalla terra al mare. A pranzo menù più tradizionali ed economici oltre alla carta serale.

Menu 80/110 € – Carta 42/57 €

strada Baldissero 121 – ℰ 011 942 3450 – www.cascinalautier.it – Chiuso lunedì a
mezzogiorno, martedì

CHIESA IN VALMALENCO
✉ 23023 – Sondrio (SO) – Carta regionale n° **9**–B1 – Carta stradale Michelin 561-D11

🍴 Malenco   ⇖ ⟷ P

REGIONALE · CONVIVIALE XX Di taglio moderno l'arredo della sala, con vetrata panoramica sulla valle, di impostazione tipica-locale invece la carta: piatti di cucina regionale, ma anche qualche specialità giornaliera di pesce fresco.

Menu 15 € (pranzo), 20/30 € – Carta 27/59 €

via Funivia 20 – ℰ 0342 452182 – Chiuso 15 giugno-1 luglio, 1-7 ottobre,
18-25 novembre, martedì

CHIOANO – Perugia → Vedere Todi

CHIOGGIA
✉ 30015 – Venezia (VE) – Carta regionale n° **23**–C3 – Carta stradale Michelin 562-G18

🍴 El Gato   🛖 & AC

PESCE E FRUTTI DI MARE · ACCOGLIENTE XX Un locale di moderna eleganza ubicato in pieno centro, dove - nella bella stagione - il dehors affaccia direttamente sul corso. Le proposte prediligono il pescato elaborato con delicatezza e gusto per esaltarne le fragranze. In stagione moeche e canestrelli tra gli imperdibili.

Carta 45/65 €

corso del Popolo 653 – ℰ 041 400265 – www.elgato.it – Chiuso 4-18 novembre,
lunedì a mezzogiorno

CHIURO
✉ 23030 – Sondrio (SO) – Carta regionale n° **9**–B1 – Carta stradale Michelin 561-D11

🍴 Cantarana   🛖 ⟷

REGIONALE · CONVIVIALE X Tra mura quattrocentesche, ma c'è anche un grade-vole servizio estivo all'aperto, la proposta gastronomica si divide equamente tra piatti del territorio e specialità prettamente della casa. Accoglienza cordiale e calorosa.

Menu 28 € (pranzo), 34/48 € – Carta 32/56 €

via Ghibellini 10 – ℰ 0342 212447 – www.ristorantecantaranachiuro.it – Chiuso lunedì

✉ 39043 – Bolzano (BZ) – Carta regionale n° **19**–C1 – Carta stradale Michelin 562-C16

❁❁ **Jasmin** (Martin Obermarzoner) ⇦ 🛏 **P**

CREATIVA · ACCOGLIENTE XxX Qui il "km zero" era già un imperativo prima ancora che diventasse moda nel resto del mondo: materie prime provenienti da aziende e allevamenti controllati, nel rispetto delle loro caratteristiche e stagionalità. Ma poi l'estro di Martin Obermarzoner – affinato con esperienze presso tavole di alto livello - aveva bisogno di esprimersi anche con ingredienti che provenissero da altre latitudini e si procedette, quindi, con un'ideale apertura delle frontiere. Chi ama stare a tavola affrontando lunghi menu degustazione troverà qui di che saziarsi (in tutti i sensi!): nessuna scelta, bensì una decina di piatti-assaggi per entrare nell'universo creativo di questo giovane enfant prodige della ristorazione sudtirolese.

Specialità: Carpaccio di gamberi rossi, bisque, yuzu e mela verde. Tortelli di piccione e mandorle, crema di cerfoglio e fegato grasso d'anatra. Tarte au chocolate con gelato di miele e crème fraîche.

Menu 145/170 €

via Gries 4 – ℰ 0472 847448 – www.bischofhof.it – Chiuso 22 marzo-3 aprile,
9-21 novembre, lunedì a mezzogiorno, martedì, mercoledì-sabato a mezzogiorno

a Gudon Nord - Est : 4 km

⅋○ **Unterwirt** ⇦ 🛏 🏠 ✿ **P**

MODERNA · CONTESTO TRADIZIONALE XX Se il tempo non consente di approfittare della gradevole terrazza, allora vi consigliamo di prenotare un tavolo nella stube del XIII secolo, una romantica culla di legno. Cucina creativa, carne e pesce, di grandi livelli.

Menu 62/79 € – Carta 55/96 €

Gudon 45 – ℰ 0472 844000 – www.unterwirt-gufidaun.com – Chiuso 15-30 giugno,
1-15 novembre, lunedì, martedì-sabato a mezzogiorno, domenica

✉ 53012 – Siena (SI) – Carta regionale n° **18**–C2 – Carta stradale Michelin 563-M15

❁ **Meo Modo** ⅋⅋ ⇐ 🛏 🏠 ⅃ 🅰🅲 **P**

CREATIVA · LUSSO XxX Le stagioni scandiscono i tempi della nostra vita... e colorano la tavola con gli ingredienti della nostra dieta. E così accade al ristorante Meo Modo. In un paese come l'Italia che può vantare una biodiversità non facilmente riscontrabile ovunque, i piatti di questo ristorante sono un raffinato esempio di sostenibilità e di rapporto diretto con il territorio. L'indirizzo, con tavoli al cospetto di portici del 1200 e vista sulla Valle Serena all'interno del Relais Borgo Santo Pietro, è un raffinato esempio di sostenibilità e di rapporto diretto con il territorio in virtù anche di un singolare orto biodinamico (visitabile dagli ospiti). Recente cambio della guardia ai fornelli, ma non nello spirito del locale.

Specialità: Agnolotti al coniglio, condimento di una cacciatora, mais. Agnello, carote & latticello. Sottobosco.

Menu 135/185 € – Carta 105/150 €

Hotel Borgo Santo Pietro, località Palazzetto 110 – ℰ 0577 751222 –
www.meomodo.it – Chiuso 1 novembre-31 marzo, lunedì, martedì-domenica a
mezzogiorno

🏠🏠 **Borgo Santo Pietro** ⌂ 🈺 ⇐ 🛏 ⅃ ᐧ 🅰🅲 **P**

GRAN LUSSO · BUCOLICO Non solo per una fuga romantica, ma per tutti coloro che sono alla ricerca di un resort esclusivo dove trascorrere un soggiorno all'insegna di un raffinato lusso. In una villa del XIII secolo, immersa nel verde di uno splendido giardino, camere barocche, pregne di calore. Oltre al gourmet, c'è anche una bella trattoria per gustare il meglio della tradizione locale.

17 camere ⌑ – 👫 565/1925 € – 3 suites

località Palazzetto 110 – ℰ 0577 751222 – www.borgosantopietro.com –
Chiuso 1 gennaio-31 maggio

❁ **Meo Modo** – Vedere selezione ristoranti

CHIUSI

✉ 53043 – Siena (SI) – Carta regionale n° **18**-D2 – Carta stradale Michelin 563-M17

in prossimità casello autostrada A1 Ovest : 3 km

✿ **I Salotti** (Katia Maccari)   🐾 🛏 🛋 ⚐ ⛲ **P**

CREATIVA · **ELEGANTE** XxX Se nel periodo estivo gli spazi esterni come il gazebo del giardino, sono perfetti per una cena a lume di candela in totale armonia con la natura, quando il clima si fa più rigido, ci si accomoda all'interno in un ambiente di squisita raffinatezza e pochi tavoli: ragion per cui, si consiglia di prenotare con largo anticipo. Cucina creativa, elaborata partendo da diversi prodotti provenienti dalla stessa azienda agricola e una cantina storica che - nel corso degli anni - si è arricchita notevolmente ed oggi può vantare oltre 3. 000 etichette, molte delle quali di elevatissimo pregio.

Specialità: Uovo croccante, asparagi verdi, soffice di pecorino allo zafferano, cialda al sesamo nero. Filetto di Chianina, pancetta di cinta senese, foie gras, marmellata di cipolle rosse, riduzione al vino nobile. Semifreddo al cioccolato, cremoso al caffè, gelato al grue di cacao.

Menu 75/110 € – Carta 62/110 €

Hotel Il Patriarca, località Querce al Pino, strada statale 146 – ℰ 0578 274407 – www.isalottidelpatriarca.it – Chiuso 1 novembre-30 aprile, lunedì a mezzogiorno, martedì, mercoledì-domenica a mezzogiorno

🏛 **Il Patriarca**   ✿ ⟨ 🛏 ⌥ ⬆ & ⛲ 🛁 **P**

DIMORA STORICA · **ELEGANTE** Racchiusa in un parco meraviglioso, la villa ottocentesca è stata edificata su un insediamento di origine etrusca e ottimamente ristrutturata con buon gusto. I classici regionali alla Taverna del Patriarca.

22 camere ☲ – 👫 99/269 €

località Querce al Pino, strada statale 146 – ℰ 0578 274407 – www.ilpatriarca.it

✿ **I Salotti** – Vedere selezione ristoranti

CICOGNOLO

✉ 26030 – Cremona (CR) – Carta regionale n° **9**-C3 – Carta stradale Michelin 561-G12

🍴 **Osteria de L'Umbreleèr**   🛋 ⛲

REGIONALE · **CONTESTO CONTEMPORANEO** X Diverse sale e una veranda che si affaccia su un giardinetto interno per una cucina che non si presta a stranezze gastronomiche, ma fa leva sui solidi e collaudati sapori del territorio: scelta un po' più contenuta a pranzo, ma lo sono anche i prezzi, leggermente più variegata la sera, quando anche il servizio si fa più curato.

Menu 20 € (pranzo) – Carta 35/50 €

via Mazzini 13 – ℰ 0372 830509 – www.umbreleer.it – Chiuso 1-14 luglio

CIOCCARO – Asti ➜ Vedere Penango

CISTERNA DI LATINA

✉ 04012 – Latina (LT) – Carta regionale n° **7**-C2 – Carta stradale Michelin 563-R20

🍴 **Il Piccolo Ducato**   🛏 ⛲ & ⛲ ⇄ **P**

MEDITERRANEA · **AMBIENTE CLASSICO** XX In aperta campagna, piatti mediterranei di terra e di mare secondo ricette abbastanza classiche e, soprattutto, senza fronzoli. Ambiente piacevolmente rustico, ma se il tempo è bello, meglio optare per il fresco dehors sotto moderni ombrelloni.

Menu 36/68 € – Carta 49/88 €

via Tivera, ang. via Ninfina – ℰ 06 960 1284 – www.ilpiccoloducato.com – Chiuso 2-5 gennaio, 17-31 agosto, lunedì, domenica sera

CITTADELLA DEL CAPO

✉ 87020 – Cosenza (CS) – Carta regionale n° **3**–A1 – Carta stradale Michelin 564-I29

🏨 Palazzo del Capo   🏖 🐾 ⪦ 🔥 🛁 🗜 🏠 🖨 🅰🅲 🛁 🅿

LUSSO · STORICO Uno scrigno d'inaspettate sorprese questa residenza storica fortificata sul mare, con torre spagnola nel giardino: eleganti interni d'epoca e servizi di elevato profilo tra cui la nuova beauty farm. Molti spazi per la ristorazione; a disposizione - solo in estate - anche la rotonda sul mare.

11 camere ⌂ – ♥♥ 130/220 €

via Cristoforo Colombo 5 –
☎ 0982 95674 – www.palazzodelcapo.com –
Chiuso 30 ottobre-30 aprile

CIVIDALE DEL FRIULI

✉ 33043 – Udine (UD) – Carta regionale n° **6**–C2 – Carta stradale Michelin 562-D22

🥢 Al Monastero   ⪦ 🏠 🅰🅲

REGIONALE · RUSTICO X Maltagliati al ragù d'anatra, filetto di maiale in crosta, salumi locali ed altre golosità del territorio, in un ristorante dalle accoglienti sale: originale quella con il tipico fogolar furlan o quella con l'affresco celebrativo di Bacco. Cinque graziosi appartamenti con soppalco e angolo cottura, per chi vuole prolungare la sosta.

Specialità: Strudel di Montasio. Cialcions del Monastero. Gubana e strucchi.

Menu 25/40 € – Carta 29/39 €

via Ristori 9 – ☎ 0432 700808 – www.almonastero.com – Chiuso 7-31 gennaio, lunedì,
domenica a mezzogiorno

CIVITA CASTELLANA

✉ 01033 – Viterbo (VT) – Carta regionale n° **7**–B1 – Carta stradale Michelin 563-P19

🍴○ Sala della Comitissa 🆕   🏠 🅰🅲

MODERNA · CONTESTO STORICO XX Sala della Comitissa è la storia di una chef autodidatta che ha seguito il progetto del titolare, uniti dalla stessa passione per la cucina, nonché il buon vino, e dove la filosofia che anima il locale è il prodotto e la sua stagionalità. La carta – di conseguenza – non può che essere perennemente in "movimento"; ottime materie prime, proposte non banali, grande gusto estetico!

Menu 65/80 € – Carta 45/75 €

via Giuseppe Garibaldi 23 – ☎ 0761 157 5541 – www.saladellacomitissa.it –
Chiuso lunedì, martedì

🏨 Relais Falisco   🏖 🏠 🛁 🖨 🔥 🅰🅲 🛁 🅿

STORICO · ROMANTICO Nel pittoresco centro storico, raccolto intorno ad un incantevole corte, il palazzo seicentesco offre romantiche suggestioni, dai pavimenti in cotto e travertino, ai soffitti dipinti: un tuffo nelle più suggestive atmosfere della regione.

43 camere ⌂ – ♥♥ 85/160 € – 8 suites

via Don Minzoni 19 – ☎ 0761 5498 – www.relaisfalisco.it

CIVITANOVA MARCHE

✉ 62012 – Macerata (MC) – Carta regionale n° **11**–D2 – Carta stradale Michelin 563-M23

🍴○ Galileo   🍤 🏠 🅰🅲

PESCE E FRUTTI DI MARE · STILE MEDITERRANEO XX Il mare a 360° gradi: non solo perché il locale è ospitato in uno stabilimento balneare con una luminosa sala a vetrate che guardano la distesa blu, ma anche perché il menu è un invitante inno alla ricchezza ittica del Mediterraneo.

Carta 50/80 €

via IV Novembre conc. 25 – ☎ 0733 817656 – www.ristorantegalileo.it –
Chiuso 20 dicembre-1 febbraio, martedì

ECCELLENZE ITALIANE

Da oltre 50 anni perseguiamo un obiettivo di qualità eccellente e costante. Possiamo garantire prodotti buoni e sicuri perché fatti con buon latte Piemontese della nostra filiera controllata e certificata dalla stalla al prodotto finito.

www.inalpi.it

CIVITELLA CASANOVA

✉ 65010 – Pescara (PE) – Carta regionale n° **1**–B2 – Carta stradale Michelin 563-O23

La Bandiera (Marcello e Mattia Spadone)

ABRUZZESE · AMBIENTE CLASSICO XXX Se si viene qui in primis per gustare prelibatezze del territorio creativamente reinterpretate, non crediate che la posizione sia da meno.... isolata e sperduta (meglio farsi consigliare la strada per arrivarci!) - è solo un ulteriore plus per scegliere di accomodarsi ai suoi tavoli. Fu, infatti, una grande passione per la cucina e per questi luoghi che spronò la signora Anna – ormai alcuni lustri or sono – a riconvertire in trattoria una rivendita di sali e tabacchi. Da qui è stato un crescendo rossiniano di successo, supportato da un'incessante ricerca che ha portato il locale ad essere un'indiscussa bandiera della migliore cucina abruzzese di terra. Con Alessio e Mattia Spadone siamo ormai alla terza generazione, dopo nonna Anna, che creò il ristorante a fine anni Settanta, e Bruna e Marcello che lo resero elegante e famoso, ma la voglia di stupire e di far bene abita ancora qui.

Specialità: Degustazione di 4 mini antipasti. Tortelli di anatra all'arancia. Bollamisù.

Menu 35/70 € – Carta 48/78 €

contrada Pastini 4 – ✆ 085 845219 – www.labandiera.it – Chiuso 15 febbraio-4 marzo, 19-28 ottobre, mercoledì, domenica sera

Il Ritrovo d'Abruzzo

MODERNA · AMBIENTE CLASSICO XXX In posizione isolata (meglio consultare una carta o farsi spiegare la strada), i due fratelli con famiglia al seguito sono impegnati a regalare momenti di piacere grazie ad una leggera rivisitazione in chiave moderna del territorio.

Menu 35/42 € – Carta 31/44 €

contrada Bosco 16 – ✆ 085 846 0019 – www.ilritrovodabruzzo.it – Chiuso lunedì a mezzogiorno, martedì

CIVITELLA DEL LAGO – Terni ➜ Vedere Baschi

CIVITELLA DEL TRONTO

✉ 64010 – Teramo (TE) – Carta regionale n° **1**–A1 – Carta stradale Michelin 563-N23

Zunica 1880

REGIONALE · ROMANTICO XX All'interno di un borgo in pietra in cima ad un colle dal quale abbracciare con lo sguardo colline, mare e montagne, un locale elegante ormai tappa gourmet dove gustare il meglio della cucina regionale. Camere confortevoli, recentemente ristrutturate.

Menu 30/70 € – Carta 35/67 €

*piazza Filippi Pepe 14 – ✆ 0861 91319 – www.hotelzunica.it –
Chiuso 7 gennaio-5 febbraio, lunedì*

CIVITELLA IN VAL DI CHIANA

✉ 52040 – Arezzo (AR) – Carta regionale n° **18**–C2 – Carta stradale Michelin 563-L17

L'Antico Borgo

REGIONALE · CONTESTO STORICO X Nel cuore del borgo medioevale che domina la valle, in un piccolo palazzetto del '500, caratteristico ristorante ricavato in un ex locale per la macina dei cereali. Sulla tavola: la tipica cucina toscana, rigorosamente stagionale.

Carta 35/50 €

via di Mezzo 31 – ✆ 0575 448051 – www.antborgo.it – Chiuso 3 gennaio-28 febbraio, venerdì, sabato, domenica a mezzogiorno

CLUSANE SUL LAGO – Brescia ➜ Vedere Iseo

CLUSONE

✉ 24023 – Bergamo (BG) – Carta regionale n° **9**–B2 – Carta stradale Michelin 561-E11

🍴○ **Commercio e Mas-cì** ⇔ ✿ **P**

CLASSICA · FAMILIARE ✕✕ Albergo, ma soprattutto ristorante, nel grazioso centro storico. Due belle salette con camino - intime ed accoglienti - fanno da palcoscenico ad una cucina dove primeggiano le specialità locali: molta carne, anche alla griglia, e polenta.

Carta 30/70 €

piazza Paradiso 1 – ☏ 0346 21267 – www.mas-ci.it – Chiuso 10-28 giugno, 2-9 settembre, giovedì

COASSOLO

✉ 10070 – Torino (TO) – Carta regionale n° **12**–B2

🍴○ **Della Valle** 🏡 **P**

PIEMONTESE · FAMILIARE ✕ Dopo il trasferimento da Ceres al proprio luogo di nascita, c'è stato anche il cambio nome: da Valli di Lanzo a Della Valle, ma la mano dello chef-patron rimane salda al proprio territorio cui concede giusto qualche inserto moderno. Pizze gourmet solo il venerdì sera.

Carta 25/50 €

via Case Vignè 98, località San Pietro – ☏ 334 633 7286 – www.ristorantedellavalle.it – Chiuso 7-22 settembre, lunedì

CODIGORO

✉ 44021 – Ferrara (FE) – Carta regionale n° **5**–D1 – Carta stradale Michelin 562-H18

❀ **La Zanzara** (Sauro Bison) 🏖 🏡 AC ✿ **P**

MODERNA · ROMANTICO ✕✕ La Zanzara attinge ad una tanto preziosa quanto delicata area geografica tra Veneto ed Emilia Romagna con biodiversità e paesaggi unici al mondo. L'esperienza nell'iconico ristorante della famiglia Bison, un casone di pesca settecentesco che fa da sfondo ad una cucina in prevalenza marinara, inizia con la passeggiata tra alberi e ponticelli e quando ci si accomoda nella raffinata sala con camino, il palato viene appagato da proposte originali e - al tempo stesso - "antiche" come la pasta fresca all'emiliana con intingolo di pesce bianco e anguilla affumicata. Ingrediente sempre complesso da lavorare e cucinare, nonché specialità della casa servita anche grigliata su braci di legna.

Specialità: Polpettine di moeche speziate e saraghina in tempura. Anguilla di cattura cotta su braci di legna. Millefoglie croccante con crema chantilly, caramello fuso.

Menu 70 € – Carta 85/105 €

via per Volano 52, località Porticino – ☏ 347 036 7841 – www.ristorantelazanzara.com – Chiuso lunedì, martedì

❀ **La Capanna di Eraclio** (Maria Grazia Soncini) 🏡 AC ✿ **P**

PESCE E FRUTTI DI MARE · VINTAGE ✕✕ Occasionalmente celata dalle nebbie della bassa ferrarese e definita "trattoria del cuore, piacevolmente retrò, autenticamente famigliare" dagli ispettori, lo storico indirizzo di Codigoro con menu firmato da Maria Grazia Soncini è sinonimo di piatti che spaziano dal pesce di laguna a quello dell'Adriatico (a volte persino vivo!), genuine paste al mattarello e, sempre citando il territorio, la saporita selvaggina di piuma. Dal 1922, anno di apertura, l'atmosfera pare essere mutata di poco e vanno ringraziati per questo!!! Un indirizzo estraneo ai circuiti turistici, ma una tappa gourmet imprescindibile, vintage e fuori dal tempo.

Specialità: Sapori di una passeggiata nel delta del Po. Anguilla "arost in umad" su polenta bianca. Zabaione al Vin Santo con ciambella.

Carta 63/126 €

località Ponte Vicini – ☏ 0533 712154 – Chiuso 11 agosto-8 settembre, mercoledì, giovedì

CODOGNÈ

✉ 31013 – Treviso (TV) – Carta regionale n° **23**–C2 – Carta stradale Michelin 562-E19

Agriturismo Villa Toderini

FAMILIARE · PERSONALIZZATO Lo specchio d'acqua della peschiera riflette la maestosità e l'eleganza della nobile dimora settecentesca, dalla quale questa bella casa dista solo un breve viale di piante secolari. Nessun indugio per chi utilizza il navigatore: il relais si trova proprio nel centro della piccola località.

10 camere ⌂ – **♦♦** 105/115 €

via Roma 4/a – & 0438 796084 – www.villatoderini.com – Chiuso 10-25 agosto,
23 dicembre-6 gennaio

COGNE

✉ 11012 – Aosta (AO) – Carta regionale n° **21**–A2 – Carta stradale Michelin 561-F4

✿ Le Petit Restaurant

MODERNA · INTIMO XXX Il nome stesso del locale ne anticipa la caratteristica: solo sei tavoli, ciascuno di un secolo diverso, si va dalle ciotole in legno al peltro, quindi compaiono le posate, seguono l'argenteria con fine porcellana mentre gli ultimi due tavoli nella mini veranda sono dedicati al design contemporaneo. Sempre senza tovagliato, perché ci penseranno i piatti ad apparecchiarli: si sceglie tra un paio di menu degustazione di cui uno, "Oggi", a sorpresa, preparato con il meglio del mercato di giornata, ed una piccola carta. Sapori valdostani con qualche inserto mediterraneo.

Specialità: L' uovo di Re Vittorio. Il filetto di manzetta cucinato nel sale grosso e fieno di Cogne, salsa al vino Torrette Supérieur. La mela valdostana.

Menu 85/100 € – Carta 75/110 €

Hotel Bellevue & SPA, rue Grand Paradis 22 – & 3401499238 –
www.hotelbellevue.it – Chiuso 22 marzo-9 aprile, 4 ottobre-19 dicembre,
lunedì-venerdì a mezzogiorno

⑩ Coeur de Bois

CLASSICA · ELEGANTE XX E' nel soffitto ligneo dell'elegante sala ristorante che si svela il significato del suo nome... tra boiserie in abete del '700, antichi mobili e dipinti, la cucina propone piatti classici di stile nazionale con qualche richiamo al territorio, ed anche in questo caso il risultato è volutamente ingentilito ed alleggerito. Ottima tappa gourmet resa ancor più piacevole dalla posizione privilegiata sul Gran Paradiso.

Menu 35 € – Carta 35/60 €

Hotel Miramonti, viale Cavagnet 31 – & 0165 74030 – www.miramonticogne.com –
Chiuso 4-27 novembre

⑩ Lou Ressignon

REGIONALE · STILE MONTANO XX Simpatica tradizione di famiglia sin dal 1966! La cucina semplice e genuina valorizza i prodotti del territorio valdostano, mentre in una delle due sale si trova l'altra specialità, la griglia, dove si cuociono carni di qualità di provenienza per lo più non italiana. Quattro accoglienti camere sono a disposizione per chi volesse prolungare la sosta.

Carta 33/64 €

via des Mines 22 – & 0165 74034 – www.louressignon.it – Chiuso 15-30 aprile,
3-19 giugno, 2 novembre-3 dicembre, martedì, mercoledì

⛺ Bellevue Hotel & SPA

GRAN LUSSO · STILE MONTANO Dimora storica - in continua evoluzione - con interni da fiaba: mobili d'epoca, boiserie, raffinata scelta di stoffe e colori. La cura del dettaglio è già di per sé un motivo per venirci, oltre alla qualità e generosità dei servizi come la grande e suggestiva spa, i molti ristoranti (ben quattro!) tra cui il gourmet e l'ottimo Bar à Fromage, nonché l'eccellente cantina vini.

34 camere ⌂ – **♦♦** 200/480 € – 5 suites

rue Grand Paradis 22 – & 0165 74825 – www.hotelbellevue.it –
Chiuso 22 marzo-8 aprile, 11 ottobre-3 dicembre

✿ **Le Petit Restaurant** – Vedere selezione ristoranti

🏨 Miramonti

LUSSO · STILE MONTANO Entrato a far parte dei locali storici d'Italia in virtù dei suoi 90 e più anni di attività e gestione ininterrotta della stessa famiglia, Miramonti sfoggia tutto il fascino della tradizione alpina: soffitti a cassettoni, legno alle pareti e il calore del camino. Nel centro benessere, invece, le più moderne installazioni per la remise en forme.

35 camere ⌑ – 👫 140/300 € – 3 suites

viale Cavagnet 31 – 🕾 0165 74030 – www.miramonticogne.com

🍴 **Coeur de Bois** – Vedere selezione ristoranti

COGNOLA – Trento → Vedere Trento

COLLALBO • KLOBENSTEIN – Bolzano → Vedere Renon

COLLEBEATO

✉ 25060 – Brescia (BS) – Carta regionale n° **9**-C1 – Carta stradale Michelin 561-F12

a Campiani Ovest : 2 km

🍴 Carlo Magno

MEDITERRANEA · ELEGANTE 𝕏𝕏𝕏 In una possente, austera casa di campagna dell'800, sale di suggestiva eleganza d'epoca - travi o pietra a vista - dove gustare piatti mediterranei con alternanza di pesce e carne. Curiosità: recente creazione del giardino delle Mele Magne dedicato alle mogli di Carlo Magno, dell'Orto Beato, nonché del campo dello zafferano.

Menu 50/100 € – Carta 55/90 €

via Campiani 9 – 🕾 030 251 1107 – www.carlomagno.it – Chiuso 1 gennaio-15 maggio, 9-26 agosto, lunedì, martedì

COLLE DI VAL D'ELSA

✉ 53034 – Siena (SI) – Carta regionale n° **18**-D1 – Carta stradale Michelin 563-L15

🟢🟢 Arnolfo (Gaetano Trovato)

CREATIVA · LUSSO 𝕏𝕏𝕏 Il locale mutua il nome dall'architetto trecentesco Arnolfo di Cambio, il cui luogo di nascita dista poche centinaia di metri. Ma Arnolfo è soprattutto un affare di famiglia dove la complicità tra parenti si estende ai clienti, ai qual serve specialità in sintonia con le stagioni e ambasciatrici della tipicità di alcuni ingredienti. Partendo da questo presupposto, si cerca poi di esaltarli facendo leva a volte sul dolce, altre sull'amaro, sul croccante o sull'aspro. Per garantirsi il top della qualità, lo chef-patron Gaetano Trovato ha viaggiato nella regione scovando i migliori fornitori. Da questi prodotti accuratamente selezionati prende il via una cucina rispettosa della tradizione toscana, a cui lo chef aggiunge un tocco di creatività e la sua personalità; alcune proposte non sono scevre da influenze siciliane. Ciononostante, il piatto preferito da Gaetano resta il piccione: per lui c'è sempre posto in menu!

Specialità: Scampo, fegato d'oca e frutto della passione. Petto e coscia di piccione con cappelletti al cacao, rape rosse e pan pepato. Cioccolato, cedro e fave di cacao.

Menu 120/160 € – Carta 120/150 €

via XX Settembre 50/52 – 🕾 0577 920549 – www.arnolfo.com – Chiuso 7 gennaio-12 marzo, martedì, mercoledì

COLLEPIETRA • STEINEGG
✉ 39053 – Bolzano (BZ) – Carta regionale n° **19**-D3 – Carta stradale Michelin 561-C16

⌘ **Astra** (Gregor Eschgfaeller)   🕸 ⇦ ⇐ 🏠 🅿

CREATIVA · CONTESTO CONTEMPORANEO ✕✕ Ambiente panoramico e dal design originale per questo piccolo ristorante elegante ed esclusivo; una telecamera puntata sulla cucina consente di vedere, attraverso uno schermo, lo chef Gregor all'opera. La cucina di questo giovane cuoco abbraccia prodotti locali - lavorati con tecnica e precisione - ad ingredienti di altre latitudini - dal daikon al wasabi - per aumentare l'effetto sorpresa, nonché l'impatto al palato. Se la zuppetta di anguria e scampi si rivela un'ottima scelta nel periodo estivo, non esitate nell'ordinare il saporito piccione, quando è stagione.

Specialità: Wagyu - Ragù manzo wagyu servito con spuma al topinambur. Vitello - Carré di vitello cotto rosa con crosta di erbe, perle di patate e uovo asiatico. India Style - Mousse di mango servito con gelato al liquore di vaniglia e cannella.

Menu 90/110€ – Carta 90/110€

via Principale 26 – ℰ 0471 376516 – www.restaurant-astra.com – Chiuso 1-31 gennaio, 20 aprile-30 giugno, lunedì, martedì, mercoledì, giovedì-sabato a mezzogiorno, domenica sera

COLLOREDO DI MONTE ALBANO
✉ 33010 – Udine (UD) – Carta regionale n° **6**-B2 – Carta stradale Michelin 562-D21

⌘ **La Taverna**   🕸 ⇐ 🍴 🏠 🆎 🅿

CLASSICA · RUSTICO ✕✕ Orangerie, serre e ambienti di servizio di un castello del '300, sfumature rustiche e camino con affaccio sul giardino che si fa "contorno" con la bella stagione. Questa è La Taverna. Piatti contemporanei che valorizzano le materie prime, rispettano la stagionalità dei prodotti e i ritmi della natura: questa à la sua cucina! Tutti gli ingredienti sono, infatti, selezionati con attenzione, cultura e professionalità, privilegiando i migliori tra quelli naturali, locali, nonché biologici. E se un buon pasto non può definirsi completo senza la presenza di Bacco, il ristorante ha pensato anche a questo selezionando una grande varietà di vini italiani, francesi e spagnoli insieme all'eccellenze provenienti da terre lontane: Cile, Cina, Australia.

Specialità: Battuta di pezzata rossa, nocciole, lamponi, cipolla all'aceto di lamponi e crema di burrata. Tortelli ripieni di polente. La Sfera, pesche sciroppate alla melissa e crema alla vaniglia, biscotto e profumo di ibisco.

Carta 60/100€

piazza Castello 2 – ℰ 0432 889045 – www.ristorantelataverna.it – Chiuso lunedì, martedì a mezzogiorno, domenica sera

COLMEGNA – Varese → Vedere Luino

COLOGNE
✉ 25033 – Brescia (BS) – Carta regionale n° **10**-D2 – Carta stradale Michelin 561-F11

⍥ **Cappuccini Cucina San Francesco**   🆎 🅿

CREATIVA · CONTESTO STORICO ✕✕✕ Ricercatezza enologica e cucina moderna in sintonia con le stagioni, in un'elegante sala ricca di fascino storico, fra candide fiandre e candelabri. Il tutto all'interno dell'omonimo resort.

Menu 27€ (pranzo), 57/97€ – Carta 52/80€

Cappuccini Resort, via Cappuccini 54 – ℰ 030 715 7254 – www.cappuccini.it

🏠 **Cappuccini Resort**   🏊 🏔 🖥 🕸 🎋 🔒 🆎 🏋 🅿

STORICO · ROMANTICO Pernottare in un antico convento circondati dal silenzio - in camere di austera eleganza, quasi tutte con camino - con un piccolo centro benessere dove coccolarsi... Sembra un sogno, ma non lo è!

11 camere ⌑ – ♟ 170/190€ – 3 suites

via Cappuccini 54 – ℰ 030 715 7254 – www.cappuccini.it

⍥ **Cappuccini Cucina San Francesco** – Vedere selezione ristoranti

COLOMBARO – Brescia → Vedere Corte Franca

COLONNATA – Massa-Carrara → Vedere Carrara

COLORETO – Parma → Vedere Parma

COLORNO
✉ 43052 – Parma (PR) – Carta regionale n° **5**–B1 – Carta stradale Michelin 562-H13

a **Vedole** Sud - Ovest : 2 km

⑩ **Al Vedel**   🚲 ♿ 🅰🅲 ♻ 🅿

EMILIANA · **AMBIENTE CLASSICO** ✕✕ Tempio della produzione del culatello, che troverete nei piatti, ma anche nelle cantine di stagionatura di cui vi suggeriamo la visita, al celebre salume si aggiungono i piatti parmensi - giustamente rinomate le paste ripiene - e altre proposte più fantasiose. Di storia secolare, oggi Al Vedel è un elegante ristorante giunto alla sesta generazione.

Carta 35/70€

via Vedole 68 – ☎ 0521 816169 – www.alvedel.it – Chiuso 13-19 gennaio, 27 luglio-23 agosto, lunedì, martedì

COL SAN MARTINO – Treviso → Vedere Farra di Soligo

COMACCHIO
✉ 44022 – Ferrara (FE) – Carta regionale n° **5**–D2 – Carta stradale Michelin 562-H18

a **Porto Garibaldi** Est : 5 km

⑩ **Da Pericle**   🏠 ♿ 🅰🅲

PESCE E FRUTTI DI MARE · **AMBIENTE CLASSICO** ✕✕ Nella bella stagione, non esitate a prendere posto nella panoramica terrazza estiva al primo piano per restare ammaliati dalla vista, che per altro in parte si gode anche dalla sala classica al pian terreno. La cucina predilige il pesce, servito in abbondanti porzioni, particolare spazio dedicato ai crudi di mare.

Menu 55€ – Carta 35/60€

via dei Mille 203 – ☎ 0533 327314 – www.ristorantepericle.it – Chiuso 7-18 gennaio, 4-8 novembre, lunedì

COMERIO
✉ 21025 – Varese (VA) – Carta regionale n° **9**–A2

⑩ **Movida**   🚗 ♻

ITALIANA · **AMBIENTE CLASSICO** ✕✕ Atmosfera un po' retrò conferita dalle vecchie mura e cucina con spunti di creatività (pallet di salumi ossolani, grigliatina dal mondo con diversi tipi di carne, ruota di formaggi del luinese, giusto per citare qualche esempio); in estate ci si accomoda anche all'aperto.

Menu 14€ (pranzo) – Carta 34/57€

via Garibaldi 3 – ☎ 0332 743240 – www.ristorantemovida.it – Chiuso 1-6 gennaio, 10-30 agosto, lunedì, sabato a mezzogiorno, domenica sera

COMO
✉ 22100 – Como (CO) – Carta regionale n° **10**–A1 – Carta stradale Michelin 561-E9

❀ I Tigli in Theoria

MODERNA · ELEGANTE XxX Originale il locale, come del resto la sua cucina. Ma partiamo dal primo. All'interno di un edificio del '400, il locale è strutturato su tre livelli: al piano terra affacciata sulla corte la sala principale e - di fronte alla cucina, separata da questa solo da una parete interamente a vetro - una seconda saletta privé. Al piano superiore trovan posto le stube collegate da un corridoio rivestito con tavole di legno antiche di 200 anni. All'ultimo piano, un ulteriore locale che ricorda nel suo allestimento un vagone ferroviario con piccoli tavolini addossati alle pareti. Insomma, un accattivante locale dal punto di vista architettonico e sorretto da una cucina con interessanti spunti di modernità; lo chef Franco Caffara propone piatti in continua evoluzione, percorsi gustativi che partendo dalla tradizione non mancano d'introdurre note nuove e contemporanee. Qui il pane è fatto rigorosamente in casa, ma anche la pasta e i dessert.

Specialità: Torcione di foie gras d'anatra aromatizzato all'ippocrasso, uvetta cilena, pan brioche. Black Cod, riduzione di brodo di seppie, zenzero rosa, radicchio tardivo, pane al pomodoro. Il dolce orto.

Menu 50€ (pranzo), 100/145€ – Carta 83/102€

via Bianchi Giovini 41 – ℰ 031 305272 – www.theoriagallery.it – Chiuso lunedì, domenica sera

⑩ Navedano

MODERNA · CONTESTO CONTEMPORANEO XxX A pochi minuti dal centro di Como, il nome deriva da un ufficiale garibaldino che decise di ritirarsi nei dintorni. Immerso in un tripudio di fiori - aristocratiche orchidee, autentica passione del proprietario - il ristorante propone con disinvoltura carne e pesce tra tradizione e innovazione, ma tra tante gustose specialità una merita il premio fedeltà: il pollo alla creta! L'argilla è recuperata nel bosco attiguo al locale.

Menu 115€ – Carta 70/123€

*via Velzi 4 – ℰ 031 308080 – www.ristorantenavedano.it –
Chiuso 25 dicembre-1 febbraio, martedì, mercoledì a mezzogiorno*

⑩ The Market Place ⓝ

MODERNA · MINIMALISTA XxX La nuova location in centro e il nuovo stile design minimalista conferiscono al locale un'aria internazionale e cosmopolita. Lo chef-patron Davide accompagna l'ospite in percorsi che stimolano sia l'occhio che il palato, colori e sapori tipici di una moderna cucina italiana con un debole per la Francia, nonché piccole e ben dosate contaminazioni un po' da tutto il mondo.

Menu 70/90€ – Carta 54/80€

*Via Giuseppe Rovelli 51 – ℰ 031 270712 – www.themarketplace.it –
Chiuso lunedì-mercoledì a mezzogiorno, domenica*

⑩ Sottovoce ⓝ

MODERNA · CONTESTO CONTEMPORANEO XX Uno dei primi ristoranti rooftop della città, gli ambienti di Sottovoce si caratterizzano per la loro eleganza contemporanea; la cucina gourmet parte dalla ricchezza d'ingredienti di cui il bel Paese va fiero per reinterpretarli in ricette dall'impronta creativa. Spettacolare l'Infinity Bar all'aperto.

Menu 60/100€ – Carta 76/132€

*Hotel Vista Palazzo, Piazza Camillo Benso Conte di Cavour 24 (al 4° piano) –
ℰ 031 537 5241 – www.vistalagodicomo.com*

⑩ L'Antica Trattoria

MEDITERRANEA · DI QUARTIERE XX Locale storico ubicato in centro città: ampia sala luminosa e ricette della tradizione italiana, gastronomia di stagione nonché specialità di carne con braciere a vista. Per i celiaci, un menu completo con preparazioni senza glutine.

Carta 34/66€

via Cadorna 26 – ℰ 031 242777 – www.lanticatrattoria.co.it – Chiuso domenica

⑩ Feel

MODERNA · BISTRÒ XX Cucina moderna e grande valorizzazione di ricette regionali con pesce di lago in un elegante e raffinato bistrot ubicato in pieno centro.

Carta 55/85€

via Diaz 54 – ℰ 334 726 4545 – www.feelcomo.com – Chiuso 3-16 febbraio, martedì-giovedì a mezzogiorno, domenica

⊕○ Locanda dell'Oca Bianca

ITALIANA · AMBIENTE CLASSICO XX D'estate si mangia anche all'aperto in quest'antica casa seicentesca ristrutturata e riconvertita in ristorante con alloggio sulla strada per Cantù; cucina classica italiana, camere ristrutturate, ottimo rapporto qualità/prezzo.

Menu 35/45€ – Carta 34/59€

via Canturina 251 – ℰ 031 525605 – www.hotelocabianca.it – Chiuso 1-31 gennaio, lunedì, martedì-sabato a mezzogiorno

⊕○ Osteria L'Angolo del Silenzio

CLASSICA · ACCOGLIENTE XX Storico ristorante della località (attivo dal 1897!), da più di vent'anni è gestito con costanza e savoir-faire. In menu, tante proposte di cucina classico-italiana con piatti anche lombardi e comaschi; fresco giardino e saletta interna con aria condizionata.

Carta 37/64€

viale Lecco 25 – ℰ 031 337 2157 – www.osterialangolodelsilenzio-como.com – Chiuso 7-15 gennaio, 10-31 agosto, lunedì

⌂⌂⌂ Vista Palazzo ⓝ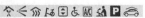

BOUTIQUE HOTEL · BORDO LAGO In centro, una bomboniera all'insegna dell'esclusività con camere e suite di moderna eleganza. Pregevole vista su piazza e lago, nonché consigliata sosta gourmet al ristorante Sottovoce, dove la moderna cucina completerà il soggiorno da sogno.

12 camere ⌷ – †† 500/1000€ – 6 suites

Piazza Cavour 24 – ℰ 031 537 5241 – www.vistalagodicomo.com

⊕○ **Sottovoce** – Vedere selezione ristoranti

⌂⌂⌂ Terminus

DIMORA STORICA · PERSONALIZZATO Prestigioso palazzo in stile liberty dagli interni personalizzati ed eleganti, per un soggiorno esclusivo in riva al lago: meravigliosa la penthouse all'ultimo piano di 300 metri quadrati! Calda ambientazione d'epoca nella raccolta saletta del caffè-ristorante.

46 camere ⌷ – †† 250/450€ – 4 suites

lungo Lario Trieste 14 – ℰ 031 329111 – www.albergoterminus.it

⌂⌂⌂ Villa Flori

LUSSO · BORDO LAGO In splendida posizione panoramica, struttura con camere di eleganza contemporanea e qualche richiamo alla Belle Époque. Cucina contemporanea nel luminoso ristorante dotato di romantica terrazza affacciata sul lago.

51 camere ⌷ – †† 170/700€ – 2 suites

via per Cernobbio 12 – ℰ 031 33820 – www.hotelvillaflori.com – Chiuso 8 gennaio-8 marzo

CONCA DEI MARINI
✉ 84010 – Salerno (SA) – Carta regionale n° **4**-B2 – Carta stradale Michelin 564-F25

⌘ Il Refettorio

MEDITERRANEA · STILE MEDITERRANEO XxX Altro che pasti frugali consumati dagli originari ospiti della struttura: un ex monastero del XVII secolo! Ora, tra queste mura, lo chef tedesco Bob Christoph ha impostato il menu su proposte mediterranee ingentilite da un'equilibrata vena moderna. La definizione che egli stesso dà della sua cucina sembra una contraddizione in termini, in quanto la identifica come semplice, ma – al tempo stesso - abbastanza complicata; a sentire il parere degli ispettori bisognerebbe anche aggiungere attenta al prodotto ed intenta ad utilizzare le tradizioni come base per la modernità. Sehr gut, Bob!

Specialità: Passaggio nell'orto. La ricciola. Il tortino con cremoso di limone sfusato amalfitano.

Menu 120€ – Carta 80/120€

Monastero Santa Rosa Hotel & Spa, via Roma 2 – ℰ 089 988 6212 – www.monasterosantarosa.com – Chiuso 11 novembre-9 aprile

🏛 **Monastero Santa Rosa Hotel & Spa**

🕊 ⪦ 🛏 ⚒ 🏠 ♨ 🖨 AC P

DIMORA STORICA · GRAN LUSSO Dimensione esclusiva vissuta negli ampi spazi che gli ospiti hanno a disposizione - soprattutto all'aperto - in rapporto al numero esiguo delle camere, una serie di terrazze ricche di vegetazione e panorami mozzafiato sulla costa. Raffinato centro benessere!

12 camere ☑ – ♥♥ 440/990 € – 8 suites

via Roma 2 – ☎ 089 832 1199 – www.monasterosantarosa.com –
Chiuso 1 gennaio-9 aprile, 8 novembre-31 dicembre

  ❀ **Il Refettorio** – Vedere selezione ristoranti

CONCESIO

✉ 25062 – Brescia (BS) – Carta regionale n° **9**–C1 – Carta stradale Michelin 561-F12

❀ ❀ **Miramonti l'Altro** (Philippe Léveillé)   🍴 🏠 AC P

MODERNA · ELEGANTE ✕✕ In un'elegante villa in zona periferica, l'ospitalità dei titolari è celebrata quanto la cucina dello chef bretone, Philippe Léveillé, grazie a spunti bresciani e lacustri, divagazioni marine, ispirazioni francesi. Dopo 30 anni di lavoro, il cuoco si dimostra tutt'altro che stanco e appagato, ma continua a sfornare nuovi piatti sempre più espressione della sua personalità e della sua storia; ciò significa – in molti casi – un ritorno alla Francia e alla sua regione natale, senza timore di usare burro o salse, concentrandosi sul valore delle cotture tradizionali. Ultimo, ma non ultimo, l'imperdibile carrello dei formaggi - in realtà ben due! - con una proverbiale selezione di proposte italiane e d'Oltralpe.

Specialità: Alici nel giardino delle meraviglie. Il rognone come a Lione. Gelato di crema Miramonti.

Menu 45 € (pranzo), 90/150 € – Carta 89/150 €

via Crosette 34, località Costorio –
☎ 030 275 1063 – www.miramontilaltro.it –
Chiuso 10-23 agosto, lunedì

CONVERSANO

✉ 70014 – Bari (BA) – Carta regionale n° **15**–C2 – Carta stradale Michelin 564-E33

❀ **Pashà** (Maria Cicorella)   🛏 🏠 ♿ AC

MODERNA · CONTESTO STORICO ✕✕ All'interno di uno dei palazzi storicamente più importanti nel patrimonio monumentale della città, il Seminario Vescovile, l'architettura austera e maestosa dell'edificio cede il passo ad interni di contemporanea eleganza, mentre la cucina rimane saldamente ancorata a basi regionali, concedendosi giusto, qua e là, il vezzo della modernità. Ognuna delle combinazioni non è altro che l'equilibrato accostamento di ingredienti genuini e lavorazioni autentiche, in un mix di contrasti splendidamente complessi e dirompenti. La cucina della chef-titolare, Maria Cicorella, e di Antonio Zaccardi trae ispirazione dalla tradizione pugliese, ne estrae l'essenza e la eleva a esperienza, coinvolgendo in questo gioco, che si traduce in puro piacere, tutti e cinque i sensi.

Specialità: Lattuga e caprino. Maialino,fave e cicoria cotta e cruda. Cannolo, olio e limone bruciato.

Menu 80/150 € – Carta 75/90 €

via Morgantini 2 –
☎ 080 495 1079 – www.ristorantepasha.com –
Chiuso 17 febbraio-11 marzo, martedì, mercoledì a mezzogiorno

CORIANO – Rimini ➜ Vedere Rimini

CORIANO VERONESE – Verona ➜ Vedere Albaredo d'Adige

CORMONS

✉ 34071 – Gorizia (GO) – Carta regionale n° **6**–C2 – Carta stradale Michelin 562-E22

✿ Trattoria Al Cacciatore-della Subida

REGIONALE • ROMANTICO XX In ambiente bucolico, ma al tempo stesso elegante, tradizione regionale ed innovazione si fondono in una ricerca gastronomica che ricorda il passato... guardando già al futuro. Lo chef-patron accoglie nella sua cucina le ricchezze di questa terra di confine: l'olio d'oliva, il pesce, la pasta e i tanti – tipici – ingredienti della dieta mediterranea, ma nel contempo non disdegna il burro, le carni e l'affumicato propri di quel mondo che c'è – appena - al di là del perimetro italiano.

Siete in un fogolar, ospiti di una famiglia che farà di tutto per coccolarvi a farvi trascorrere momenti piacevoli; Alessandro ai fornelli, Mitja e Michele ad occuparsi che il vostro bicchiere sia sempre pieno, e ne vale la pena, vista la bella carta dei vini!

Specialità: Il cervo. Lo stinco di vitello. Lo strudel di mele.

Menu 60/75€ – Carta 50/70€

via Subida 52 – ✆ 0481 60531 – www.lasubida.it – Chiuso 18 febbraio-6 marzo, martedì, mercoledì

CORNAIANO • GIRLAN - Bolzano ➜ Vedere Appiano sulla Strada del Vino

CORNAREDO

✉ 20010 – Milano (MI) – Carta stradale Michelin 561-F9

a San Pietro all'Olmo Sud - Ovest : 2 km – Carta regionale n° **10**–A2

✿ D'O (Davide Oldani)

CREATIVA • DESIGN XX E' stato definito lo chef-imprenditore, per la sua capacità di gestire il personale, il conto economico e la strategia business, ma lui, D'O, all'anagrafe Davide Oldani si schermisce dicendo che il primo insegnamento che ha appreso dal suo storico maestro, Gualtiero Marchesi, è stato il valore dell'esempio. E lui di dimostrazioni di capacità a 360° ne ha dato prova nel suo rinnovato ristorante alle porte di Milano. La sua cucina pop persegue un ideale di accessibilità e sostenibilità economica che è diventata case history ad Harvard. Niente sprechi, quindi, ma sfruttamento del prodotto al massimo consentito come nel manzo cotto in cera d'api, spugnola e marmellata di cipolla.

Specialità: Grana padano riserva caldo e freddo: cipolla caramellata. Pane, pepe nero, Marsala e riso. Dolce d'Italia.

Menu 80/110€ – Carta 46/70€

piazza della Chiesa 14 – ✆ 02 936 2209 – www.cucinapop.do – Chiuso 21 luglio-5 settembre, 24 dicembre-5 gennaio, lunedì, domenica

CORONA - Gorizia ➜ Vedere Mariano del Friuli

CORRUBBIO - Verona ➜ Vedere San Pietro in Cariano

CORTE DE' CORTESI

✉ 26020 – Cremona (CR) – Carta regionale n° **9**–C3 – Carta stradale Michelin 561-G12

Il Gabbiano

LOMBARDA • FAMILIARE XX Affacciata sulla piazza centrale, la ricerca dei prodotti di nicchia è un punto d'orgoglio di questa trattoria familiare con enoteca. Insieme alle specialità del territorio (salumi o coscia d'oca), ogni stagione commemora un ingrediente particolare: dai formaggi agli animali da cortile, dal tartufo alla selvaggina, senza mai dimenticare la mostarda e il torrone!

Specialità: Marubini tradizionali ma a modo nostro. Coscia d oca a 75°. Coppa Tognazzi.

Menu 15€ (pranzo), 30/45€ – Carta 30/45€

piazza Vittorio Veneto 10 – ✆ 0372 95108 – www.trattoriailgabbiano.it – Chiuso 1-3 gennaio, 13-23 luglio, mercoledì sera, giovedì

CORTE FRANCA

✉ 25040 – Brescia (BS) – Carta regionale n° **10**-D1 – Carta stradale Michelin 562-F11

a **Borgonato** Sud : 3 km – Carta regionale n° **10**-D1

✿ **Due Colombe** (Stefano Cerveni)   🅰🅲 ⟺

MODERNA · ELEGANTE XX La forte creatività dello chef non rinuncia a ricercare le proprie radici, dando vita ad un'indovinata reinterpretazione delle tradizioni contadine. Una cucina di grande qualità che merita la tappa e per gli ispettori vale – veramente - la pena di spingersi fino a questo borgo millenario, tra volte di mattoni, per cenare nella chiesetta sconsacrata. E' qui che si celebra la preziosa cucina di un ristorante che non rinuncia, al pari delle antiche mura, a citazioni storiche di piatti divenuti ormai irrinunciabili classici. Come il manzo all'olio con polenta dalle mani dei frati. Nonna Elvira lo proponeva nel lontano dopoguerra; Stefano ne osserva scrupolosamente la ricetta. Amanti del pesce non disperate: il menu annovera anche qualche piatto di mare.

Specialità: La patata viola, il gambero rosso ed il Franciacorta. Il manzo all'olio del Due Colombe con polenta. Semifreddo al miele d'acacia, nocciole caramellate e olio EVO del Sebino.

Menu 75/120 € – Carta 53/93 €

via Foresti 13 – ☎ 030 982 8227 – www.duecolombe.com – Chiuso 7-17 gennaio, 10-25 agosto, lunedì, martedì-venerdì a mezzogiorno, domenica sera

a **Colombaro** Nord : 2 km

🍴 **Barboglio De Gaioncelli**   🅰🅲 🅿

MODERNA · ELEGANTE XX Piacevoli sale rustico-eleganti al primo piano nella cascina dell'omonima cantina. La sua cucina? Ricca di fantasia con spunti regionali e stagionali!

Menu 23 € (pranzo), 50/70 € – Carta 55/72 €

via Nazario Sauro 5 – ☎ 030 982 6831 – www.barbogliodegaioncelli.it – Chiuso 10-18 gennaio, lunedì, domenica sera

CORTINA D'AMPEZZO

✉ 32043 – Belluno (BL) – Carta regionale n° **23**–C1 –
Carta stradale Michelin 562-C18

Ci piace

L'eccellente centro benessere del **Rosapetra Spa Resort**.
Un pasto sulla bella terrazza del **Baita Fraina** con
spettacolare vista sulle Dolomiti.

Non si può lasciare la località senza aver fatto un salto
all'Enoteca Cortina: cantina storica - in pieno centro e sotto
il campanile - è conosciuta per la qualità e l'ampia scelta di
vini provenienti dall'Italia e da tutto il mondo. I suoi
stuzzichini stemperano il tasso alcolico. Vivamente
consigliata una visita al caseificio Piccolo Brite: vera e
propria "boutique" del formaggio accoglie fra le sue mura
una variegata selezione di latticini e salumi. La location
naturalistica teme pochi rivali.

G. Fochesato/E+/Getty Images

Ristoranti

❀ Tivoli (Graziano Prest) ❀ ≼ 🏠 **P**

MODERNA · CHIC ⅩⅩ Lungo la strada per passo Falzarego, ai piedi delle Tofane, in una bella casa alpina fuori dal centro, lo chef-patron, Graziano Prest, dimostra di trovarsi a proprio agio con la tradizione, così come con piatti più creativi ed insoliti. Partendo, infatti, dalle ottime materie prime del territorio (i fagioli di Lamon, i funghi del Cadore, l'agnello dell'Alpago, utilizzando il pesce fresco che giunge quotidianamente dai vicini mercati ittici di Venezia e Chioggia), Graziano dà vita a piatti saporiti ed intriganti. La terrazza panoramica regala immagini da cartolina del centro di Cortina; le piste da sci sono a pochi passi.

Specialità: Tartare di astice e avocado con zuppa tiepida al riesling. Variazione di agnello in due portate. Ricordo di Sicilia: mousse alla ricotta, arancia candita, crema di mandarino arrosto, croccante alle mandorle, pomodorini, capperi canditi e gelato al pistacchio.

Menu 95/125 € – Carta 73/115 €

Fuori pianta *– località Lacedel 34 – 𝒞 0436 866400 - www.ristorantetivolicortina.it – Chiuso 14 aprile-17 giugno, 27 settembre-27 novembre, lunedì, martedì a mezzogiorno*

ⅠⓄ La Corte del Lampone ≼ 🏠 🏡 **P** 🛞

REGIONALE · LUSSO ⅩⅩ Con una bella vista che dalle sue ampie vetrate spazia sulla Tofana e Faloria, la cucina accinge dalla tradizione, ma non solo, rielaborata con delicatezza in chiave moderna. Ambiente in stile montano di contemporanea eleganza.

Menu 38 € (pranzo), 54/100 € – Carta 59/120 €

Fuori pianta *– Hotel Rosapetra Spa & Resort, località Zuel di Sopra 1 – 𝒞 0436 861927 - www.rosapetracortina.it*

ⅠⓄ Baita Fraina ❀ ⇆ ≼ 🏠 🏡 ۞ **P**

REGIONALE · RUSTICO ⅩⅩ Tre accoglienti salette arredate con oggetti e ricordi tramandati da generazioni in una tipica baita, dove gustare curati piatti del territorio accompagnati da una fornita cantina. E per intrattenersi più a lungo nel silenzio e nel profumo dei monti, deliziose camere in calde tonalità di colore.

Carta 55/65 €

Fuori pianta *– località Fraina – 𝒞 0436 3634 - www.baitafraina.it – Chiuso 15 aprile-25 giugno, 30 settembre-4 dicembre, lunedì*

ⅠⓄ Al Camin 🏡 ⅙

REGIONALE · ALLA MODA ⅩⅩ Sulla strada per il lago di Misurina, accogliente locale dal moderno stile alpino: piatti legati al territorio con piccole rivisitazioni e nella calda stagione approfittate del servizio all'aperto. Bella carta dei vini con più di 200 etichette.

Menu 45/50 € – Carta 45/55 €

Fuori pianta *– località Alverà 99 – 𝒞 0436 862010 - www.ristorantealcamin.it – Chiuso 1-30 giugno, 20 settembre-20 ottobre, mercoledì*

ⅠⓄ El Camineto ≼ 🏡 **P**

CLASSICA · ELEGANTE ⅩⅩ Il menu propone un'ampia scelta con un corretto mix fra tradizione e fantasia. Oltre alla buona cucina, si segnala la proverbiale vista da godersi appieno - nella bella stagione - ai tavoli all'aperto.

Carta 38/74 €

Fuori pianta *– località Rumerlo 1 – 𝒞 0436 4432 - www.ilmeloncino.it – Chiuso 1 maggio-30 giugno, martedì*

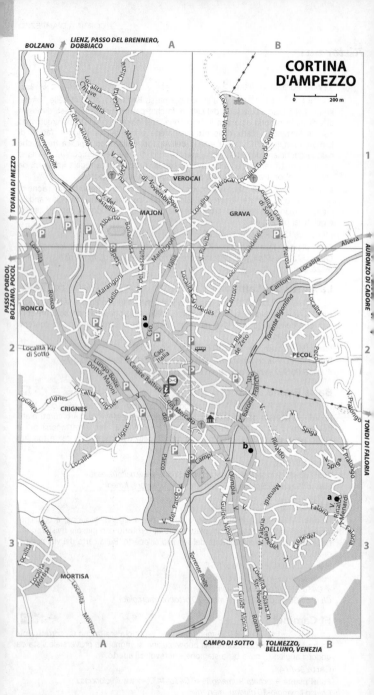

⫞○ Sanbrite ⓝ 🀭 & 🄰🄲 🅿

REGIONALE · STILE MONTANO ✕✕ Sanbrite: malga sana. Il nome introduce alla qualità di questo intimo e caldo ristorante che offre l'opportunità di assaggiare una cucina personalizzata dalla produzione propria d'ingredienti quali latte, salumi e carni. Nella fattoria di famiglia vengono - infatti - allevati animali per la vendita di prodotti prelibati. Piacevole la visita nella cantina di stagionatura del formaggio ed un irrinunciabile peccato di gola: il burro mantecato e cremoso servito con lievitati fatti in casa.

Menu 90/110 € – Carta 60/80 €

Fuori pianta – *località Alverà* – ℰ 0436 863882 – *www.sanbrite.it* –
Chiuso 1-30 giugno, 1 novembre-1 dicembre, mercoledì

Alberghi

🏨 Cristallo 🀫 🐾 ⪉ 🛏 📺 📶 🀅 🛗 ⬇ & 🄰🄲 🛁 🅿 🚗

GRAN LUSSO · PERSONALIZZATO Marmo di Carrara, boiserie e migliaia di rose dipinte a mano sono solo alcune delle ricercatezze che fanno del Cristallo la quintessenza del lusso e il tempio de l'art de vivre. Ma qui troverete anche ampie camere e un moderno centro benessere, nonché molte scelte disponibili per la ristorazione, che vanno dal Cantuccio alla Stube, senza tralasciare il gourmet Gazebo.

54 camere ⌑ – � 270/2500 € – 20 suites

Pianta B3-a – *via Rinaldo Menardi 42* – ℰ 0436 881111 – *www.cristallo.it* –
Chiuso 31 marzo-28 maggio, 5 ottobre-11 dicembre

🏨 Grand Hotel Savoia 🀫 🛏 📺 📶 🀅 🛗 ⬇ & 🛁 🅿 🚗

GRAN LUSSO · DESIGN Un grand hotel in pieno centro che sfoggia una veste di moderno design e confort dell'ultima generazione. Belle camere dai toni caldi ed una spa ben attrezzata; gradevole anche il salotto per fumatori. Cucina di tipo mediterraneo con qualche rivisitazione al ristorante.

130 camere ⌑ – � 250/950 € – 5 suites

Pianta B3-b – *via Roma 62* – ℰ 0436 3201 – *www.grandhotelsavoiacortina.it* –
Chiuso 24 marzo-20 giugno, 10 settembre-5 dicembre

🏨 Rosapetra Spa Resort ⪉ 🛏 📺 📶 🀅 🛗 ⬇ & 🛁 🅿 🚗

LUSSO · STILE MONTANO Rispettoso del legno e delle atmosfere locali, confort tecnologici ed impianti eco-sostenibili, l'hotel conquista anche chi è orientato verso un'accoglienza moderna e personalizzata; belle camere ed ottima spa!

27 camere ⌑ – � 190/1900 € – 2 suites

Fuori pianta – *località Zuel di Sopra 1* – ℰ 0436 869062 – *www.rosapetracortina.it*
⫞○ **La Corte del Lampone** – Vedere selezione ristoranti

🏨 Bellevue Suites & Spa 🀫 📶 🀅 ⬇ 🛁 🚗

TRADIZIONALE · STILE MONTANO In pieno centro, questo gioiello dall'accoglienza ampezzana dispone di ampie camere e, numerose, raffinate suite, arredate con eleganti stoffe e legni naturali. Come lascia intuire il nome, l'hotel ospita anche una piacevole spa. Attenzione: la struttura è provvista di colonnine per ricarica auto elettriche!

46 suites ⌑ – � 330/1800 € – 20 camere

Pianta A2-a – *corso Italia 197* – ℰ 0436 883400 – *www.bellevuecortina.com* –
Chiuso 23 aprile-11 giugno, 14 ottobre-4 dicembre

CORTONA

✉ 52044 – Arezzo (AR) – Carta regionale n° **18**-D2 – Carta stradale Michelin 563-M17

⊛ La Bucaccia

88

REGIONALE · CONTESTO TRADIZIONALE X In un antico palazzo del XIII secolo, edificato su una strada romana il cui lastricato costituisce oggi il pavimento della saletta principale, una cucina squisitamente regionale dove assaggiare l'ottima selezione di formaggi, i piatti a base di chianina, ed un'accoglienza coinvolgente da parte di Romano. Si organizzano anche corsi di cucina!

Specialità: Antipasto tipico toscano. Tagliata di bistecca di carne chianina. Cantucci caldi e vin santo gran riserva.

Menu 29/45 € – Carta 29/55 €

via Ghibellina 17 – ℰ 0575 606039 – www.labucaccia.it – Chiuso 10-30 gennaio, lunedì

ⅱ○ Osteria del Teatro

88 ⌂ A/C ⟷

TOSCANA · CONTESTO STORICO XX Cucina della tradizione in diverse sale che spaziano dall'eleganza cinquecentesca con camino, ad ambienti più conviviali in stile trattoria, ma sempre accomunate dalla passione per il teatro. E per una pausa informale, la prospiciente fiaschetteria - Fett'unta - con piatti del giorno e salumi tipici.

Carta 30/53 €

via Maffei 2 – ℰ 0575 630556 – www.osteria-del-teatro.it –
Chiuso 9 novembre-2 dicembre, mercoledì

sulla strada provinciale 35 verso Mercatale

ⅱ○ L'Antica Casina di Caccia

⩵ ⌂ A/C 🅿

MODERNA · ELEGANTE XXX In linea con la bellissima Villa di Piazzano in cui si trova, grande eleganza ed un servizio all'aperto che permette di contemplare il curatissimo giardino, mentre dalla cucina il giovane cuoco propone i sapori del territorio con piglio moderno; per onorare la storia del luogo sempre presenti alcuni piatti di cacciagione.

Carta 59/110 €

Hotel Villa di Piazzano, località Piazzano 7 – ℰ 0575 174 3048 –
www.villadipiazzano.com – Chiuso 2 novembre-1 aprile, martedì

ⅱ○ Locanda del Molino

⩵ ⌂ A/C 🅿

REGIONALE · CASA DI CAMPAGNA XX Bella locanda gestita dalla famiglia Baracchi: se le camere sfoggiano l'elegante semplicità della campagna toscana, il vecchio mulino di famiglia rinasce nella veste di ristorante rustico, ma vezzoso. Il gentil sesso si adopera in cucina, mentre la tradizione campeggia in menu. Da poco inaugurato anche il forno a legna per la pizza!

Carta 35/85 €

località Montanare 8/9/10 – ℰ 0575 614016 – www.locandadelmolino.com –
Chiuso 7 gennaio-15 marzo, lunedì a mezzogiorno, martedì, mercoledì-sabato a mezzogiorno

🏘 Villa di Piazzano

⌂ ⩵ 🛁 🔟 A/C 🅿

DIMORA STORICA · PERSONALIZZATO Voluta dal Cardinale Passerini come casino di caccia, una splendida villa patrizia del XVI secolo sita tra le colline della Val di Chiana, il Lago Trasimeno e Cortona. Gli interni sono signorili, eleganti e curati al pari dello splendido giardino che la cinge con grazia.

27 camere ⌷ – ⅰⅰ 210/530 € – 3 suites

località Piazzano 7 – ℰ 075 826226 – www.villadipiazzano.com –
Chiuso 2 novembre-31 marzo

ⅱ○ **L'Antica Casina di Caccia** – Vedere selezione ristoranti

🏛️ Relais la Corte dei Papi ☆ 🐾 🛏️ ⅃ 🔥 🏊 🅿️

DIMORA STORICA · PERSONALIZZATO L'antica funzione agricola del casolare settecentesco ha lasciato il passo ad un raffinato hotel, gestito con simpatia e competenza da un discendente della famiglia stessa che per secoli coltivò queste terre. Piacevole spazio verde intorno alla piscina, gli interni svelano camere eleganti, alcune con piccola zona benessere, mentre in un'ala in stile neorinascimentale trovano posto il bar e la sala riunioni.

15 camere ⚏ – 🛏️ 210/300 € – 1 suite

località Pergo, via la Dogana 12 – ☎ 0575 614109 – www.lacortedeipapi.com – Chiuso 7 gennaio-26 marzo

a **San Martino** Nord: 4, 5 km – Carta regionale n° **18**–D2

❀ Il Falconiere (Silvia Regi Baracchi) 🦟 🏠 🅰️🅲 ⇔ 🅿️

TOSCANA · LUSSO ✗✗✗ "Sono cresciuta nel ristorante di famiglia ed ho respirato quell'aria che ti entra dentro e non ti lascia più" sono le parole di Silvia Baracchi che - ancora giovanissima - aprì Il Falconiere. Ora di locali ne ha ben tre, tutti nella zona, e ognuno con un concept diverso. Il primo è Il Falconiere, il secondo in ordine cronologico è la Locanda del Molino, il ristorante dove la cuoca è cresciuta e dove il tempo si è fermato (tutto è rimasto uguale, con i piatti che si usava cucinare in casa) ed infine la Bottega Baracchi, ristorante, wine-bar e concept store tra sapori cortonesi ed influenze internazionali. A Silvia piace cambiare, seguire le stagioni e le intuizioni del momento, quindi la sua carta varia spesso, sebbene vi siano degli irrinunciabili. Tutti i suoi piatti sono conditi con olio EVO di produzione propria, perché parafrasando la cuoca, al km zero, lei preferisce il km vero.

Specialità: Battuta di Chianina alle spezie toscane, purea di avocado, cuore di finocchio e condimento etrusco. Casseruola di piccione con carciofo stufato e mentuccia. Pistacchio, cremoso al cioccolato bianco e rum, mousse al lampone.

Menu 110/120 € – Carta 90/120 €

Hotel Il Falconiere Relais, località San Marino a Bocena 370 – ☎ 0575 612679 – www.ilfalconiere.com – Chiuso 25 novembre-19 marzo

🏛️ Il Falconiere Relais ☆ 🐾 ≤ 🛏️ ⅃ 🅇 🕸️ 🏊 🖨️ 🔥 🅰️🅲 🅿️

LUSSO · PERSONALIZZATO Sulle prime colline affacciate sulla vallata, questa villa seicentesca ricca di fascino e di suggestioni, dispone anche di un piccolo centro benessere con vinoterapia. Camere di raffinata e nobile eleganza, per un soggiorno straordinario.

26 camere ⚏ – 🛏️ 270/440 € – 8 suites

località San Marino a Bocena 370 – ☎ 0575 612679 – www.ilfalconiere.com – Chiuso 7 gennaio-31 marzo

❀ **Il Falconiere** – Vedere selezione ristoranti

CORVARA IN BADIA – Bolzano → Vedere Alta Badia

COSENZA
✉️ 87100 – Cosenza (CS) – Carta regionale n° **3**–A2 – Carta stradale Michelin 564-J30

a **Rende** Nord - Ovest : 10 km

🍴 Agorà 🏠 🔥 🅰️🅲 🅿️

PESCE E FRUTTI DI MARE · CONTESTO CONTEMPORANEO ✗✗ Gestione giovane per questo gradevole locale che si trova in una zona recente di Rende; lo chef patron ha le idee chiare su cosa cucinare: la carta propone, infatti, quasi esclusivamente pesce (sebbene, in alternativa, ci sia sempre qualche golosità di terra), la provenienza è perlopiù il Mar Ionio.

Menu 40 € – Carta 35/80 €

via Rossini 178 – ☎ 347 912 9377 – www.agorarende.com – Chiuso 11 agosto-1 settembre, domenica

COSTA SMERALDA – Olbia-Tempio → Vedere Sardegna (Arzachena)

COSTERMANO

✉ 37010 – Verona (VR) – Carta regionale n° **23**–A2 – Carta stradale Michelin 562-F14

verso San Zeno di Montagna

‖○ La Casa degli Spiriti

MODERNA · ROMANTICO ⅩⅩⅩ Un ristorante per le grandi occasioni, quello che era un antico rudere sul ciglio della strada è stato trasformato in una lussuosa bomboniera con vista mozzafiato sul lago. La cucina è creativa, sia di terra che di mare, con qualche accenno alla Puglia, accompagnata da circa 1500 referenze in cantina, tra Veneto, Champagne e altre regioni. Dalle 10 alle 22 è aperta anche la Terrazza: una soluzione con proposte più semplici, nonché sandwich e pizze gourmet.

Carta 75/130 €

via Monte Baldo 28 – ℰ 045 620 0766 – www.casadeglispiriti.it –
Chiuso 1 gennaio-28 febbraio

ad Albarè Sud - Est: 3 km

‖○ Osteria dai Coghi

MODERNA · SEMPLICE Ⅹ Nella frazione di Albarè, in una zona residenziale dove mai si sospetterebbe la presenza di un ristorante, troviamo invece una giovane e appassionata gestione, che cura tanto la ricerca delle materie prime (spesso locali, compreso il pesce di lago), quanto qualche abbinamento più personale ed insolito, accompagnato dalla passione e simpatia di una gestione familiare.

Menu 38 € – Carta 32/54 €

via Alcide De Gasperi 9/13 – ℰ 045 620 0475 – Chiuso 2 marzo-3 aprile,
lunedì-martedì a mezzogiorno, mercoledì, giovedì a mezzogiorno

COURMAYEUR

✉ 11013 – Aosta (AO) – Carta regionale n° **21**–A2 – Carta stradale Michelin 561-E2

✿ Petit Royal

MODERNA · LUSSO ⅩⅩⅩ Si accede dall'entrata principale dell'hotel in una saletta luminosa, moderna, molto elegante con una vista mozzafiato sul Monte Bianco. In questo raffinato contesto, un servizio attento e professionale vi introdurrà alla cucina contemporanea di Paolo Griffa: giovane chef che grazie alla sua formazione da pasticcere sfodera ricette di una precisione maniacale. Belle presentazioni di grande cromaticità, tanta tecnica e territorio circostante in tutte le proposte; svariati menu degustazione - a tema - diventano espressione concreta della cucina concettuale del Petit Royal.

Specialità: Tourbillon di barbabietole, erbe di campo e stracchino di capra. Filetto di cervo alla resina di pino, scorzonera alla nocciola e caffè, zucca fritta in aceto, cipolla bianca al forno. Cioccorana.

Menu 80/145 € – Carta 90/150 €

Grand Hotel Royal e Golf, via Roma 87 – ℰ 0165 831611 – www.hotelroyalegolf.com –
Chiuso 13 aprile-12 giugno, 14 settembre-4 dicembre, lunedì, martedì-venerdì a
mezzogiorno

‖○ Pierre Alexis 1877

TRADIZIONALE · CONVIVIALE ⅩⅩ Nel cuore antico di Courmayeur, all'interno di una casa del centro pedonale che come recita il nome è stata costruita nel lontano 1877, le ricette della tradizione sono elaborate con un pizzico di fantasia. In primavera, i piatti s'insaporiscono con erbe spontanee raccolte in valle.

Carta 48/77 €

via Marconi 50/A – ℰ 0165 846700 – www.pierrealexiscourmayeur.it –
Chiuso 2-21 giugno, 7-25 ottobre, lunedì, martedì-mercoledì a mezzogiorno

🏨 Grand Hotel Royal e Golf �✦ 🛏 🦺 🛎 🎡 🛗 🎯 ✤ 🎿 🚗

STORICO · CLASSICO Regnanti, intellettuali e jet set internazionale sono stati ospiti degli accoglienti spazi di questo splendido albergo nel centro della località, che vanta più di duecento anni di storia: un intramontabile punto di riferimento per trascorrere una vacanza all'insegna della tranquillità e del benessere, confortati da una generosa offerta di servizi tra cui - oltre alla spa - diversi punti ristorativi.

65 camere ⬡ - 🛏 170/650€ - 5 suites

via Roma 87 - ℰ 0165 831611 - www.hotelroyalegolf.com - Chiuso 13 aprile-7 giugno, 14 settembre-3 dicembre

🌸 **Petit Royal** - Vedere selezione ristoranti

🏨 Le Massif ⓝ ⚜✦ 🎡 🛗 🎯 ✤ 🚗

LUSSO · CONTEMPORANEO In chiaro stile contemporaneo, dalle linee pulite e che unisce una certa eleganza con l'utilizzo di materiali della regione, Le Massif è dotato di ogni confort al suo interno a partire dalla piccola spa e dalla Steakhouse Cervo Rosso specializzata nella proposta di carni. Sulle piste da sci, c'è anche l'ottimo chalet La Loge du Massif.

73 camere ⬡ - 🛏 350/900€ - 3 suites

strada regionale 38 - ℰ 0165 189 7100 - www.lemassifcourmayeur.com - Chiuso 14 aprile-19 giugno, 14 settembre-17 dicembre

---

ad Entrèves Nord : 4 km - Carta regionale n° **21**-A2

🏨 Auberge de la Maison ⚜ 🐾 ✦ 🛏 📺 🎡 🛗 🎯 ✤ 🅿 🚗

TRADIZIONALE · STILE MONTANO Fedele al suo nome, un'atmosfera da raffinata "casa" di montagna con tanto di boiserie, camino, camere personalizzate e rinnovato centro relax. Al ristorante Aubergine ci si accomoderà - certamente -per l'ottima cucina, ma anche per un'incredibile vista sul mitico Monte Bianco.

31 camere ⬡ - 🛏 150/399€ - 2 suites

via Passerin d'Entreves 16 - ℰ 0165869811 - www.aubergemaison.it - Chiuso 14 aprile-20 maggio, 4 novembre-3 dicembre

CRANDOLA VALSASSINA

✉ 23832 - Lecco (LC) - Carta regionale n° **9**-B2 - Carta stradale Michelin 561-D10

🍽 Da Gigi � ✦ 🆎 ✤

REGIONALE · FAMILIARE ✕✕ Per gustare le specialità della Valsassina, un simpatico locale in posizione panoramica con sale di tono rustico e una cucina attenta ai prodotti del territorio (molti di origine biologica), nonché a quelli dell'orto di casa. Al piano inferiore, il laboratorio di pasticceria sforna fragranti prelibatezze.

Carta 40/58€

piazza IV Novembre 4 - ℰ 0341 840124 - www.dagigicrandola.it - Chiuso 27 gennaio-7 febbraio, 15 giugno-3 luglio, 4-11 novembre, mercoledì

CREDERA RUBBIANO

✉ 26010 - Cremona (CR) - Carta regionale n° **10**-C3 - Carta stradale Michelin 561-G10

🍽 Il Postiglione 🛖 🆎 ✤ 🅿

CLASSICA · ROMANTICO ✕✕ Affascinante restauro di una cascina storica, soffitti in legno, camini e arredi d'epoca conducono ad una cucina del territorio che si apre, però, anche al pesce per il quale la trattoria si è conquista un nome.

Carta 38/60€

via Boschiroli 17 - ℰ 0373 66114 - www.trattoriapostiglione.it - Chiuso lunedì, martedì-sabato a mezzogiorno

CREMA

✉ 26013 – Cremona (CR) – Carta regionale n° **10**-C2 – Carta stradale Michelin 561-F11

🍴○ **Botero**   🏖 🛖 ⛓ 🆐

MODERNA · DESIGN ✕✕ Le sale rivisitano in chiave contemporanea l'eleganza dell'edificio storico, che offre spazio ai tavoli anche in una piacevole corte interna, mentre la cucina propone piatti sia di carne che di pesce.

Menu 20 € (pranzo)/45 € – Carta 45/60 €

via G. Verdi 7 – ✆ 0373 87911 – www.ristorantebotero.it – Chiuso 1-13 gennaio, 9-21 agosto, lunedì, sabato a mezzogiorno, domenica sera

CREMONA

✉ 26100 – Cremona (CR) – Carta regionale n° **9**-C3 – Carta stradale Michelin 561-G12

🍴○ **Kandoo Nippon**   🛖 ⛓ 🆐

GIAPPONESE · STILE ORIENTALE ✕ Colori scuri e look moderno per questo buon locale diviso su due piani, consigliato per una pausa relax tutta nipponica a base di ottime specialità del Sol Levante. Qua se ne fanno di cotte e di crude!

Menu 25 € (pranzo) – Carta 36/65 €

piazza Cadorna 15 – ✆ 0372 21775 – www.sushikandoo.it – Chiuso 8-18 agosto, lunedì

🏨 **Delle Arti**   🎮 📺 ⛓ 🆐 🚗

TRADIZIONALE · CONTEMPORANEO Sin dall'esterno si presenta come un design hotel caratterizzato da forme geometriche e colori sobri, prevalentemente scuri. La sala colazioni è adibita anche a galleria d'arte visitabile: una vera eccezione di modernità nel centro storico.

30 camere ⌱ – †† 150/220 € – 3 suites

via Geremia Bonomelli 8 – ✆ 0372 23131 – www.cremonahotels.it – Chiuso 1-30 agosto, 20 dicembre-7 gennaio

CRISPIANO

✉ 74012 – Taranto (TA) – Carta regionale n° **15**-C2 – Carta stradale Michelin 564-F33

🍽 **La Cuccagna**   🏖 🛖 🆐

PUGLIESE · FAMILIARE ✕ C'è un'intera famiglia a condurre questo ottimo ristorante nel centro del paesino ed i motivi per venir fin qui sono più di uno, in assoluto il cibo: fresche verdure, squisiti primi piatti (ottimi i troccoli freschi con cicorielle selvatiche, pomodorini giallorossi e fave), selezionate carni... del resto il padre faceva il macellaio! Grande importanza viene riservata anche al vino: oltre 500 etichette sostano nella bella cantina in attesa di essere aperte.

Specialità: Tarallo di cicoria. Orecchiette di grano arso, ragù bianco di agnello, pomodorino giallorosso e canestrato pugliese. Crostata di briciole con crema pasticcera, amarene e gelato alla vaniglia.

Menu 33/37 € – Carta 30/40 €

corso Umberto I° 168 – ✆ 099 616087 – www.lacuccagnagirodivite.com – Chiuso 7-14 gennaio, 24 giugno-2 luglio, lunedì a mezzogiorno, martedì, mercoledì-sabato a mezzogiorno

CRODO

✉ 28862 – Verbano-Cusio-Ossola (VB) – Carta stradale Michelin 561-D6

a Viceno Nord - Ovest : 4, 5 km – Carta regionale n° **12**-C1

🍽 **Edelweiss**   🛋 🏠 ⛓ 🅿

REGIONALE · FAMILIARE ✕ Da ben 60 anni, è un vero caposaldo della gastronomia locale! Tanta resistenza al tempo si deve al lavoro di un'intera famiglia che propone, in un ambiente rilassato e informale, piatti della tradizione montana, cacciagione, la piccola selezione di formaggi locali (tra cui consigliamo un doveroso assaggio di bettelmatt), i gelati artigianali.

Specialità: Tartare di cervo con uovo di quaglia. Ravioloni di patate e bettelmatt. Meringata casalinga con salsa al cioccolato.

Menu 18/35 € – Carta 28/45 €

località Crodo – ✆ 0324 618791 – www.albergoedelweiss.com – Chiuso 13-30 gennaio, 3-26 novembre

CROTONE

✉ 88900 – Crotone (KR) – Carta regionale n° **3**–B2 – Carta stradale Michelin 564-J33

🍽️ **Da Ercole**　　　　　　　　　　　　　　　　　　🔊 🏠 🎫 💺

PESCE E FRUTTI DI MARE · ACCOGLIENTE 🗙🗙 Il sapore e il profumo del mar Ionio vengono esaltati nei piatti in carta, il meglio di giornata lo suggerisce a voce direttamente Ercole, lo chef-patron, anfitrione di questo accogliente locale classico sul lungomare della località.

Carta 50/80 €

viale Gramsci 122 – ☎ 0962 901425 – www.daercole.com –
Chiuso 30 ottobre-15 novembre, domenica

CUASSO AL MONTE

✉ 21050 – Varese (VA) – Carta regionale n° **9**–A2 – Carta stradale Michelin 561-E8

😊 **Al Vecchio Faggio**　　　　　　　　　　　　　　🏠 ⅙ 🅿

REGIONALE · CONTESTO TRADIZIONALE 🗙🗙 All'ombra del secolare faggio che domina il giardino, la vista si rilassa ammirando la fitta vegetazione dell'argine del lago di Lugano. Dalla cucina piatti del territorio e specialità quali: petto d'anatra alle amarene - sorbetto ai frutti di bosco.

Specialità: Cappuccino ai porcini con cornetto. Beef tartare. Torta di nocciole con uva sultanina e cioccolato.

Menu 15 € (pranzo)/38 € – Carta 35/58 €

via Garibaldi 8, località Borgnana – ☎ 0332 938040 – www.vecchiofaggio.com –
Chiuso 13-24 gennaio, 13-20 giugno, mercoledì

CUNEO

✉ 12100 – Cuneo (CN) – Carta regionale n° **12**–B3 – Carta stradale Michelin 561-I4

😊 **4 ciance**　　　　　　　　　　　　　　　　　　　🏠 ⅙

PIEMONTESE · CONTESTO TRADIZIONALE 🗙🗙 Due semplici sale, una con soffitto a cassettoni, l'altra in mattoni a croce e una cucina che sa di territorio e di qualità: cruset della valle Stura, ragù di salsiccia e vellutata di porri - il "nostro" cuneese al rhum... Il Piemonte in tavola!

Specialità: La carne cruda con diversi abbinamenti. Gnocchetti, pesto, olive e ragù di salsiccia. Tortino alla nocciola piemonte e il suo gelato.

Menu 35/50 € – Carta 35/43 €

via Dronero 8c – ☎ 0171 489027 – www.4ciance.it – Chiuso lunedì a mezzogiorno,
martedì, mercoledì-venerdì a mezzogiorno

😊 **Osteria della Chiocciola**　　　　　　　　　　　　　　🦪

PIEMONTESE · AMBIENTE CLASSICO 🗙🗙 Al pianterreno c'è l'enoteca, al primo piano la sala ristorante: entrambe semplici, ma piacevoli. La cucina di cui l'osteria va fiera è quella della tradizione locale, che utilizza i prodotti del territorio e segue l'alternarsi delle stagioni (quindi anche con presenza di tartufo bianco). In menu: tajarin, ravioli del plin, maltagliati, bollito misto, panna cotta e torte varie.

Specialità: Vitello tonnato. Entrecote in crosta di pane. Bonet al caffè.

Menu 15 € (pranzo), 34/38 € – Carta 20/40 €

via Fossano 1 – ☎ 0171 66277 – Chiuso 30 dicembre-15 gennaio, domenica

😊 **Bove's**　　　　　　　　　　　　　　　　　　　　🏠

CARNE · VINTAGE 🗙 Il nipote di uno dei più celebri macellai d'Italia, Martini, porta a Cuneo le sue carni, a cui la carta è quasi esclusivamente dedicata, insieme a qualche primo, insalate, elaborati hamburger, nonché gustose prelibatezze quali la tagliata cubo di fassona piemontese. Il tutto in due nostalgiche sale che rievocano le atmosfere di un bistrot anni '40.

Specialità: Carne all'albese in versione alpina. Tagliata a cubetti. "Persi pien" rivisitati.

Carta 25/60 €

via Dronero 2/b – ☎ 0171 692624 - www.boves1929.it – Chiuso mercoledì

ⓘ○ **Osteria Vecchio Borgo**

DEL TERRITORIO · FAMILIARE ✕✕ Una gestione familiare in un locale piccolo, ma curato ed accogliente. Come angeli custodi della tradizione, le signore ai fornelli propongono piatti del territorio o nazionali rivistati con un pizzico di fantasia.

Carta 42/62€

via Dronero 8/b – ☏ 0171 950609 – www.osteriavecchioborgo.com – Chiuso martedì, mercoledì

ⓘ○ **L'Osteria di Christian**

TRADIZIONALE · ROMANTICO ✕ L'Osteria di Christian: ma veramente solo sua! Questo istrionico ed energico chef-patron si cura di tutto dalla A alla Z, dalla cucina alla sala, piccola, romantica e con ricordi marsigliesi, dove a voce vi propone i migliori piatti della tradizione piemontese, elaborati partendo da ottime materie prime.

Carta 25/58€

via Dronero 1e – ☏ 347 155 6383 – Chiuso lunedì, martedì-sabato a mezzogiorno, domenica sera

CUORGNÈ

✉ 10082 – Torino (TO) – Carta regionale n° **12**–B2 – Carta stradale Michelin 561-F4

ⓐ **Rosselli 77**

PIEMONTESE · VINTAGE ✕✕ Locale originale nella sua formula di "ristorante & antiquariato", dove il patron - che è lo chef! - ripara mobili ed oggetti che compongono l'arredamento, acquistabili tra una portata e l'altra di specialità piemontesi (piatti che variano giornalmente in base alla disponibilità del mercato). Gli imperdibili: maccheroni trafilati con ragù di carni bianche - cappello del prete vino rosso e olio extravergine - bunet di fiori d'acacia.

Specialità: Trota e verdure in agrodolce. Fonduta con polenta taragna. Cremino al gianduiotto.

Menu 20€ (pranzo) – Carta 20/25€

via F.lli Rosselli 77 – ☏ 0124 651613 – Chiuso 1-31 agosto, 24 dicembre-6 gennaio, lunedì, martedì-sabato sera, domenica

CUREGGIO

✉ 28060 – Novara (NO) – Carta regionale n° **13**–A3 – Carta stradale Michelin 561-E7

ⓘ○ **La Capuccina** 🏵 ⇦ 🍴 🏠 🅰🅲 🅿

REGIONALE · CASA DI CAMPAGNA ✕✕ Una cascina cinquecentesca immersa nella campagna, nonché un'azienda agricola a tutto tondo (allevamenti, ortaggi, vigneti...); gestione familiare appassionata, che porta in tavola produzioni proprie o - in alternativa - materie prime locali di ottima qualità.

Menu 38€ (pranzo), 40/44€ – Carta 45/60€

via Novara 19/b, località Capuccina – ☏ 0322 839930 – www.lacapuccina.it – Chiuso 1-15 gennaio, lunedì, martedì a mezzogiorno, mercoledì, giovedì-sabato a mezzogiorno, domenica sera

CURTATONE

✉ 46010 – Mantova (MN) – Carta stradale Michelin 561-G14

a Grazie Ovest : 2 km – Carta regionale n° **9**–C3

ⓐ **Locanda delle Grazie** ⇦ 🏠 ↻

MANTOVANA · FAMILIARE ✕✕ A voce vi sarà suggerito anche qualche piatto di mare, ma il ristorante è diventato un faro per gli appassionati della cucina mantovana: tagliatelle con anitra e luccio in salsa tra gli imperdibili!

Specialità: Salumi tipici mantovani con sott'oli fatti in casa e polenta abbrustolita. Luccio in salsa verde. La nostra interpretazione della millefoglie.

Menu 25/30€ – Carta 18/51€

via San Pio X 2 – ☏ 0376 348038 – www.locandagrazie.com – Chiuso 2-7 gennaio, 30 giugno-5 luglio, 18 agosto-3 settembre, martedì, mercoledì

CUSAGO

✉ 20090 – Milano (MI) – Carta regionale n° **10**–A2 – Carta stradale Michelin 561-F9

🍴 **Da Orlando** 🍴 AC

ITALIANA · CONTESTO CONTEMPORANEO XX Su una scenografica piazza con castello, ambienti classico-essenziali ed accogliente gestione familiare. La cucina si divide equamente tra carne e pesce con interessanti elaborazioni.

Carta 41/56 €

piazza Soncino 19 – ℰ 02 9039 0318 – www.daorlando.com – Chiuso 8-30 agosto, 24 dicembre-1 gennaio, sabato a mezzogiorno, domenica

🍴 **Brindo by Orlando** AC

REGIONALE · TRATTORIA X Piccola e piacevole trattoria moderna, più informale dell'altro ristorante di famiglia (Da Orlando), ma con la stessa passione e ricerca: oltre ad alcuni classici, le specialità sono i crudi e le tartare.

Menu 33/36 € – Carta 33/45 €

via Libertà 18 – ℰ 02 9039 4429 – www.brindo.it – Chiuso 12-31 agosto, sabato a mezzogiorno, domenica

CUTIGLIANO

✉ 51024 – Pistoia (PT) – Carta regionale n° **18**–B1 – Carta stradale Michelin 563-J14

🌐 **Trattoria da Fagiolino** ⇦ ⇠

TOSCANA · CONTESTO TRADIZIONALE X Nel cuore di un grazioso paese dell'Appennino toscano, la cucina ne ripropone le specialità: salumi, paste fresche, lo spiedo di tordi, l'involtino di maiale con funghi porcini. All'altezza delle aspettative anche la carta dei vini ed anche, per una sosta prolungata, le camere.

Specialità: Petto d'oca con sedano rapa e tartufo bianco. Capretto nostrano al forno con patata fondente al lardo. Mosaico di frutta fresca alla crema Chantilly.

Carta 25/45 €

via Carega 1 – ℰ 0573 68014 – www.trattoriadafagiolino.it – Chiuso 1-30 novembre, lunedì sera, martedì, mercoledì

CUTROFIANO

✉ 73020 – Lecce (LE) – Carta regionale n° **15**–D3 – Carta stradale Michelin 564-G36

🏨 **Sangiorgio Resort & Spa**

LUSSO · PERSONALIZZATO Gorgoglianti fontane, il profumo delle zagare e delle essenze mediterranee: se vi conducessero qua ad occhi chiusi pensereste, nel riaprirli, di essere approdati in qualche lussuoso resort keniota... Nata come residenza estiva per le suore del convento di S. Maria di Leuca, di cui conserva ancora una cappella consacrata, la struttura si estende in orizzontale ed è circondata da una grande proprietà; due piscine distanti l'una dall'altra assicurano agli ospiti una certa privacy.

20 camere ⌑ – 👫 118/650 €

provinciale Noha-Collepasso – ℰ 0836 542848 – www.sangiorgioresort.it

DARFO BOARIO TERME

✉ 25047 – Brescia (BS) – Carta regionale n° **9**–C2 – Carta stradale Michelin 561-E12

a Montecchio Sud - Est : 2 km

🍴 **La Storia** 🍴 ♿ AC P

REGIONALE · ACCOGLIENTE XX In zona periferica e verdeggiante, villetta che ospita due sale di taglio classico; cucina che spazia tra terra e mare con specialità camune.

Carta 28/54 €

via Fontanelli 1 – ℰ 0364 538787 – www.ristorantelastoria.net – Chiuso lunedì

DELEBIO

✉ 23014 – Sondrio (SO) – Carta regionale n° **9**–B1 – Carta stradale Michelin 561-D10

🍴○ **Osteria del Benedet**   🕸 🅰🅒 ⇔

MODERNA · ELEGANTE ✕✕ Ristorante che fu antica osteria, si sviluppa oggi in verticale: wine-bar al piano terra e sale a quello superiore. Cucina di ispirazione moderna.

Menu 20€ (pranzo) – Carta 40/75€

via Roma 2 – ℰ 0342696096 – www.osteriadelbenedet.com – Chiuso 1-7 gennaio, 5-26 agosto, domenica

DESENZANO DEL GARDA

✉ 25015 – Brescia (BS) – Carta regionale n° **9**–D1 – Carta stradale Michelin 561-F13

🕸 **Esplanade** (Massimo Fezzardi)   🕸 ≤ 🏠 🅰🅒 🅿

CREATIVA · ELEGANTE ✕✕✕ Sicuramente uno dei migliori locali del Garda. Non siamo al mare, ma il curatissimo giardino e la posizione panoramica sul lago non ce ne faranno sentire la mancanza. Un locale bello e raffinato, con ambienti di grande eleganza; la moda imperante dei runner al posto di una linda tovaglia, qui non ha attecchito! E sebbene il mare sia a qualche centinaia di chilometri, la carta è un susseguirsi di specialità ittiche in preparazioni che ne esaltano la freschezza e l'ottima qualità. Al timone di Esplanade abbiamo un'accoppiata vincente e consolidata con Emanuele Signorini in sala, Massimo Fezzardi in cucina. Cantina ricca di valore, impossibile non trovare una bottiglia che ben si accompagni al piatto. Per una cena all'insegna del romanticismo, prenotate un tavolo sul pontile.

Specialità: Emozioni dal mare: cinque assaggi di pesce di mare, in cinque cotture diverse. Piccione arrostito al rosmarino con carote allo zenzero, raperonzoli e latte profumato alla liquirizia. Che nocciola sia! Viaggio intorno alla nocciola piemontese.

Menu 80/100€ – Carta 76/130€

via Lario 10 – ℰ 030 914 3361 – www.ristorante-esplanade.com – Chiuso mercoledì

🍴○ **La Lepre** 🆕   🅰🅒 ⇔

CREATIVA · ROMANTICO ✕✕ Nascosto nelle viuzze del centro, due sale dall'arredo design e atmosfera molto soffusa per una cucina di taglio moderno-creativo, tra cui spiccano i crudi di mare. Adiacente il Leprotto Bistrò con un'offerta più semplice.

Menu 35€ (pranzo), 60/80€ – Carta 50/92€

via Bagatta 33 – ℰ 030 914 2313 – www.lalepreristorante.it – Chiuso giovedì

🏠 **Park Hotel**   🌣 ≤ 🛝 🖨 🅰🅒 🕸 🚐

LUSSO · BORDO LAGO Albergo storico sul lungolago che grazie a continui rinnovi si è trasformato in un elegante connubio tra design e tradizione, piccola piscina panoramica per soggiorni d'autore.

50 camere ⌂ – ♙♙ 130/290€ – 11 suites

lungolago Cesare Battisti 17 – ℰ 030 914 3494 – www.parkhotelonline.it

🏠 **Villa Rosa**   🌣 ≤ 🏠 🛝 🖨 🅰🅒 🕸 🚐

LUSSO · ELEGANTE Hotel poco distante dal centro storico e fronte lago, si caratterizza per i suoi ambienti luminosi e le camere modernamente allestite. Imperdibile, la cucina raffinata del ristorante Rose & Sapori.

60 camere ⌂ – ♙♙ 125/340€ – 2 suites

lungolago Battisti 89 – ℰ 030 914 1974 – www.villarosahotel.eu – Chiuso 2 gennaio-1 febbraio

DEUTSCHNOFEN • NOVA PONENTE – Bolzano ➔ Vedere Nova Ponente

DIOLO – Parma ➔ Vedere Soragna

✉ 39034 – Bolzano (BZ) – Carta regionale n° **19**–D1 – Carta stradale Michelin 562-B18

✿ **Tilia** (Chris Oberhammer)

MODERNA · DESIGN ✗✗ Un cubo in acciaio e vetro al centro di un giardino circondato da un sontuoso edificio ottocentesco è l'originale collocazione dei cinque tavoli per sedici coperti che il cuoco di Dobbiaco delizia con una cucina contemporanea. Anita Mancini si occupa della carta dei vini: attenta all'etichette del territorio, non dimentica proposte di qualità provenienti da altre zone; oltre ad una bella selezione di gin tonic. Un indirizzo molto interessante per l'intero comprensorio, in virtù di una originalità che lo traghetta al di là degli schemi tradizionali e convenzionali.

Specialità: Trota salmonata, piselli, panna al limone, caviale di salmerino. Bue brasato al vino rosso, patate fondenti, carote. Pralina di cioccolato, gelato al cacao con whisky.

Menu 70/95€ – Carta 80/110€

via Dolomiti 31b – ℰ 335 812 7783 – www.tilia.bz –
Chiuso 14 aprile-5 maggio, 4 novembre-2 dicembre, lunedì, martedì a mezzogiorno, domenica sera

⌂ **Santer**

SPA E WELLNESS · PERSONALIZZATO Da più di un secolo, albergo condotto dalla stessa famiglia sempre attenta a dare il massimo investendo in continue migliorie. Imperdibile il centro benessere che appare immenso; calde e romantiche atmosfere nelle zone comuni, mentre le camere di differenti stili variano dal tradizionale al moderno-alpino.

50 camere ⌸ – †† 196/270€ – 10 suites

via Alemagna 4 – ℰ 0474 972142 – www.hotel-santer.com – Chiuso 8 marzo-3 aprile, 15 aprile-28 maggio, 7 ottobre-5 dicembre

sulla strada statale 49 Sud - Ovest : 1, 5 km

◉ **Gratschwirt**

REGIONALE · CONTESTO TRADIZIONALE ✗✗ All'ombra dell'imponente gruppo delle Tre Cime, in una casa dalle origini cinquecentesche ai margini della località, un ristorante dagli interni curati dove gustare piatti tipici regionali. Camere di differenti tipologie, nonché piccola ed accogliente zona benessere con diversi tipi di sauna.

Carta 31/60€

via Grazze 1 –
ℰ 0474 972293 – www.gratschwirt.com –
Chiuso 30 marzo-20 giugno, 30 settembre-20 dicembre, martedì

✉ 12063 – Cuneo (CN) – Carta regionale n° **14**–A3 – Carta stradale Michelin 561-I5

◉ **Il Verso del Ghiottone**

PIEMONTESE · CONTESTO CONTEMPORANEO ✗✗ Nel cuore del centro storico, in un palazzo settecentesco, tavoli neri quadrati con coperto all'americana e bei quadri alle pareti: ne risulta un ambiente giovanile, ma elegante. La cucina simpatizza con le ricette del territorio, che rivisita e alleggerisce, ma non mancano interessanti proposte di pesce.

Menu 30/45€ – Carta 30/66€

via Demagistris 5 –
ℰ 0173 742074 – www.ilversodelghiottone.it –
Chiuso 1 gennaio-6 febbraio, 25 giugno-13 luglio, lunedì, martedì, mercoledì-venerdì a mezzogiorno

DOLEGNA DEL COLLIO

✉ 34070 – Gorizia (GO) – Carta stradale Michelin 562-D22

a Vencò Sud : 4 km – Carta regionale n° **6**–C2

⚜ **L'Argine a Vencò** (Antonia Klugmann)　　　　　⇦ 🏠 ⅙ ᴬᶜ 🅿

CREATIVA · ELEGANTE XX In una terra di confine, solo una quindicina di coperti in un ex mulino ristrutturato ricevono le attenzioni di Antonia. L'Argine è il compimento di un percorso personale, umano e professionale che la chef ha intrapreso quando decise di lasciare gli studi di giurisprudenza. La sua non è solo una passione per i fornelli, ma una dichiarazione d'amore per la cucina vegetale, per la fatica dietro la raccolta e la coltivazione diretta degli ingredienti. Nel suo menu la scelta è volutamente ristretta per assicurare la freschezza dei prodotti che subiscono, quindi, poche trasformazioni; Antonia stessa va a caccia di erbe spontanee lungo gli argini, per poi riproporle in originali accostamenti in ricette che fanno breccia nel cuore di curiosi gourmet, desiderosi di abbinamenti non scontati.

Specialità: Anguilla, sidro di mele e spinaci. Lumache brasate, frittata alle erbe e maionese. Cioccolato e cren.

Menu 70/110 € – Carta 63/90 €

località Vencò 15 – ✆ 0481 199 9882 – www.largineavenco.it –
Chiuso 20 gennaio-4 febbraio, lunedì a mezzogiorno, martedì, mercoledì-giovedì a mezzogiorno

DOMODOSSOLA

✉ 28845 – Verbano-Cusio-Ossola (VB) – Carta regionale n° **12**–C1 –
Carta stradale Michelin 561-D6

⚜ **Atelier** (Giorgio Bartolucci)　　　　　　　　🏠 ↻ 🅿

MODERNA · CONTESTO CONTEMPORANEO XX All'interno dell'albergo Eurossola, Atelier arricchisce l'offerta turistica della località confermando il ruolo della storica struttura come punto di riferimento gastronomico, ma soprattutto facendo accendere la prima stella - in assoluto! - in Val d'Ossola. Gli artefici di questo brillante risultato? Lo chef-patron Giorgio Bartolucci affiancato dall'intraprendente sorella Elisabetta, nonché dalla moglie Katia: "vestale" di sala, professionale e al tempo stesso sempre sorridente.

La cucina a vista su misura e costruita artigianalmente – grande quasi quanto la sala – è sicuramente un elemento distintivo voluto dall'energico cuoco, per corroborare il rapporto tra brigata e commensali. Soluzione che oltre a trasmettere trasparenza, ordine e metodo, offre la possibilità di osservare dai fornelli le reazioni dei clienti all'arrivo e all'assaggio dei raffinati piatti; motivo di orgoglio e soddisfazione per chi li ha pensati e creati abbinando, per esempio, lucioperca del Maggiore e gamberoni di Sicilia.

Gusto, varietà ed estetica delle proposte sono gli architravi della cucina di Atelier, ristorante che convince per le sue vibranti ispirazioni, nonché intriganti rivisitazioni di molte ricette ossolane.

Specialità: Caldo e freddo di foie gras, chutney ai frutti esotici e pan brioche alla curcuma. Trancio di cernia, aglio, olio, peperoncino e riccio di mare. La mia Foresta Nera con gelato al caramello salato.

Menu 55/60 € – Carta 55/75 €

piazza Matteotti 36 – ✆ 0324481326 – www.eurossola.com –
Chiuso 7 gennaio-11 febbraio, lunedì, martedì-sabato a mezzogiorno, domenica sera

🍽 **La Stella**　　　　　　　⚭ ⇦ ⟨ 🛏 🏠 ⅙ ↻ 🅿

PESCE E FRUTTI DI MARE · ELEGANTE XX Circondati da uno scenario naturalistico incantevole – in particolar modo offerto dalla bella terrazza nel periodo estivo – Marika e Stefano propongono una gustosa cucina mediterranea, soprattutto a base di pesce, ma con un doveroso occhio di riguardo alle eccellenze delle valli ossolane, nonché allo loro stagionalità. I vini sono custoditi in una cantina molto bella e curata, da visitare. Camere piacevoli e moderne in sintonia con la semplicità del luogo.

Carta 45/70 €

borgata Baceno di Vagna 29 – ✆ 0324 248470 – www.ristorantelastella.com –
Chiuso 18 febbraio-7 marzo, 23-27 settembre, lunedì, martedì

○ **La Meridiana**

PESCE E FRUTTI DI MARE · ACCOGLIENTE Locale centrale di lunga tradizione ha superato i 50 anni di gestione, rifacendosi nel tempo il look. Oggi è un moderno bistrot, dove lo chef-patron propone pesce e selvaggina in due modi: secondo la tradizione italiana oppure ispirandosi a quella spagnola, terra d'origine materna.

Menu 28€ (pranzo), 30/50€ – Carta 28/70€

via Rosmini 11 – ℰ 0324 240858 – www.ristorantelameridiana.it – Chiuso 7-21 giugno, lunedì, domenica

sulla strada statale 337 Nord - Est : 4 km per Val Vigezzo

○ **Trattoria Vigezzina** ⅙ ✿

REGIONALE · CONTESTO TRADIZIONALE Una solida trattoria non lontana dal centro di Domodossola, molto ben gestita da un cuoco capace, che con passione realizza piatti della tradizione montana rielaborati in chiave anche moderna. Ottime materie prime e attenzione alla stagionalità.

Menu 16€ (pranzo) – Carta 40/76€

via Statale 337, 56 – ℰ 0324 232874 – www.trattoriavigezzina.it – Chiuso 8-31 gennaio, 1-12 luglio, mercoledì, giovedì

DORGALI – Nuoro → Vedere Sardegna

DOSSOBUONO – Verona → Vedere Villafranca di Verona

DOSSON – Treviso → Vedere Casier

DOVADOLA

✉ 47013 – Forlì-Cesena (FC) – Carta regionale n° **5**-C2 – Carta stradale Michelin 562-J17

🏠 **Corte San Ruffillo**

DIMORA STORICA · PERSONALIZZATO La splendida opera di restauro della canonica della chiesa di San Ruffillo e dell'attigua casa padronale hanno dato vita a un piccolo e romantico country resort nella quiete delle colline romagnole. Ristorante elegante fra le pareti e le volte in pietra.

14 camere ⌐ – 🛉 75/130€

via Ruffillo 1 – ℰ 0543 934674 – www.cortesanruffillo.it – Chiuso 7 gennaio-13 febbraio, 18-26 novembre

DOVERA

✉ 26010 – Cremona (CR) – Carta regionale n° **10**-C2 – Carta stradale Michelin 561-H15

○ **La Kuccagna**

CLASSICA · ELEGANTE In una frazione isolata e tranquilla, questa vecchia trattoria punta ora su proposte più elaborate, ma sempre partendo dalla tradizione. Immutata la gestione squisitamente familiare.

Menu 44€ – Carta 45/59€

località Barbuzzera, via Milano 14 – ℰ 0373 978457 – www.lakuccagna.it – Chiuso lunedì, martedì-sabato a mezzogiorno

DUINO AURISINA

✉ 34013 – Trieste (TS) – Carta stradale Michelin 562-E22

a Sistiana Sud - Est : 4 km – Carta regionale n° **6**-D3

○ **Antica Trattoria Gaudemus**

PESCE E FRUTTI DI MARE · INTIMO Paradiso o purgatorio? In ciascuna di queste - già dal nome - originali sale, due confessionali dell'Ottocento perfettamente conservati. Sulla tavola: piatti della tradizione carsica, altri più moderni e soprattutto molto pesce. Camere accoglienti e sauna all'aperto.

Menu 40/60€ – Carta 45/65€

Sistiana 57 – ℰ 040 299255 – www.gaudemus.com – Chiuso 6 gennaio-14 febbraio, lunedì, martedì-sabato a mezzogiorno

Falisia Resort

LUSSO · CONTEMPORANEO Cuore pulsante di questa particolare località, Falisia Resort è una struttura dall'eleganza moderna che offre variegati servizi. Oltre al ristorante interno e al gourmet si consiglia il Maxi's: direttamente sul mare, propone piatti più semplici a base di pesce.

43 camere ⊑ – ⋔ 260/680 € – 15 suites

strada Costiera 137, località Portopiccolo – ☎ 040 997 4444 – www.falisiaresort.com

EBOLI

✉ 84025 – Salerno (SA) – Carta regionale n° **4**-C2 – Carta stradale Michelin 564-F27

❀ **Il Papavero**

REGIONALE · COLORATO ※※ Eboli evoca sempre ricordi letterari, ma oggi c'è un motivo in più per annoverare questa graziosa località in provincia di Salerno: Il Papavero! Al primo piano di un palazzo centrale, il locale consta di quattro salette arredate con un originale mix di antico e moderno. Avvolti da cordialità e affetto, come se foste ospiti in casa di amici, vi innamorerete della cucina del giovane cuoco Fabio Pesticcio, che privilegia sapori e concretezza, il più delle volte all'insegna del territorio e mare campani. Meritano una menzione il pane e i lievitati, di gran livello, così come l'ottima pasticceria che conclude il pasto, nutrita da capacità e passione. Quando il bel tempo permette di mangiare all'aperto, ci si trasferisce in un romantico giardino sotto un gelsomino. Un posto del cuore, oltre che del palato.

Specialità: Triglia ripiena di ciambotta, stracciatella e crumble di basilico. Pescato del giorno, melanzana sotto cenere e salsa di finocchietto. Da Napoli alla Sicilia: mandorle, cedro e pistacchio.

Menu 20 € (pranzo), 40/50 € – Carta 43/58 €

*corso Garibaldi 112/113 – ☎ 0828 330689 – www.ristoranteilpapavero.it –
Chiuso lunedì, domenica sera*

EGNA • NEUMARKT

✉ 39044 – Bolzano (BZ) – Carta regionale n° **19**-D3 – Carta stradale Michelin 562-D15

⫶◯ **Johnson & Dipoli**

MEDITERRANEA · BISTRÒ ※ L'atmosfera è quella vivace e colorata di un bistrot dai tavolini piccoli e rotondi, nella bella stagione sistemati anche sotto i pittoreschi portici di Egna. Ma la qualità dell'originale cucina, tra prodotti locali e non, prenderà presto il sopravvento per deliziarvi; percorso degustazione di 12 portate nella Marianne Stube, al piano superiore.

Menu 50/120 € – Carta 50/80 €

*via Andreas Hofer 3 – ☎ 0471 820323 – www.johnson-dipoli.it –
Chiuso 11-29 novembre*

stockar/iStock

ELBA (ISOLA D')

✉ 57037 – Livorno (LI) – Carta regionale n° **18**–B3 –
Carta stradale Michelin 563-N12

Ci piace

Stappare una delle tante bottiglie di Champagne che
propone il ristorante **Capo Nord.** La dimensione agreste
con galline scorrazzanti del **Sapereta**. Il parco di **Villa
Ottone** con la mappatura delle principali specie vegetali.
Godersi il "paseo" cenando in piazza nel bel dehors della
Trattoria Moderna.

Non si può lasciare l'isola senza aver fatto visita al
viticoltore più antico dell'isola: Acquabona. Circa 17 ettari di
vigneto coltivati secondo il programma europeo di
riduzione dei fitofarmaci, sia in località Acquabona, dove
c'è la cantina, sia in altre zone dell'isola; 100. 000 le
bottiglie prodotte! Per gli amanti del miele, tante sono le
declinazioni proposte dall'Azienda Agricola Ballini. Gli
alveari, distribuiti in 22 diverse postazioni, raccolgono il
nettare delle fioriture di numerose e diversificate specie
vegetali.

StevanZZ/iStock

Capoliveri

⑩ Il Chiasso &⊗ 🏠 AC

MEDITERRANEA · RUSTICO X Caratteristiche sale separate da un vicolo nelle viuzze del centro storico: piatti di terra e di mare in un ambiente simpaticamente conviviale.

Carta 44/78€

vicolo Nazario Sauro 13 – ℰ 0565 968709 – Chiuso 10 ottobre-10 aprile, lunedì a mezzogiorno, martedì, mercoledì-domenica a mezzogiorno

⑩ Trattoria Moderna ⓝ 🏠 &

CONTEMPORANEA · BISTRÒ X Ubicato nella pedonale piazzetta del centro storico di Capoliveri, una sorta di bistrot famigliare molto curato e con bel dehors. Se a mezzogiorno la formula è più easy, la sera la carta si fa più completa; piatti della tradizione isolana, ma non solo, interpretati con ottimi prodotti stagionali e giornalieri. La cortesia e la passione dello chef-patron invitano a ritornare.

Carta 45/92€

piazza G. Garibaldi 9 – ℰ 391 414 9585 – Chiuso 5 novembre-6 dicembre

Marciana Marina

⑩ Capo Nord &⊗ ≤ 🏠 AC

PESCE E FRUTTI DI MARE · AMBIENTE CLASSICO XX Un palcoscenico sul mare da cui godere di tramonti unici: sale sobriamente eleganti e proposte a base di pesce. Ben fornita la carta degli Champagne, vera passione del titolare.

Menu 60/80€ – Carta 40/80€

al porto, località La Fenicia 69 – ℰ 0565 996983 – www.ristorantecaponord.it – Chiuso 1 novembre-31 marzo, lunedì

⑩ SaleGrosso ⓝ AC

PESCE E FRUTTI DI MARE · CONTESTO CONTEMPORANEO XX Situato in un angolo della graziosa piazzetta "di sotto" di Marciana Marina, a pochi metri dal Cotone, uno degli scorci più antichi e belli del paese, cucina mediterranea e più specificatamente elbana con piccole reinterpretazioni personali. Il crudo è una delle loro specialità.

Carta 45/61€

piazza della Vittoria 14 – ℰ 0565 996862 – Chiuso 4-19 novembre

⑩ Scaraboci &⊗ AC

CREATIVA · CONVIVIALE XX A pochi metri dall'incantevole lungomare di Marciana, ecco uno dei gioielli gastronomici dell'isola: di terra, o più spesso di mare, i piatti esaltano in prodotti, intrigano per accostamenti, seducono con le presentazioni. Terrazzo privé per cene intime nel periodo estivo.

Menu 40/48€ – Carta 45/71€

via XX Settembre 27 – ℰ 0565 996868 – Chiuso 6 gennaio-14 marzo, lunedì a mezzogiorno, martedì, mercoledì-domenica a mezzogiorno

Portoferraio

ad Ottone Sud - Est : 11 km

🏛️ Villa Ottone 🏡 ⊗ ≤ 🔥 � ⅃ 🎐 ⅃⅂ 🔁 & AC P

GRAN LUSSO · STORICO Suggestiva vista sul golfo di Portoferraio per questa raffinata struttura composta da una neoclassica villa ottocentesca (interamente affrescata), da un hotel e da graziosi cottage immersi in un parco secolare esteso fino alla spiaggia privata. Ultra-moderno centro benessere e golf a soli 3 km; imperdibile la cena all'Ottonella: ristorantino in spiaggia con cucina ricercata.

69 camere ⌑ – ♦♦ 119/600€ – 6 suites

località Ottone – ℰ 0565 933042 – www.villaottone.com – Chiuso 1 gennaio-20 aprile, 1 ottobre-31 dicembre

a Biodola Ovest : 9 km

🏨 Hermitage   🌳 🐎 ⪡ 🔥 🍸 🖼 🎿 🕷 🏊 🌊 🔁 🚶 ⬆ 🖖 🅰🅒 🐎 🅿

GRAN LUSSO · ELEGANTE Meravigliosa posizione per un elegante hotel dove vari servizi e splendide piscine assicurano una vacanza da sogno. A pranzo si può scegliere tra due offerte entrambe a bordo mare; imperdibile la cena al Ghiotto, ristorante - les pieds dans l'eau - con aragoste, Champagne e bella vista.

127 camere 🛏 – 🍴 234/570 € – 2 suites

località Biodola – ☏ 0565 9740 – www.hotelhermitage.it – Chiuso 7 ottobre-23 aprile

Porto Azzurro

🍴 Sapereta   🏡 ও 🅿

MODERNA · AGRESTE 🍴 All'interno di una storica cantina vitivinicola, un rustico e sobrio ambiente con curato giardino dove scorrazzano animali da cortile. Se, però, è vero che "l'abito non fa il monaco", rimarrete sorpresi per la sua cucina prevalentemente di terra in chiave moderna.

Carta 40/60 €

via Provinciale Ovest 73 località Mola – ☏ 0565 95033 – www.sapereta.it – Chiuso 1 novembre-1 marzo, lunedì, martedì-giovedì a mezzogiorno

---

ENTRÈVES – Aosta ➜ Vedere Courmayeur

EPPAN AN DER WEINSTRASSE · APPIANO SULLA STRADA DEL VINO – Bolzano ➜ Vedere Appiano sulla Strada del Vino

ERBUSCO

✉ 25030 – Brescia (BS) – Carta regionale n° **10**–D2 – Carta stradale Michelin 561-F11

✿ Da Nadia (Nadia Vincenzi)   🏡 ও 🅰🅒 ⇄

PESCE E FRUTTI DI MARE · RUSTICO 🍴🍴 Tanta energia per Nadia Vincenzi che si è ben assestata nel cuore della Franciacorta: cuoca dalla grande personalità, già conosciuta per la sua precedente, nonché omonima insegna. In una delle salette raccolte - in inverno scaldate dai camini - o nella luminosa, splendida veranda dalle cui ampie vetrate potrete ammirare lo spettacolo del giardino, la sua cucina vi piacerà per le ottime proposte di pesce – spesso proveniente dall'Adriatico - ideate con un'attenzione maniacale al prodotto. A pranzo, colazione di lavoro ristretta, ma se siete propensi al gourmet potete richiederlo all'atto della prenotazione.

Specialità: Scampi in crosta di farina di riso, spuma di patate e tartufo nero molisano. Zuppa di pesce nel coccio. Zabaione con Marsala riserva.

Menu 40 € (pranzo)/100 € – Carta 80/113 €

via Cavour 7 –
☏ 030 704 0634 – www.ristorantedanadia.com –
Chiuso 9-30 novembre, lunedì, martedì-mercoledì a mezzogiorno

🍴 LeoneFelice-Vista Lago   🍸 ⪡ 🔥 🏡 🅰🅒 ⇄ 🅿 🚗

MODERNA · CONTESTO CONTEMPORANEO 🍴🍴🍴 Uno chef giovane e preparato, Fabio Abbattista, e un ambiente rinnovato dove eleganza, minimalismo e ottima accoglienza fanno da contorno a una cucina contemporanea di grande qualità.

Carta 56/86 €

Hotel L'Albereta, via Vittorio Emanuele 23 – ☏ 030 776 0550 – www.albereta.it –
Chiuso 6-15 gennaio

🏚 L'Albereta

CASA PADRONALE · GRAN LUSSO Immersa in un rigoglioso parco secolare e circondata dalle vigne di Franciacorta, questa antica dimora padronale, con affreschi d'epoca e opere d'arte contemporanea, gode di una splendida vista sul lago d'Iseo: raffinate camere e la speciale cabriolet suite vi attendono in un'oasi di pace.

57 camere – 🛏 300/700 € – ⌓ 28 € – 7 suites

via Vittorio Emanuele 23 – ℰ 030 776 0550 – www.albereta.it – Chiuso 7-18 gennaio

🍴 **LeoneFelice-Vista Lago** – Vedere selezione ristoranti

ERCOLANO

✉ 80056 – Napoli (NA) – Carta regionale n° **4**–B2 – Carta stradale Michelin 564-E25

🍴 Masseria Guida ⓝ

MODERNA · ALLA MODA 🗙🗙 Alle pendici del Vesuvio, la sua tavola esalta le materie prime tipiche di questa terra; il menu si flette alle stagioni proponendo colori e sapori sempre diversi, mentre prodotti biologici nonché ingredienti a metro zero concorrono a creare piatti gustosi e creativi.

Menu 48/64 € – Carta 44/60 €

Via Cegnacolo 55 – ℰ 081 771 6863 – www.masseriaguida.com – Chiuso 10-18 agosto, lunedì, mercoledì-venerdì a mezzogiorno, domenica sera

🍴 Viva Lo Re 🕸 🏠 AC

MEDITERRANEA · WINE-BAR 🗙 Se il nome rimanda all'antico brindisi borbonico, la cucina - presentata su lavagnetta ed a voce - parte da basi regionali per stupire poi con qualche spunto di riuscita creatività. Appassionato di vini, il patron popone anche alcune bottiglie al bicchiere. Sicuramente, un imperdibile tra i ristoranti della località.

Carta 30/55 €

corso Resina 261 – ℰ 081 739 0207 – www.vivalore.it – Chiuso 6-28 agosto, lunedì, domenica sera

ERICE – Trapani ➔ Vedere Sicilia

ESINE

✉ 25040 – Brescia (BS) – Carta regionale n° **9**–C2 – Carta stradale Michelin 561-E12

🍴 Da Sapì ⓝ 🏠 & AC

CONTEMPORANEA · FAMILIARE 🗙🗙 Cucina piuttosto contemporanea su base regionale e con un'attenta ricerca dei prodotti locali; passione per i gelati artigianali senza alcun semi-lavorato, ma solo prodotti naturali. Siamo alla quarta generazione: una garanzia!

Menu 12 € (pranzo), 40/45 € – Carta 30/45 €

via Giuseppe Mazzini 28 – ℰ 0364 46052 – www.ristorantesapi.com – Chiuso 30 dicembre-5 gennaio, lunedì

FABRIANO

✉ 60044 – Ancona (AN) – Carta regionale n° **11**–B2 – Carta stradale Michelin 563-L20

sulla strada statale 76 in prossimità uscita Fabriano Est

Nord - Est : 6 km

🍴 Villa Marchese del Grillo 🕸 🍴🏠🏠 ⇆ P

CREATIVA · CONTESTO STORICO 🗙🗙🗙 Splendido edificio settecentesco fatto costruire dal celebre Marchese Onofrio: le ex cantine ospitano oggi una cucina creativa ed elaborata, ricca di fantasia. Un soggiorno aristocratico nelle camere, particolarmente affascinanti quelle del piano nobile, tra affreschi e lampadari di Murano.

Menu 38/55 € – Carta 36/63 €

località Rocchetta Bassa 73 – ℰ 0732 625690 – www.marchesedelgrillo.com – Chiuso lunedì, martedì-sabato a mezzogiorno, domenica sera

FAENZA

✉ 48018 – Ravenna (RA) – Carta regionale n° **5**–C2 – Carta stradale Michelin 562-J17

🕙 La Baita   🍴 🏠 ᬀ AC

EMILIANA · RUSTICO 🌿 Osteria familiare del centro, varcato l'uscio si passa per la fornita drogheria che preannuncia le specialità della casa: formaggi in gran quantità e paste casalinghe tirate al mattarello, ma anche vino con una fornitissima cantina (più di 1000 etichette). Dalla cucina, piatti stagionali del territorio come la guancia brasata al vino.

Specialità: Cappelletti in brodo di cappone. Bollito misto. Latte brulè.

Carta 22/30 €

via Naviglio, 25c – ☏ 0546 21584 – www.labaitaosteria.it – Chiuso 1-12 gennaio, 4-25 agosto, lunedì, domenica

🕙 Cà Murani   ᬀ AC

EMILIANA · RUSTICO 🌿 Lo chef-patron, Remo, vi preparerà gustosi piatti basati sui prodotti stagionali del territorio, intrigandovi con specialità come il lonzino di maiale affumicato con panzanella o coniglio in tegame alle olive nere.

Specialità: Ravioli di erbette e formaggio fresco. Faraona arrostita alle erbe profumate. Torta alle nocciole.

Menu 30/40 € – Carta 31/41 €

vicolo Sant'Antonio 7 – ☏ 0546 88054 – Chiuso lunedì-mercoledì a mezzogiorno, giovedì, venerdì a mezzogiorno

🏛 Relais Villa Abbondanzi   🌳 🛏 ♨ 🕓 🦢 ᫬ ᬀ AC P

DIMORA STORICA · PERSONALIZZATO In una dimora dei primi '800 immersa nel verde - a pochi minuti d'auto dal centro - il relais dispone di camere con mobili d'epoca, soppalchi e caminetti. Per scoprire l'emozione di un benessere esclusivo tre diverse private spa, ognuna con caratteristiche particolari: la magia dell'oriente in Tanka, l'atmosfera esotica di Okui, gli aromi del Marocco in Sumir.

15 camere – 🛏 97/216 € – 3 suites

via Emilia Ponente 23 – ☏ 0546 622672 – www.villa-abbondanzi.com – Chiuso 7-21 gennaio

FAGAGNA

✉ 33034 – Udine (UD) – Carta regionale n° **6**–B2 – Carta stradale Michelin 562-D21

🕙 Al Bàcar   🏠 AC

CLASSICA · AMBIENTE CLASSICO 🍴 Tutta una famiglia, i Lizzi, coinvolta tra l'adiacente macelleria-gastronomia e questo interessante ristorante dove il giovane figlio, a suo agio con le ottime carni selezionate da papà, ma anche con il pesce, dà vita a piatti moderni permeati da influenze territoriali.

Menu 14 € (pranzo)/25 € – Carta 25/65 €

via Umberto I 29 – ☏ 0432 811036 – www.ristorantealbacar.com – Chiuso 1-12 gennaio, 10-16 agosto, domenica

🕙 Al Castello   ⟨ 🏠 AC 🔄 P

REGIONALE · ACCOGLIENTE 🍴 Nella parte alta della località, poco distante dal castello che ricorda nel nome, l'atmosfera coniuga rusticità ed eleganza, la tradizione della linea gastronomica e la modernità delle presentazioni. Per chi vuole assaggiare un dessert veramente tipico: torta cun lis jarbis (antico dolce friulano).

Menu 24 € – Carta 28/38 €

via San Bartolomeo 18 – ☏ 0432 800185 – www.ristorantealcastello.com – Chiuso lunedì

🕙 San Michele   🛏 🏠 ᬀ P

MODERNA · RUSTICO 🍴 Attiguo alle antiche rovine del castello e alla chiesetta intitolata a San Michele, questo edificio del XIII secolo - che fu probabilmente sede del corpo di guardia - ospita un ristorantino caratteristico con piatti legati al territorio e alle stagioni in chiave moderna. Panoramico giardino per la bella stagione.

Menu 35/60 € – Carta 33/58 €

via Castello di Fagagna 33 – ☏ 0432 810466 – www.ristorantesanmichele.eu – Chiuso 7-23 gennaio, lunedì, martedì

FAGNANO – Verona → Vedere Trevenzuolo

FAGNANO OLONA

✉ 21054 – Varese (VA) – Carta regionale n° **10**–A2 – Carta stradale Michelin 561-F8

❀ **Acquerello** (Silvio Salmoiraghi) 🏠 🗚

CREATIVA · ACCOGLIENTE ✗✗ Parola chiave: cucina moderna. Ma il ristorante è molto di più. All'interno di un'antica corte lombarda, Acquerello non propone una tavolozza di colori, ma una girandola di sapori. A concertare il tutto, uno chef-titolare defilato dai riflettori che ancora ama stare dietro ai fornelli: Silvio Salmoiraghi è il suo nome! Sebbene vi sia una carta, gli ispettori consigliano di affidarsi alla degustazione: scoprirete un percorso calibrato di note ricercate e combinazioni originali in straordinaria armonia, accenni all'oriente con piacevoli contrasti di cotture e temperature. La proposta enoica rispecchia i gusti del padrone di casa: leggermente sbilanciata sulle bollicine d'Oltralpe, annovera – comunque – di tutto un po'.
Specialità: Carpione di mare. Piccione alla milanese. Croccante al limone, capperi e liquirizia.
Menu 45 € (pranzo), 110/150 € – Carta 45/150 €
via Patrioti 5 – ☎ 0331 611394 – Chiuso 9-20 agosto, 26 dicembre-3 gennaio, lunedì, martedì a mezzogiorno, domenica sera

🍴 **Menzaghi** 🗚 ⇆

MODERNA · FAMILIARE ✗✗ Ingresso attraverso un ampio disimpegno con numerose bottiglie in bellavista: menu vario ed invitante, i piatti vi verranno serviti in una sala di tono signorile. La solida conduzione familiare - ormai alla terza generazione - è garante di un'esperienza gastronomica sicuramente felice!
Menu 18 € (pranzo) – Carta 45/60 €
via San Giovanni 74 – ☎ 0331 361702 – www.ristorantemenzaghi.it – Chiuso 16-30 agosto, lunedì, domenica sera

FALZES • PFALZEN

✉ 39030 – Bolzano (BZ) – Carta regionale n° **19**–C1 – Carta stradale Michelin 562-B17

🍴 **Sichelburg** 🏠 🏠 ⇆ 🅿

CREATIVA · ROMANTICO ✗✗ Regalatevi un grande pasto in un contesto da sogno: in paese, il ristorante si trova al primo piano di un castello di origini trecentesche. Romantiche sale avvolte nel legno, la cucina è creativa, ma fortemente legata ai prodotti della montagna.
Menu 43/70 € – Carta 45/81 €
via Castello 1 – ☎ 0474 055603 – www.sichelburg.it – Chiuso 13 gennaio-4 febbraio, 28 giugno-7 luglio, mercoledì, giovedì

a Molini Nord - Ovest : 2 km – Carta regionale n° **19**–C1

❀ **Schöneck** (Karl Baumgartner) 🏠 ⇐ 🏠 🗚 ⇆ 🅿

REGIONALE · ELEGANTE ✗✗✗ Quando il tempo non consente di mangiare all'aperto, la scelta è fra le romantiche stube storiche o la luminosa veranda coperta. In ogni caso aspettatevi un bell'angolo gourmet, perché Schöneck è da oltre trent'anni sugli allori, grazie ad una cucina che offre piatti per tutti i gusti, via via con sapori più del territorio o vagamente mediterranei. Senza ricorrere a strumentazioni particolarmente tecnologiche, ma semplicemente fuochi, induzione e forno, lo chef-patron Karl Baumgartner dà vita a ricette di carne e pesce, dove la tradizione ha preso il sopravvento sulla creatività degli anni passati, avventurandosi nel solco della classicità. Contadini e allevatori locali contribuiscono con i loro prodotti all'ottima selezione di materie prime.
Specialità: Fettine di galantina di coniglio con salsa di tonno e asparagi di Terlano marinati. Capretto "pusterese" al forno con olio d'oliva, lardo ed erbette di montagna, patate al rosmarino, verdure primaverili. Semifreddo di pino mugo, fragole, salsa di cioccolato bianco.
Menu 70/90 € – Carta 43/78 €
via Schloss Schöneck 11 – ☎ 0474 565550 – www.schoeneck.it – Chiuso 15 giugno-7 luglio, lunedì, martedì

ad Issengo Nord - Ovest : 1, 5 km

○ Tanzer ⇐ 🏨 🏡 ☼ 🅿

CREATIVA · ROMANTICO %% Proprio sotto il campanile della piccola frazione, due romantiche stube del 1600, dove la famiglia intera vi accoglierà e vi accompagnerà in un percorso di piatti regionali, moderni e fantasiosi. A pranzo la scelta delle portate diminuisce, ma non la qualità!

Menu 46€ (pranzo), 52/89€ - Carta 45/74€

*Hotel Tanzer, via del Paese 1 - ℰ 0474 565366 - www.tanzer.it -
Chiuso 15 marzo-8 aprile, 3 novembre-4 dicembre, martedì, mercoledì*

FANO

✉ 61032 - Pesaro e Urbino (PU) - Carta regionale n° 11-B1 - Carta stradale Michelin 563-K21

○ Il Galeone ⇐ 🅰🅲 🅿

PESCE E FRUTTI DI MARE · ELEGANTE %% Accolto tra gli spazi dell'albergo Elisabeth Due, il ristorante da tempo si è conquistato una fama che va ben oltre i frequentatori dell'hotel. Le proposte prediligono il mare in elaborazioni moderne ed accattivanti.

Carta 42/56€

piazzale Amendola 2 - ℰ 0721 823146 - www.ilgaleone.net - Chiuso 7-18 gennaio, lunedì, domenica sera

○ Osteria dalla Peppa 🏡

TRADIZIONALE · VINTAGE % Già alla fine dell'Ottocento si veniva dalla "Peppa", una locanda nel centro storico di cui l'attuale gestione ha recuperato tutta l'atmosfera vintage con arredi e decorazioni d'epoca. Cucina basata su prodotti locali, tra i punti di forza le paste fresche.

Carta 18/53€

via Vecchia 8 - ℰ 331 645 4088 - www.osteriadallapeppa.it - Chiuso 7-14 gennaio, 3-10 giugno

○ Da Maria al Ponte Rosso 🏡 🅰🅲 ⇥

PESCE E FRUTTI DI MARE · ACCOGLIENTE % Preparatevi, prenotare qui non è un'impresa facile, ma questo vorrà pur significare qualcosa... Pochi tavoli, molte piante, qualche scultura realizzata da Domenica, figlia della proprietaria che segue la sala. L'ambiente è familiare ed ancor più l'accoglienza, nonché la gustosa cucina, a base di solo pesce fresco a seconda dell'offerta ittica del giorno: così vuole Maria, la titolare, che ha fatto della semplicità la propria forza!

Carta 40/60€

via IV Novembre 86 - ℰ 0721 808962 - Chiuso lunedì, martedì, mercoledì

sulla strada nazionale Adriatica Sud 78 Sud - Est : 5 km

○ Alla Lanterna 🏡 🅰🅲 🅿

PESCE E FRUTTI DI MARE · ACCOGLIENTE %% In posizione stradale e di certo non delle più romantiche, eppure il ristorante si è garantito da tempo una clientela che viene qui per la qualità del pesce. Sopra, anche la possibilità di pernottare.

Menu 25€ (pranzo), 28/52€ - Carta 28/68€

*località Metaurilia - ℰ 0721 884748 - www.allalanterna.com -
Chiuso 25 dicembre-15 gennaio, lunedì a mezzogiorno, sabato a mezzogiorno, domenica sera*

FARA FILIORUM PETRI

✉ 66010 - Chieti (CH) - Carta regionale n° 1-C2 - Carta stradale Michelin 563-P24

○ Casa D'Angelo 🕸 🏡 ♿ ☼ 🅿

REGIONALE · INTIMO %% La vecchia casa di famiglia, un locale intimo e raffinato cui si aggiunge la sapienza di una gestione dalla lunga esperienza. Piatti del territorio vivacizzati dalla fantasia dello chef.

Menu 36/55€ - Carta 32/60€

via San Nicola 5 - ℰ 0871 70296 - www.casadangelo.it - Chiuso 1-22 novembre, lunedì, martedì, domenica sera

FARRA DI SOLIGO

⊠ 31010 – Treviso (TV) – Carta stradale Michelin 562-E18

a Col San Martino Sud - Ovest : 3 km – Carta regionale n° **23**-C2

🏵 **Locanda da Condo** 🏠 ⛲

REGIONALE · RUSTICO ⅟ Un'antica locanda che una famiglia gestisce da almeno tre generazioni. Diverse sale ricche di fascino tutte accomunate dallo stile tipico di una trattoria e piccola terrazza affacciata sulla graziosa piazza del paese con disponibilità di una decina di coperti esterni per la bella stagione. Cucina veneta, come l'immancabile pasta e fagioli o la faraona con peverada.

Specialità: Salame fresco all'aceto e cipolla con polenta bianca. Spiedo misto della casa sulla legna. Tiramisù.

Menu 30/39€ – Carta 29/39€

via Fontana 134 – ℰ 0438 898106 – www.locandadacondo.it – Chiuso 1-30 luglio, martedì sera, mercoledì

🍴 **Locanda Marinelli** 🔄 ⪡ 🏠 ⅙ 🅰🅒 🅿

MODERNA · INTIMO ⅟⅟ Nella quiete di una tranquilla frazione tra i vigneti di Prosecco, cucina dallo stile pacatamente moderno a base di ottimi prodotti, sia di terra sia di mare. Bella anche la terrazza panoramica.

Menu 20€ (pranzo)/25€ – Carta 40/65€

*via Castella 5 – ℰ 0438 987038 – www.locandamarinelli.it –
Chiuso 28 agosto-7 settembre, martedì*

FASANO DEL GARDA – Brescia → Vedere Gardone Riviera

FAVIGNANA – Trapani → Vedere Sicilia (Egadi Isole)

FELINO

⊠ 43035 – Parma (PR) – Carta regionale n° **5**-A3 – Carta stradale Michelin 562-H12

a Barbiano Sud : 4 km

🍴 **Trattoria Leoni** 🏠 🅿

EMILIANA · TRATTORIA ⅟ In una cornice di affascinanti dolci colline, la classica sala propone piatti parmigiani che si aprono a suggestioni di montagna, funghi e cacciagione; imperdibile panorama estivo.

Menu 20€ (pranzo), 30/35€ – Carta 35/51€

via Ricò 42 – ℰ 0521 831196 – www.trattorialeoni.it – Chiuso 2-31 gennaio, lunedì

FELTRE

⊠ 32032 – Belluno (BL) – Carta regionale n° **23**-B2 – Carta stradale Michelin 562-D17

🏵 **Aurora** 🅰🅒

MODERNA · FAMILIARE ⅟ L'esperienza e la grande professionalità dello chef - unitamente ad una politica dei prezzi molto competitiva - sono gli atout che attirano gli avventori e spesso li fanno ritornarne ancora una volta qui. Tipico menu da trattoria.

Specialità: Baccalà mantecato con chips di polenta. Piovra con patate schiacciate e broccoli. Torta di castagne con crema al rosmarino.

Menu 15€ (pranzo), 25/35€ – Carta 15/50€

via Garibaldi 68 – ℰ 0439 2046 – Chiuso 14-31 gennaio, 20-27 giugno, giovedì sera, domenica

🍴 **Panevin** 🏠 ⅙ 🅰🅒 🅿

MODERNA · ACCOGLIENTE ⅟⅟ In una frazione verdeggiante, appena fuori Feltre, la sua cucina moderna si è fatta nel tempo sempre più interessante: i sapori del mare sempre in prima linea!

Menu 25€ (pranzo) – Carta 40/75€

via Cart 16 – ℰ 043983466 – www.ristorantepanevin.com – Chiuso mercoledì, domenica sera

FERENTILLO

05034 – Terni (TR) – Carta regionale n° **20**-C3 – Carta stradale Michelin 563-O20

Piermarini

REGIONALE · **AMBIENTE CLASSICO** XX Poco fuori dal centro, giardino, veranda e sale sono l'elegante cornice di una cucina spesso incentrata sul tartufo, sempre sui sapori della tradizione con ingredienti locali ed un'ottima griglia accesa in permanenza. Tra i must del menu: "picchiettini" (pasta tipica) alle erbette e uovo alla coque con tartufo.

Specialità: Fantasie di antipasto. Agnello al tartufo. Ciambellina con crema all'arancia.

Carta 30/60€

via Ancaiano 23 – & 0744 780714 – www.saporipiermarini.it – Chiuso lunedì, domenica sera

FERIOLO

28831 – Verbano-Cusio-Ossola (VB) – Carta regionale n° **13**-A1 –
Carta stradale Michelin 561-E7

Vistaqua

MEDITERRANEA · **BISTRÒ** X Sul frontelago della piccola e pittoresca località, un bistrot raccolto e moderno dove gustare piatti mediterranei e pizze. Incantevole la terrazza panoramica.

Carta 35/60€

via Mazzini 11 – & 0323 28568 – www.ristorantevistaqua.it – Chiuso 7 ottobre-1 aprile, lunedì a mezzogiorno

FERMO

63900 – Fermo (FM) – Carta regionale n° **11**-D2 – Carta stradale Michelin 563-M23

sulla strada statale 16 - Adriatica

Emilio

PESCE E FRUTTI DI MARE · **ELEGANTE** XXX A due passi dal mare, ricette di pesce secondo la tradizione locale, con molte sorprese proposte anche a voce, in un ristorante elegante dove spiccano opere d'arte contemporanea: ritrovo gourmet per cultori del bello.

Menu 65/85€ – Carta 50/120€

via Girardi 1, località Casabianca – & 0734 640365 – www.ristoranteemilio.it – Chiuso 1-9 settembre, 24-30 dicembre, lunedì, martedì-sabato a mezzogiorno

Yulia Furman/Shutterstock.com

255

M. Ansaloni/hemis.fr

FERRARA

✉ 44121 – Ferrara (FE) – Carta regionale n° **5**-C1 –
Carta stradale Michelin 562-H16

Ci piace

La capacità di raccontare i sapori tipici cittadini da **Noemi**.
L'atmosfera intima dei dieci tavoli di **Cucina Bacilieri**: piatti
moderni, ma legati alle tradizioni e alla stagionalità dei
prodotti

Nella città delle biciclette, pedalate fino al Teatro del Gusto
dove vi attende un buffet di oli e aceti balsamici abbinati a
primi piatti, finger food, pesce e frutta: il tutto
accompagnato da un buon prosecco e note musicali.
Voglia di una bevanda stimolante come un buon caffè? Gli
ispettori consigliano un salto presso la Torrefazione Caffè
Penazzi: degustazione e vendita dei migliori cru e delle più
saporite miscele di sola arabica tostate seguendo
manualmente ogni ciclo di lavorazione.

Ristoranti

☺ Ca' d'Frara   🕭 A/C

EMILIANA · FAMILIARE XX Tappa irrinunciabile per chi vuole conoscere la grande cucina locale, il cuoco-patron rende uno straordinario omaggio ai cappelletti in brodo, ragù antico, salama da sugo, pasticcio alla ferrarese, sebbene non manchino anche molti piatti a base di pesce.

Specialità: Cappellacci di zucca al ragù. Calamari ripieni con scampi e broccoletti. Torta tenerina al cioccolato.

Menu 28€ – Carta 20/45€

Pianta B2-c – *via del Gambero 4 –*
✆ 0532 205057 – www.ristorantecadfrara.it –
Chiuso 1-31 luglio, martedì, mercoledì a mezzogiorno

⭑○ Cucina Bacilieri   🕭 A/C

MODERNA · INTIMO XX Pochi tavoli per questo ottimo ristorante del centro, il cui nome è mutuato dal cognome dello chef-patron. Nato nel 2016 sulle ceneri di un noto locale propone i piatti moderni, a volte addirittura creativi, mostrando evidenti legami con la tradizione, come quando, ad esempio, utilizza l'anguilla o cita il pasticcio ferrarese.

Carta 35/60€

Pianta B2-a – *via Terranuova 60 – ✆ 0532 243206 – www.cucinabacilieri.it –*
Chiuso 1-19 agosto, martedì, domenica sera

⭑○ Quel Fantastico Giovedì   🍽 A/C

MODERNA · ACCOGLIENTE XX Un libro di Steinbeck - scelto casualmente fra tanti - battezzò il ristorante, ma da allora poco fu lasciato al caso: sale moderne ed eleganti, qui troverete i classici ferraresi, sebbene la nomea della cucina sia prevalentemente legata all'ottimo pesce.

Menu 28/40€ – Carta 35/56€

Pianta B2-n – *via Castelnuovo 9 –*
✆ 0532 760570 – www.quelfantasticogiovedi.com –
Chiuso 29 gennaio-7 febbraio, 29 luglio-20 agosto, mercoledì, giovedì a mezzogiorno

⭑○ Da Noemi   A/C

EMILIANA · CONVIVIALE X Fu la madre dell'attuale titolare ad aprire, dandole il proprio nome, questa frequentata trattoria in un vicolo medievale del caratteristico centro storico. La tradizione ferrarese viene riproposta con i suoi grandi piatti storici, in primis la salama da sugo ed il pasticcio di maccheroni. Un vero must per conoscere sapori già in auge ai tempi della famiglia d'Este.

Carta 30/58€

Pianta B2-b – *via Ragno 31/a – ✆ 0532 769070 – www.trattoriadanoemi.it –*
Chiuso 1-31 luglio, martedì

a Ravalle Ovest : 16 km per Rovigo A1

⭑○ L'Antico Giardino   🕭 🍽 A/C P

MODERNA · CONTESTO CONTEMPORANEO XX Una cucina ricca di spunti fantasiosi, che mostra una predilezione per i sapori della terra, carne, funghi e tartufi particolarmente. Moderna anche l'atmosfera all'interno della villetta, nel centro della località.

Carta 45/60€

Fuori pianta – *via Martelli 28 –*
✆ 0532 412587 – www.ristoranteanticogiardino.com –
Chiuso lunedì, martedì-sabato a mezzogiorno

a Gaibana Sud : 10 km per Ravenna B2 – Carta regionale n° **5**-C2

Trattoria Lanzagallo 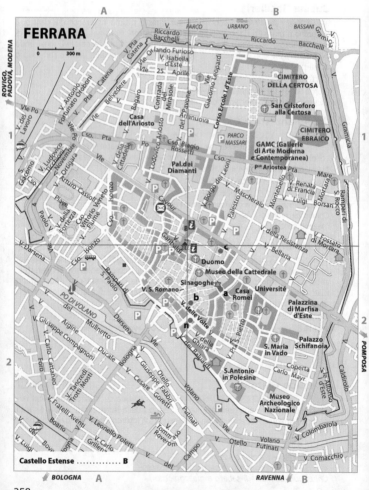 AC P

PESCE E FRUTTI DI MARE · CONVIVIALE Non fatevi ingannare dall'ambiente semplice e privo di fronzoli, la Trattoria Lanzagallo è uno dei punti di riferimento in provincia per la qualità del pesce in preparazioni schiette e gustose, suggerite a voce. Qualche consiglio? L'antipasto con pesci e crostacei di giornata al vapore, il rombo in crosta di patate!

Specialità: Rotolo di anguilla alle erbe fini. Spiedini di rosmarino e calamaretti. Zuppa inglese al bicchiere.

Carta 26/40 €

Fuori pianta – *via Ravenna 1048 – 6 0532718001 – www.lanzagallo.it – Chiuso lunedì, domenica*

FIANO

⊠ 10070 – Torino (TO) – Carta regionale n° **12**–B2 – Carta stradale Michelin 561-G4

🏨 Relais Bella Rosina   ☆ 🦢 🛲 🏋 🖨 🕭 🕭 P

LUSSO · ELEGANTE Non lontano dalla Reggia di Venaria, tranquillo e con ampi spazi esterni, il relais si trova in una residenza sabauda patrimonio mondiale dell'Unesco. L'eleganza delle camere è pari al valore della struttura. Ottimo!

19 camere � – ♥♥ 120/180 € – 2 suites

via Agnelli 2 – ℰ 011 923 3600 – www.bellarosina.it – Chiuso 8 gennaio-12 aprile, 4 novembre-2 dicembre

FIASCHERINO – La Spezia ➜ Vedere Lerici

FIDENZA

⊠ 43036 – Parma (PR) – Carta regionale n° **5**–A2 – Carta stradale Michelin 562-H12

😊 Podere San Faustino   🛲 🏠 🕭 🕭 P

EMILIANA · CASA DI CAMPAGNA 𝕏 Nel cuore della bassa parmense, l'antica cascina riporta alla luce romantici ricordi del tempo che fu; la cucina si adegua volentieri a questo straordinario amarcord, dai tagliolini di soli rossi d'uovo con pasta di salame, pomodorini secchi e cipolla al guancialino di maiale brasato con carpaccio di finocchio marinato all'arancia, per finire con imperdibili dolci, tra cui lo zuccotto di zuppa inglese e salsa vaniglia.

Specialità: Torretta di melanzane alla parmigiana con mantecato di bufala e crema di prezzemolo. Coscia d'oca cotta a bassa temperatura alle erbe fini e Calvados. Cubano piccante al cioccolato fondente e crema di peperoncino habanero.

Carta 20/40 €

via San Faustino 33 (strada statale Emilia nord) – ℰ 0524 520184 – www.poderesanfaustino.it – Chiuso 1-7 gennaio, lunedì, sabato a mezzogiorno, domenica sera

FIERA DI PRIMIERO

⊠ 38054 – Trento (TN) – Carta regionale n° **19**–C2 – Carta stradale Michelin 562-D17

🍴 La Pajara   🦢 🏠 P

ITALIANA · AMBIENTE CLASSICO 𝕏𝕏 Un piacevole ambiente che unisce tradizione e modernità, dove anche la cucina segue questo trend: piatti contemporanei sia di carne sia di pesce e sapori del territorio.

Carta 32/77 €

Hotel Castel Pietra, via Venezia 28 – ℰ 0439 763171 – www.ristorantecastelpietra.it – Chiuso 16 marzo-15 maggio, 2 novembre-4 dicembre, lunedì-venerdì a mezzogiorno

🍴 Chalet Piereni   🦢 🍴 🏠 🔄 P

REGIONALE · FAMILIARE 𝕏 In un contesto naturalistico di grande bellezza, solo il piacere della buona tavola vi sottrarrà dalla piacevolezza dello stare all'aria aperta; i prodotti tipici del territorio concorrono, infatti, alla realizzazione di piatti dal sapore regionale con un occhio di riguardo per i piccoli ospiti.

Menu 20/45 € – Carta 25/48 €

località Piereni, Nord-Est : 8 km – ℰ 0439 62791 – www.chaletpiereni.it – Chiuso mercoledì

FIESOLE

⊠ 50014 – Firenze (FI) – Carta regionale n° **18**–D3 – Carta stradale Michelin 563-K15

🍴 Il Salviatino   🦢 🏠 🕭 P

MODERNA · ELEGANTE 𝕏𝕏𝕏 Un locale che sa riproporsi - sempre e comunque - con raffinata eleganza. Tra i libri all'interno, con rilassante vista sul centro di Firenze all'esterno, carne e pesce con qualche omaggio alla Toscana in piatti modernamente preparati: tutto quello che serve per un fine dining! A pranzo solo una proposta più semplice e leggera, ma sempre consigliabile.

Carta 60/110 €

Hotel Salviatino, via del Salviatino 21 – ℰ 055 904 1111 – www.salviatino.com – Chiuso 3 novembre-9 aprile

🏨 Belmond Villa San Michele

DIMORA STORICA · GRAN LUSSO Se sentite nostalgia di *Florentia*, in 10 minuti una navetta gratuita vi condurrà nel cuore della città. Altrimenti, godetevi la tranquillità e la maestosa vista di questa raffinata dimora del '400 immersa nel verde, la cui facciata è attribuita al più grande maestro italiano: Michelangelo.

39 camere 🛏️ – 🍴 495/1700€ – 6 suites

via Doccia 4 – 𝒞 055 567 8200 – www.belmond.com – Chiuso 4 novembre-31 marzo

🏨 Il Salviatino

GRAN LUSSO · STORICO Il lusso non contraddistingue solo gli spazi di questa villa cinquecentesca, con parco e vista panoramica sulla città, ma si esprime anche attraverso una formula di service ambassador: un referente a cui ogni cliente può rivolgersi 24h su 24h. Preparatevi: un soggiorno da sogno vi attende.

44 camere 🛏️ – 🍴 350/780€ – 8 suites

via del Salviatino 21 – 𝒞 055 904 1111 – www.salviatino.com –
Chiuso 2 novembre-15 aprile

🍴 **Il Salviatino** – Vedere selezione ristoranti

FIGHINE – Siena ➜ Vedere San Casciano dei Bagni

FILANDARI

✉️ 89841 – Vibo Valentia (VV) – Carta stradale Michelin 564-L30

a Mesiano Nord - Ovest : 3 km – Carta regionale n° **3**-A2

🕸️ Frammichè

CALABRESE · RUSTICO X In aperta campagna, al termine di una strada sterrata, questo piccolo casolare è una piacevole sorpresa. Il pergolato esterno per il servizio estivo, così come la saletta dal monumentale camino, accolgono una cucina casalinga dalle porzioni generose. Specialità: trofiette con fiori di zucca, pinoli e zenzero.

Specialità: Antipasto misto alla Frammichè. Fileja (pasta calabrese) con carne di capra e pecorino. Millefoglie con crema Chantilly.

Menu 15/25€ – Carta 35/65€

contrada Ceraso – 𝒞 338 870 7476 – Chiuso lunedì

FINALBORGO – Savona ➜ Vedere Finale Ligure

FINALE EMILIA

✉️ 41034 – Modena (MO) – Carta regionale n° **5**-C2 – Carta stradale Michelin 562-H15

🕸️ Osteria la Fefa

REGIONALE · FAMILIARE XX In un edificio del Seicento, trattoria già nel Settecento, l'abile cuoca-proprietaria continua la sua strenua difesa della cucina emiliana, all'insegna, tra l'altro, di gnocco fritto e ottimi salumi, nonché ottime paste fresche. Suggestioni dal menu: cappellacci di zucca con salvia, mandorle e amaretti - coscia d'anatra confit con salsa al lambrusco e uva - torta di tagliatelle.

Specialità: Insalata di coniglio con ortaggi, maionese e uovo di quaglia. Tortellini in brodo. Zuppa inglese.

Carta 30/53€

via Trento-Trieste 9/C – 𝒞 0535 780202 – www.osterialafefa.it – Chiuso 1-22 gennaio, 3-31 agosto, martedì

🍴 Entrà

DEL TERRITORIO · CONTESTO TRADIZIONALE X Due fratelli mantengono vivo questo luogo dove - sin dall'inizio del secolo scorso - si è sempre cucinato; forse in virtù di questo ricordo, ma anche nel rispetto di una terra ricchissima di tradizioni gastronomiche, qui si propongono specialità regionali senza alcuna rivisitazione: paste fresche tirate al mattarello, salumi e tra le carni (assolutamente da assaggiare!) la faraona. In cantina, oltre ad una bella selezione del territorio, anche alcune preziose soprese.

Carta 27/40€

via Salde Entrà 60, località Entrà – 𝒞 0535 97105 – www.trattoriaentra.it –
Chiuso 15-22 gennaio, 16 agosto-2 settembre, lunedì, martedì, mercoledì-sabato a mezzogiorno, domenica sera

FINALE LIGURE

✉ 17024 – Savona (SV) – Carta regionale n° **8**–B2 – Carta stradale Michelin 561-J7

⑪○ **Rosita**   ⇦ 斎 🅿

LIGURE · RUSTICO ⅹ Stile rustico, ma soprattutto una bella terrazza affacciata sul mare e sulla costa, che vi ripaga di un tratto di strada un po' stretto e tortuoso, necessario a raggiungere il locale. Curata direttamente dai titolari, la cucina è squisitamente all'insegna del territorio.

Menu 25/50 € – Carta 30/55 €

via Mànie 67 – ☎ 019 602437 – www.hotelrosita.it – Chiuso 3 novembre-1 marzo, lunedì-martedì a mezzogiorno, mercoledì, giovedì-venerdì a mezzogiorno

🏠 **Punta Est**   ☆ ⇦ 🏡 ⌿ 🔄 🆂 🅰🅲 ₕ 🅿

DIMORA STORICA · PERSONALIZZATO Antica dimora settecentesca in un parco ombreggiato da pini secolari e da palme; tutti da scoprire i deliziosi spazi esterni, tra cui una caverna naturale con stalagmiti. Elegante sala da pranzo: soffitti a travi lignee, archi, camino centrale, dehors panoramico.

34 camere ⌷ – ♟♟ 200/330 € – 2 suites

via Aurelia 1 – ☎ 019 600611 – www.puntaest.com – Chiuso 13 ottobre-24 aprile

a Finalborgo Nord - Ovest : 2 km

⑪○ **Ai Torchi**

LIGURE · CONTESTO STORICO ⅹⅹ Antico frantoio in un palazzo del centro storico - e come non bastasse - di un grazioso borgo medievale: in sala sono ancora presenti la macina in pietra e il torchio in legno. Bella atmosfera, servizio curato e gustosa cucina marinara mentre l'esperienza si completa col negozio di oggettistica per la casa ed anche col bistrot.

Menu 40 € – Carta 40/60 €

via dell'Annunziata 12 – ☎ 019 690531 – www.ristoranteaitorchi.com – Chiuso 7 gennaio-7 febbraio, martedì

FIORENZUOLA D'ARDA

✉ 29017 – Piacenza (PC) – Carta regionale n° **5**–A2 – Carta stradale Michelin 562-H11

⑪○ **Mathis**   ⇦ 🅰🅲 🅿

EMILIANA · CONVIVIALE ⅹ Piacevole atmosfera retrò con oggetti d'altri tempi a far da contorno alle specialità piacentine. Moto e macchine d'epoca in cantina. Originale, come il suo nome!

Menu 15/18 € – Carta 25/45 €

via Matteotti 68 – ☎ 0523 982850 – www.mathis.it – Chiuso 1-13 gennaio, 13-23 agosto, domenica

FIRENZE

✉ 50122 – Firenze (FI) – Carta regionale n° **18**–D3 –
Carta stradale Michelin 563-K15

Ci piace

Una cena al **Santa Elisabetta,** all'interno della torre
Pagliazza**.** Una sosta al modaiolo **The Fusion Bar &
Restauran**t. Il brunch della domenica al **Four Seasons**. La
terrazza del Ristorante **SE. STO on Arno** per godere di una
vista mozzafiato su tutta Firenze. Una notte al **Palazzo
Niccolini al Duomo** nella magia di un antico palazzo
nobiliare.

Caffè-concerto dal nome impronunciabile Paszkowski
ospitò tra i tanti personaggi famosi anche Prezzolini e
D'Annunzio. Oggi ci si accomoda ai suoi tavolini per
sorseggiare bevande calde, cocktails, ma anche qualche
piatto di cucina nazionale. Nella zona di San Lorenzo, oltra
al mercato centrale, vale la pena indugiare tra le varie
bancarelle e botteghe che offrono generi alimentari di vario
tipo; presenti anche i vinai e i tipici carretti dei "trippai".

efired/iStock

Ristoranti

✿✿✿ **Enoteca Pinchiorri** (Annie Féolde)   🕸 🏠 🄰🄺 ⇔

MODERNA · LUSSO XxxX Celebre in tutto il mondo è il tre stelle che rende lustro alla città del Giglio! Tra i pochi locali realmente internazionali del Paese, la cucina di madame Féolde affiancata dal 1993 da Riccardo Monco è sostanzialmente italiana in bilico tra classico e moderno, sebbene da qualche tempo a questa parte - in fondo al menu – vi sia un omaggio di ringraziamento alla Francia (per l'assegnazione della Légion d'Honneur) con due piatti tipici della loro tradizione.

Si gioca molto sul sicuro: materie prime ottime, cotture perfette, presentazioni accattivanti e, ultimo ma non ultimo, porzioni generose. Il servizio è pronto ad incontrare e prevedere ogni desiderio, mettendo a proprio agio l'ospite; il delizioso dehors, un "fiore" che si schiude nella piccola corte.

Leggendaria, infine, l'ampia carta dei vini che non necessita di citarli – per forza – tutti, bensì solo le etichette veramente significative (e sono tante!) del mondo intero.

Specialità: Ricciola appena scottata nell'olio, capperi, guanciale e porri, raviolo croccante di ostriche e riduzione di cavolo cappuccio. Filetti di triglia avvolti nel pane toscano, purea di finocchio candito nell'olio extra vergine e intingolo di maruzzelle. Budino soffice al latte, con gelato al caffè e prugne leggermente marinate.

Menu 275/285€ – Carta 205/355€

Pianta C2-x – *via Ghibellina 87 – ☏ 055 242777 – www.enotecapinchiorri.com –
Chiuso 1-31 agosto, 18-28 dicembre, lunedì, martedì-sabato a mezzogiorno,
domenica*

✿ **Il Palagio**   🕸 ⇦🏠 ♿ 🄰🄺

MODERNA · CONTESTO STORICO XxxX Al piano terra del palazzo della Gherardesca che ha nel parco secolare il suo cuore pulsante, Il Palagio è un ristorante gourmet serale dagli ambienti neo-classici, raffinati e signorili. La cucina è tesa verso la reinterpretazione della tradizione italiana in piatti elaborati e gustosi; la generosità complessiva di porzioni e assaggini non lascia indifferenti, al pari del piacevole effetto di alcune preparazioni effettuate in sala, come il caffè (macinato davanti al cliente e preparato con apparecchiatura americana in vetro), del buon servizio e della valida carta dei vini. All'executive chef, Vito Mollica, va riconosciuto il merito di realizzare piatti che diventano autentici signature dish, avvalendosi, in primis, di prodotti locali.

Specialità: Tartare di ricciola con avocado e gambero rosso marinato. Piccione al Vin Santo cotto in vescica. Soufflé al cassis.

Menu 135/145€ – Carta 107/240€

Pianta D1-a – *Four Seasons Hotel Firenze, borgo Pinti 99 – ☏ 055 262 6450 –
www.ilpalagioristorante.it – Chiuso 20 gennaio-13 febbraio, lunedì-domenica a
mezzogiorno*

✿ **Borgo San Jacopo**   🕸 🄰🄺

MODERNA · ROMANTICO Xxx All'interno di uno dei più suggestivi alberghi della città, il ristorante ne condivide tutto: lo stile elegante ed esclusivo. Un ritorno a casa per il nuovo chef che porta con sé le esperienze presso importanti maison, mentre l'accurata selezione di prodotti italiani concorre alla creazione di raffinate ricette di carne e di pesce. il privilegio aggiunto a tanta qualità, è prenotare uno dei pochi romantici tavoli sul balcone davanti all'Arno.

Specialità: Cotto e crudo di verdure con sorbetto di pomodoro e melassa di fichi. Maialino da latte in porchetta con scorzonera, scalogno al Porto e senape di Digione. Il babà.

Menu 130/150€ – Carta 84/150€

Pianta E2-s – *Hotel Lungarno, borgo San Jacopo 62/R – ☏ 055 281661 –
www.lungarnocollection.com – Chiuso 1-29 febbraio, lunedì-domenica sera*

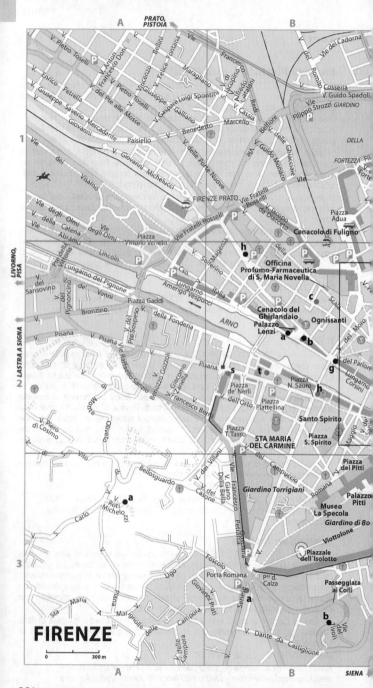

FIRENZE

0   300 m

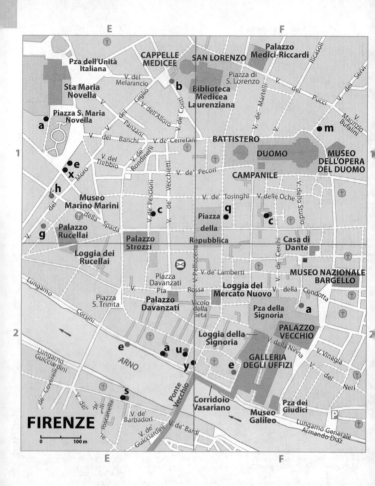

La Leggenda dei Frati (Filippo Saporito)

CREATIVA · CONTESTO STORICO ✗✗✗ Dopo una salita vertiginosa per chi lo raggiunge a piedi, varcata la soglia del bellissimo complesso museale di Villa Bardini, vi attende un'atmosfera elegante ed accogliente, mentre la cucina riesce a stupirvi con sapori creativi e moderni, sicuramente convincenti. Lo chef Filippo Saporito è sempre in movimento, mai pago dei traguardi raggiunti; la sua curiosità lo porta di continuo a cercare, sperimentare e perfezionarsi. Un centro di gravità, tuttavia, l'ha trovato anche lui nell'interesse verso una cultura gastronomica del territorio e dei sapori di una volta, selezione scrupolosa di materie prime e preferibilmente da filiere sostenibili: la carne, nelle sue varie declinazioni (soppressate e cotechini), ma anche pane e pasta preparati con farine speciali da grani antichi, prodotte artigianalmente e macinate a pietra.

Specialità: La terrina di fegatini. Piccione. BFG - Black Forest Gateau.

Menu 115/140 € – Carta 69/140 €

Pianta C3-a – Costa San Giorgio 6/a –
☎ 055 068 0545 – www.laleggendadeifrati.it –
Chiuso 13-27 gennaio, lunedì, martedì a mezzogiorno

266

✿ Santa Elisabetta   [AC]

CREATIVA · ELEGANTE XxX La torre della Pagliazza, probabilmente di origini bizantine, ebbe tante destinazioni; nel dodicesimo secolo fu anche carcere femminile, ma oggi custodisce uno dei più interessanti ristoranti gourmet della città. Cuoco campano, la carta è improntata a piatti con evidenti e volute citazioni mediterranee, sebbene il cuoco abbia saputo instaurare un dialogo perfetto tra la Toscana e la sua terra di origine. Ne risulta una cucina fantasiosa ed elaborata che si concretizza in belle presentazioni. I tavoli a disposizione sono solo sette: affrettatevi a prenotare!

Specialità: Gambero rosso crudo, mandorle, panzanella all'agro, zuppetta di olive di Nocellara. La triglia in crosta di pane allo zafferano, pesto di uvetta e pinoli, cipolla in carpione. Il cremino al cioccolato, tè matcha, sorbetto di arancia e pepe.

Menu 79/134 € – Carta 72/100 €

Pianta F1-c – *Hotel Brunelleschi, piazza Santa Elisabetta 3 – ☎ 055 27370 – www.hotelbrunelleschi.it – Chiuso 2-31 agosto, lunedì, martedì-sabato a mezzogiorno, domenica*

✿ Ora D'Aria (Marco Stabile)   ஃ [AC] ⇧

MODERNA · ELEGANTE XxX Dietro gli Uffizi, un locale dotato di una certa originalità, non tanto per la cucina a vista (veramente importante in termini di dimensioni), ma per il desiderio di creare un ideale dialogo tra i clienti e il personale ai fornelli: le due sale sono, infatti, separate da una parete a vetri, le porte della cucina si aprono di continuo sulla sala-salotto e spesso sono i cuochi stessi a portare i piatti agli ospiti.

Piatti che utilizzano in prevalenza prodotti toscani, mischiando tradizione e modernità con buona destrezza. Il ristorante deve questo singolare nome non solo alla vicinanza della prima sede con il vecchio carcere fiorentino delle Murate, ma anche all'intento che tutto lo staff si propone: offrire ai propri ospiti una pausa rilassante, un momento di distacco dallo scorrere frenetico degli impegni quotidiani. Un'ora d'aria dalla routine! Bella carta dei vini ed un'attenzione tutta particolare alla selezione di birre.

Specialità: L'uovo, le uova e la gallina: i riti della nonna toscana. Manzo impanato al cavolo nero con purè di sedano rapa. Olio dolce.

Menu 40 € (pranzo), 72/150 € – Carta 60/125 €

Pianta F2-e – *via dei Georgofili 11r – ☎ 055 200 1699 – www.oradariaristorante.com – Chiuso 19 gennaio-9 febbraio, 9-18 agosto, lunedì a mezzogiorno, domenica*

✿ Gucci Osteria da Massimo Bottura   ⛭ [AC]

MODERNA · CHIC XX Nel centro di Firenze, questo moderno e dinamico locale porta la firma dell'istrionico chef Massimo Bottura. La cucina, sovraintesa da una giovane chef latino-americana, si apre al mondo con belle citazioni e rielaborazioni di ricette di altri paesi, ma mai dimentica dell'Italia e di Modena in particolare. Ambiente moderno, le cui pareti ripropongono intriganti rappresentazioni dei mestieri in voga nella seicentesca città del Giglio; vivamente consigliata la visita – ai piani superiori – del Gucci Garden, raffinato museo dedicato alla celebre maison.

Specialità: Purple corn "tostada". Tortellino in crema di parmigiano reggiano stagionato 36 mesi. Bergamotto love.

Menu 60/100 € – Carta 60/100 €

Pianta F2-a – *piazza della Signoria 10 – ☎ 055 7592 7038 - www.gucci.com*

✿ La Bottega del Buon Caffè   ஃ ⛭ [AC]

CREATIVA · CONTESTO CONTEMPORANEO XX Sul Lungarno, atmosfera urban chic, ma anche stile fiorentino, in un locale con grazioso dehors e cucina rigorosamente a vista. Piatti incentrati su materie prime di grande qualità - senza limiti di territorialità e tradizione - trattate con intelligenza e rispetto in un twist creativo, ragionato e spontaneo. Questa sinfonia orchestrata dallo chef israeliano Erez Ohayon, viene eseguita sotto gli occhi degli ospiti che lo ammirano attraverso un'enorme finestra affacciata sulla cucina. Ottimi anche il servizio e la carta dei vini con oltre 1000 etichette.

Specialità: Uovo di Borgo Santo Pietro. Piccione nel fieno. Sottobosco.

Menu 68 € (pranzo), 135/160 € – Carta 98/165 €

Pianta D3-w – *lungarno Benvenuto Cellini, 63/r – ☎ 055 553 5677 – www.borgointhecity.com – Chiuso lunedì a mezzogiorno, domenica*

Da Burde

REGIONALE · CONVIVIALE X Nato agli inizi del secolo scorso come bottega di alimentari e trattoria, è un locale storico lontano dai soliti circuiti turistici. I due fratelli che attualmente lo gestiscono hanno lasciato tutto com'era in origine: salumi in vendita, banco bar con tabacchi e sul retro una saletta familiare dove gustare la vera cucina toscana come la farinata al cavolo nero, pici al ragù di chianina, fegatelli o la schiacciata con l'uva. Buona propensione ai vini, a sorpresa anche sugli champagne.

Specialità: Crostini toscani di fegatini con norcineria. Bistecca alla fiorentina. Torta di mele.

Carta 24/40 €

Fuori pianta – via Pistoiese 154 –
☎ 055 317206 – www.vinodaburde.com –
Chiuso 8-22 agosto, lunedì-giovedì sera, sabato sera, domenica

Il Latini

TOSCANA · DI QUARTIERE X Fiaschi di vino alle pareti (accanto, per par condicio, a qualche bottiglia "griffata"), prosciutti appesi al soffitto, servizio schietto ed informale, sale e salette sempre strapiene ed a volte rumorose. Una tradizione secolare: è la trattoria cittadina per eccellenza che celebra la cucina toscana... ribollita, zuppa di farro, grandi arrosti e, per finire, tiramisù.

Specialità: Pappa al pomodoro. Bistecca alla fiorentina. Tortino al cioccolato.

Carta 29/79 €

Pianta E1-g – via dei Palchetti 6 r – ☎ 055 210916 – www.illatini.com –
Chiuso 1 gennaio, 1-15 agosto, 25 dicembre, lunedì

Podere 39

TOSCANA · BISTRÒ X Appena fuori dalla Porta Romana - nella prima periferia, quindi, di Firenze - il locale è per il momento molto piccino (sebbene si prospetti a breve un ampliamento), ma curatissimo e molto piacevole; tavoli in legno, pareti in mattoni rossi a vista e innumerevoli abbellimenti tra cui fiori e qualche salume appeso.

Specialità: Fiori di zucca ripieni di ricotta e baccalà. Tagliolini con sugo bianco di coniglio di cascina e pecorino. Zuccotto bastardo ripieno di ricotta, goccia di cioccolato e ciliegia candita.

Menu 25/40 € – Carta 25/45 €

Pianta B3-a – via Senese 39 r – ☎ 345 237 6137 – Chiuso domenica

Trattoria Cibrèo-Cibreino

DEL TERRITORIO · CONTESTO TRADIZIONALE X Nella trattoria troverete l'anima più popolare dell'adiacente ristorante Cibreo, un ambiente semplice e piacevolmente conviviale che non riceve prenotazioni, ma dispensa la stessa gustosa cucina: ribollita, polpettone di vitella, torta al cioccolato tra i classici più richiesti.

Specialità: Minestra di pane. Collo di pollo ripieno. Budino al cioccolato.

Carta 30/37 €

Pianta D2-f – via dei Macci 122/r – ☎ 055 234 1100 – www.cibreo.com –
Chiuso 10-18 agosto

Zeb

DEL MERCATO · CONVIVIALE X Nel delizioso quartiere di San Niccolò, l'antica gastronomia si è trasformata in un originale ristorantino familiare: seduti intorno al banco centrale, come in un sushi bar, si mangia gomito a gomito scegliendo piatti gustosamente casarecci, proposti a voce, come le tagliatelle al cinghiale, le trippe, il peposo, la torta con le mele al Calvados.

Specialità: Tortelloni al pecorino e pere. Peposo. Torta morbida al cioccolato.

Menu 25/40 € – Carta 25/40 €

Pianta C3-z – via San Miniato 2r – ☎ 055 234 2864 – www.zebgastronomia.com –
Chiuso 15-31 agosto, mercoledì

†⃝ **Winter Garden by Caino**　　　　　　　　　舒 & AC

MODERNA · LUSSO XxX Un tempo vi entravano le carrozze, oggi l'antica e ampia corte del St. Regis, trasformata in signorile giardino d'inverno con anche divani e poltrone per il cocktail bar, ospita piatti maremmani sapidi e decisi.

Menu 40 € (pranzo)/120 € – Carta 70/140 €

Pianta B2-a – *Hotel The St. Regis Florence, piazza Ognissanti 1 – ℰ 055 2716 – www.stregisflorence.com*

†⃝ **SE.STO on Arno**　　　　　　　　　　　　舒 AC ⇧

CREATIVA · CHIC XxX Al sesto piano dell'albergo Excelsior di cui è il gradito vezzo moderno e di design, se anche d'inverno la vista è mozzafiato attraverso le ampie vetrate, nella bella stagione in terrazza vi sembrerà di volare su Firenze. La cucina proposta è regionale e mediterranea, generosa nei colori e nei sapori. A pranzo, i piatti dello chef si fanno più semplici e classici rispetto alla sera.

Menu 35 € (pranzo), 120/150 € – Carta 30/150 €

Pianta B2-b – *Hotel The Westin Excelsior, piazza Ognissanti 3 – ℰ 055 27151 – www.westinflorence.com*

†⃝ **Cibrèo**　　　　　　　　　　　　　　　88 & AC ⇧

TOSCANA · VINTAGE XxX Un'elegante sala - quasi un salotto privato - ed un servizio piacevolmente cordiale e amichevole sono il contorno di una cucina che punta su grandi sapori, seguendo una carrellata di piatti ormai storici. Un'istituzione a Firenze.

Menu 80/120 € – Carta 77/97 €

Pianta D2-f – *via A. Del Verrocchio 8/r – ℰ 055 234 1100 – www.cibreo.com – Chiuso 10-18 agosto, lunedì*

†⃝ **Caffè dell'Oro**　　　　　　　　　　　　88 AC

ITALIANA · ROMANTICO XX Cucina toscana e - più ampiamente - italiana, ingentilita ed alleggerita, accompagnata da una buona selezione di vini, anche al bicchiere, in un ristorante dalla superba vista su Ponte Vecchio. L'ambiente è al tempo stesso vintage ed elegante: in stile con il vicino, splendido albergo.

Carta 48/80 €

Pianta E2-a – *Hotel Portrait Firenze, lungarno Acciaiuoli 4 – ℰ 055 2726 8912 – www.lungarnocollection.com*

†⃝ **Baccarossa**　　　　　　　　　　　　　　AC

MEDITERRANEA · ALLA MODA XX Tavoli in legno, vivaci colori ed eleganza in questa enoteca bistrot che propone una gustosa cucina mediterranea: paste fatte in casa, specialità di pesce e qualche piatto a base di carne.

Carta 40/85 €

Pianta D2-g – *via Ghibellina 46/r – ℰ 392 684 4063 – www.baccarossa.it – Chiuso lunedì-sabato a mezzogiorno, domenica*

†⃝ **Buca Mario**　　　　　　　　　　　　　　AC ⇧

TOSCANA · CONTESTO TRADIZIONALE XX Dal 1886 un baluardo della tradizione cittadina: sempre frequentatissimo, vi troverete una rara cortesia e affabilità, nonché un'ottima bistecca alla fiorentina, vero piatto culto della Buca. A quel punto sarete conquistati e perdonerete con indulgenza il rumore che talvolta fa da contorno.

Carta 40/85 €

Pianta E1-h – *piazza Degli Ottaviani 16 r – ℰ 055 214179 – www.bucamario.it – Chiuso 23-29 febbraio, 13-19 agosto, lunedì-domenica a mezzogiorno*

†⃝ **Essenziale**　　　　　　　　　　　　　　& AC

MODERNA · MINIMALISTA XX Come suggerisce il nome, si tratta di un locale giovane ed essenziale nell'aspetto, ma dalla grande cortesia nell'accoglienza, nonché servizio. Simpatica l'idea delle posate nel cassetto del tavolo che rimandano a realtà casalinghe di altri tempi. E i piatti? Un avvicendarsi di sorprese!

Menu 45/80 € – Carta 22/50 €

Pianta B2-t – *piazza di Cestello 3R – ℰ 055 247 6956 – www.essenziale.me – Chiuso lunedì, martedì-sabato a mezzogiorno, domenica*

⅏○ **The Fusion Bar & Restaurant**   🕭 AC

FUSION · DI TENDENZA XX Locale decisamente modaiolo all'interno di un bel-l'albergo centrale: un bar-ristorante dagli elaborati cocktail, suggeriti più del vino in abbinamento al cibo. La carta elenca, invece, un bel mix di piatti nikkei (fusion nippo-peruviani) e cucina fusion giappo-moderna.

Carta 30/68 €

Pianta E2-u – *Gallery Hotel Art, vicolo dell'Oro 5 – ℰ 055 2726 6987 – www.lungarnocollection.com – Chiuso lunedì-domenica a mezzogiorno*

⅏○ **Il Borro Tuscan Bistro**   🕭 🕭 AC

DEL TERRITORIO · BISTRÒ X Ristorante, wine-bar e negozio: uno spazio polie-drico dove gustare i più tradizionali sapori toscani a due passi dall'Arno. Ambiente moderno ed informale.

Carta 31/60 €

Pianta E2-e – *lungarno Acciaiuoli 80r – ℰ 055 290423 – www.ilborrotuscanbistro.it – Chiuso 26 gennaio-9 febbraio*

⅏○ **Ciblèo** ⓝ   AC

ASIATICA CONTEMPORANEA · INTIMO X Una cucina che ideologicamente ha molto di orientale nelle idee di base, ma che utilizza - spesso - materie prime toscane secondo l'estro e il gusto di una giovane cuoca coreana, brava nel pro-porre sue personali elaborazioni. Lungo menu di piccole portate. Piccola intima salaetta dove la prenotazione è essenziale.

Menu 25 € (pranzo)/50 €

Pianta D2-f – *via Andrea del Verrocchio 2R – ℰ 055 247 7881 – www.cibreo.com/cibleo – Chiuso 10-20 agosto, lunedì, domenica*

⅏○ **Del Fagioli**   AC 🞠

TOSCANA · TRATTORIA X Trattoria popolare con tutti i crismi del genere: cucina a vista all'ingresso, atmosfera chiassosa ed informale, piatti toscani con gran scelta di carni, anche alla griglia. Turisti, fiorentini e tanta convivialità si ritrovano qui.

Carta 25/50 €

Pianta C2-k – *corso Tintori 47 r – ℰ 055 244285 – Chiuso 1 agosto-1 settembre, sabato, domenica*

⅏○ **Io Osteria Personale**   🕭 AC

CREATIVA · BISTRÒ X Sala di grande semplicità con mattoni e travi a vista, tavoli affiancati, praticamente nient'altro; tutto è concentrato sulla cucina, crea-tiva e personalizzata, per chi vuole sfuggire ai cliché della tradizione fiorentina da trattoria.

Menu 42/58 € – Carta 43/55 €

Pianta B2-s – *Borgo San Frediano 167r – ℰ 055 933 1341 – www.io-osteriapersonale.it – Chiuso 26 gennaio-9 febbraio, 2-25 agosto, lunedì-sabato a mezzogiorno, domenica*

⅏○ **Konnubio** ⓝ   🖘 🕭 AC

ITALIANA CONTEMPORANEA · COLORATO X Tante formule in un solo ambiente: bar da mattina a sera, wine bar in cantina con piatti freddi e degusta-zione vini; nella sala ristorante formula più facile e veloce a pranzo, la sera – invece – piatti più curati, originali e generosi. Sette nuove camere per chi volesse prolungare la sosta nel cuore di Firenze.

Carta 29/75 €

Pianta E1-b – *via dei Conti 8/r – ℰ 055 238 1189 – www.konnubio.com*

⅏○ **Osteria La Pescatoria** ⓝ   AC ⟷

PESCE E FRUTTI DI MARE · COLORATO X Non lontano dalla stazione ferrovia-ria, rustica e colorata osteria con piatti di pesce preparati secondo una linea clas-sica e mediterranea. Nelle ore canoniche di pranzo e cena anche aperitivi "di mare". Gestione esperta, servizio cortese, una simpatica e valida alternativa alla cucina tradizionale toscana.

Menu 35/55 € – Carta 35/55 €

Pianta B2-c – *via Palazzuolo 80 – ℰ 055 265 7782 – www.lapescatoria.it*

🟐 **Il Santo Bevitore**

TOSCANA · RUSTICO ⚇ Rustico e conviviale, a pranzo la proposta è semplice e ristretta. Di sera, il locale si anima e la cucina dà il meglio di sé con piatti della tradizione e proposte più creative.

Carta 35/60€

Pianta B2-h – *via Santo Spirito 64/66 r* – ☏ *055 211264* – *www.ilsantobevitore.com* – *Chiuso 10-20 agosto*

Alberghi

🏨 **Four Seasons Hotel Firenze**

DIMORA STORICA · GRAN LUSSO Le austere mura di un palazzo quattrocentesco celano il più grande parco privato della città: camere sontuose, arredi classici, luminose corti riparate da lucernai per un soggiorno esclusivo. La Villa ex convento del XV secolo è preferita, invece, da chi predilige privacy e tranquillità. Gustosa carrellata sui piatti toscani e nazionali Al Fresco; pizza e grigliate estive in giardino.

116 camere – ♟ 375/6050€ – ⊑ 47€ – 20 suites

Pianta D1-a – *borgo Pinti 99* – ☏ *055 26261* – *www.fourseasons.com/florence*

❀ **Il Palagio** – Vedere selezione ristoranti

🏨 **The St. Regis Florence**

DIMORA STORICA · GRAN LUSSO Raffinato palazzo fiorentino, originariamente progettato da Brunelleschi, gli interni risplendono per ricercatezza e buon gusto, le camere - alcune con vista sull'Arno - reinterpretano lo stile tradizionale toscano concentrandosi alle volte, nelle camere più interessanti, sui Medici o sul rinascimento come periodo artistico oppure sullo stile locale nei tessuti e colori.

91 camere – ♟ 600/1700€ – ⊑ 45€ – 8 suites

Pianta B2-a – *piazza Ognissanti 1* – ☏ *055 27163* – *www.stregisflorence.com*

🟐 **Winter Garden by Caino** – Vedere selezione ristoranti

🏨 **The Westin Excelsior**

GRAN LUSSO · CLASSICO In un imponente palazzo con origine rinascimentale ed affacciato sull'Arno e su una graziosa piazzetta, l'Excelsior offre la più classica atmosfera del grande albergo lussuoso, ideale per chi preferisce essere coccolato dal lusso più tradizionale con tutti i confort della contemporaneità.

171 camere – ♟ 350/900€ – ⊑ 44€ – 16 suites

Pianta B2-b – *piazza Ognissanti 3* – ☏ *055 27151* – *www.westinflorence.com*

🟐 **SE.STO on Arno** – Vedere selezione ristoranti

🏨 **Brunelleschi**

BOUTIQUE HOTEL · CENTRALE Edificio appartenuto anche al grandissimo artista Brunelleschi, da cui mutua il nome, nella bizantina Torre della Pagliazza troverete camere molto accoglienti (all'ultimo piano la strepitosa Tower Suite) e nelle fondamenta un piccolo museo con rovine d'epoca romana: un hotel davvero particolare che racconta la stratificazione storica del centro. Contrapposto al ristorante gourmet Santa Elisabetta, l'elegante bistrot Osteria della Pagliazza.

84 camere ⊑ – ♟ 289/919€ – 12 suites

Pianta F1-c – *piazza Santa Elisabetta 3* – ☏ *055 27370* – *www.hotelbrunelleschi.it* – *Chiuso 3-31 agosto*

❀ **Santa Elisabetta** – Vedere selezione ristoranti

🏨 **Portrait Firenze**

GRAN LUSSO · VINTAGE Lussuoso, elegante, originale. Un hotel di grande impatto composto esclusivamente da suite di varie metrature, ma tutte accomunate da accessori di ultimissima generazione. Il "portrait" promesso nel nome è quello del cliente, sui cui desideri e interessi verrà disegnato il soggiorno. Uno dei fiori all'occhiello dell'ospitalità fiorentina.

30 suites – ♟ 850/10500€ – ⊑ 38€ – 7 camere

Pianta E2-a – *lungarno Acciaiuoli 4* – ☏ *055 2726 8000* – *www.lungarnocollection.com*

🟐 **Caffè dell'Oro** – Vedere selezione ristoranti

Regency

BOUTIQUE HOTEL · CLASSICO Affacciato su una delle più eleganti piazze-giardino di Firenze, il palazzo ottocentesco offre lusso e classicità di arredi per chi non ama il design contemporaneo e preferisce essere rassicurato da uno stile intramontabile.

29 camere ⌑ – ♦♦ 200/700€ – 3 suites

Pianta D2-a – *piazza Massimo D'Azeglio 3 – ℰ 055 245247 – www.regency-hotel.com – Chiuso 19 gennaio-27 febbraio*

Relais Santa Croce

DIMORA STORICA · PERSONALIZZATO Lusso ed eleganza nel cuore di Firenze, un'atmosfera unica tra tradizione e modernità, nella quale mobili d'epoca si accostano ad elementi di design e a tessuti preziosi. Presso il ristorante Guelfi e Ghibellini, la spiccata creatività dello chef gli consente di valorizzare i gustosi piatti della tradizione.

18 camere ⌑ – ♦♦ 400/700€ – 6 suites

Pianta C2-x – *via Ghibellina 87 – ℰ 055 234 2230 – www.baglionihotels.com*

Villa Cora

DIMORA STORICA · ROMANTICO E' tutto un susseguirsi di sale affrescate, marmi e stucchi in questa romantica villa di fine '800, costruita e regalata come dono d'amore, immersa in un parco secolare con piscina ed uno spazio ospitante oltre 100 tipologie di rose! Piccola e squisitamente panoramica la terrazza lounge per aperitivi e momenti di relax. Cucina di ricerca e solide basi italiane nel ristorante Le Bistrot con servizio estivo in veranda (carta semplice a pranzo).

37 camere – ♦♦ 313/858€ – ⌑ 35€ – 7 suites

Pianta B3-b – *viale Machiavelli 18 – ℰ 055 228790 – www.villacora.it*

Helvetia e Bristol

PALACE · PERSONALIZZATO Nel centro di Firenze, di fronte a Palazzo Strozzi, albergo dall'armoniosa facciata ottocentesca, ideale base di partenza per scoprire i vicini luoghi d'interesse. Le raffinate camere e le splendide suite sono arredate con aristocratiche personalizzazioni.

45 camere – ♦♦ 350/800€ – ⌑ 35€ – 19 suites

Pianta E1-c – *via dei Pescioni 2 – ℰ 055 26651 – www.starhotelscollezione.com*

Savoy

LUSSO · CONTEMPORANEO Savoy concentra in sé quelle caratteristiche che fanno di Firenze una grande città: l'architettura antica, l'eleganza e l'accoglienza italiana al top. È il luogo in cui si può gustare il meglio della cucina toscana con i vini locali più pregiati immersi nella colorita atmosfera di piazza della Repubblica, nel cuore del capoluogo.

50 camere ⌑ – ♦♦ 550/1100€ – 30 suites

Pianta F1-q – *piazza della Repubblica 7 – ℰ 055 27351 – www.roccofortehotels.com*

Villa Medici

DIMORA STORICA · CLASSICO Pur trovandosi nel centro di Firenze, la cornice di questo raffinato hotel all'interno di un palazzo settecentesco rimane il verde del suo giardino dove trova posto anche una piscina. Dopo un'importante ristrutturazione che ha interessato camere e spazi comuni, Villa Medici è più bella che mai!

92 camere – ♦♦ 250/900€ – ⌑ 36€ – 7 suites

Pianta B2-h – *via Il Prato 42 – ℰ 055 277171 – www.sinahotels.com*

Cellai

DIMORA STORICA · ROMANTICO Prendete tempo e frequentate gli eleganti salotti di quest'albergo, tra foto d'epoca e arredi del '900 accostati con gusto dall'appassionato proprietario, sicuri che la stessa cura la troverete anche nelle camere. Molto consigliato per spiriti romantici e vintage.

68 camere ⌑ – ♦♦ 198/275€

Pianta C1-x – *via 27 Aprile 14 – ℰ 055 489291 – www.hotelcellai.it*

🏨 Grand Hotel Minerva　　　　　🏯 < 🗡 📠 ⊞ & 🕮 🎿

LUSSO · VINTAGE Rinasce uno dei più antichi hotel della città, grazie ad un totale rinnovo che ce lo riconsegna con tanti atout: luminoso, raffinato e piacevolmente influenzato dallo stile degli anni Cinquanta che vengono citati qui e là, nel bar, nelle camere. Ma la ciliegina sulla torta è più di una: dalla piscina panoramica all'ultimo piano sino all'ottima cucina fatta di contrasti del ristorante La Buona Novella, per altro impreziosito da un delizioso dehors contemporaneo sulla celebre piazza.

78 camere ☑ – 👥 377/630 € – 19 suites

Pianta E1-a – *piazza Santa Maria Novella 16 – ℰ 055 27230 – www.grandhotelminerva.com*

🏨 Lungarno　　　　　　　　< ⊞ 🕮 🎿

LUSSO · PERSONALIZZATO Fascinoso salotto di charme posto nel cuore dell'Oltrarno fiorentino che vanta una collezione di oltre 450 opere d'arte originali, tra cui Picasso e Cocteau, distribuite negli spazi comuni e nelle camere. Quest'ultime brillano anch'esse per raffinatezza e confort; le più ambite godono di un terrazzo con vista spettacolare su Ponte Vecchio sino ai colli.

37 camere – 👥 530/1100 € – ☑ 40 € – 26 suites

Pianta E2-s – *borgo San Jacopo 14 – ℰ 055 27261 – www.lungarnocollection.com*
🌸 **Borgo San Jacopo** – Vedere selezione ristoranti

🏨 J.K. Place Firenze　　　　　🏯 < ⊞ 🕮

BOUTIQUE HOTEL · INSOLITO Abbiate cura di prenotare una camera con vista sulla magnifica piazza o sui tetti di Firenze in questo romantico rifugio dove storia e modernità si affiancano con gran classe: il boutique hotel per eccellenza! Al J. K. Lounge, ampio dehors sulla piazza e cucina di qualità a tutte le ore del giorno.

18 camere ☑ – 👥 500/1300 € – 2 suites

Pianta E1-e – *piazza Santa Maria Novella 7 – ℰ 055 264 5181 – www.jkplace.com – Chiuso 11 gennaio-2 marzo*

🏨 Leone Blu Suites　　　　　　🧖 ⊞ 🕮

DIMORA STORICA · GRAN LUSSO Ospiti della storia e della più raffinata aristocrazia fiorentina, perché Leone Blu è la dimora del casato dei Ricasoli che ora apre i battenti agli ospiti che vorranno soggiornare nelle sue originali suite: una diversa dall'altra, mobili antichi s'interfacciano ad altri più moderni in un riuscito gioco di equilibrismi.

9 suites ☑ – 👥 200/950 €

Pianta B2-g – *piazza Carlo Goldoni 2 – ℰ 055 290270 – www.unaesperienze.it/leone-blu-suites*

🏨 Villa La Vedetta　　🏯 🧖 < 🛎 🗡 🏛 ⊞ & 🕮 🎿 🅿

DIMORA STORICA · ELEGANTE Circondata da un parco secolare, una villa neorinascimentale è stata trasformata in raffinato albergo nei cui interni convivono arredi di design e pezzi d'antiquariato. Ogni camera ha un suo carattere, ma tutte sono ricche di preziosi dettagli: comodini in onice o in coccodrillo, scrivanie in cristallo e sete pregiate.

11 camere ☑ – 👥 150/980 € – 7 suites

Pianta D3-b – *viale Michelangiolo 78 – ℰ 055 681631 – www.villalavedettahotel.com*

🏨 Ville sull'Arno　　　🏯 🛎 🗡 🖻 📶 🏛 📠 ⊞ & 🕮 🎿 🚐

LUSSO · PERSONALIZZATO Affacciato sull'Arno, su cui danno alcune camere, i suoi interni sono caldi ed eleganti, e non mancano di ospitare un'attrezzata spa con piscina interna ed esterna. Le camere sono personalizzate, leggermente più classiche nel corpo centrale, in stile moderno nella dépendance. Ottimo il ristorante dallo stile vagamente country e dotato di un bel dehors estivo.

45 camere – 👥 250/990 € – ☑ 22 €

Fuori pianta – *lungarno Cristoforo Colombo 1/3 – ℰ 055 670971 – www.hotelvillesullarno.com*

Continentale

SPA E WELLNESS · VINTAGE In un'antica torre del '500 dominante Ponte Vecchio, oggi regna il design anni 50 e in cima ad essa La Terrazza: rooftop bar con vista a 360° sulla città. La White Iris Spa by Confort Zone propone un'ottima lista di trattamenti benessere dedicati al corpo e al viso.

42 camere – ♥♥ 330/650€ – ☑ 28€ – 1 suite

Pianta E2-y – *vicolo dell'Oro 6 r* – ☏ 055 27262 – *www.lungarnocollection.com*

Gallery Hotel Art

BOUTIQUE HOTEL · PERSONALIZZATO Ambienti luminosi, dinamici e stravaganti, in un albergo dove la padrona di casa è l'arte. La facciata dell'hotel è arricchita da opere contemporanee, dedicate ogni anno a un tema diverso, mentre le sue camere "pezzi unici" di una raffinatissima collezione. La spettacolare personalizzazione delle suite, contraddistinte ognuna dal nome di un simbolo di Firenze, ma accomunate da una vista speciale sulla bellezza della città, occupa gli spazi dei piani alti.

65 camere – ♥♥ 270/800€ – ☑ 28€ – 9 suites

Pianta E2-u – *vicolo dell'Oro 5* – ☏ 055 27263 – *www.lungarnocollection.com*

‖○ **The Fusion Bar & Restaurant** – Vedere selezione ristoranti

Roma

TRADIZIONALE · VINTAGE Ubicata in maniera strategica per visitare la città, questa bella risorsa dispone di piacevoli spazi comuni dove traspare l'origine liberty di alcune parti del palazzo, e camere - in contrasto - con arredi moderni ed eleganti.

57 camere ☑ – ♥♥ 158/420€

Pianta E1-x – *piazza Santa Maria Novella 8* – ☏ 055 210366 – *www.hotelromaflorence.com*

Home Florence

BOUTIQUE HOTEL · MINIMALISTA All'interno della graziosa palazzina si respira un'atmosfera giovane, modaiola, ma - come il nome lascia intendere - anche di casa. La prima colazione si condivide su tre soli tavoli e il colore bianco regna sovrano. Originale!

38 camere ☑ – ♥♥ 100/299€ – 1 suite

Pianta D2-b – *piazza Piave 3* – ☏ 055 243668 – *www.hhflorence.it*

1865 Residenza d'epoca

STORICO · PERSONALIZZATO Nel 1865 Firenze diventa capitale e nasce l'elegante quartiere in cui si trova questa residenza; cinque camere dedicate ad altrettanti scrittori con raffinati arredi che vi si ispirano, quattro con soffitti affrescati.

5 camere ☑ – ♥♥ 110/295€

Pianta D2-r – *via Luigi Carlo Farini 12* – ☏ 340 383 8020 – *www.1865.it*

Palazzo Niccolini al Duomo

LUSSO · ROMANTICO Nel '400 in questo palazzo accanto al Duomo, Donatello aveva la sua bottega. Oggi, potrete trovare camere con soffitti affrescati, arredi di pregio e marmi bellissimi, anche la metratura vi farà ricordare... mentre dalla "Dome suite" la cupola la si tocca quasi con la mano!

12 camere ☑ – ♥♥ 130/600€

Pianta F1-m – *via dei Servi 2* – ☏ 055 282412 – *www.niccolinidomepalace.com*

 ad Arcetri Sud : 5 km

‖○ Omero

TOSCANA · RUSTICO ✗✗ Storico ristorante fiorentino, è la meta di chi vuole aprire una finestra sulla campagna senza allontanarsi da Firenze. Cucina locale, d'inverno la ribollita è imperdibile, ma proverbiali sono anche la pasta e ceci, i fritti e le grigliate.

Menu 35/60€ – Carta 50/70€

Fuori pianta – *via Pian de' Giullari 49* – ☏ 055 220053 – *www.ristoranteomero.it*

sui Colli

🏛 **Torre di Bellosguardo** 🐾 ⬳ 🛏 🍸 ➕ 🆎 🅿 🚗

DIMORA STORICA · ELEGANTE Si respira un fascino d'*antan* nei saloni e nelle camere di austera eleganza di questo albergo, che fa della vista mozzafiato su Firenze il proprio punto di forza. Parco con giardino botanico e piscina: sembra uscito direttamente da un libro di fiabe.

9 camere – 👬 150/400 € – ☲ 20 € – 7 suites

Pianta A3-a – *via Roti Michelozzi 2 – 𝒞 055 229 8145 – www.torrebellosguardo.com*

a Galluzzo Sud : 6, 5 km – Carta regionale n° **18**-D3

🕸 **Trattoria Bibe** ⇦ 🏠 🅿

TOSCANA · CONTESTO REGIONALE X Anche Montale immortalò nei suoi versi questa trattoria, gestita dalla stessa famiglia da quasi due secoli, dove trovare piatti tipici della tradizione toscana - in primis la zuppa di ceci e funghi, ma anche pollo o coniglio fritti - e un piacevole servizio estivo all'aperto. Appartamenti con cucina a disposizione non solo per soggiorni medio-lunghi.

Specialità: Fiori di zucca fritti ripieni di ricotta e zucchine. Zuppa di cipolle al vino bianco. Semifreddo di crema al croccante con salsa di caramello.

Carta 35/55 €

Fuori pianta – *via delle Bagnese 15 – 𝒞 055 204 9085 – www.trattoriabibe.com –* Chiuso 20 gennaio-10 febbraio, 10-30 novembre, lunedì-martedì a mezzogiorno, mercoledì, giovedì-venerdì a mezzogiorno

FIUMICELLO SANTA VENERE – Potenza ➜ Vedere Maratea

FIUMICINO

✉ 00054 – Roma (RM) – Carta regionale n° **7**-B2 – Carta stradale Michelin 563-Q18

✿ **Pascucci al Porticciolo** 🐝 ⇦ 🏠 🆎 🔄

PESCE E FRUTTI DI MARE · ELEGANTE XxX Cuoco autodidatta con un'inguaribile passione per il mare, Pascucci ha il successo di uno dei più solidi ed appaganti ristoranti gourmet del litorale laziale. Nel suo locale si valorizzavano in pari misura le risorse del mare, ma anche l'entroterra. Si cucina utilizzando solo pesce "pescato", e non allevato, attingendo alla ricchezza ittica di nostri mari, ivi incluse le specie più povere. Gianfranco ha iniziato il suo percorso proponendo i classici piatti della tradizione, ma la voglia di crescere e sperimentare lo ha portato ad aggiustare il tiro, riducendo i coperti per accogliere al meglio gli ospiti e rivisitando il menu.

Specialità: Calamari arrosto, radici fermentate ed erbe. Triglia croccante, foie gras al Marsala e lamponi. Eclisse in variazione di cioccolato.

Menu 70 € (pranzo), 90/120 € – Carta 55/90 €

viale Traiano 85, angolo via Fiumara 2 – 𝒞 06 6502 9204 – www.pascuccialporticciolo.com – Chiuso 2-10 gennaio, lunedì, martedì a mezzogiorno, domenica sera

✿ **Il Tino** (Daniele Usai) 🐝 ♿ 🔄 🅿

CREATIVA · CONTESTO CONTEMPORANEO XxX All'interno del Nautilus, con finestre sul Tevere e le prestigiose barche a fare da sfondo, è in questo contesto moderno e dal design minimalista che Usai coltiva quel sogno nato da bambino quando osservava rapito il lavoro di nonna e mamma, entrambe cuoche eccellenti. Dopo gli studi di ragioneria si trasferisce a Londra per poi tornare a Roma presso importanti locali e - infine - all'Alberata con Marchesi, esperienza fondamentale per il giovane cuoco.

Basandosi sulla qualità degli ingredienti e la loro stagionalità, la sua è una cucina contemporanea di forte stampo territoriale arricchita da tecniche di esecuzione all'avanguardia e "aperta" ad elementi più esotici, nonché asiatici, del cui mondo estetico si può vedere un vago riflesso nell'amore di Daniele per la raffinatezza delle presentazioni.

Specialità: Giardino iodato. Il chilometro di Castel Fusano: ricciola e cinghiale. Soffiato alla nocciola e fiordilatte al tartufo.

Menu 95/120 € – Carta 77/92 €

via Monte Cadria 127 – ℰ 06 562 2778 – www.ristoranteiltino.com – Chiuso lunedì a mezzogiorno, martedì, mercoledì-domenica a mezzogiorno

🕸 **QuarantunoDodici** – Vedere selezione ristoranti

🕸 L'Osteria dell'Orologio

PESCE E FRUTTI DI MARE · MINIMALISTA 🛇 Giovani e pieni di entusiasmo, qui troverete un'intelligente proposta di pesce, basata su un pescato locale che a volte ricerca varietà di pesce più rare o povere, tutte da scoprire, nonché crudi. Le basi sono quelle della cucina marinara classica - fritti e grigliate compresi - a cui il cuoco aggiunge qualche personalizzazione.

Menu 45/70 € – Carta 48/67 €

via di Torre Clementina 114 – ℰ 06 650 5251 – www.osteriadellorologio.net – Chiuso lunedì

🕸 QuarantunoDodici

PESCE E FRUTTI DI MARE · BISTRÒ 🛇 Al piano terra del ristorante gourmet Il Tino, questa vivace osteria di mare (con all'interno un bar) offre piatti di mare estratti dalle proposte classiche italiane, ma con l'autorevole firma di un grande cuoco; prezzi contenuti in un ambiente simpatico ed informale. Ottimi i lievitati fatti in casa!

Carta 33/70 €

Il Tino, via Monte Cadria 127 – ℰ 06 658 1179 – www.quarantunododici.it – Chiuso martedì

FLAIBANO

✉ 33030 – Udine (UD) – Carta regionale n° **6**–B2 – Carta stradale Michelin 562-D20

🕸 Grani di Pepe

MODERNA · ACCOGLIENTE 🛇🛇 Di antico c'è solo il fatto che nel '700 l'attuale ristorante era un umile casolare. Oggi, nella nuova e luminosa sala-veranda, il design si è piacevolmente impadronito degli spazi, mentre accenti moderni caratterizzano la cucina, equamente divisa tra terra e mare. Sobrio ed elegante minimalismo nelle camere.

Carta 50/62 €

via Cavour 44 – ℰ 0432 869356 – www.granidipepe.com

FOGGIA

✉ 71121 – Foggia (FG) – Carta regionale n° **15**–A2 – Carta stradale Michelin 564-C28

🕸 Giordano-Da Pompeo

REGIONALE · AMBIENTE CLASSICO 🛇 Nel cuore della città, ristorante casalingo a cui si accede passando - praticamente - dalla cucina a vista; le proposte sono legate al territorio, elaborate a partire da prodotti scelti in base all'offerta quotidiana del mercato (sia di terra sia di mare).

Carta 25/60 €

vico al Piano 14 – ℰ 0881 724640 – Chiuso 13-23 agosto, domenica

FOIANA • VOLLAN – Bolzano → Vedere Lana

FOIANO DELLA CHIANA

✉ 52045 – Arezzo (AR) – Carta stradale Michelin 563-M17

a Pozzo Nord: 4, 5 km – Carta regionale n° **18**–D2

🏠 **Villa Fontelunga**   ✿ ➴ ◁ ⇄ ⛏ AC **P**

CASA DI CAMPAGNA · PERSONALIZZATO In posizione panoramica e tranquilla, le camere sono arredate con semplicità ed eleganza: il colore grigio si declina in varie sfumature, interrotto solo dalla cromaticità di falsi d'autore. Il fiore all'occhiello è sicuramente il bel giardino che ospita diversi ulivi da quali si ricava un ottimo olio, spesso oggetto di omaggio nelle stanze.

9 camere ♋ – ♟ 170/420 €

via Cunicchio 5 – ☎ 0575 660410 – www.fontelunga.com –
Chiuso 5 novembre-21 marzo

FOLLINA

✉ 31051 – Treviso (TV) – Carta regionale n° **23**–C2 – Carta stradale Michelin 562-E18

⛄ **La Corte**   ⅍ 🛋 AC ⟷

MODERNA · ELEGANTE XxX Ambienti sontuosi impreziositi da camino, affreschi e decorazioni d'epoca ricevono la meritata ricompensa gastronomica: dalla laguna veneta arrivano diverse interpretazioni marine, ma ci sono anche piatti di carne che uniscono creatività e semplicità. A lato, il bistrot per una sosta più informale, sebbene sempre molto signorile.

Specialità: Gazpacho di peperoni e finocchio, panzanella all'aneto, gambero rosso di Sicilia. Carrè di maialino "in rosa", cipolle di Tropea cotte sotto sale, composta di mele renetta. Cupola di meringa al pepe Sichuan, ciliegie in conserva con vino marzemino, gelato al mascarpone di malga.

Menu 58/88 € – Carta 62/100 €

Hotel Villa Abbazia, via Roma 24 – ☎ 0438 971761 – www.lacortefollina.com –
Chiuso 7 gennaio-15 marzo, martedì

⅃○ **Osteria dei Mazzeri**   🛋 ⅗ AC ⟷

REGIONALE · FAMILIARE Xx In un edifico del 1704 che fu municipio di Follina, due fratelli propongono i migliori sapori del territorio scanditi dal ritmo delle stagioni. Un bel gelso, antico simbolo del paese particolarmente attivo nell'allevamento del bacco da seta, allieta la sosta nel dehors.

Menu 20 € (pranzo), 35/55 € – Carta 40/60 €

via Pallade 18 (accesso da piazza Cavalieri del Tempio) – ☎ 0438 971255 –
www.osteriadaimazzeri.com – Chiuso 15 febbraio-4 marzo, lunedì, martedì a
mezzogiorno

🏨 **Villa Abbazia**   ✿ ⇄ AC **P**

LUSSO · PERSONALIZZATO Straordinario mix di eleganza ed accoglienza familiare, dormirete in una bomboniera risalente al 1600 con annesso villino liberty. Un romantico giardino fa da corona a camere personalizzate e raffinate. Ambiente piacevolmente rustico al bistrot La Cantinetta per gustare le specialità della cucina veneta.

15 camere ♋ – ♟ 204/370 € – 3 suites

via Martiri della Libertà 6 – ☎ 0438 971277 – www.hotelabbazia.it –
Chiuso 7 gennaio-15 marzo

⛄ **La Corte** – Vedere selezione ristoranti

🏨 **Dei Chiostri**   ⬍ ⅗ AC 🚗

TRADIZIONALE · PERSONALIZZATO In posizione centrale all'interno di un piccolo palazzo, struttura dotata di spazi comuni limitati, ma di piacevoli personalizzazioni e buon gusto nelle camere. Se l'appetito si fa sentire, il vicino ristorante la Corte vi attende con tante specialità.

15 camere ♋ – ♟ 115/300 €

piazza 4 Novembre 20 – ☎ 0438 971805 – www.hoteldeichiostri.com –
Chiuso 6 gennaio-15 marzo

FOLLONICA

✉ 58022 – Grosseto (GR) – Carta regionale n° **18**-B3 – Carta stradale Michelin 563-N14

⊛ Il Sottomarino   🛱 ⅋ 🆔

PESCE E FRUTTI DI MARE · **ROMANTICO** XX Elegante nella sala interna, ma in alta stagione vale la pena prenotare in anticipo un tavolo in terrazza con vista mare. A ragion veduta, il pesce è ottimo ed i prezzi ragionevoli. Specialità: gnocchi di patate con calamaretti di penna al profumo di salvia - guazzetto di pesce misto.
Specialità: Soufflè di baccalà, vellutata di zucca con cipolla croccante e battuto di olive taggiasche. Fritto misto in tempura con verdure. Cilindro al fondente ripieno al gianduia con zabaione al moscato d'Asti.
Menu 30/55 € – Carta 30/55 €
via Fratti 1 – 𝒸 0566 40772 – www.ilsottomarino.it – Chiuso 23 dicembre-12 gennaio, martedì

🍽○ Il Veliero   🆔 🅿

PESCE E FRUTTI DI MARE · **FAMILIARE** XX Conduzione familiare ormai più che quarantennale e corretta proporzione qualità/prezzo per un classico ristorante con piatti tipicamente marinari, sito sulla via che conduce verso Punta Ala.
Menu 30/50 € – Carta 35/71 €
via delle Collacchie 20, località Puntone Vecchio – 𝒸 0566 866219 – www.ristoranteilveliero.it – Chiuso 6-31 gennaio, mercoledì

🍽○ Osteria Marrini 🆕

ITALIANA CONTEMPORANEA · **COLORATO** X Un indirizzo che accontenta sia gli amanti della carne sia gli estimatori del pesce; sicuramente i piatti proposti seguono le stagioni e – a pranzo – si propone la formula del pasto veloce ed informale.
Carta 35/50 €
via Bicocchi 83/85 – 𝒸 347 335 1148 – Chiuso 4-24 novembre, domenica

FONDI

✉ 04022 – Latina (LT) – Carta regionale n° **7**-D3 – Carta stradale Michelin 563-R22

🍽○ Da Fausto   🛱 ⅋ 🆔

MODERNA · **CONTESTO CONTEMPORANEO** XX Attivo ormai da oltre 10 anni, dal 2015 in questa sede, Fausto è diventato un "classico" della ristorazione locale grazie alla sua qualità ed al suo stile, in cui mixa moderno e richiami al territorio. A fine pasto non mancano mai due passioni dello chef: cioccolato e gelato.
Menu 50 € – Carta 35/60 €
piazza Cesare Beccaria 6 – 𝒸 0771 531268 – www.dafausto.it – Chiuso 7-15 gennaio, 4-13 novembre, mercoledì

🍽○ Riso Amaro   🛱 ⅋ 🆔

MODERNA · **ELEGANTE** XX Si trova in pieno centro, vicino al castello, questo locale elegantemente contemporaneo dove le proposte rimangono di tono creativo con sfiziose elaborazioni.
Menu 20 € (pranzo) – Carta 45/55 €
viale Regina Margherita 22 – 𝒸 0771 523655 – www.ristoranterisoamaro.it – Chiuso 15-25 febbraio, 10-30 novembre, lunedì, martedì a mezzogiorno, domenica sera

FONDOTOCE – Verbano-Cusio-Ossola ➔ Vedere Verbania

FONTANAFREDDA – Cuneo ➔ Vedere Serralunga d'Alba

FONTANAFREDDA

✉ 33074 – Pordenone (PN) – Carta regionale n° **6**-A3 – Carta stradale Michelin 562-E19

‚Ä¢‚ó ◊ **Osteria Borgo Ronche**

MODERNA ¬∑ **CONTESTO CONTEMPORANEO** ◊◊ Pochi tavoli e ambientazione signorilmente contemporanea per una cucina che parla prevalentemente di mare con piatti pi√π semplici a pranzo e ricchi di creativit√† la sera. Una sola cosa resta da fare: prenotare!

Carta 45/89‚Ç¨

via S. Pellico 54 ‚Äì ‚òé 0434 565016 ‚Äì Chiuso 12-25 agosto, sabato a mezzogiorno, domenica

FONTENO

✉ 24060 ‚Äì Bergamo (BG) ‚Äì Carta regionale n¬∞ **10**-D1 ‚Äì Carta stradale Michelin 561-E12

‚Ä¢‚ó ◊ **Panoramico**

MODERNA ¬∑ **FAMILIARE** ◊◊ Superati i 50 anni, il ristorante familiare si concede un bellissimo restyling: le pareti di vetri regalano uno splendida vista sul lago d'Iseo, mentre la cucina - d'ispirazione contemporanea - si destreggia abilmente tra pesce d'acqua dolce, di mare e non ultima la carne. Comode camere da cui rimirare la bellezza della natura circostante.

Carta 55/85‚Ç¨

via Palazzine 30 ‚Äì ‚òé 035 969027 ‚Äì www.panoramicohotel.com ‚Äì Chiuso 1-30 novembre, luned√¨, marted√¨

FOPPOLO

✉ 24010 ‚Äì Bergamo (BG) ‚Äì Carta regionale n¬∞ **9**-B1 ‚Äì Carta stradale Michelin 561-D11

‚Ä¢‚ó ◊ **K2**

REGIONALE ¬∑ **FAMILIARE** ◊ Fuori dal centro abitato, ambiente grazioso con arredi in legno chiaro e una curata rusticit√†, offre piatti locali, un'ottima selvaggina e polpette a base di erbe con una ricetta rigorosamente segreta. Ai piani superiori si trovano camere con cucina: 3, davvero carine, rinnovate recentemente.

Menu 20/35‚Ç¨ ‚Äì Carta 25/55‚Ç¨

via Foppelle 42 ‚Äì ‚òé 0345 74105 ‚Äì www.ristorantek2.com

FORIO ‚Äì Napoli ‚Üí Vedere Ischia (Isola d')

FORL√å

✉ 47121 ‚Äì Forl√¨-Cesena (FC) ‚Äì Carta regionale n¬∞ **5**-D2 ‚Äì Carta stradale Michelin 562-J18

‚Ä¢‚ó ◊ **Casa Rusticale dei Cavalieri Templari**

MODERNA ¬∑ **RUSTICO** ◊◊ "Hospitale" di S. Bartolo dei Cavalieri Templari sin dal XIII secolo, il bel locale continua la tradizione di accoglienza in atmosfere piacevolmente rustiche nelle sale interne, non prive di eleganza. Cucina contemporanea con qualche sprazzo di creativit√† e un bel servizio all'aperto sotto un pergolato di uva fragola.

Menu 19/35‚Ç¨ ‚Äì Carta 30/56‚Ç¨

viale Bologna 275 ‚Äì ‚òé 0543 701888 ‚Äì www.osteriadeitemplari.it ‚Äì Chiuso 4 agosto-5 settembre, luned√¨, domenica sera

‚Ä¢‚ó ◊ **Benso** ‚ìù

MODERNA ¬∑ **CONTESTO CONTEMPORANEO** ◊ In un giardinetto del centro storico, moderno bistrot particolarmente luminoso in virt√π delle sue grandi vetrate e servizio all'aperto per la bella stagione. La giovane brigata di cucina, con la consulenza di un talentuoso chef, ha maturato - comunque - importanti esperienze e propone piatti personalizzati dall'impostazione contemporanea. Per un semplice aperitivo, ci si d√† appuntamento qui tra le 18 e le 20.

Menu 20‚Ç¨ (pranzo), 50/65‚Ç¨ ‚Äì Carta 55/70‚Ç¨

piazza Cavour 7 ‚Äì ‚òé 3930692019 ‚Äì www.bensofood.com ‚Äì Chiuso 10-19 agosto

⁺○ Osteria Casa di Mare 　　　　　　🏠 ⅋ AC

PESCE E FRUTTI DI MARE · CONVIVIALE ⅀ Anche se non siete qui in visita ad una delle mostre degli antistanti Musei San Domenico, l'osteria è un punto di riferimento in città per il pesce, in scelta ristretta, secondo l'offerta del mercato. Si privilegia l'informalità tra qualche originale decorazione marina, col bel tempo troverete dei tavoli sotto un pergolato di rose e uva.

Carta 36/74 €

via Theodoli 6, ang. piazza Guido da Montefeltro – ℰ 0543 20836 – www.osteriacasadimare.it – Chiuso 7-17 gennaio, 5 agosto-2 settembre, lunedì, martedì-venerdì a mezzogiorno

FORMAZZA

✉ 28863 – Verbano-Cusio-Ossola (VB) – Carta regionale n° **12**-C1 – Carta stradale Michelin 561-C7

⁺○ Walser Schtuba 　　　　　　　🠔 🏠 ⅋

MODERNA · RUSTICO ⅀ Nella parte più alta e pittoresca della Val Formazza, una piacevolissima risorsa in perfetto stile alpino: grazioso dehors per la bella stagione e tante gustose specialità locali, rivisitate con estro e alleggerite quanto basta.

Menu 35/55 € – Carta 33/64 €

località Riale – ℰ 0324634352 – www.locandawalser.it – Chiuso mercoledì

FORNO DI ZOLDO

✉ 32012 – Belluno (BL) – Carta regionale n° **23**-C1 – Carta stradale Michelin 562-C18

⁺○ Tana de 'l Ors 　　　　　　　　　🠔

MODERNA · BISTRÒ ⅀ In questa zona di caccia, lo chef propone una cucina moderna, dove la carne è la protagonista principale, ma troverete anche qualche ispirazione proveniente dal mare. La struttura mette a disposizione mono e bilocali con angolo cottura.

Menu 15 € (pranzo), 30/45 € – Carta 25/55 €

via Roma 28 – ℰ 0437 794097 – www.ristorantetanadelors.it – Chiuso 4-24 maggio, 2-22 novembre, lunedì a mezzogiorno, domenica sera

a Mezzocanale Sud - Est : 10 km – Carta regionale n° **23**-C1

🕸 Mezzocanale-da Ninetta 　　　　　🏠 ✿ P

TRADIZIONALE · FAMILIARE ⅀ Oltre 120 anni di storia per questo punto di ristoro lungo la strada Forno di Zoldo-Longarone: sala-bar riscaldata dal fogolar ottocentesco o sala classica, una cortese accoglienza familiare a voce spiega le specialità della cucina dolomitica. Imperdibili gli gnocchi di zucca con ricotta affumicata e il cervo alla salvia.

Specialità: Salumi nostrani con sott'oli fatti in casa. Canederli con goulash. Panna cotta ai frutti di bosco.

Menu 25/35 € – Carta 30/45 €

via Canale 22 – ℰ 335 531 1365 – www.trattoriadaninetta.it – Chiuso 15 settembre-15 ottobre, martedì sera, mercoledì

FORTE DEI MARMI

✉ 55042 – Lucca (LU) – Carta regionale n° **18**-A1 – Carta stradale Michelin 563-K12

✿ Bistrot 　　　　　　　　　🏵 🏠 ⅋ AC ✿

PESCE E FRUTTI DI MARE · DI TENDENZA ⅀⅀ Ai fornelli dalla primavera 2019, lo chef Mattei ha portato nuova linfa in questo bel ristorante. La linea gastronomica è rimasta indiscutibilmente improntata sulle specialità ittiche (ed alcuni imprescindibili piatti storici) che - ora - però vengono elaborate e presentate in maniera più moderna e sofisticata con un risultato davvero encomiabile: ottimi i prodotti e tanta voglia di fare bene. Nella cornice di eleganti sale, Bistrot rimane un riferimento per gli amanti del mare in tavola. Bravo Andrea!

Specialità: Pesce, crostacei e molluschi come un'insalata di mare. Branzino arrostito, zucchine, pimpinella e vino rosso. A Piero: da Lucca a Forte dei Marmi, il buccellato (dolce tradizionale siciliano).

Menu 100/140 € – Carta 72/114 €

viale Franceschi 14 – ℰ 0584 89879 – www.bistrotforte.it – Chiuso 7-24 gennaio, lunedì a mezzogiorno, martedì, mercoledì-venerdì a mezzogiorno

✿ Lorenzo

PESCE E FRUTTI DI MARE · ELEGANTE XxX Moderna raffinatezza e colori sobri, nonché una magnifica collezione d'arte contemporanea raccolta negli anni, con passione e competenza, dal patron. Una leggenda trentennale per la Versilia ed anche per l'Italia, l'insegna è lì dal 1984, forgiata sulla certezza che un'esperienza agli eleganti tavoli di questo ristorante garantisce, in primis, ottimo pesce, a cui si accompagna un servizio attento e professionale, nonché la possibilità di scegliere il vino tra oltre 1. 600 etichette. Superbo il carrello internazionale dei formaggi. Il tutto firmato Lorenzo Viani, assistito in sala dalla figlia Chiara, mentre i fornelli sono affidati all'expertise di Gioacchino Pontrelli.

Specialità: Scampo cotto a bassa temperatura, datterino giallo, burrata e polvere di spinaci. Aragosta scottata, daikon (varietà di ravanello) e tartufo di stagione. La pastiera nel guscio.

Menu 90/120 € – Carta 60/125 €

via Carducci 61 – ☎ 0584 874030 – www.ristorantelorenzo.com –
Chiuso 15 dicembre-3 febbraio, lunedì, martedì a mezzogiorno

✿ Lux Lucis

CREATIVA · ELEGANTE XxX Un bella realtà confermata negli anni e garantita dallo chef Valentino Cassanelli che - pur aggiornando il menu in sintonia con le stagioni - si pone in perfetta continuità con il passato; il pensiero si fa riconoscibile attraverso dei leit motiv che tornano immancabilmente, sempre attento all'ascolto di un territorio ricco di storie antiche da rivisitare attraverso il rispetto delle sue migliori materie prime. Il suo impegno, insieme a quello di tutta la brigata, si profonde quotidianamente, cercando di garantire un momento emozionante e appagante a tutto tondo, offrendo un servizio attento in ogni sua parte, accompagnando l'ospite in un percorso che culmina nella tavola, ma focalizzandosi su tutti quei dettagli che rendono l'accoglienza speciale. Circondato da ampie vetrate, la luce diventa al Lux Lucis complemento d'arredo: ambiente di moderna eleganza e design minimal con la cucina a vista che permette di "spiare" lo chef al lavoro.

Specialità: Variazione di scampi, panzanella e cipresso. Ricciola ai profumi del mare con insalatina marinata e ristretto di cacciucco. Doppia consistenza di cioccolato, cacao-cola e karkadè.

Menu 60/170 € – Carta 70/150 €

Hotel Principe Forte dei Marmi, viale A. Morin 67 – ☎ 0584 783636 –
www.principefortedeimarmi.com – Chiuso 3-15 novembre, lunedì. martedì e a
mezzogiorno, escluso luglio-agosto

✿ La Magnolia

MODERNA · LUSSO XxX Una delle realtà che illuminano il panorama gastronomico di Forte dei Marmi per una cucina "fusion tosco-campana", come lo stesso chef ama definirla. Nato a Piano di Sorrento, la biografia di Cristoforo Trapani è intrecciata ai colori e sapori della sua terra natia. Con un curriculum di esperienze maturate presso importanti tavole lo chef ha dato prova di grande capacità nel raccogliere e far evolvere la ricca tradizione del sud. A tutto ciò Cristoforo aggiunge la propria impronta schietta e scevra da eccessivi tecnicismi. Nella bella stagione pranzo e cena sono serviti anche a bordo piscina.

Specialità: Triglia marinata alle ortiche, lumachine di mare e limone di Sorrento. Linguine di Gragnano al latte di sogliola affumicato. Torta di mela annurca e gelato al caramello salato.

Menu 90/150 € – Carta 80/136 €

Hotel Byron, viale Morin 46 – ☎ 0584 787052 – www.hotelbyron.net –
Chiuso 1-31 gennaio, 1 novembre-31 dicembre

❀ Il Parco di Villa Grey ❶ ⇐ 🏠 ₺ AC P

MODERNA · ELEGANTE XxX Esclusività a tutto tondo, partendo dall'elegante sala con ampie vetrate affacciate sul verde alla raffinatezza degli arredi contemporanei e - al tempo stesso - non scevri di qualche spunto classicheggiante. Specialità ittiche della Versilia plasmate dall'estro dell'abile cuoco, che padroneggia una tecnica non comune e un'originale inventiva, mai fine a se stessa, ma destinata a creare nuovi ed articolati sapori legati in modo armonico e sorprendente. Dopo la cucina, l'altro gioiello del ristorante è il servizio estivo, svolto in un insospettabile e romantico giardino alle spalle dell'elegante villa, tra palme, pini marittimi e vegetazione mediterranea.

Specialità: Triglia di scoglio, crudo di scampi, fave, piselli e maruzzelle. Spaghettone 2016. Panna e fragole.

Carta 70/120 €

viale Italico 84 – ℰ 0584 787496 – www.ilparcodivillagrey.com –
Chiuso 6 gennaio-31 marzo, lunedì a mezzogiorno, martedì, mercoledì-domenica a mezzogiorno

❀O Pesce Baracca 🏠 AC

PESCE E FRUTTI DI MARE · BISTRÒ X Locale informale, giovane ed originale nel suo concept: pescheria con angolo di gastronomia anche da asporto, la scelta qui si fa veloce e il pesce cucinato viene poi "recuperato" direttamente in cucina dal cliente stesso. Ma per gli amanti del "servito in tavola" c'è anche uno spazio con dehors, classico menu e camerieri alla vostra mercé.

Carta 34/56 €

viale Franceschi 2 – ℰ 0584 171 6337 – www.pescebaracca.it

🏨 Grand Hotel Imperiale ❀ ⅃ 🎵 ₺6 ⊕ ₺ AC ♨ 🚗

LUSSO · ELEGANTE Atmosfera e servizio impeccabile sono i principali atout di questo albergo, dove il lusso si declina nei dettagli dipinti color oro, nonché nell'attrezzata beauty farm. Centralissimo, con le famose boutique griffate a due passi.

34 suites – 🛉🛉 1000/4500 € – ☑ 32 € – 12 camere

via Mazzini 20 – ℰ 0584 78270 – www.grandhotelimperiale.it

🏨 Principe Forte dei Marmi ❀ ⅃ 🖼 🔲 SPA 🎵 ₺6 ⊕ ₺ AC P 🚗

LUSSO · CONTEMPORANEO Lontano dalla classicità alberghiera tradizionale, Principe Forte dei Marmi è un hotel di lusso immerso nel verde sullo sfondo delle Alpi Apuane e a pochi metri dalla spiaggia. Inondata da luce, minimalista negli arredi, la struttura è al tempo stesso sofisticata e moderna.

22 camere ☑ – 🛉🛉 300/2500 € – 6 suites

viale A. Morin 67 – ℰ 0584 783636 – www.principefortedeimarmi.com –
Chiuso 3 novembre-14 maggio

❀ **Lux Lucis** – Vedere selezione ristoranti

🏨 Augustus Lido ❀ ⅃ 🖼 ⅃ ⊕ AC P

DIMORA STORICA · VINTAGE Splendida villa neorinascimentale di fine Ottocento, fu anche celebre dimora degli Agnelli: dell'epoca rimangono molti arredi e tessuti, nonché un'atmosfera tra l'inglese e il retrò. Piacevole plus: è l'unico albergo con sottopasso per la spiaggia!

21 camere ☑ – 🛉🛉 300/980 € – 2 suites

viale Morin 72 – ℰ 0584 787442 – www.augustushotelresort.com –
Chiuso 6 gennaio-10 aprile

🏨 Byron 🖼 ⅃ ⊕ AC P

LUSSO · CLASSICO Struttura di riferimento nella zona della Versilia per una clientela esigente e raffinata, Byron ha mantenuto – tuttavia – la sua caratteristica peculiare di dimora storica di piccole dimensioni, in grado di far sentire come a casa propria gli ospiti. Dotato delle più recenti tecnologie e di nuovi standard di servizio, le dimensione di molte camere sono state riconsiderate, facilitando in tal modo la possibilità di ospitare famiglie e coppie con qualsiasi tipo di esigenza.

29 camere ☑ – 🛉🛉 330/710 €

viale Morin 46 – ℰ 0584 787052 – www.hotelbyron.net – Chiuso 1 novembre-31 marzo

❀ **La Magnolia** – Vedere selezione ristoranti

🏨 Villa Roma Imperiale

LUSSO · PERSONALIZZATO Abbracciata da un tranquillo giardino con piscina, una villa anni '20 d'impeccabile tenuta: interni sobri ed eleganti giocati sulle sfumature del colore sabbia e qualche accenno etnico in alcune camere.

23 camere ⌖ – 🛏 250/1300 € – 8 suites

via Corsica 9 –
℘ 0584 78830 – www.villaromaimperiale.com –
Chiuso 1 gennaio-12 aprile, 11 ottobre-31 dicembre

🏨 Villa Grey

STORICO · PERSONALIZZATO Fronte mare, siamo in un'elegante villa di fine '800 trasformata all'interno in ambienti moderni giocati sulle sfumature del grigio, e raddoppiata da una quasi gemella dépendance, a cui fa eco il verde dell'incantevole giardino sul retro. Attraversata la strada, c'è il proprio omonimo stabilimento balneare.

19 camere ⌖ – 🛏 200/830 € – 4 suites

viale Italico 84 – ℘ 0584 787496 – www.villagrey.it –
Chiuso 1 gennaio-28 febbraio

FOSSANO

✉ 12045 – Cuneo (CN) – Carta regionale n° **12**-B3 – Carta stradale Michelin 561-I5

🍽 Antiche Volte

MODERNA · ELEGANTE XxX Sotto le antiche volte di Palazzo Righini una sosta gourmet: cucina moderna - soprattutto a base di carne - e qualche specialità di mare. Con oltre 4000 bottiglie tra vini d'autore, annate prestigiose, bollicine italiane e straniere, la cantina merita la lode. A mezzogiorno la proposta è più ridotta; in alternativa - aperto a pranzo e a cena - Il Loggiato, gradevole bistrot ben frequentato anche dalla clientela locale.

Menu 48/80 € – Carta 45/81 €

Hotel Palazzo Righini, via Negri 20 –
℘ 0172 666666 – www.palazzorighini.it –
Chiuso lunedì, martedì a mezzogiorno

🏨 Palazzo Righini

DIMORA STORICA · GRAN LUSSO Straordinario esempio di restauro e trasformazione alberghiera di un palazzo seicentesco, a pochi metri dai negozi dell'affascinante via Roma. Un gusto contemporaneo ispira gli ambienti, inserzioni moderne tra intramontabili citazioni, intorno ad una graziosa corte interna. Camere sempre diverse, ma la numero sei offrirà un soggiorno indimenticabile.

23 camere ⌖ – 🛏 115/230 € – 1 suite

via Negri 20 – ℘ 0172 666666 – www.palazzorighini.it
🍽 **Antiche Volte** – Vedere selezione ristoranti

FRABOSA SOPRANA

✉ 12082 – Cuneo (CN) – Carta regionale n° **12**-B3 – Carta stradale Michelin 561-J5

🍽 Ezzelino

MODERNA · ACCOGLIENTE XX Una sala con camino dell'albergo Miramonti è dedicata a questa nicchia gourmet, frequentata da chi vuole regalarsi un trattamento speciale con piatti creativi e originali, accompagnati da un'interessante carta dei vini, ricca di spiegazioni sui singoli vitigni.

Carta 49/65 €

Hotel Miramonti, via Roma 84 –
℘ 0174 244533 – www.miramonti.cn.it –
Chiuso 29 marzo-1 maggio, 3 novembre-5 dicembre

283

FRANCAVILLA AL MARE

✉ 66023 – Chieti (CH) – Carta regionale n° **1**-C1 – Carta stradale Michelin 563-O24

⃝ **Prospettive** ⓝ   ⫷ 🛆 AC ⟷ P

PESCE E FRUTTI DI MARE · **CONTESTO CONTEMPORANEO** XX Locale completamente rifatto dalla giovane coppia ora al timone, lindo, elegante, in posizione dominante con grandi vetrate e vista mare; la carta piuttosto ampia predilige il mare (rifornendosi presso parenti con peschereccio), le ricette sono di gusto contemporaneo.

Menu 30/75€ – Carta 45/59€

contrada Setteventi 9 – ✆ 085 2031858 – Chiuso lunedì, martedì-venerdì a mezzogiorno

⃝ **Il Brigantino - Chiavaroli**   AC

PESCE E FRUTTI DI MARE · **ACCOGLIENTE** XX Ubicato lungo la via principale del lungomare, Il Brigantino - Chiavaroli resta sempre un riferimento per gli abitanti del luogo, ma anche per il turista di passaggio, per la freschezza del suo pesce. E dopo 40 anni d'indefessa attività, il titolare si "apre" - ora - anche alla modernità dei piatti d'asporto.

Carta 25/65€

viale Alcione 101 – ✆ 085 810929 – Chiuso lunedì, domenica sera

FRASCATI

✉ 00044 – Roma (RM) – Carta regionale n° **7**-B2 – Carta stradale Michelin 563-Q20

⃝ **Cacciani**

LAZIALE · **ACCOGLIENTE** XX Uno dei nomi più celebri della ristorazione dei Castelli Romani: gli amanti della cucina laziale troveranno qui una delle più fedeli interpretazione. Sala accogliente, da una parte le cucine a vista, dall'altra la terrazza panoramica.

Menu 25€ (pranzo)/50€ – Carta 30/50€

via Diaz 15 – ✆ 06 942 0378 – www.cacciani.it – Chiuso lunedì, domenica sera

FRATTA TODINA

✉ 06054 – Perugia (PG) – Carta regionale n° **20**-B2 – Carta stradale Michelin 563-N19

🏠 **La Palazzetta del Vescovo**   ✿ ⌂ ⫷ 🛆 ⌡ ♿ P

CASA DI CAMPAGNA · **PERSONALIZZATO** Elegante e ricca di fascino, arredata con mobili antichi, attenzione ai particolari e una calda armonia di colori; nel rigoglioso giardino, essenze mediterranee e un'ampia piscina riscaldata - a sfioro - su un panorama da sogno.

9 camere ⌂ – � 195/275€

via Clausura 17, località Spineta – ✆ 075 874 5183 – www.lapalazzettadelvescovo.com – Chiuso 1 novembre-30 aprile

FREIBERG – Bolzano → Vedere Merano

FURLO – Pesaro e Urbino → Vedere Acqualagna

FURORE

✉ 84010 – Salerno (SA) – Carta regionale n° **4**-B2 – Carta stradale Michelin 564-F25

⃝ **Hostaria di Bacco**   ⌂ ⫷ 🛆 🏠 AC P

CLASSICA · **FAMILIARE** XX Dalla costa, fra tornanti e piccole frazioni, ci vuole pazienza per arrivarci, ma alla fine la vista sul mare è mozzafiato. In un locale semplice e luminoso, l'atmosfera è piacevolmente familiare, mentre la cucina propone risorse locali e d'altrove. E se non si vuole fare subito la strada per scendere, ci sono buone camere per dormire, alcune panoramiche.

Carta 40/75€

via G.B. Lama 9 – ✆ 089 830360 – www.baccofurore.it – Chiuso 9 gennaio-1 marzo, 24-26 dicembre

FUSIGNANO
✉ 48010 – Ravenna (RA) – Carta regionale n° **5**-C2 – Carta stradale Michelin 562-I17

⑩ La Voglia Matta   🕸 ⇦ 🏠 AC ♻

REGIONALE · **AMBIENTE CLASSICO** XX Al piano terra dell'albergo Ca' Ruffo, una piccola bomboniera dove gustare una saporita cucina divisa equamente tra terra e mare. Qualche ricetta vegetariana ed economiche proposte per pranzi di lavoro.
Carta 45/65€

via Vittorio Veneto 63 – ℰ 0545 954034 – www.caruffo.it – Chiuso 3-23 agosto

GABICCE MARE
✉ 61011 – Pesaro e Urbino (PU) – Carta regionale n° **11**-B1 – Carta stradale Michelin 563-K20

⑩ Il Traghetto   🏠 AC

PESCE E FRUTTI DI MARE · **ACCOGLIENTE** XX Gustosa cucina regionale e di mare con qualche proposta lievemente moderna; le specialità sono quelle classiche dell'Adriatico - a cominciare dal pesce passato nel pangrattato e poi cotto alla griglia - ma non manca qualche ricerca in più in termini di prodotti o piatti originali.
Carta 33/52€

via del Porto 27 – ℰ 0541 958151 – www.ristoranteiltraghetto.com –
Chiuso 20 novembre-13 febbraio, martedì

a Gabicce Monte Est : 2, 5 km

⑩ Posillipo   🕸 ⇦ ⇷ 🍴 🏠 ᾗ AC 🅿

PESCE E FRUTTI DI MARE · **ELEGANTE** XX In superba posizione panoramica, le pareti vetrate della sala offrono una vista mozzafiato su Gabicce Mare e parte della costa romagnola. Ma anche la cucina saprà essere all'altezza: preparazioni perlopiù tradizionali di grande livello, tra un carrello con il pescato del giorno e un altro con i dolci, le tentazioni sono molteplici.
Menu 35€ (pranzo), 85/95€ – Carta 40/114€

Hotel Posillipo, via dell'Orizzonte 1 – ℰ 0541 953373 – www.ristoranteposillipo.com –
Chiuso 4 novembre-18 marzo

GAETA
✉ 04024 – Latina (LT) – Carta regionale n° **7**-D3 – Carta stradale Michelin 563-S23

sulla strada statale 213

🏨 Grand Hotel Le Rocce   ⚘ ⍟ ⇷ 🍴 🍴 🛋 AC 🅿

LUSSO · **LUNGOMARE** Armoniosamente inserito in una suggestiva insenatura, fra una natura rigogliosa e un'acqua cristallina, ariose terrazze fiorite e camere di differenti tipologie. Ristorante di sobria eleganza con un'incantevole vista: la cucina delizia i palati con piatti tradizionali e specialità di pesce la sera, proposte più semplici a pranzo.
55 camere ⌑ – 👥 100/500€ – 4 suites

via Flacca km 23,300 (Ovest: 6,8 Km) – ℰ 0771 740985 – www.lerocce.com –
Chiuso 1 ottobre-25 aprile

GAGGIANO
✉ 20083 – Milano (MI) – Carta regionale n° **10**-A2 – Carta stradale Michelin 561-F9

⑩ Ada e Augusto-Cascina Guzzafame   🍴 🏠 ᾗ AC 🅿

MODERNA · **ACCOGLIENTE** XX All'interno della Cascina Guzzafame - progetto autenticamente bucolico con fattoria didattica, caseificio, bottega, orto biologico e agriturismo – trova posto il primo farm restaurant gourmet "Ada e Augusto", dove lo chef giapponese Takeshi Iwai propone piatti di cucina italiana e creativa ricchi di contaminazioni. Il tutto all'insegna di un'ambiziosa sfida: usare quasi unicamente materie prime autoprodotte, dalle verdure alla carne, dai formaggi al riso.
Menu 65/80€

località Cascina Guzzafame – ℰ 389 454 3109 – www.adaeaugusto.it –
Chiuso 1-31 agosto, lunedì, martedì, mercoledì-domenica a mezzogiorno

Antica Osteria Magenes

MODERNA • CONTESTO REGIONALE XX A Barate di Gaggiano, una piccola località immersa nelle risaie, c'è questa bella realtà gestita dalla stessa famiglia da più di 100 anni: ci si aspetterebbe di trovare una cucina prettamente della tradizione e, invece, no! A dispetto del nome, i piatti - sebbene si avvalgano di prodotti locali - sono moderni, a volte creativi.

Menu 18€ (pranzo), 60/90€ – Carta 60/80€

via Cavour 7, località Barate – ✆ 02 908 5125 – www.osteriamagenes.com – Chiuso 1-30 gennaio, 16-24 agosto, lunedì

a Vigano Sud : 3 km

Antica Trattoria del Gallo

LOMBARDA • CONTESTO TRADIZIONALE XX Splendida realizzazione dell'idea di trattoria di campagna, da più di cent'anni una tipica cucina lombarda delizia i clienti in sale dall'atmosfera piacevolmente vintage o, col bel tempo, sotto una vite canadese e un glicine secolare. Un posto dove lasciarci il cuore!

Menu 45€ – Carta 30/60€

via Privata Gerli 3 – ✆ 02 908 5276 – www.trattoriadelgallo.com – Chiuso 5-25 agosto, 26-31 dicembre, lunedì, martedì

GAIBANA – Ferrara ➔ Vedere Ferrara

GAIOLE IN CHIANTI

✉ 53013 – Siena (SI) – Carta regionale n° **18**-C2 – Carta stradale Michelin 563-L16

✿ Il Pievano

MODERNA • CONTESTO STORICO XXX Nell'affascinante, romantica atmosfera di un convento millenario, che ceniate all'interno nella sala dei papi o ai tavoli sistemati nella suggestiva corte interna sarete comunque nelle rassicuranti mani di un giovane cuoco di origine greca, da tempo in realtà innamorato della cucina toscana, di cui vi offrirà un brillante saggio, tra raffinate presentazione e una rimarchevole ricerca di prodotti, soprattutto tra gli allevatori della zona. Il piatto che ha conquistato l'ispettore? "Piccione Viaggiatore 1496 km", ovvero la distanza da Gaiole in Chianti al Pireo: piccione del Valdarno, jus al miele toscano biologico e variazione di halva.

Specialità: La panzanella toscana nascosta nell'insalata greca. Piccione viaggiatore 1496 km. Il ricordo di una bowl di fragole e panna spray.

Menu 90/120€ – Carta 62/109€

Hotel Castello di Spaltenna, località Spaltenna 13 – ✆ 0577 749483 – www.spaltenna.it – Chiuso 1 novembre-10 aprile, lunedì-domenica a mezzogiorno

Castello di Spaltenna

DIMORA STORICA • ELEGANTE Sulla sommità del paese, l'albergo - chiamato castello per la presenza delle torri - è ricavato all'interno di un ex monastero con annessa pieve dell'anno mille. La tipica eleganza bucolica toscana si alterna nelle romantiche camere, indimenticabili, quanto gli spazi panoramici all'aperto.

32 camere ☕ – 👥 230/460€ – 5 suites

località Spaltenna 13 – ✆ 0577 749483 – www.spaltenna.it – Chiuso 1 novembre-10 aprile

✿ **Il Pievano** – Vedere selezione ristoranti

GAIONE – Parma ➔ Vedere Parma

GALATINA

✉ 73013 – Lecce (LE) – Carta regionale n° **15**-D3 – Carta stradale Michelin 564-G36

||○ **Anima & Cuore** ⚞ AC

REGIONALE · ACCOGLIENTE X A due passi dal Duomo, al primo piano di in un affascinante palazzo settecentesco dai pavimenti originali a mosaico, la gestione è giovane e affabile, la cucina pugliese, sia di mare che di terra, talvolta rivisitata. Servizio estivo in ampia terrazza.

Carta 31/60 €

corso Giuseppe Garibaldi 7 – ℰ 329 227 3200 – www.animaecuore.it

GALEATA

✉ 47010 – Forlì-Cesena (FC) – Carta regionale n° **5**-CD2 – Carta stradale Michelin 562-K17

🏵 **La Campanara** ⇔ ⚞ ⚞

REGIONALE · FAMILIARE X La cinquecentesca canonica dell'adiacente chiesa dei Miracoli è diventata una bella osteria gestita da una vivace coppia, dove gustare specialità tosco-romagnole, casalinghe e fragranti. Nella casa accanto si trova la locanda con sei eccellenti camere, un paio addirittura con bagno turco; bellissimo giardino, nonché fresca piscina per la bella stagione.

Specialità: Tortello sulla lastra con la nostra giardiniera. Cappelli dell'alpino. Dolce ramerone di Pianetto.

Menu 30/35 € – Carta 30/35 €

località Pianetto, via Borgo 24/a – ℰ 0543 981561 – www.osterialacampanara.it – Chiuso 13-28 gennaio, lunedì, martedì, mercoledì-venerdì a mezzogiorno

GALLARATE

✉ 21013 – Varese (VA) – Carta regionale n° **10**-A2 – Carta stradale Michelin 561-F8

||○ **Ilario Vinciguerra** 🕸 ⚞ ⚞ AC ✧ P

MODERNA · ELEGANTE XXX Simpatia e genuina ospitalità all'interno di un'imponente villa liberty, il cui ingresso ospita un'originale collezione di bottiglie di grappa di Romano Levi - tutte con etichetta fatta a mano - che altro non sono se non il biglietto da visita di una cucina all'insegna di prodotti e colori mediterranei. (Attenzione: l'ingresso al parcheggio è da via Tenconi 3).

Menu 25 € (pranzo) – Carta 80/120 €

via Roma 1 – ℰ 0331 791597 – www.ilariovinciguerra.it – Chiuso 15 agosto-1 settembre, 1-7 novembre, mercoledì, domenica sera

||○ **Radici Osteria Contemporanea** ⓝ AC

MODERNA · COLORATO X Buona tavola a prezzi contenuti in un ambiente moderno, simpatico e giovanile. Cucina classica eseguita con cura e vini selezionati: l'indirizzo che l'ispettore consiglierebbe ad un amico! Business lunch a mezzogiorno.

Carta 37/48 €

via Alessandro Manzoni 13 – ℰ 03311224176 – Chiuso 7-13 gennaio, 11-28 agosto, lunedì sera, sabato a mezzogiorno, domenica

GALLIATE

✉ 28066 – Novara (NO) – Carta regionale n° **12**-C2 – Carta stradale Michelin 561-F8

||○ **Osteria del Borgo** AC

CREATIVA · FAMILIARE XX Partito con una cucina tipicamente piemontese, l'intraprendente cuoco se ne è via via discostato - sebbene alcuni piatti figurino ancora in menu - per proporre sue personalissime elaborazioni e anche pesce: ormai l'attrazione principale del locale!

Carta 34/65 €

via Pietro Custodi 5 – ℰ 3491603750 – www.osteriadelborgo.eu – Chiuso lunedì, sabato a mezzogiorno

GALLIERA VENETA

✉ 35015 – Padova (PD) – Carta regionale n° **22**–B1 – Carta stradale Michelin 562-F17

🕲 **Al Palazzon** 🛖 ⅙ 🎦 ⇆ 🅿

REGIONALE · TRATTORIA 🗡 Esternamente la struttura è quella di un cascinale d'inizio Novecento, all'interno si scoprono tre eleganti salette. L'ispettore consiglia: zuppa di fagioli con orzo e cozze.

Specialità: Baccalà mantecato, sarde in saor e spiedino di piovra e verdure. Lo spiedo della corte: maialino in porchetta, agnellino di pascolo e faraona della bassa padana. Catalana e torta sabbiosa.

Carta 30/55€

via Cà Onorai 2, località Mottinello Nuovo – 𝒞 *049 596 5020 – www.alpalazzon.it –*
Chiuso 9-16 agosto, 30 dicembre-5 gennaio, lunedì, domenica sera

GALLIPOLI

✉ 73014 – Lecce (LE) – Carta regionale n° **15**–D3 – Carta stradale Michelin 564-G35

🏛 **Palazzo del Corso** 🛖 🛋 ➕ 🎦 🅿 🚗

LUSSO · STORICO A pochi passi dal centro storico, sarete ospiti di un palazzo ottocentesco dagli eleganti ambienti arredati con tessuti e mobili di pregio ed un roof-garden dove trova posto il ristorante La Dolce Vita. A lato della reception accogliente saletta/enoteca per degustazioni e asporto.

8 camere 🖂 – 👥 129/609€ – 6 suites

corso Roma 145 – 𝒞 *0833 264040 – www.hotelpalazzodelcorso.it –*
Chiuso 1 novembre-31 marzo

🏛 **Relais Corte Palmieri** 🕭 🎦

STORICO · PERSONALIZZATO Tra terrazzamenti e muri bianchi, più palazzi storici costituiscono questa singolare risorsa ricca di fascino. La struttura ha inoltre il vantaggio di trovarsi vicino alla pittoresca spiaggia della Purità, nonché nell'epicentro della vita serale e notturna di Gallipoli.

25 camere 🖂 – 👥 74/299€ – 5 suites

corte Palmieri 3 – 𝒞 *0833 266814 – www.relaiscortepalmieri.it –*
Chiuso 1 novembre-31 marzo

GALLODORO – Messina → Vedere Sicilia

GALLUZZO – Firenze → Vedere Firenze

GAMBARIE

✉ 89050 – Reggio di Calabria (RC) – Carta regionale n° **3**–A3 –
Carta stradale Michelin 564-M29

🕲 **L'Angolo del Gusto**

TRADIZIONALE · FAMILIARE 🗡 Centrale, sia per posizione, sia in quanto all'interno dell'omonimo albergo, chi vuole scoprire le specialità montane dell'Aspromonte troverà qui un ottimo indirizzo, con diversi ingredienti raccolti o prodotti in loco. L'abbondante carosello di antipasti della casa (quasi un pasto in sé) e la zuppa di fagioli e porcini sono tra i piatti che abbiamo amato di più. E per prolungare il soggiorno, le camere sono confortevoli, in particolare quelle di categoria superiore.

Specialità: Antipasto tipico. Tagliolini ai funghi porcini. Cannolo di ricotta in coppa.

Menu 25/35€ – Carta 15/30€

Hotel Centrale, piazza Mangeruca 23 – 𝒞 *0965 743133 – www.hotelcentrale.net*

GAMBOLÒ

✉ 27025 – Pavia (PV) – Carta regionale n° **9**–A3 – Carta stradale Michelin 561-G8

COPPINI ARTE OLEARIA

già nel 1946

NEL GESTO PIÙ
SEMPLICE
LA MAGIA DEL
PIATTO

www.coppiniarteolearia.com

Seguiteci su: 🇫 🇾 🇬 ▶️ #coppiniarteolearia

#loveisanolivetree

ⵕ○ **Da Carla** ⟺ 🗝 AC P

REGIONALE · CONTESTO TRADIZIONALE ⵗ Un tempo mulino, la roggia presta ancor oggi al ristorante un fascino bucolico, ripreso dalla sala, calda e accogliente. Dalla cucina non fatevi mancare i risotti, le rane, le lumache e le portate a base d'oca, salumi compresi. Accoglienti camere completano un grazioso quadro campestre.

Menu 16 € (pranzo)/20 € – Carta 35/60 €

via Necchi 3/5 fraz. Molino Isella – ℰ 0381 930006 – www.trattoriadacarla.com – Chiuso 16-31 agosto, mercoledì

🏠 **Villa Necchi** ⛰ 🐾 🛏 🖃 ⓰ AC 🏊 P

CASA PADRONALE · ELEGANTE Immersa in un parco di dieci ettari, è una villa di fine Ottocento riportata agli attuali splendori da un meticoloso restauro. Camere eleganti e sempre diverse, ricercati arredi e grandi bagni assicurano un soggiorno raffinato ed elegante. Da non trascurare l'offerta gastronomica: al ristorante troverete una cucina creativa di ottimo livello.

20 camere ⌫ – 🛏🛏 120/190 €

frazione Molino Isella – ℰ 0381 092601 – www.villanecchi.it – Chiuso 2-16 gennaio, 1-31 agosto

GANZIRRI – Messina ➜ Vedere Sicilia (Messina)

GARBAGNATE MILANESE

✉ 20024 – Milano (MI) – Carta regionale n° **10**–B2 – Carta stradale Michelin 561-F9

ⵕ○ **La Refezione** 🗝 AC P

ITALIANA · ELEGANTE ⵗⵗⵗ Un'elegante club-house all'interno di un centro sportivo dove gustare una fantasiosa cucina, sia di terra sia di mare; per effettuare la scelta migliore, lasciatevi guidare dall'esperto titolare e dalla sua giovane équipe di collaboratori.

Menu 22 € (pranzo)/55 € – Carta 54/74 €

via Milano 166 – ℰ 02 995 8942 – www.larefezione.it – Chiuso 1-31 agosto, 25 dicembre-6 gennaio, lunedì a mezzogiorno, domenica

GARDA

✉ 37016 – Verona (VR) – Carta regionale n° **23**–A2 – Carta stradale Michelin 562-F14

ⵕ○ **Regio Patio** 🎏 🛏 🗝 AC ⛵ P

CREATIVA · ELEGANTE ⵗⵗⵗ Luce e colore entrano nella sala interna dipinta e ancor di più - con il bel tempo - nel patio di fronte al giardino. In ogni caso parteciperete ad una cucina creativa che vi offrirà un ampio panorama di prodotti, dal pesce alla carne, spesso locali, a volte di altra provenienza.

Menu 60/85 € – Carta 56/93 €

Hotel Regina Adelaide, via San Francesco d'Assisi 23 – ℰ 045 725 5977 – www.regiopatio.it – Chiuso 6 gennaio-13 marzo

🏠 **Regina Adelaide** ⛰ 🛏 ⵣ 🖾 🚿 🛁 🖃 ⓰ AC 🏊 P

SPA E WELLNESS · PERSONALIZZATO All'inizio del centro storico, a pochi metri dal lago, l'albergo si compone di tre edifici, di cui il più antico è una villa liberty del Novecento. La passione dei titolari per l'antiquariato è evidente nei mobili e cimeli d'epoca disseminati nell'albergo.

49 camere ⌫ – 🛏🛏 178/384 € – 10 suites

via San Francesco d'Assisi 23 – ℰ 045 725 5977 – www.regina-adelaide.it – Chiuso 6 gennaio-13 marzo

ⵕ○ **Regio Patio** – Vedere selezione ristoranti

GARDONE RIVIERA

✉ 25083 – Brescia (BS) – Carta regionale n° **9**–C2 – Carta stradale Michelin 561-F13

🅾 **Villa Fiordaliso**   🕸 ⇆ ≼ 🛏 🏠 ⇄ **P**

MODERNA · ROMANTICO XxX Cucina creativa in una delle ville di inizio '900 che punteggiano il lungolago: circondata da un bel parco e protesa sulla distesa blu con un pontile, qui più che altrove non si contano i personaggi celebri che ai suoi tavoli si accomodarono.

Menu 110/130 € – Carta 80/135 €

corso Zanardelli 150 – 𝒞 0365 20158 – www.villafiordaliso.it –
Chiuso 1 novembre-20 marzo, lunedì, martedì a mezzogiorno

🅾 **Osteria Antico Brolo**   ⇆ 🏠 ⇄

MODERNA · ACCOGLIENTE XX In una vecchia abitazione del '700, alcune salette vi accoglieranno per gustare i prodotti del territorio sapientemente elaborati. Il tavolo sul balconcino… un'emozione! Nuove ed intime camere dal gusto contemporaneo per chi vuole anche pernottare.

Menu 38/56 € – Carta 40/60 €

via Carere 10 – 𝒞 0365 21421 – www.ristoranteanticobrolo.it –
Chiuso 30 ottobre-10 gennaio, lunedì, martedì a mezzogiorno

🏨 **Grand Hotel Gardone**   🏝 ≼ 🛋 🛏 ⅃ 🏠 🔽 🆎 🛁 **P**

STORICO · PERSONALIZZATO Oziare negli ambienti accoglienti ed eleganti che furono testimoni dell'idillio tra Gabriele D'Annunzio ed Eleonora Duse. Oppure, godere delle vedute mutevoli ed accattivanti offerte dalla stupenda terrazza-giardino: un grand hotel, non solo nel nome. Carta accattivante dai sapori mediterranei e specialità locali al ristorante Il Giardino dei Limoni.

164 camere ⌑ – 🛏 160/400 €

corso Zanardelli 84 – 𝒞 0365 20261 – www.grandhotelgardone.it –
Chiuso 1 gennaio-12 aprile, 19 ottobre-31 dicembre

Fasano del Garda Nord - Est : 2 km – Carta regionale n° **9**–C2

⌘ **Lido 84** (Riccardo Camanini)   🕸 ≼ 🛏 🏠 ⅃ 🆎 ⇄ **P**

CREATIVA · ROMANTICO XxX A pochi metri dall'acqua, in quella che anticamente era una darsena, un locale moderno che sfrutta appieno la vista del lago, sia che si mangi all'aperto, sia che si opti per la sala interna (una sorta di veranda). Bergamasco trapiantato sulla sponda bresciana, lo chef Riccardo Camanini è sicuramente uno tra gli astri più brillanti - nella sua categoria - della gastronomia italiana. Il menu propone piatti formidabili con spunti lacustri e bresciani, creatività unita alla flessibilità del mercato. Giancarlo, il fratello del cuoco, orchestra con grande capacità il servizio in sala, mentre per quanto riguarda la lista dei vini numerose sono le bollicine – italiane e francesi – e, con sorpresa, ampio spazio ai biologici! Infine, cenare intorno a un tavolo bordo lago (con possibilità di attracco) è un grande privilegio. Meglio prenotare!

Specialità: Sarda di lago affumicata e fritta, miele, elicriso, agrumi. Cacio e pepe in vescica. Torta di rose cotta al momento, zabaione al liquore all'uovo, limoni del Garda.

Menu 80/90 € – Carta 64/100 €

corso Zanardelli 196 – 𝒞 0365 20019 – www.ristorantelido84.com –
Chiuso 7 gennaio-13 febbraio, 9 novembre-5 dicembre, martedì, mercoledì

🅾 **Il Fagiano**   🛏 🏠 ⅃ 🆎 **P**

REGIONALE · ELEGANTE XxX Menu e piatti preparati con gusto e sapienza da uno chef di grande abilità, che sa regalare gustose sorprese per il palato - anche specialità lacustri! - in un luogo di magia infinita. Nota di merito per il servizio: attento e cordiale.

Menu 75/115 € – Carta 75/120 €

Grand Hotel Fasano e Villa Principe, corso Zanardelli 190 – 𝒞 0365 290220 –
www.ghf.it – Chiuso 4 novembre-9 aprile, lunedì-martedì a mezzogiorno, mercoledì,
giovedì-domenica a mezzogiorno

ⅈ○ **Maximilian 1904**

CLASSICA · ELEGANTE XxX All'interno dell'hotel Villa del Sogno, ambiente fin-de-siècle con soffitto decorato e bel pavimento ligneo: luci soffuse, sapori sublimi e ottima cucina nazionale con un occhio di riguardo per i prodotti del lago. Per qusi tutta l'estate, l'ampia e panoramica terrazza è utilizzata come sala principale.

Carta 62/84 €

Hotel Villa del Sogno, via Zanardelli 107 – ☎ 0365 290181 – www.villadelsogno.it – Chiuso 18 ottobre-11 aprile

Grand Hotel Fasano e Villa Principe

GRAN LUSSO · ELEGANTE Un posto unico, dove il concetto di perfezione si esprime in tutti i settori! A cominciare dal contesto perfetto: il lago di Garda, un giardino da sogno, paperelle e uccellini, un grand hotel con 130 anni di vita alle spalle e tutti i confort moderni, camere curatissime e vista mozzafiato.

79 camere ⌂ – †† 240/600 € – 3 suites

corso Zanardelli 190 – ☎ 0365 290220 – www.ghf.it – Chiuso 3 novembre-9 aprile

ⅈ○ **Il Fagiano** – Vedere selezione ristoranti

Bella Riva

LUSSO · BORDO LAGO Fronte lago, la ristrutturazione di un edificio d'epoca ha dato vita a questo design hotel dalle originali soluzioni: ad accogliervi, la splendida hall con riproduzioni di opere di G. Klimt. Belle camere e prestigiose suite con terrazza. In una sala completamente verandata davanti al lago, il ristorante propone una cucina mediterranea con qualche spunto locale.

23 camere ⌂ – †† 200/550 € – 8 suites

via Mario Podini 1/2 – ☎ 0365 540773 – www.bellarivagardone.it – Chiuso 20 ottobre-8 aprile

Villa del Sogno

LUSSO · STORICO Dal lontano 1904 (anno in cui fu costruita), questa raffinata risorsa non smette di affascinare grazie ai suoi spazi di neoclassica memoria con mobili antichi, preziosi tappeti e grandi quadri mitteleuropei: retaggi dell'Austria di fine '800. La struggente bellezza di una dimensione onirica, o meglio, Villa del Sogno!

28 camere ⌂ – †† 520/600 € – 4 suites

via Zanardelli 107 – ☎ 0365 290181 – www.villadelsogno.it – Chiuso 19 ottobre-11 aprile

ⅈ○ **Maximilian 1904** – Vedere selezione ristoranti

GARGNANO

✉ 25084 – Brescia (BS) – Carta regionale n° **9**-C2 – Carta stradale Michelin 561-E13

✿✿ **Villa Feltrinelli**

CREATIVA · LUSSO XxxX Dimora retrò dagli accenni liberty, con cinque romantici tavoli in riva all'acqua, la cena si svolge in uno dei contesti più sfarzosi del lago con la possibilità di degustare le creazioni di Stefano Baiocco: cuoco-globetrotter che nelle sue proposte non dimentica mai d'introdurre qua e là qualche insolito ingrediente proveniente da altre latitudini...

Carne e pesce, ma anche un'originale insalata con cento tipi di erbe e venticinque fiori o il tutto pomodoro fanno dello chef l'alfiere di una cucina verde e creativa, sfoggiata in uno dei contesti più intriganti della zona. Preparatevi, dunque, ad un emozionante salto indietro nel tempo e ad un'esperienza all'insegna di gusto, relax, architetture eccentriche e bellezza mozzafiato.

Specialità: Insalata di trota salmonata, avocado, mela verde, cetriolo, salsa ponzu e quinoa soffiata. Filetto d'agnello cotto con olio, burro ed erbe aromatiche, crema di mandorle e jus di peperoni arrostiti. Crespella di latte gratinata, farcita con spuma allo yogurt magro e zenzero, sciroppo di rosmarino.

Menu 150 € (pranzo), 180/250 € – Carta 120/250 €

Grand Hotel a Villa Feltrinelli, via Rimembranza 38/40 – ☎ 0365 798000 – www.villafeltrinelli.com – Chiuso 20 ottobre-10 aprile, lunedì a mezzogiorno, martedì, mercoledì-domenica a mezzogiorno

✿ Villa Giulia

CREATIVA · ROMANTICO XXX Nelle vicinanze del Vittoriale degli Italiani, già residenza di Gabriele D'Annunzio, Villa Giulia è un albergo direttamente sul lago con un angolo gourmet che connazionali e stranieri (in questa zona tanti!) c'invidiano. Se l'atmosfera nella terrazza affacciata sul lago è sicuramente romantica ed impagabile, la cucina si vuole estrosa, ricca di carattere, nonché fantasia, e presenta intriganti viaggi nei prodotti del mare e di lago con ottima precisione nelle cotture e sapori sempre fragranti al palato, nonché qualche spunto dalla regione di provenienza dello chef (la Puglia), come fosse una sorta di firma. A pranzo vi sono anche altre proposte più "tradizionali" o veloci.

Specialità: Capasanta, crescione, topinambur e polpa di riccio. Risotto limone, burrata e liquirizia. Millefoglie, mascarpone, lamponi e gelato alla ricotta.

Menu 100/160€ – Carta 50/80€

Hotel Villa Giulia, viale Rimembranza 20 – ☎ 0365 71022 – www.villagiulia.it –
Chiuso 12 ottobre-9 aprile, mercoledì

✿ La Tortuga (Maria Cozzaglio) ✿ AC

CLASSICA · ELEGANTE XX Non lasciatevi fuorviare dal nome: non si tratta di un ristorante spagnolo, bensì di una piccola, ma incantevole bomboniera a pochi metri dalla piazzetta del porticciolo. "Tortuga" è un'isola caraibica che evoca fantastiche gesta di pirati, bucanieri e corsari... L'idea di chiamare così l'osteria con cucina che la madre Teresa aveva creato sul finire degli anni 60, è di Danilo Filippini, perché lui – nell'anima – si sente un po' corsaro... E questa passione per le cristalline acque si trova riflessa nel menu con le sue specialità ittiche di acqua salata, citazioni di ricette lacustri, nonché qualche piatto di terra. Anche la carta dei vini non fa difetto: ben articolata e di respiro internazionale.

Specialità: Assaggi di pesce di lago e mare. Fettuccine alla Dani. Semifreddo bianco al caffè, salsa cioccolato, leggero pan di Spagna al sifone.

Carta 70/120€

via XXIV Maggio 5 – ☎ 0365 71251 – www.ristorantelatortuga.it –
Chiuso 1 novembre-15 marzo, martedì

🏛️ Grand Hotel a Villa Feltrinelli

LUSSO · BORDO LAGO Costruita alla fine dell'Ottocento in stile ecclettico-liberty, è una delle ville più straordinarie della zona: ancora, oggi, più dimora che albergo, si propone come romantico rifugio retrò. Il luogo più magico di tutti è la bella terrazza direttamente sul lago dove approfittare per un aperitivo con vista, nella pace più assoluta.

16 camere ☲ – 🛏 1350/3200€ – 4 suites

via Rimembranze 38/40 – ☎ 0365 798000 – www.villafeltrinelli.com –
Chiuso 20 ottobre-10 aprile

✿✿ **Villa Feltrinelli** – Vedere selezione ristoranti

🏠 Villa Giulia

LUSSO · PERSONALIZZATO Posizione incantevole, leggermente decentrata, per un'ex residenza estiva in stile Vittoriano, avvolta da un curato giardino e con due piccoli annessi; nuovo centro benessere dotato di zona relax con sale dell'Himalaya, massaggi, docce emozionali, etc.

20 camere ☲ – 🛏 290/480€ – 2 suites

viale Rimembranza 20 – ☎ 0365 71022 – www.villagiulia.it –
Chiuso 12 ottobre-9 aprile

✿ **Villa Giulia** – Vedere selezione ristoranti

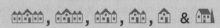

sulla strada provinciale 9 Ovest : 7 km

⭑○ La Grande Limonaia ⇐ 🛱 ⑤ 🆔 🅿

MODERNA · LUSSO XxX La Grande Limonaia è il ristorante principale e rievoca i profumi dei giardini d'agrumi tra geometrie di luce e scorci panoramici. Nei piatti, sapori e colori locali si intrecciano a creatività e gusto contemporaneo. Lefay Vital Gourmet valorizza la dieta mediterranea, le materie prime di stagione, l'olio extra-vergine d'oliva, gli agrumi del lago e le erbe aromatiche degli orti locali, per una cucina vitale e leggera.

Menu 110 € – Carta 72/108 €

Lefay Resort & Spa, via Angelo Feltrinelli 136 – ℰ 0365 241800 –
www.lefayresorts.com – Chiuso 6 gennaio-6 febbraio

🏨 Lefay Resort & Spa

🎋 ⑤ ⇐ 🛏 🍃 🖥 🕙 🐠 𝓁ᵨ 🖳 ⑤ 🆔 🎿 🅿 🚗

GRAN LUSSO · MEDITERRANEO Sette chilometri tutti in salita per godere di uno dei panorami più belli del lago in una struttura moderna, dalle camere ampie ed eleganti, tutte con vista e con splendidi bagni; vasto centro benessere con incantevole piscina a sfioro sul lago.

88 camere ⌑ – 🛉🛉 710/1650 € – 5 suites

via Angelo Feltrinelli 136 – ℰ 0365 241800 – www.lefayresorts.com –
Chiuso 6 gennaio-6 febbraio

⭑○ **La Grande Limonaia** – Vedere selezione ristoranti

GARLENDA

✉ 17033 – Savona (SV) – Carta regionale n° **8**-A2 – Carta stradale Michelin 561-J6

⭑○ Il Rosmarino 🕸 ⇦ 🛱 🆔 ⇆ 🅿

MEDITERRANEA · ELEGANTE XxX Piatti della tradizione mediterranea esaltati dai profumi di questa terra - timo, salvia, l'irrinunciabile basilico... - in una dozzina di piatti che cambiano giornalmente in sintonia con le stagione. Vasta anche la scelta enologica.

Menu 70/90 € – Carta 71/103 €

Hotel La Meridiana, via ai Castelli – ℰ 0182 580271 – www.lameridianaresort.com –
Chiuso 3 novembre-10 aprile, lunedì, martedì-domenica a mezzogiorno

🏨 La Meridiana 🎋 ⑤ ⇦ 🍃 🕙 🖳 🆔 🎿 🅿

BOUTIQUE HOTEL · GRAN LUSSO Sulle prime colline alle spalle di Alassio (la cui spiaggia è raggiungibile con trasporto dell'albergo), La Meridiana è un tranquillo e raffinato rifugio di campagna. Circondate da un bel giardino, le camere sono egualmente ispirate ad uno stile campestre.

22 camere – 🛉🛉 204/440 € – ⌑ 22 € – 4 suites

via ai Castelli – ℰ 0182 580271 – www.lameridianaresort.com –
Chiuso 3 novembre-1 aprile

⭑○ **Il Rosmarino** – Vedere selezione ristoranti

GAVARDO

✉ 25085 – Brescia (BS) – Carta regionale n° **9**-D1 – Carta stradale Michelin 563-F13

🏨 Villa dei Campi Boutique Hotel 🎋 ⑤ ⇦ 🍃 🕙 🖳 ⑤ 🆔 🅿

BOUTIQUE HOTEL · ELEGANTE Cascina recuperata con anni di ristruttura-zione: filosofia bio, materiali eco-compatibili, nonché camere personalizzate ognuna diversa dall'altra. Insomma, un vero gioiellino di ospitalità!

12 camere ⌑ – 🛉🛉 150/200 €

via Limone 27 – ℰ 0365 374548 – www.hotelvilladeicampi.com –
Chiuso 7 gennaio-5 aprile

GAVI

✉ 15066 – Alessandria (AL) – Carta regionale n° **12**-C3 – Carta stradale Michelin 561-H8

🕦○ La Gallina

PIEMONTESE · CASA DI CAMPAGNA XX In una location molto suggestiva, dove trova posto anche un'elegante e romantica sala ricavata nell'antico fienile, un nuovo chef ha impostato una linea legata alla tradizione locale rivisitandola in chiave attuale. Interessante la selezione enoica improntata sul territorio con ampio spazio ai vini della casa. Col bel tempo ci si trasferisce all'aperto con vista su colline e vigneti.

Carta 65/90€

Hotel L'Ostelliere, frazione Monterotondo 56 – ℰ 041 360 7801 –
www.villasparinaresort.it – Chiuso 10 novembre-28 marzo

🕦○ Cantine del Gavi

REGIONALE · CONTESTO STORICO XX Nel bel centro storico di Gavi, un palazzo settecentesco ospita due sale ricche d'atmosfera, di cui una - l'ex cappella - con il soffitto affrescato, oltre alla possibilità di mangiare nella suggestiva cantina o nel grande giardino, quando il clima lo permette. Cucina del territorio accompagnata da ottimi vini.

Menu 50/90€ – Carta 40/80€

via Mameli 69 – ℰ 0143 642458 - www.ristorantecantinedelgavi.it –
Chiuso 27 gennaio-26 febbraio, lunedì, martedì

🏠 L'Ostelliere

STORICO · ELEGANTE All'interno e proprio sopra le cantine dell'azienda vinicola con la quale, insieme al ristorante, forma il Villa Sparina Resort, L'Ostelliere è un hotel nato da un'importante azione di recupero architettonico che ha dato vita ad una risorsa di grande charme e confort. Bella vista su colline e vigneti.

23 camere ⊠ – 👫 153/280€ – 10 suites
frazione Monterotondo 56 – ℰ 0143 607801 - www.villasparinaresort.it –
Chiuso 10 novembre-28 marzo

🕦○ **La Gallina** – Vedere selezione ristoranti

GAVIRATE

✉ 21026 – Varese (VA) – Carta regionale n° **9**-A2 – Carta stradale Michelin 561-E8

🙂 Tipamasaro

CLASSICA · FAMILIARE X A metà strada tra il centro storico e il lago, l'intera famiglia si dedica con passione al locale: un ambiente simpatico e un fresco gazebo estivo per riscoprire l'appetitosa cucina locale. Lavarello alla calderina, bavarese alla menta con cremoso al cioccolato... giusto per dare un'idea!

Specialità: Flan di porri e scarola con fonduta di parmigiano. Involtini di maiale con salsiccia e funghi. Crumble di mele caldo con gelato.

Carta 28/37€

via Cavour 31 – ℰ 0332 743524 – Chiuso 7-17 gennaio, 1-14 luglio, lunedì, domenica sera

GAVORRANO

✉ 58023 – Grosseto (GR) – Carta regionale n° **18**-C3 – Carta stradale Michelin 563-N14

sulla strada provinciale 31 Nord - Est: 14 km

🕦○ Conti di San Bonifacio

DEL TERRITORIO · ELEGANTE XXX Nel bel mezzo di campagna e vigneti, in posizione tranquilla e dominante, cucina del territorio elaborata con gusto moderno accompagnata da vini della casa (tra cui un Syrah eccezionale!) e non solo.

Carta 45/75€

località Casteani 1 – ℰ 0566 80006 – www.contidisanbonifacio.com

GAZZOLA

✉ 29010 – Piacenza (PC) – Carta regionale n° **5**–A2 – Carta stradale Michelin 562-H10

a Rivalta Trebbia Est : 3,5 km

⅋○ **Locanda del Falco**   ⅋⅋ 🏠 ⇄ **P**

DEL TERRITORIO · **RUSTICO** ⅋⅋ In un antico borgo medievale una locanda caratteristica dove vengono serviti i piatti della tradizione piacentina e ricette alternative permeate da fantasia e creatività, il tutto annaffiato da vini locali (ci sono proprio tutti nell'ampia carta!) e di altre regioni. Ampi camini all'interno ravvivano le serate invernali, mentre nella bella stagione un glicine secolare ombreggia i tavoli dell'accogliente cortile interno.

Menu 12 € (pranzo), 55/70 € – Carta 50/70 €

Castello di Rivalta, 4 – ℰ 0523 182 0269 – www.locandadelfalco.com –
Chiuso 8-14 gennaio, 16-31 agosto, lunedì sera, martedì

GENAZZANO

✉ 00030 – Roma (RM) – Carta regionale n° **7**–C2 – Carta stradale Michelin 563-Q20

⅋ **Aminta Resort** (Marco Bottega)   ⅋⅋ ⇦ 🚐 🏠 AK **P**

CREATIVA · **ELEGANTE** ⅋⅋ Tra colline disseminate di ulivi e prodotti agricoli, lungo un bel percorso che dai confini della Ciociaria conduce ai suggestivi altipiani di Arcinazzo, il casolare ottocentesco è la casa di uno dei più interessanti cuochi della campagna romana: Marco Bottega. Oltre alla possibilità di pernottare in confortevoli camere Aminta Resort è la principale fornitrice di frutta, verdura e animali da cortile in virtù dei cinquanta ettari dell'azienda agricola di proprietà coltivata senza alcuna traccia di pesticidi. E dalla terra alla tavola, gli ingredienti vanno ad alimentare una cucina laziale aperta a divagazioni di ogni genere, sempre all'insegna di piatti autentici e gustosi.

Specialità: Animella di vitella, doppia consistenza di asparagi e crema di latte ai limoni. Riso, patate al rosmarino, guanciale ed estratti di bosco. Orto.

Menu 80/130 € – Carta 65/90 €

via Trovano 3 – ℰ 06 957 8661 – www.amintaresort.it – Chiuso 31 ottobre-5 dicembre,
lunedì, martedì, domenica sera

GENOVA

✉ 16124 – Genova (GE) – Carta regionale n° **8**–C2 –
Carta stradale Michelin 561-I8

Ci piace

L'intima atmosfera del ristorante **Le Cicale in Città**. I
tramonti suggestivi sul porto da alcuni tavoli de **Il Marin-
Eataly**. Indugiare nell'enciclopedica carta dei vini di
Bruxaboschi. L'incantevole posizione del **Capo Santa
Chiara** a Boccadasse.

Piccolo locale tra i carrugi del centro storico, Focaccia e
Dintorni è una tappa imprescindibile nella città della
lanterna: focacce di ogni tipo, torte salate, pizze al taglio,
polpettone, farinata, pane e dolci. Antica Friggitoria Carega
o meglio "il cuore croccante di Genova": frisceu, fritto di
calamari, baccalà impanato ed altro ancora. L'indirizzo era
tanto amato anche dal cantautore Fabrizio De André.

E. Mymrin/Moment/Getty Images

Ristoranti

❀ **The Cook** (Ivano Ricchebono) ⒶⒸ ⇕

MODERNA · **CONTESTO STORICO** ⅩⅩⅩ Come un vero capitano che – di tanto in tanto – torna a casa, dopo ben tre traslochi in soli quattro anni, dalla prima location a Nervi a due sedi differenti ad Arenzano, Ivano Ricchebono ed Elisa Arduini tornano nella città della Lanterna. La loro stella brilla senza intermittenze da parecchi anni, in virtù di una cucina territoriale venata di creatività che fin dai suoi esordi ha incontrato favori: cosa non facile in una località non certo particolarmente aperta alle sperimentazioni gastronomiche. In un bel palazzo del 1300 dalle pareti affrescate, il menu cita piatti della tradizione rivisitati. Ma è con il cappon magro che si gioca in casa.

Specialità: Soffice di patata, medaglione d'astice e caviale. Trancio di storione, piselli in consistenze e crema di pomodoro. Nocciola misto Chiavari.

Menu 60/100 € – Carta 70/120 €

Pianta B2-u – *vico Falamonica 9 r* Ⓜ *San Giorgio* – ☎ *010 975 2674 – www.thecookrestaurant.com – Chiuso 2-7 gennaio, 10-26 agosto, martedì*

⊛ **L'Osteria del San Giorgio** Ⓝ ⒶⒸ

LIGURE · **ACCOGLIENTE** ⅩⅩ La casa madre ha trovato una nuova e importante collocazione: qui si propongono piatti della tradizione genovese e ligure, porzioni generosissime, preparazioni classiche e servizio attento. Prezzi corretti! La formula ideale per un buon Bib Gourmand cittadino condotto dalla professionalità della famiglia Scala.

Specialità: Acciughe panate. Lasagnette al pesto. Sacripantina genovese.

Menu 20 € (pranzo), 30/35 € – Carta 20/35 €

Pianta D3-m – *via Alessandro Rimassa 150* – ☎ *010 001 8612 – www.osteriasangiorgiogenova.it – Chiuso lunedì*

⑩ **Ippogrifo** ⒶⒸ ⇕

PESCE E FRUTTI DI MARE · **ELEGANTE** ⅩⅩⅩ Ottima cucina a base di pesce in un elegante locale rinnovato secondo un gusto moderno e luminoso. Frequentato da habitué e gestito da due abili fratelli, il ristorante si trova in zona fiera.

Menu 45/60 € – Carta 42/88 €

Pianta C3-n – *via Gestro 9 r* – ☎ *010 592764* – *www.ristoranteippogrifo.it – Chiuso 10-28 agosto*

⑩ **Capo Santa Chiara** ≤ 🎋 ⅚ ⒶⒸ

CREATIVA · **ELEGANTE** ⅩⅩ All'estremo della romantica spiaggetta di Boccadasse, locale moderno ed elegante, dove gustare piatti creativi. Da non perdere nella bella stagione un tavolo sulla terrazza prospiciente il mare.

Menu 65/85 € – Carta 70/90 €

Fuori pianta – *via al capo di Santa Chiara 69, Boccadasse* – ☎ *3409339280 – www.ristorantecaposantachiara.com*

⑩ **Le Cicale in Città** ⒶⒸ ⇕

PESCE E FRUTTI DI MARE · **ACCOGLIENTE** ⅩⅩ Intima atmosfera in questo locale diviso in ambienti comunicanti, impreziositi da specchi antichi: piatti prevalentemente a base di pesce fresco, cucinati con un pizzico di fantasia.

Menu 50/60 € – Carta 45/100 €

Pianta C2-b – *via Macaggi 53* Ⓜ *Brignole* – ☎ *010 592581* – *www.lecicalegenova.it – Chiuso 8-22 agosto, sabato a mezzogiorno, domenica*

⑩ **Il Marin - Eataly** ≤ 🎋 ⅚ ⒶⒸ

PESCE E FRUTTI DI MARE · **CONTESTO CONTEMPORANEO** ⅩⅩ Nel Porto Antico, al terzo piano dell'edificio Millo, un ristorante panoramico e dalla originale semplicità con un menu ispirato al territorio e al marchio Eataly. Per una sosta più informale si possono utilizzare anche le varie postazioni di cucina a tema lungo il percorso.

Menu 34 € (pranzo), 54/75 € – Carta 48/65 €

Pianta B2-a – *porto Antico, edificio Millo* Ⓜ *San Giorgio* – ☎ *010 869 8722 – www.genova.eataly.it – Chiuso 3-9 agosto, martedì*

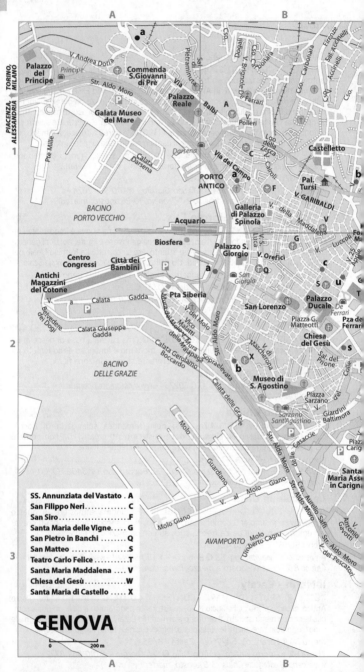

GENOVA

SS. Annunziata del Vastato . **A**
San Filippo Neri . . . . **C**
San Siro . . . . **F**
Santa Maria delle Vigne . . . . . **G**
San Pietro in Banchi . . . . **Q**
San Matteo . . . . **S**
Teatro Carlo Felice . . . . **T**
Santa Maria Maddalena . . . . **V**
Chiesa del Gesù . . . . **W**
Santa Maria di Castello . . . . . **X**

0   200 m

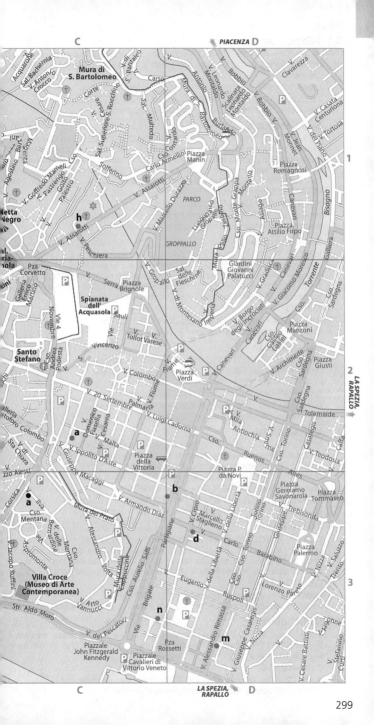

🍴 **PEsciolino** ⇚ ᕕ AC

CLASSICA · ACCOGLIENTE XX Piatti curati, non scevri di una certa modernità, in un locale del centro con sale accoglienti e colorate. Il pesce è tra i prediletti del menu!

Carta 34/69€

Pianta B2-e – City Hotel, vico Domoculta 14r – ℰ 010 553 2131 – www.locandapesciolino.it – Chiuso domenica a mezzogiorno

🍴 **San Giorgio** Ⓝ 🕸 ᕕ AC

PESCE E FRUTTI DI MARE · CONTESTO TRADIZIONALE XX San Giorgio, sinonimo di ottima materia prima e cucina di valore, debutta nella città del faro con due sale sobrie e la sua bella clientela al seguito. Cucina prevalentemente basata su un ottimo pescato locale, con alcune specialità di terra come foie gras e maialino. Carta dei vini all'altezza del locale e la schietta accoglienza dei fratelli Scala che insinua il desiderio di ritornarci presto!

Menu 60/80€ – Carta 55/80€

Pianta D3-b – viale Brigate Bisagno 69 Ⓜ Brignole – ℰ 010 595 5205 – www.ristorantesangiorgiogenova.it – Chiuso domenica

🍴 **Santamonica** Ⓝ ⩽ 🛖 AC

PESCE E FRUTTI DI MARE · ACCOGLIENTE XX Sulla spiaggia di un bel quartiere cittadino, con la vista che abbraccia totalmente il mare, la terrazza per la bella stagione è ampia e arieggiata. Qui una coppia di appassionati coniugi propone una cucina basata sulla freschezza dei prodotti ittici, valorizzati e trattati con il dovuto rispetto, in ricette colorate e ben presentate. Tanta simpatia e professionalità!

Carta 35/79€

Fuori pianta – lungomare Lombardo 27 – ℰ 010 553 3155 – www.santamonicagenova.it – Chiuso 7-21 gennaio, lunedì

🍴 **Santa Teresa** 🛖 AC ⇄

LIGURE · RUSTICO XX Nel cuore del centro, accoglienti sale e salette dove l'esperta mano dei titolari vi porterà ad apprezzare antiche ricette liguri rivisitate in chiave più contemporanea.

Carta 56/93€

Pianta B2-s – via di Porta Soprana 55 r – ℰ 010 583534 – www.ristorantesantateresagenova.it – Chiuso domenica

🍴 **Voltalacarta** AC

MODERNA · ALLA MODA XX "Volta la carta" è una canzone estremamente allegorica: dietro ogni figura si nasconde un personaggio. Dietro la porta di questo locale si cela un ambiente piccolo e simpatico, dove un giovane e dinamico chef prepara intriganti specialità di mare, selezionando ottimi prodotti.

Menu 20€ (pranzo), 50/60€ – Carta 60/90€

Pianta C1-h – via Assarotti 60 r – ℰ 010 831 2046 – www.voltalacartagenova.it – Chiuso 1-7 gennaio, 17-24 agosto, lunedì sera, domenica

🍴 **20Tre** Ⓝ AC ⇄

LIGURE · CONTESTO CONTEMPORANEO X Nel cuore del centro storico, il locale si propone con un look contemporaneo ed una linea di cucina basata su pochi piatti, quasi tutti di pesce, presentati anch'essi in maniera moderna e con porzioni generose. Stagionalità dei prodotti e mercato del giorno tra le linee guida.

Carta 42/53€

Pianta B2-c – via David Chiossone 14 – ℰ 010 247 6191 – www.ristorante20tregenova.it – Chiuso sabato a mezzogiorno, domenica

🍴 **Il Michelaccio** ᕕ AC

CREATIVA · BISTRÒ X Centrale, ad un passo da via XX Settembre, un vero e proprio bistrot con proposte di cucina creativa su carta o del giorno elencate in lavagna. Vini solo naturali.

Carta 40/96€

Pianta C2-a – via Frugoni 49 r – ℰ 010 570 4274 – www.ilmichelaccio.it – Chiuso 10-30 agosto, sabato a mezzogiorno, domenica

ⅱ○ Le Rune 🏠

LIGURE · RUSTICO ⅹ Diverse piccole salette con tavoli anche sopra la cucina – apparentemente molto ambiti, sebbene faccia un po' caldo – per una linea gastronomica legata alla regione e al mare; proposte economiche e piatti unici.
Menu 14 € (pranzo)/26 € – Carta 30/45 €

Pianta B1-b – *salita Sant'Anna 13 r* – ℰ *010 594951* – *www.ristorantelerune.it* –
Chiuso 24 giugno-1 luglio, 30 agosto-6 settembre, lunedì a mezzogiorno, sabato a mezzogiorno, domenica

ⅱ○ Soho Restaurant & Fish Work 🏠 🄰🄲 🛜

PESCE E FRUTTI DI MARE · BISTRÒ ⅹ In uno dei vicoli di fronte all'Acquario, locale informale e multitasking (c'è anche un wine-bar) dominato dal contrasto fra antico e moderno. Le specialità attingono al mare.
Carta 25/67 €

Pianta B1-a – *via al Ponte Calvi 20 r* Ⓜ *Darsena* – ℰ *010 869 2548* –
www.ristorantesoho.it

ⅱ○ Spin Ristorante-Enoteca 🕸 🄰🄲 🛜

REGIONALE · BISTRÒ ⅹ Un piccolo locale stile bistrot, nato come enoteca e poi trasformatosi anche in ristorante: ampia scelta di etichette con grande attenzione ai vini biodinamici e una cucina schietta, che punta sulla qualità della materia prima. In vendita anche prodotti enogastronomici di qualità genovesi e non solo.
Carta 34/46 €

Pianta D3-d – *via Carlo Barabino 120 r* Ⓜ *Brignole* – ℰ *010 594513* –
www.spinristorante-enoteca.it – *Chiuso domenica*

Alberghi

🏨 Grand Hotel Savoia Ⓝ 🏋 🛝 🎰 🛗 ♿ 🄰🄲 🎿 🚗

STORICO · GRAN LUSSO A lato della stazione di Piazza Principe, storico hotel riportato allo splendore di un tempo grazie ad un accurato restauro: raffinatezza negli arredi e confort di alto livello, nonché una bellissima terrazza panoramica al 7° piano che ospita - in estate - le colazioni e il ristorante serale "La terrazza di Salgari".
115 camere � – ♟ 121/579 € – 2 suites

Pianta A1-a – *via Arsenale di Terra 5* Ⓜ *Principe* – ℰ *010 27721* –
www.grandhotelsavoiagenova.it

🏨 Melià Genova 🏋 🏊 🛝 🎰 🛗 ♿ 🄰🄲 🎿 🚗

GRAN LUSSO · CONTEMPORANEO In un bel palazzo dei primi '900, nel prestigioso quartiere Carignano, hotel di lusso caratterizzato da spazi moderni, centro benessere con piccola piscina, camere confortevoli dove predominano colori ricercati ed eleganti: platino, titanio e rame. Sapori mediterranei, rivisitati in chiave moderna e talvolta "alleggeriti", al Blue Lounge bar and restaurant.
97 camere ⊇ – ♟ 170/670 € – 2 suites

Pianta C3-a – *via Corsica 4* – ℰ *010 531 5111* – *www.melia.com*

🏨 Bristol Palace 🏋 🛗 🄰🄲 🎿 🚗

LUSSO · STORICO Sull'elegante via XX Settembre, la raffinatezza d'antan in questo antico palazzo di fine '800. La splendida scala ellittica si snoda nella piccola hall per condurvi a camere d'indiscusso charme. Spazi comuni su differenti livelli con stucchi e tappezzerie; ristorante al secondo piano nella sala affrescata.
128 camere – ♟ 109/459 € – ⊇ 15 € – 5 suites

Pianta C2-n – *via XX Settembre 35* Ⓜ *De Ferrari* – ℰ *010 592541* –
www.hotelbristolpalace.com

a Voltri Ovest: 18 km direzione aeroporto

🟠 Il Gigante AC

PESCE E FRUTTI DI MARE · CONVIVIALE XX Un ex olimpionico di pallanuoto appassionato di pesca gestisce questo simpatico locale: due salette di taglio classico e sobria semplicità e piatti, ovviamente, di mare.

Carta 35/70 €

Fuori pianta – *via Lemerle 12/r* – ☎ *010 613 2668* – *www.ristoranteilgigante.it* – *Chiuso lunedì, domenica sera*

🟠 La Voglia Matta ⅙ AC

CREATIVA · CONTESTO CONTEMPORANEO XX Avete una voglia matta di gustare specialità di pesce? Bussate in questo bel palazzo del Cinquecento nascosto nel piccolo vicolo: è qui che i prodotti del mare e la Liguria vengono proposti in chiave moderna.

Menu 25/60 € – Carta 32/65 €

Fuori pianta – *via Cerusa 63 r* – ☎ *010 610 1889* – *www.lavogliamatta.org* – *Chiuso 26 agosto-9 settembre, lunedì*

a Pegli Ovest: 13 km direzione aeroporto

🟠 Teresa 🐾 ⅙ AC

MODERNA · AMBIENTE CLASSICO XX Cinquant'anni di passione e continuità familiare, in questo storico locale arrivato alla seconda generazione; le specialità di pesce assumono ora connotati più ricercati.

Menu 26 € (pranzo), 30/45 € – Carta 50/90 €

Fuori pianta – *piazza Lido di Pegli 5 r* – ☎ *010 697 3774* – *www.ristoranteteresa.com* – *Chiuso 2-9 gennaio, martedì*

a San Desiderio Nord - Est: 8 km per via Timavo – Carta regionale n° **8**-C2

😊 Bruxaboschi 🐾 🏠 P

LIGURE · CONVIVIALE XX Dal 1862 la tradizione si è perpetuata di generazione in generazione in una trattoria con servizio estivo in terrazza. Cucina del territorio e periodiche serate a tema alla riscoperta di antichi piatti delle valli liguri, nonché interessante selezione di vini e distillati. Indecisi sulla scelta? La cima alla genovese è sempre una certezza!

Specialità: Verdure ripiene alla genovese. Picagge matte al pesto. Fritto misto alla genovese.

Menu 35/38 € – Carta 29/41 €

Fuori pianta – *via Francesco Mignone 8* – ☎ *010 345 0302* – *www.bruxaboschi.com* – *Chiuso 10-31 agosto, 24 dicembre-3 gennaio, lunedì*

a Sestri Ponente Ovest: 10 km direzione aeroporto

🟠 Toe Drûe AC

CREATIVA · ACCOGLIENTE XX Toe Drûe - tavole spesse, per chi non mastica il ligure – come di spessore dei tavoli è la sua cucina fatta di specialità regionali; ambiente caldo e confortevole con fonte battesimale dei primi dell'Ottocento.

Menu 25 € (pranzo), 35/40 € – Carta 35/65 €

Fuori pianta – *via Corsi 44 r* – ☎ *010 650 0100* – *www.toedrue.it* – *Chiuso 14-18 agosto, sabato a mezzogiorno, domenica*

verso Molassana Nord: 5, 5 km

🟠 La Pineta 🏠 P

LIGURE · AMBIENTE CLASSICO XX Un gran camino troneggia in questo luminoso e caldo ristorante, che dispone anche di un grazioso dehors. Cucina tradizionale casalinga, tra le specialità: carne e pesce alla brace.

Carta 35/50 €

Fuori pianta – *via Gualco 82, a Struppa* – ☎ *010 802772* – *www.ristorantelapineta.org* – *Chiuso 15-22 febbraio, 8-30 agosto, lunedì, domenica sera*

GHIRLANDA – Grosseto → Vedere Massa Marittima

GIGLIO (ISOLA DEL) ⊠ 58012 – Grosseto (GR) – Carta regionale n° **18**-C3 –

Carta stradale Michelin 563-O14

a Giglio Castello Nord - Ovest : 6 km

⫶○ **Il Grembo**

DEL TERRITORIO · FAMILIARE ⅄ In una cantina del XII secolo, un ambiente familiare e romantico dove gustare una cucina locale, non necessariamente di mare. Su richiesta, si organizzano anche cene in spiaggia.

Carta 40/90€

via Verdi 7 – ℰ 370 123 1640 – Chiuso 2 gennaio-15 marzo, 10-29 dicembre, mercoledì

Giglio Porto

⫶○ **La Vecchia Pergola**

PESCE E FRUTTI DI MARE · ROMANTICO ⅄ La risorsa a gestione familiare, consta di un'unica sala e di una terrazza, con vista contemporaneamente sul paese e sul porto, dove assaggiare prelibatezze di mare.

Carta 28/45€

via Thaon de Revel 31 – ℰ 0564 809080 – Chiuso 15 ottobre-1 aprile, mercoledì a mezzogiorno

GIGNOD

⊠ 11010 – Aosta (AO) – Carta regionale n° **21**-A2 – Carta stradale Michelin 561-E3

⫶○ **La Clusaz**

REGIONALE · RUSTICO ⅄⅄ La storia di questa casa montana è ormai millenaria, le sue pietre e i suoi ambienti vi raccontano le tradizioni valdostane non meno della cucina, che recupera piatti storici e prodotti regionali, al tempo stesso accompagnati da ricette mediterranee, tra cui alcune a base di pesce. L'ospitalità continua nelle camere, da quelle più semplici a quelle decorate da un'artista locale.

Menu 50/70€ – Carta 50/88€

località La Clusaz – ℰ 0165 56075 – www.laclusaz.it – Chiuso 7-10 gennaio, 2-20 maggio, 9 novembre-3 dicembre, martedì, mercoledì a mezzogiorno

GIOIA DEL COLLE

⊠ 70023 – Bari (BA) – Carta regionale n° **15**-C2 – Carta stradale Michelin 564-E32

⫶○ **Trattoria Pugliese** AC

PUGLIESE · FAMILIARE ⅄ La trattoria sarà anche pugliese, ma ai fornelli ci sta un intraprendente chef siciliano i cui piatti (rigorosamente locali!) "danzano" al ritmo delle stagioni.

Carta 20/42€

via Concezione 9/11 – ℰ 080 343 1728 – www.trattoriapugliese.it – Chiuso 7-20 gennaio, 7-20 luglio, lunedì, domenica sera

GIOVI – Arezzo → Vedere Arezzo

GIULIANOVA LIDO

⊠ 64021 – Teramo (TE) – Carta regionale n° **1**-B1 – Carta stradale Michelin 563-N23

🕸 **Osteria dal Moro** AC

PESCE E FRUTTI DI MARE · FAMILIARE ⅄ Vivace locale marinaro sul lungomare, dove la cucina esclusivamente di pesce cambia in funzione della disponibilità del mercato. La proposta è a voce: lasciatevi quindi consigliare, ma non perdetevi la frittura mista o la chitarrina di Campo Filone alla marinara.

Specialità: Antipasto misto col pesce di giornata. Cozze ripiene. Crema catalana.

Menu 30/45€ – Carta 30/45€

lungomare Spalato 74 – ℰ 085 800 4973 – Chiuso 5-20 febbraio, 10-20 settembre, martedì, mercoledì

GIUSTINO – Trento → Vedere Pinzolo

GODIA – Udine → Vedere Udine

GODIASCO SALICE TERME

⊠ 27052 – Pavia (PV) – Carta regionale n° **9**–A3 – Carta stradale Michelin 561-H9

🍴○ Ca' Vegia 🛋 🆈🅲 ⇧

MODERNA · ACCOGLIENTE XX Centrale, si è avvolti dalla romantica rusticità di pietre a vista e arredi in legno. Se ne distacca la cucina con piatti più moderni e fantasiosi, a prevalenza di pesce. D'estate, al night cafè *L' Officina* s'inizia o - viceversa -finisce la serata.

Menu 40/60 € – Carta 40/85 €

viale Diviani 27 – ☎ 0383 934088 – www.cavegia.it – Chiuso lunedì a mezzogiorno, martedì, mercoledì-venerdì a mezzogiorno

GOLFO ARANCI – Olbia-Tempio → Vedere Sardegna

GORIZIA

⊠ 34170 – Gorizia (GO) – Carta regionale n° **6**–D2 – Carta stradale Michelin 562-E22

🍴○ Rosenbar 🛋

PESCE E FRUTTI DI MARE · VINTAGE X Piacevole bistrot dal gusto retrò con ampio dehors estivo: il menu viene stabilito di giorno in giorno e i piatti di pesce hanno sicuramente la meglio. Tuttavia, può capitare che vi venga suggerita - a voce - qualche altra specialità.

Menu 15 € (pranzo)/50 € – Carta 25/50 €

via Duca d'Aosta 96 – ☎ 0481 522700 – www.rosenbar.it – Chiuso 17-24 agosto, 11-18 ottobre, lunedì, domenica

GRADARA

⊠ 61012 – Pesaro e Urbino (PU) – Carta regionale n° **11**–B1 – Carta stradale Michelin 563-K20

🍴○ Osteria del Borgo-La Botte 🛋

REGIONALE · RUSTICO X Nel cuore del borgo medievale di Gradara, in un ambiente piacevolmente rustico ed informale, piatti dagli spiccati sapori regionali. Tra mura antiche che sussurrano il passato, atmosfera più raffinata e ricercatezza nelle presentazioni al ristorante La Botte.

Menu 15 € – Carta 22/51 €

piazza V Novembre 11 – ☎ 0541 964404 – www.labottegradara.it – Chiuso 3 novembre-3 dicembre, mercoledì

GRADO

⊠ 34073 – Gorizia (GO) – Carta regionale n° **6**–C3 – Carta stradale Michelin 562-E22

🍴○ Antica Trattoria alla Fortuna 🛋 🆈🅲

MEDITERRANEA · CONTESTO CONTEMPORANEO XX In zona pedonale, accogliente ristorante di design contemporaneo: piacevole dehors e cucina legata al territorio, ma con un accenno di modernità.

Menu 45/70 € – Carta 35/80 €

via Marina 12 – ☎ 346 225 2271 – www.allafortuna.it – Chiuso 1 novembre-31 gennaio, giovedì a mezzogiorno

🍴◌ **De Toni** 🛖 AC

PESCE E FRUTTI DI MARE · CONTESTO TRADIZIONALE XX Nel centro storico, sulla via pedonale, ristorante familiare di lunga esperienza (più di 60 anni!). Ricette gradesi e specialità di pesce, da gustare in un ambiente particolarmente curato: nella luminosa sala o nel bel dehors.

Carta 40/60€

piazza Duca d'Aosta 37 – ℰ 0431 80104 – www.trattoriadetoni.it –
Chiuso 1 novembre-1 marzo, mercoledì

🍴◌ **Tavernetta all'Androna** 🛖 AC

PESCE E FRUTTI DI MARE · CONTESTO CONTEMPORANEO XX Tra le strette calli del centro, un locale d'atmosfera tra il rustico ed il moderno, dove gustare deliziosi piatti di pesce ricchi di fantasia.

Menu 45€ (pranzo), 55/70€ – Carta 55/80€

calle Porta Piccola 6 – ℰ 0431 80950 – www.androna.it –
Chiuso 27 ottobre-30 marzo, lunedì-venerdì a mezzogiorno

🏨 **Savoy** 🛖 ⛲ ⚒ 🖥 📷 🏚 ⬆ 🛗 ⚐ AC 🅿

TRADIZIONALE · CLASSICO Nel cuore di Grado, sorge questo bel gioiello di confort e ospitalità con diversificata possibilità di camere ed appartamenti per soddisfare qualsiasi tipo di clientela; spazi molto ampi e grande piscina coperta attigua ad un'accogliente SPA.

77 camere ⌑ – 👫 216/300€ – 3 suites

riva Slataper 12 – ℰ 0431 897111 – www.hotelsavoy-grado.it –
Chiuso 4 novembre-26 marzo

sulla strada provinciale 19 al km 14, 800 Nord - Est : 7 km

🍴◌ **Tarabusino** 🛖 AC

MODERNA · CONTESTO CONTEMPORANEO XX Nella splendida location della laguna - ammirabile dalla terrazza panoramica - l'arrivo del nuovo chef ha dato una svolta alla cucina, che si vuole ora più creativa ed originale.

Menu 48/60€ – Carta 44/59€

Hotel Oche Selvatiche, via Luseo 1, località Primero – ℰ 0431 878918 –
www.tarabusino.it – Chiuso 6 gennaio-29 marzo, martedì

🏨 **Oche Selvatiche** 🏊 ⬅ ⬆ 🛗 AC 🅿

BOUTIQUE HOTEL · ECOSOSTENIBILE A pochi passi dal golf ed immerso nello splendido scenario della laguna di Grado (c'è anche il pontile d'attracco), un bou-tique hotel costruito secondo i ferrei diktat dell'architettura ecosostenibile. Camere ampie dalle moderne linee e materiali naturali.

7 camere ⌑ – 👫 150/300€

via Luseo 1, località Primero – ℰ 0431 878918 – www.ocheselvatiche.it –
Chiuso 6 gennaio-29 marzo

🍴◌ **Tarabusino** – Vedere selezione ristoranti

GRANCONA

✉ 36040 – Vicenza (VI) – Carta regionale n° **23**-B3 – Carta stradale Michelin 562-F16

🍴◌ **Trequarti** 🏦 🛖 AC ⬦ 🅿

CREATIVA · CONTESTO CONTEMPORANEO XX Ambiente minimal - moderno e originale - con tre salette dal carattere ben preciso, per una cucina in continua evoluzione e di stampo contemporaneo.

Menu 70€ – Carta 57/80€

piazza del Donatore 3/4 località Spiazzo – ℰ 0444 889674 –
www.ristorantetrequarti.com – Chiuso 12-19 aprile, 2-19 agosto, lunedì, domenica

GRAZIE – Mantova ➜ Vedere Curtatone

GREVE IN CHIANTI

✉ 50022 – Firenze (FI) – Carta regionale n° **18**-D3 – Carta stradale Michelin 563-L15

🏠 Villa Bordoni

STORICO · PERSONALIZZATO Un riuscito mix di lusso e design, rustico toscano e ultime mode del mondo in questa bella villa patrizia circondata dalla campagna chiantigiana: una bomboniera country-hip, dove trascorrere un indimenticabile soggiorno. Ottimo anche l'omonimo ristorante, con intime stanze affacciate sul giardino che profuma di rose o, nella bella stagione, direttamente all'aperto tra le palme e le siepi.

10 camere 🛏 – 🛏🛏 165/395€ – 2 suites

via San Cresci 31/32, località Mezzuola – ℰ 055 854 6230 – www.villabordoni.com – Chiuso 1 dicembre-1 marzo

a Panzano Sud : 6 km

⅋○ Antica Macelleria Cecchini-Solociccia

REGIONALE · CONVIVIALE ⅩX Uno dei più celebri macellai d'Italia diventa anche cuoco! Propone pochi piatti, naturalmente incentrati sulla carne di manzo: elaborati e di vari tagli al ristorante Solociccia, mentre all'Officina troverete la tradizionale bistecca fiorentina e medaglioni di hamburger.

Menu 30€

via Chiantigiana 5 – ℰ 055852020 – www.dariocecchini.com

GRINZANE CAVOUR

✉ 12060 – Cuneo (CN) – Carta regionale n° **14**-A2 – Carta stradale Michelin 561-I5

⅋ Marc Lanteri Al Castello

MODERNA · CONTESTO STORICO ⅩXX All'interno dell'affascinante castello che fu dimora di Camillo Benso conte di Cavour, vi sentirete parte della storia, in compagnia di piatti curati in ogni ben che minimo dettaglio. C'è tanto amore e passione in questo locale e i sostantivi non sono stati scelti a caso, perché non si può non ricordare la genesi di tutto ciò. Correva l'anno 1997, senza ricordare che "galeotto" fu un corso di cucina all'Icif - Italian Culinary Institute for Foreigners, a Costigliole d'Asti, al quale partecipò lei, Amy Marcelle Bellotti, in seguito signora Lanteri. Marc, invece, era presente nelle vesti di docente. Da lì, il passo non è stato poi così lungo, perché nel 2004 l'insegna conquista l'ambito riconoscimento. Cucina del territorio con divagazioni moderne.

Specialità: Foie gras di anatra, marmellata di rabarbaro e pan brioche. Costolette di agnello in crosta di erbe aromatiche. Fragole del Roero, mascarpone al limone e gelato alla nocciola Piemonte.

Menu 55/95€ – Carta 69/98€

via Castello 5 –
ℰ 0173 262172 – www.marclanteri.it –
Chiuso 1-23 gennaio, lunedì sera, martedì

GROSSETO

✉ 58100 – Grosseto (GR) – Carta regionale n° **18**-C3 – Carta stradale Michelin 563-N15

⅋○ Canapone

MODERNA · FAMILIARE ⅩXX Nel cuore della "capitale" della Maremma, un ristorante storico - ormai alla terza generazione - affacciato sulla piazza centrale, che oggi si presenta con un aspetto elegante e raffinato. All'Enoteca Canapino una buona scelta di piatti tradizionali a prezzo contenuto.

Carta 30/59€

piazza Dante 3 – ℰ 0564 24546 – www.ristorantecanapone.blogspot.it –
Chiuso 11-18 agosto, domenica

🍴 **Grantosco** 🛖 AC

REGIONALE · BISTRÒ XX Elegantemente informale, questo bistrot-ristorante ubicato in pieno centro è l'indirizzo giusto dove gustare un'ottima cucina maremmana, elaborata partendo da prodotti, spesso, a Km 0. Cordiale accoglienza da parte della titolare, la vera anima del locale!

Carta 32/65€

via Solferino 4 – ℰ 0564 26027 – www.grantosco.it – Chiuso 3-13 febbraio

GROTTAFERRATA

✉ 00046 – Roma (RM) – Carta regionale n° **7**–B2 – Carta stradale Michelin 563-Q20

🕙 **L'Oste della Bon'Ora** 🛖 AC P

ROMANA · ACCOGLIENTE XX Uno dei migliori ristoranti della zona! Affidatevi al simpatico ed estroso titolare, Massimo, vero "oste contemporaneo" che saprà guidarvi attraverso sapori laziali a volte rivisitati, nonché ottimi prodotti e vini. Specialità: carcotto (punta di vitello aromatizzata) con misticanza di campo, capperi e maionese di tonno - fegatello con cipolle e alloro - cremoso tiramisù.

Specialità: Crema di piselli con seppie scottate e sesamo nero. L'agnello nel suo pascolo. "Lonzino" di fico.

Menu 30/45€ – Carta 25/35€

viale Vittorio Veneto 133 – ℰ 06 941 3778 – www.lostedellabonora.com – Chiuso mercoledì

🍴 **Taverna dello Spuntino** 🍢 🍽 AC

LAZIALE · RUSTICO X E' tutta all'interno la peculiarità di questa trattoria romana: dagli antichi camminamenti scavati nel tufo trasformati in cantina al di sotto del locale alle scenografiche sale sotto archi in mattoni dove trionfa una coreografica esposizione di prosciutti, fiaschi di vino, frutta e antipasti. Emozionante cantina di cui vi suggeriamo la visita.

Menu 40/60€ – Carta 35/72€

Hotel Locanda dello Spuntino, via Cicerone 20 – ℰ 06 945 9366 – www.tavernadellospuntino.com

🍴 **Peppa e Nando** AC

CLASSICA · DI TENDENZA X Oltre alle sale interne che si presentano in caldo ed avvolgente stile vintage, c'è la caratteristica cantina nella grotta di tufo (da visitare!), nonché un delizioso giardino d'inverno ed uno spazio esterno immerso nel verde. Concedetevi, inoltre, uno strappo alla regola con le dolci prelibatezze della pasticceria artigianale.

Menu 25/35€ – Carta 36/48€

via Roma 4 – ℰ 06 941 1878 – www.peppaenando.com

🏨 **Park Hotel Villa Grazioli** 🌳 🐾 ⟵ 🛖 🍸 🛗 AC 🎿 P

STORICO · ELEGANTE Abbracciata da un immenso parco, questa villa cinquecentesca vanta una splendida posizione panoramica, alcune camere si affacciano su Roma. Ma il suo fascino non si esaurisce nella location: l'antica dimora custodisce al suo interno diverse sale decorate dal pennello di importanti artisti e stanze con pregevoli mobili in noce.

60 camere 🛏 – 👥 100/240€ – 2 suites

via Umberto Pavoni 19 – ℰ 06 945400 – www.villagrazioli.com

GRUMELLO DEL MONTE

✉ 24064 – Bergamo (BG) – Carta regionale n° **10**–D1 – Carta stradale Michelin 561-F11

🍴 **Al Vigneto** 🛖 ♿ AC P

MODERNA · ELEGANTE XxX In zona precollinare, il vecchio fienile è stato trasformato in un elegante ristorante, circondato dai propri vigneti e frutteti, scorgibili dalle vetrate della sala. Nel piatto molto pesce proposto in chiave moderna, soprattutto di origine siciliana e con una pagina dedicata ai crudi.

Menu 25€ (pranzo), 44/58€ – Carta 60/80€

via Don P. Belotti 1 – ℰ 035 831979 – www.alvigneto.it – Chiuso 1-8 gennaio, 10-28 agosto, martedì

🍴○ **Vino Buono**   𝝙 ⌂ & AC

REGIONALE · **WINE-BAR** 🍴 Un'osteria con piccola cucina, o meglio: un originale wine-bar in pieno centro con ottima mescita di vini al bicchiere e possibilità di scegliere tra salumi, formaggi, generosi primi piatti, proposte di carne con un'alternativa di pesce.

Carta 28/53 €

via Castello 20 – ℰ 035 442 0450 – www.vinobuono.net – Chiuso 1-10 febbraio, 8-18 agosto, lunedì, martedì-domenica a mezzogiorno

GSIES • VALLE DI CASIES – Bolzano ➜ Vedere Valle di Casies

GUARDIAGRELE

✉ 66016 – Chieti (CH) – Carta regionale n° **1**–C2 – Carta stradale Michelin 563-P24

🌼 **Villa Maiella** (Angela Di Crescenzo e Arcangelo Tinari)
    𝝙 ⇦ ⌂ AC ⇧ P

ABRUZZESE · **ELEGANTE** 🍴🍴 Probabilmente – nemmeno per un attimo – Ginetta e Arcangelo pensarono in quel lontano 1966 che la loro modesta fiaschetteria "Villa Maiella" potesse un giorno diventare così famosa... La famiglia Tinari da qualche anno ricomposta vi accoglie a braccia aperte nella propria dimora – al limitare del Parco della Maiella – per condividere insieme a voi i più autentici sapori abruzzesi con apprezzate incursioni di creatività. L'ispettore consiglia: chitarra al ragù di agnello e ricotta affumicata al ginepro.

Specialità: Come un carpaccio: vitello marinato al caffè e cumino. Il maialino nero della nostra fattoria con misticanza di campo. La nostra millefoglie.

Menu 60/80 € – Carta 50/60 €

località Villa Maiella 30 – ℰ 0871 809319 – www.villamaiella.it – Chiuso 7-18 gennaio, 6-13 luglio, lunedì, domenica sera

GUARDIALFIERA

✉ 86030 – Campobasso (CB) – Carta regionale n° **1**–D2 – Carta stradale Michelin 564-B26

🍴○ **Le Terre del Sacramento**   ⇦ ⌂ & AC P

DEL TERRITORIO · **ACCOGLIENTE** 🍴 Mutuando il nome dal romanzo omonimo di Francesco Jovine, scrittore locale del Novecento, in questo caratteristico casale si gusta una cucina che segue le tipicità territoriali e la stagionalità dei prodotti. Al primo piano, quattro camere semplici, ma linde e ben tenute.

Menu 15/30 € – Carta 19/29 €

contrada Colle Falcone – ℰ 347 601 6923 – www.leterredelsacramento.com – Chiuso martedì

GUARDISTALLO

✉ 56040 – Pisa (PI) – Carta regionale n° **18**–B2 – Carta stradale Michelin 563-M13

a **Casino di Terra** Nord - Est : 5 km

🍴○ **Mocajo**   ⌂ & AC P

TOSCANA · **AMBIENTE CLASSICO** 🍴🍴 Per fortuna l'esterno poco invitante, un'ex fabbrica abbandonata, verrà cancellato dall'interno: ambiente di tono, coperto elegante e camino, in un locale dalla solida gestione familiare che propone i migliori prodotti del territorio ed ottime specialità di carne, anche cacciagione. Ancora piatti regionali nell'informale La Dispensa. Al top nella provincia di Pisa.

Carta 40/63 €

strada statale 68 – ℰ 0586 655018 – www.ristorantemocajo.it – Chiuso mercoledì

GUARENE

✉ 12050 – Cuneo (CN) – Carta regionale n° **14**–A2 – Carta stradale Michelin 561-H6

✿✿ La Madernassa

CREATIVA · CONTESTO TRADIZIONALE XxX Nato nel 2003 dalla volontà dei coniugi Ventura e battezzato con il nome di un prodotto della terra, le pere Madernassa, che circondano l'intero resort, qui in questo luogo incantato - entrato a far parte della World Heritage List dell'Unesco - c'è un giovane chef ai fornelli, Michelangelo Mammoliti, la cui cucina è già diventata una tappa irrinunciabile nel circuito dei grandi ristoranti della regione. I suoi piatti esprimono rigore, tecnica e precisione, ma l'anima viene dalla tradizione e dai prodotti piemontesi, a cui si aggiungono proposte di mare e due grandi passioni: quella per il mondo vegetale, con molti prodotti coltivati personalmente da Michelangelo nell'orto del ristorante, e il ricorso ad ingredienti più esotici, talvolta asiatici. Interessante anche la carta dei vini con etichette provenienti da tutto il mondo, da agricolture eco-compatibili, biologiche, biodinamiche, ma soprattutto piccoli produttori locali per investire sul territorio. D'estate ci si trasferisce in terrazza con vista sulle Langhe.

Specialità: Astrattismo: crema di peperoni gialli e rossi, crema di prezzemolo, acciughe marinate. Tokyo-Guarene: manzo marinato al miso d'orzo. Ph3: agrumi nella loro essenza.

Menu 90/120€ – Carta 70/140€

località Lora 2 – ☎ 0173 611716 – www.lamadernassa.it – Chiuso 7 gennaio-10 febbraio, lunedì, martedì a mezzogiorno

⊠○ Castello di Guarene

MODERNA · CONTESTO STORICO XxX In una sala da togliere il fiato per la suggestiva atmosfera - il soffitto è articolato in nove voltini a vela di mattoni nudi, sorretti da alti pilastri - la cucina fa della sapienza gastronomica di Roero e Langhe il proprio punto di forza, sebbene non disdegni anche qualche proposta di mare e spunti creativi.

Menu 38€ (pranzo), 65/85€ – Carta 57/85€

Hotel Castello di Guarene, via Alessandro Roero 2 – ☎ 0173 441332 – www.castellodiguarene.com – Chiuso 8 gennaio-1 febbraio, lunedì-martedì a mezzogiorno, mercoledì, giovedì-venerdì a mezzogiorno

▦▦ Castello di Guarene

GRAN LUSSO · STORICO Maestoso castello costruito nel 1726 dai conti Roero con giardino all'italiana e vista a 360° su Langhe, Roero ed Alpi; gli interni si aprono su sontuose camere, atmosfere fiabesche e cimeli storici. Al piano nobile, imperdibile museo con percorso lungo le stanze originali dei conti.

12 camere ☲ – ♛♛ 350/1500€ – 3 suites

via Alessandro Roero 2 – ☎ 0173 441332 – www.castellodiguarene.com – Chiuso 8 gennaio-1 febbraio

⊠○ **Castello di Guarene** – Vedere selezione ristoranti

GUBBIO

✉ 06024 – Perugia (PG) – Carta regionale n° **20**–B1 – Carta stradale Michelin 563-L19

⊠○ Porta Tessenaca

MEDITERRANEA · ELEGANTE XxX In uno dei tanti edifici storici del centro, sotto altissime volte di mattoni, si apparecchiano le eleganti sale di un locale dove gustare le migliori materie prime della regione e dove non mancano mai alcuni piatti a base di pesce.

Menu 35/45€ – Carta 35/55€

via Piccardi 21 – ☎ 075 927 7345 – www.ristorantediportatessenaca.it – Chiuso 15 gennaio-15 febbraio, lunedì

▦▦ Park Hotel ai Cappuccini

STORICO · PERSONALIZZATO Non correte subito in camera, ma fermatevi nelle zone comuni: quasi un museo d'arte dal '400 ad oggi. Nell'ex convento le stanze sono in stile antico; un riuscito mix con il moderno, invece, nell'ala nuova. Splendida piscina, enorme palestra.

87 camere ☲ – ♛♛ 142/330€ – 5 suites

via Tifernate – ☎ 075 9234 – www.parkhotelaicappuccini.it

a **Scritto** Sud : 14 km per Foligno – Carta regionale n° **20**-B1

🏨 Relais Castello di Petroia   🏕 🐾 🛏 ⚒ 🅿

STORICO · VINTAGE Nell'assoluta tranquillità e nel verde dei propri 200 ettari, incantevole castello medioevale ricco di storia: torre del 1000, edificio del 1380, ma soprattutto nel 1422 qui vi nacque Federico da Montefeltro. Scegliete tra le camere in stile antico o quelle più contemporanee e godetevi questo romantico soggiorno.

15 camere ⌷ – 👤👤 120/260€

località Petroia – ℰ 075 920287 – www.petroia.it – Chiuso 6 gennaio-5 marzo, 23-26 dicembre

GUDON · GUFIDAUN – Bolzano → Vedere Chiusa

GUGLIONESI

✉ 86034 – Campobasso (CB) – Carta regionale n° **1**-D2 – Carta stradale Michelin 563-Q26

verso Termoli Nord - Est : 5,5 km

🍴 Ribo   🛁 🏡 & 🆔 🅿

PESCE E FRUTTI DI MARE · AMBIENTE CLASSICO XX In campagna, sulle colline molisane, il rosso e il nero: Bobo e Rita, due figure veraci e "politiche". Nei piatti, una grande passione e la maniacale ricerca della qualità: strepitoso il pesce.

Menu 30/50€ – Carta 30/60€

contrada Malecoste 7 – ℰ 0875 680655 – www.ribomolise.it – Chiuso lunedì

GUSSAGO

✉ 25064 – Brescia (BS) – Carta regionale n° **9**-C2 – Carta stradale Michelin 561-F12

🍴 Dina 🆕   🆔 ⇄

CREATIVA · DESIGN XX "Cuoco narratore", come ama definirsi, lo chef-patron intrattiene gli ospiti con una cucina creativa e di passione, ma già dalla prima forchettata si percepisce una grande tecnica e preparazione. Varcata la soglia di quel rustico di fine '800, s'intuisce subito che sarà un'esperienza insolita e stravagante; il neon che recita "Until then if not before" - voluminosa opera di Jonathan Monk, artista inglese che interpreta con humor e leggerezza il Concettualismo degli anni '60 - ne dà la conferma.

Menu 63/95€ – Carta 63/95€

via Santa Croce 1 – ℰ 030 252 3051 – www.dinaristorante.com – Chiuso 15 giugno-3 settembre, lunedì-venerdì a mezzogiorno, domenica

HAFLING · AVELENGO – Bolzano → Vedere Avelengo

ILLASI

✉ 37031 – Verona (VR) – Carta regionale n° **22**-B2 – Carta stradale Michelin 562-F15

🍴 Le Cedrare   🏡 🏠 🆔

CREATIVA · ROMANTICO XX Nella settecentesca villa Perez-Pompei-Sagramoso, nello spazio che un tempo era adibito a serra per la conservazione delle piante di agrumi, cucina regionale reinterpretata creativamente. Il luogo è incantevole, la tavola altrettanto.

Carta 30/60€

stradone Roma 8 – ℰ 045 652 0719 – www.lecedrare.it – Chiuso 1-31 gennaio, lunedì, martedì, mercoledì-venerdì a mezzogiorno

IMOLA

✉ 40026 – Bologna (BO) – Carta regionale n° **5**-C2 – Carta stradale Michelin 562-I17

✿✿ San Domenico (Massimiliano "Max" Mascia)   🏵 🏠 🆔

CLASSICA · LUSSO XxX San Domenico è una delle grandi tavole dello Stivale che negli anni (dal 1970 per l'esattezza!) ha mantenuto il focus su quattro assi cardinali che lo contraddistinguono: tradizione, memoria, ricerca e inventiva.

L'eleganza del San Domenico – secondo l'ispettore – proietta il cliente in un'altra era, quella di una ristorazione "classica ad effetto", dove chiunque si sente consigliato, coccolato, ospitato. La filosofia di questo tempio dell'alta cucina italiana, per quanto possa apparire innovativa, ruota da quasi cinquant'anni attorno al territorio e sul reperimento di materie prime di grande qualità; si va dal pescato dell'Adriatico alle straordinarie carni di razza romagnola.

Il suo ricco menu diventa, dunque, testimonianza concreta di come le grandi ricette siano atemporali, evergreen che non smettono mai di stupire. Basti pensare al celebre Uovo a 65° in Raviolo San Domenico con burro di malga, parmigiano dolce e tartufo bianco: uno tra i piatti più imitati al mondo tanto da essere marchio registrato. L'ospitalità schietta e genuina dei Marcatilii - sempre al timone, insieme a Max! - vi lascerà un ricordo indelebile nel tempo.

Specialità: Crudo di ricciola al sale, quinoa croccante e gin spray. Sella di maialino mora romagnola al sale dolce di Cervia, con cartoccio di carciofi croccanti. Barretta al cioccolato con croccante al gianduia.

Menu 60€ (pranzo), 150/180€ – Carta 140/250€

via Sacchi 1 – ℰ 0542 29000 – www.sandomenico.it – Chiuso 1-9 gennaio, 9 agosto-3 settembre, lunedì, domenica sera

IMPERIA
✉ 18100 – Imperia (IM) – Carta stradale Michelin 561-K6

a Porto Maurizio Carta regionale n° **8**-A3

🕸 **Sarri**   🕸 🏡 ⅙ 🅰️ ⇔

PESCE E FRUTTI DI MARE • **DI TENDENZA** XX In un piccolo borgo di ex pescatori, la cucina non può prescindere dall'utilizzare il migliore pescato tirrenico, ma non crediate che scometta solo sul mare, la sua posizione geografica gli offre, infatti, una cornucopia di pregiati prodotti che Andrea rielabora con mano leggera ed equilibrio. Un'attenzione tutta particolare è riservata alle verdure, agli ortaggi e all'olio provenienti dall'azienda agricola di famiglia: è il "chilometro certo" come ama definirlo lo chef. Con una proposta così allettante può risultare difficile scegliere, ma anche in questo il padrone di casa correrà in vostro aiuto con un menu a sua discrezione dall'evocativo titolo "Lasciatemi fare".

Specialità: Baccalà islandese con spumosa agli asparagi violetti di Albenga, primizie dell'orto e marò (pesto) di fave. Casseruola di crostacei di Oneglia alle erbette aromatiche. Tarte Tatin con gelato alle spezie e purea alla mela verde.

Menu 45€ – Carta 60/100€

lungomare C. Colombo 108, borgo Prino – ℰ 0183 754056 – www.ristorantesarri.it – Chiuso mercoledì, giovedì a mezzogiorno

ad Oneglia Carta regionale n° **8**-A3

🕸 **Osteria Didù**   🅰️

LIGURE • **DI QUARTIERE** X Non sarete di fronte al mare e neppure nel centro storico, ma quanto ne vale la pena venire qui a mangiare! Un'unica semplice saletta, piatti elencati su lavagnette e voilà servite delle ottime specialità liguri, dai tagliolini con gamberi di Oneglia ai calamari ripieni.

Specialità: Brandacujun. Acciughe al verde. Cantucci alle nocciole.

Carta 28/48€

viale Matteotti 76 – ℰ 0183 273636 – www.osteriadidu.it – Chiuso lunedì, martedì

🍴🅾 **Salvo-Cacciatori**   🏡 🅰️

LIGURE • **ELEGANTE** XXX Ristorante di fama storica, nato come piccola osteria annessa alla mescita di vini e cresciuto negli anni fino all'attuale elegante ristorante. Due sale, di cui quella interna con vista sulla cucina e proposte creative di cucina ligure.

Carta 46/92€

via Vieusseux 12 – ℰ 0183 293763 – www.ristorantesalvocacciatori.it – Chiuso lunedì, domenica sera

INDUNO OLONA

✉ 21056 – Varese (VA) – Carta regionale n° **10**–A1 – Carta stradale Michelin 561-E8

🍴○ **Olona-da Venanzio dal 1922**   🏛 ⇆ 🏠 ⇔ **P**

REGIONALE · ELEGANTE XxX Indirizzo di grande tradizione, con cucina del territorio rivisitata ed interessanti proposte enologiche. Ambiente elegante e servizio ad ottimi livelli.

Menu 27 € (pranzo), 50/65 € – Carta 40/85 €

via Olona 38 – 𝒞 0332 200333 – www.davenanzio.com – Chiuso lunedì

INNICHEN • SAN CANDIDO – Bolzano → Vedere San Candido

INVERNO - MONTELEONE

✉ 27010 – Pavia (PV) – Carta stradale Michelin 561-G10

Monteleone Carta regionale n° **9**–B3

😊 **Trattoria Righini Ines**   🕭 **AC** **P**

REGIONALE · SEMPLICE X Ambiente semplice e vivace, voi sedetevi e loro inizieranno a portarvi un'infinità di assaggi che faranno sì che vi alziate da tavola sazi, allegri e con un "arrivederci a presto"! Una delle specialità: coniglio all'aceto.

Specialità: Ravioli di brasato. Carrello dei bolliti e arrosti. Torta rustica agli amaretti con crema di mascarpone, gelato alla vaniglia e cioccolato fuso.

Menu 20 € (pranzo), 25/40 €

via Miradolo 108 – 𝒞 0382 73032 – Chiuso 1 gennaio-30 giugno, 15 luglio-31 agosto, lunedì, martedì, mercoledì sera, giovedì-venerdì a mezzogiorno, domenica sera

Irina Luzar/iStock

ISCHIA (ISOLA DI)

✉ 80077 – Napoli (NA) – Carta stradale Michelin 564-E23

Ci piace

Gli arredi d'epoca e le preziose decorazioni de **L'Albergo della Regina Isabella**. Strepitosi tramonti compresi nel prezzo al **Garden & Villas Resort**. Una cena nella panoramica terrazza del ristorante **O'Pignattello**.

L'aperitivo è diventato un must al quale nessuno rinuncia! Anche ad Ischia l'happy hour non è più soltanto un'introduzione alla cena, ma un vero e proprio rito di aggregazione sociale. A Forio, gli ispettori consigliano Tiratardi: locale rilassante sul lungomare di Forio, con musica chill out. L'Ecstasy e il Friends sono frequentati soprattutto dagli under 30, mentre il Bar Da Ciccio e il Calise sono ambienti più sobri, con un target di clientela relativamente più adulto.

Don White/iStock

Casamicciola Terme Carta regionale n° **4**-A2

⁞○ Il Mosaico

MODERNA · ROMANTICO XXX La location regala belle emozioni agli ospiti, non solo per i suoi raffinati spazi interni, ma anche in virtù di una romantica terrazza, mentre la cucina si basa fondamentalmente sui prodotti regionali e sulle ricette che hanno fatto la fama di quest'angolo d'Italia. La passione per i sapori asiatici del nuovo chef fa – tuttavia – qua e là incursione...

Menu 95/200 € – Carta 75/140 €

Pianta B1-a – *Terme Manzi Hotel & Spa, piazza Bagni 4 –*
℘ 081 994722 – www.termemanzihotel.com –
Chiuso 1 gennaio-31 marzo, 19 ottobre-31 dicembre, lunedì-martedì a mezzogiorno,
mercoledì, giovedì-domenica a mezzogiorno

🏨 Terme Manzi Hotel & Spa

LUSSO · PERSONALIZZATO Meravigliosa sintesi delle più disparate influenze, mai semplice, sempre grandioso, spesso sfarzoso; un edificio moderno sorto sulla fonte Gurgitello e che ha saputo ben integrarsi nell'architettura dell'isola con richiami moreschi mischiati ad impronte eclettiche a testimoniare la storia della località. Tanta meraviglia nasconde un ulteriore gioiello intorno al quale il palazzo si raccoglie: una bella corte che svela un lussureggiante giardino impreziosito da fontane e statue neoclassiche.

52 camere ⌑ – ⁝⁝ 250/700 € – 3 suites

Pianta B1-a – *piazza Bagni 4 – ℘ 081 994722 – www.termemanzihotel.com –*
Chiuso 6 gennaio-31 marzo, 2 novembre-26 dicembre

⁞○ Il Mosaico – Vedere selezione ristoranti

Forio Carta regionale n° **4**-A2

⁞○ Umberto a Mare

PESCE E FRUTTI DI MARE · STILE MEDITERRANEO XX Resterà indelebile una cena sulla terrazza, una ringhiera a strapiombo sul mare, per gustare una cucina in continua evoluzione eppure sempre fedele ad una tradizione di famiglia. Belle anche le camere, anch'esse panoramiche.

Menu 55/75 € – Carta 55/90 €

Pianta A1-z – *via Soccorso 8 – ℘ 081 997171 – www.umbertoamare.it –*
Chiuso 1 novembre-23 aprile

🏨 Mezzatorre Resort & Spa

GRAN LUSSO · PERSONALIZZATO Il buen retiro ischitano per eccellenza. Immerso in un bosco e arroccato su un promontorio, il complesso sorge intorno ad una torre saracena del XVI sec: eleganti camere e privacy. Per i pasti più semplici e tradizionali, appuntamento al ristorante Sciué Sciué o al bar a bordo piscina, a due passi dal mare.

46 camere ⌑ – ⁝⁝ 360/840 € – 11 suites

Pianta A1-c – *via Mezzatorre 23, località San Montano –*
℘ 081 986111 – www.mezzatorre.com – Chiuso 1 gennaio-15 aprile,
26 ottobre-31 dicembre

🏨 Garden & Villas Resort

LUSSO · ELEGANTE I numeri sono eloquenti: 3 ettari di boschi e giardini ospitano 9 ville-palazzine con 7 diverse categorie di camere tra cui le nuove suite. Addirittura un anfiteatro panoramico. Ovunque generosità di spazi per un soggiorno all'insegna del verde e dell'indipendenza!

52 camere ⌑ – ⁝⁝ 200/530 € – 3 suites

Pianta A1-g – *via Provinciale Lacco 284 – ℘ 081 997978 – www.gardenvillasresort.it –*
Chiuso 1 novembre-31 marzo

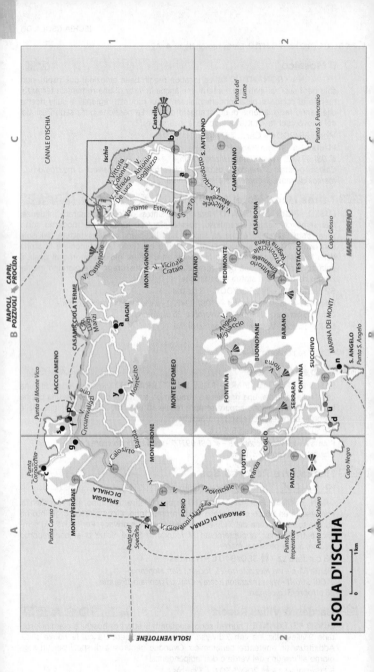

ISOLA D'ISCHIA

0   1 km

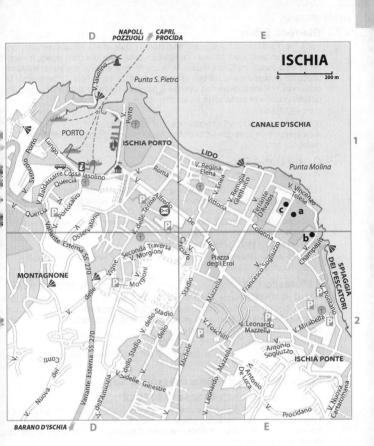

ISCHIA Carta regionale n° **4**-A2

✿✿ **daní maison** (Nino Di Costanzo) ♿ 🛋 🉐 **P**

CREATIVA · **ELEGANTE** ✕✕✕ "Casa, famiglia, tradizione" è il sottotitolo di Danì Maison, il locale aperto nel 2016 dallo chef Di Costanzo nella vecchia casa di famiglia inerpicata fra i lussureggianti orti ischitani.

Un piccolo, romantico salotto avvolto da un bel giardino che profuma di erbe aromatiche, in cui gustare le ricette che lo hanno reso famoso in virtù di una cucina tecnica, ma anche creativa; fin dagli esordi Nino sperimenta abbinamenti capaci di esaltare ogni singolo ingrediente che, pur nella complessità della proposta, deve essere – secondo lo chef - immediatamente riconoscibile. Questo è il suo credo!

Il mare non si vede dal locale, ma il cuore batte per il pescato locale e procidano: attore protagonista di tanti suoi piatti, memorabili anche in termini di presentazione estetica.

Specialità: Gran cru.do. Agnello in parmigiana di melanzane. Napul'è.

Menu 170/230€ – Carta 110/185€

Pianta C1-a – *via I traversa Montetignuso 28 – ☎ 081 993190 – www.danimaison.it – Chiuso 19 ottobre-12 aprile, lunedì, martedì a mezzogiorno*

🍴 Giardino Eden

PESCE E FRUTTI DI MARE · ROMANTICO XX Quel che il nome promette, poi mantiene: un vero Eden sul mare completato dalle camere e dalla spiaggia, mentre la vista spazia tra Capri, Napoli, Vesuvio, Procida e nel piatto tante, fragranti specialità di pesce ospitato nel romantico ristorante ospitato nel dehors. (Attenzione!!! In condizioni metereologiche non avverse è possibile usufruire del servizio gratuito di taxi nautico che parte sotto il Castello).

Carta 65/130 €

Pianta C1-b – *via Nuova Cartaromana 62* – ✆ *081 985015* – *www.giardinoedenischia.com* – *Chiuso 1 gennaio-1 maggio, 1 ottobre-31 dicembre, domenica sera*

🏨 Grand Hotel Excelsior

LUSSO · MEDITERRANEO Tra la vegetazione, l'imponente struttura dall'architettura mediterranea fa capolino sul mare con le sue eleganti camere dai colori freschi e marini accentuati da belle maioliche. Completa zona benessere in cui convivono offerte termali e beauty. La cucina regionale sfrutta le fragranze del proprio orto e viene servita nell'elegante sala e in terrazza.

78 camere ⌿ – ♦♦ 230/560 € – 9 suites

Pianta E1-a – *via Emanuele Gianturco 19* – ✆ *081 991522* – *www.excelsiorischia.it* – *Chiuso 14 ottobre-23 aprile*

🏨 Il Moresco

LUSSO · STORICO Nasce come dimora privata questa casa dal fascino esclusivo: la piscina coperta è stata realizzata dove era prevista la serra e la zona benessere è negli ex alloggi del personale. All'ombra del pergolato o nella sala interna, le fragranze del Mediterraneo.

66 camere ⌿ – ♦♦ 220/460 € – 2 suites

Pianta E1-c – *via Emanuele Gianturco 16* – ✆ *081 981355* – *www.ilmoresco.it* – *Chiuso 19 ottobre-19 aprile*

🏨 Punta Molino Hotel Beach Resort & Spa

LUSSO · CLASSICO Signorile e direttamente sul mare, con tanto di pontile privato, tra i confort si citano due grandi piscine, nonché stanze abbellite dalle preziose ceramiche di Vietri e arredate con pezzi d'antiquariato. L'attigua villa per chi desidera maggior riservatezza.

81 camere ⌿ – ♦♦ 160/1000 € – 4 suites

Pianta E2-b – *lungomare Cristoforo Colombo 23* – ✆ *081 991544* – *www.hotelpuntamolinoischia.com* – *Chiuso 11 ottobre-17 aprile*

Lacco Ameno Carta regionale n° **4**-A2

🍴 Indaco

CREATIVA · LUSSO XXX Inserito in un contesto alberghiero di lunga tradizione – il Regina Isabella fu fondato negli anni Cinquanta da un famoso editore – Indaco è un ristorante che senza dubbio dà lustro all'isola in virtù di un ambiente di raffinata eleganza e per le proposte gastronomiche di alto livello. Pochi metri dall'acqua, affacciato su una delle baie più incantevoli dell'isola, l'arrivo dei piatti vi introdurrà in un'altra magia: quella del giovane cuoco ischitano che – dopo varie collaborazioni con nomi illustri del panorama culinario è tornato nella sua terra natìa per recuperare e riproporre la varietà e unicità dei suoi sapori. La cucina di Pasquale Palamaro –infatti - si propone come un ideale tuffo in mare... senza aver toccato l'acqua!

Specialità: Aculei di mare. Zuppa di mozzarella e scampi. La coppa di Nestore.

Menu 130/180 € – Carta 100/200 €

Pianta B1-f – *L'Albergo della Regina Isabella, piazza Restituta 1* – ✆ *081 994322* – *www.reginaisabella.it* – *Chiuso 19 ottobre-9 aprile, lunedì a mezzogiorno, martedì, mercoledì-domenica a mezzogiorno*

🕽🔾 O' Pignattello   🛱 🗚

MEDITERRANEA · AMBIENTE CLASSICO XX Situato sulla piazza Santa Restituita, sarà una giovane coppia a darvi il benvenuto in questo elegante ristorante la cui cucina si rifà ai sapori della tradizione, ma attingendo - al tempo stesso - alle eccellenze del territorio. Prenotare un tavolo sulla panoramica terrazza rallegrati dal gorgoglio delle fontane è quanto di più "strategico" si possa fare...

Menu 70/80€ – Carta 50/90€

Pianta B1-p – *corso A. Rizzoli 156 – ℰ 081 507 2457 – www.pignattello.it –*
Chiuso 1 novembre-1 aprile, lunedì

🏨 L'Albergo della Regina Isabella

🛇 ⟨ 🝆 🛋 ⅃ 🗐 🛜 🛜 ⅃⅁ 🖃 🗚 🕉

GRAN LUSSO · ELEGANTE Con quest'albergo, negli anni '50, Angelo Rizzoli inventò il turismo ischitano d'alto livello, rubò clienti a Capri e portò qui il bel mondo. Oggi l'incanto continua e si moltiplica in suggestivi saloni, arredi d'epoca e preziose decorazioni: un meraviglioso universo in cui perdersi...

128 camere ⌂ – 👫 198/1600€ – 9 suites

Pianta B1-f – *piazza Santa Restituta 1 –*
ℰ 081 994322 – www.reginaisabella.it – Chiuso 5 gennaio-2 aprile,
1 novembre-26 dicembre

❀ **Indaco** – Vedere selezione ristoranti

🏨 San Montano   🛇 🝆 ⟨ 🝆 🛋 ⅃ 🗐 🛜 ⅃⅁ 🖃 🗚 🅿

LUSSO · ELEGANTE Come essere ad un passo dal paradiso con la vista delle isole Pontine in lontananza, questa bella realtà è circondata da una natura lussureggiante e dispone di camere di diverse tipologie atte a soddisfare preferenze e budget diversi. Parco piscine e Ocean Blue Spa a garantire svago e relax.

76 camere ⌂ – 👫 300/500€ – 20 suites

Pianta B1-s – *via Nuova Montevico 26 –*
ℰ 081 994033 – www.sanmontano.com –
Chiuso 20 ottobre-17 aprile

Sant'Angelo Carta regionale n° **4**–A2

❀ La Tuga   🖙 🝆 🛱 🖔 🅿

MODERNA · STILE MEDITERRANEO XX Sembra di essere sulla prua di una nave! Sulla collina tra Punta Chiarito e Sant'Angelo, la terrazza della Tuga offre infatti un panorama incomparabile che spazia fino a Capri, mentre dalla cucina – piacevolmente a vista! – sfilano piatti di matrice territoriale preparati prevalentemente con ingredienti regionali, a cui lo chef aggiunge un personale tocco moderno. In caso d'indecisione sulla scelta fatevi consigliare dal maître e se la stanchezza induce alla sosta, la struttura dispone di appartamenti di varie metrature circondati da un'incantevole macchia mediterranea.

Specialità: Insalata contadina: mozzarella, pomodoro, acciuga affumicata, patate e olive. Spaghettoni di Gragnano all'aglio fermentato, frutti di mare, gamberi e calamari. Fragola e bufala affumicata.

Menu 80/105€ – Carta 50/90€

Pianta B2-u – *via Provinciale Succhivo – ℰ 081 909571 – www.costadelcapitano.com –*
Chiuso 20 ottobre-18 aprile, lunedì

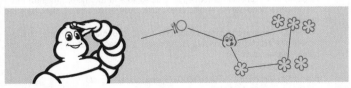

ISEO

25049 – Brescia (BS) – Carta regionale n° **10**–D1 – Carta stradale Michelin 561-F12

a Clusane sul Lago Ovest : 5 km

🍴 Conte di Carmagnola

CLASSICA · ELEGANTE 🌣🌣 In posizione dominante con splendida vista sul lago, il ristorante "mutua" il nome dalla prima tragedia di A. Manzoni. Elegante e à la page, la sua cucina propone piatti internazionali e specialità del lago, con grande attenzione all'olio (di produzione propria), nonché alla lista dei vini che annovera le eccellenze della Franciacorta. Carta semplice a pranzo.

Carta 38/53 €

Hotel Relais Mirabella, via Mirabella 34 – 𝒞 030 989 8051 – www.relaismirabella.it –
Chiuso 1 novembre-31 marzo

🍴 Al Porto

REGIONALE · FAMILIARE 🌣 Più di 150 anni di celebrazione della tradizione in un bel palazzo di fronte al porticciolo, tante sale con richiami storici e lacustri e qualche tavolo con vista sul lago... che arriva poi nel piatto con il pescato del giorno: Iseo in tavola!

Carta 26/49 €

piazza Porto dei Pescatori 12 – 𝒞 030 989014 – www.alportoclusane.it –
Chiuso mercoledì

🏠 Relais Mirabella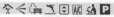

LUSSO · CLASSICO Un'elegante oasi di tranquillità, in un borgo di antiche case coloniche con eccezionale vista sul lago, 70 ettari di bosco e piscina. All'atto della prenotazione, se disponibili, richiedere le camere con terrazzino panoramico.

29 camere 🖙 – 🛏 140/210 € – 1 suite

via Mirabella 34 – 𝒞 030 989 8051 – www.relaismirabella.it –
Chiuso 1 novembre-31 marzo

🍴 **Conte di Carmagnola** – Vedere selezione ristoranti

sulla strada provinciale per Polaveno Est : 6 km

🏠 I Due Roccoli

TRADIZIONALE · ACCOGLIENTE All'interno di una vasta proprietà affacciata sul lago, un'antica ed elegante residenza di campagna con parco, adeguata alle più attuali esigenze e con locali curati. Ristorante raffinato, con angoli intimi, camino moderno e uno spazio all'aperto, "sull'aia".

23 camere – 🛏 100/176 € – 🖙 10 € – 3 suites

via Silvio Bonomelli – 𝒞 030 982 2977 – www.idueroccoli.com –
Chiuso 12 ottobre-9 aprile

ISERA

38060 – Trento (TN) – Carta regionale n° **19**–B3 – Carta stradale Michelin 562-E15

🍴 Casa del Vino della Vallagarina

REGIONALE · RUSTICO 🌣 Il fior fiore della gastronomia locale in un palazzo cinquecentesco del centro. Il menu è fisso, ma si può mangiare anche solo qualche piatto (ottimi i canederli al formaggio d'alpeggio e tartufo nero!), mentre tutti i vini in carta sono serviti al bicchiere. Molto belle le camere ai piani superiori della casa.

Specialità: Carpaccio di carne salada con insalatina di mele alla senape. Strangolapreti alle ortiche con fonduta di formaggi d' alpeggio. Strudel di mele con gelato alla vaniglia.

Carta 28/38 €

piazza San Vincenzo 1 – 𝒞 0464486057 – www.casadelvino.info

ISOLA D'ASTI 14057 – Asti (AT) – Carta regionale n° **14**–B1 –

Carta stradale Michelin 561-H6

🏠 Castello di Villa ☆ 🏖 ≤ 🛗 🍴 🔁 🅰🅲 🅿

LUSSO · STORICO Questa imponente villa patrizia del XVII sec. non smette di far sognare il viandante: splendidi spazi comuni, nonché lussuose camere con soffitti affrescati, arredi e decorazioni eclettiche. Uno stile barocco, ricco ma non *kitsch*, per rivivere i fasti del passato senza rinunciare ai confort moderni.

19 camere 🖵 – 🛉🛉 180/330€ – 1 suite

via Mauro Bausola 2, località Villa – 𝒞 0141 958006 – www.piemont.sunstar.ch –
Chiuso 1 dicembre-10 aprile

sulla strada statale 231 Sud - Ovest : 2 km

🌸 Il Cascinalenuovo (Walter Ferretto) 🍴 🛗 🍴 🏠 🅰🅲 ⇌ 🅿

MODERNA · AMBIENTE CLASSICO 🗙🗙 Cinquant'anni di attività e non sentirli... o meglio, sì! Nella professionalità che si acquisisce solo nel tempo con cui Walter e Roberto, i fratelli Ferretto, gestiscono questa maison gourmet. La sala elegante - sebbene essenziale - si allontana dall'ufficialità piemontese: non la cucina, che ne propone glorie e tradizioni in un carosello dei migliori piatti: tajarin – fegato, polenta e funghi – coda di manzo. In aggiunta anche del pesce. D'estate, l'alternativa prevede l'Altro Cascinale dove gustare ricette più semplici, pizze e schiacciate, a prezzi contenuti. Entrambe le situazioni si affacciano su un fresco dehors.

Specialità: 1987: millefoglie di lingua di vitello e foie gras, dadini di gelatina al Porto. Ravioli ripieni di fonduta con tartufo bianco. Monferrato. goloso.

Menu 50€ (pranzo)/80€ – Carta 55/92€

statale Asti-Alba 15 – 𝒞 0141 958166 – www.walterferretto.com –
Chiuso 26 dicembre-24 gennaio, lunedì, martedì-sabato a mezzogiorno, domenica sera

ISOLA DELLA SCALA 37063 – Verona (VR) – Carta regionale n° **23**–A3 –

Carta stradale Michelin 562-G15

🍴 L'Artigliere 🍴 🛗 🏠 🕭 🅰🅲 🅿

MODERNA · ROMANTICO 🗙🗙 All'interno di un antico mulino per la produzione del riso, il cereale è l'indiscusso protagonista, dal piccolo museo adiacente alla sala, ai numerosi risotti presenti in carta. Ma l'abile cuoco non si ferma qui: altre proposte di pesce e carne completano il quadro, insieme ad accoglienti camere e all'idromassaggio riscaldato in giardino.

Menu 19€ (pranzo) – Carta 41/70€

via Boschi 5 – 𝒞 045 663 0710 – www.artigliere.net – Chiuso 7-14 gennaio,
1-31 agosto, lunedì a mezzogiorno, martedì

ISOLA DI CAPO RIZZUTO 88841 – Crotone (KR) – Carta regionale n° **3**–B2

– Carta stradale Michelin 564-K33

🍴 Ruris 🍴 🅰🅲 🅿

PESCE E FRUTTI DI MARE · ACCOGLIENTE 🗙🗙 La carta trova nel pesce il suo alleato preferito, rielaborato con guizzi di fantasia, in un locale recentemente ristrutturato secondo quel mood che da sempre lo contraddistingue; la nuova cantina custodisce ora oltre 200 etichette di vino e più di 60 distillati internazionali pregiati.

Menu 35/90€ – Carta 36/114€

località Mazzotta – 𝒞 339 737 2712 – www.ruris.it – Chiuso 15 dicembre-13 febbraio,
lunedì, martedì

a Praialonga Ovest : 12 km – Carta regionale n° **3**–B2

✿ Pietramare Natural Food

CREATIVA · STILE MEDITERRANEO ✕✕✕ In una raffinata atmosfera di muretti a secco e vegetazione mediterranea, lo spazio è intimo, elegante e contraddistinto da una grande attenzione a tutto ciò che è dettaglio. Il menu segue le stagioni, la tradizione contadina e marinara del territorio diventando in tal modo un autentico "viaggio gastronomico". Dal 2018 - ai fornelli - un nuovo comandante, Ciro Sicignano, che a dispetto della giovane età vanta già un bel curriculum. Agli ispettori è piaciuto; speriamo che sia lo stesso anche per voi!

Specialità: Merluzzo dello Ionio in croccante di lievito madre, salsa di pomodorini, capperi e olive. Dentice lardellato in croccante di nocciola e ciliegie. Ananas, cocco, erbe della Sila.

Menu 70/110 € – Carta 60/115 €

Hotel Praia Art-Resort, Strada Statale 106 – ☎ 0962 190 2890 –
www.praiaartresort.com – Chiuso 15 ottobre-30 aprile, lunedì-domenica a
mezzogiorno

🏘 Praia Art-Resort

TRADIZIONALE · MEDITERRANEO Al termine di una discesa che giunge sino al mare, solo una piccola pineta separa l'albergo dalla spiaggia privata, con romantiche amache ondeggianti sull'acqua. Camere di raffinata sobrietà, arredate con materiali locali d'artigianato, quasi tutte con patio privato. A bordo piscina, il bistrot con cucina classica, sia a pranzo che a cena, tanto pesce e grigliate.

23 camere 🛏 – 🛉🛉 190/800 € – 7 suites

Strada Statale 106 – ☎ 0962 190 2890 – www.praiaartresort.com –
Chiuso 15 ottobre-30 aprile

✿ **Pietramare Natural Food** – Vedere selezione ristoranti

🏘🏘 , 🏘🏘 , 🏘🏘 , 🏠🏠 , 🏠 & 🏡 😊

ISOLA DI LAMPEDUSA – Agrigento → Vedere Sicilia (Lampedusa Isola di)

ISOLA DI PANTELLERIA – Trapani → Vedere Sicilia

ISOLA DI SAN PIETRO – Carbonia-Iglesias → Vedere Sardegna

ISOLA DOVARESE ✉ 26031 – Cremona (CR) – Carta regionale n° **9**–C3 –

Carta stradale Michelin 561-G12

🍴 Caffè La Crepa 🐝 🏠 ♻

LOMBARDA · VINTAGE ✕ Affacciato su una scenografica piazza rinascimentale, il caffè risale al primo '800, poco più tarda la trattoria. Oggi vi invita ad un nostalgico viaggio dal Risorgimento alla metà del secolo scorso, passando per il liberty. Dalla cucina, piatti del territorio ricchi di gusto. Nel 2019, il ristorante ha festeggiato 60 anni di attività: auguri!

Specialità: Re Culatello (nostra selezione). Fritto di Pesce d' acqua dolce. Degustazione sorbetti con distillato italiano.

Menu 20 € (pranzo), 35/50 € – Carta 27/46 €

piazza Matteotti 13 – ☎ 0375 396161 – www.caffelacrepa.it – Chiuso 8-16 gennaio,
29 giugno-9 luglio, 14-24 settembre, lunedì, martedì

ISOLA PANAREA – Messina → Vedere Sicilia (Eolie Isole)

ISOLA RIZZA ✉ 37050 – Verona (VR) – Carta regionale n° **23**–B3 –

Carta stradale Michelin 562-G15

all'uscita superstrada 434 verso Legnago

🕸 **Perbellini**   🕸 ᕕ 🆔 ⇩ 🅿

CREATIVA · **ELEGANTE** 🕸🕸 Una collocazione inaspettata, in zona commerciale e accanto all'omonima pasticceria, rivela un ristorante elegante, gestito in maniera encomiabile e soprattutto dall'ottima cucina estrosa, talvolta elaborata, con una passione per le cotture allo spiedo e le erbe aromatiche coltivate direttamente dallo chef Francesco Baldissarutti nell'ampio orto-giardino. L'accoglienza è cordiale ed elegante così come il servizio in sala coordinato da Paola Secchi, eccellente padrona di casa che ben sa presentare i piatti in menu. La cantina storica, costruita in 30 anni di storia dalla famiglia Perbellini conta oltre 2000 referenze, che spaziano su tutto il territorio.

Specialità: Cappesante e granceola su terra di nocciole, peperoni, scarola, aceto di agrumi e oxalis. Costina di Mora Romagnola affumicata e cotta allo spiedo "all'amatriciana" con pomodori datterini. Millefoglie "strachin".

Menu 28€ (pranzo), 35/75€ – Carta 45/100€

via Muselle 130 – ℰ 045 713 5352 – www.ristoranteperbellini.it – Chiuso 12-21 gennaio, 2-25 agosto, lunedì, martedì, domenica sera

ISOLA ROSSA – Olbia-Tempio → Vedere Sardegna - Trinità d'Agultu

ISOLA SALINA – Messina → Vedere Sicilia - Eolie (Isole)

ISOLA SANT'ANTONIO ✉ 15050 – Alessandria (AL) – Carta regionale n° **12**–C2

– Carta stradale Michelin 561-G8

🍴 **Da Manuela**   🕸 ᕦ🏠 🆔 🅿

REGIONALE · **TRATTORIA** 🕸🕸 Cucina lombarda con qualche spunto piemontese, in un accogliente locale ubicato in aperta campagna. Le specialità sono le rane e i pesci d'acqua dolce, ma ottima è anche la cantina!

Carta 30/65€

*Frazione Capraglia – ℰ 0131 857177 – www.ristorantedamanuela.it –
Chiuso 28 luglio-20 agosto, lunedì*

ISOLE EGADI – Trapani → Vedere Sicilia

ISOLE EOLIE – Messina → Vedere Sicilia

ISSENGO · ISSENG – Bolzano → Vedere Falzes

IVREA

✉ 10015 – Torino (TO) – Carta regionale n° **12**–B2 – Carta stradale Michelin 561-F5

🍴 **La Mugnaia**   🏠 ⇩

MODERNA · **CONTESTO CONTEMPORANEO** 🕸🕸 Piacevole locale nascosto in una vietta del centro, dallo stile contemporaneo sotto a volte di mattoni storiche: è qui che il cuoco, appassionato e professionale, propone una linea di cucina moderna, attenta all'estetica, in cui convivono i sapori del territorio con aperture mediterranee. Non manca il pesce ed un orto didattico di proprietà.

Menu 38/54€ – Carta 39/62€

via Arduino 53 – ℰ 0125 40530 – www.mugnaia.com – Chiuso 13-16 gennaio, 29 giugno-8 luglio, 1-9 settembre, lunedì, martedì-venerdì a mezzogiorno

JESOLO

✉ 30016 – Venezia (VE) – Carta regionale n° **23**–D2 – Carta stradale Michelin 562-F19

🍴○ **Da Guido**   🏵 🛆🚌🏠🕭🔲 🅿

PESCE E FRUTTI DI MARE · ELEGANTE ✕✕✕ Se il bianco è l'attore principale delle sale di tono elegantemente contemporaneo, sulla tavola il riflettore è puntato su appetitosi piatti di mare, la specialità è la cottura alla griglia. L'atmosfera diventa romantica in giardino.

Menu 73€ – Carta 50/80€

via Roma Sinistra 25 – ℰ 0421 350380 –
www.ristorantedaguido.com – Chiuso 1 gennaio-1 marzo, 1-10 novembre, lunedì,
martedì a mezzogiorno

KALTERN AN DER WEINSTRAßE – Bolzano → Vedere Caldaro sulla strada del vino

KASTELBELL TSCHARS · CASTELBELLO CIARDES – Bolzano → Vedere Castelbello Ciardes

KASTELRUTH · CASTELROTTO – Bolzano → Vedere Castelrotto

KLAUSEN – Bolzano → Vedere Chiusa

KOLFUSCHG · COLFOSCO – Bolzano → Vedere Colfosco

LABICO

✉ 00030 – Roma (RM) – Carta regionale n° **7**–C2 – Carta stradale Michelin 563-Q20

🕸 **Antonello Colonna Labico**   ⪦🛆🏠🕭🔲⟳ 🅿

MODERNA · MINIMALISTA ✕✕✕ Sofisticato indirizzo dal grande impatto scenico che enfatizza la prossimità con Roma e le tradizioni campestri laziali con equilibrate e ricercate creazioni, il ristorante è un'originale ed avveniristica struttura immersa nella campagna di Vallefredda. Qui natura e modernità vincono la non facile scommessa di una totale fusione tra loro: siamo all'interno di un parco, tra ampi spazi quasi museali ed opere d'arte. La cucina recupera i sapori che hanno segnato la storia della gastronomia italiana, la sua grandezza però non sarebbe tale se, sopra tutto o prima di tutto, non ci fosse l'abilità tecnica di un grande cuoco. Un consiglio: nella bella stagione prenotate un tavolo all'esterno, sul prato, all'ombra di centenari castagni.

Specialità: Baccalà mantecato in coppa e bottarga di tonno. Negativo di carbonara. Diplomatico crema, cioccolato e caramello salato.

Menu 90€ – Carta 70/107€

Antonello Colonna Labico Resort, via di Valle Fredda 52 –
ℰ 06 951 0032 – www.antonellocolonna.it –
Chiuso 31 dicembre-1 aprile, lunedì, domenica sera

🏨 **Antonello Colonna Labico Resort**

🛆⪦🛆🎍🖻🕸🕭🔲🖤🅿

LUSSO · MINIMALISTA Immersa nel verde della campagna di Vallefredda, una bella struttura il cui design minimalista e luminoso viene completato dal servizio pronto ad accontentare qualunque richiesta. Le pareti sono spoglie, ma all'arte contemporanea è dedicata una sala-museo. Camere di raffinata essenzialità, ciascuna con accesso al giardino dell'ampia proprietà circostante.

12 camere 🖙 – ⑂⑂ 200/800€

via di Valle Fredda 52 – ℰ 06 951 0032 – www.antonellocolonna.it –
Chiuso 31 dicembre-1 aprile

🕸 **Antonello Colonna Labico** – Vedere selezione ristoranti

LACCO AMENO – Napoli → Vedere Ischia (Isola d')

LACES • LATSCH

⊠ 39021 – Bolzano (BZ) – Carta regionale n° **19**–B2 – Carta stradale Michelin 562-C14

ⓘ○ **Paradiso**   &. 🅿

CREATIVA • ROMANTICO ❌❌ Cucina sudtirolese che strizza l'occhio alla creatività e con frequenti citazioni internazionali all'interno di una deliziosa stube in cirmolo.

Menu 75€ – Carta 42/82€

Hotel Paradies, via Sorgenti 12 –
℘ 0473 622225 – www.hotelparadies.com –
Chiuso 6 gennaio-26 marzo, 22 novembre-17 dicembre, lunedì-martedì sera

🏠 **Paradies**   ✿ ⌂ ⟨ 🚿 ⛉ 🖼 🌐 🜚 🗗 🖳 &. 🅿

FAMILIARE • STILE MONTANO In posizione davvero paradisiaca, bella struttura nella pace dei frutteti e del giardino ombreggiato con piscina; accoglienti ambienti interni e curato centro benessere.

40 camere ⌑ – ♥♥ 290/470€ – 20 suites

via Sorgenti 12 – ℘ 0473 622225 – www.hotelparadies.com –
Chiuso 6 gennaio-26 marzo, 22 novembre-17 dicembre

ⓘ○ **Paradiso** – Vedere selezione ristoranti

LADISPOLI

⊠ 00055 – Roma (RM) – Carta regionale n° **7**–B2 – Carta stradale Michelin 563-Q18

ⓘ○ **The Cesar**   ⟨ 🚿 🏠 🆎 🅿

MODERNA • ELEGANTE ❌❌ In un ristorante romanticamente affacciato sulla distesa blu del Mare Nostrum, la sala interna è certamente elegante, ma la terrazza offre il fascino della vista sulla costa; in carta piatti mediterranei preparati - prevalentemente - con i prodotti biologici del proprio orto.

Menu 90/130€ – Carta 75/95€

Hotel La Posta Vecchia, località Palo Laziale –
℘ 06 994 9501 – www.postavecchiahotel.com –
Chiuso 1 novembre-9 aprile

🏠 **La Posta Vecchia**   ⌂ ⟨ 🜚 🚿 🖼 🜚 🗗 🆎 🎣 🅿

STORICO • ELEGANTE Costruita nel '600 dal Principe Odescalchi, che la volle appositamente per accogliere amici e viaggiatori, come in una sorta di predestinazione, la residenza è stata trasformata oggigiorno in esclusivo hotel: uno scrigno di tesori d'arte di ogni epoca con pavimenti musivi e lussuose camere.

13 camere ⌑ – ♥♥ 390/750€ – 6 suites

località Palo Laziale – ℘ 06 994 9501 – www.postavecchiahotel.com –
Chiuso 1 novembre-9 aprile

ⓘ○ **The Cesar** – Vedere selezione ristoranti

LAGUNDO • ALGUND

⊠ 39022 – Bolzano (BZ) – Carta regionale n° **19**–B1 – Carta stradale Michelin 562-B15

Pianta: Vedere Merano

ⓘ○ **Schnalshuberhof**   ⟨ 🚿 🅿 🛏

REGIONALE • RUSTICO ❌ Tra le mura di una casa del 1300, in due stube (unica nel suo genere quella ricoperta di giornali), la famiglia Pinggera propone gustosi piatti a base di ingredienti biologici, accompagnati da vini di produzione propria. Ottimo speck e distillati.

Menu 20/38€ – Carta 24/38€

Pianta LagundoA1-d *– Oberplars 2 – ℘ 0473 447324 – www.gallorosso.it –*
Chiuso 20 luglio-12 agosto, 16 dicembre-4 marzo, lunedì, martedì, mercoledì,
giovedì-domenica a mezzogiorno

a Vellau/ Velloi Nord - Ovest : 8 km

⥊○ Oberlechner ⇦ ⪦ 🏠 🏠 ⇧ 🅿

REGIONALE · **CONTESTO TRADIZIONALE** ⅄ Da Merano si sale fino a mille metri di altitudine, dove lo sguardo abbraccia città e monti in un panorama mozzafiato. Ma anche la cucina si rivela all'altezza: molti prodotti locali, all'insegna della tradizione, a cui si aggiunge un po' d'estro. La vista continua nelle belle camere, tutte con balcone; cinque appartamenti con angolo cottura.

Menu 32/40 € – Carta 29/55 €

Fuori pianta – *località Velloi* – ℰ *0473 448350* – *www.gasthofoberlechner.com* – *Chiuso 4-18 luglio, mercoledì*

LAMA MOCOGNO

✉ 41023 – Modena (MO) – Carta regionale n° **5**–B2 – Carta stradale Michelin 562-J14

⏣ Vecchia Lama 🏠 ⇧

REGIONALE · **SEMPLICE** ⅄ Cordialità ed ospitalità sono i padroni di casa, insieme ad un'ottima cucina di sola carne con specialità emiliane e montane, nonché tartufi in stagione. D'estate si pranza sulla terrazza affacciata sul giardino. Specialità: tortelloni ricotta e ortiche ai funghi porcini, fiorentina alla toscana su pietra calda (in questo caso si spende un po' di più...).

Specialità: Crostino ai funghi porcini. La tagliata di scottona alla griglia con olio al rosmarino e trito di rucola. Cheesecake al mirtillo nero.

Menu 25/35 € – Carta 23/33 €

via XXIV Maggio 24 – ℰ *0536 44662* – *www.ristortantevecchialama.it* – *Chiuso 3-15 novembre, lunedì*

LA MORRA

✉ 12064 – Cuneo (CN) – Carta regionale n° **14**–A2 – Carta stradale Michelin 561-I5

✾ Massimo Camia 🏠 🏠 🅰🅲 🅿

MODERNA · **AMBIENTE CLASSICO** ⅄⅄ Quando si pensa alle Langhe, il pensiero non può non correre a Massimo Camia: chef il cui amore per la buona tavola è inscritto nel DNA. Nella sede delle cantine Damilano – al confine tra La Morra e Barolo – il suo ristorante è veramente a conduzione famigliare: in sala ci sono, infatti, Luciana e Iacopo - rispettivamente moglie e figlio - ai fornelli anche il fratello di Massimo. La carta oscilla tra tradizione e mare; qualsiasi sia la scelta non si cerca di sorprendere a tutti i costi, ma si punta sulla rassicurazione fatta di cotture precise e preparazioni classiche. Non è certo qui che troverete l'accostamento ardito, perché il menu non dà adito a fraintendimenti e parla chiaro.

Specialità: Il nuovo vitello tonnato. Plin su 3 arrosti della tradizione, fondo bruno mantecato. Dolce nocciola.

Menu 70/90 € – Carta 55/115 €

strada provinciale 3 Alba-Barolo 122 – ℰ *0173 56355* – *www.massimocamia.it* – *Chiuso 8-29 gennaio, 17 agosto-3 settembre, martedì, mercoledì a mezzogiorno*

⥊○ Bovio 🏠 ⪦ 🏠 🅰🅲 🅿

PIEMONTESE · **AMBIENTE CLASSICO** ⅄⅄ In una bella villa con vista sui vigneti, la famiglia Bovio continua a portar avanti l'importante tradizione gastronomica delle Langhe. La vista dalla terrazza è, a dir poco, spettacolare!

Menu 47 € – Carta 45/60 €

via Alba 17 bis – ℰ *0173 590303* – *www.ristorantebovio.it* – *Chiuso 3 febbraio-5 marzo, 21 agosto-5 settembre, mercoledì, giovedì*

⌂ Palas Cerequio - Barolo Cru Resort

🏠 🌢 ⪦ 🏠 ⅄ 🅰🅲 🎿 🅿

DIMORA STORICA · **PERSONALIZZATO** Nella tranquillità di una settecentesca residenza di campagna con tanto di cappella privata, camere in stile moderno minimalista o barocco piemontese: la maggior parte, con piccola spa privata (sauna e idromassaggio). Piatti della tradizione locale ed alcune specialità di pesce al ristorante.

9 camere ⌸ – ♥♥ 170/390 € – 7 suites

Borgata Cerequio – ℰ *0173 50657* – *www.palascerequio.com* – *Chiuso 13 gennaio-18 marzo*

a **Annunziata** Est : 4 km – Carta regionale n° **14**–A2

🕸 **Osteria dell'Arborina** (Andrea Ribaldone)   🐝 ≤ 🏠

MODERNA · **CONTESTO CONTEMPORANEO** XxX Raffinato ambiente moderno-minimalista, con una magnifica terrazza che - nella bella stagione - si apre sui vigneti del Barolo, per una cucina creativa ma pur sempre legata alla tradizione, elaborata da uno chef di grande esperienza che continua con questa sfida il proprio percorso professionale. Una formula azzeccata e ben compresa dagli ospiti: piatti semplici, interessanti nella descrizione, con pochi ingredienti, saporiti e ben elaborati. Cotture perfette! Una cucina che gioca con le consistenze dei prodotti e i contrasti dei gusti, dall'acido all'amaro, nel massimo rispetto della materia prima e della tradizione piemontese più genuina.

Specialità: Pollo, salsa Albufera. Agnolotti ai due servizi. Ciliegia, cacao e barolo chinato.

Menu 75/100 € – Carta 60/75 €

Hotel Arborina Relais, frazione Annunziata 27/b – ☎ 0173 500340 –
www.osteriarborina.it – Chiuso 7 gennaio-26 marzo, lunedì, domenica sera

🕸 **Osteria Veglio**   🐝 ≤ 🏠 🔄 **P**

PIEMONTESE · **CONTESTO REGIONALE** XX La casa, costruita negli anni Venti, sa di tradizione e di Piemonte, come la cucina, gustosa e avvolgente, che vi racconterà i sapori gastronomici delle Langhe - dai ravioli del plin all'agnello da latte arrostito - con qualche inserimento di pesce. Col bel tempo ci si trasferisce in terrazza, affacciati su vigneti e colline.

Specialità: Fiore di zucchina ripieno di salsiccia di Bra con battuto di pomodoro fresco. Capretto da latte al forno. Gelato al fiordilatte affogato al caffè.

Menu 35/45 € – Carta 27/43 €

frazione Annunziata 9 – ☎ 0173 509341 – www.osteriaveglio.it –
Chiuso 2 febbraio-2 marzo, 11 agosto-2 settembre, lunedì, domenica

🏠 **Arborina Relais**   🐝 ≤ 🗠 🎷 📶 & 🆎 🛁 🚗

FAMILIARE · **ORIGINALE** Piccolo e prezioso hotel con un magnifico belvedere affacciato sulle colline del Barolo, chi ama il design moderno s'innamorerà di lui: quasi tutte le camere hanno un cucinotto, quelle al piano terra si affacciano su un piccolo giardino privato, balcone per quelle al primo piano; tanta luce dalle pareti vetrate e una vista da cartolina.

10 camere ⚏ – 🛏 260/370 €

frazione Annunziata 27/b – ☎ 0173 500351 – www.arborinarelais.it –
Chiuso 6 gennaio-12 marzo, 21-26 dicembre

🕸 **Osteria dell'Arborina** – Vedere selezione ristoranti

LAMPORECCHIO

✉ 51035 – Pistoia (PT) – Carta regionale n° **18**–B1 – Carta stradale Michelin 563-K14

🕸 **Atman a Villa Rospigliosi** (Marco Cahssai)   🐝 ⇦ 🈺 🆎 🔄 **P**

CREATIVA · **CONTESTO STORICO** XxX Marco Cahssai, ora alla guida della cucina subito si dimostra all'altezza della recente investitura. Accoglie gli ospiti con giochi di erbe spontanee e prodotti dell'orto come partenza del viaggio in cui vuole portare il commensale. La sua cucina continua ad unire gusti e sapori di tutta Italia, introducendo - tuttavia - citazioni internazionali. Si cena fronte cucina con una parete interamente in vetro e sbirciare i cuochi nelle metodiche preparazioni. In sala un ottimo servizio di vini dove anche la Francia è ben rappresentata. Al primo piano della splendida villa seicentesca, ci sono anche quattro suite, ampie e suggestive, con accessori vintage.

Specialità: Garganello in assoluto di carciofi, ragout di agnello 60 secondi, parmigiano 90 mesi affumicato. Lingua, ostriche, rape e beurre blanc. Cioccolato bianco, olive, bergamotto bruciato.

Menu 75/130 € – Carta 72/84 €

via Borghetto 1, località Spicchio – ☎ 0573 803432 – www.atmanavillarospigliosi.it –
Chiuso 7-19 gennaio, 10-23 agosto, lunedì, martedì-sabato a mezzogiorno,
domenica sera

LANA

✉ 39011 – Bolzano (BZ) – Carta regionale n° **19**–B2 – Carta stradale Michelin 562-C15

🍴 Gutshof   🕸 🖨 🏠 🅿

CONTEMPORANEA · ACCOGLIENTE ✕✕ Immerso nel verde del Golf Club di Lana, ma anche delle montagne circostanti, ristorante dagli ambienti di contemporanea signorilità e una pregevole terrazza dove pranzare godendosi la vista sui dintorni. La cucina propone in chiave moderna e fantasiosa ricette tradizionali, ma non solo: se siete in zona, è sicuramente un imperdibile!

Carta 32/68 €

via Brandis 13, golf club – ℰ 0473 562447 - www.gutshof.it –
Chiuso 10-30 novembre, 25 dicembre-14 febbraio, lunedì, mercoledì-domenica sera

a Foiana Sud - Ovest : 5 km – Carta regionale n° **19**–B2

🍴 Kirchsteiger   🕸 ⟵ ⟨ 🖨 🏠 ⟲ 🅿

CREATIVA · CONTESTO TRADIZIONALE ✕✕ Da tempo uno dei ristoranti più interessanti della zona, il cuoco continua la sua abile operazione di sintesi fra tradizione e modernità in cucina, ma anche nelle sale, raffinate rivisitazioni di materiali locali. Per le camere, invece, preferire quelle più recenti.

Menu 15 € (pranzo), 45/65 € – Carta 46/75 €

via prevosto Wieser 5 – ℰ 0473 568044 - www.kirchsteiger.com –
Chiuso 10 gennaio-15 marzo, giovedì

🏨 Alpiana Resort   ☆ ⅋ ⟨ 🖨 ⌁ 🖥 ⬚ ⌂ ⅃₆ ⊡ 占 🛁 🅿 🖼

LUSSO · PERSONALIZZATO Un'oasi di pace nella cornice di una natura incantevole: grande e favoloso giardino-solarium dove troviamo ben tre piscine diverse, una delle quale di acqua salata, interni d'ispirazione moderna e splendido wellness.

52 camere ⛄ – 🛉🛉 270/455 € – 8 suites

via prevosto Wieser 30 – ℰ 0473 568033 - www.alpiana.com –
Chiuso 4 gennaio-28 marzo

a San Vigilio Nord - Ovest : 5 mn di funivia – Carta regionale n° **19**–B2

🍴 1500   🕸 ⟨ 🖨 占

MODERNA · ELEGANTE ✕✕ Luce, spazio e legno sono l'architrave del ristorante, al primo piano dell'albergo Vigilius. Cucina moderna e contemporanea, troverete prodotti locali, ma si ricorre volentieri anche altrove, pesce compreso.

Menu 75/85 € – Carta 50/86 €

Vigilius Mountain Resort, via Pavicolo 43 – ℰ 0473 556600 - www.vigilius.it –
Chiuso 8 marzo-30 aprile, lunedì-domenica a mezzogiorno

🏨 Vigilius Mountain Resort   ☆ ⅋ ⟨ 🖨 🖥 ⌁ ⌂ ⊡ 占 🛁 🖼

LUSSO · PERSONALIZZATO Raggiunto l'albergo con la funivia di Lana, troverete ambienti semplici e minimalisti, atmosfere di elegante essenzialità tra legno e architettura ecologica. "Ida" offre il calore di una stube storica, nonché una cucina tipica altoatesina.

35 camere ⛄ – 🛉🛉 280/470 € – 6 suites

via Pavicolo 43 – ℰ 0473 556600 - www.vigilius.it –
Chiuso 8 marzo-30 aprile

🍴 **1500** – Vedere selezione ristoranti

LAPIO – Vicenza ➜ Vedere Arcugnano

L'AQUILA

✉ 67100 – L'Aquila (AQ) – Carta regionale n° **1**–A2 – Carta stradale Michelin 563-O22

✷ Magione Papale   ♿ 🅰

CREATIVA · ELEGANTE ✗✗ Un luogo incantato perso nello spazio verdeggiante della campagna abruzzese, in un territorio incontaminato dove pace e tranquillità modellano i profili delle vette, Magione Papale è un resort di charme, dove tutti – almeno una volta nella vita - dovrebbero pernottare. Al suo interno l'omonimo ristorante gourmet capitanato da William Zonfa: chef aquilano che reinterpreta con grazia e fantasia ingredienti a lui ben noti, riconducibili alla sua infanzia, e lo fa con una quasi maniacale attenzione alle cotture, tratto della sua cucina che lo rende unico e immediatamente riconoscibile. Il servizio è attento e mai invadente; la carta dei vini annovera numerose referenze italiane e non, con una buona profondità di annate.

Specialità: Pane, ricotta e rape. Spaghetto freddo con cicale di mare, zafferano, lime e pepe rosa. Olio d'oliva, yogurt e pompelmo rosa.

Menu 60/90 € – Carta 52/95 €

Hotel Magione Papale, via Porta Napoli 67/I – ☎ 0862 404426 –
www.magionepapale.it – Chiuso 1-31 gennaio, lunedì, martedì-sabato a mezzogiorno,
domenica sera

⌂ Magione Papale   ✿ ⌂ ⛲ ⌁ ▣ & 🅰🅲 🅿

CASA DI CAMPAGNA · PERSONALIZZATO Un relais di campagna, dove tutti (almeno una volta nella vita) dovrebbero pernottare. In un mulino ristrutturato, camere tutte diverse, ma accomunate da elementi architettonici che rimandano all'originaria funzione della struttura.

17 camere ⌂ – ♦♦ 90/120 €

via Porta Napoli 67/I – ☎ 0862 414983 – www.magionepapale.it –
Chiuso 1-31 gennaio

✷ **Magione Papale** – Vedere selezione ristoranti

a Camarda Nord - Est: 14 km – Carta regionale n° **1**-A2

⊛ Casa Elodia

MODERNA · CONTESTO CONTEMPORANEO ✗✗ Superate le difficoltà di questi ultimi anni, i fratelli Moscardi finalmente hanno riaperto! Tornati nella casa di famiglia, vi accoglieranno in un ambiente informale e curato dove i piatti della tradizione si alternano a quelli più orientati verso l'innovazione. Specialità: spaghettino all'amatriciana bianca e crema di funghi cardoncelli - pollastra alla cacciatora - cremoso alla liquirizia con frutti rossi.

Specialità: Lattuga, cicoria e pecorino croccante. Gnocchi con baccalà, prezzemolo e lime. Cremoso alla liquirizia con frutti rossi e sedano rosso.

Menu 30/50 € – Carta 35/55 €

strada statale 17 bis n.37, frazione Camarda –
☎ 338 545 8031 – www.casaelodia.it – Chiuso 6-22 luglio, lunedì, martedì,
mercoledì-venerdì a mezzogiorno

LA SALLE

✉ 11015 – Aosta (AO) – Carta regionale n° **21**-A2 – Carta stradale Michelin 561-E3

⌂⌂ Mont Blanc Hotel Village

✿ ⌂ < ⛲ ⌁ 🔲 🌐 ☂ 🛴 ▣ & 🏊 🅿 🚗

LUSSO · ELEGANTE A darvi il benvenuto un caldo stile valdostano con tappeti, legno e camino. Nelle camere gli ambienti diventano ancora più originali, dormirete tra materiali tipici, ma in un'atmosfera di grande confort. Chi ama la montagna troverà al ristorante di che deliziarsi, non solo per l'eleganza della sala d'ispirazione alpina, ma soprattutto per le proposte gastronomiche. Le piste da sci di Courmayeur distano solo 15 minuti di transfert.

45 camere ⌂ – ♦♦ 190/600 € – 4 suites

La Croisette 36 – ☎ 0165 864111 – www.hotelmontblanc.it

LA SPEZIA

✉ 19124 – La Spezia (SP) – Carta regionale n° **8**–D2 – Carta stradale Michelin 561-J11

ⅼ○ **La Posta** ⅌ AC

CLASSICA · **ELEGANTE** XX Sobria eleganza ed oggetti d'arte creano l'ambiente ideale per gustare una cucina di terra e di mare, che riserva grosse attenzioni alla qualità delle materie prime: vera passione del patron così come, in stagione, il celebre tartufo bianco! Ottimo indirizzo.

Carta 50/65 €

*via Giovanni Minzoni 24 – 𝒞 0187 760437 – www.lapostadiclaudio.com –
Chiuso sabato a mezzogiorno, domenica*

ⅼ○ **Antica Trattoria Sevieri** 🏠

REGIONALE · **AMBIENTE CLASSICO** XX Ristorante di tradizione nei pressi del mercato coperto dove si approvvigiona giornalmente, una garanzia per la freschezza dei prodotti! Piacevole dehors ed un piccolo ambiente - all'ingresso del locale - nel quale intrattenersi per sorseggiare un aperitivo.

Carta 38/60 €

*via della Canonica 13 – 𝒞 0187 751776 – Chiuso 15-20 febbraio,
15 novembre-10 dicembre*

ⅼ○ **Osteria della Corte** 🏠

MEDITERRANEA · **FAMILIARE** XX Appassionata gestione familiare in un accogliente locale dai toni rustici, con piacevole cortile interno. La cucina si segnala per l'attenta ricerca delle materie prime: eccellenze liguri e italiane affollano un menu di grande interesse. Stessa linea gastronomica nell'adiacente cocktail bar Accanto,.

Carta 38/77 €

via Napoli 86 – 𝒞 0187 715210 – www.osteriadellacorte.com – Chiuso lunedì

LA THUILE

✉ 11016 – Aosta (AO) – Carta regionale n° **21**–A2 – Carta stradale Michelin 561-E2

🏨 **Montana Lodge & Spa**

🍴 🐾 ⤶ 🛏 🗔 ⑩ 🕭 ⒧ 🖫 ♿ 🖼 🅿 ☕

LUSSO · DESIGN Vasta gamma di servizi, compresa una moderna spa, in un hotel dal design moderno che strizza l'occhio ai tradizionali materiali locali: il legno che riveste pavimenti e soffitti gli conferisce, infatti, un senso di "calda" atmosfera. Al ristorante, a pranzo, carta ridotta e pizza; su richiesta piccoli eventi privati nella cantina-enoteca.

55 camere 🖙 – 🛉🛉 175/390 €

*località Arly 87 – 𝒞 393396475944 – www.niramontana.com –
Chiuso 15 aprile-1 giugno, 30 settembre-1 dicembre*

LATINA

✉ 04100 – Latina (LT) – Carta regionale n° **7**–C3 – Carta stradale Michelin 563-R20

a Borgo Faiti Est: 10 km

ⅼ○ **Cucinarium** 🚪 🏠 ♿ AC ⇆ 🅿

REGIONALE · **CONVIVIALE** XX La carta del Cucinarium è solo uno spunto: il maître vi guiderà con piacere nella scelta di piatti - soprattutto a base di prodotti locali - sia di carne che di pesce, quest'ultimo proveniente dall'asta di Terracina. La struttura è, inoltre, dotata di un orto dove vengono coltivati i famosi ortaggi setini (carciofi, pomodori, zucchine...), che i clienti possono raccogliere e, poi, degustare.

Carta 30/68 €

*Hotel Foro Appio Mansio, via Appia km 72,800 – 𝒞 0773 877434 –
www.foroappiohotel.it – Chiuso domenica sera*

a Le Ferriere Ovest: 14,5 km

ⵜO Satricvm ⌂ & AC P

MODERNA · CHIC XX Le esperienze raccolte a Londra ed in giro per il mondo dallo chef e dalla moglie tornano nell'atmosfera piacevolmente internazionale che non ci si aspetterebbe in queste lande, ma anche nella capacità di dare il giusto tocco di modernità ai prodotti del territorio, l'Agro Pontino viene, infatti, esaltato da una cucina attuale e allo stesso tempo rispettosa delle tradizioni.

Menu 42/62 € – Carta 50/69 €

strada Nettunense 1277 – ℰ 3491923153 – www.maxcotilli.com –
Chiuso 13-30 gennaio, mercoledì, domenica sera

a Lido di Latina Sud: 9 km

ⵜO Il Funghetto ⅏ ⌂ ⌂ P

PESCE E FRUTTI DI MARE · AMBIENTE CLASSICO XX Dietro i fornelli e in sala lavora la seconda generazione della medesima famiglia che gestisce il locale da oltre 40 anni: solidità ed esperienza per una cucina che si aggiorna pur rimanendo fedele a se stessa. Molto pesce, un po' di carne, tanto vino ed un'importante sensibilità e attenzione per i celiaci.

Menu 35/55 € – Carta 45/75 €

strada Litoranea 11412, località Borgo Grappa – ℰ 0773 208009 –
www.ristoranteilfunghetto.it – Chiuso 10-18 settembre, mercoledì, domenica sera

LATSCH • LACES – Bolzano → Vedere Laces

LAVAGNA

✉ 16033 – Genova (GE) – Carta regionale n° **8**-C2 – Carta stradale Michelin 561-J10

ⵜO Il Gabbiano ⟨ ⌂ AC P

MEDITERRANEA · ACCOGLIENTE XX In posizione panoramica sulle prime colline prospicenti il mare, specialità ittiche e di terra da gustare nell'accogliente sala recentemente rinnovata o nella veranda con vista.

Carta 37/54 €

via San Benedetto 26 – ℰ 0185 390228 – www.ristoranteilgabbiano.com –
Chiuso lunedì, martedì, mercoledì-giovedì sera

a Cavi Sud - Est : 3 km – Carta regionale n° **8**-C2

⏏ Raieü AC

LIGURE · FAMILIARE X Autentiche lampare sono sospese sopra i tavoli di questa caratteristica trattoria con una sala dagli arredi in legno e tavoli divisi da panche, nonché un'altra più tradizionale e luminosa. Cucina regionale dove primeggiano le lasagne nere al sugo di gamberi e la buridda di seppie: il pescato arriva direttamente da una barca di proprietà per essere poi preparato secondo ricette locali.

Specialità: Acciughe al limone. Lasagne nere al sugo di gamberi e pomodorini. Sacripantina genovese.

Carta 35/50 €

via Milite Ignoto 25 – ℰ 0185390145 – www.trattoriaraieu.it –
Chiuso 4 novembre-6 dicembre, lunedì

ⵜO Impronta D'Acqua & AC

CREATIVA · MINIMALISTA XX Moderno open space, cucina compresa, in uno stile contemporaneo sobrio, ma caldo; pochi tavoli, sul lungo rettilineo che costeggia mare e ferrovia collegando Lavagna e Sestri Levante. La cucina predilige i prodotti del territorio associandoli - però – a nuove tecniche.

Menu 55/75 € – Carta 45/89 €

via Aurelia 2121 – ℰ 3755291077 – www.improntadacqua.com – Chiuso 9-20 marzo,
4-28 novembre, lunedì a mezzogiorno, martedì, mercoledì-venerdì a mezzogiorno

LAVELLO

✉ 85024 – Potenza (PZ) – Carta regionale n° **2**-B1 – Carta stradale Michelin 564-D29

🍴○ **Don Alfonso 1890 San Barbato** Ⓝ   🏠 ⅃ 🅰🅲 🅿

MODERNA · **LUSSO** XXX Una grande firma, la famiglia Iaccarino, approda in questa struttura con un ristorante molto elegante e raffinato dove ampie vetrate cielo-terra aprono una splendida vista su giardino e piscina. Troviamo l'ispirazione di alcuni grandi classici ma anche delle rivisitazioni di ricette più locali. Grande attenzione alle materie prime del territorio.

Menu 75/95€ – Carta 61/95€

San Barbato Resort Spa & Golf, Strada Statale 93 (Sud-ovest: 1 km) –
☎ 0972 816011 – www.sanbarbatoresort.com – Chiuso lunedì, martedì-sabato a
mezzogiorno, domenica

🍴○ **Forentum**   ⇦ 🏠 🅰🅲

DEL TERRITORIO · **FAMILIARE** X Nel centro storico, ristorante rustico e familiare dove si serve una cucina locale alimentata anche dai prodotti dell'orto di famiglia. Affascinante la sala all'interno di una grotta naturale di antica origine. Semplici, ma ben attrezzate camere come albergo diffuso tutt'intorno.

Carta 35/45€

piazza Plebiscito 16 – ☎ 0972 85147 – www.forentum.it – Chiuso venerdì

🏨 **San Barbato Resort Spa & Golf** Ⓝ

⛲ 🅻 ⅃ 🕸 ☵ ㇐ 🄴 ㋓ 🅰🅲 🆂 🅿

LUSSO · **CONTEMPORANEO** In posizione strategica per il Gargano, Matera e la costa pugliese, un importante progetto alberghiero dà vita ad un resort di grande impatto scenico. Eleganza e accoglienza in tutti i suoi reparti con una bella e grande terrazza per degustare ottime bollicine italiane e tapas serali. Eccellente servizio alla Spa per gli amanti del benessere e un giardino ricco di vegetazione con piscina e solarium.

22 camere ⌿ – 👫 220/280€ – 11 suites

Strada Statale 93 (Sud-ovest: 1 km) – ☎ 0972 816011 – www.sanbarbatoresort.com
🍴○ **Don Alfonso 1890 San Barbato** – Vedere selezione ristoranti

LAVENO MOMBELLO

✉ 21014 – Varese (VA) – Carta regionale n° **9**-A2 – Carta stradale Michelin 561-E7

✿ **La Tavola** (Riccardo Bassetti)   🕸 ⇦ ⇚ 🏠 🅿

MODERNA · **AMBIENTE CLASSICO** XX I piatti di Riccardo si basano sull'equilibrio: un'armonia di sapori, profumi e consistenze che incontrano tutto ciò che ha imparato in questi anni, moderni ancorché rispettosi della tradizione del Bel Paese e - soprattutto – del suo lago e delle sue montagne. Cucina raffinata ed estrosa, il giovane cuoco è a suo agio praticamente con tutto sia con il pesce di mare che di lago, nonché la carne. Il locale ha di recente subito un restyling, ma l'imperdibile appuntamento è sulla terrazza, costruita proprio sull'acqua, con la vista che abbraccia la distesa blu.

Specialità: Crudo di gambero rosso di Sicilia, carta di crostacei, salsa romesco. Ho preso uno storione e ne ho fatto un cono. Panettone imbevuto al rum, crema mousseline, marmellata di arance amare.

Menu 59/109€ – Carta 70/95€

Hotel il Porticciolo, via Fortino 40 – ☎ 0332 667257 – www.ilporticciolo.com –
Chiuso 5-27 novembre, martedì, mercoledì

🍴○ **Locanda Pozzetto**   ⇚ ⛲ 🏠 🅿

DEL TERRITORIO · **AMBIENTE CLASSICO** XX Ristorante all'interno di una vasta proprietà in posizione elevata e dominante il lago, bosco e prato concorrono a creare una bucolica cornice; cucina contemporanea con radici nel territorio.

Menu 20€ (pranzo), 45/55€ – Carta 41/73€

via Montecristo 23 – ☎ 0332 667648 – Chiuso 6-31 gennaio, lunedì

LAVIS

✉ 38015 – Trento (TN) – Carta stradale Michelin 562-D15

a **Sorni** Nord : 6,5 km – Carta regionale n° **19**–B2

⊛ **Trattoria Vecchia Sorni**   ⩽ 🏠 ⅃

REGIONALE · FAMILIARE ⅄ Accoglienza vera e dialettale per una trattoria panoramica sita nella zona nord e vinicola di Trento, da godersi al meglio nella terrazza panoramica sulla valle. La cucina è fragrante e gustosa, ovviamente regionale, ma ben presentata: risotto alle rape rosse e crema di formaggio Casolet - controfiletto di cervo con frutta caramellata salsa al caffè lupino.

Specialità: Insalata d'orzo con ricotta caprina, avocado, pomodori e foglia di pane agrumi con olio E.V.O. del Garda e gelato al ribes nero. Controfiletto di cervo con frutta caramellata salsa al caffè lupino. Torta agli

Menu 35/43 € – Carta 39/47 €

piazza Assunta 40 – ℰ 0461 870541 – www.trattoriavecchiasorni.it –
Chiuso 27 gennaio-10 febbraio, lunedì, domenica sera

LECCE

✉ 73100 – Lecce (LE) – Carta regionale n° **15**–D2 – Carta stradale Michelin 564-F36

✿ **Bros'** (Floriano Pellegrino e Isabella Potì)   ⅃ 🅰🅲

CREATIVA · MINIMALISTA ⅄⅄ Dei tre Bros' (brothers) che fondarono il locale ne è rimasto uno solo, ma nulla cambia dal punto di vista gastronomico e di sfrenata energia, anche perché Floriano è affiancato ai fornelli da Isabella Potì: sempre più sicura di sé in tal senso. Cucina creativa tesa ad esaltare i migliori prodotti pugliesi, in un ambiente vivace, nonché alla moda. «Stiamo lavorando bene e continueremo a crescere; in un mondo sempre più affezionato al futile - avverte con occhi brillanti il giovane cuoco - l'unico modo per distinguersi è essere identitari. Radicati». E a lui, questo gli riesce facile.

Specialità: Rana pescatrice e nocciola. Spaghetto, aglio, grasso rancido e peperoncino. Soufflè alla vaniglia e frutto della passione.

Menu 80/180 € – Carta 80/180 €

via degli Acaja 2 – ℰ 0832 092601 – www.brosrestaurant.it – Chiuso martedì,
mercoledì

⅃⃝ **Duo Ristorante**   🅰🅲

MODERNA · CONTESTO CONTEMPORANEO ⅄⅄ Intimo, recente locale semicentrale, la cui vera anima è lo chef-patron, che con passione e grinta si è insediato in questa bellissima città proponendo la propria cucina moderna con ovvii ed irrinunciabili riferimenti alla Puglia. A quest'ultima è dedicato anche uno dei menu degustazione.

Carta 30/80 €

via Giuseppe Garibaldi 11 – ℰ 0832 520956 – www.ristoranteduo.it –
Chiuso 8-22 gennaio, 9-19 dicembre, mercoledì

⅃⃝ **Osteria degli Spiriti**   🅰🅲

REGIONALE · CONVIVIALE ⅄⅄ Vicino ai giardini pubblici, ampliata con una nuova sala di design più moderno, una trattoria dagli alti soffitti - tipici di una vecchia masseria - e cucina mediterranea.

Menu 25/40 € – Carta 30/75 €

via Cesare Battisti 4 – ℰ 0832 246274 – www.osteriadeglispiriti.it –
Chiuso 1-6 ottobre, lunedì a mezzogiorno, domenica sera

⅃⃝ **Primo Restaurant**   🏠 🅰🅲

MEDITERRANEA · BISTRÒ ⅄⅄ In pieno centro, vicino alla famosa piazza Mazzini, Primo è un ristorante di cucina d'autore, con pochi posti a sedere in una sala caratterizzata da un'originale parete verticale di bottiglie. Sul retro un bel cortiletto per il dehors estivo, mentre la tavola ospita fantasiosi piatti regionali. Un ottimo indirizzo!

Menu 60/100 € – Carta 50/75 €

via 47° Reggimento Fanteria 7 – ℰ 0832 243802 – www.primorestaurant.it –
Chiuso 19-26 gennaio, 22-29 novembre, martedì

🏠 Risorgimento Resort

LUSSO · ELEGANTE Un albergo esclusivo nei pressi della centrale piazza Oronzo, il risultato del recupero di un antico palazzo, l'attenzione e la cura posta nella scelta dei materiali e dei confort sono garanzia di un soggiorno al *top*.

42 camere ☲ – ♦♦ 150/250€ – 5 suites

via Augusto Imperatore 19 – ℰ 0832 246311 – www.risorgimentoresort.it

🏠 Patria Palace Hotel

LUSSO · PERSONALIZZATO In centro, l'elegante hotel dispone di spazi comuni piacevolmente arredati in legno e camere in stile classico, lievemente liberty, impreziosite da antichi inserti decorativi. In cucina, proposte accattivanti legate alla tradizione ma sapientemente rielaborate con gusto e ricercatezza.

67 camere – ♦♦ 160/400€

piazzetta Gabriele Riccardi 13 – ℰ 0832 245111 – www.patriapalace.com

🏠 Suite Hotel Santa Chiara

LUSSO · ELEGANTE Tessuti straripanti, marmi preziosi e un panoramico roof garden, dove si serve anche la prima colazione, in un palazzo del '700 adiacente all'omonima chiesa: alcune camere hanno una spettacolare vista sulla piazza alberata.

24 camere ☲ – ♦♦ 100/200€

via degli Ammirati 24 – ℰ 0832 304998 – www.santachiaralecce.it

LECCO

✉ 23900 – Lecco (LC) – Carta regionale n° **10**-B1 – Carta stradale Michelin 561-E10

✿ Al Porticciolo 84 (Fabrizio Ferrari)

PESCE E FRUTTI DI MARE · FAMILIARE ✕✕ Il nome trae in inganno, inducendo a pensare che ci possa trovare sul lungolago... Di fatto, il ristorante è ubicato in un vicolo di un quartiere periferico lungo la strada della Valsassina. L'ambiente è rustico-elegante, con volte a botte intonacate di bianco, un enorme camino, qualche quadro e due giganteschi acquari dove transitano i crostacei in attesa della "destinazione finale". La sua fantasiosa cucina di mare si sdoppia in due menu degustazione da cui si può estrarre anche solo qualche piatto. La conduzione familiare - sempre molta attenta e garbata - fa da corollario ad una sosta gourmet di grande spessore.

Specialità: Calamaro marinato cotto alla piastra, fagiolini, crema di cannellini, chips di patate, salsa di prezzemolo e nocciole. Triglia, carote, erbette, cialda di kefir, fumetto di triglia. Tartelletta al mango, gelato di cocco, cioccolato bianco e pistacchio, sale alla vaniglia.

Menu 80/100€ – Carta 60/65€

via Valsecchi 5/7 – ℰ 0341 498103 – www.porticciolo84.it –
Chiuso 12 agosto-2 settembre, 25 dicembre-5 gennaio, lunedì, martedì,
mercoledì-venerdì a mezzogiorno

🍽 Nicolin

MODERNA · ELEGANTE ✕✕ Gestito dalla stessa famiglia da oltre trent'anni, ma totalmente rinnovato in tempi recenti, ristorante con proposte tradizionali affiancate da piatti più fantasiosi; bella cantina visitabile e ricca di etichette di pregio, nonché servizio estivo in terrazza.

Menu 25/70€ – Carta 53/60€

via Paisiello 4, località Maggianico – ℰ 0341 422122 – www.ristorantenicolin.com –
Chiuso 10-25 agosto, martedì, domenica sera

LE FERRIERE – Latina ➜ Vedere Latina

LEGNAGO

✉ 37045 – Verona (VR) – Carta regionale n° **23**-B3 – Carta stradale Michelin 562-G15

a San Pietro Ovest: 3 km

○ **Pergola**   ⚜ ⇦ 👤 AC ⇕ P

CLASSICA · **ACCOGLIENTE** XX La famiglia Montagnoli nasce nella ristorazione, prima ancora che nell'attività alberghiera e... si vede! Ottimi piatti, equamente divisi tra carne e pesce (con espositore serale del pescato) e un invitante carrello di dolci; bella carta dei vini in un ambiente piacevole, nonché elegante.

Menu 22/55 € – Carta 32/75 €

via Verona 140 – ℰ 0442 629103 – www.hotelpergola.com – Chiuso 9-23 agosto, venerdì, domenica sera

LEGNARO

✉ 35020 – Padova (PD) – Carta regionale n° **23**–C3 – Carta stradale Michelin 562-F17

○ **AB Baretta**   ⇦ 🎐 👤 AC ⇕ P

PESCE E FRUTTI DI MARE · **CONTESTO STORICO** XXX In una villa del '700, suggestivi affreschi nell'eleganti sale per una cucina che dà il meglio di sé nelle specialità di pesce e crostacei. Una cornice di grande fascino per "fare colpo"!

Menu 20 € (pranzo), 30/50 € – Carta 30/80 €

via Roma 33 – ℰ 049 883 0088 – www.ristorantebaretta.it – Chiuso 1-12 gennaio, lunedì, domenica sera

LEMEGLIO – Genova → Vedere Moneglia

LEONESSA

✉ 02016 – Rieti (RI) – Carta regionale n° **7**–C1 – Carta stradale Michelin 563-O20

○ **Leon d'Oro**   🎐 AC

DEL TERRITORIO · **CONTESTO TRADIZIONALE** X Griglia e camino a vista per la cottura delle carni in questo accogliente locale rustico nel cuore della città, un ambiente simpatico ed informale, in cui regna la mano femminile.

Menu 25/30 € – Carta 30/50 €

corso San Giuseppe 120 – ℰ 0746 923320 – www.ristoranteleondoroleonessa.com – Chiuso 1-8 luglio, lunedì

LERICI

✉ 19032 – La Spezia (SP) – Carta regionale n° **8**–D2 – Carta stradale Michelin 561-J11

a Fiascherino Sud - Est: 3 km

○ **Il Fico Trentacareghe** ⓝ   ⇐ 🎐 AC P

PESCE E FRUTTI DI MARE · **AMBIENTE CLASSICO** XX Cucina di mare con prodotti locali, la carta quindi non è ampissima in quanto soggetta alla disponibilità del mercato, ma questo è solo un plus e non un minus! Preparazioni semplici e ben curate; gestione simpatica e professionale.

Menu 35/55 € – Carta 46/60 €

Località Fiascherino – ℰ 0187 304242 – www.ilficotrentacareghe.it

LESA

✉ 28040 – Novara (NO) – Carta regionale n° **13**–B2 – Carta stradale Michelin 561-E7

○ **Battipalo**   🎐 AC

MODERNA · **CONVIVIALE** XX Adiacente all'attracco dei traghetti, le sue ampie vetrate offrono romantici scorci del lago. Pur essendo decisamente moderna, come l'ambiente recentemente rinnovato, la cucina spazia con concretezza fra carne e pesce, quest'ultimo non necessariamente di lago. Ottima cura anche nella lista dei vini e piacevole dehors per il servizio estivo.

Carta 35/65 €

*viale Vittorio Veneto 2 – ℰ 0322 76069 – www.battipalolesa.it –
Chiuso 12 gennaio-5 febbraio, 13-22 settembre, lunedì, martedì a mezzogiorno, giovedì a mezzogiorno*

LESINA

✉ 71010 – Foggia (FG) – Carta regionale n° **15**–A1 – Carta stradale Michelin 564-B28

Le Antiche Sere 　　　　　　　　　　　　　🍴 A/C

MODERNA · INTIMO ✗ Piccolo locale di fronte al lago di Lesina, dove tutto ruota attorno alla professionalità ed esperienza dello chef-titolare, che effettua una bella ricerca sui prodotti lagunari, pesci ed erbe aromatiche, producendo in proprio la bottarga di muggine. Sapori del territorio, quindi, cucinati e serviti con tocco moderno.

Specialità: Gamberetti fritti in crema di pomodoro verde. Maccheroni al ferro con gamberi, salicornia e passata di ceci. Rigatoni al pomodoro.

Carta 30/40 €

via P. Micca 22 – ☏ 0882 991942 – www.leantichesere.it –
Chiuso 20 settembre-10 ottobre, lunedì

LEVANTO

✉ 19015 – La Spezia (SP) – Carta regionale n° **8**–D2 – Carta stradale Michelin 561-J10

L'Oasi 　　　　　　　　　　　　　　　🍴 & A/C

PESCE E FRUTTI DI MARE · CONTESTO TRADIZIONALE ✗✗ Una bella e luminosa veranda e un piccolo giardino per un ristorante che fa dell'eccellente selezioni delle materie prime la sua bandiera in preparazioni semplici e schiette. Per gli amanti del crudo di pesce e secondo le disponibilità del mercato (raramente il lunedì), questo è sicuramente l'indirizzo giusto!

Carta 45/80 €

piazza Cavour – ☏ 0187 800856 – www.oasihotel.eu – Chiuso 6 gennaio-12 marzo,
2 novembre-24 dicembre, mercoledì

La Sosta di Ottone III 　　　　　🐝 ⇦ ≼ 🏡 🍴 A/C P

TRADIZIONALE · ACCOGLIENTE ✗ In mezzo al verde e lontano dalla calca, è necessario percorrere un tratto a piedi per raggiungere quest'incantevole ristorantino (meglio farsi suggerire la strada e dove lasciare la vettura), all'interno di una residenza del XVI sec. Il menu propone una scelta ristretta, ma fra le più interessanti in zona per ricerca di prodotti locali; carta dei vini tutta al naturale, alla ricerca delle migliori etichette delle Cinque Terre e della Liguria di Ponente.

Menu 39/70 €

località Chiesanuova 39 – ☏ 0187 814502 – www.lasosta.com –
Chiuso 15 novembre-31 maggio, lunedì-sabato a mezzogiorno, domenica

InCucina 　　　　　　　　　　　　　　⇦ 🍴

MODERNA · CONTESTO CONTEMPORANEO ✗ Lontano dal mare, ormai in collina, anche il ristorante sembra voler sfuggire i cliché della più classica cucina marinara della Levanto balneare: la scelta è ristretta per assicurare la qualità dei prodotti, vengono spesso inseriti piatti di carne – in stagione anche selvaggina – e non manca qualche scelta più creativa, il tutto in una sala semplice dalla simpatica gestione familiare.

Menu 25/60 € – Carta 36/86 €

Hotel L'Abetaia, località Pian del Momo, (uscita autostrada A12 Carrodano), Nord:
7 km – ☏ 0187 893036 – www.ristoranteincucina.it – Chiuso 8 gennaio-11 febbraio,
lunedì

a Mesco Sud : 3,5 km – Carta regionale n° **8**–D2

La Giada del Mesco 　　　　　🛏 ≼ 🏡 工 & A/C P

CASA DI CAMPAGNA · MEDITERRANEO L'incantevole vista su mare e costa (sino al promontorio di Portofino!) è garantita da tutte le camere di questo edificio ottocentesco in splendida posizione su un promontorio. Ma c'è anche una bella terrazza per la prima colazione, nonché la navetta gratuita per stazione, spiaggia e ristoranti del centro.

12 camere ⚏ – 👫 160/180 €

via Mesco 16 – ☏ 0187 802674 – www.lagiadadelmesco.it –
Chiuso 1 novembre-30 marzo

LEVICO TERME

✉ 38056 – Trento (TN) – Carta regionale n° **19**–B3 – Carta stradale Michelin 562-D15

ⅼO **Boivin** 🛜

REGIONALE · FAMILIARE X All'interno di un'antica casa del centro, il locale si basa sulla personalità e le idee dello chef-patron, Riccardo, che mixa con originalità tradizione trentina ed inserti pacatamente moderni. Specialità: trio di canederlotti di pane al burro e salvia, puntine di maiale con polenta e cavolo rosso in agrodolce, strudel di mele. Accanto c'è l'hotel Romanda gestito dal fratello.

Menu 40/50€ – Carta 35/50€

via Garibaldi 9 – ☎ 0461 701670 – www.boivin.it – Chiuso 7 gennaio-12 febbraio, 3-19 novembre, lunedì, martedì-venerdì a mezzogiorno

LEVIZZANO RANGONE – Modena → Vedere a Castelvetro di Modena

LEZZENO

✉ 22025 – Como (CO) – Carta regionale n° **9**–A2 – Carta stradale Michelin 561-E9

🏠 **Filario Hotel** 🟢🔵🔽🔆🔲🖭 **P**

LUSSO · DESIGN La pietra grigia locale che riveste il prospetto riprende la tradizione architettonica del luogo e consente all'edificio d'integrarsi perfettamente nel contesto naturale in cui sorge. Al suo interno, elementi di design, cura dei dettagli ed un intimo ristorante con piatti dai moderni sapori italiani. E per finire in bellezza, un bagno di sole nell'attrezzata spiaggia.

12 camere ⌷ – 👫 250/900€ – 1 suite

Strada Statale 583, località Bagnana 96 – ☎ 031 914035 – www.filario.it – Chiuso 3 novembre-1 aprile

LICATA – Agrigento → Vedere Sicilia

LIDO DI CAMAIORE

✉ 55041 – Lucca (LU) – Carta regionale n° **18**–B1 – Carta stradale Michelin 563-K12

ⅼO **Ghigo** 🔁🛜🗚

MODERNA · STILE MEDITERRANEO XX "Il pesce con gli ingredienti dal mondo": è lo slogan di questo ottimo ristorante fusion di sole specialità ittiche.

Menu 45/75€ – Carta 45/75€

Hotel Giulia, lungomare Pistelli 77 – ☎ 0584 617518 – www.ghigoristorante.it – Chiuso 1 ottobre-1 maggio, lunedì-domenica a mezzogiorno

ⅼO **Il Merlo** 🛜🔆🗚 **P**

MEDITERRANEA · CONTESTO CONTEMPORANEO XX Nuova location per Il Merlo, direttamente sulla spiaggia con una sala accogliente e dall'eleganza contemporanea, i piatti prediligono il pesce, ma vi sono anche stuzzicanti ricette di carne.

Menu 45/60€ – Carta 58/85€

via S.Bernardini 660 – ☎ 0584 166 0839 – www.ilmerlocamaiore.it – Chiuso 7-23 gennaio, 2-17 novembre, martedì, mercoledì a mezzogiorno

LIDO DI JESOLO

✉ 30016 – Venezia (VE) – Carta regionale n° **23**–D2 – Carta stradale Michelin 562-F19

ⅼO **Cucina da Omar** 🛜🗚

PESCE E FRUTTI DI MARE · ACCOGLIENTE XX Affacciato sul passeggio della zona centrale, Omar è il ritrovo degli appassionati di pesce fresco che non amano elaborazioni eccessive, ma prediligono la fragranza dei sapori: qui trovano un porto di sicura qualità.

Menu 85€ – Carta 55/80€

via Dante 21 – ☎ 0421 93685 – www.ristorantedaomar.it – Chiuso 11 dicembre-11 gennaio, mercoledì

🏨 **Almar Jesolo Resort & Spa**

🕸 ⟨ 🛏 🛋 🖳 🕸 🕸 🏋 🍴 👇 🖐 🗚 🥪 🚗

PALACE · CONTEMPORANEO Grande, moderna struttura concepita per garantire ai propri privilegiati ospiti spazio e luce in ogni momento della giornata: lo stile minimal ed i colori tenui sono il contenitore ideale per un ventaglio di servizi davvero ampio, tra i quali un centro benessere con zona umida e ampia beauty. Nel bel mezzo della terrazza fa bella mostra una piscina lunga 70 metri!

178 camere ⌸ – 🛉🛉 160/460 € – 19 suites

via Dante Alighieri 106 – 𝒞 0421 388111 – www.almarjesolo.com –
Chiuso 3 novembre-19 marzo

LIDO DI LATINA – Latina → Vedere Latina

LIDO DI SPISONE – Messina → Vedere Sicilia (Taormina)

LIDO DI VENEZIA – Venezia → Vedere Venezia

LIGNANO SABBIADORO

✉ 33054 – Udine (UD) – Carta regionale n° **6**–C3 – Carta stradale Michelin 562-E21

🍴 **Bidin**   🕸 🏠 🗚 🅿

PESCE E FRUTTI DI MARE · CONTESTO TRADIZIONALE 🟫🟫 Solida gestione familiare da parte di due fratelli: la carta spazia dai piatti di pesce alla tradizione friulana, servita in una sala elegante o, in estate, nell'ambiente più informale sotto al piccolo porticato.

Carta 35/60 €

viale Europa 1 – 𝒞 043171988 – www.ristorantebidin.com –
Chiuso 25 dicembre-28 febbraio, mercoledì

🍴 **Rueda Gaucha**   🏠

MEDITERRANEA · RUSTICO 🟫 Il nome non tragga in inganno! Oltre all'ottima carne e al tipico asado argentino, qui si può trovare anche una squisita cucina di pesce con piatti della tradizione. L'ambiente è caratteristico, l'atmosfera piacevolmente informale.

Carta 38/66 €

viale Europa 18 – 𝒞 0431 70062 – Chiuso 10 dicembre-25 gennaio, mercoledì

🏨 **Italia Palace**   🕸 🔥 🛋 🕸 🏋 👇 👇 🗚 🥪 🅿

TRADIZIONALE · ELEGANTE Sembra ancora di sentire il fruscio delle crinoline o il profumo di cipria, in questo storico albergo della Belle Epoque ritornato al suo antico splendore. Lo charme non risparmia le camere: generose per dimensioni, eleganti negli arredi e nei toni azzurro/bianco. All'ultimo piano si cena nella Terrazza per una cucina classica con molto pesce.

62 camere ⌸ – 🛉🛉 160/280 € – 9 suites

viale Italia 7 – 𝒞 0431 71185 – www.hotelitaliapalace.it – Chiuso 8 ottobre-7 aprile

a Lignano Riviera Sud - Ovest : 7 km

🍴 **Al Cason**   🕸 ⟨ 🏠 🅿

PESCE E FRUTTI DI MARE · ROMANTICO 🟫🟫 Dove il fiume incontra il mare, splendidi tramonti godibili dalla bella terrazza per il servizio all'aperto, mentre gli interni mantengono le caratteristiche dell'antico ricovero per pescatori che fu. Le specialità della casa "omaggiano" il pescato del giorno.

Menu 40/80 € – Carta 40/80 €

corso dei Continenti 167 – 𝒞 0431 423029 – www.ristorantealcason.it –
Chiuso 1 ottobre-15 marzo

LIMITO – Milano → Vedere Pioltello

LIMONE PIEMONTE

✉ 12015 – Cuneo (CN) – Carta regionale n° **12**–B3 – Carta stradale Michelin 561-J4

⃝ Osteria Il Bagatto

MODERNA · STILE MONTANO XX Avvolti da un ambiente tipicamente montano, una cucina attenta ai dettagli, dove ottime materie prime vengono plasmate dalle abili mani dello chef. La carta propone piatti del territorio, ma non solo: ci sono, infatti, proposte di pesce ed altre d'ispirazione contemporanea.

Menu 25€ (pranzo), 43/48€ – Carta 40/66€

via XX Settembre 16 – ℰ 0171 927543 – www.osteriailbagatto.it – Chiuso 10-25 giugno, 2-20 novembre, mercoledì, giovedì a mezzogiorno

LINATE (AEROPORTO DI) – Milano ➜ Vedere Milano

LINGUAGLOSSA – Catania ➜ Vedere Sicilia

LIPARI – Messina ➜ Vedere Sicilia (Eolie Isole)

LIVIGNO

✉ 23030 – Sondrio (SO) – Carta regionale n° **9**-B1 – Carta stradale Michelin 561-C12

⃝ Camana Veglia

REGIONALE · RUSTICO XX Un ristorante che è anche un piccolo museo: i suoi interni, infatti, risalgono all'inizio del '900 e provengono da vecchie baite di Livigno. Davvero particolare è la "Stua Mata" nella quale cenare diventa una vera e propria esperienza polisensoriale. In menu, proposte del territorio, ma con spunti di moderna creatività.

Menu 48/75€ – Carta 45/78€

via Ostaria 583 – ℰ 0342 996310 – www.camanaveglia.com – Chiuso 1 maggio-30 giugno, 16 settembre-30 novembre, martedì

⃝ Al Persef

MODERNA · STILE MONTANO XX Una piccola saletta molto confortevole con ampie vetrate sull'esterno e pochi tavoli per assaggiare una cucina creativa e moderna, opera di un giovane chef di buone speranze. Grande attenzione alle materie prime della zona e bella carta dei vini.

Menu 50/70€ – Carta 45/76€

Sporting, via Saroch 1269 – ℰ 0342 996665 – www.ristorantealperseflivigno.com – Chiuso 26 aprile-12 giugno, 27 settembre-20 novembre, lunedì-domenica a mezzogiorno

⃝ Cuore di Cembro

MODERNA · CONTESTO TRADIZIONALE X Adiacente all'impianto del Caro-sello, attraversato il vivace SkyBar si entra nel cuore dell'hotel Alegra. Piacevole ed informale atmosfera montana con piatti rallegrati da tocchi di fantasia, ma non dimentichi del territorio.

Carta 35/60€

via Saroch 1274 – ℰ 0342 996134 – www.robylonga.it – Chiuso 10 maggio-20 giugno, 1 ottobre-30 novembre

⌂ Lac Salin Spa & Mountain Resort

LUSSO · ELEGANTE Hotel dal design minimalista, in armonia con l'atmosfera montana. Originali le feeling room: sette camere ispirate ai chakra (punti energe-tici del corpo, secondo la filosofia orientale) ed arredate in base ai principi del feng-shui. Ottimo confort anche nelle camere più classiche.

60 camere ☑ – ♟♟ 180/560€ – 5 suites

via Saroch 496/d – ℰ 0342 996166 – www.lungolivigno.com – Chiuso 20 aprile-15 giugno, 10 ottobre-30 novembre

🏠 Sporting

LUSSO · STILE MONTANO Struttura moderna e in stile alpino, ideale anche per famiglie con bimbi piccoli; area benessere completa di spa ed ampie camere curate nei dettagli.

18 camere ☑ – 👫 120/520 €

via Saroch 1272 – ☏ 0342 996665 – www.hotelsportinglivigno.com – Chiuso 26 aprile-12 giugno, 27 settembre-20 novembre

🍴 **Al Persef** – Vedere selezione ristoranti

🏠 Sonne

LUSSO · MINIMALISTA In centro, questa risorsa totalmente rinnovata è un fulgido esempio di armonia tra pietra e legno, linee tradizionali e spunti di design. Le camere si differenziano per tipologia e dimensioni; molte belle le tre suites mansardate con vista sulle piste da sci.

13 camere ☑ – 👫 140/600 € – 3 suites

via Plan 151/c – ☏ 0342996433 – www.hotelsonne.net – Chiuso 3 maggio-27 giugno, 4 ottobre-28 novembre

LIVORNO
✉ 57123 – Livorno (LI) – Carta regionale n° **18**-B2 – Carta stradale Michelin 563-L12

ad Ardenza Sud : 4 km per Grosseto

🍴 Oscar

PESCE E FRUTTI DI MARE · FAMILIARE 🍴 Fuori dalle rotte turistiche - in una graziosa zona residenziale - il ristorante è la meta prediletta dei livornesi che desiderano mangiare pesce fresco: scegliere dal ricco buffet è un vero piacere vista la varietà delle proposte. Come del resto, accomodarsi nella graziosa veranda estiva.

Menu 45/80 € – Carta 38/85 €

via Franchini 78 – ☏ 0586 501258 – www.ristoranteoscar.it – Chiuso 1-8 settembre, 27 dicembre-20 gennaio, lunedì

LIZZANO
✉ 74020 – Taranto (TA) – Carta regionale n° **15**-C3 – Carta stradale Michelin 564-F34

🏠 Masseria Bagnara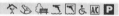

DIMORA STORICA · ELEGANTE Masseria di origini settecentesche a meno di un chilometro dal mare, tufo e ceramiche ispirano l'elegante sobrietà degli interni, affascinante tributo alle tradizioni locali. Se la piscina panoramica sulla campagna è il fiore all'occhiello, non perdetevi la visita della suggestiva cantina nell'antica "pagliara": presto svelato il motivo per cui vale la pena di testare anche il ristorante, ovvero, la sua carta dei vini che annovera circa 900 etichette!

15 camere ☑ – 👫 140/300 € – 4 suites

strada provinciale 125, Sud: 6 km – ☏ 099 955 8337 – www.masseriabagnara.it

LOANO
✉ 17025 – Savona (SV) – Carta regionale n° **8**-B2 – Carta stradale Michelin 561-J6

🦜 Bagatto

LIGURE · RUSTICO 🍴 Nascosta in un carruggio del centro, simpatica trattoria dal particolare soffitto con mattoni a vista: un ottimo indirizzo per gli amanti della cucina ligure e di mare. Semifreddo al chinotto tra le specialità dolci della casa.

Specialità: Brandacujun. Buridda di stoccafisso. Stroscia con gelato alle olive taggiasche.

Carta 25/40 €

via Ricciardi 24 – ☏ 019 675844 – Chiuso 22 novembre-20 dicembre, martedì sera, mercoledì

LONATO
✉ 25017 – Brescia (BS) – Carta regionale n° **9**-D1 – Carta stradale Michelin 561-F13

a Barcuzzi Nord: 3 km

🍴 Da Oscar ⟨ 🎐 ⟨ AC P

MEDITERRANEA · FAMILIARE XX Specialità ittiche (anche di acqua dolce) e ricette di terra, nonché un'interessante proposta di pizze lievitate - solo la sera e su prenotazione - in un raffinato locale ubicato sulle colline che guardano il lago di Garda; servizio estivo in terrazza.

Menu 50 € - Carta 45/70 €

via Barcuzzi 16 - ℰ 030 913 0409 - www.daoscar.it - Chiuso 12 gennaio-12 febbraio, lunedì, martedì-giovedì a mezzogiorno

LONGARE

✉ 36023 - Vicenza (VI) - Carta regionale n° **22**-B2 - Carta stradale Michelin 562-F16

🍴 Agri-Ristorante Le Vescovane ⟨⟩ ⟨ 🎐 🎐 ♻ P

REGIONALE · RUSTICO XX Spariti i cavalli, le ex stalle della casa-fortezza cinquecentesca ospitano oggi una cucina imperniata su ottimi prodotti, talvolta di nicchia - sia dell'azienda agrituristica che del territorio veneto - in piatti estrosi ed elaborati.

Menu 35/60 € - Carta 36/80 €

Agriturismo Le Vescovane, via San Rocco 19/2 - ℰ 0444 273570 - www.levescovane.com - Chiuso lunedì, martedì, mercoledì-venerdì a mezzogiorno

LONGIANO

✉ 47020 - Forlì-Cesena (FC) - Carta regionale n° **5**-D2 - Carta stradale Michelin 562-J18

🏵 Dei Cantoni 🎐 AC

REGIONALE · FAMILIARE X All'ombra del castello malatestiano, due sale con mattoni a vista che ricordano il bel ciottolato del centro ed un piacevole servizio estivo in veranda. Sabina preparerà per voi gustose specialità regionali; assolutamente, da provare i tortelli ripieni di rosole con porcini e polvere di fiore di zucca, il coniglio al tegame timo e limone candito e, per chiudere in dolcezza, il cremoso di mascarpone.

Specialità: Tortelli ripieni di rosole con porcini e polvere di fiore di zucca. Coniglio al tegame timo e limone candito. Cremoso di mascarpone.

Menu 15 € (pranzo), 25/35 € - Carta 15/35 €

via Santa Maria 19 - ℰ 0547 665899 - www.ristorantedeicantoni.it - Chiuso 20 febbraio-10 marzo, mercoledì

🍴 Terre Alte 🎐 AC P

PESCE E FRUTTI DI MARE · ELEGANTE XX Un ristorante dai toni eleganti per trovare il pescato del giorno accuratamente selezionato dal titolare stesso ed una cucina semplice che ne valorizza la qualità. Dalla terrazza lo sguardo abbraccia la Romagna.

Menu 60/100 € - Carta 60/100 €

via Olmadella 11, località Balignano - ℰ 0547 666138 - www.ristoranteterrealte.com - Chiuso 13-23 gennaio, 11-21 maggio, 24 agosto-3 settembre, lunedì, martedì a mezzogiorno

LONIGO

✉ 36045 - Vicenza (VI) - Carta regionale n° **23**-B3 - Carta stradale Michelin 562-F16

🏵🏵 La Peca (Nicola Portinari) 🎐🎐 ⟨ AC ♻ P

CREATIVA · ELEGANTE XXX Ambienti di caldo design contemporaneo, ricercato anche nelle decorazioni dei tavoli o nelle comode poltroncine che portano la firma di Philippe Starck, per un locale che ha tutto per piacere, non fosse altro che al piano terra c'è un elegante salotto dedicato ai fumatori, dove poter sorseggiare grandi distillati accompagnati da una selezione dei migliori sigari provenienti da tutto il mondo. Creativa, ma senza strafare, regionale, ma senza proibirsi esperienze diverse, la Peca (in dialetto vicentino, "traccia" o "impronta") è una straordinaria tappa gastronomica che imprime un segno sulla definizione di alta cucina. Nicola Portinari propone una linea molto personale, in cui di volta in volta cita il Veneto o soggiace ad influenze internazionali, soprattutto nelle tecniche di cottura. Una sosta che diventa esperienza a tutto tondo rafforzata anche da una grande offerta enoica. Senza tralasciare la spettacolare vista sui colli.

Specialità: Gambero rosso e faraona shabu-shabu con cuori di radicchietto marinati. Gallinella in impepata allo zafferano e crunch di verdure. Fragole, meringa, yogurt, lime.

Menu 45 € (pranzo), 95/200 € – Carta 93/150 €

via Alberto Giovanelli 2 –
℘ 0444 830214 – www.lapeca.it –
Chiuso 27 gennaio-4 febbraio, 22 giugno-8 luglio, 10-18 agosto, lunedì, domenica

🍴○ **Osteria del Guà**

MODERNA · ROMANTICO XX Guà era il nome dialettale con cui veniva chiamato il fiume Novo, che lambisce la proprietà; sotto ai portici della barchessa ci si accomoda nella bella stagione, cullati dalla tranquillità del parco, mentre nella intima e romantica sala interna si respira la stessa classe di tutta la struttura. Se la sera si servono piatti che ingentiliscono e aggiornano i sapori del territorio, a pranzo, aspettatevi una carta più semplice. Atmosfera country-chic.

Menu 35/60 € – Carta 32/76 €

Hotel La Barchessa di Villa Pisani, via Risaie 1/3, località Bagnolo –
℘ 0444 831207 – www.labarchessadivillapisani.it –
Chiuso 7 gennaio-17 marzo, lunedì, martedì-sabato a mezzogiorno,
domenica sera

🏠🏠🏠 **La Barchessa di Villa Pisani**

DIMORA STORICA · ROMANTICO Splendida dimora disegnata all'interno della barchessa di una delle ville palladiane, Patrimonio Mondiale dell'Unesco, Villa Pisani dispone di tappeti, quadri, poltrone... insomma, ambienti lussuosi e molto accoglienti. Le camere mostrano la stessa cura, ma - al tempo stesso - sono tutte diverse, confortevoli e calde. Una romantica dimora che vi suggeriamo senza indugio: nel piccolo appartamentino, il tempo sembra – addirittura – essersi fermato!

17 camere ⌑ – †† 180/480 € – 1 suite

via Risaie 1/3, località Bagnolo –
℘ 0444 831207 – www.labarchessadivillapisani.it –
Chiuso 6 gennaio-16 marzo

🍴○ **Osteria del Guà** – Vedere selezione ristoranti

LORETO

✉ 60025 – Ancona (AN) – Carta regionale n° **11**–D2 – Carta stradale Michelin 563-L22

❀ **Andreina** (Errico Recanati)

REGIONALE · ELEGANTE XxX Andreina non c'è più, ma è dolce ricordarla quando nell'immediato dopoguerra aprì qui un negozio che vendeva di tutto. Il passaggio alla ristorazione fu lento e quasi involontario: furono i cacciatori a portarle il bottino delle proprie battute perché lei li cuocesse; un po' alla volta vi aggiunse le paste e i ragù e da lì ad una ristorazione ufficiale il passo fu breve. La figlia non andò mai ai fornelli - a tutt'oggi si occupa della sala - mentre al nipote Errico fu sempre chiaro che la propria passione sarebbe stata la cucina. Da allora non ha mai tradito la strada della nonna, anzi, l'ha ampliata, studiando la meccanica della cottura alla griglia e alla brace che ancor oggi danno il benvenuto ai clienti all'ingresso del ristorante. Piatti marchigiani creativi o meglio cucina "neorurale" – come ama definirla lo chef stesso - serviti tra arredi raffinati in una ex casa colonica con caminetto e giardino. Bella saletta per la degustazione di sigari e distillati.

Specialità: Scampo, yogurt, frutto della passione e bottarga di carne. Gli spaghetti cotti alla brace cacio e 7 pepi. A mio nonno (reinterpretazione della zuppa inglese tradizionale).

Menu 75/110 € – Carta 60/120 €

via Buffolareccia 14 –
℘ 071970124 – www.ristoranteandreina.it –
Chiuso 17 febbraio-4 marzo, martedì, mercoledì a mezzogiorno

LORETO APRUTINO
✉ 65014 – Pescara (PE) – Carta regionale n° **1**–B1 – Carta stradale Michelin 563-O23

ᴛᴏ **L'antico Torchio** ⇦ ⇜ 🆎 🅿

REGIONALE · **LUSSO** 𝕏𝕏𝕏 Nelle affascinati sale del castello, dove il grande torchio fa bella mostra di sé al centro del locale, eleganza a tutto tondo e nei piatti creatività e territorio.

Carta 45/85€

Hotel Castello Chiola, via degli Aquino 12 – ℰ 085 829 0690 –
www.castellochiola.com – Chiuso lunedì

LORO CIUFFENNA
✉ 52024 – Arezzo (AR) – Carta regionale n° **18**–C2 – Carta stradale Michelin 563-L16

ᴛᴏ **Il Cipresso-da Cioni** 🆎 🅿

REGIONALE · **COLORATO** 𝕏 Quadri di arte contemporanea realizzati dal titolare-pittore rallegrano la sala, mentre le migliori specialità del territorio - salumi, pane, paste e le celebri carni toscane - e l'ottimo gelato fatto in casa deliziano gli avventori, che potranno prolungare il piacere dei sapori gustati portandosi a casa prodotti locali acquistabili nella piccola enoteca.

Menu 25/45€ – Carta 30/50€

via Alcide De Gasperi 28 – ℰ 055 917 1127 – Chiuso mercoledì, sabato a
mezzogiorno, domenica sera

LUCARELLI – Siena → Vedere Radda in Chianti

LUCCA

✉ 55100 – Lucca (LU) – Carta regionale n° **18**–B1 –
Carta stradale Michelin 563-K13

Ci piace

Soggiornare in quella che nell'Ottocento fu una dimora di
caccia: **Villa Marta**! La **Buca di Sant'Antonio** con la sua
caratteristica sala dei "rami" dal cui soffitto pendono paioli
di fogge varie. L' autenticità dell'**Osteria Verciani "il
Mecenate a Lucca"**, all'interno di una storica tintoria.

Nel cuore della città, a due passi da piazza Anfiteatro, Caffè
di Simo ha conservato gran parte dell'arredo originale.
Negli anni tra la fine dell'Ottocento e l'inizio del Novecento
ha dato vita ad un vero 'concerto di amicizie'; fu il caffè in
cui echeggiò l'entusiasmo del risorgimento e accolse poeti
letterati ed artisti. Alla Pasticceria Taddeucci si viaggia nel
tempo, grazie al lavoro degli antenati che hanno
tramandato sino ad oggi le antiche ricette e il sapere della
tradizione lucchese dolciaria. Tra i must: trecce e pan
Puccini.

G. Lenz/imageBROKER/age fotostock

Ristoranti

⌘ Giglio (Terigi, Rullo e Stefanini) 🍴 AC

MODERNA · ELEGANTE ✗✗ In un bel palazzo settecentesco, il Giglio esiste dal 1979, ma la gestione affidata a tre giovani ragazzi risale a pochi anni or sono. E' – infatti – una storia di squadra – quella dei tre amici cuochi riuniti nel rilancio del locale. «Il bello di lavorare in tre – raccontano in coro Terigi, Rullo e Stefanini – è avere più tempo da dedicare a noi stessi e ad altre attività così quando torni in cucina sei più carico ed il mestiere diventa più piacevole e meno totalizzante». Aggettivo che spesso caratterizza e scandisce il giornaliero di molti chef. «Per noi è importante vivere; essere amici rende - di fatto - l'organizzazione molto più semplice perché ci sostituiamo a vicenda senza perdere il focus. Ovvero: una cucina italiana comprensibile, super fruibile e per tutti». Congratulazioni, quindi, a questo terzetto che ha ulteriormente vivacizzato la scena gastronomica della città.

Specialità: Tartare di manzo, pomodoro verde fritto, capperi e limone. Minestra di triglie, miso e shiso. Paris brest alle nocciole.

Menu 45/90 € – Carta 38/63 €

Pianta B2-c – *piazza del Giglio 2 – ℰ 0583 494058 – www.ristorantegiglio.com – Chiuso 28 gennaio-12 febbraio, 5-13 novembre, martedì, mercoledì a mezzogiorno*

⍥○ Buca di Sant'Antonio ⌘ 🍴 AC 🔄

TOSCANA · CONTESTO TRADIZIONALE ✗✗✗ Al piano terra, si trova quella che in origine era la stalla per il cambio dei cavalli, mentre la "buca" è la sala al piano inferiore. Una grande varietà di oggetti appesi alle pareti o pendenti dal soffitto tipicizzano l'ambiente; il menu è invece vivacizzato da piatti regionali eseguiti secondo antiche ricette. Qui si fa "cucina" da quasi 300 anni!

Menu 23 € (pranzo), 32/45 € – Carta 33/46 €

Pianta B2-a – *via della Cervia 1/5 – ℰ 0583 55881 – www.bucadisantantonio.com – Chiuso 12-27 gennaio, lunedì, domenica sera*

⍥○ L'Imbuto Ⓝ 🍴 AC

CREATIVA · CONTESTO CONTEMPORANEO ✗✗ Uno dei cuochi più discussi e controversi per l'estro creativo dei suoi piatti e gli originali accostamenti, Tomei trova casa nelle antiche scuderie del seicentesco palazzo-museo Pfanner. Si sceglie il numero delle portate, si dichiarano eventuali allergie e poi si è nelle mani del cuoco, che in tutta libertà sfornerà i suoi sorprendenti piatti.

Menu 70/110 €

Pianta B1-a – *piazza del Collegio 8 – ℰ 331 930 8931 – www.limbuto.it – Chiuso lunedì*

⍥○ All'Olivo ⌘ 🍴 AC 🔄

REGIONALE · AMBIENTE CLASSICO ✗✗ In una delle caratteristiche piazze del centro storico, quattro sale elegantemente arredate, di cui una adibita ai fumatori, dove gustare una squisita cucina del territorio di terra e di mare. Piacevole servizio estivo all'aperto.

Menu 40/60 € – Carta 40/101 €

Pianta B2-p – *piazza San Quirico 1 – ℰ 0583 493129 – www.ristoranteolivo.it*

⍥○ Osteria Verciani "il Mecenate a Lucca" 🍴

TOSCANA · FAMILIARE ✗ Nei locali di una storica tintoria lucchese, qui respirerete l'atmosfera di un'autentica, conviviale trattoria; dal menu una straordinaria carrellata delle eccellenze gastronomiche locali quali i tordelli lucchesi o la tagliata alle erbe aromatiche. Scenografico servizio estivo di fronte alla chiesa di San Francesco e buona scelta enoica a completare l'offerta.

Carta 25/52 €

Pianta C1-v – *via del Fosso 94 – ℰ 0583 511861 – www.ristorantemecenate.it – Chiuso 5-26 novembre*

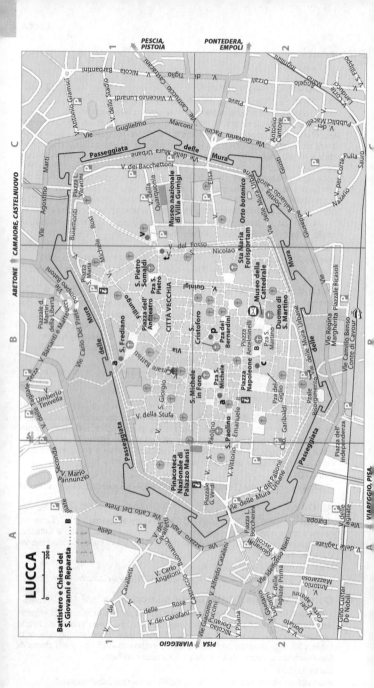

LUCCA

0   200 m

Battistero e Chiesa dei
S. Giovanni e Reparata .... B

PESCIA,
PISTOIA

PONTEDERA,
EMPOLI

V. di Tiglio
V. Vincenzo Lunardi
V. Castruccio Castracani
V. Nicola Barbantini

Vle Giovanni Pacini
Plave

Vle Guglielmo Marconi
V. dello Stadio
V. Antonio Gramsci

Vle delle Mura Urbane
Passeggiata delle **Mura**
V. dei Bacchettoni

Vle Agostino Marti

Buiamonti

Plazza d. Martiri della Libertà
Plazzale d. Martiri della Libertà

V. della Quarquonia
Museo nazionale
di Villa Guinigi

Elisa

Orto botanico

Vle Carlo Del Prete
V. Barsanti e Matteucci
Vle Pompeo Baroni

Plazza S. Maria

V. Michele Rosi

S. Pietro Somaldi
Pza S. Pietro

V. del Fosso

Nicolao

Sta Maria
Forisportam

Museo della
Cattedrale

V. Guinigi

Sortite
Baluardo Carlo Ludovico

Giuseppe Gedese

V. per Corte Pulia
V. Nazario Sauro

CITTÀ VECCHIA

S. Frediano

Plazza dell' Anfiteatro

S. Cristoforo

Pza dei Bernardini

Duomo di
S. Martino
Pza S. Martino

Vle Regina Margherita
Pzzale Ricasoli

V. delle Tagliate Terza
V. Umberto Tinivella

Via Cesare Battisti

S. Michele in Foro

Pza S. Michele

Pza Napoleone Antelminelli

Vle delle Mura Urbane

Vle Camillo Benso Conte di Cavour

V. San Giorgio

V. della Stufa

S. Paolino

Cso. Garibaldi
Pza del Giglio

B
C

Passeggiata

Pinacoteca Nazionale di Palazzo Mansi

V. Paolino

S. Vittorio
Cso. Emanuele

Pzale Risorgimento

Plazza dell'
Independenza

V. Mario Pannunzio
V. Seconda

Plazzale G. Verdi

Vle delle Mura Urbane

V. dei Pallone

Passeggiata

Vle delle Tagliate

Europa

Plazza L. Boccherini

Vle Giovanni Pascoli

Vle Lazzaro Papi
V. Cavallerizza

V. delle
V. delle Tagliate

V. Gaetano Luporini
V. delle Tagliate Prima
V. Antonio Mazzarosa
Corte Campani

V. Gino Custer De Nobili

Vle delle Tagliate

V. Giacomo Puccini
V. Nicolao Dorati
V. Alfredo Catalani
Vle Ildefonso Nieri

Nicolao Cavalletti
V. Bottaniucci
V. Carlo Angeloni
V. delle Rose
V. dei Garofani

V. Donato

V. S. Donato

PISA VIAREGGIO

VIAREGGIO, PISA

ABETONE, CAMAIORE, CASTELNUOVO

a **Marlia** Nord: 6 km per Camaiore B1 – Carta regionale n° **18**-B1

⬡ **Butterfly** (Fabrizio Girasoli)   🛜 🏠 AC P

MODERNA · **CASA DI CAMPAGNA** XxX Fra le colline della Lucchesia, l'ottocentesco casolare è lo scrigno gourmet di Fabrizio Girasoli e Mariella Palatresi, coppia nella vita e sul lavoro, a cui oggi si affianca il figlio Andrea: giovanissimo, ma già ben determinato a calcare le orme dei genitori. La gestione è squisitamente familiare; Mariella segue la sala, padre e figlio si occupano della cucina. Si viene qua per gustare specialità sia di carne sia di pesce in presentazioni ricercate, ora anche nel delizioso giardino d'inverno fruibile in qualsiasi stagione dell'anno.

Specialità: L'astice al vapore in emulsione di pomodoro e fragola con sfera di stracciatella di bufala e caviale di aringa. Il piccione del Valdarno, il suo petto cotto in carcassa sulle braci vive e composta di mela, more e cipolla,. "Il pozzo dei desideri".

Menu 50€ (pranzo), 90/100€ – Carta 50/100€

Fuori pianta – strada statale 12 dell'Abetone – ✆ 0583 307573 – www.ristorantebutterfly.it – Chiuso 15 febbraio-10 marzo, lunedì-martedì a mezzogiorno, mercoledì, giovedì-sabato a mezzogiorno

a **Ponte a Moriano** Nord : 9 km per Camaiore B1 – Carta regionale n° **18**-B1

⬡ **Antica Locanda di Sesto**   AC P

TOSCANA · **CONTESTO REGIONALE** X Simpatica, calorosa e - ormai - ultracentenaria gestione familiare per questa storica locanda di origini medievali, che ha saputo conservare autenticità e genuinità: oggi riproposte in gustose ricette regionali. Un esempio? Pappa al pomodoro - trippa in casseruola - frutta caramellata al forno.

Specialità: Lardo di cinta senese con pane caldo. Rovelline lucchesi. Macedonia di frutta al forno caramellata.

Carta 23/55€

Fuori pianta – via Ludovica 1660, a Sesto di Moriano – ✆ 0583 578181 – www.anticalocandadisesto.it – Chiuso 23 dicembre-2 gennaio, sabato

sulla strada statale 435 per Pescia C1

⬡ **I Diavoletti**   🏠 AC P

TOSCANA · **FAMILIARE** X In questa ex casa del popolo (dove si riunivano i "diavoletti" rossi), sorelle al lavoro in difesa dei prodotti della lucchesia: in sale allegre e variopinte, qui sarete introdotti alle specialità del territorio: ottimi i salumi, grande uso di legumi, da assaggiare - ad esempio - la mousse di ricotta con frutti di bosco su cialda di fagioli rossi locali.

Specialità: Zuppa di Slow Beans. Tordelli lucchesi al ragù di carne. Stracotto di Chianina all'Olio d'oliva.

Carta 23/40€

Fuori pianta – via stradone di Camigliano 302 – ✆ 0583 920323 – www.ristorantepizzeriaidiavoletti.it – Chiuso lunedì-martedì a mezzogiorno, mercoledì, giovedì-sabato a mezzogiorno

⊓○ **Serendepico**   ⬅ 🏠 AC ♻ P

FUSION · **MINIMALISTA** X Lo chef giapponese si diverte a reinterpretare i sapori dello Stivale, in maggior modo quelli delle regioni dove lui stesso si è fatto le ossa (Marche, Piemonte, Toscana), ma lo fa con una delicatezza tutta nipponica, in punta di piedi o meglio di forchetta! Cucina della tradizione, quindi, che porge il destro ad abbinamenti insoliti ed intriganti.

Menu 55/100€ – Carta 34/58€

Fuori pianta – Hotel Relais del Lago, via della Chiesa di Gragnano 36 – ✆ 0583 975026 – www.serendepico.com – Chiuso 7 gennaio-5 febbraio, lunedì a mezzogiorno, martedì, mercoledì-sabato a mezzogiorno

sulla strada statale 12 r per viale Europa A2

🍴○ **La Cecca**   🏠 🅰🅲 ⇦ 🅿

TOSCANA · CASA DI CAMPAGNA ⅹ Alle pendici della collina di Coselli, il locale ricorda nell'insegna il nome della fondatrice che negli anni '40 aprì qui un negozio di alimentari. A distanza di qualche generazione, la trattoria si infittisce ancora di buongustai alla ricerca di un ambiente accogliente e familiare, ma soprattutto dei piatti più famosi della regione.

Carta 22/50 €

Fuori pianta – *località Coselli –*
☎ 0583 94284 – www.lacecca.it –
Chiuso 2-10 gennaio, 16-19 agosto, lunedì, mercoledì sera

🏠 **Villa Marta**   ✿ 🐾 ⇐ 🛏 🍸 ⅋ 🅰🅲 🅿

LOCANDA · STORICO Magnolie, pini e camelie in un melting pot verdeggiante che abbraccia questa ottocentesca dimora di caccia, mutuante il proprio nome dall'ultima proprietaria che qui vi abitò: la signora Marta. Camere dal sapore antico, con pavimenti originali, alcune affrescate, per un soggiorno all'insegna del relax e del romanticismo. Buona cucina al Botton d'Oro.

18 camere 🖃 – 👫 100/300 €

Fuori pianta – *via del Ponte Guasperini 873, località San Lorenzo a Vaccoli –*
☎ 0583 370101 – www.albergovillamarta.it –
Chiuso 30 novembre-29 febbraio

LUCIGLIANO – Firenze ➜ Vedere Scarperia

LUCIGNANO – Siena ➜ Vedere San Gimignano

LUGHETTO – Venezia ➜ Vedere Campagna Lupia

LUINO
✉ 21016 – Varese (VA) – Carta regionale n° **9**–A2 – Carta stradale Michelin 561-E8

a Colmegna Nord : 2, 5 km

🏠 **Camin Hotel Colmegna**   ✿ ⇐ 🛏 🎋 🛋 🏋 🅿

RESORT · BORDO LAGO Circondata da un ameno parco in riva al lago, in splendida posizione panoramica, questa villa d'epoca dispone di camere confortevoli per un soggiorno piacevole e rilassante: le nuove stanze mansardate offrono un respiro ampio e romantico.

31 camere 🖃 – 👫 185/275 € – 5 suites

via Palazzi 1 – ☎ 0332 510855 – www.caminhotel.com –
Chiuso 9 dicembre-28 marzo

LUSIA
✉ 45020 – Rovigo (RO) – Carta regionale n° **23**–B3 – Carta stradale Michelin 562-G16

in prossimità strada statale 499 Sud : 3 km

🍴○ **Trattoria al Ponte**   🏠 🅰🅲 ⇦ 🅿

REGIONALE · FAMILIARE ⅹ Fragranze di terra e di fiume si intersecano ai sapori di una volta e alla fantasia dello chef per realizzare instancabili piatti della tradizione, come il mitico risotto (in base alla stagione!) o il petto di faraona alla senape. Un'oasi nel verde, al limitare di un ponte, con laghetto illuminato.

Menu 20 € (pranzo), 30/50 € – Carta 25/45 €

via Bertolda 27, località Bornio – ☎ 0425 669890 – www.trattorialponte.it –
Chiuso lunedì

LUSIANA CONCO

✉ 36046 – Vicenza (VI) – Carta regionale n° **23**–B2 – Carta stradale Michelin 562-E16

a Rubbio Est: 6 km

🍴○ **Milleluci** ❶   ⇐ 🏠 **P**

REGIONALE · **CONVIVIALE** ✗ Sala semplice e curata con ampie vetrate per una vista che abbraccia la piana di Vicenza e montagne del circondario; piatti della tradizione regionale elaborati partendo dalla stagionalità dei prodotti.

Menu 35/55 € – Carta 45/60 €

Contrà Rossi 15 – 𝒞 333 262 1925 – www.elvispilati.it – Chiuso lunedì, martedì

MADESIMO

✉ 23024 – Sondrio (SO) – Carta regionale n° **9**–B1 – Carta stradale Michelin 561-C10

✿ **Il Cantinone e Sport Hotel Alpina** (Stefano Masanti)

🐾 ⇔ ♿ **P**

MODERNA · **STILE MONTANO** ✗✗ Calda atmosfera nelle sale di elegante stile montano, ambiance riproposta poi nelle accoglienti camere, per una cucina che celebra il territorio in saporiti piatti di selvaggina o in specialità ittiche d'acqua dolce. Attenzione! Solo menu degustazione da 5 o 7 portate più una serie di stuzzichini e post dessert: l'esperienza gastronomica prevede una durata di circa 2/3 ore. Alternativa più veloce e semplice al bistrot con un menu à la carte che varia quasi giornalmente in base alle disponibilità del mercato.

Specialità: Rognoni di coniglio, gamberi di fiume con loro ristretto ed erbe alpine. Il maialino nero delle alpi croccante con topinambur e nespole fermentate. Sciroppo di acacia della Valchiavenna, fiori selvatici in conserva, gelato al miele di tarassaco.

Menu 70/120 €

via A. De Giacomi 39 – 𝒞 0343 56120 – www.ristorantecantinone.com –
Chiuso 19 aprile-1 dicembre, lunedì-domenica a mezzogiorno

MADONNA DI CAMPIGLIO

✉ 38086 – Trento (TN) – Carta regionale n° **19**–B2 –
Carta stradale Michelin 562-D14

Ci piace

L'eleganza calda e signorile dello **Chalet del Sogno** con il
suo angolo gourmet **Due Pini**. Il lussuoso design montano
del **DV Chalet**. I piatti rigorosamente territoriali del
ristorante **Da Alfiero**.

Legno e granito all'esterno non sfuggono allo stile alpino,
ma all'interno è la deep house music a fare da colonna
sonora all'aperitivo più "in" di Madonna di Campiglio: siamo
al Piano54, il salotto buono delle Dolomiti! Prelibatezze
locali come la mortadella, la carne salada, le luganeghe
stagionate di selvaggina ed altro ancora in una storica
bottega del centro: Sfiziosità da Marcello.

kabVisio/iStock

Ristoranti

❀ Il Gallo Cedrone   🕸 ঠ

CREATIVA · **ELEGANTE** XXX In un edificio montano da diversi lustri nelle mani della stessa famiglia, l'hotel Bertelli accoglie fra le sue mura una gemma gastronomica: Il Gallo Cedrone. È qui che si è sempre celebrata la montagna, dalle cotture al fumo di fieno ai salumi e formaggi trentini. Il lago e i pesci d'acqua dolce non sono lontani, come la selvaggina. Ma ora un giovane e talentuoso nuovo chef, Sabino Fortunato, apre la porta della cucina anche a prodotti esteri; il menu cambia con regolarità.

Specialità: Antipasto di benvenuto al Gallo Cedrone. Filetto di manzo "val Rendena", spinacini, salsa di spugnole e tartufo nero di Norcia. Infinity Chocolate.

Menu 95/195 € – Carta 65/126 €

Hotel Bertelli, via Cima Tosa 80 – ☏ 0465 441013 – www.ilgallocedrone.it –
Chiuso 29 marzo-10 luglio, 30 agosto-3 dicembre, lunedì, martedì-domenica a mezzogiorno

❀ Stube Hermitage   🛏ঠ 🅿

CREATIVA · **STUBE** XX Il nome è eloquente: si cena all'interno di una romantica ed antica stube d'inizio Novecento, un inno ai piaceri alpini, dove la cucina porta a rimarchevoli vette creative prodotti ed ingredienti per la maggior parte montani e trentini. Più di 300 sono - invece - le etichette selezionate, tra cui alcuni vini biologici e biodinamici locali, che riposano nell'originale cantina scavata nella roccia. Meta perfetta, dunque, di chi vuole portare la montagna in tavola - tempo permettendo - godetevi la magia della bella terrazza al cospetto delle Dolomiti: sospesi tra terra e cielo...

Specialità: L'astice e il foie gras d'oca in degustazione e contrasti. Tortellini a modo nostro, mortandela (salume) della Val di Non, consommè di cappone al profumo di mele. Mela verde, levistico e sambuco.

Menu 80/100 € – Carta 100/120 €

Bio-Hotel Hermitage, via Castelletto Inferiore 69 – ☏ 0465 441558 –
www.stubehermitage.it – Chiuso 7 aprile-28 giugno, 8 settembre-4 dicembre, lunedì, martedì-domenica a mezzogiorno

❀ Dolomieu   ঠ 🅿

MODERNA · **STUBE** XX Circondata dal Parco naturale dell'Adamello, che comprende le dolomiti del Brenta, un ghiacciaio, laghi e sentieri, Madonna di Campiglio è un gioiellino naturalistico che riserva anche sorprese gourmet. All'interno del prestigioso boutique hotel DV Chalet, Dolomieu è un ristorante gastronomico con una cucina moderna e creativa, ora nelle mani di un nuovo chef: prevedibile che la metà del menu sia dedicata alla carne, molto meno che l'altra metà sia invece dedicata al pesce. Sulle vette della località, pochi tavoli (solo 6): si consiglia di prenotare!

Specialità: Consistenza di carciofo, infuso di porcini, maionese di alghe e crema di latte. Controfiletto di cervo glassato, cagliata alla camomilla, corniole ed erbe amare. Cioccolato, caramello, limone del Garda e ghiacciata di basilico.

Menu 70/95 € – Carta 71/100 €

Hotel DV Chalet, via Castelletto Inferiore 10 – ☏ 0465 443191 – www.dvchalet.it –
Chiuso 6 aprile-9 luglio, 7 settembre-3 dicembre, lunedì a mezzogiorno, martedì, mercoledì-domenica a mezzogiorno

ⅰ⍥ Il Convivio   ⇦ঠ

MODERNA · **STUBE** XX Calda atmosfera nella stube, dove la sera gustare piatti ricchi di originalità; a pranzo, invece, nel lounge, vi attende una cucina dalla matrice spiccatamente italiana.

Carta 30/95 €

Alpen Suite Hotel, viale Dolomiti di Brenta 84 – ☏ 0465 440100 –
www.alpensuitehotel.it – Chiuso 19 aprile-26 giugno, 13 settembre-28 novembre

⫯◯ Da Alfiero

REGIONALE · CONTESTO TRADIZIONALE ХХ Colori, decorazioni e travi a vista: Alfiero è un locale d'impostazione classica sia nel servizio sia nella cucina, che cita nel piatto tanto il territorio quanto i sapori d'Italia.

Carta 40/80€

via Vallesinella 5 – ℰ 0465 440117 – www.hotellorenzetti.it –
Chiuso 1 aprile-30 giugno, 1 settembre-30 novembre

⫯◯ Due Pini

REGIONALE · RUSTICO ХХ Cucina legata al territorio, ma allo tempo stesso reinterpretata in chiave estrosa e moderna, per questo ristorante forte della sua tipicità alpina, sebbene sia stato rinnovato in anni recenti.

Carta 43/60€

Hotel Chalet del Sogno, via Spinale 37/bis –
ℰ 0465 441033 – www.ristoranteduepini.com – Chiuso 14 aprile-29 maggio,
5 ottobre-27 novembre

Alberghi

🏠 Bio-Hotel Hermitage

LUSSO · BUCOLICO Immerso in un parco con le cime del Brenta come sfondo, la natura si trasferisce all'interno: costruito secondo i criteri della bioarchitettura, la tranquillità e l'eleganza sono di casa.

25 camere ☲ – ♥♥ 240/400€ – 3 suites

via Castelletto Inferiore 69 – ℰ 0465 441558 – www.biohotelhermitage.it –
Chiuso 7 aprile-28 giugno, 8 settembre-4 dicembre

❀ **Stube Hermitage** – Vedere selezione ristoranti

🏠 Cristal Palace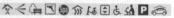

LUSSO · ELEGANTE Nella parte alta della località, l'alternanza di legno e marmo conferisce un côté modernamente raffinato a questo hotel di recente apertura, che dispone di camere molto confortevoli, nonché di un attrezzato centro benessere per momenti di piacevole relax.

61 camere ☲ – ♥♥ 80/680€ – 1 suite

via Cima Tosa 104/a – ℰ 0465 446020 – www.campigliocristalpalace.com –
Chiuso 15 aprile-14 giugno, 28 settembre-6 dicembre

🏠 Bertelli

TRADIZIONALE · STILE MONTANO Apprezzabile la serietà della gestione e l'ampiezza degli spazi (mansarde comprese), in questo edificio montano da diversi lustri nelle mani della stessa famiglia. All'interno: ambienti in stile, con qualche arredo anni '70.

44 camere ☲ – ♥♥ 80/388€ – 5 suites

via Cima Tosa 80 – ℰ 0465 441013 – www.hotelbertelli.it – Chiuso 15 aprile-26 giugno,
13 settembre-3 dicembre

❀ **Il Gallo Cedrone** – Vedere selezione ristoranti

🏠 Chalet del Sogno

LUSSO · ACCOGLIENTE Il sogno diventa realtà: a pochi passi dagli impianti di risalita, albergo in stile montano con ambienti signorili ed ampie camere. Al termine di una giornata attiva e dinamica, quanto di meglio che una sosta nel moderno ed attrezzato centro benessere?

12 suites ☲ – ♥♥ 240/1050€ – 6 camere

via Spinale 37/bis – ℰ 0465 441033 – www.hotelchaletdelsognocampiglio.com –
Chiuso 14 aprile-29 maggio, 4 ottobre-27 novembre

⫯◯ **Due Pini** – Vedere selezione ristoranti

DV Chalet 🏔️🖼️🚿🛏️📶👤🚗

LUSSO · DESIGN Affascinanti ambienti moderni, profili geometrici e colori sobri: se cercate raffinatezza e design sulle Alpi, DV Chalet - con sottotitolo "Boutique Hotel & Spa" - è sicuramente l'indirizzo che fa per voi!

20 camere 🛌 – 🍴 140/900 €

via Castelletto Inferiore 10 – 𝒞 0465443191 – www.dvchalet.it –
Chiuso 6 aprile-9 luglio, 7 settembre-3 dicembre

🌸 **Dolomieu** – Vedere selezione ristoranti

MADONNA DI SENALES · UNSERFRAU – Bolzano → Vedere Senales

MAGIONE

✉ 06063 – Perugia (PG) – Carta regionale n° **20**–B2 – Carta stradale Michelin 563-M18

🍴 L'Umbricello del Coccio 🍴🏛️🚿

UMBRA · CONTESTO TRADIZIONALE 🍴 Marco, lo chef-patron, meglio conosciuto come il "re degli umbricelli", si è trasferito in questa nuova sede: un piacevole rustico nei pressi del Santuario di Montemelini. Oltre alla tipico spaghettone, carni alla brace e specialità locali. In estate si può godere della bella terrazza panoramica.

Menu 25/40 € – Carta 35/45 €

via Dei Montemelini 22 – 𝒞 075 847 6534 – www.lumbricellodelcoccio.it –
Chiuso 8-19 gennaio, 5-15 settembre, lunedì, martedì

MAGLIANO ALFIERI

✉ 12050 – Cuneo (CN) – Carta regionale n° **14**–A2 – Carta stradale Michelin 561-H6

🍴 Stefano Paganini alla Corte degli Alfieri 🔄

MODERNA · CONTESTO STORICO 🍴🍴🍴 All'interno di un sontuoso castello seicentesco, due sale di servizio: in una sono esposte opere di artisti locali che cambiano durante l'anno, mentre i più romantici sceglieranno quella delle rose con splendidi soffitti affrescati. Niente scelta alla carta, ma solo menu degustazione (dal quale - tuttavia - si possono "estrarre" a piacere dei piatti), di ottimo livello e con un eccellente rapporto qualità/prezzo.

Menu 35/55 €

piazza Raimondo 4 – 𝒞 0173 66244 – www.stefanopaganini.it – Chiuso martedì,
mercoledì a mezzogiorno

MAGLIANO IN TOSCANA

✉ 58051 – Grosseto (GR) – Carta regionale n° **18**–C3 – Carta stradale Michelin 563-O15

🍴 Antica Trattoria Aurora 🍴🏛️🔄

TOSCANA · ACCOGLIENTE 🍴🍴 All'ingresso del borgo antico cinto da mura, nelle sale il tono è piacevolmente rustico, incantevole (zanzare permettendo) il servizio all'aperto in giardino, ma su tutto s'impone la cucina, che elabora creativamente le risorse locali: un ottimo ristorante.

Carta 35/56 €

via Lavagnini 12/14 – 𝒞 0564 592774 – Chiuso 1 febbraio-15 marzo, mercoledì

MAGLIANO SABINA

✉ 02046 – Rieti (RI) – Carta regionale n° **7**–B1 – Carta stradale Michelin 563-O19

🍴 Degli Angeli 🐝🔗🍴🏛️🅰️🔄🅿️

REGIONALE · ELEGANTE 🍴🍴 Elegante sala bianca e luminosa affacciata sulla campagna, la brace regna tra i secondi piatti, di cucina altrimenti tipicamente e gustosamente laziale, mentre la cantina ospita oltre 400 etichette di vini, distillati e Champagne. Ospitalità, discrezione e semplicità avvolgono l'hotel, in posizione ideale per un week-end lontano dai ritmi frenetici della città. E, per non farsi mancare nulla, gli ospiti possono acquistare prodotti di produzione propria nell'adiacente Bottega delle Delizie.

Carta 30/70 €

località Madonna degli Angeli – 𝒞 0744 91377 – www.ristorantedegliangeli.it –
Chiuso lunedì, domenica sera

MAGLIANO SABINA

sulla strada statale 3 - via Flaminia Nord - Ovest : 3 km

🍴○ La Pergola ⇦ 🛋 ⅃ 🆑 🅿

ROMANA · RUSTICO XX Comodo da raggiunge per chi arriva dall'autostrada e desidera un assaggio del mondo gastronomico laziale, si mangia sotto archi in mattoni in un'atmosfera piacevolmente rustica. Tradizionali e squisiti sughi del territorio condiscono le paste, tra i secondi regna la cottura alla griglia. Piacevoli anche le camere.

Carta 35/42 €

via Flaminia km 63,900 - 𝒞 0744 919841 - www.lapergola.it

MAGLIE

✉ 73024 - Lecce (LE) - Carta regionale n° **15**-D3 - Carta stradale Michelin 564-G36

🍴○ Bel Ami ⇦ 🛋 ⅃ 🆑

PESCE E FRUTTI DI MARE · CONTESTO STORICO XX Palazzo ottocentesco rinnovato con gusto moderno sia nel ristorante che nelle camere; la cucina predilige il mare, i crudi e gli champagne.

Carta 29/81 €

via Roma 86 - 𝒞 0836 312930 - www.bel-ami.it

MAIORI

✉ 84010 - Salerno (SA) - Carta regionale n° **4**-B2 - Carta stradale Michelin 564-E25

🍴○ Torre Normanna ⇦ 🛋 🆑 🅿

PESCE E FRUTTI DI MARE · CONTESTO STORICO XX Lungo questa costa che tutto il mondo ci invidia, specialità a base di pesce e vista "ravvicinata" sul mare, in un delizioso locale all'interno dell'antica torre. Per chi desidera piatti più semplici o pizza vi è l'alternativa sulle terrazze in basso alla costruzione.

Menu 65 € (pranzo), 85/130 € - Carta 70/90 €

via Diego Taiani 4 - 𝒞 089 877100 - www.ristorantetorrenormanna.it - Chiuso 7 gennaio-1 febbraio, 5 novembre-1 dicembre

🏠 Botanico San Lazzaro 🏵 🌿 ⇦ 🛋 ⅃ 👶 🛗 🆑 🅿 �

LUSSO · PERSONALIZZATO Evitate di raggiungerlo percorrendo le scale in salita, ma prendete l'ascensore panoramico non lontano dal lungomare. L'albergo si sviluppa a cascata con terrazze, tutte le camere hanno vista e balcone, mentre le celebri ceramiche ne ornano graziosamente gli ambienti. Giardino botanico di piante grasse!

14 camere ⌑ - 👫 225/550 € - 5 suites

via Lazzaro 25 - 𝒞 089 877750 - www.hbsl.com - Chiuso 1 novembre-31 marzo

sulla costiera amalfitana Sud - Est : 4, 5 km

❀ Il Faro di Capo d'Orso 🕹 ⇦ ⅃ 🆑 🅿

MODERNA · LUSSO XXX Abbarbicato su un promontorio, la sala offre uno strepitoso panorama della costiera amalfitana: davanti ai vostri occhi si dispiegano in tutto il loro splendore Amalfi, Atrani, Ravello, l'isola "Li Galli" e Capri, con i suoi faraglioni. Suggestivi ed infiniti tramonti - il sole che scende a picco sul Tirreno - colorando il cielo di differenti sfumature di rosso, mentre la sala concepita con criteri tesi a minimizzare l'impatto ambientale, diventa lo spazio ideale dove gustare ricette mediterranee e dai sapori campani, non prive di fantasia. La cucina dello chef Francesco Sodano contempla solo ingredienti di altissima qualità, nel rispetto della stagionalità e prediligendo prodotti autoctoni, il più possibile rappresentativi del territorio.

Specialità: Granchio al naturale, pomodori, ricci di mare e panna acida. Linguine con ragù di seppia alla puttanesca e il suo quinto quarto. Latte e cereali.

Menu 80/150 € - Carta 80/120 €

Hotel Relais Tenuta Solomita, via Diego Taiani 48 - 𝒞 089 877022 - www.ilfarodicapodorso.it - Chiuso 2 novembre-1 marzo, martedì

MALALBERGO

⊠ 40051 – Bologna (BO) – Carta regionale n° **5**–C2 – Carta stradale Michelin 562-I16

ⅼ○ **Rimondi**   🏧 ⇔

PESCE E FRUTTI DI MARE · **AMBIENTE CLASSICO** ✗✗ In centro paese, si entra in quella che pare una casa privata, per arredi e atmosfera, con due sale riscaldate da altrettanti camini. Il ristorante si è fatto un nome per la cucina di pesce che, nei classici piatti nazionali, esaurisce il menu, ma lo chef-cacciatore prepara anche selvaggina di valle (su prenotazione).

Carta 40/72€

via Nazionale 376 – 𝒞 051 872012 – Chiuso 1-15 luglio, 24 agosto-8 settembre, lunedì, martedì, mercoledì-sabato a mezzogiorno, domenica sera

MALCESINE

⊠ 37018 – Verona (VR) – Carta regionale n° **23**–A2 – Carta stradale Michelin 562-E14

⃝ **Vecchia Malcesine** (Leandro Luppi)   ≤ 🛆 🏠 ⇔

MODERNA · **ELEGANTE** ✗✗ Discretamente defilato in un vicolo ai margini del centro, Vecchia Malcesine è uno dei migliori ristoranti del Garda veronese! Abbiate cura di prenotare un tavolo vicino alle finestre e la vista spazierà incantata tra il lago, le montagne e i tetti della località. Alessandro Luppi, chef-patron di origini altoatesine, ha saputo conquistarsi un posto al sole grazie ad un'innata fantasia e ad una studiata maestria, inventandosi percorsi di gusto dedicati all'acqua (ovvero pesce, sia di lago che di mare), alla terra (carne) e all'orto (quindi solo verdure): piatti che potrete comunque scegliere anche alla carta. A tutto ciò si aggiungono ottimo servizio e sincera cordialità: lasciata la brigata a sovraintendere ai fornelli, non stupitevi di vedere piombare in sala il cuoco stesso per raccontarvi cosa bolle in pentola...

Specialità: Trota e orto. Rombo e topinamnbur. Bianco.

Menu 75/135€ – Carta 95/115€

via Pisort 6 – 𝒞 335 6377699 – www.vecchiamalcesine.com –
Chiuso 5 novembre-15 marzo, mercoledì

🏨 **Bellevue San Lorenzo**   🛉 🛆 ≤ 🛆 ⌁ 🏠 ⊡ 🏧 🅿 🚐

STORICO · **CONTEMPORANEO** E' il giardino la punta di diamante di questa villa d'epoca: dotato di piscina e con un'incantevole vista panoramica del lago, congiunge i diversi edifici della struttura. Tutte le camere sono confortevoli, alcune più classiche, altre più moderne, da molte si scorge il Garda.

51 camere ⌑ – 🛉 170/320€ – 3 suites

via Gardesana 164 – 𝒞 045 740 1598 – www.bellevue-sanlorenzo.it –
Chiuso 20 ottobre-1 aprile

🏨 **Val di Sogno**   🛉 🛆 ≤ 🛆 ⌁ 🏠 🛋 ⊡ ⅊ 🏧 🅿 🚐

TRADIZIONALE · **CONTEMPORANEO** In posizione tranquilla, l'albergo si affaccia su una delle più incantevoli baie del lago, con piccola spiaggia in ghiaia. Camere eleganti e spaziose, tutte rivolte verso il paesaggio lacustre, non manca un'attenta e ospitale gestione familiare: uno degli alberghi più desiderabili della zona.

35 camere ⌑ – 🛉 74/700€ – 1 suite

via Val di Sogno 16 – 𝒞 045 740 0108 – www.hotelvaldisogno.com –
Chiuso 20 ottobre-4 aprile

MALEO

⊠ 26847 – Lodi (LO) – Carta regionale n° **9**–B3 – Carta stradale Michelin 561-G11

ⅼ○ **Albergo Del Sole**   ⇔ 🛆 🏠 🅿

REGIONALE · **ROMANTICO** ✗✗ Cucina tradizionale nell'osteria di posta dalle antiche origini: scegliete la rusticità della calda sala con camino o, nella bella stagione, nella pittoresca corte interna.

Menu 45€ – Carta 47/68€

via Monsignor Trabattoni 22 – 𝒞 0377 58142 – www.ilsoledimaleo.com –
Chiuso 1-31 gennaio, 1-31 agosto, lunedì, domenica sera

MALLES VENOSTA • MALS

⊠ 39024 – Bolzano (BZ) – Carta regionale n° **19**–A2 – Carta stradale Michelin 562-B13

a Burgusio Nord : 3 km

🏠 **Das Gerstl**
🎾 🐾 ⟨ 🛏 🖼 📱 🛋 ♨ 🅿 🚗

FAMILIARE · CONTEMPORANEO Squisita gestione famigliare in un hotel che - come quasi tutti le strutture altoatesine - non lesina su costanti lavori di ammodernamento. Completo nella gamma dei servizi offerti, una bella spa ed un giardino con laghetto balneabile rendono il soggiorno una splendida esperienza.

28 suites – 👫 206/220 € – 20 camere
Schlinig 4 – ☏ 0473 831416 – www.dasgerstl.com –
Chiuso 13 aprile-20 maggio, 17 novembre-20 dicembre

MALNATE

⊠ 21046 – Varese (VA) – Carta regionale n° **10**–A1 – Carta stradale Michelin 561-E8

🍽 **Crotto Valtellina**
🍸 🏠 🆎 ⇄ 🅿

REGIONALE · RUSTICO 🗶🗶 All'ingresso la zona bar-cantina, a seguire la sala rustica ed elegante nel contempo. Cucina di rigida osservanza valtellinese e servizio estivo a ridosso della roccia.

Carta 50/80 €
via Fiume 11, località Valle –
☏ 0332 427258 – www.crottovaltellina.it –
Chiuso 1-5 gennaio, 5-31 agosto, lunedì a mezzogiorno, martedì, mercoledì-venerdì a mezzogiorno

MALO

⊠ 36034 – Vicenza (VI) – Carta regionale n° **22**–A1 – Carta stradale Michelin 562-F16

🍽 **La Favellina**
🏠 ⇄ 🅿

MODERNA · ELEGANTE 🗶🗶🗶 La signora Gianello, innamoratasi di questo delizioso borgo di fine '800, acquistò un locale e lo ristrutturò con gusto femminile e raffinato. Ora, un figlio ai fornelli e l'altro ad occuparsi della sala, La Favellina ha saputo crearsi una propria fama in zona, grazie alla sua cucina di stampo moderno e all'accurata selezione di materie prime.

Menu 65/75 € – Carta 55/90 €
via Cosari 4/6, località San Tomio –
☏ 0445 605151 – www.lafavellina.it –
Chiuso lunedì, martedì, mercoledì-sabato a mezzogiorno

MALS • MALLES VENOSTA – Bolzano → Vedere Malles Venosta

MANCIANO

⊠ 58014 – Grosseto (GR) – Carta regionale n° **18**–C3 – Carta stradale Michelin 563-O16

🍽 **La Filanda**
♿ 🆎

TOSCANA · ALLA MODA 🗶🗶 Nel centro storico, il ristorante realizza un elegante mix di modernità - in una sala che pare sospesa al secondo piano - e il contesto d'epoca. E' anche l'anima della cucina, tradizionale, ma rivisitata.

Menu 40/70 € – Carta 38/70 €
via Marsala 8 –
☏ 0564 625156 – www.lafilanda.biz –
Chiuso lunedì a mezzogiorno, martedì, mercoledì-giovedì a mezzogiorno

🕸🕸🕸, 🕸🕸, 🕸, 😊 & 🍽

MANDURIA

✉ 74024 – Taranto (TA) – Carta regionale n° **15**-C2 – Carta stradale Michelin 564-F34

❀ Casamatta   🛏 🌣 🆑 🅿

MODERNA · ELEGANTE ✗✗ Il ristorante è il fiore all'occhiello di questa bella struttura. Sala molto luminosa con ampie vetrate che si affacciano sul dehors, gli arredi sono di moderna concezione e l'illuminazione – sapientemente studiata – contribuisce al fascino degli spazi. Dopo significative esperienze presso grandi tavole, lo chef Pietro Penna torna in patria e rende omaggio alla sua terra, in virtù di una cucina che attinge ai prodotti locali, talvolta nel vero senso della parola visto che frutta e verdura provengono spesso dall'orto di proprietà, con gusto moderno e fantasioso. La gentile Tania - maître e sommelier - rende il servizio un'ulteriore gemma preziosa della sosta gourmet.

Specialità: Polpo, stracchino, spinaci, olive e pomodoro. Agnello arrosto, camomilla, carciofo e lampascioni. Pane, olio e cioccolato.

Menu 60/110 € – Carta 50/78 €

Hotel Vinilia Wine Resort, contrada Scrasciosa – ℰ 099 990 8013 –
www.viniliaresort.com – Chiuso domenica sera

🏨 Vinilia Wine Resort   ॐ 🛏 ⬥ ▣ 🕸 🐾 🏖 ♿ 🆑 🅿

DIMORA STORICA · PERSONALIZZATO Grazie a un sapiente restauro, la residenza d'inizio Novecento (che pare un castello!) è diventata un ottimo resort di charme immerso nella campagna, nei cui interni convivono un certo brio modaiolo, nonché elementi originali degli anni Cinquanta e Sessanta. Le camere sono raffinate ed accoglienti, oltre che spaziose; bella spa a bordo piscina.

17 camere ⌑ – 👫 180/440 € – 1 suite

contrada Scrasciosa – ℰ 099 990 8013 – www.viniliaresort.com

   ❀ **Casamatta** – Vedere selezione ristoranti

MANERBA DEL GARDA

✉ 25080 – Brescia (BS) – Carta regionale n° **9**-D1 – Carta stradale Michelin 561-F13

❀ Capriccio (Giuliana Germiniasi)   🥂 ⩽ 🌣 🆑 🅿

MODERNA · ELEGANTE ✗✗✗ Sulle rive della Lago di Garda, a pochi passi dalle sue acque, una gestione ormai tutta al femminile con mamma tra i fornelli e figlia a gestire la sala, per un locale dallo stile contemporaneo ed ammiccante. La cucina - sempre di grande appeal - gli fa eco con piatti generalmente classici, ma non privi qua e là di spunti moderni; oltre alla carta completa, ci sono menu dai titoli fortemente evocativi "Per l'Anima", "Per la Mente", "Fra di Noi"... Nella bella stagione la terrazza con vista è un imprescindibile.

Specialità: Polpo grigliato, crema di patate acida e uova di trota. Spaghetti lavanda e rosmarino, burrata e gamberi di Sicilia. Cremoso allo zabaione, cuore al caramello e sorbetto al lampone.

Menu 56/74 € – Carta 49/127 €

piazza San Bernardo 6, località Montinelle – ℰ 0365 551124 –
www.ristorantecapriccio.it – Chiuso 1 gennaio-13 marzo, lunedì a mezzogiorno,
martedì, mercoledì-giovedì a mezzogiorno

🍽 La Corte Antica   🌣 ♿ 🅿

MEDITERRANEA · ACCOGLIENTE ✗✗ In pieno centro a Manerba del Garda, all'interno di una bella corte del 1600, è uno chef siculo il principe dei fornelli; viste quindi le sue origini la cucina non poteva che essere mediterranea, "sbilanciata" su proposte ittiche in chiave moderna, sebbene non manchino alcuni piatti di carne pregiata.

Menu 45 € – Carta 45/60 €

via Marchesini 18 F – ℰ 0365 552996 – www.lacorteantica.com –
Chiuso 9-28 febbraio, lunedì-martedì a mezzogiorno, mercoledì, giovedì-venerdì a
mezzogiorno

MANFREDONIA

✉ 71043 – Foggia (FG) – Carta regionale n° **15**–B1 – Carta stradale Michelin 564-C29

⑪○ **Coppola Rossa** 🛋 & AC

PESCE E FRUTTI DI MARE · FAMILIARE ✕✕ Nel centro storico e non lontano dal mare, che ritorna nei piatti in un caratteristico ristorante a conduzione familiare. Buffet di antipasti e tanto pesce, c'è anche una griglia a vista di utilizzo invernale per qualche proposta di carne.

Menu 30/50 € – Carta 35/50 €

via Maddalena 28 –
☎ 0884 582522 – www.coppolarossa.com –
Chiuso 30 giugno-7 luglio, 30 ottobre-7 novembre, lunedì

⑪○ **Osteria Boccolicchio** 🛋 AC

PUGLIESE · FAMILIARE ✕✕ Dopo essersi "fatto le ossa" in diversi ristoranti del vecchio Continente, Tespi torna a casa ed apre in pieno centro storico, a due passi dal mare, questo delizioso locale piccolo nelle dimensioni, ma grande in termini di passione per i prodotti ittici, protagonisti indiscussi di ricette regionali. Ottima la selezione enologica che comprende anche una buona scelta di bollicine.

Carta 27/59 €

via Arco Boccolicchio 15 – ☎ 0884 090317 – Chiuso 13-19 gennaio, 4-15 novembre, mercoledì, domenica sera

MANIAGO

✉ 33085 – Pordenone (PN) – Carta regionale n° **6**–A2 – Carta stradale Michelin 562-D20

⑪○ **Parco Vittoria** ⇦ 🛋 🛋 AC P 🚗

PESCE E FRUTTI DI MARE · ACCOGLIENTE ✕✕ Eleganza e soluzioni moderne nell'ampia sala con piacevole vista sul parco: nella bella stagione, il servizio si sposta anche all'esterno. In cucina protagonista è il pesce, ma non solo.

Carta 45/60 €

Eurohotel Palace Maniago, viale della Vittoria 3 – ☎ 0427 71432 –
www.eurohotelfriuli.it – Chiuso 25 dicembre-7 gennaio, lunedì a mezzogiorno,
domenica sera

MANOPPELLO

✉ 65024 – Pescara (PE) – Carta stradale Michelin 563-P24

a Manoppello Scalo Nord : 8 km – Carta regionale n° **1**–B2

🕸 **Trita Pepe** & AC P

REGIONALE · CONTESTO CONTEMPORANEO ✕ In un ambiente di stile contemporaneo, la cucina è schietta e genuinamente locale con qualche espressione di modernità. Si propone anche un menu degustazione (pecora o baccala su prenotazione), ma anche scegliendo à la carte i prezzi rimangono contenuti. Specialità: ravioli ricotta di capra e asparagi con polvere di liquirizia - bavarese al pistacchio con crema al cioccolato.

Specialità: Ravioli ricotta di capra e asparagi. Carni alla griglia. Bavarese al pistacchio con crema al cioccolato.

Menu 12 € (pranzo), 22/26 € – Carta 22/35 €

via Gabriele D'Annunzio 4 –
☎ 085 856 1510 – www.trattoriatritapepe.it –
Chiuso 7-10 gennaio, 8-12 luglio, mercoledì sera

MANTELLO

✉ 23016 – Sondrio (SO) – Carta regionale n° **9**–B1 – Carta stradale Michelin 353-R7

❀ La Présef   🍴 🍴 🛅 AC P

CREATIVA · **RUSTICO** ✗✗ Affacciata sul giardino interno, un'accogliente stua valtellinese in legno di pino cembro dal profumo arboreo, dove gustare raffinatezze
locali e verdure provenienti dall'orto di proprietà. Ingredienti a km zero – la struttura consta di macello e caseificio propri! - e sperimentazione visiva sensoriale
sono i tratti distintivi della carta secondo gli ispettori. Se siete disposti a farvi
accompagnare troverete sicuramente di vostro gradimento il "menu a mano
libera", un percorso suggerito di 6 portate con piatti estratti dal menu e qualche
fuori carta (per tutti gli ospiti del tavolo).

Specialità: Trippa e lumache con fagioli, sedano e pomodoro. Gnocco di patate di
montagna con cuore di bitto, burro montato, misultin del Lario, scorzette di
limone. Consistenze e temperature del Valtellina casera, marmellata di stagione.

Menu 75/110 € – Carta 70/91 €

Agriturismo La Fiorida, via Lungo Adda 12 – ☏ 0342 680846 – www.lapresef.it –
Chiuso lunedì, domenica

🏨 La Fiorida   ☆ 🍴 🗂 🏊 🏋 ♨ 🔁 🛅 AC 🏛 P

SPA E WELLNESS · **AGRESTE** Camere in larice e pietra, spaziosissime e sobriamente eleganti, per una moderna struttura dedicata agli amanti del benessere e
della buona cucina. Aperto per tutti coloro che desiderano incontrare la Valtellina
nel piatto, il ristorante Quattro Stagioni offre splendide sale caratterizzate con
oggetti che richiamano la stagione nel nome di ognuna.

20 camere ⌂ – ♟ 99/219 € – 9 suites

via Lungo Adda 12 – ☏ 0342 680846 – www.lafiorida.com

❀ **La Présef** – Vedere selezione ristoranti

MANTOVA

✉ 46100 – Mantova (MN) – Carta regionale n° **9**–C3 –
Carta stradale Michelin 561-G14

Ci piace

L'antico pozzo del 1400 nel giardino de **Il Cigno Trattoria
dei Martini**. Respirare l'antica atmosfera teatrale
dell'**Osteria della Fragoletta**, aperta nel '700 da un'attrice
così soprannominata.

Dimenticate la dieta e deliziatevi con le tre "P" che hanno
contribuito al secolare successo dello storico Panificio
Freddi: pane, pasticceria e pasta fresca! E sempre longeva
in termini di attività e fedele nelle sue proposte
gastronomiche la Salumeria Bacchi è un anfratto di storia
mantovana, rimasta immutata nei decenni di evoluzione
della piccola "città dei tre laghi".

F. Iacobelli/AWL Images/Getty Images

Ristoranti

⫶○ Il Cigno Trattoria dei Martini 🛜 ᯮ 🅰🅲 ⟲

MANTOVANA · CONTESTO TRADIZIONALE ✕✕ Lunga tradizione familiare, in una casa del Cinquecento, ovviamente classica, ma magicamente accogliente nel ricordare il passato. Le proposte partono dal territorio per arrivare in tavola.

Menu 40€ (pranzo) – Carta 50/70€

Pianta A1-u – *piazza Carlo d'Arco 1 – ℰ 0376 327101 – www.lesoste.it –*
Chiuso 6-26 agosto, lunedì, martedì

⫶○ Acqua Pazza 🛜 🅿

PESCE E FRUTTI DI MARE · ACCOGLIENTE ✕✕ L'insegna dà un incipit sulla cucina: squisitamente di mare e di ottima qualità, convince gli amanti del pesce a spingersi fino alle porte della città, dove si è "nascosto". Da annotarsi tra i "preferiti".

Carta 37/80€

Fuori pianta – *viale Monsignore Martini 1 –*
ℰ 0376 220891 – www.acquapazzaristorantebistrot.it –
Chiuso 27 gennaio-5 febbraio, 24 agosto-2 settembre, lunedì, domenica sera

⫶○ Osteria della Fragoletta ⅋⅋ 🅰🅲 ⟲

MANTOVANA · COLORATO ✕ In un angolo del centro, due sale vivaci e colorate nelle quali vengono proposte le specialità della cucina locale, talvolta rielaborate con gusto; notevole assortimento di formaggi accompagnati dall'immancabile mostarda.

Menu 28€ – Carta 25/45€

Pianta B2-r – *piazza Arche 5/a – ℰ 0376 323300 – www.fragoletta.it –*
Chiuso lunedì

MARANELLO

✉ 41053 – Modena (MO) – Carta regionale n° **5**–B2 – Carta stradale Michelin 562-I14

⫶○ MikEle 🅰🅲

PESCE E FRUTTI DI MARE · ELEGANTE ✕✕✕ In zona periferica e residenziale, un'inaspettata, quanto elegante, "parentesi" ittica tra tanti bolliti modenesi: si possono scegliere le pezzature del pescato dalla vetrinetta, mentre in cucina si preparano classiche ricette marinare all'italiana.

Carta 50/100€

via Flavio Gioia 1 –
ℰ 0536 941027 – www.ristorantemikele.com –
Chiuso 1-10 gennaio, 10-31 agosto, lunedì, sabato a mezzogiorno, domenica sera

MARANO LAGUNARE

✉ 33050 – Udine (UD) – Carta regionale n° **6**–C3 – Carta stradale Michelin 562-E21

⫶○ Alla Laguna-Vedova Raddi 🛜 🅰🅲 ⟲

PESCE E FRUTTI DI MARE · AMBIENTE CLASSICO ✕✕ Situato sul porto - di fronte al mercato ittico - il locale valorizza in preparazioni semplici, ma gustose, i prodotti del mare. Ristoratori da sempre, la lunga tradizione familiare è una garanzia!

Carta 33/70€

piazza Garibaldi 1 – ℰ 0431 67019 – www.vedovaraddi.it –
Chiuso 16 novembre-4 dicembre, lunedì, domenica sera

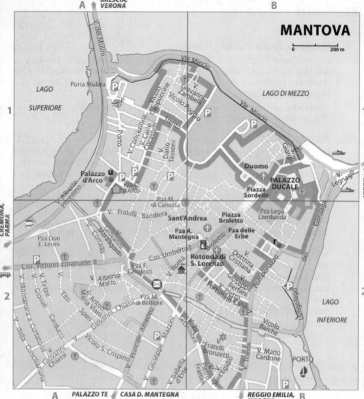

MANTOVA

MARATEA

✉ 85046 – Potenza (PZ) – Carta regionale n° **2**–B3 – Carta stradale Michelin 564-H29

⅋○ **Il Sacello**   🍴 🛏 🛖 AC P

MEDITERRANEA · CONTESTO TRADIZIONALE ✕✕ I sapori del Mediterraneo pervadono la tavola di questo grazioso ristorante: stracci di pasta fresca con baccalà e pepi cruschi - cernia di scoglio in umido con patate, capperi, pomodorini e olive - sformatino di ricotta di bufala con sorbetto al limone.

Carta 40/80€

Hotel La Locanda delle Donne Monache, via Carlo Mazzei 4 – ☎ 0973 876139 – www.locandamonache.com – Chiuso 5 ottobre-9 maggio

⅋○ **Taverna Rovita**   AC ⇆

LUCANA · CONTESTO STORICO ✕ A pochi metri dalla piazza centrale della vecchia Maratea, la taverna è uno storico e caratteristico locale con un angolo cucina del '700, ceramiche di Vietri, ma soprattutto un grande entusiasmo nel farvi conoscere le produzioni gastronomiche di nicchia lucane.

Menu 55/80€ – Carta 40/90€

via Rovita 13 – ☎ 0973 876588 – www.tavernarovitamaratea.it – Chiuso 1 ottobre-31 marzo, martedì

🏨 La Locanda delle Donne Monache

STORICO · TRADIZIONALE In un ex convento del XVIII sec, le spaziose camere - alcune con letto a baldacchino e vista panoramica sui tetti della vecchia Maratea - propongono una dimensione epicurea della vacanza: lo splendore della Lucania e il ritrovare il ritmo lento del tempo.

27 camere ☑ - 👫 125/280 € - 5 suites

via Carlo Mazzei 4 - ✆ 0973 876139 - www.locandamonache.com -
Chiuso 6 ottobre-10 maggio

🍽 **Il Sacello** - Vedere selezione ristoranti

a Fiumicello Santa Venere Ovest : 5 km - Carta regionale n° **2**-B3

🍽 Zà Mariuccia

PESCE E FRUTTI DI MARE · AMBIENTE CLASSICO ✕✕ Caratteristico ristorante che coniuga felicemente specialità di mare e bell'ambiente. In estate, accomodatevi nella terrazza affacciata sul porto (pochi tavoli: è preferibile prenotare). Uno dei migliori locali della costa!

Carta 45/75 €

via Grotte 2 - ✆ 0973 876163 - www.zamariuccia.it - Chiuso 4 novembre-1 aprile,
lunedì, martedì-domenica a mezzogiorno

🏨 Il Santavenere

GRAN LUSSO · MEDITERRANEO Nel cuore di uno straordinario parco di pini, ulivi e vegetazione mediterranea che giunge sino al mare, l'albergo occupa un intero, pittoresco tratto di costa a strapiombo sul mare. Lussuosi interni decorati con ceramiche di Vietri e un originale centro benessere, che nella penombra offre una suggestiva carrellata di trattamenti asiatici e non solo.

29 camere ☑ - 👫 190/800 € - 5 suites

via Conte Stefano Rivetti 1 - ✆ 0973 876910 - www.santavenere.it -
Chiuso 1 maggio-2 ottobre

MARCIANA MARINA - Livorno → Vedere Elba (Isola d')

MARGHERITA DI SAVOIA

✉ 76016 - Barletta-Andria-Trani (BT) - Carta regionale n° **15**-B2 -
Carta stradale Michelin 564-C30

🍽 Canneto Beach 2

PESCE E FRUTTI DI MARE · CONTESTO CONTEMPORANEO ✕✕ Tra distese di sabbia e sale che hanno reso celebre la località, specialità di mare e ricette tipiche della Valle dell'Ofanto, nonché pizze dalle ricercate e inusuali farine, mentre Antonio, rinomato sommelier, saprà consigliare il vino giusto fra le tante etichette disponibili nella bella cantinetta a vista. La struttura ospita anche alcune camere al piano superiore; altre si trovano invece in un bed and breakfast distante solo pochi passi.

Menu 30/50 € - Carta 28/60 €

Corso Garibaldi 159 - ✆ 0883 651091 - www.ristorantecannetobeach2.com -
Chiuso lunedì

MARIANO DEL FRIULI

✉ 34070 - Gorizia (GO) - Carta stradale Michelin 562-E22

a Corona Est : 1, 7 km - Carta regionale n° **6**-C2

😊 Al Piave

REGIONALE · FAMILIARE ✕ Curata e accogliente trattoria a gestione familiare, che si articola in due gradevoli sale con camino e bel giardino estivo; in menu i piatti del territorio che si avvicendano a seconda delle stagioni. Tra i più gettonati: tagliatelle con l'anatra, stinco di vitello al forno con patate, gelato alla crema con fichi al rum.

Specialità: Lasagne fatte in casa. Costata di torello. Tiramisù con caffè caldo versato a parte.

Carta 33/40€

via Cormons 6 – ☎ 0481 69003 – www.trattoriaalpiave.it – Chiuso 17-24 febbraio, 22 giugno-7 luglio, martedì

MARINA DI ARBUS – Medio Campidano → Vedere Sardegna

MARINA DI BIBBONA

✉ 57020 – Livorno (LI) – Carta regionale n° **18**–B2 – Carta stradale Michelin 563-M13

🕸 **La Pineta** (Daniele Zazzeri)   🕸 ⩽ 🏠 � 🅿

PESCE E FRUTTI DI MARE · **AMBIENTE CLASSICO** XX Con la vettura, attraversata una pineta, si arriva quasi sulla battigia e quello che sembra un ordinario stabilimento balneare svela all'interno lo storico ristorante di pesce. Piatti toscani, italiani, di mare, con i crudi a fare da apri pista e qualche spunto fantasioso spesso legato alla stagionalità dei prodotti. Le ampie vetrate della sala offrono lo spettacolo dell'inseguirsi delle onde, l'atmosfera è talmente rilassante che - una volta qui - non si ha mai fretta di ripartire.

Specialità: Millefoglie di baccalà mantecato su vellutata di porri. Pesce al vapore con maionese e bottarga di muggine. Semifreddo al croccante di pistacchio.

Menu 75/85€ – Carta 55/85€

via dei Cavalleggeri Nord 27 – ☎ 0586 600016 – www.lapinetadizazzeri.it – Chiuso 7 gennaio-1 febbraio, 26 ottobre-14 novembre, lunedì, martedì a mezzogiorno

MARINA DI CAMEROTA

✉ 84059 – Salerno (SA) – Carta regionale n° **4**–D3 – Carta stradale Michelin 564-G28

🕪 **Da Pepè**   🛗 🏠 🅿

PESCE E FRUTTI DI MARE · **SEMPLICE** X Lungo la strada che conduce a Palinuro, tra i riflessi argentei degli ulivi, ottima cucina di pesce approvvigionata da un peschereccio di proprietà del ristorante stesso.

Carta 35/70€

via delle Sirene 41 – ☎ 0974 932461 – www.villaggiodapepe.net – Chiuso 15 settembre-1 giugno

MARINA DI CASTAGNETO CARDUCCI – Livorno → Vedere Castagneto Carducci

MARINA DI CECINA

✉ 57023 – Livorno (LI) – Carta regionale n° **18**–B2 – Carta stradale Michelin 563-M13

🕪 **Da Andrea**   🏠 ⅆ 🄰🄲

PESCE E FRUTTI DI MARE · **ELEGANTE** XX Lungo la passeggiata pedonale, moderno, bianco e lineare, su tutto prevale la vista del Tirreno attraverso la parete vetrata, ma ancor di più dalla terrazza estiva. E sempre il mare ritorna nel piatto, con proposte elencate a voce a seconda del pescato giornaliero.

Carta 40/70€

viale della Vittoria 68 – ☎ 0586 620143 – www.ristorantedaandrea.net – Chiuso 26 dicembre-15 gennaio, martedì

🕪 **El Faro**   ⩽ 🏠

PESCE E FRUTTI DI MARE · **AMBIENTE CLASSICO** X Oltre alle specialità ittiche, nel menu troverete le proposte del pescaturismo che consiste nel prenotare un'uscita in mare con la barca del locale (naturalmente accompagnati da uno dei proprietari) per poi gustare il pescato al ristorante davanti alla spiaggia o nella sua veranda chiusa con bella vista; angolo pescheria per chi vuole acquistare il prodotto e poi cucinarselo a casa propria.

Carta 40/70€

viale della Vittoria 70 – ☎ 0586 620164 – www.ristorantelfaro.it – Chiuso mercoledì

MARINA DI GIOIOSA IONICA

✉ 89046 – Reggio di Calabria (RC) – Carta regionale n° **3**–B3 –
Carta stradale Michelin 564-M30

✿ **Gambero Rosso** (Riccardo Sculli)   🐝 🅰🄲 ⟷

PESCE E FRUTTI DI MARE · **CONTESTO CONTEMPORANEO** XX Il Gambero
Rosso nasce negli anni '70, dal desiderio di Anna Maria e Giuseppe Sculli di rendere
omaggio al mare che avevano lasciato anni prima da emigranti. Da allora questo ristorante è diventato il luogo attorno a cui gira tutta la vita della famiglia ed - oggi - un
nuovo capitolo è scritto dai figli Riccardo e Francesco. Gli amanti del pesce troveranno
in questa coppia di fratelli uno dei più gettonati locali della regione: sulla tavola, infatti,
il meglio che i pescatori trovano quotidianamente lungo la costa jonica, da gustare
nelle proposte di crudo che attirano clienti da ogni angolo della Calabria, ma anche
nelle imperdibili paste o nei secondi in cui il mare incontra la campagna. Encomiabile
lo sforzo di creare sempre sinergie con i produttori e i fornitori locali.
Specialità: Crudité di pesce. Quadro di crostacei. Crostata di frutta in spirale di
bergamotto.
Menu 50/85 € – Carta 50/100 €

via Montezemolo 65 – ℰ 0964 415806 – www.gamberorosso.net –
Chiuso 10 gennaio-10 febbraio, lunedì

MARINA DI MASSA

✉ 54100 – Massa-Carrara (MS) – Carta regionale n° **18**–A1 – Carta stradale Michelin 563-J12

🍴○ **La Péniche**   🛖 🅰🄲

PESCE E FRUTTI DI MARE · **ROMANTICO** XX Un angolo di Francia lungo il
canale, si mangia in una palafitta dagli originali e romantici ambienti. Crudità -
ostriche comprese - fra le specialità, d'estate sono ambitissimi i tavoli sulla zattera.
Menu 32 € (pranzo), 40/45 € – Carta 30/75 €

via Lungo Brugiano 3 – ℰ 0585 240117 – www.lapeniche.com

🏚 **Villa Maremonti**   ✿ 🛖 🍽 🅰🄲 🅿

DIMORA STORICA · **ROMANTICO** Di fronte al mare, villa d'inizio '900 con
parco e piscina: signorile negli arredi, sia nelle parti comuni sia nelle confortevoli
camere affacciate sul mare, laterali o sul lussureggiante giardino retrostante. Al
ristorante la cura dei dettagli è una piacevole compagna di pranzi e cene.
19 camere 🖵 – 🛏 120/350 €

viale lungomare di Levante 19, località Ronchi – ℰ 0585 241008 –
www.hotelmaremonti.com – Chiuso 20 ottobre-1 aprile

MARINA DI PIETRASANTA

✉ 55044 – Lucca (LU) – Carta regionale n° **18**–B1 – Carta stradale Michelin 563-K12

🍴○ **Franco Mare**   🐝 🛖 🅰🄲 🅿

PESCE E FRUTTI DI MARE · **STILE MEDITERRANEO** XX Sia che si volga lo
sguardo all'ambiente, sia che il palato indugi sui sapori della sua cucina, Franco
Mare non lascia indifferenti i suoi ospiti: fragranti piatti di mare con qualche intrigante concessione alla terra in ambienti davvero molto curati, accanto al proprio
stabilimento balneare dove - solo a pranzo e solo in estate - il gourmet è sosti-
tuito dal più semplice Spiaggia Franco Mare.
Menu 50/120 € – Carta 60/90 €

via lungomare Roma 41 – ℰ 0584 20187 – www.ristorantefrancomare.com –
Chiuso 12 gennaio-9 febbraio, 25 novembre-15 dicembre, mercoledì

🍴○ **Alex**   🐝 🛖 � 🅰🄲

MEDITERRANEA · **STILE MEDITERRANEO** XX In un palazzo d'inizio '900, un
piacevole ristorante-enoteca arredato con echi etnici che propone specialità di
mare e di terra, in estate ovviamente troverete più pesce, in inverno la carta è
equamente divisa. Interessante selezione di vini.
Menu 39/56 € – Carta 45/90 €

via Versilia 157/159 – ℰ 0584 746070 – www.ristorantealex.it – Chiuso 9-23 gennaio,
2-18 dicembre, lunedì a mezzogiorno, martedì, mercoledì-sabato a mezzogiorno

MARINA DI PISA

✉ 56128 – Pisa (PI) – Carta regionale n° **18**–B2 – Carta stradale Michelin 563-K12

🍴○ **Foresta** ⟨ 😤 ⭐ 🆎

PESCE E FRUTTI DI MARE · **ELEGANTE** ✗✗ Ristorante dall'ambiente elegante, affacciato sul Tirreno sia dalla sala veranda interna, sia dai bei tavoli all'aperto. Le cotture tradizionali accompagnano e valorizzano il pesce nei secondi piatti, mentre antipasti e dolci rivelano una maggiore fantasia.

Carta 48/87 €

via Litoranea 2 – ℰ 050 35082 – www.ristoranteforesta.it –
Chiuso 15 gennaio-6 febbraio, giovedì

MARINA DI PULSANO – Taranto → Vedere Pulsano

MARINA DI RAGUSA – Ragusa → Vedere Sicilia

MARINA DI SAN VITO

✉ 66035 – Chieti (CH) – Carta regionale n° **1**-C2 – Carta stradale Michelin 563-P25

🍴○ **L'Angolino da Filippo** 🆎 ⭐

PESCE E FRUTTI DI MARE · **ACCOGLIENTE** ✗✗ A pochi metri dal mare, affacciato sul molo, locale che da sempre conquista con le sue specialità ittiche; arrivato alla terza generazione oltre a proporre ricette classiche il pescato prende qui nuove forme ed elaborazioni più accattivanti.

Menu 40/55 € – Carta 35/60 €

via Sangritana 1 – ℰ 0872 61632 – Chiuso lunedì

MARINA EQUA – Napoli → Vedere Vico Equense

MARINA GRANDE – Napoli → Vedere Capri (Isola di)

MARLENGO • MARLING

✉ 39020 – Bolzano (BZ) – Carta regionale n° **19**-B2 – Carta stradale Michelin 562-C15

Pianta: Vedere Merano

🍴○ **Oberwirt** ❀ ⟨ 😤 ⭐ 🅿 🚗

REGIONALE · **ELEGANTE** ✗✗✗ Romantici ambienti tirolesi nelle diverse stube in cui potrete sedervi, la cucina dell'albergo Oberwirt vi sorprenderà per qualità ed elaborazione, nonché varietà, dai classici regionali al mare.

Menu 45/75 € – Carta 39/64 €

Pianta Marlengo A2-n – *Hotel Oberwirt, vicolo San Felice 2 – ℰ 0473 222020 –*
www.oberwirt.com – Chiuso 15 novembre-15 marzo

🏠 **Giardino Marling** ❀ ⟨ 🛏 ⚒ 🔲 ⑨ ⋔ 🎰 🖵 ⭐ 🆎 🐣 🅿 🚗

LUSSO · **CONTEMPORANEO** Elegante albergo che ha nel nome la sua chiave di lettura: un giardino affacciato sulla vallata per farvi assaporare un'insolita atmosfera mediterranea fra le montagne. In aggiunta a tutto ciò, la struttura dispone di camere accoglienti ed inondate di luce, area wellness attrezzata ed ancora una sky spa sul tetto con piscina riscaldata. Cucina squisitamente gourmet al ristorante.

34 camere – 👫 260/412 € – 14 suites

Pianta Marlengo A2-m – *via San Felice 18 – ℰ 0473 447177 –*
www.giardino-marling.com – Chiuso 24 novembre-19 marzo

MARLIA – Lucca → Vedere Lucca

MARLING • MARLENGO – Bolzano → Vedere Marlengo

MAROSTICA

✉ 36063 – Vicenza (VI) – Carta regionale n° **23**-B2 – Carta stradale Michelin 562-E16

⅙◯ Osteria Madonnetta   🍴 AC

TRADIZIONALE · TRATTORIA ✗ Una semplice realtà familiare davvero accogliente e simpatica. All'interno di un palazzo storico dietro la piazza con la famosa scacchiera, soffitto antico a grosse travi, pochi tavoli in legno ed uno scoppiettante camino; un gradevole dehors lascia intravedere parte delle mura cittadine. La cucina è impostata dalla signora Annamaria, ambasciatrice di un sapere casalingo di cucina veneta, rispettosa della stagionalità, soprattutto delle verdure.

Menu 20/30 € – Carta 20/38 €

via Vajenti 21 – ℰ 0424 75859 – www.osteriamadonnetta.it – Chiuso giovedì

a Valle San Floriano Nord: 3 km – Carta regionale n° **23**-B2

🏵 La Rosina   ⇔ ≤ 🍴 🖟 AC 🔄 P

REGIONALE · AMBIENTE CLASSICO ✗✗ Ottimo ristorante, che nel tempo si è rifatto il look, ma non l'anima: quest'ultima rimane - infatti - saldamente ancorata alla tradizione del baccalà alla vicentina, dei bigoli al sugo d'anatra e della griglia accesa in sala. Oppure, come consigliano gli ispettori, anche un buon risotto di stagione (asparagi, funghi, zucca e tartufo). Dalle camere si gode di una gradevole vista sui colli circostanti.

Specialità: Tartara di fassona con maionese alla curcuma. Baccalà alla vicentina. Sinfonia di cioccolati.

Menu 40/70 € – Carta 35/70 €

via Marchetti 4 – ℰ 0424 470360 – www.larosina.it – Chiuso martedì

MAROTTA

✉ 61032 – Pesaro e Urbino (PU) – Carta regionale n° **11**-B1 – Carta stradale Michelin 563-K21

🏵 Burro & Alici   🍴

PESCE E FRUTTI DI MARE · STILE MEDITERRANEO ✗ Dall'esterno pare uno dei tanti ristoranti che affollano il lungomare, ma i piacevoli interni in stile shabby e - soprattutto - un'ottima cucina distinguono il ristorante. La carta è dedicata ai grandi classici della cucina dell'Adriatico, sapida e gustosa, con una buona ricerca a livello di prodotti. La sera anche pizze.

Specialità: Porchetta di tonno con burrata, pomodori secchi, finocchietto e pane. carasau. Filetto di ombrina con spinacini. croccanti, crema di pecorino dei Sibillini. Dolci del giorno.

Menu 40 € – Carta 35/50 €

lungomare Colombo 98 – ℰ 0721 961200 – www.ristoranteburroealici.it –
Chiuso lunedì, martedì

MARZAMEMI – Siracusa → Vedere Sicilia (Pachino)

MARZOCCA – Ancona → Vedere Senigallia

MASARÈ – Belluno → Vedere Alleghe

MASIO

✉ 15024 – Alessandria (AL) – Carta regionale n° **14**-B1 – Carta stradale Michelin 561-H7

🏵 Trattoria Losanna   AC P

PIEMONTESE · SEMPLICE ✗ Iniziando con un antipasto misto della casa, potrete poi proseguire con abbondanti piatti della tradizione monferrina (ottimo il brasato al Nebbiolo!), tutto proposto a voce in un ambiente familiare e dall'atmosfera simpaticamente chiassosa.

Specialità: Agnolotto di stufato. Brasato al nebbiolo. Torta pere e cioccolato.

Carta 31/45 €

via San Rocco 40 – ℰ 0131 799525 – Chiuso 7-27 gennaio, 1-31 agosto, lunedì,
domenica sera

MASON VICENTINO

✉ 36064 – Vicenza (VI) – Carta regionale n° **23**–B2 – Carta stradale Michelin 562-E16

⭑○ Al Pozzo   🏠 ♿ AC ⇌

MODERNA · ELEGANTE ✗✗ Ristorante del centro storico, attiguo ad uno dei due pozzi artesiani che un tempo rifornivano d'acqua la località: ambienti curati che uniscono muri rustici e tocchi signorili, in estate c'è anche un piacevole servizio all'aperto. I piatti sono interessanti, impostati dal patron che predilige il mare.

Carta 30/85€

via Chiesa 10 – ☏ 0424 411816 – www.alpozzoilristorante.it – Chiuso 8-26 agosto, lunedì a mezzogiorno, martedì, mercoledì-sabato a mezzogiorno

MASSA

✉ 54100 – Massa-Carrara (MS) – Carta regionale n° **18**-A1 – Carta stradale Michelin 563-J12

⭑○ Il Trillo   ⇐ 🏠 AC P

MODERNA · CONTESTO CONTEMPORANEO ✗✗ Sulle colline che dominano la città, in un'antica residenza che oggi ospita anche la cantina dell'azienda vinicola di proprietà, la bella stagione permette di cenare sulla terrazza panoramica sotto i limoni. Cucina fantasiosa, eleganti presentazioni, atmosfera raffinata.

Menu 45€ – Carta 35/63€

via Bergiola Vecchia 30 – ☏ 0585 46755 – www.iltrillo.net –
Chiuso 23 dicembre-6 gennaio, lunedì, martedì-sabato a mezzogiorno

⭑○ Osteria del Borgo   🍴 🏠 AC

TRADIZIONALE · TRATTORIA ✗ Sotto le volte in pietra di questo ristorante, tra foto in bianco e nero alle pareti e un'esposizione di bottiglie d'epoca, rivivono i sapori decisi e le genuine tradizioni gastronomiche locali. Se poi amate la birra artigianale - qui - la si fa in proprio.

Menu 25/50€ – Carta 24/50€

via Beatrice 17 – ☏ 0585 810680 – Chiuso 20-28 ottobre, lunedì a mezzogiorno, martedì, mercoledì-sabato a mezzogiorno

MASSACIUCCOLI (LAGO DI) – Lucca → Vedere Torre del Lago Puccini

MASSA LUBRENSE

✉ 80061 – Napoli (NA) – Carta regionale n° **4**-B2 – Carta stradale Michelin 564-F25

🏨 Delfino   🏖 🏊 ⇐ ⇐ ⫩ 🔁 AC P

TRADIZIONALE · CLASSICO Se il suo punto di forza è la sottostante piscina sulla roccia e discesa a mare, la struttura ha tanti altri assi da calare: la pittoresca insenatura con terrazze, il panorama eccezionale sull'isola di Capri, l'impostazione classica dei suoi ambienti.

69 camere – 🛏 199/999€ – ⌂ 15€

via Nastro d'Oro 2 – ☏ 081 878 9261 – www.hoteldelfino.com –
Chiuso 4 novembre-31 marzo

a Santa Maria Annunziata Sud : 2,5 km – Carta regionale n° **4**-B2

🕸 La Torre   🏠 AC

REGIONALE · FAMILIARE ✗ I ravioli alla caprese e la millefoglie scomposta con crema chantilly sono solo due delle tante specialità partenopee di questa verace trattoria, dove il sorriso contagioso delle figlie in sala contribuisce alla piacevolezza della sosta. A pochi metri un belvedere con vista su Capri.

Specialità: Antipasto "one fire". Ravioli alla caprese. Delizia al limone.

Menu 28/35€ – Carta 25/60€

piazza Annunziata 7 – ☏ 081 808 9566 – www.latorreonefire.it –
Chiuso 13 gennaio-3 febbraio, martedì a mezzogiorno

a **Nerano - Marina del Cantone** Sud - Est : 11 km – Carta regionale n° **4**-B2

✿✿ **Quattro Passi** (Antonio e Fabrizio Mellino)

🕸 ⇆ ⭠ 🍴 🕼 AC ⟷ P

MODERNA · **CONTESTO CONTEMPORANEO** XxX Tutti i tavoli all'aperto godono della vista di una tra le più romantiche baie della costiera, mentre la cucina si fa sponsor "attivo" dell'eccellenze campane; la passione di Antonio per questo mestiere l'ha ereditata da mamma Flora - abile nel declinare la grande arte dei monzù quando cucinava presso le dimore delle nobili famiglie qui in villeggiatura - ed ora l'ha trasmessa al figlio Fabrizio che l'ha arricchita con le molteplici esperienze maturate in giro per il mondo. Piatti radicati nella memoria del luogo e riproposti con una grammatica nuova, con prodotti del proprio orto e pesce proveniente dal Mare Nostrum. L'esaustiva lista dei vini è un ulteriore motivo per affrettarsi a prenotare un tavolo.

Specialità: Croccante di triglia con spuma, arancia e rosmarino. Linguine alla Nerano, zucchine, fiori di zucca e pepe nero. Pistacchio e zafferano.

Menu 85/110 € – Carta 85/150 €

via Vespucci 13/n –
☏ 081 808 1271 - www.ristorantequattropassi.com –
Chiuso 1 novembre-15 marzo, martedì sera, mercoledì

✿ **Taverna del Capitano** (Alfonso Caputo)   🕸 ⇆ ⭠ AC 🍴

CREATIVA · **STILE MEDITERRANEO** XxX Non si sbagliò Nerone quando decise di costruire in questo scampolo di Eden una splendida villa per i suoi ozi e da cui la località mutuò – poi - il nome. Il viaggio per arrivarci non è breve, ma si è alla fine premiati con due sale affacciate su una delle più belle spiagge della costa.

Da questo mare i piccoli pescherecci portano al ristorante il pesce che troverete in tavola, talvolta di specie autoctone e poco conosciute, spesso proposto in originali elaborazioni. Tutta l'attenzione è riservata al prodotto locale, che lo chef-patron cucina rifacendosi a ricette della tradizione e del territorio alle quali aggiunge personali accenti moderni.

E come ogni percorso gastronomico che si rispetti, anche la parte enologica ha un suo spazio privilegiato, che Mariella - padrona di casa e prima donna sommelier della Campania - assicura con referenze locali, regionali e italiane.

Specialità: Pane e sgombro. I capellini freddi all' olio e prezzemolo con ristretto di pesce. I profumi della costiera.

Menu 70/110 € – Carta 80/120 €

Hotel Taverna del Capitano, piazza delle Sirene 10/11 –
☏ 081 808 1028 - www.tavernadelcapitano.it –
Chiuso 4 novembre-13 marzo, lunedì, martedì

a **Termini** Sud : 5 km – Carta regionale n° **4**-B2

❍ **Relais Blu**   ⭠ 🍴 🕼 ♿ AC P

MODERNA · **DESIGN** XxX Un posto incantevole, che raggiunge l'apice nella bella terrazza con vista su Capri mentre da ogni angolo della casa il blu del cielo e del mare vanno a braccetto col bianco degli arredi e dei muri. In tanta rilassante bellezza troverete una cucina fantasiosa e moderna, con pesce e carne, tradizione e innovazione, nonché le erbe del proprio orto.

Menu 70/100 € – Carta 80/110 €

Hotel Relais Blu, via Roncato 60 –
☏ 081 878 9552 - www.relaisblu.com –
Chiuso 1 gennaio-5 aprile, 19 ottobre-31 dicembre, lunedì

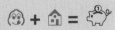

🏠 Relais Blu

LUSSO · DESIGN Piccolo, appartato, esclusivo relais in grado di coccolare i suoi ospiti con ambienti minimal-mediterranei realizzati con linee sobrie, tanto bianco e soprattutto con uno splendido panorama che vi si offre da ogni suo angolo. Non solo cucina gourmet, la struttura vanta anche un piccolo ristorante dedicato a ricette tradizionali campane.

11 camere 😄 – 🏃 245/600 € – 2 suites

via Roncato 60 – ☎ 081 878 9552 – www.relaisblu.com – Chiuso 21 ottobre-5 aprile

🍽️ **Relais Blu** – Vedere selezione ristoranti

MASSA MARITTIMA

✉️ 58024 – Grosseto (GR) – Carta regionale n° **18**–B2 – Carta stradale Michelin 563-M14

🍽️ Taverna del Vecchio Borgo

TOSCANA · CONTESTO TRADIZIONALE 🗓 Caratteristico locale, o meglio, tipica taverna ricavata nelle antiche cantine di un palazzo sorto nel Seicento. Insieme gestito con cura, specialità della cucina toscana.

Menu 30 € – Carta 35/65 €

via Parenti 12 – ☎ 0566 902167 – Chiuso 12 gennaio-2 febbraio, lunedì, martedì-domenica a mezzogiorno

a Ghirlanda Nord - Est : 2 km – Carta regionale n° **18**–C2

✿✿ Bracali

CREATIVA · ELEGANTE 🗓🗓🗓 Nel cuore delle Colline Metallifere, appena fuori Massa Marittima, i fratelli Francesco e Luca si "dividono" idealmente questo regno di ospitalità; di fatto uniscono sinergicamente le loro forze e competenze per far trascorrere agli ospiti un'esperienza a 360°. La piccola e sobria frazione di Ghirlanda nasconde, dunque, un locale d'inaspettata eleganza; il menu propone accostamenti originali, a volte lontano dalla tradizione. I capisaldi della cucina di Francesco si contano sulle dita di una mano: creare avvolgenza, estrarre i sapori, esaltare gli equilibri (vegetale-animale, grasso-acido, dolce-amaro, morbido-croccante), armonizzare gli opposti.

Specialità: Anguilla in saor. Piccione con carote e cioccolato. Lo yogurt incontra il mare.

Menu 135/190 € – Carta 130/130 €

via di Perolla 2 – ☎ 0566 902318 – www.mondobracali.it –
Chiuso 6 gennaio-10 febbraio, lunedì, domenica

MASSAROSA

✉️ 55054 – Lucca (LU) – Carta regionale n° **18**–B1 – Carta stradale Michelin 563-K12

🍽️ La Chandelle

CLASSICA · AMBIENTE CLASSICO 🗓🗓 In posizione dominante sulle colline, circondato da un fiorito e fresco giardino in cui d'estate si trasferisce il servizio, è soprattutto per i suoi piatti di pesce - oltre alla cacciagione - che questo bel locale è apprezzato. Eleganti camere, spaziose e decorate a mano, alcune panoramiche.

Carta 30/75 €

via Casa Rossa 303 – ☎ 0584 938290 – www.lachandelle.it – Chiuso 1-31 gennaio, lunedì a mezzogiorno, martedì, mercoledì-giovedì a mezzogiorno, domenica sera

Francesca Pagliai/Shutterstock.com

MATERA

✉ 75100 – Matera (MT) – Carta regionale n° **2**-D1 –
Carta stradale Michelin 564-E31

Ci piace

Nel cuore del sasso Barisano, creazioni millesimate e
rivisitazione di ricette locali portano la firma dello chef
Vitantonio Lombardo. **Dimora Ulmo**, il sapiente recupero
di un palazzo settecentesco. Le splendide terrazze del
ristorante **Regia Corte** presso l'elegante albergo diffuso
Sant'Angelo.

Per gli amanti dei dolci, tappa d'obbligo alla Pasticceria
Schiuma: uno dgli indirizzi - nel suo genere - più antichi di
Matera; una tradizione che si trasmette, rinnovandosi di
padre in figlio, fin dal 1946. Se cercate, invece, qualcosa di
rinfrescante, eccovi accontentati con i gelati artigianali del
Caffè Tripoli, a cui si aggiungono golosi pasticcini e la ricca
pralineria.

Quanthem/iStock

Ristoranti

⌂ Vitantonio Lombardo   AC

CREATIVA · CONTESTO STORICO XXX E' la nuova creatura di un ancor giovane cuoco ritornato nella sua terra d'origine. Arredo e illuminazione minimal fanno da contorno alla singolarità dell'ambiente: una grotta millenaria nel cuore del Sasso Barisano. Piatti creativi si affiancano ad una linea più territoriale, ma pur sempre rivisitata con gusto moderno. Di origini lucane, Vitantonio Lombardo ha il merito di aver portato la prima stella MICHELIN nella storia di Matera, realizzando – al tempo stesso – un suo personalissimo sogno. "Ho girato il mondo e adesso torno a cucinare nei luoghi delle mie memorie d'infanzia – racconta lo chef-patron - farò in modo che questo territorio si fonda con le influenze globali restando pur sempre un personaggio di spicco".

Specialità: Pizza in black. Miseria e Nobiltà: vitello e animella, patata e tartufo, aglianico e brace. Monte Crusko.

Menu 80/130€ – Carta 55/80€

Pianta B1-h – *via Madonna delle Virtù 13/14 – ℰ 0835 335475 – www.vlristorante.it – Chiuso 7-14 gennaio, 30 giugno-7 luglio, martedì, mercoledì a mezzogiorno*

⋔○ Le Bubbole   🛋 ♿ AC

REGIONALE · ELEGANTE XX In un raffinato ristorante tra le mura di Palazzo Gattini, dimora storica nel cuore dei Sassi, piatti elaborati di prodotti comunque lucani (per tutte le materie prime utilizzate se ne individua la tracciabilità). Nuova gestione!

Menu 35€ (pranzo), 45/130€ – Carta 55/97€

Pianta B1-g – *Hotel Palazzo Gattini, via San Potito 57/a – ℰ 0835 334358 – www.palazzogattini.it – Chiuso lunedì*

⋔○ Dimora Ulmo   🛋 AC

REGIONALE · CONTESTO STORICO XX Piatti che recuperano le tradizioni locali in chiave moderna in un antico palazzo sapientemente restaurato, la cui splendida terrazza estiva offre un'incantevole vista sui suggestivi Sassi. Cucina e sala sono affidate a due giovani professionisti locali con importanti esperienze pregresse.

Carta 55/85€

Pianta B2-d – *via Pennino 28 – ℰ 0835 165 0398 – www.dimoraulmo.it – Chiuso 3-14 febbraio, 2-20 novembre, martedì, mercoledì a mezzogiorno*

⋔○ L'Abbondanza Lucana   🛋 AC

LUCANA · CONTESTO STORICO XX All'interno di una serie di grotte o, all'aperto, nel paesaggio dei sassi, la cucina vi sorprenderà per l'abbondanza delle porzioni: soprattutto nella degustazione di antipasti, ma ancor di più per l'approfondita ricerca di prodotti e piatti lucani. Un viaggio gastronomico attraverso la Basilicata.

Carta 45/65€

Pianta B2-n – *via Bruno Buozzi 11 – ℰ 348 898 4528 – Chiuso lunedì, martedì-sabato a mezzogiorno, domenica sera*

⋔○ Baccanti   ⌂⌂ 🛋

MODERNA · CONTESTO STORICO XX In una delle zone più suggestive dei sassi, di fronte allo scenografico dirupo del parco delle chiese rupestri, il ristorante occupa gli spazi di antiche grotte, ma la cucina, pur ispirata dalle tradizioni locali, si fa più moderna, a volte creativa, sempre di ottimo livello.

Carta 45/69€

Pianta B2-h – *via Sant'Angelo 58/61 – ℰ 320 566 3533 – www.baccantiristorante.com – Chiuso 17 febbraio-7 marzo, 1-11 luglio, lunedì, domenica sera*

⋔○ Ego   ♿ AC

CREATIVA · CONTESTO CONTEMPORANEO XX A pochi passi dagli storici Sassi, un angolo moderno e contemporaneo dove gustare la cucina creativa proposta da un giovane chef con importanti esperienze alle spalle.

Carta 45/72€

Pianta A1-e – *via Stigliani 44 – ℰ 392 903 0963 - 0835/240314 – www.egogourmet.it – Chiuso martedì, mercoledì a mezzogiorno*

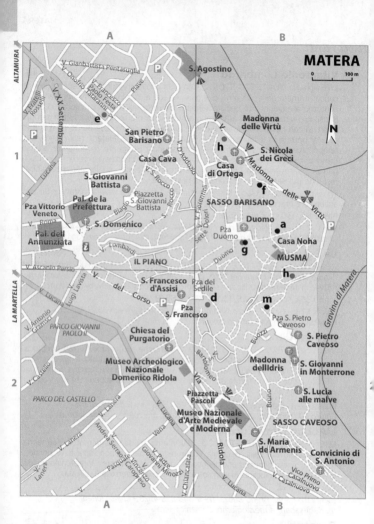

Alberghi

⌂ Palazzo Gattini

🛁 ⬳ 🛖 ⊟ ♿ AC 🏃

CASA PADRONALE · ELEGANTE Nella piazza centrale che dà sui Sassi, un albergo di lusso - già casa nobiliare riportata all'antico splendore grazie ad un accurato restauro - con centro benessere piccolo, ma fornito di tutto punto: zona relax tisaneria, bagno turco, doccia sensoriale, grande vasca idromassaggio.

16 camere 🛏 – ♟️190/600 € – 4 suites

Pianta B1-g – *Piazza Duomo, 13/14* – ✆ *0835 334358* – *www.palazzogattini.it*

🍴 **Le Bubbole** – Vedere selezione ristoranti

🏚️ Palazzo Viceconte

LUSSO · STORICO Palazzo di origine cinquecentesca nel cuore della zona storica della città dispone di ampie camere arredate con pezzi antichi e suggestive sale comuni abbellite con dipinti classici. La vista spazia a 360° sui Sassi e Gravina dalla terrazza del bar.

12 camere – 🛉🛉 160/280 € – 2 suites

Pianta B1-a – *via San Potito 7 – ℰ 0835 330699 – www.palazzoviceconte.it*

🏚️ Sant'Angelo

STORICO · CONTEMPORANEO Un concetto di ospitalità originale ed intrigante: centro nevralgico della struttura, dalla hall si diramano cortili e viottoli che portano alle varie camere, alcune aperte in grotte, dalle pareti in tufo ed eleganti arredi contemporanei. Le migliori offrono una vista mozzafiato sulla chiesa di San Pietro Caveoso. Cucina affidata ad un giovane chef pugliese che reinterpreta piatti locali e della sua regione al ristorante serale Regia Corte.

23 camere 🖙 – 🛉🛉 290/849 € – 7 suites

Pianta B2-m – *piazza San Pietro Caveoso – ℰ 0835 314010 – www.santangeloresort.it*

🏚️ Sextantio - Le Grotte della Civita

STORICO · ORIGINALE Sapiente opera di recupero di spazi antichissimi oggi trasformati, nel pieno rispetto della loro integrità strutturale, in un resort di lusso per vivere la magia di un soggiorno in grotta. Indimenticabile sala colazioni, come la camera numero 4, ricavata in un'ex chiesa rupeste.

18 camere 🖙 – 🛉🛉 250/400 € – 6 suites

Pianta B1-f – *via Civita 28 – ℰ 0835 332744 – www.sextantio.it*

MAULS · MULES – Bolzano → Vedere Mules

MAZZARÒ – Messina → Vedere Sicilia (Taormina)

MEDUNO

✉ 33092 – Pordenone (PN) – Carta regionale n° **6**–B2 – Carta stradale Michelin 562-D20

🍴 La Stella

REGIONALE · FAMILIARE 🗶 Rimane fedele alla tradizione, ai prodotti tipici della zona ed alla loro stagionalità, la cucina di questa graziosa trattoria di paese dalla brillante gestione familiare. Tutto - dal cibo al vino - viene proposto a voce!

Carta 25/60 €

via Principale 38 – ℰ 0427 86124 –
Chiuso 1-10 gennaio, 30 agosto-7 settembre, lunedì sera, mercoledì, sabato a mezzogiorno, domenica sera

MELDOLA

✉ 47014 – Forlì-Cesena (FC) – Carta regionale n° **5**–D2 – Carta stradale Michelin 562-J18

😊 Il Rustichello

REGIONALE · CONTESTO TRADIZIONALE 🗶 Trattoria appena fuori dal centro in cui rivivono i sapori della tradizione gastronomica romagnola e dove la gentile ospitalità è di casa nella giovane gestione. Specialità: mezzelune al formaggio di fossa - stinco - zuppa inglese.

Specialità: Crostini ai porcini. Tagliatelle al tartufo. Zuppa inglese.

Menu 15 € (pranzo), 25/35 € – Carta 25/40 €

via Vittorio Veneto 7 – ℰ 0543 495211 – www.ristoranteilrustichello.it –
Chiuso 15-31 agosto, lunedì

MELFI

✉ 85025 – Potenza (PZ) – Carta regionale n° **2**–A1 – Carta stradale Michelin 564-E28

La Villa   AC ⇔ P

LUCANA · ACCOGLIENTE ⅄ Ricette locali rispettose dei prodotti del territorio, in un ristorante con orto e produzione propria di uova e farina: ambiente intimo e curato, grazie alle tante attenzioni della famiglia che lo gestisce. L'ispettore ha gradito: la guancetta di maialino nero lucano brasato al moscato bianco.

Specialità: Pralina di capretto, crema di zucca e paprika agrodolce. Variazione di quaglia, bietole campestri, patate viola e peperone giallo. Cupoletta al cioccolato bianco e vaniglia, riduzione di fragole.

Menu 25/55 € – Carta 20/55 €

strada statale 303, verso Rocchetta Sant'Antonio – ☏ 0972 236008 –
Chiuso 22 luglio-3 agosto, lunedì, domenica sera

MELITO IRPINO

✉ 83030 – Avellino (AV) – Carta regionale n° **4**–C1 – Carta stradale Michelin 564-D27

Antica Trattoria Di Pietro   AC

REGIONALE · FAMILIARE ⅄ Trattoria con alle spalle una lunga tradizione familiare, giunta ormai alla terza generazione, per una cucina decisamente campana, preparata e servita con passione. Tra le specialità sicuramente le cotture alla brace - accesa pranzo e cena - nonché la selezione di formaggi.

Menu 23/27 € – Carta 25/36 €

corso Italia 8 – ☏ 0825 472010 – www.anticatrattoria-dipietro.com –
Chiuso 1-15 settembre, mercoledì

MELIZZANO

✉ 82030 – Benevento (BN) – Carta regionale n° **4**–B1 – Carta stradale Michelin 564-D25

Locanda Radici   ⇐ ⇔ 🛏 AC P

MODERNA · CONTESTO CONTEMPORANEO ⅄⅄ Chef-patron dal curriculum di spessore, nazionale ed internazionale, che valorizza i prodotti locali in chiave moderna; in un rustico caseggiato dagli interni mediterraneo-contemporanei ed immerso nel verde del Sannio, godibile dalle ampie vetrate.

Menu 25/65 € – Carta 40/57 €

strada provinciale 21, contrada San Vincenzo – ☏ 0824 944506 –
www.locandaradici.it – Chiuso 12 gennaio-2 febbraio, 20-31 luglio, lunedì, martedì,
domenica sera

La Pampa Relais 🅝   ✿ ⅋ ⇔ ☍ ⅏ AC P

CASA DI CAMPAGNA · ECOSOSTENIBILE Quasi celato dal proprio lussureggiante giardino, un indirizzo interessante: un agriturismo con annessa produzione di vino, ma anche piccolo relais di campagna a basso impatto ambientale ed alto tasso di personalizzazione. Interni shabby chic e camere dedicate - ognuna - ad un mestiere diverso (liutaio, ciabattino, fabbro...). La piccola spa e il ristorante completano i servizi che renderanno unico il vostro soggiorno.

12 camere ⌁ – ♯♯ 140/190 €

strada vicinale Boscarelle 1 – ☏ 0824 944914 – www.lapamparelais.it

MENFI – Agrigento → Vedere Sicilia

Sabinoparente/iStock

MERANO • MERAN

✉ 39012 – Bolzano (BZ) – Carta regionale n° **19**–B2 –
Carta stradale Michelin 562-C15

Ci piace

L'atmosfera vintage del ristorante **Sissi** e il suo chef
piemontese. L'eleganza dell'**Hotel Villa Tivoli** con la quiete
dei suoi bei giardini. La terrazza affacciata sul centro
storico e le passeggiate del ristorante **Sigmund**. **Castel
Fragsburg** e la sua vista mozzafiato: aggrappati ad uno
sperone di roccia!

Amanti della pasticceria, Cafe König è l'indirizzo da
segnarsi in agenda; da oltre un secolo viene reso onore
all'antica arte della pasticceria con creazioni di altissima
qualità, prodotti con i migliori ingredienti e fatti
rigorosamente a mano. Fondata nel 1857, la fabbrica di
birra Forst è nota come una delle più grandi birrerie di tutta
Italia ed è situata a Foresta (frazione di Lagundo): una
visita per scoprire il variegato universo della gustosa
bevanda è vivamente consigliata.

Dziggyfoto/iStock

Ristoranti

⊗ **Sissi** (Andrea Fenoglio) 🕸 AC ⟷

MODERNA · VINTAGE XX Nato nel 1991 in un edificio Liberty, il locale è stato trasferito sette anni dopo in via Galilei dove - oltre all'accogliente stube e una cantina con circa quattrocento etichette - l'ospite può godersi la vista del castello dalla sala principale. Un processo «in continua evoluzione e sempre teso a dare nuove forme e colori a vecchi classici» annotano gli ispettori sul loro taccuino, ma anche ambiente e arredi come ulteriore motivo d'attrazione alle proposte culinarie, perché come afferma il titolare stesso "in realtà noi non vendiamo piatti o bicchieri di vino. Vendiamo due/tre ore di vacanza".

Specialità: Baccalà.baccalà.baccalà. Cappello del prete di vitello con salsa al tartufo nero. Limoni, vaniglia, gelato alla ricotta di capra e olio d'oliva.

Menu 80/95 € - Carta 70/90 €

Pianta C1-x - *via Galilei 44* - ℰ *0473 231062* - *www.sissi.andreafenoglio.com* - *Chiuso 14 gennaio-10 febbraio, lunedì, martedì a mezzogiorno*

🍴 **Sigmund** ⇦ 🏮 ♿ AC

DEL TERRITORIO · CONTESTO TRADIZIONALE XX Pietra grezza, tavoli distanziati, rappresentazioni moderne alle pareti, per una cucina classica legata alla regione in un locale centrale e con origini storiche.

Carta 60/90 €

Pianta D2-a - *corso della Libertà 2* - ℰ *0473 237749* - *www.restaurantsigmund.it* - *Chiuso 1-29 febbraio, mercoledì*

Alberghi

🏨 **Meister's Hotel Irma** 🕭 🐾 ⇦ 🛏 🍸 🗔 📶 🎿 🎵 ♿ AC 🚗

SPA E WELLNESS · ELEGANTE Safari lodge (suite racchiusa da una tenda nel mezzo del giardino) o camera sugli alberi? Ma ci sono anche la casa principale e le dépendance - ognuna con il suo stile - un giardino con roseto, il laghetto dei cigni, la terrazza panoramica all'ultimo piano per le straordinarie colazioni, una romantica stube, nonché la più affettuosa accoglienza familiare. Ecco uno degli alberghi più belli della regione!

50 camere ⬛ - †† 172/236 € - 19 suites

Pianta B2-p - *via Belvedere 17* - ℰ *0473 212000* - *www.hotel-irma.com* - *Chiuso 4 novembre-2 aprile*

🏨 **Park Hotel Mignon**

🕭 🐾 ⇦ 🛏 🍸 🗔 📶 🎿 🎵 ♿ AC 🅰 🅿 🚗

SPA E WELLNESS · PERSONALIZZATO A due passi dal centro, ma immerso in un parco alberato e con uno straordinario centro benessere; non deluderanno neppure le camere, moderne, spesso arredate con materiali locali e una splendida terrazza-solarium.

50 camere ⬛ - †† 328/424 € - 13 suites

Pianta D2-v - *via Grabmayr 5* - ℰ *0473 230353* - *www.hotelmignon.com* - *Chiuso 12 novembre-8 aprile*

🏨 **Villa Tivoli** 🕭 🐾 ⇦ 🛏 🍸 🗔 🎵 ♿ 🅿 🚗

FAMILIARE · PERSONALIZZATO Risorsa di livello, in posizione soleggiata e isolata, connotata da un piacevole stile d'ispirazione mediterranea e da un lussureggiante parco-giardino. Nelle camere troverete un sapiente mix di antico e moderno, alcune di design contemporaneo, mentre nelle dépendance - aperte tutto l'anno - diversi luminosi (e ancor più defilati) appartamenti. Vivamente segnalate, le cinque suite recentemente create - all'ultimo piano - che godono di un'ampia vista su tutto il circondario.

24 camere ⬛ - †† 210/300 € - 9 suites

Pianta A1-x - *via Verdi 72* - ℰ *0473 446282* - *www.villativoli.it* - *Chiuso 17 novembre-15 marzo*

a Freiberg Sud - Est : 7 km per Avelengo B2 - Carta regionale n° **19**-B2

⁋○ **Prezioso** ⫷ 🛏 🛋 🕮 🅿

MODERNA · ROMANTICO XX Tra luci soffuse e begli arredi, Egon Heiss propone una cucina fortemente ancorata alla tradizione regionale, ma rielaborata in chiave moderna. Attenzione assoluta ai prodotti della zona e un'imperdibile terrazza estiva a strapiombo sulla vallata.

Menu 75 € (pranzo), 130/180 € - Carta 100/130 €

Fuori pianta - *Hotel Castel Fragsburg, via Fragsburg 3 - ℰ 0473 244071 - www.fragsburg.com - Chiuso 9 novembre-8 aprile, lunedì, martedì a mezzogiorno, domenica sera*

🏠 **Castel Fragsburg** ⇡ ⇘ ⫷ 🛏 ⬛ 🕮 ⬍ 🅿

DIMORA STORICA · PERSONALIZZATO Ad un passo dal cielo, ma fortemente radicato nella roccia è il biglietto da visita di questo splendido albergo lussuoso nelle camere ed attento al benessere dei suoi ospiti che troveranno presso la spa trattamenti moderni e preparati terapeutici realizzati con elementi raccolti manualmente in loco. Novità: postazione di avvistamento con cannocchiale per scrutare camosci e uccelli rari nella montagna circostante.

20 suites 🗟 - ⵯⵯ 400/800 €

Fuori pianta - *via Fragsburg 3 - ℰ 0473 244071 - www.fragsburg.com - Chiuso 9 novembre-8 aprile*

⁋○ **Prezioso** - Vedere selezione ristoranti

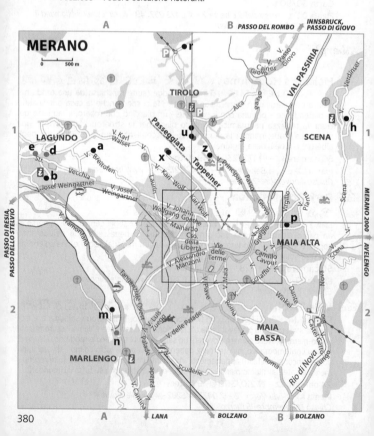

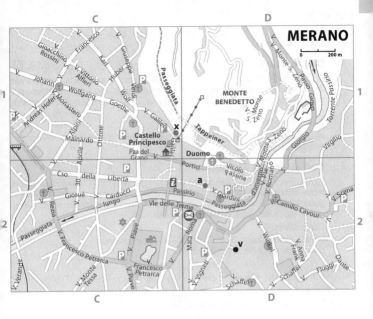

MERANO

MERCATALE - Firenze → Vedere San Casciano in Val di Pesa

MERCATO SAN SEVERINO
✉ 84085 - Salerno (SA) - Carta regionale n° **4**-B2 - Carta stradale Michelin 564-E26

✿ **Casa del Nonno 13**   🎜 🎏 AC

CREATIVA · RUSTICO ✕✕ Arrivati in questa semplice frazione, mai si sospetterebbe all'esterno la presenza di un ristorante così elegante e raffinato. Sala dopo sala, si scendono le scale fino ad arrivare nelle ex cantine del palazzo, che servivano sia per il vino che per l'olio, e il colpo d'occhio quando si è ancora in cima alle scale è davvero rimarchevole: si vede tutta la sala sotto gli alti soffitti in pietra e ad arco che termina con le vecchie cucine usate per la cottura alla griglia e sopra di queste un privé sospeso.

La proposta gastronomica è un mix tra terra e mare, innovazione e tradizione; in una carta che privilegia i prodotti campani, il pomodoro San Marzano occupa un posto di rilievo.

Specialità: Bufalo e bufalo. Spaghettone al pomodoro San Marzano. Babà.

Menu 50/70 € - Carta 51/91 €

via Caracciolo 13, località Sant'Eustachio - ✆ 089 894399 - www.casadelnonno13.it - Chiuso 1-31 agosto, martedì, domenica sera

MERCENASCO
✉ 10010 - Torino (TO) - Carta regionale n° **12**-B2 - Carta stradale Michelin 561-F5

❍ **Darmagi**   🎜 🎏 AC ↔ 🅿

REGIONALE · FAMILIARE ✕✕ Villetta in posizione defilata caratterizzata da una calda atmosfera familiare, soprattutto nella bella sala con camino. La cucina è ricca di proposte della tradizione.

Carta 28/50 €

via Rivera 7 - ✆ 0125 710094 - www.ristorantedarmagi.it - Chiuso 17 agosto-3 settembre, lunedì, martedì, mercoledì a mezzogiorno

MERGOZZO

✉ 28802 – Verbano-Cusio-Ossola (VB) – Carta regionale n° **13**–A1 –
Carta stradale Michelin 561-E7

🍴○ **La Quartina**

REGIONALE · **AMBIENTE CLASSICO** 𝕏𝕏 Alle porte della località, un piacevole locale affacciato sul lago con una luminosa sala ed un'ampia terrazza dove assaporare la cucina del territorio e specialità lacustri. Camere semplici, accoglienti, recentemente ristrutturate.

Carta 40/75€

via Pallanza 20 – ☎ 0323 80118 – www.laquartina.com – Chiuso 1 novembre-1 marzo, martedì a mezzogiorno

🍴○ **Caffetteria la Fugascina** 🛖

MODERNA · **BISTRÒ** 𝕏 Direttamente sulla piazzetta con piacevole dehors, locale-caffetteria rustico eppure curatissimo, dove potersi accomodare per gustare piatti della tradizione regionale e sapori italiani attualizzati da un'impronta moderna. Ideale anche per un aperitivo.

Carta 30/50€

*piazza Vittorio Veneto 8 – ☎ 0323 800970 – www.fugascina.it –
Chiuso 7 gennaio-7 febbraio, lunedì*

MESCO – La Spezia → Vedere Levanto

MESE – Sondrio → Vedere Chiavenna

MESIANO – Vibo Valentia → Vedere Filandari

MESSINA – Messina → Vedere Sicilia

MESTRE

✉ 30175 – Venezia (VE) – Carta regionale n° **23**–C2 – Carta stradale Michelin 562-F18

a **Chirignano** Ovest : 2 km per via Miranese

🍴○ **Ai Tre Garofani**

PESCE E FRUTTI DI MARE · **AMBIENTE CLASSICO** 𝕏𝕏 Un inaspettato angolo di eleganza nella campagna veneta unito a tocchi di calda rusticità; tanto pesce cotto in sala allo spiedo e un celebre risotto con i gò (pesce di laguna). Fresco dehors sotto il pergolato.

Carta 50/90€

via Assegiano 308 – ☎ 041 991307 – www.ristoranteaitregarofani.it – Chiuso lunedì, sabato a mezzogiorno

a **Campalto** Est : 5 km per Trieste

🍴○ **Trattoria Al Passo**

PESCE E FRUTTI DI MARE · **FAMILIARE** 𝕏𝕏 Da oltre 70 anni un avvicendarsi di generazioni appartenenti alla stessa famiglia guidano questo gradevole ristorante fuori città, nella sala interna stile marina o nella luminosissima sala-veranda vi verrà proposta una cucina a tutto pesce: crudi, cotture alla griglia, fritti e numerosi condimenti per i primi piatti. A sancire il gran finale un'ampia carta dei dessert.

Carta 40/80€

*via Passo 118 – ☎ 041 900470 – Chiuso 26 marzo-5 aprile, 5-27 agosto,
26 dicembre-3 gennaio, lunedì, martedì*

a Zelarino Nord : 2 km per Treviso

🍴 **Al Segnavento**

REGIONALE · FAMILIARE XX Una sala dai toni eleganti ed un'intera famiglia impegnata nell'attivita che potrebbe sintetizzarsi in uno slogan: "dall'azienda agricola al piatto". Frutta, verdura, ovini, maiali e un'invitante varietà d'anatre sono il fiore all'occhiello di un ristorante a chilometro zero. Per ricette piu semplici e vino alla mescita - a pochi passi - vi é il bistrot. Graziose camere per chi volesse indulgere nella sosta.

Menu 40€ (pranzo), 50/100€ - Carta 40/80€

Agriturismo al Segnavento-Fiori e Frutti, via Gatta 76/c, località Santa Lucia di Tarù - 𝒞 041 502 0075 - www.alsegnavento.it - Chiuso 1-31 gennaio, 10-23 agosto, lunedì, martedì, domenica sera

MEZZOCANALE - Belluno → Vedere Forno di Zoldo

MEZZOLOMBARDO

✉ 38017 - Trento (TN) - Carta regionale n° **19**-B2 - Carta stradale Michelin 562-D15

🍴 **Per Bacco**

REGIONALE · RUSTICO XX Il ristorante è stato ricavato nelle stalle di una casa di fine Ottocento e arredato con lampade di design; nato come wine-bar vanta una bella scelta di vini locali al calice.

Carta 36/62€

*via E. De Varda 28 - 𝒞 0461 600353 - www.ristorante-perbacco.com -
Chiuso 1-20 gennaio, 1-31 agosto, lunedì a mezzogiorno, martedì, mercoledì-sabato a mezzogiorno, domenica*

MIANE

✉ 31050 - Treviso (TV) - Carta regionale n° **23**-C2 - Carta stradale Michelin 562-E18

🍴 **Da Gigetto**

REGIONALE · FAMILIARE XX Lunga e rinomata fama di ospitalità e tradizione che si rinnova nelle proposte tanto nei classici che hanno fatto la storia del locale, quanto in piatti dalle connotazioni più contemporanee; il tutto senza abbandonare il territorio, ma con un'apertura verso le specialità ittiche. Ottima cantina con numerose sorprese e verticali!

Carta 50/60€

*via De Gasperi 5 - 𝒞 0438 960020 - www.ristorantedagigetto.it -
Chiuso 6-22 gennaio, 5-27 agosto, lunedì sera, martedì*

MILANO

"**C**apital ben vestida" nelle strofe di una celebre canzone, mai come negli ultimi tempi Milano si è valsa il titolo di madrina della cucina etnica. In nessun'altra località italiana, infatti, è possibile trovare una tale concentrazione di ristoranti che propongono specialità da ogni angolo del mondo, indirizzi che invitano ad un ideale viaggio grazie a ricette colorate e fantasiose.

Se tale fenomeno ha trovato un proprio alleato nell'Expo, è anche vero che Milano ha sempre goduto di un'allure internazionale, nonché un afflato cosmopolita. Qui si pranza a tutte le ore del giorno e della notte, in locali che dettano tendenze in giro per il mondo. Tra luci soffuse e mood newyorkese, la serata potrebbe debuttare con un signature cocktail, per poi continuare con piatti gourmet, in locali dove guardare e farsi ammirare è d'obbligo: più che in vetrina, addirittura in passarella.

Ma Milano non dimentica e nel suo caleidoscopio gastronomico assicura un posto di riguardo anche alla tradizione in trattorie e bistrot informali e conviviali. Patria della moda e del business, del design e dell'aperitivo, la città è un vero e proprio scrigno di prelibatezze per insaziabili gourmet e gourmand. Sfogliate le prossime pagine e troverete di che soddisfare la vostra curiosità, nonché l'appetito.

✉ 20123 – Milano (MI) – Carta regionale n°10
Carta stradale Michelin n° 561-F9

Tanya_F/iStock

LA NOSTRA SELEZIONE DI RISTORANTI

RISTORANTI DALLA A ALLA Z

Cultura Exclusive/Stefano Oppo/Getty Images

A TAVOLA, SECONDO I VOSTRI DESIDERI

RISTORANTI PER TIPO DI CUCINA

RobertBreitpaul/iStock

TAVOLI ALL'APERTO

AlexPro9500/iStock

EdwardShtern/iStock

LA NOSTRA SELEZIONE DEGLI ALBERGHI

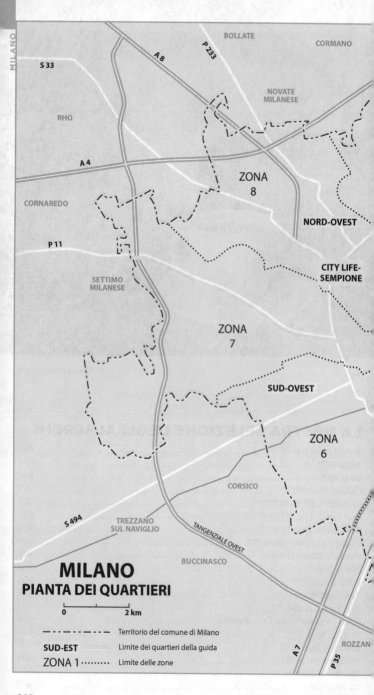

MILANO
PIANTA DEI QUARTIERI

0 — 2 km

—·—·—·— Territorio del comune di Milano

SUD-EST Limite dei quartieri della guida

ZONA 1 ·········· Limite delle zone

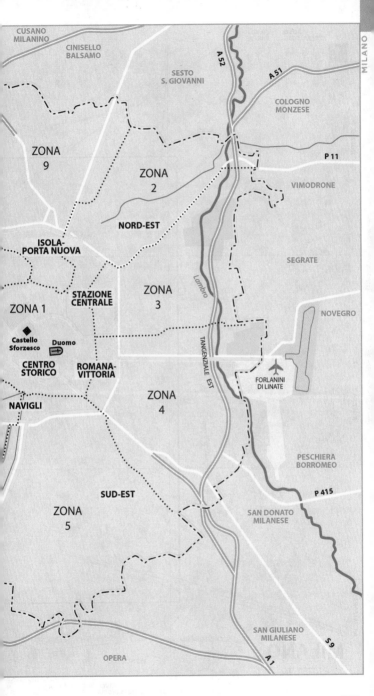

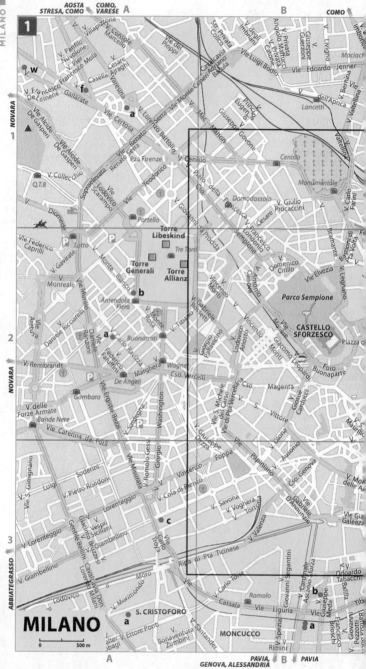

MILANO

0   500 m

394

MILANO

3

0 — 300 m

CIMITERO
MONUMENTALE

PORTA
VOLTA

V. Cenisio
V. Cenisio
V. Cenisio

V. Maffeo Eugenio
V. Giuseppe Govone
V. Privata Giovanni Calvi
V. Messina

Cso. Ciocolo
V. Francesco Crispi
V. Principe Mahon

V. della Boscala
V. Farini
V. Ugo P
V. Guglie

V. Cenisio
p

Buiana
Cso.
Cso. Sempione
V. Arona
Losanna
Castelvetro
V. Ludovico
c
h
V. Fratelli Induno
Giacomo
Sorani
V. Niccolò Monviso
f
Giulio
g
Paolo Cesare
Tartaglia
V. Aleardo Aleardi
V. Giovanni Battista Bertini
Lomazzo
Procaccini
Messina
V. Giovanni Battista Niccolini
V. Bramante
V
s
Sarpi
V. Bramante
Vle Montello
Bastioni di Pta Volta

V. Luigi Nono

V. Carlo Farini
V. Pietro Maroncelli
V. Giuseppe Ferrari
Vle Frani

V. Domodossola
Cso. Sempione
P
Piazza
Gramsci
V.
V. Luigi Canonica
b
V. Varese

V. Severino Boezio
Francesco Ferrucci
Sempione
V. Francesco Melzi D'Eril
V. Luigi Canonica
V. Bramante
Mosc

V. Cassiodoro
Vle
V. Ippolito Nievo
V. Luca Comerio
V. Andrea Massena
Vle Sempione
V. Abbondio Sangiorgio
Niccolò Machiavelli
Canova
V. Mario Pagano
Arco della Pace
Apostolo Bertani
Giorgio Byron
Vle Elvezia
Arena
Legnano
Corso Garibaldi
V. F.
V
S. Simplicia

Piazza
Giovanni
XXIII
Torre
Branca
Parco Sempione
Lanza
c
V. Mercato

Largo
Carabinieri
d'Italia
V. Gabriele Rossetti
V. Vincenzo
V. Quinto Alpini
Lgo. V. Mario Pagano
V. Giuseppe Revere
V. Pietro Tamburini
Triennale
Design Museum
Pal. d'Arte
Pza del
Carmine

V. Alberto da Giussano
V. Mario
Pagano
V. Aristeo
Castello
Sforzesco
Buonaparte
V. Cusa

V. Paolo Giovio
Guido
d'Arezzo
V. Giuseppe Aurelio Saffi
V. Giacomo
Leopardi
Cadorna
Cairoli
Foro
V. Dante

V. Andrea Verga
V. Bartolomeo Panizza
Conciliazione
CENACOLO
V. Canadoso
V. Giovanni Boccaccio
V. Vincenzo Monti
V. Giosuè Carducci
Palazzo
Litta
Teatro
dal Verme
Piccolo
Teatro
Meravigli
V. Boromei

z
Cso. Corso
Magenta
Magenta
S. Maria
d. Grazie
f
S. Maurizio
V.

V. Pier Vercellina
s
V. Matteo Bandello
V. Bernardino Zenale
Museo Civico
Archeologico
V. Sta
Valeria
V. Sant'Orsola
V. S. Maurilio

San Vittore
al Corpo
SANT'AMBROGIO
Sant'Ambrogio
V. Cappuccio
V. Lanzone

Lipari
V. Giuseppe Coni Zugna
Vle Papiniano
Museo della Scienza
e della Tecnologia
Leonardo da Vinci
V. del Carroccio
V. Olona
V. Edmondo
V. Ausonio
V. Cesare Correnti
Stampa

Vle Coni Zugna
Dezza
Vle Numa Pompilio

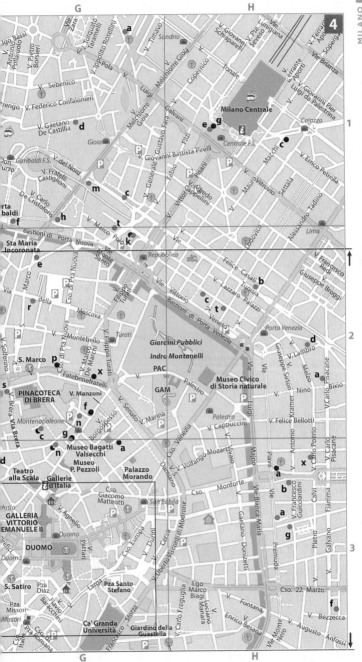

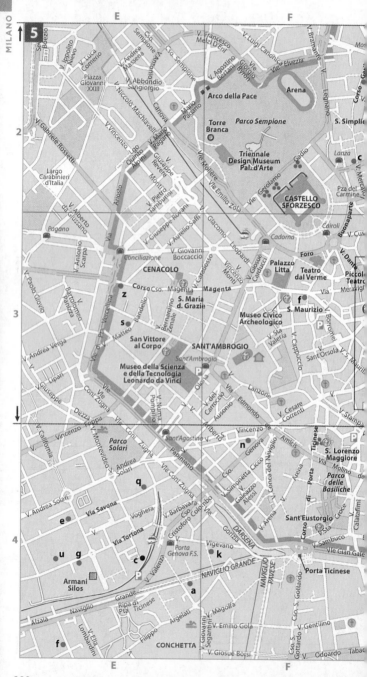

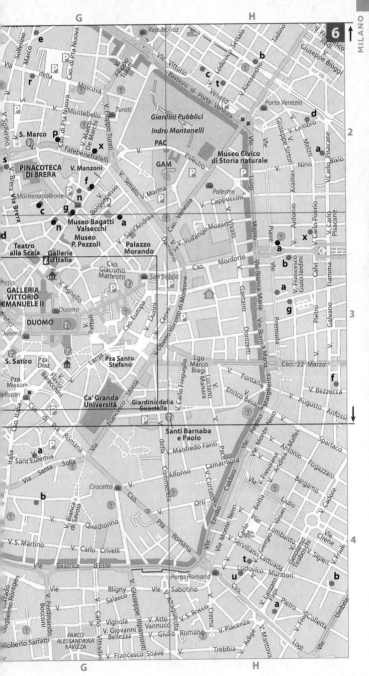

MILANO
Milano (MI)

Ci piace

Il fascino della Galleria Vittorio Emanuele II nelle sue migliori declinazioni gastronomiche, da **Cracco** a **Spazio Niko Romito**. Non solo ristoranti, ma anche aperitivi e dopo cene sulla terrazza del **Ceresio 7** e al lounge bar dell'hotel **Armani**. **Wicky's Wicuisine** e la sua cucina giapponese fusion. Talvolta prenotare non è semplice, ma il ristorante **Trippa**, in zona Porta Romana, è uno dei nostri indirizzi favoriti per rapporto qualità/prezzo.

Il Massimo del Gelato, in zona corso Sempione, una delle migliori gelaterie d'Italia; straordinaria la scelta alla frutta – mandorla e pistacchio in primis – ma una decina di gusti al cioccolato mandano in visibilio i clienti. Patti, panificio biellese con due sedi milanesi (in via Giorgio Giulini, zona Cairoli e Cadorna) per comprare degli ottimi grissini, leggeri e fragranti. Cantine Isola, storica enoteca milanese in via Paolo Sarpi 30. Nottingham Forest, per la selezione di cocktail.

scaliger/iStock

V. Lombardo/robertharding/Getty Images

Centro Storico

Ristoranti

✿✿✿ Seta by Antonio Guida

❀ 유 ᖚ AC

CREATIVA · DESIGN XxxX Le origini sono pugliesi, ma il suo cuore ormai batte per la città della Madonnina! Classica e moderna, leggera ma nel contempo lussureggiante, la cucina di Guida, può permettersi d'interagire con terra e mare, sapori del nord e profumi del sud, spunti nazionali ed influenze esotiche: lui, salentino, che ha una predilezione smaccatamente nordica per le salse presenti in tanti suoi piatti. Ma è nel dessert, che lo chef rende omaggio alla città di adozione dedicandole un Campari con pompelmo e ciliegia bianca. La carta dei vini è sontuosa e stracolma di grandi etichette.

Specialità: Animella di vitello con rabarbaro allo sciroppo di acero, mango, pompelmo e liquirizia. Agnello alle erbe con polenta al nero di seppia e peperone farcito. Ananas con nocciola, tapioca al frutto della passione, gelato allo zenzero e pepe.

Menu 70 € (pranzo), 90/230 € – Carta 110/150 €

Pianta 6 G3-n – *Hotel Mandarin Oriental Milano, via Monte di Pietà 18*
Ⓜ *Montenapoleone* – ℰ *02 8731 8897 – www.mandarinoriental.com –*
Chiuso 1-7 gennaio, 6-26 agosto, domenica

✿✿ Vun Andrea Aprea

❀ ᖚ AC ⇆

MODERNA · ELEGANTE XxxX "Vun" per i milanesi significa "uno" e per tutti quelli che prenotano un tavolo qui – italiani e non (tanti!) – unica è l'esperienza gastronomica di questo ristorante milanese elegante e cosmopolita, privo di colori, ricco di tendaggi. Sapienza e passione animano Andrea Aprea, chef partenopeo che porta in tavola il meglio delle proposte gastronomiche del Bel Paese e qualche piatto rivisitato in chiave contemporanea, ma che – immediatamente – riconduce alla sua solare terra. Due le degustazioni: Percorsi partenopei e Viaggiando da nord a sud. Il suo signature dish? Caprese "dolce salato"!

Specialità: Caprese dolce salato. Ri-sotto-marino. Gianduia e lamponi.

Menu 160/315 € – Carta 120/150 €

Pianta 7 J1-n – *Hotel Park Hyatt Milano, via Silvio Pellico 3* Ⓜ *Duomo –*
ℰ *02 8821 1234 – www.ristorante-vun.it – Chiuso 1-6 gennaio, 4-31 agosto, lunedì,*
martedì-sabato a mezzogiorno, domenica

✿ Cracco

❀ ᖚ AC ⇆

MODERNA · ELEGANTE XxxX Proprio di fronte all'Ottagono, l'ingresso si apre fra i tavolini del bistrot, caffetteria, pizzeria, pasticceria, da qui si prende l'ascensore per salire al primo piano dove si trova il ristorante gourmet. Dall'elegante ingresso si apre una successione di tre salette, fumoir e privé, che accolgono i clienti, fra stucchi, affreschi, opere di Fontana e Pomodoro, con i tavoli più ambiti vicino alle finestre.

Il secondo piano dedicato a cerimonie private, è altrettanto affascinante; la cantina, la cui visita è vivamente consigliata, si apre sotto il camminamento della Galleria.

Il menu alterna proposte creative come la zuppa di pesce in crosta e tuorlo d'uovo marinato con asparagi verdi e tartufo nero, a piatti più classici veri e propri baluardi della tradizione, quali il riso mantecato alla zafferano, midollo alla piastra e ragù di fegatini.

Specialità: L'uovo in nero: uovo soffice di montagna impanato, crema di mandorle, tartufo nero e caviale. Quaglia farcita agli asparagi verdi e frattaglie, agretti al pepe verde. Selezione di frutta ghiacciata.

Menu 195€ – Carta 135/165€

Pianta 7 J1-r – *Galleria Vitttorio Emauele II* *Duomo* – *✆ 02 876774 – www.ristorantecracco.it – Chiuso 9-29 agosto, 22 dicembre-12 gennaio, sabato sera, domenica*

✿ Il Ristorante Trussardi alla Scala ⨾ ⅙ 🅰🅲

MODERNA · LUSSO ✕✕✕ Un bergamasco nella città della Madonnina e ai fornelli del civico 5 di piazza della Scala: palazzo Trussardi. L'indirizzo è sicuramente una delle grandi tavole meneghine vivamente consigliate dagli ispettori. Il menu porta la firma del nuovo chef Paolo Benigni che, dopo aver dato prova di notevole maestria presso altre tavole stellate, conquista il pubblico – non di melomani, ma di fini gourmet - con una cucina creativa su base regionale. La stagionalità dei prodotti è per il cuoco più che un'attenzione, quasi un dogma!

Specialità: Spaghetti di Gragnano, cacio, pepe e ricci di mare. Piccione in casseruola al "Bellini". Meringa, panna e fragoline di bosco.

Menu 160€ – Carta 80/157€

Pianta 7 J1-d – *piazza della Scala 5 (palazzo Trussardi)* *Duomo – ✆ 02 8068 8201 – www.trussardiallascala.com – Chiuso 1-6 gennaio, 10-23 agosto, 19-31 dicembre, sabato a mezzogiorno, domenica*

✿ Felix Lo Basso ⟨ 🏠 ⅙ 🅰🅲

CREATIVA · CONTESTO CONTEMPORANEO ✕✕✕ Considerati i trascorsi dello chef non c'è da stupirsi se la sua cucina sia un ideale trait d'union tra nord e sud, tra terra e mare. Nativo di Molfetta e quindi con un occhio di riguardo per le specialità ittiche, Felice fa tesoro dell'esperienza maturata tra le Dolomiti e, quindi, non stupitevi di alcune singolari proposte della carta. Simpatici anche i menu degustazione, come "Viaggio in Puglia" o il "gusto del mare": un percorso di ricette ispirate a ciò che lo chef più ama e che maggiormente lo rappresenta.

Specialità: La parmigiana di mia mamma in un risotto. Polpo arrosto in salsa barbecue, spuma alle erbe e croccante di peperone crusco. Chiccocremoso al mascarpone e cuore al caffè, tapioca al cacao.

Menu 130/170 € – Carta 98/150 €

Pianta 7 J1-b – *Hotel Townhouse Duomo, piazza Duomo 21 (5° piano)* Ⓜ *Duomo* – ℰ *02 4952 8914* – *www.felixlobassorestaurant.it* –
Chiuso 1-10 gennaio, 10-25 agosto, lunedì a mezzogiorno, sabato a mezzogiorno, domenica

⅋ IT Milano Ⓜ   AC

CONTEMPORANEA · ELEGANTE XXX Se la sala, frequentata da una clientela elegantissima, rappresenta la quintessenza dell'atmosfera contemporanea e minimalista tipicamente milanese, sulla cucina soffia un vento meridionale. È infatti il cuoco bistellato Gennaro Esposito di Vico Equense a darne l'indirizzo. Stile inconfondibile, incantevole, a tratti geniale, i piatti sono incentrati su un prodotto principale con poche ma sorprendenti aggiunte, che creano proposte di grande armonia tra sapori opposti che sembrano cercarsi con freschezza ed originalità.

Specialità: Alici alla beccafico. Ventresca di tonno e salsa alla puttanesca. Tartelletta ai frutti rossi e gelato al kefir di bufala.

Menu 41 € (pranzo)/80 € – Carta 59/89 €

Pianta 3 F2-b – *Via Fiori Chiari 32* Ⓜ *Lanza* – ℰ *02 9997 9993* – *www.itrestaurants.com* –
Chiuso 3-28 agosto, domenica

⅋○ Armani   ⇐ & AC ⟷

MODERNA · LUSSO XXX All'insegna di piatti dall'eleganza contemporanea e a volte ricercata, al settimo piano di un palazzo interamente consacrato al mondo Armani, vista sulla città, marmo nero e onice retroilluminata sono il contorno di un ambiente esclusivo e alla moda.

Menu 45 € (pranzo), 110/150 € – Carta 45/170 €

Pianta 6 G2-f – *Armani Hotel Milano, via Manzoni 31* Ⓜ *Montenapoleone* – ℰ *02 8883 8702* – *www.armanihotelmilano.com* –
Chiuso 1-7 gennaio, 2-31 agosto, 27-31 dicembre, lunedì sera, domenica

⅋○ Don Carlos   & AC

MODERNA · ROMANTICO XXX Il tributo che il Grand Hotel dedica a Verdi si accompagna nelle piccole sale del Don Carlos ad un omaggio alla cucina milanese e italiana. In un susseguirsi di bozze, immagini e quadri dedicati al mondo della lirica, per i melomani il ristorante è un appuntamento imperdibile una volta terminati gli spettacoli nella vicina Scala. Ideale anche per una piacevole serata romantica.

Carta 78/119 €

Pianta 6 G2-g – *Grand Hotel et de Milan, via Manzoni 29* Ⓜ *Montenapoleone* – ℰ *02 7231 4640* – *www.ristorantedoncarlos.it* –
Chiuso 1-31 agosto, lunedì-domenica a mezzogiorno

⅋○ Il Ristorante Niko Romito   🛏 🌣 & AC ⌂

MODERNA · DI TENDENZA XXX Con affaccio su uno dei giardini più belli della città, Il Ristorante Niko Romito porta a Milano il concept gastronomico elaborato appositamente per i Bulgari Hotels del mondo: un tour tra i grandi classici della cucina italiana aggiornati e resi contemporanei in linea con la filosofia dello chef. Dall'antipasto all'italiana – con tanti piccoli assaggi da condividere - alla lasagna, dalla costoletta di vitello alla milanese al tiramisù, il menu è un omaggio alla bellezza e allo stile della maison, declinati anche attraverso l'elegante mise en place e la ricca cantina.

Carta 75/140 €

Pianta 6 G2-c – *Hotel Bulgari, via Privata Fratelli Gabba 7B* Ⓜ *Montenapoleone* – ℰ *02 805 8051* – *www.bulgarihotels.com*

Sushi B ⛩ 🗚

GIAPPONESE · MINIMALISTA XXX Locale neo glam che si presenta estremamente elegante nel suo minimalismo orientale; molto bello il bar all'ingresso per la zona aperitivo, mentre al primo piano si sviluppa il ristorante vero e proprio con tavoli ben distanziati e la possibilità di mangiare al banco del teppanyaki, in cui - un vetro trasparente - separa la zona cottura dagli ospiti. Delizioso il giardino verticale che abbellisce il dehors estivo.

Menu 14 € (pranzo)/35 € – Carta 50/130 €

Pianta 6 G2-s – *via Fiori Chiari 1/A – ℰ 02 8909 2640 – www.sushi-b.it – Chiuso domenica*

La Brisa 🕸 ⛩

MODERNA · CONTESTO TRADIZIONALE XX Due sale, di cui la più caratteristica in una veranda nella corte interna del palazzo, la cucina incanta con fegato grasso e risotti, pescato del giorno e maialini da latte iberici.

Menu 34 € (pranzo)/58 € – Carta 42/83 €

Pianta 5 F3-f – *via Brisa 15 🚇 Cairoli Castello. – ℰ 02 8645 0521 – www.ristorantelabrisa.it – Chiuso 9 agosto-2 settembre, 24 dicembre-6 gennaio, sabato, domenica a mezzogiorno*

Giacomo Arengario ≼ ⛩ 🗚

MEDITERRANEA · ELEGANTE XX Ristorante con vista: sì, ma in questo caso senza compromessi! All'interno del museo del Novecento, Giacomo Arengario gode di un affaccio privilegiato sulle guglie del Duomo, soprattutto dalla sua bella terrazza estiva; la cucina è di stampo contemporaneo con pari attenzione per mare e terra. Il servizio inizia alle 12 ed è sempre possibile ordinare alla carta fino alla chiusura serale.

Carta 60/110 €

Pianta 7 J2-b – *via Guglielmo Marconi 1 – ℰ 02 7209 3814 – www.giacomoarengario.com*

Nobu Milano ⛫ 🗚 ♿

FUSION · MINIMALISTA XX Lounge al pian terreno e ristorante vero e proprio al primo, raggiungibile con ascensore: linee pure, elegantemente minimaliste nel più tipico stile Armani, ma allo stesso tempo echi nipponici, in un locale che ha "gemelli" sparsi per il mondo. La sua cucina fusion giappo-sudamericana, da un paio d'anni, si è arricchita di influenze mediterranee.

Menu 45 € (pranzo), 85/120 € – Carta 69/120 €

Pianta 6 G2-n – *via Pisoni 1 🚇 Montenapoleone – ℰ 02 6231 2645 – www.noburestaurants.com – Chiuso 9-16 agosto, 24-27 dicembre, domenica a mezzogiorno*

Voce Aimo e Nadia 🆕 🗚

ITALIANA CONTEMPORANEA · DI TENDENZA XX All'interno dei palazzi storici in cui ha sede il Museo delle Gallerie d'Italia, VOCE Aimo e Nadia è un trittico in cui si intrecciano cibo, cultura e arte in tre diversi ambienti: la libreria dove trovare testi dedicati all'arte, la caffetteria, sempre aperta al pubblico, un ristorante gourmet e alla moda.

Carta 60/80 €

Pianta 7 J1-a – *Piazza della Scala 6 🚇 Duomo – ℰ 02 4070 1935 – www.voceaimoenadia.com – Chiuso domenica*

Wicky's Wicuisine ⛫ 🗚 ♿

GIAPPONESE · DESIGN XX L'atmosfera, contemporanea ed essenziale, è quella tipica dei ristoranti giapponesi, ma la cucina vi sorprenderà, proponendo un magico matrimonio tra classici nipponici ed ingredienti mediterranei, tra estetica e sapori. Due sale: una con vetrine sulla strada, l'altra con cucina a vista e banco sushi, dove la sera il cuoco serve un menu degustazione per i clienti che vogliono affidarsi all'improvvisazione del suo estro creativo.

Menu 40 € (pranzo), 98/130 € – Carta 49/135 €

Pianta 7 J2-a – *corso Italia 6 🚇 Missori – ℰ 02 8909 3781 – www.wicuisine.it – Chiuso 9-23 agosto, lunedì a mezzogiorno, sabato a mezzogiorno, domenica*

❁○ Al Mercato   ♿ A/C

MODERNA · SEMPLICE ✗ Nella prima piccolissima sala - intima e ben arredata - cucina gourmet, a cena, e, a pranzo, carta light con aggiunta di alcuni piatti presenti nel menu della sera (solo su prenotazione), nonché variazioni sul tema dell'hamburger. Nell'altra area del locale, il dinamico Burger Bar (senza prenotazione e con tempi d'attesa, talvolta, un po' importanti), propone street food e l'immancabile hamburger.

Menu 25€ (pranzo), 50/110€ – Carta 30/90€

Pianta 6 G4-a – *via Sant'Eufemia 16* Ⓜ *Missori* – ℰ *02 8723 7167* –
www.al-mercato.it – Chiuso 10-27 agosto, lunedì

❁○ Rovello 18   🕸 A/C

ITALIANA · VINTAGE ✗ Ambiente semplice per una cucina che punta su un'attenta selezione delle materie prime, presentate senza troppe elaborazioni. Dal menu fanno capolino alcune specialità milanesi, sebbene la maggior parte dei piatti sia d'impronta classico-italiana.

Carta 42/100€

Pianta 5 F2-c – *via Tivoli 2, ang. corso Garibaldi* Ⓜ *Lanza* – ℰ *02 7209 3709* –
www.rovello18.it – Chiuso 1-6 gennaio, 10-27 agosto, 24-26 dicembre, domenica a mezzogiorno

❁○ Spazio Niko Romito Milano   A/C

CREATIVA · DESIGN ✗ All'ultimo piano del Mercato del Duomo, con vista sulla piazza e sulla Galleria Vittorio Emanuele II, Spazio porta a Milano un'offerta gastronomica contemporanea e italiana, nata dall'incontro tra la creatività di Niko Romito e la passione della chef Gaia Giordano. In sala l'atmosfera è accogliente e curata, sia nell'arredo degli interni che nel profilo del servizio.

Carta 40/65€

Pianta 7 J1-m – *galleria Vittorio Emanuele II (3° piano del Mercato del Duomo)*
Ⓜ *Duomo* – ℰ *02 878400 – www.spazionikoromito.com – Chiuso 13-27 agosto*

Alberghi

🏨 Armani Hotel Milano   ← 🛁 🔒 ⑆ & A/C 🏋

GRAN LUSSO · MINIMALISTA Nel rigore di un austero edificio del 1937, espressione più pura dello stile Armani, un'ospitalità innovativa curata da lifestyle manager che assistono ospiti e non clienti. Lussuosa spa di oltre 1000 metri quadrati e camere molto ampie.

95 camere – ⛊ 600/2000€ – ⚏ 46€ – 32 suites

Pianta 6 G2-f – *via Manzoni 31* Ⓜ *Montenapoleone* – ℰ *02 8883 8888* –
www.armanihotelmilano.com

❁○ **Armani** – Vedere selezione ristoranti

🏨 Four Seasons Hotel Milano   🍴 🖥 🎰 🛁 🔒 ⑆ & A/C 🏋 🚗

GRAN LUSSO · CLASSICO Avvolto in una suggestiva atmosfera, l'hotel è riuscito a creare una perfetta simbiosi tra i dettagli architettonici della struttura originaria (un convento del '400) e l'elegante design contemporaneo. Non stupitevi quindi di trovare nelle stupende camere - ricavate dalle spartane celle monastiche – il meglio della tecnologia moderna.

68 camere – ⛊ 700/4000€ – ⚏ 35€ – 25 suites

Pianta 6 G3-a – *via Gesù 6/8* Ⓜ *Montenapoleone* – ℰ *02 77088* –
www.fourseasons.com/milan

🏨🏨 , 🏨 , 🏠 , 🏡 , 🏠 & 🏚

Grand Hotel et de Milan

GRAN LUSSO · STORICO Oltre un secolo e mezzo di vita per questo hotel che ha ospitato grandi nomi della musica, del teatro, del cinema e della politica nei suoi raffinati e suggestivi ambienti. Luminoso ristorante dedicato al tenore che in questo albergo registrò il suo primo disco.

86 camere – ♥♥ 365/870 € – ☰ 35 € – 8 suites

Pianta 6 G2-g – *via Manzoni 29* Ⓜ *Montenapoleone* – ℰ *02 723141 -* *www.grandhoteletdemilan.it*

IO **Don Carlos** – Vedere selezione ristoranti

Bulgari

BOUTIQUE HOTEL · DESIGN Contornato da un bellissimo giardino (plus assoluto per Milano centro!), progettato da un noto architetto paesaggista, Bulgari è un tributo all'hôtellerie di lusso. Colori caldi e materiali preziosi nelle camere, nonché una delle più belle spa della città, dove l'hammam in vetro verde ricorda uno smeraldo.

47 camere – ♥♥ 600/1500 € – ☰ 45 € – 11 suites

Pianta 6 G2-c – *via privata Fratelli Gabba 7/b* Ⓜ *Montenapoleone* – ℰ *02 805 8051 - www.bulgarihotels.com*

IO **Il Ristorante Niko Romito** – Vedere selezione ristoranti

Mandarin Oriental Milano

GRAN LUSSO · DESIGN Quattro diversi edifici riuniti sotto un'unica insegna compongono un affascinante albergo, dove l'eccellenza del servizio e la qualità del design nelle camere hanno pochi rivali in centro città, come le dimensioni della piscina che si raggiunge attraverso un suggestivo percorso. Per chi predilige una ristorazione più semplice, il Mandarin Bar & Bistrot offre un'ampia scelta di gustosi piatti essenziali italiani, nonché sandwich ed insalate.

104 camere – ♥♥ 650/900 € – ☰ 35 € – 19 suites

Pianta 6 G3-n – *via Andegari 9* Ⓜ *Montenapoleone* – ℰ *02 8731 8888 - www.mandarinoriental.com*

✿✿ **Seta by Antonio Guida** – Vedere selezione ristoranti

Park Hyatt Milano

LUSSO · CONTEMPORANEO In un palazzo del 1870, il design contemporaneo abbraccia ed accoglie i migliori confort moderni: camere ampie e bagni altrettanto spaziosi. Dalla prima colazione alla cena, ci si può accomodare al bistro lounge La Cupola, mentre Mio Lab è il nuovo cocktail bar.

90 camere – ♥♥ 700/2500 € – ☰ 42 € – 16 suites

Pianta 7 J1-n – *via Tommaso Grossi 1* Ⓜ *Duomo* – ℰ *02 8821 1234 - milan.park.hyatt.com*

✿✿ **Vun Andrea Aprea** – Vedere selezione ristoranti

Palazzo Parigi

GRAN LUSSO · ELEGANTE Nel cuore di Brera a 400 metri da via Montenapoleone e dalle principali attrazioni - il Teatro alla Scala e il Duomo - l'hotel affascina con i suoi spazi maestosi illuminati da luce naturale, arredi raffinati e lussuose camere che offrono suggestive viste sulla città. Oasi di 1700 m² d'ispirazione moresca, la Grand Spa consta di otto cabine a tema, piscina e hammam privato. Viaggio nei sapori della tradizione culinaria italiana presso il Ristorante Gastronomico.

67 camere – ♥♥ 600/2000 € – ☰ 40 € – 28 suites

Pianta 6 G2-p – *corso di Porta Nuova 1* – ℰ *02 625625 - www.palazzoparigi.com*

Rosa Grand Starhotels Collection

PALACE · CONTEMPORANEO Nel cuore di Milano, risorsa il cui interno ruota attorno alla corte, replicando forme semplici e squadrate, unite ad una naturale ricercatezza. Confort ed eleganza sono presenti in tutte le camere, ma solo da alcune è possibile ammirare le guglie del Duomo.

326 camere – ♥♥ 1500/1800 € – ☰ 22 € – 5 suites

Pianta 7 K1-v – *piazza Fontana 3* Ⓜ *Duomo* – ℰ *02 88311 - www.starhotelscollezione.com*

Sina The Gray 🏠 ⊡ ⟐ 🅰🅲

BOUTIQUE HOTEL · PERSONALIZZATO Camere diverse fra loro, tutte da scoprire nei loro dettagli di pregio, alcune soppalcate, tre con vista sulla Galleria, per questa struttura che brilla per piacevolezza: quindi "Gray" solo nel nome! Le Noir è il ristorante all'interno dell'albergo dall'atmosfera notturna e cucina mediterranea.

19 camere – 🛏 300/900 € – � 33 € – 2 suites

Pianta 7 K1-g – *via San Raffaele 6* Ⓜ *Duomo –*
🕿 *02 720 8951 – www.sinahotels.com*

Townhouse Duomo ⟨ ⊡ ⟐ 🅰🅲

LUSSO · CENTRALE Albergo lussuoso che ha nella vista sul Duomo di Milano e sulla splendida omonima piazza il suo vero gioiello: se ne godrà dalle lussuose camere (tutte al 3° piano), disegnate da diversi architetti ma anche dal terrazzino delle colazioni (al 1° piano) che vi propone le guglie secolari a portata di mano.

17 camere – 🛏 400/5000 € – ⊡ 28 €

Pianta 7 J1-e – *via Silvio Pellico 2* Ⓜ *Duomo –*
🕿 *02 4539 7600 – www.townhousehotels.com*

❀ **Felix Lo Basso** – Vedere selezione ristoranti

Milano Scala 🏠 ⮗ ⊡ ⟐ 🅰🅲 ⚐

BOUTIQUE HOTEL · PERSONALIZZATO Albergo di charme, a propensione ecosostenibile, nato nel 2010. Gli ambienti comuni offrono un'atmosfera di stile e se il ristorante propone un'originale cucina "green" con ingredienti freschi provenienti dai produttori del Parco del Ticino e dal magnifico orto sul tetto dell'hotel, lo Sky Terrace Bar Milano Scala – completamente rinnovato – si fa intrigante location per aperitivi con vista a 360° sulla città (aperto ai clienti interni ed esterni alla struttura).

58 camere ⊡ – 🛏 250/700 € – 4 suites

Pianta 6 G3-d – *via dell'Orso 7* Ⓜ *Cairoli –*
🕿 *02 870961 – www.hotelmilanoscala.it*

Cavour 🏠 ⮗ ⊡ ⟐ 🅰🅲 ⚐

TRADIZIONALE · CLASSICO Preziosi i materiali usati, dai pavimenti alle boiserie, in questo albergo di sobria eleganza, poco distante dai principali siti d'interesse socio-culturale della città. Al ristorante una linea "brasserie" (h. 11-19) a prezzi contenuti.

119 camere ⊡ – 🛏 128/950 € – 7 suites

Pianta 6 G2-x – *via Fatebenefratelli 21* Ⓜ *Turati –*
🕿 *02 620001 – www.hotelcavour.it*

Spadari al Duomo ⊡ 🅰🅲

TRADIZIONALE · CONTEMPORANEO Soggiornare allo Spadari significa pernottare in una moderna struttura del centro, che omaggia con discrezione il mondo dell'arte di cui i proprietari sono appassionati collezionisti: camino di Giò Pomodoro nella hall, mobili unici e studiato gioco di luci. Alcune camere si affacciano sulle guglie del Duomo, altre sono dotate di balconcino.

39 camere ⊡ – 🛏 230/480 € – 1 suite

Pianta 7 J2-f – *via Spadari 11* Ⓜ *Duomo –*
🕿 *02 7200 2371 – www.spadarihotel.com*

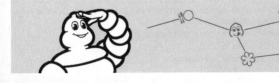

V. Valletta/AGF Foto/Photononstop

Ristoranti

✿ Berton

🦖 ♿ AC

CREATIVA · DESIGN ✗✗✗ Nel cuore di Porta Nuova, un'intera parete vetrata filtra luce su una sala di eleganza contemporanea e raffinata, in linea con i caratteri del nuovo e avveniristico quartiere. La cucina continua ad essere incentrata intorno a pochi ingredienti per piatti volutamente essenziali, ma non minimalisti. L'impostazione è creativa e moderna; i prodotti provengono da diverse parti d'Italia e latitudini, senza un riferimento territoriale preciso, mentre il servizio si fa ricordare per professionalità, precisione e competenza.

Specialità: Gamberi rossi di Sicilia crudi e cotti, amaranto croccante, olio di oliva taggiasca e sorbetto alla barbabietola. Merluzzo in 2 servizi, ravioli di patate in brodo di merluzzo e trancio con crema allo zafferano. Uovo di yogurt e mango.

Menu 45€ (pranzo), 130/140€ – Carta 45/120€

Pianta 4 G1-c – via Mike Bongiorno 13 Ⓜ Gioia –
☏ 02 6707 5801 – www.ristoranteberton.com – Chiuso 8-31 agosto,
26 dicembre-8 gennaio, lunedì a mezzogiorno, sabato a mezzogiorno, domenica

✿ Viva Viviana Varese

♿ AC

CREATIVA · DESIGN ✗✗✗ Dopo la pausa estiva l'insegna conosciuta come Alice si presenta con un nuovo nome - VIVA Viviana Varese – ed un light restyling per rendere l'accoglienza ancora più conviviale, in virtù anche di un'arricchita proposta di cocktail. Al secondo piano di Eataly, le postazioni più ambite sono il tavolo "social" in legno fossile affacciato sulla cucina a vista, così come quelli sistemati lungo la parete vetrata con vista sulla piazza. Piatti vibranti ed originali, il desiderio di stupire si allea al talento della cuoca. La cucina è sempre più viva grazie anche al nuovo orto. A pranzo: carta semplice o menu degustazione gourmet.

Specialità: Spugna: cozze al burro nocciola acidulo su soffice crema di mandorla ed estratto di dragoncello. Super: superspaghettino con brodo affumicato di pesce, julienne di calamaro, vongole, polvere di tarallo e limone candito. Soufflé al limone di Amalfi, ganache al limone e cioccolato fondente.

Menu 45€ (pranzo), 80/150€ – Carta 87/150€

Pianta 4 G1-f – piazza XXV Aprile 10 Ⓜ Porta Garibaldi FS –
☏ 02 4949 7340 – www.vivavivianavarese.it – Chiuso 24-27 dicembre, domenica sera

✿ Serendib

AC

INDIANA · STILE ORIENTALE ✗ Serendib, l'antico nome dello Sri Lanka, significa "rendere felici": una sfida ardua, ma questo ristorante vince la scommessa! Fedele alle sue origini, la cucina conquista con ricette indiane e cingalesi. Qualche esempio? Riso biriyani - chicken curry.

Specialità: Samosa. Chicken curry. Watalappan.

Menu 20/40€ – Carta 15/25€

Pianta 3 F2-b – via Pontida 2 Ⓜ Moscova –
☏ 02 659 2139 – www.serendib.it

🍴 Ceresio 7   ⟨ 🏛 AIC

MODERNA · DESIGN XxX Se l'interior design gioca con ottone, marmo, legno in un riuscito mix di colori suadenti e stile vintage, lo sguardo corre libero dalle due terrazze aperte sempre, anche quando la colonnina del mercurio scende vertiginosamente. La vista è mozzafiato: uno scorcio sorprendente sulla città che spazia dall'imponente cimitero Monumentale alla nuova area dei grattacieli di porta Garibaldi, mentre la cucina rispolvera, modernizzandoli, i grandi classici della tradizione italiana.

Menu 48 € (pranzo)/95 € – Carta 45/100 €

Pianta 3 F1-s – *via Ceresio 7* ⓜ *Monumentale* – ℰ *02 3103 9221* – *www.ceresio7.com* – *Chiuso 1-4 gennaio*

🍴 Daniel   🏛 � & AIC

ITALIANA · CONTESTO CONTEMPORANEO XxX Il biglietto da visita, all'ingresso, è la cucina a vista, dove troverete il cuoco che interagisce simpaticamente con i clienti. Meta di chi ama i classici italiani con qualche divagazione più estrosa, nel piatto, solo il meglio delle materie prime. A pranzo c'è anche una proposta più semplice.

Menu 18 € (pranzo)/30 € – Carta 58/86 €

Pianta 6 G2-e – *via Castelfidardo 7, angolo via San Marco* ⓜ *Moscova* – ℰ *02 6379 3837* – *www.danielcanzian.com* – *Chiuso 1-5 gennaio, 10-16 agosto, sabato a mezzogiorno, domenica*

🍴 Barbacoa   🏛 ⅋ AIC ⟷

GRIGLIA · INTIMO XX Una giostra per gli amanti della carne: pagando un prezzo fisso, ci si serve liberamente da un buffet prevalentemente di verdure, mentre i camerieri girano per i tavoli servendo a volontà una quindicina di tagli di carne cotti allo spiedo, secondo la tradizione del churrasco rodizio brasiliano. Un'esperienza originale per vivere un angolo di Sudamerica a Milano.

Menu 52/80 €

Pianta 4 G1-a – *via delle Abbadesse 30* ⓜ *Zara* – ℰ *02 688 3883* – *www.barbacoa.it* – *Chiuso lunedì-sabato a mezzogiorno*

🍴 Finger's Garden   ⟮ 🏛 AIC

FUSION · ALLA MODA XX Locale dall'atmosfera orientale con luci soffuse ed un deciso target mondano. Lo chef-patron si destreggia con disinvoltura fra proposte di pesce crudo e originali creazioni fusion, in cui inserisce qualche tocco brasiliano. I più gourmet si affideranno al suo menu a mano libera.

Menu 80/130 € – Carta 65/150 €

Pianta 2 C1-f – *via Keplero 2* – ℰ *02 606544* – *www.fingersrestaurants.com* – *Chiuso lunedì-sabato a mezzogiorno, domenica*

🍴 Il Liberty   AIC

CREATIVA · ACCOGLIENTE XX All'interno di un palazzo liberty, un locale piccolo nelle dimensioni – due sale ed un soppalco – ma grande in quanto ad ospitalità e piacevolezza. La cucina s'interessa sia al mare, sia alla terra. A pranzo ci sono anche proposte più semplici ed economiche.

Carta 65/80 €

Pianta 4 G1-h – *viale Monte Grappa 6* – ℰ *02 2901 1439* – *www.il-liberty.it* – *Chiuso 1-6 gennaio, 9-31 agosto, sabato a mezzogiorno, domenica*

🍴 Pacifico   AIC

PERUVIANA · BISTRÒ XX Spazi ristretti nelle sale, ma design accattivante e atmosfera di tendenza per vivere la Milano d'oggi in un istrionico locale, ambasciatore dei sapori peruviani non scevri da influenze asiatiche. Ottima la vasta scelta di ceviche: piatti a base di pesce e/o frutti di mare crudi e marinati nel limone, insaporiti da alcune spezie come il peperoncino e il coriandolo, tipici della gastronomia di alcuni paesi dell'America Latina che si affacciano sull'oceano Pacifico.

Menu 60/120 € – Carta 34/86 €

Pianta 6 G2-h – *via Moscova 29* ⓜ *Moscova* – ℰ *02 8724 4737* – *www.wearepacifico.com* – *Chiuso 10-20 agosto, 20 dicembre-2 gennaio*

⁣⚪ Tre Cristi 🆕   🏠 A/C

MODERNA · AMBIENTE CLASSICO ✕✕ Ecco un cuoco giovane ma dallo stile già preciso ed originale, basato sulla sostenibilità, l'utilizzo completo dei prodotti evitando sprechi e un frequente ricorso ad ingredienti vegetali. In un contesto moderno con cucina a vista, i suoi piatti meritano sicuramente attenzione. A pranzo la scelta è più semplice, ristretta ed economica.

Menu 30€ (pranzo), 70/90€ – Carta 30/100€

Pianta 4 G1-t – *via Galileo Galilei 5* Ⓜ *Repubblica* – ☎ *02 2906 2923* –
www.trecristimilano.com – *Chiuso 1-25 agosto, 22 dicembre-8 gennaio, sabato a mezzogiorno, domenica*

⁣⚪ Bésame Mucho   🏠 ♿ A/C

MESSICANA · DI TENDENZA ✕ Ristorante etnico dalla triplice anima: veloce per la pausa pranzo, modaiolo nella sua proposta di aperitivo accompagnato da un buon piatto del menu, messicano vero e proprio – la sera – con ricette ispirate alla tradizione. Ambienti moderni e vivaci con vista sullo skyline di Porta Nuova.

Menu 20€ (pranzo), 45/65€ – Carta 15/64€

Pianta 4 G1-m – *piazza Alvar Aalto* Ⓜ *Gioia* – ☎ *02 2906 0313* –
www.besamemucho.global

⁣⚪ Casa Fontana-23 Risotti   ♿ A/C

LOMBARDA · CONTESTO TRADIZIONALE ✕ Un locale piccolo, ma confortevole e neppure privo di eleganza. Qui si celebra il risotto, declinato in tante varianti che seguono le stagioni e il mutare dei prodotti. Si accompagna ad altri piatti, di carne, nonché tradizioni il più delle volte lombarde.

Carta 36/70€

Pianta 2 C1-d – *piazza Carbonari 5* Ⓜ *Sondrio* – ☎ *02 670 4710* – *www.23risotti.it* –
Chiuso 1-13 gennaio, 1-31 agosto, lunedì

⁣⚪ Locanda Perbellini   ♿ A/C

ITALIANA · CONVIVIALE ✕ Il pluristellato chef Giancarlo Perbellini, una certezza nella sua Verona, altrettanto nella città della Madonnina. Anche qui propone la sua cucina fatta di tradizione italiana da nord a sud, ma che strizza l'occhio a nuove tecniche, nonché a tendenze contemporanee, con – in aggiunta – qualche citazione meneghina. Nella centralissima Brera, il locale è accogliente e piacevolissimo, piccolo e discreto, di sicuro molto elegante.

Carta 37/48€

Pianta 6 G2-r – *via Moscova 25* – ☎ *02 3663 1450* – *www.locandaperbellini.it* –
Chiuso 11 agosto-2 settembre, lunedì a mezzogiorno, domenica

⁣⚪ Osaka   A/C

GIAPPONESE · MINIMALISTA ✕ Lungo l'antica via che portava da Milano a Como, nascosto in una breve galleria, un locale di atmosfera sobrio-minimalista e dal cui banco si potrà apprezzare l'abilità e l'ossequioso rispetto nel taglio del pesce. Se a pranzo prevale la formula set menu, la sera contempla la carta, tra cui segnaliamo il sukiyaki: un piatto della festa in Giappone.

Menu 14€ (pranzo), 42/80€ – Carta 20/90€

Pianta 5 F2-v – *corso Giuseppe Garibaldi 68* Ⓜ *Moscova* – ☎ *02 2906 0678* –
www.milanoosaka.com

⁣⚪ Ratanà   🏠 A/C

CLASSICA · VINTAGE ✕ Ritmo e dinamismo all'interno di un edificio ristrutturato che fu cinema e poi rimessa tramviaria, di fronte al celebre "bosco verticale. La materia prima – qui – è protagonista, declinata in preparazioni dove il sapore italiano veste i panni dell'attualità. Il piacevole dehors sul piccolo parco pubblico è un atout in più!

Menu 19€ (pranzo), 50/80€ – Carta 50/78€

Pianta 4 G1-d – *via G. de Castilla 28* – ☎ *02 8712 8855* – *www.ratana.it* –
Chiuso 12-27 agosto, 25 dicembre-4 maggio

killertomato/iStock

Stazione Centrale

Ristoranti

🕸 Joia (Pietro Leemann)   🎍 AC ⇔

VEGETARIANA · MINIMALISTA XxX Dietro all'etichetta di "ristorante vegetariano", dove il menu è per l'80% vegano e senza glutine, c'è un uomo, o meglio un grande filosofo: Pietro Leemann. Nato nel Canton Ticino e assurto alla corte di un altrettanto grande maestro, Gualtiero Marchesi, Pietro è un essere in cammino, ma che di strada ne ha già fatta tanta e i suoi piatti al limite dell'onirico sono testimonianza concreta del percorso spirituale e della consapevolezza raggiunta nel corso degli anni. Ricette che lasciano sempre trasparire la loro essenza, nel colore, nel gusto, nella consistenza, nonché nella presentazione. O per meglio dire, utilizzando le parole stesse dello chef, "il riassunto di una ricerca dove gli ingredienti della cucina mediterranea si incontrano con le culture del mondo, una scelta naturale e senza carne, una filosofia alimentare dove la natura viene accolta e rispettata". La sua cucina è il risultato di un vissuto molto articolato, fatto di esperienze, ancora in corso.

Specialità: La forza titanica del bene (riverente omaggio a Gualtiero, il nostro fritto leggero, con le verdure dell'estate più adatte, panella croccante e dripping dai gusti e dalle emozioni nuove). Divertissement, pensando alla primavera e allo Zen (ravioli di grani antichi ripieni di spinaci, ortiche e ricotta di mandorla, funghi porcini arrostiti, brodo profumato alla santoreggia). Cinque minuti (variazione di cioccolato con terrina alle nocciole, testa di moro al ribes, stracciatella di albicocca, mousse di cioccolato e avocado, piccola catalana di cioccolato e spezie).

Menu 25€ (pranzo), 90/130€ - Carta 90/120€

Pianta 6 H2-c - *via Panfilo Castaldi 18* Ⓜ *Repubblica - 𝒞 02 2952 2124 - www.joia.it - Chiuso 15-23 agosto, 22 dicembre-6 gennaio, domenica*

😊 Da Giannino-L'Angolo d'Abruzzo   AC

ABRUZZESE · CONTESTO TRADIZIONALE X Una calorosa accoglienza, un ambiente semplice ma vivace e sempre molto frequentato e il piacere di riscoprire, in piatti dalle abbondanti porzioni, la tipica cucina abruzzese. Ottimi, gli spaghetti alla chitarra al sugo di agnello e i mitici arrosticini!

Specialità: Chitarra con sugo d'agnello. Arrosticini. Polpettine d'agnello.

Menu 25/40€ - Carta 33/43€

Pianta 2 D2-t - *via Pilo 20* Ⓜ *Porta Venezia - 𝒞 02 2940 6526 - www.dagianninolangolodabruzzomilano.it*

🍴 Acanto   ♿ AC ⇔

MODERNA · LUSSO XxX Grandi spazi luminosi ed eleganti sono le vesti di questo moderno ristorante dove sarete coccolati da un ottimo servizio e potrete gustare piatti dai sapori classico-contemporanei. Ricco brunch domenicale, sempre più punto di riferimento per milanesi e turisti. Business lunch a mezzogiorno.

Menu 35€ (pranzo), 90/120€ - Carta 81/100€

Pianta 4 G2-k - *Hotel Principe di Savoia, piazza della Repubblica 17* Ⓜ *Repubblica - 𝒞 02 6230 2026 - www.dorchestercollection.com*

❌○ Terrazza Gallia   🛋 �& 🆎 ⇄

CREATIVA · LUSSO XxxX Collocato al settimo piano con vista panoramica sulla città, il ristorante si propone come luogo d'elezione per un pranzo leggero, per un cocktail o per una cena informale. I due giovani fratelli partenopei danno vita ad una cucina tradizionale italiana e lombarda non scevra di tocchi creativi e contemporanei.

Carta 62/112 €

Pianta 4 H1-e – *Excelsior Hotel Gallia, piazza Duca d'Aosta 9* Ⓜ *Centrale FS –*
🕾 *02 6785 3514 –*
www.terrazzagallia.com

❌○ Dim Sum   && 🆎 ⇄

CANTONESE · DI QUARTIERE XX In ambienti ricchi di dettagli, con parte della cucina a vista, è qui che vi si offre la golosa opportunità di gustare specialità cantonesi e del sud della Cina; le piccole porzioni che caratterizzano questa tradizione gastronomica sono appena ingentilite da un vago tocco contemporaneo. Per un'esperienza asiatica a tutto tondo!

Carta 23/65 €

Pianta 6 H2-a – *via Nino Bixio 29 –*
🕾 *02 2952 2821 –*
www.dim-sum.it

❌○ Trattoria Trombetta   🛋 ᴀ& 🆎

MODERNA · DI QUARTIERE XX E' una moderna trattoria milanese, dall'atmosfera rilassata e rilassante; i suoi piatti "parlano" di Lombardia e d'Italia in senso lato, con una particolare attenzione ai prodotti stagionali. La domenica - a pranzo - brunch e carta più ristretta.

Carta 46/56 €

Pianta 6 H2-t – *largo Bellintani 1* Ⓜ *Porta Venezia –*
🕾 *02 3594 1975 –*
www.trattoriatrombetta.eu – Chiuso 1-31 agosto, lunedì, martedì-domenica a mezzogiorno

❌○ La Cantina di Manuela   && 🛋 🆎

MODERNA · BISTRÒ X Si mangia circondati da bottiglie di vino in un ambiente giovane e dinamico. Ad una carta di piatti particolarmente elaborati si aggiungono la sera gli antipasti, sostituiti a pranzo da insalate assortite per una clientela business orientata a proposte veloci.

Carta 32/58 €

Pianta 6 H3-x – *via Carlo Poerio 3 –*
🕾 *02 7631 8892 – www.lacantinadimanuela.it*

❌○ La Risacca Blu Ⓝ

PESCE E FRUTTI DI MARE · FAMILIARE X Un locale molto famigliare con alla guida due fratelli calabresi. La cucina è quella di mare: schietta e fragrante con pochi fronzoli, ma tanta concretezza.

Carta 40/70 €

Pianta 4 H2-b – *via Tunisia angolo via Tadino –*
🕾 *02 2048 0964 –*
www.larisaccablu.com – Chiuso 5-27 agosto, lunedì, martedì a mezzogiorno

❌○ Sol Levante Ⓝ   🆎

GIAPPONESE · STILE ORIENTALE X Un angolino molto raccolto e piccino per gustare una cucina tradizionale giapponese fatta di tante piccole portate (kaiseki). Oltre ai grandi classici, Sol Levante propone una serie di piatti meno noti, ma alquanto intriganti.

Menu 65/100 €

Pianta 4 H2-d – *via Lambro 11 –*
🕾 *02 4547 6502 – Chiuso 10-23 agosto, lunedì-sabato a mezzogiorno, domenica*

Alberghi

🏨 **Principe di Savoia** 　　　　🔲 ⑨ 👯 ⬚ 🔼 ⬇ ᗺ 🅰🅲 🏄

GRAN LUSSO · ELEGANTE Affacciata su piazza della Repubblica, la bianca costruzione ottocentesca offre subito di sé un'immagine maestosa e signorile, ma è forse il respiro internazionale che la contraddistingue, il suo vero fiore all'occhiello. Splendide camere, attrezzature sportive e spazi benessere per un soggiorno di relax.

257 camere – ♗♗ 350/1500 € – ⌑ 45 € – 44 suites

Pianta 4 G2-k – *piazza della Repubblica 17* Ⓜ *Repubblica* –
℘ *02 62301* – *www.dorchestercollection.com*

🍴○ **Acanto** – Vedere selezione ristoranti

🏨 **Excelsior Hotel Gallia** 　　　🌲 🔲 ⑨ 👯 ᗺ ⬇ ᗺ 🅰🅲 🏄

GRAN LUSSO · CONTEMPORANEO In una veste totalmente rinnovata, Excelsior Hotel Gallia ha saputo coniugare l'eleganza dello storico edificio dei primi '900 con un design contemporaneo milanese; cromature e marmi producono un effetto scenografico di grande impatto estetico, supportato da servizi di ottimo livello. Raffinati momenti di piacere attendono gli ospiti nella splendida spa, dove moderne attrezzature incontrano l'expertise di una lussuosa casa di cosmetici.

198 camere – ♗♗ 310/1500 € – ⌑ 42 € – 37 suites

Pianta 4 H1-g – *piazza Duca d'Aosta 9* Ⓜ *Centrale FS* –
℘ *02 67851* – *www.excelsiorhotelgallia.com*

🍴○ **Terrazza Gallia** – Vedere selezione ristoranti

🏨 **Château Monfort** 　　　　　🌲 🔲 ⑨ ᗺ ⬇ ᗺ 🅰🅲 🏄

GRAN LUSSO · ROMANTICO Eleganza non ostentata in un prestigioso palazzo liberty che porta la firma dell'architetto Paolo Mezzanotte: camere glamour-chic, da sogno quelle ispirate all'opera, ed una piccola SPA per momenti di grande relax. Al ristorante Rubacuori: cucina mediterranea e brunch domenicale molto frequentato ed apprezzato.

77 camere ⌑ – ♗♗ 290/990 €

Pianta 6 H3-a – *corso Concordia 1* –
℘ *02 776761* – *www.hotelchateaumonfort.com*

🏨 **Starhotels E.c.ho** 　　　　　🌲 ᗺ ⬇ ᗺ 🅰🅲 🏄

BUSINESS · MINIMALISTA Eco Contemporary Hotel: è la definizione di questa moderna struttura che fonde principi di ecosostenibilità, design e confort. Insomma, un indirizzo che non mancherà di piacere agli spiriti green.

143 camere – ♗♗ 110/1200 € – ⌑ 12 € – 6 suites

Pianta 4 H1-c – *viale Andrea Doria 4* Ⓜ *Caiazzo* –
℘ *02 67891* – *www.starhotels.com*

chengwaidefeng/iStock

Romana - Vittoria

Ristoranti

✿ L'Alchimia ⓝ

CREATIVA · CONTESTO CONTEMPORANEO ✕✕ Il calore del parquet a terra, soffitto a travi e qualche mattone a vista per sdrammatizzare l'ambiente: benvenuti a L'Alchimia. Locale luminoso di giorno, vibrante di romanticismo la sera grazie alle luci soffuse, è la seconda casa dello chef Davide Puleio che qui propone una cucina d'impatto, dove regna un certo minimalismo controbilanciato dalla massima attenzione nella selezione delle materie prime ed una particolare passione per l'olio extra vergine d'oliva. Ottimo servizio ed una carta dei vini in evoluzione. Per un pranzo veloce o un buon aperitivo, ci si accomoda nel bar-bistrot adiacente.

Specialità: Finti straccetti di manzo, peperone, pesto di rucola e parmigiano reggiano. Risotto Milano-Roma. Tiramisù l'Alchimia.

Menu 60/85€ – Carta 60/90€

Pianta 6 H3-a – *viale Premuda 34* –
✆ 02 8287 0704 – www.ristorantelalchimia.com – *Chiuso 1-10 gennaio*

☺ Dongiò

CALABRESE · FAMILIARE ✕ Come poteva approdare la Calabria tra i meneghini? Così come tutti la conosciamo: un ambiente semplice e frequentatissimo - a conduzione familiare - come ormai se ne trovano pochi. Se la specialità della casa sono gli spaghettoni alla tamarro, in menu primeggiano comunque paste fresche, 'nduja e l'immancabile peperoncino.

Specialità: Fiori di zucca ripieni alle tre ricotte. Baccalà alla cirotana. Crema inglese, ricotta dolce, coulis di fragole, frutta fresca.

Carta 20/40€

Pianta 6 H4-u – *via Corio 3* Ⓜ *Porta Romana* –
✆ 02 551 1372 – www.dongio.it – *Chiuso 10-25 agosto, sabato a mezzogiorno, domenica*

☺ Trippa

ITALIANA · TRATTORIA ✕ Semplice, informale e con un tocco retrò, la trippa è una delle proposte di quinto quarto che troverete spesso in carta, che tuttavia si amplia a piatti di ogni regione, di immediata forza e comprensibilità, senza inutili fronzoli. La qualità dei prodotti e le capacità di un grande interprete - il giovane cuoco - ne fanno una delle migliori trattorie della città. Specialità: risotto alla milanese con midollo alla brace, vitello tonnato, e la sempre presente trippa!

Specialità: Vitello tonnato. Trippa alla parmigiana. Tiramisù.

Carta 32/45€

Pianta 6 H4-t – *Via Giorgio Vasari, 3* Ⓜ *Porta Romana* –
✆ 327 668 7908 – www.trippamilano.it – *Chiuso 1-6 gennaio, 14 agosto-6 settembre, lunedì-sabato a mezzogiorno, domenica*

🍴 **Finger's** ₺ 🆑 ⇄

GIAPPONESE · ALLA MODA XX Esperienza nipponica a tuttotondo, mangiando sul tatami, o più occidentalizzata optando per dei normali tavolini, ma quello che vi suggerisce il menu allude ad una cucina giapponese creativa con qualche influenza brasiliana (la moglie di Okabe, lo chef, è in effetti di Rio). Un promettente ristorante nel panorama meneghino.

Carta 60/125€

Pianta 6 H4-a – *via San Gerolamo Emiliani 2* Ⓜ *Lodi T.I.B.B.* –
✆ *02 5412 2675 - www.fingersrestaurants.com* –
Chiuso 10-31 agosto

🍴 **Da Giacomo** 🆑

PESCE E FRUTTI DI MARE · CONVIVIALE XX Ai nostalgici del mare, tante specialità di pesce - sebbene il menu annoveri anche qualche piatto di terra e (in stagione) tartufo d'Alba, ovoli e funghi porcini - in una vecchia trattoria milanese dei primi del '900.

Carta 45/120€

Pianta 6 H3-g – *via P. Sottocorno 6* –
✆ *02 7602 3313 - www.giacomoristorante.com*

🍴 **Gong** 🎴 ₺ 🆑

CINESE · MINIMALISTA XX L'Italia incontra l'oriente e lo fa ai tavoli di questo raffinato ristorante con una carta che ingloba (e la scelta del verbo non è casuale!) specialità cinesi, "contaminazioni" internazionali e prelibatezze varie. Oltre a prestare il nome al locale, imponenti gong in onice troneggiano in sala.

Carta 50/175€

Pianta 6 H3-b – *corso Concordia 8* –
✆ *02 7602 3873 - www.gongmilano.it* –
Chiuso 1-31 agosto, lunedì a mezzogiorno

🍴 **Le Api Osteria** 🍴 🆑

MODERNA · SEMPLICE X Lo chef Hide Matsumoto - dopo anni in Europa ed Italia - ha finalmente aperto la sua osteria; ambiente semplice per lasciare protagonista il piatto dove una cucina mediterranea si colora di sfumature creative.

Menu 16€ (pranzo), 53/68€ – Carta 40/63€

Pianta 6 H3-f – *via Carlo Foldi 1* –
✆ *02 8457 5100 - www.leapiosteria.com* –
Chiuso 5-24 agosto, 24 dicembre-4 gennaio, domenica

🍴 **Masuelli San Marco** 🆑

LOMBARDA · VINTAGE X Ambiente rustico di tono signorile in una trattoria tipica, con la stessa gestione dal 1921; linea di cucina saldamente legata alle tradizioni lombardo-piemontesi.

Menu 22€ (pranzo) – Carta 39/71€

Pianta 2 D3-h – *viale Umbria 80* Ⓜ *Lodi TIBB* –
✆ *02 5518 4138 - www.masuellitrattoria.it* –
Chiuso 1-7 gennaio, 25 agosto-9 settembre, 26-30 dicembre, lunedì a mezzogiorno, domenica

🍴 **Un Posto a Milano** 🍴 🆑

CLASSICA · CASA DI CAMPAGNA X Un angolo verde e naturalistico nel contesto cittadino di Milano: la ristrutturazione di una ex cascina comunale ha dato vita a questa oasi non solo gastronomica, ma anche culturale. A pranzo, si può approfittare di un buffet molto ricco ad un prezzo interessante; la sera, la carta è più articolata, senza pertanto "infierire" sul rapporto qualità/prezzo.

Menu 15€ (pranzo)/20€ – Carta 29/60€

Pianta 6 H4-b – *via Cuccagna 2* –
✆ *02 545 7785 - www.unpostoamilano.it* –
Chiuso 24 dicembre-6 gennaio

artolympic/iStock

Navigli

Ristoranti

✿✿✿ Enrico Bartolini al Mudec   🕸 ♿ AC P

CREATIVA · CONTESTO CONTEMPORANEO XXxX Nel cuore del design district, al terzo piano del Museo delle Culture, non è casuale che Enrico Bartolini abbia scelto – a suo tempo – questo luogo per il proprio ristorante, in perfetta sintonia con la sua filosofia di cucina che ha nella sperimentazione e nella ricerca i suoi credo. Quasi a riflettere il carattere schivo ed introverso dello chef toscano, l'apparente sobrietà della carta cede presto il destro a piatti di sconfinata fantasia, dove il protagonista può essere un solo ingrediente o una girandola di prodotti, mentre le presentazioni assumono il carattere di autentici quadri. Opere d'arte commestibili che rivaleggiano con quelle esposte ai piani inferiori!

Specialità: Alici, ostrica e caviale 2019. Spaghetto all'anguilla affumicata. Zabaione tradizionale, albero di arance e gelato al pistacchio di Bronte.

Menu 160/300 € – Carta 115/200 €

Pianta 5 E4-u – *via Tortona 56* 🚇 *Porta Genova* – ☏ *02 8429 3701* – *www.enricobartolini.net* – *Chiuso 1-31 agosto, lunedì a mezzogiorno, domenica*

✿ Contraste (Matias Perdomo)   🕸 🍴 AC

MODERNA · ELEGANTE XXx Si suona il campanello, come per accedere in qualsiasi casa che si rispetti, ma al suo interno – in stile liberty con sfavillanti lampadari in silicone per contrastare l'atmosfera classicheggiante del luogo – si capisce subito la "sacralità" del luogo. L'unicità del menu riconduce - infatti - ad una cucina costruita con accenti singolari e personali, proposte cerebrali che tendono a sollecitare l'interesse per la portata successiva con idee sempre originali. Piatti d'autore nei due menu degustazione, dove i sapori della tradizione vengono reinterpretati nelle forme e nell'aspetto - a volte anche in contrasto - ma sempre pronti a stupire l'ospite. Lo chef, Matias Perdomo, non si fa scrupoli e osa proporre ingredienti non propriamente "immediati" come il diaframma, l'agnello a lunga cottura, il gabilo fra i pesci.

Specialità: Cozze cacio e pepe. Rognone di coniglio, anguilla e aceto. Tarte tatin alle mele con gelato di pasta frolla.

Menu 120/150 €

Pianta 1 B3-b – *via Meda 2* – ☏ *02 4953 6597* – *www.contrastemilano.it* – *Chiuso 1-7 gennaio, 7-17 agosto, lunedì-sabato a mezzogiorno, domenica sera*

✿ Sadler   🕸 AC ⇄

CREATIVA · ELEGANTE XXx Da sempre legato al mondo dell'arte, le pareti del ristorante sono dedicate a pittori contemporanei che rimangono esposti per il piacere dei clienti, per poi ruotare e lasciar posto ad altri artisti. Tra i primi cuochi a dare rilevanza all'aspetto visivo del piatto, ad un'estetica moderna, geometrica e colorata, le creazioni di Sadler sono facilmente assimilabili proprio all'arte contemporanea di cui è appassionato. Non è un caso che i piatti in carta siano millesimati: dalla celebre padellata di crostacei del '96, le proposte snocciolano una serie di piatti - in prevalenza di mare - che hanno segnato la storia gastronomica milanese e non solo. Ma qui non si dorme sugli allori: la maggior parte delle annate sono recentissime, i piatti creati negli ultimi anni testimoniano la continua evoluzione di un cuoco sempre appassionato e stracolmo di energia.

Specialità: "Italian sashimi" quinta versione. Costoletta d'agnello farcita di tartufo nero e foie gras in crosta di pane e mandorle tostate. Mousse al frutto della passione con cuore liquido al caramello salato, bignè pralinati e caviale al frutto della passione.

Menu 90/130€ – Carta 80/130€

Pianta 1 B3-a – via Ascanio Sforza 77 Ⓜ Romolo – ℰ 02 5810 4451 – www.sadler.it – Chiuso 1-8 gennaio, 3-23 agosto, lunedì-sabato a mezzogiorno, domenica

❀ Tano Passami l'Olio (Gaetano Simonato)   AC

CREATIVA · ELEGANTE ✕✕ Il ristorante propone una scelta con circa 50 referenze di olio evo, quasi a testimoniare che qui non si scherza! Il burro è praticamente quasi bandito, come del resto il soffritto, panna ed addensanti. Lo chefpatron, Gaetano Simonato, si fa portavoce di una filosofia incentrata sull'utilizzo di olio extra vergine d'oliva in larga scala: nelle cotture, a crudo, in preparazioni di ogni tipo dolci e salate. Nel menu, tutte le proposte riportano simpaticamente l'anno di creazione.

Specialità: Tiramisù di seppia, mascarpone e patata. Piccione laccato nel suo fondo, miele e fagatini, spugna di ribes, sfera di fegatini di piccione laccata al ribes, timballo di spinaci. Crottin de chèvre in glassa di zucchero, al profumo d'arancia e Caldiff (acquavite di mele), con aceto balsamico e tartufo.

Menu 105/145€ – Carta 105/145€

Pianta 5 E4-f – via Villoresi 16 (in fase di trasferimento in via Petrarca 4, zona FieraMilanocity-Sempione) – ℰ 02 839 4139 – www.tanopassamilolio.it – Chiuso 1-9 gennaio, 4 agosto-5 settembre, sabato a mezzogiorno, domenica

❀ Tokuyoshi   ♿ AC

CREATIVA · MINIMALISTA ✕✕ Da Tottori a Milano, passando dalle cucina del plurigallonato Massimo Bottura, Yoji Tokuyoshi chef-patron del ristorante eponimo non smette di far parlare di sé. Nel suo locale di via San Calocero – in quella parte di Milano, forse la più storica ed autentica – è l'umiltà del padron di casa a colpire in primis, seguita – subito dopo – dal rigore, altro tratto distintivo dei popoli del Sol Levante, con il quale prepara le sue proposte gastronomiche. Piatti dai sapori decisi – talvolta insoliti – in un ideale viaggio tra Giappone e l'Italia: culla della sua crescita professionale. Se avete tempo, optate per la sequenza di omakase: un giocoso menu degustazione in cui il cuoco snocciola tutta la sua tecnica senza mai farla pesare. La modestia, si diceva...

Specialità: Gyotaku. Anatra e anguilla. Cowhide cheesecake.

Menu 135€ – Carta 75/150€

Pianta 5 F3-n – via San Calocero 3 Ⓜ Sant'Ambrogio – ℰ 0284254626 – www.ristorantetokuyoshi.com – Chiuso 5-31 agosto, lunedì, martedì-sabato a mezzogiorno

⅟○ [bu:r] Ⓝ   ♿ AC

CREATIVA ✕✕ Uno chef ancora giovane, ma dalle significative esperienze ha trovato il suo spazio in un locale ancora centrale, sebbene in un angolo tranquillo della città. Arredi sobri, grande specchio che ne amplifica artificialmente le dimensioni, per una cucina fortemente personalizzata, basata su materie prime semplici ed articolata in "suggestioni"; l'ospite può scegliere il numero delle portate.

Menu 65/95€ – Carta 65/85€

Pianta 6 G4-b – via Giuseppe Mercalli, angolo via San Francesco d'Assisi – ℰ 02 6206 5383 – www.restaurantboer.com – Chiuso 1-7 gennaio, 10-30 agosto, lunedì-sabato a mezzogiorno, domenica

⅟○ Dou Asian Passion   ♿ AC

ASIATICA · DESIGN ✕✕ Realizzato da un famoso architetto di Milano, il locale sfoggia uno stile signorile con luci soffuse e qualche intrigante spunto orientale. La cucina abbraccia diverse zone dell'Asia: il menu spazia infatti dai dim sum, alla carne e al pesce, senza dimenticare i proverbiali ravioli al vapore (uno dei piatti più gettonati del take-away).

Carta 24/61€

Pianta 1 A3-c – piazza Napoli 25 – ℰ 02 4963 6318 – www.douasianpassion.com – Chiuso 10-18 agosto, lunedì

Langosteria 🕯️ 🆎

PESCE E FRUTTI DI MARE · DI TENDENZA XX Per gli amanti delle specialità ittiche questo locale può essere una vera e propria rivelazione: crudo, ostriche e frutti di mare sono alla base di questa cucina, senza dimenticare il pesce esclusivamente di cattura. Un'ottima cantina ed un ambiente glamour completano il quadro.

Carta 57/128€

Pianta 5 E4-q – *via Savona 10* Ⓜ *Porta Genova FS* – *✆ 02 5811 1649 –
www.langosteria.com – Chiuso 10-24 agosto, lunedì-sabato a mezzogiorno,
domenica*

Al fresco 🍴 🏛️ 🆎

MEDITERRANEA · COLORATO X All'interno di un'ex fabbrica d'inizio Novecento, l'atmosfera è originale e bohémien, ma il gioiello è il servizio estivo nell'incantevole cortile interno: "al fresco", come puntualizzerebbero gli anglosassoni mutuando una parola italiana. Dalla cucina prodotti di stagione e sapori mediterranei in preparazioni a basse temperature.

Carta 20/60€

Pianta 5 E4-e – *via Savona 50* Ⓜ *Porta Genova* – *✆ 02 4953 3630 –
www.alfrescomilano.it – Chiuso 1-6 gennaio, 8-24 agosto, lunedì*

Chic'n Quick 🆎

MODERNA · BISTRÒ X Chic'n'Quick è l'interpretazione di trattoria moderna all'italiana dello chef Sadler. Si tratta di uno spazio informale e dinamico con una proposta di cucina tradizionale quanto basta e protesa al moderno. Un ambiente casual/elegante.

Menu 21€ (pranzo), 45/75€ – Carta 45/55€

Pianta 1 B3-a – *via Ascanio Sforza 77* Ⓜ *Romolo* – *✆ 02 8950 3222 –
www.chicnquick.it – Chiuso 1-8 gennaio, 3-23 agosto, lunedì a mezzogiorno,
domenica*

Esco Bistrò Mediterraneo 🆎

MEDITERRANEA · ALLA MODA X Un concept moderno di ristorazione, informale ma accogliente, dove la prima sensazione - in questo caso, non l'unica a contare! - è quella di trovarsi in uno studio di architettura, ospiti del patron. Piatti accattivanti e modernamente eseguiti con un occhio di simpatia per il Piemonte.

Menu 16€ (pranzo) – Carta 31/45€

Pianta 5 E4-g – *via Tortona 26* Ⓜ *Porta Genova* – *✆ 02 835 8144 –
www.escobistromediterraneo.it – Chiuso 7-28 agosto, 23 dicembre-7 gennaio, sabato
a mezzogiorno, domenica*

Al Pont de Ferr 🏛️ 🆎

CREATIVA · OSTERIA X Cucina profonda e giocosa al contempo, nella quale si respira la grande tradizione italiana, resa nuova e contemporanea dalla mano di Ivan. La cantina continua ad essere impostata sulla ricerca di nuove etichette, nonché produttori d'avanguardia, con offerta anche al calice. A pranzo menu d'affari: piatti sempre allettanti, ma di maggior frugalità.

Menu 20€ (pranzo), 55/130€ – Carta 44/104€

Pianta 5 E4-a – *Ripa di Porta Ticinese 55* Ⓜ *Porta Genova FS* – *✆ 02 8940 6277 –
www.pontdeferr.it – Chiuso 6-21 gennaio*

28 Posti 🏛️ 🆎

MODERNA · MINIMALISTA X Il nome anticipa la capacità ricettiva del locale: 28 posti a sedere. Cucina a vista in un ambiente rustico con tavoli e sedie in legno grezzo, accostati a muri in alcuni punti volutamente non intonacati. Total window offrono alla vista un piacevole *continuum* con l'esterno; piatti ad alto tasso di modernità nei menu degustazione, più contenuta nella ristretta scelta a la carte.

Menu 35€ (pranzo), 55/85€ – Carta 46/85€

Pianta 5 F4-k – *via Corsico 1* Ⓜ *Porta Genova* – *✆ 02 839 2377 - www.28posti.org –
Chiuso 10-23 agosto, 23-30 dicembre, lunedì, martedì a mezzogiorno*

Alberghi

🏠 **Magna Pars Suites Milano**   🍴 🛏 🎧 🛁 ❄ 🚫 🅰🅲 🧖 🚗

GRAN LUSSO · DESIGN Espressione tangibile degli stupendi, ma - per definizione - eterei profumi creati dai titolari, ogni camera di questo hotel di lusso
vive di una sua nota olfattiva, a cui s'ispirano anche le opere d'arte che l'arredano.
E per gli irriducibili, ora c'è anche la "LabSolue": perfume laboratory in cui scoprire e acquistare le 39 fragranze che contraddistinguono ogni stanza. Cucina
creativo-contemporanea presso il ristorante meravigliosamente affacciato su un
giardino interno.

28 suites ☑ – 🛉🛉 260/1500 € – 12 camere

Pianta 5 E4-c – *via Forcella 6* Ⓜ *Porta Genova FS* – ☎ *02 833 8371* –
www.magnapars-suitesmilano.it

City Life-Sempione

P. Jacques/hemis.fr

Ristoranti

🌼 **Iyo**   🎎 🏠 🚫 🅰🅲

GIAPPONESE · DESIGN XX La cucina proposta dal raffinato Iyo non può che
rifarsi alla cultura gastronomica nipponica, sebbene la oltrepassi - spesso - in rivisitazioni che tengono conto dei gusti e delle contaminazioni nazionali. Curiosando
nel curriculum dello chef si scopre che, dopo numerose esperienze in ristoranti
stellati in Italia e Oltralpe, approda nel 2015 nelle cucine del locale di via Piero
della Francesca 74 - dapprima affiancando il suo predecessore – e poi acquisendo
in maniera definitiva il ruolo di executive chef. Enciclopedica la carta dei vini che
elenca circa ottocento etichette, nonché quella dei sake: diverse tipologie da
degustare in base all'abbinamento col piatto.

Specialità: Kakisu - ostrica della Normandia e suo gelée, kombu, granita di daikon
all'aceto di riso e yuzu, alghe. Crispy tamago - uovo morbido impanato nel panko,
umadashi, salsa di gin e miso, verdure di stagione in osmosi. Macigaeta tacos -
biscotto croccante con banana caramellata, spuma al cioccolato Ecuador e cannella, granita al vermouth bianco e wasabi.

Menu 110 € – Carta 70/130 €

Pianta 3 E1-p – *via Piero della Francesca 74* Ⓜ *Gerusalemme* – ☎ *02 4547 6898* –
www.iyo.it – *Chiuso 4-24 agosto, lunedì, martedì a mezzogiorno*

🍽 **Morelli**   🚫 🅰🅲

CREATIVA · DESIGN XXX Apertura cittadina del noto chef Giancarlo Morelli,
all'interno del recente quanto interessante hotel Viu: la proposta gourmet a base
di cucina creativa viene proposta nella curata sala a luci basse solo la sera mentre, nelle ore canoniche, è sempre affiancata dal Bulk, mixology and food bar con
carta più semplice.

Menu 100/130 € – Carta 75/180 €

Pianta 3 F1-v – *Hotel Viu Milan, via Aristotile Fioravanti 4* Ⓜ *Cenisio* –
☎ *02 8001 0918* – *www.morellimilano.it* – *Chiuso domenica*

⁑○ **Altriménti**

MODERNA · CONTESTO CONTEMPORANEO ✕✕ Atmosfera informale e contemporanea, per certi versi in stile bistrot, per un locale dall'appeal – comunque – elegante. Cucina di stampo moderno con proposte che abbracciano terra, mare e i sempre più numerosi vegetariani. Bella carta dei vini.

Carta 49/75€

Pianta 1 A2-b – *via Monte Bianco 2/a* Ⓜ *Amendola-Fiera –*
✆ *02 8277 8751 – www.altrimenti.eu – Chiuso 12-16 aprile, 12 agosto-3 settembre, 25 dicembre-2 gennaio, lunedì, sabato a mezzogiorno*

⁑○ **Arrow's**

PESCE E FRUTTI DI MARE · FAMILIARE ✕✕ Un espositore di pesce all'ingresso è il migliore biglietto da visita per chi vuole sincerarsi della freschezza del pescato, e se si avesse ancora qualche dubbio, il servizio a voce vi racconterà il meglio di giornata! Un buon indirizzo per godersi una cucina classica di pesce a Milano.

Menu 25€ (pranzo)/60€ – Carta 35/77€

Pianta 3 E1-f – *via A. Mantegna 17/19* Ⓜ *Gerusalemme –*
✆ *02 341533 – www.ristorantearrows.it – Chiuso lunedì a mezzogiorno, domenica*

⁑○ **Ba Asian Mood**

CINESE · CHIC ✕✕ Liu, la famiglia che lo gestisce la sa lunga in materia di ristorazione, e i risultati poi non stentano ad arrivare: all'interno di un'elegante sala dal mood internazionale e dall'appeal quasi modaiolo, illuminata da belle luci soffuse, specialità cinesi preparate con serietà ed ottimi prodotti, nonché qualche richiamo alla cucina della terra adottiva, l'Italia appunto...

Carta 30/110€

Pianta 1 A2-a – *via R. Sanzio 22, ang. via Carlo Ravizza 10* Ⓜ *De Angeli –*
✆ *02 469 3206 – www.ba-restaurant.com – Chiuso 4-26 agosto, 22-28 dicembre, lunedì*

⁑○ **Bon Wei**

CINESE · DESIGN ✕✕ Ristorante di alta cucina cinese con specialità regionali e nessuna nota fusion, Bon Wei è lo specchio della varietà culturale del paese, la cui proposta gastronomica non si riduce a poche singole specialità, ma superati gli stereotipi di un tempo, eccelle per l'incredibile varietà di piatti.

Carta 24/63€

Pianta 3 E1-h – *via Castelvetro 16/18* Ⓜ *Gerusalemme –*
✆ *02 341308 – www.bon-wei.it*

⁑○ **La Cantina di Manuela**

MODERNA · DI QUARTIERE ✕✕ Il nome del locale suggerisce - e di fatto è così - la presenza di una bella selezione di vini, disponibili anche al bicchiere e per asporto, mentre in cucina si prepara una linea moderna, su base nazionale, con predilezione per le specialità di carne.

Carta 35/45€

Pianta 3 E1-g – *via Procaccini 41* Ⓜ *Gerusalemme –*
✆ *02 345 2034 – www.lacantinadimanuela.it*

⁑○ **La Rosa dei Venti**

PESCE E FRUTTI DI MARE · ACCOGLIENTE ✕✕ Indirizzo ideale per chi ama il pesce, preparato secondo ricette semplici, ma personalizzate, e proposto puntando su un interessante rapporto qualità/prezzo. Il ristorante fa parte del circuito AIC, Associazione Italiana Celiachia: aspettatevi, quindi anche molti piatti, nonché pane e pasta, senza glutine. Dopo alcuni lavori che hanno "rinfrescato" l'ambiente, il locale si presenta ora più vivace e meno classicheggiante.

Carta 40/60€

Pianta 3 E1-c – *via Piero della Francesca 34* Ⓜ *Gerusalemme –*
✆ *02 347338 – www.ristorantelarosadeiventi.it – Chiuso 31 luglio-16 agosto, 27 dicembre-2 gennaio, lunedì, sabato a mezzogiorno*

⅋○ **Aimo e Nadia BistRo** AC

ITALIANA · CHIC ✕ Il celebre ristorante bistellato presenta qui la sua versione più semplice ed informale, in una sala tanto piccola quanto graziosa ed originale. Il motto della maison non muta: in prima fila troverete i prodotti italiani, evidenziati da una cucina rispettosa dei loro sapori e integrità.

Menu 30€ (pranzo) – Carta 47/68€

Pianta 5 E3-s – *via Matteo Bandello 14* ⓜ *Conciliazione* –
✆ *02 4802 6205* – *www.bistroaimoenadia.com* –
Chiuso 1-8 gennaio, 10-30 agosto, domenica

⅋○ **Zero Milano** AC

GIAPPONESE · MINIMALISTA ✕ Zero compromessi su attenzione e qualità: la cucina, infatti, si basa su ottime materie prime e racconta lo stile giapponese, a volte in purezza, più spesso sposandolo con sapori occidentali. In una sala a luci soffuse, l'ambra dei tavoli accompagna l'onice delle pareti in una cornice altrimenti scura, mentre oltre ai tavoli potrete scegliere anche il "classico" bancone: posizione privilegiata per ammirare la destrezza dei cuochi.

Menu 48/60€ – Carta 36/96€

Pianta 5 E3-z – *corso Magenta 87* ⓜ *Conciliazione* –
✆ *02 4547 4733* – *www.zeromagenta.com* –
Chiuso lunedì-domenica a mezzogiorno

Alberghi

🏨 **Viu Milan** 🛎 🛋 ♨ 🔲 ♿ AC

BUSINESS · DESIGN Tonalità naturali, materiali ricercati, stile personale nelle camere di questo design hotel nel cuore di Chinatown. Approfittate della sua sala colazioni all'ultimo piano: da qui la vista spazia sui tetti della città, con l'appendice della piscina che - seppur non grande - rimane piacevolissima. Bulk mixology food bar, aperto tutti i giorni dalle 11 fino a tarda notte, con una carta più semplice e brunch domenicale.

115 camere – 🛏 250/2100€ – ☲ 35€ – 9 suites

Pianta 3 F1-v – *via Aristotile Fioravanti 6* ⓜ *Cenisio* –
✆ *02 8001 0910* – *www.hotelviumilan.com*

⅋○ **Morelli** – Vedere selezione ristoranti

OLTRE AL CENTRO CITTÀ...
Milano (MI)

Ci piace

L'atmosfera sobria e cucina tradizionale cinese a **le nove scodelle**, gli ottimi arrosticini de **Il Capestrano** e la cucina moderna e l'atmosfera post industriale di **Lume by Luigi Taglienti.** Una sosta in stile vecchia Milano presso **la Trattoria del Nuovo Macello**.

wanessa-p/iStock

IriGri8/iStock

Ristoranti

❀ **Innocenti Evasioni** (Tommaso Arrigoni)   🛏 🛋 AC ⇄

CREATIVA · ELEGANTE XX Si è rotto il sodalizio in cucina, ma Tommaso Arrigoni, lo chef-patron rimasto, continua nella proposta che ha reso famoso il locale. La carta resta, quindi, invariata ed è dedicata ad una linea gastronomica italiana e moderna, sia di terra sia di mare. Una cucina creata per composizione nel piatto di elementi preparati separatamente, ben impiattata, mai complicata; ricette creative con alcune specialità milanesi rivisitate. Pochi, ambiti tavoli per mangiare all'aperto in un grazioso, inaspettato giardino.

Specialità: Cappuccino di piselli all'extravergine, baccalà, grana padano e tè nero. Pluma di maiale iberico, carciofi tardivi, mirtilli e purea di aglio nero. Sorbetto al mandarino e cardamomo, sabbioso all'olio EVO, croccante alla noce moscata, crema di gin tonic.

Menu 50/80 € – Carta 55/88 €

Pianta 1 A1-a – *via privata della Bindellina* 🅜 *Portello –* ℰ *02 3300 1882 – www.innocentievasioni.com – Chiuso 1-5 gennaio, 8-30 agosto, lunedì-sabato a mezzogiorno, domenica*

🍴○ **La Pobbia 1850**   🛋 ⅋ AC ⇄

LOMBARDA · ELEGANTE XXX La Pobbia, un omaggio ai pioppi che scuotevano le loro fronde lungo questa via che a fine '800 era ancora aperta campagna, una vecchia ma elegante cascina in cui si celebra la cucina meneghina: pochi piatti, quasi esclusivamente di carne, in buona parte dedicati alla tradizione lombarda.

Menu 16 € (pranzo)/18 € – Carta 35/70 €

Pianta 1 A1-w – *via Gallarate 92 –* ℰ *02 3800 6641 – www.lapobbia.com – Chiuso 1-31 agosto, domenica*

🍴○ **Fiorenza**   AC

PESCE E FRUTTI DI MARE · CHIC XX Ebbene sì, è sempre lui, un indirizzo noto ed apprezzato dai milanesi, ma non solo. Ora, però, in una nuova sede, che lo rende ancora più caldo ed accogliente. La cucina, invece, è rimasta immutata: essenzialmente basata sul pesce, non manca di proporre anche qualche ricetta di terra.

Carta 40/75 €

Pianta 1 A1-f – *Via Marcantonio del Re 38* 🅜 *Portello –* ℰ *02 3320 0659 – www.ristorantefiorenza.com – Chiuso 3-30 agosto, 22 dicembre-5 gennaio, lunedì a mezzogiorno, domenica*

🍴○ **InGalera**   AC P

CLASSICA · COLORATO X Si volta pagina da un passato difficile già InGalera, grazie a questo ristorante nato per offrire agli ospiti della casa circondariale di Bollate un'opportunità di riscatto e competenze atte al reinserimento nel mondo del lavoro una volta scontata la pena. La cucina è semplice, ben fatta e dai contenuti nobili, il servizio è attento.

Menu 12 € (pranzo), 45/50 € – Carta 37/64 €

Fuori pianta – *via Cristina Belgioioso 120 (all'interno della Casa di Reclusione Milano Bollate) –* ℰ *334 308 1189 – www.ingalera.it – Chiuso 3-31 agosto, lunedì, domenica*

423

Zona urbana
Nord - Est

zodebala/iStock

Ristoranti

🕲 Le nove scodelle ⓝ   ⅏ 🗚 ↹

CINESE · ACCOGLIENTE ⅏ La cucina etnica presente ormai lungo tutto lo Stivale, entra ora nello specifico, come le specialità proposte da questo indirizzo che attingono alla ricchezza gastronomica della provincia di Sichuan (Cina sud-occidentale). Piatti speziati, originali ed intriganti.

Specialità: Tofu fresco. Manzo in salsa piccante. Crema al caramello spento al marsala.

Menu 10 € (pranzo)/15 € – Carta 25/45 €

Pianta 2 D1-d – *viale Monza 4* – ✆ *02 4967 0957*

ⅰ○ Manna   ⅏ 🗚

MODERNA · COLORATO ⅏⅏ Lontano dai riflettori, in un angolo inaspettatamente grazioso della periferia milanese, una cucina creativa e riuscita, attenta alle presentazioni, con proposte sia di carne che di pesce.

Menu 18 € (pranzo) – Carta 39/62 €

Pianta 2 D1-c – *piazzale Governo Provvisorio 6* – ✆ *02 2680 9153* –
www.mannamilano.it – *Chiuso 1 gennaio-7 luglio, 10 agosto-5 settembre, domenica*

ⅰ○ Vietnamonamour   ↤ 🛖 🗚

VIETNAMITA · ROMANTICO ⅏ Lungo una graziosa strada punteggiata di edifici d'inizio Novecento, specialità del Vietnam settentrionale nella raccolta sala con soppalco e nell'intimo giardino d'inverno. L'atmosfera continua nelle romantiche camere, un angolo d'Asia a Milano.

Menu 13 € (pranzo)/25 € – Carta 30/58 €

Pianta 2 D1-b – *via A. Pestalozza 7* Ⓜ *Piola* – ✆ *02 7063 4614* –
www.vietnamonamour.com – *Chiuso lunedì a mezzogiorno, domenica*

**Zona urbana
Sud - Est**

Eva-Katalin/iStock

Ristoranti

La Cucina Dei Frigoriferi Milanesi 🛖 ⌖

MODERNA · CONTESTO CONTEMPORANEO ⅙ Location intrigante nel contesto artistico-culturale dei Frigoriferi Milanesi, per questo ristorante dai toni moderni sia nell'ambiente sia nella cucina che introduce il nuovo concept di carta "destrutturata", ovvero: non divisa tradizionalmente in antipasti, primi e secondi, ma composta da piatti che possono essere accostati secondo l'estro del momento.

Specialità: Salmerino di torrente marinato con maionese di avocado e lamponi. Risotto croccante allo zafferano con calamari, zucchini, fiori di zucca ed intingolo di erbe e limone. Crème brulèe di riso e latte con lime e gelato allo zafferano.
Menu 9€ (pranzo)/37€ – Carta 35/37€

Pianta 2 D3-m – *via Piranesi 10 –*
☏ 02 3966 6784 – www.lacucinadeifrigoriferimilanesi.it – *Chiuso 1-7 gennaio,
10-31 agosto, sabato a mezzogiorno, domenica*

Il Capestrano ⇔ ⌖ AC ⌖

ABRUZZESE · FAMILIARE ⅩⅩ Sembra quasi la trama di un romanzo: un geometra acquista all'asta una palazzina anni '30, durante la ristrutturazione ne rimane talmente affascinato che decide di non separarsene più e di condividerne la bellezza con gli avventori di quello che ora è un ristorante di cucina abruzzese, con salumi e formaggi selezionati in loco da eccellenti piccoli artigiani del gusto, quindi carni di pecora, agnello, ma anche manzo, arrosticini, ed altro ancora...
Carta 35/90€

Fuori pianta – *via Gian Francesco Pizzi 14 –*
☏ 02 569 3345 – www.ilcapestrano.it – *Chiuso 11-25 agosto, domenica*

Trattoria del Nuovo Macello AC ⌖

MODERNA · TRATTORIA ⅙ Battezzata con questo nome nel 1927 - quando di fronte ad essa sorse il nuovo macello - trent'anni dopo il nonno di uno degli attuali soci la prese in gestione, fiutando il "buon affare" in base all'usura della soglia. Non si sbagliò affatto! Piatti fedeli ai sapori di un tempo, con la tradizione milanese alleggerita e rielaborata in chiave più contemporanea.
Menu 18€ (pranzo)/36€ – Carta 44/72€

Pianta 2 D3-b – *via Cesare Lombroso 20 –*
☏ 0259902122 – www.trattoriadelnuovomacello.it – *Chiuso 1-6 gennaio,
14 agosto-1 settembre, sabato, domenica sera*

a **Linate Aeroporto** Est : 10 km (Milano : pianta 2 D3)

⁋○ **Michelangelo Restaurant** [A/C]

MODERNA · CONTESTO CONTEMPORANEO ✗✗ Un'insolita collocazione per un ristorante gourmet: siamo all'interno dell'aeroporto di Linate, le cui ampie vetrate regalano lo spettacolo di decolli ed atterraggi. Per chi ha fretta di imbarcarsi ma non vuole rinunciare ad un pasto completo, due menu ne assicurano la conclusione rispettivamente in 30 e 40 min.

Carta 40/80€

Fuori pianta – *viale Enrico Forlanini* – ✆ *02 7611 9975* – *www.michelangelorestaurantlinate.it*

Zona urbana Sud - Ovest

Eva-Katalin/iStock

Ristoranti

🕸🕸 **Il Luogo di Aimo e Nadia** (Alessandro Negrini e Fabio Pisani)
🕸 ♿ [A/C] ⇔

CREATIVA · DESIGN ✗✗✗ Il restyling del 2018 ha reso l'atmosfera ancora più contemporanea e – al tempo stesso - sobria; uno stile che ben si sposa con piatti elaborati con alta professionalità, ma anche comprensibili a tutti, che traggono ispirazione dal passato e dalla tradizione italiana, rivisitati, e pur sempre fondati sull'eccellenza, nonché il rispetto dei prodotti. Tra le novità va ricordato il "Theatrum dei Sapori", ovvero: una saletta con una cucina professionale per show cooking su richiesta, eventi privati o per gli stessi ospiti desiderosi di stupire ai fornelli parenti ed amici.

Specialità: Stoccafisso in raviolo croccante di pane di Matera e rape all'aceto di mele. Elicoidali di Gragnano con fave delle Murge, bottarga di ricciola, colatura di alici e finocchietto. Amari: cioccolato venezuelano, arance amare, salsa genziana.

Menu 50€ (pranzo)/200€ – Carta 107/165€

Fuori pianta – *via Montecuccoli 6* Ⓜ *Primaticcio* – ✆ *02 416886* – *www.aimoenadia.com* – *Chiuso 4-27 agosto, sabato a mezzogiorno, domenica*

🕸 **Lume by Luigi Taglienti** 🕸 ⌂ ♿ [A/C] [P]

MODERNA · DESIGN ✗✗✗ Inserito in un contesto di archeologia industriale, il ristorante evoca già nel nome il ruolo primario che riveste la luce grazie alle ampie vetrate, mentre è un'eleganza nei piatti difficilmente dimenticabile quella che caratterizza la cucina di Luigi Taglienti. La sosta qui è un'esperienza che stimola tutti i sensi, in virtù di un contesto straordinario e una cucina che sposa con intelligenza e fantasia piatti liguri e classici italiani; in sintesi un'esperienza sensoriale a 360°, arricchita da uno spazio esterno, l'Orto di Lume, rigoglioso di piante i cui frutti diventano protagonisti delle tante ricette create dalla fervida fantasia di Taglienti.

Specialità: Musetto di vitello, crema d'ostrica, mostarda di frutta, ceci e tartufo nero. Filetto Rossini, salsa Perigueux. Grand dessert Luigi Taglienti.

Menu 60€ (pranzo), 130/170€ – Carta 121/205€

Pianta 1 A3-a – *via Watt 37* – ℰ *02 8088 8624* – *www.lumemilano.com* – *Chiuso 1-10 gennaio, 3-24 agosto, lunedì, domenica sera*

¶○ **Antica Osteria del Mare** &

PESCE E FRUTTI DI MARE · FAMILIARE ¶ Un locale per mangiare solo proposte di pesce con il bel buffet di pescato in bellavista all'ingresso, dove poter scegliere, magari consigliati dal titolare. Solida gestione famigliare per un ambiente informale ed accogliente.

Carta 40/60€

Fuori pianta – *via Sforza 105* – ℰ *02 8954 6534* – *www.anticaosteriadelmare.it* – *Chiuso 7-27 agosto, lunedì a mezzogiorno, domenica*

¶○ **Erba Brusca** & ⇔ **P**

DEL MERCATO · SEMPLICE ¶ In zona periferica che ricorda le trattorie della vecchia Milano, a ridosso del Naviglio Pavese, un orto privato e l'ambiente informale vi daranno il benvenuto nel regno di Alice: giovane cuoca americana che propone una cucina "fresca" di mercato.

Carta 43/50€

Fuori pianta – *Alzaia Naviglio Pavese 286* – ℰ *02 8738 0711* – *www.erbabrusca.it* – *Chiuso 7-19 gennaio, 10-16 agosto, lunedì-giovedì a mezzogiorno*

MILANO MARITTIMA - Ravenna → Vedere Cervia

MILAZZO - Messina → Vedere Sicilia

MILETO

✉ 89852 – Vibo Valentia (VV) – Carta regionale n° **3**–A3 – Carta stradale Michelin 564-L30

😊 Il Normanno   🍂 AC

CALABRESE · CONTESTO REGIONALE X In una rustica trattoria nel cuore della località, marito in sala e moglie ai fornelli a preparare piatti della tradizione locale, come la fileda (pasta filata a mano) con sugo alla "normanna" (peperoni, porcini e pomodoro); tra i classici anche il pollo cotto nel forno a legna, utilizzato anche per pane e naturalmente per la pizza serale.
Specialità: Antipasto tipico della casa. Fileda con ragù di capra. Tartufo gelato.
Menu 15/25€ – Carta 20/30€

via Duomo 12 – ℰ 0963 336398 – www.ilnormanno.com – Chiuso 1-20 ottobre, lunedì

MINERVINO MURGE

✉ 76013 – Barletta-Andria-Trani (BT) – Carta regionale n° **15**–B2 –
Carta stradale Michelin 564-D30

😊 La Tradizione-Cucina Casalinga   🍂 AC

REGIONALE · RUSTICO X Celebre trattoria del centro storico, accanto alla chiesa dell'Immacolata. Ambiente piacevole, in stile rustico, foto d'epoca alle pareti e piatti tipici del territorio come i troccoli alla murgese e il cutturiello di agnello da latte con cime di rape.
Specialità: Antipasto misto della tradizione. Troccoli alla murgese con funghi cardoncelli. Dolce di ricotta.
Menu 15/35€ – Carta 15/35€

via Imbriani 11/13 – ℰ 0883 691690 – www.osterialatradizione.net –
Chiuso 10-20 luglio, 10-20 settembre, giovedì, domenica sera

MIRA

✉ 30034 – Venezia (VE) – Carta regionale n° **23**–C3 – Carta stradale Michelin 562-F18

🍽️ Margherita   🍴 🍂 AC ⇔ 🅿

CLASSICA · ELEGANTE XxX Le grandi vetrate della sala offrono deliziosi scorci del giardino, mentre l'interno è all'insegna di una calda eleganza. Il menu allude ad una cucina classica basata su un'attenta selezione dei migliori ingredienti, in primis il pesce.
Menu 45/60€ – Carta 80/110€

Hotel Villa Franceschi, via Don Minzoni 28 – ℰ 041 426 6531 –
www.villafranceschi.com

🍽️ Dall'Antonia   AC ⇔ 🅿

PESCE E FRUTTI DI MARE · AMBIENTE CLASSICO XX Romanticamente affacciato sulla riva del Brenta, un tripudio di piante e fiori vi accoglierà all'interno, insieme alle classiche proposte venete di pesce.
Carta 25/70€

via Argine Destro del Novissimo 75 – ℰ 041 567 5618 – www.trattoriadallantonia.it –
Chiuso 31 luglio-28 agosto, 26 dicembre-29 gennaio, martedì, domenica sera

🏛️ Villa Franceschi   🍴 ⤧ 🔄 ᕱ AC 🏋 🅿

DIMORA STORICA · PERSONALIZZATO In una villa risalente al XVI secolo in stile palladiano con arredi d'epoca o in una barchessa in stile country: a ciascuno la sua scelta, ma per tutti c'è un romantico soggiorno affacciato sul fiume Brenta.
15 camere ⌧ – 👫 200/450€ – 10 suites

via Don Minzoni 28 – ℰ 041 426 6531 – www.villafranceschi.com
🍽️ **Margherita** – Vedere selezione ristoranti

🏠 **Villa Margherita**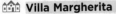

DIMORA STORICA · ELEGANTE All'ombra di un ampio parco, una splendida villa secentesca anticipata da un romantico viale costellato di tigli, per un soggiorno di classe: ambienti raffinati, riccamente ornati e abbelliti da affreschi e quadri d'autore.

15 camere ☲ – †† 120/250 € – 4 suites

via Nazionale 416 – ℰ 041 426 5800 – www.villa-margherita.com

MIRAMARE – Rimini ➜ Vedere Rimini

MIRANO
✉ 30035 – Venezia (VE) – Carta regionale n° **23**–C2 – Carta stradale Michelin 562-F18

😊 **Da Flavio e Fabrizio "Al Teatro"** 🍴 🄰🄲

PESCE E FRUTTI DI MARE · CONTESTO CONTEMPORANEO 🛠 Adiacente al cinema-teatro, la sala d'ingresso si presta a pasti veloci; per occasioni più importanti salite al primo piano. In ogni caso, cucina tradizionale veneta di mare, tra cui spiccano i tagliolini bianchi e neri con calamari, scampi e zucchine. Dulcis in fundo, semifreddo al miele con caramello.

Specialità: Code di gambero con pancetta cruda affumicata, con salsa gorgonzola e pistacchi. Tagliolini bianchi e neri con scampi gamberi e zucchine. Semifreddo all' arancio.

Menu 30 € – Carta 26/50 €

via della Vittoria 75 – ℰ 041 440645 – www.ristorantedaflavioefabrizio.it – Chiuso 6-22 agosto, lunedì

a Vetrego Sud : 4 km – Carta regionale n° **23**–C2

😊 **Il Sogno** 🏠 🍴 🄰🄲 🄿

VENEZIANA · FAMILIARE 🛠 In un locale di campagna, ex circolo culturale, buona cucina personalizzata da un pizzico di fantasia, ma con evidenti radici regionali. Da ottobre a marzo è presente il carrello dei bolliti con salse e mostarda. Suggestioni dal menu: tagliolini freschi con sughi di pesce - crema bruciata al caffè.

Specialità: Fiori di zucca ripieni di ricotta e menta. Il carrello dei bolliti. Crema bruciata al caffè.

Menu 12 € (pranzo), 30/45 € – Carta 35/45 €

via Vetrego 8 – ℰ 041 577 0471 – www.trattoriailsogno.com – Chiuso lunedì, domenica sera

MISANO ADRIATICO
✉ 47843 – Rimini (RN) – Carta regionale n° **5**–D2 – Carta stradale Michelin 562-K20

🍴 **Le Vele** ⟨ 🍴 🄰🄲

PESCE E FRUTTI DI MARE · CONTESTO CONTEMPORANEO 🛠🛠 Sorge dalla sabbia, con vista che si apre a 180° sul litorale attraverso tre pareti vetrate. Coccolati da un servizio solerte, è un eccellente ristorante di pesce, i cui piatti oscillano tra ricette classiche ed altre più creative, comunque di ottimo livello, dolci compresi, particolarmente fantasiosi.

Carta 45/70 €

via Litoranea Sud 71, Bagni 70 – ℰ 349 241 8018 – www.ristorantelevele.net – Chiuso 27 gennaio-19 marzo, lunedì, martedì, mercoledì

MISSIANO · MISSIAN – Bolzano ➜ Vedere Appiano sulla Strada del Vino

MODENA

✉ 41121 – Modena (MO) – Carta regionale n° **5**–B2 –
Carta stradale Michelin 562-I14

Ci piace

L'ambiente classico-elegante e in cucina la Tradizione (con
la T maiuscola!) al ristorante **Antica Moka**. Farsi un'idea del
genio creativo di Bottura, già alla **Franceschetta 58**.
Acquistare prodotti del territorio presso la rinomata
salumeria all'**Hosteria Giusti**.

Storica realtà del settore, Acetaia Malpighi organizza visita
alle antiche acetaie, nonché educational per scoprire le
tecniche produttive dell'Aceto Balsamico Tradizionale di
Modena. Tra le Botteghe Storiche della città figura – a
degno titolo – il Caffè dell'Orologio: bottega ad uso caffè
presente in loco già dal 1787! Frequentato negli anni da
personaggi illustri quali Delfini e Pavarotti, oggi è un luogo
simpatico dove sostare per una corroborante pausa relax.
Gnocco fritto, tigelle, salumi e formaggi sono le golose
proposte dell'Insolito Bar, accanto all'ex sede
dell'autodromo Ferrari.

lara_zanarini/iStock

Ristoranti

✿✿✿ **Osteria Francescana** (Massimo Bottura)   🕸 ᴥ 🏧 ⟷

CREATIVA · **CONTESTO CONTEMPORANEO** XxX E, poi, ci furono i grandi classici: bollito, zampone, lambrusco e la mitica pasta preparata giornalmente dalle sfogline. Piatti della memoria che lo chef Massimo Bottura - uno dei più grandi esponenti della cucina tradizionale rivisitata - non si vieta di riproporre con tutta la sua filosofia e creatività nelle due salette del ristorante in via Stella.

Tortellini del dito mignolo in brodo di cappone - bue servito con misticanza di erbe aromatiche e verdure in aceto, crema di patate e salsa al vino rosso - grande equilibrio, capacità di innovare ricette popolari grazie ad un approccio critico e non nostalgico, invito alla leggerezza. Un menu degustazione a 12 portate in continua evoluzione.

Prenotabile online un solo giorno al mese, alzatevi presto, armatevi di pazienza ed accertatevi di avere un ottima connessione!

Specialità: In campagna: lumache, lepre ed erbe aromatiche. A volte germano, a volte pernice ma anche bollito. Ooops! Mi è caduta la crostata al limone.

Menu 310/500€ – Carta 220/360€

Pianta A2-b – *via Stella 22* – ℰ *059 223912* – *www.osteriafrancescana.it* –
Chiuso 1-13 gennaio, 9-24 agosto, lunedì, domenica

✿ **L'Erba del Re** (Luca Marchini)   🕸 🍴 ᴥ 🏧 ⟷

CREATIVA · **CONTESTO CONTEMPORANEO** XxX Splendidamente collocato su una delle piazze più belle di Modena, in un palazzo d'epoca, un nuovo ingresso più caldo ed accogliente - dopo il recente rinnovo - per questo locale essenziale, luminoso, con quadri contemporanei alle pareti. L'abile chef Luca Marchini che ha mosso i suoi primi passi alla corte del pluristellato concittadino, Massimo Bottura, propone una cucina personale, estrosa, creativa, con echi provenienti dall'estero, per risultati davvero encomiabili. Ogni elemento del piatto ha un'identità riconoscibile, a servizio degli altri ingredienti. L'impegno di ogni boccone è di restituire al palato la varietà di sapori in un insieme armonico e calibrato. E' l'impegno di Luca; una promessa mantenuta!

Specialità: Gamberetti in salsa cocktail. Piccione grigliato al ginepro, mais e friggitello. Il CioccoRè.

Menu 90/110€ – Carta 75/105€

Pianta A2-c – *via Castelmaraldo 45* – ℰ *059 218188* – *www.lerbadelre.it* –
Chiuso 1-7 gennaio, 8-25 agosto, lunedì a mezzogiorno, domenica

ⅺO **Bianca**   🍴 🏧 ⟷ 🅿

EMILIANA · **CONTESTO REGIONALE** XX Trattoria dal 1948, è il bastione della tradizione modenese che si esplicita in alcuni piatti irrinunciabili: dagli gnocchi fritti passando per i tortellini in brodo, mentre la sera (o su richiesta anticipata anche a pranzo) è d'obbligo il celebre carrello dei bolliti.

Carta 40/73€

Pianta B1-n – *via Spaccini 24* – ℰ *059 311524* – *www.trattoriabianca.it* –
Chiuso 13-16 aprile, 3-19 agosto, 22 dicembre-5 gennaio, sabato a mezzogiorno, domenica

ⅺO **Oreste**   🏧 ⟷

EMILIANA · **VINTAGE** XX Immutato dal '59, soffermatevi sull'atmosfera retrò delle sedie di Gio Ponti, i lampadari di Murano e l'argenteria. Anche la cucina si adegua a questo amarcord modenese, fra tortellini, un ottimo zampone e il carrello dei dolci.

Menu 25/35€ – Carta 35/60€

Pianta B2-c – *piazza Roma 31* – ℰ *059 243324* – *Chiuso 5-18 agosto, martedì, domenica sera*

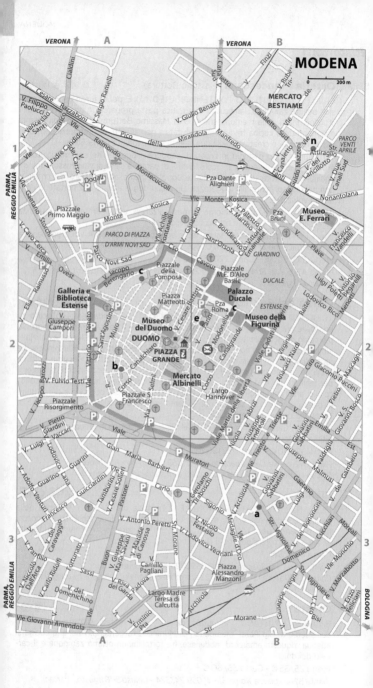

NOI LAVORIAMO PER MILIONI DI ATTIVITÀ IN PROPRIO IN TUTTO IL MONDO.

Guarda le loro storie su metro.it e scopri come supportiamo le attività in proprio ad avere successo.

IL VOSTRO SUCCESSO È IL NOSTRO IMPEGNO

NOI NON LAVORIAMO PER METRO
NOI LAVORIAMO PER LILIAN
che vuole aprire un secondo ristorante. Guarda la sua storia su metro.it e scopri come supportiamo lei e le altre attività in proprio ad avere successo.
METRO
IL VOSTRO SUCCESSO È IL NOSTRO IMPEGNO

🍴 **Hosteria Giusti**   🕸 🕌 A/C

EMILIANA · **VINTAGE** ✗ Nel retrobottega di un'elegante ed antica salumeria, troverete solo quattro tavoli in una sala gustosamente retrò. In carta poche proposte, ma di gran qualità e imperniate sulle tradizioni emiliane.

Menu 40€ (pranzo)/60€ – Carta 50/70€

Pianta B2-e – *vicolo Squallore 46 – ☏ 059 222533 – www.hosteriagiusti.it –*
Chiuso 1 agosto-1 settembre, 1 dicembre-10 gennaio, lunedì, martedì-sabato sera,
domenica

🍴 **Franceschetta 58**   🕌 ⅏ A/C

CLASSICA · **SEMPLICE** ✗ È la versione light e decisamente friendly di Massimo Bottura, questa trattoria contemporanea che si divide in due: a pranzo (ad un prezzo fisso e vantaggioso!) si sceglie da un piccolo menu, la sera la carta si amplia e le proposte diventano più tradizionali. I sapori sono sempre quelli del territorio con ovvie "aperture" a tutto lo Stivale.

Carta 40/57€

Pianta B3-a – *strada Vignolese 58 – ☏ 059 309 1008 – www.franceschetta58.it –*
Chiuso 1-15 gennaio, 11 agosto-3 settembre, 24-26 dicembre, domenica

sulla strada statale 9 - via Emilia Est località Fossalta per : 4 km B2 - 3

🍴 **Antica Moka**   🕸 🕌 A/C P

MODERNA · **ELEGANTE** ✗✗✗ Eleganti sale all'interno di una ex scuola d'inizio Novecento lungo la via Emilia est; la carta è ampia ed invitante, non mancano i sapori regionali come le celebri paste fresche all'uovo, ma anche alcune portate più moderne a base di pesce.

Menu 70/80€ – Carta 60/130€

Fuori pianta – *via Emilia Est 1496 – ☏ 059 284008 – www.anticamoka.it –*
Chiuso 31-6 gennaio, 9-23 agosto, lunedì a mezzogiorno, sabato a mezzogiorno,
domenica sera

sulla strada statale 9 - via Emilia Ovest A2

🍴 **La Masseria**   🕌 ⇔ P

PUGLIESE · **CONTESTO REGIONALE** ✗✗ Un angolo di Puglia dove trovare piccoli capolavori di una cucina solare e saporita, nonché un titolare di grande simpatia e competenza. Paste fresche, imperdibili e fantasiose torte di verdure, nonché grigliate di carne.

Menu 30/35€ – Carta 35/60€

Fuori pianta – *via Chiesa 61, località Marzaglia – ☏ 059 389262 –*
www.ristorantemasseria.com – Chiuso 10-31 agosto, lunedì

MODICA – Ragusa ➜ Vedere Sicilia

MOENA

✉ 38035 – Trento (TN) – Carta regionale n° **19**-C2 – Carta stradale Michelin 562-C16

🍃 **Malga Panna** (Paolo Donei)   🕸 ≤ 🕌 P

DEL TERRITORIO · **STILE MONTANO** ✗✗ E' una storia di famiglia, quella dei Donei, giunta ormai alla quarta generazione. Eravamo agli inizi degli anni '50, quando i genitori dell'attuale chef-patron, Paolo, iniziarono a preparare manicaretti tradizionali ai primi villeggianti, mentre andando ancora più a ritroso nel tempo, su questa altura che domina Moena i nonni portavano al pascolo il bestiame. Della malga – oggi - c'è giusto il nome e la panoramica posizione sopra la località e la valle. Il resto, invece, è alta ristorazione, grazie alla bravura e alla creatività del padrone di casa che vi emozionerà con piatti ispirati al territorio. Sempre presenti, alcune ricette più semplici.

Specialità: Uovo fritto in crosta di polenta, tartufo trentino, foglie di spinaci e formaggio d'alpeggio. Spaetzle all' erba orsina, caprino fresco e infuso affumicato allo speck. La poesia dei fiori.

Menu 70/100€ – Carta 50/100€

strada de Sort 64, località Sorte – ℰ 0462 573489 – www.malgapanna.it –
Chiuso 1 maggio-9 giugno, 1 ottobre-27 novembre, lunedì

Agritur El Mas

REGIONALE · RUSTICO Sopra il paese, un vero e proprio agritur-ristorante con allevamento di mucche, cavalli, maiali e produzione di carne, salumi e formaggi: il tutto da gustare insieme ad altre prelibatezze della valle (ottimi i canederli al formaggio puzzone), in un bell'ambiente tra legni antichi. Nello stesso edificio costruito secondo i criteri della bioedilizia ci sono anche delle gradevoli camere.

Specialità: Degustazione di formaggi e salumi del maso. Maialino alla brace con patate soffiate e porcini. Gran tagliere di dolci.

Menu 25€ (pranzo), 35/60€ – Carta 25/55€

strada de Saslonch, località Col de Soldai – ℰ 0462 574221 – www.agriturelmas.it –
Chiuso 15 maggio-15 giugno, 5 ottobre-1 novembre, lunedì

Malga Roncac

REGIONALE · STILE MONTANO Caratteristica malga in pietra e legno in splendida posizione panoramica al limitare del bosco; cucina tradizionale ladina servita in un ambiente dalla spiccata tipicità.

Carta 25/49€

strada de Roncac 7 – ℰ 334 222 1135 – www.malgaroncac.it – Chiuso 1-31 maggio,
1-30 novembre

sulla strada statale 48 Sud: 3 km

Foresta

REGIONALE · STILE MONTANO Alle spalle di una fitta abetaia, un classico della valle all'interno dell'omonimo hotel dove poter assaggiare i sapori del territorio da accompagnarsi con uno dei tanti vini che forniscono la bella cantina, in primis quelli del Trentino. I nostri preferiti: orzotto mantecato con trota fumé e rucola oppure guanciale al teroldego con polenta di Storo.

Specialità: Carne salada con finocchi e mandorle tostate. Guanciale di vitellone al Teroldego con polenta di Storo. Sapore di zucca.

Menu 35/50€ – Carta 35/50€

Hotel Foresta, strada de la Comunità de Fiem 42 – ℰ 0462 573260 –
www.hotelforesta.it – Chiuso 12-26 giugno, 13-28 novembre, venerdì

MOGGIONA – Arezzo → Vedere Poppi

MOIRAGO – Milano → Vedere Zibido San Giacomo

MOLINI · MÜHLEN – Bolzano → Vedere Falzes

MOLTRASIO

✉ 22010 – Como (CO) – Carta regionale n° **10**-B1 – Carta stradale Michelin 561-E9

Imperialino

CREATIVA · ELEGANTE Lasciatevi coccolare in questo contesto elegante direttamente sul lago, che sembra letteralmente a portata di mano - d'estate - dal bel giardino. Specialità mediterranee permeate da una vena creativa, da assaporare voluttuosamente in una suggestiva atmosfera.

Carta 55/113€

Grand Hotel Imperiale, via Regina 26 – ℰ 031 346600 – www.imperialino.it –
Chiuso 7 gennaio-18 marzo, lunedì

🍴 **La Veranda** ⇔ ⪕ 🏠 AC ⇔

REGIONALE · AMBIENTE CLASSICO XX In centro, ristorante a gestione diretta, con camere in parte ristrutturate: sala da pranzo accogliente dove gustare pesce lacustre; "fresco" servizio estivo all'aperto.

Carta 40/65€

piazza San Rocco 5 – ℰ 031 290444 – www.hotel-posta.it –
Chiuso 7 gennaio-27 marzo, mercoledì a mezzogiorno

🏨 **Grand Hotel Imperiale**

🎋 🐬 ⪕ 🛏 🍽 ⑩ 🌀 ℔ ⊡ 🕭 AC 🐟 🚗

DIMORA STORICA · ELEGANTE Splendido resort costruito in tardo liberty con lussureggiante vegetazione che si estende fino al lago, composto da una struttura principale dotata di centro benessere I-SPA con campo da tennis e dall'esclusiva Villa Imperiale: una sorta di hotel nell'hotel con lussuose camere e terrazze vista lago che si affacciano sulla piscina panoramica. Specialità italiane nel ristorante "La Cascata" con giardino.

113 camere – 🛏 110/780€ – ⌸ 24€ – 7 suites

via Regina 24/26 – ℰ 031 346111 – www.hotelimperialecomo.it –
Chiuso 6 gennaio-19 marzo

🍴 **Imperialino** – Vedere selezione ristoranti

MOMBARUZZO

✉ 14046 – Asti (AT) – Carta stradale Michelin 561-H7

a Casalotto Ovest : 4 km – Carta regionale n° **14**-B2

🏨 **La Villa** 🎋 ⪕ 🛏 🍽 ℔ 🕭 AC P

CASA DI CAMPAGNA · PERSONALIZZATO Nel cuore delle colline del Monferrato, una signorile villa dei primi del '700 ristrutturata ed arredata con grande cura e gusto, dispone di camere diverse negli arredi ma accomunate dallo stesso coinvolgente calore, di una terrazza panoramica e di un buon ristorante, *La Vie.*

12 camere ⌸ – 🛏 225/295€ – 3 suites

via Torino 7 – ℰ 0141 793890 – www.lavillahotel.net – Chiuso 25 novembre-1 marzo

MOMO

✉ 28015 – Novara (NO) – Carta regionale n° **12**-C2 – Carta stradale Michelin 561-F7

🍴 **Macallè** ⇔ AC ⇔ P

PIEMONTESE · ELEGANTE XXX Elegante locale storico della zona, con alcune accoglienti stanze e un'ampia sala luminosa di taglio classico-elegante, dove si propongono ricercati piatti della tradizione.

Carta 40/80€

via Boniperti 2 – ℰ 0321 926064 – www.macalle.it – Chiuso 10-22 luglio, mercoledì

MONASTIER DI TREVISO

✉ 31050 – Treviso (TV) – Carta regionale n° **23**-A1 – Carta stradale Michelin 562-F19

🍴 **Menegaldo** AC ⇔ P

PESCE E FRUTTI DI MARE · FAMILIARE X Una storia di oltre 100 anni: una volta, dopo la grande guerra, i carrettieri si fermavano qui con i cavalli e così venne soprannominata "l'osteria dei cava'i". Successivamente, si specializzò in crostacei e pesci dell'Adriatico. A tutt'oggi, Menegaldo è un punto di riferimento in zona!

Menu 40/60€ – Carta 40/97€

via Pralongo 216 – ℰ 0422 898802 – www.trattoriamenegaldo.it –
Chiuso 17-28 febbraio, 30 luglio-28 agosto, martedì sera, mercoledì

MONCALIERI

✉ 10024 – Torino (TO) – Carta regionale n° **12**–A1 – Carta stradale Michelin 561-G5

⊪○ La Maison Delfino   🛋 🗚

PESCE E FRUTTI DI MARE · ELEGANTE ✕✕ Sono due fratelli a gestire con passione e capacità questo elegante locale fuori dal centro, ora dotato anche di raffinato portico per il dehors. Due menu: uno semplice, l'altro più creativo, dai quali è possibile scegliere anche solo alcuni piatti, ma tutti rigorosamente di pesce!
Menu 55/65€ – Carta 48/66€

*via Lagrange 4, borgo Mercato – ☏ 011 642552 – www.lamaisondelfino.com –
Chiuso 8-31 agosto, lunedì, martedì-sabato a mezzogiorno, domenica*

⊪○ Al Borgo Antico   🗚 ⇄

REGIONALE · FAMILIARE ✕ Nel suggestivo centro storico di Moncalieri, tutto sali scendi ed eleganti piazze, qui si officia la cucina tradizionale piemontese: sempre presenti - in stagione - funghi e tartufi, ma anche qualche proposta di pesce.
Menu 20/32€ – Carta 20/50€

*via Santa Croce 34 – ☏ 011 644455 – www.al-borgoantico.it – Chiuso 1-28 agosto,
lunedì, domenica sera*

a Revigliasco Nord-Est: 8 km

⊪○ La Taverna di Fra' Fiusch   🗚

PIEMONTESE · ACCOGLIENTE ✕✕ Incastonato in un delizioso borgo collinare, gli amanti della tradizione troveranno tutti i cavalli di battaglia della zona aggiornati con un gusto ed un'estetica più moderni. Specialità: agnolotti d asino - fritto misto piemontese.
Menu 30/55€ – Carta 32/60€

*via Beria 32 – ☏ 011 860 8224 – www.frafiusch.it – Chiuso lunedì, martedì-venerdì a
mezzogiorno*

MONCIONI – Arezzo → Vedere Montevarchi

MONDELLO – Palermo → Vedere Sicilia (Palermo)

MONDOLFO

✉ 61037 – Pesaro e Urbino (PU) – Carta regionale n° **11**–B1 – Carta stradale Michelin 563-K21

⊪○ Locanda Per Bacco   ⇦ 🍴 🅿

REGIONALE · RUSTICO ✕ In un tipico casolare in mattoni affacciato sulle colline, il succulento biglietto da visita è presentato subito all'ingresso: la sfoglina che tira le paste con il mattarello e una brace per deliziose grigliate di carne e pesce. Cucina gustosa in un ambiente piacevole ed informale.
Menu 17€ (pranzo), 24/28€ – Carta 30/45€

*via dell'Artigianato 26 – ☏ 0721959698 – www.countryhouseperbacco.it –
Chiuso lunedì sera, martedì*

MONDOVÌ

✉ 12084 – Cuneo (CN) – Carta regionale n° **12**–B3 – Carta stradale Michelin 561-I5

⊪○ La Borsarella   ⇐ 🛋 🗚 ⇄ 🅿

PIEMONTESE · ACCOGLIENTE ✕✕ Ricavato negli ambienti di un cascinale di origine settecentesca, propone una cucina piemontese ancorata ai sapori della tradizione. Nell'ampio giardino anche il vecchio forno per il pane e un laghetto artificiale.
Carta 35/60€

*via del Crist 2 – ☏ 0174 42999 – www.laborsarella.it – Chiuso 12-25 agosto,
27 dicembre-5 gennaio, lunedì sera, domenica sera*

MONEGLIA

✉ 16030 – Genova (GE) – Carta regionale n° **8**–C2 – Carta stradale Michelin 561-J10

a Lemeglio Sud - Est : 2 km

⭕ La Ruota ⇐ & 🅿

PESCE E FRUTTI DI MARE · ACCOGLIENTE XX Giovane e dinamica conduzione in un locale dall'ambiente familiare, che propone solo menu degustazione a base di pesce fresco. Bella vista del mare e di Moneglia.

Menu 36/50 €

frazione Lemeglio 6, alt. 200 – 𝒞 0185 49565 – www.laruotamoneglia.it –
Chiuso 2 novembre-4 dicembre, lunedì-martedì a mezzogiorno, mercoledì,
giovedì-venerdì a mezzogiorno

MONFALCONE

✉ 34074 – Gorizia (GO) – Carta regionale n° **6**–C3 – Carta stradale Michelin 562-E22

🏵 Ai Campi di Marcello ⇐ 🍴 🛖 🅿

PESCE E FRUTTI DI MARE · FAMILIARE X Non lontano dai cantieri navali, piacevole atmosfera in un locale a conduzione familiare dalle valide proposte ittiche. Tra le tante specialità, noi consigliamo: la zuppa fredda con pesce crudo e cotto. Nota curiosa: la passione del titolare per il rum, si traduce in un'intrigante ed inaspettata selezione di tale liquore.

Specialità: Seppioline in vapore con riduzione di aceto e miele. Spaghettini con i Ricci e pistacchio di Bronte. Creme caramel al Porto.

Carta 29/51 €

via Napoli 11 – 𝒞 0481 481937 – www.hotelaicampi.com – Chiuso 1-5 gennaio,
17-31 agosto, lunedì a mezzogiorno, domenica sera

MONFORTE D'ALBA

✉ 12065 – Cuneo (CN) – Carta regionale n° **14**–A3 – Carta stradale Michelin 561-I5

🕸 Fre 🆕 ⇐ 🛖 & 🅰🅲 🅿

CREATIVA · CONTESTO TRADIZIONALE XX A meno di quattro chilometri da uno dei borghi più suggestivi d'Italia, il nome allude al fabbro (in dialetto, "fre") che lavorava qui prima che l'edificio aderisse al nuovo concept. Priva di pinze, cunei o morse – i ferri del mestiere – la sala sfoggia ora uno stile moderno ed essenziale, dove a richiamare la tradizione incombe però il soffitto a volte di mattoni.

Accomodarsi ad uno dei suoi tavoli significa avventurarsi in un'esperienza a tutto tondo che armonizza le eccellenze delle Langhe e del Piemonte, con cacciagione e pesce d'acqua dolce: vere passioni del cuoco!

Ispirandosi ai concetti di sostenibilità, territorialità, lotta agli sprechi, lo chef utilizza anche le parti considerate meno nobili degli animali macellati, acquistati interi, per preparare piatti studiati secondo il taglio. La ricerca di prodotti spontanei e selvatici come funghi, piccoli frutti, essenze, fiori, bacche e piante commestibili completano una carta volutamente non vasta, ma indubbiamente intrigante.

Specialità: Mais, baccalà, prezzemolo. Plin, Castelmagno, cipolla. Fragola e piselli.

Carta 50/65 €

loc. San Sebastiano 68 – 𝒞 0173 789269 – www.ristorantefre.it –
Chiuso 25 febbraio-11 marzo, 2-11 settembre, lunedì, martedì

⭕ Trattoria della Posta 🏵 🛖 & 🅿

PIEMONTESE · ELEGANTE XXX In aperta campagna, un caldo sorriso e tanto savoir faire vi accoglieranno sin dall'ingresso in questa casa di campagna, non priva di tocchi romantici e spunti eleganti: lume di candela ed argenteria. La cucina perpetua la tradizione locale ed anche il proverbiale carrello dei formaggi propone il meglio della regione. Ora c'è anche una nuova cantina anche per piccoli aperitivi!

Menu 35/55 € – Carta 51/94 €

località Sant'Anna 87 – 𝒞 0173 78120 – www.trattoriadellaposta.it –
Chiuso 1-28 febbraio, giovedì, venerdì a mezzogiorno

‖○ Giardino-da Felicin

PIEMONTESE · AMBIENTE CLASSICO XXX Di generazione in generazione, da oltre cento anni, è un appuntamento imperdibile con la cucina langarola. Pochi fronzoli o provocazioni, ma tanti sapori e concretezza, la cucina di Felicin è un classico di cui non ci si disinnamora mai, coccolati da un'ospitalità con pochi eguali.

Carta 46/66 €

via Vallada 18 – ℰ 017378225 – www.felicin.it – Chiuso 9 dicembre-13 febbraio, lunedì, martedì-sabato a mezzogiorno, domenica sera

‖○ Le Case della Saracca

REGIONALE · ALLA MODA X Si sviluppa su molti livelli nel suggestivo scenario delle Case della Saracca: cristallo e acciaio sono elementi distintivi assieme a intimi tavolini, cucina regionale e wine-bar.

Menu 30/40 € – Carta 26/48 €

via Cavour 5 – ℰ 0173 789222 – www.saracca.com – Chiuso 14-31 agosto, lunedì-domenica a mezzogiorno

⌂⌂⌂ Villa Beccaris

CASA PADRONALE · STORICO Racchiusa nel silenzio della parte più alta e antica di Monforte, la villa fu residenza settecentesca dell'omonimo generale, oggi è un rifugio elitario, un mondo a sé stante, tra arredi d'epoca, romantica corte interna, giardino d'inverno per le colazioni ed incantevole giardino con piscina e gazebo.

22 camere – ♥♥ 130/400 € – ⌷ 20 € – 1 suite

via Bava Beccaris 1 – ℰ 0173 78158 – www.villabeccaris.it – Chiuso 7 gennaio-11 febbraio, 22-29 dicembre

MONFUMO

✉ 31010 – Treviso (TV) – Carta regionale n° **23**-C2 – Carta stradale Michelin 562-E17

‖○ Da Gerry

CLASSICA · FAMILIARE XX Carne e pesce si contendono la carta di questo ristorante nel centro del paese, dotato anche di camere spaziose e confortevoli. Piacevolissimo il dehors esterno con ampia vista sulle colline circostanti.

Carta 35/50 €

via Chiesa 6 – ℰ 0423 545082 – www.ristorantedagerry.com – Chiuso 2-10 gennaio, 16-31 agosto, lunedì

‖○ Osteria Alla Chiesa ⓝ

MODERNA · RUSTICO X Una giovane coppia ha ridato vita alla vecchia osteria di paese; se l'ambiente mantiene ancora le rustiche caratteristiche, la cucina parla invece di creatività e innovazione. Claudio con originalità e fantasia abbina, divide e ricompone carne, pesce e verdure. Imperdibile - però - resta sempre il menu dedicato all'asino.

Menu 22 € (pranzo), 50/65 € – Carta 43/75 €

via Chiesa Monfumo 14 – ℰ 0423 969584 – www.osteriaallachiesa.com – Chiuso 2-15 novembre, martedì, mercoledì a mezzogiorno

MONGARDINO – Bologna → Vedere Sasso Marconi

MONGUELFO · WELSBERG

✉ 39035 – Bolzano (BZ) – Carta stradale Michelin 562-B18

a Tesido Nord : 2 km – Carta regionale n° **19**-D1

🏠 Alpen Tesitin

FAMILIARE · STILE MONTANO Nella parte più alta della frazione, l'albergo offre tranquillità e bella vista; il confort moderno è ad alti livelli senza - tuttavia - rinunciare al calore e tipicità del legno. Gradirete il concept moderno-elegante delle ultime camere nate e imperdibile un bagno nella piscina a sfioro, dopo il relax nella spa: tra le più apprezzate nella valle!

60 camere – 🛉🛉 145/209 € – 20 suites

Riva di Sotto 22 – 𝒞 0474 950020 – www.alpentesitin.it – Chiuso 29 marzo-30 aprile, 15 novembre-4 dicembre

MONIGA DEL GARDA

✉ 25080 – Brescia (BS) – Carta regionale n° **9**-D1 – Carta stradale Michelin 561-F13

🍽 L'Osteria H2O

CREATIVA · MINIMALISTA ✕✕ Posizione stradale, ma sala rivolta verso il lago - la cui bella terrazza estiva offre un incantevole panorama - per una cucina piacevolmente moderna che unisce estro e leggerezza, lago e mare, in proposte sempre interessanti e con notevole personalizzazione negli accostamenti.

Menu 65/95 € – Carta 58/127 €

via Pergola 10 – 𝒞 0365 503225 – www.losteriah2o.it – Chiuso 7-31 gennaio, lunedì

MONOPOLI

✉ 70043 – Bari (BA) – Carta regionale n° **15**-C2 – Carta stradale Michelin 564-E33

🏠 La Peschiera ☆🐾≼🔥⌂🏔⛶🅰️🅿️

LUSSO · MEDITERRANEO Camere esclusive circondate da sei piscine e dal blu dell'Adriatico che s'infrange direttamente sulle pietre dei patii creano un connubio totale con l'acqua in questo boutique hotel ai massimi standard del lusso internazionale. La spiaggia privata e il ristorante "les pieds dans l'eau" Saleblu favoriscono l'incontro d'amore con il mare anche a tavola!

12 camere – 🛉🛉 450/1250 € – 1 suite

contrada Losciale 63 – 𝒞 080 801066 – www.peschierahotel.com – Chiuso 1 gennaio-8 aprile, 20 ottobre-31 dicembre

MONSELICE

✉ 35043 – Padova (PD) – Carta regionale n° **23**-B3 – Carta stradale Michelin 562-G17

🍽 La Torre 🅰️

TRADIZIONALE · AMBIENTE CLASSICO ✕✕ In pieno centro storico, nella piazza principale della città, piatti di cucina della tradizione e ricette a base di prodotti pregiati: tra le specialità la cottura alla griglia. Ambiente classico.

Carta 30/60 €

piazza Mazzini 14 – 𝒞 0429 73752 – www.ristorantelatorremonselice.it – Chiuso 25 luglio-24 agosto, 26 dicembre-7 gennaio, lunedì, domenica sera

MONSUMMANO TERME

✉ 51015 – Pistoia (PT) – Carta regionale n° **18**-B1 – Carta stradale Michelin 563-K14

🍽 Osteria Il Maialetto 🔥🅰️

TOSCANA · FAMILIARE ✕ Accanto alla macelleria di famiglia, vivace osteria dallo spirito giovanile dove gustare una schietta cucina toscana; la specialità sono ovviamente le carni ed i prosciutti di allevamenti propri, un must la bistecca che viene proposta direttamente con il carrello in sala.

Carta 24/60 €

via Della Repubblica 372 – 𝒞 0572 953849 – www.ilmaialetto.com – Chiuso lunedì, martedì-sabato a mezzogiorno

🏠 Grotta Giusti   🏝 🌿 🛋 🛎 🕸 🏊 🛗 🔄 🛗 🏧 🏋 🅿

LUSSO · PERSONALIZZATO Nella quiete di un grande parco con piscina - all'interno del celebre complesso termale con grotte naturali (di cui una vanta il primato europeo per dimensioni) - una bella struttura completa nella gamma dei servizi e camere di diverse ampiezze, eleganti ed in stile, il tutto all'interno di una villa con affreschi originali.

64 camere ☲ – 🛏 296/802€

via Grotta Giusti 1411 – ☏ 0572 90771 – www.grottagiustispa.com

MONTÀ

✉ 12046 – Cuneo (CN) – Carta regionale n° **14**–A2 – Carta stradale Michelin 561-H5

🍴 Marcelin   🦋 ⇦ 🏠 🛗 🏧

MODERNA · ELEGANTE ✕✕ In una regione gastronomicamente tradizionalista, qui la cucina va alla ricerca di proposte creative, sempre esteticamente curate, con qualche piatto anche di pesce (non c'è da stupirsi, lo chef è pugliese!). Il tutto al primo piano di un'ex segheria che ha ceduto il passo ad un ristorante di sobria raffinatezza.

Menu 49/99€ – Carta 57/80€

Hotel Casa Americani, piazzetta della Vecchia Segheria 1 (ex piazza Vittorio Veneto) – ☏ 0173 975569 – www.marcelin.it – Chiuso 9 gennaio-2 febbraio, 17-23 agosto, lunedì, domenica sera

MONTAGNA IN VALTELLINA – Sondrio → Vedere Sondrio

MONTAGNANA

✉ 35044 – Padova (PD) – Carta regionale n° **23**–B3 – Carta stradale Michelin 562-G16

🍴 Hostaria San Benedetto   🏠 🏧

REGIONALE · ELEGANTE ✕✕ Locale ubicato nel cuore della "città murata": una sala di tono signorile in cui provare proposte di cucina del luogo rivisitata; servizio estivo all'aperto.

Menu 32€ – Carta 32/65€

via Andronalecca 13 – ☏ 0429 800999 – www.hostariasanbenedetto.it – Chiuso mercoledì

MONTAIONE

✉ 50050 – Firenze (FI) – Carta regionale n° **18**–B2 – Carta stradale Michelin 563-L14

🏠 UNA Palazzo Mannaioni   🏝 ⇦ 🛋 🛗 🔄 🛗 🏋 🏛

TRADIZIONALE · ELEGANTE In un'antica dimora cinquecentesca addossata alle mura castellane, un hotel abbellito da un giardino con piscina: eleganti interni in stile rustico e confortevoli camere. La vera cucina toscana vi attende nella raffinata sala ristorante, un tempo frantoio, dal suggestivo soffitto a vela.

47 camere ☲ – 🛏 77/410€

via Marconi 2 – ☏ 0571 69277 – www.unahotels.it – Chiuso 1 gennaio-27 marzo, 1 novembre-31 dicembre

a Castelfalfi Ovest: 11 km

🍴 La Rocca di Castelfalfi   ⇦ ⇦ 🏠 🔄 🏧

CREATIVA · ROMANTICO ✕✕✕ All'interno del castello medievale del Borgo di Castelfalfi, sale eleganti ed una terrazza affacciata sul bel panorama delle dolci colline; creatività e tecnica in cucina dove la Toscana viene rivisitata sotto varie angolazioni.

Menu 70/90€ – Carta 70/150€

Hotel Il Castelfalfi, via Castelfalfi Castello 85 – ☏ 0571 891400 – www.castelfalfi.com – Chiuso 7 gennaio-1 marzo, lunedì

MONTALCINO

✉ 53024 – Siena (SI) – Carta regionale n° **18**–C2 – Carta stradale Michelin 563-M16

Taverna del Grappolo Blu 🕸 ☈ AC

TOSCANA · RUSTICO ✗ L'insegna già evoca il vero "principe" della località, che occupa molte pagine della lista vini di questo tipico ristorante; cucina toscana attenta a materie prime e ricette della tradizione in un ambiente piacevolmente conviviale. Da assaggiare: le tagliatelle ai grani antichi al ragù di anatra e la guancia di manzo al brunello.

Specialità: Affettati di cinta senese. Guancia di manzo. Ricotta con cioccolato e mele.

Carta 25/40€

scale di via Moglio 1 –
✆ 0577 847150 – www.grappoloblu.com – Chiuso 10-27 dicembre, venerdì

Boccon DiVino 🕸 ≤ ☈

TOSCANA · CONTESTO TRADIZIONALE ✗✗ Una casa colonica alle porte del paese: si può scegliere fra la curata sala rustica o la terrazza estiva con vista. Nel piatto, i sapori del territorio leggermente rivisitati in chiave moderna ed alcuni evergreen come il peposo e la zuppa di cipolle.

Menu 40/48€ – Carta 75/90€

via Traversa dei Monti 201, località Colombaio Tozzi –
✆ 0577 848233 – www.boccondivinomontalcino.it –
Chiuso 15 dicembre-20 gennaio, martedì

a Castelnuovo dell'Abate Sud - Est : 10 km – Carta regionale n° **18**-C2

Castello di Velona 🏕 🕭 ≤ ☈ 🗀 🖾 ☻ 🎵 Ⅳ 🖢 🕭 AC 🛠 P

DIMORA STORICA · GRAN LUSSO Soggiorno esclusivo negli eleganti ambienti di un castello dell'XI secolo completamente restaurato: moderna spa, nonché vista a 360° su colline e Val d'Orcia. Diverse possibilità ristorative, dalle migliori ricette della tradizione gastronomica toscana ai piatti gourmet del ristorante Settimo Senso.

23 camere ☲ – 👫 300/1200€ – 23 suites

località Velona –
✆ 0577 839002 – www.castellodivelona.it –
Chiuso 13 gennaio-31 marzo

a Castiglione del Bosco Nord - Ovest : 12 km – Carta regionale n° **18**-C2

Campo del Drago ≤ ☈ & AC P

ITALIANA · ELEGANTE ✗✗✗ Strategicamente al centro del borgo, una cucina di alta fattura assecondata da una raffinata atmosfera ed un accurato servizio, che donano allo spirito quella rilassatezza per godere al top. La cucina ha un respiro nazionale e propone piatti italiani talvolta rivisitati.

Menu 140€ – Carta 75/110€

Hotel Castiglion del Bosco, Castiglione del Bosco - Montalcino –
✆ 0577 191 3001 – www.rosewoodhotels.com –
Chiuso 1 novembre-1 maggio, lunedì-sabato a mezzogiorno, domenica

Castiglion del Bosco 🏕 🕭 ≤ ☈ 🗖 🎵 Ⅳ 🖢 & AC P

GRAN LUSSO · ELEGANTE Una decina di chilometri lungo una strada bianca vi condurranno in uno degli alberghi più esclusivi della regione: immerso in un'immensa proprietà collinare, le camere - ricavate dalla ristrutturazione di un borgo medioevale, alcune in villa - sono ampie e ispirate ad una sobria, raffinata eleganza.

18 suites – 👫 773/2981€ – ☲ 45€ – 5 camere

località Castiglion del Bosco Montalcino –
✆ 0577 191 3001 – www.rosewoodhotels.com –
Chiuso 1 novembre-1 maggio

Campo del Drago – Vedere selezione ristoranti

a Poggio alle Mura Sud - Ovest : 19 km – Carta regionale n° **18**–C2

🕇○ Sala dei Grappoli

CREATIVA · ROMANTICO XXX Una volta all'interno, le viti che ornano le pareti illustreranno il nome del ristorante, ma meglio ancora farà la cucina: chi ama la rielaborazione della tradizione in forme creative, nonché eleganti presentazioni correrà qui, ai piedi di un magnifico castello medioevale. Mentre dalla cantina solo e soltanto vini di produzione propria che coprono, per altro, diversi territori.

Menu 100/190 € – Carta 90/180 €

Hotel Castello Banfi-Il Borgo – ℰ 0577 877700 – www.castellobanfiilborgo.com – Chiuso 10 novembre-26 marzo, lunedì-domenica a mezzogiorno

🏠 Castello Banfi-Il Borgo

CASA DI CAMPAGNA · GRAN LUSSO Nel castello, di origini medioevali e circondato dal più tipico paesaggio toscano, troverete la sala lettura e il museo del vetro; intorno, il borgo settecentesco e le camere, di raffinata bucolica eleganza e straordinari bagni. Incantevole, il giardino delle rose.

9 camere ⊊ – 👫 400/1100 € – 5 suites

ℰ 0577 877700 – www.castellobanfiilborgo.com – Chiuso 1 gennaio-25 marzo, 8 novembre-31 dicembre

🕇○ **Sala dei Grappoli** – Vedere selezione ristoranti

MONTALLEGRO – Agrigento → Vedere Sicilia

MONTEBELLO VICENTINO
✉ 36054 – Vicenza (VI) – Carta regionale n° **22**–A2 – Carta stradale Michelin 562-F16

a Selva Nord - Ovest : 3 km

🕇○ La Marescialla

PESCE E FRUTTI DI MARE · CONTESTO TRADIZIONALE XX Pur non mancando qualche specialità di carne, è il pesce il prediletto del menu di questo accogliente locale in aperta campagna, che propone nella stagione estiva anche un fresco dehors.

Carta 35/65 €

via Capitello 3 – ℰ 0444 649216 – www.ristorantelamarescialla.it – Chiuso 1-10 gennaio, 10-27 agosto, lunedì, domenica sera

MONTEBELLUNA
✉ 31044 – Treviso (TV) – Carta regionale n° **23**–C2 – Carta stradale Michelin 562-E18

🕇○ Nidaba

MODERNA · DI TENDENZA X L'esperienza di Andrea e Daniela, con l'entusiasmo dei giovani collaboratori, dà corpo ad un locale realmente moderno, frutto di una visione cosmopolita nonostante si trovi in provincia. Cucina moderna, ma anche fritti accanto a sandwich, nonché hamburger gourmet. E poi il nuovo angolo dei cocktail con un'ampia scelta di whisky e l'importante mescita di birre: in un anno girano circa 200 tipi diversi alla spina.

Carta 20/50 €

via Argine 15 – ℰ 0423 609937 – www.nidabaspirit.it – Chiuso lunedì-sabato a mezzogiorno, domenica

MONTEBENICHI
✉ 52021 – Arezzo (AR) – Carta regionale n° **18**–C2 – Carta stradale Michelin 563-L15

🕇○ Osteria L'Orciaia

REGIONALE · CONTESTO STORICO X Caratteristico localino rustico all'interno di un edificio cinquecentesco, con un raccolto dehors estivo. Cucina tipica toscana elaborata partendo da ottimi prodotti.

Carta 30/50 €

via Capitan Goro 10 – ℰ 055 991 0067 – osteria.orciaia@virgilio.it – Chiuso 1 novembre-30 aprile, martedì

MONTECALVO VERSIGGIA

✉ 27047 – Pavia (PV) – Carta regionale n° **9**-B3 – Carta stradale Michelin 561-H9

🍴 **Prato Gaio**   🛱 AC P

REGIONALE · AMBIENTE CLASSICO XX La ristorazione è nel Dna di famiglia: osti già nell'Ottocento, ci si ispira ancora oggi alla tradizione dell'Oltrepò, talvolta riproposta come si faceva un tempo, talvolta corretta con personalità e attualità. Una tappa obbligatoria per gli amanti dei sapori locali.

Menu 40/55€ – Carta 39/63€

località Versa, bivio per Volpara – ℰ 0385 99726 –
www.ristorantepratogaio.it – Chiuso 7 gennaio-7 febbraio, lunedì, martedì

MONTECARLO

✉ 55015 – Lucca (LU) – Carta regionale n° **18**-B1 – Carta stradale Michelin 563-K14

🍴 **Antico Ristorante Forassiepi**   ≤ 🖼 🛱 AC P

MEDITERRANEA · ACCOGLIENTE XxX Qui troverete la storia di un grazioso borgo medioevale, un bel panorama sulla valle, ma soprattutto un'eccellente cucina. Se il risotto al piccione è il piatto storico, il successo delle proposte di pesce è enorme e giustificato.

Menu 45/60€ – Carta 60/80€

via della Contea 1 – ℰ 0583 229475 –
www.ristoranteforassiepi.it – Chiuso 13-31 gennaio, 6-16 luglio, lunedì a mezzogiorno,
martedì, mercoledì-venerdì a mezzogiorno

MONTECATINI TERME

✉ 51016 – Pistoia (PT) – Carta regionale n° **18**-B1 – Carta stradale Michelin 563-K14

🍴 **Gourmet**   AC

PESCE E FRUTTI DI MARE · AMBIENTE CLASSICO XxX Moderno e sobrio, elegante e raffinato: se il nome è una promessa, il ristorante vi sedurrà con una serie di proposte territoriali e non, nonché una giustificata celebrità legata ai piatti di pesce.

Carta 50/80€

viale Amendola 6 – ℰ 0572 771012 –
www.gourmetristorante.com – Chiuso 8-14 gennaio, 4-19 agosto, martedì, mercoledì
a mezzogiorno

🍴 **La Pecora Nera**   ⇦ 🛱 AC

MEDITERRANEA · ELEGANTE XX Ci sono i lampadari di Murano e gli eleganti pavimenti d'epoca, ma in ambienti freschi e rivisitati con un gusto attuale e soprattutto un'ottima cucina fantasiosa, divisa tra terra e mare.

Menu 45/50€ – Carta 37/66€

Hotel Ercolini e Savi, via San Martino 18 – ℰ 0572 70331 –
www.ercoliniesavi.it – Chiuso 12-27 gennaio, lunedì-venerdì a mezzogiorno

🏨 **Columbia**   ✿ 🖼 🌐 🛖 🛗 AC 🔧 P

BOUTIQUE HOTEL · PERSONALIZZATO L'elegante edificio preannuncia gli originali interni di un giocoso albergo che reinterpreta in forma moderna vari stili, dal liberty all'impero; mai sottotono, ad un passo dall'eccesso, ma sempre con stile. Ristorante panoramico al quinto piano.

64 camere ☲ – ♟♟ 79/398€ – 2 suites

corso Roma 19 – ℰ 0572 70661 –
www.hotelcolumbia.it – Chiuso 5 gennaio-5 marzo, 15 novembre-27 dicembre

MONTECCHIO – Brescia → Vedere Darfo Boario Terme

MONTECCHIO PRECALCINO

✉ 36030 – Vicenza (VI) – Carta regionale n° **22**–A1 – Carta stradale Michelin 562-F16

⇕⃝ La Locanda di Piero   🐝 🖨 🅰🅲 ⇔ 🅿

MODERNA · ELEGANTE XxX Piatti d'impronta moderna che ripercorrono un po' tutto il Bel Paese in una villetta di campagna che evoca l'atmosfera di una raffinata residenza privata.

Carta 55/95€

via Roma 32, strada per Dueville – ☎ 0445 864827 – www.lalocandadipiero.it – Chiuso 1-10 gennaio, 10-23 agosto, lunedì a mezzogiorno, sabato a mezzogiorno, domenica

MONTECHIARUGOLO

✉ 43022 – Parma (PR) – Carta regionale n° **5**–A3 – Carta stradale Michelin 562-H13

⇕⃝ Mulino di Casa Sforza   🛋 🖨 ⇔ 🅿

REGIONALE · RUSTICO X Ambienti d'atmosfera e ricchi di fascino in un antico mulino quattrocentesco con spazi all'aperto per le sere d'estate; nella sala sono ancora visibili le antiche macine in pietra, mentre nel canale continua a scorrere l'acqua che alimentava la ruota. Cucina del territorio, quindi, paste fresche molto buone, salumi e carne.

Menu 27€ – Carta 31/63€

via Maestà 63, località Basilicanova – ☎ 0521 683158 – www.ristorantemulinodicasasforza.com – Chiuso 27 luglio-9 agosto, lunedì

MONTECOSARO

✉ 62010 – Macerata (MC) – Carta regionale n° **11**–D2 – Carta stradale Michelin 563-M22

⇕⃝ Signore te ne ringrazi   🖨

MODERNA · CONTESTO STORICO XX Nelle affascinanti sale delle cantine del palazzo comunale, lo chef Biagiola fa della tradizione gastronomica locale il suo portabandiera: tanta fantasia, verdura ed erbe aromatiche.

Menu 55/75€ – Carta 31/67€

via Bruscantini 1 – ☎ 0733 222273 – www.signoreteneringrazi.it – Chiuso martedì, mercoledì

MONTECRESTESE

✉ 28864 – Verbano-Cusio-Ossola (VB) – Carta regionale n° **12**–C1

⇕⃝ Osteria Gallo Nero ⓝ   🖨 ♿ 🅰🅲 🅿

REGIONALE · FAMILIARE X Due fratelli, da tempo nel settore, sono alla conduzione di questo nuovo locale; struttura molto moderna dal mood informale per una cucina tradizionale e regionale. In estate, accomodatevi nel bel dehors davanti al verde.

Carta 25/50€

Frazione Piaggino – ☎ 0324 232870 – www.osteriagallonero.it – Chiuso lunedì

MONTEFALCO

✉ 06036 – Perugia (PG) – Carta regionale n° **20**–C2 – Carta stradale Michelin 563-N19

🏨 Palazzo Bontadosi   🍴 🖼 🏠 🖨 ♿ 🅰🅲

DIMORA STORICA · PERSONALIZZATO Antichi muri rinascimentali ospitano moderne forme di design, e se gli ambienti comuni accolgono una piccola galleria d'arte, la struttura coccola anche gli amanti della forma fisica con un piccolo centro benessere. Offerta culinaria seria e professionale al ristorante Locanda del Teatro.

12 camere ⌂ – ♦♦ 89/259€ – 1 suite

Piazza del Comune – ☎ 0742 379357 – www.hotelbontadosi.it

a San Luca Sud - Est : 9 km – Carta regionale n° **20**-C2

🏠 Villa Zuccari

DIMORA STORICA · ELEGANTE Imponente villa d'epoca immersa nella campagna, estesi spazi verdi e ampie camere con lampadari di Murano faranno sognare un passato ricco e signorile. Al ristorante Le Zuppiere cucina e vini soprattutto regionali.

31 camere 🖵 – †† 110/250 € – 3 suites

località San Luca 4 – ℰ *0742 399402 – www.villazuccari.com*

MONTEFIASCONE
✉ 01027 – Viterbo (VT) – Carta regionale n° **7**–A1 – Carta stradale Michelin 563-O18

🕸 OSMOSI...osteria moderna

PESCE E FRUTTI DI MARE · FAMILIARE X Benché non manchi qualche piatto di carne e di pesce di lago, il ristorante si è guadagnato una celebrità con i prodotti del mare. C'è una carta, ma lasciatevi consigliare i prodotti del giorno dalla giovane e autodidatta cuoca. Sostanza, freschezza e fantasia a prezzi ragionevoli! Specialità: ravioli al cacao ripieno di gamberi - rollé d'orata - cheesecake con patata viola.

Specialità: Salmone selvaggio marinato con succo di rapa rossa servito su stracciatella di bufala. Ravioli con 3 farine antiche e ripieno di pesce di mare. Cheesecake con patata viola.

Menu 30/35 € – Carta 30/35 €

via Oreste Borghesi 20 – ℰ *0761 826558 – www.stuzzicorestaurant.it – Chiuso lunedì*

MONTEFIORINO
✉ 41045 – Modena (MO) – Carta regionale n° **5**–B2 – Carta stradale Michelin 562-I13

🍴 Lucenti ⇐ ♻

EMILIANA · AMBIENTE CLASSICO XX In questa piccola casa a gestione familiare trova posto un locale di taglio classico, arredato in caldi colori pastello, dove gustare una cucina fedele al territorio; ancora più semplice e tradizionale nel servizio dell'Enoteca, la versione più giovane e "facile" del locale.

Menu 25/40 € – Carta 26/58 €

via Mazzini 38 – ℰ *0536 965122 – www.lucenti.net – Chiuso lunedì, martedì a mezzogiorno*

MONTEFOLLONICO
✉ 53040 – Siena (SI) – Carta regionale n° **18**–D2 – Carta stradale Michelin 563-M17

🍴 La Botte Piena ⅏ 🛖 🏧

REGIONALE · SEMPLICE X Piccole graziose realtà: il borgo in cui si trova, famoso per la festa del vin santo, nonché questa moderna osteria dove, circondati dalle molte bottiglie, sarete sorpresi dal bel gusto estetico con cui si presentano piatti di sapida cucina toscana ed, in alternativa, pesce.

Menu 40/55 € – Carta 40/61 €

piazza Cinughi 12 – ℰ *0577 669481 – www.labottepiena.com –
Chiuso 15 febbraio-15 marzo, mercoledì, giovedì a mezzogiorno*

MONTEGIORGIO
✉ 63833 – Fermo (FM) – Carta regionale n° **11**–D2 – Carta stradale Michelin 563-M22

a Piane di Montegiorgio Sud : 5 km

🍴 Oscar e Amorina ⇐ 🛖 🏧 ♻ 🅿

MARCHIGIANA · CONVIVIALE XX Sala rossa o sala rosa? Qualsiasi sia la scelta, la cucina "sforna" tipiche specialità marchigiane in porzioni abbondanti. Tra le tante proposte, vivamente consigliati sono: i fini fini di bosco e le prelibatezze allo spiedo (attenzione, molte su prenotazione!).

Menu 20 € (pranzo), 30/50 € – Carta 29/79 €

via Faleriense Ovest 69 – ℰ *0734 967351 – www.oscareamorina.it – Chiuso lunedì a mezzogiorno*

MONTEGROSSO – Barletta-Andria-Trani → Vedere Andria

MONTEGROTTO TERME
✉ 35036 – Padova (PD) – Carta regionale n° **23**–B3 – Carta stradale Michelin 562-F17

🟠 **Al Bosco** ⟨ 🛋 AC P

REGIONALE · ACCOGLIENTE XX Poco lontano dal centro, ma già in posizione collinare in un contesto verde ed ombreggiato, un ristorante rustico-elegante con caminetti e pareti decorate: dal soffitto pendono originali paioli in rame. La specialità tra i secondi piatti sono le cotture alla brace di legna.

Menu 25/50 € – Carta 35/60 €

via Cogolo 8 – ℰ 049 794317 – www.alboscomontegrotto.it –
Chiuso 7 gennaio-27 febbraio, lunedì-martedì a mezzogiorno, mercoledì

🏨 **Terme Neroniane** ⟨ 🛁 🧖 🛋 P

SPA E WELLNESS · CONTEMPORANEO All'interno di un parco di 40. 000 metri quadrati, con tre piscine a diversa temperatura di cui una olimpionica, l'albergo è stato completamente ristrutturato e propone camere classiche o contemporanee con balconi-loggia. Nella sala ristorante, attraverso gli oblò del pavimento, vedrete scorci delle antiche terme romane.

97 camere ⌸ – 🍴 94/125 € – 5 suites

via Neroniane 21/23 – ℰ 049 891 1694 – www.neroniane.it –
Chiuso 7 gennaio-1 marzo, 22 novembre-21 dicembre

MONTELEONE – Pavia → Vedere Inverno-Monteleone

MONTEMAGNO
✉ 14030 – Asti (AT) – Carta regionale n° **12**–C2 – Carta stradale Michelin 561-G6

🟠 **La Braja** 🛋 AC ⟷ P

PIEMONTESE · ELEGANTE XXX I bei dipinti che decorano le pareti sono realizzati dal titolare e da suo figlio, ma l'arte non si limita ai quadri e trova una propria espressione anche in cucina: proposte locali condite da un pizzico di fantasia.

Menu 65/75 € – Carta 40/78 €

via San Giovanni Bosco 11 – ℰ 331 179 9615 – www.labraja.it –
Chiuso 26 luglio-16 agosto, 27 dicembre-20 gennaio, lunedì, martedì

MONTEMARCELLO – La Spezia → Vedere Ameglia

MONTEMARCIANO – Arezzo → Vedere Terranuova Bracciolini

MONTEMERANO
✉ 58014 – Grosseto (GR) – Carta regionale n° **18**–C3 – Carta stradale Michelin 563-O16

🏵🏵 **Caino** (Valeria Piccini) 🐾 ⟨ AC

MODERNA · ELEGANTE XXX Le infinite bellezze della regione, la prossimità con le terme di Saturnia e piatti leggendari come il raviolo all'olio extravergine di oliva con colatura di alici, capperi di Pantelleria e coulis di pomodori contribuiscono all'internazionalità dei clienti, nonché alla fama di questo indirizzo come una delle grandi tavole italiane. Grazie ad un legame inscindibile con la terra che lo circonda, Caino ha il grande pregio di aver fatto conoscere al mondo intero la cucina maremmana in veste raffinata e contemporanea grazie alla sensibilità gastronomica e capbelista della chef Valeria Piccini, supportata - ora - dal prezioso contributo del figlio Andrea. Il "credo" di questa grande cuoca risiede nella volontà di consentire al suo ospite di capire esattamente cosa sta mangiando, evitando di adottare tecniche troppo estreme, ma anche prodotti non all'altezza.

Specialità: Ombrina affumicata con carciofi e brodo di calamari. Piccione con indivia cioccolato e nocciole. Cioccolato mirtillo e cardamomo.

Menu 140/170 € – Carta 100/180 €

via della Chiesa 4 – ℰ 0564 602817 – www.dacaino.it – Chiuso 28 giugno-10 luglio,
8-13 novembre, lunedì-martedì a mezzogiorno, mercoledì, giovedì a mezzogiorno

MONTE PORZIO CATONE

✉ 00040 – Roma (RM) – Carta regionale n° **7**–B2 – Carta stradale Michelin 563-Q20

ⓘ◯ **Barrique by Oliver Glowig**

CREATIVA · DESIGN ✗✗✗ A pochi metri dal casello di Monte Porzio, all'interno dell'azienda vinicola Poggio le Volpi, il celebre cuoco tedesco Glowig dà un'altra prova del suo amore e padronanza della cucina italiana, in una sala contemporanea con richiami al mondo enologico. Per soste più veloci ed informali al piano superiore c'è Epos, piatti tradizionali con ampia scelta di carni di manzo frollate sino a 90 giorni e poi cotte alla griglia.

Carta 65/80€

via di Fontana Candida 3 – ℰ 06 941 6641 – www.enotecapoggiolevolpi.it –
Chiuso 12-31 agosto, lunedì, domenica sera

ⓘ◯ **Il Monticello**

LAZIALE · RUSTICO ✗ Poco fuori dal centro, cucina romano-laziale con sapiente uso dei sapori e, come chicca, le verdure del proprio orto, in un ristorante dal piacevole e caldo ambiente rustico.

Menu 45/60€ – Carta 28/50€

via Romoli 27 – ℰ 06 944 9353 – www.ristoranteilmonticello.it –
Chiuso 16 agosto-1 settembre, lunedì, domenica sera

MONTEPULCIANO

✉ 53045 – Siena (SI) – Carta regionale n° **18**–D2 – Carta stradale Michelin 563-M17

ⓘ◯ **La Grotta**

TOSCANA · AMBIENTE CLASSICO ✗✗ Di fronte alla chiesa di San Biagio, all'interno di un edificio del '500, locale rustico-elegante, con bel servizio estivo in giardino. Ottima la cucina: toscana, sapientemente rivisitata.

Menu 35/55€ – Carta 42/70€

località San Biagio 16 – ℰ 0578 757479 – www.lagrottamontepulciano.it –
Chiuso 13 gennaio-20 marzo, mercoledì

ⓘ◯ **Le Logge del Vignola**

TOSCANA · CONTESTO TRADIZIONALE ✗✗ Buona risorsa questo piccolo locale nel centro storico, con tavoli un po' ravvicinati, ma coperto e materia prima regionale assai curati. Interessante anche la carta dei vini.

Menu 59€ – Carta 40/60€

via delle Erbe 6 – ℰ 0578 717290 – www.leloggedelvignola.com –
Chiuso 15 novembre-26 dicembre, martedì

🏠 **Villa Cicolina**

DIMORA STORICA · ROMANTICO Splendida villa seicentesca circondata da un curato giardino e piscina panoramica, gli interni non sono meno incantevoli: camere in genere ampie con arredi d'epoca, un sogno toscano d'altri tempi.

10 camere ☑ – 🛏 200/230€ – 4 suites

via Provinciale 11 – ℰ 0578 758620 – www.villacicolina.it –
Chiuso 3 novembre-23 marzo

🏠 **Villa Poggiano**

DIMORA STORICA · GRAN LUSSO Un vasto parco con scenografica piscina in stile art-déco accoglie gli ospiti tra silenzio e profumi. Nel mezzo una villa del '700 che ha mantenuto intatta l'atmosfera della dimora storica.

10 suites ☑ – 🛏 240/280€ – 4 camere

via di Poggiano 7 – ℰ 0578758292 – www.villapoggiano.com –
Chiuso 2 novembre-31 marzo

MONTEROSSO AL MARE

✉ 19016 – La Spezia (SP) – Carta regionale n° **8**-D2 – Carta stradale Michelin 561-J10

⊪○ **Da Miky**

PESCE E FRUTTI DI MARE · **ALLA MODA** XX Uno dei migliori ristoranti in zona quanto a ricerca del pescato – a cominciare dalle celebri acciughe di Monterosso – Miky si trova proprio di fronte al mare e la sua cucina si fa – di anno in anno – sempre più intrigante e personalizzata. C'è anche una piccola rivendita di prodotti locali.

Carta 40/90 €

via Fegina 104 – ℰ 0187 817608 – www.ristorantemiky.it –
Chiuso 5 novembre-23 marzo, martedì

⊪○ **L'Ancora della Tortuga** ≼ 🏠 AC

PESCE E FRUTTI DI MARE · **STILE MEDITERRANEO** X Locale in stile marina letteralmente aggrappato alla scogliera (una parete è di roccia viva): dal dehors superiore la vista è mozzafiato, mentre la cucina onora il mare, ma non dimentica la terra.

Carta 55/105 €

via salita Cappuccini 4 – ℰ 0187 800065 – www.ristorantetortuga.it –
Chiuso 1 novembre-1 marzo, lunedì

MONTEROTONDO

✉ 00015 – Roma (RM) – Carta regionale n° **7**-B2 – Carta stradale Michelin 563-P19

⊪○ **Antica Trattoria dei Leoni**

REGIONALE · **CONTESTO CONTEMPORANEO** X Il ristorante sfoggia una veste contemporanea, ma non dubitate: la cucina è autenticamente laziale e non manca mai la griglia (nei fine settimana o su prenotazione, lo spiedo)! Camere ricavate dalla ristrutturazione di un antico convento, quelle che si affacciano sulla piazza sono le più spaziose.

Menu 25/40 € – Carta 25/40 €

piazza del Popolo 11/15 – ℰ 06 9062 3591 – www.albergodeileoni.it – Chiuso lunedì,
domenica sera

MONTE SANT' ANGELO

✉ 71037 – Foggia (FG) – Carta regionale n° **15**-B1 – Carta stradale Michelin 564-B29

⊛ **Medioevo**

REGIONALE · **SEMPLICE** X Agnello al profumo del Gargano, fichi secchi farciti al rhum con crema di vaniglia ed altre prelibatezze regionali elaborate partendo da prodotti stagionali, in un semplice ristorante del centro, raggiungibile solo a piedi.
Specialità: Pancotto con verze patate e fave. Agnello al profumo del Gargano. Fichi secchi farciti al rhum con crema di vaniglia.

Menu 22/30 € – Carta 25/35 €

via Castello 21 – ℰ 0884 565356 – www.ristorantemedioevo.it –
Chiuso 13 gennaio-7 marzo, lunedì

⊪○ **Li Jalantuùmene** ≼ 🏠

PUGLIESE · **ROMANTICO** XX Affacciato su un'incantevole piazzetta, la travolgente passione del cuoco vi guiderà alla scoperta dei "giacimenti gastronomici" pugliesi, in un piccolo, ma romantico, ristorante con adorabili camere. Senza dubbio uno dei migliori di tutta la provincia!

Menu 50/75 € – Carta 55/85 €

piazza de Galganis 9 – ℰ 0884 565484 – www.li-jalantuumene.it –
Chiuso 8 gennaio-17 febbraio, martedì

MONTESCUDAIO

✉ 56040 – Pisa (PI) – Carta regionale n° **18**-B2 – Carta stradale Michelin 563-M13

🍴○ **Il Frantoio**

TOSCANA · COLORATO ✗ Se rimangono il nome ed i caratteristici archi in mattone del vecchio frantoio, tutto il resto rinasce a nuova vita e gestione col 2017: un giovane cuoco ha rinfrescato ed alleggerito la sala, proponendo una cucina toscana con mano lievemente moderna. Quindi, seppur di fatto è come fosse un nuovo locale, lo consigliamo nuovamente.

Carta 37/49€

via della Madonna 9 – ℰ 0586 650381 –
www.ristorantefrantoio.com – Chiuso 26 gennaio-28 febbraio, martedì,
mercoledì-venerdì a mezzogiorno

MONTESILVANO MARINA

✉ 65015 – Pescara (PE) – Carta regionale n° **1**-B1 – Carta stradale Michelin 563-O24

🍴○ **Pescion** Ⓝ

PESCE E FRUTTI DI MARE · CONTESTO CONTEMPORANEO ✗✗ Ristorante lindo ed accogliente presso uno stabilimento balneare con terrazza estiva praticamente sulla sabbia. Proposte di pesce elaborate con fantasia e passione maturate durante la lunga esperienza all'estero dell'ancor giovane chef-patron; prenotare, soprattutto la sera d'estate, è praticamente indispensabile!

Menu 45/55€ – Carta 40/80€

viale Aldo Moro 103 bis – ℰ 380 651 6615 –
www.pescion.it – Chiuso 7-31 gennaio, 16-29 novembre, lunedì, domenica sera

🍴○ **Sette Vele**

PESCE E FRUTTI DI MARE · ACCOGLIENTE ✗✗ Piccolo locale condotto da una giovane coppia che ha realizzato il sogno di un locale tutto loro. Fragranti piatti a base di pesce elaborati con un pizzico di fantasia.

Carta 29/66€

via Giolitti 3 (angolo via Verrotti) – ℰ 085 862 2738 –
www.settevele.it – Chiuso 13-27 gennaio, lunedì, martedì a mezzogiorno, domenica sera

MONTEU ROERO

✉ 12040 – Cuneo (CN) – Carta regionale n° **14**-A2 – Carta stradale Michelin 561-H5

🍴 **Cantina dei Cacciatori**

PIEMONTESE · CONTESTO REGIONALE ✗ L'insegna originale dipinta sulla facciata ammicca alla storia ultracentenaria del locale. Nato dal recupero di una vecchia trattoria fuori paese - fra castagni e rocce di tufo - il ristorante propone piatti tipici piemontesi ma non solo, come i ravioli di borragine e carne al burro profumato e pancetta croccante. Incantevole dehors per la bella stagione e cantina interrata d'inizio '900 visitabile!

Specialità: Insalata russa, vitello tonnato e acciughe con bagnetto. Coniglio grigio di Carmagnola con olive taggiasche e pomodori. Budino di zabaglione al moscato, nocciole e amaretti con salsa al cioccolato amaro.

Menu 22€ (pranzo)/30€ – Carta 28/32€

località Villa Superiore 59 – ℰ 0173 90815 –
www.cantinadeicacciatori.it – Chiuso 25 gennaio-10 febbraio, 1-15 luglio, lunedì,
martedì a mezzogiorno

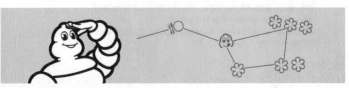

MONTEVARCHI

✉ 52025 – Arezzo (AR) – Carta stradale Michelin 563-L16

a Moncioni Sud - Ovest : 8, 5 km – Carta regionale n° **18**-C2

🏠 Villa Sassolini

BOUTIQUE HOTEL · STORICO Albergo "diffuso" - sebbene con un corpo centrale - dispone di camere eleganti dove le tonalità del grigio sono declinate nelle varie sfumature e riscaldate da elementi d'arredo di grande suggestione. Mirabile esempio di recupero architettonico, in grado di dimostrare come sia possibile coniugare passato e moderna ospitalità, *Villa Sassolini* è situata al confine tra la Valle dell'Arno e le Colline del Chianti. La campagna toscana qui è strepitosa e la struttura di un l

16 camere ☕ – 🛉 270/358 € – 3 suites

piazza Rotondi 17 – ☎ 055 970 2246 – www.villasassolini.it –
Chiuso 1 novembre-1 aprile

MONTEVECCHIA

✉ 23874 – Lecco (LC) – Carta regionale n° **10**-B1 – Carta stradale Michelin 561-E10

🍴 La Piazzetta

LOMBARDA · CONTESTO TRADIZIONALE Nella parte alta del paese, un locale ubicato all'interno di un edificio ristrutturato. Un ristorante di taglio classico con due sale luminose e una cucina interessante con proposte classiche e contemporanee.

Menu 40 € – Carta 32/44 €

largo Agnesi 3 – ☎ 039 993 0106 – www.ristolapiazzetta.it – Chiuso 1-14 gennaio,
1-14 settembre, lunedì, martedì a mezzogiorno

MONTICCHIELLO – Siena → Vedere Pienza

MONTICELLI BRUSATI

✉ 25040 – Brescia (BS) – Carta regionale n° **10**-D1 – Carta stradale Michelin 561-F12

🍴 Hostaria Uva Rara

REGIONALE · ACCOGLIENTE Gestione professionale in un antico cascinale del '400 con arredi di gusto e caratteristici soffitti sorretti da volte in pietra. La cucina si divide equamente tra terra, lago e mare; a pranzo, disponibilità di menu più economici. Bel dehors estivo per un pasto en plein air.

Carta 45/65 €

via Foina 42 – ☎ 0306852643 – www.hostariauvarara.it – Chiuso mercoledì

MONTICELLI D'ONGINA

✉ 29010 – Piacenza (PC) – Carta regionale n° **5**-A1 – Carta stradale Michelin 562-G11

🏵 Antica Trattoria Cattivelli

DEL TERRITORIO · FAMILIARE Gli appassionati della cucina della bassa padana troveranno qui uno dei migliori ristoranti della zona, e non da ieri: dal dopoguerra Cattivelli è un baluardo dei piatti del territorio, dai pisarei al cotechino passando per la faraona ripiena. Specialità tra le specialità: cappelletti al cacio del Po e storione stufato alle verdure.

Specialità: Anguilla marinata. Pisarei e fasò. Latte in piedi.

Menu 19 € (pranzo) – Carta 33/41 €

via Chiesa 2, località Isola Serafini – ☎ 0523 829418 – www.trattoriacattivelli.it –
Chiuso martedì sera, mercoledì

MONTICHIARI

✉ 25018 – Brescia (BS) – Carta regionale n° **9**-D1 – Carta stradale Michelin 561-F13

⚪ **Dal Dosso Salamensa** Ⓝ   🕭 AC

REGIONALE · CONVIVIALE ⅹ Un open space con molteplici servizi, dal bar per le prime colazioni al ristorante classico con pizze a lievitazione naturale. Se l'ambientazione è molto moderna minimal-conviviale, l'attenzione riservata alla scelta delle materie prime e alle preparazioni è di ottimo livello.

Carta 21/48 €

Via Monsignor Oscar Romero –
☎ 030 961025 – www.daldossosalamensa.it

⚪ **Osteria dei Matti**   🏠 🕭 AC

REGIONALE · RUSTICO ⅹ Ristrutturazione completa di questa simpatica osteria dove gustare un'ottima cucina di terra preparata scegliendo accuratamente le materie prime. Interessante anche la scelta enologica.

Carta 34/59 €

via G.A. Poli 26 –
☎ 030 965 7175 – www.osteriadeimatti.it – Chiuso 1-13 gennaio, 10-24 agosto, lunedì, domenica sera

MONTICIANO

✉ 53015 – Siena (SI) – Carta regionale n° **18**-C2 – Carta stradale Michelin 563-M15

⚪ **Da Vestro**   ⇦ 🛏 🏠 🅿

TOSCANA · RUSTICO ⅹ Alle porte della località e circondato da un ampio giardino, un antico podere ospita una trattoria dalle cui cucine si affacciano i piatti e i sapori della tradizione toscana. Dispone anche di alcune camere semplici dagli arredi in legno e ben curate.

Carta 17/35 €

via 2 Giugno 1 –
☎ 0577 756618 – www.davestro.it – Chiuso 20 dicembre-29 febbraio, lunedì

MONTIGNOSO

✉ 54038 – Massa-Carrara (MS) – Carta regionale n° **18**-A1 – Carta stradale Michelin 563-J12

🏨 **Il Bottaccio**   🏖 🛎 🛏 🅿

CASA DI CAMPAGNA · ORIGINALE Dolci colline alberate fanno da cornice a questa dimora di campagna, che di rurale ha mantenuto solo certe pregevoli caratteristiche, quali i pavimenti in cotto o i soffitti a cassettoni. Per il resto, tutto è all'insegna del lusso e della ricercatezza; meravigliose camere, soprattutto le suite - crogiolo d'arte e di artigianato - alcune con vasche da bagno in stanza.

5 suites – 👫 360/700 € – � 30 € – 3 camere

via Bottaccio 1 –
☎ 0585 340031 – www.bottaccio.com

MONTOGGIO

✉ 16026 – Genova (GE) – Carta regionale n° **8**-C1 – Carta stradale Michelin 561-I9

😊 **Roma**   🛏 AC

LIGURE · FAMILIARE ⅹⅹ La sua cucina altro non è che un inno alla tradizione locale sia di carne sia di pesce. Tra le tante proposte del menu quella che ci ha maggiormente convinto è il fritto misto di terra.

Specialità: Battuta di tonno, terra di Taggia e bottarga di muggine. Tortelli, battuto di gambero rosso e carciofi di Albenga. Meringata di frutti di bosco.

Menu 16 € (pranzo), 35/55 € – Carta 30/60 €

via Roma 15 –
☎ 010 938925 – www.romamontoggio.it – Chiuso 1-7 luglio, giovedì

MONTONE

✉ 06014 – Perugia (PG) – Carta regionale n° **20**–B1 – Carta stradale Michelin 563-L18

⊛ Tipico & La Locanda del Capitano

REGIONALE · ELEGANTE 🛛 I due locali si sono fusi per esaltare la cucina umbra grazie alla mano sapiente dello chef Polito che ricerca i migliori prodotti locali. Le serate della Locanda del Capitano continuano con appuntamenti mensili, mentre alla curata osteria potrete assaggiare piatti regionali preparati con dedizione e passione.

Specialità: Trota salmonata della Valnerina con carciofi, rapa rossa e crescioni di fiume. La chinanina Umbra con tartufo e porcini. La crescionda spoletina.

Menu 30/40 € – Carta 33/56 €

via Roma 7 –
✆ 075 930 6521 – www.ilcapitano.com –
Chiuso 20 gennaio-11 febbraio, lunedì

⌂ Torre di Moravola 🌿🛇⬉🛏🍲🏠AC P

CASA DI CAMPAGNA · PERSONALIZZATO Incantevole dimora ricavata da un sapiente restauro di un'antica casa con torre del XII secolo, lasciatevi sedurre dal profumo dei fiori e delle piante curate dall'amorevole titolare. Un indirizzo dove rigenerarsi nella quiete più assoluta, esclusivo ed appartato.

6 suites ⌂ – 👫 260/800 €

località Moravola Alta 70 (Pietralunga) –
✆ 075 946 0965 – www.moravola.com –
Chiuso 2 novembre-31 marzo

MONTOPOLI IN VAL D'ARNO

✉ 56020 – Pisa (PI) – Carta regionale n° **18**-B2 – Carta stradale Michelin 563-K14

⫶○ Quattro Gigli ⬉🛏🍲🌀

TOSCANA · CONTESTO REGIONALE 🛛🛛 Nel centro del caratteristico borgo, in un palazzo del Quattrocento, l'atmosfera al suo interno è calda ed accogliente, mentre Fulvia incanta i suoi ospiti con piatti regionali di terra e di mare serviti in ceramiche disegnate ad hoc. Parte delle camere di cui la struttura dispone sono panoramiche.

Menu 25/28 € – Carta 34/48 €

piazza Michele da Montopoli 2 –
✆ 0571 466878 – www.quattrogigli.it –
Chiuso lunedì, domenica sera

MONTRIGIASCO – Novara ➜ Vedere Arona

MONTÙ BECCARIA

✉ 27040 – Pavia (PV) – Carta regionale n° **9**-B3 – Carta stradale Michelin 561-G9

⫶○ La Locanda dei Beccaria 🍲AC🌀

TRADIZIONALE · CONTESTO TRADIZIONALE 🛛🛛 All'interno della Cantina Storica della località, un ristorante rustico e curato con caratteristici soffitti in legno, dove assaporare una linea di cucina fedele al territorio.

Menu 40 € – Carta 39/61 €

via Marconi 10 –
✆ 0385 262310 – www.lalocandadeibeccaria.it –
Chiuso 8-20 gennaio, lunedì, martedì

MONZA

✉ 20900 – Monza e Brianza (MB) – Carta regionale n° **10**-B2 –
Carta stradale Michelin 561-F9

‼○ Derby Grill

ITALIANA CONTEMPORANEA · BORGHESE XxX Valida cucina tra il classico ed il moderno, preziose boiserie e un servizio esclusivo contraddistinguono questo raffinato ristorante, perfetto per un pranzo d'affari o una cena romantica, ora anche nella nuova raffinata Veranda in cristallo che si affaccia sulla Villa Reale. A pranzo offerta molto vantaggiosa di piatti unici.

Carta 49/70€

Hotel De la Ville, viale Cesare Battisti 1 –
✆ 039 39421 – www.derbygrill.it –
Chiuso 1-23 agosto, 24 dicembre-6 gennaio, sabato a mezzogiorno, domenica sera

‼🏠 De la Ville

DIMORA STORICA · PERSONALIZZATO Un lusso discreto tutto inglese avvolge gli ospiti in un grande albergo di fronte alla Villa Reale che ha nella sua gestione familiare il solido motivo del proprio successo; un indirizzo che piacerà sicuramente agli amanti delle collezioni di oggetti d'antiquariato.

70 camere – ♥♥ 120/600€ – 🍽 29€ – 3 suites

viale Regina Margherita di Savoia 15 – ✆ 039 39421 – www.hoteldelaville.com –
Chiuso 1-23 agosto, 24 dicembre-6 gennaio

‼○ **Derby Grill** – Vedere selezione ristoranti

MORBEGNO

✉ 23017 – Sondrio (SO) – Carta regionale n° **9**-B1 – Carta stradale Michelin 561-D10

⭐ Osteria del Crotto

REGIONALE · RUSTICO X Risale all'inizio dell'800 questo caratteristico crotto addossato alla parete boscosa delle montagne composto da due salette interne più una fresca terrazza estiva. Dalla cucina, piatti della tradizione locale come i tortelli di ricotta di capra e ortiche, l'agnello nostrano al forno e il goloso parfait alla grappa.

Specialità: Violino di capra con insalata aromatica e caprino. Pizzoccheri di farina di castagne, patate, verza e latteria stagionato. Parfait alla grappa.

Menu 20€ (pranzo), 36/40€ – Carta 32/40€

via Pedemontana 22 – ✆ 0342 614800 – www.osteriadelcrotto.it –
Chiuso 26 agosto-11 settembre, lunedì, domenica sera

MORCIANO DI ROMAGNA

✉ 47833 – Rimini (RN) – Carta regionale n° **5**-D2 – Carta stradale Michelin 562-K19

‼○ Controcorrente

PESCE E FRUTTI DI MARE · CONTESTO CONTEMPORANEO XX Tra tocchi piacevolmente rustici e un design più contemporaneo, siamo nell'entroterra romagnolo, ma la cucina rimane ancorata al mare. La giovane ed entusiasta conduzione sforna piatti tra il classico e il creativo, in un contesto tanto informale quanto piacevole.

Menu 35/45€ – Carta 35/55€

via XXV luglio 23 – ✆ 0541 988036 – www.ristorantecontrocorrente.com

MORGEX

✉ 11017 – Aosta (AO) – Carta regionale n° **21**-A2

‼○ Café Quinson 🆕

REGIONALE · LUSSO XxX Il Caffe Quinson è tornato! Tutta la famiglia è impegnata ad accogliervi per farvi assaporare il territorio e i suoi prodotti con il giusto equilibrio tra fantasia e contemporaneità. La sala rustico elegante vi farà immergere nel "Restaurant de Montagne" e una enciclopedica carta dei vini allieterà le vostre esperienze gourmet, molti di essi disponibili anche al calice!

Menu 100/120€ – Carta 70/80€

piazza Principe Tomaso 10 – ✆ 0165 809499 – www.cafequinson.it –
Chiuso 1-30 novembre, lunedì-martedì a mezzogiorno, mercoledì,
giovedì-domenica a mezzogiorno

MORIMONDO

✉ 20081 – Milano (MI) – Carta regionale n° **10**–A3 – Carta stradale Michelin 561-F8

🍴○ **Trattoria di Coronate**   🍸 🎐 ⚹ AC P

MODERNA · **CASA DI CAMPAGNA** ✗✗ Sull'antica strada del sale, una cascina lombarda di origini cinquecentesche ospita un ristorante di raffinata semplicità, dove gustare una cucina di taglio contemporaneo. Nella bella stagione, il servizio si sposta all'aperto: allora, vi si proporrà uno scorcio da cartolina di altri tempi. La carta dei vini sa segnala sia per le scelte sia per i prezzi!

Menu 40/50 € – Carta 50/75 €

Cascina Coronate – 🕾 02 945298 – www.trattoriadicoronate.it – Chiuso 5-28 agosto, 26 dicembre-5 gennaio, lunedì, domenica sera

MORNAGO

✉ 21020 – Varese (VA) – Carta regionale n° **10**–A1 – Carta stradale Michelin 561-E8

🍴○ **Alla Corte Lombarda**   🍸 ⚹ 🗘 P

REGIONALE · **FAMILIARE** ✗✗ In un bel rustico ai margini del paese, un vecchio fienile ristrutturato racchiude un locale suggestivo: cucina tradizionale rivisitata, ricca carta dei vini ed ottima selezione di birre.

Menu 30/70 € – Carta 40/83 €

via De Amicis 13 ang. via Cadore – 🕾 0331 904376 – www.allacortelombarda.it – Chiuso 7-15 gennaio, 17 agosto-5 settembre, lunedì, martedì

MORRANO NUOVO – Terni → Vedere Orvieto

MORTARA

✉ 27036 – Pavia (PV) – Carta regionale n° **9**–A3 – Carta stradale Michelin 561-G8

🍴○ **Guallina**   🍸 AC P

REGIONALE · **TRATTORIA** ✗✗ Nella generosa campagna lomellina, circondata da acacie e sambuchi, sorge questa bella trattoria, intima e raccolta. La cucina è prevalentemente legata al territorio e alla tradizione, riveduta e corretta in base alla stagionalità dei prodotti, nonché all'offerta del mercato.

Carta 34/59 €

via Molino Faenza 19, località Guallina – 🕾 3387261869 – www.trattoriaguallina.it – Chiuso 1-9 gennaio, 20 giugno-10 luglio, lunedì sera, martedì

MORTEGLIANO

✉ 33050 – Udine (UD) – Carta regionale n° **6**–C2 – Carta stradale Michelin 562-E21

🍴○ **Da Nando**   🍸 ⇔ 🎐 AC P

REGIONALE · **ELEGANTE** ✗✗ E' un'intera famiglia a gestire questa tipica trattoria diventata ormai un portabandiera della regione. In ambienti di tono classico-signorile, i piatti denunciano influenze territoriali: ottimi prosciutti, buon pesce e, in stagione, anche sua maestà il tartufo! Con le sue 120. 000 bottiglie, la vasta cantina riuscirà a soddisfare qualunque desiderio.

Carta 38/96 €

via Divisione Julia 14 – 🕾 0432 760187 – www.danando.it – Chiuso 8-14 gennaio, 3-25 agosto, lunedì, martedì, domenica sera

MOSCIANO SANT'ANGELO

✉ 64023 – Teramo (TE) – Carta regionale n° **1**–B1 – Carta stradale Michelin 563-N23

🌳 **Borgo Spoltino**   🍸 ⇐ 🎐 AC P

CLASSICA · **AGRESTE** ✗✗ Tra colline e campi di ulivi - all'orizzonte, mare e monti - un locale luminoso con mattoni e cucina a vista, dove assaporare piatti regionali accanto a fantasiose creazioni, nonché i tanti prodotti dell'orto di casa. I nostri preferiti: chitarra con pallottine alla teramana, tagliata di cosciotto d'agnello affumicato al forno a legna.

Specialità: Mazzarelle alla teramana. Timballino di crespelle con ragù di verdure dell'orto. Pizzadolce teramana.

Menu 40/50 € – Carta 24/50 €

strada Selva Alta – 𝒞 085 807 1021 –
www.borgospoltino.it – Chiuso lunedì, martedì, mercoledì-sabato a mezzogiorno, domenica sera

MOSO • MOOS – Bolzano ➜ Vedere Sesto

MOTTARONE – Verbano-Cusio-Ossola ➜ Vedere Stresa

MOZZO
✉ 24030 – Bergamo (BG) – Carta regionale n° **10**–C1 – Carta stradale Michelin 561-E10

Ⅰ○ **La Caprese** 🌤 ⅃ 🄰🄲

PESCE E FRUTTI DI MARE · **ELEGANTE** XXX Padre, madre e figlia vi accolgono nel raffinato salotto di una villetta: una bomboniera dove deliziarsi con i sapori e i profumi della bella Capri, proposti - sempre - secondo la disponibilità del mercato giornaliero.

Carta 40/110 €

via Garibaldi 7, località Borghetto – 𝒞 035 437 6661 –
www.ristorantelacaprese.com – Chiuso lunedì, domenica sera

MULES • MAULS
✉ 39040 – Bolzano (BZ) – Carta regionale n° **19**–C1 – Carta stradale Michelin 562-B16

✿✿ **Gourmetstube Einhorn** 🛏 🅿

CREATIVA · **ROMANTICO** XXX Quella che sul finire del XIII secolo era una stazione di posta, si è trasformata oggi in un hotel ricco di fascino, eleganza, tradizione tirolese, non privo del suo ristorante gourmet. Pochi tavoli - solo cinque! – nella romantica atmosfera di una stube in legno intarsiato di origini medioevali e una scelta ristretta di menu degustazione con piatti eterei ed evocatori, talvolta molto originali, ordinabili anche alla carta. Peter Girtler, chef qui all'Unicorno (Einhorn auf Deutsch!), saprà stupirvi con una delle cucine creative più interessanti della regione; ricette che valorizzano le eccellenze e i produttori locali siano essi coltivatori o allevatori. Via libera, quindi a carne e pesce locali, ma anche a tutti quei raccolti dell'orto oggigiorno pressoché dimenticati (acetosella, scorzanera, crescione d'acqua...). Le fil rouge resta quindi il territorio con le sue peculiarità e ricchezza, perché "la vera star è il prodotto e non lo chef! " parola di Peter.

Specialità: Variazione di fegato d'oca, frutto della passione, sedano, popcorn. Filetto di manzo, pastinache, caviale alpino, crosta di canapa, stellaria. Variazione di cioccolato, carota, sale marino, nocciola, liquirizia.

Menu 99/160 € – Carta 99/160 €

Hotel Stafler, Campo di Trens – 𝒞 0472 771136 –
www.stafler.com – Chiuso 1 gennaio-12 febbraio, 15 giugno-9 luglio, 8-20 novembre, 24-31 dicembre, lunedì a mezzogiorno, martedì, mercoledì, giovedì-domenica a mezzogiorno

Ⅰ○ **Gasthofstube Stafler** 🛏 🌤 🅿

REGIONALE · **STUBE** XX Nella cornice dello splendido Stafler hotel, sulla rotta verso l'Austria, la cordiale accoglienza dello staff vi darà il benvenuto per un pranzo di passaggio, per una cena romantica nella comoda stube o, nelle belle giornate, nel giardino interno. La cucina è tradizionale tirolese, ma non mancano intriganti personalizzazioni dello chef. Buon appetito!

Carta 41/69 €

Hotel Stafler, Campo di Trens – 𝒞 0472 771136 –
www.stafler.com – Chiuso 7 gennaio-7 febbraio, 9-19 novembre, mercoledì

🏠 Stafler

TRADIZIONALE · CLASSICO Quella che sul finire del XIII secolo era una stazione di posta, si è trasformata oggi in un hotel ricco di fascino, eleganza e tradizione tirolese, con tanto di moderna azienda per la produzione di latte bovino.

25 camere 🛏 – 🛏 150/250 € – 8 suites

*Campo di Trens – 𝒞 0472 771136 – www.stafler.com – Chiuso 7 gennaio-6 febbraio,
9-19 novembre*

❀❀ **Gourmetstube Einhorn** · ⅃○ **Gasthofstube Stafler** – Vedere selezione ristoranti

MUTIGNANO – Teramo → Vedere Pineto

NÀLLES / NALS

✉ 39010 – Bolzano (BZ) – Carta regionale n° **19**–B2 – Carta stradale Michelin 562-C15

a Sirmiano di Sopra Sud - Ovest: 3 km

⅃○ **Apollonia** ‹ �*🏡 P

TRADIZIONALE · CONTESTO REGIONALE 𝕏 Al termine di una salita dove ad ogni svolta il paesaggio si arricchisce di affascinanti scorci, da tre generazioni la famiglia Geiser allieta i clienti con una cucina che oggi si è fatta più creativa, ma sempre fedele al territorio, dagli asparagi alle castagne. Giardino con sdrai per chi vuole prolungare la giornata rilassandosi nel verde.

Carta 25/67 €

*via Sant'Apollonia 3, località Sirmiano Sopra – 𝒞 0471 155 0562 –
www.restaurant-apollonia.it – Chiuso 6-17 luglio, 22 dicembre-13 marzo, lunedì*

NAPOLI

✉ 80133 – Napoli (NA) – Carta regionale n° **4**-B2 –
Carta stradale Michelin 564-E24

Ci piace

La pizza tradizionale di **Trianon**, tra le migliori della città,
con un'esperienza alle spalle di quasi 100 anni! **Di Martino
Sea Front Pasta Bar**: nome lungo per un concept moderno
e "sintetico", incentrato sulla pasta secca. Il "nuovo"
George Restaurant, panoramico gioiello del lussuoso
Grand Hotel Parker's: la vista rimane splendida, la cucina si
fa moderna e accattivante.

Celebre, storico, come non fermarsi per un caffè o un dolce
al Gran Caffè Gambrinus? I babà di Salvatore Capperelli, le
sfogliatelle da Attanasio o da Carraturo. Alcuni dei migliori
fritti della città - oltre la pizza - da Di Matteo.

Eric Hameister/iStock

Ristoranti

✿ George Restaurant ❶ ≤ ⛩ AC 🚗

CONTEMPORANEA · ELEGANTE XxX È la storia di un ritorno a casa: dopo anni di esperienze in grandi ristoranti, soprattutto francesi, lo chef Domenico Candela rientra nella sua Napoli. La cucina sposa prodotti locali – la veracità del pomodoro che si unisce all'esaltante profumo di basilico - e ricette campane rivisitate con la tecnica, nonché il rigore appresi Oltralpe, a partire dal sapiente uso di salse e condimenti. L'ultimo ingrediente, però, lo mette il Golfo: una vista mozzafiato sulla città, Vesuvio, penisola sorrentina e Capri.

Specialità: Natura: erbe e verdure cotte, crude, marinate e conservate. Rombo chiodato affumicato, zucchine, aglio nero e zabaione al ricordo d'infanzia. Ganache montata alla nocciola di Giffoni con cioccolato fondente e gelato alla fava di tonka.

Menu 75/140 € – Carta 80/120 €

Pianta A3-r – *Grand Hotel Parker's, Corso Vittorio Emanuele 135* Ⓜ *Amedeo –*
℘ 081 761 2474 - www.grandhotelparkers.it –
Chiuso 7 gennaio-7 febbraio, lunedì-sabato a mezzogiorno, domenica

✿ Il Comandante 🏵 ≤ ⛩ ढ AC

CREATIVA · DESIGN XxX Il Comandante era il soprannome di Achille Lauro, fondatore della Flotta Lauro, la cui sede storica era situata dove oggi sorge il Romeo hotel. All'ultimo piano dell'avveniristico albergo, dal porto la vista si estende sul golfo di Napoli, ma gli interni, moderni e originali, in total black per un'atmosfera molto soffusa e elegante, non sono meno scenografici. Ai fornelli, c'è un giovane chef – Salvatore Bianco - che con la sua altrettanto giovane brigata sforna piatti che sorprendono per la sofisticata semplicità e le raffinate presentazioni. Originario di Torre del Greco, il cuoco si rifà ai sapori e alla ricchezza ittica del Mare Nostrum; partendo da questi presupposti, le sue ricette accolgono – al tempo stesso - contaminazioni internazionali e gusti acidi, che le rendono uniche o originali.

Specialità: Assoluto di gambero 3.0. Assoluto di agnello. Geranio.

Menu 155/175 €– Carta 88/121 €

Pianta F3-a – *Hotel Romeo, via Cristoforo Colombo 45 –*
℘ 081 017 5001 - www.romeohotel.it –
Chiuso 14 gennaio-10 febbraio, lunedì, martedì-sabato a mezzogiorno, domenica

✿ Palazzo Petrucci ≤ ढ AC

CREATIVA · CONTESTO CONTEMPORANEO XxX Il ristorante mutua il nome proprio dall'edificio originario del precedente indirizzo: luogo storico, da sempre teatro di congiure, segreti e misteri. Nella moderna nuova struttura, con la vista che spazia dal mare al Vesuvio, dalla penisola Sorrentina sino alle celebri isole davanti alla città, lo spirito si predispone ancor meglio ad una sosta gastronomica di alto livello; sapori locali rivisitati con estro, in interpretazioni moderne che portano la firma di Lino Scarallo. Se siete nel mood di fidarvi e volete lasciar carta bianca allo chef, c'è anche l'opzione di piatti fuori carta: "Lino fai tu".

Specialità: Lasagnetta di mozzarella e crudo di gamberi. Spaghettone al riccio, centrifugato di friarielli e zenzero. Stratificazione di pastiera.

Menu 90/150 €– Carta 90/150 €

Fuori pianta – *via Posillipo 16 b/c –*
℘ 081 575 7538 - www.palazzopetrucci.it –
Chiuso lunedì a mezzogiorno

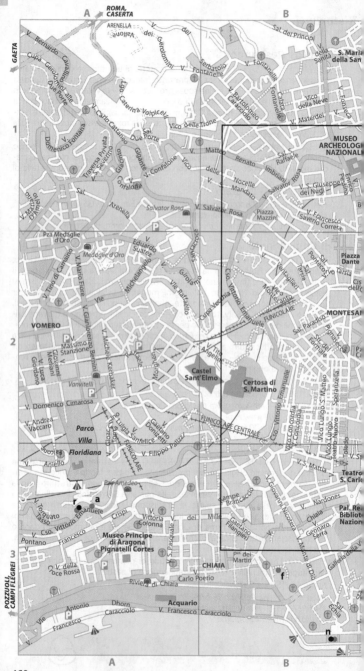

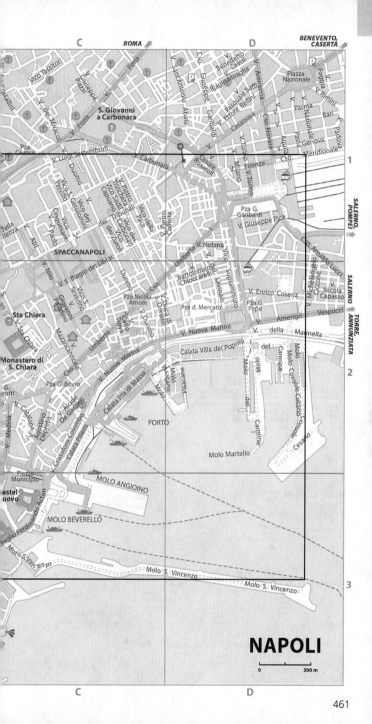

NAPOLI

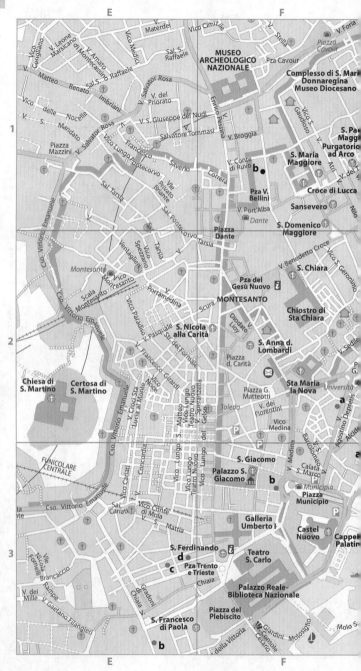

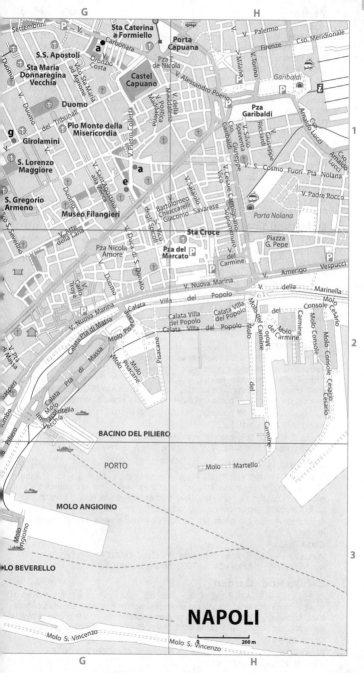

NAPOLI

₰ Veritas   🏦 A/C

MODERNA · ACCOGLIENTE XX Nel cuore della città partenopea, ecco un locale accogliente di cui si parla tanto, stiloso seppur leggero e minimal, con un ottimo servizio in sala. Veritas getta una luce di verità su ciò che lo chef Gianluca D'Agostino intenda per tradizione e fantasia nell'ambito di una cucina napoletana aggiornata, ma al tempo semplice e comprensibile. Sono, infatti, gli ingredienti più veraci della sua Campania che il cuoco rielabora, consegnandoci la tradizione su un piatto dove colori e profumi (essenzialmente quelli del sud!) concorrono come in una squadra ben affiatata a conseguire il risultato. E', quindi, un gol che esplode in bocca, una gioia per le papille gustative che assaporano il migliore pescato locale, la pasta di Gragnano rifilata a bronzo, pane e dolci rigorosamente fatti in casa. Con questi presupposti vincere è fin troppo facile!

Specialità: Cavatelli con totani, fagioli e guanciale. Merluzzo al vapore con sautè di lupini e crostini aglio olio e peperoncino. Zuppetta napoletana con bagna al Calvados, mela e cannella.

Menu 68/95€ – Carta 60/75€

Pianta A3-a – corso Vittorio Emanuele 141 🅜 Amedeo – ℰ 081 660585 – www.veritasrestaurant.it – Chiuso 9 agosto-1 settembre, lunedì, martedì-sabato a mezzogiorno, domenica sera

⊛ Di Martino Sea Front Pasta Bar   A/C

MEDITERRANEA · BISTRÒ X Un rinomato pastificio locale ha ideato un format interessante: store, take away e ristorante, dove - va da sé - regina indiscussa è la pasta. Ottima qualità e buona accoglienza completano il felice ritratto. Specialità: pacchero con caffè, limone e gianduia.

Specialità: Linguine con aglio, olio e colatura di alici. Candele spezzate al ragù napoletano. Pacchero con caffè, limone e gianduia.

Menu 35/75€ – Carta 32/90€

Pianta F3-b – piazza Municipio 1 – ℰ 081 1849 6287 – www.pastadimartino.it – Chiuso 10-24 agosto, lunedì, domenica sera

⊛ Il Gobbetto   A/C

CAMPANA · FAMILIARE X Nei pressi della vivacissima via Toledo, una verace trattoria famigliare dove assaporare i grandi classici della cucina napoletana. Tutto è all'insegna della tipicità: ivi compresi i titolari che accolgono gli ospiti con i tradizionali costumi della città. Tra le tante specialità il menu suggerisce: gnocchi del gobbetto - pasta con patate e provola - baccalà a modo nostro.

Specialità: Gnocchi del gobbetto. Pasta fresca ai frutti di mare. Babbà.

Menu 18/27€ – Carta 18/27€

Pianta E3-d – vico Sergente Maggiore 8 – ℰ 081 251 2435 – Chiuso 13-20 gennaio, 15-22 giugno, 10-31 agosto, 24-27 dicembre, lunedì, domenica sera

⊛ Locanda N'Tretella   🏠 A/C

DEL TERRITORIO · INTIMO X Porta il nome della fidanzata di Pulcinella, maschera per antonomasia di Napoli, questa minuscola, ma accogliente trattoria gestita con passione e signorilità, dove gustare una cucina verace a prezzi imbattibili. Specialità: gamberoni rossi o viola ai ferri.

Specialità: Risotto alla pescatora. Gamberoni rossi o viola ai ferri. Zuccotto napoletano.

Carta 25/35€

Pianta E3-c – salita S. Anna di Palazzo 25 – ℰ 081 427783 – www.locandantretella.com – Chiuso 1-28 febbraio, mercoledì

⃝ Caruso Roof Garden   ⩽ 🏠 A/C

CLASSICA · ELEGANTE XxxX In una città già ricca di roof garden, Caruso si segnala come uno dei ristoranti più prestigiosi per frequentazione e vista panoramica. In menu, qualche piatto di cucina internazionale, ma sono le proposte basate sui sapori napoletani, sia di carne sia di pesce, che vi consigliamo di provare.

Carta 68/94€

Pianta B3-n – Grand Hotel Vesuvio, via Partenope 45 – ℰ 081 764 0044 – www.vesuvio.it – Chiuso lunedì

‖○ La Cantinella · AC

REGIONALE · AMBIENTE CLASSICO ✕✕✕ Uno scrigno di bambù con finestre sul Golfo e sul Vesuvio, ma soprattutto un caposaldo della cucina partenopea: nel 2016, La Cantinella ha festeggiato, infatti, i suoi primi 40 anni di attività. La cucina come sempre sposa la tradizione locale a piatti più personali, più classica sul pesce, più moderna con la carne.

Menu 45 € (pranzo), 60/70 € – Carta 50/85 €

Pianta B3-v – *via Cuma 42 – 𝒞 081 764 8684 – www.lacantinella.it – Chiuso domenica sera*

‖○ L'Altro Coco Loco · AC ⟷

PESCE E FRUTTI DI MARE · DI TENDENZA ✕✕ Piatti creativi prevalentemente di mare, ma non solo, in un ambiente moderno e accogliente: il titolare - ai fornelli - seleziona le migliori materie prime.

Carta 70/120 €

Pianta B3-f – *vicoletto Cappella Vecchia 4 – 𝒞 081 764 1722 – www.ristorantelaltroloco.com – Chiuso 30 luglio-30 agosto, lunedì-venerdì a mezzogiorno, domenica sera*

‖○ J Contemporary Japanese Restaurant · AC

GIAPPONESE · ALLA MODA ✕✕ Un raccolto ed elegante indirizzo a luci soffuse, minimal come richiede la tipologia del locale con – all'ingresso - un bel banco per cocktail da gustare quali aperitivo o da abbinare ai tanti piatti del Sol Levante presenti in menu.

Carta 23/93 €

Pianta F2-a – *via Agostino Depretis 24 – 𝒞 081 580 0543 – www.j-japaneserestaurant.com – Chiuso 10-23 agosto, lunedì-sabato a mezzogiorno, domenica*

‖○ Amici miei · AC

ITALIANA · DI QUARTIERE ✕ Vegetariani astenersi! Sostanzialmente piatti di carne di fattura classica e alla brace di carbone, in un locale quasi vintage a 5 minuti a piedi da piazza Plebiscito.

Carta 30/50 €

Pianta E3-b – *via Monte di Dio 77/78 – 𝒞 081 764 4981 – www.ristoranteamicimiei.com – Chiuso 20 luglio-11 settembre, lunedì, domenica sera*

Alberghi

⌂⌂⌂⌂⌂ Grand Hotel Vesuvio · ⟵ 🖻 🛀 🛗 ♿ AC 🧖 🚗

GRAN LUSSO · STORICO Con il suo blasone e la sua bella facciata in stile postfascista, l'albergo domina l'offerta alberghiera cittadina quanto l'omonimo vulcano svetta sul golfo di Napoli. Il suo charme si dipana nei lussuosi saloni distribuiti sotto lampadari di Murano, nonché nelle splendide camere tradizionali. All'ultimo piano, cocktail bar con solarium.

139 camere – ♟ 336/670 € – ⧠ 30 € – 21 suites

Pianta B3-n – *via Partenope 45 – 𝒞 081 764 0044 – www.vesuvio.it*

‖○ **Caruso Roof Garden** – Vedere selezione ristoranti

⌂⌂⌂⌂ Grand Hotel Parker's · 🌤 ⟵ 🛗 ♿ AC 🧖 🚗

LUSSO · PERSONALIZZATO Eleganti saloni in marmo e camere dagli arredi classici, ideali per chi non desidera brividi modernisti high-tech, in un albergo nato dall'infatuazione di un turista inglese per la città partenopea. Facile suggerire di prenotare una camera nei piani alti: da qui le finestre si aprono sul golfo e sul Vesuvio. All'ultimo piano, il George's propone una cucina contemporanea con ovvi richiami alla tradizione.

76 camere ⧠ – ♟ 155/568 € – 6 suites

Pianta A3-r – *corso Vittorio Emanuele 135 Ⓜ Amedeo – 𝒞 081 761 2474 – www.grandhotelparkers.com*

❀ **George Restaurant** – Vedere selezione ristoranti

Romeo 　　　　　　　　　☆ ⪡ ⊼ 🛠 Ⅰ♨ 🔁 ⅙ AC 🏊

LUSSO · DESIGN E' probabilmente l'edificio più intrigante di fronte alla zona portuale, gli interni sono una splendida sintesi di acqua e trasparenze, d'arte contemporanea e antica raccontate con una vasta collezione di oggetti, quadri e foto; avveniristica spa a luci soffuse.

67 camere ⊊ – †† 335/790 € – 12 suites

Pianta F3-a – *via Cristoforo Colombo 45 – ℰ 081 017 5001 – www.romeohotel.it*
❀ Il Comandante – Vedere selezione ristoranti

Palazzo Caracciolo 　　　　　　☆ 🛠 Ⅰ♨ 🔁 ⅙ AC 🏊

DIMORA STORICA · CONTEMPORANEO Il cuore di questo palazzo storico - le cui origini si perdono nel Trecento - è certamente il chiostro cinquecentesco coperto; da lì si parte con la prima colazione, mentre il resto è all'insegna dei confort e dello stile attuali (completati recentemente con la graziosa zona benessere). Grande attenzione è dedicata alla ristorazione: nel piatto i sapori del Mediterraneo.

146 camere ⊊ – †† 120/400 €

Pianta G1-a – *via Carbonara 111/112* ⓂCavour – ℰ 081 016 0111 –
www.palazzocaracciolo.com

Costantinopoli 104 　　　　　　　　　🚍 AC P

TRADIZIONALE · ELEGANTE Poco rimane dell'originaria villa Spinelli, ma la splendida vetrata, il giardino con piccola piscina, le eleganti camere e gli ottimi spazi comuni, assicurano, insieme alla calda e simpatica accoglienza della titolare, un soggiorno unico.

19 camere ⊊ – †† 140/340 € – 6 suites

Pianta F1-b – *via Santa Maria di Costantinopoli 104* ⓂCavour-Museo –
ℰ *081 557 1035 – www.costantinopoli104.it*

Pizzerie

in ambienti vivaci ed informali le pizze partenopee selezionate dai nostri ispettori

🍽️ 50 Kalò 　　　　　　　　　　　　　🛋️ AC

PIZZA · ALLA MODA 🗙 Tra gergo di pizzaioli e cabala napoletana, il nome di questo recente locale si potrebbe tradurre con "impasto buono": qui troverete una formula moderna con solide radici nella tradizione, anche perchè il patron, Ciro Salvo, è figlio d'arte. A voi scegliere tra pizze tradizionali o personalizzate con prodotti di stagione; c'è anche una piccola selezione di vini.

Carta 15/33 €

Fuori pianta – *piazza Sannazzaro 201/b* ⓂMergellina – ℰ 081 1920 4667 –
www.50kalo.it

🍽️ Da Concettina ai Tre Santi 　　　　　　　　　AC

PIZZA · FAMILIARE 🗙 Nel cuore del rione Sanità: antico, vivace, popolare, spesso folle. La famiglia Oliva da oltre 60 anni gestisce questa valida pizzeria che ha saputo rinnovarsi coi vari cambi generazionali, senza smarrire il legame con la tradizione; oggi anche pizze più fantasiose e moderne, oltre ai fritti.

Carta 15/20 €

Pianta C1-c – *via Arena della Sanità 7 bis – ℰ 081 290037 – www.pizzeriaoliva.it –*
Chiuso 2-9 settembre, domenica sera

🍽️ Da Michele

PIZZA · SEMPLICE 🗙 La pizzeria dei record: qui dal 1870 - con i numeri distribuiti all'esterno per regolare l'affluenza - è anche una delle migliori di Napoli. Solo "marinara" e "margherita". Orario continuato dalle 10 alle 23.

Carta 4/8 €

Pianta G1-e – *via Cesare Sersale 1/7 – ℰ 081 553 9204 – www.damichele.net –*
Chiuso 10-23 agosto, domenica

🍴○ Gino Sorbillo   🅰️Ⓒ ⟷

PIZZA · CONVIVIALE ⅹ Nella "via della pizza", un nome storico propone ambienti semplici e ricchi di energia sia partenopea sia internazionale, sempre con pizze ottime e prodotti D. O. P. Armatevi di pazienza all'arrivo in orario di punta: se scegliete il tavolo in condivisione la convivialità è unica!

Carta 7/20 €

Pianta G1-g – *via dei Tribunali, 32 – ℰ 081 446643 – www.sorbillo.it –*
Chiuso 10-23 agosto, domenica

🍴○ La Notizia   🅰️Ⓒ

PIZZA · SEMPLICE ⅹ Maestro della pizza, Enzo Coccia, nella stessa via troverete i suoi due locali: al civico 53 la prima e storica pizzeria che raddoppia con l'adiacente nuovo spazio per i fritti, al civico 94/a l'altra dove dal martedì al giovedì la prenotazione è obbligatoria e consente di evitare lunghe attese.

Carta 15/25 €

Fuori pianta – *via Caravaggio 53/55 – ℰ 081 714 2155 – www.pizzarialanotizia.com –*
Chiuso 9-23 agosto, 24-27 dicembre, lunedì, martedì-domenica a mezzogiorno

🍴○ Trianon   🅰️Ⓒ

PIZZA · CONVIVIALE ⅹ La storia della pizza a Napoli parte anche da qui; ora alla terza generazione, da Trianon diventa un vero e proprio culto (pensate che i pomodori usati per il condimento vengono seguiti dalla piantumazione alla raccolta). Tavoli grandi in condivisione e convivialità!

Carta 9/19 €

Pianta G1-a – *via Pietro Colletta 42 – ℰ 081 553 9426 – www.pizzeriatrianon.it*

NATURNO • NATURNS
✉ 39025 – Bolzano (BZ) – Carta regionale n° **19**-B2 – Carta stradale Michelin 562-C15

🏨🏨 Lindenhof   

SPA E WELLNESS · CONTEMPORANEO Uno splendido giardino con piscina riscaldata, centro benessere e ambienti eleganti, felice connubio di moderno e tradizionale, per regalarvi un soggiorno esclusivo. Sala da pranzo molto luminosa che d'estate si sposta in terrazza; per chi vuole è prenotabile un tavolo direttamente in cucina.

40 camere – 👫 280/460 € – 40 suites

via della Chiesa 2 – ℰ 0473 666242 – www.lindenhof.it –
Chiuso 7 gennaio-20 febbraio, 9-25 dicembre

🏨🏨 Preidlhof   

SPA E WELLNESS · STILE MONTANO In posizione leggermente rialzata sul paese, il corpo centrale della struttura è stato completamente rinnovato sfoggiando un'eleganza pari a quella dell'edificio sul retro. Straordinario centro benessere con diverse terrazze panoramiche per rilassarsi dopo i trattamenti.

70 camere – 👫 350/500 € – 13 suites

via San Zeno 13 – ℰ 0473 666251 – www.preidlhof.it – Chiuso 7-31 gennaio,
22 novembre-25 dicembre

NE
✉ 16040 – Genova (GE) – Carta regionale n° **8**-C2 – Carta stradale Michelin 561-I10

🕸 La Brinca   🌮 🍽 🅰️Ⓒ 🅿️

REGIONALE · FAMILIARE ⅹⅹ Animato da una grande passione enologica, il proprietario ha curato personalmente l'allestimento della cantina, che vanta infatti un'ampia selezione di etichette nazionali ed estere. Tale entusiasmo permea anche la tavola: piatti del territorio alleggeriti e presentati con cura. Se volete provare una specialità veramente unica, noi consigliamo i ravioli di erbette "cu tuccu".

Specialità: Prebugiun di Ne. Tomaxelle. Torta di Chiavari.

Menu 36/50€ – Carta 31/49€

via Campo di Ne 58 – ℰ 0185 337480 –
www.labrinca.it – Chiuso lunedì, martedì-venerdì a mezzogiorno

NEGRAR

✉ 37024 – Verona (VR) – Carta regionale n° **22**–A2 – Carta stradale Michelin 562-F14

ⅰ◯ **Locanda '800**

PESCE E FRUTTI DI MARE · ACCOGLIENTE XX Nella sala interna o nella luminosa veranda, per non dire delle cene organizzate in cantina con barricaia visitabile e vini dell'azienda, la cucina si è ritagliata una nomea in zona per la qualità del pesce, sebbene non manchi qualche piatto di carne e del territorio.

Carta 40/78€

via Moron 46 – ℰ 045 600 0133 –
www.locanda800.it – Chiuso lunedì

ⅰ◯ **Trattoria alla Ruota**

REGIONALE · ACCOGLIENTE XX Trattoria solo nel nome: di fatto, un raffinato ristorante con splendida vista sulle colline ed una cucina in costante crescita! Partendo da prodotti del territorio, i piatti giungono ai tavoli in preparazioni fantasiose ed elaborate.

Carta 30/60€

via Proale 6, località Mazzano – ℰ 045 752 5784 –
www.trattoriaallaruota.it – Chiuso lunedì, martedì

NERANO – Napoli → Vedere Massa Lubrense

NERVI

Genova (GE) – Carta regionale n° **8**–C2 – Carta stradale Michelin 561-I9

🏛 **Villa Pagoda** 🏖 ≲ 🛏 🔧 ⬆ 🅰🄲 🔥 🅿

LUSSO · STORICO Una villa ottocentesca, costruita per volere di un ricco mercante che sperava, in tal modo, di placare la struggente nostalgia della sua asiatica compagna, ospita raffinati interni con candelieri di Murano e pavimenti in marmo.

13 camere ⬜ – 🕴🕴 105/320€ – 4 suites

via Capolungo 15 – ℰ 010 372 6161 –
www.villapagoda.it

NERVIANO

✉ 20014 – Milano (MI) – Carta regionale n° **10**–A2 – Carta stradale Michelin 561-F8

ⅰ◯ **Antica Locanda del Villoresi** ⬅ 🅰🄲 🅿

CLASSICA · ACCOGLIENTE XX Tante specialità d'impronta mediterranea in un caratteristico ristorante, le cui ampie vetrate si affacciano sul canale Villoresi. Piatti di pesce, pasta fresca e dolci fatti in casa, fra gli highlights del menu.

Menu 35€ (pranzo), 38/50€ – Carta 35/73€

strada statale Sempione 4 – ℰ 0331559450 –
www.locandavilloresi.it – Chiuso 4-24 agosto, 26 dicembre-5 gennaio, lunedì, sabato a mezzogiorno

ⅰ◯ **La Guardia** 🍴 🏖 ⬆ 🅰🄲 ⟳ 🅿

REGIONALE · ELEGANTE XX Un villino indipendente arredato in stile rustico-elegante e ingentilito da un piacevolissimo dehors (nonostante l'ubicazione in un contesto trafficato sulla statale del Sempione). La cucina è mediterranea ed alterna piatti di pesce con altri di carne.

Menu 25€ (pranzo), 40/70€ – Carta 35/85€

via 20 Settembre 73, ang. statale Sempione – ℰ 0331 415370 –
www.ristorantelaguardia.it – Chiuso 1-14 gennaio, 16-31 agosto, lunedì

NEUMARKT · EGNA – Bolzano → Vedere Egna

NIBBIAIA - Livorno → Vedere Rosignano Marittimo

NIEDERDORF • VILLABASSA - Bolzano → Vedere Villabassa

NIZZA MONFERRATO
✉ 14049 - Asti (AT) - Carta regionale n° **14**-B2 - Carta stradale Michelin 561-H7

🛞 **Le Due Lanterne**   🕸 ㎉

PIEMONTESE • **CONTESTO REGIONALE** ⅹ Affacciato sulla piazza dove si tiene il mercato settimanale, Le Due Lanterne è una bella trattoria a conduzione familiare dove sentirsi coccolati e guidati alla scoperta di una cucina tradizionale piemontese. Il preferito dall'ispettore: stracotto di manzo alla Barbera.

Specialità: Vitello tonnato. Agnolotti del plin al sugo d'arrosto. Semifreddo al torrone.

Menu 40€ - Carta 23/42€

piazza Garibaldi 52 - ℰ 0141 702480 - Chiuso 17 febbraio-2 marzo, 22 giugno-14 luglio, lunedì sera, martedì

NOCERA INFERIORE
✉ 84014 - Salerno (SA) - Carta regionale n° **4**-B2 - Carta stradale Michelin 564-E25

🍴 **Osteria Al Paese**   🏠 ㎉

CAMPANA • **ROMANTICO** ⅹⅹ In pieno centro, un ex officina meccanica è stata stravolta dal rinnovo che ne ha fatto un bel locale, in grado di ricreare una romantica atmosfera da casa privata: luci soffuse, modernissimi centrini sui tavoli ed un'illuminazione che anticipa le mode. Mentre il cuoco, di grande esperienza, padroneggia con disinvoltura il top delle materie prime regionali.

Menu 25€ (pranzo), 35/50€ - Carta 40/80€

via Papa Giovanni XXIII 11 - ℰ 081 517 6722 - www.osterialpaese.it - Chiuso 12-26 luglio, lunedì a mezzogiorno, martedì, mercoledì-venerdì a mezzogiorno, domenica sera

NOCERA SUPERIORE
✉ 84015 - Salerno (SA) - Carta regionale n° **4**-B2 - Carta stradale Michelin 564-E26

🍴 **La Fratanza**   🚐 🏠 ㎉ 🅿

REGIONALE • **ACCOGLIENTE** ⅹⅹ Poco fuori dal paese, questa solida famiglia - un poco alla volta - cresce e migliora il ristorante sia in termini di decoro sia in termini di cucina: di fatto, però, sempre legata al territorio. Splendido giardino per la bella stagione.

Menu 24/36€ - Carta 24/50€

via Garibaldi 37 - ℰ 081 936 8345 - www.lafratanzaristorante.it - Chiuso 9-18 agosto, 23-31 dicembre, lunedì, sabato a mezzogiorno, domenica sera

NOCERA TERINESE
✉ 88047 - Catanzaro (CZ) - Carta regionale n° **3**-A2 - Carta stradale Michelin 564-J30

a Marina di Nocera Terinese Sud - Ovest : 6 km

🍴 **L'Aragosta**   🕸 🏠 ㎉ 🅿

PESCE E FRUTTI DI MARE • **STILE MEDITERRANEO** ⅹⅹ Una sala arredata in stile vecchia marina inglese accompagna fragranti piatti a base di pesce, la provenienza è spesso locale mentre le preparazioni sono decisamente classiche. Il mare e la spiaggia non si vedono dalla sala e dal dehors, ma distano solo 100 metri. In sintesi, the place to be!

Carta 50/70€

villaggio del Golfo - ℰ 0968 93385 - www.ristorantelaragosta.com - Chiuso lunedì

NOCI

✉ 70015 – Bari (BA) – Carta regionale n° **15**–C2 – Carta stradale Michelin 564-E33

🟅 **Fè**    🕭 AC 🖵

MODERNA · DESIGN ✕✕ Nei pressi del centro, questo ristorante si presenta all'interno di un piccolo nucleo di otto trulli sapientemente ristrutturati. Molto piccino con una ventina di posti a sedere distribuiti in queste piccole costruzioni, la location è elegante e molto suggestiva; la cucina ripercorre la tradizione regionale con garbo e modernità.

Carta 55/70€

Via Giulio Pastore 2 – ☎ 080 321 5963 - www.feristorante.it –
Chiuso 18-30 novembre, lunedì a mezzogiorno, martedì, mercoledì-venerdì a mezzogiorno

🟅 **L'Antica Locanda**   🍽 AC

REGIONALE · AMBIENTE CLASSICO ✕ In uno dei vicoli del caratteristico borgo - sotto volte in pietra viva - i sapori autentici della regione ispirano la cucina, elaborata partendo dai prodotti di questa terra.

Menu 35€ – Carta 25/50€

via Spirito Santo 49 – ☎ 080 497 2460 - www.pasqualefatalino.it –
Chiuso martedì, domenica sera

🏠 **Abate Masseria**   🕭 🐾 🖼 🧺 🕭 AC 🅿

CASA DI CAMPAGNA · ELEGANTE Bel complesso agricolo con edifici in tufo e trulli intorno ad un curato giardino cinto da mura. Le camere affacciate sul prato - alcune di esse con un proprio spazio riservato – vantano una tenuta perfetta e bei mobili. Per chi non rinuncia allo sport neanche in vacanza: piscina, campo da tennis e da calcetto.

8 camere ☷ – 👥 99/169€

zona F 83/C, strada provinciale per Massafra – ☎ 080 497 8288 –
www.abatemasseria.it –
Chiuso 1 gennaio-31 marzo, 31 ottobre-31 dicembre

NOGAREDO

✉ 38060 – Trento (TN) – Carta regionale n° **19**–B3

🟅 **Locanda D&D Maso Sasso**   🖘 🍃 🖼 🍽 🅿

REGIONALE · CASA DI CAMPAGNA ✕✕ Strigolo fatto a mano al ragù di scottona o coniglio al cubo servito con polenta, verdure e crema di funghi? Magari tutti e due! Cucina regionale venata di fantasia in un maso che domina buona parte della valle dell'Adige; bella terrazza panoramica per l'estate e confortevoli camere per un tranquillo soggiorno.

Menu 28/33€ – Carta 31/54€

Via Maso 2, località Sasso, Sud-Ovest: 3 km – ☎ 0464 410777 - www.locandaded.it –
Chiuso martedì

NOLA

✉ 80035 – Napoli (NA) – Carta regionale n° **4**–B2 – Carta stradale Michelin 564-E25

🟅 **Le Baccanti**   🕸 🍽 AC

REGIONALE · FAMILIARE ✕✕ Semplice locale dotato di due grandi finestre che si affacciano sulle cucine; altrettanto semplici i piatti a metà tra tradizione e modernità, mentre il servizio informale cede il passo ad una superba carta dei vini che annovera circa 1. 000 referenze, quasi tutte italiane.

Menu 40/60€ – Carta 29/60€

via Puccini 5 – ☎ 081 512 2117 –
Chiuso 9-26 agosto, lunedì, domenica sera

🕯️○ **Taverna Vesuviana** Ⓝ

CONTEMPORANEA · MINIMALISTA ⅩⅩ Se il nome trattoria è fuorviante giacché ci troviamo in un ristorante accogliente, dalla sala sobria e contemporanea, vesuviana invece vi condurrà sulla strada giusta: il cuoco cerca, per quanto possibile, di selezionare i migliori prodotti di quest'area di eccellenza, dai pomodori del piennolo alle albicocche. Cucina campana rivisitata in chiave contemporanea.

Menu 40€ (pranzo), 60/90€ – Carta 40/60€

via Generale Mario De Sena – ☏ *081 612 5528 – www.tavernavesuviana.it –*
Chiuso 1-31 agosto, lunedì, domenica sera

NOLI

✉ 17026 – Savona (SV) – Carta regionale n° **8**–B2 – Carta stradale Michelin 561-J7

🌸 **Il Vescovado** (Giuseppe Ricchebuono)

MODERNA · ROMANTICO ⅩⅩⅩ Nelle stanze quattrocentesche del prestigioso complesso architettonico noto come Palazzo Vescovile e nel periodo estivo sulla piacevole terrazza con vista mare, la sua cucina ha una forte personalità. Giuseppe Ricchebuono si basa essenzialmente su prodotti locali, esaltando il territorio dai grani antichi di Monteggio ai formaggi locali ai quali riserva un intero carrello! Il cuoco non si affida all'improvvisazione, ma padroneggia con grande esperienza varie tecniche di taglio e cottura. Ne derivano sapori fermi, semplici, genuini: un viaggio gastronomico attraverso una Liguria autentica e non modaiola.

Specialità: Triglie, fave e pecorino. Il cappon magro. Cioccolato e viola.

Menu 80/120€ – Carta 75/120€

Residenza Palazzo Vescovile, piazzale Rosselli – ☏ *019 7499059 –*
www.ricchebuonochef.it – Chiuso 1-30 novembre, 1-30 novembre, martedì, mercoledì a mezzogiorno

🕯️○ **Controcorrente**

MODERNA · DESIGN ⅩⅩ New entry della ristorazione locale questa giovane coppia ha totalmente rinnovato in chiave contemporanea un edificio del centro. Non è, quindi, sul mare, sebbene quest'ultimo lo si ritrovi sulla tavola con tante proposte di pesce ed uno stile che abbina sapori liguri e modernità.

Menu 35€ (pranzo), 45/70€ – Carta 35/76€

via Colombo 101 – ☏ *349 220 8133 – www.ristorantecontrocorrente.it –*
Chiuso 4 novembre-19 dicembre, lunedì, martedì, mercoledì-giovedì a mezzogiorno

🏠 **Residenza Palazzo Vescovile**

STORICO · PERSONALIZZATO Una suggestiva e indimenticabile vacanza nell'antico Palazzo Vescovile, in ambienti ricchi di fascino: alcuni impreziositi da affreschi e con splendidi arredi d'epoca. Vista sublime dalle terrazze. Si posteggia accanto al mare e si sale con ascensore e piccola cremagliera.

8 camere ☲ – 👫 160/280€

piazzale Rosselli – ☏ *019 749 9059 – www.hotelvescovado.it –*
Chiuso 7 gennaio-27 marzo, 5 novembre-28 dicembre
🌸 **Il Vescovado** – Vedere selezione ristoranti

---

a Voze Nord - Ovest : 4 km

🕯️○ **Lilliput**

PESCE E FRUTTI DI MARE · ACCOGLIENTE ⅩⅩ In una piacevole casa circondata da un giardino ombreggiato con minigolf, un locale dall'ambiente curato che propone piatti di mare; servizio estivo in terrazza.

Menu 40/55€ – Carta 35/85€

via Zuglieno 49 – ☏ *019 748009 – Chiuso 7 gennaio-31 marzo, lunedì,*
martedì-venerdì a mezzogiorno

NORCIA

✉ 06046 – Perugia (PG) – Carta regionale n° **20**–D2 – Carta stradale Michelin 563-N21

🕸 Vespasia   🛋 🎏 🖧 AC

MODERNA · ELEGANTE XXX Una vocazione all'ospitalità nata già agli inizi del Novecento, quando l'edificio ospitò il primo albergo di Norcia. Rinato grazie ad un accurato restauro, il cinquecentesco palazzotto è diventato un relais di charme che conserva le peculiarità architettoniche delle sue origini (pavimenti in cotto, parquet di quercia, pregiati arredi realizzati da maestranze locali), ma concedendosi anche il lusso di ospitare tra le sue possenti mura una cucina di alto livello: la stella del ristorante Vespasia! In un ambiente di raffinata eleganza con i tavoli allestiti nella sala del camino nero, nella limonaia o nella vecchia scuderia, la vista spazia oltre i tetti in pietra, torrioni e campanili. Il gusto invece resta rapito dalla piacevolezza di una cucina creativa e di ricerca, ma anche territoriale e preparata con eccellenze locali: tartufo nero e lenticchie *in primis*.

Specialità: Uovo con spuma di patate alla salvia e bruschetta soffiata al tartufo nero. Maialino morbido e croccante con chutney di mele. Il profumo dell'amore.

Menu 48 € (pranzo), 88/154 € – Carta 80/115 €

Hotel Palazzo Seneca, via Cesare Battisti 10 – ℰ 0743 817434 – www.vespasia.com – Chiuso 7 gennaio-2 aprile, mercoledì

🏛 Palazzo Seneca   🛋 🎝 🖃 🖧 AC

LUSSO · PERSONALIZZATO All'interno di un signorile palazzo cinquecentesco, le zone comuni si frammentano in una serie di salotti e biblioteche, le camere austere rivisitano in chiave moderna l'artigianato umbro con qualche arredo d'epoca e bagni in marmo.

23 camere ヱ – 👬 130/600 € – 1 suite

via Cesare Battisti 10 – ℰ 0743 817434 – www.palazzoseneca.com – Chiuso 7 gennaio-21 febbraio

🕸 **Vespasia** – Vedere selezione ristoranti

NOTARESCO

✉ 64024 – Teramo (TE) – Carta regionale n° **1**-B1 – Carta stradale Michelin 563-O23

sulla strada statale 150 Sud: 5 km

🕸 3 Archi   AC P

REGIONALE · RUSTICO XX Cucina abruzzese e teramana in un locale caldo ed accogliente, caratterizzato da un grande disimpegno arredato in stile rustico e due sale con spazio per la cottura di carni alla griglia. Specialità: chitarrina al ragù d'agnello e zafferano - pizza dolce.

Specialità: Chitarrina al ragu' d'agnello e zafferano. Spallina d'agnello in cottura morbida. Pizza Dolce.

Menu 30/50 € – Carta 30/50 €

via Antica Salara 25 – ℰ 085 898140 – www.trearchi.net – Chiuso 1-30 novembre, martedì sera, mercoledì

NOTO – Siracusa ➔ Vedere Sicilia

NOVAFELTRIA

✉ 47863 – Rimini (RN) – Carta regionale n° **5**-D3 – Carta stradale Michelin 563-K18

🕸 Del Turista-da Marchesi   🎏 ✿ P

DEL TERRITORIO · FAMILIARE X Tra Marche e Romagna, un rifugio per chi riconosce la buona cucina, quella attenta a ciò che la tradizione ha consegnato. Piacevole l'ambiente, di tono turistico, riscaldato da un caminetto in pietra. Specialità: tortelloni al burro fuso e tartufo, faraona alle mele e sidro, crema catalana.

Specialità: Carpaccio di manzo al tartufo. Faraona farcita alle mele e sidro. Crema catalana.

Menu 18 € (pranzo), 20/33 € – Carta 20/51 €

località Cà Gianessi 7 – ℰ 0541 920148 – www.damarchesi.it – Chiuso 22 giugno-2 luglio, 1-9 settembre, 20-25 dicembre, martedì

NOVA LEVANTE • WELSCHNOFEN

✉ 39056 – Bolzano (BZ) – Carta regionale n° **19**-D3 – Carta stradale Michelin 562-C16

⌘ **Johannesstube**   🦟 ᢤ AC P

MODERNA · INTIMO XXX Ingredienti rigorosamente locali acquistati da produttori ed allevatori indigeni, a parte qualche eccezione quali zucchero, tartufo, sale, riso... certo è che lo chef Theodor Falser è un purista della materia prima di cui la zona è generosa, sebbene ammetta un debole per la sperimentazione di cotture e fermentazioni di altre latitudini. Si ritiene fortunato per il fatto di essere nato tra queste montagne, ma altrettanto lo sono gli ospiti che hanno il privilegio di accomodarsi nella sua storica stube avvolta da boiserie in legno antico: il gioiello dell'albergo Engel. In sala il giovane figlio Johannes, esperto di vini, vi orienterà nella scelta.

Specialità: Tartare di cervo della Val d'Ega. Lavarello, olio di zucca, miso, ceci e tuberi. Piselli verdi, grano saraceno e salvia selvatica.

Menu 90/170 € – Carta 77/121 €

Hotel Engel, via San Valentino 3 – ℰ 0471 613131 – www.johannesstube.com –
Chiuso 11 aprile-6 giugno, 6 dicembre-15 gennaio, lunedì, martedì, mercoledì-sabato a mezzogiorno, domenica

🏨 **Engel**   ✿ ⌘ ⇐ 🍴 🔊 🖥 ⑱ 🕸 L₄ 🖃 ᢤ 🎿 P

LUSSO · STILE MONTANO Albergo dal 1862 e da sempre gestito dalla stessa famiglia - giunta ormai alla quinta generazione - migliorato di anno in anno, fino ad arrivare ad essere una delle strutture più eleganti della zona. Ampie camere in stile alpino ma con tocchi personalizzati, accogliente e completa spa, anche la qualità del servizio è tra i punti forti dell'Engel.

63 camere ⌷ – ♦♦ 310/510 € – 4 suites

via San Valentino 3 – ℰ 0471 613131 – www.hotel-engel.com –
Chiuso 27 aprile-5 giugno, 8-21 dicembre

⌘ **Johannesstube** – Vedere selezione ristoranti

NOVA PONENTE • DEUTSCHNOFEN

✉ 39050 – Bolzano (BZ) – Carta regionale n° **19**-D3 – Carta stradale Michelin 562-C16

🏨 **Pfösl**   ✿ ⌘ ⇐ 🍴 🔊 🖥 ⑱ 🕸 L₄ 🖃 ᢤ 🎿 P

SPA E WELLNESS · REGIONALE Grande casa in stile montano ristrutturata con gusto moderno, in mezzo al verde, con incantevole panorama sulle Dolomiti, soprattutto dalla piscina en plein air con acqua calda; particolarmente valida anche la zona spa con tanto di aufguss (gettate di vapore) nella sauna esterna. Per soddisfare l'appetito si può optare per la sala con vista sulla valle o per la stube.

31 camere – ♦♦ 400/600 € – 31 suites

via rio Nero 2 – ℰ 0471 616537 – www.pfoesl.it – Chiuso 30 marzo-10 maggio,
12 novembre-12 dicembre

NOVARA

✉ 28100 – Novara (NO) – Carta regionale n° **12**-C2 – Carta stradale Michelin 561-F7

⌘ **Tantris** (Marta Grassi)   ⇔ ᢤ AC

CREATIVA · ELEGANTE XXX Un'unica sala, moderna ed elegante, e una carta che vi invita ad un viaggio gastronomico creativo, dagli accostamenti a volte originali, sia di terra che di mare. L'artefice di questa bella realtà gastronomica che nel 2018 ha festeggiato 25 anni di attività è Marta Grassi. Il territorio è onnipresente in carta, ma viene costantemente interpretato con soluzioni moderne e accostamenti originali, che spesso travalicano i confini regionali.

Specialità: Alici, tapenade, gel di sedano e bergamotto, agro di pomodoro. Piccione, pistacchio e barbabietola. Granita e gel di limone, brownies al cioccolato, semifreddo di liquirizia.

Menu 95 € – Carta 66/90 €

corso Risorgimento 384 – ℰ 0321 657343 – www.ristorantetantris.com –
Chiuso 6-13 gennaio, 3-24 agosto, lunedì, domenica sera

❀ **Cannavacciuolo Cafè & Bistrot**

MODERNA · BISTRÒ ✗✗ In un edificio storico, una porzione del teatro Coccia, sapori mediterranei in chiave moderna, per una cucina che gioca a ricongiungere gli opposti in maniera creativa, con un'attenzione particolare alle cotture. Il menu "ad occhi chiusi" è vivamente consigliato dai nostri ispettori: degustazione di sette portate a discrezione dello chef. Vincenzo Manicone, un "gigante" buono dalle mani d'oro!

Specialità: Crudo di ricciola, insalatina di papaya, cipollotto e sesamo. Riso ricci di mare capperi limone e acciuga. Cioccolato, nocciola e olivello spinoso.

Menu 50 € (pranzo), 75/90 € – Carta 65/76 €

piazza Martiri della Libertà 1 – ✆ 0321 612109 – www.cannavacciuolobistrot.it –
Chiuso 5 agosto-1 settembre, lunedì

NOVENTA DI PIAVE

✉ 30020 – Venezia (VE) – Carta regionale n° **23**–A1 – Carta stradale Michelin 562-F19

ⅱ○ **Guaiane**

PESCE E FRUTTI DI MARE · RUSTICO ✗✗ Tradizionale casa di campagna che si è creata una meritata fama per la qualità del pesce, dal crudo alla cottura su brace di legna. C'è anche un'osteria per chi preferisce piatti più semplici.

Carta 33/75 €

via Guaiane 146 – ✆ 0421 65002 – www.guaiane.com – Chiuso 20 gennaio-5 febbraio,
4-22 agosto, lunedì, martedì sera

NOVENTA PADOVANA

✉ 35027 – Padova (PD) – Carta regionale n° **23**–C3 – Carta stradale Michelin 562-F17

ⅱ○ **Boccadoro**

REGIONALE · AMBIENTE CLASSICO ✗✗ Un'intera famiglia al lavoro per proporvi il meglio di una cucina legata al territorio e alle stagioni, in un ambiente curato e piacevole. Degna di nota, la cantina.

Menu 26 € (pranzo), 45/60 € – Carta 35/60 €

via della Resistenza 49 – ✆ 049 625029 – www.boccadoro.it – Chiuso 1-15 gennaio,
1-25 agosto, mercoledì

NUMANA

✉ 60026 – Ancona (AN) – Carta regionale n° **11**–D1 – Carta stradale Michelin 563-L22

ⅱ○ **La Torre**

CREATIVA · ROMANTICO ✗✗ In prossimità del belvedere, il ristorante offre una spettacolare vista a 180° del litorale. La cucina sposa il gusto di chi - pur desiderando mangiare pesce - ama interpretazioni fantasiose, che esplodono poi nei dolci, il tutto ad un ottimo livello.

Menu 28 € (pranzo), 45/70 € – Carta 30/75 €

via La Torre 1 – ✆ 071 933 0747 – www.latorrenumana.it

ODERZO

✉ 31046 – Treviso (TV) – Carta regionale n° **23**–A1 – Carta stradale Michelin 562-E19

❀ **Gellius** (Alessandro Breda)

MODERNA · CONTESTO STORICO ✗✗✗ L'ambientazione è originalissima e di grande suggestione. Gellius si trova – infatti - all'interno di un sito museale dell'antica Opitergium, tra mura e reperti che raccontano una storia iniziata in epoca romana. Da questo lontano passato al presente, il passo è breve: grazie alla cucina di Alessandro Breda moderna, se non a tratti creativa, sempre pronta a mettersi in gioco con discrezione e "buon senso". la stessa atmosfera intrigante non risparmia il bistrot Nyù, che propone piatti più semplici - express made - alla piastra. Per soste ancora più speady, c'è il bar *Cafè e cocktail art.*

Specialità: Uovo cremoso con ristretto di verdure. Piccione in casseruola con tarte-tatin di cipolla. Latte: semifreddo, crema, cialda croccante e gelato.

Menu 45€ (pranzo), 85/110€ – Carta 72/90€

calle Pretoria 6 – ℰ 0422 713577 – www.ristorantegellius.it –
Chiuso 17 febbraio-1 marzo, 5-20 luglio, lunedì, domenica sera

OFFIDA

⊠ 63073 – Ascoli Piceno (AP) – Carta regionale n° **11**–D3 – Carta stradale Michelin 563-N23

⊛ **Osteria Ophis** ⓝ 🍴 AC

MARCHIGIANA · **ACCOGLIENTE** XX Nel centro storico della bella località, il ristorante è stato completamente rimodernato ed ora sfoggia sedute rigorosamente fatte a mano, più spazio fra i tavoli, ed una cucina a vista. La linea gastronomica rimane di matrice territoriale rivisitata con simpatiche personalizzazioni dallo chef e diverse proposte degustazione con possibilità di estrapolare singoli piatti à la carte. Insomma, sempre un ottimo indirizzo!

Specialità: Galantina e giardiniera. Piccione. Come un funghetto.

Menu 35/40€ – Carta 31/44€

Corso Aureo Serpente, 54 – ℰ 0736889920 – www.osteriaophis.com –
Chiuso 20 febbraio-15 marzo, 20-30 ottobre, martedì, mercoledì-venerdì a mezzogiorno

OLANG • VALDAORA – Bolzano ➜ Vedere Valdaora

OLBIA – Olbia-Tempio ➜ Vedere Sardegna

OLEGGIO CASTELLO

⊠ 28040 – Novara (NO) – Carta regionale n° **13**–A2 – Carta stradale Michelin 561-E7

🏰 **Castello dal Pozzo** 🏰 🍴 ❂ 💧 AC 🕍 🚗

DIMORA STORICA · **PERSONALIZZATO** Ambienti storici di grande fascino per una realtà che ha origini intorno all'anno 1000: camere nel palazzo padronale e otto "chicche" nel vero e proprio castello (visitabile anche con la guida del marchese). Il tutto circondato da un grande parco.

33 camere ⌑ – 🕇🕇 170/300€ – 6 suites

via Visconti 8 – ℰ 0322 53713 – www.castellodalpozzo.com –
Chiuso 1 gennaio-12 marzo, 2 novembre-31 dicembre

OLEVANO ROMANO

⊠ 00035 – Roma (RM) – Carta regionale n° **7**–C2 – Carta stradale Michelin 563-Q21

🅞 **Sora Maria e Arcangelo** 🍤 🍴 AC ⇔

REGIONALE · **RUSTICO** XX Scendete le scale per raggiungere le sale ricche di atmosfera, situate negli stessi spazi in cui un tempo si trovavano i granai. Dalla cucina, piatti da sempre legati alle tradizioni con un'attenta ricerca di prodotti genuini e di qualità.

Menu 35/50€ – Carta 38/52€

via Roma 42 – ℰ 06 956 4043 – www.soramariaearcangelo.com –
Chiuso 27 gennaio-7 febbraio, 15-30 luglio, lunedì, martedì sera, mercoledì, domenica sera

OLGIATE OLONA

⊠ 21057 – Varese (VA) – Carta regionale n° **10**–A2 – Carta stradale Michelin 561-F8

⊛ **Ma.Ri.Na.** (Rita Possoni) AC ⇔ 🅿

PESCE E FRUTTI DI MARE · **ELEGANTE** XX Simpatia, accoglienza, qualità e sapore. Questo è Ma. Ri. Na. Uno storico locale in una piccola località a ridosso dell'aeroporto di Malpensa, dove il titolare, Pino, intrattiene gli ospiti raccontando aneddoti e dando loro i migliori consigli per orientare la scelta. Dopo 40 anni di attività, le specialità di pesce - generalmente proposte in maniera classica - cedono talvolta il destro ad interpretazioni molto fantasiose ed insolite. Sicuramente, un caposaldo della ristorazione in provincia!

Specialità: Gamberi rossi crudi con testa fritta, briciole di pancetta cotta e passata di finocchi cotti. Ravioli del plin farciti con rombo e spadellati con polpo e semi di papavero. Nuvolette di millefoglie con crema pasticciera.

Menu 130/150 € – Carta 80/140 €

piazza San Gregorio 11 – ℰ 0331 640463 – Chiuso 7 agosto-7 settembre,
24 dicembre-5 gennaio, lunedì-martedì a mezzogiorno, mercoledì, giovedì-sabato
a mezzogiorno

in prossimità uscita autostrada di Busto Arsizio Nord - Ovest : 2 km:

🕸⃝ **Idea Verde**   🛏 🍴 ⅁ AC ⟷ P

PESCE E FRUTTI DI MARE · **ALLA MODA** XX Continua a preferire il mare, la cucina di questo allegro locale dalle ampie vetrate, immerso in un tranquillo giardino.

Menu 35/100 € – Carta 56/106 €

via San Francesco 17/19 – ℰ 0331 629487 – www.ristoranteideaverde.it –
Chiuso 1-6 gennaio, 10-23 agosto, sabato a mezzogiorno, domenica

OLIENA - Nuoro → Vedere Sardegna

ONEGLIA - Imperia → Vedere Imperia

OPI
✉ 67030 – L'Aquila (AQ) – Carta regionale n° **1**-B3 – Carta stradale Michelin 563-Q23

sulla strada statale 83 - bivio per Forca D'Acero Sud : 1 km

🕸 **La Madonnina**   🍴 ⅁

ABRUZZESE · **FAMILIARE** X Ai piedi di Opi, bar-trattoria a gestione familiare specializzato in carni alla griglia, ma con un'appetitosa selezione di salumi, formaggi e paste fresche in lista. Specialità: ravioli di ricotta di pecora - agnello alla brace - tiramisù.

Specialità: Antipasto misto. Tonnarelli alla chitarra al tartufo nero. Tiramisù con crema pasticcera.

Menu 18/35 € – Carta 25/35 €

via Forca D'Acero – ℰ 0863 912714 – Chiuso lunedì

ORBASSANO
✉ 10043 – Torino (TO) – Carta regionale n° **12**-A1 – Carta stradale Michelin 561-G4

🕸⃝ **Casa Format**   ⟷ ⅁ AC P

MODERNA · **DESIGN** XX Un nuovo progetto di cucina e ospitalità responsabile che si declina in tutte le sue possibili varianti: dalla struttura vera e propria all'orto, passando per la selezione dei fornitori, tutto è pensato per un futuro più sostenibile mettendo in risalto la qualità delle scelte fatte. Moderne camere per completare il soggiorno.

Menu 40 € – Carta 34/60 €

Via Giordano Bruno 13, località Tetti Valfrè – ℰ 011 903 5436 – www.casaformat.it –
Chiuso 1-22 gennaio, mercoledì

ORBETELLO
✉ 58015 – Grosseto (GR) – Carta regionale n° **18**-C3 – Carta stradale Michelin 563-O15

🕸 **L'Oste Dispensa**   ⟷ AC

DEL TERRITORIO · **CONVIVIALE** X Cucina prettamente locale e di laguna, con la possibilità di acquistare anche tanti prodotti fatti in casa (marmellate, biscotti...), nonché eccellenze del territorio, ma non solo. Specialità: pici fatti in casa al ragù di palamita, pomodori secchi e nocciole tostate.

Specialità: Pici fatti in casa al ragù di palamita, pomodori secchi e nocciole tostate. Filetto di pesce fresco all'origano con verdure all aureliana. Biscottini dell' oste della tradizione. famigliare con Vin Santo.

Carta 25/40 €

strada provinciale Giannella 113 – ℰ 0564 820085 – www.ostedispensa.it –
Chiuso 4 novembre-6 marzo, mercoledì

ORIGGIO

✉ 21040 – Varese (VA) – Carta regionale n° **10**–A2 – Carta stradale Michelin 561-F9

ⓘ○ **El Primero**

SUDAMERICANA · MINIMALISTA ⅹ La cucina uruguaiana, dopo essersi fatta apprezzare nella passata edizione dell'Expo dedicato all'alimentazione, si stabilisce - ora - ad Origgio; carni di qualità dai pascoli latini, ambiente minimalista nello stile e approccio cordiale.

Carta 29/84 €

largo Umberto Boccioni 3 – ℰ 393 884 8423 – www.elprimero.it – Chiuso lunedì,
sabato a mezzogiorno

ORMEA

✉ 12078 – Cuneo (CN) – Carta stradale Michelin 561-J5

a Ponte di Nava Sud - Ovest : 6 km – Carta regionale n° **12**-C3

ⓐ **Ponte di Nava-da Beppe**

PIEMONTESE · AMBIENTE CLASSICO ⅹ Il menu riflette l'ambiguità territoriale in cui sorge Ponte di Nava, fondendo le tradizioni langarole con quelle dell'entroterra ligure. Ecco allora che dalla cucina giungono funghi e tartufi, bagna caoda, cacciagione, nonché i nostri preferiti: lasagnette di grano saraceno con patate di Ormea e fonduta di castelmagno - capriolo in civet al vino Ormeasco - gelato di castagne al rum.

Specialità: Semifreddo al Castelmagno con cipollina caramellata e petali essicati. Fettuccine d'olive Taggiasche con pomodori secchi, acciughine e pistacchio. Gelato di castagne al rhum.

Menu 20/28 € – Carta 20/50 €

via Nazionale 32 – ℰ 0174 399924 – www.hotelpontedinava.it –
Chiuso 7 gennaio-14 marzo, 18 novembre-21 dicembre, martedì, mercoledì

ORNAGO

✉ 20876 – Monza e Brianza (MB) – Carta regionale n° **10**–B2 –
Carta stradale Michelin 561-E10

ⓘ○ **Osteria della Buona Condotta**

LOMBARDA · CONTESTO TRADIZIONALE ⅹ Un cascinale d'inizio '900, sapientemente ristrutturato, ospita questo piacevole ristorante che propone una cucina d'impronta regionale con antipasti e piatti di carne, varietà di formaggi, pesci di acqua dolce e buona selezione di vini.

Menu 20 € (pranzo), 35/50 € – Carta 37/60 €

via per Cavenago 2 – ℰ 039 691 9056 – Chiuso domenica sera

OROSEI – Nuoro ➜ Vedere Sardegna

ORTA SAN GIULIO

✉ 28016 – Novara (NO) – Carta regionale n° **13**–A2 – Carta stradale Michelin 561-E7

✿✿ **Villa Crespi** (Antonino Cannavacciuolo)

CREATIVA · LUSSO ⅹⅹⅹ Icona dell'ospitalità nella meravigliosa cornice del lago D'Orta, fu Cristoforo Benigno Crespi, proprietario della villa nel 1879, a sceglierne lo stile moresco come ispirazione per una dimora da sogno, tra stucchi e intarsi, in un ideale viaggio attraverso il Medioriente.

Ma è stato – poi - il bravissimo Antonino Cannavacciuolo a renderlo luogo celebre in Italia e non solo. Lo chef di Vico Equense ci mette il cuore, ma anche tecnica e precisione estetica per creare piatti dai sapori netti e ben distinti, che valorizzano il sud e il mare, sebbene gli spazi veramente dalla Campania al Piemonte, con una disinvoltura consentita solo ai "grandi". Da oltre 20 anni un ambasciatore del Made in Italy!

Specialità: Scampi di Sicilia alla "pizzaiola", acqua di polpo. Linguina di Gragnano, calamaretti, salsa al pane di segale. Piccione, fegato grasso al gruè di cacao, salsa al Banyuls.

Menu 150/180 € – Carta 140/185 €

Hotel Villa Crespi, via Fava 18 – ℰ 0322 911902 – www.villacrespi.it –
Chiuso 7 gennaio-7 febbraio, lunedì, martedì a mezzogiorno

✿ Locanda di Orta   ⛬ ⇦ 🛏

MODERNA · ROMANTICO ✗✗ Nel centro storico di uno dei borghi lacustri più romantici d'Italia, una cartolina d'altri tempi, questo piccolo edificio ospita un ristorante dal design moderno con un romantico tavolino sul terrazzino esterno per soli due coperti. La cucina si vuole creativa, precisa, attenta a coniugare ingredienti di acqua dolce con le ottime carni piemontesi.

Ogni ricetta è personalizzata ed il contrasto dei sapori e delle consistenze spesso esaltato; per quanto concerne la proposta enoica una brava sommelier saprà orientarvi nella minuziosa carta dei vini. Degni di nota, infine, i dessert: divertenti ed intriganti!

Specialità: Carbonara di mare. Piccione, vermouth e carote. Mela verde, yogurt e sambuco.

Menu 90/110 € – Carta 60/100 €

via Olina 18 – ℰ 0322 905188 – www.locandaorta.com – Chiuso 7 gennaio-29 febbraio, martedì, mercoledì a mezzogiorno

🏚 Villa Crespi   ⛬ 🛗 Ⓐ⒞ 🅿

GRAN LUSSO · STORICO Sulla struttura campeggia un minareto a ricordo di quel signor Crespi che, incantato dal fascino di Baghdad dove acquistava partite di cotone, fece costruire qui - a fine '800 - questa villa in stile moresco. Letti a baldacchino e mobili del XVIII e XIX secolo nelle splendide suite: tutte diverse tra loro per la scelta di un colore dominante nell'arredo, altro non fanno che contribuire alla magia da "Mille e Una Notte" di questa raffinata dimora.

8 suites ⌹ – ♥♥ 499/1190 € – 6 camere

via Fava 18 – ℰ 0322 911902 – www.villacrespi.it – Chiuso 7 gennaio-7 febbraio

✿✿ **Villa Crespi** – Vedere selezione ristoranti

🏚 San Rocco   ❀ ⌂ ⇦ ⛬ ⟐ 🛗 ♿ Ⓐ⒞ 🏋 🚘

TRADIZIONALE · BORDO LAGO In un ex monastero del '600, austero ma dotato di camere contemporanee, e villa barocca del '700 impreziosita da affreschi anche nelle sue 11 camere classiche, il San Rocco è un esclusivo albergo con vista sull'isola di San Giulio. La posizione è idilliaca, la si gode al meglio soprattutto negli spazi all'aperto: sull'amena terrazza fiorita in riva al lago con piscina o al bar "fluttuante" accanto agli attracchi privati. Buona cucina al Teatro Magico.

75 camere ⌹ – ♥♥ 209/528 € – 2 suites

via Gippini 11 – ℰ 0322 911977 – www.hotelsanrocco.it – Chiuso 1 gennaio-11 marzo

ORTISEI • ST. ULRICH

✉ 39046 – Bolzano (BZ) – Carta regionale n° **19**-C2 – Carta stradale Michelin 562-C17

✿ Anna Stuben   ⛬ 💬 🚘

CREATIVA · ROMANTICO ✗✗ Tante signore "Anna", spesso eccellenti cuoche, si sono succedute nella famiglia che gestisce il ristorante; anche se - oggi - ai fornelli c'è un brillante giovane cuoco, Reimund Brunner. Nel nome delle incantevoli stuben in cui si mangia se ne coltiva il ricordo, mentre la cucina prende il volo verso proposte più sofisticate, spesso basate su prodotti del territorio alpino. Di altissima qualità il servizio, prodigo di attenzioni nei confronti dei clienti. Se dopo cena la lontananza sconsiglia di mettersi in viaggio, deliziose camere – arredate nel tipico stile montano, destinate a chi preferisce l'eleganza classica senza sussulti modaioli – completano un quadro ideale per chi è alla ricerca di un soggiorno gourmet e romantico.

Specialità: Salmerino, sambuco, cetriolo, limone. Agnello Brillenschaf della Val di Funes, ravioli e variazione di prezzemolo. Cioccolato dell'Alto Adige Karuna, frutti di stagione, gelato alla vaniglia e rosmarino, streusel al cioccolato.

Menu 114/140 € – Carta 67/81 €

Hotel Gardena-Grödnerhof, via Vidalong 3 – 𝄞 0471 796315 – www.annastuben.it – Chiuso 29 marzo-5 giugno, 4 ottobre-4 dicembre, lunedì-sabato a mezzogiorno, domenica

🍴○ Tubladel

CREATIVA · ROMANTICO ✗✗ Avvolti nei legni e nel calore di quella che sembra un'antica baita di montagna, la cucina prevede qualche spunto del territorio, ma se ne discosta volentieri, verso interpretazioni più creative, spesso di grande qualità. E' un'ottima tappa gourmet da non perdere nel vostro soggiorno ad Ortisei.

Carta 45/70 €

via Trebinger 22 – 𝄞 0471 796879 – www.tubladel.com – Chiuso 15 aprile-1 giugno, 15 ottobre-1 dicembre

🏨 Gardena-Grödnerhof

LUSSO · ELEGANTE Il palace alpino per eccellenza, svetta sul centro della località come un palazzo da mille e una notte. Ampi spazi e un eccellente servizio vi attendono all'interno, mentre le camere sono arredate nel tipico stile montano, destinate a chi preferisce l'eleganza classica senza sussulti modaioli. Se amate le spa, qui ne troverete una delle più grandi e moderne.

48 camere ☲ – ♟♟ 284/798 € – 6 suites

via Vidalong 3 – 𝄞 0471 796315 – www.gardena.it – Chiuso 29 marzo-5 giugno, 4 ottobre-4 dicembre

❀ **Anna Stuben** – Vedere selezione ristoranti

🏨 Adler Dolomiti Spa & Sport Resort

🛡⬕🛏🛆🖥🕭🎿🛗🅰🄲 🚗

SPA E WELLNESS · ELEGANTE Cinto da un grazioso parco, questo storico hotel nel cuore di Ortisei offre ambienti eleganti in stile montano. Adler Balance, il "fratello" di dimensioni più contenute, ospita anche una medical Spa. L'ampio e completo centro benessere è a disposizione di entrambe le strutture, ma ognuna di esse ha il suo ristorante: ampio per l'Adler, più intimo al Balance.

105 camere ☲ – ♟♟ 336/818 € – 9 suites

via Rezia 7 – 𝄞 0471 775001 – www.adler-dolomiti.com – Chiuso 5 aprile-21 maggio

🏨 Alpin Garden Wellness Resort

🛡🐾🛆🛏🖥🕭🎿🛗🚗

SPA E WELLNESS · STILE MONTANO Ai piani eleganti camere in stile alpino, ma se volete un brivido di raffinato design scegliete quelle dislocate al quarto: legni antichi, arredi moderni e vivaci colori. Per la tranquillità degli ospiti, sono accettati adulti a partire dai sedici anni.

27 camere ☲ – ♟♟ 260/860 € – 5 suites

via J. Skasa 68 – 𝄞 0471 796021 – www.alpingarden.com – Chiuso 6 aprile-15 maggio, 8-30 novembre

🏨 Montchalet

LUSSO · STILE MONTANO In posizione centrale, ma leggermente defilata, soleggiata e tranquilla, questa caratteristica struttura interamente rivestita in legno mette a disposizione degli ospiti eleganti suite in stile montano-contemporaneo per un soggiorno all'insegna di relax ed esclusività. Quasi tutte le camere dispongono di sauna, bagno turco e/o whirlpool.

16 suites – ♟♟ 450/1450 €

via Paul Grohmann 97 – 𝄞 0471 798651 – www.montchalet.it – Chiuso 31 marzo-20 giugno, 5 novembre-21 dicembre

a Bulla Sud - Ovest : 6 km – Carta regionale n° **19**–C2

🏠 Uhrerhof-Deur   ☆ ❀ ≤ 🛏 🏠 ⬆ 🅿 🚗

STORICO · STILE MONTANO In una piccola frazione, Ortisei appare piccola e lontana da questo nido di romanticismo, dove quasi tutte le camere beneficiano di una bella vista sulla vallata; le ultime nate, rivestite di legno antico, sono quelle che ci sono piaciute di più, insieme alla calorosa ospitalità della proprietaria e al giardino con 6000 rose. Splendide stuben al ristorante, di cui una originale del '400.

10 camere – 👫 115/152€ – 3 suites

Bulla 26 – ℰ 0471 797335 – www.uhrerhof.com – Chiuso 29 marzo-20 maggio, 11 ottobre-19 dicembre

ORVIETO

✉ 05018 – Terni (TR) – Carta regionale n° **20**–B3 – Carta stradale Michelin 563-N18

🍽 I Sette Consoli   ⛲ 🛏 🏠 AC

MODERNA · AMBIENTE CLASSICO 🗙🗙 In un locale sobrio eppure dal tono signorile, indimenticabili proposte di cucina moderna accanto a richiami del territorio; servizio estivo serale in giardino con splendida vista sul Duomo.

Carta 45/63€

piazza Sant'Angelo 1/A – ℰ 0763 343911 – www.isetteconsoli.it – Chiuso 26-29 dicembre, mercoledì, domenica sera

🍽 La Palomba   AC

REGIONALE · FAMILIARE 🗙 Vera e ruspante trattoria del centro storico, gestita dalla stessa famiglia da più di 50 anni: da sempre propongono agli ospiti la cucina umbra con paste fatte in casa, cacciagione e il proverbiale piccione!

Carta 18/50€

via Cipriano Manente 16 – ℰ 0763 343395 – Chiuso 15 luglio-5 agosto, 19-25 dicembre, mercoledì

a Morrano Nuovo Nord : 12 km – Carta regionale n° **20**–B3

🍴 Da Gregorio 🆕   🏠 ♿

REGIONALE · SEMPLICE 🗙 Trattoria semplice a conduzione familiare, che con la rinnovata energia della seconda generazione si migliora di giorno in giorno; la sobria atmosfera accompagna una cucina umbra ricca di gusto e sapore. Vale la pena fare un po' di strada per raggiungerla.

Specialità: Terrina di piccione con pane bianco tostato, tartufo nero estivo e riduzione di lamponi. Umbriachelli al vino rosso con briciola di salsiccia di cinghiale e cipolla rossa di Cannara. Semifreddo alla vaniglia con conserva di petali di rosa e caramello Salato.

Menu 25/45€ – Carta 25/45€

SP101, 136 – ℰ 0763 215011 – Chiuso mercoledì

a Rocca Ripesena Ovest : 5 km per Viterbo – Carta regionale n° **20**–A3

🏠 Altarocca Wine Resort

☆ ❀ ≤ 🛏 ⛱ 🖼 💯 🏠 🦶 ⬆ ♿ AC 🅿

CASA DI CAMPAGNA · PERSONALIZZATO Una moderna country house diffusa su più edifici in uno splendido paesaggio collinare, dove funzionalità ed organizzazione sono a livello di un vero e proprio hotel: camere accoglienti, un bel centro benessere e tanto, tanto verde tutto attorno.

37 camere ☲ – 👫 80/250€

Rocca Ripesena 62 – ℰ 0763 344210 – www.altaroccawineresort.com – Chiuso 7 gennaio-28 febbraio

Locanda Palazzone

CASA DI CAMPAGNA · STORICO Residenza cardinalizia del 1299, incastonata in uno straordinario paesaggio, bifore e tufo introducono in camere dagli arredi moderni e ricercati, tutte soppalcate tranne una. Tutto attorno vigne, alcune di proprietà: di fatti sul retro c'è la propria omonima cantina.

7 camere ⌑ – †† 189/429 €

Rocca Ripesena 67 –
☏ 0763 393614 – www.locandapalazzone.com –
Chiuso 7 gennaio-16 marzo

ORZINUOVI

✉ 25034 – Brescia (BS) – Carta regionale n° **10**–D2 – Carta stradale Michelin 561-E13

✿ Sedicesimo Secolo (Simone Breda)

CREATIVA · CONTESTO REGIONALE ✕✕ Il nome fa riferimento all'epoca d'origine dell'edificio in cui si è ricavata la sala; tra pavimento in cotto, soffitti originali, camini, la modernità degli arredi, però, dona all'insieme la giusta armonia. La carta mostra una certa attitudine alla fantasia, molta carne, un po' di pesce e qualche riferimento al territorio, mentre lo stile è decisamente moderno-creativo.

Se il menu offre tanta scelta per tutti i gusti, i contenuti sono soprattutto pensati ed elaborati con la maestria di un cuoco che conosce bene le basi della chimica ai fornelli e ha un buon palato "settato" sulla leggerezza.

Cucina dai sapori decisi, ma mai invasivi, per piatti che si impongono con raffinatezza, eleganza e gusto. Sedicesimo secolo, ma mood del ventunesimo.

Specialità: Tiepido di storione, Franciacorta, biete e caviale. Agnello, aglio orsino, tarassaco e salsa alla 'nduja. Cioccolato bianco, finocchio e liquirizia.

Menu 65/80 € – Carta 60/75 €

via Gerolanuova 4, località Pudiano –
☏ 030 563 6125 – www.ristorantesedicesimosecolo.it –
Chiuso lunedì, sabato a mezzogiorno, domenica sera

a Barco Sud-Est: 3 km

♨○ Saur ⓝ   ⌂ &

MODERNA · CONTESTO CONTEMPORANEO ✕✕ In una piccolissima frazione agricola, con degli interni però molto contemporanei - quasi minimal – cucina moderna con grande attenzione alla stagionalità, nonché alla regionalità dei prodotti.

Menu 35/50 € – Carta 40/70 €

via Filippo Turati 8 –
☏ 030 941149 – www.ristorantesaur.it –
Chiuso 7-21 gennaio, lunedì-martedì a mezzogiorno, mercoledì, giovedì-sabato a mezzogiorno

OSIO SOTTO

✉ 24046 – Bergamo (BG) – Carta regionale n° **10**–C2 – Carta stradale Michelin 561-F10

♨○ La Braseria

CARNE · ACCOGLIENTE ✕✕ Ristorante rustico-elegante in pieno centro, la cui versatilità lo porta ad essere anche macelleria gourmet con pregevoli varietà di carni, possibilità di cibi da asporto e, per i piccoli ospiti, la "Casa Giocattolo", ovvero: camere ispirate alla favola di Biancaneve.

Menu 20 € (pranzo)/35 € – Carta 40/80 €

via Risorgimento 15/17 –
☏ 035 808692 – www.la-braseria.com –
Chiuso 7-27 agosto, 26 dicembre-6 gennaio, sabato a mezzogiorno

OSPEDALETTI

✉ 18014 – Imperia (IM) – Carta regionale n° **8**–A3 – Carta stradale Michelin 561-K5

⁑○ Byblos ≼ ⌂ AC P

PESCE E FRUTTI DI MARE · ELEGANTE ✗✗ All'estremo della bella passeggiata, con pista ciclabile che porta proprio dinnanzi all'ingresso, ristorante di una certa eleganza affacciato sul mare: piatti a base di pesce semplici e gustosi.

Menu 35/60€ – Carta 45/75€

lungomare Colombo 6/8 – ℰ 0184 689002 – www.ristorantebyblos.it – Chiuso 2-10 giugno, 1-22 novembre, lunedì

OSPEDALETTO – Verona → Vedere Pescantina

OSPEDALETTO D'ALPINOLO

✉ 83014 – Avellino (AV) – Carta regionale n° **4**–B2 – Carta stradale Michelin 564-E26

⊛ Osteria del Gallo e della Volpe AC

REGIONALE · CONTESTO CONTEMPORANEO ✗✗ Una sala accogliente, pochi tavoli e molto spazio, per una conduzione familiare dal servizio curato e cordiale; il menu propone la tradizione locale con alcune personalizzazioni. Specialità: tagliolino fatto a mano con pesto di aglio orsino, pomodorino confit e ricotta - stracotto di guancia di vitello all'Aglianico e mela annurca.

Specialità: Terrina di faraona con confettura d'arancia. Calamarata con baccalà, pomdorini gratinati e pecorino. Mousse di torrone con nocciole avellane.

Menu 25/40€ – Carta 27/40€

piazza Umberto I° 14 – ℰ 0825 691225 – www.osteriadelgalloedellavolpe.it – Chiuso lunedì, martedì-venerdì a mezzogiorno, domenica sera

OSSANA

✉ 38026 – Trento (TN) – Carta regionale n° **19**–B2 – Carta stradale Michelin 562-D14

⊛ Antica Osteria ⇦ ⌖

REGIONALE · ROMANTICO ✗ Piacevole ristorante diviso in tre belle salette ricche di fascino. Tutta la famiglia è dedita all'attività, con risultati proverbiali: sapori regionali in ricette sfiziose, come ad esempio ravioli di pasta fresca con cacciagione - lo strudel di mele con salsa vaniglia calda.

Specialità: Carpaccio di cervo su letto di cavolo cappuccio, ananas e mirtillo rosso. Raviolo di pasta fresca con cacciagione o erbe spontanee di montagna. Tortino al cioccolato e cremoso alle fragole.

Menu 30/40€ – Carta 35/45€

via Venezia 11 – ℰ 0463 751713 – www.anticaosteriaossana.net – Chiuso mercoledì a mezzogiorno

OSTUNI

✉ 72017 – Brindisi (BR) – Carta regionale n° **15**–C2 – Carta stradale Michelin 564-E34

✪ Cielo ⌂ AC

CREATIVA · LUSSO ✗✗✗ Nella città bianca con i gradini in pietra calcarea, le chianche medioevali, proprio in cima alla località troverete, ricavato in un'antica magione nel rispetto dell'architettura primigenia, uno splendido relais che – non a caso – si chiama La Sommità; e cosa ci può essere in tale contesto se non un Cielo? Protagonisti di romantiche cene estive tra gli agrumi della piccola corte interna oppure ospiti della sala dal soffitto a botte, la cucina parte dall'eccellenze gastronomiche della regione, ma la mano dello chef vira verso una linea più creativa. Curiosità: a pochi metri dal ristorante c'è il Convento di santa Maria Novella che ospita le "mamma più antica del mondo". E' lo scheletro di una giovane incinta, sepolta con il feto, 26 mila anni orsono!

Specialità: Maialino affumicato con cacao, sesamo nero, topinambur e frutti di bosco. Pluma di patanegra, burrata e ricci di mare. Omaggio a mio padre: uovo e farina.

Menu 85/95 € – Carta 75/100 €

Hotel La Sommità, via Scipione Petrarolo 7 – ℰ 0831 305925 – www.lasommita.it – Chiuso 7 gennaio-13 febbraio

Osteria Piazzetta Cattedrale [AC]

REGIONALE · STILE MEDITERRANEO ጀ A pochi metri dalla cattedrale, moglie in cucina e marito in sala gestiscono questo locale come una piccola bomboniera. Brillante per la qualità dei prodotti, in prevalenza pugliesi, come la purea di fave con verdure di stagione. Specialità: sformatino fiori di zucca, cipollotto e vellutata di datterino - stinco di maialino da latte, patata intera e verdurine selvatiche - sfogliatina calda con crema pasticcera alla vaniglia.

Specialità: Sformatino fiori di zucca,cipollotto e vellutata di datterino. Stinco di maialino da latte, patata intera e verdurine selvatiche. Sfogliatina calda con crema pasticcera alla vaniglia.

Menu 35/45 € – Carta 40/50 €

largo Arcidiacono Trinchera 7 – ℰ 0831 335020 – www.piazzettacattedrale.it – Chiuso 15 gennaio-20 febbraio, martedì

Porta Nova   🏵 🏠 [AC] ⟷

PESCE E FRUTTI DI MARE · CHIC ጀጀ *Location* invidiabile su un torrione aragonese con vista panoramica sulla distesa di ulivi e sulla Marina di Ostuni, per questo elegante ristorante che propone essenzialmente cucina di mare.

Menu 40/80 € – Carta 44/77 €

via Petrarolo 38 – ℰ 0831 338983 – www.ristoranteportanova.it

La Sommità   🏵 🐾 ⩽ ⬍ [AC]

LUSSO · MINIMALISTA Nella parte più alta di Ostuni, in un palazzo cinquecentesco, eleganti camere in stile moderno-minimalista ed imperdibili terrazze con vista mozzafiato. A pranzo, in alternativa al gourmet, anche una formula bistrot con piatti del territorio.

10 camere ⌷ – ♦♦ 270/620 € – 5 suites

via Scipione Petrarolo 7 – ℰ 0831 305925 – www.lasommita.it – Chiuso 6 gennaio-14 febbraio

❀ **Cielo** – Vedere selezione ristoranti

Masseria Cervarolo   🏵 🐾 🛏 🍸 [AC] [P]

DIMORA STORICA · PERSONALIZZATO Adagiata su un riposante paesaggio collinare, la masseria cinquecentesca è stata convertita in elegante dimora di campagna, ricorrendo ai raffinati arredi dell'artigianato pugliese; tre camere in altrettanti trulli.

17 camere ⌷ – ♦♦ 180/355 €

contrada Cervarolo, Sud-Ovest: 7 km, lungo la SP14 Ostuni-Martina Franca – ℰ 0831 303729 – www.masseriacervarolo.it – Chiuso 1 gennaio-15 marzo, 5 novembre-31 dicembre

Masseria le Carrube   🏵 🐾 🛏 🍸 🏛 🛁 ⅙ [AC] [P]

DIMORA STORICA · MEDITERRANEO Tipica masseria imbiancata a calce con i tradizionali tetti a coppi, immersa nel verde e nella tranquillità più totale, dove soggiornare in camere signorili e ambienti total white. E l'attenzione per il binomio psiche-soma continua a tavola con la proposta di una cucina vegetariana e vegana, nonché nello spazio benessere che in questa struttura è orientato più su tecniche meditative e di well-being mentale.

19 camere ⌷ – ♦♦ 140/300 €

strada statale 16 al km 873 – ℰ 0831 342595 – www.masserialecarrube.it – Chiuso 1 gennaio-12 aprile, 4 novembre-31 dicembre

OTRANTO

✉ 73028 – Lecce (LE) – Carta regionale n° **15**–D3 – Carta stradale Michelin 564-G37

🍴○ **Atlantis-Bel Ami**

PESCE E FRUTTI DI MARE · STILE MEDITERRANEO ✕✕ Gustose ricette di pesce, oltre a vari crudi e frutti di mare, in un ristorante sulla spiaggia con annesso stabilimento balneare: la zona è di suggestiva bellezza!

Menu 35/70€ – Carta 35/70€

via Porto Craulo – ℰ 0836 804401 – www.atlantisbeach.it –
Chiuso 1 dicembre-1 marzo, mercoledì

🍴○ **Retrogusto** 🔲

REGIONALE · FAMILIARE ✕ Ambiente classico con arredo semplice, ma di qualità, musica di sottofondo ed atmosfera informale: leggermente arretrato rispetto al lungomare, è solo una piccola deviazione di pochi metri compensata da una cucina di qualità dai tipici sapori salentini.

Menu 30/50€ – Carta 40/80€

via Tenente Eula 7 – ℰ +393207776406 – www.ristoranteretrogusto.com –
Chiuso martedì

🏠 **Relais Valle dell'Idro**

LUSSO · MEDITERRANEO I dettagli qui non sono lasciati al caso, ma studiati con grande senso estetico: ne deriva una bella realtà con accoglienti camere e un piccolo, ma grazioso giardino, dove nella bella stagione viene servita la prima colazione. La terrazza con vasca idromassaggio propone una suggestiva vista sulla città vecchia e sul mare.

27 camere ☑ – 👫 74/329€

via Giovanni Grasso 4 – ℰ 0836 804427 – www.otrantohotel.com –
Chiuso 1 gennaio-31 marzo, 1 novembre-31 dicembre

OTTONE – Livorno → Vedere Elba (Isola d') : Portoferraio

OVADA

✉ 15076 – Alessandria (AL) – Carta regionale n° **12**–C3 – Carta stradale Michelin 561-I7

🍴○ **La Volpina** 🔲

PIEMONTESE · ACCOGLIENTE ✕✕ In tranquilla posizione collinare, La Volpina è una casa accogliente dove si propone una cucina del territorio - tra Piemonte e Liguria - con caratteristiche di entrambe le regioni: ricette reinterpretate ed alleggerite.

Menu 40/52€ – Carta 40/57€

strada Volpina 1 – ℰ 0143 86008 – www.ristorantelavolpina.it – Chiuso 9-23 gennaio,
11-29 agosto, lunedì, martedì, mercoledì, domenica sera

🍴○ **L'Archivolto-Osteria Nostrale**

PIEMONTESE · TRATTORIA ✕ Sulla piazza principale del paese, l'atmosfera è quella tipica e piacevolmente familiare di una trattoria, ma non sottovalutatene la cucina: dagli antipasti rustici al fassone, passando per i ravioli di carne fatti a mano. Qui troverete uno straordinario viaggio nel cuore gastronomico del Piemonte, a cui si aggiunge la nuova enoteca/bottega con tante bottiglie e prodotti alimentari in vendita; aperitivi all'ora di pranzo e cena.

Menu 50/60€ – Carta 44/95€

piazza Garibaldi 25/26 – ℰ 0143 835208 – www.archivoltoosterianostrale.it –
Chiuso 16-31 gennaio, 28 giugno-12 luglio, mercoledì

OVIGLIO

✉ 15026 – Alessandria (AL) – Carta regionale n° **12**–C2 – Carta stradale Michelin 561-H7

ⅢO **Bistrot Donatella** 🛋 ⚐ 🅰🅲

PIEMONTESE · ELEGANTE XX Nel cuore del piccolo paese, la variopinta sala vi accoglierà nella stagione fredda, ma col bel tempo è una corsa a prenotare un tavolo nella corte interna, sotto il campanile di Oviglio. Materie prime e ricette piemontesi sono il vanto di una carta semplice, ma gustosa.

Carta 29/46 €

Piazza Umberto I°, 1 – ℰ 0131 776907 – www.donatellabistrot.it –
Chiuso 15-30 gennaio, lunedì, martedì, mercoledì-venerdì a mezzogiorno

PACENTRO
✉ 67030 – L'Aquila (AQ) – Carta regionale n° **1**–B2 – Carta stradale Michelin 563-P23

☺ **Taverna dei Caldora** 🛋 🅰🅲

ABRUZZESE · CONTESTO STORICO X Un curioso intrico di stradine disegna il centro storico di Pacentro, mentre nelle cantine di un imponente palazzo del '500 si celebra la cucina regionale, che trova la propria massima espressione nella chitarra con tartufo e zafferano.

Specialità: Sagna(pasta tipica) con ricotta, prosciutto e pepe rosa. Coscio d'agnello marinato al vino ed erbe di montagna. Straccetto di agnello fritto con aptate e verdure.

Menu 30/40 € – Carta 28/43 €

piazza Umberto I 13 – ℰ 0864 41139 – Chiuso lunedì, martedì, domenica sera

PACHINO – Siracusa → Vedere Sicilia

PADENGHE SUL GARDA
✉ 25080 – Brescia (BS) – Carta regionale n° **9**–D1 – Carta stradale Michelin 561-F13

sulla strada statale Gardesana Est : 1 km

ⅢO **Aquariva** 🏖 🛋 ⚐ 🅰🅲 ♻ 🅿

TRADIZIONALE · DI TENDENZA XX In riva al lago, totale ristrutturazione per questo locale dotato di una bellissima terrazza affacciata sul porticciolo; il menu suggerisce piatti gourmet principalmente di mare, possibilmente accompagnati da una flûte dalla mirabile selezione di champagne.

Menu 55 € (pranzo), 65/80 € – Carta 70/90 €

via Marconi 57 – ℰ 030 990 8899 – www.aquariva.it

ⅢO **Il Rivale - L'Osteria di Palazzo** 🛋 ⚐ 🅰🅲 ♻ 🅿

MEDITERRANEA · ACCOGLIENTE XX Cucina mediterranea in un locale accogliente distribuito su diversi ambienti, un "plus" la saletta in cantina con tante bottiglie a fare da arredo; ampio dehors con vista lago e curato giardino.

Menu 40 € (pranzo), 50/70 € – Carta 40/80 €

Hotel Splendido Bay, via Marconi 93 – ℰ 030 990 8306 – www.ilrivale.it

🏨 **Splendido Bay** 🏊 ← ⚐ 🛠 🖼 🕸 🏵 🛁 🍽 ⚐ 🅰🅲 🎿 🅿

SPA E WELLNESS · ELEGANTE Con ampio giardino digradante verso il lago, dove godersi attimi di relax a bordo piscina, lo Splendido Bay dispone di camere dal design contemporaneo e alcune con patio privato. Ottima Spa e una nuova area lounge.

67 camere 🍽 – ♟ 180/650 € – 9 suites

via Marconi 99 – ℰ 030 207 7731 – www.splendidobay.com

ⅢO Il Rivale - L'Osteria di Palazzo – Vedere selezione ristoranti

PADERNO – Treviso → Vedere Ponzano Veneto

PADERNO DEL GRAPPA

⊠ 31017 – Treviso (TV) – Carta regionale n° **23**–B2 – Carta stradale Michelin 562-E17

⑩ Osteria Bellavista 🛋 AC P

CONTEMPORANEA · FAMILIARE ⅹ Ottima osteria di moderna concezione dalla calda accoglienza familiare. La cucina asseconda l'estro, il mercato e le tradizioni, orientandosi equamente su carne e pesce.

Carta 45/60 €

via Piovega 30, località Farra – 𝒞 0423 949329 – Chiuso 17 febbraio-4 marzo, 20 agosto-3 settembre, mercoledì

PADOVA

⊠ 35122 – Padova (PD) – Carta regionale n° **23**–C3 – Carta stradale Michelin 562-F17

⑩ Belle Parti AC 🔄

CLASSICA · ROMANTICO ⅹⅹ In un grazioso vicolo porticato del centro - in un ambiente caldamente intimo con quadri alle pareti, specchi e boiserie - il menu si accorda con le stagioni, proponendo una rassegna di gustosi piatti di carne e di pesce.

Carta 50/95 €

via Belle Parti 11 – 𝒞 049 875 1822 – www.ristorantebelleparti.it – Chiuso domenica

⑩ Tola Rasa 🛋 & AC 🔄

MODERNA · DESIGN ⅹⅹ Lo chef rivisita con successo i classici della tradizione italiana in questo ristorante dal design elegante ed essenziale, con annessa enoteca e stuzzichini al piano terra. Per vederlo all'opera prenotate un tavolo di fronte alla cucina!

Menu 23 € (pranzo)/67 € – Carta 47/85 €

via Vicenza 7 – 𝒞 049 723032 – www.tolarasa.it – Chiuso martedì, mercoledì a mezzogiorno

⑩ 19.94 ⓝ & AC P

CREATIVA · CONTESTO CONTEMPORANEO ⅹⅹ Una nuova realtà cittadina sorta dal connubio tra la passione di un imprenditore vinicolo friulano e la professionalità di uno chef già segnalato nella nostra guida in passato. Ambiente moderno e contemporaneo, per una cucina che vuole imporsi con accostamenti intriganti ed una particolare attenzione al mare. Lasciatevi guidare dai percorsi degustazione e non rimarrete delusi. La bella selezione enoica farà da contorno a scelte per tutti i gusti.

Menu 30 € (pranzo), 60/85 € – Carta 44/80 €

via Sette Martiri 170 – 𝒞 049 645 3754 – www.ristorante1994.it – Chiuso 20 agosto-10 settembre, martedì, domenica sera

⑩ Fuel 🛋 & AC

CREATIVA · AMBIENTE CLASSICO ⅹⅹ Affacciato sulla piazza più grande d'Italia, se alla tradizione preferite una sferzata creativa ecco l'indirizzo che vi darà la giusta benzina. C'è qualche richiamo alla cucina veneta, ma i piatti escono dal consueto e propongono accostamenti inediti e presentazioni ricercate.

Carta 43/75 €

Prato della Valle 4/5 – 𝒞 049 662429 – www.fuelristorante.com – Chiuso martedì a mezzogiorno, domenica sera

PAESTUM

⊠ 84047 – Salerno (SA) – Carta regionale n° **4**–C3 – Carta stradale Michelin 564-F27

⑩ Tre Olivi 🥢 🔄 🍽 🛋 AC P

MODERNA · ELEGANTE ⅹⅹⅹ All'interno dell'albergo Savoy Beach, si cena in una delle più eleganti sale della zona, che rilegge in chiave contemporanea il tema dell'ulivo. In una delle aree di produzione più vocate, la carta dedica ampio spazio a diversi prodotti di bufala, dalla carne alla mozzarella, oltre alle tipiche proposte campane.

Menu 55/80 € – Carta 45/85 €

Hotel Savoy Beach, via Poseidonia 41 – 𝒞 0828720100 – www.treolivi.com – Chiuso 1 novembre-29 febbraio, lunedì-venerdì a mezzogiorno

ⅱ◯ Brezza Marina   ⛩ & AC P

CAMPANA · COLORATO XX Sarà una coppia di fratelli ad accogliervi in questo piacevole locale dove già la carta s'impone con una spiccata personalità: paste, dessert ed
antipasti che - in realtà - valgono anche come piatti principali, mentre la maggior parte
delle verdure provengono dal proprio orto. Cocktail bar Charlie Brown per il dopocena.

Menu 40€ – Carta 28/60€

*via F. Gregorio 42 – ℰ 0828 851017 – Chiuso 15 novembre-1 marzo, lunedì-martedì a
mezzogiorno, mercoledì, giovedì-venerdì a mezzogiorno*

ⅱ◯ Da Nonna Sceppa   ⛩ AC P

REGIONALE · AMBIENTE CLASSICO XX Fondata negli anni '60 da nonna Giu-
seppa, la trattoria è diventata oggi ristorante, ma la conduzione è sempre nelle
mani della stessa famiglia: nipoti e pronipoti si dividono tra sala e cucina dove la
mano è da sempre femminile. Ricette del Cilento nel menu, che cambia quotidianamente. Pizzeria solo la sera.

Carta 40/60€

*via Laura 45 – ℰ 0828 851064 – www.nonnasceppa.com – Chiuso giovedì, anche la
sera da novembre ad aprile*

🏨 Oleandri Resort   ⛩ ⌂ ⟨ ⛩ ⌂ ⌂ AC ⚘ P

TRADIZIONALE · ELEGANTE Raffinata struttura immersa nel verde con grande
piscina, ottime camere con ceramiche vietresi e appartamenti con cucina; al ristorante grande attenzione al vino. Attraversata una pineta, si arriva alla spiaggia
dove abbondano gli spazi. Particolarmente adatto per le famiglie, Oleandri Resort
dispone - tra l'altro - di una villa dedicata ai bambini.

76 camere – †† 70/240€ – ⌑ 10€

*via Poseidonia 177 – ℰ 0828 851876 – www.oleandriresort.com –
Chiuso 1 novembre-1 aprile*

a Capaccio Est: 9 km – Carta regionale n° **4**-C3

✿ Osteria Arbustico (Cristian Torsiello)   ⇦ ⌂ AC P

MODERNA · ELEGANTE XXX All'interno dell'hotel Royal, in una bianca e luminosa
sala dell'eleganza contemporanea, i due fratelli Torsiello - uno in cucina, l'altro in
sala - deliziano i clienti con una cucina originale e raffinata, che parte spesso dai
prodotti del territorio campano per arrivare a creazioni di grande livello, a volte
da applauso. Si scorge - ovunque - pulizia ed essenzialità: una semplicità tuttavia
solo apparente e dietro alla quale c'è l'immenso lavoro tecnico del cuoco. Il piatto
iconico dello chef è "Caccia all'anatra", ma gli ispettori consigliano di soffermarsi
su uno dei tanti menu dai titoli accattivanti: radici, interazioni, naturae...

Specialità: Ricciola in salsa di pistacchi, estratto di erbe e crostino al tartufo. Spaghettino allo zafferano. Ricotta e pere.

Menu 55/85€ – Carta 50/70€

*via Francesco Gregorio 40 – ℰ 0828 851525 – www.osteriaarbustico.it –
Chiuso 7-21 gennaio, martedì a mezzogiorno, mercoledì, giovedì-venerdì a
mezzogiorno, domenica sera*

sulla strada statale 166 Nord - Est: 7,5 km

✿ Le Trabe   ⛩ ⌂ ⛩ AC P

CAMPANA · CONTESTO STORICO XXX Non lontano dal paese, ma già in un
contesto bucolico, il ristorante occupa un mulino ottocentesco, oggi ristrutturato
e trasformato in elegante ristorante con tocchi rustici come il bel pavimento in
cotto. Nel vasto e straordinario giardino c'è ancora il canale, che, all'inizio del
Novecento, servì un'altra funzione che assunse all'epoca dell'edificio: centrale idroelettrica. La storia gastronomica di oggi vi viene raccontata dal cuoco di Napoli,
nella cui cucina emergono tutto il cuore e la passione della città. Sono spesso le
ricette più popolari e tradizionali, e quindi anche più gustose, che troverete in
carta, e sulle quali lo chef lavora selezionando i migliori prodotti.

Specialità: Caglio di bufala, ricci di mare e pane alle alghe. Pollo croccante. Torta al pomodoro.

Menu 65/85 € – Carta 66/94 €

via Capodifiume 4 – 𝒞 0828 724165 –
www.letrabe.it – Chiuso 22 dicembre-14 febbraio, lunedì, martedì-venerdì a mezzogiorno, domenica sera

PALAU – Olbia-Tempio → Vedere Sardegna

PALAZZAGO

✉ 24030 – Bergamo (BG) – Carta regionale n° **10**–C1 – Carta stradale Michelin 561-E10

🕲 Osteria Burligo

REGIONALE · SEMPLICE ⅹ Semplice esercizio fuori porta dalla vivace gestione familiare, che propone piatti genuini e gustosi come l'orzotto con asparagi dell'Albenza o la gallina bollita di Barzana con salsa verde. Terrazza estiva.

Specialità: Antipasto di carciofi e uova. Coniglio al rosmarino. Torta di nocciola e cioccolato.

Carta 25/35 €

località Burligo 12 – 𝒞 035 550456 –
Chiuso 1-15 settembre, lunedì, martedì, mercoledì-sabato a mezzogiorno

PALAZZOLO ACREIDE – Siracusa → Vedere Sicilia

PALAZZOLO SULL'OGLIO

✉ 25036 – Brescia (BS) – Carta regionale n° **10**–D2 – Carta stradale Michelin 561-F11

ⅱ◯ La Corte

MEDITERRANEA · ROMANTICO ⅹⅹ Profuma di Mediterraneo la cucina di questo bel ristorante che alterna piatti di carne e pesce; stagionale nella scelta dei prodotti. Una visita nella fornitissima cantina è vivamente consigliata!

Menu 18 € (pranzo)/50 € – Carta 31/68 €

via San Pancrazio 41 – 𝒞 030 740 2136 –
www.ilristorantelacorte.it – Chiuso 8-17 gennaio, 12-28 agosto, lunedì, sabato a mezzogiorno, domenica sera

ⅱ◯ Osteria della Villetta

LOMBARDA · VINTAGE ⅹ Da oltre cent'anni baluardo della tradizione bresciana, arredi liberty e atmosfera retrò sono il contorno di gustosi piatti del territorio: tutti conditi da una genuina ospitalità familiare: ora alla quarta generazione!

Carta 30/46 €

via Marconi 104 – 𝒞 030 740 1899 –
www.osteriadellavilletta.it – Chiuso 5 agosto-5 settembre, 31 dicembre-7 gennaio, lunedì, martedì-mercoledì sera, domenica

PALERMO – Palermo → Vedere Sicilia

PALINURO
✉ 84064 – Salerno (SA) – Carta regionale n° **4**–D3 – Carta stradale Michelin 564-G27

🏵 **Da Carmelo** ⬅ 🏡 AC P
PESCE E FRUTTI DI MARE · **ACCOGLIENTE** XX Al confine della località, lungo la statale per Camerota, il ristorante propone una gustosa cucina di mare, basata su ottime materie prime, il meglio di giornata che nonostante ci sia la carta, viene giustamente spiegato e raccontato a voce dalla signora Adele. Nell'aprile 2019 è stata inaugurata la sala interna: look elegante e nuove emozioni per il palato!
Specialità: Antipasto cilentano. Spaghetto alla Carmelo. Crema al mascarpone con amaretto.
Menu 25€ (pranzo), 35/60€ – Carta 35/50€
località Isca – ☎ 340 657 7876 –
www.ristorantebebdacarmelo.it – Chiuso 4 novembre-1 marzo

PALLANZA – Verbano-Cusio-Ossola → Vedere Verbania

PALMI
✉ 89015 – Reggio di Calabria (RC) – Carta regionale n° **3**–A3 –
Carta stradale Michelin 564-L29

🍴 **De Gustibus-Maurizio** & AC
PESCE E FRUTTI DI MARE · **ACCOGLIENTE** XX Nel grazioso centro storico di Palmi, non lontano dai mozzafiato belvedere sulla costa a strapiombo sul mare, il ristorante - di calorosa gestione familiare - è intimo e accogliente. Il pesce la fa da padrone; tra le specialità, le varie interpretazioni di crudo, nonché la struncatura: una pasta lunga qui interpretata con alici fresche.
Carta 35/70€
viale delle Rimembranze 58/60 – ☎ 0966 25069 – www.degustibuspalmi.it –
Chiuso 14-27 settembre, lunedì, domenica sera

PANICALE
✉ 06064 – Perugia (PG) – Carta regionale n° **20**–A2 – Carta stradale Michelin 563-M18

🍴 **Lillo Tatini** 🏡 🍽
REGIONALE · **RUSTICO** X Nel cuore di un borgo-castello di origini medioevali, caratteristici interni e piacevole dehors nella storica piazza; dalla cucina salumi locali, paste fresche, pesce di lago e tartufo (in stagione).
Menu 45/55€ – Carta 36/55€
piazza Umberto I 13-14 – ☎ 075 837771 – www.lillotatini.it – Chiuso 7 gennaio-1 marzo, lunedì

🏠 **Villa Rey**
CASA DI CAMPAGNA · **PERSONALIZZATO** Oasi di pace per questa country house distribuita su più strutture; interni dai confort moderni, ma il meglio si esprime - tempo permettendo - all'aperto, nel giardino e nella piscina. Ideale per relax o gite in mountan bike, il titolare avrà il piacere di mostrarvi simpatici percorsi.
6 camere ⌫ – 👫 140/280€
località Santa Maria Seconda 13 – ☎ 075 835 2286 – www.villarey.eu –
Chiuso 1 novembre-15 marzo

PANTELLERIA – Trapani → Vedere Sicilia (Pantelleria Isola di)

PANTIERE – Pesaro e Urbino → Vedere Urbino

PANZANO – Firenze → Vedere Greve in Chianti

PARADISO – Udine → Vedere Pocenia

a Rablà Ovest : 2 km

║○ **Hanswirt**   ⇦ 🏠 ♿ ✿ **P**

REGIONALE · **ROMANTICO** ✕✕ Ricavato all'interno di un antico maso, stazione di posta, un locale elegante e piacevole, dall'ambiente caldo e tipicamente tirolese. In menu, piatti di cucina contemporanea rivisitata in chiave moderna. Ampio e piacevole dehors per soste gourmet all'aperto.

Carta 45/65 €

Hotel Hanswirt, piazza Gerold 3 – ℰ 0473 967148 – www.hanswirt.com –
Chiuso 7 gennaio-27 marzo

║○ **Roessl**   ⇦ ⇐ 🏠 🏠 ♿ ✿ **P** 🚗

REGIONALE · **CONTESTO TRADIZIONALE** ✕✕ All'interno dell'omonimo e centrale hotel con comodo parcheggio privato, la cucina alterna piatti della tradizione ad altri più contemporanei e - soprattutto - di stagione, in un locale gettonatissimo anche dagli abitanti del posto. Atmosfera curata.

Carta 47/62 €

Hotel Rooesl, via Venosta 26 – ℰ 0473 967143 – www.roessl.com –
Chiuso 16 novembre-15 marzo

Sanny11/iStock

PARMA

✉ 43121 – Parma (PR) – Carta regionale n° **5**–A3 –
Carta stradale Michelin 562-H12

Ci piace

La fragrante cucina di pesce del ristorante **La Forchetta**.
L'atmosfera conviviale dell'**Osteria del 36** e il suo
straordinario gelato. Le paste fresche e la carne alla brace
di **Parma Rotta**. Il piacere di una gita fuori porta verso le
trattorie della prima campagna parmense, alla **Trattoria Ai
Due Platani.**

Dal 1973 si tosta il caffe' per moka ed espresso utilizzato
durante la giornata e accompagnato da pasticceria fresca e
da piccoli bocconcini salati fatti al momento presso la
Torrefazione Gallo. Pasticceria Dolceamaro per leccornie a
360°: caffè, pasticcini e torte fatti a regola d'arte, il salato
più sfizioso e i piatti della tradizione emiliana. Enoteca
Galvani, il regno di Bacco nelle sue molteplici declinazioni:
ottimi anche rhum, whisky e vodka.

A. Ciufo/Moment Open/Getty Images

Ristoranti

✿ **Parizzi** 🏵 ⴟ 🆔 ⟷

CREATIVA · ELEGANTE XxX L'ambiente innovativo, giovane e moderno gli è valso il soprannome di "osteria del futuro": ovvero un locale a tutto tondo, dove si può bere mangiare, conoscere gente, stare in compagnia. Un simbolo dell'eccellenza emiliana nel campo della ristorazione. La sala moderna e minimalista sembra voler eliminare distrazioni e preparare il palato all'incontro con la cucina di Marco, chef-patron. Vi troverete riferimenti parmigiani, ma anche tanta creatività, piatti di terra e di mare con un po' più di slancio per quest'ultimo. In sintesi: una cucina che si basa su un'accurata selezione delle materie prime, che presuppone un lavoro di ricerca dei migliori fornitori, ma – al tempo stesso – gustosa e leggera. Come moda impone.

Specialità: Asparagi, ricotta di bufala, cialda di quinoa e crema d'uovo. Bauletti di melanzane con concassé di pomodori e zenzero. Piccione in due cotture con salsa all'uva lambrusco.

Menu 50/75€ – Carta 52/70€

Pianta C2-h – *Parizzi Suites & Studio, strada della Repubblica 71 –* 𝒞 *0521 285952 – www.ristoranteparizzi.it – Chiuso 14-20 gennaio, 4-24 agosto, lunedì*

✿ **Inkiostro** (Terry Giacomello) ⴟ 🆔 ⟷ 🅿

CREATIVA · DESIGN XxX Aperto qualche anno fa proprio di fronte all'hotel Ink – sempre di proprietà delle sorelle Poli – le gentili signore hanno affidato la guida del loro angolo gourmet a Terry Giacomello: promotore della cucina molecolare in Italia, da lui appresa in Spagna. Locale dal design elegante-minimalista, la carta propone piatti incentrati su una materia prima di grande qualità trattata con intelligenza e rispetto in un twist creativo. Preparatevi, quindi, ad un viaggio attraverso gusti e consistenze provenienti da tutto il globo; Terry non mancherà d'incuriosire e stimolare i palati dei propri ospiti già dalle presentazioni: sempre inconsuete e mai scontate. Chi ama l'originalità e la ricerca di novità troverà qui la sua strada.

Specialità: Cuore di manzo marinato nella rapa rossa. Tagliolini di bianco d'uovo, il suo rosso, crema di parmigiano. Corteccia.

Menu 90/135€ – Carta 70/150€

Fuori pianta – *Hotel Link124, via San Leonardo 124 –* 𝒞 *0521 776047 – www.ristoranteinkiostro.it – Chiuso 1-3 gennaio, 9-23 agosto, sabato a mezzogiorno, domenica*

☺ **Osteria del 36** 🆔

EMILIANA · OSTERIA X La più antica osteria del centro, dal 1880 delizia cittadini e turisti in due salette semplici e conviviali. Cucina regionale, molti piatti sono preparati all'istante, dalle ottime paste ad un morbidissimo gelato alla crema. Specialità: petto d'anatra al lampone con tortino di parmigiano.

Specialità: Il tagliere di Parma. Piccione in doppia cottura con nocciole, lardo di conca, sedano rapa, salsa ai frutti di bosco e spinacino saltato. Gelato di crema di nostra produzione mantecato al momento.

Carta 30/45€

Pianta C1-m – *via Saffi 26/a –* 𝒞 *0521 287061 – www.osteriadel36.it – Chiuso 20 giugno-30 agosto, 23 dicembre-3 gennaio, domenica*

🍴 **Cocchi** 🏵 ⟸ 🆔 ⟷ 🅿

EMILIANA · FAMILIARE XX Annessa all'hotel Daniel, una gloria cittadina che, in due ambienti raccolti e rustici, propone la tipica cucina parmigiana con inserti di piatti e prodotti che seguono il succedersi delle stagioni; il tutto accompagnato da una ricercata lista dei vini.

Carta 30/60€

Pianta A1-a – *Hotel Daniel, via Gramsci 16/a –* 𝒞 *0521 981990 – www.ristorantecocchi.it – Chiuso 31 luglio-31 agosto, sabato*

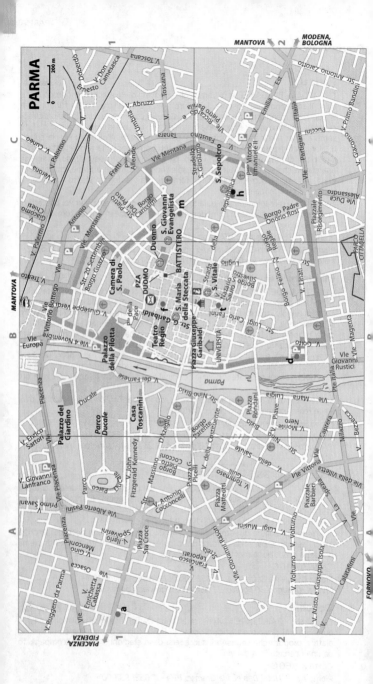

PARMA

Meltemi 🗊 ♿ AC

PESCE E FRUTTI DI MARE · DESIGN XX Un'isola di mare in una città tradizionalmente votata alla carne, il ristorante propone esclusivamente piatti di pesce, con
diverse proposte di crudo tra gli antipasti, in un gradevole ambiente dal design
moderno e accattivante.
Menu 15€ (pranzo)/50€ – Carta 40/85€
Pianta B2-t – *piazzale Carbone 3 – ☎ 0521 030814 – www.ristorantemeltemi.com –
Chiuso 14-24 gennaio, 10-27 agosto, lunedì a mezzogiorno, domenica*

Parma Rotta 🕸 🗊 ⇔ 🅿

GRIGLIA · CONTESTO TRADIZIONALE XX Il nome è quello attribuito al quartiere ai tempi in cui le piene del torrente Parma rompevano gli argini. All'interno
di una vecchia casa colonica, un labirinto di salette ospita una cucina che trova la
propria massima espressione nei dolci, in particolare le praline, nonché nelle specialità allo spiedo e alla brace rigorosamente di legna.
Carta 42/76€
Fuori pianta – *strada Langhirano 158 – ☎ 0521 966738 – www.parmarotta.com –
Chiuso 1-6 gennaio, lunedì, domenica*

Al Tramezzo 🕸 🗊 AC ⇔

MODERNA · AMBIENTE CLASSICO XX A fine 2016, Marta ha preso in mano le
redini dei fornelli dando un nuovo e tutto femminile slancio alla cucina di questo
solido ristorante, che pur rimanendo fedele alla tradizione locale non manca di
proporre anche ricette più creative.
Menu 60/70€ – Carta 45/78€
Fuori pianta – *via Del Bono 5/b – ☎ 0521 487906 – www.altramezzo.it –
Chiuso 23 giugno-7 luglio, domenica*

La Forchetta 🗊 AC

CLASSICA · SEMPLICE X Nel cuore del centro storico, un ambiente familiare
dove le tradizioni parmigiane convivono con il pesce: passione dello chef-patron,
siciliano di nascita, ma emiliano d'adozione!
Carta 35/60€
Pianta B1-f – *borgo San Biagio 6/d – ☎ 0521 208812 – www.laforchettaparma.it –
Chiuso martedì*

I Tri Siochètt 🗊 ♿ AC ⇔ 🅿

TRADIZIONALE · CASA DI CAMPAGNA X Appena fuori dall'agglomerato
urbano, già in aperta campagna, una bella casa colonica - colorata ed invitante -
ospita quest'antica trattoria, un tempo gestita da una sorella e due fratelli un po'
pazzerelli, i tri siochètt, oggi fucina di specialità gastronomiche locali per golosi
buongustai.
Menu 25/35€ – Carta 26/39€
Fuori pianta – *strada Farnese 74 (Sud-Ovest: 2 km) – ☎ 0521 968870 –
www.itrisiochett.it – Chiuso 12-26 agosto, 23-31 dicembre, domenica sera*

Alberghi

🏨 Link124 🏄 🛗 🧖 🎁 ♿ AC 🧗 🅿 🚗

BUSINESS · CONTEMPORANEO Non lontano dal casello autostradale, è un
albergo a vocazione business in un moderno edificio, di cui si apprezzeranno le
camere ottimamente insonorizzate, la sobrietà dei colori e la contemporaneità
degli arredi.
118 camere ⌧ – 👫 120/360€ – 2 suites
Fuori pianta – *via San Leonardo 124 – ☎ 0521 179 0330 – www.link124hotel.com*
❀ **Inkiostro** – Vedere selezione ristoranti

Parizzi Suites & Studio

TRADIZIONALE · CONTEMPORANEO Una soluzione residenziale che si adatta anche a soggiorni lunghi: dalle camere più piccole di 35 m² alla sontuosa stanza (n. 155) con soffitto affrescato, fino ad un moderno e romantico loft con ampia vasca idromassaggio in mansarda.

9 camere – ♦♦ 70/150 € – ⊆ 10 € – 4 suites

Pianta C2-h – *strada della Repubblica 71* – ℰ 0521 207032 – www.parizzisuite.com
✿ **Parizzi** – Vedere selezione ristoranti

a Castelnovo di Baganzola Nord : 6 km per viale Europa B1

ⅇ Le Viole

MODERNA · ACCOGLIENTE ✗✗ Cucina creativa in questo simpatico indirizzo alle porte di Parma, dove due dinamiche sorelle sapranno allettarvi prendendo semplicemente spunto dai prodotti di stagione.

Carta 32/41 €

Fuori pianta – *strada nuova di Castelnuovo 60/a* – ℰ 0521 601000 – www.trattorialevioleparma.com – *Chiuso 15 gennaio-3 febbraio, 15-30 agosto, lunedì, martedì*

a Coloreto Sud - Est : 4 km per viale Duca Alessandro C2 – Carta regionale n° **5**–A3

✿ Trattoria Ai Due Platani

EMILIANA · TRATTORIA ✗ Se amate la tradizione e quella straordinaria atmosfera delle trattorie di campagna, ai Due Platani ne troverete uno straordinario esempio: cucina emiliana dove spiccano i tortelli di zucca, le pappardelle ripiene di pecorino con ragù d'anatra e pinoli, il filetto di vitello con salsa tonnata vecchia maniera. Tutto memorabile!

Specialità: Tortelli di zucca. Filetto di vitello con salsa tonnata. Gelato alla vaniglia mantecato.

Menu 28/37 € – Carta 28/37 €

Fuori pianta – *via Budellungo 104/a* – ℰ 0521 645626 – *Chiuso 15 febbraio-4 marzo, 16 agosto-4 settembre, lunedì sera, martedì*

ⅇ La Maison du Gourmet 🄽

CONTEMPORANEA · CONTESTO TRADIZIONALE ✗✗ Alle porte della città, ma già in aperta campagna, una simpatica e giovane coppia si è affidata ad un bravo cuoco pugliese per realizzare il proprio sogno gastronomico. La sala principale è stata ricavata al primo piano: dove una volta c'era il fienile, ora arrivano piatti fantasiosi, talvolta con un'anima parmense, altre volte pugliese.

Carta 44/65 €

Fuori pianta – *Strada Budellungo 96* – ℰ 0521 645310 – www.lamaisondugourmet.it – *Chiuso 11-18 agosto, lunedì, martedì-giovedì a mezzogiorno*

a Gaione Sud - Ovest : 5 km per via della Villetta A2 – Carta regionale n° **5**–B1

✿ Trattoria Antichi Sapori

EMILIANA · TRATTORIA ✗✗ Qualche chilometro fuori dalla città, ma già in aperta campagna, qui troverete la classica trattoria parmense, atmosfera semplice ma calorosa e familiare, e soprattutto un'ottima cucina incentrata sulle specialità del territorio; le paste ripiene e la punta di vitello sono alcuni dei piatti che ci sono piaciuti di più.

Specialità: delizie di Parma (salumi misti). tortelli d erbetta. sfere di cioccolato al frutto della passione.

Menu 20/30 € – Carta 29/35 €

Fuori pianta – *via Montanara 318* – ℰ 0521 648165 – www.trattoria-antichisapori.com – *Chiuso 8-15 gennaio, 5-20 agosto, martedì*

PASIANO DI PORDENONE

⊠ 33087 – Pordenone (PN) – Carta stradale Michelin 562-E19

a Rivarotta Ovest : 6 km – Carta regionale n° **6**–A3

🏠 Villa Luppis 　　　　🏠 🐾 🛌 🏊 🎴 ⛳ 🛗 🗚 🛄 🅿

LUSSO · PERSONALIZZATO Storia e raffinatezza negli antichi ambienti di un convento dell'XI secolo circondato da un ampio parco con giardino all'italiana, piscina e campi da tennis. Al ristorante Lupus in Tabula, le due linee gastronomiche s'intrecciano tra modernismi e tradizione.

31 camere ⌸ – 👫 90/175 € – 11 suites

via San Martino 34 – 𝒞 0434 626969 – www.villaluppis.it

PASSIGNANO SUL TRASIMENO

⊠ 06065 – Perugia (PG) – Carta regionale n° **20**–A2 – Carta stradale Michelin 563-M18

🍴 Il Fischio del Merlo 　　　　　🛌 🏠 🗚 🛄 🅿

PESCE E FRUTTI DI MARE · INTIMO 🗙🗙 Il lago non è distante, ma qui a farla da padrone è il pesce di mare, oltre a qualche proposta regionale di carne; tavoli in ceramica di Deruta nello spazio esterno, degna di nota anche la bella cantina (visitabile).

Carta 45/90 €

località Calcinaio 17/A – 𝒞 075 829283 – www.ilfischiodelmerlo.it –
Chiuso 5-25 novembre, lunedì a mezzogiorno, martedì, mercoledì a mezzogiorno

🍴 Il Molo 🆕 　　　　　　　　　　　🏠 🛄

CONTEMPORANEA · ACCOGLIENTE 🗙🗙 Sul lungolago fronte molo degli imbarchi, ristorante a conduzione familiare che con l'arrivo della seconda generazione ha rinnovato l'amore per la buona tavola: piatti che parlano di lago, mare e terra in forma contemporanea ed accattivante.

Menu 45/60 € – Carta 37/60 €

Via Aganor Pompili 9 – 𝒞 075 827151 – www.ristoranteilmolo.com –
Chiuso 9-23 novembre, lunedì

PASTRENGO

⊠ 37010 – Verona (VR) – Carta regionale n° **23**–A3 – Carta stradale Michelin 561-F14

🍴 Stella d'Italia 　　　　　　　🦋 ⟵ 🏠 🍽

REGIONALE · ELEGANTE 🗙🗙🗙 Locale storico, aprì nel 1875, l'attuale gestione è qui dal 1962. In ambienti caldi ed eleganti, si mangia la tradizionale cucina del territorio: le lumache sono una delle specialità. Bel servizio in giardino con vista su uno scorcio di lago.

Carta 35/62 €

piazza Carlo Alberto 25 – 𝒞 045 717 0034 – www.stelladitalia.it – Chiuso mercoledì,
domenica sera

a Piovezzano Nord : 1, 5 km – Carta regionale n° **23**–A3

😊 Eva 　　　　　　　　　　　　🏠 🛄 🅿

REGIONALE · SEMPLICE 🗙 La stessa famiglia gestisce il locale dal 1972, clientela locale e fedele, specialità esposte a voce. Tra le specialità, i tortellini farciti di carne, in brodo o asciutti, insieme al carrello dei bolliti.

Specialità: Antipasto di pesce. Carrello di arrosto e bolliti con salse. Semifreddo all'amaretto con cioccolato.

Menu 19/26 € – Carta 19/26 €

via Due Porte 43 – 𝒞 045 717 0110 – www.ristoranteeva.com – Chiuso 9-16 agosto,
30 dicembre-5 gennaio, martedì sera, domenica sera

PAVIA

✉ 27100 – Pavia (PV) – Carta regionale n° **9**–A3 – Carta stradale Michelin 561-G9

🍴○ **Antica Osteria del Previ** A/C

REGIONALE · CONVIVIALE ✗ Sede di una locanda fin dal 1860 nel vecchio borgo di Pavia - lungo il Ticino - un piacevole e curato locale con specialità tipiche della cucina lombarda; travi in legno, focolare, aria d'altri tempi.

Menu 20/35 € – Carta 26/46 €

via Milazzo 65, località Borgo Ticino – ℰ 0382 26203 –
www.anticaosteriadelprevi.com – Chiuso 16 agosto-12 settembre,
27 dicembre-5 gennaio, domenica sera

PAVONE CANAVESE

✉ 10018 – Torino (TO) – Carta regionale n° **12**–B2 – Carta stradale Michelin 561-F5

🏛 **Castello di Pavone** 🌳 🦢 ⟨ 🛏 🖢 **P**

DIMORA STORICA · ORIGINALE Ricchi interni sapientemente conservati, saloni affrescati ed una splendida corte: una struttura storica e di sicuro fascino, dove si respira ancora una fiabesca e pulsante atmosfera medievale. Squisita cucina del territorio nelle romantiche sale del ristorante.

27 camere ⌷ – ♦♦ 135/165 €

via Dietro Castello – ℰ 0125 672111 – www.castellodipavone.com – Chiuso 26 dicembre

PEDEMONTE – Verona → Vedere San Pietro in Cariano

PEGLI – Genova → Vedere Genova

PELLA

✉ 28010 – Novara (NO) – Carta regionale n° **13**–A2

🏠 **Casa Fantini** 🆕 🌳 ⟨ 🛏 🍴 🖢 🖢 🖧 A/C 🖢 **P**

LUSSO · BORDO LAGO Una casa dal design raffinato e curato, comodamente situata a bordo lago, sul quale la vista si affaccia da ogni camera. Altrettanto panoramici gli scorci dalla pedana del Blu Lago Cafè, che si offrono ai suoi ospiti nella loro onirica bellezza.

9 camere ⌷ – ♦♦ 360/575 € – 2 suites

piazza Motta, ang. via Roma – ℰ 0322 969893 – www.casafantinilaketime.com –
Chiuso 4 novembre-15 marzo

PELLIO INTELVI

✉ 22020 – Como (CO) – Carta regionale n° **9**–A2

🍴○ **La Locanda del Notaio** 🛏 🖧 🖢 **P**

CREATIVA · CASA DI CAMPAGNA ✗✗ Locale elegante dalla calda atmosfera impreziosita dal camino centrale. Marco, il giovane e nuovo chef, completa l'esperienza con piatti moderni, eleganti ed equilibrati. Si valorizza la stagione, il territorio e non solo: nella regione dei laghi, a due passi dalla Svizzera, sarete sorpresi da fragranti specialità di mare ed – immancabile - qualche prodotto ittico d'acqua dolce.

Menu 70/110 € – Carta 68/80 €

Hotel La Locanda del Notaio, piano delle Noci 42 – ℰ 031 842 7016 –
www.lalocandadelnotaio.com – Chiuso 1 gennaio-20 marzo, lunedì, martedì a
mezzogiorno

🏠 **La Locanda del Notaio** 🦢 🛏 🖢 🖧 **P**

FAMILIARE · PERSONALIZZATO Villa dell'Ottocento che in passato fu locanda e oggi è una risorsa arredata con grande cura. Belle camere in legno personalizzate; giardino con laghetto d'acqua sorgiva.

18 camere ⌷ – ♦♦ 90/180 € – 2 suites

piano delle Noci 42 – ℰ 031 842 7016 – www.lalocandadelnotaio.com –
Chiuso 1 gennaio-20 marzo

🍴○ **La Locanda del Notaio** – Vedere selezione ristoranti

PENANGO

⊠ 14030 – Asti (AT) – Carta stradale Michelin 561-G6

a Cioccaro Est : 3 km – Carta regionale n° **12**-C2

⚜ **Locanda del Sant'Uffizio-Enrico Bartolini**

⅋ ⪕ ⌂ ᠔ 🅰🅲 🅿

MODERNA · ELEGANTE ✕✕✕ Ad illuminare la provincia ci pensa anche l'uomo con più stelle d'Italia, Enrico Bartolini, grazie all'affermazione di questa storica locanda supervisionata da Gabriele Boffa: «Enrico mi ha dato tutti gli strumenti perché ogni cosa giri nella maniera corretta, insegnandomi come l'unica direzione possibile nella sostenibilità alimentare sia legata a prodotti freschi, tipici e stagionali». Due sale, una all'interno di una limonaia e un'altra dove le vestigia del palazzo storico sono abbinate a decorazioni più contemporanee, ospitano una cucina di chiara marca piemontese con citazioni nostalgiche e "commoventi" per gli amanti di questo territorio. Eccellenti prodotti, esecuzioni precise ed impeccabili, una citazione a parte per il pane: strepitoso!

Specialità: Filetto alla Torrengo. Agnolotti del plin tradizionali integrali. Dessert alle fragole.

Menu 70/95€ – Carta 60/90€

Relais Sant'Uffizio, strada Sant'Uffizio 1 – ℰ 0141 916292 –
www.relaissantuffizio.com –
Chiuso 6 gennaio-31 marzo, 8-28 dicembre, lunedì a mezzogiorno, martedì,
mercoledì-venerdì a mezzogiorno

🏠 **Relais Sant'Uffizio**

 ✕ ⪘ ⪕ ⌂ 🛏 🖵 �♨ 🛁 ᠔ 🅰🅲 🕯 🅿

LUSSO · ACCOGLIENTE Nel cuore del Monferrato, all'interno di un parco con piscina, un edificio cinquecentesco - sede dell'inquisitore Domenicano di Casale - è stato convertito in struttura di lusso con belle camere personalizzate e un modernissimo centro benessere. Nuove stanze nella struttura che un tempo ospitava le scuderie.

50 camere ⌑ – ♙ 130/400€ – 4 suites
strada Sant'Uffizio 1 – ℰ 0141 916292 –
www.relaissantuffizio.com –
Chiuso 6 gennaio-31 marzo, 8-28 dicembre

⚜ **Locanda del Sant'Uffizio-Enrico Bartolini** – Vedere selezione ristoranti

PENNABILLI

⊠ 47864 – Rimini (RN) – Carta regionale n° **5**-D3 – Carta stradale Michelin 563-K18

⚜ **Il Piastrino** (Riccardo Agostini)

⅋ 🚗 ᠔ 🅿

MODERNA · CONTESTO TRADIZIONALE ✕✕ Se non vi trovate già in zona, preventivate del tempo per arrivare al ristorante, distante dalle grandi strade di comunicazione, ma immerso in un piacevole paesaggio collinare. Troverete un casolare settecentesco in pietra, disposto su diverse sale (una particolarmente romantica con camino!), ma soprattutto un'ottima cucina fantasiosa ed elaborata, che non vi farà rimpiangere la strada fatta. La stagionalità e i prodotti della montagna sono i protagonisti di molti piatti con accompagnamenti studiati e poche frivolezze. E' qui che si viene se s vuole gustare quelle pietanze che – ormai – a casa nessun cucina più (pesci di fiume, cacciagione, animali da cortile...). Per chi volesse prolungare la sosta - ora - vi sono anche delle suite molto accoglienti nel cuore del piccolo borgo.

Specialità: Animella, pecorino, bietola e fave. Cappelletto primo sale, brodo di prosciutto e storione. Cocco, sedano rapa e cioccolato bianco.

Menu 45/95€ – Carta 65/85€

via Parco Begni 9 – ℰ 0541 928106 –
www.piastrino.it –
Chiuso 1-15 settembre, martedì, mercoledì

PERGINE VALSUGANA

✉ 38057 – Trento (TN) – Carta regionale n° **19**-B3 – Carta stradale Michelin 562-D15

⌾ Osteria Storica Morelli   P

REGIONALE · **VINTAGE** ⅹ Una cucina che prende spunto dalla regione e che si esprime in un'accorta selezione delle materie prime, a cui si aggiunge un interessante rapporto qualità/prezzo. Specialità: gnocchi di polenta con ragù di salsiccia - "Rosada" (antico budino trentino).

Specialità: Variazione dei nostri salumi fatti in casa e la nostra giardiniera e sott' olii. Salmerino della Val di Fiemme, affumicato caldo, con contorno di stagione, salsa rafano e mele. La Rosada al miele di cirmolo (antico budino fatto in casa).

Menu 30/35 € – Carta 28/35 €

piazza Petrini 1, località Canezza di Pergine – ☏ 0461 509504 – www.osteriastoricamorelli.it – Chiuso 20 gennaio-2 febbraio, 22 giugno-9 luglio, lunedì, martedì-venerdì a mezzogiorno

ⅲ○ Castel Pergine   🕉 ⇦ ≤ 🏠 P

REGIONALE · **ROMANTICO** ⅹⅹ Cucina creativa e fantasiosa con utilizzo di prodotti trentini e del sud Italia grazie alle proposte del nuovo chef Alfonso Aquino, allievo di Oliver Glowig e di Giuseppe Stanzione. Il Castello ospita anche un hotel con camere suggestive, nonché tre torri in posizione panoramica.

Menu 45/60 € – Carta 40/60 €

via al Castello 10 – ☏ 0461 531158 – www.castelpergine.it – Chiuso 1 gennaio-6 aprile, 5-30 novembre

PERUGIA

✉ 06121 – Perugia (PG) – Carta regionale n° **20**-B2 – Carta stradale Michelin 563-M19

ⅲ○ Antica Trattoria San Lorenzo   AC 🔄

CREATIVA · **INTIMO** ⅹⅹ In pieno centro, locale accogliente dai toni raffinati dove tutto ruota attorno alla personalità dello chef-titolare. Il suo estro è visibile nelle varie proposte moderne - tra carne e pesce - nonché in alcune citazioni del territorio.

Menu 29 € (pranzo), 60/100 € – Carta 38/100 €

piazza Danti 19/A – ☏ 075 572 1956 – www.anticatrattoriasanlorenzo.com – Chiuso domenica

ⅲ○ Gradale   🕉 🏠 AC P

CLASSICA · **DI TENDENZA** ⅹⅹ Nell'affascinante contesto storico con bella terrazza per il servizio estivo, il locale veste un'immagine minimalista ed informale, cucina legata al territorio con piccole rivisitazioni.

Carta 31/62 €

Hotel Castello di Monterone, strada Montevile 3 – ☏ 075 572 4214 – www.ristorantegradale.com – Chiuso 7 gennaio-4 febbraio

ⅲ○ L'Officina   🕉 AC

CREATIVA · **FAMILIARE** ⅹ In quella che fu un'officina di bilance di precisione (da cui il nome!), dal 2006 la chef-titolare con altrettanta precisione propone curati piatti con prodotti stagionali. A pranzo - senza rinunciare - alla qualità, la proposta si sposta all'Emporio con scelta più semplice e immediata.

Menu 12 € (pranzo), 25/40 € – Carta 28/50 €

Borgo XX Giugno 56 – ☏ 075 572 1699 – www.l-officina.net – Chiuso 5-26 agosto, sabato a mezzogiorno, domenica

😊😊😊, 😊😊, 😊, ⌾ & ⅲ○

🏠 Castello di Monterone

DIMORA STORICA · ORIGINALE Lungo l'ultimo tratto dell'antica via regalis che conduce da Roma a Perugia, un piccolo ed incantevole castello ottocentesco per immergersi in una fiaba medioevale. Camere monastiche per semplicità, ma dagli arredi in stile, scegliete le migliori tra quelle che si affacciano sulla vallata e le poche con affreschi medievali.

18 camere 🛏 – 👫 120/350 €

strada Montevile 3 – ☎ 075 572 4214 – www.castellomonterone.com – Chiuso 7 gennaio-4 febbraio

🍴 **Gradale** – Vedere selezione ristoranti

a Casaglia Ovest : 4 km per Firenze

🍴 Stella

DEL TERRITORIO · FAMILIARE 🍴 Un'intraprendente coppia ha fatto crescere con cura e passione il locale dei genitori di lei, proponendo una cucina che valorizza i prodotti del territorio, nonché i vini: quelli naturali tra i preferiti. Camere personalizzate dal piacevole design.

Carta 26/45 €

via dei Narcisi 47/a – ☎ 075 692 0002 – www.stellaperugia.it – Chiuso 7-16 gennaio, 2-20 agosto, lunedì a mezzogiorno, martedì, mercoledì-sabato a mezzogiorno, domenica sera

a Montepetriolo Sud - Ovest : 19 km per Firenze – Carta regionale n° **20**-B2

🏠 Borgo dei Conti Resort

LUSSO · PERSONALIZZATO Abbracciato da un bosco secolare, un antico borgo composto da una dimora padronale, vari complessi abitativi e la chiesa d'ispirazione barocca è diventato un lussuoso resort: piacevole zona benessere e luminoso ristorante La Limonaia per finire in bellezza la giornata.

42 camere 🛏 – 👫 280/450 € – 7 suites

strada Montepetrolio 26 – ☎ 075 600338 – www.borgodeicontiresort.com – Chiuso 3-31 gennaio, 9-28 dicembre

a Ponte San Giovanni Sud - Est : 7 km per Torgiano

🍴 La Forchetta Bistrot

CREATIVA · BISTRÒ 🍴🍴 Una cucina contemporanea eseguita con buone materie prime, equilibrio e precisione, tra gli accoglienti spazi di un moderno bistrot. Il servizio attento e la cordialità dei titolari costituiscono un piacevole plus.

Carta 45/70 €

Via Ponte Vecchio 60 – ☎ 075 395009 – www.laforchettabistrot.it – Chiuso lunedì, martedì-sabato a mezzogiorno, domenica sera

PESARO

✉ 61121 – Pesaro e Urbino (PU) – Carta regionale n° **11**-B1 – Carta stradale Michelin 563-K20

⁂ Nostrano (Stefano Ciotti)

CREATIVA · CONTESTO CONTEMPORANEO 🍴🍴 Una bella gavetta quella di Stefano Ciotti, che lo ha portato al fianco - o meglio ai fornelli! - d'illustri maestri quali Angelini, Cammerucci, nonché Don Alfonso a S. Agata sui Due Golfi, dove il giovane chef si è impadronito della profumatissima e colorata cucina del sud. A pochi metri dalla celebre scultura a sfera di A. Pomodoro, c'è ora il suo accogliente locale dalle cui vetrate si intravede uno scorcio di distesa blu: mare, i cui prodotti rientreranno poi armoniosi e leggeri nelle varie proposte gastronomiche di Stefano. La carta - tuttavia - elargisce anche qualche variazione al tema, con piatti di terra. Eccellente la proposta enoica che percorre tutto lo Stivale, spaziando anche in Francia e Slovenia.

Specialità: Risotto Verdicchio e pecorino, piselli, burro al cioccolato bianco e noci. Sogliola alla mugnaia di rabarbaro, flan di erbe di campo. Gelato alla moretta fanese, panna al caffè e maritozzo caramellato.

Menu 60/110 € – Carta 60/95 €

piazzale della Libertà 7 – ℰ 0721 639813 – www.nostranoristorante.it –
Chiuso 3-20 novembre, martedì, mercoledì

🍽️ Lo Scudiero

MODERNA · **ELEGANTE** 🟨🟨🟨 Nei suggestivi sotterranei di un palazzo cinquecentesco - in realtà le sue antiche scuderie - al timone della cucina c'è una giovane coppia di amici d'infanzia che propongono piatti creativi quasi esclusivamente di pesce. Gli appassionati di vino chiederanno di visitare la splendida cantina.

Menu 32/90 € – Carta 44/92 €

via Baldassini 2 – ℰ 0721 165 1804 – www.ristorantescudiero.it – Chiuso 2-12 gennaio,
lunedì-giovedì a mezzogiorno

🍽️ Gibas

PESCE E FRUTTI DI MARE · **ACCOGLIENTE** 🟨🟨 Lungo la strada che partendo dalla città va verso nord, locale moderno in posizione panoramica sul mare, da godersi appieno - in estate - sulla pedana all'aperto. Cucina prevalentemente di pesce d'impronta contemporanea.

Menu 28/38 € – Carta 34/77 €

strada Panoramica Adriatica – ℰ 0721 405344 – www.gibasristorante.it –
Chiuso mercoledì

🏨 Alexander Museum Palace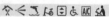

TRADIZIONALE · **PERSONALIZZATO** Albergo-museo dove ogni stanza è unica, in quanto concepita e arredata da artisti contemporanei, per vivere l'arte in maniera insolita. Questa piacevole atmosfera non risparmia le aree comuni impreziosite da opere di Chia, Pomodoro, Palladini ed altri ancora; terrazza solarium affacciata sul mare.

63 camere 🔄 – 🛏️ 85/260 € – 4 suites

viale Trieste 20 – ℰ 0721 34441 – www.alexandermuseum.it

🏨 Vittoria

STORICO · **ELEGANTE** Locale storico, chi ama l'hotellerie più classica qui ne troverà un perfetto esempio, tra parquet cerati e tappeti persiani, arredi in stile e bagni in marmo, il tutto in un'elegante zona di Pesaro con diverse ville d'epoca.

27 camere 🔄 – 🛏️ 160/800 € – 9 suites

piazzale della Libertà 2 – ℰ 0721 34343 – www.grandhotelvittoriapesaro.it

PESCANTINA
✉️ 37026 – Verona (VR) – Carta regionale n° **22**-A2 – Carta stradale Michelin 562-F14

ad Ospedaletto Nord - Ovest : 3 km

🍽️ Alla Coà

REGIONALE · **FAMILIARE** 🟨 Lungo una strada piuttosto trafficata, la vecchia casa di paese è stata arredata in stile country e un pizzico di romanticismo e propone ai suoi avventori piatti quasi esclusivamente di carne; baccalà alla vicentina e gamberi tra le poche proposte di pesce.

Carta 48/60 €

via Ospedaletto 70 – ℰ 045 676 7402 – www.trattoriaallacoa.it – Chiuso 1-10 gennaio,
1-15 agosto, lunedì, domenica

PESCARA
✉️ 65122 – Pescara (PE) – Carta regionale n° **1**-C1 – Carta stradale Michelin 563-O24

🟢 Estrò 🆕

REGIONALE · **BISTRÒ** 🟨 Comode sedute per pochi tavoli - nella bella stagione però anche all'aperto in piazza - ed una cucina di qualità elaborata dallo chef-titolare. Piatti generosi, sostanzialmente di carne (per il pesce accordarsi in anticipo) colorati e saporiti; sorridente accoglienza familiare.

Specialità: Carpaccio di petto d'anatra, estratto d'arancia e sfilacci di finocchio. Maialino da latte in crosta, lampone e cipolla rossa sciroppata. 196.gelato con azoto liquido. - (Preparazione al tavolo).

Menu 25/35€ – Carta 23/33€

Piazza della Rinascita 23 – ℰ 08562388 – www.estropescara.it – Chiuso martedì

🏵 Taverna 58   ⴺ AC ⇄

REGIONALE · CONTESTO TRADIZIONALE X Trattoria dall'ambiente curato, dove un'interessante cucina legata alla tradizione gastronomica abruzzese dà vita a piatti sapidi e generosi, difficilmente ritrovabili altrove. Un esempio? Chitarrina con funghi e tartufo fresco dell'aquilano! Visitabili le cantine con vestigia medievali e romane.

Specialità: Chitarrina con funghi e tartufo fresco. Pecora della Maiella al tegame. Zabaglione caldo al marsala.

Menu 20€ (pranzo)/35€ – Carta 20/35€

corso Manthoné 46 – ℰ 085 690724 – www.taverna58.it – Chiuso 31 luglio-31 agosto, 24 dicembre-3 gennaio, venerdì-sabato a mezzogiorno, domenica

🍴 Café Les Paillotes   🕸 ⿴ AC ⇄

MODERNA · ALLA MODA XXX Affacciato sulla spiaggia, la cucina di questo raffinato ristorante spazia dalla tradizione adriatica – forse la preferita dai clienti - a piatti più creativi; ambiente chic con lampadari marocchini e specchi dalle cornici dorate.

Menu 30/65€ – Carta 39/69€

piazza Le Laudi 2 – ℰ 085 61809 – www.lespaillotes.it – Chiuso lunedì, domenica sera

🍴 Carlo Ferraioli   🕸 AC

PESCE E FRUTTI DI MARE · AMBIENTE CLASSICO XX Elegante ristorante affacciato sul canale e sui caratteristici pescherecci: cucina rigorosamente a base di pesce. A disposizione, una sala per fumatori.

Menu 40/55€ – Carta 40/90€

via Paolucci 79 – ℰ 085 421 0295 – www.carloferraioli.it – Chiuso lunedì

PESCHICI

✉ 71010 – Foggia (FG) – Carta regionale n° 15-B1 – Carta stradale Michelin 564-B30

🍴 Porta di Basso   ⇦ ⿴ AC

PESCE E FRUTTI DI MARE · CONTESTO CONTEMPORANEO XX Nella città vecchia, ma il locale è stato completamente ristrutturato, abbiate cura di prenotare uno dei pochi tavoli a strapiombo sul mare, in terrazza o all'interno. Cucina italiana e oltre 200 vini per deliziare i buongustai che non tarderanno ritornare.

Menu 50/75€ – Carta 50/83€

via Colombo 38 – ℰ 0884 355167 – www.portadibasso.it – Chiuso 2 gennaio-15 aprile, 15 novembre-26 dicembre

PESCOCOSTANZO

✉ 67033 – L'Aquila (AQ) – Carta regionale n° 1-B2 – Carta stradale Michelin 563-Q24

🍴 La Corniola   🕸 ⇦ ⴺ ⇄

CREATIVA · ELEGANTE XX Se la cittadina di Pescocostanzo è rinomata in tutta Italia per i suoi merletti al tombolo, i veri sapori abruzzesi hanno trovato dimora alla Corniola: il tutto ingentilito e rivisitato con gusto moderno.

Menu 40/55€ – Carta 37/58€

Hotel Relais Ducale, via dei Mastri Lombardi 26 – ℰ 0864 642470 – www.lacorniola.com – Chiuso 22 giugno-9 luglio, 5-12 novembre, martedì, mercoledì

🏠 Il Gatto Bianco   ⿲ ⏳ ⿴ ⿻ P

CASA DI CAMPAGNA · CONTEMPORANEO Risorsa raccolta, ma di grande fascino avvolta da un'atmosfera di eleganza ed intimità. Insolito connubio di legno antico e moderno. Piccola zona benessere.

8 camere ⌷ – ⵯ 180/300€ – 2 suites

viale Appennini 3 – ℰ 0864 641651 – www.ilgattobianco.it

PETTENASCO

✉ 28028 – Novara (NO) – Carta regionale n° **13**–A2 – Carta stradale Michelin 561-E7

🍴○ **Giardinetto** ⇦ ⟨ ⊞ ⌂ **P**

MODERNA · AMBIENTE CLASSICO ✕✕ Numerose terrazze, sia interne, sia esterne, di cui la più bella - quella direttamente sul lago - ora permette di sbirciare l'operato in cucina; su ogni tavolo d'estate l'atmosfera si fa particolarmente romantica: lumi di candela ed ampia vista. I piatti sono moderni con una solida base regionale, mentre per l'aperitivo o l'after dinner è consigliata una sosta al Roof Top Bar.

Carta 44/75€

via Provinciale 1 – ☎ 0323 89118 – www.giardinettohotel.com –
Chiuso 20 ottobre-1 aprile

PFALZEN • FALZES – Bolzano ➜ Vedere Falzes

PIACENZA

✉ 29121 – Piacenza (PC) – Carta regionale n° **5**–A1 – Carta stradale Michelin 562-G11

🍴○ **Peppino** A/C ⇩

PESCE E FRUTTI DI MARE · ELEGANTE ✕✕ Eleganti salette in un palazzo del 1700, per una cucina che predilige il mare aprendosi, tuttavia, anche ad altre proposte. Molte le influenze siciliane, terra d'origine del titolare.

Menu 15€ (pranzo)/50€ – Carta 35/80€

via G.B. Scalabrini 49/a – ☎ 0523 329279 – Chiuso 29 luglio-11 agosto, lunedì,
domenica sera

🍴○ **Osteria del Trentino da Marco** ⌂ A/C

EMILIANA · ACCOGLIENTE ✕ Ristorante storico: il nome allude all'origine di uno dei primi titolari, ma il locale oggi è la roccaforte di una cucina piacentina con le tipiche specialità cittadine.

Menu 30/45€ – Carta 30/55€

via del Castello 71 – ☎ 0523 324260 – Chiuso 15-18 agosto, domenica

🍴○ **Trattoria San Giovanni** A/C

EMILIANA · FAMILIARE ✕ Sotto antiche volte a vela, in un ambiente semplice, ma accogliente, qui la cucina lombardo-emiliana rispolvera i suoi cavalli di battaglia: salumi piacentini, pisarei, tortelli "con le code" e le immancabili carni, dalla tartare agli stracotti.

Menu 35/40€ – Carta 35/53€

via Garibaldi 49/a – ☎ 0523 321029 – www.trattoriasangiovanni.net –
Chiuso 3-20 luglio, 10-24 agosto, lunedì, martedì-venerdì a mezzogiorno, domenica
sera

PIADENA

✉ 26034 – Cremona (CR) – Carta regionale n° **9**–C3 – Carta stradale Michelin 561-G13

🏵 **Dell'Alba** 🐾 A/C ⇩

LOMBARDA · TRATTORIA ✕ Qui dal 1850, ora alla sesta generazione, è un'autentica e storica trattoria familiare, mecca degli amanti della cucina della bassa padana. Straordinari sono i suoi salumi, gli arrosti, i bolliti e le mostarde, ma tra gli imperdibili vanno ricordati i maccheroni al torchio con verdure e rifilatura di culacci.

Specialità: Pesci di fiume marinati e giardiniera. Punta di petto di chianina al provolone dolce. zuppa inglese alla mantovana.

Menu 25/45€ – Carta 25/45€

via del Popolo 31, località Vho, Est: 1 km – ☎ 0375 98539 –
www.trattoriadellalba.com – Chiuso 15-28 giugno, 4-24 agosto, 24-31 dicembre,
lunedì, domenica a mezzogiorno

PIANCASTAGNAIO

✉ 53025 – Siena (SI) – Carta regionale n° **18**–D3 – Carta stradale Michelin 563-N17

ⅼ○ **Anna**

TOSCANA · TRATTORIA ⅹ Ad 800 metri di altezza, vi si arriva lungo un suggestivo paesaggio collinare, per trovare infine questa trattoria familiare di storia
decennale. La zuppa di funghi e castagne è la specialità della casa, insieme ai
pici con vari condimenti e, d'inverno, la carne alla brace. Camere semplici per chi
desidera prolungare il soggiorno.

Carta 20/35€

*viale Gramsci 486 – ℰ 0577 786061 – www.annaristorante.com – Chiuso 7-13 gennaio,
15-30 settembre, lunedì*

PIANE DI MONTEGIORGIO – Fermo → Vedere Montegiorgio

PIANIGA

✉ 30030 – Venezia (VE) – Carta regionale n° **23**–C2 – Carta stradale Michelin 562-F18

🙂 **Trattoria da Paeto**

REGIONALE · FAMILIARE ⅹ Piccola trattoria persa tra canali e campagna, gestita
da una coppia di soci che con serietà e impegno porta avanti la tradizione di queste terre. Suggestioni dal menu: cous cous di pesce e verdure - sfoglia crema e
scaglie di cioccolato. Sempre presenti anche alcuni piatti un po' più moderni.

Specialità: Sarde in Saor. Frittura mista di pesce. Sfoglia con crema pasticcera e
scaglie di cioccolato.

Carta 25/38€

via Patriarcato 78 – ℰ 041 469380 – Chiuso lunedì, martedì

PIANORO

✉ 40065 – Bologna (BO) – Carta regionale n° **5**–C2 – Carta stradale Michelin 562-I16

a Rastignano Nord : 8 km

ⅼ○ **Osteria Numero Sette**

EMILIANA · OSTERIA ⅹ Atmosfera familiare ed informale, la passione per la
musica si intuisce - oltre che ascoltarsi - dalle foto che ornano le pareti delle
sale; zuppa imperiale, tagliatelle o polpettone al ragù sono solo alcuni dei classici
emiliani che troverete accanto ad una discreta selezione di salumi e formaggi.

Carta 25/38€

*via A. Costa 7 – ℰ 051 742017 – Chiuso 7-15 gennaio, 18-28 agosto, lunedì,
domenica sera*

PIAZZA ARMERINA – Enna → Vedere Sicilia

PIEDIMONTE ETNEO – Catania → Vedere Sicilia

PIEGARO

✉ 06066 – Perugia (PG) – Carta regionale n° **20**–A2 – Carta stradale Michelin 563-N18

🏠 **Ca' de Principi Relais**

STORICO · CLASSICO All'interno di un borgo ricco di fascino, un edificio settecentesco appartenuto alla nobile famiglia dei Pallavicini, con affreschi d'epoca e
dettagli di pregio. Per gli amanti della gastronomia locale, a richiesta, piatti della
cucina tradizionale umbra.

21 camere � – ♦♦ 90/120€

*via Roma 43 – ℰ 075 465 6095 – www.cadeprincipi.com –
Chiuso 1 novembre-31 marzo*

PIENZA

✉ 53026 – Siena (SI) – Carta regionale n° **18**–C2 – Carta stradale Michelin 563-M17

⑩ La Terrazza del Chiostro   🕭 ⇦ ⇐ 🛋 ⌂ AC

MODERNA · CONTESTO STORICO XX Nel cuore della "città perfetta", si accede al ristorante attraverso un romantico chiostro, per trovare poi - al suo interno - una cucina di ottimo livello. Proposte tradizionali toscane ed altre più creative, le ricette vi conquisteranno per l'intelligente sforzo di elaborazione, nonché intensità di sapori. A pranzo c'è una carta più semplice, ma - a richiesta - vi verrà servita anche quella gourmet. Apoteosi estiva sulla terrazza panoramica che abbraccia la val d'Orcia.

Menu 90 € – Carta 45/90 €

Hotel Relais il Chiostro di Pienza, via del Balzello, traversa di corso Il Rossellino – ℰ 0578 748183 – www.laterrazzadelchiostro.com – Chiuso 1 dicembre-20 marzo

⌂ La Bandita Townhouse   🏠 ⊟ 🚪 AC

TRADIZIONALE · DESIGN Boutique hotel dal design intrigante, dove linee contemporanee flirtano con l'antica struttura. Piatti del territorio e qualche proposta più light e moderna nel ristorante con cucina a vista; d'estate si mangia anche all'aperto. Un minuscolo spazio verde si presta ad aperitivi e momenti di relax.

12 camere ⊊ – ♥♥ 325/395 €

corso Rossellino 111 – ℰ 0578 749005 – www.labanditatownhouse.com – Chiuso 7 gennaio-15 marzo

a Monticchiello Sud - Est : 6 km – Carta regionale n° **18**–C2

⑩ Daria ℕ   🕭 ⌂ AC

REGIONALE · CONVIVIALE X Daria, non solo il nome del locale, ma anche quello della titolare che con passione e la collaborazione della figlia porta avanti l'attività valorizzando - soprattutto - i piatti e i vini del territorio. Per gli amanti del pecorino di Pienza, vi è il piatto degustazione.

Carta 33/68 €

Via S. Luigi, 3 – ℰ 0578 755170 – www.ristorantedaria.it – Chiuso 3-12 febbraio, mercoledì

⌂ L'Olmo   🏠 🕭 ⇐ 🛋 🛋 AC P

DIMORA STORICA · BUCOLICO A pochi chilometri da Pienza, una piccola tenuta che vi farà vivere in pieno relax una sosta a contatto con la natura; le suite in elegante stile toscano, con soffitti di travi in legno, pavimenti in parquet e antiche pietre di recupero, godono di una spettacolare vista sulla Val D'Orcia.

5 camere ⊊ – ♥♥ 319/429 € – 2 suites

Sp 88 Orcia delle Macchie – ℰ 0578 755133 – www.olmopienza.it – Chiuso 1 gennaio-8 aprile, 3 novembre-31 dicembre

PIETRA LIGURE

✉ 17027 – Savona (SV) – Carta regionale n° **8**–B2 – Carta stradale Michelin 561-J6

⑩ Buca di Bacco   AC P

PESCE E FRUTTI DI MARE · CONTESTO TRADIZIONALE XX Le specialità marinare, la cura nella scelta delle materie prime e l'originalità del proprietario caratterizzano questo locale, sito in un contesto condominiale che si apre su una sala accogliente.

Menu 43 € – Carta 42/80 €

corso Italia 149 – ℰ 019615307 – Chiuso 7 gennaio-12 febbraio, lunedì

PIETRASANTA

✉ 55045 – Lucca (LU) – Carta regionale n° **18**–B1 – Carta stradale Michelin 563-K12

◎ **Filippo**

MODERNA · DI TENDENZA XX Moderno ed elegante, Filippo estrae giornalmente dal "cilindro" tre prodotti con cui cucinerà per voi un piatto a sorpresa. L'idea è sicuramente originale e meritevole di essere provata, ma per i meno avventurosi c'è - comunque - sempre un piccolo menu.

Carta 40/65€

via Barsanti 45 – ℰ 0584 70010 –
www.filippopietrasanta.it

◎ **La Martinatica**   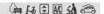

ITALIANA · ACCOGLIENTE XX Questa nota insegna ricavata in un ex frantoio dagli interni rustico-eleganti rinasce con una nuova gestione da parte di brillanti cuochi già attivi in Versilia; le loro proposte si dividono tra terra e mare, ma sono unite dalla stessa mano che propone uno stile moderno soft, senza esagerazioni.

Menu 30€ (pranzo), 45/55€ – Carta 30/60€

via della Martinatica 20 – ℰ 0584 178 8946 –
www.martinatica.it – Chiuso 5-30 novembre, martedì

⌂⌂ **Albergo Pietrasanta**   

STORICO · PERSONALIZZATO A pochi passi dal Duomo, una straordinaria dimora seicentesca con giardino d'inverno e collezione d'arte contemporanea. Arredi d'epoca e marmi pregiati nelle lussuose camere, le più belle delle quali con impreziosite da affreschi originali: un vero palazzo all'italiana!

18 camere ⌑ – ♥♥ 220/560€ – 2 suites

via Garibaldi 35 – ℰ 0584 793726 –
www.albergopietrasanta.com – Chiuso 15 ottobre-5 dicembre

⌂⌂ **Versilia Golf**

CASA DI CAMPAGNA · ELEGANTE Per gli amanti del golf ma anche de l'art de vivre, una raffinata struttura pregna di fascino: eleganti camere arredate con mobili d'antiquariato e con autentiche opere d'arte. Cucina mediterranea al ristorante con bel dehors affacciato sul green.

17 camere ⌑ – ♥♥ 160/650€ – 1 suite

via della Sipe 100 – ℰ 0584 881574 –
www.versiliagolf.com – Chiuso 1 gennaio-31 marzo, 2 novembre-31 dicembre

PIEVE D'ALPAGO

✉ 32010 – Belluno (BL) – Carta regionale n° **23**–C1 – Carta stradale Michelin 562-D19

✿ **Dolada** (Riccardo De Prà)

MODERNA · ELEGANTE XXX Dolada, quando tradizione e modernità convivono felicemente. Splendidamente arroccato sul monte omonimo nella conca dell'Alpago, la saga familiare continua da oltre 90 anni all'insegna della ricerca gastronomica, ma nel rispetto delle cotture tradizionali e degli autentici sapori locali. Molte ricette interessanti, per tutti i gusti, ed un'attenzione meticolosa al territorio sono i solidi presupposti che rendono la cucina di Riccardo De Prà meritevole di una deviazione, Due le opzioni per l'ospitalità: ci si può accomodare tavoli in legno massiccio laccati e bellissimi o comodamente su una tovaglia ben stirata. L'orto e la latteria adiacenti il ristorante sono diventati - recentemente - fattoria didattica.

Specialità: Salmone affumicato in casa, purea di mele e rafano. Vitello tonnato 1853, da un'idea di Pellegrino Artusi. I golosessi (selezione di dolci da condividere).

Menu 68/88€ – Carta 52/90€

via Dolada 21, località Plois alt. 870 – ℰ 0437 479141 –
www.dolada.it – Chiuso 6 gennaio-2 febbraio, 1-29 marzo, lunedì, martedì, domenica sera

PIEVE DI CENTO

⊠ 40066 – Bologna (BO) – Carta regionale n° **5**–C3 – Carta stradale Michelin 562-H15

🟠 **Buriani dal 1967** &. 🅰🄲

MODERNA · AMBIENTE CLASSICO ⅩⅩ Storica quanto affermata gestione familiare per un ottimo indirizzo nella provincia di Bologna, non manca nulla per star bene: servizio, ambiente, carta dei vini e naturalmente la cucina, moderna ma senza esagerazioni, con piatti di mare e di terra e qualche velato richiamo alla tradizione.

Menu 40/75 € – Carta 45/85 €

via provinciale 2/a, ang. via Matteotti 66 – ℰ 051 975177 –
www.ristoranteburiani.com – Chiuso martedì, mercoledì

PIEVE DI CORIANO

⊠ 46020 – Mantova (MN) – Carta regionale n° **9**–D3 – Carta stradale Michelin 561-G15

🟠 **Corte Matilde** &. 🅰🄲 ✨

MANTOVANA · ACCOGLIENTE ⅩⅩ La professionalità e la passione dei titolari si accompagnano ad una cucina fatta con prodotti eccellenti, in preparazioni semplici, ma gustose, che esaltano il sapore degli ingredienti (mostarde e confetture fatte in casa con i frutti del proprio orto). La location: una bella cascina ristrutturata sulla strada che percorse Matilde di Canossa.

Menu 15 € (pranzo), 40/70 € – Carta 40/70 €

via Pelate 38 – ℰ 0386 39352 – www.cortematilde.it – Chiuso 7-20 gennaio,
20-27 luglio, lunedì, martedì, sabato a mezzogiorno, domenica sera

PIGNA

⊠ 18037 – Imperia (IM) – Carta regionale n° **8**–A3 – Carta stradale Michelin 561-K4

🍃 **Terme** 🍴 🅿

DEL TERRITORIO · SEMPLICE Ⅹ Nell'entroterra ligure, un ristorante-trattoria di rustica semplicità che offre una serie di piatti ben fatti e fragranti. I nostri "eletti": zuppetta di fagioli bianchi di Pigna - agnello da latte alle erbe - mousse allo zabaione.

Specialità: Tortelli spinaci e ricotta. Stufato di capra e fagioli di Pigna. Cheesecake al coulis di fragole.

Menu 23/33 € – Carta 27/35 €

via Madonna Assunta – ℰ 0184 241046 – www.ristoranteterme.com –
Chiuso 10 gennaio-10 febbraio, mercoledì

PINEROLO

⊠ 10064 – Torino (TO) – Carta regionale n° **12**–B2 – Carta stradale Michelin 561-H3

✿ **Zappatori** (Christian Milone) 🅰🄲

MODERNA · CONTESTO CONTEMPORANEO ⅩⅩ Chi è Christian Milone? Un ex ciclista professionista che, abbandonate le velleità di una carriera sportiva, ha abbracciato la professione di chef - tra l'altro grazie ad un background famigliare che l'ha sostenuto in tal senso (papà e mamma entrami cuochi!). Trasferite in questa nuova dimensione quelle caratteristiche proprie all'agonismo - dedizione, sacrificio, metodo - il giovane Milone raggiunge con l'edizione 2017 la sua personalissima "maglia rosa": la stella Michelin! Le luci soffuse della bella sala sono un invito ad abbandonarsi all'intrigante cucina di Christian. Il menu si caratterizza infatti per la sua doppia lettura: se da un lato cita i classici piemontesi, dall'altro si diverte con piatti più moderni.

Specialità: Scorfano: filetto marinato alle alghe, ristretto di zuppa di pesce, camomilla e limone. Anguilla, funghi coltivati, melanzane e fondo di fagiano. Prezzemolo, sedano e levistico.

Menu 25 € (pranzo), 55/100 € – Carta 56/67 €

corso Torino 34 – ℰ 0121 374158 – www.trattoriazappatori.it – Chiuso 9-23 agosto,
lunedì, domenica sera

🍴 **Taverna degli Acaja**

REGIONALE · INTIMO XX Locale elegante e moderno dove non mancano alcuni piatti del territorio ma per chi vuole uscire dai confini piemontesi e conoscere altre specialità regionali, troverà qui molte proposte di cucina italiana moderna, anche di pesce. Nella carta dei vini grande spazio è dedicato alle bollicine.

Menu 45€ – Carta 38/61€

corso Torino 106 – ℰ 0121 794727 – www.tavernadegliacaja.it – Chiuso 1-8 gennaio, 1-28 agosto, lunedì a mezzogiorno, domenica

PINETO

✉ 64025 – Teramo (TE) – Carta regionale n° **1**–B1 – Carta stradale Michelin 563-O24

🍴 **La Conchiglia d'Oro** 🔲

PESCE E FRUTTI DI MARE · DESIGN XX Ambienti contemporanei, delicate tonalità lilla alle pareti e la gigantografia di una marina, quasi ad introdurre alla cucina schiettamente di pesce elaborata con un pizzico di fantasia.

Carta 30/75€

via Nazionale Adriatica nord (Complesso Poseidon) – ℰ 085 949 2333 – www.ristorantelaconchigliadoro.it – Chiuso 8-20 gennaio, lunedì, domenica sera

a Mutignano Sud - Ovest : 6, 5 km – Carta regionale n° **1**–B1

🍴 **Bacucco d'Oro**

REGIONALE · FAMILIARE X Piccolo ristorante di tono rustico a conduzione familiare, dalla cui terrazza estiva si gode una splendida vista della costa. Pappardelle alla papera muta sono solo un accenno delle gustose specialità presenti in menu.

Specialità: Salumi e formaggi abruzzesi. Pecorara. Pizza dolce.

Carta 20/35€

via del Pozzo 10 – ℰ 085 936227 – www.bacuccodoro.com – Chiuso 1-28 febbraio, mercoledì, domenica sera

PINZOLO

✉ 38086 – Trento (TN) – Carta regionale n° **19**–B3 – Carta stradale Michelin 562-D14

a Giustino Sud : 1, 5 km

🍴 **Mildas**

REGIONALE · CONTESTO STORICO XX Originariamente cappella di un convento medievale, la cucina oltre ai classici trentini elenca una serie di piatti ideati dal compianto fondatore del locale e ora riproposti dal figlio. Carta dei vini illustrata e descritta.

Menu 40€ – Carta 27/89€

via Rosmini 7, località Vadaione – ℰ 0465 502104 - www.ristorantemildas.com – Chiuso 29 aprile-28 giugno, 30 settembre-31 ottobre, lunedì

PIOBESI D'ALBA

✉ 12040 – Cuneo (CN) – Carta regionale n° **14**–A2 – Carta stradale Michelin 561-H5

❀ **21.9** (Flavio Costa)

CREATIVA · ELEGANTE XxX Per Flavio Costa - brillante chef di questo ristorante il cui nome prende spunto dalla data di nascita delle due gemelle 21. 9 (2009) - emergere come cuoco è innanzitutto una questione di passione e pazienza. E lui di costanza ne ha avuta tanta... Lasciata la riviera ligure per questo locale all'interno di una tenuta vinicola, già cantina nel '400, la cucina di Flavio si fa ambasciatrice discreta delle sue origini nel sapiente uso d'ingredienti quali zucchette, erbe aromatiche, ortaggi in generale, nonché pesce. Allievo di Corrado Fasolato, le creazioni di Costa non possono prescindere dal territorio dove nascono; la sua cucina contemporanea ed istintiva è preparata solo con materie prime selezionate ed eccellenze locali. La dettagliata carta dei vini che conta circa 750 etichette tra Tenuta Carretta, Langhe e Roero, nonché bollicine – altra passione dello chef - completa un'offerta di assoluta qualità.

Specialità: Crema di zucchine trombette, seppie al nero e scorzette candite di limoni. Piccione al bbq con riduzione di mandarino tardivo e radici selvatiche. Ciliegie, gelato al sambuco, camomilla e caramello acido.

Menu 65/120 € – Carta 82/104 €

località Carretta 4 – ☎ 0173 619261 – www.ristorante21punto9.it –
Chiuso 24 febbraio-13 marzo, 10-20 agosto, martedì, mercoledì a mezzogiorno

PIOLTELLO

✉ 20096 – Milano (MI) – Carta regionale n° **10**–B2 – Carta stradale Michelin 561-F9

a Limito Sud : 2, 5 km

‖○ **Antico Albergo** 🏠 🄰🄲 ♿

ITALIANA · CONTESTO TRADIZIONALE ✕✕ L'atmosfera, tra mattoni e travi, riflette piacevolmente la storia dell'edificio risalente al '700. Grazioso spazio estivo sotto un glicine. La cucina affianca piatti di pesce e proposte più creative a ricette lombarde più tradizionali.

Carta 38/70 €

via Dante Alighieri 18 – ☎ 02 926 6157 – www.anticoalbergo.it – Chiuso 1-6 gennaio,
26-31 dicembre, sabato a mezzogiorno, domenica

PIOMBINO

✉ 57025 – Livorno (LI) – Carta regionale n° **18**–B3 – Carta stradale Michelin 563-N13

‖○ **Al Baccanale** Ⓝ 🏠 ⅋ 🄰🄲

REGIONALE · FAMILIARE ✕ Nel cuore del centro storico pedonale, un piccolo e caratteristico indirizzo dove assaggiare piatti regionali tra carne e pesce; per i vini chiedete al giovane responsabile di sala, che saprà consigliarvi per il meglio. Ambiente raccolto: sassi a vista e soffitti a volte.

Menu 55 € – Carta 45/63 €

via XX Settembre 20 – ☎ 0565 222039 – Chiuso lunedì

PIOVEZZANO – Verona ➜ Vedere Pastrengo

PISA

✉ 56125 – Pisa (PI) – Carta regionale n° **18**–B2 – Carta stradale Michelin 563-K13

‖○ **La Scaletta** Ⓝ 🄰🄲

PESCE E FRUTTI DI MARE · AMBIENTE CLASSICO ✕✕ Bisogna uscire dal centro storico e dalle tradizionali rotte turistiche per trovare questo interessante ristorante di pesce. Artefice un giovane cuoco dalle proposte creative, a volte tocchi orientaleggianti e un'incredibile carta dei caffè, con decine di proposte diverse.

Menu 60/120 € – Carta 45/75 €

via Pietrasantina 107 – ☎ 0506202050 – www.ristorantelascalettapisa.com –
Chiuso 24 dicembre-10 gennaio

‖○ **Osteria dei Cavalieri** 🕸 🄰🄲

TOSCANA · TRATTORIA ✕ A pochi passi dall'università Normale, un'osteria ben frequentata con ambienti semplici e una cucina che si divide tra terra e mare. Buona selezione di vini e distillati, la stessa che si trova anche a 50 metri alla "Sosta": più piccola, ma con cucina assai rimarchevole.

Menu 28/33 € – Carta 25/49 €

via San Frediano 16 – ☎ 050 580858 – www.osteriacavalieri.pisa.it –
Chiuso 10-29 agosto, 24-26 dicembre, sabato a mezzogiorno, domenica

PISCIOTTA

✉ 84066 – Salerno (SA) – Carta regionale n° **4**–C3 – Carta stradale Michelin 564-G27

🍴 **Perbacco**   👥 🍴 🏠 **P**

CAMPANA · **RUSTICO** 🗙 Rustica risorsa dove trovare il vero sapore "selvaggio" del Cilento, sia grazie alla vegetazione mediterranea esplosiva che lo cinge, sia grazie ai sapori del territorio: molto mare negli antipasti, più terra nei secondi, anche una carta dei vini descrive molto bene la regione. Possibilità di alloggio in gradevole camere.

Carta 24/60€

contrada Marina Campagna 5 –
☎ 0974 973889 – www.perbacco.it – Chiuso 3 novembre-7 aprile, lunedì, domenica sera

a **Marina di Pisciotta** Sud - Ovest: 4 km – Carta regionale n° **4**–C3

🙂 **Angiolina**   🍴

CAMPANA · **STILE MEDITERRANEO** 🗙🗙 Se avete – giustamente - optato per questo tranquillo localino dal piacevole servizio estivo all'aperto, non potete non gustare le tipiche ricette a base di alici di "menaica" (rete a maglie strette utilizzata per la pesca da queste parti): in tortino, fritte, marinate, alla scapece. In menu, però, anche tanti altri piatti campani ed un'ottima calamarata con crema di ceci e totanetti al rosmarino.

Specialità: Insalata di polpo con crema di cavolfiore. Pasta con le alici. Sfoglia con crema di melanzana e cioccolato.

Carta 23/50€

via Passariello 2, località Marina di Pisciotta –
☎ 0974 973188 – www.ristoranteangiolina.it – Chiuso 1 gennaio-4 aprile,
4 novembre-31 dicembre

PISTOIA

✉ 51100 – Pistoia (PT) – Carta regionale n° **18**–B1 – Carta stradale Michelin 563-K14

🍴 **Il Contemporaneo**   👥 🍴 🏠 ♿ 🆎 **P**

MODERNA · **CASA DI CAMPAGNA** 🗙🗙 All'interno dell'agriturismo San Rocco, appena fuori dal centro cittadino, una coppia di cugini entrambi cuochi si destreggia con disinvoltura e buoni risultati tra i prodotti del territorio: in primis la carne, a cui si aggiunge qualche proposta di pesce. Piglio moderno!

Carta 55/100€

via delle Sei Arcole 28 –
☎ 0573 453494 – www.ristoranteilcontemporaneo.it – Chiuso 1-25 novembre, lunedì, martedì-sabato a mezzogiorno

🍴 **I Salaioli** ⓝ   👥 🍴 ♿ 🆎

CONTEMPORANEA · **CONVIVIALE** 🗙 Storica gastronomia in pieno centro cittadino, che alla sua terza generazione si fa baluardo di una cucina contemporanea di qualità. Imperdibili i formaggi e i salumi ricercati fra i migliori produttori dell'area ed ottima scelta dei vini: una delle passioni del titolare!

Carta 27/40€

Piazza della Sala 2 –
☎ 057320225 – www.isalaioli.it

🍴 **Trattoria dell'Abbondanza**   🍴

TOSCANA · **DI QUARTIERE** 🗙 All'insegna della tipicità e della tradizione, in un'atmosfera accogliente e simpatica, la gestione è giovane ed appassionata, la proposta gastronomica è fortemente all'insegna della regionalità con particolare attenzione alla ricerca dei prodotti, nonché allo studio di qualche antica ricetta.

Menu 28/30€ – Carta 30/53€

via dell'Abbondanza 10/14 –
☎ 0573 368037 – www.trattoriadellabbondanza.it – Chiuso mercoledì

PITIGLIANO

✉ 58017 – Grosseto (GR) – Carta regionale n° **18**–D3 – Carta stradale Michelin 563-O16

🕯○ **Il Tufo Allegro**

TOSCANA · ROMANTICO ✕ Nel cuore della località etrusca, nei pressi della Sinagoga: piatti toscani, un piccolo ristorante con una nutrita cantina di vini e salette ricavate nel tufo.

Carta 29/65 €

*vicolo della Costituzione 5 – ℰ 0564 616192 – www.iltufoallegro.com –
Chiuso 10 gennaio-10 febbraio, martedì, mercoledì a mezzogiorno*

PITRIZZA – Olbia-Tempio ➔ Vedere Sardegna (Arzachena)

PIZZIGHETTONE

✉ 26026 – Cremona (CR) – Carta regionale n° **9**–B3 – Carta stradale Michelin 561-G11

🕯○ **Da Giacomo**

LOMBARDA · CONTESTO STORICO ✕✕ Nel centro storico di una pittoresca località cinta da mura, con bel dehors sotto ad un millenario porticato, un ristorantino che esprime un riuscito mix di rusticità e design. Cucina del territorio reinterpretata e molti ottimi vini (ad un prezzo corretto!).

Carta 55/65 €

*piazza Municipio 2 – ℰ 0372 730260 – www.dagiacomo.it – Chiuso 7-15 gennaio,
18 agosto-6 settembre, lunedì*

PIZZO

✉ 89812 – Vibo Valentia (VV) – Carta regionale n° **3**–A2 – Carta stradale Michelin 564-K30

🕯○ **Locanda Toscano**

CREATIVA · FAMILIARE ✕✕ Vicino al castello e al belvedere di Pizzo, moglie e marito - rispettivamente in cucina e in sala - vi danno il benvenuto in due salette semplici ma accoglienti. La cucina offre spunti creativi in fantasiosi abbinamenti, prevale il pesce, ma gli appassionati di carne apprezzeranno il manzo podolico e il maiale nero.

Carta 35/55 €

via Benedetto Musolino 14/16 – ℰ 0963 531089 – Chiuso 8-18 gennaio, lunedì

sulla strada per Vibo Marina

🕯○ **ME Restaurant**

MEDITERRANEA · CONTESTO CONTEMPORANEO ✕✕ Nasce sulle "ceneri" dell'Olimpus questo gradevole locale, ampio e spazioso, ricavato dal restauro di un ex casale, con una seconda sala più piccola ed elegante; lo gestisce una coppia che propone ai propri ospiti una gustosa cucina mediterranea in cui si cita la Calabria a più riprese, ma anche la Campania, terra di origine dello chef.

Menu 45/70 € – Carta 45/100 €

*strada provinciale per Vibo Marina, località Ponte di Ferro – ℰ 0963 534532 –
www.merestaurant.it – Chiuso 8-16 gennaio, mercoledì*

POCENIA

✉ 33050 – Udine (UD) – Carta regionale n° **6**–B3 – Carta stradale Michelin 562-E21

a Paradiso Nord - Est : 7 km

🕯○ **Al Paradiso**

REGIONALE · ROMANTICO ✕✕ Una piccola bomboniera in un antico cascinale, con decorazioni e tendaggi ovunque. Spunti moderni nella cucina che segue il territorio (tanta carne e cacciagione). Ideale per una cena romantica.

Menu 57 € – Carta 30/53 €

*via Sant' Ermacora 1 – ℰ 0432 777000 – www.trattoriaparadiso.it –
Chiuso 24 febbraio-11 marzo, 10-20 agosto, lunedì, martedì, mercoledì-venerdì a
mezzogiorno*

POGGIBONSI

✉ 53036 – Siena (SI) – Carta regionale n° **18**–D1 – Carta stradale Michelin 563-L15

🍴○ **Osteria 1126** ⌂ **P**

TOSCANA · **ACCOGLIENTE** ☼ L'anno è quello di fondazione del borgo collinare in cui il locale è inserito: oggi, azienda agricola che mette a disposizione anche appartamenti con cucina e l'intera villa padronale. Ai fornelli, una giovane coppia appassionata propone piatti legati ai prodotti del territorio interpretati in chiave attuale.

Menu 30/38 € – Carta 32/51 €

loacalità Cinciano 2 – ℰ 0577932240 – www.cinciano.it – Chiuso 7 gennaio-1 aprile, 4 novembre-7 dicembre, lunedì-domenica a mezzogiorno

POGGIO ALLE MURA – Siena → Vedere Montalcino

POLESINE PARMENSE

✉ 43010 – Parma (PR) – Carta regionale n° **5**–A1 – Carta stradale Michelin 562-G12

🌸 **Antica Corte Pallavicina** (Massimo Spigaroli) 🕸 ⇦ 😋 ⌂ **P**

DEL TERRITORIO · **ROMANTICO** ☼☼☼ Location da favola, per una struttura che - da una prospettiva architettonica - sembra un castello, di fatto nacque come dogana sul Po nel Trecento. Oggi è uno dei templi del culatello, ma al di là del celebre salume, all'Antica Corte Pallavicina quasi tutto è allevato o coltivato nella proprietà. I piatti esaltano le tradizioni locali dalle paste agli animali da cortile; è una cucina "gastrofluviale" come ama definirla lo chef-patron Massimo Spigaroli, perché contribuisce a non far perdere identità al territorio.

Interessante è inoltre il percorso museale che presenta, uno dopo l'altro, i protagonisti della vicenda del culatello; iconografia e citazioni di personaggi famosi, racconto puntuale delle fasi che dalla coscia del maiale portano a un prodotto caratterizzato da un preciso rituale di degustazione. La visita permette anche di osservare l'affascinante galleria dei culatelli, che stagionano nell'umidità e nella penombra.

Specialità: I 40 mesi del nostro culatello di suino nero Spigaroli. I cannelloncini di coniglio con ortaggi primavera, capesante, erbe spontanee ed il ristretto ai sentori di agrumi. Un ricordo della pesca ripiena di mia madre con zabaione.

Menu 90/170 € – Carta 75/170 €

strada del Palazzo Due Torri 3 – ℰ 0524 936539 – www.acpallavicina.com – Chiuso 7-24 gennaio, lunedì a mezzogiorno

🍴○ **Al Cavallino Bianco** 🕸 😋 🆎 **P**

EMILIANA · **CONTESTO TRADIZIONALE** ☼☼ Secolare tradizione familiare alla quale affidarsi per assaporare il proverbiale culatello e specialità regionali, lungo le rive del grande fiume. Al "Tipico di Casa Spigaroli", in settimana a pranzo, troverete piatti locali a prezzi contenuti, menu tematici nel week-end.

Menu 11 € (pranzo)/15 € – Carta 40/70 €

via Sbrisi 3 – ℰ 0524 96136 – www.fratellispigaroli.it – Chiuso 20 gennaio-5 febbraio, martedì

POLIGNANO A MARE

✉ 70044 – Bari (BA) – Carta regionale n° **15**–C2 – Carta stradale Michelin 564-E33

🍴○ **L'Osteria di Chichibio** ⌂ ♿ 🆎

PESCE E FRUTTI DI MARE · **CONVIVIALE** ☼☼ Connubio di semplicità e allegria - non privo di eleganza - e l'occasione per mangiare piatti di mare e verdure cotti in un forno a legna. L'ispettore ha gradito: il gran buffet di pesci giornalieri esposto in sala da cui attingere direttamente.

Carta 39/83 €

largo Gelso 12 – ℰ 080 424 0488 – www.osteriadichichibio.it – Chiuso 13 gennaio-13 febbraio, lunedì

513

POLLONE

✉ 13814 – Biella (BI) – Carta regionale n° **12**–C2 – Carta stradale Michelin 561-F5

⸬ **Il Patio** (Sergio Vineis) ⚏ 🛏 ㋰ ♻ **P**

MODERNA · ELEGANTE ✕✕ La recente ristrutturazione non ha sottratto tipicità a questa bella realtà ambientata in antiche stalle, ma con fresca terrazza affacciata sul giardino. Meta gourmet tra le più gettonate della zona, Il Patio deve il suo successo in primis alla sua proposta gastronomica, subito dopo ad un servizio in sala di notevole livello. Capitanata dallo chef-patron Sergio Vineis, affiancato dal figlio Simone, la cucina punta su ricette che valorizzano i prodotti locali offrendo il destro - di tanto in tanto - alla creatività. La scelta enoica è ampia, strutturata, mai scontata.

Specialità: Trota arrostita, gel di artemisia, fragoline di bosco senapate, crescione. Tagliatelle integrali con carciofi alla brace e salsa all'uovo. Cremoso di zafferano, con salsa allo zenzero, gelato al latte e cappero disidratato.

Menu 60/70 € – Carta 63/95 €

via Oremo 14 – ☎ 015 61568 – www.ristoranteilpatio.it – Chiuso lunedì, martedì

�ᴑ **Il Faggio** **P**

MODERNA · AMBIENTE CLASSICO ✕✕ Stile e sobria eleganza contraddistinguono questo ristorante che propone una carta ampia ed equilibrata: la scelta spazia dal pesce alla cucina del territorio.

Carta 45/75 €

via Oremo 54 – ☎ 015 61252 – www.ristoranteilfaggio.it – Chiuso 7-23 gennaio, 13-31 agosto, lunedì

POMPEI

✉ 80045 – Napoli (NA) – Carta regionale n° **4**–B2 – Carta stradale Michelin 564-E25

⸬ **President** (Paolo Gramaglia) ⚏ ㋰ 🆎 **P**

MEDITERRANEA · ELEGANTE ✕✕ Un matematico ai fornelli! Non è il titolo di un film, ma il percorso formativo dello chef-patron Paolo Gramaglia che insieme alla sua gentile consorte Laila, avvocato di professione, sommelier per passione, apre le porte di questo elegante ristorante a poco più di 500 metri dagli scavi archeologici. Ottimi sono il cibo e l'ospitalità di questa dinamica coppia che si prodiga affinché il cliente sia assolutamente al centro dell'attenzione. Laila cura sala e vini, mentre Paolo si dedica al piacere del palato cui propone una cucina campana e stagionale - moderatamente creativa - con rare, ma interessanti rivisitazioni degli antichi sapori pompeiani. Solo otto tavoli tra mobili preziosi e uno studio attento delle luci: meglio prenotare!

Specialità: Le tagliatelle di calamaro dal mediterraneo verso l'oriente. Il Fusillo largo e riccio. Dolce è la primavera.

Menu 52/60 € – Carta 52/72 €

piazza Schettini 12/13 – ☎ 081 850 7245 – www.ristorantepresident.it – Chiuso 6-28 gennaio, 14-16 agosto, lunedì, domenica sera

�ᴑ **La Bettola del Gusto** ㋰ 🆎

TRADIZIONALE · FAMILIARE ✕✕ Centrale, davanti alla stazione, il nome è fuorviante: siamo in un simpatico e grazioso locale, dove dalla cucina arrivano piatti semplici all'insegna della tipicità campana, completati dalle due vetrine dei pesci e delle carni da cuocere alla griglia.

Carta 25/50 €

via Sacra 48/50 – ☎ 081 863 7811 – www.labettoladelgusto.it – Chiuso lunedì

PONTE A MORIANO – Lucca → Vedere Lucca

PONTE DELL'OLIO

✉ 29028 – Piacenza (PC) – Carta regionale n° **5**–A2 – Carta stradale Michelin 561-H10

⑥ Locanda Cacciatori   ⇦ 🛆 AC P

EMILIANA · RUSTICO X Oltre 50 anni di esperienza per questa locanda da sempre gestita dalla stessa famiglia. Semplici le quattro sale affacciate sulle colline, dove riscoprire una cucina regionale fatta di gustose paste casalinghe, nonché carni come faraona e anatra al forno, bolliti e costate, ma anche tanti funghi in vari modi. Attenzione, onde evitare di perdersi, impostare il navigatore su Ponte dell'Olio - viale San Bono - poi proseguire per 2,5 Km.

Specialità: Salume e bortellina. Panzerotti. Torta sbrisolona.

Menu 22/30€ – Carta 25/45€

località Mistadello di Castione – ℰ 0523 877206 – www.locandacacciatori.com – Chiuso 10-30 gennaio, mercoledì

⑪ Riva   𝕭 🛆 �&Ꮖ AC

MODERNA · INTIMO XX In un piccolo borgo con un affascinante castello merlato, la moglie propone una cucina raffinata, misurato equilibrio di territorio e creatività; ai vini pensa il marito.

Menu 45/70€ – Carta 43/88€

via Riva 16 – ℰ 0523 875193 – www.ristoranteriva.it – Chiuso lunedì, martedì a mezzogiorno

PONTEDERA

✉ 56025 – Pisa (PI) – Carta regionale n° **18**–B2 – Carta stradale Michelin 563-L13

🏨 Armonia   🖽 🛆 AC 🐕 🚗

STORICO · PERSONALIZZATO Storico edificio per una proverbiale accoglienza, sin da metà '800: "Armonia" non è solo il nome della struttura, ma la sensazione provata al suo interno in un riuscitissimo mix tra antico e moderno, dove il classico genere alberghiero viene interpretato in forma originale e contemporanea. La maggior parte delle camere rispecchiano lo stile della casa, mentre ve ne sono otto più recenti e attuali.

33 camere ⌑ – 🍴 100/210€ – 2 suites

piazza Caduti Div. Acqui, Cefalonia e Corfù 11 – ℰ 0587 278511 – www.hotelarmonia.it – Chiuso 9-24 agosto

PONTE DI LEGNO

✉ 25056 – Brescia (BS) – Carta regionale n° **9**–C1 – Carta stradale Michelin 561-D13

⑪ Kro   🛆 ⇔ P

REGIONALE · STILE MONTANO XX Sono molti i punti che colpiscono di questo locale: la cortesia, l'ambiente curato tra legno e pietra, la cucina con piatti del territorio in chiave moderna. Eseguiti per soddisfare vista e palato!

Carta 40/65€

via Tollarini 70/C Località Pontagna di Temù – ℰ 0364 906411 – Chiuso 10 maggio-14 giugno, martedì, mercoledì

PONTE DI NAVA – Cuneo → Vedere Ormea

PONTELONGO

✉ 35029 – Padova (PD) – Carta regionale n° **23**–C3 – Carta stradale Michelin 562-G18

✿ Lazzaro 1915 (Piergiorgio Siviero)   🛆 �&Ꮖ AC

MODERNA · AMBIENTE CLASSICO XX È sempre in fermento lo chef-patron Piegiorgio Siviero! In questo luogo dove fino a due generazioni fa ci si fermava a far riposare i cavalli o si accoglievano gli operai del vecchio zuccherificio di fronte, ora vi è questo elegante ristorante caldo ed accogliente. La sorella Daniela - di squisita gentilezza e preparazione - in sala, Piergiorgio ai fornelli: siamo in provincia, ma la cucina non si sottrae a sofisticate elaborazioni: del resto il curriculum del cuoco vanta passaggi da Ducasse, nonché Aimo e Nadia.

Il menu cita - in prevalenza – specialità di pesce, accompagnate da un ventaglio di ingredienti dal tocco a volte esotico. Il Carnaroli con acqua di melanzana bruciata, triglia di scoglio, mandorla e kumquat, tra i must.

Specialità: Chitarre di semola con lumache alla birra, acqua di alloro e fasolaro. Melanzana candita nel jus di agnello, peperone cornetto e latte cagliato alla camomilla. Nocciole, cioccolato bianco, vaniglia Tahiti, sale verde e asparagi.

Menu 25€ (pranzo), 50/100€ - Carta 25/95€

via Roma 351 - ℰ 049 977 5072 - www.lazzaro1915.it -
Chiuso lunedì, martedì

PONTE SAN GIOVANNI - Perugia → Vedere Perugia

PONTE SAN PIETRO

✉ 24036 – Bergamo (BG) – Carta regionale n° **10**–C1 – Carta stradale Michelin 561-E10

ⅼ○ Cucina Cereda   🏠 &

MODERNA · CONTESTO STORICO 𝄪 L'edificio risale al XV secolo e si inserisce in una corte dal grande fascino storico - con la bella stagione è anche qui che ci si può accomodare - mentre all'interno sono le belle vetrate piombate ad attirare l'attenzione dell'ospite, nonché la suggestiva cantina. Menu a prezzo più contenuto per gli under 30.

Carta 50/90€

via Piazzini 33 - ℰ 035 437 1900 - www.cucinacereda.com -
Chiuso 1-6 gennaio, 17-31 agosto, lunedì, sabato a mezzogiorno

PONTINIA

✉ 04014 – Latina (LT) – Carta regionale n° **7**–C3 – Carta stradale Michelin 563-R21

ⅼ○ Mater1apr1ma ⓝ   & 🅰️🅲️

ITALIANA CONTEMPORANEA · DI TENDENZA 𝄪 Un piacevole locale contemporaneo gestito da una giovane coppia, lei in sala dove segue gli ospiti con gentilezza, accompagnandoli nella scelta dei vini; lui in cucina a preparare specialità di terra e di mare nei quali esprime la propria fantasia. Oltre ad appagare la vista per le loro belle presentazioni, i piatti sono veramente gustosi anche perché, come il nome del locale fa presagire, tanto impegno è profuso nella selezione della materia prima.

Menu 40/65€ - Carta 35/65€

via Sardegna 8 - ℰ 0773 86391 - www.materiaprimapontinia.it -
Chiuso 7-16 gennaio, 9-16 settembre, lunedì, martedì-venerdì a mezzogiorno

PONZA (ISOLA DI) ✉ 04027 – Latina (LT) – Carta stradale Michelin 563-S18

Ponza Carta regionale n° **7**-C3

🕸 Acqua Pazza (Patrizia Ronca)   🕸 ≼ 🏠 🅰️🅲️

PESCE E FRUTTI DI MARE · ELEGANTE 𝄪𝄪 Tovaglie che profumano ancora di bucato, fiori freschi sui tavoli, il bianco degli arredi che contrasta con il blu del cielo e l'azzurro del mare. E' il riferimento gourmet di Ponza: sito lungo lo splendido proscenio del porto, un anfiteatro sul mare da godersi appieno anche grazie al servizio all'aperto. I piatti cucinati da Patrizia Ronca celebrano i prodotti dell'isola, con un pizzico in più di fantasia per quanto riguarda gli antipasti sia crudi sia cotti, una maggiore propensione alla tradizione per quanto riguarda i primi e i secondi.

Specialità: Dentice alghe e ricci. Gamberoni e scampi al vapore con patate, pomodori, basilico, olive e cipolla di Tropea. Limone mandorle e frutti rossi.

Menu 40€ (pranzo), 75/100€ - Carta 50/110€

piazza Carlo Pisacane - ℰ 0771 80643 - www.acquapazza.com -
Chiuso 1 gennaio-31 marzo, 1 novembre-31 dicembre, lunedì-domenica a mezzogiorno

⭑○ **Eea** ⟨ 命 🅰🅲

REGIONALE · ACCOGLIENTE XX Mediterraneo e dai toni eleganti, il locale di Davide si trova in centro - rialzato e panoramico su mare e porto - ci si accomoda in terrazza o nella sala interna con bel pavimento in marmo di Siena. Dalla cucina il meglio dei sapori locali, proposti in chiave leggermente moderna.

Carta 38/80€

via Umberto I – ℰ 0771 80100 – www.monadoeea.it – Chiuso 14 ottobre-30 marzo

⭑○ **Il Tramonto** ⟨ 命

PESCE E FRUTTI DI MARE · ROMANTICO X Un servizio brillante e dinamico, una cucina legata alla tradizione isolana dove regna il pesce ed una meravigliosa vista sull'isola di Palmarola per veder tramontare il sole... direttamente nel vostro bicchiere.

Carta 50/70€

via campo Inglese – ℰ 0771 808563 – Chiuso lunedì-domenica a mezzogiorno

🏨 **Grand Hotel Santa Domitilla**

CASA DI CAMPAGNA · MEDITERRANEO In posizione tranquilla seppur vicino al centro, troverete ispirazioni orientali e ceramiche vietresi, ma sono le piscine a rappresentare il clou di un raffinato soggiorno. Cucina isolana in chiave moderna presso il ristorante Al Melograno e, nei week-end di giugno-luglio, si apre la "cruderia" per aperitivi e cene modaiole.

62 camere ⌑ – ⭑⭑ 140/800€

via Panoramica – ℰ 0771 809951 – www.santadomitilla.com –
Chiuso 6 ottobre-12 aprile

PONZANO VENETO

 ✉ 31050 – Treviso (TV) – Carta regionale n° **23**-A1 – Carta stradale Michelin 562-E18

a Paderno Nord - Ovest : 2 km

🏨 **Relais Monaco**

RESORT · CLASSICO Attraversando un susseguirsi di filari di viti si arriva a questa bella villa elegante: camere in stile nella dimora storica, ampie e moderne nell'ala recente. Al ristorante, i piatti si ricongiungono alla tradizione in leggera chiave moderna. Attrezzata zona wellness e per maggiore intimità prenotare la mini spa di coppia.

78 camere ⌑ – ⭑⭑ 210€ – 1 suite

via Postumia 63 – ℰ 0422 9641 – www.relaismonaco.it

POPPI

✉ 52014 – Arezzo (AR) – Carta regionale n° **18**-C1 – Carta stradale Michelin 563-K17

⭑○ **L'Antica Cantina** 🕸 命 🅰🅲

TOSCANA · CONTESTO STORICO XX Lasciata la parte più moderna del paese a valle, sulla collina è adagiato un incantevole borgo medievale: in un ambiente suggestivo, sotto antiche volte in mattoni adibite per lungo tempo a cantina, una cucina moderna non dimentica delle tradizioni.

Menu 23/40€ – Carta 35/55€

via Lapucci 2 – ℰ 0575 529844 – www.anticacantina.com – Chiuso 8-20 gennaio,
4-22 novembre, lunedì

a Moggiona Sud - Ovest : 5 km – Carta regionale n° **18**-C1

🌐 **Il Cedro** ⟨

TOSCANA · TRATTORIA X Vera cucina casentinese in versione casalinga - tortelli di patate, coniglio in porchetta, latte alla portoghese e torta di mele secondo la ricetta della nonna - in una semplice trattoria a pochi chilometri dal suggestivo convento di Camaldoli.

Specialità: Antipasto toscano. Capriolo al vino bianco con verdure in umido. Torta di mele.

Menu 25/35 € – Carta 22/40 €

via di Camaldoli 20 – ☏ 3339498765 – www.ristoranteilcedro.com – Chiuso lunedì, domenica sera

🍴○ **Mater** 🆕   ⇦ 🅰🅲 🅿

CREATIVA · ELEGANTE 🟡🟡 La natura qui è messa in primo piano: sia che si tratti della location del ristorante ai piedi dell'Eremo di Camaldoli, sia che si tratti della linea gastronomica in sintonia con le stagioni e che si approvvigiona presso produttori locali. Scelta à la carte o possibilità di optare per uno dei tre menu degustazioni: quello "del territorio" rievoca antichi sapori aretini e casentinesi.

Carta 55/80 €

Via di Camaldoli, 52 – ☏ 366 503 5127 – www.ristorantemater.it – Chiuso a mezzogiorno escluso domenica e mercoledì

PORDENONE

✉ 33170 – Pordenone (PN) – Carta regionale n° **6**-B3 – Carta stradale Michelin 562-E20

🐵 **La Ferrata**   🅰🅲

FRIULANA · VINTAGE 🟡 Foto di locomotive, pentole e coperchi di rame arredano le pareti di questa osteria accogliente e conviviale. Dalla cucina, porzioni generose con sapori della tradizione locale, tra cui i cjalzòns ripieni di patate, bieta e pancetta, serviti con burro fuso e papavero.

Specialità: Tòc in bràide. Sòpa Coàda. Gubana tradizionale fatta in casa con slivovitz e crema al mascarpone.

Menu 25/45 € – Carta 32/45 €

via Gorizia 7 – ☏ 0434 20562 – www.osterialaferrata.it – Chiuso 1 luglio-20 agosto, martedì

PORLEZZA

✉ 22018 – Como (CO) – Carta regionale n° **9**-A2 – Carta stradale Michelin 561-D9

🍴○ **La Musa** 🆕   🏠 🅰🅲 🅿

MODERNA · MINIMALISTA 🟡🟡 Sei intimi tavoli in una moderna sala con bella vista sul lago dalle ampie vetrate; il panorama diventa ancora più suggestivo nel servizio estivo all'aperto. Ingredienti dal nord al sud per una cucina che si veste di modernità. Un fine dining per serate romantiche!

Carta 45/85 €

Hotel Parco San Marco Lifestyle Beach Resort, viale Privato San Marco 1, località Cima – ☏ 0344 629111 – www.san-marco-hotels.com – Chiuso 2 gennaio-4 aprile, lunedì, martedì-domenica a mezzogiorno

🏨 **Parco San Marco Lifestyle Beach Resort**

🏕 🛥 ⇐ 🎿 🚣 ⛴ 🛟 🆂🅿 🎱 💆 ⊡ ♿ 🅰🅲 🛄 🚐

LUSSO · MEDITERRANEO Struttura in stile svizzero-tedesco suddivisa in diversi edifici digradanti sul lago: moderne suite con angolo cottura ed una panoplia di attività, nonché spazi dedicati ai bambini ed altri alle coppie in cerca di maggiore tranquillità. Nell'ambiente rustico della bicentenaria cantina a volta o sulla splendida terrazza del ristorante La Masseria, cucina contemporanea ed un'interessante proposta di carni alla griglia.

70 suites 🛏 – 🍽 185/745 € – 10 camere

viale Privato San Marco 1, località Cima – ☏ 0344 629 111 – www.parco-san-marco.com – Chiuso 2 gennaio-25 marzo

🍴○ **La Musa** – Vedere selezione ristoranti

PORTESE - Brescia → Vedere San Felice del Benaco

PORTO AZZURRO - Livorno → Vedere Elba (Isola d')

PORTO CERVO - Olbia-Tempio → Vedere Sardegna (Arzachena-Costa Smeralda)

PORTO ERCOLE

✉ 58018 – Grosseto (GR) – Carta regionale n° **18**–C3 – Carta stradale Michelin 563-O15

‖○ Alicina Hosteria Ⓝ   🐾   🆎

PESCE E FRUTTI DI MARE · FAMILIARE 🗶 Nel centro di Porto Ercole, un locale piccolo e semplice, ma gestito con passione e professionalità dallo chef-patron d'origine napoletana. Cucina di mare con tocchi personali; se la carta si arricchisce giornalmente a seconda della disponibilità del mercato, la lista dei vini annovera circa 300 etichette.

Menu 45 € – Carta 49/62 €

via San Sebastiano 54 –
📞 0564 832630 – www.alicinahosteria.com – Chiuso 10-20 gennaio,
15 novembre-15 dicembre, martedì

🏨 Argentario Golf Resort & Spa

🛎 🐾 ⪉ 🍴 🅿 🛋 🖥 🆘 ♨ ⅏ 📠 🛗 ♿ 🆎 🛁 🅿 🚗

LUSSO · PERSONALIZZATO Campo da golf e hotel di lusso accomunati da un unico concept: il design personalizzato. All'interno dominano il bianco e il nero; fuori, il verde della natura.

73 camere ☄ – 🛏 300/700 € – 7 suites

via Acquedotto Leopoldino –
📞 0564 810292 – www.argentariogolfresortspa.it

sulla strada Panoramica Sud - Ovest : 4,5 km

❀ Il Pellicano   🐾 ⪉ 🍴 🛋 🆎 🅿

CREATIVA · LUSSO 🗶🗶🗶 Con la sua terrazza sul mare e il profumo di rosmarino nell'aria, Il Pellicano è uno degli indirizzi più romantici d'Italia. Con un debole per la Toscana, dopo una recente esperienza nella ville lumière, Michelino Gioia torna come figliol prodigo a lavorare con la famiglia Sciò, arricchito - però - da una nuova convinzione, ovvero: l'importanza di lavorare per riduzione. Pochi ingredienti, quindi, ma capaci di esaltare il gusto rendendolo l'unico ed indiscusso protagonista della tavola; trionfi di consistenze spesso agli antipodi e sapori decisi, abbracci tra terra e mare, estrose interpretazioni della tradizione.

Specialità: Anguilla di Orbetello con foie gras e finocchio. Spalla di maialino con crema di pastinaca e salsa yakitori. Pera al caramello con cuore di nocciola e cioccolato.

Menu 160 € – Carta 98/132 €

Hotel il Pellicano, località Lo Sbarcatello –
📞 0564 858111 – www.pellicanohotel.com – Chiuso 1 gennaio-15 aprile,
26 ottobre-31 dicembre, lunedì-domenica a mezzogiorno

🏨 Il Pellicano   🛎 🐾 ⪉ 🍴 🛋 ⅏ 📠 🆎 🛁 🅿 🚗

GRAN LUSSO · PERSONALIZZATO Nato come inno all'amore di una coppia anglo-americana che qui volle creare il proprio nido, in uno dei punti più esclusivi della Penisola, villini indipendenti tra verde e ulivi. La spiaggia-piattaforma incastonata fra le rocce è raggiungibile grazie ad una romantica discesa o - in alternativa - con l'ascensore.

39 camere ☄ – 🛏 690/1020 € – 11 suites

località Lo Sbarcatello –
📞 0564 858111 – www.pellicanohotel.com – Chiuso 1 gennaio-15 aprile,
26 ottobre-31 dicembre

❀ **Il Pellicano** – Vedere selezione ristoranti

PORTOFINO

✉ 16034 – Genova (GE) – Carta regionale n° **8**-C2 – Carta stradale Michelin 561-J9

🏨🏨🏨 Belmond Hotel Splendido

🍴 🌳 ≤ 🛏 ⤴ 🐎 🎧 ♨ 🖨 AC 🏋 🅿 🚗

GRAN LUSSO · MEDITERRANEO Nella magnifica cornice del Golfo del Tigullio, questo esclusivo resort si propone come un microcosmo di eleganza e raffinatezza. Confort di ottimo livello e cura del dettaglio nelle lussuose camere, la maggior parte delle quali dotate di balcone o terrazza con vista sulla baia. Piatti di ligure memoria al ristorante.

55 camere ⌑ – 👫 440/2470 € – 15 suites

salita Baratta 16 – ☏ 0185 267801 – www.belmond.com – Chiuso 1 gennaio-8 aprile, 2 novembre-31 dicembre

🏨🏨 Belmond Splendido Mare   🍴 🖨 AC

GRAN LUSSO · LUNGOMARE Posizionato proprio sulla nota piazzetta di questa capitale della mondanità, un gioiellino dell'hôtellerie locale: pieno confort e comoda eleganza.

14 camere ⌑ – 👫 550/1900 € – 2 suites

via Roma 2 – ☏ 0185 267802 – www.belmond.com – Chiuso 1 gennaio-15 aprile, 19 ottobre-31 dicembre

PORTO GARIBALDI – Ferrara → Vedere Comacchio

PORTOMAGGIORE

✉ 44015 – Ferrara (FE) – Carta regionale n° **5**-C2 – Carta stradale Michelin 562-H17

a Quartière Nord - Ovest : 4, 5 km

🍴◯ La Chiocciola   🐎 ⇐ 🛋 ᘒ AC 🅿

REGIONALE · FAMILIARE ✗✗ Ricavato con originalità da un vecchio magazzino di deposito del grano, il locale offre una carta con specialità locali che vanno dall'oca, alle rane, ma anche alle lumache; il mare - a circa 50 km - arriva anche in tavola (da provare l'anguilla). Sobrie e funzionali le camere.

Carta 35/65 €

via Runco 94/F – ☏ 0532 329151 – www.locandalachiocciola.it – Chiuso 7-14 gennaio, 15-22 giugno, 30 agosto-14 settembre, lunedì, domenica sera

PORTO MAURIZIO – Imperia → Vedere Imperia

PORTONOVO – Ancona → Vedere Ancona

PORTOPALO DI CAPO PASSERO – Siracusa → Vedere Sicilia

PORTO RECANATI

✉ 62017 – Macerata (MC) – Carta regionale n° **11**-D2 – Carta stradale Michelin 563-L22

sulla strada per Numana Nord : 4 km

🍴◯ Dario   🛋 AC ⇔ 🅿

PESCE E FRUTTI DI MARE · STILE MEDITERRANEO ✗✗ Sulla spiaggia, dove tempo permettendo si svolge il servizio estivo, a poche centinaia di metri dai monti del Conero, una graziosa casetta con persiane rosse: il pesce dell'Adriatico e una gestione ormai giunta al mezzo secolo!

Carta 39/60 €

via Scossicci 9 – ☏ 071 976675 – www.ristorantedario.com – Chiuso 23 dicembre-24 gennaio, lunedì, domenica sera

PORTO ROTONDO – Olbia-Tempio → Vedere Sardegna - Olbia

PORTO SAN GIORGIO

✉ 63822 – Fermo (FM) – Carta regionale n° **11**-D2 – Carta stradale Michelin 563-M23

🍽️ **L'Arcade**

CREATIVA · **CONTESTO CONTEMPORANEO** XxX E' nelle due intime ed eleganti salette di contemporanea atmosfera che il giovane chef-patron intrattiene i suoi ospiti con un cucina creativa per divertirsi con loro in percorsi gustativi.

Menu 40/100€ – Carta 38/65€

via Giordano Bruno 76 – ℰ 0734 675961 – www.ristorantelarcade.it –
Chiuso 6-19 gennaio, 18-31 maggio, 23-28 dicembre, mercoledì, giovedì a
mezzogiorno, domenica sera

🍽️ **Damiani e Rossi Mare** 🏠

PESCE E FRUTTI DI MARE · **STILE MEDITERRANEO** XX Posizionato proprio sulla spiaggia, la cucina s'ispira al mare, sebbene non manchino alcune specialità vegetariane, piatti per celiaci, nonché una vasta scelta di vini del territorio e non solo.

Carta 32/70€

lungomare Gramsci centro – ℰ 0734 674401 – www.damianierossi.it –
Chiuso 1 gennaio-29 febbraio, lunedì, domenica sera

PORTO SAN PAOLO – Olbia-Tempio ➜ Vedere Sardegna

PORTO SANTO STEFANO

✉️ 58019 – Grosseto (GR) – Carta regionale n° **18**-C3 – Carta stradale Michelin 563-O15

a Santa Liberata Est : 4 km

🍽️ **Gourmet con Gusto**

CREATIVA · **ELEGANTE** XxX Nella veranda affacciata sul mare - sospesi nell'azzurro - o nella sala interna con ampie vetrate, è un nuovo chef a sovraintendere ai fornelli. Prodotti del territorio e specialità ittiche, in un menu che propone - comunque - qualche alternativa di carne.

Carta 59/86€

Hotel Villa Domizia, strada provinciale 161, 40 – ℰ 0564 812735 –
www.gourmetcongusto.com – Chiuso 5 novembre-18 aprile

a Cala Piccola Sud - Ovest : 10 km – Carta regionale n° **18**-C3

🏨 **Torre di Cala Piccola**

LUSSO · **PERSONALIZZATO** Attorno ad una torre spagnola del '500, nucleo di rustici villini nel verde di pini marittimi, oleandri e olivi su un promontorio panoramico: Giglio, Giannutri e Montecristo davanti a voi! Splendida anche la terrazza ristorante, dove si svolge il servizio estivo.

50 camere ⌂ – ♥♥ 199/999€ – 3 suites

località Cala Piccola – ℰ 0564 825111 – www.torredicalapiccola.com –
Chiuso 1 novembre-10 aprile

PORTOSCUSO – Carbonia-Iglesias ➜ Vedere Sardegna

PORTO TORRES – Sassari ➜ Vedere Sardegna

PORTOVENERE

✉️ 19025 – La Spezia (SP) – Carta regionale n° **8**-D2 – Carta stradale Michelin 561-J11

🏨 **Grand Hotel Portovenere**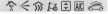

LUSSO · **CLASSICO** Ricavata all'interno di un monastero del 1300, una seducente finestra sul variopinto porticciolo di Portovenere, mentre molte camere offrono una vista da cartolina sul pittoresco paese. Il ristorante Palmaria offre anche un delizioso servizio in terrazza.

46 camere ⌂ – ♥♥ 200/800€ – 2 suites

via Garibaldi 5 – ℰ 0187 777751 – www.portoveneregrand.com –
Chiuso 4 novembre-14 marzo

POSITANO

✉ 84017 – Salerno (SA) – Carta regionale n° **4**–B2 –
Carta stradale Michelin 564-F25

Ci piace

La fragranza delle preparazioni de **La Taverna del Leone**.
Il giardino-agrumeto di **Palazzo Murat**, un'oasi di verde
mediterraneo nel cuore di Positano. La bravura e
l'entusiasmo giovanile che si trovano al **Next2**.

La cantina de Le Tre Sorelle non mancherà di soddisfare gli
amanti del frutto di Bacco: al civico 20 di via Pasitea
troverete vini pregiati e di qualità, produttori storici e
artigiani della vite, vecchie annate e distillati rari. Cercate
un angolo di paradiso a metà strada tra il profumo degli
agrumi della costiera amalfitana e la brezza marina che sale
dalla spiaggia? Dal 1950 La Zagara pasticceria è il punto di
riferimento per i golosi di dolci. Delizia al limone, la
preferita dall'ispettore!

J. Arnold Images/hemis.fr

Ristoranti

✿ **Zass**   ⌘ ≤ ☂ **P**

MODERNA · LUSSO XXX La forza dei colori e dei sapori del Mediterraneo si esalta nello splendido ristorante del mitico hotel San Pietro, dove la cucina campana si veste di una leggera nota creativa. I piatti dello chef Alois Vanlangenaeker riflettono - infatti - la sua ricerca di purezza, armonia e raffinatezza. Le sue creazioni richiamano la fotografia contemporanea di cui il cuoco è un grande adepto e al contempo mantengono la tradizione gastronomica italiana. "Il mio obiettivo è di migliorare il prodotto esistente. Ho grande rispetto per gli ingredienti" afferma lo chef belga. Molti dei prodotti utilizzati in cucina provengono dagli orti dell'albergo (il vero chilometro zero!) o da produttori locali. Il sogno diventa realtà grazie alla terrazza affacciata sul mare e sulla costa con tutti i suoi gioielli.

Specialità: Tartare di scampi con guacamole e mango. Tagliatelle all'uovo e limone con astice e pistacchi. Babà napoletano e limoni della costiera.

Menu 145 € – Carta 110/150 €

Hotel San Pietro, via Laurito 2 –
✆ 089 875455 – www.ilsanpietro.it – Chiuso 1 gennaio-2 aprile,
27 ottobre-31 dicembre

✿ **La Serra**   ≤ ☂ 🆊 **P**

MODERNA · AMBIENTE CLASSICO XX Se già qualche scorcio panoramico si ha dalla sala interna, la vista mozzafiato sulla costa che regala la terrazza varrà l'attesa del bel tempo perché l'appuntamento gourmet si sposi con un paesaggio da fiaba. In un contesto naturalistico di grande charme, la cucina mediterranea rivisitata con creatività ed equilibrio poggia prevalentemente su prodotti locali. Lo chef di Gragnano con importanti esperienze professionali alle spalle non teme le sfide: sempre pronto a rimettersi in gioco, sempre bravo a stupire.

Specialità: Variazione di crostacei con frutta e verdura. Ventresca di tonno con salsa genovese, sugo d'arrosto e vongole veraci. No sugar.

Menu 120/150 € – Carta 90/150 €

Hotel Le Agavi, via Marconi 127, località Belvedere Fornillo –
✆ 089 811980 – www.agavi.it – Chiuso 1 novembre-17 aprile, lunedì,
martedì-domenica a mezzogiorno

⒑ **La Sponda**   ⌘ 🛏 ☂ **P**

MEDITERRANEA · ROMANTICO XXX Sia che vi accomodiate en plein air, sia che restiate all'interno del locale, in ogni caso l'atmosfera sarà sempre impreziosita da centinaia di candele! Ai fornelli, il giovane cuoco di origine partenopea propone piatti d'ispirazione classica, ma dall'esecuzione contemporanea.

Menu 120/150 € – Carta 90/180 €

Hotel Le Sirenuse, via Colombo 30 –
✆ 089 875066 – www.sirenuse.it – Chiuso 1 gennaio-4 aprile,
2 novembre-31 dicembre

⒑ **Li Galli**   ≤ 🆊

MODERNA · ELEGANTE XX Il nome non è lasciato al caso, come del resto nulla in questo ristorante: è proprio l'omonimo arcipelago Li Galli che vedrete attraverso le finestre della sala, raffinata, elegante, che condivide con l'albergo Villa Franca l'amore per l'arte contemporanea. E moderna è anche la cucina, che moltiplica gli ingredienti nel piatto in tante piccole preparazioni di notevole complessità tecnica e suggestive presentazioni.

Menu 140/190 € – Carta 92/185 €

Hotel Villa Franca, viale Pasitea 318 –
✆ 089 875655 – www.villafrancahotel.it – Chiuso 1 gennaio-31 marzo,
4 novembre-31 dicembre, lunedì-domenica a mezzogiorno

⑪○ Al Palazzo

MODERNA · ROMANTICO XxX Prelibati piatti - sia di mare sia di terra - da assaporare all'aperto in un piccolo angolo di paradiso, un incantevole giardino botanico con piscina nella corte del palazzo o, all'interno, in piccole ed eleganti salette. A pranzo, si propone una formula più veloce e leggera sia nel servizio che nell'offerta gastronomica.

Carta 35/120 €

Hotel Palazzo Murat, via Dei Mulini 23/25 – ℰ 089 875177 – www.palazzomurat.it –
Chiuso 10 novembre-4 aprile

⑪○ Rada

MODERNA · CHIC XxX Al termine della spiaggia di Positano, superata la discoteca al piano terra, la sala del ristorante si trova al primo piano di un'ex rimessa di pescatori e offre una vista mozzafiato sul paese e sul mare. La cucina ha un orientamento creativo su basi essenzialmente mediterranee.

Menu 85 € – Carta 71/110 €

via Grotte dell'Incanto 51 – ℰ 089 875874 – www.radapositano.it –
Chiuso 20 ottobre-8 aprile, lunedì-domenica a mezzogiorno

⑪○ Next2

CONTEMPORANEA · ACCOGLIENTE XX Ingresso ornato da una piccola vite, bottiglie esposte in sala e una cantina con circa cinquecento etichette mostrano la serietà delle intenzioni enologiche di questo grazioso ristorante. Ma la cucina non è da meno: la bella e stuzzicante carta, con diversi piatti cotti in un forno a carbone di leccio calabrese, registra un grande e meritato successo.

Menu 60/80 € – Carta 50/104 €

via Pasitea 242 – ℰ 089 812 3516 – www.next2.it – Chiuso 1 novembre-15 aprile,
lunedì-domenica a mezzogiorno

⑪○ La Taverna del Leone

CLASSICA · AMBIENTE CLASSICO XX A tre chilometri da Positano (ma con servizio navetta su richiesta), è uno dei ristoranti più apprezzati della zona e a piena ragione. Ambiente classico, conduzione familiare e seria, spicca la cucina a vista ornata di ceramiche locali bianco-azzurre. I piatti passano da proposte locali ad altre più creative, ma sempre con una grande attenzione alla materia prima.

Menu 40/80 € – Carta 38/83 €

via Laurito 43 – ℰ 089 811302 – www.latavernadelleone.com –
Chiuso 7 gennaio-13 febbraio, martedì

⑪○ Buca di Bacco

PESCE E FRUTTI DI MARE · STILE MEDITERRANEO X Piatti campani ed un trionfo di pesce per questo storico locale che ha più di un secolo di vita. Passando nella via, gettate l'occhio - attraverso la grande vetrata - sulla cucina, ed accomodatevi nella veranda affacciata sulla Spiaggia Grande: uno dei punti più animati della "città romantica". I fritti sono una delle specialità della casa!

Carta 40/90 €

Hotel Buca di Bacco, via rampa Teglia 4 – ℰ 089 875699 – www.bucadibacco.it –
Chiuso 1 novembre-31 marzo

⑪○ Da Vincenzo

REGIONALE · FAMILIARE X Nonno Vincenzo fondò il locale nel '58 ed, oggi, l'omonimo nipote ne ha preso il timone. Inconfondibile impronta dei sapori di una volta nei piatti del menu, che variano a seconda della disponibilità del mercato e del pescato. Ambiente simpatico, familiare ed informale con qualche tavolino all'aperto lungo il marciapiede.

Carta 40/60 €

viale Pasitea 172/178 – ℰ 089 875128 – www.davincenzo.it –
Chiuso 4 novembre-9 aprile

Alberghi

🏨 San Pietro

GRAN LUSSO · MEDITERRANEO E' stato definito uno degli alberghi più belli del mondo. Dalle terrazze si tocca il cielo con un dito, mentre scendendo a mare la colonna sonora è il fragore delle onde: in spiaggia o al ristorantino diurno. Invisibile all'esterno, si snoda in un promontorio affacciato su Positano con cui sembra rivaleggiare in bellezza.

30 camere ☟ – 👫 407/1529 € – 26 suites

via Laurito 2 – ☏ 089 812080 – www.ilsanpietro.it – Chiuso 1 gennaio-2 aprile, 27 ottobre-31 dicembre

❀ **Zass** – Vedere selezione ristoranti

🏨 Le Sirenuse

LUSSO · PERSONALIZZATO Nel centro della località, un'antica dimora patrizia trasformata in raffinato e storico hotel negli anni '50: lo charme è realmente ovunque, dalle splendide camere ricche di decori e impreziosite da un panorama a portata di occhio e di mano. Due terrazze estive per finger-food, sushi e tante bollicine all'*Oyster e Champagne bar.*

56 camere ☟ – 👫 580/2300 € – 2 suites

via Colombo 30 – ☏ 089 875066 – www.sirenuse.it – Chiuso 1 gennaio-4 aprile, 2 novembre-31 dicembre

🍴 **La Sponda** – Vedere selezione ristoranti

🏨 Le Agavi

LUSSO · TRADIZIONALE Poco fuori Positano, lungo la Costiera, una serie di terrazze digradanti sino al mare offrono un panorama mozzafiato; si scende con ascensori e funicolare in una riuscita sintesi tra elegante confort e natura: belle camere con pregevole vista sulla distesa blu. Recentemente inaugurati il nuovo centro benessere, nonché l'area fitness.

48 camere ☟ – 👫 400/1000 € – 6 suites

via Marconi 171, località Belvedere Fornillo – ☏ 089 875733 – www.agavi.it – Chiuso 1 novembre-17 aprile

❀ **La Serra** – Vedere selezione ristoranti

🏨 Palazzo Murat

STORICO · ROMANTICO E' uno splendido palazzo - attirò anche Murat che lo scelse come residenza - oggi trasformato in albergo e che offre ai propri ospiti il privilegio di soggiornare nel cuore di Positano. Lungo una romantica via pedonale con copertura di bouganvillee, uno spettacolare giardino-agrumeto ed eleganti camere in tipico stile locale; il tutto a pochi metri dal Duomo e dalla spiaggia.

33 camere ☟ – 👫 330/900 € – 2 suites

via dei Mulini 23 – ☏ 089 875177 – www.palazzomurat.it – Chiuso 1 gennaio-3 aprile, 1 novembre-31 dicembre

🍴 **Al Palazzo** – Vedere selezione ristoranti

🏨 Villa Franca

BOUTIQUE HOTEL · CONTEMPORANEO Nella parte alta di Positano, la vista di alcune camere e della terrazza con ristorante Grill e Champagne bar, è mozzafiato; il paese assomiglia ad un presepe pittorescamente illuminato la sera. Nel resto della struttura prevale l'amore per il bianco e la luce: al Villa Franca non troverete tanto le colorate ceramiche vietresi quanto una sofisticata atmosfera esaltata da opere d'arte contemporanea.

44 camere ☟ – 👫 418/1870 € – 4 suites

viale Pasitea 318 – ☏ 089 875655 – www.villafrancahotel.it – Chiuso 1 gennaio-25 marzo, 12 novembre-31 dicembre

🍴 **Li Galli** – Vedere selezione ristoranti

POSTAL • BURGSTALL

⊠ 39014 – Bolzano (BZ) – Carta regionale n° **19**-B2 – Carta stradale Michelin 562-C15

🕯○ **Hidalgo** ⅏ ⇦ 🏠 ⅙ 🅿

CLASSICA • ACCOGLIENTE ✕✕ Cucina in prevalenza di tradizione mediterranea con tanta carne, anche alla griglia, mentre l'Aomi | Wagyu Restaurant propone menu di wagyu 100%. Per chi alloggia possibilità di usufruire anche di piscina estiva, sauna e palestra.

Carta 42/88 €

via Roma 7 – ℰ 0473 292292 –
www.restaurant-hidalgo.it

POZZA DI FASSA

⊠ 38036 – Trento (TN) – Carta regionale n° **19**-C2 – Carta stradale Michelin 562-C17

🕯○ **El Filò** 🅿

REGIONALE • FAMILIARE ✕ Tappa imperdibile per chi vuole completare la vacanza con una conoscenza anche gastronomica delle Dolomiti: El Filo' propone prodotti e piatti della regione, talvolta rivisitati dal virtuoso chef-patron.

Carta 30/72 €

strada Dolomites 103 – ℰ 0462 763210 –
www.el-filo.com – Chiuso 11 maggio-30 giugno, 9 novembre-22 dicembre, martedì

POZZO – Arezzo → Vedere Foiano della Chiana

POZZOLENGO

⊠ 25010 – Brescia (BS) – Carta regionale n° **9**-D1 – Carta stradale Michelin 561-F13

🕯○ **Moscatello Muliner** ⇦ 🏠 🏠 🅿

REGIONALE • CASA DI CAMPAGNA ✕✕ Intima e calda atmosfera per un ristorante in bucolico contesto, i cui piatti si legano al territorio con grande gusto. Per chi volesse prolungare la sosta, consigliamo le belle camere personalizzate da pitture dello chef-artista.

Menu 50/90 € – Carta 45/65 €

località Moscatello 3/5 – ℰ 030 918521 –
www.agriturismomoscatello.it – Chiuso lunedì a mezzogiorno, martedì,
mercoledì-venerdì a mezzogiorno

🕯○ **Antica Locanda del Contrabbandiere**
⇦ ≤ 🏠 🏠 🆎 ⇆ 🅿

TRADIZIONALE • RUSTICO ✕✕ In aperta campagna, calde salette di tono rustico-elegante accompagnano le proposte dello chef che riprendono la tradizione con "mano" moderna: ad inizio pasto sarà proprio lui a descrivervi i piatti in carta ed a consigliarvi per il meglio. Servizio e vini poi saranno appannaggio della moglie. Per chi desidera indugiare nella piacevolezza del luogo, camere d'atmosfera arredate con mobili d'epoca.

Menu 35/55 € – Carta 35/55 €

località Martelosio di Sopra 1 – ℰ 030 918151 –
www.locandadelcontrabbandiere.com – Chiuso 20 gennaio-7 febbraio, lunedì,
martedì-sabato a mezzogiorno

POZZOLO FORMIGARO

⊠ 15068 – Alessandria (AL) – Carta regionale n° **12**-C3 – Carta stradale Michelin 561-H8

🕯○ **Locanda dei Narcisi** 🏠 ⅙ 🆎 🅿

MODERNA • ELEGANTE ✕✕ Un "gioiellino" in una piccola frazione, in prossimità dell'outlet di Serravalle: ambiente curato e romantico, dove sfiziosi piatti di mare e qualche specialità del territorio vengono proposti in chiave moderna. Quasi tutto è fatto in casa, dal pane, alle paste, passando per le verdure dell'orto.

Menu 25 € (pranzo), 44/49 € – Carta 45/68 €

strada Barbotti 1, località Bettole – ℰ 348 511 6638 –
www.lalocandadeinarcisi.it – Chiuso lunedì

POZZUOLI

⊠ 80078 – Napoli (NA) – Carta regionale n° **4**–A2 – Carta stradale Michelin 564-E24

ⓘ○ **Baia Marinella** ⧀ 🏠 **AC**

PESCE E FRUTTI DI MARE · **ALLA MODA** ✗✗✗ Cucina di mare in un locale dalla strepitosa posizione a strapiombo sulla costa: la vista del golfo è mozzafiato ed i clienti possono approfittare di un solarium, nonché di discesa a mare. Specialità ittiche in menu.

Menu 50/60€ – Carta 60/80€

via Napoli 4 – ℰ 0818531321 – www.baiamarinella.it – Chiuso 10-18 gennaio

ⓘ○ **Abraxas Osteria** 🏠 **AC** **P**

CAMPANA · **FAMILIARE** ✗ In zona interna e leggermente rialzata rispetto alla costa, un locale su due piani dove le attenzioni sono tutte concentrati sui sapori del territorio e sulla carta dei vini. Il rapporto qualità/prezzo è molto buono, ma se si opta per la carne alla griglia - e ne vale la pena - si spende qualcosa in più.

Menu 45€ – Carta 25/50€

via Scalandrone 15, località Lucrino – ℰ 0818549347 – www.abraxasosteria.it – Chiuso 12-26 agosto, 24 dicembre-5 gennaio, lunedì a mezzogiorno, martedì, mercoledì-venerdì a mezzogiorno

PRAIANO

⊠ 84010 – Salerno (SA) – Carta regionale n° **4**–B2 – Carta stradale Michelin 564-F25

ⓘ○ **M'Ama!** ⧀ ⧀ 🍴🏠 **P** 🚗

REGIONALE · **ACCOGLIENTE** ✗✗ All'interno dell'hotel Margherita, c'è una classica sala d'albergo, ma aspettate appena il tempo si fa bello per approfittare della magnifica vista su mare e costa dal roof garden. Cucina tipica campane e mediterranea.

Menu 35/45€ – Carta 42/85€

Hotel Margherita, via Umberto I 70 – ℰ 089 874776 – www.ristorantemama.it – Chiuso 9 dicembre-29 febbraio

sulla costiera amalfitana Ovest : 2 km

ⓘ○ **Un Piano nel Cielo** 🕸 ⧀ 🏠 **AC** **P**

CONTEMPORANEA · **MINIMALISTA** ✗✗✗ Un suggestivo ascensore panoramico vi condurrà dall'albergo (Casa Angelina) al ristorante, dal nome quanto mai eloquente. Con il bel tempo si cena su una terrazza, a lume di candela e dalla vista mozzafiato sulla costiera, mentre i piatti brillano di una cucina mediterranea ed estrosa, che rilegge con fantasia le specialità campane.

Menu 120/180€ – Carta 110/150€

Hotel Casa Angelina, via Capriglione 147 – ℰ 089 813 1333 – www.casangelina.it – Chiuso 1 gennaio-15 marzo, 30 ottobre-31 dicembre, lunedì-domenica a mezzogiorno

🏨🏨 **Casa Angelina** 🐟 ⧀ 🔥 🏊 🎿 🕸 💆 ⊞ **AC** **P**

LUSSO · **DESIGN** Sobrietà, design, luminosità, prevalenza del bianco, arredi moderni: questi sono i raffinati ambienti che troverete in uno degli alberghi più originali della costiera, che si distacca volutamente dalle più consuete decorazioni mediterranee, per proporre atmosfere uniche ed esclusive. Spettacolare vista dalle camere.

43 camere ⊑ – 🛏 460/2400€

via Capriglione 147 – ℰ 089 813 1333 – www.casangelina.com – Chiuso 1 gennaio-28 marzo, 3 novembre-31 dicembre

ⓘ○ **Un Piano nel Cielo** – Vedere selezione ristoranti

PRALBOINO

✉ 25020 – Brescia (BS) – Carta regionale n° **9**–C3 – Carta stradale Michelin 561-I8

❀ **Leon d'Oro** (Alfonso Pepe) ❀ 🏠 AC

MODERNA · ROMANTICO ✗✗ Nel centro storico del piccolo paese, in un palazzo d'epoca, all'interno tutto custodisce il passato, dalle travi a vista del soffitto al camino acceso, esprimendo calore e tradizione. Buona parte della carta rispecchia il territorio, dalle lumache al capretto alla bresciana, ma c'è anche spazio per qualche divagazione ittica o più creativa, come la rivisitazione dei marubini alle spezie in brodo di Marsala.

Specialità: Millefoglie di fegato d' oca in insalata di mele, songino, amaretto e aceto balsamico. Bocconcini di capretto in arrosto alla bresciana, radicchietto e cipollotto. Sorbetto al frutto della passione, semi di zucca sabbiati e gocce di fondente.

Carta 70/105€

via Gambara 6 – ☎ 030 954156 – www.locandaleondoro.it – Chiuso 1-15 gennaio, 1-18 agosto, lunedì, martedì a mezzogiorno, domenica a mezzogiorno

PRATO

✉ 59100 – Prato (PO) – Carta regionale n° **18**–C1 – Carta stradale Michelin 563-K15

❀O **Il Piraña** AC ✦

PESCE E FRUTTI DI MARE · VINTAGE ✗✗ In ambiente elegante dall'inconfondibile, quanto ben curato, stile anni Settanta, non troverete svolazzi tecnici od invenzioni avanguardiste, bensì una solida e gustosa cucina di pesce: le cotture sono quelle più semplici e conosciute, ma le migliori per esaltare la qualità del prodotto. Un porto sicuro per gli amanti della tradizione, e - certamente - un riferimento per la città!

Menu 60€ – Carta 47/78€

via G. Valentini 110 – ☎ 0574 25746 – www.ristorantepirana.it – Chiuso 1-6 gennaio, 10-31 agosto, sabato a mezzogiorno, domenica sera

❀O **Pepe Nero** AC

MODERNA · CONTESTO CONTEMPORANEO ✗✗ Un po' di pepe alla cucina di Prato, grazie ad un locale che negli anni è cresciuto ed oggi si propone con garbo e sicurezza. Cucina moderna, sia di terra sia di mare, giocata su citazioni della tradizione locale e più in generale italiana. A pranzo la carta è ampliata da un servizio di carta light economico e semplice.

Menu 25€ (pranzo), 60/80€ – Carta 46/78€

via Zarini 289 – ☎ 0574 550353 – www.ristorantepepeneroprato.it – Chiuso 1-9 gennaio, 10 agosto-2 settembre, sabato a mezzogiorno, domenica

❀O **Tonio** 🏠 AC ✦

PESCE E FRUTTI DI MARE · AMBIENTE CLASSICO ✗✗ In attività dagli anni '50, commensali illustri sono ritratti nelle foto in bianco e nero, mentre nei piatti prevalgono le specialità di mare in proposte classiche e fragranti.

Menu 18€ (pranzo), 35/64€ – Carta 40/88€

piazza Mercatale 161 – ☎ 0574 21266 – www.ristorantetonio.it – Chiuso 18 agosto-2 settembre, lunedì a mezzogiorno, domenica

PREGANZIOL

✉ 31022 – Treviso (TV) – Carta regionale n° **23**–A1 – Carta stradale Michelin 562-F18

❀O **Magnolia** 🛏 🏠 ♿ AC P

PESCE E FRUTTI DI MARE · AMBIENTE CLASSICO ✗✗ Nel contesto dell'omonimo hotel, ma completamente indipendente, un ristorante a valida gestione familiare con specialità venete, soprattutto a base di pesce. Sale spaziose e curato giardino.

Menu 20€ (pranzo), 40/50€ – Carta 28/65€

via Terraglio 136 – ☎ 0422 633131 – www.magnoliaristorante.com – Chiuso 9-25 agosto, lunedì, domenica sera

PRIOCCA

⊠ 12040 – Cuneo (CN) – Carta regionale n° **14**–A2 – Carta stradale Michelin 561-H6

🏶 **Il Centro** (Elide Mollo)   🏶 AC ⇔

PIEMONTESE · **FAMILIARE** XX Correva l'anno 1956, quando Rita e Pierino Cordero presero in mano le redini di questo locale già ai tempi centenario. Lei in cucina, lui ad occuparsi di sala e lista dei vini, si può con certezza affermare che ai due il lavoro non è mai mancato. Ora ad aiutarli vi sono anche il figlio Enrico con la di lui consorte Elide. Una competente gestione familiare accompagnata da quell' autentico calore che solo in presenza di determinati presupposti si può raggiungere. E' il Piemonte in purezza: qui troverete una delle più riuscite espressioni della cucina regionale, interpretata con intelligente fedeltà alle ricette originali, sorretta dai migliori prodotti. Suggestiva cantina visitabile.

Specialità: Sfera di ciliegie sciroppate ripiena di fegato su nocciole. Ravioli della domenica con ragù di salsiccia e fegatini di pollo. Il nostro dolce di nocciole.

Menu 38/75€ – Carta 50/75€

via Umberto I° 5 – ℰ 0173 616112 – www.ristoranteilcentro.com – Chiuso 12-27 agosto, 27 dicembre-5 gennaio, martedì

PUEGNAGO DEL GARDA

⊠ 25080 – Brescia (BS) – Carta regionale n° **9**–D1 – Carta stradale Michelin 561-F13

🍴 **Casa Leali** 🆕   🏠 & **P**

MODERNA · **CONTESTO CONTEMPORANEO** XX Caseggiato rustico con origini del 1400 ubicato in centro paese. Atmosfera elegante e la complicità di due fratelli: uno in cucina ad elaborare piatti contemporanei ispirati alla regione, nonché stagione, l'altro in sala a consigliare il miglior vino.

Menu 55/75€ – Carta 55/85€

Via Valle 7 – ℰ 366 529 6042 – www.casalealiristorante.com – Chiuso lunedì-martedì a mezzogiorno, mercoledì

PULA – Cagliari ➜ Vedere Sardegna

PULFERO

⊠ 33046 – Udine (UD) – Carta regionale n° **6**–C2 – Carta stradale Michelin 562-D22

🍴 **Al Vescovo**   ⇦ 🏠 &

REGIONALE · **FAMILIARE** X Per una gita nelle valli, da non perdere questo ristorantino a conduzione familiare dove la cucina del territorio viene preparata con amore e cura. Terrazza sul fiume per i pasti all'aperto ed accoglienti camere per chi volesse allungare la sosta.

Menu 20/60€ – Carta 25/65€

via Capoluogo 67 – ℰ 0432 726375 – www.alvescovo.com – Chiuso 1-28 febbraio, martedì sera, mercoledì

PULSANO

⊠ 74026 – Taranto (TA) – Carta stradale Michelin 564-F34

a **Marina di Pulsano** Sud : 3 km – Carta regionale n° **15**–C3

🏶 **La Barca**   ⇐ 🏠 AC **P**

PESCE E FRUTTI DI MARE · **STILE MEDITERRANEO** XX Uno dei migliori ristoranti di pesce della zona per qualità e quantità offerta, nonché prezzi contenuti. Il proprietario, instancabile in sala, vi suggerirà a voce il pescato del giorno: affidatevi a lui e sarete ricompensati, a cominciare dai crostacei, crudi o cotti. Nuovo chef, ma la cucina vale sempre la sosta!

Specialità: Gamberi in insalata agrodolce. Ricciola in cotoletta. Zuccotto alla frrutta.

Menu 35/50€ – Carta 35/50€

litoranea Salentina – ℰ 099 533 3335 – www.ilristorantelabarca.it – Chiuso 7-20 gennaio, 2-8 novembre, lunedì, domenica sera

PUNTA ALA

⊠ 58040 – Grosseto (GR) – Carta regionale n° **18**–B3 – Carta stradale Michelin 563-N14

🏨 Gallia Palace Hotel   🍴 🦢 🌲 😓 🗳 🛏 🔁 🔥 🖭 🕍 🅿

LUSSO · ELEGANTE Immerso nella macchia mediterranea, un grand hotel che dispone di un piccolo centro benessere, camere spaziose dagli arredi classici e splendido giardino con piscina (c'è anche l'idromassaggio!).

45 camere 🍽 – 🛏 310/525€ – 22 suites

via delle Sughere –
✆ 0564 922022 – www.galliapalace.it – Chiuso 1 gennaio-15 maggio,
28 settembre-31 dicembre

PUNTALDIA – Olbia-Tempio ➜ Vedere Sardegna - San Teodoro

PUOS D'ALPAGO

⊠ 32015 – Belluno (BL) – Carta regionale n° **23**–C1 – Carta stradale Michelin 562-D19

🌼 **Locanda San Lorenzo** (Renzo Dal Farra)   🕮 🖴 🏮 🗘 🅿

MODERNA · ACCOGLIENTE 🍴🍴 Era il 1900, quando la saga della famiglia Dal Farra con la loro locanda ebbe inizio. I nonni di Renzo – l'attuale chef patron oggi affiancato da Paolo Speranzon - avviarono una semplice osteria per dare ristoro a chi lavorava nel vicino mulino. Negli anni Cinquanta fu la volta dei genitori, per arrivare nel 1997 al riconoscimento della stella. Passione e costanza sono, quindi, le caratteristiche che da oltre un secolo entusiasmano gli avventori di questo locale, la cui cucina saldamente legata ai prodotti regionali viene in certi piatti reinterpretata con gusto contemporaneo. Due differenti tipologie di camere per chi volesse prolungare la sosta: una sobria leggermente moderna, l'altra tipicamente rustica.

Specialità: Testina di vitello con scampi e gelato alla senape. Spaghetti al burro di malga, sarde affumicate e limone candito. Crumble salato e pistacchio con gelée al limone, gelato di ricotta, yogurt e biscotto morbido all'olio extravergine.

Menu 75/85€ – Carta 58/100€

via IV Novembre 79, incrocio via G. Cantore –
✆ 0437 454048 – www.locandasanlorenzo.it – Chiuso 4-22 maggio, mercoledì

PUTIGNANO

⊠ 70017 – Bari (BA) – Carta regionale n° **15**–C2 – Carta stradale Michelin 564-E33

🌼 **Angelo Sabatelli**   🕮 🔥 🖭

MODERNA · ELEGANTE 🍴🍴🍴 Chef-patron del ristorante eponimo, Angelo Sabatelli viene definito come un uomo dalla tempra dura e che di gavetta per arrivare al successo ne ha fatta tanta. "Ho fatto di tutto" confessa Angelo "L'imbianchino, il carrozziere, il muratore, perfino il raccoglitore di olive. Tutto questo, però, con il desiderio di fare esperienza, costruirmi un solido futuro e tornare a casa". Promessa mantenuta! Cuoco talentuoso e per certi versi geniale, nel caratteristico centro storico della località, sale storicamente eleganti e – al tempo stesso contemporanee – accolgono una cucina tecnica che valorizza il territorio, simpatizzando in certi piatti anche con sapori asiatici. Meritevole di visita la grande e fornita cantina; un paio di bei tavoli possono prestarsi per degustazioni o cene particolari.

Specialità: Animelle glassate, porri e vincotto. Vitello, limone bruciato e rosmarino. Pane, lamponi e cioccolato bianco.

Menu 100/130€ – Carta 71/83€

via Santa Chiara, 1 –
✆ 080 405 2733 – www.angelosabatelliristorante.com – Chiuso 7-14 gennaio,
18 novembre-3 dicembre, lunedì, martedì

QUARONA

⊠ 13017 – Vercelli (VC) – Carta regionale n° **12**–C1 – Carta stradale Michelin 561-E6

⊛ Italia

REGIONALE · **CONTESTO CONTEMPORANEO** ✕✕ E' una piacevole sorpresa questo curato e familiare locale di taglio moderno in una casa del centro della località; piatti di creativa cucina piemontese.

Specialità: Millefoglie di verdure gratinate alla toma. Arrosto di coniglio avvolto in pancetta e rosolato al rosmarino. Semifreddo di yogurt con coulis di ciliegie e croccante di riso soffiato.

Menu 20 € (pranzo)/30 € – Carta 31/45 €

piazza della Libertà 27 – ☏ 0163 430147 – www.albergogranditalia.it –
Chiuso 7-24 agosto, lunedì

QUARTIÈRE – Ferrara → Vedere Portomaggiore

QUARTO

✉ 80010 – Napoli (NA) – Carta regionale n° **4**–A2 – Carta stradale Michelin 564-E24

✿ Sud (Marianna Vitale)

MODERNA · **CONTESTO CONTEMPORANEO** ✕✕ E' il classico esempio di binomio alta cucina-imprenditorialità, ma anche multitasking spiccatamente femminile, questo delizioso locale già concreto nel suo nome, Sud! Marianna Vitale è, infatti, una delle tante donne chef-proprietaria riuscita nella funambolesca impresa di coniugare oneri imprenditoriali e famiglia. Con impegno e dedizione in un territorio non facile, Marianna ha creato un locale che rispecchia al 100% la sua personalità proponendo piatti essenziali e immediati: percorsi di gusto che portano lontano facendo sentire l'ospite, comunque, a casa. Gli ispettori la definiscono come una delle cucine più interessanti del napoletano, in virtù di un piglio solare e vulcanico che insieme ai piatti "classici" del territorio osa scommettere su nuove invenzioni e vivacità.

Specialità: Minestra di mare con frutta e verdure di stagione. Spaghettone con anemoni di mare e wasabi. Crostatina meringata con cioccolato fondente e marmellata d'arance.

Carta 50/80 €

via Santi Pietro e Paolo 8 – ☏ 081 020 2708 – www.sudristorante.it –
Chiuso 8-15 gennaio, 7-28 agosto, lunedì-martedì a mezzogiorno, mercoledì,
giovedì-venerdì a mezzogiorno, domenica sera

QUARTO D'ALTINO

✉ 30020 – Venezia (VE) – Carta regionale n° **23**–A1 – Carta stradale Michelin 562-F19

◗◯ Da Odino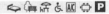

PESCE E FRUTTI DI MARE · **FAMILIARE** ✕✕ A circa 100 m dal Park Hotel Junior, ristorante a gestione familiare, informale ed elegante al tempo stesso, le cui specialità ruotano sempre attorno al mare, sebbene ultimamente vi trovino posto anche piatti di terra e vegetariani.

Menu 15 € (pranzo)/28 € – Carta 28/80 €

via Roma 89 – ☏ 0422 825421 – www.daodino.it

QUATTORDIO

✉ 15028 – Alessandria (AL) – Carta regionale n° **14**–B1 – Carta stradale Michelin 561-H7

◗◯ Corte dei Civalieri

MODERNA · **ACCOGLIENTE** ✕✕ All'interno del bel Relais Rocca Civalieri, preceduto da una spettacolare ghiacciaia trecentesca, molta attenzione è dedicata alla ristorazione: eccellente cucina contemporanea con spunti regionali, nell'elegante sala interna o nel dehors estivo.

Menu 70 € – Carta 43/65 €

Relais Rocca Civalieri, strada Cascina Rocca Civalieri 23 – ☏ 0131 797333 –
www.ristorantecortedeicivalieri.it – Chiuso lunedì, martedì-sabato a mezzogiorno,
domenica

QUATTRO CASTELLA

✉ 42020 – Reggio nell'Emilia (RE) – Carta stradale Michelin 562-I13

a Rubbianino Nord : 13 km – Carta regionale n° **5**-B3

❀ **Ca' Matilde** (Andrea Incerti Vezzani)　　⇦ 🖙 🛖 **P**

MODERNA · MINIMALISTA ✕✕ Immerso nel verde delle terre matildiche, raziona-
lità funzionale, materiali semplici quali ferro e legno, linee essenziali ma decise
sono le cifre distintive di questo bel locale recentemente ristrutturato. Un restyling che riflette le scelte innovative della continua ricerca gastronomica per piatti
al tempo stesso moderni e contadini.
La cucina di Vezzani, chef-patron, ha basi nella tradizione reggiana, punto di partenza per un'interpretazione rispettosa della cultura culinaria locale. I 4 percorsi di
degustazione a sorpresa – "Gli intramontabili", "Acqua in bocca", "Con i piedi per
terra", "Cielo" - sono un invito a giocare, lasciandovi guidare alla scoperta di abbinamenti, profumi e stagionalità: piatti coloratissimi e generosi.

Specialità: Tarte tatin di melanzane con gelato al cioccolato e cardamomo.
Bomba di riso alla reggiana, ragù e mousse di piselli. Il ricordo della mia torta di
riso.

Menu 65/97 €

via Polita 14 – ℰ 0522 889560 – www.camatilde.it – Chiuso 7-20 gennaio, lunedì

QUISTELLO

✉ 46026 – Mantova (MN) – Carta regionale n° **9**-D3 – Carta stradale Michelin 561-G14

❀ **Ambasciata** (Romano Tamani)　　🆎 ✛ **P**

MANTOVANA · ROMANTICO ✕✕✕✕ Non lontano dalle sponde del fiume Secchia,
il nome omaggia la famiglia dell'ambasciatore Adolfo Alessandrini, nativa di Quistello. Al suo interno uno sfarzo circense e rinascimentale – pile di libri antichi,
specchi imponenti, drappeggi e candelabri d'argento - è il contorno di piatti sontuosi e barocchi, l'eccesso è favorito, la misura osteggiata: i fratelli Tamani mettono in scena i fasti della gloriosa cucina mantovana. Preparatevi ad un'esperienza a tutto tondo!

Specialità: Insalata di code di gamberi. Faraona del Vicariato di Quistello con
menta e melograno. Meringata con gelatina di arance.

Menu 80/150 € – Carta 85/135 €

*piazzetta Ambasciatori del Gusto 1 – ℰ 0376 619169 – www.ristorantelambasciata.eu –
Chiuso 1-13 gennaio, 3-24 agosto, lunedì, domenica sera*

🍴 **All'Angelo**　　❀ ⇦ 🖙 🆎 **P**

CLASSICA · ELEGANTE ✕✕ L'impostazione è quella classica da trattoria, mentre
la cucina si sposa con la tradizione proponendo piatti del territorio, specialità al
tartufo (in stagione) ed una pregevole carta dei vini. Cinque camere per chi
vuole prolungare la sosta in questa villa dell'Ottocento.

Menu 18 € (pranzo), 25/45 € – Carta 35/65 €

*via Cantone, 60 – ℰ 0376 618354 – www.allangelo.eu – Chiuso 7-14 gennaio,
3-17 agosto, lunedì, domenica sera*

RABLÀ • RABLAND – Bolzano → Vedere Parcines

RACALE

✉ 73055 – Lecce (LE) – Carta regionale n° **15**-D3 – Carta stradale Michelin 564-H36

🏵 **L'Acchiatura**　　⇦ 🛖 🆎

REGIONALE · CONTESTO STORICO ✕ In un ristorante caratterizzato da diverse
sale e patii interni, saporita cucina pugliese tra cui spiccano le orecchiette ceci e
vongole. Il fascino del passato rivive anche nelle belle ed accessoriate camere,
nonché nella scenografica piscina ospitata in una grotta.

Specialità: Antipasto della casa. Orecchiette alle cime di rapa. Sporcamusi.

Carta 21/56 €

*via Marzani 12 – ℰ 0833 558839 – www.acchiatura.it – Chiuso 7-30 gennaio,
6-25 ottobre, lunedì a mezzogiorno, martedì, mercoledì-sabato a mezzogiorno*

RADDA IN CHIANTI

⌧ 53017 – Siena (SI) – Carta regionale n° **18**-D1 – Carta stradale Michelin 563-L16

⅋○ La Botte di Bacco

TOSCANA · **AMBIENTE CLASSICO** XX Creatività e calore sono il segreto di questo ristorante in cui lo chef napoletano Flavio D'Auria, coadiuvato in sala dalla moglie, ha fatto della ricerca attenta della materia prima la sua filosofia: ricette che travalicano i confini del Chianti lambendo i confini della sua Campania.

Carta 45/120 €

via XX Settembre 23 – ℰ 0577 739008 – www.ristorantelabottedibacco.it –
Chiuso 1 gennaio-30 marzo, lunedì-martedì sera, mercoledì, giovedì sera, venerdì,
sabato, domenica sera

⛭ Palazzo Leopoldo

STORICO · **ELEGANTE** Nella piccola via del centro, un ottimo esempio di conservazione di un palazzo medievale: vi si ripropongono con sobrietà ed eleganza stili ed atmosfere cariche di storia. Due sono i ristoranti a disposizione per soddisfare gli appetiti; il nuovo "Girarrosto" dispone anche di undici camere rinnovate.

38 camere ☲ – ♔♔ 120/250 € – 6 suites

via Roma 33 – ℰ 0577 735605 – www.palazzoleopoldo.it

a Lucarelli Nord - Ovest : 8 km – Carta regionale n° **18**-D1

⊛ Osteria Le Panzanelle

TOSCANA · **OSTERIA** X Una cucina del territorio eseguita con gusto e generosità: paste fatte in casa e ottime carni, in una simpatica trattoria di paese informale e sbarazzina. Venerdì pesce fresco dall'Isola d'Elba.

Specialità: Involtino caldo di melanzane. Pici all' aglione. Panna cotta.

Menu 10/45 € – Carta 10/80 €

località Lucarelli 29 – ℰ 0577 733511 – www.osteria.lepanzanelle.it –
Chiuso 7 gennaio-1 marzo, lunedì

RADEIN · REDAGNO – Bolzano ➔ Vedere Redagno

RAGONE – Ravenna ➔ Vedere Ravenna

RAGUSA – Ragusa ➔ Vedere Sicilia

RANCIO VALCUVIA

⌧ 21030 – Varese (VA) – Carta regionale n° **9**-A2 – Carta stradale Michelin 561-E8

⅋○ Gibigiana

REGIONALE · **FAMILIARE** X La grande griglia troneggia in mezzo alla sala principale, preludio di quanto sarà servito in tavola: specialità locali e alla brace, nonché gli gnocchi alla Gibigiana o lo zabaione al Marsala con gelato artigianale alla vaniglia.

Carta 25/45 €

via Roma 19 – ℰ 0332 995085 – www.ristorantegibigiana.it –
Chiuso 23 giugno-14 luglio, martedì

RANCO

⌧ 21020 – Varese (VA) – Carta regionale n° **9**-A2 – Carta stradale Michelin 561-E7

⅋○ Il Sole di Ranco

CREATIVA · **ELEGANTE** XXX Ambiente in stile contemporaneo con contaminazioni classiche, stupende terrazze con vista lago, nonché delizioso giardino d'inverno per una cucina, che intreccia tradizione e modernità, nel rispetto e nella riscoperta dei prodotti del territorio.

Menu 50/100 € – Carta 70/110 €

Hotel Il Sole di Ranco, piazza Venezia 5 – ℰ 0331 976507 – www.ilsolediranco.it –
Chiuso 23 dicembre-7 febbraio, lunedì, martedì

🏠 Il Sole di Ranco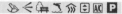

BOUTIQUE HOTEL · PERSONALIZZATO La risorsa non è molto grande, ma fa di questo "raccoglimento" il proprio punto di forza. La posizione elevata, fronte lago con giardino, si fa complice nel creare quell'atmosfera incantata che affascinerà l'ospite. E la magia continua poi negli ambienti interni, nonché nelle camere più o meno spaziose: qualcuna con bagni in marmo di Carrara, altre con arredi in antico stile lombardo. Tutte, comunque, di una bellezza abbagliante: non per niente si chiama il Sole!

14 camere �²² – ♀♀ 170/300€

piazza Venezia 5 –
𝒞 0331 976507 – www.ilsolediranco.it – Chiuso 22 dicembre-7 febbraio

🍴 **Il Sole di Ranco** – Vedere selezione ristoranti

RANDAZZO – Catania → Vedere Sicilia

RANZO
✉ 18020 – Imperia (IM) – Carta regionale n° **8**-A2 – Carta stradale Michelin 561-J6

🍴 Il Gallo della Checca

REGIONALE · ACCOGLIENTE XX Ristorante-enoteca che offre interessanti proposte gastronomiche sull'onda di una cucina prevalentemente regionale. In sala bottiglie esposte ovunque: cantina di buon livello.

Carta 30/98€

località Ponterotto 31 –
𝒞 0183 318197 – www.ilgallodellacheccaranzo.it – Chiuso lunedì

RAPALLO
✉ 16035 – Genova (GE) – Carta regionale n° **8**-C2 – Carta stradale Michelin 561-I9

🍴 Le Cupole

MODERNA · LUSSO XxX Se leggendo il nome di questo ristorante, immaginate un roof garden con vista mozzafiato sul Promontorio di Portofino: ebbene, avete indovinato! Al decimo piano del Grand Hotel Bristol, la cucina abbraccia tutto lo Stivale, ma riserva un occhio di riguardo alle specialità regionali con qualche ben riuscita rivisitazione moderna.

Carta 52/105€

Grand Hotel Bristol, via Aurelia Orientale 369 – 𝒞 0185 273313 –
www.grandhotelbristol.it

🏠 Excelsior Palace Hotel

GRAN LUSSO · LUNGOMARE Un "grande albergo": non solo per le sue dimensioni, ma in quanto punto di riferimento per il bel mondo internazionale, splendida cornice per vacanze in ambienti eleganti ed accoglienti, nelle raffinate camere o nelle splendide suite sul mare. La proposta culinaria dispone di due ristoranti e altrettanti bar. Inoltre a disposizione uno stabilimento balneare privato con piscine, nonché gazebo per i massaggi all'aria aperta.

103 camere �²² – ♀♀ 199/965€ – 16 suites

via San Michele di Pagana 8 –
𝒞 0185 230666 – www.excelsiorpalace.it

🏠 Grand Hotel Bristol

LUSSO · PERSONALIZZATO Storico albergo frontemare - rinnovato in anni recenti - con ambienti comuni moderni, camere spaziose ed un iper moderno centro benessere.

77 camere �²² – ♀♀ 150/500€ – 6 suites

via Aurelia Orientale 369 –
𝒞 0185 273313 – www.grandhotelbristol.it

🍴 **Le Cupole** – Vedere selezione ristoranti

RAPOLANO TERME

✉ 53040 – Siena (SI) – Carta regionale n° **18**–C2 – Carta stradale Michelin 563-M16

⑩ Osteria Il Granaio   🛖 ⑤ 🅰️🅲️

CLASSICA · CONTESTO TRADIZIONALE XX Nel centro storico di Rapolano, si chiama osteria ma in realtà è un ristorante dalle eleganti sale sotto gli archi in mattoni di un palazzo di origini seicentesche. In carta troverete specialità toscane, dai pici con vari condimenti al peposo, nonché una selezione di piatti di pesce.

Carta 40/90 €

via dei Monaci – 𝒞 0577 726975 – www.osteriailgranaio.it –
Chiuso 15 gennaio-20 febbraio, martedì, mercoledì

RASTIGNANO – Bologna → Vedere Pianoro

RAVALLE – Ferrara → Vedere Ferrara

RAVARINO

✉ 41017 – Modena (MO) – Carta regionale n° **5**–B2 – Carta stradale Michelin 562-H15

⑩ Il Grano di Pepe   ⑤ 🅰️🅲️

MEDITERRANEA · INTIMO X Sono piccoli sia la sala sia la carta, ma non certo la qualità, anzi! Lo chef-patron racconta, con stile semplice e moderno, la sua Sicilia ed in generale la cucina mediterranea: predilezione per il pesce, spesso proveniente dall'isola natia, ma non solo. Un ottimo approdo a circa un quarto d'ora da Modena.

Carta 45/80 €

via Roma 178/a – 𝒞 059 905529 – www.ilgranodipepe.it – Chiuso 1-10 gennaio, lunedì,
martedì-venerdì a mezzogiorno, domenica sera

RAVELLO

✉ 84010 – Salerno (SA) – Carta regionale n° **4**–B2 – Carta stradale Michelin 564-F25

☸ Rossellinis   🕸 🛏🛖🅰️🅲️

MODERNA · LUSSO XxxX Elegante e sofisticato nelle sale interne, ma l'appuntamento imperdibile è con la terrazza estiva affacciata su uno degli scorci più suggestivi della costiera amalfitana: tra mare color cobalto e monti verdeggianti sembra veramente di spiccare il volo. Giovanni Vanacore approda ai fornelli di questo locale dopo un serie di esperienze significative presso illustri indirizzi dall'Hostaria dell'Orso di Roma al Comandante di Napoli; l'incontro con la forte personalità di Gennaro Esposito lascerà un segno nella sua carriera diventando per il giovane chef maestro e mentore. Cucina tecnica ed elaborata, innamorata del territorio e dei prodotti campani, ma non scevra d'influenze straniere.

Specialità: Pesce Bandiera. Raviolo di pan di limone. La fragola.

Menu 140/200 € – Carta 110/170 €

Hotel Palazzo Avino, via San Giovanni del Toro 28 – 𝒞 089 818181 –
www.palazzoavino.com – Chiuso 19 ottobre-29 marzo, lunedì-domenica a
mezzogiorno

☸ Il Flauto di Pan   🕸 ≤ 🛏🛖🅰️🅲️ ↻

CREATIVA · ROMANTICO XxX Non si esagererà dicendo che siamo in uno dei posti più romantici ed esclusivi d'Italia, a Villa Cimbrone con i suoi belvedere mozzafiato a strapiombo sul golfo di Salerno, circondati da una lussureggiante vegetazione mediterranea. Guadagnata la strada per il ristorante, ci si siede in terrazza - avendo magari l'accortezza di specificarne la richiesta alla prenotazione - sopra un tappeto di glicini che sembra sfiorare il mare; sul fondo, i monti del Cilento. Come potrebbe la cucina volgere lo sguardo altrove? Il cuoco Lorenzo Montoro vi presenterà una straordinaria carrellata di prodotti locali, ricette mediterranee, ma anche novelli e speziati profumi d'Oriente.

Specialità: Contadino e pescatore: carciofo di Paestum, seppia e tarallo napoletano. Pasta, patate e mare: pasta secca con patate di Montoro, plancton, ricci di mare, ostrica affumicata. Passeggiata nel roseto: croccante salato, ganache di tè ai frutti rossi, acqua di rose, cioccolato.

Menu 100/150 € – Carta 90/146 €

Hotel Villa Cimbrone, via Santa Chiara 26 – ☏ 089 857459 – www.hotelvillacimbrone.it – Chiuso 1 gennaio-7 aprile, 1 novembre-31 dicembre, lunedì-domenica a mezzogiorno

🍽️ Belvedere Restaurant 🍴 🏠 🅰🅲 ⟷

MODERNA · LUSSO XxxX Sulla spettacolare ed elegantissima terrazza affacciata sul Mediterraneo o nell'altrettanto elegante sala interna, quando il clima è un po' più rigido, saranno piatti mediterranei a soddisfare il vostro appetito. Per chi ricerca, invece, qualcosa di più "leggero" e mondano - da poco, la sera - va in scena il "bubbles bar".

Menu 65 € (pranzo), 90/130 € – Carta 64/126 €

Hotel Belmond Caruso, Piazza San Giovanni del Toro – ☏ 089 858801 – www.belmond.com – Chiuso 3 novembre-31 marzo

🏨 Belmond Hotel Caruso 🦢 ⩤ 🍴 🏊 ⌂ 🅰🅲 🚗

DIMORA STORICA · GRAN LUSSO Vivere tra cielo e mare, succede nell'incantevole Ravello, così accade al *Caruso*, abbarbicato com'è nella parte alta della località, fa del panorama a strapiombo sulla costiera amalfitana il proprio dna: camere perfette, infinity pool e moderno centro benessere.

42 camere ☲ – 🛏 1050/5500 € – 8 suites

Piazza San Giovanni del Toro – ☏ 089 858801 – www.belmond.com – Chiuso 3 novembre-4 aprile

🍽️ **Belvedere Restaurant** – Vedere selezione ristoranti

🏨 Palazzo Avino 🏵 🦢 ⩤ 🍴 🏊 🚲 ⌂ 🅰🅲 🚗

GRAN LUSSO · ELEGANTE Senza dubbio uno dei migliori alberghi della costiera: grande eleganza e servizio di livello eccellente, ambienti comuni raffinati, stanze perfette, panorama mozzafiato. E giù - a mare - anche la spiaggia. Leggere proposte culinarie al ristorante Caffè dell'Arte, da gustare in una distinta saletta o in terrazza.

33 camere ☲ – 🛏 500/3000 € – 10 suites

via San Giovanni del Toro 28 – ☏ 089 818181 – www.palazzoavino.com – Chiuso 19 ottobre-31 marzo

❀ **Rossellinis** – Vedere selezione ristoranti

🏨 Villa Cimbrone 🏵 🦢 ⩤ 🍴 🏊 🚲 ⌂ 🅰🅲

DIMORA STORICA · ROMANTICO Un soggiorno aristocratico, dove secoli di storia hanno lasciato tracce e testimonianze, dal romantico chiostro alle straordinarie camere, sino all'omonimo parco, con un belvedere noto in tutto il mondo.

17 camere ☲ – 🛏 295/1855 € – 2 suites

via Santa Chiara 26 – ☏ 089 857459 – www.hotelvillacimbrone.it – Chiuso 1 gennaio-7 aprile, 1 novembre-31 dicembre

❀ **Il Flauto di Pan** – Vedere selezione ristoranti

luchezar/iStock

537

RAVENNA

✉ 48121 – Ravenna (RA) – Carta regionale n° **5**-D2 – Carta stradale Michelin 562-I18

Ci piace

Un tuffo nel passato con gli oggetti e le suppellettili dell'**Antica Trattoria al Gallo 1909**. Lo stile "Ventimila leghe sotto i mari" del ristorante **L'Acciuga**. Il rispetto della tradizione romagnola nei piatti della **Trattoria Flora.**

Custode di splendidi tesori d'arte, la città è culla di un'antica e gustosa tradizione culinaria, che trova massima espressione nei primi piatti a base di pasta fresca o nelle grigliate. Ma anche - insospettatamente - nei crostacei e nei molluschi, come le pregiate cozze di Marina di Ravenna. Per una sosta veloce ed economica La Piada di Ale propone, invece, una vasta scelta di piadine con vari abbinamenti.

Fascinadora/iStock

Ristoranti

ⅡO **Antica Trattoria al Gallo 1909** ⬦

CLASSICA · VINTAGE ✗✗ Facente parte dei "Locali Storici d'Italia", un riferimento ineludibile nel panorama della ristorazione ravennate: trattoria solo nel nome, un tripudio di decorazioni liberty vi attende al suo interno, insieme ad una schietta cucina regionale. Per i fumatori oltre al salottino del primo piano, c'è anche un minuscolo giardinetto.

Carta 30/53 €

Pianta A1-t – *via Maggiore 87 –*
✆ *0544 213775 – www.algallo1909.it – Chiuso 12-19 aprile, 7-16 agosto, 24 dicembre-9 gennaio, lunedì, martedì, domenica sera*

ⅡO **L'Acciuga** ♿ 🄰🄲

PESCE E FRUTTI DI MARE · RUSTICO ✗ Il nome lascia intuire la linea di cucina del locale: di mare, con una doppia formula. A pranzo c'è la carta, mentre - la sera - si propone un singolo menu degustazione arricchito da alcune alternative. Sempre presenti, le ottime acciughe!

Carta 35/70 €

Pianta A1-g – *viale Francesco Baracca, 74 – ✆ 0544 212713 – www.osterialacciuga.it – Chiuso 19 luglio-3 agosto, lunedì, domenica sera*

ⅡO **Osteria del Tempo Perso** 🕸 🏠 🄰🄲

PESCE E FRUTTI DI MARE · DI QUARTIERE ✗ Insospettabile cucina di mare in un piccolo ristorante del centro dall'ambiente rustico personalizzato con luci soffuse, sottofondo jazz, tanti libri, bottiglie di vino, foto in bianco e nero.

Carta 30/58 €

Pianta A1-e – *via Gamba 12 – ✆ 0544 215393 – www.osteriadeltempoperso.it – Chiuso lunedì-venerdì a mezzogiorno*

Alberghi

🏨 **Palazzo Bezzi** 🕸 ⊟ ♿ 🄰🄲

LUSSO · ELEGANTE A due passi dal centro, adiacente la Basilica di Sant'Apollinare Nuovo, l'albergo si apre su interni di moderna eleganza, con parquet e arredi in wengè nelle camere dalle tinte sobrie. All'ultimo piano, una piccola terrazza-solarium panoramica.

32 camere ⊊ – 👫 49/499 €

Pianta B1-2-p – *via Di Roma 45 – ✆ 0544 36926 – www.palazzobezzi.it*

a San Michele Ovest: 8 km direzione Bologna A1

ⅡO **Osteria al Boschetto** 🍴 🏠 ⬦ 🅿

ITALIANA · ACCOGLIENTE ✗✗ Non lontano dal casello autostradale di S. Vitale, all'interno di una palazzina d'inizio '900, locale assai gradevole con due salette disposte su due piani ed un fresco dehors estivo. Cucina di varia ispirazione.

Carta 43/69 €

Fuori pianta – *via Faentina 275 – ✆ 0544 414312 – www.ristorantealboschetto.it – Chiuso 15-30 settembre, giovedì*

a Ragone Sud - Ovest: 15 km direzione Forlì A2 – Carta regionale n° **5**–D2

🕸 **Trattoria Flora** 🏠 🄰🄲 🅿

REGIONALE · FAMILIARE ✗ Atmosfera di altri tempi, caratterizzata da sapori autentici e nel rispetto della tradizione romagnola, per una semplice trattoria, grande nel gusto. I nostri preferiti: tagliolino al tartufo - faraona alla cacciatora - zuppa inglese.
Specialità: Tagliere di affettati misti. Anatra all'uvetta e mele. Casadello.

Menu 21 € – Carta 21/29 €

Fuori pianta – *via Ragone 104 – ✆ 0544 534044 – Chiuso 10-23 agosto, lunedì-martedì a mezzogiorno, mercoledì, giovedì-venerdì a mezzogiorno*

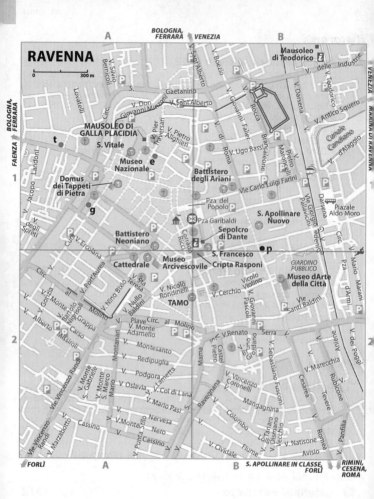

RAVENNA

BOLOGNA, FERRARA — VENEZIA

Mausoleo di Teodorico

MAUSOLEO DI GALLA PLACIDIA
S. Vitale

Museo Nazionale

Domus dei Tappeti di Pietra

Battistero degli Ariani

Pza del Popolo

S. Apollinare Nuovo

Piazzale Aldo Moro

Battistero Neoniano

Pza Garibaldi

Sepolcro di Dante

Cattedrale

Museo Arcivescovile

S. Francesco

Cripta Rasponi

GIARDINO PUBBLICO
Museo d'Arte della Città

TAMO

FORLÌ

S. APOLLINARE IN CLASSE, FORLÌ

RIMINI, CESENA, ROMA

RAVINA - Trento → Vedere Trento

RECANATI

✉ 62019 – Macerata (MC) – Carta regionale n° **11**-C2 – Carta stradale Michelin 563-L22

‖○ Osteria di Via Leopardi ⓝ

CONTEMPORANEA · RUSTICO ⊠ A pochi passi dalla casa/museo della famiglia del poeta che 200 anni fa scrisse gli immortali versi dell'Infinito, un ambiente rustico, accogliente ed informale, dove assaggiare piatti ricchi di sapore e ricette della tradizione rivisitate dall'estro dello chef-patron.

Carta 25/58€

Via Leopardi – ℰ 071 757 4374 – www.osteriavialeopardi.it –
Chiuso 10 ottobre-25 maggio, giovedì

RECCO

✉ 16036 – Genova (GE) – Carta regionale n° **8**–C2 – Carta stradale Michelin 561-I9

🍴○ **Da ö Vittorio**   🏵 🏠 ⇄ **P**

PESCE E FRUTTI DI MARE - **VINTAGE** ※※ Piatti liguri e specialità ittiche in uno dei Locali Storici d'Italia composto da due piacevoli sale: una di tono rustico-elegante, l'altra più sobria. C'è anche l'alternativa dell'Antica Osteria del Vastato che propone, su lavagna giornaliera, piatti facili ed economici. Proverbiale la focaccia!

Menu 25/50€ – Carta 21/63€

via Roma 160 – ☎ 0185 74029 – www.daovittorio.it

🍴○ **Manuelina**   ⇦ 🛏 🏠 **AC P**

REGIONALE - **CONVIVIALE** ※※ Sono pochi i locali che possono competere con la lunga tradizione gastronomica di Manuelina: più di 125 anni di cucina ligure, ricerca di ricette che seguono le stagioni, rivalutazione dei prodotti autoctoni e scrupolosa selezione delle materie prime. Difficile stargli al passo!

Menu 45/75€ – Carta 43/76€

via Roma 296 – ☎ 0185 74128 – www.manuelina.it –
Chiuso 7-24 gennaio, mercoledì

RECORFANO– Cremona ➔ Vedere Voltido

REDAGNO • RADEIN

✉ 39040 – Bolzano (BZ) – Carta regionale n° **19**–D3 – Carta stradale Michelin 562-C16

🏨 **Zirmerhof**   ✿ 🐾 ⇦ 🛏 🍳 🕸 **P** 🚗

FAMILIARE - **PERSONALIZZATO** Albergo di tradizione ricavato da un antico maso tra i pascoli: un'oasi di pace con bella vista su monti, arredi d'epoca e quadri antichi. Tre curatissimi chalet (da prenotare con debito anticipo) per un soggiorno da favola!

40 camere 🖙 – 👫 120/190€ – 6 suites

via Oberradein 59 – ☎ 0471 887215 – www.zirmerhof.com –
Chiuso 8 gennaio-7 maggio, 9 novembre-25 dicembre

REGGIO DI CALABRIA

✉ 89125 – Reggio di Calabria (RC) – Carta regionale n° **3**–A3 –
Carta stradale Michelin 564-M28

🍴○ **L'A Gourmet L'Accademia**   🏵 ⬳ **AC**

PESCE E FRUTTI DI MARE - **AMBIENTE CLASSICO** ※※ Dal primo piano (senza ascensore) di questo palazzo d'inizio Novecento, dove si trova la sala classica, si vedono il mare e lo stretto, mentre il menu anticipa una carrellata di piatti a base di pesce sospesi tra classicità e modernità (c'è, però, anche una paginetta dedicata alla carne). Oltre metà della carta dei vini omaggia la Calabria.

Carta 36/66€

via Largo C. Colombo 6 – ☎ 0965 312968 – www.laccademia.it –
Chiuso 1-15 novembre, lunedì

ⅠⓄ Baylik [A/C]

PESCE E FRUTTI DI MARE - FAMILIARE Alla periferia della località, da oltre sessant'anni questo locale continua a deliziare i clienti con piatti prevalentemente di pesce. Tra i più gettonati: la carbonara di mare.

Menu 25/32€ – Carta 25/50€

vico Leone 1 – ℰ 0965 48624 – www.baylik.it – Chiuso 8-14 luglio

REGGIOLO

✉ 42046 – Reggio nell'Emilia (RE) – Carta regionale n° **5**–B1 –
Carta stradale Michelin 562-H14

ⅠⓄ Stradora🄽 ⇦ 🍴 ⅃ 🔊 ⇕ 🅿

ITALIANA CONTEMPORANEA - BISTRÒ Nella bella villa con parco dove sorgeva Il Rigoletto, la giovane proprietà ha aperto un accogliente bistrot-cocktail bar con proposte di cucina contemporanea legate alla valorizzazione delle materie prime locali, sebbene non manchi il pesce. Diverse sale e salette più o meno intime concorrono a creare un ambiente di gusto moderno all'interno di un palazzo che ha una sua storia.

Carta 38/53€

Villa Nabila, Piazza Martiri 31 – ℰ 0522 973520 – Chiuso giovedì, sabato a mezzogiorno

REGGIO NELL'EMILIA

✉ 42121 – Reggio nell'Emilia (RE) – Carta regionale n° **5**–B3 –
Carta stradale Michelin 562-H13

ⅠⓄ A Mangiare [A/C]

CLASSICA - AMBIENTE CLASSICO Gestione dinamica per un ristorante d'impostazione classica, ubicato sulla cerchia che circonda il centro storico di Reggio: in menu sia la godereccia Emilia, sia i sapori nazionali.

Menu 38€ – Carta 27/41€

viale Monte Grappa 3/a – ℰ 0522 433600 – www.ristoranteamangiare.it – Chiuso 29 luglio-20 agosto, 26 novembre-5 gennaio, domenica

ⅠⓄ Caffè Arti e Mestieri 🍴 [A/C]

MODERNA - ELEGANTE Cucina moderna servita al piano superiore nella stagione fredda, a quello inferiore nei casi di particolare affluenza o nella bella stagione, quando - tempo permettendo – si mangia all'aperto nella romantica corte interna del palazzo.

Menu 45/65€ – Carta 47/80€

via Emilia San Pietro 16 – ℰ 0522 432202 – www.giannidamato.it – Chiuso 1 gennaio, 9-21 agosto, lunedì, domenica sera

ⅠⓄ Marta in Cucina ⇦ [A/C]

CREATIVA - CONTESTO CONTEMPORANEO Per chi desidera uscire dalla stretta osservanza gastronomica emiliana, qui una giovane cuoca propone piatti creativi e originali, distribuiti in menu degustazione e una ristretta scelta alla carta. Quattro nuove camere con cucina proprio alle spalle del locale.

Menu 55/85€ – Carta 45/70€

vicolo Folletto 1/C – ℰ 0522 435755 – www.martaincucina.it – Chiuso 1-17 gennaio, 1-30 agosto, lunedì, martedì-venerdì a mezzogiorno, domenica

ⅠⓄ Il Pozzo 🍴 [A/C] ⇕

REGIONALE - LOCANDA Nelle ex cantine di un palazzo storico, piatti d'impronta semplice che puntano sulla freschezza dei prodotti e delle preparazioni.

Menu 30/63€ – Carta 30/63€

viale Allegri 7 – ℰ 0522 451300 – Chiuso 10-25 agosto, lunedì a mezzogiorno, domenica

B&B Del Vescovado

FAMILIARE · PERSONALIZZATO A due passi dalla cattedrale, entrando in questa risorsa si assapora la piacevole sensazione di sentirsi a casa. Stato d'animo rinvenibile anche nelle camere: ampie con qualche arredo d'epoca.

6 camere ☲ – ♥♥ 80/85€

stradone Vescovado 1 – ℰ 0522 430157 –
www.delvescovado.it – Chiuso 1-31 agosto

RENON • RITTEN
✉ 39054 – Bolzano (BZ) – Carta stradale Michelin 562-C16

a Collalbo Carta regionale n° **19**-D3

Bemelmans Post

TRADIZIONALE · VINTAGE Collocato in un elegante contesto di case di montagna nobiliari armoniosamente disseminate nel paesaggio montano, l'albergo offre uno splendido mix di calore familiare e struggenti atmosfere retrò, che continuano anche nelle romantiche sale del ristorante che ospitarono, tra l'altro, Sigmund Freud.

53 camere ☲ – ♥♥ 230/280€ – 7 suites

via Paese 8 – ℰ 0471 356127 –
www.bemelmans.com – Chiuso 2 febbraio-5 aprile, 15-25 novembre

a Soprabolzano Sud - Ovest : 7 km – Carta regionale n° **19**-D3

ⅈO 1908 🆕

CONTEMPORANEA · INTIMO ✕✕ Come il nome è un omaggio all'anno di inaugurazione dell'albergo che lo ospita, così anche il design cita, ma non copia, lo stile liberty montano della casa. Partendo da questo presupposto, tuttavia, l'ambiente, nonché la cucina sono inebriati da un bel tocco moderno e frizzante: riscontrabile lungo l'intero percorso di alcuni menu (differenti per numero di portate).

Menu 62/98€

Park Hotel Holzner, via Paese 18 – ℰ 0471 345232 –
restaurant1908.com – Chiuso 6 gennaio-31 marzo, lunedì, martedì-sabato a
mezzogiorno, domenica

Park Hotel Holzner

TRADIZIONALE · STILE MONTANO Molto ben ubicata, all'arrivo della funivia proveniente da Bolzano e della ferrovia a cremagliera, affascinante struttura d'inizio secolo scorso che sposa lo stile liberty alpino del corpo centrale con l'ampliamento recente, moderno ma in perfetta armonia, completamente immerso in un lussureggiante parco con tennis e piscina riscaldata. Ottima zona benessere.

35 camere ☲ – ♥♥ 125/290€ – 18 suites

via Paese 18 – ℰ 0471 345231 –
www.parkhotel-holzner.com – Chiuso 7 gennaio-28 marzo

ⅈO **1908** – Vedere selezione ristoranti

REVERE
✉ 46036 – Mantova (MN) – Carta regionale n° **9**-D3 – Carta stradale Michelin 561-G15

ⅈO Il Tartufo

REGIONALE · ACCOGLIENTE ✕✕ Ospitato in una villetta nella zona residenziale del paese, ristorante intimo ed appartato, dove deliziarsi di una gustosa cucina con forti radici nel territorio: in stagione, la specialità diventa il tartufo (assolutamente locale!), nel resto dell'anno, invece, si predilige il mare.

Carta 40/85€

via Guido Rossa 13 – ℰ 0386 846076 –
www.ristoranteiltartufo.com – Chiuso 15 febbraio-10 marzo, giovedì, domenica sera

REVIGLIASCO – Torino → Vedere Moncalieri

REVINE

✉ 31020 – Treviso (TV) – Carta regionale n° **23**–C2 – Carta stradale Michelin 562-D18

ⓘ○ **Ai Cadelach**   🏕 ⇦ 🛏 🏠 ♻ **P**

VENEZIANA · FAMILIARE XX In una sala dallo stile rustico, o a bordo piscina nella bella stagione, il menu onora la tradizione locale, privilegiando le carni, come ad esempio: tartare di carne cruda condita al momento. Ottima la cantina gestita da uno dei titolari: è la "Caneva de Ezio".

Carta 35/50 €

Hotel Ai Cadelach, via Grava 2 – ☎ 0438 523010 – www.cadelach.it

RICCIONE

✉ 47838 – Rimini (RN) – Carta regionale n° **5**–D2 – Carta stradale Michelin 562-J19

ⓘ○ **Brasserie**   🏠 🅰️©

TRADIZIONALE · COLORATO XX A ridosso del vivacissimo viale Ceccarini, questo ristorante con vetrate terra-cielo cela al suo interno un ambiente raffinato fatto di colori e arredi curati nei minimi particolari, quasi a voler riproporre l'eleganza di una casa privata con sontuosi lampadari di Murano. E la cucina? Della tradizione! Nella sua migliore interpretazione.

Carta 60/100 €

via Ippolito Nievo 14/16 – ☎ 0541 693197 – www.brasserie.it –
Chiuso 27 gennaio-4 marzo, lunedì, martedì-venerdì a mezzogiorno

🏨 **Grand Hotel Des Bains**   ⛲ ⌂ 🎇 🎇 🔟 🐾 🔼 🅰️© 🧖 🚗

LUSSO · ELEGANTE Sfarzo, originalità e charme per questo albergo centrale. L'ingresso è abbellito da una fontana, mentre ogni ambiente pullula di marmi, stucchi, specchi e dorature. Notevole anche la zona benessere.

70 camere ⌿ – 🛉 125/650 € – 6 suites

viale Gramsci 56 – ☎ 0541 601650 – www.grandhoteldesbains.com

RIETI

✉ 02100 – Rieti (RI) – Carta regionale n° **7**–C1 – Carta stradale Michelin 563-O20

ⓘ○ **Bistrot**   🏠

CLASSICA · ROMANTICO XX Affacciato su una graziosa piazzetta, nota anche per essere il centro d'Italia e sulla quale si affaccia la veranda, locale accogliente e romantico, dove gustare piatti della tradizione locale spesso corretti con gusto personale. Non mancano ricette a base di pesce, sebbene la specialità della casa siano i maltagliati alla Bistrot.

Menu 20 € (pranzo), 30/35 € – Carta 25/54 €

piazza San Rufo 25 – ☎ 0746 498798 – www.bistrotrieti.it –
Chiuso 15 ottobre-10 novembre, lunedì, domenica

🏠 **Park Hotel Villa Potenziani**   ⛲ 🐾 ⇦ 🛏 🎇 🅛𝄢 🔼 🅰️© 🧖 **P**

DIMORA STORICA · ELEGANTE Raffinata ed accogliente, intima e maestosa, la dimora di caccia settecentesca racconta tra gli affreschi e i dettagli dei suoi ambienti la storia della ricca famiglia reatina.

27 camere ⌿ – 🛉 90/150 € – 1 suite

via San Mauro 6 – ☎ 0746 202765 – www.villapotenziani.com –
Chiuso 15 gennaio-15 marzo

RIMINI

✉ 47921 – Rimini (RN) – Carta regionale n° **5**–D2 – Carta stradale Michelin 562-J19

✿ **Abocar Due Cucine** (Mariano Guardianelli)   🏠 🅰️©

MODERNA · DI TENDENZA X Abocar - in spagnolo "avvicinare" - ci racconta delle origini argentine del giovane cuoco e del suo desiderio di portare gli ospiti verso una cucina gourmet a prezzi ragionevoli. Scelta ristretta, stagionalità e influenze sudamericane fanno capolino in diverse proposte, soprattutto nei saluti della casa, costituendo gli ingredienti principe di ottimi piatti.

544

Cucina, creativa, quindi, pur nutrendosi delle basi classiche su cui il giovane cuoco si è formato negli stellati spagnoli, francesi e italiani in cui ha fatto la sua gavetta e conosciuto l'attuale compagna, Camilla, vestale ora della sala (oltre ad aiutarlo in cucina!). Il tutto in un ambiente grazioso, giovane ed originale, lontano da qualsiasi ingessatura. Un accogliente indirizzo che aggiunge le strade della vecchia Rimini ai migliori percorsi culinari italiani.

Specialità: Gamberi rosa, amaranto e spinaci. Faraona arrostita, cozze e carota. Fragole, sesamo bianco e cioccolato bianco.

Menu 49/80 € – Carta 50/80 €

via Farini 13 – ℰ 0541 22279 – www.abocarduecucine.it – Chiuso 1-26 febbraio, lunedì, domenica sera

⫩○ **Quartopiano Suite Restaurant**

CREATIVA · ELEGANTE XX Tra gli uffici di una zona periferica dove mai ci si aspetterebbe di trovare un ristorante, proprio la posizione così in disparte - insieme all'abilità del cuoco - ha portato la cucina a moltiplicare gli sforzi sino a diventare una delle migliori della zona. Creativa e accompagnata da un'ottima carta dei vini, nella bella stagione si cena su un panoramico roof-garden.

Menu 40/75 € – Carta 51/70 €

via Chiabrera 34/b – ℰ 0541 393238 – www.quartopianoristorante.com – Chiuso 1-10 gennaio, lunedì

⫩○ **Osteria de Börg**

REGIONALE · VINTAGE X Nella Rimini vecchia, ad una passeggiata dal mare, tra caratteristici vicoli di casette dipinte, questa osteria celebra la più tipica ospitalità romagnola, in due sale dagli arredi vintage e una cucina di terra. Ottimi i cappelletti in brodo nonché le carni alla griglia, ma anche i salumi e le immancabili piadine cotte al momento, salumi e formaggi. Possibilità di accomodarsi nella piazzetta esterna nel periodo estivo.

Carta 28/54 €

via Forzieri 12 – ℰ 0541 56074 – www.osteriadeborg.it

a Coriano Sud - Ovest : 6, 5 km per San Marino – Carta regionale n° **5**-D2

⊛ **Vite**

ROMAGNOLA · DI TENDENZA XX Ristorante della comunità di San Patrignano, dove sono proprio i ragazzi di "Sampa" a svolgere il servizio ai fornelli e in sala. Piatti moderni in gran parte basati su materie prime prodotte in casa; proposte più semplici, a pranzo, ma - alla prenotazione - potrete richiedere qualche specialità della carta serale più elaborata.

Specialità: tortelli di bietola con sfoglia verde, ricotta affumicata e limone candito. Costolette d'agnello alla brace con cipollotti, fave, patate, salsa, alla liquirizia, latte, miele e camomilla, gelato di "Bruna Alpina".

Menu 15 € (pranzo), 38/42 € – Carta 36/42 €

via Montepirolo 7 località San Patrignano – ℰ 0541 759138 – www.ristorantevite.it – Chiuso martedì

a Miramare Sud : 5 km per Pesaro – Carta regionale n° **5**-D2

⊛ **Guido** (Gianpaolo Raschi)

PESCE E FRUTTI DI MARE · ELEGANTE XxX Dall'esterno pare uno dei tanti stabilimenti balneari che punteggiano la spiaggia di Rimini, dentro rivela un'inaspettata e sussurrata eleganza. Metafora della cucina: piatti marinari, talvolta semplici alla lettura della carta, svelano invece sorprendenti sfumature di raffinate eleganze e sottili elaborazioni. E' la celebrazione della cucina adriatica di pesce a grandi livelli, che stagione dopo stagione non smette di piacere. Dai classici come la "canocchia si ricorda il gratin" ai nuovi – destinati a loro volta diventare classici - quali la pizza ai frutti di mare. "Ogni piatto è legato ad un'emozione che prudentemente ad ogni boccone esplode nel palato. " Parola di Gianpaolo Raschi, chef-patron di un locale over settanta, ma evergreen.

Specialità: La canocchia si ricorda il gratin. Pesce al testo. Come la cassata.

Menu 85/100 € – Carta 65/90 €

*lungomare Spadazzi 12 – 𝒞 0541 374612 – www.ristoranteguido.it –
Chiuso 14 dicembre-9 gennaio, lunedì-domenica a mezzogiorno*

al mare

⃝ **i-Fame**

CREATIVA · **ALLA MODA** XX Una sorta di simpatico viaggio nel futuro: sale moderne e luminose, luci colorate e proiezioni. Anche la cucina sposta lo sguardo in avanti, ma non dimentica il passato.

Menu 40/75 € – Carta 38/75 €

*Hotel i-Suite, Lungomare Murri 65 – 𝒞 0541 386331 – www.i-fame.it –
Chiuso 22-26 dicembre, lunedì a mezzogiorno, martedì, mercoledì-domenica a mezzogiorno*

⃝ **Lo Squero**

PESCE E FRUTTI DI MARE · **STILE MEDITERRANEO** XX Piatti classici della tradizione italiana, in sale altrettanto tipiche in stile marinaro: qui c'è il gusto di ritrovare una cucina saporita e ben fatta, concreta e senza inutili fronzoli. L'indirizzo giusto per soddisfare la vostra voglia di pesce!

Menu 40/60 € – Carta 39/79 €

*lungomare Tintori 7 – 𝒞 0541 53881 – www.ristorantelosquero.com –
Chiuso 15 novembre-15 gennaio, martedì*

Grand Hotel Rimini

GRAN LUSSO · **STORICO** Icona del turismo internazionale e splendido esempio Liberty, immortalato in diversi film di Fellini, che ne ha fatto il suo "buen retiro" personale, il Grand Hotel Rimini accoglie da più di un secolo i suoi ospiti in lussuose camere dall'atmosfera vagamente retrò e saloni decorati con stucchi, mettendo loro a disposizione un parco con piscina riscaldata.

154 camere ⌧ – ♦♦ 350/1000 € – 18 suites

parco Federico Fellini 1 – 𝒞 0541 56000 – www.grandhotelrimini.com

i-Suite

LUSSO · **DESIGN** Innovativo sin dall'esterno: è un tripudio di luce e trasparenze in ambienti essenziali e minimalisti, piscina outdoor riscaldata dalle originali forme. Nella panoramica Spa, non mancano gli ultimi ritrovati tecnologici.

52 camere ⌧ – ♦♦ 200/1000 €

viale Regina Elena 28 – 𝒞 0541 309671 – www.i-suite.it – Chiuso 22-26 dicembre
⃝ **i-Fame** – Vedere selezione ristoranti

RIOMAGGIORE

✉ 19017 – La Spezia (SP) – Carta regionale n° **8**–D2 – Carta stradale Michelin 561-J11

⃝ **Dau Cila**

PESCE E FRUTTI DI MARE · **STILE MEDITERRANEO** X Nella parte più bassa di Riomaggiore, i tavolini all'aperto sono sistemati lungo una romantica strada in discesa che porta all'acqua, quasi un grande scivolo tra barche ormeggiate e case pittoresche. Serietà in cucina come nel servizio accompagnano piatti di mare in ricette tradizionali, in prevalenza liguri.

Carta 33/65 €

*via S. Giacomo 65 – 𝒞 0187 760032 – www.ristorantedaucila.com –
Chiuso 8 gennaio-1 marzo*

⃝ **Rio Bistrot**

CLASSICA · **DI TENDENZA** X Tra barche ormeggiate e scorci da cartolina, gli interni del bistrot rivisitano in chiave moderna le antiche atmosfere della pittoresca località, al pari della cucina che, a fianco ai classici di mare, propone qualche rivisitazione più creativa.

Menu 48 € – Carta 42/80 €

via San Giacomo 46 – 𝒞 0187 920616 – Chiuso 5 novembre-5 dicembre, martedì

RIPALTA CREMASCA

⊠ 26010 – Cremona (CR) – Carta regionale n° **10**–C2 – Carta stradale Michelin 561-G11

a Bolzone Nord - Ovest : 3 km

⬤ **Trattoria Via Vai**   🛱 AC

LOMBARDA · AMBIENTE CLASSICO X Carta ristretta e piatti del territorio, esclusivamente di carne, dove primeggiano gli animali da cortile, in un ambiente raccolto con arredi in legno e tovaglie bianche.

Menu 25/45€ – Carta 42/63€

via Libertà 18 – & 0373 268232 – www.trattoriaviavai.it – Chiuso 1-29 agosto, lunedì a mezzogiorno, martedì, mercoledì, giovedì-venerdì a mezzogiorno

RIPOSTO - Catania ➜ Vedere Sicilia

RISCONE • REISCHACH – Bolzano ➜ Vedere Brunico

RITTEN • RENON – Bolzano ➜ Vedere Renon

RIVA DEL GARDA

⊠ 38066 – Trento (TN) – Carta regionale n° **19**–B3 – Carta stradale Michelin 562-E14

⬤ **Antiche Mura**   ⇦ 🛱 AC

MEDITERRANEA · AMBIENTE CLASSICO XX Alle spalle del centro storico, un ristorante gestito da due fratelli originari di Ischia che si propongono ai rivani ed ai moltissimi turisti del lago con una cucina mediterranea sia di terra sia di mare (soprattutto!), con un piccolo spazio dedicato anche al territorio. Sopra una decina di semplici, ma confortevoli camere.

Menu 55/70€ – Carta 44/77€

*via Bastione 19 – & 0464 556063 – www.antiche-mura.it –
Chiuso 27 gennaio-9 marzo, 11 novembre-4 dicembre, mercoledì*

⬤ **Villetta Annessa**   ⇦ 🍴 🛱 P

CLASSICA · RUSTICO XX Ristorante dalla calda atmosfera e dalla griglia sfrigolante: le specialità sono le carni alla brace, ma non mancano piatti legati alle tradizioni locali. Piacevole zona esterna per l'estate.

Menu 45€ – Carta 45/64€

*Hotel Villa Miravalle, via Monte Oro 9 – & 0464 552335 –
www.hotelvillamiravalle.com – Chiuso 1 febbraio-3 marzo, lunedì, martedì-domenica a mezzogiorno*

⬤ **Al Volt**   🛱 AC

REGIONALE · ELEGANTE XX Percorrendo i vicoli che dal porto commerciale conducono al centro, ci s'imbatte in questo ristorante articolato su più sale comunicanti, con volte basse e mobili antichi. La cucina "parteggia" per il territorio, disponibile tuttavia a qualche tocco di creatività.

Menu 50€ – Carta 43/60€

via Fiume 73 – & 0464 552570 – www.ristorantealvolt.com – Chiuso 15-29 febbraio, lunedì

🏨 **Du Lac et Du Parc**   ✿ ⌖ ⇦ 🍴 �🏊 🖥 🕸 🕍 🛗 ⬆ AC ♨ P

PALACE · CLASSICO Grande e moderna struttura che attraverso un parco di alberi secolari vi porta sino al lago: davanti l'acqua, dietro le Dolomiti. Le camere sono tanto numerose quanto diverse tra loro, generalmente moderne e funzionali. Attrezzato centro benessere. Diversi gli angoli e le possibilità per ristorarsi.

187 camere ⌸ – 👫 140/450€ – 67 suites

*viale Rovereto 44 – & 0464 566600 – www.dulacetduparc.com –
Chiuso 17 novembre-27 marzo*

🏨 Lido Palace

LUSSO · DESIGN Struttura Belle Epoque aggiornata con uno stile dal design minimalista di grande attualità, ampio parco sulla passeggiata a lago, nonché centro benessere esclusivo. Piatti classici, ma anche moderni al Tremani bistrot.

34 camere ⌑ – ♔♔ 300/600 € – 8 suites

viale Carducci 10 – ℰ 0464 021899 – www.lido-palace.it –
Chiuso 20 gennaio-27 febbraio

RIVA DI SOLTO
✉ 24060 – Bergamo (BG) – Carta regionale n° **10**–D1 – Carta stradale Michelin 561-E12

🍴 Zu'

PESCE E FRUTTI DI MARE · ELEGANTE 🟠🟠🟠 Locale d'impostazione classica, è diventato un riferimento per tutto il lago d'Iseo per quanti vogliano assaggiare il meglio delle specialità lacustri. In aggiunta anche piatti di terra e di mare. Servizio in veranda panoramica con splendida vista e possibilità di attracco sul pontile privato.

Carta 43/76 €

via XXV Aprile 53, località Zù – ℰ 035 986004 – www.ristorantezu.it –
Chiuso 10-24 gennaio, 10-28 novembre, martedì

a Zorzino Ovest : 1, 5 km

🍴 Miranda

MODERNA · FAMILIARE 🟠🟠 D'estate l'appuntamento è in terrazza (in realtà chiusa da vetrate e utilizzata anche d'inverno!), direttamente affacciata sul giardino e sul superbo specchio lacustre. La cucina spazia su tutto il territorio nazionale attingendo - talvolta - addirittura in altre nazioni e continenti le materie prime che meglio si prestano all'esecuzione di alcune ricette. Belle camere e una fresca piscina a disposizione di chi alloggia.

Menu 20 € (pranzo) – Carta 40/72 €

via Cornello 8 – ℰ 035 986021 – www.hotelristorantemiranda.com –
Chiuso 4-15 novembre

RIVALTA SUL MINCIO
✉ 46040 – Mantova (MN) – Carta regionale n° **9**–C3 – Carta stradale Michelin 561-G14

🍴 Il Tesoro Living Resort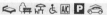

MODERNA · DESIGN 🟠🟠 I sapori del territorio cedono talvolta il passo a sperimentazioni più moderne, in questa bella struttura dallo stile contemporaneo e dalla cornice agreste: qui, vi attendono anche un gradevole giardino botanico, l'attrezzato centro benessere e le splendide suite.

Carta 35/80 €

via Settefrati 96 – ℰ 0376 681381 – www.tesororesort.it – Chiuso lunedì

RIVALTA TREBBIA – Piacenza → Vedere Gazzola

RIVANAZZANO TERME
✉ 27055 – Pavia (PV) – Carta regionale n° **9**–A3 – Carta stradale Michelin 561-H9

🍴 Selvatico

REGIONALE · AMBIENTE CLASSICO 🟠🟠 In attività dal 1912, ora alla quarta generazione, siamo in uno dei migliori ristoranti dell'Oltrepò pavese. Chi è interessato alla scoperta gastronomica del territorio troverà qui una miniera di delizie, dai salumi agli stufati ai bolliti passando per ottime paste fresche. E per prolungare il soggiorno, anche le camere si adeguano all'atmosfera nostalgica con piacevoli arredi d'epoca.

Menu 30/40 € – Carta 30/54 €

via Silvio Pellico 19 – ℰ 0383 944720 – www.albergoselvatico.com –
Chiuso 1-13 gennaio, lunedì, domenica sera

RIVAROLO CANAVESE

⊠ 10086 – Torino (TO) – Carta regionale n° **12**–B2 – Carta stradale Michelin 561-F5

🟡○ **Antica Locanda dell'Orco**　　　🕸 🍴 ⅙ Ａ/Ｃ

REGIONALE · **CONTESTO TRADIZIONALE** ✕✕ Ambiente rustico e signorile dove accomodarsi per gustare una valida e tradizionale cucina piemontese; possibilità di prendere posto all'aperto durante la bella stagione. Ampia carta dei vini che ormai annovera 600 etichette.

Menu 15€ (pranzo), 40/44€ – Carta 40/58€

via Ivrea 109 – ☏ 0124 425101 – www.locanda-dellorco.it – Chiuso 8-28 gennaio, 18 agosto-4 settembre, lunedì

RIVAROTTA – Pordenone ➔ Vedere Pasiano di Pordenone

RIVERGARO

⊠ 29029 – Piacenza (PC) – Carta regionale n° **5**–A2 – Carta stradale Michelin 561-H10

🦞 **Caffè Grande**　　　🍴 ⏱

DEL TERRITORIO · **FAMILIARE** ✕✕ Moderno ed antico si interfacciano con grande naturalezza in questo bel ristorante di provincia la cui cucina si adagia nell'alveo della tradizione locale. Tra i suoi must i proverbiali salumi piacentini e nodi di pasta fresca con asparagi e guancialino.

Specialità: Salumi misti piacentini. Tortelli di ricotta e spinaci al burro fuso e parmigiano. Zabaione con vigna del volta e lingue di gatto.

Carta 25/40€

piazza Paolo 9 – ☏ 0523 958524 – www.caffegrande.it – Chiuso 1-15 gennaio, 1-15 settembre, lunedì a mezzogiorno, martedì

RIVIGNANO

⊠ 33050 – Udine (UD) – Carta regionale n° **6**–B3 – Carta stradale Michelin 562-E21

🌸 **Al Ferarùt** (Alberto Tonizzo)　　　Ａ/Ｃ ⏱ 🅿

PESCE E FRUTTI DI MARE · **ELEGANTE** ✕✕✕ Da appassionato studioso e conoscitore del mare, lo chef, figlio del patron, (insieme formano due generazioni per un totale di oltre 50 anni di storia del locale!), offre con le sue ricette tutta la fragranza del buon pesce, ma anche un'originale personalità. L'hobby della pesca con una predilezione per le anguille di fiume, la conoscenza delle erbe spontanee e il loro utilizzo in cucina sono forse le tre caratteristiche salienti di Alberto. A cui si aggiunge la riconoscenza per l'abbondanza di prodotti della sua terra ed in particolare per quella porzione di pianura, a sud della strada Napoleonica, chiamata "zona delle risorgive".

Specialità: Capelli d'angelo, mandorle in pomata, limoni e caviale friulano. Anguilla tostata, pelle soffiata, salsa di tarassaco. Sassi cremosi alla menta e cioccolato, rosa di zenzero e lamponi.

Menu 65/100€ – Carta 60/90€

via Cavour 34 – ☏ 0432 775039 – www.ristoranteferarut.it – Chiuso 15-25 giugno, mercoledì, giovedì a mezzogiorno

---

RIVISONDOLI

⊠ 67036 – L'Aquila (AQ) – Carta regionale n° **1**–B3 – Carta stradale Michelin 563-Q24

🦞 **Da Giocondo**

ABRUZZESE · **RUSTICO** ✕ Personalmente ai fornelli, la titolare assicura ottimi piatti di cucina abruzzese talvolta esposti a voce, secondo le disponibilità del mercato: la freschezza dei prodotti è così garantita! Tra le specialità si ricordano le cordicelle con pancetta, salsiccia, prosciutto e pecorino - la bistecca di vitello scottona.

Specialità: Antipasto tipico abruzzese. Polenta con broccoli, salsiccia, scamorza e pecorino. Torta al bocconotto.

Menu 25/35€ – Carta 25/35€

via Suffragio 2 – ☏ 0864 69123 – www.ristorantedagiocondo.it – Chiuso 18-22 maggio, martedì

RIVODUTRI

✉ 02010 – Rieti (RI) – Carta regionale n° **7**–C1 – Carta stradale Michelin 563-O20

✿✿ **La Trota** (Sandro e Maurizio Serva)

CREATIVA · ELEGANTE XxxX Nata nel 1960 come trattoria di famiglia, saranno – poi – i fratelli Serva a consacrarla agli onori della gloria con una prima stella nel 2004 a cui si affianca una seconda nel 2013. Da qui è tutto un crescendo rossiniano, che fa sì che il ristorante sia presente su tutte le mappe dell'alta cucina laziale e nazionale. Oltre a proposte ittiche lacustri - coregone, luccio, anguilla, trota, carpa e tinca (provenienti dal Lago di Campotosto e dal Lago di Valle del Salto) tutte pescate in modo responsabile dalle cooperative locali - la carta rende omaggio anche a piatti dall'entroterra dato che queste splendide valli sono generose di tantissime delizie quali olio della sabina e tartufo bianco: nulla da invidiare, quest'ultimo, al celebrato fungo ipogeo d'Alba!

Specialità: Uovo di carciofo. Zuppa di tinca con passaggio speziato e capelli d'angelo. Zuppa di agrumi, cioccolato bianco al sale ripeno di mango e gelato di olive nere.

Menu 120/140 € – Carta 80/125 €

via Santa Susanna 33, località Piedicolle – ℰ 0746 685078 – www.latrota.com – Chiuso 7 gennaio-13 febbraio, martedì, mercoledì, domenica sera

RIVOLI

✉ 10098 – Torino (TO) – Carta regionale n° **12**-A1 – Carta stradale Michelin 561-G4

✿ **Combal.zero** (Davide Scabin)

CREATIVA · DESIGN XxxX Accanto al museo d'Arte Contemporanea del castello di Rivoli, del quale riprende le forme moderne ed essenziali, Combal. zero è adagiato su una collinetta e di questa vista all'interno approfitta pienamente con vetrate panoramiche su Torino. La sala è allungata, come un grande corridoio, che colpisce per ampiezza di spazi, tavoli disseminati che salvaguardano la privacy di chi è qui per una serata romantica, anche il servizio si dimostra all'altezza con un mix di professionalità, ma anche sorrisi ed informalità, laddove necessario. La cucina di Scabin propone i classici piemontesi e i sapori italiani in presentazioni esteticamente molto belle; lo chef-patron indugia anche su piatti più estrosi e creativi, soprattutto nei menu degustazione in cui si concentra tutta la sua ricerca culinaria. "Per quanto lontano tu possa andare, non raggiungerai mai i confini del gusto". Eraclito by Scabin.

Specialità: Rognone al gin. Fassona al camino. Mele e Malaga.

Carta 115/130 €

piazza Mafalda di Savoia – ℰ 011 956 5225 – www.combal.org – Chiuso 1-31 agosto, 23 dicembre-7 gennaio, lunedì, martedì-sabato a mezzogiorno, domenica

ROCCABRUNA

✉ 12020 – Cuneo (CN) – Carta stradale Michelin 561-I3

a Sant'Anna Nord : 6 km – Carta regionale n° **12**-B3

⊛ **La Pineta**

PIEMONTESE · FAMILIARE XX Bisogna armarsi di pazienza e affrontare tornanti fra boschi e colline per arrivare alla Pineta, ma alla fine la cucina ricompensa il viaggio. Proposta incentrata su un menu degustazione che può essere accorciato nel numero di portate, in cui regna da sempre il fritto misto alla piemontese: il piatto culto del ristorante! Se vi volete fermare, troverete anche accoglienti e spaziose camere.

Specialità: Vitello tonnato alla vecchia maniera. Fritto misto alla piemontese. Bunet.

Menu 20/35 € – Carta 20/35 €

piazzale Sant'Anna 6 – ℰ 0171 918472 – www.lapinetaalbergo.it – Chiuso 6 gennaio-29 febbraio, lunedì, martedì

ROCCA D'ORCIA – Siena ➜ Vedere Castiglione d'Orcia

ROCCARASO

✉ 67037 – L'Aquila (AQ) – Carta regionale n° **1**–B3 – Carta stradale Michelin 563-Q24

🍴 **Chichibio**

MODERNA · ACCOGLIENTE ✕✕ Pochi i tavoli e tanta cura per questo ristorante diretto da due dinamici giovani che hanno deciso di rimanere nel proprio territorio. Una cucina che esalta i sapori anche locali in chiave moderna.

Menu 40/60 € – Carta 38/55 €

Via Guglielmo Marconi, 1 – 𝒞 328 905 4831 – www.chichibiorestaurant.it –
Chiuso 4-22 maggio, 5-15 ottobre, mercoledì

🍴 **Villa Sette Pini**

MODERNA · CHIC ✕✕ Nelle due sale con camino di questa signorile villa degli anni '40, si serve una cucina che riscopre antichi sapori e li abbina a materie prime selezionate alla luce di una sensibilità più attuale.

Menu 25 € (pranzo), 30/45 € – Carta 35/71 €

piazza Giochi della Gioventù 1 – 𝒞 0864 62013 – www.villasettepini.it –
Chiuso 1 aprile-15 luglio, 1 settembre-30 ottobre, mercoledì

ad Aremogna Sud - Ovest : 9 km

🏨 **Boschetto**　　　　　🏕 🐾 ⬅ 🛏 🖥 🧖 🛁 📶 ⬍ 🅿 🚗

SPA E WELLNESS · STILE MONTANO C'è anche un attrezzato centro benessere con tanto di Spa privata, vera e propria camera con letto matrimoniale ad uso esclusivo di chi la riserva, in quest'albergo dagli accoglienti saloni in legno e stanze sobrie, costantemente in via di ammodernamento. Ambiente suggestivo al ristorante, grazie all'incantevole vista sui monti.

44 camere 🛏 – 🛏🛏 160/300 €

via Aremogna 42 – 𝒞 0864 602367 – www.hboschetto.it – Chiuso 15 aprile-31 luglio,
1 settembre-30 novembre

ROCCA RIPESENA – Terni → Vedere Orvieto

ROCCASTRADA

✉ 58036 – Grosseto (GR) – Carta regionale n° **18**–C2 – Carta stradale Michelin 563-M15

🏨 **La Melosa**　　　　　🏕 🐾 ⬅ 🛏 🌴 📶 🆎 🅿

CASA DI CAMPAGNA · PERSONALIZZATO In posizione defilata e tranquilla, la struttura di aspetto colonico propone nei suoi interni la spontanea arte toscana, che si esprime attraverso deliziosi affreschi presenti in ciascuna delle 12 camere. Non mancano, tuttavia, confort moderni, quali una bella piscina ed un attrezzato centro benessere.

12 camere – 🛏🛏 84/224 €

strada Provinciale 157 – 𝒞 0564 563349 – www.lamelosa.it –
Chiuso 6 gennaio-28 febbraio, 2 novembre-25 dicembre

ROCCELLA IONICA

✉ 89047 – Reggio di Calabria (RC) – Carta regionale n° **3**–B3 –
Carta stradale Michelin 564-M31

🍴 **La Cascina**　　　　　🛏 🛖 🆎 🅿

ITALIANA · RUSTICO ✕✕ Lungo la statale, un piacevole e rustico locale ricavato dalla ristrutturazione di un casolare di fine Ottocento con sale dalle pareti in pietra e soffitti lignei. Il menu recita una serie di proposte di terra e di mare, mentre nell'adiacente bottega sono in vendita prelibatezze del territorio (spesso di produzione propria), molte di esse a base di bergamotto!

Carta 55/110 €

strada statale 106 – 𝒞 0964 866675 – www.lacascina1899.it – Chiuso martedì

ROCCHETTA TANARO

⊠ 14030 – Asti (AT) – Carta regionale n° **14**–B1 – Carta stradale Michelin 561-H7

⊪○ **I Bologna**　　　　　　　　⇦ 🛋 🛋 AC 🔄

PIEMONTESE • **CONTESTO REGIONALE** ℀℀ Un classico della ristorazione monferrina, da anni propone gli immutabili piatti che ci si aspetta di gustare in Piemonte. Gli ambienti sono rustici e l'atmosfera calda. La corte interna ospita camere accoglienti e ben accessoriate.

Carta 35/55€

via Nicola Sardi 4 – ℰ 0141 644600 – www.trattoriaibologna.it –
Chiuso 10 gennaio-10 febbraio, martedì

RODDI

⊠ 12060 – Cuneo (CN) – Carta regionale n° **14**–A2 – Carta stradale Michelin 561-H5

⊪○ **Il Vigneto**　　　　　　　　⇦ 🛋 🔥 **P**

PIEMONTESE • **CONTESTO TRADIZIONALE** ℀℀ Una tranquilla cascina di campagna - restaurata con gusto e raffinatezza - dove gustare piatti piemontesi, ma non solo: in estate trionfa il pesce. Piacevole l'ombreggiato dehors. Accoglienza di classe e premurosa attenzione anche nelle camere, dalle cui finestre si dominano le colline dei dintorni.

Carta 50/57€

località Ravinali 19/20 – ℰ 0173 615630 – www.ilvignetodiroddi.com –
Chiuso 15 gennaio-15 febbraio, martedì, mercoledì a mezzogiorno

RODDINO

⊠ 12050 – Cuneo (CN) – Carta regionale n° **14**–A3 – Carta stradale Michelin 561-I16

⊪○ **Osteria da Gemma**　　　　　　　　🛋 AC

PIEMONTESE • **FAMILIARE** ℀ Nei locali di un vecchio fienile, una sana osteria a gestione familiare con un generoso menu a prezzo fisso legato alle salde tradizioni gastronomiche locali. Non dimenticate l'indispensabile prenotazione!

Menu 30€

Via Marconi 6 – ℰ 0173 794252 – Chiuso 7 gennaio-25 febbraio, 19 luglio-14 agosto,
lunedì, martedì, mercoledì-giovedì sera

ROLETTO

⊠ 10060 – Torino (TO) – Carta regionale n° **12**–B2 – Carta stradale Michelin 561-H3

㊟ **Il Ciabot**　　　　　　　　🛋

REGIONALE • **FAMILIARE** ℀℀ Piacevolmente riscaldato nei mesi freddi da un caminetto, il Ciabot vanta un'appassionata gestione familiare e propone una cucina regionale, attenta alle tradizioni e "contaminata" da un tocco attuale. Il menu suggerisce: cosciotto di agnello in tempura con la sua riduzione carciofi e liquirizia - cremoso al gianduiotto cialde croccanti al caffè e composta di pere.

Specialità: Bocconcini di baccalà in oliocottura. Rotolo di coniglio in farcia di tartufo nero e julienne di peperoni. Cremoso al gianduiotto cialde croccanti al caffè e composta di pere.

Menu 35/40€ – Carta 35/40€

via Costa 7 – ℰ 0121 542132 – www.mauroaguchef.it – Chiuso lunedì

bhofack2/iStock

ROMA

Spesso celebrata come la città eterna, un epiteto che sembra quanto mai azzeccato, se si considerano ancora oggi il suo aspetto magnifico e imponente, la sua storia millenaria e i numerosi secoli in cui la capitale italiana è stata veramente il centro del mondo, Roma assume un ruolo da regina anche per quanto riguarda la buona tavola.

Altrettanto intramontabile è, infatti, la sua passione per la cucina della tradizione che trova concreta espressione in piatti quali tonnarelli cacio e pepe, abbacchio, coda alla vaccinara, puntarelle e carciofi alla giudia. Dulcis in fundo, una passeggiata a Trastevere e Testaccio per assaporare la vera vita notturna romana.

Ricette e sapori rimasti immutati nell'arco dei secoli se si pensa alle tipiche trattorie romanesche, ma alleggeriti e rivisitati se ci si accomoda nei più raffinati locali della città. Ebbene sì: Roma non è solo eterna, ma anche aperta.

✉ 00186 – Roma (RM) – Carta regionale n°7-B2
Carta stradale Michelin n° 563-Q19

Food Collection / Photononstop

RISTORANTI DALLA A ALLA Z

Michelin

g-stockstudio/iStock

ESERCIZI CON STELLE

BIB GOURMAND
Il nostro migliore rapporto qualità-prezzo

A TAVOLA, SECONDO I VOSTRI DESIDERI

RISTORANTI PER TIPO DI CUCINA

Boris_Kuznets/iStock

Moderna

Regionale

Romana

Peruviana

Siciliana

Pesce e frutti di mare

Tradizionale

Vegetariana

antoniotruzzi/iStock

Lauri Patterson/iStock

TAVOLI ALL'APERTO

561

LA NOSTRA SELEZIONE DEGLI ALBERGHI

ROMA

1

0 ___ 2 km

Percorsi di attraversamento
e di circonvallazione

• c

A 90

LA GIUSTINIANA

TOMBA DI
NERONE

V. della
Giustiniana

Trionfale

V. Cassia

V. di Grottarossa

V. dei
Due
Ponti

V. Cassia

V. della Storta

A 90

OTTAVIA

RISERVA NATURALE
DELL'INSUGHERATA

V. Cassia Nuova

V. Collina
d'Ampezzo

V. Cassia

Galleria
Giovanni XXIII

Flaminia
Nuova

TOR DI QUINTO

V. del Foro Italico

Cso. di Francia

a

V. Flaminia

TORREVECCHIA

MONTE MARIO

V. di
Torrevecchia

CASALOTTI

V. di Casal
Selce

V. di
Boccea

Selva — Candida

A 90

V. Matita Battistini

V. di Boccea

Trionfale

Vle Giulio
Cesare

VATICANO

Il Pincio

Cso.
d'Ital

V. di Boccea

MUSEI
VATICANI

SANTA MARI
MAGGIORE

Vle Aurelia

V. Gregorio XIII

COLOSS

V. di
Trastevere
Portuense

V.
Aurelia
Antica

Villa Doria
Pamphili

V. Cornelia

V. di
Acqua Fredda

V.
Nazareth

V. Magnanella

V. Gregorio XI

Vle Leone XIII

V. Vitellia

Roma
Ostien

c

V. della Pisana

V. di
Bravetta

b

Colle Portuense

a

Vle dei

Basilica di S.Paolo
Fuori le Mura

V. Aurelia

V. Lumbroso

V. dei Casale

CORVIALE

V. della Pisana

A 90

V. della Pisana

V. di Pie Pisano

V. della
Maratta

Vle Isacco Newton

Vle della Magliana

Viadotto
della Magliana

Magliana

OSTIE

V. Ostiense

V. Portuense

A 91 / E 80

V. della Magliana

A 91

E.U.R.

V. Laurentina

V. del Mare

A 90

Vle Cesare Pavese

Laurentina

Cristoforo Colombo

A 90 / E 80

V. di Tor

Pontina

V. Laurentina

FIRENZE
TERNI

C

D

Salaria

Viadotto
Sandro
Pertini

V. della
Marcigliana

V. della
Cesarina

V. Nomentana Bis

Nomentana

Palombarese

L'AQUILA, AVEZZANO

Carmelo
Bene

Viadotto
Giuseppe
Saragat

della A 90

Casal il Boccone

V. del Boccone

Sant'Alessandro

V. Nomentana

Rinaldo D'Aquino

Viadotto
Antonio
Segni

Giovanni
Conti

V. della
Bufalotta

Vie

Jonio

Nomentana

Vie Kant

A 90

SETTECAMINI

V. di Casal Bianco

Vie
Tecnopolo

V.
Tiburtina

dei
Fiscali

Prati
Fiscali

Salaria

c

nt'Agnese
ori le Mura

V.

Circ.la della Stazione Tiburtina

V. Tiburtina

V. Tiburtina

Pietralata

Tiburtina

V. di Tor Cervara

V. di
Cervara

Salone

A 24 / E 80

Andrea Noale

San Lorenzo
fuori le Mura

Vie
Palmiro
Togliatti

A 24

V. dell'Acqua
Vergine

V.

Prenestina

Collatina

Prenestina

TOR SAPIENZA

Prenestina

Prenestina

GIOVANNI
LATERANO

V.

Prenestina

Vie
Palmiro
Togliatti V.

CENTOCELLE

V. di
Torrenova

TUSCOLANO

Casilina

V. Casilina
Vie di
Romanisti

A 90 / E 80

Casilina

V. Walter Tobagi

TORRENOVA

V. Casilina

V. Casilina

CATACOMBE

V. Appia Nuova

Via

TORRE MAURA

Tuscoland

f

V.

V. Sliccela

Casilina

V. del
Torraccio

CINECITTÀ

V. Vittoria Ragusa

V. di
Tor Vergata

A 1 dir / E 821

NAPOLI

Erminio
palla

Vigna Murata

Appia
Pignatelli

V. Appia Nuova

Vie Capannelle

Appia

A 90 / E 80

V. di Tor Carbone

V. di
Campo Romano

Casal di
Tor Vergata

V. di
Morena

V. di
Tor Vergata

V. di Vermicino

Tuscolana

CECCHIGNOLA

V. di
Torricola

V. di Tor Pagnotta

Antica

Appia Nuova

MORENA

ROMA
CIAMPINO

V. di
Morena

V. Anagnina

Mola Cavona

Anagnina

CASTELLI
ROMANI

V.
Fioranello

V. di
Mura
dei Francesi

C

D

CASTELLI ROMANI,
NAPOLI

3

ROMA

0   300 m

E

F

Vle dei Gladiatori
Vle dello Stadio Olimpico
Madama

V. Trionfale
V. Prisciani
V. Franco Michelini Tocci
Vle delle Medaglie d'Oro
V. Alberto Cadiolo

Lungotevere Maresciallo Cadorna
Capoprati
Vle Pinturicchio
Guido

V. del Parco
Vle Mellini
Passeggiata Massimo
Vle del Cimino
dei Cavalieri

V. del Prato Falcone
Lungotevere

Raffaele S

a

V. Trionfale
Vittorio
Veneto
Romeo Romei
V. Giovanni Bausan
Gonzenza

Clodia
Vle Angelico
V. Durazzo

V. Filippo Corridoni
V. Monte Pertica
Vle Carso
Timavo
della
Costabella
Carso
V. Achille Papa

V. Alberto Cadiolo
V. Plotino
V. Ferro
V. Platone
V. S. Lazzaro
Borgo
V. Antonio Varisco
Romeo

V. Dardanelli
V. Carlo Mirabello
Vle Angelico
Teulada
Circ.
V. Monte Santo
V. Monte Nero

b

Oslavia
V. Col di Lana
Sabotino
Vle Giu
V. Luigi Settembri

2

V. Cornelio Nepote
V. Antonio Labriola
Circ. Trionfale
Trionfale
V. Nicario Sauro
Circ. Clodia
V. Cunfida
della
V. Costantino Morin
Giuliana
V. Simone De St Bon
Vle Angelico
V. Antonio Baiamonti
Giuseppe Mazzini
V. Silvio Pellico
delle
V. Antonio Mordini
Milizie
V. Fed Confa
V. Damiata
V. Leh

P

c

V. Pietro Giannone
V. Giordano Bruno
V. Girolamo Savonarola
Andrea Doria
V. Santamaura
Vle delle Milizie
Famagosta
Ottaviano S. Pietro
V. degli Scipioni
V. degli Scipioni
V. Fabio Massimo

Piazzale degli Eroi
V. Ruggero di Lauria
V. Mocenigo
Tunisi
Leone
Candia
V. Vespasiano
Ottaviano
Germanico
V. Cola di Rienzo
Silla
V. dei Gracchi
V. Cola di Rie
V. Crescenzio
V. Terenzio
Ovidio
V. C

3

V. Sebastiano Zini
V. Giorgio Scalia
V. Marcantonio Bragadin
V. Angelo Emo
Cipro
Cipro Musei Vaticani
V. Vittor Pisani
V. Ernio
V. Sebastiano Veniero
Vle Vaticano

P.za del Risorgimento

Alberico
V. C

MUSEI VATICANI

Sal. ai Giardini

VATICANO

V. di Pta Angelica
V. del Mascherino

Borgo
Vittorio
Pio
Borgo

GIARDINI VATICANI

V. dei Corridori
Borgo Sant'Angelo

V. Angelo Emo
V. Francesco Duodo
Vle Vaticano

PIAZZA S. PIETRO

V. della Conciliazione
Lungo
Vat

E

F

7

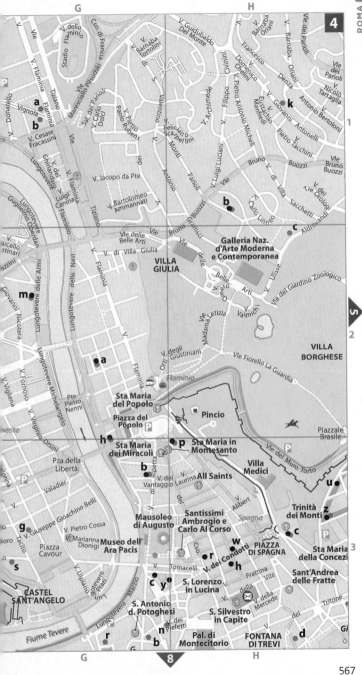

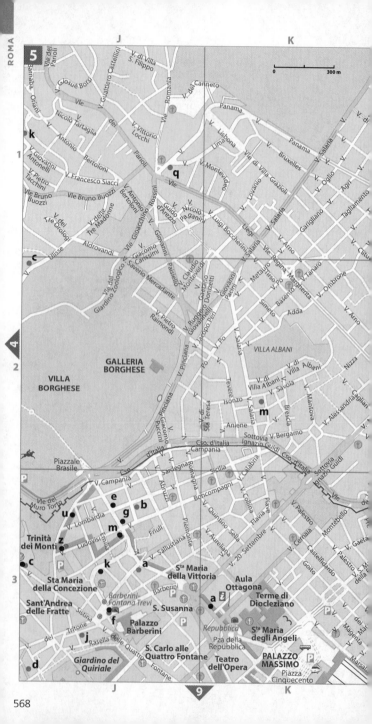

L

M

3-4 | 5-6
7-8 | 9-10

1

PARCO
VIRGILIANO

Sant'Agnese
fuori le Mura

Mausoleo di
Sta Costanza

VILLA
TORLONIA

Bologna

2

Policlinico

Castro Pretorio

San Lorenzo
fuori le Mura

3

L

10

M

569

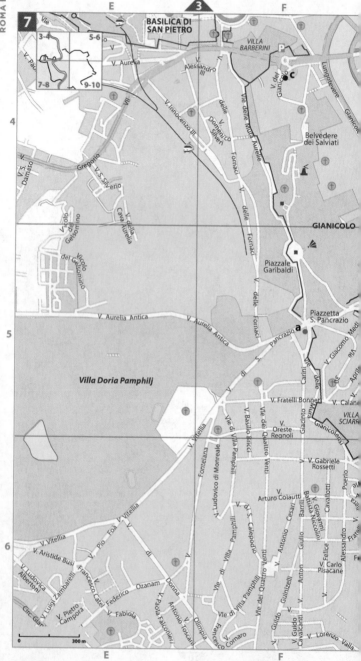

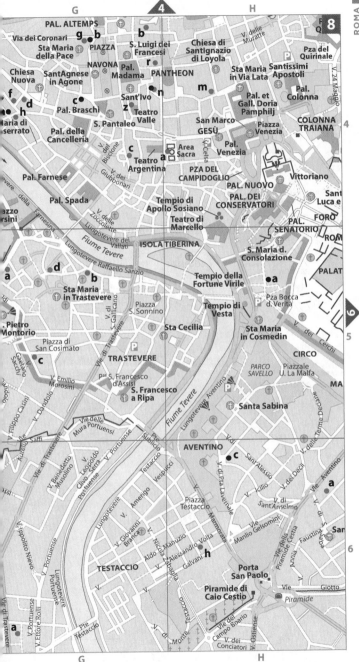

PAL. ALTEMPS

Via dei Coronari g b   b   Chiesa di
Sta Maria   SantIgnazio
della Pace   PIAZZA S. Luigi dei   di Loyola   Pza del
                     Francesi   Quirinale
Chiesa   SantAgnese NAVONA Pal. r   PANTHEON   Sta Maria Santissimi
Nuova   in Agone   Madama   in Via Lata Apostoli
f   n   Pal.
   d   Sant'Ivo   m   Colonna
a h Pal. Braschi c   z   Teatro   COLONNA
Maria di   Valle   San Marco   TRAIANA
serrato Pal. della S. Pantaleo   GESÙ   Piazza
         Cancelleria   Venezia
                        c   Area   Pal.
Pal. Farnese   Sacra a   Venezia
               V. dei Giubbonari Teatro   PZA DEL   Vittoriano
Pal. Spada   V. delle Argentina PZA DEL   CAMPIDOGLIO
azzo   Zoccolette   CAMPIDOGLIO   PAL. NUOVO
rsini   Tempio di   PAL. DEI   Sant
               Apollo Sosiano   CONSERVATORI Luca e
               Teatro di   FORO
               Marcello   PAL.   ROM
               Lungotevere dei Vallati SENATORIO
               ISOLA TIBERINA   PALAT
Fiume Tevere   Lungotevere Raffaello Sanzio S. Maria d.
a   d   b   Tempio della Consolazione
       Sta Maria   Fortune Virile   a
       in Trastevere Piazza   PALAT
Pietro   S. Sonnino   Tempio di   Pza Bocca
Montorio   Vesta   d. Verità
       Piazza di   Sta Cecilia Sta Maria
       San Cosimato   in Cosmedin
   c   TRASTEVERE   CIRCO
V. Emilio   Piazzale
Morosini   Pza S. Francesco   PARCO U. La Malfa
           d'Assisi   SAVELLO   MA
           S. Francesco
           a Ripa   Fiume Tevere Lungotevere Aventino
                                                Santa Sabina
   Vie delle
   Mura Portuensi
                                      AVENTINO
                                         c Sant Alessio
                                                          a
                        Piazza   V. di Pta Laverale
                        Testaccio   V. di
                                        SantAnselmo
TESTACCIO   h   Vie   San
                                        Manlio Gelsomini
                                   Porta
                                   San Paolo
                        Piramide di   Vle Giotto
                        Caio Cestio   Piramide
a
                     G   H

571

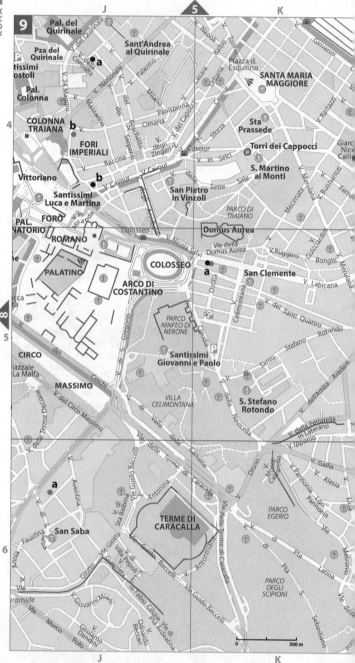

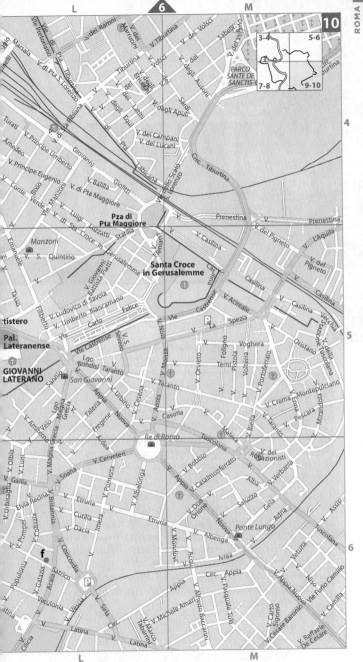

ROMA

Roma (RM) – Carta regionale n° **7**–B2

Ci piace

Scorci di verde nella capitale: le straordinarie terrazze dell'hotel **De Russie** e il giardino dell'**Aldrovandi Villa Borghese**. L'opulenza fine ottocentesca del **Grand Hotel Plaza**. Roma, regina dei roof-garden, per una cena da sogno: dall'**Imàgo** a **La Terrazza**, dall'**Aroma** a **La Pergola**. Al bar del **Moma**, per una pausa pranzo veloce ma di qualità.

Enoteca Ferrara in piazza Trilussa, a Trastevere per un'ottima scelta enologica. Tra Montecitorio e il Tevere, presso il ristorante Retrobottega, la stessa gestione produce e vende anche ottime paste fresche. Nel quartiere Salario, poco fuori dal centro, Sapord'Olio, per trovare un'eccellente selezione di molti dei migliori oli d'oliva italiani. Accanto alla stazione Termini, il Mercato Centrale, spettacolare galleria dedicata al cibo di qualità, da quello di strada a tanto altro.

Nicola Forenza/iStock

Ruhey/iStock

Centro Storico

Ristoranti

✿✿ Il Pagliaccio (Anthony Genovese)   ࣰ 𝐀⁄𝐂

CREATIVA · ELEGANTE ✗✗ Non aspettatevi un ristorante dalle decorazioni circensi, la sala è sobria e contemporanea, elegante, certo, ma rigorosa e di linee pure come la cucina di Anthony, che dopo tanti anni in questa sede, nel cuore del centro storico capitolino - tra piazza Navona, Farnese e Campo de' Fiori - è giunta ad ulteriore maturazione. Rimane costante la sua eterna passione per l'estetica e gli ingredienti dell'estremo oriente, visibile persino dalle divise del personale femminile, alla quale tuttavia oggi si aggiunge una nuova consapevolezza delle esigenze vegetariane dei clienti, con piatti che possono essere preparati anche in versione green. Per il resto le sobrie intitolazioni della carta - null'altro che un elenco di prodotti - lasciano a sorpresa il posto ad una delle cucine più originali e sofisticate di Roma, con il pane che, per qualità e ricerca di varietà di grani, merita una citazione a parte.

Specialità: Il viaggio, ricciola e foie gras. Profumo di ricordi. Babà, alloro e vermouth chinato.

Menu 85€ (pranzo), 165/185€ - Carta 100/150€

Pianta 8 G4-f - *via dei Banchi Vecchi 129/a* - ℰ *06 6880 9595 -*
www.ristoranteilpagliaccio.com - *Chiuso 1-10 febbraio, 10 agosto-1 settembre, lunedì, martedì a mezzogiorno, domenica*

✿ Imàgo   𝐀⁄𝐂

MODERNA · LUSSO ✗✗✗ Giovane talento romano che ha fatto la sua gavetta nelle più innovative e creative cucine d'Europa e del mondo, Andrea Antonini porta con sè una filosofia che mette al centro i prodotti, la cultura e la tradizione italiana. "Ho creato Imàgo 12 anni fa per essere il luogo in cui assaggiare il futuro – racconta il proprietario e general manager dell'hotel Hassler – e chi meglio di uno chef giovane ed entusiasta, alla guida di una brigata di ragazzi che non superano i trent'anni a testa, può raccontare la cucina che verrà"? Tra la magnifica e irripetibile vista sulla Città Eterna e sulla scalinata di piazza di Spagna preparatevi ad un'esperienza gastronomica avvolgente e singolare.

Specialità: Triglia, panzanella e limone. Spaghetti, ricci di mare e pecorino. Cioccolato e peperoncino.

Menu 130/150€ - Carta 92/164€

Pianta 4 H3-c - *Hotel Hassler, piazza Trinità dei Monti 6* Ⓜ *Spagna -*
ℰ *06 6993 4726* - *www.imagorestaurant.com* - *Chiuso lunedì-domenica a mezzogiorno*

✿ Idylio by Apreda Ⓝ   ࣰ

ITALIANA CONTEMPORANEA · ALLA MODA ✗✗ Chef campano, ma note asiatiche e speziate in aggiunta a suggestioni partenopee in un ristorante moderno e trendy. Scelta à la carta o – come consigliano gli ispettori - optare per uno dei tre percorsi degustazione: Inside The Pantheon, Seasons at the Pantheon, Iconic Signature at the Pantheon.

575

Specialità: Foie gras, frutta secca e spezie. Risotto cacio, pepi e sesami. Dolce mozzarella di bufala.

Menu 120/160€ – Carta 75/110€

Pianta 8 G4-n – *The Pantheon, Via di Santa Chiara 4 – ℰ 06 8780 7080 – www.thepantheonhotel.com – Chiuso 6-18 gennaio, 11-21 agosto, lunedì, martedì-sabato a mezzogiorno, domenica*

✿ Pipero Roma   🕸 ♿ 𝖠𝖢

CREATIVA · ELEGANTE XxX Divenuto una figura di riferimento del settore grazie allo spessore dell'offerta gastronomica – frutto della visione nello scegliere i propri collaboratori - unita alla perfetta conduzione della sala, il ristorante porta il nome del maitre-patron Alessandro Pipero. Ai fornelli, Ciro Scamardella è un giovane cuoco campano, autore di piatti moderni, attenti alle stagioni, e qualche volta, anche alle citazioni della sua terra d'origine. La somma dei talenti, la cura del dettaglio e l'affiatamento di una squadra coesa e concentrata, si traducono in un'ospitalità sartoriale che oltre a coccolare gli ospiti, accentua l'impatto estetico e gustativo delle proposte in menu.

Specialità: Alici e pomodoro. La carbonara di Pipero. La Dolce Roma, ricotta, menta e nocciole.

Menu 60€ (pranzo)/125€ – Carta 85/165€

Pianta 8 G4-d – *corso Vittorio Emanuele 246 – ℰ 06 6813 9022 – www.piperoroma.it – Chiuso lunedì a mezzogiorno, sabato a mezzogiorno, domenica*

✿ Acquolina   🕸 ♿ 𝖠𝖢

PESCE E FRUTTI DI MARE · MINIMALISTA XxX Al pian terreno del centrale e raffinato hotel The First Roma - dall'atmosfera impreziosita da opere d'arte originali, dipinti e sculture - nella sala recentemente rinnovata del ristorante Acquolina, Daniele Lippi e Angelo Troiani portano in tavola ricette a base di pesce, ispirate alla cultura gastronomica mediterranea, sempre permeate da un guizzo creativo e accompagnate da una valida selezione enologica.

Il piatto iconico del menu? Topinambur come un carciofo! "Il concetto di questo piatto è legato alla tradizione romana – spiega lo chef - ad un tubero che vuole diventare un fiore, alla rinascita e al voler arrivare a vedere la luce".

Specialità: Made in Italy - pane e pomodoro. Rana pescatrice - peperoni, aceto balsamico e mandorle. Passion Cheesecake - frutto della passione, cioccolato bianco, maggiorana.

Menu 105/135€ – Carta 76/159€

Pianta 4 G3-b – *Hotel The First Roma, via del Vantaggio 14 Ⓜ Spagna – ℰ 06 320 0655 - www.acquolinaristorante.it – Chiuso lunedì-sabato a mezzogiorno, domenica*

✿ Il Convivio-Troiani (Angelo Troiani)   🕸 𝖠𝖢 ⇔

MODERNA · ELEGANTE XxX Non lontano da piazza Navona, in un dedalo di vicoli tipici della vecchia Roma, il locale si presenta distinto in tre sale tematiche. Quella centrale e di maggior uso è denominata del chiostro, sul lato destro c'è la sala delle carrozze, ricavate da una vecchia rimessa, sulla sinistra quella dell'arte, dove trova posto la raccolta di quadri d'epoca dei titolari. Se il servizio è molto professionale e garbato, la carta raccoglie piatti frutto di un'esperienza a grandi livelli. Ci sono frequenti citazioni laziali e italiane, in alcuni casi riproposte in versione più o meno ortodosse, in altri rivisitate con estro e un pizzico di audacia. Ultima, ma non ultima la cantina: circa 3600 etichette tra distillati e vini, con verticali e annate profonde, nonché un bel servizio al bicchiere.

Specialità: Polpo scordato, maionese sbagliata, lampone e mela verde. Amatriciana. Sigaro, cioccolato fondente 68%, fior di latte al whisky e tabacco.

Menu 125€ – Carta 86/142€

Pianta 4 G3-r – *vicolo dei Soldati 31 – ℰ 06 686 9432 - www.ilconviviotroiani.com – Chiuso lunedì-sabato a mezzogiorno, domenica*

ONORATI
DI FAR PARTE
DEI TUOI MOMENTI
PIÙ BELLI A TAVOLA.

S.PELLEGRINO®

Tastefully Italian

SANPELLEGRINO.COM | ▶ YouTube 🅵 🅾 🅿

✿ Enoteca al Parlamento Achilli   🕸 🍴 AC

CREATIVA · ELEGANTE XX In pieno centro, dall'esterno ben poco farebbe pensare ad un ristorante, ma varcati gli ambienti dell'elegante enoteca, due sale in successione avvolte dal legno ospitano una cucina molto personalizzata, basata su contrasti ed audaci accostamenti, amata da chi vuole sfuggire alla tradizione. E' la personalità dello chef, intrigante e fuori dagli schemi, ad emergere, soprattutto per chi avesse voglia di un percorso più lungo, con i menu degustazione.

Specialità: Capasanta, foie-gras, riduzione di caffè. King crab, spinacino, parmigiano, pera e midollo. Banana, caviale e cioccolato bianco.

Menu 100/160€ – Carta 70/130€

Pianta 4 G3-n – *via dei Prefetti 15* 🚇 *Spagna* – ☎ *06 8676 1422 –*
www.enotecalparlamento.com – Chiuso 20 gennaio-1 febbraio, 14-31 agosto,
domenica

✿ Per Me Giulio Terrinoni   🕸 🍴 � AC

CREATIVA · CONTESTO CONTEMPORANEO XX Nel centro storico di Roma, il locale si trova in Vicolo del Malpasso, strada rinomata in tutta Italia per i suoi "tappi". Non è quindi casuale che tra le grandi intuizioni dello chef, una riguardi proprio i tappi: ovvero, elaborate variazioni sul tema tapas o cicchetti dallo spiccato senso estetico e dai sapori decisi e appaganti. Anche i secondi tuttavia presentano delle particolarità in quanto suddivisi in base alla tecnica di cottura (gran fritto, arrosto o vapore). Se grande impegno viene profuso per il reperimento degli ingredienti, altrettanta attenzione è riservata alle esigenze del cliente – vegani inclusi – che possono infatti richiedere in anticipo un menu ad hoc.

Specialità: Carpaccio di scampi, foie gras marinato. Variazione di rana pescatrice, coppa, trippa, porchetta, millefoglie. Macchia mediterranea, pistacchio, mirtillo, gelato al latte di capra.

Menu 33€ (pranzo), 85/140€ – Carta 80/128€

Pianta 8 G4-h – *vicolo del Malpasso 9* – ☎ *06 687 7365 - www.giulioterrinoni.it –*
Chiuso 9-19 agosto

✿ Da Armando al Pantheon   AC

ROMANA · FAMILIARE X A pochi metri dal Pantheon, piccolo locale (sconsigliamo di venirci senza prenotazione!) che dal 1961 è gestito dalla famiglia Gargioli, giunta alla terza generazione. Da anni conquista, infatti, indigeni e non con la sua cucina tradizionale, romana e laziale, tra carne e pesce, grazie a piatti come la coratella, la pajata, l'abbacchio, le alici fresche con invidia, la crostata di visciole.

Specialità: Crostone con zucchine e alici. Spaghetti alla carbonara. Torta antica Roma.

Menu 40/60€ – Carta 40/70€

Pianta 8 G4-r – *salita dè Crescenzi 31* 🚇 *Spagna* – ☎ *06 6880 3034 –*
www.armandoalpantheon.it – Chiuso 1-31 agosto, sabato sera, domenica

✿ Green T.   🍴 AC ⟳

CINESE · STILE ORIENTALE X La maestra, Yan, introdurrà i neofiti al "Tao del Tè" (percorso di conoscenza e degustazione di quest'antica bevanda) in un originale locale disposto su quattro livelli, non lontano dal Pantheon. Il menu propone sapori d'Oriente e cucina imperiale: ovvero quella che da Mao in poi è diventata la "cucina dei banchetti ufficiali". A sorpresa anche qualche piatto di linea asiatica moderna.

Specialità: Ravioli al vapore. Anatra alle cinque spezie. Dolce della moglie.

Carta 26/51€

Pianta 8 H4-m – *via del Piè di Marmo 28* – ☎ *06 679 8628 - www.green-tea.it*

ⅠO Le Jardin de Russie   🕸 🛏 🍴 ⅙ AC ⟳

MEDITERRANEA · LUSSO XXXX A dispetto del nome francese, i sapori sono decisamente tricolori, mediterranei, reinterpretati in una linea di cucina contemporanea, allo stesso tempo essere gustosa e leggera. Ricco buffet in alternativa alla carta, solo a pranzo; sabato e domenica brunch. Il servizio darà, oltre ad un sorriso, anche la marcia in più. Allo Stravinskij Bar, il servizio ristorante si protrae per tutta la giornata.

Menu 45€ (pranzo)/65€ – Carta 76/111€

Pianta 4 H3-p – *Hotel De Russie, via del Babuino 9* 🚇 *Flaminio* – ☎ *06 3288 8870 –*
www.roccofortehotels.com/it/hotel-de-russie

🍴 Il Sanlorenzo   💥 AC 🔄

PESCE E FRUTTI DI MARE · ELEGANTE XX Un palazzo storico costruito sulle fondamenta del Teatro Pompeo per un locale d'atmosfera, che unisce storia ed arte contemporanea. Ma il vero protagonista è il pesce, principalmente di provenienza laziale, con special guest come i crostacei dall'isola di Ponza, servito crudo o elaborato senza troppi fronzoli. Bella selezione di Champagne nella carta vini.

Menu 90 € – Carta 70/115 €

Pianta 8 G4-c – *via dei Chiavari 4/5 – ℰ 06 686 5097 – www.ilsanlorenzo.it – Chiuso 3-26 agosto, lunedì a mezzogiorno, sabato a mezzogiorno, domenica*

🍴 Casa Coppelle   💥 ⅙ AC 🔄

MEDITERRANEA · ROMANTICO XX Nel cuore della città, un suggestivo e intimo salotto dalle molteplici sfaccettature: si passa dalla "galleria" dei ritratti all'atmosfera più british della saletta delle librerie, nonché all'herbier con stampe a tema alle pareti. Un angolo per ognuno, per tutti – invece – la moderna rivisitazione di una cucina mediterranea.

Menu 55 € (pranzo), 90/135 € – Carta 45/130 €

Pianta 8 G4-b – *piazza delle Coppelle 49 – ℰ 06 6889 1707 – www.casacoppelle.com*

🍴 Mater Terrae   ⪕ 🛱 AC

VEGETARIANA · LUSSO XX Il nome è già abbastanza evocativo: il ristorante privilegia, infatti, la strada vegetariana e biologica su splendide terrazze affacciate sui tetti e le cupole del centro storico.

Menu 95/120 € – Carta 65/93 €

Pianta 8 G4-g – *Hotel Raphaël, largo Febo 2 – ℰ 06 6828 3762 – www.raphaelhotel.com*

🍴 Pacifico Roma   🛏 🛱 ⅙ AC

PERUVIANA · DI TENDENZA XX E' il fratello quasi gemello di Pacifico Milano: marchio italiano dedicato ad una cucina fusion il cui epicentro è il Perù ed il mentore è Jaime Pesaque, affermato chef peruviano, non resident, ma che ha impostato e controlla la linea di cucina secondo il suo gusto ed estro. Qui troverete diversi tipi di ceviche accanto a piatti creativi che puntano sull'incontro di diverse culture gastronomiche. A pranzo la carta si fa ridotta.

Carta 40/100 €

Pianta 4 G2-h – *Hotel Palazzo Dama, lungotevere Arnaldo da Brescia 2* ⓜ *Lepanto – ℰ 06 320 7042 – wearepacifico.com*

🍴 Le Tamerici   🛱 AC

MEDITERRANEA · ACCOGLIENTE XX A pochi metri dalla Fontana di Trevi, un insolito angolo di qualità che si distingue dall'invasione di tanti banali ristorantini turistici: in ambiente raccolto, con dehors nel vicolo, assaggerete un'ottima cucina moderno-mediterranea ideata dal patron insieme al suo giovane chef.

Menu 60/90 € – Carta 45/70 €

Pianta 4 H3-d – *vicolo Scavolino 79* ⓜ *Barberini – ℰ 06 6920 0700 – www.letamerici.com – Chiuso 9-30 agosto, lunedì a mezzogiorno, domenica*

🍴 Casa Bleve   💥 AC 🔄

MEDITERRANEA · FAMILIARE X Nei pressi di Palazzo Madama, in un antico palazzo del 1492 con ampi soffitti a volte, menu à la carte con specialità nazionali; in bella mostra all'entrata molte etichette di vini anche pregiati.

Carta 50/70 €

Pianta 8 G4-z – *via del Teatro Valle 48/49 – ℰ 06 686 5970 – www.casableve.it – Chiuso 1-5 gennaio, 10-30 agosto, domenica*

⫯○ Colline Emiliane · 🄰🄲 ⟷

EMILIANA · TRATTORIA ⅹ A due passi da piazza Barberini, calorosa gestione familiare in questo semplice locale dai pochi tavoli serrati, dove si omaggia la tradizione. Se passate la mattina vedrete infatti preparare le specialità della casa nel loro laboratorio: paste tirate a mano come un tempo ed altri gustosi piatti della tradizione emiliana.

Carta 31/46€

Pianta 5 J3-j – *via degli Avignonesi 22* 🄼 *Barberini* – ℰ *06 481 7538* – *www.collineemiliane.com* – *Chiuso 11-21 aprile, 24 dicembre-7 gennaio, lunedì, domenica sera*

⫯○ Mercerie · 🄰🄲

CONTEMPORANEA · DI TENDENZA ⅹ Lo street food di alta qualità sbarca nella capitale, in un ambiente moderno e alla moda che porta la firma del già famoso chef Igles Corelli. I sapori sono classici italiani con alcuni must romano-laziali, in aggiunta anche la carta "tradizionale" di cucina moderna; possibilità di take-away in strada.

Menu 12€ (pranzo), 45/55€ – Carta 30/70€

Pianta 8 H4-a – *via di San Nicola de' Cesarini 4/5* – ℰ *347 971 4949* – *www.mercerie.eu* – *Chiuso 1-31 agosto, lunedì*

⫯○ Retrobottega 🄽 · 🄰🄲 ⟷

CONTEMPORANEA · MINIMALISTA ⅹ Interni minimal e design pulito in questo locale dalle tinte scure; i due chef-patron hanno fatto esperienza in diversi ristoranti stellati italiani e non solo. Cucina moderna che valorizza le materie prime e la loro stagionalità, per piatti che riescono a sposare territorio e ricerca.

Menu 55€ – Carta 50/70€

Pianta 4 G3-b – *via della Stelletta 4* – ℰ *06 6813 6310* – *www.retro-bottega.com* – *Chiuso 10-16 agosto, lunedì a mezzogiorno*

Alberghi

🏨 Hassler ·

GRAN LUSSO · ELEGANTE Iconico, leggendario, incomparabile, sulla sommità della scalinata di piazza di Spagna, Hassler Roma è sinonimo di lusso ed eleganza. La "Grande Dame"- dopo 125 anni - continua a mantenere un perfetto equilibrio tra passato e futuro; stanze arredate e decorate con stili diversi, nonché pregevoli suite. La ristorazione si declina in diverse proposte dal ristorante panoramico Imàgo all'elegante bistrot, senza tralasciare lo storico bar.

72 camere – ♔♔ 520/698€ – 🖵 38€ – 15 suites

Pianta 5 H3-c – *piazza Trinità dei Monti 6* 🄼 *Spagna* – ℰ *06 699340* – *www.hotelhasslerroma.com*

❀ **Imàgo** – Vedere selezione ristoranti

🏨 De Russie · 🛠 🍴 🕭 🏊 🄻🄰 ⊡ 🄰🄲 🕴

GRAN LUSSO · PERSONALIZZATO Tra le migliori risorse dell'Urbe, design leggero e armonioso in un edificio disegnato da Valadier nei primi anni del XIX secolo. La raffinatezza avvolge le camere - sia nelle forme sia soprattutto nelle tinte - decisamente confortevoli le suite: alcune con rilassante vista sul proprio piccolo parco tra effluvi di rosa e gelsomino. Molto accogliente e decisamente rigenerante la spa.

94 camere – ♔♔ 605/1000€ – 🖵 45€ – 26 suites

Pianta 4 H3-p – *via del Babuino 9* 🄼 *Flaminio* – ℰ *06 328881* – *www.roccofortehotels.com/hotel-de-russie*

⫯○ **Le Jardin de Russie** – Vedere selezione ristoranti

🏨 Grand Hotel Plaza · 🛠 ⊡ 🄰🄲 🕴

GRAN LUSSO · PERSONALIZZATO Straordinari, immensi saloni di fine '800: trionfo liberty di marmi, soffitti a cassettoni, affreschi e vetrate. Arredi d'epoca anche nelle camere e terrazza panoramica con Champagne bar. L'atmosfera d'altri tempi non risparmia la suggestiva sala ristorante.

193 camere – ♔♔ 300/600€ – 🖵 30€ – 10 suites

Pianta 4 H3-r – *via del Corso 126* 🄼 *Spagna* – ℰ *06 67495* – *www.grandhotelplaza.com*

D'Inghilterra 🏵 ⬆ ♿ AC

DIMORA STORICA · PERSONALIZZATO Dal lontano Seicento accoglie turisti di tutto il mondo con l'inconfondibile cifra di una raffinata casa privata e deliziose camere personalizzate. Bar d'atmosfera ed eleganti salotti. Al ristorante, cucina semplice e classica a pranzo, più elaborata ed ambiziosa la sera.

88 camere 🖵 – 👫 250/550 € – 7 suites

Pianta 4 H3-h – *via Bocca di Leone 14* – *☎ 06 699811* –
www.starhotels.it

The First Roma 🏵 ♨ ⬆ ♿ AC

LUSSO · DESIGN Camere raffinate e terrazze panoramiche sui tetti del centro, in un elegante palazzo ottocentesco che si apre all'interno verso ambienti luminosi e moderni, arredati con opere d'arte contemporanea. In cima all'hotel va di scena il recente AcquaRoof: colazioni, aperitivi e ovviamente pranzi e cene a tutto pesce.

16 suites – 👫 500/1500 € – 🖵 30 € – 13 camere

Pianta 4 G3-b – *via del Vantaggio 14* Ⓜ *Flaminio* – *☎ 06 4561 7070* –
www.thefirsthotel.com

❀ **Acquolina** – Vedere selezione ristoranti

Raphaël ♨ ⬆ ♿ AC 🌿

BOUTIQUE HOTEL · ECOSOSTENIBILE La facciata ricoperta di rampicanti è ormai il suo celebre segno distintivo, ma i veri tesori sono all'interno, dove troverete opere di Picasso, De Chirico, Mirò ed altri ancora, posizionati con classe in ambienti contemporanei; gli stessi che contraddistinguono le camere firmate dal celebre architetto Richard Meier.

49 camere – 👫 250/800 € – 🖵 32 € – 1 suite

Pianta 8 G4-b – *largo Febo 2* – *☎ 06.682831* –
www.raphaelhotel.com

❀○ **Mater Terrae** – Vedere selezione ristoranti

Indigo Rome St. George 🏵 ♨ ♨ ⬆ ♿ AC 🌿

BOUTIQUE HOTEL · DESIGN Boutique e design hotel in una delle vie più belle della capitale: autentico scrigno di raffinatezza, l'albergo si fregia di lussuosi arredi, sia negli spazi comuni, sia nelle ampie camere. Stessa ambiance anche nel buon ristorante I Sofà.

59 camere – 👫 300/450 € – 🖵 29 € – 5 suites

Pianta 8 G4-a – *via Giulia 62* – *☎ 06 686611* –
www.hotelindigo.com/romestgeorge

J.K. Place Roma 🏵 ⬆ ♿ AC

LUSSO · VINTAGE In una parte del palazzo che un tempo ospitava le aule della facoltà di architettura, ora si snodano i raffinati ambienti del J. K. Place Roma, degni eredi di quella ricerca estetica e cura del dettaglio che qui si esercitava. Tra elementi vintage e di design, ampi divani e specchi, il soggiorno si svolge all'insegna del massimo confort e dell'esclusività. JK Cafè è l'angolo del ristorante e lounge bar. JK Place, un nome che ha elevato lo standard e creato un riferimento per i boutique hotel.

28 camere 🖵 – 👫 600/1400 € – 2 suites

Pianta 4 G3-y – *via di Monte d'Oro 30* – *☎ 06 982634* –
www.jkroma.com

Vilòn Ⓝ 🏵 ≼ ⬆ ♿ AC

BOUTIQUE HOTEL · ROMANTICO Raffinato e romantico in ogni suo dettaglio, questo charmant boutique hotel del centro non manca di accendere la fantasia con i suoi dettagli: mobili, colori, complementi d'arredo, pezzi unici di differenti epoche e provenienze, sapientemente accostati per creare una lussuosa dimora, ma dalla calda accoglienza. Cucina di territorio, ingentilita, al ristorante Adelaide.

17 camere 🖵 – 👫 465/1200 € – 1 suite

Pianta 4 G3-c – *via dell'Arancio 69* – *☎ 06 878187* –
www.hotelvilon.com

D.O.M. 🏡 ⊟ ♿ 🅰🅲 🛋

LUSSO · STORICO Deo Optimo Maximo: il palazzo seicentesco coniuga elementi sacri provenienti da una chiesa attigua come dai suoi trascorsi di monastero con arredi contemporanei, seppure con vaghi richiami a linee piacevolmente vintage, in generale colori smorzati e tre opere di Andy Warhol. Da provare la cucina dell'ottimo Verve: piatti contemporanei proposti da due giovani già esperti del mestiere.

15 camere �െ – 🛉🛉 240/700 € – 3 suites

Pianta 8 G4-m – *via Giulia 131* – ☎ *06 683 2144 –*
www.domhotelroma.com

G-Rough ⊟ 🅰🅲

BOUTIQUE HOTEL · VINTAGE Il piccolo edificio di origine settecentesca si è prestato magnificamente a questo restauro in chiave vintage: la casa è oggi stupendamente arredata con moltissimi mobili originari degli anni Cinquanta e tanti altri originali di grandi firme del design. Luce soffusa al G-Bar.

6 suites – 🛉🛉 450/1200 € – ⊆ 35 € – 4 camere

Pianta 8 G4-c – *piazza Di Pasquino 69* – ☎ *06 6880 1085 – www.g-rough.it*

🏡 Palazzo Dama 🍽 🍸 🎠 ⊟ ♿ 🅰🅲

DIMORA STORICA · DESIGN Una bellissima villa liberty che nel nome ricorda quando - oltre a nobili ed intellettuali - era frequentata da molte dame. Sul retro un bello spazio all'aperto con piccolo giardino, tavolini e piscina, mentre gli interni, grazie ad un accurato restauro, creano uno stile design con chiari e voluti riferimenti vintage, tra tappeti e quadri, divanetti ed ottoni.

27 camere ⊆ – 🛉🛉 250/700 € – 2 suites

Pianta 4 G2-h – *lungotevere Arnaldo da Brescia 2* Ⓜ *Lepanto* – ☎ *06 8956 5272 –*
www.palazzodama.com

🍽 **Pacifico Roma** – Vedere selezione ristoranti

The Pantheon Ⓝ 🏡 🐾 ⊟ ♿

BOUTIQUE HOTEL · CLASSICO Un importante studio di architettura ne ha studiato i dettagli che riprendono ottone e marmi, con svariati richiami al vicino di casa, il Pantheon. In alcune suite lo si può quasi toccare con mano, ma il punto di forza, oltre al ristorante gourmet, è il terrazzo aperto senza sosta dalla prima colazione alla cena.

79 camere – 🛉🛉 340/1800 € – ⊆ 35 € – 7 suites

Pianta 8 G4-n – *Via di Santa Chiara 4/a* – ☎ *06 87807070 –*
www.thepantheonhotel.com

❀ **Idylio by Apreda** – Vedere selezione ristoranti

Portrait Roma ⊟ 🅰🅲

LUSSO · PERSONALIZZATO Splendida dimora, lussuosa e di stile, ad angolo su via Condotti con le sue grandi firme della moda tra cui naturalmente quella del padrone di casa, Ferragamo. Le fotografie appese ai muri ripercorrono la storia della maison, mentre all'ultimo piano si trova un bel terrazzino con splendido panorama sul centro: se il clima lo consente, è qui che s'inizia la giornata con la prima colazione, altrimenti servita in camera.

7 camere ⊆ – 🛉🛉 400/1000 € – 7 suites

Pianta 4 H3-w – *via Bocca di Leone 23* Ⓜ *Spagna* – ☎ *06 6938 0742 –*
www.lungarnocollection.com

encrier/iStock

Stazione Termini

Ristoranti

⌘ La Terrazza 🏵 ⟨ AC ⇩

MODERNA · LUSSO XxxX Forse l'indirizzo più scenografico in termini di lusso e posizione della capitale, La Terrazza del recentemente rinnovato Hotel Eden si trova all'ultimo piano dell'esclusiva proprietà; è qui che Fabio Ciervo - brillante chef campano – pareggia l'incanto della vista su Roma con raffinate esecuzioni. Non ci si sbaglia nel sottolineare la fantasia, nonché l'originalità dei suoi piatti, sebbene qualche accenno romano faccia capolino qua e là in tante sue creazioni. Immersi nella penombra di una sala moderna ed elegante, l'attenzione è rapita dalla vista che spazia sui tetti della città.

Specialità: Crema di ricci di mare. Raviolo ripieno di brodo di bollito a modo mio, rafano. Tiramisù diverso.

Menu 130/280€ – Carta 118/180€

Pianta 5 J3-z – *Hotel Eden, via Ludovisi 49* Ⓜ *Barberini –* ℰ *06 4781 2752 – www.dorchestercollection.com – Chiuso 13-28 gennaio, 10-25 agosto, lunedì a mezzogiorno, martedì, mercoledì-domenica a mezzogiorno*

⌘ Moma AC

CREATIVA · CONTESTO CONTEMPORANEO X Tra Via Veneto e piazza Barberini, Moma è un indirizzo moderno e poliedrico con proposte informali per il pranzo e cucina tradizionale creativa nel ristorante gourmet situato al primo piano dello stabile, che nei tanti mesi di clima mite offre ai clienti di godersi il ponentino nel piccolo dehors. L'equilibrio tra consistenze e abbinamenti, la cura nei confronti di estetica e materia prima costituiscono il fil rouge di tutto il menu, risultando evidenti anche nelle ricette ispirate alla cucina capitolina e laziale. L'attenzione alla territorialità ed alle piccole produzioni di qualità viene infine rimarcata dalla selezione enologica che tende a prediligere vini da piccole aziende artigianali.

Specialità: Il nostro orto di stagione. Chitarrini alla gricia. Dolce di ricotta e visciole selvatiche.

Menu 50€ (pranzo), 75/95€ – Carta 52/94€

Pianta 5 J3-a – *via San Basilio 42/43* Ⓜ *Barberini –* ℰ *06 4201 1798 – www.ristorantemoma.it – Chiuso 15-22 agosto, domenica*

⫶○ The Flair Ⓝ ⟨ 🛖 ⌑ AC

CONTEMPORANEA · CONTESTO CONTEMPORANEO XxX Nuovissimo concept all'ultimo piano panoramico del celebre hotel capitolino; se la vista rimane immutata sulle bellezze del centro della capitale, ai fornelli, invece, si fa ora largo un giovane cuoco siciliano che si cimenta in una fragrante linea di cucina italiano-contemporanea. Apertura solo serale, mentre per il pranzo si può optare per la formula bistrot: decisamente più semplice!

Menu 35€ (pranzo), 80/100€ – Carta 90/120€

Pianta 5 J3-f – *Hotel Sina Bernini Bristol, piazza Barberini 23* Ⓜ *Barberini –* ℰ *06 4201 0469 – www.sinahotels.com*

🏗️ **Brunello Lounge & Restaurant**   🕭 AC 🖇️

MODERNA · INTIMO XX Suggestioni orientali nella calda e raffinata sala, dove gustare meravigliose ricette dai sapori mediterranei, ma anche piatti internazionali adatti agli stranieri in visita alla capitale.

Menu 75/85€ – Carta 60/120€

Pianta 5 J3-m – *Regina Hotel Baglioni, via Vittorio Veneto 72* 🚇 *Barberini* –
📞 *06 421111* – *www.baglionihotels.com*

🏗️ **Orlando**   🕸️ AC

SICILIANA · CONTESTO REGIONALE XX Elegante ristorante in stile contemporaneo a due passi da via Veneto; cucina della tradizione siciliana espressa in chiave moderna.

Menu 20€ (pranzo)/40€ – Carta 40/80€

Pianta 5 J3-b – *via Sicilia 41* – 📞 *06 4201 6102* – *www.orlandoristorante.it* –
Chiuso 9-23 agosto, sabato a mezzogiorno, domenica

Alberghi

🏨 **Eden**   🌿 ⬅️ 🛗 🔁 🕭 AC 🎯 🅿️

GRAN LUSSO · ELEGANTE Con una storia lunga 130 anni di Dolce Vita, l'hotel continua a rappresentare ogni giorno un'eccellenza dell'ospitalità romana riconosciuta ed apprezzata tanto nella Città Eterna quanto in tutto il mondo. È proprio il servizio impeccabile, insieme allo stile unico e al fascino tutto italiano, che hanno reso Eden una destinazione privilegiata, in cui la clientela può vivere un'esperienza indimenticabile, grazie ad un'atmosfera che ricorda l'accoglienza della propria casa.

80 camere – 🛏️ 950/1500€ – 🍽️ 45€ – 18 suites

Pianta 5 j3-z – *via Ludovisi 49* 🚇 *Barberini* – 📞 *06 478121* –
www.dorchestercollection.com

❄️ **La Terrazza** – Vedere selezione ristoranti

🏨 **The St. Regis Rome** 🅝   🌀 🛗 🔁 🕭 AC 🎯

GRAN LUSSO · ELEGANTE Il meticoloso lavoro di restauro a cura di un pluripremiato interior designer rende omaggio ai 125 anni di storia dell'albergo celebrando la suggestiva luce di Roma, reinterpretando in chiave contemporanea l'eleganza senza tempo dell'hotel. In linea, anche il nuovo Lumen Cocktails & Cuisine che inaugura la nuova proposta d'intrattenimento, arricchita da esclusive collaborazioni con il mondo dell'arte contemporanea e del mixology internazionale.

138 camere – 🛏️ 680/1200€ – 🍽️ 48€ – 23 suites

Pianta 5 K3-a – *Via Vittorio Emanuele Orlando 3* 🚇 *Repubblica* – 📞 *06 47091* –
www.stregisrome.com

🏨 **The Westin Excelsior Rome**   🌿 🔲 🌀 🕭 🔁 🛗 AC 🎯 🚗

GRAN LUSSO · TRADIZIONALE Situato a pochi passi dalla centralissima piazza di Spagna e dal verde di Villa Borghese, The Westin Excelsior affonda le sue radici nella strada più prestigiosa della capitale: l'edificio e la sua cupola sono diventati - a sua volta - uno dei simboli della via. Tra le varie suite, Villa La Cupola è sicuramente una delle più grandi d´Europa.

284 camere – 🛏️ 250/500€ – 🍽️ 39€ – 32 suites

Pianta 5 J3-g – *via Vittorio Veneto 125* 🚇 *Barberini* – 📞 *06 4708 2805* –
www.westinrome.com

🏨 Grand Hotel Via Veneto ☂ 🎮 🏠 ♨ 🔁 ⬆ ♿ 🆎 🏃

GRAN LUSSO · CONTEMPORANEO Sulla via della Roma by night, un grand hotel nel vero senso della parola: stupende camere in stile art-déco e una collezione di oltre 500 quadri d'autore. Due situazioni diverse, ma entrambe valide, per la ristorazione: cucina creativa al Magnolia; piatti nazionali ed internazionali, ma anche grande scelta di cocktail al Time.

105 camere – ♟ 363/1067€ – ☷ 20€ – 11 suites

Pianta 5 J3-e – *via Vittorio Veneto 155* ⓜ *Barberini* – ☏ *06 487881* – *www.ghvv.it*

🏨 Regina Hotel Baglioni ♨ 🔁 ⬆ ♿ 🆎 🏃

STORICO · ELEGANTE Hotel storico in edificio Liberty, al suo interno ritroviamo quell'eleganza antica, ma mai tramontata, fatta di stucchi, mobili d'epoca ed un'imponente scalinata in bronzo e marmo. L'unica concessione alla modernità riguarda i confort e le installazioni; camere di vario stile - da quelle più tradizionali ad altre più contemporanee - ed una prestigiosa suite di oltre 500 m^2.

107 camere – ♟ 248/669€ – ☷ 33€ – 10 suites

Pianta 5 J3-m – *via Vittorio Veneto 72* ⓜ *Barberini* – ☏ *06 421111* – *www.baglionihotels.com*

🍴 **Brunello Lounge & Restaurant** – Vedere selezione ristoranti

🏨 Splendide Royal ☂ 🔁 ⬆ ♿ 🆎 🏃

LUSSO · ELEGANTE Stucchi dorati, tessuti damascati e sontuosi arredi antichi: un tributo al barocco romano dedicato a tutti coloro che non apprezzano l'imperante minimalismo. Nelle camere il blu pervinca, il giallo oro, il rosso cardinalizio si rincorrono creando un'atmosfera di lussuosa classicità; le più ambite degli ultimi piani si affacciano su Villa Borghese e il centro storico. Ristorante roof-garden doppiamente celebre, per l'ottima cucina e la vista panoramica.

80 camere ☷ – ♟ 620/1325€ – 15 suites

Pianta 5 J3-u – *via di Porta Pinciana 14* ⓜ *Barberini* – ☏ *06 421689* – *www.splendideroyal.com*

🏨 Sina Bernini Bristol ☂ 🏠 🔁 ⬆ ♿ 🆎 🏃

LUSSO · ELEGANTE Ormai parte integrante della celebre piazza, raffinato hotel che si va rinnovando anno dopo anno. Oggi - ad esempio - riesce ad offrire a seconda dei gusti camere dagli arredi classici o di stile contemporaneo: è consigliabile optare per quelle panoramiche poste ai piani più alti.

118 camere – ♟ 300/490€ – ☷ 33€ – 16 suites

Pianta 5 J3-f – *piazza Barberini 23* ⓜ *Barberini* – ☏ *06 488931* – *www.sinahotels.com*

🍴 **The Flair** – Vedere selezione ristoranti

🏨 Majestic ⓝ ☂ 🔁 ⬆ ♿ 🆎 🏃

STORICO · ELEGANTE Se gli appassionati di cinema riconosceranno lo scenario del celebre film di Fellini "La Dolce Vita", certo è che questo hotel nato a fine '800, rimane ancora oggi alfiere dell'ospitalità di lusso di via Veneto: pezzi d'antiquariato, arazzi, affreschi, ma anche confort attuali.

93 camere – ♟ 315/720€ – ☷ 30€ – 4 suites

Pianta 5 J3-k – *via Vittorio Veneto 50* ⓜ *Barberini* – ☏ *06 421441* – *www.hotelmajestic.com*

🏨 Villa Spalletti Trivelli 🚪 🏠 ♨ 🆎 🏃 🅿

LUSSO · STORICO A pochi passi dal Quirinale, alle vette del monte, questa residenza si affaccia sui giardini e nelle tranquille vie limitrofe: spazi comuni di gran classe – bellissime le imponenti sale biblioteca – e camere arredate con mobili d'epoca.

14 camere ☷ – ♟ 400/880€ – 3 suites

Pianta 9 J4-a – *via Piacenza 4* – ☏ *06 4890 7934* – *www.villaspallettitrivelli.com*

Elena_Danileiko/iStock

Roma Antica

Ristoranti

✿ Aroma

&& ⪡ 🏠 AC

CREATIVA · LUSSO XXX E' la nuovissima cucina completamente a vista a dare il benvenuto agli ospiti che raggiungono questo incantevole roof con affaccio sulla Città Eterna, dal Colosseo sino al cupolone. Durante i giorni della Roma Imperiale sono stati – infatti - costruiti alcuni dei monumenti più maestosi della città, tra cui quattro caserme dei gladiatori nei pressi dell'hotel che ospita questo angolo gourmet.

Il nome è un omaggio alla città e agli aromi della cucina mediterranea che qui viene servita, sebbene lo chef Giuseppe di Iorio non manchi mai di condire i suoi piatti con un tocco di creatività. Ora anche servizio bistrot per una sosta informale.

Specialità: Rana pescatrice al vapore con zucchine romanesche, pompelmo rosa e peperoni. Merluzzo marinato alla carota viola, spugna di cipolle di Tropea e bietoline di campo. Il Nido: mango, frutto della passione e crema di formaggio fresco.

Menu 100€ (pranzo), 120/170€ – Carta 120/180€

Pianta 9 K5-a – *Hotel Palazzo Manfredi, via Labicana 125* Ⓜ *Colosseo* – ℰ *06 9761 5109 – www.aromarestaurant.it*

✿ Marco Martini Restaurant

⪢ 🏠 AC

CREATIVA · ALLA MODA XX La curiosità e la voglia di osare non fanno difetto allo chef Marco Martini che in collaborazione con il suo staff elabora una cucina moderna e fantasiosa; ogni proposta ha la sua storia da raccontare, fatta di emozioni e ricordi. L'ambiente è un giardino d'inverno con contaminazioni di stili, ma c'è anche una terrazza-lounge per aperitivi e qualche assaggio, "tutelata" da un Superman di marmo a grandezza naturale. Un ingrediente al quale il cuoco non rinuncerebbe mai? Vegetali ed erbe spontanee! Su prenotazione anticipata, carta gourmet anche a pranzo.

Specialità: Animelle, mozzarella, bottarga e rabarbaro. Merluzzo, patanegra e arancia amara. Cioccolato bianco, olio extra vergine e tè matcha.

Menu 100/135€ – Carta 70/100€

Pianta 9 J6-a – *viale Aventino 121* – ℰ *06 4559 7350 – www.marcomartinichef.com – Chiuso 11-20 agosto, sabato a mezzogiorno, domenica*

ⵔ Madre

🏠 ♿ AC

MEDITERRANEA · DI TENDENZA X Pizzeria gourmet con piatti di pesce crudo (ceviche in testa), in un ambiente piacevole e moderno dove piante e lo scorrere dell'acqua evocano un fresco giardino; da lunedì a venerdì - a pranzo - tre light lunch e la possibilità di ordinare alla carta.

Menu 45/65€ – Carta 46/78€

Pianta 9 J4-b – *largo Angelicum 1/a* – ℰ *06 678 9046 – www.madreroma.com*

Alberghi

🏨 Palazzo Manfredi ⪵ 🔲 ♿ AC

LUSSO · CONTEMPORANEO Fascino e ricercatezza nelle camere e nelle splendide suite di un piccolissimo relais pieno di soprese. Prima fra tutte la vista e gli affacci sul Colosseo e sulla Domus Aurea, seguita dalla terrazza roof garden: locazion privilegiata per la prima colazione e per romantiche soste gastronomiche.

12 camere ⊡ – 👫 300/2500 € – 6 suites

Pianta 9 K5-a – *via Labicana 125* Ⓜ *Colosseo* – ☎ *06 7759 1380* – *www.palazzomanfredi.com*

🌼 **Aroma** – Vedere selezione ristoranti

🏨 47 Boutique Hotel ☆ 🐾 ♨ 🔲 ♿ AC 🧖

TRADIZIONALE · PERSONALIZZATO Il nome allude al numero civico della via che scende dal Teatro di Marcello, ognuno dei 5 piani di questo austero palazzo degli anni '30 è dedicato ad un artista italiano del '900: Greco, Quagliata, Mastroianni, Modigliani e Guccione. Quadri, sculture, litografie: l'arte contemporanea trova il suo albergo-museo. All'ultimo piano si trova il ristorante Circus.

59 camere ⊡ – 👫 200/370 € – 2 suites

Pianta 8 H5-a – *via Luigi Petroselli 47* – ☎ *06 678 7816* – *www.fortysevenhotel.com*

🏨 Sant'Anselmo 🐾 🛏 🔲 ♿ AC 🅿

STORICO · ELEGANTE Villa liberty con piccolo giardino interno, dove modernità e antico fascino si fondono armoniosamente dando vita ad uno stile cosmopolita e raffinato. Le camere esprimono un carattere ricercato e personalizzato, condensato in nomi evocativi: Mille e una notte, Non ti scordar di me, Cuori coccole e carezze...

34 camere ⊡ – 👫 104/315 €

Pianta 8 H6-c – *piazza Sant'Anselmo 2* – ☎ *06 570057* – *www.aventinohotels.com*

🏨 Nerva Boutique Hotel 🔲 ♿ AC

BOUTIQUE HOTEL · DESIGN Piccola risorsa a conduzione familiare, ubicata in zona amena, in una via nell'area dei Fori Imperiali a cinque minuti dal Colosseo e dalla Fontana di Trevi. Se è vero che gli spazi comuni sono limitati, è altrettanto vero che sono graziosi e ancor più lo sono le camere, davvero confortevoli.

14 camere ⊡ – 👫 80/300 € – 5 suites

Pianta 9 J4-b – *via Tor de' Conti 3* Ⓜ *Colosseo* – ☎ *06 679 3764* – *www.hotelnerva.com*

F. Fell/robertharding /age fotostock

San Pietro (Città del Vaticano)

Ristoranti

✿✿✿ La Pergola   🕸 ⪦ 🏠 ⅋ 🆎 ⇪ 🅿

MODERNA · LUSSO XXXX Fu tra i capostipiti della ristorazione romana d'albergo d'alto livello, inserendosi alla grande nel fenomeno tutto capitolino delle terrazze, di cui La Pergola offre uno dei migliori palcoscenici, complice una vista che spazia su tutto il centro, partendo dal vicino cupolone e arrestando lo sguardo sulla cornice dei colli.

Anche la cucina non dorme sugli allori: se fra cento anni ricorderemo ancora i Fagottelli "La Pergola" (in carta ormai da quattro lustri, furono eliminati un anno, ma poco dopo ripristinati tra le proteste dei clienti!), il cuoco tedesco Heinz Beck innamorato dell'Italia sforna in continuazione nuovi piatti, in bilico tra specialità italiane - laziali e siciliane in particolare - nonché proposte più internazionali, piatti più semplici e ruspanti.

Degna di nota - infine - la cantina: ricca e profonda, è gestita dal bravissimo sommelier Marco Reitano. Con lui la scelta del giusto vino e abbinamento non è mai rigidamente accademica, ma diventa piacere e divertimento.

Specialità: Fegato grasso d'anatra con pera e zenzero. Rombo con asparagi e codium (alga). Insalatina di frutta con gelatina al lemongrass e gelato allo zenzero.

Menu 225/260 € – Carta 141/250 €

Pianta 3 E2-a – *Hotel Rome Cavalieri, via Cadlolo 101* – 𝒞 *06 3509 2152* – *www.romecavalieri.com/lapergola* – *Chiuso lunedì, martedì-sabato a mezzogiorno, domenica*

✿ Enoteca la Torre   🕸 🏠 🆎

MODERNA · LIBERTY XX Appena fuori dalle mura aureliane e negli aristocratici spazi dell'Hotel Villa Laetitia, si cena in un ambiente di raffinata eleganza, tra mobili antichi, fiori, colonne e stucchi, lo stile liberty si sublima come nelle migliori case della rive gauche, mentre la cucina, grazie all'abilità ed al talento di un giovane cuoco, celebra la creatività e lo fa con un garbo ed una levità fuori dal comune. I gourmet che vogliono assaggiare di tutto un po', troveranno soddisfazione nel menu degustazione con diverse portate (e costi!), da intendersi per tutti gli ospiti del tavolo.

Specialità: Uovo, taleggio di bufala, tartufo nero in giardino primaverile. Risotto al limone, calamaro marinato, asparagi e yogurt di bufala. Mousse al caffè, sambuco, tabacco e liquirizia.

Menu 60 € (pranzo), 105/130 € – Carta 95/135 €

Pianta 4 G2-m – *Hotel Villa Laetitia, lungotevere delle Armi 22/23* Ⓜ *Lepanto* – 𝒞 *06 4566 8304* – *www.enotecalatorreroma.com* – *Chiuso 2-28 agosto, lunedì a mezzogiorno, domenica*

✿ Tordomatto (Adriano Baldassarre)   ⅋ 🆎 ⇪

MODERNA · DI TENDENZA XX A pochi passi dai Musei Vaticani, Tordomatto di Adriano Baldassarre è un indirizzo imperdibile se ci si trova nel residenziale quartiere Della Vittoria. «La mia cucina è sia tradizionale che creativa con il territorio sempre presente - racconta Baldassare - perché i sapori devono in qualche modo condurre al luogo in cui si trova». I trascorsi da Antonello Colonna e per due anni al lussuoso Oberoi di Mumbai sono presenti in tecniche, cotture e scelta di alcuni ingredienti e spezie tipiche dell'India. Il risultato sono piatti audaci e intelligenti.

Specialità: Quaglia, ostriche, patate e prezzemolo. Spaghetti cacio, pepe e curcuma. Tiramisù.

Menu 70/90€ – Carta 60/100€

Pianta 3 E3-c – *via Pietro Giannone 24* – ℰ *06 6935 2895* –
www.tordomattoroma.com – *Chiuso 10-20 agosto, 24-26 dicembre, lunedì-venerdì a mezzogiorno*

🕯○ ## Acciuga

MEDITERRANEA · **CONTESTO CONTEMPORANEO** ✕✕ Locale nuovo, lindo, accogliente, ridotto nella capienza, dove un giovane chef propone soprattutto piatti di pesce pescato secondo criteri di sostenibilità, sia per quanto riguarda le specie che gli attrezzi utilizzati. Preparazioni accurate che lo valorizzano appieno.

Menu 25€ (pranzo), 45/68€ – Carta 30/50€

Pianta 3 F2-b – *Via Vodice 25* Ⓜ *Lepanto* – ℰ *06 372 3395* – *www.acciugaroma.it* – *Chiuso 1-9 gennaio, 12-28 agosto, domenica*

🕯○ ## Antico Arco

CREATIVA · **CHIC** ✕✕ Moderno, luminoso e alla moda, il cuoco seleziona i migliori prodotti italiani per reinterpretarli con fantasia e creatività: piatti unici ed originali. Ma anche la cantina ha un suo perchè, tra i punti di forza troverete infatti una buona selezione di vini della Borgogna.

Menu 39€ (pranzo), 79/120€ – Carta 59/75€

Pianta 7 F5-a – *piazzale Aurelio 7* – ℰ *06 581 5274* – *www.anticoarco.it*

🕯○ ## L'Arcangelo

ROMANA · **CONTESTO TRADIZIONALE** ✕ Semplice e austero: la meritata fama del ristorante è legata alla ricerca dei migliori prodotti, regionali e non solo. Vera passione del proprietario che, come un arcangelo, vi guida nel paradiso del gusto e delle nicchie gastronomiche.

Menu 30€ (pranzo) – Carta 50/90€

Pianta 4 G3-g – *via G.G. Belli 59* Ⓜ *Lepanto* – ℰ *06 321 0992* – *www.ristorantelarcangelo.com* – *Chiuso 3-31 agosto, sabato a mezzogiorno, domenica*

🕯○ ## Da Cesare

CLASSICA · **TRATTORIA** ✕ Come allude il giglio di Firenze sui vetri all'ingresso, le specialità di questo locale sono toscane, ma anche il "mare" gioca un ruolo di tutto rispetto tra le proposte del menu. Ambiente accogliente, la sera anche pizzeria, e bottega storica in virtù della sua fondazione avvenuta nel 1921.

Carta 22/65€

Pianta 4 G3-s – *via Crescenzio 13* Ⓜ *Lepanto* – ℰ *06 686 1227* – *www.ristorantecesare.com* – *Chiuso 16 agosto-2 settembre*

Alberghi

🏨🏨🏨🏨🏨 ## Rome Cavalieri Waldorf Astoria

GRAN LUSSO · **ELEGANTE** E' un imponente edificio che da Monte Mario severamente guarda dall'alto l'intera città. All'interno tutto è all'insegna dell'eccellenza: dalla collezione d'arte tra cui non si possono non citare il Tiepolo del ricevimento o gli Andy Warhol di una suite, alle terrazze del giardino con piscina, ai cui bordi si trova il ristorante dove cenare con musica dal vivo. Senza scordare il moderno centro congressuale.

366 camere – 🛏 323/1271€ – � 38€ – 4 suites

Pianta 3 E2-a – *via Cadlolo 101* – ℰ *06 35091* – *www.romecavalieri.com*

✿✿✿ **La Pergola** – Vedere selezione ristoranti

🏨 Gran Melià Roma

LUSSO · CONTEMPORANEO La storia qui è di casa: nell'ex villa di Agrippina (madre di Nerone), negli spazi che un tempo ospitarono anche un convento, un'eleganza di gusto moderno impreziosisce i vari ambienti comuni e le stanze, alcune delle quali con suggestive vasche di design visibili dal letto stesso. Un ottimo indirizzo per charme e completezza di servizi.

115 camere – †† 325/595 € – ☑ 40 € – 4 suites

Pianta 7 F4-c – *via del Gianicolo 3 –* ☎ *06 925901 –* www.granmeliarome.com

🏨 Villa Laetitia

DIMORA STORICA · ROMANTICO Romanticamente sul Lungotevere, una deliziosa villa Liberty apre i propri battenti per accogliere i suoi ospiti come in una dimora privata... e che casa! Le camere, curatissime e personalizzate, portano infatti il sigillo estetico della famosa stilista Anna Fendi.

22 camere ☑ – †† 140/400 € – 2 suites

Pianta 4 G2-m – *lungotevere delle Armi 22/23* Ⓜ *Lepanto –* ☎ *06 322 6776 –* www.villalaetitia.com

🍴 **Enoteca la Torre** – Vedere selezione ristoranti

olgna/iStock

Parioli

Ristoranti

🍴 Assaje

MEDITERRANEA · STILE MEDITERRANEO 𝕏𝕏 Il nome fa ben sperare: "Assaje", abbondanza in napoletano, e di essere soddisfatti in abbondanza è quello che si aspettano gli ospiti nel varcare la sua soglia. Grande è l'emozione di coloro che si accomodano alla sua tavola, dove generoso è il richiamo alla cucina mediterranea in un menu composto da piatti moderni e, al tempo stesso, "rassicuranti": carne e pesce vengono proposti in ricette classiche o più estrose.

Specialità: Zuppa fredda di pomodorini gialli con baccalà affumicato, peperoncini verdi, chips al nero di seppia. Candela spezzata con coda alla vaccinara, cacao e provolone del Monaco. Babà in vaso cottura con gelato al rum e composta di more.

Carta 80/140 €

Pianta 4 H2-c – *Hotel Aldrovandi Villa Borghese, via Ulisse Aldrovandi 15 –* ☎ *06 322 3993 –* www.aldrovandi.com – *Chiuso lunedì-domenica a mezzogiorno*

🍴 Metamorfosi (Roy Caceres)

CREATIVA · DESIGN 𝕏𝕏 Uomo di mondo nel vero senso della parola, Roy, lo chef-patron, è nato a Bogotà, ma da bambino ha vissuto anche a Città del Messico. Giunto in Italia, il suo percorso lo porta oggi a "palleggiare" con una cucina fantasiosa che crea una vera "fusion": un continuo racconto di esperienze che si trasformano in ricette innovative ed estrose, non scevre di qualche richiamo biografico al paese di origine, la Colombia, e più in generale all'America Latina.

589

La sala è un tributo all'architettura contemporanea e sfoggia linee minimal, sebbene i colori richiamino il calore della terra e della natura. Nel piatto, l'eclettismo di Caceres si traduce in continue riletture della tradizione gastronomica. In sintesi: una costante metamorfosi.

Specialità: Foglia di grano, tonno rosso ed erbe. Anguilla, farro franto e carpione gelato. Yuzu, mandorle e camomilla.

Menu 110/150 € – Carta 80/130 €

Pianta 4 H1-k – *via Giovanni Antonelli 30/32 – ☏ 06 807 6839 – www.metamorfosiroma.it – Chiuso sabato a mezzogiorno, domenica*

❀ **All'Oro** (Riccardo Di Giacinto) 🕸 🏡 ⴺ 🅰🅲 ⟷

CREATIVA · DESIGN XX All'interno del The H'All Tailor Suite, un curato albergo "tailor made", ovvero costruito sui desideri degli ospiti, nella sala dal design insieme moderno-newyorchese - piacevolmente sofisticata - oppure in quella dal mood vagamente inglese, la linea di cucina si riconferma nella sua creatività, ma non scevra di spunti nazionali. L'idea di cucina dello chef Riccardo Di Giacinto si sintetizza in tre aggettivi: sincera, golosa, tenace! Ampia e attenta la selezione enoica con preferenza per Piemonte e Toscana.

Specialità: Riassunto di carbonara. Raviolini di mascarpone con ragout d'anatra e riduzione di vino rosso. Tiramisù All'Oro.

Menu 88/150 € – Carta 80/104 €

Pianta 4 G2-a – *Hotel The H'All Tailor Suite, via Giuseppe Pisanelli 25 – ☏ 06 9799 6907 – www.ristorantealloro.it – Chiuso lunedì-venerdì a mezzogiorno*

🍴⃝ **Sapori del Lord Byron** 🅰🅲 ⟷

ITALIANA · LUSSO XxxX Pareti a specchio, tavoli scuri ottagonali e pregiati marmi sono l'intrigante cornice Art Déco di una cucina che porta in tavola i generosi sapori della nostra penisola, magistralmente preparati da uno chef di forte e certa esperienza.

Carta 75/95 €

Pianta 4 H1-b – *Hotel Lord Byron, via G. De Notaris 5 – ☏ 06 322 0404 – www.lordbyronhotel.com – Chiuso lunedì-sabato a mezzogiorno, domenica*

🍴⃝ **Al Ceppo** 🕸 🏡 🅰🅲 ⟷

MEDITERRANEA · ELEGANTE XX La bella boiserie vi darà il benvenuto all'entrata di questo ristorante di sobria eleganza borghese, dove gustare piatti mediterranei reinterpretati in chiave moderna. Specialità tra i secondi: carni e pesce alla griglia, preparati direttamente in sala.

Menu 25 € (pranzo), 60/80 € – Carta 45/85 €

Pianta 5 J1-q – *via Panama 2 – ☏ 06 855 1379 – www.ristorantealceppo.it – Chiuso 7-25 agosto, lunedì a mezzogiorno*

🍴⃝ **Il San Giorgio a Roma** ⓝ 🏡 🅰🅲

CREATIVA · CONTESTO CONTEMPORANEO XX Spirito creativo ed inventiva sono le peculiarità dello chef-patron; i suoi piatti sono decisamente contemporanei, sempre esteticamente ben presentati, di carne e di pesce. Talvolta cucinati insieme!

Menu 45/85 € – Carta 61/81 €

Pianta 4 G1-a – *viale del Vignola 20 – ☏ 06 6452 0871 – www.ilsangiorgioaroma.it – Chiuso 9-16 agosto, domenica*

🍴⃝ **Diliscando** ⓝ ⴺ 🅰🅲

PESCE E FRUTTI DI MARE · BISTRÒ X In zona Flaminia, moderno ristorante in stile bistrot dall'atmosfera conviviale e servizio professionale per una cucina di pesce, con proposte giornaliere in base alla disponibilità del mercato. Buona e ricercata selezione di vini.

Carta 20/70 €

Pianta 4 G1-b – *Viale del Vignola 9 – ☏ 06 8913 1376 – www.diliscando.it – Chiuso lunedì a mezzogiorno, domenica sera*

Alberghi

🏨 Lord Byron   🐾 ⬦ AC

LUSSO · ART DÉCO La personalità di una grande casa, le suggestioni art déco in tutti i dettagli: un lusso di grande eleganza che dona la giusta attenzione a tessuti e arredi. Servizio caldo e personalizzato.

25 camere ☑ – 👫 200/550€ – 5 suites

Pianta 4 H1-b – *via G. De Notaris 5* – ℰ *06 322 0404* – *www.lordbyronhotel.com*

🍽 **Sapori del Lord Byron** – Vedere selezione ristoranti

🏨 Aldrovandi Villa Borghese   🌳 ⬔ ⌇ 🏊 ♨ ⬦ ⬦ � AC 🐾 P

LUSSO · CLASSICO Defilato ma esclusivo, nel prestigioso quartiere dei Parioli ed a pochi passi da Villa Borghese, una sorta di tranquillo resort urbano dotato di bel giardino, nonché piccola spa. Oltre al ristorante gourmet serale Assaje, altre sono le proposte per soddisfare l'appetito: The Grill (tutti i giorni a pranzo e a cena), mentre nella bella stagione si può optare per il Bar del Giardino.

85 camere ☑ – 👫 260/675€ – 18 suites

Pianta 4 H2-c – *via Ulisse Aldrovandi 15* – ℰ *06 322 3993* – *www.aldrovandi.com*

🌸 **Assaje** – Vedere selezione ristoranti

🏨 The H'All Tailor Suite   ⬦ ⅙ AC P

BOUTIQUE HOTEL · DESIGN Piccolo, personalizzato, curato albergo "tailor made", ovvero costruito sui desideri degli ospiti che oltre a godere di ambienti confortevoli, dal design moderno ma caldo, potranno iniziare le giornate con deliziose colazioni gourmet ideate e pensate dallo chef-patron.

14 camere ☑ – 👫 220/880€ – 1 suite

Pianta 4 G2-a – *via Giuseppe Pisanelli 23* Ⓜ *Lepanto* – ℰ *06 3211 0128* – *www.thehallroma.com*

🌸 **All'Oro** – Vedere selezione ristoranti

Nicola Forenza/iStock

Ristoranti

❀ **Glass Hostaria** (Cristina Bowerman)   ⚜ AIC

CREATIVA · DESIGN XX E' stata definita un vulcano – e non solo per i colori vivaci – che spesso accendono la sua capigliatura: Cristina Bowerman, nel cuore di Trastevere, riesce sempre a stupire con la sua cucina in perenne equilibrio tra fusion, tradizione, eleganza e audacia. Protagonista indiscussa della ristorazione capitolina degli ultimi tempi, nel suo locale essenziale-minimalista, dove un originale e creativo gioco di luci crea un'atmosfera avvolgente, qualche volta piacevolmente conturbante, la cuoca-titolare v'invita a gustare le sue insolite prelibatezze.
Specialità: Cuore di vitella, patate affumicate e caffè. Gnocchetti, bagna cauda all'aglio nero, ricci di mare e tartufo. Zuppetta di latte condensato, gelatina di espresso, mandorle sabbiate e gelato alla crema di whiskey.
Menu 95/150€ – Carta 69/100€

Pianta 8 G5-d – *vicolo del Cinque 58 – ℰ 06 5833 5903 – www.glasshostaria.it – Chiuso 7-13 gennaio, 27 luglio-6 agosto, lunedì, martedì-domenica a mezzogiorno*

🍴○ **Antica Pesa**   ⚜ 🏠 AIC

LAZIALE · ELEGANTE XXX La cucina seleziona accuratamente le materie prime, elaborandole poi in ricette dalla "firma" romana, in questo ex deposito del grano dell'attiguo Stato Pontificio. Luci soffuse, candele sui tavoli, ma i faretti mostrano le pareti imbellite da grandi dipinti di artisti contemporanei, anche presso il salottino con caminetto accanto all'ingresso.
Carta 57/77€

Pianta 8 G5-a – *via Garibaldi 18 – ℰ 06 580 9236 – www.anticapesa.it – Chiuso lunedì-sabato a mezzogiorno, domenica*

🍴○ **Osteria Fernanda**   AIC

CREATIVA · MINIMALISTA XX Nel quartiere celebre per il mercato di Porta Portese, una brillante gestione a due: un socio segue la sala minimal, mentre l'altro, con passione strabordante, si occupa di una cucina creativa che oltre a citare i prodotti del territorio è anche abile nel proporre ingredienti presi altrove. Un indirizzo decisamente da consigliare.
Menu 29€ (pranzo), 49/100€ – Carta 47/72€

Pianta 8 G6-a – *via Crescenzo Del Monte 18/24 – ℰ 06 589 4333 – www.osteriafernanda.com – Chiuso 11-25 agosto, lunedì-martedì a mezzogiorno, domenica*

🍴○ **Vizi Capitali**   🏠 ♿

PESCE E FRUTTI DI MARE · CONTESTO CONTEMPORANEO XX Un piccolo locale in stile contemporaneo: alle pareti i nomi dei sette vizi capitali, all'ingresso una vetrinetta espone il miglior pescato del giorno. Proverbiale la sequenza di antipasti cotti e crudi.
Carta 47/100€

Pianta 8 G5-b – *vicolo dell'Arenella 94 – ℰ 06 581 8840 – www.vizicapitali.com – Chiuso 11-26 agosto, lunedì-sabato a mezzogiorno, domenica*

🍴 **Zia** Ⓝ

MODERNA · **CONTESTO CONTEMPORANEO** XX Il ristorante si trova a Traste-vere, ma sulla tavola arrivano i migliori prodotti del Bel Paese: si spazia dal ter-ritorio laziale, all'Appennino, al mare... Il tutto condito dal sorriso della dolce Ida.

Menu 30€ (pranzo)/75€ – Carta 52/76€

Pianta 8 G5-c – *Via Goffredo Mameli 45 – ☏ 0623488093 – www.ziarestaurant.com – Chiuso 7-19 gennaio, 10-30 agosto, lunedì-mercoledì a mezzogiorno, domenica*

🍴 **Felice a Testaccio** ⒶⒸ

TRADIZIONALE · **CONVIVIALE** X L'ambiente semplice - stile "trattoria fami-liare" - è ormai così popolare che una prenotazione con anticipo è quasi obbliga-toria. Come del resto, assaggiare il mitico abbacchio al forno con patate, ma anche i tonnarelli cacio e pepe o il tiramisù al cucchiaio. Senza dubbio, una delle roccaforti della cucina laziale!

Carta 30/40€

Pianta 8 H6-h – *via Mastrogiorgio 29 – ☏ 06 574 6800 – www.feliceatestaccio.com*

OLTRE AL CENTRO CITTÀ...
Roma (RM)

Ci piace

Soggiornare nella regale ed imperturbabile atmosfera d'antan di **Castello della Castelluccia**, dove però non mancano confort moderni come una bella piscina cinta da alberi. E, al suo ristorante, la freschezza dei tanti prodotti a Km 0. La fresca cucina di pesce a **Diliscando:** apprezzata per l'ambiente informale ed il servizio amichevole. Anima vintage e cucina da Bib Gourmand alla **Trattoria Pennestri**, un'altra novità di quest'anno segnalata con l'omino che si lecca i baffi.

Sostare all'Auditorium Casa della Musica - sede dell'Accademia di Santa Cecilia progettata da Renzo Piano per poter accogliere ogni genere musicale - oppure fermarsi per un rigenerante estratto di frutta e verdura biologica presso il Bar due Fontane nell'area pedonale vicino al museo MAXXI.

JurgaR/iStock

piola666/iStock

Zona Urbana Nord

⁂ Bistrot 64 [AC]

MEDITERRANEA · BISTRÒ ✗ Bistrot 64: nome francese, stella nazionale e chef nipponico, ma indissolubilmente legato all'Italia (il suo piatto preferito è l'amatriciana). Kotaro Noda persegue una filosofia tutta personale e facilmente condivisibile: ogni materia prima può essere valorizzata al cento per cento, senza buttare via nulla. Il suo slogan si compone di tre parole "stop agli scarti"! Insomma, una moderna dottrina del riutilizzo che ricorda il non-spreco delle sagge massaie di un tempo e che trova espressione concreta in un piatto iconico: l'uovo 64. Un uovo cotto alla temperatura di 64° secondo una tecnica giapponese, accompagnato da un brodo preparato ben 180 giorni prima. Al di là, quindi, di qualche fugace riferimento alla sua terra d'origine – alga Kombu, tè Matcha, koji – la cucina è italianissima.

Specialità: Spaghetto di patate burro e alici. Palamita, asparagi e zabaione di soia. Giallo crema chantilly, pan di Spagna e passion fruit.

Menu 50/80 € – Carta 67/88 €

Pianta 1 B1-a – *via Guglielmo Calderini 64* – ✆ *06 323 5531* – *www.bistrot64.it* – *Chiuso 7-15 gennaio, 10-24 agosto, lunedì-sabato a mezzogiorno, domenica*

⑪○ Marzapane [AC]

ITALIANA CONTEMPORANEA · CONTESTO CONTEMPORANEO ✗✗ Volta pagina e fa parlare di sé questo giovane locale che nel 2019 torna alle proprie origini; ovvero all'idea iniziale di quando aprì i battenti nel 2013. La carta elenca – infatti – una serie di piatti di matrice italiana, spesso laziale, dove ad essere esaltata non è tanto la complessità delle cotture quanto la fragranza e qualità delle materie prime.

Menu 55 € – Carta 47/59 €

Pianta 5 K2-m – *via Velletri 39* – ✆ *06 6478 1692* – *www.marzapaneroma.com* – *Chiuso 2-8 gennaio, 12-31 agosto, lunedì, martedì a mezzogiorno*

⑪○ Mamma Angelina [⚶] [🏠] [AC]

PESCE E FRUTTI DI MARE · TRATTORIA ✗ Dopo il buffet di antipasti, la cucina si trova ad un bivio: da un lato segue la linea del mare, dall'altra la tradizione romana. A mettere d'accordo entrambi, il baccalà in cartoccio, passatina di ceci e porri croccanti.

Menu 35 € – Carta 27/41 €

Pianta 2 C1-c – *viale Arrigo Boito 65* – ✆ *06 860 8928* – *Chiuso 1-31 agosto, mercoledì*

sulla strada statale 3 - via Cassia Nord - Ovest: 15 km A1

🏰 Castello della Castelluccia ✿ ⅍ 🛋 🕴 🐾 🏊 ⅙ [AC] 🎿 [P]

DIMORA STORICA · ROMANTICO Un lungo viale alberato vi condurrà a questo castello costruito ai tempi dell'antica Roma - tra il XII ed il XIII secolo - da una nobile famiglia discendente dagli Orsini. Le camere, personalizzate con mobili d'epoca e camini graziosamente disposti qua e là, costituiscono una piacevole successione di sorprese: da quelle a mansarda o con letto a baldacchino, alle superior con piccola vasca idromassaggio. Cucina regionale rivisitata al ristorante.

20 camere ⌑ – ⑪ 99/209 € – 3 suites

Pianta 1 A1-c – *località la Castelluccia, via Cavina 40* – ✆ *06 3020 7041* – *www.lacastelluccia.com*

Zona Urbana Sud

izusek/iStock

⊕ Domenico dal 1968 ☂ A/C

ROMANA · SEMPLICE ✕ Vale la pena di uscire dagli usuali percorsi turistici per sperimentare un'autentica trattoria romana: è qui che potrete assaggiare la zuppa di arzilla e broccoli o la classica trippa. Ma è anche da Domenico che troverete piatti a base di pesce, che cambiano quasi giornalmente secondo la disponibilità del mercato.

Specialità: Amatriciana. Spaghetti alla carbonara. Cervello fritto con carciofi.

Carta 35/51€

Pianta 10 L6-f – via Satrico 21 – ☏ 06 7049 4602 –
www.domenicodal1968.it –
Chiuso lunedì, domenica sera

⊕ Profumo di Mirto A/C

PESCE E FRUTTI DI MARE · FAMILIARE ✕ Un omaggio alla Sardegna, terra natia dei proprietari, la cucina, però, si apre anche a sapori mediterranei, soprattutto di mare, rielaborati in specialità gustose e caserecce. Specialità: tagliolini gamberi, carciofi e bottarga.

Specialità: Misto di antipasti di mare. Ravioli con polpa di spigola e carciofi gamberi e bottarga. Seadas.

Menu 25€ (pranzo), 40/55€ – Carta 40/55€

Pianta 2 C2-f – viale Amelia 8/a – ☏ 06 786206 –
www.profumodimirto.it –
Chiuso 11 agosto-2 settembre, lunedì

⊕ Al Ristoro degli Angeli ☂ A/C

ROMANA · VINTAGE ✕ Nel quartiere della Garbatella, una particolare osteria dall'atmosfera un po' bistrot con tavoli, sedie e lampadari decisamente vintage. Dalla cucina piatti essenzialmente laziali come le mezze maniche alla gricia profumate al limone o la crostata con le visciole, ma anche molte golosità a base di verdure e pesce.

Specialità: Tortino di patate e broccoletti alla romana con tomino caldo. Involtini di rombo ripieni di carciofi. Contrasto degli angeli.

Carta 26/43€

Pianta 1 B2-a – via Luigi Orlando 2 – ☏ 338 875 1157 –
www.ristorodegliangeli.it –
Chiuso 1-10 gennaio, 2 agosto-10 settembre, lunedì-sabato a mezzogiorno,
domenica

ROMA

⊛ **Trattoria Pennestri** ⑩   ⬢ 𝔸ℂ

REGIONALE · VINTAGE 𝕏 L'ambiente e la cucina giocano a citare la tradizione, ma è evidente il tocco attuale nell'attenzione alla materia prima stagionale, alle cotture, nonché alle presentazioni, semplici e - al tempo stesso - curate. Talmente bravi e onesti nel conto da essere entrati in poco tempo nel cuore dei romani.

Specialità: Coratella d agnello, buccia di limone e ricotta salata. Maialino al rosmarino, mele e cicoria. Mousse di cioccolato, pane carasau, olio, sale e rosmarino.

Menu 28/35€ – Carta 28/35€

Pianta 1 B2-c – *via Giovanni Da Empoli 5* ⑩ *Piramide –*
𝒞 06 574 2418 – trattoriapennestri.it – Chiuso 7-13 gennaio, 8-24 agosto, lunedì, martedì-giovedì a mezzogiorno

🍽️○ **Trattoria del Pesce**   𝔸ℂ

PESCE E FRUTTI DI MARE · BISTRÒ 𝕏 Pesce fresco e crudo in tutte le sue declinazioni, in un ambiente accogliente, vagamente bistrot, dalla giovane e capace gestione. Vale la pena di pazientare per trovare parcheggio.

Carta 35/85€

Pianta 1 B2-b – *via Folco Portinari 27 –*
𝒞 349 335 2560 – www.trattoriadelpesce.it – Chiuso 12-19 agosto, lunedì a mezzogiorno

JurgaR/iStock

ROMANO CANAVESE

⌧ 10090 – Torino (TO) – Carta regionale n° **12**–B2 – Carta stradale Michelin 561-F5

🏚️ Relais Villa Matilde   ⭧ ⑤ ⭨ 🛏 ⚒ 🕍 🛗 🖵 ⛫ 🅰 🖼 🅿 🚗

DIMORA STORICA · ELEGANTE Cinta da un parco rigoglioso, la villa settecentesca che fu residenza vescovile è stata convertita in un gradevole albergo di charme, con ambienti comuni dalle sale affrescate e camere suddivise in diversi edifici, tra cui suggeriamo naturalmente quelle del corpo centrale, storico. Suggestiva ed elegante la sala ristorante, realizzata nella vecchia scuderia che le dà il nome: Le Scuderie.

32 camere ⌕ – 🕴 155/245€ – 11 suites
via Marconi 29 –
✆ 0125 639290 – www.sinahotels.com –
Chiuso 1 novembre-30 marzo

ROMAZZINO – Olbia-Tempio ➔ Vedere Sardegna (Arzachena)

ROMENO

⌧ 38010 – Trento (TN) – Carta regionale n° **19**–B2 – Carta stradale Michelin 562-C15

🐵 Nerina   🅿

REGIONALE · SEMPLICE 🍴 Tanta semplicità, ospitalità ed informalità in un locale che nasconde alcune gemme tra i prodotti trentini, nonché specialità genuine della casa come il guanciale di manzo brasato al Teroldego o le crespelle alle mele.

Specialità: Salumi nonesi con schiacciatina calda. gnocchi di mais e mortandela con fonduta di Casolèt. Crespelle alle mele.

Menu 25/41€ – Carta 25/41€
via De Gasperi 31, località Malgolo –
✆ 0463 510111 – www.albergonerina.it –
Chiuso 11-31 ottobre, martedì

RONZONE

⌧ 38010 – Trento (TN) – Carta regionale n° **19**–B2 – Carta stradale Michelin 562-C15

🍽️ Orso Grigio   🎋 🚘 🚃 ♻ 🅿 🚗

CLASSICA · ROMANTICO 🍴🍴 Ristorante di famiglia, gestito con professionalità da due fratelli gemelli: uno segue la cucina dove la linea storica a base di carne è ampliata con una piccola offerta a base di pesce, l'altro la fornitissima cantina, ricca di eccellenze.

Menu 75€ – Carta 49/84€
Hotel Villa Orso Grigio, via Regole 12 –
✆ 0463880559 – www.orsogrigio.it –
Chiuso martedì a mezzogiorno

🏚️ Villa Orso Grigio   ⑤ 🚃 ⚒ 🕍 🖵 ⛫ 🅿 🚗

LUSSO · PERSONALIZZATO In una cornice naturalistica che ricorda una fiaba dei fratelli *Grimm*, una sintesi perfetta fra stile locale - con tanta profusione di legno - e modernità dei servizi, tra cui la nuova sala per i massaggi. Le belle camere hanno un proprio spazio delimitato all'interno del parco con tanto di bio-lago. La mezza pensione, in realtà, è servita... à la carte!

6 camere ⌕ – 🕴 200/800€ – 4 suites
via Regole 10/12 –
✆ 0463 880559 – www.orsogrigio.it –
Chiuso 13 gennaio-27 febbraio

🍽️ **Orso Grigio** – Vedere selezione ristoranti

ROSETO DEGLI ABRUZZI

⌧ 64026 – Teramo (TE) – Carta stradale Michelin 563-N24

a **Montepagano** Ovest: 6 km per – Carta regionale n° **1**–B1

❀ **D.One Restaurant** ⟵ AC ✿

MODERNA · **ELEGANTE** XXX La location è sicuramente sui generis, in quanto come anticipa il nome si tratta di un ristorante diffuso; accanto all'edificio principale che comprende cucina, bar, lounge e sala, vi sono infatti altri ambienti (cantina per degustazioni, spazio eventi, saletta solo per due con romantico camino...). Per quanto riguarda la linea gastronomica, lo chef salentino Davide Pezzuto oscilla tra semplicità e sperimentazione creativa: l'attenzione è posta a preservare le proprietà organolettiche degli ingredienti, dando una particolare importanza alla selezione delle materie prime - spesso di provenienza locale - come le erbe spontanee, i formaggi dei casari di Montepagano, il pescato della costa o le carni di allevatori della zona.

Specialità: Pressione di mare in "servizio caviale". Piccione allo spiedo. Terra dei calanchi: passeggiando in campagna.

Menu 80/105 € – Carta 53/91 €

via del Borgo 1 – ☎ 085 894 4508 – www.donerestaurant.it – Chiuso 1-31 gennaio, lunedì, martedì-sabato a mezzogiorno, domenica

ROSIGNANO MARITTIMO

✉ 57016 – Livorno (LI) – Carta regionale n° **18**–B2 – Carta stradale Michelin 563-L13

a **Nibbiaia**

⭑○ **Locanda Martinelli** Ⓝ AC

MODERNA · **CHIC** XX Vale la pena lasciare la costa, salire le prime colline, ed accomodarsi in questo ristorantino per gustare i suoi piatti di grande spessore. In un caseggiato rustico con arredi personalizzati, quasi fosse la saletta di una dimora privata, il menu elenca specialità di carne e di pesce elaborate con fantasia nei loro richiami ad ingredienti regionali e non. La padrona di casa – oltre ad essere un'esperta di vini – raccoglie erbe, fiori e bacche che andranno ad insaporire le ricette.

Menu 60 € – Carta 52/68 €

piazza Mazzini 11 – ☎ 0586 740161 – www.locandamartinelli.it – Chiuso lunedì, martedì, mercoledì-sabato a mezzogiorno

ROSIGNANO SOLVAY

✉ 57016 – Livorno (LI) – Carta regionale n° **18**–B2 – Carta stradale Michelin 563-L13

⭑○ **Volvèr** 🌣 ᕦ AC

PESCE E FRUTTI DI MARE · **CONTESTO CONTEMPORANEO** XX Cucina contemporanea eseguita con precisione e senza eccessi, partendo da materie prime d'indubbia qualità. Volvèr, un indirizzo dove ritornare con piacere, complice la bella sala le cui ampie vetrate affacciate sul mare evocano la sensazione di essere a bordo di un elegante yacht.

Carta 46/75 €

Porto Turistico Cala De Medici – ☎ 0586 744312 – www.portodelgusto.it – Chiuso 2-20 novembre, mercoledì

ROTONDA

✉ 85048 – Potenza (PZ) – Carta regionale n° **2**–C3 – Carta stradale Michelin 564-H30

⭑○ **Da Peppe** ⟵ AC

REGIONALE · **FAMILIARE** X Nel centro storico del paesello all'interno del parco del Pollino, ai fornelli di questo storico locale vige un unico imperativo: riscoprire i sapori della cucina lucana!

Carta 25/38 €

corso Garibaldi 13 – ☎ 0973 661251 – www.peppe1980.it – Chiuso 13 gennaio-12 febbraio, 3-30 novembre, lunedì sera, domenica sera

ROTTOFRENO

⊠ 29010 – Piacenza (PC) – Carta regionale n° **5**–A1 – Carta stradale Michelin 561-G10

⇓○ **Trattoria la Colonna** ⅗ 斎 AC

TRADIZIONALE · CONTESTO STORICO XX Nel '700 era una stazione di posta, oggi può vantarsi di essere l'edificio più longevo della località! Nella vecchia stalla trova posto il ristorante che propone i piatti della tradizione di terra e di mare venati invece di moderna creatività.

Menu 20 € (pranzo), 35/60 € – Carta 35/81 €

via Emilia Est 6, località San Nicolò – ☎ 0523 768343 –
www.ristorantelacolonna.com – Chiuso 9-30 agosto, martedì, domenica sera

⇓○ **Antica Trattoria Braghieri** AC P

EMILIANA · TRATTORIA X E' dal 1921 che le donne di famiglia si succedono nella gestione della trattoria! Due sale: una sobria, l'altra più elegante, dove assaporare paste fatte in casa e preparazioni casalinghe tradizionali, come lo stracotto d'asina.

Menu 12 € (pranzo) – Carta 20/35 €

località Centora 21 – ☎ 0523 781123 – Chiuso 1-15 gennaio, 31 luglio-31 agosto,
lunedì, martedì-giovedì sera, domenica sera

ROVERCHIARA

⊠ 37050 – Verona (VR) – Carta regionale n° **23**–B3 – Carta stradale Michelin 562-G15

⇓○ **Locanda le 4 Ciacole** ⅗ ⇦ 斎 AC

DEL TERRITORIO · RUSTICO X Affacciato sulla piazza del paese, varcata la soglia ci si trova in un grazioso cortile per il servizio all'aperto, mentre la porta del ristorante si apre su un'ottima ed invogliante esposizione di salumi e formaggi. Ma non fermatevi qui: in sale dal sapore romantico e retrò, la cucina contempla tanti ottimi piatti, anche alla griglia.

Menu 20 € (pranzo)/60 € – Carta 40/60 €

piazza Vittorio Emanuele 10 – ☎ 0442 685115 – www.le4ciacole.it –
Chiuso 25-31 gennaio, 9-23 agosto, sabato a mezzogiorno, domenica

ROVERETO

⊠ 38068 – Trento (TN) – Carta regionale n° **19**–B3 – Carta stradale Michelin 562-E15

⇓○ **Novecento** ⇦ 斎 AC ⇔ P

REGIONALE · ACCOGLIENTE XX Ristorante accogliente con sala interna classica raddoppiata da una bella veranda colorata da bottiglie tinte a mano. La carta è ben diversificata: c'è un filone regionale, pochi piatti mantovani ed altri dal gusto nazionale. Inoltre, c'è la pizza a lievitazione naturale e cotta nel forno elettrico.

Carta 32/59 €

Hotel Rovereto, corso Rosmini 82 d – ☎ 0464 435454 –
www.hotelrovereto.it/ristorante/ – Chiuso domenica

⇓○ **San Colombano** 斎 ⅖ AC ⇔ P

REGIONALE · AMBIENTE CLASSICO XX Cucina spiccatamente di matrice tradizionale, senza orpelli o velleità modaiole, in un locale raggiungibile percorrendo la strada che costeggia il Castello di Rovereto e che porta al vicino Eremo di San Colombano. Il bel giardino, nonché il comodo parcheggio ombreggiato da piante secolari concorrono a rendere ancora più gradevole la sosta.

Menu 30/38 € – Carta 33/58 €

via Vicenza 30, strada statale 46 – ☎ 0464 436006 –
www.ristorantesancolombano.it – Chiuso 1-17 agosto, lunedì, domenica sera

ROVIGO

✉ 45100 – Rovigo (RO) – Carta regionale n° **23**–C3 – Carta stradale Michelin 562-G17

ⅼⒽ **Tavernetta Dante 1936** 🏠 🅰🅲 ♻

REGIONALE · CONTESTO STORICO ✗ Un'oasi lungo il corso trafficato che attraversa il centro di Rovigo: dall'ambientazione all'interno di un piccolo e grazioso edificio, alla cucina di mare e di terra.

Carta 30/50 €

corso del Popolo 212 – ☎ *0425 26386*

RUBANO

✉ 35030 – Padova (PD) – Carta regionale n° **22**–B2 – Carta stradale Michelin 562-F17

✿✿✿ **Le Calandre** (Massimiliano Alajmo) 🕸 🅰🅲 ♻ 🅿

CREATIVA · ALLA MODA ✗✗✗ "L'unione fa la forza"! Se poi è famigliare ancora di più. In questo alto tempio della gastronomia italiana lavorano, infatti, i tre fratelli Alajmo ognuno con le proprie competenze, ma ciascuno ugualmente indispensabile.

Nel 2002 Massimiliano è diventato il più giovane chef tri-stellato d'Europa e da allora l'eccellenza è stata il suo dogma. Figlio d'arte – papà Erminio attualmente a capo del ristorante del golf club La Montecchia, mamma Rita a sua volta ex cuoca e pasticcera – Massimiliano ha una specialità che gli sta particolarmente a cuore: il risotto liquirizia e zafferano, creato per la gentile consorte e perennemente rielaborato a seconda della stagione. La famiglia, per l'appunto!

In una sala dall'eleganza minimalista, giostrata su materiali naturali ed il tavolo nudo, trendsetter che ha creato tanti emuli, la cucina de Le Calandre si fa ricordare per i suoi grandi equilibri e la capacità di coniugare sapori antichi con gusto moderno, in un'armonia che la rende unica e irripetibile.

Specialità: Mare Mediterraneo. Uovo croccante alla ventresca di tonno. Gioco al cioccolato 2020.

Menu 135/225 € – Carta 135/200 €

via Liguria 1, località Sarmeola – ☎ *049 630303 – www.alajmo.it –*
Chiuso 1-22 gennaio, 9 agosto-2 settembre, 24-28 dicembre, lunedì, martedì a mezzogiorno, domenica

ⅼⒽ **Il Calandrino** 🏠 🅰🅲 🅿

DEL TERRITORIO · CONTESTO CONTEMPORANEO ✗ Caffetteria, enoteca, pasticceria, ristorante: il tutto ad ottimi livelli! Il Calandrino è un locale eclettico che può offrire un servizio variegato sette giorni su sette dalla colazione alla cena; piatti semplici, ma curati, per gustare al meglio gli ingredienti di stagione. La regia è firmata Le Calandre.

Carta 52/80 €

strada statale 11, località Sarmeola – ☎ *049 630303 – www.alajmo.it –*
Chiuso domenica sera

ⅼⒽ **L' Officina Enoteca & Cucina** ♻ 🅰🅲 🅿

PESCE E FRUTTI DI MARE · DESIGN ✗ Un locale dalla doppia anima: moderno bistrot/enoteca con proposte ed economici menu del giorno, ma anche sala ristorante classica con prevalenza di specialità ittiche.

Menu 17 € (pranzo) – Carta 33/69 €

via della Provvidenza 4/6 – ☎ *049 690145 – www.officinaristorante.it –*
Chiuso 9-23 agosto, lunedì, domenica sera

RUBBIANINO – Reggio nell'Emilia ➜ Vedere Quattro Castella

RUBBIO – Vicenza ➜ Vedere Lusiana Conco

RUBIERA

✉ 42048 – Reggio nell'Emilia (RE) – Carta regionale n° **5**–B2 –
Carta stradale Michelin 562-I14

❀ **Arnaldo-Clinica Gastronomica** (Anna Degoli e Roberto Bottero)

🛋 ⅋ 🖨

EMILIANA · **CONTESTO TRADIZIONALE** ✕✕ L'ambiente del ristorante si sviluppa al piano terra della storica locanda, nel cuore di Rubiera. Dal fascino del porticato ad archi che fronteggia l'antico Forte, si entra nel cuore della Clinica Gastronomica, dove in un'atmosfera calda e accogliente trovano posto una ventina di coperti, ben distanziati e disposti per garantire un'adeguata riservatezza. Siamo nel tempio della cultura gastronomica emiliana e - come tale - un luogo "sacro" per chi adora salumi, pasta fatta in casa e quell'universo di secondi piatti a base di carne che raggiunge la propria apoteosi con il carrello dei bolliti (tagli bovini e suini di prim'ordine, bolliti a fuoco lento, vengono serviti con purè, mostarde e salse). La tradizione qui è la sacerdotessa della tavola. L'ospitalità è di casa.

Specialità: Spugnolata mignon. Carrello Bolliti e Arrosti. Pera sciroppata all'arancia con zabaione al Marsala.

Menu 50/60 € – Carta 45/70 €

piazza 24 Maggio 3 – ☏ 0522626124 – www.clinicagastronomica.com –
Chiuso 13-19 gennaio, 1-23 agosto, lunedì a mezzogiorno, domenica sera

RUDA

✉ 33050 – Udine (UD) – Carta regionale n° **6**–C3 – Carta stradale Michelin 562-E22

❀ **Osteria Altran**   ❀❀ 🛋 ⅋ 🅰🅲 🖨 🅿

MODERNA · **ROMANTICO** ✕✕ Un indirizzo dove - una volta stati – si vagheggia solo di ritornarvi. In un paesino ad una quarantina di chilometri da Trieste, sorge l'Osteria Altran, piccolo angolo gourmet per buone forchette immerso nel verde della campagna friulana. In quella che un tempo era una semplice azienda agricola, il patron Guido Lanzellotti ha saputo dar vita ad un locale apparentemente rustico - in realtà, squisitamente romantico - dove gustare una cucina moderna che punta sulla qualità delle materie prime e sulla loro esaltazione.

Specialità: Crema di alici, sgombro al sake , cime di broccoli, pan di spagna al prezzemolo. Piccione arrosto al miele, crumble di pinoli, salsa di ibisco, pralina al pan di spezie. Crema di vaniglia, sciroppo di ibisco, frutta marinata, meringa di sedano e limone.

Menu 60/85 € – Carta 60/95 €

località Cortona 19 – ☏ 0431 969402 – Chiuso 3-9 febbraio, 1-12 luglio,
1-8 novembre, lunedì, martedì, mercoledì-venerdì a mezzogiorno

RUNATE – Mantova ➜ Vedere Canneto sull'Oglio

RUSSI

✉ 48026 – Ravenna (RA) – Carta stradale Michelin 562-I18

a San Pancrazio Sud - Est : 5 km – Carta regionale n° **5**–D2

❀ **La Cucoma**   🅰🅲 🖨 🅿

PESCE E FRUTTI DI MARE · **FAMILIARE** ✕ Ubicato lungo la strada principale del paese, specialità ittiche - come la grigliata mista alla brace - in un ristorante dal côté simpaticamente familiare, celebre in zona per il buon rapporto qualità/prezzo.

Specialità: Spaghetti alle vongole. Frittura di paranza. Sformato di ricotta ai fichi caramellati.

Menu 39/50 € – Carta 32/55 €

via Molinaccio 175 – ☏ 0544 534147 – www.ristorantecucoma.com –
Chiuso 2-10 gennaio, 26 luglio-24 agosto, lunedì, domenica sera

RUVO DI PUGLIA

✉ 70037 – Bari (BA) – Carta regionale n° **15**–B2 – Carta stradale Michelin 564-D31

🅰 U.P.E.P.I.D.D.E.   🦖 🏳

REGIONALE · FAMILIARE 🍴 Indiscutibilmente caratteristico e fresco! Scavate all'interno della roccia che costituiva le antiche mura aragonesi, le quattro salette si susseguono sotto archi di mattoni con - dulcis in fundo - la bella cantina visitabile. Altrettanto storica la cucina delle Murge, che trova la sua massima espressione nella grigliata di carni locali al barbecue o nel filetto di manzo in salsa di prugne al vino e scalogno caramellato.

Specialità: Strascinati di grano arso su crema di rape novelle, acciuga e panure di pane croccante. filetto di manzo in salsa di prugne al vino e scalogno caramellato. Semifreddo al cioccolato bianco con crema di pistacchio e la nostra terra fondente.

Menu 25/30€ – Carta 25/33€

vico S. Agnese 2, angolo corso Cavour – 𝒞 080 361 3879 – www.upepidde.it – Chiuso 1 luglio-25 agosto, lunedì, domenica sera

SACERNO – Bologna → Vedere Calderara di Reno

SACILE

✉ 33077 – Pordenone (PN) – Carta regionale n° **6**–A3 – Carta stradale Michelin 562-E19

🍴 Porca l'Oca   🅰🅲

MODERNA · ACCOGLIENTE 🍴 La passione della titolare per la cucina porta in tavola sia piatti di carne legati alla tradizione sia specialità di pesce, il tutto rielaborato in un'accattivante chiave moderna. Ottima la sua ubicazione nel centro storico.

Carta 44/73€

via Luigi Nono 13 – 𝒞 0434 780870 – www.ristoranteporcalocasacile.it – Chiuso 1-17 agosto, domenica

SAINT PIERRE

✉ 11010 – Aosta (AO) – Carta regionale n° **21**–A2 – Carta stradale Michelin 561-E3

🏨 La Meridiana Du Cadran Solaire   🛋 🔁 🌡 🏊 🅿 🚗

FAMILIARE · STILE MONTANO Affascinante contesto storico-naturalistico, lungo la strada per Courmayeur, *La Meridiana Du Cadran Solaire* è una raccolta struttura dall'amabile conduzione familiare; camere graziosamente arredate con mobili dalla tipica linea valdostana.

15 camere 🔼 – 👫 100/200€ – 2 suites

località Chateau Feuillet 17 – 𝒞 0165 903626 – www.albergomeridiana.it – Chiuso 1-30 novembre

SAINT VINCENT

✉ 11027 – Aosta (AO) – Carta regionale n° **21**–B2 – Carta stradale Michelin 561-E4

🍴 Le Grenier   🅰🅲 🏳

MODERNA · RUSTICO 🍴🍴 Nel cuore di Saint-Vincent, la suggestione di un vecchio granaio (*grenier*, in francese) con frumento a cascata, camino e utensili d'epoca alle pareti. Ma le sorprese non finiscono qui: è il turno della cucina a sedurre gli ospiti, inaspettatamente moderna con qualche richiamo alle tradizioni valdostane.

Menu 50/80€ – Carta 64/90€

piazza Monte Zerbion 1 – 𝒞 0166 510138 – www.ristorantelegrenier.com – Chiuso lunedì-martedì a mezzogiorno, mercoledì, giovedì a mezzogiorno

🏨 Grand Hotel Billia   🎿 ⬅ 🛏 🍸 📺 📶 🛝 🐾 🔽 ♿ AC ♨ P

LUSSO · ELEGANTE La facciata belle époque e due torrioni domina il fondovalle in un parco ombreggiato con piscina: dal 1908, questo hotel storico - risorto dopo una radicale opera di rinnovo - vanta camere contemporanee, in legno e pietra, un'attrezzatissima spa, oltre ad un accesso diretto al casinò. Sale molto luminose e panoramiche sono dedicate alla ristorazione, nonché alla colazione. Elegante soggiorno nella Vallée!

56 camere 🖂 – ♦♦ 255/435 € – 13 suites

viale Piemonte 72 – ℰ 0166 5231 – www.saintvincentresortcasino.it

SALA BAGANZA

✉ 43038 – Parma (PR) – Carta regionale n° **5**-A3 – Carta stradale Michelin 562-H12

🍽️ I Pifferi   🛏 🏡 ♿ P

EMILIANA · TRATTORIA X Un solo chilometro basta per abbandonare il paese ed entrare nel verde del Parco Regionale dei Boschi di Carrega. Qui si trova un'antica stazione di posta - risalente all'epoca di Maria Luigia - trasformata in ristorante: incantevole contesto per i piatti parmigiani di sempre.

Carta 27/68 €

via Zappati 36 – ℰ 0521 833243 – www.ipifferi.com – Chiuso lunedì

SALERNO

✉ 84121 – Salerno (SA) – Carta regionale n° **4**-B2 – Carta stradale Michelin 564-E26

✿ Re Maurì   ⬅ 🏡 AC P

CREATIVA · STILE MEDITERRANEO XXX Nell'hotel Lloyd's Baia, al confine tra Salerno e Vietri, dove la costa si alza sul porto, il ristorante offre una rimarchevole vista sul golfo già dalla sala interna attraverso le due pareti vetrate, ma ancor di più quando, con il bel tempo, ci si trasferisce in terrazza. Dalla cucina arrivano proposte campane, ma anche piatti internazionali e prodotti non necessariamente legati alla regione. Lasciate uno spazio per il dessert: il cuoco ha lavorato spesso come pasticcere prima di approdare qui e la cura che riserva ai dolci è rimarchevole.

Specialità: Frittella di pasta cresciuta con genovese di baccalà e scarola ripassata. Riso carnaroli gran riserva al limone con aragosta e rosmarino. Biancomangiare alle mandorle, fragole e pistacchio di Bronte.

Menu 100/110 € – Carta 90/130 €

Hotel Lloyd's Baia, Via Benedetto Croce – ℰ 089 763 3687 – www.remauri.it – Chiuso 13 gennaio-13 febbraio, martedì, mercoledì a mezzogiorno

🍽️ Pescheria 🆕   AC

PESCE E FRUTTI DI MARE · ACCOGLIENTE XX Fra il centro storico e il lungomare, il nome del ristorante è anche il suo programma gastronomico: quasi esclusivamente pesce, fresco e non d'allevamento, che vi consigliamo di scegliere voi stessi dall'espositore in fondo alla sala. Crudità e grigliate tra le preparazioni più gettonate, ma per gli appassionati c'è anche una buona selezione di formaggi, oltre ovviamente ai dolci.

Carta 35/80 €

corso Giuseppe Garibaldi 227 – ℰ 089 995 5823 – www.pescheriasalerno.it

🍽️ 13 Salumeria & Cucina   AC

MEDITERRANEA · BISTRÒ X Originale stile per questo bel locale tipo bistrot che propone un'ampia selezione di salumi e formaggi; buona parte dei secondi ruotano intorno ad un'attenta selezione di carni di manzo cotte alla brace. A mezzogiorno, la scelta si fa più ristretta rispetto alla carta serale.

Menu 13 € (pranzo)/35 € – Carta 24/60 €

corso Giuseppe Garibaldi 214 – ℰ 3208448369 – www.casadelnonno13.it – Chiuso domenica sera

🍴 Via Porto Bistrot ⓝ · AC

ITALIANA CONTEMPORANEA · **CONTESTO CONTEMPORANEO** ⅹ Come indica il nome, siamo in prossimità del porto, ma anche a due passi dal centro storico, in un ristorante dal design originale e contemporaneo. Il giovane cuoco propone una cucina creativa che enfatizza i contrasti: si passa con abilità dal caldo al freddo, dal dolce all'amaro e dal morbido al croccante in piatti che non trascurano raffinate presentazioni.

Menu 15€ (pranzo), 40/50€ – Carta 34/55€

via porto 5/7 – ℰ 089 235471 – www.viaporto.it – Chiuso 3-9 febbraio,
31 agosto-6 settembre, mercoledì

🏨 Lloyd's Baia · �‹€☾ ʄₐ 🖃 ᴔ AC 🛁 P

PALACE · **ELEGANTE** Aggrappato alla roccia della costiera, grand hotel dall'atmosfera classico-elegante, dotato di una terrazza con magnifica vista mare e di un comodo ascensore diretto per la spiaggia; belle camere e il centro storico di Vietri, paese delle ceramiche, ad una breve passeggiata.

132 camere ⌸ – 🛏 69/450€ – 10 suites

via Benedetto Croce snc – ℰ 089 763 3111 – www.lloydsbaiahotel.it

🌸 **Re Maurì** – Vedere selezione ristoranti

SALGAREDA

✉ 31040 – Treviso (TV) – Carta regionale n° **23**-A1 – Carta stradale Michelin 562-E19

🍴 Marcandole · 🍃 🛋 AC ⇪ P

PESCE E FRUTTI DI MARE · **ELEGANTE** ⅩⅩⅩ Nei pressi dell'argine del fiume Piave, due fratelli gestiscono con passione e competenza quello che è diventato un caposaldo della ristorazione trevigiana, grazie ad una cucina di pesce, piatti d'impostazione contemporanea belli da vedere, buoni da mangiare. Imperdibili, i crudi!

Menu 35€ (pranzo), 60/80€ – Carta 50/100€

via Argine Piave 9 – ℰ 0422 807881 – www.marcandole.it – Chiuso mercoledì sera,
giovedì

SALÒ

✉ 25087 – Brescia (BS) – Carta regionale n° **9**-D1 – Carta stradale Michelin 561-F13

🍴 Villa Arcadio · ⋜ 🛋 🛋 AC P

MEDITERRANEA · **ROMANTICO** ⅩⅩ La cucina è di stampo mediterraneo con il pesce in prevalenza, anche se non manca qualche proposta di carne; la sosta si farà ancor più piacevole se - tempo permettendo - prenoterete un tavolo sulla romantica terrazza.

Menu 45/65€ – Carta 40/100€

Hotel Villa Arcadio, via Palazzina 2, località Villa di Salò – ℰ 0365 42281 –
www.hotelvillaarcadio.it/ristorante.htm – Chiuso 1 novembre-19 marzo

🍴 QB DuePuntoZero · 🛋 ᴔ AC

MODERNA · **MINIMALISTA** ⅩⅩ Sul lungolago fronte porticciolo, ambiente moderno dalle linee sobrie con gradevole zona per il servizio estivo; cucina in chiave mediterranea che alterna - in egual misura - carne e pesce.

Menu 45/70€ – Carta 50/72€

via Pietro da Salò 23 – ℰ 0365 520421 – www.qbduepuntozero.com –
Chiuso 27 gennaio-12 febbraio, 9-25 novembre, lunedì, domenica sera

🏨 Villa Arcadio · 🛋⋜ 🛋 ᴣ 🕉 🖃 ᴔ AC ᴧ

LUSSO · **STORICO** Elegante risultato della ristrutturazione di un monastero del XIV secolo all'interno di un immenso parco, con piscina e terrazze panoramiche. Ambienti raffinati che fondono modernità e charme, affreschi originali nei corridoi e nelle camere sobrie, ma curate nella loro semplicità. Invitanti seduzioni gastronomiche al ristorante che, con il bel tempo, si uniscono a quelle dello splendido panorama sul lago.

17 camere ⌸ – 🛏 260/380€ – 1 suite

via Palazzina 2, località Villa di Salò – ℰ 0365 42281 – www.hotelvillaarcadio.it –
Chiuso 1 novembre-19 marzo

🍴 **Villa Arcadio** – Vedere selezione ristoranti

SALSOMAGGIORE TERME

✉ 43039 – Parma (PR) – Carta regionale n° **5**–A2 – Carta stradale Michelin 562-H11

L'Osteria del Castellazzo   🏠 AC

EMILIANA · SEMPLICE ⅹ E' una storia di passione e di caparbietà quella della giovane titolare, laureata in lettere e poi convertitasi alla passione per la cucina. La penna è diventata un mestolo e dalla cucina escono gustosi piatti locali, quale il guancialino di vitello brasato, con qualche prestito piacentino o mantovano, come i pisarei e la sbrisolona.

Specialità: Panzanella di verdure di stagione. Pisarei e fasò della tradizione piacentina. Sbrisolona.

Carta 28/48 €

via Borgo Castellazzo 40 – ℰ 0524 578218 – Chiuso 15 febbraio-15 marzo, 1-31 agosto, mercoledì, giovedì

a **Cangelasio** Sud - Ovest: 3, 5 km – Carta regionale n° **5**–A2

Trattoria Ceriati   🏠 ⅼ AC P

EMILIANA · RUSTICO ⅹ Una bella e moderna trattoria in posizione defilata e tranquilla condotta da due giovani soci con esperienza nel settore; le proposte si legano al territorio parmigiano, in inverno alla domenica carrello dei bolliti, in primavera-estate veranda all'aperto e carne alla brace.

Specialità: Tagliere di affettati misti con sott'oli. Mezzelune al tartufo. Sformato al cioccolato con gelato alla crema.

Menu 25/55 € – Carta 25/60 €

località Cangelasio Ceriati 18 – ℰ 0524 573654 – www.trattoriaceriati.it – Chiuso 2-19 marzo, martedì

SALUDECIO

✉ 47835 – Rimini (RN) – Carta regionale n° **5**–D3 – Carta stradale Michelin 562-K20

🏠 Locanda Belvedere   ⇔ ⩽ 🏠 ⅼ AC P

MODERNA · ACCOGLIENTE ⅹⅹ E' un indirizzo da scovare, sui primi colli alle spalle di Cattolica, nascosto in quella che appare una semplice residenza privata. Ma ne vale la pena: il giovane cuoco, appassionato di prodotti romagnoli, propone una ristretta selezione di piatti di ottima qualità. E se volete pernottare, le camere offrono una sistemazione accogliente e spesso spaziosa.

Menu 45/70 € – Carta 43/80 €

via San Giuseppe 736, frazione San Rocco – ℰ 0541 982144 – www.belvederesaludecio.it – Chiuso lunedì a mezzogiorno, martedì, mercoledì-sabato a mezzogiorno

SALUZZO

✉ 12037 – Cuneo (CN) – Carta regionale n° **12**–B3 – Carta stradale Michelin 561-I4

🏠 San Giovanni Resort   ✿ ⌂ ⩽ ✉ AC 🐾 P

DIMORA STORICA · PERSONALIZZATO Nella parte più alta della Saluzzo medioevale (accesso alla ZTL con pass dell'albergo), si dorme nella magica atmosfera di un convento del '400. Camere dagli arredi sobri ma eleganti, in linea con l'antica funzione del luogo: alcune con terrazzino affacciato sul chiostro, la numero 11 con affreschi originali.

13 camere ⌂ – 🛉 145/170 €

via San Giovanni 9/a – ℰ 0175 45420 – www.sangiovanniresort.it

CITTÀ DEL VATICANO – Roma → Vedere Roma

SAN BENEDETTO DEL TRONTO

✉ 63074 – Ascoli Piceno (AP) – Carta regionale n° **11**–D3 – Carta stradale Michelin 563-N23

⁂○ Degusteria del Gigante

CREATIVA · **CONTESTO STORICO** ✕✕ Dimora storica ottocentesca su fondazioni quattrocentesche nella parte alta della città: il territorio firma la cucina, ma lo chef lo reinterpreta con gusto moderno.

Carta 44/66 €

via degli Anelli 19 – ℰ 0735 588644 – www.degusteriadelgigante.it –
Chiuso 21-28 giugno, 4-21 novembre, martedì

SAN BERNARDO - Genova → Vedere Bogliasco

SAN BONIFACIO

✉ 37047 – Verona (VR) – Carta regionale n° **23**–B3 – Carta stradale Michelin 562-F15

⁂ Degusto Cuisine (Matteo Grandi)

CREATIVA · **MINIMALISTA** ✕✕ Dal marciapiede, ancor prima di entrare nel ristorante, scorgerete la cucina ed il cuoco Matteo, tanto giovane quanto abile e preparato. Sforna piatti che sfavoriscono i grassi a beneficio dei sapori, imperniati su ottimi prodotti ed un estro intelligente e misurato, senza eccessi e sbavature, talvolta anche con qualche eco esotica, come negli gnocchi di latte cagliato, king crab, mango. La sala è moderna, il servizio professionale ma non ingessato, pronto a diventare informale ed amichevole al momento giusto: non siamo in un tempio in cui si celebra una liturgia, ma in un luogo di benessere!

Specialità: Carciofo, scampi e riso soffiato. Ravioli con latte di capra, ricci di mare e carote. Yogurt e more.

Carta 70/110 €

via Camporosolo 9/a – ℰ 328 182 4572 – www.ristorantedegusto.it –
Chiuso 10-24 agosto, martedì, mercoledì a mezzogiorno

⁂○ I Tigli

PIZZA · **DI TENDENZA** ✕ Non poteva che nascere in Italia la pizzeria "gourmet"! Inaspettatamente non a Napoli, bensì nel veronese, Simone Padoan è maestro di lievitazione proponendo fantasiose creazioni con gamberi crudi, tartare di manzo, guanciale, baccalà... Ottimi anche i dessert.

Menu 20/40 € – Carta 15/40 €

via Camporosolo 11 – ℰ 045 610 2606 – www.pizzeriaitigli.it – Chiuso martedì sera, mercoledì

SAN CANDIDO · INNICHEN

✉ 39038 – Bolzano (BZ) – Carta regionale n° **19**-D1 – Carta stradale Michelin 562-B18

⁂⁂⁂ Post Alpina-Family Mountain Chalets

SPA E WELLNESS · **STILE MONTANO** In un piccolo borgo, dieci chalet ed un edificio centrale costituiscono questo family hotel con alcuni servizi per i piccoli ospiti; piacevole giardino ed armonioso centro benessere per una vacanza tra natura e relax. Nella romantica sala da pranzo, specialità altoatesine e piatti d'ispirazione mediterranea.

65 suites ⌒ – ⁑ 300/530 €

via Elmo 9, località Versciaco (Entrata da via Ombrosa) – ℰ 0474 913133 –
www.posthotel.it – Chiuso 30 marzo-28 maggio, 4 ottobre-3 dicembre

⁂⁂⁂ Leitlhof Dolomiten

LUSSO · **STILE MONTANO** In posizione defilata rispetto al centro, ma molto panoramica su valle e Dolomiti, hotel d'imponenti dimensioni dotato di moderno centro benessere le cui ampie vetrate regalano una splendida vista, nonché camere che brillano per confort. Nella stagione sciistica, ottimo servizio transfert per gli impianti.

62 camere ⌒ – ⁑ 250/542 €

via Pusteria 29 – ℰ 0474913440 – www.leitlhof.com – Chiuso 22 marzo-29 maggio,
8 novembre-3 dicembre

🏠 Post Hotel-Tradition & Lifestyle

DIMORA STORICA · CONTEMPORANEO Chi non ama i tradizionali arredi alpini e preferisce ambienti più moderni troverà qui l'atmosfera che cerca: l'edificio, in centro, è storico, ma le spaziose camere hanno arredi eleganti e contemporanei. Attenzione: si accettano ospiti dai 14 anni in su.

42 camere ⌂ – 🛏 200/450 €

via dei Benedettini 11/c – ☏ 0474 913133 – www.posthotel.it –
Chiuso 30 marzo-28 maggio, 4 ottobre-3 dicembre

SAN CASCIANO DEI BAGNI

✉ 53040 – Siena (SI) – Carta regionale n° **18**-D3 – Carta stradale Michelin 563-N17

🍴 Daniela

REGIONALE · ROMANTICO XX A poco meno di 100 m dall'albergo Sette Querce, di fronte ad uno splendido belvedere, il ristorante occupa le antiche scuderie del castello. I soffitti a volta e le pietre d'un tempo creano un'atmosfera suggestiva, al palato ci pensa un'ottima cucina del territorio.

Carta 30/50 €

Hotel Sette Querce, piazza Matteotti 7 – ☏ 0578 58234 – www.settequerce.it –
Chiuso mercoledì

🏠 Fonteverde

TERMALE · ELEGANTE Splendida villa medicea con dépendance adiacente di costruzione recente, è il grande albergo termale per eccellenza, fastoso, dalle camere eleganti - più sontuose quelle dell'edificio storico - meglio ancora se ne prenotate una con vista. Cena al ristorante Ferdinando I o soluzioni meno impegnative per pasti più veloci, ce n'è per tutti i gusti!

75 camere ⌂ – 🛏 396/692 € – 3 suites

località Terme 1 – ☏ 0578 57241 – www.fonteverdespa.com

a Fighine Nord - Est: 5 km – Carta regionale n° **18**-D3

❄ Ristorante Castello di Fighine

CONTEMPORANEA · CONTESTO STORICO XxX Una strada sterrata vi condurrà in un luogo fiabesco: un castello risalente all'XI secolo, una proprietà privata ristrutturata e rinnovata nel corso degli ultimi 15 anni, in posizione panoramica e collinare. Nel borgo che lo circonda troverete il ristorante, ma appena fa bello si mangia volentieri in terrazza sotto un glicine. La cucina è frutto della riuscita sinergia tra un bravo e giovane cuoco campano, Francesco Soletti, e il tristellato Heinz Beck. Per chi volesse prolungare la sosta, due appartamenti - sempre gestiti dal ristorante - sono a disposizione presso Casa Parretti.

Specialità: Chianina marinata, ricotta affumicata di Pienza ed estratto di pomodoro aromatizzato. Raviolo d'anatra, carota, infuso di camomilla e rosa turca. Pianeta nocciola.

Menu 75/90 € – Carta 69/95 €

borgo di Fighine – ☏ 0578 56158 – www.fighine.it – Chiuso 1 novembre-9 aprile,
lunedì, martedì a mezzogiorno

SAN CASCIANO IN VAL DI PESA

✉ 50026 – Firenze (FI) – Carta regionale n° **18**-D3 – Carta stradale Michelin 563-L15

🏠 Villa il Poggiale

LUSSO · STORICO Nel cuore del Chianti a pochi chilometri da Firenze, in un'oasi di pace circondata da incantevoli giardini, questa dimora rinascimentale vizia gli ospiti con tutte quelle attenzioni che rendono il soggiorno un'esperienza indimenticabile. A contribuire a tanto piacere, c'è anche il centro benessere, dove approfittare di ottimi trattamenti creati in esclusiva per la villa. Al ristorante: piatti tipici della tradizione toscana, accompagnati da una buona selezione di vini locali.

24 camere ⌂ – 🛏 120/240 € – 2 suites

via Empolese 69 – ☏ 055 828311 – www.villailpoggiale.it – Chiuso 1 gennaio-1 marzo

a Mercatale Sud - Est: 4 km – Carta regionale n° **18**–D3

🏠 Agriturismo Salvadonica ☆ 🦢 ⪤ 🛏 🍸 🅿

CASA DI CAMPAGNA · PERSONALIZZATO Fra gli olivi, un'oasi di tranquillità e di pace, questo piccolo borgo agrituristico caratterizzato da semplicità e cortesia familiare. Tutte le camere sfoggiano - ora - uno stile più moderno, essendo state recentemente rinnovate.

30 camere 🖙 - 👫 79/290 €

via Grevigiana 82 – 𝒞 055 821 8039 – www.salvadonica.com –
Chiuso 17 novembre-13 febbraio

a Cerbaia Nord - Ovest : 6 km – Carta regionale n° **18**–C2

🦢 La Tenda Rossa (Probst e Santandrea) 🍴 🆎

MODERNA · ELEGANTE 🍴🍴 «L'orto ci accompagna da sempre e così per radicchi, erbe spontanee e profumi dei boschi del Chianti» spiega Maria Probst ai fornelli insieme al marito Cristian Santandrea: "Quello che davvero da noi non si può non prendere è la pasta fatta in casa; e poi il piccione. La nostra è una cucina golosa, da scarpetta!" afferma lo chef toscano. Ma al di là delle proposte di carne, La Tenda Rossa cavalca l'onda dell'odierna attenzione verso un'alimentazione vegetale, e lo fa con garbo e raffinatezza.

Specialità: Scampi leggermente affumicati, crema di topinambur, brodo di basilico. Bombette piccanti di cinta senese, asparagi, cucunci, salsa di latte. Bignè croccante di dattero con cardamomo, noce e mandarino.

Menu 50/105 € – Carta 55/100 €

piazza del Monumento 9/14 – 𝒞 055 826132 – www.latendarossa.it –
Chiuso 3-26 agosto, lunedì a mezzogiorno, domenica

SAN COSTANZO

✉ 61039 – Pesaro e Urbino (PU) – Carta regionale n° **11**–B1 – Carta stradale Michelin 563-K21

🍽 Da Rolando 🍴 🆎 🅿

DEL TERRITORIO · FAMILIARE 🍴 Due sale in successione, riccamente ornate da quadri, fotografie e tanti ricordi di una carriera che non è ancora finita: Rolando è un grande appassionato di cucina marchigiana e fra salumi, funghi, tartufi e carni vi saprà introdurre in un appassionante viaggio gastronomico.

Carta 30/60 €

corso Matteotti 125 – 𝒞 0721 950990 – www.darolando.it – Chiuso 22-30 giugno,
mercoledì

SAN DESIDERIO - Genova → Vedere Genova

SAN DOMINO - Foggia → Vedere Tremiti (Isole)

SAN DONÀ DI PIAVE

✉ 30027 – Venezia (VE) – Carta regionale n° **23**–A1 – Carta stradale Michelin 562-F19

🍽 Forte del 48 ⪤ 🅖 🆎 🅿

VENEZIANA · FAMILIARE 🍴 Una lunga tradizione famigliare giunta ormai alla sua terza generazione per questo piacevole ristorante dove la passione dei titolari per l'ospitalità è davvero sentita; cucina della tradizione tra carne e pesce; camere sempre in continuo rinnovo e di attuale confort.

Carta 30/60 €

Hotel Forte del 48, via Vizzotto 1 – 𝒞 0421 44244 – www.hotelfortedel48.com –
Chiuso 3-16 agosto, 26 dicembre-6 gennaio, domenica

SAN DONATO IN POGGIO - Firenze → Vedere Tavarnelle Val di Pesa

SANDRIGO

✉ 36066 – Vicenza (VI) – Carta regionale n° **22**–A1 – Carta stradale Michelin 562-F16

🍴 **Trattoria da Palmerino**   🏮 ᴦ 🅐🅒 🅟

REGIONALE · ACCOGLIENTE ✗✗ Poco fuori paese, è ormai arrivato alla quarta generazione quest'insolito ristorante che conferisce il ruolo di protagonista assoluto a sua maestà il baccalà: nelle decorazioni del locale, nonché nel piatto!
Menu 15 € (pranzo), 35/45 € – Carta 30/52 €

via Piave 13 – 𝒞 0444 659034 – www.palmerino.eu – Chiuso 30 dicembre-2 gennaio, martedì sera, mercoledì

SAN FELICE DEL BENACO

✉ 25010 – Brescia (BS) – Carta regionale n° **9**–D1 – Carta stradale Michelin 561-F13

🍴 **Sogno**   ⇦ ⇐ 🏮 ᴦ ᴦ 🅟 🚗

MODERNA · ELEGANTE ✗✗ In un ristorante come questo, è facile sognare ad occhi aperti: elegante, la sua cucina di stampo mediterraneo conquisterà il vostro palato, la romantica terrazza in riva al lago, il vostro cuore.
Carta 55/100 €

Hotel Sogno, via Porto San Felice 41 – 𝒞 0365 62102 – www.sognogarda.it – Chiuso 31 ottobre-1 marzo, lunedì, martedì, mercoledì, giovedì a mezzogiorno, domenica sera

a Portese Nord: 1, 5 km

🏨 **Bella Hotel**   ⇧ 🐟 ⇐ 🏮 ⅃ 🎐 🖃 🅐🅒 ⅍ 🅟 🚗

BOUTIQUE HOTEL · BORDO LAGO Nel nome, la caratteristica principale della risorsa: la bellezza! A tale peculiarità partecipano le moderne stanze, la piccola, ma completa area benessere, il servizio estivo sulla terrazza prospiciente il lago.
39 camere ☲ – 🛉🛉 90/360 €

via Preone 6 – 𝒞 0365 626090 – www.bellahotel.com – Chiuso 6 gennaio-13 febbraio

SAN FRANCESCO AL CAMPO

✉ 10070 – Torino (TO) – Carta regionale n° **12**–B2 – Carta stradale Michelin 561-G4

🍴 **Restaurant Relais**   🏮 ᴦ 🅐🅒 ⇄ 🅟

REGIONALE · ELEGANTE ✗✗ Negli spazi dai soffitti ad archi, in un'intima saletta o nel fresco del giardino, specialità di pesce e piatti tipici piemontesi, con piccole interpretazioni fantasiose. Degna di nota la bella veranda con ampie vetrate cieloterra affacciata direttamente sul giardino.
Menu 50/65 € – Carta 42/74 €

Hotel Furno, via Roggeri 2 – 𝒞 011 927 9932 – www.romantichoteltorino.com – Chiuso 7-21 agosto

🏨 **Furno**   🐟 🏮 🖃 ᴦ 🅐🅒 ⅍ 🅟

LUSSO · ELEGANTE Alla fine dell'Ottocento era una dimora estiva per le battute di caccia. Oggi è un moderno albergo immerso in un'oasi verde con camere raffinate, che qua e là tradiscono il rustico passato. Molto belle le junior suite con camino, così come le tre superior con letto a baldacchino.
33 camere ☲ – 🛉🛉 100/200 €

via Roggeri 2 – 𝒞 011 927 4900 – www.romantichoteltorino.com – Chiuso 1-23 agosto
🍴 **Restaurant Relais** – Vedere selezione ristoranti

SAN GENESIO

✉ 39030 – Bolzano (BZ) – Carta regionale n° **19**–D3 – Carta stradale Michelin 562-C15

🏠 **Antica Locanda al Cervo-Landgasthof zum Hirschen**
⇦ ⇐ 🏮 ᴦ ᴦ ⇄ 🅟

REGIONALE · STILE MONTANO ✗ Accoglienti sale o sulla terrazza panoramica e soleggiata per gustare una generosa cucina legata al territorio e all'attività maschile in seno alla famiglia di allevamento di bestiame. Il chilometro 0 – qui - è un dato di fatto e non uno slogan!

Specialità: Tartara di puledro con carpaccio di barbabietola. Schlutzkrapfen di farina integrale e spinaci freschi dall' orto. Sformato di mela con salsa di vaniglia.

Menu 14 € (pranzo), 24/35 € – Carta 25/50 €

Hotel Antica Locanda al Cervo-Landgasthof zum Hirschen, via Schrann 9/c –
℘ 0471354195 – www.hirschenwirt.it – Chiuso 23 gennaio-15 marzo, mercoledì

SAN GIMIGNANO

✉ 53037 – Siena (SI) – Carta regionale n° **18**-C2 – Carta stradale Michelin 563-L15

✿ **Cum Quibus** 🛖 Ⓐ🅒

CREATIVA • **CONTESTO REGIONALE** X Intimo indirizzo tra le scenografiche torri di San Gimignano, pochi coperti in una sala piccola e dall'atmosfera rustica (meglio prenotare!), è Cum Quibus ovvero "con loro" che partirete alla scoperta di piatti audaci ed intriganti. «Ho un grande amore per il cibo ed in particolare per piccione, dashi e l'alga nori ma al tempo stesso trovo ispirazione dalla ribollita» rivela lo chef. Alberto ha iniziato a cucinare a sedici anni per necessità di un lavoretto estivo e – mai e poi mai – avrebbe pensato che quella passeggera occupazione stagionale sarebbe diventata lo scopo e la passione della sua vita. Serendipità anche tra i fornelli!

Specialità: Mezzovo: tuorlo, spuma di pecorino di Pienza, tartufo. Spaghetti, burro affumicato, dashi (zuppa giapponese) e cedro. Nocciola e tamarindo.

Menu 95/125 € – Carta 75/100 €

via San Martino 17 – ℘ 0577 943199 – www.cumquibus.it –
Chiuso 7 gennaio-10 marzo, martedì

🍴 **Da Pode** 🖙 🛏🛖♿Ⓐ🅒 ⇦ 🅿

TOSCANA • **CONTESTO TRADIZIONALE** XX In un'antica cascina che conserva alcuni elementi architettonici propri della ruralità di un tempo, è la signora Lucia ad occuparsi della cucina... da cui escono prelibatezze toscane: un attentato alla linea, ma per la dieta c'è sempre tempo!

Carta 35/60 €

Hotel Sovestro, località Sovestro 63 – ℘ 0577 943153 – www.dapode.com –
Chiuso 3 febbraio-9 marzo, giovedì, venerdì a mezzogiorno

🍴 **San Martino 26** Ⓐ🅒 ⇦

MODERNA • **CONTESTO STORICO** X Ricavato dalle cantine di un antico palazzo del centro storico, ambiente alla moda con pochi coperti e una linea di cucina "au goût du jour": elaborazioni attuali su ispirazioni classiche, non solo toscane.

Menu 50/80 € – Carta 40/60 €

via San Martino 26 – ℘ 0577 940483 – www.ristorantesanmartino26.it –
Chiuso 9 gennaio-19 marzo, 4 novembre-5 dicembre, giovedì

a Lucignano Nord: 10 km – Carta regionale n° **18**-C2

✿ **Ristorante al 43** ≤ 🛏🛖♿🅿

TOSCANA • **AGRESTE** XX Attivo nelle cucine tradizionali toscane dall'età di quindici anni, lo chef ha assorbito – fin da subito – la forza dei tipici sapori del territorio, assistendo all'ascesa degli indirizzi gourmand della regione ed elevando le sue proposte di conseguenza: «Oggi siamo messi benissimo e secondo me buona parte del merito è di Arnolfo a cui mi sono ispirato per il piccione; li reperisco allo stato brado ed è uno dei piatti di cui vado più fiero. Ma la massima soddisfazione è rivitalizzare la tradizione ed aver contribuito ad una diversa percezione dell'alta cucina associandola allo stare bene». Complimenti, chef!

Specialità: Spaghetti, ricci di mare, aglio nero, scamorza e caffè. Branzino, lumachine di mare, tapenade, radice di prezzemolo. Zabaione, caffè, pistacchio.

Menu 85/95 € – Carta 55/65 €

Locanda dell'Artista, località Canonica Lucignano 43 – ℘ 0577 955025 –
www.al43.it – Chiuso 7 gennaio-19 marzo, lunedì

 Locanda dell'Artista

CASA DI CAMPAGNA · BUCOLICO Romantico country inn creato esclusivamente per una clientela adulta, la locanda si trova all'interno di un casolare del XVIII secolo sapientemente ristrutturato, che coniuga confort moderni con l'aristocratica eleganza di una casa di campagna.

7 camere ⚏ – ♙♙ 325/450 €

*località Canonica Lucignano 43 – ℰ 0577 946026 – www.locandadellartista.com –
Chiuso 7 gennaio-19 marzo, 1 novembre-26 dicembre*

✾ **Ristorante al 43** – Vedere selezione ristoranti

SANGINETO LIDO

✉ 87020 – Cosenza (CS) – Carta regionale n° **3**–A1 – Carta stradale Michelin 564-I29

🕸 Convito

PESCE E FRUTTI DI MARE · FAMILIARE ⅄ Sulle prime colline oltre la costa, una calorosa accoglienza familiare farà gli onori di casa. Iniziarono con specialità di carne, ma oggi è il pesce che va per la maggiore, in preparazioni semplici e mediterranee, con l'importante aiuto delle verdure coltivate nell'orto del ristorante e tante varietà di peperoncino. Specialità: calamaro in salsa di cedro della riviera.

Specialità: Alici arraganate. Ravioloni di pasta fresca in salsa di crostacei. Panna cotta con miele di fichi.

Menu 20/60 € – Carta 23/52 €

*località Pietrabianca 11 – ℰ 0982 96333 – www.convito.it –
Chiuso 9 dicembre-10 gennaio, martedì, domenica sera*

SAN GIORGIO DELLA RICHINVELDA

✉ 33095 – Pordenone (PN) – Carta regionale n° **6**–B2 – Carta stradale Michelin 562-D20

a Rauscedo Ovest : 4 km

⅃○ Il Favri 🕸 ᴀ匚

FRIULANA · FAMILIARE ⅄ Antica osteria già vocata al cibo ad inizio Ottocento e rimodernata dall'attuale gestore, Mauro, che con un'inesauribile energia segue la sala, raccontando a voce la carta dei vini. Dalla cucina il meglio dei sapori del territorio; a pranzo, oltre alla carta completa, anche un menu più semplice ed economico.

Carta 25/49 €

*via Borgo Meduna 12 – ℰ 0427 94043 – www.ilfavri.it – Chiuso 18 giugno-10 luglio,
lunedì, domenica sera*

SAN GIORGIO DEL SANNIO

✉ 82018 – Benevento (BN) – Carta regionale n° **4**–B1 – Carta stradale Michelin 564-D26

⅃○ Locanda della Luna 🆕 ⩥

CAMPANA · ACCOGLIENTE ⅄⅄ Posizione sperduta nel Sannio, del quale offre una bella vista sia dalla curata sala-veranda, sia dalla terrazza all'aperto, per questo ristorante "sincero", dove lo chef-patron propone i sapori della sua terra e le verdure dell'orto, senza discostarsi più di tanto dalla tradizione.

Menu 35/40 € – Carta 31/46 €

*via delle Oche 7, ang. piazza Bocchini – ℰ 320 047 8609 –
www.locandadellaluna.net – Chiuso 1-8 luglio, lunedì, martedì, domenica sera*

SAN GIORGIO DI VALPOLICELLA – Verona ➜ Vedere Sant' Ambrogio di Valpolicella

SAN GIOVANNI AL NATISONE

✉ 33048 – Udine (UD) – Carta regionale n° **6**–C2 – Carta stradale Michelin 562-E22

⑩ Campiello

PESCE E FRUTTI DI MARE · ELEGANTE XX Accomodatevi nell'elegante sala per gustare prelibatezze a base di pesce da accompagnare ai molti vini in carta. Per gli incontentabili, basterà chiedere al patron: in cantina ci sono parecchie sorprese! All'Hosteria wine-bar, invece, l'atmosfera si fa più informale e i piatti, più semplici, prediligono la carne.

Carta 45/60€

via Nazionale 46 – ☏ 0432 757910 – www.ristorantecampiello.it – Chiuso 1-7 gennaio, 6-27 agosto, sabato a mezzogiorno, domenica

SAN GIOVANNI D'ASSO

✉ 53020 – Siena (SI) – Carta regionale n° **18**–C2 – Carta stradale Michelin 563-M16

⑩ La Locanda del Castello

REGIONALE · RUSTICO XX All'interno di un castello del '500, una bella scalinata conduce agli ambienti signorili del ristorante, mentre nel piatto gli inconfondibili sapori di questa terra. Menu di stagione a base di tartufo.

Carta 45/70€

piazza Vittorio Emanuele II 4 – ☏ 0577 802939 – www.lalocandadelcastello.com – Chiuso 1 gennaio-10 aprile, martedì

SAN GIOVANNI IN MARIGNANO

✉ 47842 – Rimini (RN) – Carta regionale n° **5**–D2 – Carta stradale Michelin 562-K20

🏨 Riviera Golf Resort

RESORT · DESIGN Enormi vetrate e pietra chiara di Noto, in un relais non solo per gli amanti del golf ma, più in generale, del relax declinato in maniera personale e lussuosa. Camere con accesso indipendente in una struttura che si sviluppa quasi tutta in orizzontale nel verde, tra corpo principale e dépendance. Al ristorante la qualità della cucina è tanto curata quanto l'aspetto salutistico.

32 camere ⊆ – †† 70/500€

via Conca Nuova, 1236 – ☏ 0541 956499 – www.rivieragolfresort.com – Chiuso 24-26 dicembre

SAN GIOVANNI IN PERSICETO

✉ 40017 – Bologna (BO) – Carta regionale n° **5**–C3 – Carta stradale Michelin 562-I15

⑩ Osteria del Mirasole

REGIONALE · TRATTORIA X A pochi passi dal Duomo, una piccola osteria stretta ed allungata, con una profusione di legni scuri, vecchie foto, utensili vari e sul fondo una piccola brace. Nel piatto tanti buoni sapori del territorio che la rendono caldamente consigliata.

Menu 25/40€ – Carta 40/70€

via Matteotti 17/a – ☏ 051 821273 – www.osteriadelmirasole.it – Chiuso 7-13 gennaio, 25 luglio-10 agosto

SAN GIULIANO MILANESE

✉ 20098 – Milano (MI) – Carta regionale n° **10**–B2 – Carta stradale Michelin 561-F9

sulla strada statale 9 - via Emilia Sud - Est : 3 km

⑩ Antica Osteria la Rampina

REGIONALE · CONTESTO REGIONALE XX Le cronache narrano che il generale Radetzky, in fuga da Milano durante i moti delle Cinque Giornate, accampò l'esercito proprio davanti al cortile de La Rampina. Immerso nella natura e avvolto dal fascino della storia, il ristorante è - oggi – un ideale rifugio dove poter godere del piacere della variegata proposta gastronomica, sapientemente equilibrata tra tradizione locale e innovazione ricercata.

Menu 25€ (pranzo), 50/60€ – Carta 25/80€

frazione Rampina 3 – ☏ 02 983 3273 – www.rampina.it – Chiuso 16-30 agosto, mercoledì

615

SAN GIULIANO TERME

⊠ 56017 – Pisa (PI) – Carta regionale n° **18**–B1 – Carta stradale Michelin 563-K13

🏨 Bagni di Pisa   🎋 ⇆ ⤭ 🔲 🕸 🛁 ⊡ 🔥 AC 🎱 P

LUSSO · PERSONALIZZATO Antica residenza settecentesca vocata al lusso con bellissimi affreschi che, almeno al piano nobile, entrano anche nelle camere. Tra i suoi molti punti di forza, vanno ricordate le due ali della struttura dedicate alla grande oasi termale e alla spa (dalle quali se ne uscirà rinati!). Svariate possibilità al ristorante Dei Lorena: dai classici toscani, a piatti mediterranei, ma - a pranzo - carta light e snack bar.

52 camere � – 👬 310/358 € – 9 suites

largo Shelley 18 – 𝒞 050 88501 – www.bagnidipisa.com

SAN GIUSTINO VALDARNO

⊠ 52024 – Arezzo (AR) – Carta regionale n° **18**–C2 – Carta stradale Michelin 563-L17

🍽️ Osteria del Borro   ⇆ AC P

MODERNA · ELEGANTE 🟂🟂 Stile elegante dai colori tenui nella sala gourmet al primo piano, con ascensore, mentre la cucina sfodera i classici regionali, rivisitati con gusto attuale ed un pizzico di modernità. Al Tuscan Bistro - al piano terra - proposte più semplici, ma non per questo meno appetitose: fortemente legate al territorio.

Menu 55/105 € – Carta 58/90 €

Relais il Borro, località Borro 52 – 𝒞 055 977 2333 – www.osteriadelborro.it –
Chiuso 6 gennaio-6 marzo, 9 novembre-11 dicembre, lunedì-sabato a mezzogiorno

🏨 Relais Il Borro   🎋 🌫️ ⇆ ⤭ 🛁 AC 🎱 P

DIMORA STORICA · GRAN LUSSO Complesso di nobili ed antiche origini - dalla villa alle prestigiose suite distribuite nell'attiguo borgo medioevale - Relais il Borro abbina ad un confort di alto livello un'atmosfera country chic. Al suo interno trovano spazio vigne, cantina, ulivi e orti; ultimi, ma non ultimi anche i cavalli.

47 suites ⊡ – 👬 380/870 € – 11 camere

località Borro 1 – 𝒞 055 977053 – www.ilborro.it – Chiuso 7 gennaio-6 marzo,
23 novembre-18 dicembre

🍽️ **Osteria del Borro** – Vedere selezione ristoranti

SAN GREGORIO NELLE ALPI

⊠ 32030 – Belluno (BL) – Carta regionale n° **23**–C1 – Carta stradale Michelin 562-D18

🍽️ Locanda a l'Arte   🏠 P

REGIONALE · ACCOGLIENTE 🟂🟂 Ampi spazi verdi cingono questo rustico casolare sopra al paese: interni signorili nei quali si incontrano piatti tipici del territorio conditi con stagionalità e un pizzico di fantasia.

Carta 35/60 €

via belvedere 43 – 𝒞 0437 800124 – www.locandabaitaalarte.com – Chiuso lunedì,
martedì a mezzogiorno

SANKT MARTIN IN PASSEIER • SAN MARTINO IN
PASSIRIA – Bolzano → Vedere San Martino in Passiria

SANKT VIGIL ENNEBERG • SAN VIGILIO DI
MAREBBE – Bolzano → Vedere San Vigilio di Marebbe

SAN LORENZO DI SEBATO • SANKT LORENZEN

⊠ 39030 – Bolzano (BZ) – Carta regionale n° **19**–C1 – Carta stradale Michelin 562-B17

🕸️ Lerchner's In Runggen   ≤ ⇆ 🏠 P

REGIONALE · RUSTICO 🟂 Se cercate i sapori altoatesini di una volta, questo è uno degli indirizzi più indicati! Ambienti in legno, ingentiliti da spunti romantici, servizio in costume ed una carta che cita i migliori prodotti di questa meravigliosa terra del nord: ravioli di patate ripieni di formaggio grigio su verza, brasato di vitello con purea di Topinambur, canederlo di albicocche su crema di vaniglia...

Specialità: Gnocchi di patate con ragù di agnello. Animelle di vitello con patate novelle e rape rosse. Fiore di sambuco fritto con gelato allo yoghurt naturale.

Menu 16€ (pranzo), 30/65€ - Carta 25/65€

frazione Ronchi 3/a - ☏ 0474 404014 - Chiuso 29 giugno-12 luglio, lunedì, martedì

🍽️ **Saalerwirt**　　　　　　　　　　　　　　🔁 🏠 **P**

REGIONALE · ROMANTICO ✕✕ Piatti tipici della tradizionale locale, preparati con una particolare attenzione alla selezione delle materie prime e senza velleità modaiole, in un caratteristico ristorante con due belle stube settecentesche.

Carta 28/54€

Hotel Saalerwirt, località Sares - ☏ 0474 403147 - www.saalerwirt.com -
Chiuso 31 marzo-25 aprile, 4 novembre-20 dicembre, martedì

🏨 **Winkler**　　　　　　🔆 🦢 ⪜ 🏠 🖼️ 🛁 🔥 ♨️ ⬆️ 🚻 **P**

SPA E WELLNESS · STILE MONTANO Una piacevolissima struttura ubicata poco distante dagli impianti sciistici di Plan de Corones, in una piccola frazione che offre un incantevole panorama sui monti circostanti. Ampliata e rinnovata in anni recenti, offre ambienti moderni senza rinunciare ai materiali locali. Il centro benessere: una vera chicca!

50 camere ⌑ - 👫 180/220€ - 34 suites

località Santo Stefano 28a - ☏ 0474 549020 - www.winklerhotels.com

🏨 **Schloss Sonnenburg**　　　　　🔆 🦢 🏠 🛁 🖼️ ♨️ 🛁 ⬆️ **P**

DIMORA STORICA · ELEGANTE Mille anni di storia, prima come castello, poi monastero e infine albergo, alloggerete sulla sommità di una collina con vista a 360° sulla vallata. All'interno affreschi quattrocenteschi, i resti di una chiesa e una suite speciale, la numero 14, con stube ottocentesca. Tutt'intorno, giardino-solarium panoramico.

30 camere ⌑ - 👫 105/210€ - 8 suites

località Castelbadia, Ovest: 1,5 km - ☏ 0474 479999 - www.sonnenburg.com -
Chiuso 11-26 gennaio, 22 marzo-21 maggio, 3 novembre-21 dicembre

SANKT LORENZEN - Bolzano → Vedere San Lorenzo di Sebato

SAN LUCA - Perugia → Vedere Montefalco

SAN MARINO

✉️ 47890 - Città di San Marino - Carta regionale n° **5**-D2 - Carta stradale Michelin 562-K19

🌟 **Righi** (Luigi Sartini)　　　　　　　　　　　　　　　🅰️🅲️

CREATIVA · ELEGANTE ✕✕✕ Cucina ben fatta, sia a livello di prodotti che di ese-cuzioni, gustosa, creativa nella giusta misura, non cede mai ad in inutili artifizi o provocazioni! Questa è la sintesi di un locale che si farà ricordare per la splendida collocazione in piazza della Libertà: cuore del centro storico di San Marino, affac-ciato su pittoresche colline, è uno dei belvedere più mozzafiato d'Italia.

Ingresso al piano terra attraverso l'Osteria, dove viene servita una proposta gastronomica più semplice che si traduce anche in piadine e insalate, per raggiun-gere il ristorante stellato bisogna salire al primo piano, in tutt'altro ambiente. Abbandonata l'informalità conviviale sottostante, si entra in una sala elegante, sapientemente arredata con un mix di elementi contemporanei e uno stile rustico-raffinato. Il menu cita qualche riferimento romagnolo, ma è fondamental-mente fantasioso con un accento su sapori intensi.

Specialità: Terrina di foie gras d'anatra, pan brioche, rabarbaro e lamponi. Lasa-gnetta con ragù tagliato al coltello e fonduta di pecorino. Zuppa di fragole, gelato ai piselli, crumble alle mandorle, aceto balsamico di Modena tradizionale.

Menu 45/90€ - Carta 45/90€

piazza della Libertà 10 - ☏ 0549 991196 - www.ristoranterighi.com -
Chiuso 11-21 novembre, lunedì, domenica sera

SAN MARTINO - Arezzo → Vedere Cortona

SAN MARTINO DI CASTROZZA

✉ 38054 – Trento (TN) – Carta regionale n° **19**–C2 – Carta stradale Michelin 562-D17

⑪○ Malga Ces

REGIONALE · RUSTICO XX A 1600 m di altitudine, è quasi un rifugio sulle piste innevate con cucina regionale e ambiente caratteristico, nonché ampie camere in stile montano per chi ama il silenzio.

Carta 32/57 €

località Ces – ℰ 0439 68223 – www.malgaces.it – Chiuso 31 marzo-18 giugno, 30 settembre-5 dicembre

⑪○ Chalet Pra delle Nasse-da Anita ⇦ P

REGIONALE · FAMILIARE X Storico baluardo della ristorazione di San Martino, curato e modernamente alpino, ai piatti storici e più tradizionali della signora Anita, si integrano gli spunti più attuali del figlio. Tra le specialità: pappardelle al rosmarino e zafferano al ragù di cervo - e strudel di mele con gelato alla cannella.

Menu 14 € (pranzo), 20/35 € – Carta 14/25 €

via Cavallazza 24, località Pra delle Nasse – ℰ 0439 768893 – www.ristorante-da-anita.com – Chiuso 3 giugno-1 luglio, 3 novembre-1 dicembre

🏠🏠 Regina

TRADIZIONALE · STILE MONTANO In centro paese, di sobrio c'è solo la facciata: gli interni sono un tripudio di cavalli in legno, case delle bambole e splendide camere borghesi, arredi mitteleuropei con accenti inglesi. Sempre un ottimo riferimento per l'ospitalità della zona.

31 camere – ♦♦ 170/300 € – 5 suites

via Passo Rolle 154 – ℰ 0439 68221 – www.hregina.it – Chiuso 15 aprile-15 giugno, 15 settembre-6 dicembre

🏠 Letizia ✿ ⇦ ⋔ ⅃⋫ ⬆ P ⇦

TRADIZIONALE · STILE MONTANO Per gli amanti dello stile tirolese, sin dall'esterno l'albergo è un tripudio di decorazioni; camere tutte diverse, ma sempre affascinanti con alcuni dettagli ripresi da baite montane mentre nelle più romantiche il sonno sarà cullato da letti a baldacchino.

19 camere – ♦♦ 120/320 € – 15 suites

via Colbricon 6 – ℰ 0439 768615 – www.hletizia.it – Chiuso 31 marzo-14 giugno, 22 settembre-1 dicembre

SAN MARTINO IN PASSIRIA • ST. MARTIN IN PASSEIER

✉ 39010 – Bolzano (BZ) – Carta regionale n° **19**–B1 – Carta stradale Michelin 562-B15

sulla strada Val Passiria Sud : 5 km

⑪○ Quellenhof Gourmetstube 1897

CREATIVA · ELEGANTE XXX In uno spazio di raffinata eleganza che dispone anche di un intimo privé separato da qualche scalino, il nuovo angolo gourmet propone differenti menu degustazione di stampo moderno su base tradizionale. Visitabile la bella cantina ricca di etichette e con possibilità di degustazioni varie.

Menu 110 € – Carta 67/125 €

Hotel Resort Quellenhof, via Passiria 47 – ℰ 0473 645474 - www.quellenhof.it – Chiuso 12 gennaio-5 marzo, lunedì, martedì, mercoledì-sabato a mezzogiorno, domenica

❀❀❀, ❀❀, ❀, 🅐 & ⑪○

🏠🏠 Quellenhof Luxury Resort Passeier

✨ 🍃 🛋 🎿 🏞 🆘 🏊 🛁 🍽 ♿ 🅰🅲 🅿 🏡

SPA E WELLNESS · STILE MONTANO Immerso nel verde di un lussureggiante giardino, Quellenhof è quanto di meglio si possa trovare in termini di completezza dei servizi: raffinate e spaziose camere, un'invitante piscina e campi da gioco. C'è anche un'area interamente consacrata al confort e alla riscoperta della bellezza e del benessere. Diverse possibilità per rifocillarsi, dalle specialità sudtirolesi a piatti della tradizione mediterranea.

160 camere ⌑ – 🛏🛏 340/660 €

via Passiria 47 – ☎ 0473 645474 – www.quellenhof.it – Chiuso 12 gennaio-5 marzo
🍴 **Quellenhof Gourmetstube 1897** – Vedere selezione ristoranti

SAN MARZANO OLIVETO
✉ 14050 – Asti (AT) – Carta regionale n° **14**–B2 – Carta stradale Michelin 561-H6

🍴 Del Belbo-da Bardon   🕸 🏡 🅰🅲 ⇄ 🅿

PIEMONTESE · **CONTESTO TRADIZIONALE** ⅩⅩ La secolare storia della trattoria è raccontata dai contributi che ogni generazione vi ha lasciato: foto e suppellettili d'epoca fino alla esemplare cantina allestita dagli attuali proprietari. Cucina della tradizione astigiana.

Carta 30/60 €

valle Asinari 25 – ☎ 0141 831340 – Chiuso 17-27 agosto, 21 dicembre-21 gennaio, mercoledì, giovedì

SAN MAURIZIO CANAVESE
✉ 10077 – Torino (TO) – Carta regionale n° **12**–B2 – Carta stradale Michelin 561-G4

🏵 La Credenza (Igor Macchia)   🕸 🅰🅲 ⇄

CREATIVA · **ELEGANTE** ⅩⅩⅩ Un inizio quasi per caso quello dello chef Igor Macchia, che afferma di aver iniziato per necessità: inventandosi il pranzo quando al ritorno da scuola – ragazzino – i genitori erano ancora al lavoro. Ma questa è stata solo la scintilla che ha innescato una travolgente passione per la cucina, un fervido interesse che ha preso forma dapprima attraverso il diploma di scuola alberghiera, in seguito con molteplici esperienze all'estero. Sala accogliente, semicircolare e con bei tocchi d'elegante modernità, La Credenza è – in realtà - una luminosa veranda con le ampie finestre su di un grazioso giardino per caffè o aperitivi serali. Dalla cucina il cuoco torinese sforna piatti creativi, sia di carne che di pesce, in linea con la tradizione locale, ma flessibili al suo estro.

Specialità: Battuta di fassone, astice e foie gras. Gnocchi alla parigina, piselli e guanciale saltato, fonduta di grana padano. Mousse al cioccolato, nocciole sabbiate, gelato alle fave di tonka e cioccolato liquido.

Menu 90/160 € – Carta 70/94 €

via Cavour 22 – ☎ 011 927 8014 – www.ristorantelacredenza.it – Chiuso 1-22 gennaio, martedì, mercoledì

SAN MAURO A MARE
✉ 47030 – Rimini (RN) – Carta regionale n° **5**–D2 – Carta stradale Michelin 562-J19

🍴 Onda Blu   🕸 🏡 ♿ 🅰🅲

PESCE E FRUTTI DI MARE · **CONTESTO CONTEMPORANEO** ⅩⅩ Un angolo d'inaspettata eleganza che sorge quasi sulla sabbia, custodia di una sala elegante e sobria con ampie vetrate che si aprono sul mare. Ingredienti freschi e prodotti ittici di grande qualità, in proposte classiche della tradizione marinara dell'Adriatico.

Carta 50/125 €

via Orsa Minore 1 – ☎ 0541 344886 – www.ristoranteondablu.com

SAN MICHELE – Ravenna → Vedere Ravenna

SAN MICHELE • ST. MICHAEL – Bolzano → Vedere Appiano sulla Strada del Vino

SAN MICHELE AL TAGLIAMENTO
✉ 30028 – Venezia (VE) – Carta regionale n° **23**–D2 – Carta stradale Michelin 562-E20

🛍️○ **Al Cjasal** ⓝ   🛋️ ⅍ 🅰️🅲 🅿️

MODERNA • ACCOGLIENTE ✗✗ In una calda e signorile atmosfera dove il legno è dominante, con l'arrivo della nuova generazione ai fornelli le proposte assumono un carattere moderno pur conservando le buone materie prime locali e lo spirito regionale; carta indubbiamente originale in virtù dei molti cicchetti (piccoli assaggi), mezze o intere porzioni, che concorrono alla creazione di un personale percorso degustativo.

Carta 49/57 €

via Nazionale 30, località San Giorgio al Tagliamento – ℰ 0431 510595 – www.alcjasal.com – Chiuso lunedì-martedì a mezzogiorno, mercoledì

SAN MICHELE DEL CARSO – Gorizia → Vedere Savogna d'Isonzo

SAN MINIATO
✉ 56028 – Pisa (PI) – Carta regionale n° **18**–B2 – Carta stradale Michelin 563-K14

🛍️○ **Papaveri e Papere**   🛋️ ⅍ 🅰️🅲 ⇄ 🅿️

TOSCANA • ACCOGLIENTE ✗✗ La carta introduce ad una cucina dallo stile moderno, ma che attinge a piene mani dalla tradizione regionale: potrete scegliere tra carne e pesce, quest'ultimo soprattutto in estate, mentre in autunno va di scena il tartufo bianco locale. Fuori dal centro, il ristorante sfoggia interni caldi, curati ed accoglienti.

Menu 40/48 € – Carta 35/45 €

via Dalmazia 159 d (Sud: 1 km) – ℰ 0571 409422 – www.papaveriepaolo.com – Chiuso 15 febbraio-10 marzo, lunedì-sabato a mezzogiorno, domenica sera

🛍️○ **Pepenero**   🛋️ 🅰️🅲 ⇄

REGIONALE • CONTESTO CONTEMPORANEO ✗✗ In pieno centro, all'interno di un palazzo storico, ambiente design, giovane e frizzante, per una cucina - di terra e di mare - anch'essa complice nella modernità. Romantici scorci della campagna toscana dalla terrazza per il servizio estivo.

Menu 20 € (pranzo), 40/60 € – Carta 40/67 €

via IV Novembre 13 – ℰ 0571 419523 – www.pepenerocucina.it – Chiuso 7-24 gennaio, martedì, sabato a mezzogiorno

🏚️ **Relais Sassa al Sole**   🏖️ 🦢 ← 🛏️ ⅃ ⅍ ⅍ 🅰️🅲 🅿️

CASA DI CAMPAGNA • PERSONALIZZATO Piccolo relais dall'anima bucolica situato nel proprio "anfiteatro" naturale in posizione isolata e collinare; eleganti camere in stile shabby chic, suggestive atmosfere moresche nel centro benessere e piscina riscaldata in stagione. Il ristorante Operà, così come il nome delle camere rendono omaggio al grande Puccini.

10 camere ⌑ – 👫 150/300 € – 2 suites

via Zara 186, località Genovini – ℰ 0571 460494 – www.sassaalsole.com

SAN NICOLÒ – Bolzano → Vedere Ultimo

SAN PANCRAZIO – Ravenna → Vedere Russi

SAN PANTALEO – Olbia-Tempio → Vedere Sardegna

SAN PAOLO D'ARGON
✉ 24060 – Bergamo (BG) – Carta regionale n° **10**–C1 – Carta stradale Michelin 561-E11

❀ **Umberto De Martino** 🏡 🅿

MEDITERRANEA · **ELEGANTE** XxX Sulle colline che osservano San Paolo d'Argon, in un ambiente elegante ed accogliente, Umberto De Martino è l'indirizzo giusto per esperienze gastronomiche che non si limitano al business lunch, ma prevedono percorsi di degustazione guidata. Qualsiasi sia la scelta, la cucina interpretata da questo chef apprezzato per determinazione, umiltà e concretezza si esprime a livelli di assoluta eccellenza. Il piatto che egli stesso prenderebbe se fosse un ospite? Il risotto! Con ingredienti sempre diversi a seconda della stagione, questa specialità non abbandona mai il menu.

Specialità: Lumache al lardo. Rombo e asparagi bianchi, salsa bernese. Cuba: Rum, banana, cioccolato, tabacco.

Menu 28 € (pranzo), 70/90 € – Carta 68/110 €

Hotel Relais Florian Maison, via Madonna d'Argon 4/6 – ℰ 035 425 4202 – www.florianmaison.it – Chiuso 13-30 gennaio, 5-22 agosto, lunedì, domenica sera

🏠 **Relais Florian Maison** 🦢 ≼ 🛋 ⬆ & 🎴 🅿 🚗

CASA DI CAMPAGNA · **PERSONALIZZATO** La sapiente ristrutturazione di una casa di campagna ha dato vita ad un piccolo ed esclusivo relais in posizione panoramica e tranquilla.

6 camere ⌸ – 👫 150/210 €

via Madonna d'Argon 4/6 – ℰ 035 425 4202 – www.florianmaison.it – Chiuso 13-31 gennaio, 5-22 agosto

❀ **Umberto De Martino** – Vedere selezione ristoranti

SAN PELLEGRINO (PASSO DI)

✉ 38035 – Trento (TN) – Carta regionale n° **19**-C2 – Carta stradale Michelin 562-C17

🍽 **Rifugio Fuciade** 🦢 ≼ 🛋 🏡 ⭗

REGIONALE · **RUSTICO** X Telefonate e concordate il tragitto per tempo, perché con la neve vi occorrono 45 min a piedi o la motoslitta del ristorante... Per trovare, infine, un paesaggio mozzafiato tra le cime dolomitiche e sulla tavola una gustosa cucina regionale!

Menu 40/60 € – Carta 30/60 €

località Fuciade – ℰ 0462 574281 – www.fuciade.it – Chiuso 15 aprile-10 giugno, 15 ottobre-1 dicembre

SAN PIETRO – Verona ➜ Vedere Legnago

SAN PIETRO ALL'OLMO – Milano ➜ Vedere Cornaredo

SAN PIETRO IN CARIANO

✉ 37029 – Verona (VR) – Carta stradale Michelin 562-F14

a Corrubbio Sud - Ovest : 2 km – Carta regionale n° **22**-A2

🍽 **Amistà** 🛋 & 🎴 🅿

MODERNA · **ELEGANTE** XxX All'interno del bellissimo hotel Byblos - o nel suo giardino durante la bella stagione - il ristorante ne condivide il mondo variopinto ed onirico, dove antico e contemporaneo convivono felicemente al ritmo della vera musa ispiratrice, l'Arte! Dal 2019 si punta ad una cucina che gioca con il territorio, indizio suggerito già dagli scarni titoli dei piatti, i quali, però, all'assaggio riescono sempre ad evocare piacevoli ed intriganti note di modernità.

Menu 90 € – Carta 70/120 €

Hotel Byblos Art Hotel Villa Amistà, via Cedrare 78 – ℰ 045 685 5583 – www.ristoranteamista.it – Chiuso 1 novembre-29 febbraio, lunedì-domenica a mezzogiorno

🏨 Byblos Art Hotel Villa Amistà

🍴 🦤 🛏 🎄 🍸 🕍 ⬛ ❄ AC 🏋 P 🚗

DIMORA STORICA · GRAN LUSSO Design, moda ed ospitalità si fondono nel suggestivo contesto di questa villa patrizia del XVI sec. Il risultato è Byblos Art Hotel Villa Amistà: un raffinato albergo concepito come una mostra permanente di arte contemporanea, che ospita nei suoi spazi opere di nomi famosi. Tante opzioni per la ristorazione, ma a la punta di diamante, la sera, è la cucina gourmet dell'Amistà.

53 camere ⌑ – ♟♟ 395/460 € – 6 suites
via Cedrare 78 – ☎ 045 685 5555 – www.byblosarthotel.com –
Chiuso 1 novembre-29 febbraio

🍴 **Amistà** – Vedere selezione ristoranti

a Pedemonte Ovest : 4 km – Carta regionale n° **22**-A2

🏨 Villa del Quar

🍴 🦤 ‹ 🛏 🎄 🍸 🕍 ⬛ AC 🏋 P

LUSSO · PERSONALIZZATO Immersa nella campagna, secoli di storia e tante destinazioni - fu anche castello scaligero - regalano all'ospite un panorama architettonico straordinario e variegato. Le camere sono un florilegio di pavimenti, stucchi, arredi e marmi veneti, spesso d'epoca, sempre diversi.

14 camere ⌑ – ♟♟ 240/390 € – 11 suites
via Quar 12 – ☎ 045 680 0681 – www.hotelvilladelquar.it

SAN PIETRO IN CASALE

✉ 40018 – Bologna (BO) – Carta regionale n° **5**-C3 – Carta stradale Michelin 562-H16

🍴 Dolce e Salato

🕸 AC ↔

EMILIANA · CONTESTO TRADIZIONALE ✗ Piazza del mercato: una vecchia casa, in parte ricoperta dall'edera, con ambienti rallegrati da foto d'altri tempi e dallo stile rustico. In menu, tante paste fresche, schietti piatti del territorio, ma - soprattutto - ottime carni che arrivano dall'attigua macelleria di famiglia. Adiacente al ristorante troverete anche un'osteria: spazi e cucina più semplici, prezzi contenuti.

Carta 30/60 €
piazza L. Calori 16/18 – ☎ 051 811111

SAN PIETRO SUL PICCOLO MARE – Taranto → Vedere Taranto

SAN POLO D'ENZA

✉ 42020 – Reggio nell'Emilia (RE) – Carta regionale n° **5**-B2 –
Carta stradale Michelin 562-I13

🍴 Mamma Rosa

🕍 AC ↔ P

PESCE E FRUTTI DI MARE · AMBIENTE CLASSICO ✗✗ All'interno di un semplice caseggiato ai margini del paese, tutti gli sforzi si concentrano su una cucina di mare sostenuta dal migliore pescato e da uno stile mediterraneo.

Menu 40/65 € – Carta 45/73 €
via 24 Maggio 1 – ☎ 0522 874760 – www.ristorante-mammarosa.it –
Chiuso 8 gennaio-7 febbraio, 28 maggio-4 giugno, 30 agosto-20 settembre, lunedì, martedì

SAN POLO DI PIAVE

✉ 31020 – Treviso (TV) – Carta regionale n° **23**-A1 – Carta stradale Michelin 562-E19

😊 Osteria Enoteca Gambrinus

🕍 AC P

REGIONALE · BRASSERIE ✗ Enoteca-osteria dalle calde note rustiche e un menu che attinge da mare e terra; tra le specialità il fritto di scampi, calamaretti, gamberoni e verdurine, dorati all'olio d'oliva. Molti vini al bicchiere ed una particolare attenzione a quelli naturali.

Specialità: Sopa coada. Faraona allo spiedo con peverada. Il tiramisù all' Elisir Gambrinus.

Menu 20/32 € – Carta 20/32 €

Parco Gambrinus, Via Capitello 18 – ☏ 0422 855043 – www.gambrinus.it –
Chiuso 27 dicembre-7 gennaio, lunedì

🍴○ **Parco Gambrinus** ⇔ 👜 🛖 AC P

TRADIZIONALE · ROMANTICO XX Salette rustiche e romantiche al tempo stesso per una cucina tradizionale e creativa, elaborata partendo da prodotti tipici della zona e orientata all'etica, nonché sostenibilità (c'è anche un percorso vegano e senza glutine); animali esotici nel parco dove un ruscello ospita gamberi, anguille, storioni. A poche centinaia di metri la locanda offre camere arredate con gusto.

Carta 32/54 €

via Capitello 18 – ☏ 0422 855043 – www.gambrinus.it –
Chiuso 27 dicembre-7 gennaio, lunedì, martedì, mercoledì

🕸 **Osteria Enoteca Gambrinus** – Vedere selezione ristoranti

SAN QUIRICO D'ORCIA
✉ 53027 - Siena (SI) – Carta regionale n° **18**-C2 – Carta stradale Michelin 563-M16

🕸 **Fonte alla Vena** 🛖

TOSCANA · CONVIVIALE X Poco fuori dal vicino centro storico, nuova gestione nelle mani di un esperto imprenditore del settore e di uno chef da lui selezionato. Cucina del territorio generosa, saporita e ben presentata, in un ambiente semplice ma lindo e accogliente. Specialità: pici fatti a mano all'aglione - capocollo di cinta senese alla griglia - cantucci artigianali e Vin Santo.

Specialità: Crostini con fegatini. Pici all' aglione. Cantucci artigianali.

Menu 29/77 € – Carta 29/77 €

via Dante Alighieri 137 – ☏ 0577897034 – www.fonteallavena.it –
Chiuso 3 febbraio-2 marzo, 3-10 novembre, martedì

🍴○ **Taverna da Ciacco** AC

TOSCANA · CONTESTO TRADIZIONALE X Accogliente locale dai toni rustici: ai fornelli, il titolare stesso saprà conquistarvi con piatti della tradizione interpretati con fantasiosa creatività e sporadiche proposte di pesce. Filettino di cinta senese avvolto nel rigatino croccante su fonduta di cipolle, il nostro preferito!

Carta 44/76 €

via Dante Alighieri 30/a – ☏ 0577 897312 – www.daciacco.it –
Chiuso 17 febbraio-17 marzo, 22-30 giugno, martedì

🍴○ **Trattoria Toscana al Vecchio Forno** 🛖 AC

TOSCANA · RUSTICO X Cucina schiettamente toscana, semplice e sapida, in un ambiente genuino con salumi appesi e bottiglie di vino in esposizione. Piacevole servizio estivo nel giardino denso di ricordi storici: tra un vecchio porticato ed un pozzo ancora funzionante.

Menu 25/45 € – Carta 35/55 €

Hotel Palazzo del Capitano, via Poliziano 18 – ☏ 0577 897380 –
www.capitanocollection.com

🏠 **Palazzo del Capitano** 👜 AC

STORICO · ROMANTICO Nel centro storico, eleganti ambienti d'atmosfera rustico-elegante, raffinatezza in chiave toscana. Ma il fiore all'occhiello è il giardino con idromassaggio tra pergolati, viti, ulivi e cipressi, una romantica nicchia fra i tetti di San Quirico.

17 camere 🛏 – 👫 150/200 € – 5 suites

via Poliziano 18 – ☏ 0577 899028 – www.capitanocollection.com

🍴○ **Trattoria Toscana al Vecchio Forno** – Vedere selezione ristoranti

SAN QUIRINO

✉ 33080 – Pordenone (PN) – Carta regionale n° **6**–A2 – Carta stradale Michelin 562-D20

🕸 La Primula (Andrea Canton)　　　　🦮 ⇐ 🏡 AC ⇔ P

MODERNA · ELEGANTE XxX Nel magico territorio dei Magredi - incastonato tra Pordenone ed Aviano- l'esperienza qui sicuramente non fa difetto: l'elegante locale vanta, infatti, oltre 140 anni di attività! Nato nel 1873 e gestito da sempre dalla famiglia Canton, la bella sala è dominata da un camino e da piatti curati e sapori rassicuranti. Per chi si accomoda ai suoi tavoli per la prima volta, gli ispettori consigliano il menu degustazione denominato tradizione e creatività. Per chi volesse, invece, sentirsi un po' più libero nella scelta, c'è pur sempre un menu à la carte. La proposta enoica entusiasma per la scelta di etichette a prezzi sorprendentemente corretti.

Specialità: Capesante scottate, spuma di asparagi e lime, granella di nocciole tostate. Il piccione con le morchelle e salsa profumata alla salvia. Composta di ananas con spuma al cocco, sorbetto al frutto della passione e meringa croccante.

Menu 85/90€ – Carta 53/75€

via San Rocco 47 – 𝒸 0434 91005 – www.ristorantelaprimula.it – Chiuso 7-20 gennaio, 6 luglio-2 agosto, lunedì, martedì-sabato a mezzogiorno, domenica sera

SANREMO

✉ 18038 – Imperia (IM) – Carta regionale n° **8**–A3 – Carta stradale Michelin 561-K5

🕸 Paolo e Barbara (Paolo Masieri)　　　　　　　AC ⇔

CREATIVA · INTIMO XxX Altro che chilometro zero, qui l'orto è direttamente sul mare! Il ristorante può infatti avvalersi per la sua cucina degli ortaggi coltivati personalmente dallo chef-patron nelle due tenute di proprietà: una nella zona delle Porrine, l'altra in montagna con ulivi, vigne e fagioli di Pigna. Non a caso la Liguria è la patria del preboggion: mazzo composto da una decina di erbe selvatiche sbollentate tutte assieme e impiegate – in seguito - in torte green e frittate, o utilizzate da Paolo quale ripieno di tante sue ricette. Non dimentichi della posizione geografica, via libera anche a specialità di pesce e crudi di mare assolutamente proverbiali.

Specialità: Pesce crudo in stile mediterraneo. Raviolini "al preboggion" con pesto di noci e "prescinseua". "Cassata ligure" con agrumi del nostro orto.

Menu 50/110€ – Carta 79/121€

via Roma 47 – 𝒸 0184 531653 – www.paolobarbara.it – Chiuso 7-13 gennaio, 15-21 giugno, 21-28 dicembre, mercoledì, giovedì

🍽️ Ittiturismo M/B Patrizia　　　　　　　🏡 AC

PESCE E FRUTTI DI MARE · CONVIVIALE XX La famiglia di origine siciliana pescava e riforniva i più rinomati ristoranti della zona, finché non ha deciso di mettersi in proprio: dalla motobarca, quindi, direttamente in tavola!

Menu 40/75€ – Carta 50/65€

corso Trento Trieste 21 – 𝒸 0184 189905 – www.ittiturismo.net – Chiuso 13 gennaio-17 febbraio, 16 novembre-4 dicembre

🍽️ Tortuga　　　　　　　　　　　　　🏡 AC

LIGURE · SEMPLICE X L'insegna non tragga in inganno: la cucina è ligure, schietta e fragrante. Scendete, quindi, con fiducia i pochi scalini che portano al ristorante o accomodatevi nel fresco dehors.

Carta 35/61€

via Nino Bixio 93/a – 𝒸 0184 840307 – Chiuso lunedì, martedì

🏨 Royal Hotel Sanremo　　　　🌳 🐬 ⇐ 🏡 🏊 🏠 🎱 ⊟ AC 🧖 P

GRAN LUSSO · STORICO Grand hotel di centenaria tradizione, gestito dalla fine dell'800 dalla stessa famiglia; interni molto signorili, giardino fiorito con piscina d'acqua di mare riscaldata e attrezzato centro benessere con trattamenti vari. In memoria degli antichi fasti, il grande salone con fiori in vetro di Murano firmerà una sosta gastronomica davvero esclusiva.

113 camere ⊟ – †† 314/603€ – 14 suites

corso Imperatrice 80 – 𝒸 0184 5391 – www.royalhotelsanremo.com – Chiuso 9 novembre-3 febbraio

SAN SALVO

✉ 66050 – Chieti (CH) – Carta stradale Michelin 563-P26

a San Salvo Marina Nord - Est : 4, 5 km – Carta regionale n° **1**–D2

⊗ **Al Metrò** (Nicola Fossaceca) 🏠 ♿ AC

MODERNA · ALLA MODA ※※ Nei locali che un tempo accoglievano la pasticceria di famiglia, i fratelli Fossaceca hanno creato l'attuale ristorante caratterizzato da uno stile elegante-minimalista. La cucina di Nicola è una full-immersion nei sapori regionali: dal pesce dell'Adriatico a tutti gli altri prodotti del territorio, minuziosamente selezionati nell'intento di reinterpretare le antiche ricette della tradizione con spirito moderno e tecnica contemporanea. Il mare dal locale non si vede, sebbene non sia molto distante, ma la sua vicinanza si percepisce dalle voci del menu: lupini, baccalà, triglia, ricci...

Specialità: Polpo arrosto, lattuga e ricci di mare. Ventresca di tonno alla brace di ginepro. Torta di mele, gelato al burro salato, crema alla cannella e caramello al Calvados.

Menu 70/90€ – Carta 55/65€

via Magellano 35 – ☎ 0873803428 – www.ristorantealmetro.it –
Chiuso 7 gennaio-7 febbraio, lunedì, domenica sera

SANSEPOLCRO

✉ 52037 – Arezzo (AR) – Carta regionale n° **18**–D2 – Carta stradale Michelin 563-L18

⊗ **Fiorentino e Locanda del Giglio** ⇦ AC ⟳

REGIONALE · TRATTORIA ※ Al pari del bel centro di Sansepolcro in cui si trova, anche il ristorante ha il suo blasone da vantare: conta più di duecento anni di storia. Le sale, al primo piano del palazzo, traboccano di decorazioni ed eleganza, mentre il servizio si fa più piacevolmente familiare ed informale. Cucina tradizionale dell'entroterra toscano, accoglienti camere completano il quadro.

Specialità: Maltagliati ai fiori di zucca e ravioli ai pomodorini e caciotta. Piccione con le olive. Lattaiolo.

Menu 20/35€ – Carta 20/35€

via Luca Pacioli 60 – ☎ 0575 742033 – www.ristorantefiorentino.it –
Chiuso 22-29 gennaio, 1-9 luglio, 9-19 novembre, mercoledì

ⅰ◯ **Osteria Il Giardino di Piero** 🏠 AC

TOSCANA · AMBIENTE CLASSICO ※※ In ambienti eleganti a due passi dal Museo Civico (ospitante opere del grande Piero della Francesca), il meglio dei prodotti del territorio, ovvero: salumi, verdure, paste fresche e molta carne tra cui la chianina dei propri allevamenti!

Carta 35/65€

via N. Aggiunti 98/b – ☎ 0575 733119 – www.osteriailgiardinodipiero.it

SAN SEVERINO MARCHE

✉ 62027 – Macerata (MC) – Carta regionale n° **11**–C2 – Carta stradale Michelin 563-M21

ⅰ◯ **Cavallini** AC

PESCE E FRUTTI DI MARE · ACCOGLIENTE ※※ Al primo piano, un ristorante dai toni chiari e rilassanti, ben insonorizzato, gestito da due fratelli, uno in cucina e l'altro in sala, che proseguono la tradizione di famiglia anche se qui il locale l'hanno aperto loro. In prevalenza pesce, vera passione dello chef, ma la carta propone anche valide alternative di carne.

Menu 35/80€ – Carta 40/80€

viale Bigioli 47 – ☎ 0733 634608 – www.ristorantecavallini.com – Chiuso 1-10 gennaio,
6-27 agosto, martedì sera, mercoledì, giovedì a mezzogiorno

SAN SEVERO

✉ 71016 – Foggia (FG) – Carta regionale n° **15**–A1 – Carta stradale Michelin 564-B28

⊛ La Fossa del Grano   🏠 AC

REGIONALE · FAMILIARE X Nel centro storico, trattoria di pochi coperti sotto i tradizionali soffitti a vela e a botte, dove gustare una straordinaria carrellata di prodotti pugliesi: immancabile, interminabile, ma soprattutto indimenticabile la serie di antipasti. Specialità: cicatelli con salsiccia, finocchietto selvatico e pomodorini secchi - punta di filetto in tagliata al mosto cotto d'uva - la torta di ricotta e limoncello.

Specialità: Selezione di antipasti. Tortelli di cacio podolico, datterino giallo, cardoncello e capocollo croccante. Frolla con ricotta e cioccolato bianco, frutti di bosco e mandorle pralinate.

Menu 25/45 € – Carta 20/45 €

via Minuziano 63 – ☎ 0882 241122 – www.lafossadelgrano.com –
Chiuso 1-15 settembre, lunedì, domenica sera

SANT' ANTIOCO – Carbonia-Iglesias ➔ Vedere Sardegna

SANTA CRISTINA D'ASPROMONTE

✉ 89056 – Reggio di Calabria (RC) – Carta regionale n° **3**–A3 –
Carta stradale Michelin 564-M29

⊗ Qafiz (Antonino "Nino" Rossi)   🍴 AC P

MODERNA · INTIMO XxX Arrivarci non è semplice, ma piacevolissimo, sperduto com'è in un mare di ulivi della campagna calabrese più bella e raggiante. Alla fine si trova un'elegante villa di fine Settecento, con annesso frantoio in cui è stato ricavato il ristorante. Vi trovano posto solo quattro tavoli sotto un caratteristico soffitto con volte a crociera, uno spazio che per il resto è sobrio e raffinato. Col bel tempo, chi vuole mangiare in terrazza deve affrettarsi nella prenotazione, giacché c'è solo un tavolo disponibile. L'avrete capito: è una piccola gemma, che nasconde uno dei talenti più interessanti della regione, che si avvantaggia anche di un'ottima direzione di sala. Calabresi sono anche buona parte dei prodotti usati in cucina, da quelli più celebri, come la sardella e la 'nduja, ad altri che saranno una vera scoperta, sia di mare che di terra, perché qui, nello spazio di pochi chilometri, c'è l'uno e l'altra.

Specialità: Lingua ed insalata di pomodoro. Riso all'abete bianco e polvere di porcini. Millefoglie satura di vaniglia, gelato di capperi e bergamotto.

Menu 70/130 € – Carta 68/98 €

località Calabretto – ☎ 3248489554 – www.qafiz.it – Chiuso 13-31 gennaio, lunedì,
martedì, mercoledì sera, domenica a mezzogiorno

SANT'AGATA SUI DUE GOLFI

✉ 80064 – Napoli (NA) – Carta regionale n° **4**–B2 – Carta stradale Michelin 564-F25

⊗⊗ Don Alfonso 1890 (Alfonso ed Ernesto Iaccarino)   ⊗ 🛏 🚗 🛋

CREATIVA · LUSSO XxxX Siamo in quella parte d'Italia ambasciatrice di uno stile di vita scandito da grandi materie prime, sole, mare, storia e bellezza: elementi che con non chalance partecipano ai sofisticati piatti di Don Alfonso preparati con ingredienti coltivati al cospetto di Capri nella tenuta biologica di Punta Campanella. Benvenuti al sud! In un'enclave di lusso nel cuore di Sant'Agata, dove la famiglia Iaccarino fa di tutto per farvi sentire come ospiti a casa di amici: tra ceramiche di Vietri e meravigliosi giochi di rosa e bianco, la cucina flirta con la creatività supportata da ottime materie prime.

Non mancate di visitare la cantina: un ambiente millenario e suggestivo ricavato da un cunicolo d'epoca pre-romana, dove si conservano oltre 25. 000 preziose bottiglie e una camera d'invecchiamento dedicata ai formaggi.

Specialità: Spaghetti aglio, olio e peperoncino con sgombro in carpione, pangrattato, pinoli, cipolla caramellata su emulsione di tonno alalunga. Agnello laticauda alle erbe fresche mediterranee e aioli. Concerto ai profumi e sapori di limone.

Menu 155/185€ – Carta 108/146€

Hotel Don Alfonso 1890, corso Sant'Agata 11 – ✆ 081 878 0026 –
www.donalfonso.com – Chiuso 1 novembre-1 aprile, lunedì, martedì, dal 15 giugno al
15 settembre chiuso lunedì e a mezzogiorno escluso sabato e domenica

Lo Stuzzichino   🏠 🅰️🅲️

CAMPANA · FAMILIARE Cucina completamente a vista in open space con ceramiche artigianali della Costiera Amalfitana e nuovo design della sala per questa moderna trattoria sita in pieno centro. Ottime specialità della tradizione culinaria campana come i ravioli al profumo di limone massese con vongole veraci o la delizia al limone. Buona anche la selezione di vini.

Specialità: Peperoni alla sorrentina. Pasta e patate con provolone. Torta della nonna.

Menu 20/40€ – Carta 25/40€

via Deserto 1A – ✆ 0815330010 – www.ristorantelostuzzichino.it –
Chiuso 10 gennaio-10 febbraio, mercoledì

Don Alfonso 1890

LUSSO · ROMANTICO Un'oasi di tranquillità e buon gusto, nonché un'enclave di eleganza, nel centro della località: raffinate camere e suite, curato giardino accanto al quale far colazione nei giorni di bel tempo, rimirando le maioliche antiche del pavimento.

4 camere ☲ – 👫 310/350€ – 4 suites

corso Sant'Agata 11 – ✆ 0818780026 – www.donalfonso.com –
Chiuso 3 novembre-1 aprile

⊛⊛ **Don Alfonso 1890** – Vedere selezione ristoranti

SANT'AGNELLO

✉ 80065 – Napoli (NA) – Carta regionale n° **4**-B2 – Carta stradale Michelin 564-F25

⊛ Don Geppi   🏠 🅰️🅲️ 🅿️

MODERNA · ROMANTICO Quadri del Settecento napoletano, uno splendido specchio ed un grammofono con un "segreto", eleganza e stile nella piccola salle à manger, ma tempo permettendo anche l'alternativa del dehors nel romantico giardino con laghetto artificiale ed orto bio: il principale fornitore di questo tipo d'ingredienti in cucina!

Sempre e comunque, invece, il piacere di sapori campani rivisitati in chiave moderna, ma mai stravolti al fine di creare sensazionalismi, portati in tavola da un servizio non "ingessato", tuttavia di ottimo livello. Lo chef Mario Affinita conquista i palati con cotture intriganti, preparazioni leggere, piatti che sono diventati degli imprescindibili, come il sorprendente "n'uovo" – acqua di pomodoro, scampi, plancton marino – praticamente tutto, fuorché un vero uovo!

Specialità: Cromatismo di gamberi all'arrabbiata. Spaghetti spezzati al ragout di totani e soffice di patate. Caramello speziato, cioccolato e caffè.

Menu 85/130€ – Carta 67/115€

Hotel Majestic, corso Marion Crawford 40 – ✆ 081 807 2050 –
www.dongeppirestaurant.com – Chiuso 30 ottobre-1 aprile, lunedì a mezzogiorno,
martedì, mercoledì-domenica a mezzogiorno

Grand Hotel Cocumella   🎾 🛁 🌲 🏠 👶 🛗 🅰️🅲️ 🐾 🅿️

LUSSO · PERSONALIZZATO L'edificio risale al '500 quando fu costruito dai Padri Gesuiti. Diverse destinazioni e fortune ne accompagnarono da allora la storia, ma sono ormai quasi due secoli che il Cocumella offre ospitalità ai viaggiatori di tutto il mondo. Corollario di tanta atmosfera: camere incantevoli e bagni lussureggianti. Aperto la sera, solo in estate e all'aperto, Coku propone una cucina giapponese con tocchi fusion e la famosa griglia robata.

39 camere ☲ – 👫 300/1370€ – 8 suites

via Cocumella 7 – ✆ 081 878 2933 – www.cocumella.com –
Chiuso 1 novembre-31 marzo

Majestic ☆ 🛏 🗜 🖳 ⅖ AC 🛎 P

TRADIZIONALE · CLASSICO In seconda fila rispetto alla litoranea, si "riscatta" grazie al contesto verdeggiante in cui è inserito. Molti i lavori di ammodernamento intrapresi in questi ultimi anni: le camere sono, infatti, ormai, graziose e ben curate. Piacevole anche la grande sala ristorante con ampie vetrate e arredi signorili.

90 camere 🗜 - 🛏 80/350 €

corso Marion Crawford 40 - ℰ 081 807 2050 - www.majesticpalace.it -
Chiuso 2 gennaio-25 marzo, 1 novembre-29 dicembre

❀ **Don Geppi** – Vedere selezione ristoranti

SANT'AGOSTINO

✉ 44047 – Ferrara (FE) – Carta regionale n° **5**-C2 – Carta stradale Michelin 562-H16

🍴○ Trattoria la Rosa 🕸 🥢 AC

REGIONALE · FAMILIARE XX Cinque generazioni ai fornelli avranno ben un significato! La trattoria ha superato ormai un secolo di successi e i suoi interni non esitano a sottolineare tale dato anagrafico miscelando linee retrò (anni Settanta-Ottanta) con elementi di lineare modernità. La cucina, come sempre, valorizza i sapori della regione; grande attenzione è anche riservata alla cantina dei vini.

Menu 20 € (pranzo), 50/80 € – Carta 35/62 €

via Facchini 55 - ℰ 053284098 - www.trattorialarosa1908.it - Chiuso 1-20 gennaio,
4-24 agosto, lunedì, domenica sera

SANTA LIBERATA – Grosseto ➜ Vedere Porto Santo Stefano

SANTA MARGHERITA LIGURE

✉ 16038 – Genova (GE) – Carta regionale n° **8**-C2 – Carta stradale Michelin 561-J9

🍴○ L' Altro Eden 🕋 ⅖ AC

PESCE E FRUTTI DI MARE · DESIGN XX Sul molo con vista porto, locale di taglio moderno con un'originale sala a forma di tunnel e fresco dehors. Il menu è un trionfo di specialità di pesce.

Carta 45/80 €

via Calata Porto 11 - ℰ 0185 293056 - www.laltro.ristoranteeden.com -
Chiuso 1-28 dicembre, lunedì a mezzogiorno, martedì, mercoledì-venerdì a
mezzogiorno

🍴○ L'Insolita Zuppa 🕋 AC

MODERNA · BISTRÒ X Uno stile vagamente bistrot, allegro ed informale, per una cucina che pur trovandosi in una località di mare privilegia la terra (il menu annovera, comunque, anche qualche specialità ittica). E per gli irriducibili romantici, solo sei tavolini nel piccolo giardino nascosto sotto l'albero di olivo: è necessaria la prenotazione!

Carta 34/65 €

via Romana 7 - ℰ 0185 289594 - www.insolitazuppa.it -
Chiuso 10 gennaio-10 febbraio, lunedì-martedì a mezzogiorno, mercoledì,
giovedì-sabato a mezzogiorno, domenica

🏨 Grand Hotel Miramare ☆ ≤ ⚓ 🛏 🗜 🖳 AC ⅖ 🚗

PALACE · STORICO Palme, oleandri, pitosfori e un centenario cedro del Libano: no, non siamo in un giardino botanico, ma nello splendido parco di un'icona dell'ospitalità di Santa. Tra raffinatezza liberty e relax di lusso, c'è posto anche per una piscina panoramica con acqua di mare.

71 camere 🗜 - 🛏 240/714 € - 9 suites

lungomare Milite Ignoto 30 - ℰ 0185 287013 - www.grandhotelmiramare.it -
Chiuso 5 gennaio-12 marzo

🏨 Continental

TRADIZIONALE · LUNGOMARE In posizione panoramica e con ampio parco sul mare, questo hotel è indirizzo tra i più "gettonati" per quanto riguarda confort e relax. La sala da pranzo è quasi un tutt'uno con la terrazza, grazie alle ampie vetrate aperte.

68 camere ⌂ – †† 80/345€

via Pagana 8 – ℰ 0185 286512 – www.hotel-continental.it –
Chiuso 3 gennaio-13 marzo, 9-20 dicembre

🏨 Eight Paraggi 🆕

LUSSO · DESIGN In una delle baie più esclusive della Penisola - tra Portofino e S. Margherita - spazi comuni ridotti, ma signorili, e camere ineccepibili dal punto di vista del confort. Splendida location sul mare.

11 camere ⌂ – †† 690/830€ – 1 suite

via Paraggi a Mare 8 – ℰ 0185 289961 – www.eighthotels.it –
Chiuso 1 novembre-30 marzo

🏨 Metropole

DIMORA STORICA · LUNGOMARE Con un parco fiorito, digradante verso il mare la spiaggia privata, tutto il fascino di un hotel d'epoca e la piacevolezza di una grande professionalità unita all'accoglienza. Elegante sala ristorante dove gustare anche piatti liguri di terra e di mare.

53 camere ⌂ – †† 150/390€ – 4 suites

via Pagana 2 – ℰ 0185 286134 – www.metropole.it – Chiuso 17 ottobre-27 dicembre

SANTA MARIA ANNUNZIATA – Napoli ➜ Vedere Massa Lubrense

SANTA MARIA DELLA VERSA
✉ 27047 – Pavia (PV) – Carta regionale n° **9**-B3 – Carta stradale Michelin 561-H9

🍴 Sasseo

MODERNA · ROMANTICO ✕✕ In posizione splendidamente panoramica su colline e vigneti, il casolare settecentesco ospita sale romantiche ed eleganti, mentre la cucina ripercorre il filone del territorio accostandovi qualche piatto di pesce.

Menu 50/65€ – Carta 40/80€

località Sasseo 3 – ℰ 0385 278563 – www.sasseo.com – Chiuso lunedì, martedì a mezzogiorno

SANTA MARIA DEL MONTE (SACRO MONTE) – Varese ➜ Vedere Varese

SANTA MARIA LA CARITÀ
✉ 80050 – Napoli (NA) – Carta regionale n° **4**-B2

😊 Gerani

CAMPANA · ACCOGLIENTE ✕ In un piccolo comune non distante da Pompei, si ferma ed apre il suo primo locale un cuoco napoletano che ha lavorato in molti ristoranti stellati. Qui la formula è quella della semplicità, sia nell'ambiente sia in cucina che è campana di terra e di mare. Il tutto ad un ottimo rapporto Q/P.

Specialità: Tortino di verdure del nostro orto con mozzarella di bufala e fonduta di provolone del Monaco. Cernia gratinata alle erbe con guazzetto di frutti di mare e limone. Cremoso ai limoni di Sorrento, crumble all'olio extravergine di oliva, noci caramellate e gelato al limoncello.

Menu 30/40€ – Carta 31/40€

piazza Borrelli – ℰ 081 874 4361 – www.geraniristorante.it – Chiuso 3-24 agosto, lunedì, domenica sera

SANTA MARIA MAGGIORE

✉ 28857 – Verbano-Cusio-Ossola (VB) – Carta regionale n° **12**-C1 –
Carta stradale Michelin 561-D7

ⓘ○ **Le Colonne**

REGIONALE · **FAMILIARE** ⅩⅩ Piatti ricchi di fantasia legati alle prelibatezze del
territorio in un piccolo ed accogliente locale del centro. Bello il tavolo conviviale
per chi ama la compagnia.

Menu 40/60€ – Carta 51/68€

*via Benefattori 7 – ℰ 0324 94893 – www.ristorantelecolonne.it – Chiuso lunedì sera,
martedì*

SANTA MARIA NAVARRESE – Ogliastra → Vedere Sardegna

SANT'AMBROGIO DI VALPOLICELLA

✉ 37015 – Verona (VR) – Carta regionale n° **23**-A3 – Carta stradale Michelin 562-F14

a San Giorgio di Valpolicella Nord - Ovest : 1, 5 km

ⓘ○ **Dalla Rosa Alda**   🐝 ⇦ 🏠 ⅙ ⌗

REGIONALE · **FAMILIARE** Ⅹ Al centro di un piccolo e grazioso paese, affacciato
su un panorama mozzafiato e impreziosito da una romantica pieve, un ristorante
storico dove gustare una cucina tradizionale e gustosa, ricca di sapori di una
volta. Camere semplici, ma ben tenute.

Carta 28/55€

*strada Garibaldi 4 – ℰ 045 770 1018 – www.dallarosalda.it –
Chiuso 7 gennaio-28 febbraio, lunedì, domenica sera*

SANT'ANGELO – Napoli → Vedere Ischia (Isola d')

SANT'ANGELO IN PONTANO

✉ 62020 – Macerata (MC) – Carta regionale n° **11**-C2 – Carta stradale Michelin 563-M22

ⓘ○ **Pippo e Gabriella**   ⅙ ⌗ 🅿

MARCHIGIANA · **TRATTORIA** Ⅹ Un'osteria molto semplice, in posizione tranquilla, dove vige un'atmosfera informale ma cortese e si possono gustare specialità regionali. Griglia in sala.

Menu 20/25€ – Carta 25/43€

*località contrada l'Immacolata 33 – ℰ 0733 661120 – Chiuso 7 gennaio-11 febbraio,
30 giugno-8 luglio, lunedì, domenica sera*

SANT'ANNA – Cuneo → Vedere Roccabruna

SANT'ANTONIO ABATE

✉ 80057 – Napoli (NA) – Carta regionale n° **4**-B2 – Carta stradale Michelin 564-E25

ⓘ○ **Villa Palmentiello**   ⇦ ⇦ 🏠 🏠 🅿

DEL TERRITORIO · **CASA DI CAMPAGNA** ⅩⅩ Sulle prime pendici dei monti Lat-
tari, all'interno di una grande proprietà dove si produce vino e olio, dalle terrazze
si gode di una suggestiva vista sul golfo di Napoli e Vesuvio. La cucina celebra i
prodotti stagionali molti dei quali provenienti dalla loro proprietà. Relax assicurato anche per chi soggiorna nelle belle camere.

Menu 40/60€ – Carta 35/60€

via Gesini – ℰ 081 539 2456 – www.villapalmentiello.it – Chiuso martedì

SANTARCANGELO DI ROMAGNA

✉ 47822 – Rimini (RN) – Carta regionale n° **5**-D2 – Carta stradale Michelin 562-J19

Lazaroun ⇦ 🛆 AC

REGIONALE · ACCOGLIENTE XX Il prototipo del locale romagnolo, dove un'efficiente e calorosa gestione familiare fa da supporto ad una cucina forte sia fra i primi, sia fra i secondi (paste fresche, salumi, carne anche cotta alla brace). Tra le particolarità del locale è da segnalare la presenza di antichissime grotte tufacee che caratterizzano parte del sottosuolo della località: realizzate intorno al 400 d. C. e riattivate poi dai Malatesta come vie di fuga grazie al loro intricato sviluppo a reticolo.

Menu 45€ - Carta 35/55€

via Del Platano 21 - ℰ 0541 624417 - www.lazaroun.it - Chiuso giovedì

Osteria la Sangiovesa 🏵 🛆 AC

EMILIANA · RUSTICO X C'è un'osteria, semplice e informale, ideale per trascorrere una serata in compagnia, attorno a tavolini imbanditi di piadine, salumi e allegria. C'è anche il ristorante, un susseguirsi di salette, ricavate nelle gallerie di un antico palazzo, nelle quali giocano luci ed ombre e si ricordano personaggi legati alla storia locale. Qui anche la cucina si ispira al suo territorio e alle sue tradizioni per condurvi in un viaggio alla scoperta della Romagna.

Menu 33/40€ - Carta 38/46€

*piazza Simone Balacchi 14 - ℰ 0541 620710 - www.sangiovesa.it -
Chiuso 24 dicembre-1 gennaio, lunedì-sabato a mezzogiorno*

SANTA REPARATA - Olbia-Tempio → Vedere Sardegna - Santa Teresa Gallura

SANTA TERESA GALLURA - Olbia-Tempio → Vedere Sardegna

SANTA TRADA DI CANNITELLO - Reggio di Calabria → Vedere Villa San Giovanni

SANTA VITTORIA D'ALBA

✉ 12069 - Cuneo (CN) - Carta regionale n° 14-A2 - Carta stradale Michelin 561-H5

Castello ⇦ < 🛆 🛆 P

REGIONALE · AMBIENTE CLASSICO XX In estate la bella veranda con vista su colline e dintorni, nella stagione fredda la raccolta sala luminosa e moderna. Per eventi o banqueting il salone più rustico e capiente. In sintesi, tante vesti per una gustosa cucina: di terra e di mare in chiave aggiornata.

Menu 35/50€ - Carta 38/50€

*Hotel Castello di Santa Vittoria, via Cagna 4 - ℰ 0172 478147 -
www.ristorantecastellodisantavittoria.it - Chiuso lunedì, martedì-venerdì a mezzogiorno, domenica sera*

SAN TEODORO - Olbia-Tempio → Vedere Sardegna

SANT'EUFEMIA DELLA FONTE - Brescia → Vedere Brescia

SANT'ILARIO D'ENZA

✉ 42049 - Reggio nell'Emilia (RE) - Carta regionale n° 5-A3 -
Carta stradale Michelin 562-H13

Prater 🏵 🛆 AC ⇔ P

REGIONALE · CONTESTO CONTEMPORANEO XX Nel centro cittadino, in una sala moderna, la carta ospita sia piatti di pesce che di carne, ma sono soprattutto le ricette della tradizione a riscuotere successo, dai tortelli di zucca ai cappelletti sino alla punta di vitello.

Carta 34/51€

*via Roma 39 - ℰ 0522 672375 - www.ristorante-prater.it - Chiuso 1-8 gennaio,
3-28 agosto, mercoledì, sabato a mezzogiorno*

SANT'OMOBONO TERME

✉ 24083 – Bergamo (BG) – Carta regionale n° **10**–C1 – Carta stradale Michelin 561-E10

🍴○ **Posta**   ⇦ ⴺ 🅰🅲

LOMBARDA · FAMILIARE 🟆🟆 Esperta conduzione familiare in un locale che propone una cucina fatta di piatti moderni e tradizione, mentre a disposizione degli ospiti - ora - ci sono anche un paio di confortevoli camere.

Menu 18€ (pranzo)/25€ – Carta 48/76€

viale Vittorio Veneto 169 – ℰ 035 851134 – www.frosioristoranti.it – Chiuso lunedì, martedì

SANTO STEFANO BELBO

✉ 12058 – Cuneo (CN) – Carta regionale n° **14**–B2 – Carta stradale Michelin 561-H6

⺠ **Il Ristorante di Guido da Costigliole** (Luca Zecchin)

⍟ ⩽ 🍴 🎬 🅰🅲 ⇪ 🅿

PIEMONTESE · ELEGANTE 🟆🟆🟆 Circondati da un paesaggio romantico, le Langhe, le cui colline coltivate a vigneti sono diventate patrimonio UNESCO, incantevoli tramonti rendono indimenticabile la sosta, soprattutto d'estate, quando è consigliata una cena sulla terrazza panoramica. Luci soffuse, volte di mattoni a vista, collezioni di dipinti ed elementi di design contemporaneo d'autore sono il magico contorno di una serata romantica e gastronomica, all'insegna dei classici piemontesi, accompagnati da qualche proposta più creativa - in prevalenza di carne - preparati con materie prime provenienti quasi esclusivamente dalle zone circostanti, uniche al mondo per biodiversità e qualità. Considerata l'area geografica, va da sé che la carta dei vini sia di un certo spessore: circa 3. 000 etichette, divise in tre volumi - Piemonte, Francia, resto del mondo. Tra queste, circa 80 tipologie sono disponibili al bicchiere.

Specialità: Il vitello tonnato. Agnolotti del plin. Dolce morbido torrone d'Alba.

Menu 110/250€ – Carta 90/155€

Hotel Relais San Maurizio, località San Maurizio 39 – ℰ 0141 844455 – www.guidosanmaurizio.com – Chiuso lunedì-sabato a mezzogiorno, domenica

🏨🏨 **Relais San Maurizio**   ⍟ ⍟ ⩽ 🍴 🈂 🔲 🆎 🈯 🌢 ⬕ ⴺ 🅰🅲 ⛲ 🅿

LUSSO · ELEGANTE Dominante un incantevole paesaggio collinare, il monastero del 1619 ha lasciato spazio ad un raffinato ed esclusivo albergo, composto da un'infilata d'incantevoli salotti, eleganti camere dagli arredi classici e una spa di più di mille metri quadrati. Al ristorante Truffle Bistrot la sala più caratteristica è stata ricavata dall'ex refettorio, mentre la cucina media tra piatti siciliani, piemontesi e classici italiani.

20 camere ⌗ – 🛏🛏 200/990€ – 16 suites

località San Maurizio – ℰ 0141 841900 – www.relaissanmaurizio.it

⺠ **Il Ristorante di Guido da Costigliole** – Vedere selezione ristoranti

SANTU LUSSURGIU – Oristano → Vedere Sardegna

SAN VIGILIO · VIGILJOCH – Bolzano → Vedere Lana

SAN VIGILIO – Bergamo → Vedere Bergamo

SAN VIGILIO DI MAREBBE · ST. VIGIL ENNEBERG

✉ 39030 – Bolzano (BZ) – Carta regionale n° **19**–C1 – Carta stradale Michelin 562-B17

🍽 **Fana Ladina**   🎬 🅿

REGIONALE · ROMANTICO 🟆 Tre salette, tra cui una luminosa e affacciata sul paese, ma i più romantici non mancheranno di prenotare un tavolo nella stube storica. La simpatia e l'ospitalità della titolare è un valore aggiunto! Tra le varie specialità del menu, meritano un assaggio la tartare di cervo, il rumtopf (frutta mista sotto rum) e il "moro" in camicia.

Specialità: Tartara di cervo. Stinco di maiale al forno. Rumtopf (frutta mista sotto rum).

Menu 30/50€ – Carta 30/50€

strada Plan de Corones 10 – ☏ 0474 501175 – www.fanaladina.com – Chiuso 14 aprile-18 giugno, 12 ottobre-28 novembre, mercoledì

SAN VINCENZO

✉ 57027 – Livorno (LI) – Carta regionale n° **18**–B2 – Carta stradale Michelin 563-M13

⑪○ La Perla del Mare

PESCE E FRUTTI DI MARE · ELEGANTE ✗✗ Moderna struttura di legno e acciaio, scenograficamente affacciata sulla spiaggia di San Vincenzo, da cui si gode, all'orizzonte, il profilo delle isole Capraia, Corsica ed Elba. Anche il menu cita il mare in piatti d'ispirazione contemporanea.

Carta 65/100€

via della Meloria 9 – ☏ 0565 702113 – www.laperladelmare.it – Chiuso 7-22 gennaio, 4 novembre-2 dicembre, lunedì

sulla strada per San Carlo

⑪○ Il Sale

REGIONALE · ROMANTICO ✗✗ Dove le colline, i cipressi e gli ulivi del più tipico paesaggio toscano incontrano il mare nasce il ristorante Il Sale: il legame con il territorio e la qualità dei piatti sono rafforzati dai numerosi prodotti coltivati dall'azienda stessa. A pranzo light lunch, la sera à la carte.

Menu 60/70€ – Carta 41/65€

Poggio ai Santi, via San Bartolo 100, frazione San Carlo – ☏ 0565 798015 – www.poggioaisanti.com – Chiuso 1 novembre-3 aprile, martedì

SAN VITO DI CADORE

✉ 32046 – Belluno (BL) – Carta regionale n° **23**–C1 – Carta stradale Michelin 562-C18

⌂⌂⌂ Parkhotel Ladinia

TRADIZIONALE · PERSONALIZZATO Nella parte alta e soleggiata della località, in zona tranquilla e panoramica, l'hotel si è potenziato ed in parte rinnovato in anni recenti: 700 mq di benessere nell'attrezzata Spa e la splendida piscina coperta dalle cui vetrate a tutt'altezza si ammirano le Dolomiti.

41 camere ⌷ – ♦♦ 130/280€

via Ladinia 14 – ☏ 0436 890450 – www.hladinia.it – Chiuso 23 marzo-12 giugno, 28 settembre-18 dicembre

SAN VITO DI LEGUZZANO

✉ 36030 – Vicenza (VI) – Carta regionale n° **23**–B2 – Carta stradale Michelin 562-E16

☺ Antica Trattoria Due Mori

DEL TERRITORIO · CONTESTO TRADIZIONALE ✗ Adagiata sulle colline dell'alto Vicentino, la locanda settecentesca è stata convertita - nel tempo - in trattoria, con una linea gastronomica basata sulla memoria veneta ed alcune specialità imperdibili: tortelli di faraona, carne al patibolo.

Specialità: Buffet di antipasti. Risotto nel cuore del Parmigiano. Zabaione con biscotti fatti in casa.

Menu 18€ (pranzo)/20€ – Carta 25/28€

via Rigobello 39 – ☏ 0445 511611 – www.trattoriaduemori.it – Chiuso 5-23 agosto, lunedì a mezzogiorno, domenica sera

SAN VITO LO CAPO – Trapani → Vedere Sicilia

SAN VITTORE OLONA

✉ 20028 – Milano (MI) – Carta regionale n° **10**–A2 – Carta stradale Michelin 561-F8

🍴○ **La Fornace**   ⇦ AC P

ITALIANA · **AMBIENTE CLASSICO** XX Nel contesto strutturale dell'hotel Poli, ma con ingresso indipendente, raccolto e curato dall'ottima gestione diretta, ristorante con proposte stuzzicanti di cucina italiana completate dai fuori carta, dal menu "a mano" libera più creativo e dal piatto unico del pranzo.

Carta 45/75€

Poli Hotel, strada statale Sempione, ang.via Pellico – ℰ 0331 518308 – www.ristorantelafornace.it – Chiuso 1-23 agosto, 26 dicembre-5 gennaio

SAPRI

✉ 84073 – Salerno (SA) – Carta regionale n° **4**–D3 – Carta stradale Michelin 564-G28

🍴○ **La Specola**   �ௌ AC

PESCE E FRUTTI DI MARE · **INTIMO** X Piccolissima sala interna completata da un grazioso servizio all'aperto, nel centro di Sapri (il mare è, comunque, a breve distanza). Sebbene la cucina sia squisitamente mediterranea col pesce a fare da protagonista, non mancano alcune proposte a base di carne. Vini esclusivamente regionali.

Carta 40/110€

via Marsala 18 – ℰ 349 364 7426 – Chiuso 6 gennaio-28 febbraio, lunedì, domenica sera

SAN ZENO DI MONTAGNA

✉ 37010 – Verona (VR) – Carta regionale n° **23**–A2 – Carta stradale Michelin 562-F14

🍴○ **Taverna Kus**   🌲 P

REGIONALE · **VINTAGE** XX Ambiente rustico-elegante reso originale da un'ampia collezione di specchi, ceramiche ed altro ancora in una taverna molto apprezzata in provincia per la sua proverbiale attenzione alla cucina locale, nonché alla stagionalità delle materie prime.

Carta 39/63€

contrada Castello 14 – ℰ 045 728 5667 – www.tavernakus.it – Chiuso 7 gennaio-6 marzo, 9-28 novembre

SAPPADA

✉ 32047 – Udine (UD) – Carta regionale n° **23**–C1 – Carta stradale Michelin 562-C20

❀ **Laite** (Fabrizia Meroi)

REGIONALE · **ROMANTICO** XX Garante di una cucina appresa ancor piccola da mamma e nonna, le sue due prime insegnanti, a questi timidi esordi sono succeduti anni di formazione in Friuli, Veneto e Carinzia che hanno contribuito a costruire la sapienza gastronomica di Fabrizia Meroi. I sapori di queste terre e i prodotti di ogni loro stagione caratterizzano i menu del Laite, abbinati ai vini (eccellenti anche al bicchiere) scelti con passione dal marito Roberto. Nella cucina della casa settecentesca, la cuoca lavora con semplicità e precisione, regalando una suggestiva esperienza di gastronomia locale dal tocco femminile deciso sia nei sapori sia nei gentili accostamenti.

Specialità: Cervo fondente, cirmolo, tuberi e radici. Sopa coada: piccione in due cotture. Frolla di nocciola, zabaione al vino Raboso, ganache al cioccolato.

Menu 80/120€ – Carta 70/120€

borgata Hoffe 10 – ℰ 0435 469070 – www.ristorantelaite.com – Chiuso 1-30 giugno, 1-30 ottobre, mercoledì, giovedì a mezzogiorno

🍴○ **Mondschein - Food Experience**   P

REGIONALE · **STILE MONTANO** XX A pranzo, il locale è frequentato soprattutto da sciatori e dagli amanti delle passeggiate tra i boschi; maggior intimità - la sera - ed una carta più ampia con piatti del territorio rivisitati e alleggeriti. Nel solco dell'atmosfera ospitale delle baite montane!

Menu 75€ – Carta 30/75€

borgata Bach 96 – ℰ 0435 469585 – www.ristorantemondschein.it – Chiuso 4-29 novembre, martedì

Alessio Orru/shutterstock.com

SARDEGNA

Adagiata nel Mar Mediterraneo, la Sardegna evoca da sempre l'immagine del relax e della vacanza con peculiarità diverse a seconda della zona prescelta. Quando negli anni '60 l'Aga Khan commissionò ad architetti italiani e francesi i grandi alberghi della Costa Smeralda - tutt'oggi segnalati in guida - la zona divenne in breve tempo meta prediletta del jet-set internazionale. Ma l'isola non è solo questo e sfodera il proprio lato più selvaggio man mano che ci si avvicina all'area di Piscinas - zona desertica prescelta per set cinematografici western negli anni '70 - punteggiata da dune dorate alte fino a 60 metri che si estendono sinuosamente prima di raggiungere il mare della costa di Arbus. A questa eterogeneità morfologica fa eco una cucina caratterizzata da altrettanta varietà, nonché dall'essersi arricchita e stratificata nel corso della storia dagli apporti e contaminazioni di quelle culture che proprio sull'isola hanno trovato dimora. Considerata parte della dieta mediterranea, modello nutrizionale proclamato nel 2010 dall'Unesco tra i patrimoni orali e immateriali dell'umanità, la cucina locale ha un'eccellenza che tutto il mondo c'invidia: il "caviale" di Sardegna, la bottarga di muggine!

Carta regionale n° 16
Carta stradale Michelin n° 366

Alessio Orru/Shutterstock.com

ABBASANTA

✉ 09071 – Oristano (OR) – Carta regionale n° **16**-A2 – Carta stradale Michelin 366-N43

⬢ **Su Carduleu** [AC]

MODERNA · **ACCOGLIENTE** XX Uno dei locali tra i migliori dell'isola, in virtù di una rivisitazione ingentilita della tradizione locale, sia di terra sia di mare. Specialità: tagliatelline fresche con pecora in umido e timo selvatico - maialino arrostito al profumo di erbe, patate e verdure al forno.

Specialità: Sella di coniglio al profumo di maggiorana, crema di cipolle e olio aromatico. Tortello di vitella Bruno Sarda, funghi trifolati e fonduta di pecorino. Gelato di fragole del Campidano, crumble di nocciole e insalata di fragole alla menta.

Menu 25/50€ – Carta 25/60€

via Sant'Agostino – 𝒞 0785 563134 – www.sucarduleu.it – Chiuso 5-28 ottobre, mercoledì

ALGHERO

✉ 07041 – Sassari (SS) – Carta regionale n° **16**-A2 – Carta stradale Michelin 366-K40

⬤ **Il Pavone** 🏠 [AC]

PESCE E FRUTTI DI MARE · **AMBIENTE CLASSICO** XX In pieno centro, locale personalizzato con quadri di artisti contemporanei e da un'originale collezione di liquori in formato mignon. Se la cucina omaggia il mare, per un'alternativa più economica accomodatevi nell'attiguo "Piccolo Pavone".

Carta 30/60€

piazza Sulis 3/4 – 𝒞 079 979584 – Chiuso domenica sera

⬤ **Al Tuguri** [AC] ⟷

PESCE E FRUTTI DI MARE · **RUSTICO** XX Bell'ambiente caratteristico, con tavoli piccoli e serrati, in un'antica casa del centro, a due passi dai Bastioni; griglia a vista per cuocere soprattutto pesce.

Menu 30€ (pranzo), 45/50€ – Carta 45/60€

via Maiorca 113/115 – 𝒞 079 976772 – www.altuguri.it – Chiuso 15 novembre-1 marzo, domenica

🏨 **Villa Las Tronas** 🏖 🐕 ⟨ 🔥 🖐 🗓 🗔 🕸 🏊 🗲 ⊟ [AC] [P]

LUSSO · **PERSONALIZZATO** Invidiabile posizione su un piccolo promontorio e interni d'epoca per questa residenza patrizia d'inizio '900. Privacy, raffinatezza, charme permeano gli spazi comuni e le belle camere, ognuna con un proprio inconfondibile stile: alcune si affacciano sul mare o sul giardino, altre sono dotate di terrazza panoramica.

20 camere ⌑ – ♥♥ 250/580€ – 4 suites

lungomare Valencia 1 – 𝒞 079 981818 – www.hotelvillalastronas.it

a Porto Conte Nord - Ovest : 13 km – Carta regionale n° **16**-A1

🏨 **El Faro** 🏖 🐕 ⟨ 🔥 🗓 🗔 🕸 🏊 🗲 ⊟ [AC] 🧖 [P]

LUSSO · **MEDITERRANEO** Sul mare cristallino di Capo Caccia, immerso nel parco naturale di Porto Conte, El Faro è un raffinato resort che unisce panorami mozzafiato a servizi esclusivi. Dimora di charme, opera dell'illustre architetto Simon Mossa, l'hotel è progettato sull'idea di una nave adagiata sul mare la cui vista spettacolare è godibile dalle camere, dal ristorante, dalla piscina e dalle ampie terrazze.

87 camere ⌑ – ♥♥ 75/450€ – 2 suites

località Porto Conte 52 – 𝒞 079 942010 – www.elfarohotel.it –
Chiuso 1 novembre-31 marzo

ARBATAX – Ogliastra → Vedere Tortolì

Mikhail Dragunov/iStock

ARZACHENA

✉ 07021 – Olbia-Tempio (OT) – Carta regionale n° **16**–B1 –
Carta stradale Michelin 366-R37

Ci piace

Il lusso, immerso nel verde della macchia mediterranea ed
adagiato sul mare, dell'hotel **Colonna Pevero Hotel**.
Raffinati ambienti ed un parco centenario cullati dal suono
delle onde al **L'Ea Bianca Luxory Resort**. Un tuffo nella
bella piscina del **Mon Repos** con ampia vista sulla baia.

L'angolo enogastronomico Frades a Porto Cervo: excursus
nell'autenticità sarda suddiviso in tre diversi ambienti - il
banco, lo spazio dedicato alle tipicità regionali e la cucina.
L'enoteca del ristorante Da Giovannino a Porto Rotondo:
carta vini e distillati impressionante!

giovanni1232/iStock

Costa Smeralda

a Baia Sardinia Carta regionale n° **16**-B1

⫚○ **Phi Restaurant - Giancarlo Morelli** ⫷ 🏠 ♻ 🅿

MODERNA · ALLA MODA XxX Glamour e moda sono l'ossigeno di questo ristorante inserito all'interno di una delle più belle discoteche-lounge della Costa Smeralda, ovvero il Phi Beach. Ci si accomoda su una splendida terrazza, al cospetto di romantici tramonti e con il mare che riempie gli occhi, mentre un celebre cuoco lombardo ha ideato una carta di cucina italiana e mediterranea col giusto tocco di modernità. Aperto anche a pranzo con alcuni piatti della carta serale accompagnati da specialità più semplici.

Menu 30 € (pranzo), 80/140 € – Carta 85/145 €

località Forte Cappellini – ☎ 345 288 4254 – www.phibeach.com –
Chiuso 9 settembre-17 maggio

🏨 **La Bisaccia** 🌳 ♨ ⫷ ⛰ 🛏 ⌚ 📶 🅰 🛎 🅿

LUSSO · LUNGOMARE In una zona tranquilla, circondata da prati che declinano verso il mare, la struttura è ideale per una vacanza all'insegna del riposo ed ospita camere ampie e luminose; per chi desidera una maggiore privacy esiste un'ala più riservata ed appartata. Nelle raffinate sale del ristorante, la vista sull'arcipelago e i sapori della cucina sarda.

122 camere ⌚ – 🍴 290/500 €

località Baia Sardinia – ☎ 0789 99002 – www.hotellabisaccia.it –
Chiuso 14 ottobre-30 aprile

🏨 **L'Ea Bianca Luxory Resort**
🌳 ♨ ⫷ ⛰ 🛏 🏨 🐾 🛁 ⌚ 📶 🛎 🅿

LUSSO · CONTEMPORANEO Ambiente esclusivo per un hotel che abbraccia il giardino con piscina, offrendo scorci di un panorama mozzafiato. Originale stile degli arredi dove si combinano elementi moderni ed etnici; sfiziosi piatti di cucina mediterranea nel ristorante di taglio contemporaneo e proposte più easy a bordo spiaggia.

30 camere ⌚ – 🍴 520/1860 € – 1 suite

Cala dei Ginepri – ☎ 0789974311 – www.eabianca.it – Chiuso 26 ottobre-1 aprile

🏨 **Mon Repos** ♨ ⫷ ⛰ 🛏 🛁 📶 🅿

FAMILIARE · MEDITERRANEO A due passi dalla piazzetta e dalla spiaggia, ed in posizione dominante sulla baia di cui offre una rilassante vista, soprattutto dai terrazzini dove si servono la colazione e si apparecchia il ristorante Corbezzolo; una conduzione familiare attenta che offre luminosi spazi e camere confortevoli nella loro semplicità mediterranea.

59 camere ⌚ – 🍴 110/300 € – 1 suite

via Tre Monti – ☎ 0789 99011 – www.hotelmonrepos.it –
Chiuso 30 settembre-6 maggio

a Cala di Volpe Carta regionale n° **16**-B1

🏨 **Cala di Volpe** ⓝ 🌳 ♨ ⫷ ⛰ 🛏 🛁 ⌚ 📶 🛎 🅿

RESORT · GRAN LUSSO Una volta varcata la soglia di questo celebre quanto stupendo resort mediterraneo, si entra in un'oasi di quiete nello smeraldo della costa. Ambienti da sogno, dove i colori e le pietre dell'isola si fondono in una suggestiva armonia; mentre i servizi sono innumerevoli a partire dalla nuova spa, per poi finire sulla scelta ristorativa che accontenta tutti i gusti: barbecue, cucina gourmet, specialità etniche... Vacanze uniche avvolti da un mare di rara bellezza.

101 camere ⌚ – 🍴 1430/2400 € – 19 suites

località Cala di Volpe – ☎ 0789 976111 – www.caladivolpe.com –
Chiuso 1 novembre-30 aprile

🏨 Petra Bianca ✿ 🕸 ⪡ 🛋 🎿 🖼 🔲 🗛 🏖 🅿

LUSSO · ELEGANTE Dalla sua location leggermente elevata e panoramica, questo elegante resort domina una delle baie più belle dell'isola, Cala di Volpe. L'originale costruzione in pietra locale, immersa nel verde della macchia mediterranea, dispone di accoglienti camere quasi tutte fronte mare.

61 camere 🗁 – 👭 350/700 € – 2 suites

*località Cala di Volpe – ☎ 0789 96084 – www.petrabiancahotel.com –
Chiuso 5 ottobre-25 aprile*

a Liscia di Vacca

🏴 Lu Pisantinu ⪡ 🕸 🖼 🅿

PESCE E FRUTTI DI MARE · STILE MEDITERRANEO ✕ Una terrazza incorniciata da colonne di granito si affaccia sulla costa e su Porto Cervo: i colori chiari e pastello richiamano le tonalità del mare, la cucina sfiziose proposte di pesce, mentre l'accoglienza è affidata a un'intera famiglia autoctona attiva in questa location da oltre 30 anni. Bravi!

Carta 40/90 €

☎ 0789 91344 – www.ristorantelupisantinu.eu – Chiuso 1 ottobre-1 maggio, lunedì a mezzogiorno

a Pitrizza Carta regionale n° 16-B1

🏨 Pitrizza ✿ 🕸 ⪡ 🔥 🛋 🎿 🏊 🖼 🔲 🅿

GRAN LUSSO · PERSONALIZZATO Circondato dai colori e dai profumi del paesaggio sardo, un hotel dall'antico splendore cela negli ambienti interni lusso e ricercatezza mentre all'esterno offre spazi curati. Ville esclusive con maggiordomo al servizio dell'ospite.

39 camere 🗁 – 👭 415/1990 € – 27 suites

*via Banchina di pitrizza – ☎ 0789 930111 – www.pitrizzahotel.com –
Chiuso 5 ottobre-20 maggio*

a Porto Cervo Carta regionale n° 16-B1

🏵 ConFusion (Italo Bassi) 🕸 🖼

CREATIVA · DESIGN ✕✕✕ Il ristorante ha portato una sferzata di eccellente e piacevole "confusion" nella zona rialzata antistante il porto. Tra specchi, elementi color oro e vetri, il locale ostenta la gran cura del dettaglio dei suoi titolari che si esprime ancor meglio nei piatti dove la grande tecnica e professionalità raggiunte dallo chef, Italo Bassi, rendono possibili soste gourmet indimenticabili. I sapori netti della sua cucina sono il gustoso risultato di cotture precise ed abilità nel saper utilizzare più ingredienti con equilibrio e raffinatezza. Ai prodotti sardi fanno eco i crudi di mare, le ottime carni, passando da ostriche e caviale, accompagnati da buoni vini e soprattutto da una forte passione per gli champagne di grandi maison.

Specialità: Insalata di gamberi rossi, avocado e quinoa allo zenzero, caviale e leche de tigre al mango. Piccione grigliato e marinato all'olio EVO, purea di cavolfiore alla vaniglia, salsa con granella di cacao. Dolce gin-tonic: cremoso al cioccolato bianco e menta con sorbetto al cetriolo, fiori di sambuco e lime, gelatina e spuma al gin.

Menu 75/150 € – Carta 90/200 €

*via Aga Khan 1- Promenade du Port – ☎ 340 120 9574 – www.confusionlounge.it –
Chiuso 20 ottobre-23 aprile*

🏴 La Mola ⪡ 🕸 ⬤ 🖼 🅿

MODERNA · CONTESTO CONTEMPORANEO ✕✕✕ Elegante locale fuori dalla calca dei centri abitati e dei porti, caratterizzato da ampie finestre, da cui d'estate "spariscono" i vetri, dandovi la piacevole sensazione di essere all'aperto. Cucina di mare ma anche di terra rivisita con modernità - senza esagerazioni, con leggerezza - la tradizione sarda, nonché italiana. Uno degli indirizzi più interessanti della Costa Smeralda.

Carta 56/112 €

*località Piccolo Pevero – ☎ 0789 92145 – www.ristorantelamola.it –
Chiuso 1 ottobre-30 aprile*

🍽️ **Finger's Porto Cervo** ⓝ ≤ 🏠

FUSION · AMBIENTE ESOTICO ✕✕ Firma gastronomica particolarmente conosciuta nel panorama meneghino, il Finger's di Roberto Okabe conquista anche il pubblico della Costa Smeralda e lo fa con la sua proverbiale cucina che sposa sapori e stile nipponici con tocchi brasiliani ed italiani. A tutto ciò si aggiunge una buona dose di creatività, accompagnata da magnifici cocktail.

Carta 58/95€

via Porto Vecchio – 𝒞 0789 94160 – www.fingersrestaurants.com –
Chiuso 16 aprile-15 ottobre, lunedì, martedì-domenica a mezzogiorno

sulla strada provinciale Arzachena - Bassacutena Ovest : 5 km

🏠 **Tenuta Pilastru** 🐾 🐕 🍴 ⚒ 📺 💶 🛁 🏧 ♨ 🅿️

RESORT · PERSONALIZZATO Abbracciato dal verde e dalla tranquillità della campagna gallurese, un cascinale ottocentesco ristrutturato ed ampliato offre ai turisti graziose camere in stile country. Ora, c'è anche un nuovissimo wellness center.

40 camere ⊊ – 👫 90/200€ – 4 suites
località Pilastru – 𝒞 0789 82936 – www.tenutapilastru.it

a Romazzino Carta regionale n° **16**–B1

🏠 **Romazzino** ⓝ 🐾 🐕 ≤ 🏌 🍴 📺 ⚒ 💶 ♨ 🛁 💺 🏧 🅿️ 🚗

GRAN LUSSO · MEDITERRANEO Splendida architettura bianca, tipicamente mediterranea, cinta da un lussureggiante giardino che arriva sino alla propria spiaggia e al mare; l'accoglienza è calorosa, mentre eleganti sono le camere dai chiari arredi. Particolarmente raffinata, la piccola beauty farm con una serie di prodotti esclusivi per la pelle. Pregevole vista, nonché insolito connubio tra rustico e chic nella sala ristorante, dove vi attende una cucina classica non scevra da creatività.

94 camere ⊊ – 👫 350/2630€ – 6 suites
località Romazzino – 𝒞 0789 977111 – www.romazzinohotel.com –
Chiuso 1 ottobre-15 maggio

BAIA SARDINIA – Olbia-Tempio → Vedere Arzachena: Costa Smeralda

CABRAS

✉ 09072 – Oristano (OR) – Carta regionale n° **16**-A2 – Carta stradale Michelin 566-H7

🍽️ **Il Caminetto** ⇦ 🏧

PESCE E FRUTTI DI MARE · AMBIENTE CLASSICO ✕ Nella caratteristica cittadina di Cabras, a circa 100 metri dall'albergo Villa Canu, ci si accomoda ai suoi tavoli per gustare piatti tipici della tradizione marinara isolana, primi e secondi di terra, antipasti sfiziosi e dolci sardi.

Menu 25/40€ – Carta 25/55€

via Battisti 8 – 𝒞 0783 391139 – www.ristoranteilcaminettocabras.com –
Chiuso 7 gennaio-13 febbraio, 11 novembre-6 dicembre, lunedì

CAGLIARI

✉ 09124 – Cagliari (CA) – Carta regionale n° **16**-B3 – Carta stradale Michelin 366-P48

❀ **Dal Corsaro** (Stefano Deidda) 🏠 🏧

MODERNA · ELEGANTE ✕✕✕ Un indirizzo che esalta ed enfatizza la cultura culinaria dell'isola: sosta gastronomica imperdibile se ci si trova nel vivace capoluogo. Dal Corsaro si trova, infatti, nel centro storico di Cagliari, a pochi passi dal porto, ambiente sobrio ed elegante tra archi, quadri e specchi.

La coreografia prosegue nelle proposte - moderne, fantasiose ma sempre ispirate ai prodotti locali - dello chef Stefano Deidda. Una cucina compiuta e riflessiva con attraenti piatti tra terra e mare che rispecchiano, e nel contempo elevano, le migliori tradizioni sarde.

Specialità: Seppia, melanzana e carota alla brace. Scampo e fagioli. Pera e cioccolato.

Menu 95/125 €

viale Regina Margherita 28 – ℰ 070 664318 – www.stefanodeidda.it –
Chiuso 6-20 gennaio, lunedì-martedì a mezzogiorno

Ⅰ○ **Locanda dei Buoni e Cattivi** ⇦ 🏠 AC

CLASSICA · DI QUARTIERE ⅩⅩ Si trova in un tranquillo quartiere semi-centrale
questa piacevole locanda ricavata in una villa privata, alla base c'è un progetto
di reinserimento lavorativo per dare una seconda chance nella vita. Il menu propone una piacevole versione moderna della cucina sarda a base di soli prodotti
stagionali. Ai piani anche 5 comode camere piacevolmente retrò.

Menu 12 € (pranzo), 20/35 € – Carta 25/50 €

via Vittorio Veneto 96 – ℰ 070 734 5223 –
www.locandadeibuoniecattivi.it – Chiuso 6-12 gennaio, sabato a mezzogiorno,
domenica sera

Ⅰ○ **Luigi Pomata** 🏠 AC

PESCE E FRUTTI DI MARE · DI TENDENZA ⅩⅩ Ecco un angolo cittadino dove
trovare lo sfizio per tutti i gusti. In primis, il ristorante, moderno, con cucina di
mare legata soprattutto ai crudi ed al tonno carlofortino, terra d'origine di Luigi,
chef/patron, e con un interessante business lunch a mezzogiorno. Al piano sottostante, si trova il bistrot dove gustare proposte regionali più rustiche e tradizionali. Adiacente il nuovissimo lounge bar per gli aperitivi.

Menu 15 € (pranzo), 55/75 € – Carta 45/75 €

viale Regina Margherita 18 – ℰ 070 672058 –
www.luigipomata.com – Chiuso lunedì a mezzogiorno, domenica

Ⅰ○ **Sarti del Gusto** 🏠 AC

MEDITERRANEA · ACCOGLIENTE ⅩⅩ Un piccolo e interessante localino ubicato
nella parte alta della città, nato pochi anni fa dall'entusiasmo di due giovani soci
con le idee ben chiare. La cucina prende spunto da ricette regionali rivisitate in
chiave moderna. Da provare!

Menu 20 € (pranzo), 45/60 € – Carta 43/80 €

via Vico II Vincenzo Sulis 1/a – ℰ 070 684 8548 –
www.isartidelgusto.it

Ⅰ○ **La Stella Marina di Montecristo** AC ⇔

PESCE E FRUTTI DI MARE · CONVIVIALE Ⅹ L'andamento e l'aspetto sono
quelli di una semplice osteria di mare, ci si affida ai consigli dei proprietari per
una cucina di pesce semplice, ma generosa nelle porzioni e contenuta nei
prezzi.

Carta 25/45 €

via Sardegna 140 – ℰ +39 347 578 8964 –
www.ilmontecristo.com – Chiuso 11-22 agosto, 22 dicembre-2 gennaio, lunedì a
mezzogiorno, domenica

al bivio per Capoterra Ovest : 12 km per Teulada

Ⅰ○ **Sa Cardiga e Su Schironi** ⅋ 🏠 AC ⇔ 🅿

PESCE E FRUTTI DI MARE · AMBIENTE CLASSICO ⅩⅩ Diverse sale avvolte nel
legno, colori e un ampio espositore di pesce all'ingresso. Si può scegliere già qui il
pesce, poi proposto in semplici elaborazioni perlopiù alla griglia.

Menu 25 € (pranzo), 45/70 € – Carta 45/100 €

strada statale 195 bivio per Capoterra – ℰ 070 71652 – www.sacardigaesuschironi.it –
Chiuso 2-25 gennaio, lunedì, domenica sera

CALA DI VOLPE – Olbia-Tempio ➜ Vedere Arzachena : Costa Smeralda

CALA GONONE – Nuoro ➜ Vedere Dorgali

CALANGIANUS

✉ 07023 – Olbia-Tempio (OT) – Carta regionale n° **16**–B1 – Carta stradale Michelin 366-Q38

○ **Il Tirabusciò** A/C 🔧

REGIONALE · RUSTICO 🍴 Piccolo e curato ristorante dal caldo arredo rustico, il titolare ai fornelli cucinerà per voi piatti ispirati al territorio e qualche piccola creazione dettata dal suo gusto personale. Nota curiosa: il nome del locale rimanda alla produzione di tappi in sughero, principale attività del paese.

Menu 25/40 € – Carta 31/50 €

via Nino Bixio 5 – ℰ 079 661849 –
Chiuso 1-20 novembre, domenica

CARLOFORTE – Carbonia-Iglesias → Vedere San Pietro (Isola di)

CASTELSARDO

✉ 07031 – Sassari (SS) – Carta regionale n° **16**–A1 – Carta stradale Michelin 366-N38

○ **L'Incantu** 🏤 A/C P

REGIONALE · ELEGANTE 🍴🍴 Accompagnati da un panorama mozzafiato, il ristorante vi proporrà specialità di pesce e piatti tipici: i presupposti per una serata romantica sono tutti là.

Carta 35/130 €

Hotel Bajaloglia, località Bajaloglia Sud-Ovest: 4 km – ℰ 079 474544 –
www.bajalogliaresort.it – Chiuso 1 novembre-31 marzo

○ **Il Cormorano** 🏤 A/C 🔧

PESCE E FRUTTI DI MARE · ACCOGLIENTE 🍴🍴 Appena dietro la piazza centrale di uno dei rari borghi medievali dell'isola, ambienti curati e piacevole veranda: le specialità sono a base di pesce locale.

Carta 35/90 €

via Colombo 5 – ℰ 079 470628 –
www.ristoranteilcormorano.net – Chiuso 2 novembre-7 dicembre, lunedì

○ **Baga Baga** ⇐ ≤ 🛏 🏤 A/C P

SARDA · CONVIVIALE 🍴🍴 Splendido ristorante panoramico immerso in un'incontaminata macchia mediterranea; oltre alla cucina mediterranea vi saranno proposte anche pizze e il tradizionale "porceddu". Camere dai tipici arredi sardi in un villino indipendente.

Menu 30/50 € – Carta 30/70 €

località Terra Bianca, Est: 2 km – ℰ 079 470075 –
www.hotelbagabaga.it – Chiuso 1 novembre-1 dicembre

🏠 **Bajaloglia** ⧖ ≤ 🛏 🔆 A/C P

FAMILIARE · CONTEMPORANEO Sulle primi pendici da cui si gode di un panorama eccezionale, davanti il mare e Castelsardo illuminata la sera, una bella struttura composta da un corpo centrale, dove si trova anche il ristorante, ed alcune piccole costruzioni disseminate nel giardino. Le camere brillano per confort: moderne e colorate si caratterizzano per gli arredi minimalisti di ultima generazione.

12 camere 🖵 – 👫 150/350 €

località Bajaloglia – ℰ 079 474544 –
www.bajalogliaresort.it – Chiuso 2 gennaio-1 aprile, 31 ottobre-29 dicembre

○ **L'Incantu** – Vedere selezione ristoranti

CASTIADAS

✉ 09040 – Cagliari (CA) – Carta regionale n° **16**–B3 – Carta stradale Michelin 566-J10

a Villa Rey Est : 9 km

🏨 La Villa del Re   ☆ ⇪ ⍐ ⊡ ⅙ AC ⚒ P

RESORT · MEDITERRANEO Esclusivo e lussuoso hotel davanti ad un mare dai colori caraibici ed una bellissima spiaggia privata. Tutt'intorno, giardini rigogliosi, piscina a sfioro e tanti angoli relax molto ben organizzati; all'interno ampie zone comuni, nonché il ristorante con terrazza esterna.

48 camere ⌺ – ♥♥ 300/1400 €

località su Cannisoni – ℰ 070 775 3009 – www.lavilladelre.com –
Chiuso 15 ottobre-30 aprile

COSTA SMERALDA – Olbia-Tempio → Vedere Arzachena

DORGALI

✉ 08022 – Nuoro (NU) – Carta regionale n° **16**–B2 – Carta stradale Michelin 366-S42

a Cala Gonone Est : 9 km

�Ⅲ⃝ Il Pescatore   ≼ 舒 AC

PESCE E FRUTTI DI MARE · FAMILIARE ⅼ Ricorda vagamente un borgo marinaro questo ristorante in stile mediterraneo con – alle pareti - belle foto della costa; meglio prenotare nel caso si voglia un tavolo nel piccolo dehors sul mare.

Carta 40/75 €

via Acqua Dolce 7 – ℰ 0784 93174 – www.ristoranteilpescatorecalagonone.com –
Chiuso 1 novembre-31 marzo

alla Grotta di Ispinigoli Nord : 12 km

�eⅢ⃝ Ispinigoli   ⅜ ⇦ ≼ 舒 AC P

REGIONALE · FAMILIARE ⅼ Valido punto d'appoggio per chi desidera visitare le omonime grotte (celebri perché conservano la più alta stalagmite d'Europa!), approfittare delle molte escursioni organizzate dall'esercizio e per assaporare una buona cucina regionale. Dalle camere, semplici e confortevoli con arredi in legno, si può contemplare la tranquillità della campagna circostante.

Menu 35/45 € – Carta 28/48 €

strada statale 125 al km 210 – ℰ 3496456925 – www.hotelispinigoli.it –
Chiuso 31 ottobre-1 aprile

GOLFO ARANCI

✉ 07020 – Olbia-Tempio (OT) – Carta regionale n° **16**–B1 – Carta stradale Michelin 366-S37

ⅢⅢ⃝ Terza Spiaggia   ≼ 舒 AC

PESCE E FRUTTI DI MARE · ACCOGLIENTE ⅼ Approdare ad una spiaggia così, è il sogno di tutti: stabilimento balneare di giorno, con servizio di ristorazione semplice ma adeguato, e suggestivo locale la sera, pochi coperti, un'interessante cucina a base di pesce e la possibilità di accomodarsi letteralmente nella sabbia, dove vengono apparecchiati i tavoli più romantici.

Menu 30 € (pranzo), 40/60 € – Carta 29/75 €

via degli Asfodeli, località Terza Spiaggia – ℰ 0789 46485 –
www.terzaspiaggia.com – Chiuso 1 ottobre-9 aprile, mercoledì

ISOLA ROSSA – Olbia-Tempio → Vedere Trinità d'Agultu

MADDALENA (ISOLA DI) ✉ 07024 – Olbia-Tempio (OT) –

Carta regionale n° **16**–B1 – Carta stradale Michelin 366-R36

La Maddalena

🏨 Grand Hotel Resort Ma&Ma

🎝 🕸 🛄 ♨ 🍸 🐕 🏊 ♨ 🛁 🛗 🅰️🄲 🎿 🅿️

LUSSO · CONTEMPORANEO A 300 metri dal mare, questa recente struttura vi accoglierà con moderne soluzioni ed un appeal accattivante. Le camere propongono stili diversi: a voi scegliere quello che più vi aggrada... compatibilmente con la disponibilità!

100 camere ⊆ – 👫 110/700 € – 7 suites

località Nido d'Aquila – ℰ 0789 722408 – www.grandhotelmaema.com –
Chiuso 22 ottobre-9 aprile

MARINA DI ARBUS

✉ 09031 – Medio Campidano (VS) – Carta regionale n° **16**–A3 –
Carta stradale Michelin 366-L46

🍴 Corsaro Nero 　　　　　　　　　　⇔ ⪕ 🛋 🅿️

PESCE E FRUTTI DI MARE · FAMILIARE 🍴 Ampia scelta di pescato fresco per una cucina di mare a tutto tondo; l'ampia sala offre lo spettacolo d'impareggiabili tramonti.

Carta 30/86 €

Hotel Corsaro Nero, località Portu Maga – ℰ 070 977236 –
www.hotelcorsaronero.com

OLBIA

✉ 07026 – Olbia-Tempio (OT) – Carta regionale n° **16**–B1 – Carta stradale Michelin 366-S38

🍴 Dulchemente ⓝ 　　　　　　　　　　　🛋 🄲

PESCE E FRUTTI DI MARE · CONTESTO CONTEMPORANEO 🍴🍴 Locale contemporaneo la cui cucina si fa forte della grande esperienza dello chef Giorgio, per vent'anni braccio destro della grande Rita Denza, cuoca che ha apportato un significativo contributo alla gastronomia isolana. Piatti moderni accanto a preparazioni dalle cotture più classiche e semplici, gli amanti del pesce ne usciranno soddisfatti. In luglio-agosto diventa solo serale.

Carta 54/70 €

via Romeo Papandrea 10 – ℰ 0789 21451 – www.dulchemente.com – Chiuso lunedì

🍴 Officina del Gusto 　　　　　　　　　🛋 🄲

MEDITERRANEA · ACCOGLIENTE 🍴🍴 Piccolo ristorante del centro storico, dove l'ambiente è una riuscita sintesi di rustico e contemporaneo; sulla piazza il suggestivo dehors estivo. La cucina dello chef patron propone piatti della tradizione italiana elaborati in chiave moderna, sia a base di pesce sia a base di carne, mentre la prima pagina è dedicata ad una piccola selezione di piatti vegetariani.

Carta 39/74 €

piazza Matteotti 1 – ℰ 0789 28701 – www.leofficinedelgusto.it –
Chiuso 7 gennaio-10 febbraio, domenica

🍴 L'Essenza Bistrot 　　　　　　　　　🛋 🄲

MEDITERRANEA · BISTRÒ 🍴 Accogliente ed originale bistrot-ristorante del centro storico: le pareti rivestite in sasso sono un richiamo alle architetture del territorio, mentre davanti all'uscio si trovano i tavolini del simpatico dehors. La cucina è nelle mani del patron, chef dalle pregresse importanti esperienze, che propone piatti di taglio contemporaneo, gustosi e ben presentati; un certo spazio è consacrato ai crudi di mare.

Menu 25 € (pranzo)/90 € – Carta 47/80 €

via delle Terme 10 – ℰ 0789 25594 – www.essenzabistrot.it – Chiuso 8-31 gennaio,
20-30 novembre, lunedì, domenica

all'aeroporto

🍴 Bacchus

MODERNA · MINIMALISTA ✕✕ Ideale se si è di passaggio in città, ocale moderno, fresco e giovane, per una cucina che spazia dal territorio a preparazioni di pesce più sfiziose. Clima permettendo, optate per un tavolo nella bella terrazza affacciata sulla piscina.

Carta 36/72 €

Hotel Jazz, via degli Astronauti 2 – ℰ 0789 651010 – www.bacchusristorante.it – Chiuso 1-14 gennaio, 14-31 dicembre

a Porto Rotondo Nord : 15, 5 km per Arzachena – Carta regionale n° **16**–B1

🏨 Sporting

GRAN LUSSO · ACCOGLIENTE Cuore della mondanità, un elegante villaggio mediterraneo con camere simili a villette affiancate, affacciato sul giardino o splendidamente proiettati sulla spiaggetta privata. In sala e soprattutto in veranda, al ristorante Il Patio troverete la gustosa tradizione regionale a base di pesce, rivisitata con creatività e stile contemporaneo.

46 camere ☲ – 🛏🛏 474/1380 € – 1 suite

via Clelia Donà dalle Rose 16 – ℰ 0789 34005 – www.sportingportorotondo.com – Chiuso 26 settembre-30 aprile

sulla strada statale 125 Sud - Est: 10 km per Nuoro

🍴 S'Ollastu

REGIONALE · STILE MEDITERRANEO ✕✕ Nella bella terrazza estiva o nelle raccolte e accoglienti sale interne, la cucina si basa sui sapori mediterranei, sia di terra sia di mare, arricchendoli - di tanto in tanto - con un pizzico di fantasia mentre consigliamo vivamente di farvi tentare dai dessert, davvero interessanti e ben eseguiti.

Carta 45/80 €

Hotel Ollastu, località Costa Corallina – ℰ 0789 36744 – www.ollastu.it – Chiuso 4 novembre-31 marzo

🏨 Ollastu

RESORT · MEDITERRANEO In posizione panoramica sovrastante il promontorio, una costruzione in stile mediterraneo ospita ampi ambienti di moderna eleganza, e camere distribuite all'interno del proprio verde, mentre la spiaggetta della Baia Corallina dista giusto 600 metri.

48 camere ☲ – 🛏🛏 100/450 € – 10 suites

località Costa Corallina – ℰ 0789 36744 – www.ollastu.it

🍴 **S'Ollastu** – Vedere selezione ristoranti

OLIENA

✉ 08025 – Nuoro (NU) – Carta regionale n° **16**–B2 – Carta stradale Michelin 366-R42

🍴 Sa Corte

SARDA · RUSTICO ✕ La tradizione gastronomica nuorese e della Barbagia è presentata al meglio in questo locale rustico che propone squisite paste, ottime carni e profumati vini sardi, gli ingredienti locali sono della zona, mentre le ricette richiamano spesso a tempi antichi, arricchite da un tocco personale.

Specialità: Su pane frattau. Capretto con i carciofi. Semifreddo al torrone di Oliena.

Menu 35/55 € – Carta 35/55 €

via Nuoro 143 – ℰ 0784 187 6131 – www.sacorte.it – Chiuso 31 gennaio-2 marzo, lunedì a mezzogiorno

Lavazza è il caffè dei migliori ristoranti italiani e internazionali.

LAVAZZA

TORINO, ITALIA, 1895

Enis ⇦ ⟨ 🏠 🅿

REGIONALE · SEMPLICE ✗ Si consiglia di salire al termine di via Sardegna, per 2,5 km ed esattamente 21 curve; quindi, immerso in un bosco di lecci secolari, ecco un buon ristorante (con pizzeria serale) dove gustare piatti di cucina regionale. Eris dispone anche di alcune camere semplici, ma confortevoli, con bella vista sulle cime.

Carta 25/38€

località Monte Maccione – ℰ 0784 288363 – www.coopenis.it

alla sorgente Su Gologone Nord - Est : 8 km – Carta regionale n° 16–B2

🕸 Su Gologone ⟨ 🏠 🏠 🆎 ⟳ 🅿

SARDA · CONTESTO TRADIZIONALE ✗✗ Tre sale, scegliere la più suggestiva non è facile: quella con immenso camino per assistere alla cottura del celebre porceddu, quella più intima dedicata ad una celebre ceramista, o ancora quella di un pittore sardo. Comunque sia, il ristorante si fa scrupolo di seguire e ricercare la tradizione sarda, ovviamente dell'entroterra.

Specialità: Antipasto barbaricino. Porcetto arrosto. Gelato al mirto.

Menu 60€ – Carta 31/61€

Hotel Su Gologone, Sorgente su Gologone - Oliena – ℰ 0784 287512 – www.sugologone.it – Chiuso 4 novembre-28 marzo

🏘 Su Gologone 🕸 ⟨ 🏠 ⚓ 🆎 🆎 🆕 🅿

RESORT · PERSONALIZZATO A Su Gologone da oltre mezzo secolo, la struttura è sicuramente una delle migliori dell'isola. Indirizzo giusto per vivere un'esperienza all'insegna dell'arte sarda nelle sue molteplici applicazioni: ceramiche, tessuti, sculture e tanto altro ancora...

61 camere ⌧ – 🛏 198/418€ – 12 suites

alla Sorgente Su Gologone – ℰ 0784 287512 – www.sugologone.it – Chiuso 1 gennaio-30 marzo, 16 novembre-31 dicembre

🕸 Su Gologone – Vedere selezione ristoranti

OROSEI

✉ 08028 – Nuoro (NU) – Carta regionale n° 16–B2 – Carta stradale Michelin 366-T41

🍴 Su Barchile ⇦ 🏠 🆎

DEL TERRITORIO · FAMILIARE ✗✗ Nella cornice della costa sarda, grazioso ristorante arredato con piacevole gusto femminile, fedele ai colori locali. Piatti derivati dalla tradizione agropastorale dell'isola, ma anche qualche ricetta di pesce, nonché pizze preparate con farine gluten-free, specialità vegane e vegetariane. Per i più golosi, piccola rivendita di composte di frutta e verdure da abbinare ai formaggi.

Menu 25€ (pranzo), 35/50€ – Carta 41/60€

via Mannu 5 – ℰ 0784 98879 – www.subarchile.it – Chiuso lunedì

PALAU

✉ 07020 – Olbia-Tempio (OT) – Carta regionale n° 16–B1 – Carta stradale Michelin 366-R36

🍴 La Gritta ⟨ 🏠 🏠 🅿

PESCE E FRUTTI DI MARE · ROMANTICO ✗✗✗ Non è solo la posizione incantevole che permette allo sguardo di perdersi tra i colori dell'arcipelago a deliziare l'ospite, ma anche la cura della cucina che attinge al pescato locale come al proprio orto, senza disdegnare i migliori prodotti nazionali ed esteri: i piatti sono ben fatti, leggeri, cucinati in maniera classica e firmati da una mano "gentile". Un connubio quello tra location e sapori che gratifica e conquista chi sceglie di sostare qui.

Menu 70/90€ – Carta 80/110€

località Porto Faro – ℰ 0789 708045 – www.ristorantelagritta.it – Chiuso 30 ottobre-30 marzo, domenica

PITRIZZA – Olbia-Tempio → Vedere Arzachena : Costa Smeralda

PORTO CERVO – Olbia-Tempio → Vedere Arzachena : Costa Smeralda

PORTO CONTE – Sassari ➜ Vedere Alghero

PORTO ROTONDO – Olbia-Tempio ➜ Vedere Olbia

PORTO SAN PAOLO

✉ 07020 – Olbia-Tempio (OT) – Carta regionale n° **16**–B1 – Carta stradale Michelin 366-S38

⭑○ **Il Portolano**

PESCE E FRUTTI DI MARE · **FAMILIARE** XX Proprio sul lungomare di fronte all'isola di Tavolara, un semplice ristorante gestito da una coppia di grande esperienza affiancata da un bravo cuoco che esalta il miglior pesce della zona, soprattutto del mercato di Siniscola, ma altrettanto bravo nel proporre le carni locali. In estate è caldamente consigliata la prenotazione perché il dehors panoramico, sebbene ampio, è gettonatissimo!

Carta 40/70 €

via Molara 11 – ℰ 0789 40670 – www.ristoranteilportolano.it –
Chiuso 28 ottobre-10 aprile

PORTOSCUSO

✉ 09010 – Carbonia-Iglesias (CI) – Carta regionale n° **16**–A3 –
Carta stradale Michelin 566-J7

⭑○ **Sa Musciara**

PESCE E FRUTTI DI MARE · **AMBIENTE CLASSICO** XX Locale moderno e fresco, sito proprio nel porto turistico e adiacente al municipio cittadino, dalle cui finestre si vede il mare... ed è proprio da qui che la materia prima "sbarca" in tavola, elaborata dallo chef/patron, nonché velista.

Carta 35/64 €

lungomare C. Colombo 15 – ℰ 0781 507099 – www.ristorantesamusciara.it –
Chiuso 18-26 novembre, 22 dicembre-5 gennaio, lunedì a mezzogiorno, domenica sera

PORTO TORRES

✉ 07046 – Sassari (SS) – Carta regionale n° **16**–A1 – Carta stradale Michelin 366-L38

sulla strada statale 131 Sud - Est : 3 km

⭑○ **Li Lioni**

SARDA · **CONVIVIALE** X Ristorante a gestione familiare dove gustare una buona e fragrante cucina casalinga realizzata a vista: piatti alla brace e specialità regionali.

Menu 30/45 € – Carta 34/50 €

regione Li Lioni – ℰ 079 502286 – www.tenutalilioni.it –
Chiuso mercoledì

PULA

✉ 09010 – Cagliari (CA) – Carta regionale n° **16**–B3 – Carta stradale Michelin 366-P49

⭑○ **Cucina Machrì**

MODERNA · **DI QUARTIERE** XX Raccolto ed intimo, mediterraneo nella prevalenza dei toni bianchi, ma con un vago e caldo tocco country. Decisamente mediterranea è la linea di cucina dello chef-patron che propone pesce e carne in saporite specialità a cui non manca un vago tocco moderno.

Menu 55/75 € – Carta 42/62 €

via Lamarmora 53 – ℰ 070 920 9205 – www.cucinamachri.it –
Chiuso lunedì-sabato a mezzogiorno, domenica

650

SARDEGNA

⌂⌂⌂ Nora Club Hotel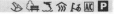

TRADIZIONALE · MEDITERRANEO Paradisiaca enclave di quiete. Superato il caseggiato principale, vi accoglie un seducente giardino di piante mediterranee e tropicali con al centro la piscina, mentre attorno - distribuite a forma d'anello - ci sono le semplici camere in arte povera. Possiede anche un piccolo centro benessere.

27 camere ⌂ – †† 140/210 €

strada per Nora – ℰ 070 924422 – www.noraclubhotel.it

sulla strada statale 195 *Sud - Ovest : 12 km*

⑩ Belvedere ⌂⌂⌂

CREATIVA · ELEGANTE XXX Il Belvedere è la proposta gourmet del Forte Village, la sola aperta anche a chi non alloggia in questo lussuoso luogo di turismo. Sala interna o terrazze cinte da un incantato giardino, la cucina si fa moderna con una decisa base mediterranea. Si paga un prezzo fisso, ma si sceglie à la carte; nel periodo estivo cooking show e cene a tema anche con chef famosi.

Menu 120 €

Hotel Villa del Parco, S.S. 195 Sud-Ovest: 11 km – ℰ 070 92171 – www.fortevillage.com – Chiuso 1 gennaio-8 maggio, 31 ottobre-31 dicembre, lunedì-domenica a mezzogiorno

⌂⌂⌂ Forte Village Resort

GRAN LUSSO · MEDITERRANEO Un vero villaggio con un'ampia gamma di proposte sia per il pernottamento (diversi hotel e ville di lusso), sia per la ristorazione in un contesto naturalistico che ha pochi eguali; sulla bianchissima spiaggia dell'assolata costa meridionale, Forte Village è circondato da 47 ettari di stupendi giardini e abbraccia al suo interno anche una piazzetta con graziose boutique per shopping addicted.

620 camere ⌂ – †† 385/3190 € – 50 suites

S.S. 195 Sud-Ovest: 11 km – ℰ 070 92171 – www.fortevillage.com – Chiuso 31 ottobre-28 marzo

⑩ **Belvedere** – Vedere selezione ristoranti

PUNTALDIA – Olbia-Tempio ➜ Vedere San Teodoro

ROMAZZINO – Olbia-Tempio ➜ Vedere Arzachena

SAN PANTALEO

✉ 07020 – Olbia-Tempio (OT) – Carta regionale n° **16**-B1 – Carta stradale Michelin 366-R37

⑩ Il Fuoco sacro ⓝ

ITALIANA CONTEMPORANEA · ROMANTICO XX Ristorante gourmet del romantico albergo Petra Segreta, Il Fuoco Sacro è, con l'ausilio di una citazione di Paul Bocuse, l'autobiografica passione per la cucina che anima lo chef-patron. Il suo credo parte dalla materia prima, e lì non si transige, nella scelta dei migliori ingredienti che concorrono a creare piatti di gustosa e moderna scuola italiana; verdure, maialini, ovini, uova e olio sono quasi esclusivamente di provenienza dell'adiacente azienda agrituristica di proprietà.

Menu 55/110 € – Carta 60/102 €

Petra Segreta, strada di Buddeo – ℰ 0789 187 6441 – www.petrasegretaresort.com – Chiuso 4 novembre-4 aprile

⌂⌂⌂ Petra Segreta

GRAN LUSSO · MEDITERRANEO In splendida posizione molto tranquilla e panoramica, il resort si compone di una serie di costruzioni basse dall'ottimo confort, dall'assoluta riservatezza e dispone di un piccolo centro benessere dove viziarsi. In alternativa al ristorante gourmet, troverete una buona cucina italiana all'Osteria del Mirto: indirizzo perfetto per chi ama defilarsi - rilassandosi nel verde - il color smeraldo in lontananza, sullo sfondo.

25 camere ⌂ – †† 200/550 € – 6 suites

strada di Buddeo – ℰ 0789 187 6441 – www.petrasegretaresort.com – Chiuso 7 novembre-27 marzo

⑩ **Il Fuoco sacro** – Vedere selezione ristoranti

SAN PIETRO (ISOLA DI) ⊠ 09014 – Carbonia-Iglesias (CI) –

Carta regionale n° **16**–A3

Carloforte

🍴 **Da Nicolo**

MODERNA · ACCOGLIENTE XX Strategica posizione sulla passeggiata, dove si svolge il servizio estivo in veranda, ma il locale è frequentato soprattutto per la qualità della cucina: di pesce con specialità carlofortine in suggestioni moderne. E il tonno, avant tout.

Menu 25 € (pranzo)/35 € – Carta 30/50 €

corso Cavour 32 – ℰ 0781 854048 – www.danicolo.com – Chiuso 4 novembre-31 marzo, giovedì

🍴 **Al Tonno di Corsa**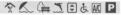

PESCE E FRUTTI DI MARE · STILE MEDITERRANEO XX Un locale vivace e colorato, due terrazze affacciate sui tetti del paese, dove gustare uno sfizioso menu dedicato al tonno e tante altre specialità di mare. La gestione - ormai pluriennale - assicura serietà e continuità.

Menu 35/50 € – Carta 40/60 €

via Marconi 47 – ℰ 0781 855106 – www.tonnodicorsa.it – Chiuso 7 gennaio-1 marzo, lunedì

SANTA MARIA NAVARRESE

⊠ 08040 – Ogliastra (OG) – Carta regionale n° **16**–B2 – Carta stradale Michelin 366-T44

🏨 **Lanthia Resort**

TRADIZIONALE · ACCOGLIENTE Albergo moderno a sviluppo orizzontale con sottopassaggio per la spiaggia attrezzata, si caratterizza per il suo ampio giardino con piscina, arredi moderni e - su prenotazione - anche massaggi.

27 camere � – †† 200/450 € – 1 suite

via Lungomare snc – ℰ 0782 615103 – www.lanthiaresort.com – Chiuso 1 novembre-30 aprile

SANT'ANTIOCO

⊠ 09017 – Carbonia-Iglesias (CI) – Carta regionale n° **16**–A3 –
Carta stradale Michelin 366-L49

🍴 **Moderno-da Achille**

SARDA · FAMILIARE XX Un ambiente originale nelle mani di un abile chef, in grado di soddisfare il palato del cliente con proposte gastronomiche tradizionali e specialità sarde. Belle camere con decorazione realizzate direttamente dalla titolare.

Menu 35/60 € – Carta 50/70 €

via Nazionale 82 – ℰ 0781 83105 – www.ristorantedaachille.it – Chiuso 1 ottobre-31 maggio, domenica

SANTA REPARATA – Olbia-Tempio ➜ Vedere Santa Teresa Gallura

SANTA TERESA GALLURA

⊠ 07028 – Olbia-Tempio (OT) – Carta regionale n° **16**–B1 – Carta stradale Michelin 366-Q36

sulla strada statale 133 Sud - Est : 12 km

🏨 **Resort Valle dell'Erica Thalasso & SPA**

LUSSO · MEDITERRANEO Splendida posizione in un parco di 50 ettari, escursioni organizzate alle isole dell'arcipelago della Maddalena o a quelle del sud della Corsica. Diversi ristoranti con proposte a buffet o alla carta e grande attenzione per i piccoli ospiti con baby e mini club seguiti da personale specializzato.

271 camere – †† 320/720 € – 15 suites

località Valle dell'Erica – ℰ 0789 790018 – www.resortvalledellerica.com – Chiuso 29 settembre-15 maggio

a Santa Reparata Ovest: 3 km

ⅈ◯ **S'Andira** 🚐 🛱 ⅃ 🅿

PESCE E FRUTTI DI MARE · ELEGANTE XX Un indirizzo di solida gestione e simpatica cortesia: piacevoli sale, nonché grazioso dehors immerso nel verde della macchia mediterranea. Specialità di pesce in menu.

Carta 54/94€

via Orsa Minore 1 – ✆ 0789 754273 – www.sandira.it – Chiuso 1 ottobre-30 aprile

SAN TEODORO

✉ 08020 – Olbia-Tempio (OT) – Carta regionale n° **16**-B1 – Carta stradale Michelin 366-Q36

a Puntaldia Nord: 6 km

🏠 **Due Lune Resort Golf & Spa**

🕴 🦢 ≼ 🔥 🚐 🖻 ⅃ 🕉 ⅃ょ 🖃 ㅎ 🅰 🕴 🅿

LUSSO · PERSONALIZZATO In riva al mare, vicina al campo da golf e circondata da un giardino con prato all'inglese, una struttura dal confort esclusivo e raffinato dotata di beauty farm e zona relax. In un'elegante sala ristorante interna è possibile farsi servire proposte gastronomiche classiche dai sapori regionali.

63 camere ⚏ – � 240/620€ – 2 suites

a Puntaldia – ✆ 078464075 – www.duelune.com – Chiuso 7 ottobre-8 maggio

SANTU LUSSURGIU

✉ 09075 – Oristano (OR) – Carta regionale n° **16**-A2

ⅈ◯ **Antica Dimora del Gruccione** ⇦ 🛱 🅰

SARDA · LOCANDA X Nella bella stagione si mangia nella piccola corte interna, altrimenti ci si accomoda nella sala che un tempo fu cantina; dalla cucina un menu degustazione che cambia di giorno in giorno inseguendo la stagionalità e cercando di presentare il meglio delle materie prime dell'isola.

Menu 35/45€

Hotel Antica Dimora del Gruccione, via Michele Obinu 31 – ✆ 0783 552035 – www.anticadimora.com – Chiuso 6 gennaio-14 febbraio, 3 novembre-3 dicembre, lunedì-domenica a mezzogiorno

SENORBÌ

✉ 09040 – Cagliari (CA) – Carta regionale n° **16**-B3 – Carta stradale Michelin 366-P46

ⅈ◯ **Da Severino il Vecchio-Di Luciano** 🅰 🅿

MEDITERRANEA · ACCOGLIENTE X Nuova sede per questo storico ristorante. L'ambiente è - ora - tra il classico e il moderno con una cucina mediterranea e chiari spunti della tradizione regionale.

Carta 25/35€

largo Abruzzi 2, ang. via Piemonte 23 – ✆ 070 980 4197 – Chiuso 8 gennaio-12 febbraio, lunedì, domenica sera

SORGENTE SU GOLOGONE – Nuoro ➜ Vedere Oliena

TORTOLÌ

✉ 08048 – Ogliastra (OG) – Carta regionale n° **16**-B2 – Carta stradale Michelin 366-S44

ad Arbatax Est: 5 km

ⅈ◯ **La Bitta** ⇦ ≼ 🛱 🅰 🅿

PESCE E FRUTTI DI MARE · AMBIENTE CLASSICO XXX Direttamente sul mare, nella veranda tutta chiusa da vetrate, potrete gustare una ricca cucina di pesce, venata dalla fantasia dello chef.

Carta 42/86€

Hotel La Bitta, località Porto Frailis – ✆ 0782 667080 – www.hotellabitta.it – Chiuso 5 ottobre-13 aprile

TRINITÀ D'AGULTU

✉ 07038 – Olbia-Tempio (OT) – Carta regionale n° **16**–A1 – Carta stradale Michelin 366-O38

ad Isola Rossa Nord - Ovest : 6 km

🏨 Marinedda Thalasso & SPA

🏇 🐾 ≼ ⚲ 🛏 🏊 🕦 🏠 ⅃ゟ ㊫ **P**

LUSSO · MEDITERRANEO Tipica struttura sarda in sasso e tufo a pochi metri dalla spiaggia, consta di interni ben arredati, piscine panoramiche, campi da tennis e da calcetto, nonchè talassoterapia in un centro benessere di 2500 mq completo di tutto punto.

195 camere – 🛉🛉 260/520 € – 46 suites

località Marinedda – ℰ 0789 790018 – www.hotelmarinedda.com –
Chiuso 29 settembre-15 maggio

VILLASIMIUS

✉ 09049 – Cagliari (CA) – Carta regionale n° **16**–B3 – Carta stradale Michelin 366-S49

🍴 Le Grill   ⇦ 🛏 🏠 🚗

PESCE E FRUTTI DI MARE · STILE MEDITERRANEO XX Sarà davvero molto piacevole aspettare il tramonto seduti nel dehors a bordo piscina del Grill, e non fatevi ingannare dal fatto che sia il ristorante di un albergo: al Su Sergenti (per altro un grazioso boutique hotel!) servizio e cucina a base di pesce saranno all'altezza della vostra scelta.

Menu 44/60 € – Carta 44/60 €

via Matteotti 15 – ℰ 070 792001 – www.hotelsusergenti.com –
Chiuso 19 ottobre-10 aprile, lunedì-domenica a mezzogiorno

🏨 Simius Playa   🏇 ≼ ⚲ 🛏 ⅃ゟ ㊫ **P**

LUSSO · MEDITERRANEO Cinta da un fresco giardino di fiori, al termine di una strada che conduce al mare, la nivea costruzione conserva nei suoi ambienti un'atmosfera che concilia gusto sardo e moresco. La carta propone piatti elaborati e fantasiosi, fuori dal solito cliché alberghiero. D'estate si cena in terrazza.

43 camere ⌂ – 🛉🛉 155/800 € – 4 suites

via Matteotti 91 – ℰ 070 79311 – www.simiusplaya.com –
Chiuso 1 novembre-17 aprile

SARENTINO • SARNTHEIN

✉ 39058 – Bolzano (BZ) – Carta regionale n° **19**–B2 – Carta stradale Michelin 562-C16

✿✿ Terra (Heinrich Schneider)   🕸 ⩽ 🛋 P

CREATIVA · ROMANTICO ✕✕✕ Più che terra, qui siamo in cielo! Il locale può, infatti, vantare il primato di ristorante stellato più alto d'Italia: una raffinata casa alpina al termine d'un tratto di strada lungo qualche chilometro tra i boschi. A 1600 metri sopra il livello del mare e completamente circondato dalla natura,

Terra è una sorta di orto a "cielo aperto", singolare fornitore di ingredienti unici che Heinrich Schneider rielabora in maniera creativa e personale attraverso un solo, lunghissimo menu degustazione a sorpresa. La sequenza di piccoli "gioielli" suggellano il suo forte legame col territorio e si esprimono in piatti ricercati, originali, tra sentori dolci e pungenti, ma anche amari e aciduli.

Specialità: Temolo con acetosa. Salmerino con latte bruciato, olio d'aneto e perle nere. Gel di viole, yogurt e asperula con cornetto di fiori.

Menu 179€

Hotel Auener Hof, località Prati 21 – ℰ 0471 623055 – www.terra.place – Chiuso 15 marzo-24 aprile, 8 novembre-24 dicembre, lunedì, martedì-sabato a mezzogiorno, domenica

ⅼ○ Braunwirt   🍴 ⅙ AC

MODERNA · CONTESTO CONTEMPORANEO ✕✕ Moderno ed accogliente ristorante nel cuore della località: al pari del design, anche la cucina insegue la modernità e, oltre alle ovvie referenze di territorio, allarga lo sguardo sull'intero Bel Paese. In menu anche specialità di pesce.

Menu 45/75€ – Carta 40/60€

piazza Chiesa – ℰ 0471 620165 – www.braunwirt.it – Chiuso 24 febbraio-8 marzo, 29 giugno-5 luglio, lunedì, domenica sera

ⅼ○ Ristorante Alpes & La FuGa   🛋 🍴 ⅙ ✿ P

MODERNA · ROMANTICO ✕✕ Alpes si è spostato in veranda ed è qui che vengono servite specialità legate al territorio e stagionali, d'impronta moderna e di sostanza: una continua ricerca per dare vita a piatti con gusti decisi e bilanciati al tempo stesso. Esperienza estremamente coinvolgente è quella che vi attende a LaFuGa (LAboratory for FUture GAstronomy): un tavolo situato in cucina per un massimo di 8 persone aperto solo a cena da mercoledì a sabato.

Menu 59/170€ – Carta 45/65€

Bad Schörgau, Sud: 2 Km – ℰ 0471 623048 – www.bad-schoergau.com – Chiuso 1 marzo-24 aprile, lunedì, martedì

🏠 Bad Schörgau   ✿ ⌀ 🛋 ⌁ ⍟ 🖵 ⅙ 🎿 P

FAMILIARE · PERSONALIZZATO Nato attorno ad una sorgente ricca di ferro e zolfo, gli amanti della natura si troveranno a loro agio in quest'albergo molto personalizzato, appartato e immerso nel verde, che sposa benessere e design contemporaneo. La zona spa, potenziata negli anni, è davvero accogliente, si continua a sfruttare la qualità dell'acqua per i trattamenti, ma si "gioca" anche con la modernità; come nelle belle saune con accesso esterno.

15 camere 🛏 – ♟ 230/252€ – 7 suites

Sud: 2 Km – ℰ 0471 623048 – www.bad-schoergau.com – Chiuso 1 marzo-24 aprile
  ⅼ○ **Ristorante Alpes & La FuGa** – Vedere selezione ristoranti

🏠 Terra - The Magic Place   ⌀ ⩽ 🛋 ⍟ P

FAMILIARE · STILE MONTANO Chi ama il silenzio e la solitudine, paesaggi e animali di montagna, camere ampie, sobriamente arredate secondo uno stile alpino contemporaneo, troverà qui il suo rifugio: un luogo intimo, raccolto ed elegante. Senza dimenticare che la colazione è organizzata dal titolare, chef che si è maritato le 2 stelle!

8 camere 🛏 – ♟ 275/350€ – 2 suites

località Prati 21 – ℰ 0471 623055 – www.terra.place – Chiuso 15 marzo-23 aprile, 6 novembre-24 dicembre
  ✿✿ **Terra** – Vedere selezione ristoranti

SAREZZO

✉ 25068 – Brescia (BS) – Carta regionale n° **9**–C2 – Carta stradale Michelin 561-F12

🍴○ **Osteria Vecchia Bottega**   🛋 ও ⇕

REGIONALE · RUSTICO ✗ Dopo un accurato lavoro di restyling della "osteria" e della "vecchia bottega" rimane solo il nome... e la cucina: squisitamente fedele alla tradizione regionale e al Bel Paese, ricerca i migliori prodotti, prestando una certa attenzione alle presentazioni.

Menu 35/70 € – Carta 35/60 €

piazza Cesare Battisti 29 – ℰ 030 890 0191 – www.osteriavecchiabottega.com – Chiuso 1-7 gennaio, 6-31 agosto, lunedì, domenica sera

SARNICO

✉ 24067 – Bergamo (BG) – Carta regionale n° **10**–D1 – Carta stradale Michelin 561-E11

🍴○ **Al Tram**   🛋 🎬 🅿

REGIONALE · ELEGANTE ✗✗ Sul lungolago, luminoso ed elegante, il servizio estivo all'aperto regalerà un'emozione in più! La carta propone piatti locali, di carne e di pesce sia d'acqua dolce che di mare; le bottiglie dell'azienda vinicola di proprietà, Il Calepino, sono proposte anche al bicchiere.

Menu 32/50 € – Carta 35/52 €

via Roma 1 – ℰ 035910117 – www.ristorantealtram.it – Chiuso mercoledì

SARNTHEIN • SARENTINO – Bolzano → Vedere Sarentino

SARTEANO

✉ 53047 – Siena (SI) – Carta regionale n° **18**–D2 – Carta stradale Michelin 563-N17

strada provinciale 478 km 1,6 Nord - Est: 6 km

🏠 **La Sovana**   🏕 🐾 ⪇ 🛏 ♨ ও 🎬 🅿

TRADIZIONALE · ELEGANTE Una raffinata oasi di relax immersa nel verde della campagna toscana - da non mancare la visita dei vigneti e della cantina - a cui fa eco una cucina della tradizione, amorevolmente preparata dalla titolare stessa.

20 camere ⌷ – 🛉🛉 166/252 €

via Lago di Chiusi 37 – ℰ 0578 274086 – www.lasovana.com – Chiuso 4 novembre-1 aprile

SARTURANO – Piacenza → Vedere AGAZZANO

SASSO MARCONI

✉ 40037 – Bologna (BO) – Carta regionale n° **5**–C2 – Carta stradale Michelin 562-I15

🕸 **Marconi** (Aurora Mazzucchelli)   🕸 🛋 ও 🎬 ⇕ 🅿

CREATIVA · CONTESTO CONTEMPORANEO ✗✗ Nella ridente località la cui toponimia è relativamente "giovane" - così denominata nel 1938 in onore del premio Nobel Guglielmo Marconi! - questo bel locale dà il benvenuto ai propri ospiti in un ambiente dal design moderno-minimalista, ma caldamente accogliente, dove rovere e luce naturale sono tra gli elementi di maggiore impatto. I grandi cambiamenti degli ultimi anni, come lo spazio esterno con bella vista (inimmaginabile arrivando dalla Porrettana!) o il forno contiguo dove acquistare pane ed altro, hanno dato un ulteriore slancio al ristorante, ma la creatività di Aurora ai fornelli è rimasta piacevolmente immutata.

Specialità: Capasanta cotta nel fieno con crema di latte alla camomilla. Maccheroni al torchio, anguilla affumicata, ostriche crude e spinaci. Ananas in raviolo ripieno di ricotta, uvetta, pinoli e sferificazione di caffè Sidamo.

Menu 75/110 € – Carta 70/90 €

via Porrettana 291 – ℰ 051 846216 – www.ristorantemarconi.it – Chiuso 7-15 gennaio, 8 agosto-10 settembre, lunedì, domenica sera

a Mongardino Nord - Ovest : 5 km – Carta regionale n° **14**–B1

La Grotta dal 1918   🛖 🅿

EMILIANA · **FAMILIARE** ✗ Una bella gita arrivarci, su e giù per i colli, ma la cucina saprà ricompensarvi. Basata su un'attenta ricerca di prodotti, che parte dalla propria azienda agricola, si estende all'Appennino e si concede - infine - qualche svago sulla penisola, mentre le ricette sono tese a recuperare i bei tempi dei piatti di una volta. I tortellini in brodo sono imperdibili, in stagione anche selvaggina e tartufi.

Specialità: Antipasto misto con salumi artigianali. Tortellini in brodo di cappone. Antico fritto di fiori.

Menu 40/60 € – Carta 40/60 €

via. Mongardino 52, ang. via Tignano – 𝒞 051 675 5110 – www.lagrotta1918.it –
Chiuso 5 gennaio-7 febbraio, lunedì-martedì a mezzogiorno, mercoledì,
giovedì-venerdì a mezzogiorno

verso Calderino Nord - Ovest : 11 km

🍴 Nuova Roma   🕸 🚗 🛖 🆎 🅿

EMILIANA · **TRATTORIA** ✗ Una trattoria semplice, sulla strada tra Calderino e Sasso Marconi, dove gustare una cucina regionale con un bicchiere da scegliere ad hoc da una completa carta dei vini: un occhio di riguardo è comunque riservato all'Emilia Romagna. Paste fresche e una vera griglia a legna tra gli imperdibili.

Carta 27/61 €

via Olivetta 87 – 𝒞 051 676 0140 – www.ristorantenuovaroma.it –
Chiuso 30 gennaio-13 febbraio, 1-24 agosto, martedì, mercoledì a mezzogiorno

SATURNIA

✉ 58014 – Grosseto (GR) – Carta regionale n° **18**–C3 – Carta stradale Michelin 563-O16

🍴 I Due Cippi-da Michele   🕸 🛖 🛝

TOSCANA · **ACCOGLIENTE** ✗✗ Affacciato sulla semplice, ma suggestiva piazza del paese dove si svolge il servizio estivo, la brace per la cottura delle carni accoglie i clienti all'ingresso. Ampia scelta di vino con rivendita nell'adiacente enoteca della stessa proprietà.

Carta 48/95 €

piazza Veneto 26/a – 𝒞 0564 601074 – www.iduecippi.com – Chiuso lunedì a
mezzogiorno, martedì, mercoledì-sabato a mezzogiorno

alle terme Sud - Est : 3 km

🍴 19 19 restaurant 🆕   🛖 🆎 🅿

REGIONALE · **ELEGANTE** ✗✗✗ Con la consulenza di un importante chef, nasce 19 19 restaurant - ora vocato a soddisfare i palati degli ospiti dell'hotel e non - con un'articolata proposta di cucina a impronta locale e regionale, servita in una rinnovata sala dai toni moderni; grande vetrata e vista sulla piscina termale.

Carta 60/100 €

Terme di Saturnia Spa & Golf Resort, Strada Provinciale di Follonata –
𝒞 0564 600111 – Chiuso lunedì-domenica a mezzogiorno

🏨 Terme di Saturnia Spa & Golf Resort

🍴 🦢 🍸 🚗 🖼 🎋 📶 🕌 🛁 🗄 ⅏ 🆎 🅖 🅿

SPA E WELLNESS · **GRAN LUSSO** Esclusivo complesso, ideale per vacanze rigeneranti nel cuore della Maremma. Tra i suoi argomenti migliori ci sono il centro benessere e la millenaria fonte di acqua termale.

130 camere 🖭 – 🍽 550/700 € – 2 suites

via della Follonata – 𝒞 0564 600111 – www.termedisaturnia.it

🍴 **19 19 restaurant** – Vedere selezione ristoranti

SAURIS

✉ 33020 – Udine (UD) – Carta regionale n° **6**–A1 – Carta stradale Michelin 562-C20

Alla Pace

REGIONALE · SEMPLICE X Locanda di tradizione situata in un antico palazzo fuori dal centro e gestita dalla stessa famiglia dal 1804. Accoglienti le salette rustiche dove gustare cucina tipica del luogo: cjarsons, frico di patate e formaggio, semifreddi.

Specialità: Tagliere di affettati. Tris di primi. Semifreddo alle mandorle e pinoli.

Carta 25/45€

via Sauris di Sotto 38 – ℰ 0433 86010 – www.ristoranteallapace.it –
Chiuso 10 giugno-3 luglio, 10-21 dicembre, martedì, mercoledì

SAUZE DI CESANA

✉ 10054 – Torino (TO) – Carta regionale n° **12**-A2 – Carta stradale Michelin 561-H2

⅋○ RistoranTino & C.

MODERNA · ROMANTICO XX Bell'edificio in pietra e legno lungo la strada per Sestrière, una coppia di giovani assicurano in sala una calda accoglienza e in cucina piatti contemporanei rivisitati in chiave moderna. Atmosfera elegante in stile montano.

Menu 90/120€ – Carta 59/80€

strada principale 63 frazione Rollieres – ℰ 0122 76141 –
www.ristorantinorollieres.com – Chiuso 5 maggio-15 giugno,
15 settembre-15 novembre, lunedì, martedì-venerdì a mezzogiorno

SAUZE D'OULX

✉ 10050 – Torino (TO) – Carta regionale n° **12**-A2 – Carta stradale Michelin 561-G2

⅋○ Naskira

REGIONALE · RUSTICO XX Il nome allude alla stella più luminosa della costellazione del Capricorno, mentre tutto il resto richiama il meglio della montagna torinese. In una tipica sala alpina: a mezzogiorno piatti classici per la clientela frettolosa impegnata tra una pista e l'altra, mentre la sera la carta cambia, assumendo una veste più gourmet e ricercata. Servizio anche all'aperto sulla valle.

Menu 50/70€ – Carta 46/88€

Chalet Hotel Il Capricorno, via Case Sparse 21, località Le Clotes – ℰ 0122 850273 –
www.chaletilcapricorno.it – Chiuso 1 maggio-30 giugno, 1 settembre-30 novembre

🏠 Chalet Hotel Il Capricorno

LOCANDA · STILE MONTANO In una splendida pineta ed in comoda posizione sulle piste da sci, una struttura piccola nelle dimensione ma grande nel calore che sa regalare ai suoi ospiti grazie ad arredi artigianali, tanto legno sin dentro le camere, un servizio di livello ed una vista mozzafiato sui monti dell'Alta Val di Susa. D'inverno, sarà una motoslitta ad accompagnarvi in hotel!

10 camere ⬜ – 🛉🛉 230/290€

via Case Sparse 21, località Le Clotes – ℰ 0122 850273 – www.chaletilcapricorno.it –
Chiuso 1 maggio-30 giugno, 1 settembre-30 novembre

⅋○ **Naskira** – Vedere selezione ristoranti

SAVELLETRI

✉ 72010 – Brindisi (BR) – Carta regionale n° **15**-C2 – Carta stradale Michelin 564-E34

🏵 Due Camini

MODERNA · LUSSO XxxX Ambiente ovattato e quasi fiabesco - grazie al riverbero delle tante candele - è il ristorante più romantico di Borgo Egnazia, quello da prenotare per celebrare una ricorrenza importante, una fuga d'amore o semplicemente per regalarsi una sosta gourmet. "Un sogno che si avvera" – afferma il cuoco – "Il mio compito come chef è portare avanti le tradizioni dei nostri avi, che temo si stiano un po' perdendo, lavorare accanto produttori di eccellenze locali, tutelare la sostenibilità attraverso scelte alimentari legate a stagioni, stoccaggio e conservazione degli ingredienti. A partire dal pesce: risorsa da proteggere".

Specialità: Tartare di manzo podolico, ricci di mare, cozze pelose e pomodoro regina. Tagliolino di rapa gialla, colatura di capperi, pinoli, uvetta e finocchietto selvatico. Macchia mediterranea, carrubo e mandorle.

Menu 100/150 € – Carta 69/105 €

Hotel Borgo Egnazia, contrada Masciola –
📞 080 225 5351 – www.ristoranteduecamini.it – Chiuso 7 gennaio-13 febbraio, martedì

🏨 Borgo Egnazia 🎾 🏖 🏌 🛗 🖥 🎬 🔲 🕙 🛎 🧖 ⬆ 👤 AC ♨ P

GRAN LUSSO · MEDITERRANEO Borgo Egnazia incarna un diverso concetto di ospitalità e benessere basato su esperienze locali ed autentiche; raccontando la Puglia dal "vivo" attraverso l'architettura, la bellezza e la cultura secolare del territorio, l'interpretazione visionaria e contemporanea della tradizione.

183 camere 🛏 – 🛌 269/949 €

contrada Masciola – 📞 080 225 5000 – www.borgoegnazia.it –
Chiuso 7 gennaio-13 febbraio, 9-19 dicembre

❀ **Due Camini** – Vedere selezione ristoranti

🏨 Masseria San Domenico

🎾 🏖 🏌 🛗 🖥 🎬 🔲 🕙 🛎 🧖 AC ♨ P

GRAN LUSSO · MEDITERRANEO Relax, benessere ed eco dal passato in questa masseria del '400 tra ulivi secolari e ampi spazi verdi, che accolgono un caratteristico frantoio ipogeo ed una splendida piscina con acqua di mare, "ideale" angolo di costa marina. Ma per chi volesse abbandonare anche solo il tempo di qualche ora quest'oasi paradisiaca, c'è anche un servizio navetta per la spiaggia privata. Nell'elegante terrazza come nella bella sala dal soffitto a volte, i capolavori di una cucina della tradizione.

40 camere 🛏 – 🛌 360/825 € – 16 suites

strada litoranea 379, località Petolecchia – 📞 080 482 7769 –
www.masseriasandomenico.com – Chiuso 7 gennaio-31 marzo,
1 novembre-26 dicembre

🏨 Masseria Torre Coccaro

🎾 🏖 🏌 🛗 🖥 🔲 🕙 🛎 🧖 ⬆ AC ♨ P

CASA DI CAMPAGNA · ELEGANTE Elegante e particolare struttura che rispetta l'antico spirito fortilizio del luogo conservando la torre cinquecentesca: camere quasi tutte nello stesso stile con qualche particolarità. Per gli amanti del mare, sosta "obbligata" al Coccaro Beach Club: un esclusivo lounge sul limpidissimo mare del Salento. Suggestivo anche il ristorante, accolto in sale ricavate nelle stalle settecentesche.

32 camere 🛏 – 🛌 304/697 € – 4 suites

contrada Coccaro 8 – 📞 080 482 9310 – www.masseriatorrecoccaro.com

🏨 Masseria Torre Maizza 🎾 🏖 🏌 🛗 🖥 🔲 🕙 🧖 ⬆ AC ♨ P

LUSSO · ELEGANTE Scorci di Mediterraneo davanti ai vostri occhi, frutteti e coltivazioni i sentieri che attraverserete: l'eleganza del passato si unisce ad una storia più recente e alla sete di benessere. La struttura condivide con Masseria Torre Coccare un esclusivo lounge sulla spiaggia, il Coccaro Beach Club.

28 camere 🛏 – 🛌 370/1000 € – 12 suites

contrada Coccaro – 📞 080 482 7838 – www.roccofortehotels.com –
Chiuso 1 novembre-31 marzo

🏨 Masseria Cimino 🎾 🏖 🏌 🛗 🖥 🔲 AC P

LOCANDA · REGIONALE Nata come guest house dell'annesso campo da golf, la struttura ha un'antica storia alle spalle... All'interno degli scavi archeologici di Egnatia, questa masseria con torre del '700 continua ad ammaliare l'ospite per la tranquillità della sua posizione isolata e per gli ambienti rustici, ma non privi di eleganza.

14 camere – 🛌 190/350 €

contrada Masciola – 📞 080 482 7886 – www.masseriacimino.com

SAVIGNO

✉ 40060 – Bologna (BO) – Carta regionale n° **5**-C2 – Carta stradale Michelin 562-I15

⌂ **Trattoria da Amerigo** (Alberto Bettini)   ⅏ ⇦ 🏠

DEL TERRITORIO · CONTESTO REGIONALE ⅄ Aperto nel 1934 ed imperdibile tappa gourmet della valle, Amerigo è conosciuto per una cucina autentica, deliziosa – al tempo stesso – articolata. I vari percorsi suggeriti seguono la stagionalità degli ingredienti ed alla base di ogni piatto - alcuni in carta solo per poche settimane all'anno - c'è una materia prima nel momento clou del suo ciclo vitale. Di conseguenza i migliori prodotti – propri di quella determinata stagione – fanno capolino nei vari menu: uno dei più stuzzicanti è quello dedicato ai "dì di festa" con manicaretti regionali rivisitati. Discorso a parte, invece, per funghi e tartufi che insaporiscono la tavola le prime domeniche di novembre quando il paese ospita la sagra nazionale del tartufo bianco pregiato.

Specialità: Ravioli di friggione con parmigiano 36 mesi. Capocollo di maiale brado di razza Mora Romagnola con tortino di cipollotti gratinati. Fiordilatte con spuma di amaretto e briciole di biscotto.

Menu 39/60 € – Carta 32/42 €

via Marconi 16 – ℰ 051 670 8326 – www.amerigo1934.it – Chiuso 7 gennaio-1 febbraio, 8-26 giugno, lunedì, martedì-venerdì a mezzogiorno

SAVIO
✉ 48020 – Ravenna (RA) – Carta regionale n° **5**-D2 – Carta stradale Michelin 562-J18

⅄○ **CâMì**   ⅏ ⅃🏠⅃ 🆔 🅿

REGIONALE · ELEGANTE ⅇⅇ Nel verde della campagna del fiume Savio, ma a soli 3 km da Milano Marittima, un ristorante all'interno di un agriturismo dove uno chef di grande spessore reinterpreta i sapori regionali, utilizzando al meglio i prodotti ortofrutticoli delle proprie coltivazioni.

Carta 46/62 €

*via Argine Sinistro 84 – ℰ 0544 949250 – www.camiagriturismo.it –
Chiuso 10-20 febbraio, 5-25 novembre, lunedì-martedì a mezzogiorno, mercoledì, giovedì-venerdì a mezzogiorno*

SAVOGNA D'ISONZO
✉ 34070 – Gorizia (GO) – Carta stradale Michelin 562-E22

a San Michele del Carso Sud - Ovest : 4 km – Carta regionale n° **6**-C3

⅊ **Lokanda Devetak**   ⅏ ⇦⅃🏠 🆔 ✥ 🅿

REGIONALE · FAMILIARE ⅇⅇ Tra le specialità del menu, soffermatevi sul cinghialetto cotto a bassa temperatura ben sapendo che questa tipica gostilna oltre a proporre vari piatti regionali e mitteleuropei vanta una fornita cantina - ad uso enoteca - scavata nella pietra. Il titolare saprà come coinvolgervi nella scelta e degustazione del vino, soprattutto Carso sloveno e friulano.

Specialità: Il tradizionale baccalà della nonna Žuta, polenta e cialdina di parmigiano. Cinghialetto cotto a bassa temperatura. "Buhtelni" : gonfietti di pasta lievitata ripieni con le confetture e crema di vaniglia.

Menu 40/65 € – Carta 30/40 €

via Brezici 22 – ℰ 0481 882488 – www.devetak.com – Chiuso lunedì, martedì, mercoledì-giovedì a mezzogiorno

SAVONA
✉ 17100 – Savona (SV) – Carta regionale n° **8**-B2 – Carta stradale Michelin 561-J7

⅄○ **A Spurcacciun-a**   ⅏ ⇦ ⟨⅃🏠 🆔 ✥ 🅿

PESCE E FRUTTI DI MARE · ELEGANTE ⅇⅇⅇ Emozioni visive nella sala denominata "tappeti volanti", giochi di colore e luci alla "cromo dinner", il fragore delle onde nel bel servizio all'aperto o un'unica esperienza tattile al tavolo del menu "solo mani"... ma in tutto ciò è pur sempre il mare a farla da padrone.

Menu 65/120 € – Carta 75/110 €

*Hotel Mare, via Nizza 89/r – ℰ 019 862263 – www.aspurcacciun-a.it –
Chiuso 14-20 aprile, 29 settembre-7 ottobre, 23 dicembre-28 gennaio, domenica sera e lunedì, nei mesi estivi solo mercoledì*

ⅰ⃝ Suavis

ITALIANA · INTIMO ⅹ Informale cortesia in una piccola sala dall'arredo moderno e di buon gusto; la carta ristretta invita ad approfittare degli arrivi giornalieri, le paste fresche sono tra le specialità della casa.

Carta 37/50 €

via Astengo 36R – ℰ 019 812811 – Chiuso 17 agosto-1 settembre, 31 dicembre-9 gennaio, lunedì, domenica

SCANDIANO

✉ 42019 – Reggio nell'Emilia (RE) – Carta regionale n° **5**-B2 –
Carta stradale Michelin 562-I14

ⅰ⃝ Osteria in Scandiano

EMILIANA · CONTESTO STORICO ⅹⅹⅹ Nello scenografico contesto di una villa di origini quattrocentesche, ma il cui attuale aspetto risale all'Ottocento, si mangia in una veranda chiusa con vista sul parco. Cucina emiliana di carne, con qualche divagazione più estrosa.

Menu 25 € (pranzo) – Carta 36/60 €

via Palazzina 40 – ℰ 0522 857079 – www.osteriainscandiano.com – Chiuso 1-10 gennaio, 15-30 luglio, lunedì, domenica sera

ⅰ⃝ 1495 Garden Restaurant

CLASSICA · ACCOGLIENTE ⅹⅹ Un po' di tutto in carta, dai classici emiliani a piatti nazionali, pesce ed una buona selezione di carne, soprattutto manzo. Stile rustico nelle colonne in mattoni che ornano la sala, ampia e luminosa.

Carta 24/58 €

Hotel Boiardo, via Pedemontana 6\A – ℰ 0522 856872 – www.1495restaurant.com – Chiuso sabato a mezzogiorno, domenica

ad Arceto Nord - Est: 3, 5 km

ⅰ⃝ Rostaria al Castello

CONTEMPORANEA · INTIMO ⅹⅹⅹ Tra le mura del castello di Arceto, un nuovo e giovane chef ha allargato gli orizzonti della proposta culinaria inserendo piatti venati di creatività; non mancano comunque i classici prodotti inimitabili della zona.

Menu 30 € (pranzo), 50/60 € – Carta 45/70 €

via Pagliani 2 – ℰ 0522989157 – www.larostaria.it – Chiuso 6-13 gennaio, lunedì

sulla strada statale 467 Nord - Ovest: 4 km:

ⅰ⃝ Bosco

CONTEMPORANEA · FAMILIARE ⅹⅹ Ristorante a gestione familiare, le sale sono arredate con cura mentre le proposte culinarie sono legate alla stagione e al territorio: quasi esclusivamente carne, qualche proposta in più di pesce arriva con l'estate. Interessante lista dei vini e bella selezione di grappe.

Carta 42/70 €

via Bosco 133 – ℰ 0522 857242 – www.ristorantebosco.it – Chiuso 1-26 agosto, 27 dicembre-6 gennaio, lunedì, domenica sera

SCARLINO

✉ 58020 – Grosseto (GR) – Carta regionale n° **18**-B3 – Carta stradale Michelin 563-N14

🏠 Relais Vedetta

CASA DI CAMPAGNA · PERSONALIZZATO Sulla sommità di una collina panoramica sul mare, si tratta di un casolare elegantemente ristrutturato; nelle camere troverete un sapiente mix di antico e moderno, con bagni particolarmente suggestivi. Per un soggiorno ancora più "naturale", nel verde circostante, trovano posto otto palafitte in legno e una tenda.

6 camere ⌷ – ♥♥ 80/369 €

poggio La Forcola 12 – ℰ 0566 37023 – www.bevedetta.com

SCARPERIA

✉ 50038 – Firenze (FI) – Carta stradale Michelin 563-K16

a **Lucigliano** ovest: 8 km verso Barberino del Mugello – Carta regionale n° **18**–C1

❀ **Virtuoso - Tenuta le Tre Virtù ❶** ≤ 🚗 🏡 🄰🄲 ✿ 🅿

TOSCANA · **AGRESTE** ✕✕ Immerso nel bucolico contesto delle colline del Mugello, il ristorante omaggia la Toscana grazie ad uno chef già famoso e riconosciuto nel panorama gastronomico: Antonello Sardi! Il cuoco fiorentino - pur utilizzando tecniche moderne - mantiene vivo il legame con i produttori locali e questa è sicuramente la cifra distintiva della sua cucina. Tale campanilismo non si limita agli ingredienti, ma si esprime anche nella scelta enologica che privilegia etichette regionali – talvolta poco conosciute – sebbene di grande carattere. Anche la sala non ha snaturato l'atmosfera rurale del posto, ma l'aggiunta di qualche elemento più contemporaneo ha creato un mix raffinato ed elegante; d'estate approfittate dei tavoli all'aperto con affaccio sulla campagna.

Specialità: Scampo, lingua di vitello, agrumi e sedano. Piccione, spinaci e vin santo. Cheesecake.

Menu 70/105€ – Carta 65/85€

Località Lucigliano 13 – ☎ 055 076 3619 – www.virtuosogourmet.it –
Chiuso 14 novembre-8 marzo, lunedì-sabato a mezzogiorno, domenica

SCHIO

✉ 36015 – Vicenza (VI) – Carta regionale n° **23**–B2 – Carta stradale Michelin 562-E16

❀ **Spinechile** (Corrado Fasolato) 🕸 ≤ 🅿

CREATIVA · **ROMANTICO** ✕✕ Non semplice da scovare, ma di fiabesca atmosfera, tra i boschi delle colline sovrastanti Schio, una volta giunti in paese, si è ancora ben lontani dall'essere arrivati. Da qui, infatti, bisogna inerpicarsi per tornanti a volte stretti, l'ultimo pezzo di strada diventa sterrata e si è - allora - quasi in montagna, a 600 metri d'altezza, per mangiare in quella che sembra un'elegante baita. La cucina si adegua volentieri a questo paesaggio proponendo sapori intensi; sono frequenti i piatti di selvaggina, così come l'uso di erbe aromatiche, anche in infusi, benché non manchi una proposta di mare secondo il pescato del giorno. La carta dei vini è giustamente celebre, si articola in ben tre volumi, uno dedicato ai bianchi, un secondo ai rossi, un terzo ai vini dolci. Una coppia in amore ed affari gestisce il tutto: lei in sala, esperta di vini, lui in cucina.

Specialità: Merluzzo, sedano, cioccolato bianco e bergamotto. Il capriolo e il bosco. Piacevoli sensazioni di rum e tabacco.

Menu 80/100€ – Carta 80/105€

contra' Pacche 2, località Tretto – ☎ 0445 169 0107 – www.spinechileresort.com –
Chiuso 1-6 gennaio, 1-31 agosto, 26-31 dicembre, lunedì, martedì-venerdì a
mezzogiorno, domenica sera

SCHNALS • SENALES – Bolzano → Vedere Senales

SCIACCA – Agrigento → Vedere Sicilia

SCLAFANI BAGNI – Palermo → Vedere Sicilia

SCORRANO

✉ 73020 – Lecce (LE) – Carta regionale n° **15**–D3 – Carta stradale Michelin 564-G36

🍽 **Roots Trattoria ❶** 🚗 🏡 ♿ 🅿

TRADIZIONALE · **CONVIVIALE** ✕ Si mangia nel verde di un grande e curato giardino con olivi e luci soffuse. L'elemento di distinzione è il forno a legna dove vengono cucinate la maggior parte delle vivande proposte con menu unico giornaliero secondo la disponibilità del mercato. Tavoli in legno e sedie di paglia per una perfetta atmosfera di tradizione.

Menu 50€

strada provinciale Scorrano-Supersano km 2 – ☎ 0836 010329 –
www.rootstrattoria.it – Chiuso lunedì

SCORZÈ

✉ 30037 – Venezia (VE) – Carta regionale n° **23**-C2 – Carta stradale Michelin 562-F18

🕄 **San Martino** (Raffaele Ros) 🎖 AC ⇦

MODERNA · CONTESTO CONTEMPORANEO XX Sobrio ed elegante ristorante nella minuscola frazione di Scorzè. I padroni di casa rispondono al nome di Raffaele Ros, chef, e la moglie Michela Berto, responsabile di sala e sommelier. Tutta l'attenzione ruota intorno alla cucina che si vuole moderna, personalizzata, divisa tra carne e - soprattutto - pesce, perché come afferma Raffaele "il cibo non deve sfamare, ma dare cultura". La sua cucina si costruisce infatti per sottrazione, tenendo come massimo riferimento la materia prima. A mezzogiorno, San Martino si sdoppia con una seconda piccola carta light.

Specialità: Scampo reale del Conero con pomodoro alla Busara. Calamaretti e seppetti di Caorle su crema bruciata, pinoli e castraure di Sant' Erasmo (piccolo carciofo). Frutta, verdura e spezie.

Menu 29€ (pranzo), 65/100€ – Carta 55/90€

piazza Cappelletto 1, località Rio San Martino – ℰ 0415840648 – www.ristorantesanmartino.info – Chiuso 10-17 agosto, lunedì, domenica sera

🍴⃝ **Osteria Perbacco** 🎖 ⇦ 🛋 ⅙ AC P

REGIONALE · FAMILIARE XX Due piacevoli sale fresche e luminose in combinazione con elementi rustici e camino in quel che fu antico mulino; d'estate ci si trasferisce in terrazza sopra il fiume. Carne e pesce in ricette venete o più creative per chi è in vena di novità. Comode camere in stile moderno.

Menu 25€ (pranzo), 30/60€ – Carta 30/70€

Hotel Antico Mulino, via Moglianese 37 – ℰ 041 584 0991 – www.ristoranteperbaccoscorze.it – Chiuso 1-10 gennaio, 10-30 agosto, sabato a mezzogiorno, domenica

🍴⃝ **I Savi** 🛋 AC ⇦ P

PESCE E FRUTTI DI MARE · FAMILIARE XX Un ristorante improntato su più semplice e genuina qualità: pur essendoci un menu stampato, sarà il titolare stesso ad illustrarvi a voce il pescato del giorno sul quale orientare la vostra scelta. Un'attenzione particolare ai vegani con alcuni piatti a loro riservati.

Menu 36€ (pranzo)/46€ – Carta 29/60€

via Spangaro 6, località Peseggia di Scorzè – ℰ 041 448822 – www.isavi.it – Chiuso 1-8 gennaio, 3-17 agosto, lunedì, domenica sera

SCRITTO – Perugia → Vedere Gubbio

SEGGIANO

✉ 58038 – Grosseto (GR) – Carta regionale n° **18**-C3 – Carta stradale Michelin 563-N16

🕄 **Silene** (Roberto Rossi) ⇦ 🛋 P

TOSCANA · CONTESTO TRADIZIONALE XXX Una vera e propria fabbrica familiare ed artigianale di prelibatezze gastronomiche: in un paesino di montagna di poche anime, lo chef-patron seduce i suoi ospiti con una linea di cucina decisamente toscana dai sapori intensi e fragranti. Ottimi i primi e le proverbiali carni, qualche proposta di pesce, il tutto condito con olio di produzione propria, erbe e verdure dell'orto di casa. Dolce squisitezza, il panettone!

Specialità: Battuta di carne cruda al coltello con olio extravergine d'oliva. Tortello maremmano di ricotta e spinaci al tartufo. Panettone con lievito madre alle albicocche semicandite e gelato alla salvia.

Menu 80/110€ – Carta 60/80€

località Pescina – ℰ 0564 950805 – www.ilsilene.it – Chiuso 7 gennaio-10 febbraio, lunedì, domenica sera

SEISER ALM • ALPE DI SIUSI – Bolzano → Vedere Alpe di Siusi

SELVA – Vicenza → Vedere Montebello Vicentino

Foodpictures/Shutterstock.com

SELVA DI VAL GARDENA

✉ 39048 – Bolzano (BZ) – Carta regionale n° **19**–C2 –
Carta stradale Michelin 562-C17

Ci piace

La cucina in alta quota dello **Chalet Gerard.** La storia
sportiva di un campione del mondo di sci al moderno
Portillo Dolomites 1966. La qualità del servizio
all'**Alpenroyal Grand Hotel**, professionalità sotto il segno di
una tradizione familiare. I brillanti piatti del ristorante **Nives**,
moderna creatività nel cuore delle Alpi.

Specialità di carne, speck e salsicce varie - un prodotto di
pasticceria - il tutto accompagnato da un buon bicchier di
vino: ecco la ricetta dell'ispettore per trascorrere un
momento di piacevolezza. Gli indirizzi consigliati?
Macelleria Pramstraller, Pasticceria Mussner, Riffeser Otto
Vinoteque. E che la festa cominci!

Angelo Ferraris/PROV_SHUTTERSTOCK

Ristoranti

✿ **Alpenroyal Gourmet** 🎔 🍴 ♿ 🅰🅺 🅿

CREATIVA · **ELEGANTE** XxxX Pugliese, di Molfetta per la precisione, Porcelli ha studiato prodotti e caratteristiche della cucina di montagna imparando a padroneggiare tecniche, sapori e abbinamenti, introducendo – qua e là – personalissimi spunti della sua terra d'origine. Nicchia gastronomica dell'omonimo hotel, gli ambienti sono stati completamente ristrutturati, il servizio è rimasto di grande livello, come la cucina di Mario: sofisticata, impegnata in raffinate presentazioni, basata su prodotti locali, ma non solo. Attenzione, dress code: smart casual (non sono ammessi pantaloncini né sandali).

Specialità: Scamone di manzo Wagyu dell'Alto Adige, panna caramellata, melone mantovano e pompelmo rosa. Cervo, terra, pera, malga e cavolo cappuccio. Canederlo di ricotta, prugne di Laion, gelato al pan pepato e spugna al cioccolato.

Menu 95/115€ – Carta 72/110€

Alpenroyal Grand Hotel, via Meisules 43 – ℰ 0471 795555 – www.alpenroyal.com – Chiuso 31 marzo-12 giugno, 27 settembre-18 dicembre, lunedì-sabato a mezzogiorno, domenica

ⅈ○ **Suinsom** 🎔 ⬅ 🍴 🏠 🅿 🚗

MODERNA · **STUBE** XxX All'interno dell'albergo Tyrol, in lingua ladina Suinsom vuol dire "in cima". Il ristorante si compone di due piccole e incantevoli stube del Settecento, dove il giovane cuoco impiega con creatività prodotti in buona parte montani.

Menu 50/110€ – Carta 50/98€

Hotel Tyrol, strada Puez 12 – ℰ 0471 774100 – www.tyrolhotel.it – Chiuso 5 aprile-19 giugno, 13 settembre-17 dicembre, lunedì, martedì-venerdì a mezzogiorno

ⅈ○ **Chalet Gerard** Ⓝ ⬅ ≺ 🍴 🏠 ♿ 🅿

REGIONALE · **CONTESTO CONTEMPORANEO** XX Un palcoscenico naturale affacciato sul gruppo Sella e sul Sassolungo, ma non aspettatevi un rifugio, bensì un ristorante di cucina tradizionale con piacevoli sale. Ancor più belle le camere in legno, quasi tutte con vista mozzafiato, e per il relax: sauna, fitness, nonché giardino con idromassaggio. Indossati gli sci, si è subito in pista!

Carta 26/54€

via Plan de Gralba 37 – ℰ 0471 795274 – www.chalet-gerard.com – Chiuso 14 aprile-5 giugno, 11 ottobre-3 dicembre

ⅈ○ **Nives** ⬅ 🏠 ♿ 🛎

MODERNA · **CONTESTO CONTEMPORANEO** XX Se siete alla ricerca di una cucina più creativa e amate lasciarvi sorprendere da rivisitazioni di piatti classici, ecco il vostro ristorante! Piatti da fotografia e sapori non solo montani. Per i più romantici c'è anche una stube.

Menu 38/69€ – Carta 50/64€

Hotel Nives, via Nives 4 – ℰ 0471 773329 – www.hotel-nives.com – Chiuso 30 marzo-11 giugno, 27 settembre-10 dicembre

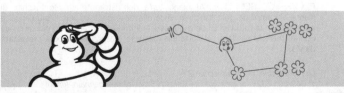

Alberghi

⌂⌂⌂ **Alpenroyal Grand Hotel**

☆ ≤ 🛏 🍴 📺 💷 🦻 ♨ ⊡ ⚹ 🅿 🚗

GRAN LUSSO · STILE MONTANO Uno degli alberghi faro della valle e non solo, si sviluppa orizzontalmente intorno al giardino, sul quale si affacciano le camere, davanti ad alcune delle cime più note della località. Arredi in classico stile montano, ma anche di tendenza in alcune camere più recenti, tra i punti di forza dell'albergo segnaliamo l'ampiezza degli spazi come la qualità del servizio.

32 camere ⌑ – ♙♙ 382/1120 € – 24 suites

via Meisules 43 –
🕾 0471 795555 – www.alpenroyal.com – Chiuso 29 marzo-12 giugno,
27 settembre-18 dicembre

⌘ **Alpenroyal Gourmet** – Vedere selezione ristoranti

⌂⌂⌂ **Portillo Dolomites 1966**   ☆ ≤ 🛏 🍴 📺 💷 🦻 ♨ ⊡ 🅿 🚗

LUSSO · STILE MONTANO Alle porte della località, contesto familiare di grande signorilità ristrutturato in stile lodge. L'uso del legno, diffuso negli alberghi della valle, qui si fa più moderno ed accattivante, con piacevoli accostamenti bicolori nelle eleganti camere.

33 camere ⌑ – ♙♙ 200/600 € – 5 suites

via Meisules 65 –
🕾 0471795205 – www.portillo-dolomites.it – Chiuso 1 aprile-10 giugno,
1 ottobre-10 dicembre

SELVAZZANO DENTRO
✉ 35030 – Padova (PD) – Carta regionale n° **23**–B3 – Carta stradale Michelin 562-F17

⌘ **La Montecchia** (Massimiliano Alajmo)   ⛳ 🌿 🅰🅲 🅿

CREATIVA · ELEGANTE ✗✗✗ Amena ubicazione nel Golf Club della Montecchia per un locale elegante e signorile ricavato in un vecchio essiccatoio per il tabacco. L'ampia sala al primo piano ospita una cucina smaccatamente green: l'85% del menu è, infatti, a base di prodotti dell'orto. Il ristorante si pone l'obbiettivo di diventare un punto di riferimento in Italia per questo tipo di proposta gastronomica; mantenendo in ogni portata una specialità di pesce e di carne. Il pane è assolutamente strepitoso: bianco ed integrale, è il prodotto di un unico laboratorio a Rubano. E' da lì che viene distribuito quotidianamente in tutti i ristoranti del gruppo; sempre lo stesso quindi.

Specialità: Panzanella di astice con crema gelata di olive nere. Gnocchi di rapa rossa in fiore di zucchina con salsa gorgonzola e Roquefort. Gioco di frutta (senza zuccheri aggiunti).

Menu 70/95 € – Carta 55/95 €

via Montecchia 12 –
🕾 049 805 5323 – www.alajmo.it – Chiuso 5-26 agosto, 25 dicembre-8 gennaio,
lunedì, martedì, mercoledì a mezzogiorno

🍴 **abc Montecchia** – Vedere selezione ristoranti

🍴 **abc Montecchia**   🌿 🅰🅲 🅿

REGIONALE · SEMPLICE ✗ Al piano terra del ristorante La Montecchia, di fronte ai campi da golf, "abc" significa alla base della cucina: il più casual e più semplice di tutti i locali della galassia Alajmo. Qui l'offerta si fa più semplice ed informale; si va dalla cotoletta alla milanese alla pizza al vapore brevettata da Max.

Carta 35/45 €

La Montecchia, via Montecchia 12 –
🕾 049 805 5323 – www.alajmo.it – Chiuso 26 dicembre-2 gennaio, lunedì

SENAGO

⊠ 20030 – Milano (MI) – Carta regionale n° **10**–B2 – Carta stradale Michelin 561-F9

⁑○ La Brughiera

REGIONALE · **AMBIENTE CLASSICO** ХХ Un bel locale ricavato da una vecchia cascina ora compresa nel parco delle Groane. Ampio e grazioso l'interno, ma anche il dehors non è da meno. Cucina di stampo regionale ed ampia carta dei vini.

Menu 40 € – Carta 46/59 €

via XXIV Maggio 23 – ℰ 02 998 2113 – www.labrughiera.it – Chiuso 1-5 gennaio, 16-28 agosto

SENALES • SCHNALS

⊠ 39020 – Bolzano (BZ) – Carta regionale n° **19**–B1 – Carta stradale Michelin 562-B14

a Madonna di Senales Nord - Ovest : 4 km

⁑○ Oberraindlhof

TRADIZIONALE · **ROMANTICO** Х In un maso di origini cinquecentesche, in posizione panoramica sulla valle e gestito dalla stessa famiglia ormai da cinque generazioni, nelle romantiche stube viene servita una cucina che ricerca antiche e perdute ricette di Senales. Bella anche la parte alberghiera.

Menu 28/45 € – Carta 39/60 €

Hotel Oberraindlhof, Raindl 49, Sud-Est: 2 km – ℰ 0473 679131 – www.oberraindlhof.com

SENIGALLIA

⊠ 60019 – Ancona (AN) – Carta regionale n° **11**–C1 – Carta stradale Michelin 563-K21

⁂ Uliassi

MODERNA · **ELEGANTE** ХХХ Catia e Mauro, due fratelli e tanta volontà di far bene, con la quale hanno alimentato, sin dagli esordi nel lontano 1990, la crescita del locale che porta il loro cognome: Uliassi. Una crescita continua, costante e - a questo punto possiamo anche aggiungere - straordinaria!

Il loro delizioso ristorante si trova tra il porto canale e la spiaggia, in una posizione che sarebbe stata perfetta per uno stabilimento balneare e che, invece e per fortuna, è da anni una tappa fissa e conosciuta su tutte le mappe geografiche dell'alta cucina. La raffinata eleganza della sala introduce ad una cucina fortemente legata al territorio marchigiano ed elaborata con sapienza, che utilizza al massimo della tecnica e della tecnologia presenti oggi sul mercato, ma - al tempo stesso - semplice e concentrata al piacere del palato: imperniata soprattutto su straordinari sapori di pesce, e in parte anche sulla selvaggina.

Specialità: Rimini fest. Spigola, pesche, morchelle al vino bianco. Millefoglie, amarene di Cantiano, parfait al verdicchio, e chantilly alla cannella.

Menu 155/190 € – Carta 120/140 €

banchina di Levante 6 – ℰ 071 65463 – www.uliassi.it – Chiuso 23 dicembre-27 marzo, lunedì, martedì

⊛ Trattoria Vino e Cibo

PESCE E FRUTTI DI MARE · **CONVIVIALE** Х Nelle strade del centro storico, trovare un tavolo a volte non è facile, sia perché i coperti sono pochi, sia per la celebrità che il posto ha acquisito nel tempo. Un'unica e semplice sala, nonché un elenco di piatti del giorno itinerante fra i tavoli per una trattoria adatta a chi ama gli ambienti conviviali ed informali. Specialità: pane e sgombro - seppioline al pane aromatico e carciofi - tiramisù.

Specialità: Pane e sgombro. Seppioline e carciofi. Maiorchino e crema di cioccolato.

Menu 21 € (pranzo), 22/36 € – Carta 21/36 €

via Fagnani 16/18 – ℰ 07163206 – Chiuso 1-15 novembre, lunedì

🍴○ **Al Cuoco di Bordo** 	AC

PESCE E FRUTTI DI MARE · **CONTESTO CONTEMPORANEO** 🕱🕱 Sul lungomare, un locale dal piacevole arredo con veranda e piccola sala: il re della tavola è il pesce con una preferenza per i crudi.

Menu 38/60€ – Carta 35/90€

lungomare Dante Alighieri 94 –
☎ *071 792 9661 – www.cuocodibordo.com – Chiuso 1 novembre-2 dicembre, giovedì, domenica sera*

a Marzocca Sud: 6 km – Carta regionale n° **11**–C1

🕸🕸 **Madonnina del Pescatore** (Moreno Cedroni) 	🕸 ≤ 🏠 AC

CREATIVA · **ELEGANTE** 🕱🕱🕱 Nascosto e defilato, affacciato su un lungomare lontano da clamori mondani, sarà proprio un'edicola dedicata alla Madonna del pescatore nei pressi del ristorante ad indicarvi che siete arrivati. Un sobrio celarsi, una discrezione che ritroverete anche nei moderni interni e nell'amabilità della signora Mariella in sala, moglie dello chef-patron, mentre il marito, Moreno Cedroni, aggiorna ed inventa incessantemente piatti (quasi esclusivamente di pesce) che, da questo lembo dell'Adriatico, producono un'eco che si sente in altri mari. I vari menu degustazione propongono un'intrigante scelta tra ricette "collaudate" e creazioni più recenti. Trent'anni di creatività millesimati in carta con piatti che han fatto la storia della cucina italiana e un genio ben lontano dall'esaurirsi: un laboratorio gastronomico di eccellenze ittiche!

Specialità: Ricordo di un viaggio in Vietnam: ostrica mangia e bevi. Ermo colle, baccalà, salsa di friggitelli e quinoa agrodolce. Millefoglie di mousse alla gianduia.

Menu 65€ (pranzo), 120/160€ – Carta 115/135€

via Lungomare Italia 11 –
☎ *071 698267 – www.morenocedroni.it – Chiuso 4 novembre-6 febbraio, mercoledì*

SENORBÌ – Cagliari ➜ Vedere Sardegna

SEREGNO

✉ 20831 – Monza e Brianza (MB) – Carta regionale n° **10**–B2 –
Carta stradale Michelin 561-F9

🍴○ **Pomiroeu** 	🕸 🏠

CREATIVA · **AMBIENTE CLASSICO** 🕱🕱 Il nome dialettale del locale è mutuato dai meli selvatici che l'accerchiavano prima che il paese si sviluppasse tutt'intorno, ma non aspettatevi un ambiente rustico: i suoi ambienti interni tradiscono una squisita raffinatezza. La sua cucina è creativa, la lista dei vini ottima.

Menu 25€ (pranzo), 75/100€ – Carta 75/120€

via Garibaldi 37 –
☎ *0362 237973 – www.pomiroeu.com – Chiuso 1-5 gennaio, 3-30 agosto, lunedì, domenica sera*

SERNAGLIA DELLA BATTAGLIA

✉ 31020 – Treviso (TV) – Carta regionale n° **23**–C2 – Carta stradale Michelin 562-E18

☺ **Dalla Libera** 	🕸 🏠 P

VENEZIANA · **COLORATO** 🕱 Se esternamente la trattoria mantiene la storicità del locale di famiglia, all'interno vi attendono ambienti curati di gusto contemporaneo. Lo chef-patron seleziona e propone prodotti di stagione e perlopiù del territorio, in ricette fantasiose senza eccessi. A pranzo - in settimana - piatti veloci e semplici, ma pur sempre di qualità.

Specialità: Uovo nel suo guscio con guanciale. croccante erba cipollina e patata. Seppie nostrane al vapore con capperi e riduzione di olive taggiasche. Crema inglese espressa con prugne e rum.

Menu 15€ (pranzo)/25€ – Carta 30/50€

via Farra 52 – ☎ 0438 966295 – www.trattoriadallalibera.it –
Chiuso 16 agosto-3 settembre, 30 dicembre-5 gennaio, lunedì, martedì-mercoledì sera, domenica sera

SERRALUNGA D'ALBA

✉ 12050 – Cuneo (CN) – Carta regionale n° **14**–A2 – Carta stradale Michelin 561-I6

⌘ **La Rei**   ⏦ 🛎 🍴 ♿ 🆒 🅿

MODERNA · LUSSO XxX Un'eleganza contemporanea che si apre fra ampi spazi e tavoli distanziati è lo sfondo della cucina de La Rei, che punta decisamente sulla valorizzazione dei prodotti piemontesi elaborandoli tuttavia in modo complesso, in preparazioni spesso originali, che si discostano con fantasia dai modelli originali. Col bel tempo il servizio in terrazza offre un colpo d'occhio straordinario su uno dei più suggestivi paesaggi collinari langaroli, con lo sguardo che spazia sino al romantico castello medioevale di Serralunga.

Specialità: Lumache di Cherasco in crosta di erbe aromatiche, pane antico, spugnole, aglio dolce. Musetto di maiale brasato al vermouth, triglia, radici di aglio orsino. Ricotta di bufala, fragole, zuppa di verbena.

Menu 80/110 € – Carta 64/120 €

Hotel Il Boscareto Resort, via Roddino 21 –
𝒞 0173 613042 – www.ilboscaretoresort.it –
Chiuso 12 gennaio-27 marzo, lunedì, martedì-venerdì a mezzogiorno

🏠🏠🏠 **Il Boscareto Resort**   ♨ ≤ ⏦ 🔲 🕸 ♿ 🆒 ♨ 🅿

LUSSO · CONTEMPORANEO Qui non troverete il vecchio Piemonte, ma una moderna struttura con vista su uno dei più suggestivi paesaggi delle Langhe. L'atmosfera contemporanea continua all'interno, caratterizzato da luce e ampi spazi dallo stile sobrio e moderno.

29 camere ⬱ – 👫 230/800 € – 10 suites

via Roddino 21 –
𝒞 0173 613036 – www.ilboscaretoresort.it – Chiuso 13 gennaio-20 marzo
⌘ **La Rei** – Vedere selezione ristoranti

a Fontanafredda Nord : 5 Km – Carta regionale n° **14**–A2

⌘ **Guido** (Ugo Alciati)   ⏦ 🍴 🆒 🔄 🅿

PIEMONTESE · ELEGANTE XxX L'ottocentesca villa che ospita il ristorante s'intreccia inesorabilmente con la storia sabauda, giacché - qui - Vittorio Emanuele II si ritirava per cacciare, ma soprattutto per vivere con Rosa Vercellana, la bela Rosin, che sposò – poi - in nozze morganatiche. Le eleganti sale custodiscono elementi architettonici antichi, come ad esempio i soffitti affrescati, ma per il resto, a cominciare dall'illuminazione, si è scelta un'elegante strada moderna. I proverbiali piatti della regione - come il vitello tonnato tagliato al coltello – da sempre "sponsorizzati" da Guido imbandiscono la tavola, facendo del locale una tappa imperdibile per gli amanti del Piemonte.

Specialità: Vitello tonnato tagliato al coltello. Agnolotti di Lidia. Gelato al fiordilatte mantecato al momento.

Menu 75/90 € – Carta 75/100 €

via Alba 15 –
𝒞 0173 626162 – www.guidoristorante.it –
Chiuso 1-22 gennaio, 10-24 agosto, lunedì, martedì-venerdì a mezzogiorno, domenica sera

🏠🏠🏠 **Vigna Magica**   ⛲ ⏦ 🔼 ♿ 🆒 🅿

CASA DI CAMPAGNA · CONTEMPORANEO E' il frutto di un progetto ambizioso questo bell'albergo (con più modesta foresteria!) inserito nell'affascinante contesto della tenuta Fontanafredda; ottime camere fornite di tutto punto e – al piano terra – cucina della tradizione presso il bistrot Disguido (aperto solo a pranzo).

25 camere ⬱ – 👫 140/320 €

via Alba 15 –
𝒞 0173 626670 – www.hotelcasedeiconti.it

SERRAVALLE LANGHE

✉ 12050 – Cuneo (CN) – Carta regionale n° **14**–A3 – Carta stradale Michelin 561-I6

�🍽️○ La Coccinella

PIEMONTESE · CONTESTO TRADIZIONALE ✗✗ Tre fratelli conducono con passione ed esperienza questo valido ristorante d'impostazione classica. La cucina è soprattutto piemontese - talvolta tradizionale, altre più moderna - con qualche piatto di pesce.

Menu 47 € – Carta 37/70 €

via Provinciale 5 –
✆ 0173 748220 – www.trattoriacoccinella.com – Chiuso 7 gennaio-13 febbraio,
15 giugno-3 luglio, martedì, mercoledì a mezzogiorno

SERRAVALLE PISTOIESE

✉ 51030 – Pistoia (PT) – Carta regionale n° **18**–B1 – Carta stradale Michelin 563-K14

⚙ Trattoria da Marino 🏡 P

TOSCANA · FAMILIARE ✗ In attività da quasi un secolo, l'ambiente è quello di un'accogliente trattoria; la cucina sfodera i piatti forti della regione con qualche simpatica rivisitazione come per i tortelli con ragù di crostaceo, ottima la bistecca (naturalmente in questo caso il conto cresce un po'), merita una foto la generosità dei dolci, soprattutto il "Trionfo".

Specialità: Carciofo croccante con fonduta di pecorino. Coniglio al coccio con olive. Cantucci della tradizione.

Menu 19 € (pranzo)/35 € – Carta 22/48 €

via Provinciale Lucchese 102, località Ponte di Serravalle –
✆ 0573 51042 – Chiuso 10-31 luglio, martedì

SESTO • SEXTEN

✉ 39030 – Bolzano (BZ) – Carta regionale n° **19**–D1 – Carta stradale Michelin 562-B18

🏨 Monika

FAMILIARE · STILE MONTANO Nel Parco Naturale delle famose Tre Cime di Lavaredo, una risorsa recentemente ristrutturata in chiave moderna, ma rispettosa del contesto alpino nella quale si trova: aspettatevi, quindi, un attrezzato spazio benessere con una bellissima piscina coperta e tanto legno nelle "calde" camere.

54 camere – 🛏 145/220 € – 4 suites

via del Parco 2 –
✆ 0474 710384 – www.monika.it – Chiuso 25 marzo-24 maggio,
1 novembre-15 dicembre

a Moso (Moos) Sud - Est : 2 km – Carta regionale n° **19**–D1

🏨 Berghotel

SPA E WELLNESS · STILE MONTANO Splendida vista delle Dolomiti e della valle Fiscalina, profusione di legno, pietra e arredi in stile nelle belle zone comuni, per un hotel composto da più strutture di cui l'ultima nata - praticamente - tutta in cirmolo. Da non perdere la raffinata spa.

74 camere – 🛏 210/360 € – 9 suites

via Monte Elmo 10 –
✆ 0474 710386 – www.berghotel.com – Chiuso 15 aprile-29 maggio,
4 novembre-4 dicembre

SESTO SAN GIOVANNI

✉ 20099 – Milano (MI) – Carta regionale n° **10**–B2 – Carta stradale Michelin 561-F9

⑪◯ **Villa Campari**

ITALIANA · ELEGANTE XX Nella storica villa ottocentesca, un ristorante dal carattere contemporaneo ma che ben si armonizza con la prestigiosa dimora, per decenni sede di rappresentanza del vecchio stabilimento di famiglia. La carta propone una carrellata di piatti anch'essi moderni da degustare nelle varie salette o nella fresca corte esterna. Dalle 18. 30 entra in scena il lounge per l'aperitivo con un indiscusso protagonista facilmente intuibile.

Menu 17 € (pranzo), 34/44 € – Carta 43/75 €

via Campari 23 –
𝒫 02 2247 1108 – www.villacampariristorante.it – Chiuso 12-25 agosto, sabato a mezzogiorno, domenica

SESTRIERE

✉ 10058 – Torino (TO) – Carta regionale n° **12**-A2 – Carta stradale Michelin 561-H2

⑪◯ **Shackleton Restaurant**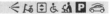

MODERNA · CONTESTO CONTEMPORANEO XX Una bella sala luminosa e panoramica, grazie alle ampie vetrate che dal soffitto corrono fino a terra: un ambiente moderno e conviviale, ravvivato anche dal bel camino centrale. In menu, specialità territoriali allo stesso tempo gustose e leggere.

Carta 30/65 €

Hotel Shackleton Mountain Resort, via Assietta 3 –
𝒫 0122 750773 – www.shackleton-resort.it – Chiuso 20 aprile-26 giugno,
6 settembre-3 dicembre

🏨 **Shackleton Mountain Resort**

LUSSO · STILE MONTANO "L'eleganza in una dimensione familiare": è la formula vincente di questo moderno albergo dalle ampie camere con balcone dove farsi contagiare dalla filosofia slow-life dei titolari. All'ultimo piano, spettacolare panorama da una terrazza chiusa.

14 camere ⊋ – ♯♯ 125/280 € – 5 suites

via Assietta 3 –
𝒫 0122 750773 – www.shackleton-resort.it – Chiuso 20 aprile-25 giugno,
6 settembre-3 dicembre

⑪◯ **Shackleton Restaurant** – Vedere selezione ristoranti

SESTRI LEVANTE

✉ 16039 – Genova (GE) – Carta regionale n° **8**-C2 – Carta stradale Michelin 561-J10

⑪◯ **Olimpo**

MEDITERRANEA · ROMANTICO XXX Vi sembrerà di stare sul monte degli dei, grazie alle ampie vetrate che permettono alla vista di abbracciare il golfo e l'intrigante Sestri Levante: un ambiente decisamente elegante, per una cucina ricercata e di mare.

Menu 60/80 € – Carta 50/100 €

Hotel Vis à Vis, via della Chiusa 28 –
𝒫 018542661 – www.ristoranteolimpo.com – Chiuso 3 novembre-27 marzo

⑪◯ **Baia del Silenzio**

PESCE E FRUTTI DI MARE · CONTESTO CONTEMPORANEO XX Nella luninosa sala di taglio moderno o sulle due terrazze con splendida vista sulla baia, ma c'è anche l'intrigante opzione di alcuni tavoli direttamente in spiaggia sulla sabbia, la cucina si fa contemporanea, indugiando piacevolmente nelle presentazioni. La carta si divide equamente fra terra e mare.

Menu 65/95 € – Carta 58/104 €

Hotel Miramare, via Cappellini 9 –
𝒫 0185 485807 – www.miramaresestrilevante.com

ⅼ○ Portobello   🛋 ⅙ AK

PESCE E FRUTTI DI MARE · **ALLA MODA** ✕✕ In una delle insenature più belle d'Italia, la Baia del Silenzio, cucina prevalentemente a base di pesce: in estate servita sull'incantevole terrazza affacciata sul mare. Inoltre, servizio bar esclusivo per i clienti dell'hotel Vis à Vis, con aperitivo e cocktail dopocena; beach bar per la stagione più calda.

Menu 60/90€ – Carta 50/120€

via Portobello 16 –
✆ 0185 41566 – www.ristoranteportobello.com –
Chiuso 4 novembre-18 marzo, mercoledì

ⅼ○ Rezzano Cucina e Vino   🛋 AK

PESCE E FRUTTI DI MARE · **FAMILIARE** ✕✕ In una piazzetta rientrante dal lungomare, locale d'atmosfera - sobrio e signorile - dove la grande profusione di legno può ricordare vagamente lo stile nautico. Specialità di pesce.

Menu 45/60€ – Carta 47/81€

via Asilo Maria Teresa 34 –
✆ 0185 450909 –
Chiuso 3-24 febbraio, 4-30 novembre, lunedì, martedì-sabato a mezzogiorno

ⅼ○ Balin Sestri Levante   🛋

PESCE E FRUTTI DI MARE · **ACCOGLIENTE** ✕ Sul lungomare, locale con pochi tavoli e di contemporanea atmosfera; anche con la nuova gestione si riconferma come un valido indirizzo dove assaggiare piatti curati nei minimi dettagli. Prenotate per tempo!

Menu 50/100€ – Carta 39/90€

viale Rimembranza 33 –
✆ 0185 44397 –
Chiuso lunedì, martedì-venerdì a mezzogiorno

ⅼ○ Capocotta

CREATIVA · **RUSTICO** ✕ A due passi dall'incantevole Baia del Silenzio, rustico locale che fu ritrovo di pescatori; ora la tipicità del posto si contrappone ad una cucina di ricerca, ricca di creatività. Una bella esperienza!

Carta 45/70€

vico Macelli 8 – ✆ 0185 189 8193 – Chiuso lunedì a mezzogiorno, martedì, mercoledì-sabato a mezzogiorno

🏨 Grand Hotel Villa Balbi   🌴 🛏 🏊 ☎ AK ♨ P

DIMORA STORICA · **PERSONALIZZATO** Sul lungomare, un'antica villa aristocratica del '600 con un rigoglioso parco-giardino con piscina: splendidi interni in stile con affreschi, camere eleganti. Continuate a viziarvi pasteggiando nella raffinata sala da pranzo.

105 camere 🛏 – 🛏 148/510€ – 3 suites

viale Rimembranza 1 –
✆ 0185 42941 – www.villabalbi.it –
Chiuso 7 ottobre-4 aprile

🏨 Helvetia

LUSSO · **LUNGOMARE** In un angolo tranquillo e pittoresco di Sestri, una costruzione d'epoca dai luminosi ambienti arredati con gusto. Il ristorante con il suo bel dehors dal quale si può rimirare la Baia del Silenzio fa eco alle terrazze panoramiche che ospitano il solarium e la piscina.

21 camere 🛏 – 🛏 250/590€ – 4 suites

via Cappuccini 43 –
✆ 0185 41175 – www.hotelhelvetia.it –
Chiuso 1 novembre-3 aprile

SESTRI PONENTE – Genova ➜ Vedere Genova

SETTEQUERCE · SIEBENEICH – Bolzano ➜ Vedere Terlano

SETTIMO MILANESE

✉ 20019 – Milano (MI) – Carta regionale n° **10**–B2 – Carta stradale Michelin 561-F9

⅄◯ **CristianMagri**   🏠 𝔸�ℂ 🅿

ITALIANA CONTEMPORANEA · **RUSTICO** 𝕏 Affacciato su un laghetto di pesca sportiva, il locale vanta una location decisamente bucolica, mentre la cucina s'inventa specialità fantasiose e creative: riso, zucchine, lamponi, pepe di Sichuan - cotoletta "svestita"... Piatti tradizionali sono invece presentati nell'annesso bistrot. Ottima la pasticceria e i gelati di produzione propria.

Menu 15€ (pranzo), 35/90€ – Carta 46/90€

via Meriggia 3 – ℰ 02 3359 9042 – www.cristianmagri.eu – Chiuso 16-23 agosto, lunedì

SEXTEN • SESTO – Bolzano ➜ Vedere Sesto

SICILIA

Ci sono tante buone ragioni per spingerci fino quaggiù, in questa onirica isola sospesa tra terra, fuoco, lava e mare. Le più immediate possono essere quelle di carattere paesaggistico o archeologico; basti pensare a Ragusa abbarbicata s'una collina avvolta dai Monti Iblei e capoluogo di provincia più a sud d'Italia. Oltre al suggestivo centro storico, un'altra attività memorabile della località è passeggiare nella sua campagna; già ricche di oleandri, carrubi e alberi di fico dove crescono erbe selvatiche come cappero, menta, origano, timo, tarassaco, ortica e senape canuta: profumi che andranno ad insaporire i piatti tipici di questa parte del Bel Paese.

Tra le note più golose vanno ricordate: la cassata, il cannolo, la granita e la frutta Martorana. Se il terreno fertile produce agrumi in grande quantità, mandorle, fichi d'India, pistacchi ed olive sono altre icone culinarie dell'isola.

"È in Sicilia che si trova la chiave di tutto. La purezza dei contorni, la morbidezza di ogni cosa, la cedevole scambievolezza delle tinte, l'unità armonica del cielo col mare e del mare con la terra... Chi li ha visti una sola volta, li possederà per tutta la vita". ("Viaggio in Italia", Goethe 1768)

Carta regionale n° 17
Carta stradale Michelin n° 365

OcsanaDen/iStock

AGRIGENTO

✉ 92100 – Agrigento (AG) – Carta regionale n° **17**–B2 – Carta stradale Michelin 365-AQ60

⊕ Osteria Expanificio   ⌂

SICILIANA · **CONVIVIALE** X L'originale sala vi ricorderà che effettivamente di un ex panificio si tratta, ma con il bel tempo molti clienti scelgono di mangiare all'aperto, tra i palazzi del centro e a pochi metri da un suggestivo belvedere. La cucina oscilla tra terra e mare, ma è sempre attenta alle tradizioni siciliane. Specialità: spaghetti chitarra ai ricci - ricciola alla norma - cous cous di pistacchio.

Specialità: Spiedino di sarde in beccafico. Linguine con tartare di scampi e bottarga di muggine. Parfait alle mandorle.

Carta 15/46€

piazza Sinatra 16 – ℰ 0922 595399 – www.osteriaexpanificio.it

⫶○ La Terrazza degli Dei   ⌂ 🅰🄲 🅿

CLASSICA · **ELEGANTE** XXX Se la fama di Agrigento è quasi esclusivamente legata alla zona archeologica, vale invece la pena di scoprire anche la sua tavola. A La terrazza degli Dei (en plein air per quasi tutta la stagione), la vista si posa sul tempio della Concordia e sulla valle dei Templi, mentre piatti locali - reinterpretati in chiave fantasiosa - "intrattengono" l'ospite. In alternativa, a pranzo, c'è anche una carta light.

Carta 45/85€

Hotel Villa Athena, via Passeggiata Archeologica 33 – ℰ 0922 596288 – www.laterrazzadeglidei.it

⫶○ Il Re di Girgenti   ≼ ⌂ 🅰🄲 ⇔ 🅿

PESCE E FRUTTI DI MARE · **ELEGANTE** XX Solo etichette regionali nella carta dei vini, ma anche la cucina non si scosta dall'isola, in questo locale giovane e alla moda, che osa giocare con un look molto personale. La magia della vista sui templi ha pochi eguali.

Carta 30/80€

via Panoramica dei Templi 51 – ℰ 0922 401388 – www.ilredigirgenti.it – Chiuso martedì

🏨 Villa Athena   ✿ ⅏ ≼ ⟦ ⌆ 𝄞 🛁 ⊟ & 🅰🄲 🅿

LUSSO · **ELEGANTE** Flessuose palme svettano nel giardino-agrumeto, dove sono collocate la piscina e la villa del Settecento che ospita questa risorsa dalle splendide camere e dalla proverbiale vista sui celebri templi. Nell'esclusiva, piccola, spa, vasca idromassaggio, zona umida e cromoterapia.

21 camere – 🛏 190/480€ – ⌷ 18€ – 6 suites

via passeggiata Archeologica 33 – ℰ 0922 596288 – www.hotelvillaathena.it

⫶○ **La Terrazza degli Dei** – Vedere selezione ristoranti

ARCHI – Catania → Vedere Riposto

BAGHERIA

✉ 90011 – Palermo (PA) – Carta regionale n° **17**–B2 – Carta stradale Michelin 565-M22

⊗ I Pupi (Antonio Lo Coco)   ⅋ & 🅰🄲

MODERNA · **ELEGANTE** XX Tony Lo Coco, potrebbe essere il nome di un star del mondo dello spettacolo, invece, lui, lo chef-patron del ristorante I Pupi, la stella ce l'ha cucita sulla giacca! Il servizio, nella piccola sala in bianco e nero di un'eleganza moderna e minimalista, dominata dal grande armadio lucido che funge da dispensa, è assicurato dalla moglie Laura. Per quanto riguarda la cucina, lasciate fare a Tony che - attento a selezionare le eccellenze locali e i migliori casari, pescatori, agricoltori, nonché allevatori del comprensorio - vi accompagnerà a degustare la Trinacria in chiave fantasiosa e personalizzata; vivamente consigliati i percorsi degustazione di terra, di mare, ma anche il menu misto per assaggiare di tutto un po'!

Specialità: Il nostro crudo di pesce con sali del mondo e oli aromatizzati in casa. Spaghetto alla chitarra con ricci di mare e clorofilla di prezzemolo. La sfera di cassata.

Menu 35€ (pranzo), 75/110€ – Carta 35/100€

via del Cavaliere 59 – ℰ 091 902579 – www.ipupiristorante.it –
Chiuso 12 gennaio-2 febbraio, lunedì, domenica sera

CALATABIANO
✉ 95011 – Catania (CT) – Carta regionale n° **17**–D2 – Carta stradale Michelin 365-BA57

🏠 **Castello di San Marco** 🕭 🦢 🔑 🛋 🎰 🐾 🏧 🎏 🅿

STORICO · CLASSICO Dimora di origini seicentesche dalla splendida facciata, buona parte delle camere si aprono in una serie di dépendance anch'esse antiche o più moderne. Ma il punto di forza dell'albergo è il lussureggiante parco di vegetazione mediterranea con piscina, un piccolo paradiso.

19 camere ☲ – 🛉 173/365€ – 11 suites

via San Marco 40 – ℰ 095 641181 – www.castellosanmarco.it –
Chiuso 4 novembre-5 dicembre

CALTAGIRONE
✉ 95041 – Catania (CT) – Carta regionale n° **17**–C2 – Carta stradale Michelin 365-AW60

🕸 **Coria** (Domenico Colonnetta e Francesco Patti) 🕸 🏧

MODERNA · CONTESTO CONTEMPORANEO 🎇 Nel centro storico di questa singolare città, a 200 metri dalla famosa scalinata di Santa Maria del Monte, il ristorante è dedicato a Giuseppe Coria, appassionato e studioso di gastronomia locale, autore del libro "Profumi di Sicilia": gli stessi che aromatizzano i piatti di questo indirizzo. In due sale dall'aspetto sobrio e contemporaneo, Domenico Colonnetta e Francesco Patti, chef-titolari, si sono fatti le ossa alla scuola di Ciccio Sultano; ora, camminano con le loro gambe e lo fanno con una sicurezza ed un'originalità fuori dal comune.

Specialità: Crudo di pesce in 5 differenti preparazioni. Paccheri, aragosta del Mediterraneo, cagliata alle mandorle, scarola ripassata, capperi e olive. Millefoglie, crema alla vaniglia, composta di mela e caramello salato.

Menu 45/90€ – Carta 56/93€

via Infermeria 24 – ℰ 0933 26596 – www.ristorantecoria.it – Chiuso 1-30 novembre, lunedì a mezzogiorno, domenica sera

CAPRI LEONE
✉ 98070 – Messina (ME) – Carta regionale n° **17**–C2 – Carta stradale Michelin 365-AX55

🍴 **Antica Filanda** 🕸 🖧 🗲 🚒 🏧 🅿

REGIONALE · ELEGANTE 🎇 La vista unisce mare e monti, ma la cucina sceglie questi ultimi: la tradizione dell'entroterra rivisitata con ottimi prodotti del territorio ed una predilizione per il maialino nero in tutte le declinazioni, dai salumi ai ragù. Camere nuove ed accoglienti.

Menu 25€ (pranzo), 40/50€ – Carta 40/55€

contrada Raviola strada statale 157 – ℰ 0941 919704 – www.anticafilanda.me – Chiuso 15 gennaio-1 marzo, lunedì

CARLENTINI
✉ 96013 – Siracusa (SR) – Carta regionale n° **17**–D2 – Carta stradale Michelin 365-AZ60

verso Villasmundo Sud - Est : 4 km

🏠 **Agriturismo Roccadia** 🕭 🦢 🚒 🛋 🏧 🅿

CASA DI CAMPAGNA · TRADIZIONALE In posizione collinare, circondato da aranci, le camere sono semplici, ma quelle soppalcate sono particolarmente adatte alle famiglie. Molte hanno un terrazzo con un piccolo giardino.

20 camere ☲ – 🛉 70/100€

contrada Roccadia, str. prov. 95 al km 43 – ℰ 095 990362 – www.roccadia.com

CASTELBUONO

✉ 90013 – Palermo (PA) – Carta regionale n° **17**–C2 – Carta stradale Michelin 365-AT56

☺ **Palazzaccio**   🌣 AIC

REGIONALE · **CONTESTO TRADIZIONALE** ХХ Piacevolissimo ristorante ubicato in pieno centro storico, lungo una via pedonale. All'interno l'ambiente rustico-contemporaneo è impreziosito da volte in pietra, mentre la cucina rimane fortemente ancorata al territorio con molte specialità delle Madonie. Imperdibili: tortellone ripieno di burrata con ristretto di pomodoro cotto sottovuoto - filetto di manzo con funghi croccanti e salsa barbecue - mousse di cioccolato al 70% e sesamo pralinato.

Specialità: Carpaccio di manzo aromatizzato. Ravioli ripieni di stracciatella con acqua di pomodoro. Zuppa di ricotta di capra, pera candita e sfera fritta alla cannella.

Menu 35/65 € – Carta 40/75 €

via Umberto I 23 – ℰ 0921 676289 – www.ristorantepalazzaccio.it – Chiuso lunedì

☺ **Nangalarruni**   ㊟ 🌣 AIC

SICILIANA · **FAMILIARE** Х Nel centro storico della località, pareti con mattoni a vista, antiche travi in legno ed esposizione di bottiglie, in una sala di origini ottocentesche. Piatti tipici della tradizione locale, ben fatti e curati, come gli spaghetti fatti in casa cacio, pepe e funghi di bosco - la spalla di maialino cotta al cartoccio in salsa di funghi e verdurine di stagione - la cassata con gelato alla ricotta.

Specialità: Cartoccio di funghi e asparagi. Filetto di maialino in crosta di manna, mandorle e pistacchi. Cassata con gelato alla ricotta.

Menu 32/50 € – Carta 28/60 €

via Delle Confraternite 5 – ℰ 0921 671228 – www.hostarianangalarruni.it –
Chiuso 8 gennaio-8 febbraio, mercoledì

CASTELLAMMARE DEL GOLFO

✉ 91014 – Trapani (TP) – Carta regionale n° **17**–B2 – Carta stradale Michelin 365-AM55

🍴○ **Mirko's**   🌣

MEDITERRANEA · **ACCOGLIENTE** ХХ Sulla scalinata che porta a cala piccola, Mirko e i suoi giovani fratelli vi delizieranno con preparazioni accattivanti dove il pesce rimane l'indiscusso protagonista!

Carta 33/90 €

discesa Annunziata 1 – ℰ 0924 040592 – www.mirkosristorante.it

CATANIA

✉ 95124 – Catania (CT) – Carta regionale n° **17**–D2 – Carta stradale Michelin 365-AZ58

❀ **Sapio** (Alessandro Ingiulla)   AIC ♿

MODERNA · **ELEGANTE** ХХХ Unica stella a Catania ed emblema dell'imminente svolta generazionale, che vede il sud progredire e i giovani messi nella condizione di esprimersi e trovare più spazio, Sapio è un raffinato ristorante gestito da una giovane coppia. Roberta Cozzetto in sala con la sua elegante cortesia, Alessandro Ingiulla in cucina intento a preparare piatti che conquistano alla vista che il gusto con interpretazioni moderne e i freschi prodotti di questa splendida isola.

Specialità: Fetta di manzo tiepida e la sua gelatina. Petto e coscia di piccione. Biancomangiare alle mandorle tostate.

Menu 75/110 € – Carta 55/90 €

via Messina 235 – ℰ 095 097 5016 – www.sapiorestaurant.it – Chiuso 10-27 agosto,
lunedì, martedì a mezzogiorno, sabato a mezzogiorno

☺ **Me Cumpari Turiddu**   🌣 AIC

SICILIANA · **VINTAGE** Х Originale ed accattivante, il ristorante propone un tuffo nella vecchia Sicilia recuperando antichi lampadari, sedie e tavoli. Segue il passo la cucina, intrigante carrellata di prodotti isolani, ed una carta-bistrot più semplice ed economica. Rivendita di prodotti gastronomici e cocktail bar (quest'ultimo ininterrottamente dalle 11. 30 alle ore piccole).

Specialità: Spaghetti alla Turiddu con "masculina da Magghia",capperi e "mud-dica atturrata". Braciolettine di manzo di Razza Modicana alla messinese con pro-vola dei Nebrodi. "Scannolo" di Me Cumpari Turiddu.

Carta 24/46€

piazza Turi Ferro 36 – ℰ 095 715 0142 – www.mecumparituriddu.it

🍽️ **Km.0**   🏃 ♿ AC

SICILIANA · **SEMPLICE** X Alle spalle dell'orto botanico, un locale piccolo, sem-plice ed essenziale, dedicato - come si intuisce dal nome - ai prodotti del territo-rio. Alla guida due giovani fratelli, uno in cucina, l'altro in sala; in preparazioni semplici, protagonisti sono gli ingredienti.

Menu 40/65€ – Carta 38/75€

via Antonino Longo 26/28 – ℰ 347 732 7788 – www.km0ristorante.it –
Chiuso 7-13 gennaio, 1-31 agosto, lunedì, domenica sera

🍽️ **Osteria Antica Marina**   🏠 AC

PESCE E FRUTTI DI MARE · **FAMILIARE** X Completamente rinnovato nel 2018, sebbene più moderno, il ristorante continua a riflettere l'anima del pittoresco e popolare mercato mattutino su cui si affaccia. Imperdibile la carrellata di antipasti misti, il pesce si sceglie dall'espositore.

Menu 25€ (pranzo)/65€ – Carta 36/100€

via Pardo 29 – ℰ 095 348197 – www.anticamarina.it – Chiuso 10-30 novembre,
mercoledì

🏨 **Romano House**   🛗 ♿ AC 🏋️

TRADIZIONALE · **CONTEMPORANEO** Nato dall'unione di due palazzi, di cui uno ottocentesco che ospita una decina di camere con affreschi, stucchi o soffitti a volta, un insieme molto piacevole, che non mancherà di conquistare i turisti in visita alla "città dell'elefante".

49 camere ⌑ – 🛏️ 119/229€ – 1 suite

via G. Di Prima 20 – ℰ 095 352 0611 – www.romanohouse.it

🏨 **Asmundo di Gisira** 🆕   🛗 AC

DIMORA STORICA · **PERSONALIZZATO** Un antico palazzo in pieno centro contornato da un popolare mercato quotidiano, tante opere d'arte ispirate a temi isolani (anche in vendita!), nonché una splendida terrazza all'ultimo piano con vista sulla parte storica della città. Confort attuale e moderno.

5 camere ⌑ – 🛏️ 120/250€ – 1 suite

via Gisira 40 – ℰ 095 097 8894 – www.asmundodigisira.com

🏨 **Palazzo Cerami**   AC

DIMORA STORICA · **ACCOGLIENTE** A pochi passi da Villa Cerami e dai capola-vori barocchi di via Crociferi, le camere si trovano al primo piano di un palazzo di fine Ottocento con pavimenti d'epoca. Accoglienti e luminose, è l'indirizzo ideale per chi vuole partire alla scoperta del centro storico di Catania.

5 camere ⌑ – 🛏️ 69/89€

via Cerami 11 – ℰ 334 225 8249 – www.palazzocerami.com

CEFALÙ

✉️ 90015 – Palermo (PA) – Carta regionale n° **17**-C2 – Carta stradale Michelin 365-AT55

🍽️ **Locanda del Marinaio**   🏠 AC

MEDITERRANEA · **ACCOGLIENTE** XX Gustosi piatti che profumano di Mediter-raneo – sebbene realizzati dalla chef/titolare tedesca – in un grazioso locale del brulicante centro di Cefalù. L'ambiente è semplice ed informale, ma la cucina pro-pone interessanti rivisitazioni.

Carta 32/69€

via Porpora 5 – ℰ 0921 423295 – Chiuso martedì

CHIARAMONTE GULFI
⊠ 97012 – Ragusa (RG) – Carta regionale n° **17**–D3 – Carta stradale Michelin 365-AX61

🍴○ **Locanda Gulfi**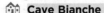

SICILIANA · **CASA DI CAMPAGNA** XX La sala consente una veduta della moderna cantina, ma se si lascia vagare lo sguardo non sfuggirà la bucolica bellezza della campagna e dei vigneti circostanti, mentre i più "curiosi" spieranno il lavoro dei cuochi nella cucina a vista. Ai sapori dell'isola s'ispirano i piatti.

Menu 30/70 € – Carta 40/54 €

Agriturismo Locanda Gulfi, Contrada Patria – ℰ 0932 928081 – www.locandagulfi.it – Chiuso domenica sera

EGADI (ISOLE) Trapani (TP) – Carta stradale Michelin 365-AI56

Favignana Carta regionale n° **17**–A2

🏠 **Cave Bianche** 🏕 ⤸ ⟲ ⌐ ⌶ ⬍ 🕭 🅰🅲 🏖 🅿

RESORT · **INSOLITO** Definirlo originale è riduttivo. L'albergo si trova infatti all'interno di un grande scavo di calcarenite (tipo di roccia sedimentaria) con delle alte pareti che gli fanno da perimetro; nei suoi spazi trovano posto un bel giardino con piscina, una terrazza-ristorante per la prima colazione e la cena, nonché signorili camere complete di tutto, sebbene essenzialissime.

49 camere 🖙 – 👫 70/300 €

Strada Comunale Fanfalo – ℰ 0923 925451 – www.cavebianchehotel.it – Chiuso 11 ottobre-1 maggio

KroXv/iStock

EOLIE (ISOLE)

Messina (ME) – Carta stradale Michelin 365-AY53

Ci piace

Accomodarsi nel rigoglioso giardino del ristorante **E Pulera** a Lipari. L'elegante ed esclusiva sicilianità del **Therasia Resort** a Vulcano, costruito con materiali tipici dell'Isola (pietra lavica dell'Etna, cotto siciliano, legno di cedro...), immerso in un rigoglioso giardino.

Dormire in vigna, ovvero: pernottare in una delle micro residenze dai nomi fortemente evocativi - Pomice, Ossidiana e Caolino - della Tenuta Castellaro a Lipari: un ambizioso progetto enologico e paesaggistico. La movida di Panarea si dà appuntamento con un aperitivo sulle fantastiche terrazze del Bridge Sushi Bar.

oriredmouse/iStock

Lipari

🍴○ **E Pulera** 🏠 AC

SICILIANA · **ELEGANTE** XX Prende il nome dalle tipiche colonne eoliane che nelle case di un tempo avevano lo scopo di refrigerare in estate e riscaldare in inverno le mura, questo raffinato ristorante dal lussureggiante giardino con cucina locale non scevra di fantasia.

Menu 40/60€ – Carta 35/60€

via Isabella Vainicher Conti – ☏ 090 981 1158 –
www.epulera.it – Chiuso 20 ottobre-10 maggio, lunedì-domenica a mezzogiorno

🍴○ **L'Anfora** 🏠 ♿ AC

SICILIANA · **AMBIENTE CLASSICO** XX Cucina isolana interpretata con passione e dove s'indugia - per passione della vista e non solo del palato - in giochi cromatici: il tutto servito in porzioni generose!

Menu 25€ (pranzo), 35/65€ – Carta 39/70€

vico Alicudi – ☏ 090 982 1014 –
www.ristoranteanfora.it – Chiuso 1 gennaio-18 marzo, domenica

🍴○ **Filippino** 🕸 🏠 AC ⇕

PESCE E FRUTTI DI MARE · **STILE MEDITERRANEO** XX Piacevole e fresco il pergolato esterno di questo storico locale al traguardo dei 100 anni, dove vi verrà proposta una gustosa e ampia gamma di pescato locale elaborato in preparazioni tipiche.

Carta 35/55€

piazza Municipio – ☏ 090 981 1002 –
www.eolieexperience.it – Chiuso 16 novembre-15 dicembre

🍴○ **Trattoria del Vicolo** 🏠 AC

SICILIANA · **TRATTORIA** X Sulla piazza da più di 50 anni, ovviamente rimodernato ma sempre conviviale e senza fastidiosi snobismi, alle pareti alcuni dipinti dello chef/artista, in tavola le sue creazioni gastronomiche dai sapori regionali reinterpretati con gusto contemporaneo.

Menu 20/45€ – Carta 30/59€

vico Ulisse 17 – ☏ 090 981 1066 –
wwwtrattoriadelvicolo.info – Chiuso 15 novembre-30 marzo, lunedì-sabato a mezzogiorno, domenica

🏨 **Mea** 🌂 ≤ 🛋 🛗 ♿ AC 🅿

RESORT · **MEDITERRANEO** In posizione panoramica, lo stile eoliano è ripreso con attenzione ai particolari nelle belle terrazzine; echi arabeggianti caratterizzano le moderne camere, mentre la cucina riscopre i sapori mediterranei nel ristorante con vista mare.

37 camere ☵ – ♥♥ 60/429€

via Falcone e Borsellino – ☏ 090 981 2077 –
www.hotelmealipari.it – Chiuso 1 gennaio-1 marzo

Panarea Carta regionale n° **17**-D1

🍴○ **Hycesia** 🕸 ⇔ 🍴 🏠

PESCE E FRUTTI DI MARE · **STILE MEDITERRANEO** XXX Un ristorante esclusivo nel cuore di Panarea: una delle più fornite cantine ed una selezione dei migliori prodotti, in un ambiente piacevole ed elegante in stile eoliano... con qualche contaminazione etnica.

Carta 50/90€

via San Pietro – ☏ 090 983041 –
www.hycesia.it – Chiuso 1 novembre-20 maggio

🏠 Quartara

FAMILIARE · ROMANTICO La terrazza panoramica offre una vista notevole, considerata la posizione arretrata rispetto al porto. Arredi nuovi e di qualità che offrono eleganza e personalizzazioni. Il ristorante offre una grande atmosfera.

13 camere ☲ – 👫 150/600 €

via San Pietro 15 – ☏ 090983027 – www.quartarahotel.com –
Chiuso 31 ottobre-1 aprile

Salina Carta regionale n° **17**–C1

🕸 Signum (Martina Caruso)

CREATIVA · STILE MEDITERRANEO XX Locanda di charme e indirizzo una stella Michelin delle isole Eolie, la giovane chef Martina Caruso praticamente è nata e cresciuta all'interno del Signum; dopo una serie di esperienze formative ha deciso di far ritorno a casa per occuparsi in prima persona della cucina. Oggi, la giovane cuoca guida una brigata di nove persone, mentre il fratello si occupa dell'incantevole albergo costruito come un tipico borgo eoliano. Dalla dispensa di Martina direttamente sulla tavola – lavorati con estro e mano leggera - i tesori dell'orto e i grani antichi, il pescato locale e le migliori carni, l'olio extra vergine d'oliva e l'ottima carta dei vini (mirata a far conoscere anche le referenze, meno conosciute dell'isola), a cui si uniscono le piccole eccellenze di Salina e le grandi di tutta la Sicilia.

Specialità: Sgombro confit, zuppa di olive verdi, bufala e capperi canditi. Mezzi paccheri con totano, tumapersa e bieta croccante. Crostata di limone, meringa bruciata, gel di liquirizia e sale agli agrumi.

Menu 50 € (pranzo), 90/130 € – Carta 70/100 €

Hotel Signum, via Scalo 15, località Malfa – ☏ 090 984 4222 – www.hotelsignum.it –
Chiuso 4 novembre-9 aprile

🍽 Nni Lausta

PESCE E FRUTTI DI MARE · STILE MEDITERRANEO X E' il pesce il protagonista della tavola, la tradizione genuina e gustosa della cucina eoliana viene interpretata con abilità, fantasia e innovazione. Se non fa troppo caldo, optare per la fresca terrazza ombreggiata.

Carta 30/68 €

via Risorgimento 188, località Santa Marina Salina – ☏ 090 984 3486 –
www.nnilausta.it – Chiuso 1 novembre-30 marzo

🏨 Signum

LUSSO · MEDITERRANEO Costruito come un tipico borgo eoliano dai caratteristici ambienti e dagli arredi artigianali, quest'oasi di tranquillità dispone di un centro benessere con numerose vasche tra cui una termale. La gestione è nelle mani di un nucleo familiare coeso e ospitale.

23 camere ☲ – 👫 200/800 € – 7 suites

via Scalo 15, località Malfa – ☏ 090 984 4222 – www.hotelsignum.it –
Chiuso 4 novembre-9 aprile

🕸 **Signum** – Vedere selezione ristoranti

Stromboli

🍽 Punta Lena

PESCE E FRUTTI DI MARE · FAMILIARE XX Il servizio sotto un pergolato con eccezionale vista sul mare e sullo Strombolicchio, è la compagnia migliore per qualsiasi tipo di occasione. In cucina tanto pesce.

Carta 35/60 €

via monsignor Di Mattina 8, località Ficogrande – ☏ 090 986204 –
Chiuso 15 ottobre-1 maggio, mercoledì a mezzogiorno

SICILIA

Vulcano Carta regionale n° **17**-D1

⌘ **Il Cappero** 🦀 ≤ 🛖

MEDITERRANEA · ELEGANTE XXX La variopinta cultura culinaria siciliana trova una sua proverbiale rappresentazione nel Cappero di Vulcano. Incastonato sul promontorio di Vulcanello, il ristorante dello chef Biuso propone una cucina tecnica e moderna, a tratti anticipatrice. Per la sua posizione privilegiata a strapiombo sul mare, la terrazza regala una vista impareggiabile su tutte le isole Eolie e – spesso – dei tramonti infuocati!

Specialità: Un'altra caponata. Risotto allo sfincione. Stella gemella.

Menu 50/140 € – Carta 80/132 €

Hotel Therasia Resort, località Vulcanello – ℰ 090 985 2555 –
www.therasiaresort.it – Chiuso 1 gennaio-10 aprile, 20 ottobre-31 dicembre,
lunedì-domenica a mezzogiorno

🏠 **Therasia Resort** 🛎 🦀 ≤ 🌊 🍴 🍷 ⊕ 🏠 🛗 ⊡ ♿ AC 🧖 **P**

SPA E WELLNESS · MEDITERRANEO A strapiombo sul mare, una rigogliosa natura mediterranea circonda le varie zone: terrazze digradanti con piscine di acqua salata o dolce come quella a sfioro sul blu. Al suo interno eleganti ambienti in stile mediterraneo, ma fondamentalmente moderni ed essenziali. Sintesi perfetta tra territorio, cultura e creatività, la cucina flirta a meraviglia con i prodotti locali.

91 camere ⌷ – 👥 350/600 € – 3 suites

località Vulcanello – ℰ 090 985 2555 –
www.therasiaresort.it – Chiuso 1 gennaio-20 aprile, 20 ottobre-31 dicembre

⌘ **Il Cappero** – Vedere selezione ristoranti

ERICE

✉ 91016 – Trapani (TP) – Carta regionale n° **17**-A2 – Carta stradale Michelin 365-AK55

⫶○ **Monte San Giuliano** ≤ 🍴 🛖 AC

REGIONALE · CONVIVIALE XX In pieno centro e sulla via pedonale, passando per la piccola corte interna, corredata da un pozzo, si arriva nella singolare terrazza-giardino, perfetta cornice in cui gustare i piatti della tradizione isolana.

Carta 26/49 €

vicolo San Rocco 7 – ℰ 0923 869595 –
www.montesangiuliano.it – Chiuso 7 gennaio-14 febbraio, 3 novembre-6 dicembre,
lunedì

FAVIGNANA – Trapani → Vedere Egadi (Isole)

GALLODORO

✉ 98030 – Messina (ME) – Carta regionale n° **17**-D2 – Carta stradale Michelin 565-N27

⫶○ **Noemi** ≤ 🛖 AC

SICILIANA · FAMILIARE X Splendida la vista sulla costa, suggestivo biglietto da visita per questa trattoria che propone un menu fisso con vari assaggi di cucina siciliana, quindi specialità quali: pappardelle ai funghi porcini e pistacchio, involtini, polpette, semifreddi alla mandorla e la proverbiale cassata.

Menu 25/40 € – Carta 22/50 €

via Manzoni 8 – ℰ 0942 37162 –
Chiuso 29 giugno-18 luglio, lunedì sera, martedì

GANZIRRI – Messina → Vedere Messina

LAMPEDUSA (ISOLA DI) ✉ 92010 – Agrigento (AG) –

Carta regionale n° **17**-C3

Lampedusa

⑩ **Gemelli** 🏠 🅰🅲

MEDITERRANEA · CONVIVIALE XX Ristorante nella zona del porto nel contesto di una struttura alberghiera, ma con ingresso e vita completamente autonomi. Piatti di mare della tradizione locale o di loro ispirazione; il servizio estivo viene effettuato all'aperto con affaccio sulle belle barche ormeggiate.

Carta 41/86€

via Alessandro Volta 8 – ☏ 0922 970699 –
Chiuso 1 gennaio-14 aprile, 1 novembre-31 dicembre, lunedì-domenica a mezzogiorno

⑩ **Cavalluccio Marino** 🕸 🔄 ≶ 🛏 🏠 🅰🅲 🅿

MODERNA · AMBIENTE CLASSICO X Cucina fantasiosa in un locale di lunga tradizione familiare rinnovatasi con il passaggio alle nuove generazioni: periferico rispetto al centro, ma facilmente raggiungibile, la sua posizione fronte mare è veramente invidiabile. Buona selezione enologica regionale, nazionale, nonché internazionale.

Menu 60/80€ – Carta 38/100€

Hotel Cavalluccio Marino, contrada Cala Croce 3 – ☏ 0922 970053 –
www.hotelcavallucciomarino.com – Chiuso 1 gennaio-1 maggio, lunedì-domenica a mezzogiorno

⑩ **Lipadusa** 🏠 🅰🅲

MEDITERRANEA · ACCOGLIENTE X Nel centro del paese, fragrante cucina di pesce proposta in chiave tradizionale, ampio dehors sotto un fresco pergolato, servizio attento e dinamico. Insomma: una certezza, sempre!

Menu 28/38€ – Carta 40/85€

via Bonfiglio 12 – ☏ 0922 970267 –
www.lipadusa.com – Chiuso 1 novembre-20 marzo, lunedì-domenica a mezzogiorno

LICATA

✉ 92027 – Agrigento (AG) – Carta regionale n° **17**-C3 – Carta stradale Michelin 365-AS61

❀❀ **La Madia** (Pino Cuttaia) 🕸 ♿ 🅰🅲

CREATIVA · CONTESTO CONTEMPORANEO XXX Oltre a mettere in luce il meglio della Sicilia, Pino Cuttaia si adopera nell'elaborare una cucina che possa essere comprensibile a tutti; proposte gastronomiche che risveglino - in un certo senso - il gusto della memoria, i sapori di casa e, perché no, le ricette della nonna. "La memoria è l'ingrediente segreto di piatti che raccontano una storia", sostiene Cuttaia. Vero! La nostalgia emotiva della sua cucina è fortissima, ma lo sono anche la ricerca e l'innovazione; uno straordinario lavoro che parte dai prodotti, li trasforma per giungere alla loro essenza, spesso con risultati di grande originalità, come nella minestra di crostacei o nella ricciola alla carbonella di mandorle. Anche il dessert congiura a sottolineare le eccellenze della Trinacria.

Specialità: Battutino di gambero rosso. Raviolo di calamaro. Cornucopia.

Menu 95€ (pranzo), 115/150€ – Carta 95/130€

corso Filippo Re Capriata 22 – ☏ 0922 771443 –
www.ristorantelamadia.it – Chiuso martedì, domenica sera

⑩ **L'Oste e il Sacrestano** 🏠 🅰🅲

MODERNA · RUSTICO X Un piccolo ristorante accogliente a "denominazione di origine siciliana": a darvi il benvenuto Chiara, ai fornelli invece Peppe da cui farvi consigliare per un percorso fra rivisitazione e tradizione.

Menu 29€ (pranzo), 49/69€

via Sant'Andrea 19 – ☏ 0922 774736 –
www.losteeilsacrestano.it – Chiuso 7 gennaio-10 febbraio, 30 ottobre-15 novembre, lunedì, domenica sera

LIDO DI SPISONE – Messina → Vedere Taormina

LINGUAGLOSSA

✉ 95015 – Catania (CT) – Carta regionale n° **17**–D2 – Carta stradale Michelin 365-AZ56

� **Shalai**   🕸 🕍 & 🗚 🅿

MODERNA · **CONTESTO CONTEMPORANEO** XX Poco più che trentenne, nato e cresciuto a pochi metri dal suo attuale posto di lavoro, lo chef Giovanni Santoro ricorda quando – bambino – giocava proprio attorno al palazzo dove oggi sorge l'intimo ed elegante relais. Situato a 650 metri di altezza, a venti minuti dalle stazioni sciistiche ed altrettanti dal mare, il ristorante è rinomato per l'ampio utilizzo di materie prime locali tra cui verdure spontanee da suolo vulcanico e carni dalla storica macelleria della famiglia Pennisi: gli attuali proprietari della struttura. Il menu cambia ogni tre mesi circa, privilegiando gli ingredienti che la natura ci regala in quel trimestre. Scelta "territoriale" anche per quanto riguarda la cantina che racconta l'eccellente vocazione della nuova viticoltura etnea; ciononostante non mancano incursioni di altre regioni o etichette internazionali, nonché importanti marche di champagne. Gioia e benessere, « shalai » in dialetto siciliano!

Specialità: Vitellina in punta di coltello con fonduta ai formaggi e bacche di ginepro dell'Etna, affumicata agli aghi di pino. Carrè di agnellino da latte, carciofo fritto e cime di rapa. Volevo essere una mela cotta.

Menu 80/100 € – Carta 50/90 €

Hotel Shalai Resort, via Guglielmo Marconi 25 – ℰ 095 643128 – www.shalai.it – Chiuso lunedì-venerdì a mezzogiorno

🅾 **Dodici Fontane**   🕍 🗚

MODERNA · **ELEGANTE** XXX Il nome allude alle dodici fontane che ornano il servizio all'aperto; si cena anche lungo la piscina o, se il tempo non lo permette, nell'elegante sala interna. In ogni caso la cucina merita una sosta per la rimarchevole interpretazione creativa di eccellenze isolane: crostacei di Mazzara, maialino dei Nebrodi, tartufo nero di Palazzolo, pistacchio di Bronte, nocciole etnee, salsiccia linguaglossese...

Carta 50/80 €

Villa Neri Resort & Spa, contrada Arrigo – ℰ 095 813 3002 – www.hotelvillanerietna.com – Chiuso lunedì-domenica sera

🏨 **Villa Neri Resort & Spa**   🌊 🍴 🛋 🕭 🕸 🖴 & 🗚 🅿

LUSSO · **ELEGANTE** In splendida posizione panoramica sull'Etna e sulla campagna, la villa è del 2012, ma ripercorre con tanta intelligenza le forme, i materiali e i colori siciliani da sembrare d'epoca. Eleganti camere, alcune con arredi storici, altre con vista sull'Etna; i bagni con ceramiche ragusane.

24 camere ☲ – ♙♙ 230/300 € – 3 suites

contrada Arrigo – ℰ 095 813 3002 – www.hotelvillanerietna.com – Chiuso 4 novembre-2 aprile

🅾 **Dodici Fontane** – Vedere selezione ristoranti

🏨 **Shalai Resort**   🕸 & 🗚 🅿

STORICO · **DESIGN** Nel cuore del caratteristico centro storico di Linguaglossa, il palazzo ottocentesco si sposa all'interno con gli arredi moderni di camere sobrie e luminose, di raffinata eleganza, di cui due affrescate. Centro benessere e tanta ospitalità dall'ottima gestione.

12 camere ☲ – ♙♙ 150/300 €

via Guglielmo Marconi 25 – ℰ 095 643128 – www.shalai.it

� **Shalai** – Vedere selezione ristoranti

LIPARI – Messina → Vedere Eolie (Isole)

MARINA DI RAGUSA
✉ 97010 – Ragusa (RG) – Carta regionale n° **17**–C3 – Carta stradale Michelin 365-AW63

⭐○ **Votavota** ⓝ   🏠 ♿ AC

SICILIANA · **CONTESTO CONTEMPORANEO** XXX Sorto sulle ceneri di una gloria locale rimasta aperta per 50 anni, moderno ristorante open space che d'estate apre le proprie vetrate sul lungomare. La sua cucina siciliana valorizza i tanti e proverbiali prodotti isolani rivisitandoli alla luce di un gusto e di presentazioni attuali.
Menu 35€ (pranzo), 50/90€ – Carta 50/70€
lungomare Andrea Doria 48 – ☏ 3341426962 –
www.votavota.it – Chiuso 1 febbraio-1 marzo, 3 novembre-1 dicembre, lunedì,
domenica sera

⭐○ **Lido Azzurro 1953 da Serafino**   ≤ 🏠 AC

PESCE E FRUTTI DI MARE · **STILE MEDITERRANEO** XX Locale sulla piazza da più di 50 anni, polifunzionale, con pizzeria serale e lido balneare. D'estate si mangia praticamente sulla sabbia, ma - se ci si vuole riparare all'interno - accoglienti sono le sue sale con grandi vetrate sul blu. Dalla cucina escono piatti generosi, prodotti ed elaborati nel rispetto delle tradizioni locali, cromaticamente rivisitati con gusto più moderno.
Carta 50/99€
lungomare Andrea Doria – ☏ 0932 239522 –
www.locandadonserafino.it – Chiuso 1 gennaio-31 marzo

🏠 **La Moresca**   🐾 ♿ AC

STORICO · **PERSONALIZZATO** Non lontano dal mare, l'affascinante edificio liberty degli anni '20 è stato restaurato con cura e conserva all'interno memorie di artigianato siciliano coordinate con arredi contemporanei in un insieme ricco d'atmosfera. Con il bel tempo le colazioni sono servite nella corte interna.
15 camere ⚏ – ♥♥ 140/300€
via Dandolo 63 – ☏ 0932 239495 –
www.lamorescahotel.it – Chiuso 1 novembre-1 maggio

MARZAMEMI – Siracusa ➜ Vedere Pachino

MAZZARÒ – Messina ➜ Vedere Taormina

MENFI
✉ 92013 – Agrigento (AG) – Carta regionale n° **17**–B2 – Carta stradale Michelin 365-AM58

in prossimità del bivio per Porto Palo Sud - Ovest : 4 km

🏠🏠 **Planeta Estate-La Foresteria Menfi**
🎋 🐾 📶 🍽 🖼 🗄 ♿ AC 🅿

RESORT · **PERSONALIZZATO** Per un soggiorno all'insegna del relax, a pochi minuti d'auto c'è anche la spiaggia privata presso il Lido dei Fiori, un "wine resort" come amano definirsi, circondati dai vigneti dell'azienda ed avvolti dai profumi delle erbe aromatiche, che con il loro nome contraddistinguono le camere. Cucina siciliana contemporanea al ristorante.
14 camere ⚏ – ♥♥ 180/350€
Contrada Passo di Gurra – ☏ 0925 195 5460 –
www.planetaestate.it/menfi/ – Chiuso 2 gennaio-29 febbraio,
1 novembre-23 dicembre

MESSINA
✉ 98122 – Messina (ME) – Carta regionale n° **17**–D1 – Carta stradale Michelin 365-BC54

🍴 **Marina del Nettuno**   🛖 AC

CREATIVA · ELEGANTE XxX Come il nome lascia intendere, questo ristorante e lounge bar si trova proprio sul molo dello Yachting Club Messina. Se l'ambiente è minimalista ed elegante, la sua cucina creativa predilige il pesce.

Menu 65€ – Carta 43/77€

viale della Libertà-Batteria Masotto –
𝄞 347 289 0478 – www.ristorantemarinadelnettuno.com –
Chiuso 10 gennaio-10 febbraio, lunedì-domenica a mezzogiorno

a Ganzirri per viale della Libertà Nord : 9 km – Carta regionale n° **17**-D1

🏵️ **La Sirena**   🛖 AC

PESCE E FRUTTI DI MARE · SEMPLICE X Sul lago di Ganzirri, una trattoria che propone solo pesce locale, dagli involtini di spada, di aguglia reale o di spatola alle vongole veraci: preparazioni schiette e semplici, ma di grande gusto per il palato.

Specialità: Insalata di mare. Spaghetti alle vongole. Sorbetto al limone.

Menu 30/45€ – Carta 30/50€

via Lago Grande 96 –
𝄞 090 391268 – Chiuso mercoledì

MILAZZO

✉ 98057 – Messina (ME) – Carta regionale n° **17**-D1 – Carta stradale Michelin 365-BA54

🍴 **Doppio Gusto**   🍸 AC

PESCE E FRUTTI DI MARE · CONTESTO CONTEMPORANEO XX Sono le specialità di pesce a connotare la cucina di questo locale dal design contemporaneo e cucina a vista, ma informale nel servizio. Buona scelta enologica con proposte anche al calice.

Carta 45/60€

via Luigi Rizzo 1/2 –
𝄞 090 924 0045 – www.ristorantedoppiogusto@virgilio.it – Chiuso lunedì

MODICA

✉ 97015 – Ragusa (RG) – Carta regionale n° **17**-D3 – Carta stradale Michelin 565-Q26

🏵️ **Accursio** (Accursio Craparo)   ♿ AC

CREATIVA · CONTESTO STORICO XX Passione, sensibilità, umiltà e sacrificio: sono questi i "magnifici quattro" o meglio i prerequisiti necessari secondo lo chef Accursio Craparo per raggiungere determinati vertici nel campo della ristorazione. Il suo eponimo ristorante apporta un ulteriore contributo all'alta cucina di questa splendida isola che non teme rivali. Nel cuore di Modica, nei bassi di un antico palazzo del corso, il cuoco dalle origini contadine, ammette di avere un debole per il pane appena sfornato condito con un filo di olio EVO e senza mistero confessa di aver dato vita a piatti definiti dai critici memorabili partendo proprio da certi scarti. Detto questo, siccome tutto è il contrario di tutto, la sua cucina è semplice e leggibile, ma anche elegante e creativa. Ritorno alle origini della memoria gastronomica presso il nuovo Radici, l'Osteria di Accursio: alternativa più classica ed economica.

Specialità: L'arancino si chiude a Riccio - arancino con gamberi, ricci di mare, pomodoro e mozzarella. Pesce all'acqua pazza - trancio di pesce con zucchine, pomodori, capperi, olive e mandorle. Baco da Seta - cannolo di ricotta, cioccolato e frutti rossi.

Menu 90/150€ – Carta 72/110€

via Grimaldi 41 –
𝄞 0932 941689 – www.accursioristorante.it – Chiuso 7 gennaio-29 febbraio, lunedì, domenica sera

SICILIA

⅝◯ Fattoria delle Torri   ⅋⅋ 🛖 🖵

MODERNA · ACCOGLIENTE XX Al termine di un vicolo un po' nascosto che sbocca sul centrale corso Umberto, il ristorante occupa una sala al primo piano di un palazzo con un piacevole servizio in terrazza tra i limoni. Ma più di tutto ricorderete la cucina, siciliana, intensa e colorata.

Carta 30/60€

vico Napolitano 14 – ⌖ 0932 751286 – www.fattoriadelletorri.it –
Chiuso 11-30 novembre, lunedì

⅝◯ La Locanda del Colonnello   🛖 🄰🄲

SICILIANA · CONVIVIALE X A Modica alta, ritornato nei locali annessi all'hotel di famiglia, un'intima sala raccolta, mentre d'estate ci si può accomodare nell'ombreggiato e tranquillo dehors per gustare saporite prelibatezze siciliane; talvolta rivisitate con tocchi di modernità.

Carta 35/40€

Via Blandini 5 – ⌖ 0932 752423 – www.locandadelcolonnello.it –
Chiuso 7 gennaio-29 febbraio, martedì

MONDELLO – Palermo → Vedere Palermo

MONTALLEGRO

✉ 92010 – Agrigento (AG) – Carta regionale n° **17**–B2 – Carta stradale Michelin 365-AP59

⅝◯ Capitolo Primo del Relais Briuccia   ⇐ 🄰🄲

SICILIANA · CONTESTO STORICO XX Un angolo di amena familiarità in un anonimo vicolo del centro: protagonista è una coppia che mettendo a frutto la propria esperienza internazionale propone piatti siciliani (ottimo il filetto di tonno su insalatina di cous cous aromatica), nonché ospitalità di ottima qualità. La sala e le camere evidenziano un eccellente gusto.

Menu 55/60€ – Carta 50/60€

via Trieste 1 – ⌖ 0922 847755 – www.capitolo-primo.it – Chiuso lunedì

NOTO

✉ 96017 – Siracusa (SR) – Carta regionale n° **17**–D3 – Carta stradale Michelin 365-AZ62

⅝◯ Crocifisso   ⅋⅋ 🖤 🄰🄲

SICILIANA · MINIMALISTA XXX Per offrire sempre di più, il locale si è ampliato garantendo maggior confort in tre salette di una casa antica, ma dallo stile caldo-contemporaneo. Sfiziose le specialità siciliane presenti in menu, rilette con gusto decisamente moderno.

Menu 60/80€ – Carta 42/63€

via Principe Umberto 46 – ⌖ 0931 571151 – www.ristorantecrocifisso.it –
Chiuso 7 gennaio-3 marzo, mercoledì

⌂ Seven Rooms Villadorata   ⊟ 🄰🄲 🄿

DIMORA STORICA · GRAN LUSSO Nel centro storico, spettacolare struttura ricavata all'interno di un palazzo nobiliare del XVII secolo e ampliato nell'Ottocento con l'ala che ospita il Seven Rooms. Elegantissime camere arredate con uno squisito mix di antico e moderno, straordinari saloni e una splendida area colazioni con tavolo conviviale al primo piano.

8 camere � – ♦♦ 199/579€

via C. B. Cavour 53 – ⌖ 0931 835575 – www.7roomsvilladorata.it –
Chiuso 1 gennaio-31 marzo, 1 novembre-31 dicembre

PACHINO

✉ 96018 – Siracusa (SR) – Carta regionale n° **17**–D3 – Carta stradale Michelin 365-AZ63

a Marzamemi Nord - Est : 4 km

🍴 **Taverna La Cialoma** ⇐ 🏠 AC

PESCE E FRUTTI DI MARE • STILE MEDITERRANEO ⅄ Prende il nome dal canto tipico degli operai della tonnara, questo locale familiare con una bella terrazza sul mare che - a pranzo - si sostituisce all'assolato dehors sulla scenografica piazza del borgo; un'incantevole trattoria con tovaglie ricamate e il pesce più fresco. L'eccellenza nella semplicità!

Carta 37/58€

piazza Regina Margherita 23 – ℰ 0931 841772 – www.tavernalacialoma.it –
Chiuso 4-28 novembre, martedì sera

PALAZZOLO ACREIDE
✉ 96010 – Siracusa (SR) – Carta regionale n° **17**-D3 – Carta stradale Michelin 365-AY61

🏵 **Andrea - Sapori Montani** 🕸 🏠 ⅃ AC ⇌

SICILIANA • FAMILIARE ⅄⅄ Nel centro della cittadina barocca di origini greche, testimone ne è lo stupendo teatro, il ristorante è gestito da una capace coppia: ambienti piacevoli e, nel piatto, i migliori prodotti dell'entroterra siciliano, con frutta e verdura in parte provenienti dall'azienda agricola di famiglia,
Ben articolata anche la carta dei vini che omaggia l'isola; nelle serate estive fresco servizio in terrazza con vista sui tetti della località.
Specialità: Friscina ortaggi e cialda di riso. Vitello agli aromi con frutta. Crema cotta alla carruba.

Menu 35/38€ – Carta 38/40€

via Gabriele Judica 4 (angolo corso Vittorio Emanuele) – ℰ 0931 881488 –
www.ristoranteandrea.it – Chiuso 7-31 gennaio, martedì

PALERMO

✉ 90133 – Palermo (PA) – Carta regionale n° **17**–B2 –
Carta stradale Michelin 365-AP55

Ci piace

Raggiungere il ristorante **Castello a Mare** attraversando il
porto turistico all'interno dell'area archeologica. Il **Grand
Hotel Wagner**, lussuoso e centrale omaggio allo stile
neobarocco. Spirito giovane e tradizione locale al **Buatta
Cucina Popolana**.

Tante possibilità di degustazioni semplici e tradizionali tra
cui consigliamo certamente il *pane ca meusa (panino con la
milza)* ripieno della saporita interiora molto succulente ma
anche dai gusti forti. Per i meno avventurosi consigliamo i
classici arancini e nelle calde giornate estive una granita
all'antico Caffé Spinnato. Per i più golosi un passaggio alla
Pasticceria Cappello, specialista del cioccolato alla siciliana.
Per finire la giornata con un buon cocktail al Bocum
Mixology.

H. Brodey/Stockbyte/Getty Images

Ristoranti

🕲 **Buatta Cucina Popolana**   ♿ A/C

SICILIANA · **CONVIVIALE** X Nelle belle e storiche sale di un'antica bottega, qui troverete un locale vivace e dinamico dove i piatti della tradizione si alternano con le stagioni. Tra i must: bucatini alle sarde e involtino di pesce azzurro.

Specialità: Caciocavallo all' argentiera. Bucatini con sarde e finocchietto. Cassata al forno.

Menu 35€ – Carta 23/36€

Pianta E3-h – *Via Vittorio Emanuele,176* – ℰ *091 322378* – *www.buattapalermo.it*

⭑○ **A' Cuncuma**   ♿ A/C

CREATIVA · **CONTESTO CONTEMPORANEO** XX Locale raccolto e ristrutturato dove una famiglia palermitana doc propone le sue ricette basate su prodotti locali, non solo di mare, interpretate con gusto e colore.

Menu 70/80€ – Carta 50/60€

Pianta A2-a – *Via Judica 21/23* – ℰ *3201646036* – *www.acuncumarestaurant.com* – *Chiuso 15-30 gennaio, 6-20 luglio, lunedì-sabato a mezzogiorno, domenica*

⭑○ **Castello a Mare**   🍽 A/C 🅿

MODERNA · **ALLA MODA** XX Accanto al porto turistico e all'interno del parco archeologico di Castello a Mare, locale moderno non privo di eleganza per una cucina contemporanea che rivisita i sapori dell'isola; d'atmosfera la sera.

Menu 60/80€ – Carta 55/80€

Pianta E1-f – *via Filippo Patti 2* – ℰ *345 074 3095* – *www.natalegiunta.it* – *Chiuso lunedì*

⭑○ **Gagini Social Restaurant**   🕸 🍽 A/C

CREATIVA · **DI TENDENZA** XX Nel cuore pulsante di Palermo - tra la Vucciria e la Cala - un locale moderno nelle proposte di cucina e nelle presentazioni; caldo e storico invece l'ambiente di piacevole informalità.

Carta 52/75€

Pianta C2-a – *via dei Cassari 35* – ℰ *091 589918* – *www.gaginirestaurant.com*

⭑○ **Osteria dei Vespri**   🕸 🍽 A/C

MODERNA · **ACCOGLIENTE** XX Situata in zona pedonale, uno dei suoi saloni è stato immortalato in una storica pellicola cinematografica e sebbene la cucina sia sempre al passo coi tempi, i suoi piatti moderni "poggiano" su veraci prodotti locali.

Menu 35€ (pranzo), 70/90€ – Carta 65/105€

Pianta C2-r – *piazza Croce dei Vespri 6* – ℰ *091 617 1631* – *www.osteriadeivespri.it* – *Chiuso domenica*

⭑○ **L'Ottava Nota**   A/C 🔄

CREATIVA · **ACCOGLIENTE** XX E' uno di quei locali, carini, moderni, allegri: proprio come vanno di moda oggi. La cucina è fortemente legata al territorio e quindi anche al pesce, mentre l'elaborazioni si fanno sfiziose e contemporanee.

Menu 50€ – Carta 45/80€

Pianta C2-e – *via Butera 55* – ℰ *091 616 8601* – *www.ristoranteottavanota.it* – *Chiuso 15 febbraio-15 marzo, lunedì a mezzogiorno, domenica*

⭑○ **Sapori Perduti**   A/C

MEDITERRANEA · **CONTESTO CONTEMPORANEO** XX Un ristorantino molto buono e accogliente, che propone una fantasiosa cucina prevalentemente di mare, ma non solo. L'ambiente è moderno, raccolto, piacevolmente arredato con vivaci cromatismi.

Carta 30/53€

Pianta B1-d – *via Principe di Belmonte 32* – ℰ *091 327387* – *www.saporiperduti.com* – *Chiuso 11 agosto-18 settembre, lunedì-sabato a mezzogiorno, domenica*

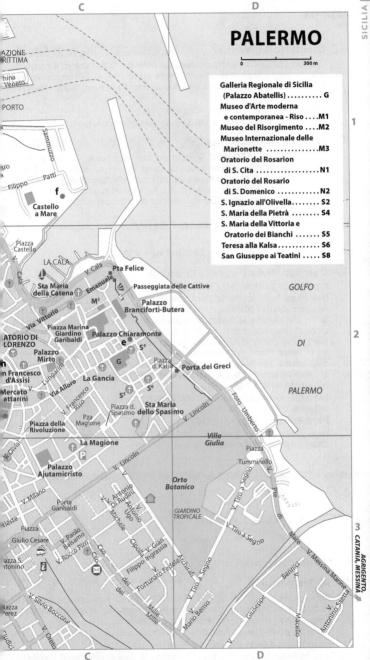

PALERMO

0   300 m

Galleria Regionale di Sicilia
  (Palazzo Abatellis) . . . . **G**
Museo d'Arte moderna
  e contemporanea - Riso **M1**
Museo del Risorgimento **M2**
Museo Internazionale delle
  Marionette **M3**
Oratorio del Rosarion
  di S. Cita **N1**
Oratorio del Rosario
  di S. Domenico **N2**
S. Ignazio all'Olivella **S2**
S. Maria della Pietrà **S4**
S. Maria della Vittoria e
  Oratorio dei Bianchi **S5**
Teresa alla Kalsa **S6**
San Giuseppe ai Teatini **S8**

AZIONE
RITTIMA

hina
Veneto

PORTO

Sammuzzo

aro

Filippo   Patti

f

Castello
a Mare

Piazza
Castello

LA CALA

V. Cala   Pta Felice

Sta Maria
della Catena   Emanuele   Passeggiata delle Cattive

M³

Via Vittorio

Piazza Marina
Giardino
Garibaldi

Palazzo Chiaramonte

Palazzo
Branciforti-Butera

GOLFO

e   **S⁵**

ATORIO DI
LORENZO

Palazzo
Mirto

G

Piazza
d. Kalsa   Porta dei Greci

DI

Lungarini

n Francesco
d'Assisi

Via Alloro

La Gancia

V. Francesco
Crispi

S³   **S⁶**

PALERMO

Mercato
attarini

Piazza d.
Spasimo   Sta Maria
dello Spasimo

Pza
Magione

Piazza della
Rivoluzione

V. Lincoln

Villa
Giulia

La Magione

P

Piazza
Tumminello

Palazzo
Ajutamicristo

V. Lincoln

Porta
Garibaldi

Orto
Botanico

V. Milano

V. Antonio
Di Rudinì

V. Antonio
Ugo

GIARDINO
TROPICALE

V. Tiro a Segno

Trieste

Piazza
Giulio Cesare

V. Paolo
Balsamo

V.
Michele

V.
Cipolla

V. Gian
Filippo Ingrassia

V. Tiro a Segno

Mare

V. Messina Marina

azza S.
ntonino

V. Rocco Pirri

Cso.

V.
Fortunato Fedele

Archirafi

V. Tiro a Segno

Benincii

iazza
Perez

V. Silvio Boccone

dei

dei

Mille

Mille

V.
Mario Bonso

V.
Giuseppe

V.
Macello

V.
Antonino Saetta

ludica

V. Oreto

C   D

SICILIA

Alberghi

🏨 Grand Hotel Wagner   🏊 ♨ 🔼 ⚕ AC 🏊

LUSSO · CLASSICO Palazzo nobiliare dei primi del '900, l'albergo è caratterizzato da stucchi, boiserie ed affreschi che ne riproducono lo stile sontuoso e neobarocco. Nel cuore della città e tra i due più importanti teatri, Teatro Massimo e Politeama.

58 camere ヱ – ♥♥ 175/400€ – 3 suites

Pianta B1-f – *via Wagner 2* – *℘ 091 336572* – *www.grandhotelwagner.it*

🏨 Principe di Villafranca   ♨ 🔼 AC 🏊

LUSSO · CONTEMPORANEO Sono molto ben accessoriate e con arredi di moderna eleganza le camere di questa risorsa totalmente ristrutturata qualche anno fa, che ora si presenta in una veste decisamente fashion, dove il contrasto tra il bianco e il grigio è un must. Tra le originalità dell'hotel, numerose opere di pittura e fotografia contemporanea realizzate da artisti dell'isola.

32 camere ヱ – ♥♥ 99/381€

Pianta A1-d – *via G. Turrisi Colonna 4* – *℘ 091 611 8523* – *www.principedivillafranca.it*

a Mondello Nord - ovest: 11 km – Carta regionale n° **17**–B2

✿ Bye Bye Blues (Patrizia Di Benedetto)   ✤ AC

CREATIVA · DI TENDENZA ✕✕ Arrivederci malinconia, o meglio ristorante Bye Bye Blues! Nella splendida cornice di Mondello, un televisore piatto in sala mostra in diretta i gustosi e curati piatti elaborati ai fornelli da Patrizia di Benedetto, che riscopre la tradizione regionale, arricchendola con fantasia. In un ambiente moderno e minimalista, la cucina si contraddistingue, quindi, per la sua doppia anima: moderna, per tecnica ed accostamenti di materie prime, ma al tempo stesso estremamente legata ai luoghi e alla tradizione gastronomica isolana. Una nota di merito va sicuramente riservata al servizio, sempre accurato ed attento, capace di anticipare le desiderata del cliente senza essere per questo invadente.

Specialità: Rivisitazione del cocktail di gamberi. Cernia in crosta nera e olio allo zafferano. colazione siciliana.

Menu 65/75€ – Carta 70/100€

Fuori pianta – *via del Garofalo 23* – *℘ 091 684 1415* – *www.byebyeblues.it* – *Chiuso 24 settembre-6 novembre, lunedì*

PANAREA – Messina ➜ Vedere Eolie (Isole)

PANTELLERIA (ISOLA DI) ✉ 91017 – Trapani (TP) –

Carta stradale Michelin 365-AG62

Pantelleria Carta regionale n° **17**–A3

🍴 Al Tramonto   ⩽ 🍴 P

PESCE E FRUTTI DI MARE · DI TENDENZA ✕✕ Ristorante con una romantica terrazza da cui ammirare il tramonto, magari sorseggiando un aperitivo, in attesa delle specialità pantesche riproposte in chiave moderna.

Menu 27/60€ – Carta 27/60€

contrada Scauri Basso 12/a (località Penna) – *℘ 349 537 2065* – *www.ristorantealtramonto.it* – *Chiuso 1 gennaio-15 maggio, 3 novembre-31 dicembre*

🍴 La Nicchia   🛖

PESCE E FRUTTI DI MARE · FAMILIARE 🗶 Un locale semplice, ma ben tenuto dove provare specialità marinare tipiche, nelle sale interne con arredi essenziali o all'esterno, sotto un delizioso pergolato.

Menu 20 € (pranzo), 30/60 € – Carta 30/74 €

a Scauri Basso – 𝒞 0923 916342 – www.lanicchia.it – Chiuso 5 novembre-31 marzo

🍴 Osteria il Principe e il Pirata   🎠 ⪜ 🛖 🅿

SICILIANA · STILE MEDITERRANEO 🗶 In una tipica casa isolana con una grande terrazza vista mare e arredi rustici, la cucina, curata personalmente dalla titolare, è attenta già dalla scelta delle materie prime. Specialità siciliane.

Carta 36/69 €

località Punta Karace 7 – 𝒞 0923 691108 – www.principeepirata.it –
Chiuso 1 ottobre-1 marzo

🏠 Zubebi Resort   🏕 🐕 ⪜ 🛖 ⌁ 🆎 🅿

RESORT · MEDITERRANEO In una vasta e quieta proprietà dove la macchia mediterranea fa da sfondo ai tipici dammusi che costituiscono l'albergo, il ristorante è in un giardino arabo molto pittoresco. Assolutamente da non perdere: l'aperitivo sul tetto con il tramonto sullo sfondo!

8 camere – 👫 160/400 €

contrada Zubebi – 𝒞 0923 697033 – www.zubebi.com – Chiuso 4 novembre-30 aprile

PIAZZA ARMERINA

✉ 94015 – Enna (EN) – Carta regionale n° **17**–C2 – Carta stradale Michelin 365-AV59

🍴 Al Fogher   🎠 🛖 ⪙ 🅿

MODERNA · INTIMO 🗶🗶 Da tempo un'istituzione che richiama appassionati pronti ad affrontare un viaggio non breve, ma dai suggestivi paesaggi; troverete una sala ricca di legno e calore, nonché una cucina elaborata, generosa di ingredienti in ogni piatto, sia di terra che di mare.

Menu 30 € (pranzo), 50/75 € – Carta 45/58 €

strada statale 117 bis – 𝒞 0935 684123 – www.alfogher.net – Chiuso lunedì, domenica sera

PIEDIMONTE ETNEO

✉ 95017 – Catania (CT) – Carta regionale n° **17**–D2 – Carta stradale Michelin 365-BA57

🍴 Talé   ⇦ ⪜ 🛖 🛖 🆎 🅿

CREATIVA · ACCOGLIENTE 🗶🗶 All'interno dell'omonimo albergo, le esperienze estere del cuoco riportano in Sicilia con piatti di ispirazione internazionale, accanto a proposte più schiettamente isolane. Nella bella stagione, è un incanto mangiare in terrazza con lo sguardo che dalle colline scende sino al mare.

Menu 45/70 € – Carta 40/76 €

Hotel Talé, via Bellini 186 – 𝒞 335 364 772 – www.talehotel.it –
Chiuso 1 novembre-29 febbraio, lunedì-sabato a mezzogiorno

PORTOPALO DI CAPO PASSERO

✉ 96010 – Siracusa (SR) – Carta regionale n° **17**–D3 – Carta stradale Michelin 365-AZ63

🍴 ViDi 🆕   ⇦ 🆎 🅿

CONTEMPORANEA · STILE MEDITERRANEO 🗶🗶🗶 Nel contesto novecentesco del Castello Tafuri Charming Suites, rinato a nuova vita grazie all'impegno di una squadra familiare tutta al femminile, nella bella stagione si cena sulla magnifica terrazza affacciata sul blu; in alternativa nella moderna e luminosa sala con proposte gastronomiche attuali, declinate sulle tradizioni siciliane (le origini dello chef!), ma con uno stile personale e generoso.

Carta 60/78 €

Via Tonnara 1 – 𝒞 345 166 3741 – www.ristorantevidi.it – Chiuso 7 gennaio-4 aprile, lunedì-sabato a mezzogiorno

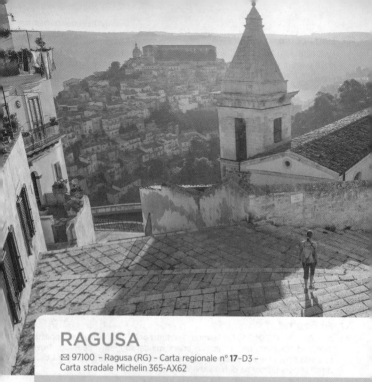

RAGUSA

✉ 97100 – Ragusa (RG) – Carta regionale n° **17**-D3 –
Carta stradale Michelin 365-AX62

Ci piace

Le diverse vocazioni de **I Banchi**: non solo ristorante! **Relais Antica Badia**, un gioiello di accoglienza "barocca" ad un passo dalla cattedrale cittadina.

Arancì: ingredienti, rigorosamente a Km0, vengono attentamente selezionati per garantire genuinità e un'ampia varietà di gustosissimi prodotti. La specialità "Arancina al fuoco dell'Etna", tra i must! Dal salato si passa al dolce all'Antica Dolceria Bonajuto: aperta dal 1880, è la più antica di Ibla e della zona. Il suo cioccolato è il diretto discendente della Xocoàtl atzeca, un tesoro gastronomico portato dagli Spagnoli in Europa nel XVI secolo.

F. Guiziou/hemis.fr

Ristoranti

✿✿ **Duomo** (Ciccio Sultano) ⌸ 🆔 ⇔

CREATIVA · **ELEGANTE** XxX A pochi metri dal Duomo di San Giorgio, che imboccando la via si scorge sullo sfondo, all'interno del Palazzo La Rocca – lo stesso che fece da set al film "Divorzio all'italiana" con Marcello Mastroianni - in piccole ma eleganti sale, la cucina di Ciccio Sultano è una dichiarazione d'amore per la Sicilia, i piatti una straordinaria carrellata di eccellenze del territorio, elaborati in ricette dove la semplicità è bandita, l'accostamento di sapori diversi e talvolta contrastanti esaltata. Ciccio è un alchimista ai fornelli, colui che trasforma i prodotti (a volte anche un po' grezzi) in cibo, uno che utilizza tutti i cinque sensi con una propensione per il gusto e il tatto. La cantina come una grande madre abbraccia tutto: la Sicilia, l'Italia e la Francia, importanti verticali di annate storiche, spumanti e champagne. Vini da meditazione! A qualche metro rispetto all'ingresso, Cantieri Sultano è uno spazio riservato all'ospitalità, dove gustare un aperitivo o un digestivo in un ambiente di grande relax.

Specialità: Triglia maggiore di scoglio ("a pisci d'uovo). Maialino nero siciliano farcito, salsa di melone, purè di patate alla cenere (omaggio alle antiche consistenze). Cous cous al pistacchio con crema di latte, sorbetto alla lavanda e acqua di fiori (omaggio alle suore del Monastero del Santo Spirito di Agrigento).

Menu 50€ (pranzo), 135/150€ – Carta 94/142€

via Cap. Bocchieri 31 – ☎ 0932 651265 – www.cicciosultano.it –
Chiuso 7 gennaio-29 febbraio, lunedì a mezzogiorno, domenica

✿ **Locanda Don Serafino** ⌸ 🍴 🆔 ⇔

MODERNA · **ROMANTICO** XxX Nata dal restauro di un palazzo ottocentesco, Locanda Don Serafino non è solo una piccola bomboniera di ospitalità a due passi dal Duomo, ma è anche uno scrigno di prelibatezze gastronomiche degustabili presso l'omonimo ristorante. L'essenziale eleganza della sala mette in rilievo la straordinarietà dell'ubicazione del locale scavato nella roccia, mentre spetta a Vincenzo Candiano il compito di selezionare le migliori materie prime regionali per portare in tavola piatti che profumano di terra e di mare. Eccellente la carta dei vini: più di mille etichette provenienti da tutto il mondo!

Specialità: L'uovo con la salsa di pomodoro con spuma di caciocavallo e basilico. Spaghetti freschi neri con ricci, ricotta e seppia. Valle dell' Irminio.

Carta 105/135€

via Avv. Ottaviano 13 – ☎ 0932 248778 – www.locandadonserafino.it –
Chiuso 8 gennaio-13 febbraio, martedì

✿ **La Fenice** ⌸ ♿ 🆔 🅿

CREATIVA · **DESIGN** XxX Circondati da pareti vetrate che si affacciano sul giardino dell'albergo, in un'atmosfera luminosa e minimalista, tutta l'attenzione si rivolge alla cucina che ricorre ai prodotti siciliani in preparazioni creative ed estrose. "La mia cucina è tecnica, ricerca delle materie prime e infine territorio. Semplicità nel piatto e nella lavorazione degli ingredienti, che non devono essere snaturati, ma lavorati con massimo rispetto e serviti nel modo più semplice possibile..." Questo è il pensiero dello chef Claudio Ruta, la cui voce si fa sentire in ricette gustose, nonché menu degustazione di carne e di pesce per chi vuole seguire un percorso gastronomico un po' più strutturato.

Specialità: Crudo di pesce con ortaggi, frutta, cladodi (pianta), essenza di finocchietto e gelato di ostriche. Corallini risottati con bocconcini di maialino scottati alle spezie e frozen di ragusano primosale. Ravioli gratinati con crema tiepida di limone su insalatina di agrumi e frutto della passione.

Menu 55/85€ – Carta 50/88€

Hotel Villa Carlotta, via Gandhi 3 – ☎ 0932 604140 – www.lafeniceristorante.com –
Chiuso domenica

SICILIA

⊗ I Banchi   ⅏ 🏠

SICILIANA · BISTRÒ XX Nei bassi del novecentesco Palazzo Di Quattro, nel cuore di Ibla, un locale che non si accontenta di esser ristorante, ma è anche panetteria e pasticceria dove oltre al pane e dolciumi è possibile acquistare prodotti alimentari regionali sceltissimi. La linea di cucina prevede elaborazioni accurate di piatti della tradizione e non solo, a cui si aggiungono - la sera - le pizze.

Carta 36/64 €

via Orfanotrofio 39 – ☏ 0932 655000 – www.ibanchiragusa.it –
Chiuso 7 gennaio-29 febbraio, giovedì

Alberghi

⊡ Relais Antica Badia   ⌂ ⅏ ⊟ 🆒 ⚐ ℗

DIMORA STORICA · ELEGANTE In un palazzo del 1700 accanto alla cattedrale, un'elegante residenza dai preziosi marmi e soffitti nobili, a cui fanno eco camere dalle intriganti personalizzazioni. Di recente apertura, il Truffle Bistrot dalla spiccata predilezione per le ricette della tradizione piemontese e siciliana.

12 camere ⊑ – 👫 109/499 €

corso Italia 115 – ☏ 0932 247995 – www.relaisanticabadia.com – Chiuso 7-23 gennaio

⌂ Villa Carlotta   ॐ 🛏 ⌰ 🛗 ⎈ 🆒 ⚐ ℗

BUSINESS · CONTEMPORANEO In una cornice di macchia mediterranea, tra carrubi e olivi secolari, l'albergo è frutto del restauro e trasformazione di una fattoria dell'Ottocento in moderno hotel di design minimalista.

25 camere ⊑ – 👫 85/190 €

via Gandhi 3 – ☏ 0932 604140 – www.villacarlottahotel.com

  ❀ **La Fenice** – Vedere selezione ristoranti

⌂ Locanda Don Serafino   ॐ 🆒

DIMORA STORICA · PERSONALIZZATO Piccola bomboniera a due passi dal Duomo, la locanda nasce dal restauro di un palazzo ottocentesco: pochi spazi comuni, ma tutti sprigionanti un fascino particolare. Il ristorante omonimo dista circa 500 metri a piedi.

11 camere ⊑ – 👫 129/850 €

via XI Febbraio 15 – ☏ 0932 220065 – www.locandadonserafino.it –
Chiuso 8 gennaio-8 febbraio

verso Marina di Ragusa Sud - Ovest : 14 km

⊡ Eremo della Giubiliana   ⌂ ॐ 🛏 ⌰ ⊟ ⎈ 🆒 ℗

STORICO · TRADIZIONALE Immerso nello splendido paesaggio rurale dei muretti a secco, senza uscire dalla proprietà troverete una sequela di testimonianze di duemila anni di storia: un ipogeo romano, la necropoli paleocristiana, il monastero quattrocentesco, un romantico hortus conclusus con piscina e una corte con fontana in stile arabo. Le camere propongono un'eleganza sobria con arredi d'epoca, tre con terrazza.

17 camere ⊑ – 👫 140/340 € – 4 suites

contrada Giubiliana – ☏ 0932 669119 – www.eremodellagiubiliana.it –
Chiuso 7-31 gennaio

RANDAZZO

✉ 95036 – Catania (CT) – Carta regionale n° **17**–D2 – Carta stradale Michelin 365-AY56

❀ Veneziano   🛏 🏠 ⎈ 🆒 ℗

SICILIANA · CONTESTO TRADIZIONALE XX Sono i funghi i padroni assoluti della cucina, che qui, alle pendici dell'Etna, si trovano con facilità. Piatti locali, quindi, e un servizio familiare serio ed efficiente in sale che rinnovano con buon gusto la tradizione di un antico palmento.

Specialità: Misto di funghi. Zuppa di funghi. Cannoli siciliani.

Menu 35/55 € – Carta 35/55 €

Contrada Arena – ℰ 095 799 1353 – www.ristorantevveneziano.it – Chiuso lunedì, domenica sera

RIPOSTO

✉ 95018 – Catania (CT) – Carta regionale n° **17**–D2 – Carta stradale Michelin 365-BA57

ⅠⅠ○ **La Cucina di Donna Carmela**　　⇦ 🛱 Ⓐ🄲 🅿

MODERNA · **ELEGANTE** ✕✕ Nell'accogliente sala o nel bel dehors all'ombra delle palme, specialità siciliane e i migliori prodotti provenienti dagli orti, frutteti ed agrumeti di proprietà della risorsa. Il tutto presentato con stile attuale.

Menu 28 € (pranzo), 44/64 € – Carta 28/64 €

*Hotel Donna Carmela, località Carruba di Riposto, contrada Grotte 5 –
ℰ 095 468 2717 – www.donnacarmela.com – Chiuso 7-31 gennaio, mercoledì sera*

ad Archi Sud: 2, 5 km – Carta regionale n° **17**–D2

⍟ **Zash**　　　⇦ 🛱 🅿

CREATIVA · **ROMANTICO** ✕✕ All'arrivo, il dedalo di muretti lavici sottolinea la prossimità con l'Etna e l'incanto dopo il cancello d'ingresso sono i tredici ettari di agrumeto con il blu scintillante del mare all'orizzonte. La proprietà della famiglia Maugeri sorge nella riviera dei limoni in una zona che pur essendo a metà strada tra Taormina e Catania, non è parte degli itinerari turistici di massa, ma per una sosta gourmet e golosa bisogna proprio che quest'indirizzo ve lo annotiate. Sussurrano storie di tempi lontani, gli ambienti di questo ristorante ricavato dalla vasca una volta adibita alla fermentazione del vino, mentre le proposte dello chef Giuseppe Raciti - che oltre alle numerose esperienze professionali all'estero, a ventidue anni era già Capo Partita dal maestro Santin - sono improntate a una cucina colorata e creativa con ampio utilizzo di prodotti locali e verdure colte nell'orto di proprietà dell'albergo.

Specialità: Scampi_2019. Filetto di manzo con salsa bernese al pepe verde, bietole e jus all'amarena. Pistacchio di Bronte tostato, gelsi rossi, cioccolato bianco, olio e sale.

Menu 38 € (pranzo), 80/100 € – Carta 38/118 €

*Zash Country Boutique Hotel, strada provinciale 2 I/II 60, località Archi –
ℰ 095 782 8932 – www.zash.it – Chiuso 6 gennaio-8 febbraio, martedì*

🏨 **Zash Country Boutique Hotel**　　⇦ 🛋 🍸 Ⓐ🄲 🅿

DIMORA STORICA · **DESIGN** Immerso in un esteso agrumeto, con biciclette a disposizione degli ospiti, quest'agriturismo di lusso trova ospitalità in una casa padronale dei primi del '900. Bella piscina a sfioro, camere dagli arredi moderni e piccolo terrazzo con vista sulla costa.

17 camere ⌑ – ⅋⅋ 120/700 €

strada provinciale 2 I/II 60, località Archi – ℰ 095 782 8932 – www.zash.it

⍟ **Zash** – Vedere selezione ristoranti

SALINA – Messina ➜ Vedere Eolie (Isole)

SAN VITO LO CAPO

✉ 91010 – Trapani (TP) – Carta regionale n° **17**–A2 – Carta stradale Michelin 365-AL54

ⅠⅠ○ **Profumi del Cous Cous**　　⇦ 🛱 ⅍ Ⓐ🄲

REGIONALE · **STILE MEDITERRANEO** ✕✕ Se al cous cous spetta il ruolo di primo attore della carta, non per questo vanno trascurate le altre specialità isolane. Locale d'atmosfera: soprattutto d'estate, nella bella corte interna tra le piante di agrumi.

Carta 30/60 €

*Hotel Ghibli, via Regina Margherita 80 – ℰ 0923 974155 – www.ghiblihotel.it –
Chiuso 21 ottobre-15 aprile*

⅋○ Gna' Sara

DEL TERRITORIO · CONVIVIALE Lungo la strada parallela al corso principale, un locale sobrio e affollato (ma c'è anche un bel dehors) dove riscoprire i piatti della tradizione locale, come il cous cous di pesce, le busiate fatte a mano o l'immancabile pizza. Molto frequentato, non accetta prenotazioni la sera: chi prima arriva, forse, si accomoda...

Carta 30/67 €

via Duca degli Abruzzi 6 – ℰ 0923 972100 – www.gnasara.it –
Chiuso 15 novembre-31 gennaio, lunedì

🏠 Baglio La Porta di San Gerardo

LUSSO · DESIGN Eleganza e charme in un baglio settecentesco appartenuto al barone omonimo; i motivi per cui sceglierlo si dividono tra la tranquilla posizione panoramica e le camere del corpo centrale, le più affascinanti, o quelle nelle ex stalle, le più luminose.

15 camere ⌂ – ♥♥ 140/280 € – 5 suites

contrada Sauci Grande – ℰ 0923 974216 – www.bagliolaporta.it –
Chiuso 11 novembre-10 aprile

🏠 Capo San Vito

LUSSO · LUNGOMARE Direttamente sulla spiaggia, la struttura dispone anche di uno spazio in cui si effettuano trattamenti benessere e massaggi. Eleganti le camere, molte delle quali con vista mare.

35 camere ⌂ – ♥♥ 126/270 €

via San Vito 1 – ℰ 0923 972122 – www.caposanvito.it – Chiuso 15 novembre-15 marzo

SCIACCA

✉ 92019 – Agrigento (AG) – Carta regionale n° **17**–B2 – Carta stradale Michelin 365-AN58

sulla strada statale 115 km 131 Est : 10 km

🏠 Verdura Resort

GRAN LUSSO · MINIMALISTA Resort di gran lusso con tre campi da golf disegnati dall'architetto californiano K. Phillips, una grande spa con programmi benessere personalizzati e camere dotate di terrazza privata. Per la ristorazione si può spaziare da La Zagara, locale gourmet serale, all'Amare, un dehors con tanto pesce; sapori siciliani e pizza al Liolà.

188 camere ⌂ – ♥♥ 260/1545 € – 15 suites

località Verdura – ℰ 0925 998001 – www.roccofortehotels.com –
Chiuso 30 novembre-1 marzo

SCLAFANI BAGNI

✉ 90020 – Palermo (PA) – Carta regionale n° **17**–C2 – Carta stradale Michelin 365-AS57

🕸 Terrazza Costantino

MODERNA · ELEGANTE E' la trattoria di famiglia, ma lui - il giovane chef - ne ha fatto un raffinato ristorante dove gustare i prodotti del territorio in sfiziose reinterpretazioni; due i percorsi degustazione - carne o pesce - con un rapporto qualità/prezzo eccezionale.

Specialità: Pomodorino, mozzarella e pan bagnato. Tortelli di quinto quarto, tartufo ennese e rosso di Mazara. mandorla pizzuta, ciliegie e fondente.

Menu 38 €

rione Sant'Antonio 24 – ℰ 339 115 5915 – Chiuso 13-31 gennaio, 4-11 novembre, mercoledì

SICULIANA

✉ 92010 – Agrigento (AG) – Carta regionale n° **17**–B2 – Carta stradale Michelin 365-AP59 a **Siculiana Marina** Sud - Ovest : 4 km

🍴 **La Scogliera** 🛏 ᕇ 🆗

PESCE E FRUTTI DI MARE · **STILE MEDITERRANEO** ✕ Ristorantino a conduzione familiare con una bella terrazza affacciata sul mare. Una risorsa ideale per apprezzare appetitose preparazioni a base di pesce fresco.

Menu 35/50 € – Carta 41/56 €

via San Pietro 54 – ℰ 0922 817532

SINAGRA

✉ 98069 – Messina (ME) – Carta regionale n° **17**–D2 – Carta stradale Michelin 365-AY55

🐸 **Trattoria da Angelo Borrello** ≼ 🛏 🆗 🅿

REGIONALE · **FAMILIARE** ✕ Distensivo e indimenticabile il pranzo in veranda: intorno a voi l'intera vallata, al suo centro un antico torchio per le olive, sul vostro piatto i sapori della Sicilia. Tra le specialità, degli di nota sono i maccheroni al ragù di suino nero dei Nebrodi (la carne proviene dai propri allevamenti).

Specialità: Antipasti misti della casa. Maccheroni al ragù di suini neri dei Nebrodi. Flan di cioccolato.

Menu 15/30 € – Carta 20/40 €

strada principale 139 per Ucria – ℰ 0941 594433 – www.ristoranteborrello.it –
Chiuso lunedì

SIRACUSA

✉ 96100 – Siracusa (SR) – Carta regionale n° **17**–D3 –
Carta stradale Michelin 365-BA61

Ci piace

Cenare ai tavoli all'aperto del **Regina Lucia**, nella
spettacolare piazza illuminata. L'intrico di terrazze e arredi
d'epoca dell'**Henry's House**, un romantico nido sull'Ortigia.
Donna Coraly Resort, per chi desidera un soggiorno
sofisticato, ma tutto di marca siciliana.

Street food experience che soddisferà tutti i gusti - basata
su prodotti locali e di stagione - presso il Caseificio Borderi:
è la famiglia stessa da cui prende il nome l'azienda ad
occuparsi in prima persona della produzione dei formaggi
serviti. Brioche con gelato, frappé, le proverbiali granite (un
must quella alla ricotta e pistacchio) e tante altre fresche
leccornie da Il Mastro Gelataio: in attività dal 1970!

L. De Simone/AGF RM/age fotostock

Ristoranti

⫯○ **Regina Lucia** ⌂ AC

MODERNA · ROMANTICO XXX Sebbene vi abbiano già anticipato il fascino di piazza Duomo, non si arriverà mai sufficientemente preparati a tanta bellezza, soprattutto la sera. I tavoli del Regina consentono di apprezzarla al meglio, ma anche in caso di mal tempo o nella stagione più fredda, le sale ricavate dalle ex stalle del palazzo settecentesco hanno di che stupirvi. Cucina creativa su basi siciliane.

Menu 55/75 € – Carta 50/94 €

Pianta C3-b – *piazza Duomo 6 (Ortigia)* – ℰ 0931 22509 – *www.reginalucia.it* – *Chiuso 4-30 novembre, martedì*

⫯○ **Don Camillo** ⅏ AC

MODERNA · ELEGANTE XXX Soffitti a volta, pietre a vista e un servizio di sala numeroso ed attento, sono le caratteristiche più salienti di questo ristorante, dove mare e terra di Sicilia s'incontrano nel piatto; anche la cantina non passa inosservata.

Carta 50/90 €

Pianta D3-a – *via Maestranza 96 (Ortigia)* – ℰ 0931 67133 – *www.ristorantedoncamillo.it* – *Chiuso 7 gennaio-3 febbraio, 12-26 luglio, domenica*

⫯○ **Porta Marina** AC

PESCE E FRUTTI DI MARE · CONTESTO STORICO XX In un edificio del 1400 lasciato volutamente spoglio, in modo da evidenziare le pietre a vista e il soffitto a volte a crociera, il locale si è imposto come uno degli indirizzi più eleganti di Siracusa. Cucina promettente con alcune preparazioni, che si sbilanciano verso elaborazioni e personalismi ben riusciti. Non mancate di scegliere il pesce dall'espositore, le proposte spaziano da quelle più semplici e classiche sino ad altre più creative.

Menu 40/55 € – Carta 34/61 €

Pianta C2-q – *via dei Candelai 35 (Ortigia)* – ℰ 0931 22553 – *www.ristoranteportamarina.135.it* – *Chiuso 1-13 febbraio, lunedì*

⫯○ **Al Mazarì** AC

SICILIANA · ACCOGLIENTE X Parentesi gastronomica trapanese nel cuore di Siracusa in eleganti ambienti (molto bella la sala in pietra medievale con cantina vini!) che riflettono la storia del palazzo: tra couscous e pasta con le sarde, il menu è scritto in tre lingue: italiano, inglese, francese.

Menu 30/54 € – Carta 30/80 €

Pianta D3-n – *via Torres 7/9 (Ortigia)* – ℰ 0931483690 – *www.almazari.it* – *Chiuso 10 gennaio-28 febbraio, 10 novembre-25 dicembre*

Alberghi

🏨 **Grand Hotel Ortigia** ⇱ ⇲ 🛗 ⅃ AC 🛁 🅿

LUSSO · PERSONALIZZATO Qui le camere, così come gli spazi comuni, riescono a fondere e a comprendere in modo mirabile, elementi di design contemporaneo, inserti classici e decorazioni moderne. Il ristorante roof-garden offre una vista panoramica eccezionale sulla città e sul mare. Curiosità: piccolo, ma interessante museo con reperti archeologici ritrovati durante i lavori di ristrutturazione.

56 camere – ⚭ 122/324 € – � 18 € – 2 suites

Pianta C2-c – *viale Mazzini 12 (Ortigia)* – ℰ 0931 464600 – *www.grandhotelortigia.it*

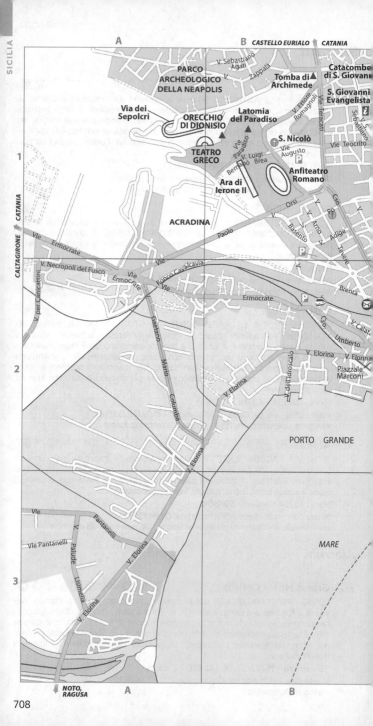

A   B   CASTELLO EURIALO   CATANIA

V. Sebastiano Agati

Zappalà

PARCO ARCHEOLOGICO DELLA NEAPOLIS

Tomba di Archimede

Catacombe di S. Giovanni

S. Giovanni Evangelista

V. Ettore Romagnoli

V. Teracati

Sebastiano

Via dei Sepolcri

ORECCHIO DI DIONISIO

Latomia del Paradiso

Vle Paradiso

V. Luigi Bernabò Brea

S. Nicolò

Vle Augusto

Vle Teocrito

TEATRO GRECO

Ara di Ierone II

Anfiteatro Romano

ACRADINA

Orsi

Cso

Paolo

Basento

Po

Adige

Tevere

Arno

CALTAGIRONE   CATANIA

Vle   Ermocrate

V. per Canicattini

V. Necropoli del Fusco

Vle

Vle Ermocrate

Ronco Cavalcavia

Brenta

Ermocrate

Gaetano

Mario

Columba

V. Calat.

Cso Umberto

V. Elorina

V. Elorina

Piazzale Marconi

V. Elorina

V. dell'Idroscalo

Elorina

PORTO GRANDE

MARE

Vle Pantanelli

V. Palude

Lisinella

Vle Pantanelli

V. Elorina

V. Elorina

3

↓ *NOTO, RAGUSA*

A   B

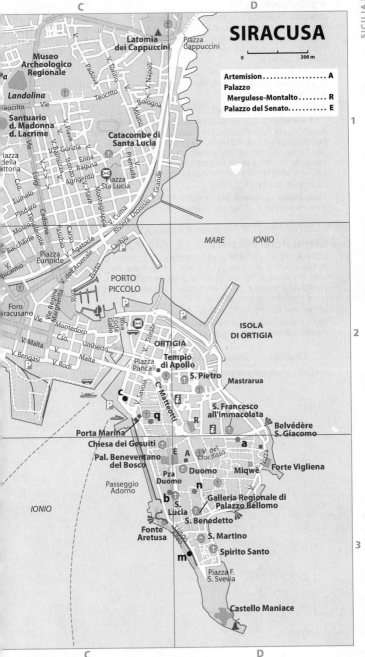

SIRACUSA

0   300 m

Artemision . . . . A
Palazzo
   Mergulese-Montalto . . . . R
Palazzo del Senato . . . . E

Latomia dei Cappuccini
Piazza Cappuccini

Museo Archeologico Regionale

Landolina

Vle Teocrito

Santuario d. Madonna d. Lacrime

Piazza della Vittoria

Catacombe di Santa Lucia

Enna
V. Gorizia

Piazza Sta Lucia

Riviera Dionisio il Grande

V. Cuma

MARE IONIO

PORTO PICCOLO

Foro Siracusano

Vle Regina Margherita

V. Malta

V. Bengasi   V. Rodi

Cso. Umberto

ORTIGIA

ISOLA DI ORTIGIA

Piazza Pancali

Tempio di Apollo

S. Pietro

Mastrarua

S. Francesco all'Immacolata

Belvédère S. Giacomo

c

q

R

Porta Marina

a

Chiesa dei Gesuiti

Pal. Beneventano del Bosco

E   A
V. del Crocifisso

Duomo

Miqwè

Forte Vigliena

Passeggio Adorno

Pza Duomo

n

IONIO

b

S. Lucia

Galleria Regionale di Palazzo Bellomo

S. Benedetto

Fonte Aretusa

S. Martino

m

Spirito Santo

Piazza F. S. Svevia

Castello Maniace

🏠 Henry's House   🔊 ⬍ 🅰️

DIMORA STORICA · ROMANTICO Frutto dell'unificazione di diversi palazzi storici, l'albergo è una graziosa bomboniera in cui il proprietario ha raccolto splendide piastrelle, arredi e cimeli d'epoca. Un labirintico intrecciarsi di saloni e corridoi porta a romantiche terrazze, di cui una, mozzafiato, sotto una vite, si affaccia sul Porto Grande.

14 camere ☑ – 👫 180/310 €

Pianta D3-m – *via del Castello Maniace 68 (Ortigia)* – ☎ 093121361 –
www.hotelhenryshouse.com

🏨 Donna Coraly Resort   🏡 🔊 🛏️ 🛋️ 🅰️ 🅿️

CASA PADRONALE · MEDITERRANEO Se preferite dormire fuori dal centro, questa è una delle strutture più affascinanti ed esclusive del siracusano. Vi apparirà come una sobria masseria, ma la sua storia inizia nel 1300 e, per citarne solo una tappa, qui nel 1943 fu firmato l'armistizio con gli alleati. L'adiacente e più moderna foresteria rivela eleganti camere, tra mobili d'epoca, ceramiche di Caltagirone e una rimarchevole serie di servizi. Straordinario giardino con piscina.

5 camere ☑ – 👫 280/480 €

Fuori pianta – *contrada San Michele* – ☎ 09311799925 3386376121 –
www.donnacoraly.it – *Chiuso 4 novembre-26 marzo*

verso Lido Arenella Sud direzione Ragusa A3

🏨 Grand Hotel Minareto   🏡 ≤ 🎿 🛏️ 🛋️ 🎱 ⬍ ♿ 🅰️ 🛁 🅿️

LUSSO · MEDITERRANEO Atmosfera medio-orientale già annunciata nel nome, in questo resort che occupa un intero promontorio. Elegante e con spiaggia privata, le camere si trovano in intime strutture disseminate un po' ovunque. Impreziosito da boiserie e intarsi in marmo, il ristorante Nesos propone una cucina in bilico tra territorio e modernità.

91 camere ☑ – 👫 200/2200 € – 5 suites

Fuori pianta – *via del Faro Massolivieri 26/a* – ☎ 0931 721222 –
www.grandhotelminareto.it – *Chiuso 1 dicembre-29 febbraio*

STROMBOLI – Messina → Vedere Eolie (Isole)

kippiss/iStock

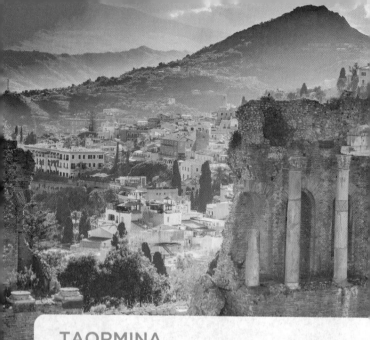

TAORMINA

✉ 98039 – Messina (ME) – Carta regionale n° **17**–D2 –
Carta stradale Michelin 565-N27

Ci piace

La terrazza-giardino del **Kisté** per una romantica serata. La
creatività in tavola al **St. George by Heinz Beck**. La vista
spettacolare su costa e mare dal ristorante del **Belmond
Grand Hotel Timeo**. Le serate musicali organizzate
nell'eleganti zone comuni del **Metropole**.

Cannoli, cassate e gelati preparati nel laboratorio a vista di
un locale con colorate decorazioni siciliane, insomma: un
amore di pasticceria o meglio la Pasticceria D'Amore! Il
suo nome fortemente evocativo - Al Grappolo D'Uva – già
vi suggerisce le delizie che vi attendono varcata la soglia: i
migliori vini prodotti dalle più importanti aziende isolane
accompagnati da qualche specialità regionale e
stuzzichini.

Romas_Photo/Shutterstock.com

Ristoranti

✿ Otto Geleng ❶   🐂 ≤ 🛏 🏠 ♿ 🚗

MEDITERRANEA · CHIC XxxX L'ambiente traduce l'eleganza tipica della destinazione e ricorda le ville isolane di un tempo: solamente "otto" i tavoli incorniciati in un terrazzo fiorito di buganvillee e affacciati sulla baia di Naxos e sull'Etna. I dettagli della mise en place sono ricercati e anch'essi rimandano ai fasti di un'antica dimora, mentre lo chef Roberto Toro - alla guida di questa nuova avventura - studia un menu capace di raccontare la sua Sicilia, con molte interpretazioni personali. Vincono la tradizione, ma in chiave moderna e l'esaltazione delle migliori materie prime che questa terra offre.

Specialità: Spaghetti, ostriche Belon, prezzemolo e briciole di mare. Otto mare. Ricotta, mela cola, cioccolato bianco e agrumi.

Menu 80/130 € – Carta 105/140 €

Pianta B1-x – *Belmond Grand Hotel Timeo, via Teatro Greco 59 – ℰ 0942 627 0200 – www.belmond.com/grandhoteltimeo – Chiuso 1 novembre-30 aprile, lunedì-domenica a mezzogiorno*

✿ St. George by Heinz Beck   ≤ 🛏 🏠 🅿

CREATIVA · LUSSO XxX Espressione di talento e gusto, da parte del resident chef, Giovanni Solofra, nel creare deliziosi piatti con ricercate materie prime del territorio, la cucina porta la firma del pluristellato romano, ma - al tempo stesso - ha una sua propria identità che non disdegna il ricorso a note vegetali. Sala elegante dall'atmosfera vagamente british, appena il tempo si fa bello ci si trasferisce subito in terrazza, di fronte ad un lussureggiante giardino con piscina a sfioro e, sullo sfondo, vista sullo stretto di Messina e le due coste, quella siciliana e calabrese.

Specialità: Fontana e Pomodoro. Agnello in tre servizi. Lat(t)e future.

Menu 130/160 € – Carta 115/133 €

Pianta B1-e – *Hotel The Ashbee, viale San Pancrazio 46 – ℰ 0942 23537 – www.theashbeehotel.com – Chiuso 1 novembre-31 marzo, lunedì a mezzogiorno, martedì, mercoledì-domenica a mezzogiorno*

ⅠⓄ Cinque Archi ❶   ≤ 🅰🄲

PESCE E FRUTTI DI MARE · INTIMO XX Nel centro di Taormina, il raccolto e intimo locale ha una posizione sopraelevata con bella vista dal piccolo dehors o dagli intimi tavolini ognuno nel proprio balconcino. La cucina punta sui prodotti del mare elaborati con formule classiche, ma con ottima cura nella presentazione dei piatti.

Menu 55/95 € – Carta 64/90 €

Pianta A1-a – *Via Don Giovanni Bosco 15 – ℰ 0942 628722 – Chiuso 6-15 novembre*

ⅠⓄ Kisté - Easy Gourmet   🏠 🅰🄲

MODERNA · ACCOGLIENTE XX All'interno della quattrocentesca Casa Cipolla, con romantica terrazza per il servizio estivo, Kisté è un "contenitore" gourmet di sapori siciliani in chiave moderna.

Menu 30 € (pranzo), 70/85 € – Carta 30/82 €

Pianta A2-r – *Via S. Maria de Greci, 2 – ℰ 333 371 1606 – www.kiste.it – Chiuso 7 gennaio-17 marzo, 5-30 novembre, lunedì*

ⅠⓄ Vicolo Stretto   🏠

REGIONALE · ELEGANTE XX Nel pieno centro di Taormina, ristorante dall'ambiente raccolto e di fresca atmosfera, dove gustare una cucina isolana intrigante e ben fatta. Dalla terrazza, la vista spazia fino ai Giardini di Naxos.

Carta 60/77 €

Pianta A1-c – *vicolo Stretto 6 – ℰ 0942 625554 – www.vicolostrettotaormina.it – Chiuso 7 gennaio-15 marzo*

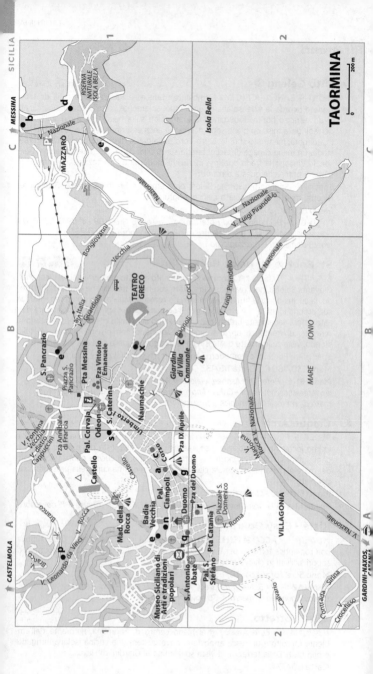

⅋○ **Andreas** 🏠 ♿ AC

MEDITERRANEA · CONVIVIALE ✗ Il nuovo locale di un cuoco dal passato glorioso, che qui propone una schietta cucina mediterranea e, più specificatamente, siciliana in un ambiente sobrio e moderno.

Menu 45/60€ – Carta 40/70€

Pianta B1-c – *via Bagnoli Croci 88 –*
✆ 0942 24011 – andreasrestaurant.it – *Chiuso 6 gennaio-13 febbraio, lunedì, martedì a mezzogiorno*

Alberghi

🏨🏨🏨🏨 **Belmond Grand Hotel Timeo**

🏠 ⅋ ≤ 🛏 🎄 ♨ 🛋 🚻 ♿ AC 🧖 P

GRAN LUSSO · STORICO A pochi metri dal teatro greco, l'eccellenza del Timeo prende forme così diverse che ogni turista finirà per portare a casa un ricordo proprio e personale: splendidi interni con fastosi saloni che dischiudono angoli più privati e belle camere con balconi panoramici, alcuni affacciati sul teatro.

63 camere ⌑ – 🛉🛉 660/2200€ – 8 suites

Pianta B1-x – *via Teatro Greco 59 –*
✆ 0942 627 0200 – www.belmond.com/grandhoteltimeo – *Chiuso 7 gennaio-14 marzo*
⚙ **Otto Geleng** – Vedere selezione ristoranti

🏨🏨🏨 **Nh Collection Taormina** 🏠 ≤ ♨ ♨ 🛋 🚻 ♿ AC 🧖 🚗

GRAN LUSSO · CONTEMPORANEO Ubicato nelle vicine retrovie rispetto alla suggestiva passeggiata di Taormina, la sua hall davvero imperiosa ospita un bar da cui si scorge la soprastante piscina trasparente, una vera chicca! Le camere sono altrettanto lussuose con uno stile classico-moderno. Per concludere in bellezza il ristorante gourmet è al settimo piano dove il panorama parla da sé.

58 camere – 🛉🛉 155/5299€ – ⌑ 21€ – 5 suites

Pianta A1-s – *Via Circonvallazione, 11 –*
✆ 0942 625202 – www.nh-hotels.it – *Chiuso 6 gennaio-31 marzo*

🏨🏨🏨 **The Ashbee** ⅋ ≤ 🛏 ♨ 🛋 🚻 ♿ AC 🧖 P

GRAN LUSSO · STORICO A pochi passi da corso Umberto, questa villa storica progettata da un noto architetto inglese dei primi del '900 - molto ben appartata e in un contesto altamente panoramico - sfoggia un'aria vagamente british anche nell'impostazione. Molto curata e lussuosa negli interni con un bel salone relax e una terrazza-giardino davvero incantevole, la struttura dispone di una suggestiva piscina a sfioro sul sottostante mare.

24 camere ⌑ – 🛉🛉 405/820€ – 7 suites

Pianta B1-e – *viale San Pancrazio 46 –*
✆ 0942 23537 – www.theashbeehotel.com – *Chiuso 1 novembre-31 marzo*
⚙ **St. George by Heinz Beck** – Vedere selezione ristoranti

🏨🏨🏨 **Metropole** 🏠 ≤ ♨ ♨ 🛋 ♿ AC 🧖 P

LUSSO · PERSONALIZZATO E' risorto dalle ceneri, ancora più bello, uno dei primi alberghi ad animare la località qualche lustro fa... Centralissimo con ingresso su corso Umberto, nonché affaccio su dirupo e mare, ambienti lussuosi, camere di alto standing ed un susseguirsi di terrazze panoramiche (ma è solo l'ultima ad ospitare la piscina).

25 camere ⌑ – 🛉🛉 365/533€ – 11 suites

Pianta A1-g – *corso Umberto I° 154 –*
✆ 0942 24013 – www.hotelmetropoletaormina.it – *Chiuso 20 gennaio-20 marzo, 10 novembre-20 dicembre*

SICILIA

🏠 El Jebel

LUSSO · CENTRALE Riservatezza ed esclusività nel cuore dell'antica Taormina: servizio personalizzato in camere arredate con stili differenti, solarium panoramico e piccola zona benessere.

7 camere ⌂ – †† 300/500 € – 3 suites

Pianta A1-n – *salita Ciampoli 9* – ℰ *0942 625494* – *www.hoteleljebel.com* – *Chiuso 1 novembre-22 marzo*

🏠 Villa Ducale

LUSSO · ROMANTICO Un rifugio per le aquile, si sarebbe tentati di dire: l'albergo si trova nella parte più alta di Taormina, a sua volta del resto già situata in posizione elevata a strapiombo sul mare (la navetta o una scenografica scalinata per scendere in paese). Splendidamente tenuto, ovunque gli arredi e i dipinti sono d'ispirazione siciliana.

13 camere ⌂ – †† 129/990 € – 6 suites

Pianta A1-p – *via Leonardo da Vinci 60* – ℰ *0942 28153* – *www.villaducale.com* – *Chiuso 3 novembre-28 marzo*

🏠 Villa Taormina

FAMILIARE · PERSONALIZZATO Un'antica nobile dimora nel cuore della località, circondata da un tipico giardino siciliano di essenze profumate, accoglie l'hotel Villa Taormina: piccola residenza sontuosa dalla personalità assolutamente isolana, con mobili d'epoca e terrazza panoramica. La splendida vista abbraccia mare ed Etna.

8 camere ⌂ – †† 140/1000 €

Pianta A1-e – *via T. Fazzello 39* – ℰ *0942 620072* – *www.hotelvillataormina.com* – *Chiuso 1 dicembre-31 marzo*

a Lido di Spisone Nord - Est: 1, 5 km direzione Messina C1 –

Carta regionale n° **17**-D2

🏵 La Capinera (Pietro D'Agostino)

CREATIVA · CONVIVIALE XX "La mia cucina è come la mia terra – afferma lo chef-patron Pietro D'Agostino – solare, fresca, piena di tradizioni e al contempo moderna". La stessa impressione è quella riscontrata dagli ispettori, che hanno definito la sua proposta gastronomica come innovativa su base regionale, dove la ricerca delle migliori materie prima diventa simpaticamente maniacale: dal pescato del giorno agli ortaggi, dai presìdi Slow Food al caviale di lumaca, attraverso le diverse intensità di oli autoctoni di nicchia. Se la bella terrazza affacciata sul mar Ionio aggiunge ulteriore charme alla sosta, lo chef firma una linea di prodotti gourmet – IO, Pietro D'Agostino - selezionati insieme a piccoli produttori locali, fieri come lui delle eccellenze dell'isola. In pratica, si lascia La Capinera avendo fatto anche la spesa!

Specialità: La selezione di crudi di mare alla maniera di Pietro. Agnolotti con frutti di mare e ristretto di crostacei. Soffio al cioccolato con gelato al tabacco.

Menu 50 € (pranzo), 75/90 € – Carta 75/123 €

Fuori pianta – *via Nazionale 177 - C1* – ℰ *0942 626247* – *www.pietrodagostino.it* – *Chiuso 31 gennaio-28 febbraio, 11-29 novembre, lunedì*

a Mazzarò Est 5, 5 km o 5 mn di cabinovia C1 – Carta regionale n° **17**-D2

🍴 Da Giovanni

PESCE E FRUTTI DI MARE · ACCOGLIENTE X Qualche difficoltà nel trovare il posteggio, ma una breve passeggiata non potrà che farvi meglio apprezzare la semplice cucina di mare della tradizione. Veranda panoramica sul mare e sull'Isola Bella.

Carta 30/60 €

Pianta C1-e – *via Nazionale* – ℰ *0942 23531* – *Chiuso 7 gennaio-7 febbraio, lunedì*

Belmond Villa Sant'Andrea

GRAN LUSSO · LUNGOMARE In un angolo di una suggestiva baia - direttamente sulla spiaggia - una dimora ottocentesca il cui grazioso giardino panoramico resta l'unica traccia della commissione di un gentiluomo inglese. Deliziose le camere, tutte con vista sul mare.

62 camere – †† 600/1500€ – 9 suites

Pianta C1-d – *via Nazionale 137 – ℰ 0942 627 1200 – www.belmond.com –
Chiuso 29 ottobre-5 aprile*

❀ **Otto Geleng** – Vedere selezione ristoranti

Grand Hotel Atlantis Bay

GRAN LUSSO · CLASSICO Guardate l'albergo dal mare, sembra un borgo se non il naturale prolungamento della roccia in una serie di piani a cascata che paiono voler abbracciare l'acqua. Ovunque spazio e luminosità, piaceri e servizi!

70 camere – †† 370/670€ – 8 suites

Fuori pianta – *via Nazionale 161 – C1 – ℰ 0942 618011 –
www.voihotels.com/it/voi-grand-hotel-atlantis-bay-5 – Chiuso 1 gennaio-31 marzo,
1 novembre-31 dicembre*

Grand Hotel Mazzarò Sea Palace

GRAN LUSSO · LUNGOMARE E' l'albergo per chi vuole coniugare le inevitabili escursioni culturali greco-barocche ad un soggiorno più rilassante e balneare. Affacciato sulla baia di Mazzarò, le terrazze concorrono al fascino della struttura, insieme ai pavimenti marmorei e alle belle camere: la maggior parte con vista mare.

88 camere – †† 370/690€ – 9 suites

Pianta C1-b – *via Nazionale 147 – ℰ 0942 612111 – www.voihotels.com –
Chiuso 11 novembre-23 marzo*

TERRASINI

✉ 90049 – Palermo (PA) – Carta regionale n° **17**-B2 – Carta stradale Michelin 365-AN55

❀ Il Bavaglino (Giuseppe Costa)

CREATIVA · INTIMO ✗✗ Sosta ideale prima di raggiungere le bellezze naturali di San Vito Lo Capo e la Riserva dello Zingaro al cospetto del Monte Monaco - zona di tonnare, santuari, grotte, acque cristalline e spiagge dalle cromie caraibiche – il Bavaglino è un locale intimo e luminoso, dalle linde pareti bianche e decorazioni moderne, in posizione strategica sul lungomare. La sua linea gastronomica contraddistinta da una contenuta creatività, sforna piatti sapidi e colorati, frutto delle numerose esperienze dello chef. Percorsi che vanno da nord a sud, dall'Italia all'estero, per ritornare da dove tutto è partito, dalla Sicilia: crogiuolo di antiche civiltà - in un certo senso - mai tramontate.

Specialità: Crudo di gambero, finocchio croccante e maionese all'arancia. San Pietro alla finta milanese, spuma al limone, chips di panelle e molluschi. Nuvola di cassata.

Menu 30€ (pranzo), 55/125€ – Carta 45/90€

*via Benedetto Saputo 20 – ℰ 091 868 2285 – www.giuseppecosta.com –
Chiuso 18 gennaio-8 febbraio, martedì*

TRAPANI

⊠ 91100 – Trapani (TP) – Carta regionale n° **17**–A2 – Carta stradale Michelin 365-AK55

ⓘ○ **Serisso 47**   AC

REGIONALE · ELEGANTE XX In un palazzo del centro, sotto antiche volte in tufo di Favignana, un ristorante dai toni caldi ed eleganti per una cucina che ha saputo reinterpretare la tradizione gastronomica trapanese.

Carta 35/70€

via Serisso 47/49 – ℰ 0923 26113 – www.serisso47.com –
Chiuso 10 gennaio-10 febbraio, lunedì

VIZZINI

⊠ 95049 – Catania (CT) – Carta stradale Michelin 365-AX61

a Vizzini Scalo Nord - Ovest : 4 km – Carta regionale n° **17**–D2

🏠 **Castello Camemi**   👑 🐾 🖶 ⌁ AC P

CASA DI CAMPAGNA · STORICO Spettacolare dimora costruita nel Settecento da una famiglia di origine ligure, all'interno troverete un'affascinante corte e raffinate camere, sobrie nei colori sabbia, qualche arredo d'epoca e splendidi lavabi in pietra.

14 camere – †† 224/480€

contrada Camemi – ℰ 0933 010999 – www.castellocamemi.com –
Chiuso 6 gennaio-29 marzo, 2 novembre-20 dicembre

VULCANO – Messina → Vedere Eolie (Isole)

ZAFFERANA ETNEA

⊠ 95019 – Catania (CT) – Carta regionale n° **17**–D2 – Carta stradale Michelin 365-AZ57

ⓘ○ **Sabir Gourmanderie**   🖶 🏠 AC

CREATIVA · ELEGANTE XXX Cucina colorata e mediterranea, a tratti creativa, sebbene sempre su base locale, in un bel ristorante che mutua il proprio nome da un antico idioma in uso nei porti del Mediterraneo: una sorta di esperanto dei commercianti marittimi. In estate, optate per il fresco e romantico servizio nel parco.

Carta 50/75€

Esperia Palace, via delle Ginestre 1 – ℰ 095 708 2335 – www.sebysorbello.it –
Chiuso martedì

🏠 **Esperia Palace** ⓝ   👑 ≤ 🖶 ⌁ 🗔 🕘 🏠 ♨ 🖂 ⌨ AC 🛁 P

SPA E WELLNESS · CONTEMPORANEO Albergo in splendida posizione panoramica alle pendici dell'Etna, con spazi generosi, confort omogeneo nelle camere linde, luminose e accessoriate di tutto punto. Nella bella stagione, godetevi il grande giardino che digrada verso il centro del paese; oppure – indipendentemente dalle bizze del tempo – sosta relax nell'attrezzata spa.

40 camere ⌑ – †† 138€ – 2 suites

via delle Ginestre 27/d – ℰ 095 7082335 – www.esperiapalace.it
ⓘ○ **Sabir Gourmanderie** – Vedere selezione ristoranti

ChiccoDodiFC/iStock

SIENA

✉ 53100 – Siena (SI) – Carta regionale n° **18**–C2 –
Carta stradale Michelin 563-M16

Ci piace

La modernità nelle presentazioni al ristorante **Particolare di Siena**, appena fuori le mura storiche. Le suggestive atmosfere della **Taverna di San Giuseppe**, dove si leggono le antiche vicende della città, nonché la sua ottima cucina. Un tuffo nel passato al **Grand Hotel Continental** con la sua torre medioevale.

Cantucci, cantuccioni, cavallucci, colomba pasquale, pan co' santi, panettoni, panforte, panpepato, ricciarelli...è solo una parte della "formazione" di leccornie che vi attendono al panificio Magnifico: istituzione dolciaria in quel di Siena. Nella contrada dell'Istrice, Diwine Enoteca & Spumanteria custodisce tra i suoi scaffali bottiglie di Franciacorta, Chianti Classico, Trebbiano d'Abruzzo, Pecorino, Ribolla ed altro ancora: uno scrigno di tesori per chi ama il vino, un indirizzo – comunque – piacevole da visitare per tutti gli altri.

cirano83/iStock

Ristoranti

La Taverna di San Giuseppe   🕸 ㅤ点 AC

TOSCANA · TRATTORIA X L'edificio racconta le origini di Siena, dalla cantina, visitabile, che fu una casa etrusca del III secolo a. C. , alla sala del ristorante, una galleria di mattoni di epoca romana. Nel personale troverete una rara cortesia, nella cucina la schiettezza dei sapori toscani. Specialità: ribollita - galletto al mattone con aromi.

Specialità: Soufflé di pecorino di Pienza e salsa di pere. Pici al cinghiale e porcini. coppa della Taverna, pera al brunello, degustazione di panforte e ricciarelli.

Carta 28/56€

Pianta B2-c – via Giovanni Duprè 132 – 𝒞 0577 42286 – www.tavernasangiuseppe.it – Chiuso 20 gennaio-3 febbraio, 3-19 luglio, domenica

Particolare di Siena   🛋 点 AC

MODERNA · ELEGANTE XX Nuovo locale appena fuori dal centro, ma facilmente raggiungibile con le scale mobili di piazza San Francesco, per una cucina d'ispirazione classica con modernità nelle presentazioni; fresco dehors e chef's table per osservare da vicino il lavoro ai fornelli. Anche menu vegetariano.

Carta 36/68€

Pianta B1-c – via B. Peruzzi 26 – 𝒞 0577 179 3209 – www.particolaredisiena.com – Chiuso 13-24 gennaio, lunedì, martedì a mezzogiorno

Osteria le Logge   🕸 🛋 AC ⟷

TOSCANA · VINTAGE X Chi ama le atmosfere retrò qui troverà una sala d'altri tempi, un'ex drogheria con banco d'ingresso e antichi armadi a vetrina. Ma ci pensa la cucina a ricordare che siamo in un ristorante, e di quale livello! Più semplice la sala al primo piano. Gli appassionati di vino possono chiedere di visitare la vicina cantina, un tunnel di origine etrusca.

Carta 55/86€

Pianta B2-p – via del Porrione 33 – 𝒞 0577 48013 – www.osterialelogge.it – Chiuso 7-30 gennaio, domenica

Osteria Babazuf

DEL TERRITORIO · ACCOGLIENTE X Ad un passo da piazza del Campo, moderna osteria nel cuore della città dove gustare piatti della tradizione con alternative di mare e tartufo (in stagione).

Carta 22/42€

Pianta B2-a – via Pantaneto 85-87 – 𝒞 0577 222482 – www.osteriababazuf.com – Chiuso 20 gennaio-10 febbraio, 7-14 luglio, lunedì

Alberghi

Grand Hotel Continental   ⚘ ⊞ 点 AC 🎴

GRAN LUSSO · ELEGANTE All'interno di un palazzo del '600, fatto costruire da Papa Alessandro VII, l'albergo è impreziosito da affreschi, lampade in porcellana cinese e da una torre medievale riportata ai suoi antichi splendori dopo un accurato restauro. Le camere sono una riuscita sintesi di antico e moderno.

41 camere – 🛉🛉 200/3500€ – ☑ 26€ – 5 suites

Pianta B1-a – via Banchi di Sopra 85 – 𝒞 0577 56011 – www.grandhotelcontinentalsiena.com

Palazzetto Rosso   ⊟ AC

STORICO · DESIGN In un palazzo di fine Trecento con affascinanti interni in mattoni e spettacolare giroscala, le camere sorprendono per contrasto, arredate in un sobrio stile contemporaneo. La numero 7 offre una vista mozzafiato sui tetti di Siena.

5 camere ☑ – 🛉🛉 69/345€ – 4 suites

Pianta B1-b – via dei Rossi 38-42 – 𝒞 0577 236197 – www.palazzettorosso.com

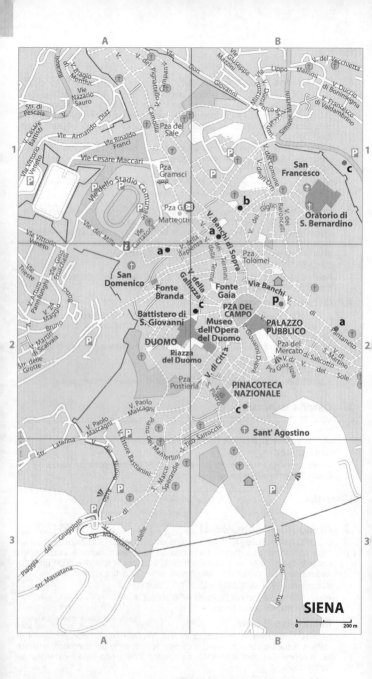

SIENA

0   200 m

722

Campo Regio Relais

STORICO · ROMANTICO Una dimora d'epoca curata e calda come una lussuosa abitazione privata, ospita mobili antichi e confort moderni, nonché due camere con vista mozzafiato sul Duomo e tetti di Siena (spettacolare la 5); un panorama di cui possono comunque godere tutti da un romantico terrazzino usato per le colazioni estive. L'indirizzo giusto per un soggiorno esclusivo nella contrada del Drago!

6 camere 🖙 – 👭 190/250 €

Pianta A2-a – *via della Sapienza 25* – 🕾 *0577 222073* – *www.camporegio.com*

Il Battistero

FAMILIARE · ACCOGLIENTE Con rara e autentica ospitalità, il giovane titolare e la mamma vi apriranno le porte di quella che fu la residenza di papa Alessandro VII: in un elegante mix di antico e moderno, tre camere si affacciano sul battistero, altrettante, particolarmente tranquille, sulla basilica di San Domenico. Annessa enoteca con la medesima gestione familiare.

7 camere 🖙 – 👭 100/250 €

Pianta B2-c – *piazza San Giovanni 13* – 🕾 *331 957 0519* – *www.battisterosiena.com*

a Vagliagli Nord - Est : 11, 5 km – Carta regionale n° **18**-D1

🍴 La Taverna di Vagliagli

REGIONALE · TRATTORIA 🎝🎝 In un caratteristico borgo del Chianti, locale rustico molto gradevole, con pietra a vista e arredi curati; specialità alla brace, cucinate davanti ai clienti.

Carta 25/53 €

Fuori pianta – *via del Sergente 4* – 🕾 *0577 322532* – *Chiuso 26 gennaio-11 febbraio, 19-28 luglio, 8-17 novembre, lunedì a mezzogiorno, martedì, mercoledì-venerdì a mezzogiorno*

🏠 Borgo Scopeto Relais

DIMORA STORICA · ELEGANTE Attorno ad un'antica torre di avvistamento del XIII sec, dove già nel 1700 sono stati costruiti altri rustici, si snoda questa originale struttura: un vero borgo con camere personalizzate e curate nei dettagli, nel più tipico ed isolato paesaggio chiantigiano, ideale per chi cerca silenzio e solitudine.

40 camere 🖙 – 👭 220/500 € – 18 suites

Fuori pianta – *strada Comunale 14 n° 18, Località Borgo Scopeto* – 🕾 *0577 320001* – *www.borgoscopetorelais.it* – *Chiuso 31 ottobre-1 aprile*

SILEA

✉ 31057 – Treviso (TV) – Carta regionale n° **23**-A1 – Carta stradale Michelin 562-F18

🍴 Da Dino

VENEZIANA · AMBIENTE CLASSICO 🎝🎝 Locale semplice e familiare: nelle due salette in stile rustico, ma di tono signorile, "scaldate" da uno scoppiettante camino, la carta varia praticamente tutti i giorni, ma quasi sempre troverete il bollito. Venerdì e sabato, qualche piatto di pesce in più.

Carta 29/34 €

via Lanzaghe 13 – 🕾 *0422 360765* – *Chiuso 15-30 agosto, lunedì-martedì sera, mercoledì*

SINAGRA – Messina ➜ Vedere Sicilia

SINALUNGA

✉ 53048 – Siena (SI) – Carta regionale n° **18**–C2 – Carta stradale Michelin 563-M17

🏠🏠🏠 Locanda dell'Amorosa　　　　　🏠 🐾 ⬅ 🛏 🎋 ⑆ 🅰🄺 ⚴ 🅿

STORICO · AGRESTE C'è anche una cappella privata - tuttora consacrata - in questo antico borgo con casa padronale e fattoria: gli spazi qui si fanno ampi e luminosi, l'arredo rustico, ma suggestivo. Per la sera l'elegante ristorante Lo Zafferano con proposta di cucina toscana rivisitata, per il pranzo la più "facile" Osteria dell'Aglione, ispirata al prodotto di nicchia tipico di queste parti.

19 camere ⌷ – 🍴🍴 215/320 € – 8 suites

località l'Amorosa – ✆ 0577 677211 –

www.amorosa.it – Chiuso 1 gennaio-18 marzo, 9 novembre-31 dicembre

a Bettolle

🍴⭕ Walter Redaelli　　　　　　　　⬅ 🛏 🎋 🅰🄲

MODERNA · RUSTICO ❌❌ In un'antica casa colonica di fine '700 con mattoni a vista, travi al soffitto e un imponente camino, si celebra la sapida cucina toscana elaborata partendo da ingredienti locali e con tanta carne. Abbandonatevi al piacere della tavola, comodamente adagiati nelle confortevoli poltroncine.

Menu 60 € – Carta 39/60 €

via XXI Aprile 26 – ✆ 0577623447 –

www.ristoranteredaelli.it – Chiuso 19 novembre-6 dicembre, lunedì

SINIO

✉ 12050 – Cuneo (CN) – Carta regionale n° **14**–A2 – Carta stradale Michelin 561-I6

🏠🏠🏠 Castello di Sinio　　　　　　🏠 🐾 ⬅ 🛏 ⊡ 🅰🄲

DIMORA STORICA · ELEGANTE Ristrutturato nel pieno rispetto della sua storia, l'antico castello troneggia nel centro del piccolo borgo isolato, al suo interno: charme, eleganza e alcuni confort moderni. Nella corte, un grazioso giardino.

12 camere – 🍴🍴 259/385 € – ⌷ 15 €

vicolo Castello 1 – ✆ 0173 263889 –

www.hotelcastellodisinio.com – Chiuso 1 gennaio-30 marzo

SIRACUSA – Siracusa ➜ Vedere Sicilia

SIRMIANO DI SOPRA – Bolzano ➜ Vedere Nàlles / Nals

SIRMIONE

✉ 25019 – Brescia (BS) – Carta regionale n° **9**–D1 – Carta stradale Michelin 561-F13

✿ La Rucola 2.0 (Gionata Bignotti)　　　　🕷 ⑆ 🅰🄲 ⇲

CREATIVA · DI TENDENZA ❌❌❌ In uno dei vicoli più seducenti di Sirmione, a fianco del Castello Scaligero, la Rucola 2. 0 vi accoglie in un ambiente molto contemporaneo con una certa profusione di legno a caratterizzare un po' tutta la sala. La cucina mantiene salda la sua vena creativa, così come la predilezione per il mare, sempre pronta – tuttavia – a qualche incursione di terra. Buona anche la selezione di cocktail.

Specialità: Scampo, latte di cocco, sfere di yuzu. Triglia, patate, tartufo, vitello. Cocco, cioccolato, mango.

Menu 70/110 € – Carta 90/120 €

vicolo Strentelle 3 – ✆ 030 916326 –

www.ristorantelarucola.it – Chiuso 6-13 gennaio, giovedì

�🌀 La Speranzina Restaurant & Relais

CREATIVA · ELEGANTE XxX Nel cuore di Sirmione, vicino al castello e con il lago a fare da romantico sfondo, La Speranzina si è rifatta il look ed ora sfoggia un concept che s'ispira ad un elegante minimalismo dove predominano colori chiari e discreti. La cucina, invece, rimane immutabile nella sua capacità di ammaliare l'ospite con piatti ricercati e creativi. Come sempre, quindi, un'ottima sosta gastronomica a cui si aggiungono tre camere "gioiello" molto ampie e con dotazioni esclusive.

Menu 88/120 € – Carta 69/119 €

via Dante 16 – ☎ 030 990 6292 – www.lasperanzina.it

�🌀 Risorgimento

CLASSICA · AMBIENTE CLASSICO XX In un ristorante elegante con dehors sulla centrale piazza Carducci, cucina dall'ampio respiro e d'ispirazione contemporanea, divisa quasi equamente tra terra e mare. Noi vi suggeriamo di assaggiare la linea dedicata al pesce: sempre di ottima qualità!. Prestigiose etichette ammiccano dagli scaffali della saletta-enoteca al primo piano.

Menu 120 € – Carta 66/130 €

piazza Carducci 5/6 – ☎ 030 916325 – www.risorgimento-sirmione.com –
Chiuso 1 dicembre-13 febbraio, martedì

�🌀 Tancredi

CREATIVA · ALLA MODA XX Sulla terrazza sospesa tra cielo e lago o nella suggestiva sala a vetri, la gradevolezza della location è un ulteriore punto a favore di questo locale. Cambio di mano ai fornelli, dove un nuovo cuoco con pregresse esperienze presso tavole stellate, scommette su modernità e sapori mediterranei per conquistare i palati.

Menu 70/130 € – Carta 73/120 €

via XXV Aprile 75 – ☎ 030 990 4391 – www.tancredi-sirmione.com –
Chiuso 1 dicembre-13 febbraio, lunedì

🏨 Villa Cortine Palace Hotel

GRAN LUSSO · STORICO Nel centro storico, una villa ottocentesca in stile neoclassico all'interno di uno splendido grande parco digradante sul lago; incantevoli interni di sobria eleganza. Raffinatezza e classe nell'ampia sala da pranzo: se il clima lo permette, optate per il romantico servizio all'aperto. Al ristorante "Il Molo" - direttamente in spiaggia - si possono gustare (solo a mezzogiorno) piatti di carne e pesce con specialità al barbecue.

52 camere 🛏 – 👫 300/800 € – 2 suites

viale C. Gennari 2 – ☎ 030 990 5890 – www.palacehotelvillacortine.com –
Chiuso 1 gennaio-3 marzo, 1 novembre-31 dicembre

🏨 Grand Hotel Terme

LUSSO · ELEGANTE Alle porte del centro storico, hotel di lunga tradizione dalle atmosfere eleganti; oltre alle cure termali un fornito centro benessere con piscina per un relax a tutto tondo. E per concludere al top la giornata: una bella cena con vista lago!

53 camere 🛏 – 👫 220/1000 € – 1 suite

viale Marconi 7 – ☎ 030 916261 – www.termedisirmione.com –
Chiuso 7 gennaio-14 febbraio

SISTIANA – Trieste ➜ Vedere Duino Aurisina

SIZZANO

✉ 28070 – Novara (NO) – Carta regionale n° **12**–C2 – Carta stradale Michelin 561-F13

🍴 Impero

REGIONALE · ACCOGLIENTE XX Due sorelle, due interessi, un unico obiettivo: soddisfare l'ospite alla loro tavola, grazie ai preziosi suggerimenti di chi dal 1934 le ha precedute. Il rinnovo degli ultimi anni ha accresciuto la classe e la personalità dell'ambiente che non manca di un piccolo giardino per il servizio estivo; cucina del territorio.

Specialità: Tonno di coniglio marinato in salvia e limone. Paniscia. Crema al cioccolato fondente in salsa di zabaglione.

Menu 25 € (pranzo)/40 € – Carta 35/55 €

via Roma 13 – ℰ 0321 820576 – www.ristoranteimpero.eu – Chiuso 1-6 gennaio, 9 agosto-1 settembre, 27-31 dicembre, lunedì, martedì sera, domenica sera

SOGHE – Vicenza → Vedere Arcugnano

SOIANO DEL LAGO
✉ 25080 – Brescia (BS) – Carta regionale n° **9**–D1 – Carta stradale Michelin 561-F13

⊛ **Villa Aurora**   ⪡ 🛜 AC P

REGIONALE · ACCOGLIENTE XX Splendida vista sul lago in un locale signorile, che propone tante specialità regionali rivisitate con estro. Un esempio? Tagliolini di farina integrale con verdure croccanti.

Specialità: Sformato di asparagi con salsa al bagoss. Risotto al pesce di lago. Cialda di frutta fresca con crema inglese e sorbetto.

Menu 30 € – Carta 35/45 €

via Ciucani 1/7 – ℰ 0365 674101 – www.ristorantevillaaurora.it – Chiuso mercoledì

SOMMA LOMBARDO
✉ 21019 – Varese (VA) – Carta regionale n° **9**-A2 – Carta stradale Michelin 561-E8

ⅼ○ **Corte Visconti**   🛜 AC ⟷

MEDITERRANEA · RUSTICO XX Ambiente classico di tono rustico con mura in pietra, volte in mattone e soffitti in legno. La cucina invece, pur partendo dal territorio, spicca per creatività. Bel dehors estivo con suggestivi giochi di luce.

Menu 20 € (pranzo)/35 € – Carta 45/65 €

via Roma 9 – ℰ 0331 254873 – www.cortevisconti.it – Chiuso lunedì, martedì a mezzogiorno

SONDRIO
✉ 23100 – Sondrio (SO) – Carta regionale n° **9**–B1 – Carta stradale Michelin 561-D11

a Montagna in Valtellina Nord - Est : 2 km

ⅼ○ **Trippi**   🛜 ⟷ P

VALTELLINESE · CONVIVIALE XX Fantasia e rispetto delle buone materie prime, per proposte principalmente regionali e valtellinesi con qualche spunto mediterraneo.

Menu 15 € (pranzo)/37 € – Carta 30/56 €

*via Stelvio 297 – ℰ 0342 615584 – www.ristorantetrippi.it –
Chiuso 24 dicembre-6 gennaio, martedì sera, domenica*

SOPRABOLZANO • OBERBOZEN – Bolzano → Vedere Renon

SORAGNA
✉ 43019 – Parma (PR) – Carta regionale n° **5**-B2 – Carta stradale Michelin 561-H12

ⅼ○ **Locanda Stella d'Oro**   ⅏ ⪡ 🛜 AC ⟷

REGIONALE · CONTESTO REGIONALE XX Nelle terre verdiane, l'ambiente offre ancora tutto il sapore e la magia di una trattoria. E neppure la cucina se ne discosta tanto: è la tradizione personalizzata, che con il menu sdoppiato tra carne e pesce lascerà ampia possibilità di scelta a tutti.

Carta 55/79 €

via Mazzini 8 – ℰ 0524 597122 – www.ristorantestelladoro.it

a Diolo Nord : 5 km

ⅈ○ **Osteria Ardenga**

DEL TERRITORIO · TRATTORIA ⅈ Un'autentica trattoria, che scalda il cuore a mangiarvi, dove il tempo sembra essersi fermato decenni orsono. Al confine tra due province, la cucina predilige le specialità parmigiane con diversi prodotti coltivati in proprio e piccola rivendita di sott'aceti e confetture.

Carta 28/46 €

via Maestra 6 – ℰ 0524 599337 – www.osteriardenga.it – Chiuso martedì sera, mercoledì

SORGENTE SU GOLOGONE – Nuoro ➔ Vedere Sardegna - Oliena

SORICO
✉ 22010 – Como (CO) – Carta regionale n° **9**–B1 – Carta stradale Michelin 561-D10

ⅈ○ **Beccaccino**

MEDITERRANEA · CONTESTO CONTEMPORANEO ⅈⅈ All'interno di una riserva naturale, ambienti valorizzati da materiali naturali e da una grande luminosità per questo locale recentemente rinnovato; la cucina propone soprattutto piatti di pesce (lago e mare).

Menu 20 € (pranzo), 30/60 € – Carta 25/60 €

via Boschetto 49 – ℰ 0344 84241 – www.beccaccino.it – Chiuso mercoledì

SORISO
✉ 28010 – Novara (NO) – Carta regionale n° **13**–A2 – Carta stradale Michelin 561-E7

ⅈⅈⅈ **Al Sorriso** (Luisa Valazza)　　　　　　　　$$ ⇦ ⇧

CLASSICA · ELEGANTE ⅈⅈⅈ Tra le piacevoli colline novaresi, è il ristorante di riferimento per gli amanti del Piemonte in tavola! Se il titolare è impegnato in una costante ricerca delle eccellenze gastronomiche regionali, la moglie, in cucina, sforna piatti ormai divenuti dei classici, con molti richiami alla tradizione e dove l'attenzione è concentrata alla stagionalità dei prodotti, all'utilizzo delle erbe aromatiche, della cacciagione, dei funghi e dei tartufi. Particolarmente esaustiva la lista dei vini.

Specialità: Gambero rosso, sfoglie di riso, melanzane e zucchine trombetta in salsa d'avie. Ristretto di fiori e piselli con trota salmonata e caviale di basilico. Caramello di fragoline e zabaglione al moscato.

Menu 100 € (pranzo), 130/160 € – Carta 90/150 €

via Roma 18 – ℰ 0322 983228 – www.alsorriso.com – Chiuso 9-18 gennaio, 3-12 agosto, lunedì, martedì

SORNI – Trento ➔ Vedere Lavis

SORRENTO

✉ 80067 – Napoli (NA) – Carta regionale n° **4**–B2 –
Carta stradale Michelin 564-F25

Ci piace

Una cena sulla splendida terrazza panoramica del **Bellevue Syrene 1820,** hotel di gran classe sospeso sulla costa e sul mare. Il **Grand Hotel Excelsior Vittoria**: accoglienza coi fiocchi e ristorazione di qualità, la **Terrazza Bosquet** è ormai famosa per la qualità da fine dining, L'Orangerie si mostra en plein air, apertura subordinata ai capricci del meteo.

Il Buchetto, figlio legittimo dello stellato Buco, è l'indirizzo di riferimento per gli amanti di vino, coktail and much more. La tradizione dolciaria sorrentina ha la sua perla nella rinomata delizia al limone. Il dessert, fatto di pan di Spagna ricoperto da uno strato di crema al limone, è il tipico dolce che può sia chiudere un pasto, sia prestarsi quale spuntino di metà pomeriggio; magari accompagnato da un buon caffè. Ultimo – solo in termini di elencazione – uno tra i più famosi liquori del sud: sua maestà il limoncello!

fotonio/iStock

Ristoranti

✿ **Terrazza Bosquet** ⚘ ⪕ 🍴 🏠 AC ♻ 🅿

CREATIVA · ROMANTICO XxxX Nella sontuosa cornice dell'Excelsior Vittoria, rendez-vous in un'elegante sala nei mesi freddi, ma l'appuntamento con gli occhi è sulla terrazza affacciata sul Golfo di Napoli, mentre la cucina non fa altro che sottolineare con levità, ma fermezza, l'appartenenza al luogo. Originario di Sorrento, lo chef Antonino Montefusco gioca praticamente in casa. Ciò gli permette di presentare al meglio la sua linea culinaria che si ricongiunge alla tradizione, in virtù di un'approfondita conoscenza di produttori e prodotti, con l'utilizzo - talvolta - di ingredienti biologici provenienti dal giardino dell'albergo, come le arance, i limoni e l'olio.

Specialità: Carpaccio di gamberi, burrata e lamponi. Rombo, spuma di pinoli, pomodoro, pesto di prezzemolo. Limone, mandorle, yogurt e melissa.

Menu 110/140 € – Carta 90/100 €

Pianta B1-u – *Grand Hotel Excelsior Vittoria, piazza Tasso 34 – ℰ 081 877 7111 – www.excelsiorvittoria.com – Chiuso 7 gennaio-15 aprile, 7 novembre-7 dicembre, lunedì-domenica a mezzogiorno*

✿ **Il Buco** (Giuseppe Aversa) ⚘ 🏠 AC ♻

MODERNA · ACCOGLIENTE XX Punto di riferimento nel panorama gastronomico sorrentino, il ristorante è ricavato nelle cantine di un ex monastero nel cuore della località, un'esperienza gourmet a tuttotondo col calore di casa. Tra colori caldi, pietra di tufo a vista, nonché raffinati elementi decorativi a completare il tutto, Peppe Aversa, "navigato" chef-patron, in cucina non si complica la vita: al bando inutili tecnicismi, i suoi piatti sposano tradizione e modernità. Con un debole per il mare: da giovane frequentato come marinaio, ora sulla tavola a deliziare i suoi ospiti con manicaretti. Per la par condicio c'è anche un menu "Terra e Territorio", a cui si aggiunge un atto di consegna allo chef e alle stagioni con "mi fido di te".

Specialità: Composizione di polpo di scoglio. Lingua di passera con scorfano al limone, salsa di bottarga e pomodoro secco. Cremoso al limone con spuma al limoncello.

Menu 85/120 € – Carta 70/111 €

Pianta B1-b – *II Rampa Marina Piccola 5 – ℰ 081 878 2354 – www.ilbucoristorante.it – Chiuso 1 gennaio-10 febbraio, mercoledì*

Alberghi

▥▥ **Grand Hotel Excelsior Vittoria** ✿ ⪕ 🍴 ⅃ ♨ 🔄 AC 🐾 🅿

GRAN LUSSO · STORICO Uno degli alberghi più belli della Penisola Sorrentina avvolto com'è in un alone che per fascino e mistero lo pone ormai al di fuori del tempo e delle classifiche. Situato nel centro storico, un corridoio-giardino porta a tre strutture distinte, ma collegate tra loro da cascate di glicini e romantiche passeggiate, dove troverete un'elegante beauty farm, sino al suo confine naturale, un promontorio sul golfo di Napoli.

84 camere ⌤ – ♥♥ 667/1050 € – 15 suites

Pianta B1-u – *piazza Tasso 34 – ℰ 081 877 7111 – www.excelsiorvittoria.com – Chiuso 8 gennaio-1 aprile*

✿ **Terrazza Bosquet** – Vedere selezione ristoranti

▥▥ **Bellevue Syrene 1820** ✿ ⚘ ⪕ ⚲ 🍴 ⅃ 🕯 🔄 ♨ AC 🅿

GRAN LUSSO · ELEGANTE Un soggiorno da sogno in un'incantevole villa del '700 a strapiombo sul mare: vista sul golfo, angoli fioriti e ascensore per la spiaggia, raffinati ambienti con affreschi. Nella dépendance trova posto anche una piccola beauty farm. Ampie vetrate garantiscono un bel panorama dalla sala interna per le colazioni e le pause gourmet, ma è la terrazza il luogo preferito per pranzi light o cene gastronomiche. Da non perdere la visita ai ninfei d'epoca romana proprio sotto all'albergo.

41 camere ⌤ – ♥♥ 390/1050 € – 9 suites

Pianta A1-k – *piazza della Vittoria 5 – ℰ 081 878 1024 – www.bellevue.it – Chiuso 1 gennaio-15 marzo, 1 novembre-31 dicembre*

Bristol ⌂ ⋖ 🛏 ⏳ 🏊 🦵 ⬆ AC P

TRADIZIONALE · CLASSICO Complesso in posizione dominante il mare, abbellito da amene terrazze panoramiche con piscina; camere quasi tutte disposte sul lato mare, più silenziose agli ultimi piani. Incantevole vista su mare e città dalla spaziosa sala ristorante.

129 camere ⌑ – 👫 160/300€ – 15 suites

Pianta A2-a – *via Capo 22* – ℰ *081 878 4522* – *www.bristolsorrento.com* – *Chiuso 1 gennaio-15 marzo, 30 novembre-31 dicembre*

Grand Hotel Ambasciatori ⌂ ⋖ 🗻 🛏 ⏳ 🦵 ⬆ AC P

LUSSO · PERSONALIZZATO Struttura a strapiombo sulla scogliera, la cui eleganza è dettata da mobili di pregio con tipici intarsi sorrentini che arredano gli ambienti, così come le camere; nuovo centro fitness, area massaggi-relax e piscina riscaldata.

100 camere ⌑ – 👫 240/900€

Pianta B1-b – *via Califano 18* – ℰ *081 878 2025* – *www.ambasciatorisorrento.com* – *Chiuso 1 gennaio-31 marzo, 1 novembre-31 dicembre*

Maison la Minervetta ♨ ⋖ ⬆ AC P

LOCANDA · PERSONALIZZATO Spettano al proprietario i riconoscimenti per l'elegante struttura dell'albergo: la hall è un raffinato salotto di casa, le stanze - tutte diverse fra loro e davvero molto personalizzate - si affacciano sul mare. Gradini privati conducono al borgo di pescatori di Marina Grande.

12 camere ⌑ – 👫 350/550€

Pianta A2-c – *via Capo 25* – ℰ *081 877 4455* – *www.laminervetta.com* – *Chiuso 7 gennaio-12 febbraio*

SOVERATO

✉ 88068 – Catanzaro (CZ) – Carta regionale n° **3**–B2 – Carta stradale Michelin 564-K31

||○ **Riviera**   🔥 AC

REGIONALE · ACCOGLIENTE ✗✗ Al timone di questo ristorante storico nel centro di Soverato, c'è lo chef Paolo, che continua a portare avanti una linea gastronomica attenta ai sapori locali: di grande qualità le materie prime utilizzate. Buona cura anche nella mise-en-place.

Menu 40/60 € – Carta 44/100 €

via Regina Elena 4/6 – ℰ 0967 530196 – www.ristorantierivierasoverato.com

SPELLO

✉ 06038 – Perugia (PG) – Carta regionale n° **20**–C2 – Carta stradale Michelin 563-N20

||○ **La Bastiglia**   🍴 ⇔ ≼ 🏠 AC ⇪

REGIONALE · ELEGANTE ✗✗ Uno dei migliori ristoranti in zona, in sale tra il rustico e il moderno il cuoco propone un'ottima cucina di sostanza e sapori, in buona parte basata su prodotti umbri ad un prezzo corretto.

Menu 28/60 € – Carta 30/60 €

Hotel La Bastiglia, via Salnitraria 15 – ℰ 0742 651277 – www.labastiglia.com – Chiuso 7-31 gennaio, mercoledì

SPILIMBERGO

✉ 33097 – Pordenone (PN) – Carta regionale n° **6**–B2 – Carta stradale Michelin 562-D20

||○ **La Torre**   AC P

REGIONALE · ROMANTICO ✗✗ Nella pittoresca cornice del castello medievale di Spilimbergo, la splendida facciata con affreschi del Trecento cela due raccolte sale rustico-eleganti. Che siate interessati ad una cena romantica o ad una cucina creativa ed elaborata, questo è il vostro ristorante.

Carta 35/75 €

piazza Castello 8 – ℰ 0427 50555 – www.ristorantelatorre.net – Chiuso lunedì, domenica sera

||○ **Osteria da Afro**   ⇔ 🏠 🔥 AC P

REGIONALE · FAMILIARE ✗ Trattoria dall'esperta conduzione familiare, poco distante dal centro storico, dove gustare genuini piatti stagionali presentati su una lavagnetta che gira di tavolo in tavolo. A disposizione degli ospiti anche graziose camere in legno di abete o ciliegio.

Carta 30/51 €

via Umberto I 14 – ℰ 04272264 – www.osteriadaafro.net – Chiuso domenica sera

SPINETTA MARENGO – Alessandria → Vedere Alessandria

SPIRANO

✉ 24050 – Bergamo (BG) – Carta regionale n° **10**–C2 – Carta stradale Michelin 561-F11

||○ **3 Noci-da Camillo**   🏠 🔥 AC ⇪

REGIONALE · FAMILIARE ✗ Il tocco femminile delle proprietarie ha ingentilito il côté rustico dell'ambiente. Ne risulta una piacevolissima trattoria, dove si possono gustare ancora i ruspanti sapori della bassa e carni cotte sulla grande griglia in sala. Gazebo per il servizio estivo all'aperto.

Menu 20 € (pranzo), 25/60 € – Carta 43/69 €

via Petrarca 16 – ℰ 035 877158 – www.ristorantetrenoci.it – Chiuso 1-8 gennaio, 3-9 giugno, 10-25 agosto, lunedì, domenica sera

SPOLETO

✉ 06049 – Perugia (PG) – Carta regionale n° **20**–C3 – Carta stradale Michelin 563-N20

🍸 **Il Tempio del Gusto**   🏠 AC ⇪

MODERNA · ROMANTICO ✗✗ Quattro piccole sale, una più romantica ed incantevole dell'altra, per una serata memorabile nel cuore di Spoleto. Qualche piatto umbro, ma buona parte delle proposte sono frutto della creatività del cuoco.

Specialità: Cannolo croccante al sesamo di formaggi bianchi, timballo di farro, salsa zafferano e verdure al vapore. Carbonara destrutturata. Mosaico di faraona al tartufo.

Menu 30/38 € – Carta 32/41 €

via Arco di Druso 11 – ☏ 0743 47121 – www.iltempiodelgusto.com –
Chiuso 15-30 marzo, 1-15 giugno, giovedì

🕐○ **Apollinare** 🛋 🆑

ITALIANA CONTEMPORANEA · ELEGANTE XX Incastonato fra mura risalenti al 1200, è un angolo intimo e romantico della Spoleto più antica. Pietre e travi a vista, arredi eleganti, la cucina porta a grandi ed emozionanti livelli le tradizioni umbre, a cui il giovane cuoco aggiunge qualche piatto di pesce. In sala, la proverbiale cortesia della gentile consorte.

Menu 35/50 € – Carta 35/55 €

via Sant'Agata 14 – ☏ 0743 223256 – www.ristoranteapollinare.it – Chiuso martedì

🕐○ **San Lorenzo** ↩ 🛋 ♿ 🆑

ITALIANA · AMBIENTE CLASSICO XX Se elegante e luminosa è la sala interna, si fa più conviviale lo spazio esterno allestito su una piazza del centro storico; rinomato per i suoi piatti di mare, non mancano tuttavia proposte più legate alle tradizioni umbre.

Menu 25/35 € – Carta 30/74 €

Hotel Clitunno, piazza Sordini 6 – ☏ 0743 223340 – www.hotelclitunno.com – Chiuso lunedì

🏠 **Palazzo Leti** 🚵 ≤ 🛎 ↕ 🆑

DIMORA STORICA · ELEGANTE Nella parte alta e tranquilla di Spoleto, il palazzo dell'omonima famiglia, preceduto da un grazioso giardino-terrazza all'italiana, risale al '700, ma fu costruito su un monastero del '600 a sua volta eretto sulle mura romana. Atmosfera raffinata all'interno con diversi arredi d'epoca, nonché vista sul Monteluco.

12 camere 🍲 – 🍽 100/250 €

via degli Eremiti 10 – ☏ 0743 224930 – www.palazzoleti.com

SPOTORNO

✉ 17028 – Savona (SV) – Carta regionale n° **8**-B2 – Carta stradale Michelin 561-J7

🕐○ **Al Cambio** 🆑

MEDITERRANEA · ACCOGLIENTE XX A pochi passi dalla passeggiata, il locale propone la tradizione gastronomica ligure rielaborata in una sfiziosa cucina mediterranea; simpatia, accoglienza e informalità da parte del titolare.

Menu 33/45 € – Carta 30/49 €

via XXV Aprile 72 – ☏ 019 741 5537 – Chiuso giovedì

STEINEGG • COLLEPIETRA – Bolzano → Vedere Collepietra

STERZING • VIPITENO – Bolzano → Vedere Vipiteno

ST. KASSIAN • SAN CASSIANO – Bolzano → Vedere San Cassiano

STRADELLA – Mantova → Vedere Bigarello

STRADELLA

✉ 27049 – Pavia (PV) – Carta regionale n° **9**-B3 – Carta stradale Michelin 561-G9

✺ **Villa Naj** Ⓝ 🛋 ♿ 🆑

MODERNA · CONTESTO CONTEMPORANEO XX Nel cuore dell'Oltrepò Pavese, un'entrata minimalista introduce in una villa ottocentesca, nelle cui vecchie cantine si trova una sala moderna a dispetto dei bei soffitti a volte di mattoni. È qui che Alessandro Proietti Refrigeri - giovane chef con esperienze internazionali - propone una cucina fresca, territoriale e contaminata, a tratti creativa: la buona tecnica esalta l'accurata selezione delle materie prime. Servizio giovane e professionale; la carta dei vini con oltre 300 etichette spazia dalla regione fino agli angoli più remoti della terra.

Specialità: Risotto cacio e pepe, scampi, ginger. Uovo 65, patate alla brace, cavolo, olio al dragoncello. Soufflé al cacao amaro, composta di arance, gelato ai frutti rossi.

Menu 55/85€ – Carta 54/75€

Via Martiri Partigiani 5 – ℰ 0385 42126 – www.najstradella.com –
Chiuso 1-15 novembre, lunedì, martedì-sabato a mezzogiorno

STREGNA

✉ 33040 – Udine (UD) – Carta regionale n° **6**–C2 – Carta stradale Michelin 562-D22

ⅱ◯ **Sale e Pepe**

DEL TERRITORIO · ACCOGLIENTE ⅹ Quasi al confine con la Slovenia, qui il bilinguismo regna sovrano, come la cordialità della coppia che gestisce il ristorante, nonché la qualità del cibo: riflesso delle tradizioni di un territorio di confine presente anche in cucina.

Menu 35/50€ – Carta 30/45€

via Capoluogo 19 – ℰ 0432 724118 – Chiuso lunedì a mezzogiorno, martedì, mercoledì, giovedì-venerdì a mezzogiorno

STRESA

✉ 28838 – Verbano-Cusio-Ossola (VB) – Carta regionale n° **13**–A1 –
Carta stradale Michelin 561-E7

ⅱ◯ **Lo Stornello**

MEDITERRANEA · ACCOGLIENTE ⅹⅹ Offre qualità e professionalità in un piacevole contesto turistico, questo ristorantino ben frequentato anche dalla gente del posto. Del resto, come non amarlo visto che è aperto tutto l'anno 7 giorni su 7! Cucina italiana e mediterranea a 360°, fantasiosa nelle elaborazioni.

Carta 34/55€

via Cavour 35 – ℰ 0323 30444 – www.ristorantelostornello-stresa.it

ⅱ◯ **Osteria Mercato**

ITALIANA CONTEMPORANEA · ACCOGLIENTE ⅹⅹ A pochi passi dal centro storico, la posizione anonima in un posteggio è riscattata da un certo dinamismo che contraddistingue il locale: ambienti raccolti e accoglienti, con piacevole dehors, nonché cucina italiana rielaborata con fantasia.

Carta 35/50€

piazza Capucci 9 – ℰ 0323 346245 – www.osteriamercatostresa.com –
Chiuso 15 gennaio-10 febbraio, martedì

ⅱ◯ **Vicoletto**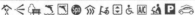

ITALIANA CONTEMPORANEA · CONVIVIALE ⅹ Come il nome lascia intuire si trova in una stradina del centro, questo grazioso ristorantino di piccole dimensioni - il dehors è addirittura minuscolo! - molto frequentato, dove conviene prenotare e "accettare" un po' di rimbombo quando la serata è al culmine... la cucina però è buona, curata a dovere, generosa di sapori italiani.

Carta 31/53€

vicolo del Poncivo 3 – ℰ 0323 932102 – www.ristoranteilvicoletto.com –
Chiuso 20 dicembre-29 febbraio, giovedì

🏨 **Grand Hotel des Iles Borromées**

⌂ ⩻ ⌘ ⪡ ⬚ 🅢🅟🅐 ⋔ ⅃ଃ ▣ ⬥ 🅐🅒 ⛴ 🅟 ⬭

GRAN LUSSO · STORICO Abbracciato dal verde del parco e affacciato sul lago, un maestoso palazzo carico di fascino ospita ambienti lussuosi arredati nelle preziose tinte porpora, oro e indaco. I corridoi dei piani sono vere e proprie gallerie d'arte, di cui in ogni camera è presente un catalogo per la visita. Sapori ricercati nello sfarzoso ristorante e menu personalizzato per gli ospiti che seguono una particolare dieta alla Spa.

158 camere ⌶ – 👫 204/451€ – 11 suites

lungolago Umberto I 67 – ℰ 0323 938938 – www.borromees.it –
Chiuso 20 ottobre-29 febbraio

🏨 Villa e Palazzo Aminta

🔆 ≤ 🦵 🛌 🍴 🕸 🏛 ⅃₃ 🔲 & 🆎 🚶 🅿️

LUSSO · GRAN LUSSO Un gioiello dell'hôtellerie italiana abbracciato da un parco secolare, che incanta l'ospite per fascino ed eleganza, grazie soprattutto alla grande generosità nei decori, e per la sua posizione invidiabile che offre la miglior vista possibile sulle isole Borromee. Carta gourmet e specialità del territorio nel raffinato ristorante Le Isole; menu italiano nel colorato I Mori.

58 camere 🛏 – 👫 330/865 € – 13 suites

via Sempione Nord 123 – ✆ 0323 933818 – www.villa-aminta.it –
Chiuso 1 gennaio-2 aprile, 1 novembre-31 dicembre

🏨 La Palma

🔆 ≤ 🦵 🛌 ⅃ 🕸 ⅃₃ 🔲 & 🆎 🚶 🅿️ 🚗

LUSSO · BORDO LAGO Gestione brillante ed attenta che non manca di potenziare la propria "casa": le camere signorili e contemporanee si discostano dallo stile tipico della zona. Rilassanti sono gli ampi spazi comuni, mentre in terrazza, all'ultimo piano, ci sono il mondano Sky Bar e l'idromassaggio panoramico; ancora più bella che in passato è la magnifica piscina, ora a sfioro, in riva al lago, dalla quale sembra di toccare le isole Borromee!

120 camere 🛏 – 👫 140/400 € – 2 suites

lungolago Umberto I 33 – ✆ 0323 32401 – www.hlapalma.it –
Chiuso 1 gennaio-5 marzo, 15 novembre-31 dicembre

🏨 Regina Palace

🔆 ≤ 🛌 ⅃ 🖾 🕸 🏛 ⅃₃ 🔲 & 🆎 🚶 🅿️ 🚗

PALACE · STORICO In un edificio d'inizio '900 immerso nel verde, ambienti eleganti generosi di decori e riferimenti a quel periodo, ma non manca una valida zona congressi. Scenografica piscina con fondale riproducente quello marino nel centro benessere; tinte dorate e cucina moderna nell'ampia sala da pranzo.

214 camere 🛏 – 👫 395 € – 11 suites

lungolago Umberto I 29 – ✆ 0323 936936 – www.reginapalace.it –
Chiuso 20 dicembre-6 gennaio

a Mottarone

🍽️ Villa Pizzini 🆕

🚗 🛌 🍴 & 🅿️

REGIONALE · INTIMO ✗ Dal lago Maggiore si sale sul Mottarone a circa 1400 m, in questa ex residenza di caccia di fine Ottocento, dove a darvi il benvenuto è una giovane coppia di autodidatti che ci mette il cuore... I piatti parlano per loro... Fragranti proposte di terra e qualche specialità di lago servite anche nel dehors con vista panoramica. Tre semplici camere completano l'offerta.

Menu 50 € – Carta 40/55 €

località Mottarone – ✆ 0323 290077 – www.villapizzinimottarone.com –
Chiuso 15 ottobre-15 dicembre, lunedì

STROMBOLI – Messina → Vedere Sicilia - Eolie (isole)

STRONGOLI

✉ 88816 – Crotone (KR) – Carta regionale n° **3**-B2 – Carta stradale Michelin 564-J33

❀ Dattilo (Caterina Ceraudo)

🚗 🛌 🍴 🆎 🅿️

CREATIVA · CONTESTO TRADIZIONALE ✗✗✗ In un mondo come quello dell'alta cucina dove – statisticamente – vi è una stracciante maggioranza di presenze maschili rispetto a quelle del gentil sesso, la signora Giraudo è una voce fuori dal coro e - a suon di bottoni, mandorle e 'nduja o stinco glassato al passito - fa vedere lei, ai suoi gentili clienti, chi comanda ai fornelli! Eletta migliore chef donna del 2017, il suo ristorante è ospitato in un grazioso agriturismo con camere semplici, all'insegna di una vita piacevolmente rustica, piscina all'ombra di ulivi millenari e produzioni tradizionali come vino e olio. Il tutto contrapposto alla cucina di Caterina che - pur attingendo alle tipicità locali - si definisce moderna e creativa.

Specialità: Podolica, rose e caffè. Sgombro, yogurt di pecora e finocchietto. Finocchio e limone.

Menu 65/130€ – Carta 65/90€ –

contrada Dattilo – 𝄖 0962 865613 –
www.dattilo.it – Chiuso 4 novembre-3 aprile, a mezzogiorno escluso domenica dal 1 luglio al 13 settembre; aperto le sere di giovedì-venerdì, sabato e domenica a mezzogiorno negli altri mesi.

SULMONA

✉ 67039 – L'Aquila (AQ) – Carta regionale n° **1**–B2 – Carta stradale Michelin 563-P23

🕸 **Clemente**

ABRUZZESE · FAMILIARE XX Ambiente accogliente che prevede anche una sala bistrot per il pranzo, con un'offerta più semplice e contenuta nei prezzi, nonché aperitivi serali. Le pappardelle con ricotta cremosa, guanciale, pecorino e zafferano - a nostro giudizio - tra i piatti più interessanti del menu.

Specialità: Degustazione di verdure e legumi. Carrati con broccoletti salsiccia e pecorini. Crostata alle pere e cannella e crema alla vaniglia.

Menu 15€ (pranzo), 20/40€ – Carta 30/60€

piazza Santa Monica – 𝄖 0864 210679 –
www.ristoranteclemente.com – Chiuso 1-8 luglio, 23-27 dicembre, lunedì, domenica sera

�🍽 **Gino**

ABRUZZESE · FAMILIARE X Piccola arca della tipicità gastronomica abruzzese: salumi, formaggi, pasta fresca e carni della regione. I primi anche acquistabili nell'adiacente negozio di famiglia.

Carta 25/45€

piazza Plebiscito 12 – 𝄖 0864 52289 –
www.lalocandadigino.it – Chiuso lunedì-sabato sera, domenica

SUNA – Verbano-Cusio-Ossola → Vedere Verbania

SUSEGANA

✉ 31058 – Treviso (TV) – Carta regionale n° **23**–C2 – Carta stradale Michelin 562-E18

🏠 **Maso di Villa**

CASA DI CAMPAGNA · ROMANTICO Bella casa colonica trasformata in romantico relais, con profusione di legno e cromie diverse in ogni ambiente: al suo interno si è giocato – infatti – con i colori, che non risparmiano le accoglienti camere, tutte con letti in ferro battuto e affaccio sul giardino. Quest'ultimo si sviluppa tra piscina, ulivi, vigne ed uno splendido roseto.

6 camere ⌑ – †† 120/170€

via Col di Guarda 15, località Collalto – 𝄖 0438 841414 –
www.masodivilla.it

SUTRIO

✉ 33020 – Udine (UD) – Carta regionale n° **6**–B1 – Carta stradale Michelin 562-C20

�🍽 **Alle Trote**

CLASSICA · FAMILIARE X Nei pressi del torrente, un locale a gestione diretta dove la specialità è preannunciata dal suo nome; la fragranza dei pesci la si deve - invece - all'annesso allevamento. Comode camere, al piano superiore.

Carta 21/32€

via Peschiera, frazione Noiaris – 𝄖 0433 778329 –
Chiuso 16-29 marzo, 21 settembre-9 ottobre, martedì

SUVERETO

✉ 57028 – Livorno (LI) – Carta regionale n° **18**–B2 – Carta stradale Michelin 563-M14

� Gualdo del Re 🍴 ♿ AK P

REGIONALE · RUSTICO 🍴 Un ristorantino con pochi tavoli ravvicinati, raccolti intorno ad un camino (nella breve apertura invernale intorno a Natale): le pareti e i mobili bianchi gli conferiscono un vago stile provenzale, mentre la luminosa veranda viene anche utilizzata per corsi di cucina. Piatti d'ispirazione toscana.

Carta 27/40€

località Notri 77 – 𝒸 0565 829888 – www.gualdodelre.it –
Chiuso 7 gennaio-26 marzo, 2 novembre-3 dicembre

� I' Ciocio-Osteria di Suvereto 🍴 ♿ ⌘

REGIONALE · RUSTICO 🍴 Nello splendido scenario del centro storico su cui si affaccia con un delizioso dehors, ambienti caratteristici come la "dispensa" del piano inferiore, prodotti bio e a km 0 per una cucina legata al territorio.

Carta 35/67€

piazza dei Giudici 1 – 𝒸 0565 829947 – www.osteriadisuvereto.it – Chiuso lunedì,
domenica sera

SUZZARA

✉ 46029 – Mantova (MN) – Carta regionale n° **9**–C3 – Carta stradale Michelin 561-I9

⊛ Mangiare Bere Uomo Donna ⇦ 🍴 AK

FUSION · FAMILIARE 🍴 Lei è di Hong Kong, lui di Suzzara: una coppia nella vita, in tandem gestiscono questo accogliente ristorante in cui lo sguardo aperto sul mondo non riguarda solo le proposte in carta, ma anche l'offerta enologica e l'amore per le arti applicate. Una volta a tavola, i sentieri gastronomici possono seguire le orme della tradizione con riuscite deviazioni nei sapori del litorale oppure virare decisi verso alcune ricette orientali. Le costanti riguardano invece autenticità ed ingredienti prevalentemente del territorio e di stagione.

Specialità: Ravioli cinesi al vapore. Cotechino casalino con contorno. Crema di mango.

Menu 27/28€ – Carta 22/50€

viale Zonta 19 – 𝒸 334 880 6508 – www.mangiarebereuomodonna.com –
Chiuso lunedì a mezzogiorno, martedì, mercoledì-domenica a mezzogiorno

TAMION – Trento → Vedere Vigo di Fassa

TAORMINA – Messina → Vedere Sicilia

TARANTO

✉ 74123 – Taranto (TA) – Carta regionale n° **15**–C2 – Carta stradale Michelin 564-F33

� Gatto Rosso 🍴 AK

PESCE E FRUTTI DI MARE · FAMILIARE 🍴 Ambiente semplice e curato, nonché proposte unicamente a base di pesce, in un piccolo ristorantino dalla lunga gestione familiare (siamo ormai alla terza!), raccontata dalle foto in bianco e nero appese alle pareti.

Menu 25/60€ – Carta 21/60€

via Cavour 2 – 𝒸 340 533 7800 – www.ristorantegattorosso.com –
Chiuso 1-15 settembre, lunedì, domenica sera

❀❀❀, ❀❀, ❀, ⊛ & 🍴

a San Pietro sul Mar Piccolo Nord - Est: 13 km direzione Brindisi –

Carta regionale n° **15**–C2

🏨 Relais Histò 　　　　🍽 🐾 🛋 🌊 🖥 🕑 🎣 ♨ 🛗 🔌 ♿ 🅰🅲 🧖 🅿

LUSSO · STORICO Sintesi perfetta di natura, storia, arte e tecnologia, Relais Histò è il risultato del restauro conservativo di una masseria medievale. Immerso in un grande uliveto e cinto da possenti mura, l'hotel assicura ai propri ospiti tranquillità e privacy; camere moderne e rituali olistici presso la spa, possibilità di escursioni a cavallo con scuderia propria, nonché comoda navetta per le spiagge della zona. Ottima cucina, con solide basi nel territorio, alla Lanternaia.

48 camere ⌂ - 👫 220/280 € – 9 suites

via Santandrea Circummarpiccolo – ℰ 099 472 1188 – www.relaishisto.it

TARCENTO

✉ 33017 – Udine (UD) – Carta regionale n° **6**–C2 – Carta stradale Michelin 562-D21

🌸 Osteria di Villafredda 　　　　🍽 🅿

REGIONALE · RUSTICO 🍴 Ricavata da un'antica casa colonica, l'osteria può vantare oltre mezzo secolo di attività e di evoluzione ininterrotta, con una cucina non vittima della "globalizzazione", ma - al contrario - grata ai prodotti del territorio e paladina della tradizione locale. Volete un esempio? Cjalsons di Villafredda.

Specialità: Sformatino agli asparagi con fonduta. Filettino di maiale aromatizzato alle erbe. Torta soffice di fragole e rabarbaro.

Carta 25/35 €

via Liruti 7, località Loneriacco – ℰ 0432 792153 – www.villafredda.com – Chiuso 12-19 agosto, lunedì, domenica sera

TARVISIO

✉ 33018 – Udine (UD) – Carta regionale n° **6**–C1 – Carta stradale Michelin 562-C22

🍽 Ilija 　　　　🍽 ♿

MODERNA · ALLA MODA 🍴🍴 Un indirizzo che farà gola non solo agli appassionati golfisti che qui troveranno un percorso a 18 buche, ma anche ai tanti buongustai che si delizieranno con una cucina di stampo moderno particolarmente orientata sul pesce.

Carta 40/75 €

via Priesnig 17 – ℰ 0428 645030 – www.ilijaristorante.it – Chiuso 4-26 novembre, lunedì

TAVAGNACCO

✉ 33010 – Udine (UD) – Carta regionale n° **6**–C2 – Carta stradale Michelin 562-D21

🍽 Al Grop 　　　　🍸 🔄 ⪡ 🍽 🍽 🔃 🅿

CLASSICA · FAMILIARE 🍴🍴 Lunga tradizione per un ristorante rustico con un imponente e scoppiettante camino centrale: i piatti seguono le stagioni, carni alla griglia e l'asparago bianco locale (quando è il periodo!). A 100 metri, i confortevoli appartamenti con angolo cottura e graziosa corte.

Carta 20/60 €

via Matteotti 1 – ℰ 0432 660240 – www.algrop.com – Chiuso 12-22 agosto, mercoledì, giovedì a mezzogiorno

TAVARNELLE VAL DI PESA

✉ 50028 – Firenze (FI) – Carta regionale n° **18**–C2 – Carta stradale Michelin 563-L15

🏵 La Torre 　　　　🍸 🍽 🍽 ♿ 🅰🅲 🅿

CREATIVA · ELEGANTE 🍴🍴🍴 La cucina di questo locale, con splendida terrazza estiva che offre un panorama agreste fatto di filari di viti e distese di olivi a lambire il bosco, è sapida e territoriale; forse un po' più sbilanciata sui piatti di terra, ma disposta ad accontentare anche chi al mare non volta mai le spalle.

Gli ispettori hanno particolarmente apprezzato l'attenzione riservata alla pasticceria con una carta dei dessert encomiabile per creatività, nonché una sinfonia di dolci note – al momento del caffè – come cioccolatini e macaron. Un piccolo orto all'interno della tenuta garantisce verdure a Km 0.

Specialità: Animelle di vitello rosolate, verdure glassate, aglio, olio e salsa al peperoncino e vaniglia. Agnolotti ripieni di chianina, vellutata di piselli e morchelle alle erbe. Caprino, lamponi e crumble al pepe di kampot.

Menu 90/150 € – Carta 100/170 €

Hotel Castello del Nero, strada Spicciano 7 – ☎ 055 806470 – www.castellodelnero.com – Chiuso 11 novembre-20 marzo, lunedì-domenica a mezzogiorno

⅄○ **Osteria La Gramola**   🍸 🌿

REGIONALE · FAMILIARE ⅄ È un incontro tra l'architettura paesana e lo scorrere di una dimensione rurale fatta di antiche abitudini, lenti rituali e solide certezze. Vino, olio, carni provenienti da allevamenti della zona: Cecilia, la cuoca, sa valorizzare con grande talento i prodotti, le ricette e la cultura gastronomica della sua terra.

Menu 20/50 € – Carta 25/52 €

via delle Fonti 1 – ☎ 338 603 9356 – www.gramola.it – Chiuso martedì

🏛 **Castello del Nero**   🍳 🐾 🛋 🏊 🕸 🐠 🎱 ⬆ ♿ 🅰🅲 🏋 🅿

DIMORA STORICA · GRAN LUSSO In posizione dominante sulle colline, una residenza di campagna di origini duecentesche, dove gli elementi storici si fondono con arredi moderni e accessori d'avanguardia. Centro benessere con trattamenti *up-to-date*.

32 camere ⌷ – 🛏 430/900 € – 18 suites

strada Spicciano 7 – ☎ 055 806470 – www.castellodelnero.com – Chiuso 11 novembre-20 marzo

  ❀ **La Torre** – Vedere selezione ristoranti

a Badia a Passignano Est : 7 km – Carta regionale n° **18**-C2

❀ **Osteria di Passignano**   🌿 🏠 ♿ 🅰🅲 🅿

MODERNA · ROMANTICO ⅄⅄ All'interno dell'universo Antinori, l'Osteria ha il vezzo di chiamarsi in tale modo: di fatto, si tratta di un elegante ristorante fra mura antichissime sito accanto all'antica Badia di Passignano che oltre a prestarle il nome è sede della cantina di invecchiamento (barricaia) dei migliori Chianti del gruppo. Siamo quindi al cospetto di un contesto di alto livello fatto di storia, blasone e vigne. Sebbene di stampo moderno, la cucina si rifà alla tradizione ed ai sapori locali, ma li rielabora nell'ottica di riuscire gradita anche a chi italiano non è; gli stranieri qui – in effetti – sono tanti! Accanto alla suddetta linea gastronomica, che prevede anche qualche piatto a base di pesce, c'è una pagina del menu interamente dedicata alla tradizione toscana della griglia con tanto di bistecca. Recentemente, un bell'orto fornisce il proprio contenuto in termini di erbe aromatiche e qualche verdura: il tutto nel verde della Badia.

Specialità: Sformato di pecorino, baccelli e caviale di miele. Petto di piccione coscine farcite, borraggine, patate novelle. Tortino di cioccolato, vin santo non solo da bere.

Menu 75/90 € – Carta 75/100 €

via Passignano 33 – ☎ 055 807 1278 – www.osteriadipassignano.com – Chiuso 6 gennaio-10 febbraio, domenica

a San Donato in Poggio Sud - Est : 7 km – Carta regionale n° **18**-D1

❀ **Antica Trattoria La Toppa**   🏠 🍴

REGIONALE · FAMILIARE ⅄ Nel cuore di un borgo medioevale da cartolina, mezzo secolo di tradizione familiare e cucina casereccia non s'improvvisano, dalle pappardelle all'anatra allo stracotto al chianti, terminando con una bella zuppa inglese!

Specialità: Antipasto toscano. Bistecca alla fiorentina. Cantucci e vinsanto.

Carta 20/49€

via del Giglio 41 – 𝒞 055 807 2900 – www.anticatrattorialatoppa.com – Chiuso 9 gennaio-18 febbraio, lunedì

⭑○ **La Locanda di Pietracupa**   🕸 ⇦ 🛋 🏠

REGIONALE · LOCANDA ✗✗ In una bella dimora dei primi del '900 con terrazza panoramica sulle colline del Chianti Classico e nuovo giardino d'inverno, la filosofia del ristorante poggia su un'idea ben precisa che si scosta dagli schemi comuni di una cucina locale o regionale, per abbracciare l'Italia nella sua interezza. Sapori rivisitati con tocchi creativi ed una carta dei vini incentrata principalmente sulla zona, ma non scevra di etichette di altre regioni e nazionalità. Camere recentemente ristrutturate.

Carta 45/57€

via Madonna di Pietracupa 31 – 𝒞 055 807 2400 – www.locandapietracupa.com – Chiuso 24 dicembre-5 gennaio, martedì

TEGLIO

✉ 23036 – Sondrio (SO) – Carta regionale n° **9**-B1 – Carta stradale Michelin 561-D12

sulla strada statale 38 al km 38, 750 Sud - Ovest : 8 km

☺ **Fracia**   🏠

VALTELLINESE · RUSTICO ✗✗ Pizzoccheri, guanciale di vitello a lenta cottura, tortino alle mele con salsa vaniglia ed altre ottime specialità valtellinesi, in un rustico cascinale in pietra con vista panoramica sulla valle circostante. Un'oasi di tradizione ed intriganti sapori: da non perdere il menu degustazione del territorio. Splendido dehors con tavoli in sasso e bella vista sul circondario.

Specialità: Insalata di prosciutto. Pizzoccheri. Tortino alle mele.

Menu 30€ – Carta 30/43€

località Fracia – 𝒞 0342 482671 – www.ristorantefracia.it – Chiuso 15-25 giugno, mercoledì

TELESE TERME

✉ 82037 – Benevento (BN) – Carta regionale n° **4**-B1 – Carta stradale Michelin 564-D25

⌘ **Krèsios** (Giuseppe Iannotti)   🕸 ⇦ 🛋 🏠 ♿ 🅰 ⇄ 🅿

CREATIVA · ELEGANTE ✗✗ Allude a uno dei nomi di Bacco o Dioniso, Krèsios, il ristorante di Giuseppe Iannotti. Un'accogliente casa di campagna che rivela all'interno un piacevole mix di antico e moderno: muri in pietra, ambiente rustico e la cantina scavata nel tufo, i cui tesori a gradazione alcolica sfiorano – oramai - le 2000 etichette. Dalle cucine a vista dove sorvegliare l'operato del cuoco e della sua bravissima brigata escono piatti creativi e personalizzati, spesso di ricerca, mai banali. La cucina di Iannotti fonda la sua filosofia sulla ricerca e la fantasia, con scatti d'improvvisazione, ricerca della migliore materia prima proveniente da ogni parte del mondo. Il porticato climatizzato e un'aia sono il preludio a cinque ettari di vigneti, nel cuore dell'antico Sannio beneventano. L'indirizzo piace molto; meglio prenotare!

Specialità: Pollo arrosto. Spaghetto allo scoglio. Litchi e violette.

Menu 90/130€

via San Giovanni 59 – 𝒞 0824 940723 – www.kresios.it – Chiuso lunedì, domenica sera

⌘ **La Locanda del Borgo**   🕸 🛋 🏠 ⇄ 🅿

CREATIVA · CASA DI CAMPAGNA ✗✗ E' in provincia di Benevento che il giovane chef Luciano Villani propone percorsi strutturati su semplicità, prodotti biologici del Sannio ed una filosofia senza compromessi. Ma facciamo un passo indietro. Siamo all' interno dell'Hotel Acquapetra Resort&Spa, dove una famiglia di architetti acquistò un vecchio rudere con l'intento di realizzare un progetto da mille e una notte: il risultato è questa sorta di lussuoso borgo, dove gli spazi sono personalizzati con pezzi d'antiquariato ed accessori dell'ultima generazione. A completamento di tutto ciò il ristorante gourmet propone una cucina che – a detta degli ispettori - è sempre riconoscibile, golosa, di territorio, sebbene leggermente contaminata.

Specialità: Patate del Matese, funghi e tartufo. Agnello laticauda, yogurt e bieta. Semifreddo al torroncino croccante e gel di liquore elle erbe.

Menu 65/85 € – Carta 60/85 €

Hotel Aquapetra Resort e Spa, località Monte Pugliano n° 1 (S.S. Telesina 372 Uscita Cerreto) – ℰ 0824 941878 – www.aquapetra.com – Chiuso 10-31 gennaio, lunedì, martedì

🏠 Aquapetra Resort & Spa   ⬦ ⬅ 🏠 🗳 🗔 🧖 🛋 🛁 ৬ 🅰️🅲 🛋 🅿️

CASA DI CAMPAGNA · ELEGANTE Una famiglia di architetti ha rilevato un vecchio rudere con l'intento di realizzare un progetto da mille e una notte: il risultato è questa sorta di lussuoso borgo, dove gli spazi sono personalizzati con pezzi d'antiquariato ed accessori dell'ultima generazione, incantevole spa con 2 suggestive piscine e cabine per trattamenti estetici. Un po' alla volta sta nascendo anche un interessante "parco d'arte". Molto più di un sogno!

39 camere ☑ – 🛉🛉 110/520 € – 2 suites

località Monte Pugliano n°1 (S.S. Telesina 372 Uscita Cerreto) – ℰ 0824 975007 – www.aquapetra.com

🕸 **La Locanda del Borgo** – Vedere selezione ristoranti

TERAMO
✉ 64100 – Teramo (TE) – Carta regionale n° **1**–B2 – Carta stradale Michelin 563-N23

🍴 Spoon 🆕   🛋 🅰️🅲

CONTEMPORANEA · ACCOGLIENTE X Nel cuore del centro storico, ad un passo dal bel duomo di origini duecentesche, un piccolo ma accogliente locale di gusto contemporaneo, come le sue proposte di cucina preparate da due giovani chef-titolari provenienti dalla scuola di Niko Romito. Piatti di sola carne, colorati, gustosi, generosi.

Specialità: Burrata croccante. Anatra, arancia, verza e senape in grani. Pasta frolla, crema al frutto della passione e meringa.

Menu 38 € – Carta 30/31 €

Via Mario Capuani 61 – ℰ 345 037 0764 – Chiuso 12 agosto-30 settembre, lunedì, martedì-giovedì a mezzogiorno, domenica

TERLANO • TERLAN
✉ 39018 – Bolzano (BZ) – Carta regionale n° **19**–D3 – Carta stradale Michelin 562-C15

a Settequerce Sud - Est : 3 km

🍴 Patauner   🛋 🅿️

REGIONALE · SEMPLICE X Apparentemente semplice e in posizione stradale, l'edificio è in realtà del Seicento, mentre la trattoria è gestita dall'omonima famiglia da un secolo: oggi terza e quarta generazione cucinano gomito a gomito piatti fortemente legati al territorio. In stagione gli asparagi bianchi di Terlano sono tra gli imperdibili, così come lo sono, tutto l'anno, le interiora.

Carta 26/54 €

via Bolzano 6 – ℰ 0471 918502 – www.restaurant-patauner.net – Chiuso 17 febbraio-5 marzo, 3-26 luglio, giovedì, da luglio-settembre la domenica

TERMENO SULLA STRADA DEL VINO •
TRAMIN AN DER WEINSTRASSE
✉ 39040 – Bolzano (BZ) – Carta regionale n° **19**–D3 – Carta stradale Michelin 562-C15

🍴 Taberna Romani   ⬅ 🏠 🛋 🅿️

CLASSICA · ROMANTICO XX Ambienti curati all'interno di un edificio storico, romanticamente rurali, particolarmente ameni nel bel giardino. La massima cura nella selezione delle materie prime - spesso locali e nel caso di erbe e frutta anche di produzione propria - è la felice premessa da cui scaturiscono preparazioni classiche, ma mai banali. Molto belle le camere ai piani superiori.

Menu 56/76 € – Carta 54/85 €

via Andreas Hofer 23 – ℰ 0471 860010 – www.ansitzromani.com – Chiuso 1 gennaio-24 marzo, 6-15 luglio, 9-30 novembre, lunedì, domenica

TERMOLI

✉ 86039 - Campobasso (CB) - Carta regionale n° **1**-D2 - Carta stradale Michelin 564-A26

⑩ **Federico II** 🕳 AC

PESCE E FRUTTI DI MARE · **INTIMO** XX Nel centro storico, ad un passo dalla cattedrale, raccolto locale il cui giovane titolare elabora, talvolta con un pizzico di fantasia, i buoni prodotti del mare che lui stesso acquista giornalmente.

Carta 30/60€

via Duomo 30 - ☎ 0875 85414 - www.ristorantefedericoii.com - Chiuso 15-31 ottobre, 24 dicembre-1 gennaio, lunedì, martedì-giovedì a mezzogiorno, domenica sera

⑩ **Svevia** ⇦ AC

MEDITERRANEA · **ELEGANTE** XX Nelle cantine di un palazzo d'epoca, la storia si fonde abilmente con atmosfere moderne, mentre la cucina si ancora alla tradizione marittima molisana con solo pochi piatti di carne.

Menu 35€ (pranzo), 45/65€ - Carta 40/65€

Hotel Residenza Sveva, via Giudicato Vecchio 24 - ☎ 0875 550284 - www.svevia.it - Chiuso 24 febbraio-2 marzo, 18-25 novembre, lunedì

⑩ **L'Opera** 🕳 AC

PESCE E FRUTTI DI MARE · **CONTESTO TRADIZIONALE** X Sotto le volte in mattoni di questo piccolo locale, semplice, ma accogliente, potrete trovare tipiche specialità di pesce; simpatico, anche il dehors estivo.

Carta 25/60€

via Adriatica 32 - ☎ 0875 808001 - www.trattorialopera.com - Chiuso lunedì, domenica sera

TERRACINA

✉ 04019 - Latina (LT) - Carta regionale n° **7**-C3 - Carta stradale Michelin 563-S21

⑩ **Essenza** ⓝ ⅋⅋ 🕳 ఉ AC

ITALIANA CONTEMPORANEA · **CONTESTO CONTEMPORANEO** XX Trasferimento ad inizio 2019 da Pontinia a Terracina per questo ottimo ristorante a pochi passi dal mare. Lo chef-patron porta avanti la sua offerta al passo con i tempi, seppure radicata nel territorio; il pesce, ad esempio, pescato in questi mari è l'attore principale del menu, mentre per quanto riguarda le carni - soprattutto la piccola selezione nella vetrina a vista a frollare - la si seleziona in giro per il mondo.

Menu 25€ (pranzo), 35/65€ - Carta 44/70€

via Cavour 38 - ☎ 0773 369762 - www.essenza.co - Chiuso 2-10 gennaio, 3-10 novembre, mercoledì

⑩ **Il Grappolo d'Uva** ⩻ 🕳 AC ⇔ 🅿

PESCE E FRUTTI DI MARE · **AMBIENTE CLASSICO** XX Situato proprio sul mare, ma altrettanto vicino al centro, il locale dispone di una sala luminosa dove gustare specialità di pesce. Davanti trovano spazio un'area per aperitivi e, subito dopo, la propria porzione di spiaggia attrezzata.

Carta 40/100€

lungomare G. Matteotti 1 - ☎ 0773 702521 - www.grappoloduva.it - Chiuso 1 novembre-1 dicembre, mercoledì

TERRANOVA DI POLLINO

✉ 85030 - Potenza (PZ) - Carta regionale n° **2**-C3 - Carta stradale Michelin 564-H30

⑧ **Luna Rossa** ⩻ 🕳 ⇔

REGIONALE · **RUSTICO** X In centro paese, locale rustico e conviviale con panoramica terrazza affacciata sulla valle. La ricerca dei piatti della tradizione parte dal mondo contadino per concretizzarsi nella continua passione e nel rinnovato talento dello chef. Specialità: il raviolo della memoria.

Specialità: Sfera alle 9 cose. Fusilli del brigente. Cuscinetti di ceci e vin cotto.

Carta 25/45 €

via Marconi 18 – ℰ 0973 93254 - www.federicovalicenti.it – Chiuso mercoledì

TERRANUOVA BRACCIOLINI

✉ 52028 – Arezzo (AR) – Carta regionale n° **18**–C2 – Carta stradale Michelin 563-L16

a Montemarciano Nord: 5 km

⅋○ **La Cantinella** ⟨ 🎋 🅿

TOSCANA · **AMBIENTE CLASSICO** ⅩⅩ Ristorantino di campagna dagli interni piacevolmente personalizzati nella sala veranda con vista sul verde, ma anche con un godevole servizio estivo in terrazza affacciata sulle balze. Solo carne in carta: la cucina, infatti, rivisita la tradizione toscana.

Carta 32/50 €

località Montemarciano – ℰ 055 917 2705 – Chiuso 1-15 gennaio, lunedì, martedì-sabato a mezzogiorno

TERRASINI – Palermo → Vedere Sicilia

TESIDO • TAISTEN – Bolzano → Vedere Monguelfo

TESIMO • TISENS

✉ 39010 – Bolzano (BZ) – Carta regionale n° **19**–B2 – Carta stradale Michelin 562-C15

⁛ **Zum Löwen** (Anna Matscher)

CREATIVA · **ROMANTICO** ⅩⅩ "La provenienza delle materie prime è molto importante per me. La mia cucina è il luogo in cui posso dare spazio alla mia creatività. Cucinare per me significa esprimere la mia gioia di vivere. " E di entusiasmo e fantasia Anna ne ha da vendere! Basti citare piatti quali il cappuccino di animelle di vitello. Sapiente ristrutturazione di un antico maso - dal fienile alle vecchie stalle - tutto è stato recuperato ed esaltato da inserimenti più moderni. Se si viene qui in primis per la cucina, ci si accorge presto che anche il luogo merita il viaggio.

Specialità: Tartare di salmerino, mela verde e schiuma di latte affumicato. Cannelloni ripieni di foie gras e funghi champignon. Sfera di cioccolato con yogurt, fragola e il suo sorbetto.

Menu 89/99 € – Carta 60/100 €

via Principale 72 – ℰ 0473 920927 - www.zumloewen.it – Chiuso lunedì, martedì

TIGLIOLE

✉ 14016 – Asti (AT) – Carta regionale n° **14**–A1 – Carta stradale Michelin 561-H6

⁛ **Ca' Vittoria** (Massimiliano Musso) 🎴 ⟨⟩ ⟨ 🍴 🎋 ⅙ 🄰🄲 🅿

PIEMONTESE · **ELEGANTE** ⅩⅩⅩ Nel cuore di un villaggio da cartolina, da diverse generazioni la stessa famiglia accoglie i clienti con serietà e professionalità tutte sabaude. E, soprattutto, con una cucina interessante! Ma se per nonna Gemma e mamma Sandra la regione ritornava sempre nei piatti, oggi Massimiliano personalizza la linea dando un tocco di creatività ed esterofilia. Lo fa inserendo sulla stessa base piemontese ingredienti internazionali come lo yuzu, per poi "ritornare a casa" con verdure ed ortaggi provenienti dall'orto di famiglia. A completare il quadretto, una bella terrazza e tanto confort nell'attiguo, raccolto hotel.

Specialità: Coniglio, carciofi e liquirizia. Risotto alla coda di bue. Lampone ed eucalipto.

Menu 50/110 € – Carta 57/96 €

via Roma 14 – ℰ 0141 667713 - www.cavittoria.it – Chiuso 16 febbraio-15 marzo, 11-21 agosto, lunedì, martedì-venerdì a mezzogiorno, domenica sera

TIRIOLO

✉ 88056 – Catanzaro (CZ) – Carta regionale n° **3**–B2 – Carta stradale Michelin 564-K31

⊛ **Due Mari**

REGIONALE · SEMPLICE Ⅹ Piatti semplici di una cucina calabrese casalinga e dalle porzioni generose; dalla sua sala la vista spazia fra i due mari. Specialità: tagliatelle ai fegatini di pollo - pignolata al miele.

Specialità: Antipasto tipico calabrese. Tagliatelle ai fegatini di pollo. Pignolata al miele.

Carta 17/30€

via Seggio 2 – ℰ 0961 991064 –
www.duemari.com – Chiuso lunedì, domenica sera

TIROLO · TIROL

✉ 39019 – Bolzano (BZ) – Carta regionale n° **19**-B1 – Carta stradale Michelin 562-B15

Pianta: Vedere Merano

✿✿ **Trenkerstube**

CREATIVA · ROMANTICO ⅩⅩⅩ La carta offre una ristretta selezione di piatti, che permette a Gerhard Wieser d'individuare i prodotti di nicchia provenienti non solo dall'Alto Adige, ma dall'intero Paese. Il suo motto non è la regionalità a tutti i costi, ma un atteggiamento di apertura alla biodiversità di altri territori - anche quelli del più profondo sud - riuscendo sempre ad ottimizzare e ad affinare i singoli influssi, gli aromi e la loro interazione attraverso l'utilizzo di tecniche di cottura nuove e moderne. L'eccellenza servita in piatti di cristallina raffinatezza, come l'aria di queste montagne. Il ristorante sarà oggetto di un'importante ristrutturazione inizio 2020.

Specialità: Scampo siciliano, ravioli all'aglio, fondo di verdure. Filetto di wagyu affumicato, carciofi, cipollina, patate. Mousse al caramello e cioccolato, fragola, gelato alla liquirizia.

Menu 138/178€ – Carta 96/152€

Pianta TiroloAB1-u – *Hotel Castel, vicolo dei Castagni 18 – ℰ 0473 923693 –*
www.hotel-castel.com – Chiuso 31 ottobre-13 aprile, lunedì, martedì-sabato a mezzogiorno, domenica

✿ **Culinaria im Farmerkreuz** (Manfred Kofler)

MODERNA · CONTESTO CONTEMPORANEO ⅩⅩ Abbarbicato sul versante dello Spronser Rötelspitze che scruta Merano dall'alto, a destra la val Venosta, a sinistra la Passiria, davanti quella dell'Adige, la vista da questo ristorante è – a dir poco – strepitosa! Ma non ci si spinge fin quassù solo per il panorama, bensì per quella cucina che, partendo dal territorio, percorre un lungo viaggio verso il mare ed i sapori mediterranei (non a caso il menu degustazione s'intitola proprio "dalle Alpi al mare"). Sulle lievi ali della modernità, il tutto porta la firma di Manfred Kofler ai fornelli e del fratello Stefan in sala. A pranzo carta semplice.

Specialità: Tortelli ripieni con vitello nostrano e tartufo, emulsione alla carbonara, asparagi e salsa al tartufo. Sella di cervo, rapa al prezzemolo, zigolo dolce (tubero) e ribes. Pera Kaiser Alexander con panna acida, cioccolato e anice di montagna.

Menu 50€ (pranzo), 92/107€ – Carta 63/108€

Fuori pianta – *via Aslago 105 – ℰ 0473 923508 – www.culinaria-im-farmerkreuz.it –*
Chiuso 1 gennaio-10 marzo, lunedì, domenica

⌂ **Erika**

LUSSO · PERSONALIZZATO Un'incantevole casa di montagna, dove legno, pietre e altri materiali locali sono interpretati con straordinaria eleganza. Le camere vengono rinnovate senza sosta, le ultime create sono superbamente arredate. Favoloso centro benessere.

75 camere – †† 230/540€ – 26 suites

Pianta TiroloAB1-u – *via Principale 39 – ℰ 0473 926111 – www.erika.it –*
Chiuso 7 gennaio-21 marzo, 30 novembre-25 dicembre

🏰 Castel

GRAN LUSSO · TRADIZIONALE Struttura lussuosa, arredamento elegante, moderno centro benessere: il concretizzarsi di un sogno, in un panorama incantevole. Comodità e tradizione ai massimi livelli.

30 camere ☷ – 🛏 226/396 € – 15 suites

Pianta TiroloAB1-u – *vicolo dei Castagni 18* – ✆ *0473 923693* –
www.hotel-castel.com – *Chiuso 8 novembre-31 marzo*

❀❀ **Trenkerstube** – Vedere selezione ristoranti

🏰 Küglerhof

LUSSO · PERSONALIZZATO Nella parte alta e tranquilla della località, avrete la sensazione di trovarvi in un'elegante casa, amorevolmente preparata per farvi trascorrere ore di relax e svago, anche nel giardino con piscina riscaldata. Specialità della casa a disposizione non solo di chi alloggia in hotel al ristorante (su prenotazione).

35 camere – 🛏 320/460 €

Pianta TiroloA1-r – *via Aslago 82* – ✆ *0473923399* – *www.kueglerhof.it* –
Chiuso 5 novembre-20 marzo

TISENS • TESIMO – Bolzano → Vedere Tesimo

TIVOLI

✉ 00019 – Roma (RM) – Carta regionale n° **7**–C2 – Carta stradale Michelin 563-Q20

🍴 Sibilla

MEDITERRANEA · ACCOGLIENTE ✕✕ In splendida posizione accanto al tempio di Vesta, ben visibile dall'ampio dehors, tre generazioni portano avanti lo storico locale proponendovi un'ampia scelta tra carne, pesce e piatti regionali.

Menu 30 € – Carta 28/75 €

via della Sibilla 50 – ✆ *0774 335281* – *www.ristorantesibilla.com* – *Chiuso lunedì*

🏰 Torre Sant'Angelo

STORICO · ELEGANTE Sulle rovine della villa di Catullo - preceduto da un parco di splendidi olivi secolari, la città vecchia alle spalle - sembra la scenografia di uno spettacolo: interni molto eleganti e piscina su una terrazza con vista di Tivoli e della vallata. Estremamente raffinata la sala ristorante, con tessuti damascati e lampadari di Murano. Servizio estivo nella corte centrale.

31 camere ☷ – 🛏 100/150 € – 4 suites

via Quintilio Varo – ✆ *0774 332533* – *www.hoteltorresangelo.it*

TOBLACH • DOBBIACO – Bolzano → Vedere Dobbiaco

TODI

✉ 06059 – Perugia (PG) – Carta regionale n° **20**–B3 – Carta stradale Michelin 563-N19

a Chioano Est : 4, 5 km

🍴 Fiorfiore

MODERNA · ROMANTICO ✕✕ Ecco l'indirizzo giusto se volete offrirvi una cucina creativa e ricercata, non solo di piatti umbri; spettacolare servizio all'aperto, si mangia circondati dai colli con il profilo di Todi sullo sfondo. Belle camere e attrezzata zona benessere per una sosta da ricordare.

Carta 32/58 €

Hotel Residenza Roccafiore, località Chioano – ✆ *075 894 2416* –
www.ristorantefiorfiore.com – *Chiuso 7 gennaio-21 febbraio, 24-26 dicembre, martedì*

TORBIATO – Brescia → Vedere Adro

TORBOLE

✉ 38069 – Trento (TN) – Carta regionale n° **19**–B3 – Carta stradale Michelin 562-E14

⅋◯ **La Terrazza** AC ⟠

PESCE E FRUTTI DI MARE · ROMANTICO ✕✕ Una piccola sala interna ed una veranda con vista sul lago, che in estate si apre completamente, dove farsi servire piatti di forte ispirazione regionale e specialità di lago.

Menu 39/59 € – Carta 39/70 €

via Benaco 24 – ☎ 0464 506083 – www.allaterrazza.com –
Chiuso 20 novembre-1 febbraio, martedì

TORCELLO – Venezia → Vedere Venezia

TORGIANO

✉ 06089 – Perugia (PG) – Carta regionale n° **20**–B2 – Carta stradale Michelin 563-M19

⅋◯ **Quattro Sensi** ◍ ⟐ & AC P

CONTEMPORANEA · ACCOGLIENTE ✕✕ Nuovo slancio per il ristorante del Borgobrufa, che riserverà ancora tante piacevoli sorprese ai suoi ospiti... La cucina dialoga con i prodotti del territorio di ricercata qualità e li mette al servizio di una tradizione gastronomica reinterpretata in chiave moderna. Attenzione: non si accettano clienti di età inferiore ai 15 anni.

Carta 39/52 €

Borgobrufa SPA Resort, via del Colle 38, località Brufa – ☎ 075 9883 –
www.borgobrufa.it

🏠 **Borgobrufa SPA Resort**

🎿 🐕 🛏 ⚒ 🗊 🆂🅿🅰 🈳 🛁 ⊡ & AC 🏋 P

SPA E WELLNESS · ACCOGLIENTE Una delle migliori spa dell'Umbria in un bellissimo borgo interamente ubicato nel verde e nella natura con splendide camere arredate secondo la tradizione locale, alcune con travi a vista. Attenzione: la struttura non accetta ospiti di età inferiore ai 15 anni.

35 camere ⌧ – 🛏 129/224 € – 15 suites

via del Colle 38, località Brufa – ☎ 075 9883 – www.borgobrufa.it

⅋◯ **Quattro Sensi** – Vedere selezione ristoranti

TORINO

✉ 10121 – Torino (TO) – Carta regionale n° **12**–A1 –
Carta stradale Michelin 561-G5

Ci piace

La cucina vivace e moderna, come gli ambienti, del
Condividere. I piatti del territorio che rispettano stagioni e
tradizioni proposti dal **Contesto Alimentare**, ormai un must
per chi è in città. **Allegroitalia Golden Palace**: lusso - senza
dimenticare le famiglie! - per questo hotel 5 stelle del
centro. Uno dei ristoranti più belli d'Italia: il **Cambio**.

Nella città della Mole è imprescindibile una sosta nei tanti
caffè storici; tra questi, gli ispettori ricordano Baratti &
Milano, Al Bicerin, San Carlo. Pasticceria e confetteria
Stratta: corone sabaude, bonbon e gianduiotti. Perdersi tra
le poliedriche proposte eno-gastronomiche di Eataly
Lingotto: il primo punto vendita di una lunga serie.

Luca Querzoli/Shutterstock.com

Ristoranti

⬡ Del Cambio (Matteo Baronetto) ⬡ ⌂ ♿ 🅰🅲

PIEMONTESE · **CONTESTO STORICO** XxX Ristorante fondato nel 1757, Del Cambio è un luogo d'innata eleganza dove la dicotomia tra arte contemporanea e arredi da romanzo d'epoca trova continuità nel menu dello chef Matteo Baronetto, cuoco che ha dato un grande contribuito allo sviluppo della cucina italiana d'avanguardia nei primi anni Duemila. Abile nell'alternare manicaretti di stampo tradizionale a piatti più moderni e creativi, nel suo menu fanno capolino proposte sintetiche, ma altamente eloquenti, Completano l'offerta il light lunch, l'eccellente caffè "Farmacia" e "Il tavolo della cantina", uno spazio che custodisce ben 19 mila bottiglie collocato nelle fondamenta fisiche e spirituali del ristorante, sede di cene conviviali e degustazioni.

Specialità: Insalata piemontese. Agnolotti alla piemontese. Giandujotto.

Menu 45€ (pranzo), 110/135€ – Carta 86/108€

Pianta C2-a – *piazza Carignano 2 –* ☎ *011 546690 – www.delcambio.it – Chiuso 7-14 gennaio, 16 agosto-2 settembre, domenica sera*

⬡ Carignano ⬡ 🅰🅲

CREATIVA · **INTIMO** XxX E' la punta di diamante gourmet dell'albergo Sitea. Pur riservando qualche citazione alla tradizione piemontese, Marco Migliori e Fabrizio Tesse sfornano piatti fondamentalmente creativi. "Oggi è più facile apprendere tecniche, informarsi e sapere cosa fanno gli altri senza muoversi" afferma Marco "io però consiglio a chi può di girare il mondo; infatti i punti fermi della nostra cucina restano tradizione e innovazione ai quali aggiungo un twist dei miei undici anni di viaggi". E preziosissima - sottolineano gli ispettori - l'esperienza di Fabrizio!

Specialità: Animella tonnata. Risotto gran riserva, carpaccio di sogliola, peperone crusco e ali di pollo croccanti. Tirami-choux.

Menu 85/100€ – Carta 72/106€

Pianta C2-t – *Grand Hotel Sitea, via Carlo Alberto 35 –* ☎ *011 517 0171 – www.ristorantecarignano.it – Chiuso 1-12 gennaio, 26 luglio-6 settembre, lunedì-sabato a mezzogiorno, domenica*

⬡ Casa Vicina-Eataly Lingotto (Claudio Vicina) ⬡ ♿ 🅰🅲

PIEMONTESE · **MINIMALISTA** XxX Coppia nella vita e nel lavoro, Anna Mastroianni e Claudio Vicina sono gli chef-patron di Casa Vicina all'interno di Eataly Lingotto. E' una saga famigliare iniziata nel lontano 1968 quando i nonni aprirono un ben più modesto ristorante a Borgofranco d'Ivrea; oggi – a garantire l'alto standard del locale - concorre anche Stefano, fratello dello chef che fa il sommelier, nonché responsabile di sala coadiuvato da Laura figlia maggiore della coppia. Ma un posto, in questo caso in cucina, se l'è ritagliato anche la figlia minore Silvia, che aiuta mamma e papà a sfornare piatti d'impronta regionale permeati da un leggero afflato moderno.

Specialità: Tonno di coniglio con giardiniera di verdure in agrodolce. Agnolotti pizzicati a mano al sugo d'arrosto. Torrone semifreddo al cucchiaio.

Menu 85/130€ – Carta 70/96€

Fuori pianta – *via Nizza 224* Ⓜ *Lingotto –* ☎ *011 1950 6840 – www.casavicina.com – Chiuso 1-6 gennaio, 1-31 agosto, lunedì, domenica sera*

⬡ Spazio7 ♿ 🅰🅲 ⬠

MODERNA · **DESIGN** XxX Al 1° piano dello Spazio Espositivo della Fondazione Sandretto Re Rebaudengo, associazione dedita all'arte contemporanea, la cucina di Spazio7 ripercorre i sapori più autentici della tradizione italiana, con alcuni omaggi al Piemonte e alla storia culinaria di Torino. "La città è attenta e aperta alle novità" afferma lo chef, Alessandro Mecca "nel nostro caso, essendo in un museo, la clientela è anche molto sensibile alle proposte vegetariane". A pranzo, si rimane al piano terra con piatti più semplici al bistrot-caffetteria.

TORINO

0   500 m

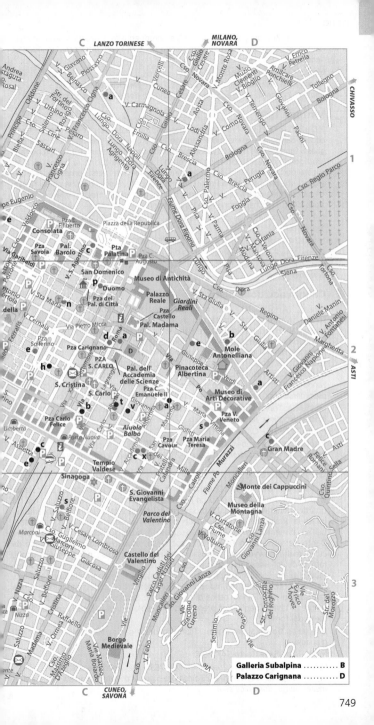

CHIVASSO

ASTI

Galleria Subalpina .... B
Palazzo Carignana .... D

Specialità: Ziti, peperone crusco, polpettine di agnello e pecorino. Rombo chiodato selvatico, cicorietta, calamaro farcito dei suoi ritagli. Albicocca, mandorla e fieno.

Menu 70/90€ – Carta 50/65€

Pianta A3-a – *via Modane 20 – ℰ 011 379 7626 – www.ristorantespazio7.it – Chiuso 1-7 gennaio, 5-25 agosto, lunedì, martedì-domenica a mezzogiorno*

⊛ Vintage 1997   ℬ AC

MODERNA · ELEGANTE XxX Ambiente ovattato e stiloso, velluti rossi e tavoli coperti da tovaglie immacolate: Vintage 1997 è una vera, grande tavola della borghesia torinese che ha visto passare nel corso degli anni alcuni tra i più importanti protagonisti della vita cittadina. Per quanto riguarda la cucina, la brigata di bravi cuochi porta avanti una linea che vira gustosamente verso proposte creative, soprattutto nel menu Luna Park (su prenotazione!). E nella regione che si penserebbe orientata solo a sapori di terra, osate il proverbiale crudo di mare. Importazione diretta di Champagne ed altri vini esteri.

Specialità: Carne cruda di fassona tagliata al coltello. Plin in tre modi. Tiramisù espresso.

Menu 24€ (pranzo), 60/100€ – Carta 54/100€

Pianta C2-e – *piazza Solferino 16/h Ⓜ Re Umberto – ℰ 011 535948 – www.vintage1997.com – Chiuso 1-4 gennaio, 1-31 agosto, sabato a mezzogiorno, domenica*

⊛ Cannavacciuolo Bistrot   🏡 & AC

CREATIVA · BISTRÒ XX Se per natura, il bistrot è la tipologia di locale più consona a favorire la convivialità, qui, tra i suoi spazi di disinvolta eleganza - ad un passo dal Po e dalla Gran Madre - troverete un'atmosfera effervescente, nonché una cucina che rende omaggio al nord e al sud, alla terra e al mare; su tutto regna sovrana la creatività del giovane chef, Nicola Somma. Campano come il suo mentore, dopo tre anni passati al fianco del maestro a Villa Crespi, Tonino ha voluto dare al suo pupillo l'occasione di mettersi in gioco, di crescere, valorizzando la sua grande passione e creando un progetto in cui avesse la possibilità di esprimersi. Impresa riuscita e premiata!

Specialità: Tonno vitellato con maionese di bottarga. Riso, aglio, olio, bottarga e limone. Nocciola, nocciola, nocciola.

Menu 72/95€ – Carta 77/108€

Pianta D2-c – *via Umberto Cosmo 6 – ℰ 011 839 9893 – www.cannavacciuolobistrot.it – Chiuso 5-28 agosto, lunedì a mezzogiorno, domenica*

⊛ Condividere   ℬ 🏡 & AC

MODERNA · DESIGN XX "Condividere" è un vivace progetto ideato dal celebre chef Ferran Adrià insieme ad un importante marchio del made in Italy, nel cui quartier generale si trova. La promessa del nome è mantenuta: si condividono infatti la qualità del cibo, ma anche un'allegria giovane e moderna che fluttua nell'allestimento onirico disegnato da un famoso scenografo premio Oscar, Dante Ferretti. In un teatro dell'esperienza, urbano e colorato, che ricorda certe realtà newyorkesi, si possono effettuare percorsi, più o meno lunghi, fatti di piccoli assaggi, o scegliere à la carte, meglio ancora miscelare le 2 formule. I piatti sono moderni, i sapori interessanti spaziano dalla terra al mare, dal Piemonte al resto del mondo, mentre i dessert e i caffè sono serviti in una saletta dedicata. E in un'ottica di condivisione, si consiglia di partecipare idealmente al lavoro degli chef prenotando il tavolo fronte cucina, a meno di due metri dai fornelli!

Specialità: Gelato al parmigiano. Pluma iberica e garum. Millefoglie alla crema di gianduja.

Menu 60/95€ – Carta 54/120€

Pianta D1-a – *via Bologna 20a – ℰ 011 089 7651 – www.condividere.com – Chiuso 10 agosto-3 settembre, 23 dicembre-5 gennaio, lunedì, martedì-venerdì a mezzogiorno, domenica sera*

☸ **Magorabin** (Marcello Trentini) ⬥ ♿ AC

CREATIVA · CONTESTO CONTEMPORANEO XX Quale città se non l'esoterica città della Mole più si addice alle magie culinarie di un vero mago dei fornelli, ovvero Marcello Trentini? Ma facciamo un passo indietro e ripercorriamo già dal nome quanto di meno scontato questo locale sa proporre... In dialetto piemontese, Magorabin è l'uomo nero o meglio lo spauracchio con il quale si tengono a bada i bambini, curiosa come insegna di un ristorante, non è vero? Ma ancora più originale è il suo chef-patron dai lunghi dreadlock, amante dei viaggi e delle filosofie rastafariane dell'India, che ha studiato cinema e belle arti ed è finito ai fornelli quasi per caso. Ma il caso non esiste ed una volta individuata la sua passione, nonché vocazione, è stato un continuo crescere, scoprire e divenire. Nei suoi piatti sono rinvenibili echi della tradizione regionale con ingredienti locali ed internazionali, grande sinfonia di sapori ed una rara combinazione tra audacia, sensibilità, cultura gastronomica e tecniche sopraffine. Altro che Mago di Oz, questo è Magorabin: una scossa d'inventiva alla Torino tradizionalista e conservatrice!

Specialità: Lingua, gamberi, mandarino. Anatra, rape, semi. Tartufo, caffè, cioccolato.

Menu 40 € (pranzo), 100/140 € – Carta 85/100 €

Pianta D2-b – *corso San Maurizio 61/d* – ℰ *011 812 6808* – *www.magorabin.com* – *Chiuso lunedì a mezzogiorno, domenica*

☺ **L'Acino** ⬥

REGIONALE · RUSTICO X Piccola trattoria dalla simpatica gestione la cui cucina, di stretta osservanza piemontese, ben si abbina all'ottima cantina. Specialità: stinco di maiale -stracotto di manzo - torta di nocciole con zabaione. Attenzione!!! Se non avete preventivamente prenotato sarà difficile trovare un tavolo.

Specialità: Cipolla ripiena. Stinco di maiale al forno. Torta di nocciole con zabajone.

Carta 30/45 €

Pianta C2-p – *via San Domenico 2/a* – ℰ *011 521 7077* – *Chiuso 8-26 gennaio, 3-23 agosto, lunedì-sabato a mezzogiorno, domenica*

☺ **Consorzio** ⬥ AC

PIEMONTESE · CONVIVIALE X Due giovani soci sono gli artefici di questa miniera di prelibatezze gastronomiche piemontesi: semplice ed informale, Consorzio è un viaggio nelle tradizioni regionali, vini e formaggi compresi. Come nel caso degli agnolotti gobbi, quinto quarto, la panna cotta con salse (nocciola, vincotto, arance amare). L'offerta raddoppia nel vicino Banco Vini e Alimenti, versione bistrot.

Specialità: Uovo croccante su spinaci, fonduta e pancetta. Risotto mantecato alla Bergese. Fragole e polline.

Menu 12 € (pranzo)/35 € – Carta 37/53 €

Pianta C2-n – *via Monte di Pietà 23* – ℰ *011 276 7661* – *www.ristoranteconsorzio.it* – *Chiuso 3-24 agosto, sabato a mezzogiorno, domenica*

☺ **Contesto Alimentare** AC

PIEMONTESE · SEMPLICE X Minuscola trattoria moderna, al suo interno pochi tavoli ravvicinati in completa semplicità, ma è la cucina il vero motivo per venire proprio qua. Partendo, infatti, da prodotti locali, la cuoca prepara gustosi piatti attingendo a piene mani dai classici regionali. Se tajarin e plin non mancano mai, il menu annovera anche: baccalà mantecato con verdure - panna cotta alla lavanda con paste di meliga (frollino tipico del Piemonte).

Specialità: Uovo poché, zucchine in carpione e nuvola di riso. Biancostato scottato con salsa agrodolce e patate. Crème caramel alla nocciola con biscotto al caramello salato.

Menu 25/35 € – Carta 33/37 €

Pianta C2-c – *via Accademia Albertina 21/e* Ⓜ *Porta Nuova* – ℰ *011 817 8698* – *www.contestoalimentare.it* – *Chiuso 6-13 gennaio, 12 luglio-3 agosto, lunedì*

🕸 Scannabue Caffè Restaurant 🛱 AC

DEL TERRITORIO · VINTAGE X In quest'animata trattoria di quartiere dall'atmosfera retrò, ma dal servizio giovane, tutto ruota attorno ai prodotti d'eccellenza
piemontesi. A tutto ciò si aggiunge qualche proposta di pesce. Specialità: ravioli
del plin ai tre arrosti serviti al burro di montagna - le cinque consistenze del
cioccolato.

Specialità: Vitello tonnato. Agnolotti del plin ai tre arrosti. Babà.

Menu 15€ (pranzo), 32/45€ – Carta 15/45€

Pianta G3-s – largo Saluzzo 25/h ⓜ Marconi – ℰ 011 669 6693 – www.scannabue.it

🍴○ Capriccioli AC

PESCE E FRUTTI DI MARE · CHIC XX Un angolo di Sardegna nella città della
Mole, quindi largo spazio a bottarga di muggine o al tonno di Carloforte, ma
anche tanto pesce e crostacei di altri lidi d'Italia, in un locale raffinato le cui tinte
écru evocano la sabbia di Capriccioli.

Menu 30€ (pranzo), 50/90€ – Carta 50/90€

Pianta C1-e – via San Domenico 40 – ℰ 011 436 8233 – Chiuso 13-20 aprile,
9 agosto-2 settembre, 30 dicembre-7 gennaio, lunedì, martedì-giovedì a
mezzogiorno

🍴○ Edit Restaurant AC ⟷

MODERNA · ELEGANTE XX Edit è non solo l'acronimo di Eat Drink Innovate
Together, ma uno spazio polifunzionale, un format all'avanguardia con sede nel
cuore di una zona simbolo di riqualificazione urbana: un concept innovativo che
unisce il gusto della sperimentazione a quello della condivisione. Un luogo dove
prende forma alta ristorazione e cocktail personalizzati, ma anche un piccolo bir-
rificio. In carta piatti moderni, ma per i più curiosi lo chef (arrivato nel 2019) propone il menu a mano libera, molto creativo.

Carta 50/65€

Pianta C1-a – via Cigna 96/17 – ℰ 011 1932 9700 – www.edit-to.com –
Chiuso 7-31 agosto, lunedì, martedì-sabato a mezzogiorno, domenica

🍴○ Fiorfood by La Credenza ♿ AC

MODERNA · DESIGN XX All'interno di questa bella galleria del centro cittadino,
Fiorfood by La Credenza è un negozio di prodotti di qualità a marchio Coop
che - al 1° piano - propone un gradevole ristorante ritagliato all'interno di una
specie di veranda-acquario! La cucina è moderna, si propone sia carne sia pesce
e non mancano alcuni riferimenti alla tradizione torinese.

Carta 30/60€

Pianta C2-d – Galleria San Federico 26 – ℰ 011 511771 – www.fiorfood.it

🍴○ Piazza dei Mestieri 🛱 ♿ AC

REGIONALE · CONTESTO CONTEMPORANEO XX Sotto la guida di uno chef
d'esperienza e grande passione, al 2° piano (con ascensore) di una scuola di formazione al lavoro e alla vita, c'è questo locale la cui moderna cucina prende
spunto dal Piemonte, per allargarsi all'Italia e concedersi al mare. A pranzo piatti
più semplici e spesa più leggera!

Menu 35/50€ – Carta 32/60€

Pianta B1-b – via Jacopo Durandi 13 – ℰ 011 1970 9679 –
www.ristorantelapiazza.com – Chiuso 1-7 gennaio, 10-25 agosto, sabato a
mezzogiorno, domenica sera

🍴○ Piccolo Lord AC

DEL TERRITORIO · ACCOGLIENTE XX Servizio informale, ma professionale, in
un locale moderno ed accogliente gestito da una coppia: lui sta in cucina, lei -
che ha un passato da cuoca - ora segue la sala. Ricette di tecnica e molta personalità con gioco di tendenze dolci nei piatti.

Menu 38/55€ – Carta 42/67€

Pianta D2-a – corso San Maurizio 69 bis/G – ℰ 011 836145 –
www.ristorantepiccololord.it – Chiuso 9-16 agosto, lunedì-domenica a mezzogiorno

○ Taverna dell'Oca

REGIONALE · CONVIVIALE XX Anticamente un stalla con rimessa delle carrozze, l'oca regna "sovrana" in tante ricette, ma "principesse" sono anche altre specialità regionali - e per la par condicio - il pesce, in un menu degustazione a lui interamente dedicato; proposte più semplici a pranzo. Piccolo dehors estivo sulla strada, comunque poco trafficata, e vista sul bel giardino adiacente.

Carta 35/70€

Pianta C2-x – *via dei Mille 24 – ℰ 011 837547 – www.tavernadelloca.com – Chiuso lunedì, sabato a mezzogiorno*

○ Tre Galline

DEL TERRITORIO · VINTAGE XX A prima vista può sembrare una semplice trattoria, ma non lasciatevi ingannare: il locale propone la cucina tipica piemontese, semplice e fragrante, e presenta un'ampia scelta di vini.

Menu 50€ – Carta 45/70€

Pianta C1-c – *via Bellezia 37 – ℰ 011 436 6553 – www.3galline.it – Chiuso 5-21 luglio, domenica sera*

○ Bastimento

PESCE E FRUTTI DI MARE · BISTRÒ X Sala stretta e allungata, se l'atmosfera ricorda un bistrot, il menu sposa il mare: diversi piatti pugliesi a base di pesce a cominciare dai crudi (ottima la pasta ai ricci). Adiacente la nuova "La Cabane" con cucina solo normanna, ovvero coquillage e plateau royal.

Menu 15€ (pranzo), 30/60€ – Carta 40/65€

Pianta D2-s – *via della Rocca 10/c – ℰ 011 1970 8154 – www.ristorantebastimento.it – Chiuso 10-20 agosto, lunedì a mezzogiorno, domenica*

○ Gaudenzio

ITALIANA · ALLA MODA X A pochi passi dalla Mole, un locale piccolo, originale ed informale, dove la cucina si caratterizza per una selezione limitata di piatti, frutto di ciò che il titolare trova quotidianamente nei mercati cittadini. C'è però spazio anche per il pesce, sovente dalla Sicilia, mentre gli appassionati di vini naturali troveranno nel giovane titolare un ottimo conoscitore e selezionatore.

Carta 35/50€

Pianta D2-e – *via Gaudenzio Ferrari 2h – ℰ 011 860 0242 – www.gaudenziovinoecucina.it – Chiuso 5-20 agosto, lunedì, martedì-venerdì a mezzogiorno*

Alberghi

⬢ Allegroitalia Golden Palace

GRAN LUSSO · ART DÉCO Quando nel secondo dopoguerra fu costruito Palazzo Toro (attuale sede dell'hotel), l'opera fu citata nei più autorevoli testi di architettura, in quanto esemplare per concezione e struttura. A distanza di mezzo secolo, l'ispirazione déco e il suo design minimalista, non smettono di brillare. Al ristorante Primo Torino, ambiente di classe, in stile moderno, ideale per aperitivi, pranzi e cene raffinate. Cucina italiana ed internazionale.

185 camere ⌑ – ♔ 89/699€ – 10 suites

Pianta C2-h – *via dell'Arcivescovado 18 ⓜ Re Umberto – ℰ 011 551 2111 – www.allegroitalia.it*

⬢ NH Piazza Carlina

LUSSO · PERSONALIZZATO Splendido albergo nato tra le mura di un palazzo del XVII secolo inizialmente concepito come casa per orfani. Se ai primi del '900 vi abitò l'intellettuale A. Grasmci, da alcuni anni a questa parte si propone come uno dei migliori hotel di Torino: elegante, signorile e impreziosito da una sobria esposizione di opere d'arte.

160 camere ⌑ – ♔ 159/899€ – 7 suites

Pianta D2-a – *piazza Carlo Emanuele II 15 – ℰ 011 860 1611 – www.nh-collection.com*

⌂⌂⌂ Grand Hotel Sitea

LUSSO · ELEGANTE In una delle zone più eleganti della città, la raffinata tradizione dell'ospitalità alberghiera si concretizza in questo hotel nato nel 1925, dove l'atmosfera è dettata dagli arredi classici e d'epoca. Trendy e simpatico il bistrot Carlo e Camillo con proposte gastronomiche più semplici rispetto al ristorante gourmet Carignano.

119 camere � – †† 126/1400 € – 1 suite

Pianta C2-t – *via Carlo Alberto 35* – ℰ 011 517 0171 – www.grandhotelsitea.it

❀ **Carignano** – Vedere selezione ristoranti

⌂⌂⌂ Genova

TRADIZIONALE · PERSONALIZZATO La struttura ottocentesca ospita un ambiente signorile e curato, dove la classicità si coniuga con le moderne esigenze di confort ed un elevata personalizzazione, sin dentro le camere, una decina di esse vanta affreschi al soffitto. Consigliato sia per soggiorni di lavoro sia per viaggi di piacere.

91 camere ☲ – †† 100/350 € – 4 suites

Pianta C2-e – *via Sacchi 14/b* Ⓜ *Porta Nuova* – ℰ 011 562 9400 – www.albergogenova.it

⌂⌂⌂ Victoria

LUSSO · CLASSICO Servizio attento, mobili antichi, ma anche dettagli orientali e sinfonie di colori che rimandano ad atmosfere british, garantiscono calore a questa elegante dimora evidentemente gestita da una famiglia di viaggiatori. Davvero accogliente e speciale il centro benessere in stile egizio.

102 camere ☲ – †† 140/600 € – 4 suites

Pianta C2-v – *via Nino Costa 4* – ℰ 011 561 1909 – www.hotelvictoria-torino.com

⌂⌂⌂ Turin Palace Hotel

TRADIZIONALE · CLASSICO Dopo una chiusura di quasi un decennio, questo storico albergo cittadino rinasce a nuova vita nel 2015. Al suo interno gli ambienti sono oggi nuovissimi, all'insegna di uno stile classico, ma in versione attuale, così come moderni sono i suoi confort: a partire dalla completa, sebbene un po' piccola, spa.

126 camere ☲ – †† 130/600 € – 1 suite

Pianta C2-c – *via Sacchi 8* Ⓜ *Porta Nuova* – ℰ 011 082 5321 – www.turinpalacehotel.com

TORNO

✉ 22020 – Como (CO) – Carta regionale n° **10**–B1 – Carta stradale Michelin 561-E9

❀ Berton al Lago

CREATIVA · DESIGN XxX Aperto sia agli ospiti dell'esclusivo hotel, sia ai clienti esterni che possono raggiungerlo anche in barca grazie all'attracco privato – Berton al Lago è stato inserito dalla clientela d'élite tra gli imperdibili del Lario. Nella sua cucina i piatti più celebri della tradizione gastronomica italiana vengono riproposti in chiave contemporanea dall'estro ed indiscussa capacità del giovane Lenzi, che lascia intendere, comunque, la sua passione per l'Oriente. Dei quattro menu degustazione ben tre strizzano l'occhio ai sapori asiatici!

Specialità: Salmerino in brodo. Merluzzo, fagioli cannellini, taccole e acetosa. Minestrone di frutta e verdura.

Menu 75/145 € – Carta 75/105 €

Hotel Il Sereno Lago di Como, via Torrazza 10 – ℰ 031 547 7800 – www.serenohotels.com – *Chiuso 7 novembre-26 marzo*

⌂⌂⌂ Il Sereno Lago di Como

GRAN LUSSO · BORDO LAGO Camere spaziosissime ed un'elegante piscina a sfioro sono solo alcune delle caratteristiche di questo albergo dall'allure internazionale e dal design contemporaneo: una vera oasi di relax!

30 camere ☲ – †† 900/5200 € – 30 suites

via Torrazza 10 – ℰ 031 547 7800 – www.serenohotels.com – *Chiuso 7 novembre-26 marzo*

❀ **Berton al Lago** – Vedere selezione ristoranti

TORRE CANNE

⊠ 72010 – Brindisi (BR) – Carta regionale n° **15**–C2 – Carta stradale Michelin 564-E34

🏨 Canne Bianche   ☆ ⚬ ⇐ 🔥 🛏 ⤢ 🏠 🔥 ⊡ ⅃ 🆎 🅿

RESORT · LUNGOMARE Lungo la litoranea, direttamente sul mare, hotel di recente apertura dagli eleganti interni e generosi spazi comuni all'esterno, piscina nonché spiaggia privata. Invito alla ritualità del benessere nell'attrezzato wellness centre Aqua.

51 camere ⌂ – 🛉🛉 180/400 € – 3 suites

via Appia Antica 32 – ☏ 080 482 9839 – www.cannebianche.com –
Chiuso 6 novembre-31 marzo

TORRECHIARA

⊠ 43010 – Parma (PR) – Carta regionale n° **5**–A3 – Carta stradale Michelin 562-I12

🍴 Taverna del Castello   🏠 🆎 ⟳

PESCE E FRUTTI DI MARE · CONTESTO STORICO ✗✗ Sito nel borgo medievale in un maniero quattrocentesco, da qui la vista spazia sulle maestose colline circostanti, mentre lo chef oltre ad utilizzare le materie prime del territorio e a privilegiare la stagionalità, si adopera nella creazione di menu degustazione abbinando arte e dipinti en plein air, con piatti all'insegna della qualità e della fantasia: di carne e di pesce nel rispetto della tradizione italiana.

Menu 35/50 € – Carta 35/50 €

via del Castello 25 – ☏ 0521 355015 – www.tavernadelcastello.it –
Chiuso 12-20 gennaio, lunedì

TORRE DEL GRECO

⊠ 80059 – Napoli (NA) – Carta regionale n° **4**–B2 – Carta stradale Michelin 564-E25

✿ Josè Restaurant - Tenuta Villa Guerra   🐝 ⇐ ⤢ 🏠 🅿

MEDITERRANEA · CONTESTO STORICO ✗✗✗ In una settecentesca villa vesuviana risorta dopo un attento restauro, splendida nel suo candore e circondata da un vasto giardino, José Restaurant è il nucleo di un riuscito concept gastronomico che porta in tavola piatti creativi, ma non sdegnosi della tradizione e aperitivi con tapas di qualità. Nell'excursus di sapori squisitamente campani legati a stagionalità, prodotti dell'orto biodinamico ed eccellenze regionali - dai limoni ai frutti di mare - con ponderate incursioni dal resto del mondo, la fantasia del giovane chef Domenico Iavarone raggiunge il suo apice con la carta dei dolci; basterebbero loro soli a costituire un valido motivo per spingervi fino a qui. Ma prima, c'è tanto altro ancora!

Specialità: Uovo in purgatorio con gamberi rossi. Triglia in patate fritte, lattuga romana e ravanelli. Tiramisù con ricotta di bufala e gelato alla fava tonka.

Menu 48/70 € – Carta 46/110 €

via Nazionale 414 – ☏ 081 883 6298 – www.joserestaurant.it – Chiuso 8-18 gennaio,
10-20 agosto, martedì, domenica sera

TORRE DEL LAGO PUCCINI

⊠ 55048 – Lucca (LU) – Carta regionale n° **18**–B1 – Carta stradale Michelin 563-K12

al lago di Massaciuccoli Est : 1 km

🍴 Da Cecco   🏠 🆎

TOSCANA · CONVIVIALE ✗ Affacciato sul lago da uno scenografico belvedere - a fianco alla casa museo di Giacomo Puccini - proposte classiche di carne e di pesce, nonché cacciagione (nel periodo invernale), si contendono la carta. Boiserie al soffitto, trofei di caccia e fucili caratterizzano l'ambiente.

Carta 30/55 €

piazza Belvedere Puccini 10/12 – ☏ 0584 341022 – Chiuso lunedì sera

TORRIANA

✉ 47825 – Rimini (RN) – Carta regionale n° **5**-D2 – Carta stradale Michelin 562-K19

⃝ Il Chiosco di Bacco

REGIONALE · RUSTICO ✕✕ Un vero paradiso per gli amanti della carne. E poi formaggi e piatti della tradizione romagnola, il tutto in un ambiente rustico con finestre che corrono lungo tutto il perimetro.

Menu 45/65€ – Carta 40/90€

via Santarcangiolese 62 – ☏ 333 306 0279 –
www.chioscodibacco.it – Chiuso lunedì a mezzogiorno, martedì, mercoledì-sabato a mezzogiorno

⃝ Osteria del Povero Diavolo

MODERNA · CONTESTO TRADIZIONALE ✕✕ In un bel contesto paesaggistico sulle prime colline romagnole, la trattoria è storica, ma giovane è il cuoco che l'ha riportata in vita, pieno di entusiasmo per i prodotti del territorio. Ingredienti e ricette della zona sono messi in prima fila, ma non manca qualche rivisitazione più contemporanea. Piacevole servizio all'aperto, camere semplici per pernottare nel contesto di un grazioso paese.

Menu 43/60€ – Carta 40/57€

via Roma 30 – ☏ 0541 675060 –
www.osteriapoverodiavolo.it –
Chiuso 1-10 febbraio, 2-12 settembre, lunedì a mezzogiorno, martedì, mercoledì, giovedì-venerdì a mezzogiorno

TORRI DEL BENACO

✉ 37010 – Verona (VR) – Carta regionale n° **23**-A2 – Carta stradale Michelin 562-F14

🏠 Gardesana

STORICO · CLASSICO Affacciato sul romantico porticciolo della località, in uno splendido edificio tardo medioevale, l'eleganza di un mitico passato si unisce ad un'attenta ospitalità. L'omonimo ristorante serale è al 1° piano, servizio estivo in terrazza.

34 camere ⌂ – ♦♦ 100/250€

piazza Calderini 5 – ☏ 045 722 5411 –
www.gardesana.eu – Chiuso 28 ottobre-20 marzo

TORRILE

✉ 43056 – Parma (PR) – Carta stradale Michelin 562-H12

a Vicomero Sud : 6 km – Carta regionale n° **5**-A3

😊 Romani

EMILIANA · AMBIENTE CLASSICO ✕✕ In aperta campagna, la casa colonica d'epoca ed il suo fienile sono diventati un ristorante di sobria eleganza, dove la passione per la cucina emiliana si concretizza in un'attenta selezione dei migliori prodotti locali, che danno vita a piatti memorabili come i tortelli alle erbette o la punta di vitello al forno. Annessa bottega alimentare con vendita di salumi, formaggi e prodotti tipici.

Specialità: Salumi con torta fritta. Punta di vitello al forno. Budino al cioccolato.
Menu 25€ – Carta 22/55€

via dei Ronchi 2 – ☏ 0521 314117 –
www.ristoranteromani.it – Chiuso 22 luglio-8 agosto, mercoledì, giovedì

TORRITA DI SIENA

✉ 53049 – Siena (SI) – Carta regionale n° **18**-D2 – Carta stradale Michelin 563-M17

Lupaia 🏠 🌳 ⪦ 🛋 🎵 AC P

LUSSO · ROMANTICO Non lasciatevi scoraggiare dalla strada sterrata che bisogna percorrere per arrivare alla struttura, perché una volta giunti a destinazione, la ricompensa sarà grande... Location unica per fascino e personalità, nell'area comune c'è un'antica cucina ed un enorme camino davanti al quale si allestisce la cena. Stile più armonico e rilassante nelle ultime camere rinnovate.

12 camere ⌘ – †† 295/425€

località Lupaia 74, Sud-Est: 10 km – 𝒞 0577 191 7066 – www.lupaia.com – Chiuso 5 novembre-31 marzo

Residenza d'Arte 🌳 🛋 AC P

CASA PADRONALE · PERSONALIZZATO Nel nome sta già la sua definizione: questa è, infatti, una risorsa per dormire nell'arte, un living-museum per vivere la campagna senese in maniera del tutto inusuale. Le travi di legno, i camini, gli archi della tradizione rurale toscana sono oggi la cornice per ciò che la padrona di casa, Anna, ha disegnato nell'intento di donare un'emozione ai suoi ospiti. E ci è perfettamente riuscita!

7 camere – †† 144/162€

località Poggio Madonna dell'Olivo – 𝒞 0577 686179 – www.residenzadarte.com – Chiuso 27 ottobre-15 aprile

TORTOLÌ – Ogliastra → Vedere Sardegna

TORTONA

✉ 15057 – Alessandria (AL) – Carta regionale n° **12**-C2 – Carta stradale Michelin 561-H8

🍽 Vineria Derthona 🍴 🛋 AC

PIEMONTESE · CONTESTO REGIONALE ⅹ Nel cuore della località, raccolto, frequentato ed accogliente wine-bar dai saporiti piatti piemontesi e dall'ampia offerta di vini al bicchiere, scelti dalla generosa cantina ogni giorno. Specialità: brasato al Barbera Colli Tortonesi, semifreddo al gianduia con crema al mascarpone.

Specialità: Vitello tonnato alla piemontese. Ravioli al sugo Derthona. semifreddo al gianduja con crema al mascarpone.

Carta 30/45€

via Perosi 15 – 𝒞 0131 812468 – www.vineriaderthona.it – Chiuso 11-17 aprile, 10-31 agosto, lunedì, sabato-domenica a mezzogiorno

🍽 Cavallino 🍴 ⪦ AC P

MODERNA · CONTESTO STORICO ⅹⅹ "Selezione della materia prima" è l'imperativo categorico di questi giovani che propongono una cucina fresca e a base tradizionale in un ambiente rustico, ma elegante. Per la scelta del vino - spesso di provenienza locale – affidatevi ai loro consigli. Ancora sapori regionali nella più semplice ed informale Trattoria da Ciccio.

Menu 70€ – Carta 48/85€

corso Romita 83 – 𝒞 0131 862308 – www.cavallino-tortona.it

🍽 Caffè Ristorante Sangiacomo ⪦ 🍴

MODERNA · VINTAGE ⅹ Spazio rilassante dove ritemprare anima e corpo: nella sala retrò con pavimento liberty e mobili stile anni Trenta o nel romantico giardino d'inverno sono i sapori del territorio ad imporsi, ma senza disdegnare una certa "apertura" verso il mare. Adiacente le camere del bel Residence Perosi.

Menu 30€ – Carta 46/63€

via Calvino 4 – 𝒞 0131 829995 – www.gabriellacuniolo.com – Chiuso 29 luglio-23 agosto, lunedì, domenica sera

Casa Cuniolo 🌳 🛋 🎵 AC

CASA PADRONALE · PERSONALIZZATO Ubicata sulla collina del castello, la candida villa – costruita secondo i canoni dell'architettura razionalista che foreggiava negli anni '30 – fu abitazione e studio del maestro G. Cuniolo. Poche camere, eleganti e raffinate, arredate secondo gli stilemi in voga in quel periodo e lo splendido giardino.

4 camere – †† 85/120€

viale Amendola 6 – 𝒞 0131 862113 – www.gabriellacuniolo.com

TOSCOLANO - MADERNO

✉ 25088 – Brescia (BS) – Carta stradale Michelin 561-F13

Maderno Carta regionale n° **9**–C2

Il Cortiletto 🛖 ♿ 🅰️©

CLASSICA · FAMILIARE X Sulla statale Gardesana, cucina di ispirazione mediterranea con qualche tocco di originalità in un piccolo ristorante, semplice, ma non banale. Due consigli: nella bella stagione optate per il servizio all'aperto e tra le specialità non perdetevi il coregone alla gardesana con capperi, pomodorini e olive.

Specialità: Assaggi di pesce di lago. Coregone al forno con capperi, pomodorini e olive. Meringata al pistacchio con salsa al frutto della passione.

Carta 29/34 €

via F.lli Bianchi 1 – ☎ 0365 540033 – www.ristoranteilcortiletto.com –
Chiuso 17 febbraio-1 marzo, 22-31 dicembre, lunedì, domenica sera

TRAMIN AN DER WEINSTRASSE · TERMENO SULLA STRADA DEL VINO – Bolzano ➜ Vedere Termeno sulla Strada del Vino

TRANI

✉ 76125 – Barletta-Andria-Trani (BT) – Carta regionale n° **15**–B2 –
Carta stradale Michelin 564-D31

🕸 Memorie di Felix Lo Basso 🛚 ♿ 🅰️© ⌷

MODERNA · CONTESTO CONTEMPORANEO XX E' il luogo delle memorie e delle nostalgie d'infanzia dello chef Felice Lo Basso. Siamo sul lungomare della cittadina famosa per il suo castello svevo; i tavoli più ambiti sono quelli che offrono ampi scorci sulla distesa blu, ma intrigante è anche il grande tavolo fronte cucina, per vedere gli chef preparare piatti dai sapori mediterranei. La terra ha un suo spazio, sebbene il mare stravinca nelle sue poliedriche sfaccettature: dalle ricette più semplici ad altre decisamente creative.

Specialità: Carpaccio di gambero, gelato al riccio di mare. Parmigiana in un risotto. Chiccocremoso e gelato al caffè.

Menu 60/90 € – Carta 55/78 €

lungomare Cristoforo Colombo 160 – ☎ 0883 179 4315 –
www.memorie-felixlobasso.it – Chiuso 7-14 gennaio, 14-21 aprile, 3-17 novembre,
lunedì, domenica sera

🕸 Quintessenza (Stefano Di Gennaro) 🅰️©

CREATIVA · MINIMALISTA XX Quanta strada ha dovuto percorrere il cuoco autodidatta, che in tanti anni di lavoro ai fornelli non ha mai smesso di coltivare la virtù dell'umiltà, anche quando la sua cucina è stata riconosciuta come una delle migliori e più promettenti del sud. Stefano ha svolto il suo primo turno in cucina all'età di 14 anni ed imparato la professione guardando e analizzando il lavoro dei tanti maestri. Profondamente legato al territorio circostante, ai classici della tradizione ed ai prodotti pugliesi in generale, la creazione di cui lo chef-patron va particolarmente fiero è il tortello ripieno di ricotta di pecora, gambero rosso di Gallipoli. L'obiettivo che tutta la brigata si è riproposta per il futuro è mantenere uno standard elevato senza mai perdere la voglia di confrontarsi, per continuare a trasmettere emozioni: la quintessenza del gusto!

Specialità: Gambero rosso, mandorle, ciliege. Risotto alla pescatora. Colazione del contadino: gelato di ricotta, biscotto all'olio EVO e salsa alla frutta.

Menu 55/68 € – Carta 60/90 €

via Nigrò 37 – ☎ 0883 880948 – www.quintessenzaristorante.it – Chiuso 3-12 febbraio,
29 giugno-8 luglio, 12-20 ottobre, martedì, domenica sera

⅏○ **Le Lampare al Fortino** 🕸 🛱 ⅙ 🄰🄲 ⟷

MEDITERRANEA · **ROMANTICO** ✗✗✗ D'estate o d'inverno lo spettacolo è sempre assicurato, che si mangi sulla veranda con vista a 180° sullo splendido porto, o all'interno di un'ex chiesa trasformata in fortino, mentre nel piatto la cucina di pesce prende forme colorate, creative e personalizzate.

Menu 60/90 € – Carta 46/100 €

via Statuti Marittimi 124 (molo S. Antonio) – 𝒞 0883 480308 – www.lelemparealfortino.it – Chiuso 7-24 gennaio, martedì, domenica sera

⅏○ **Gallo** 🛱 🄰🄲 ⟷

PESCE E FRUTTI DI MARE · **INTIMO** ✗✗ Locale affacciato sul porto il cui dehors offre una bella vista e succulenti ricette dai sapori mediterranei. Una tappa irrinunciabile se di passaggio a Trani!

Carta 37/74 €

via Statuti Marittimi 48/50 – 𝒞 0883 487255 – www.gallorestaurant.it – Chiuso 4-20 novembre, mercoledì, domenica sera

⅏○ **Il Melograno** ⅙ 🄰🄲

PESCE E FRUTTI DI MARE · **ACCOGLIENTE** ✗✗ Non propriamente vicino al mare, ma nel centro della località, in sale di signorile gusto contemporaneo, le proposte prediligono il pesce con un pizzico di fantasia. Un locale dal successo consolidato!

Menu 35/40 € – Carta 25/55 €

via Bovio 189 – 𝒞 0883 486966 – www.ilmelogranotrani.it – Chiuso 16 febbraio-1 marzo, mercoledì

⅏○ **Osteria Frangipane** 🄰🄲

PESCE E FRUTTI DI MARE · **CONVIVIALE** ✗ Al limitar del centro storico, osteria condotta da due giovani fratelli con un obiettivo ben chiaro: proporre i prodotti ittici locali con gusto e fantasia; ambiente piacevolmente informale. Tre camere molto graziose nel vicinissimo bed and breakfast "Radici".

Menu 37/48 € – Carta 31/43 €

via Maraldo da Trani 5 – 𝒞 0883 585763 – www.osteriafrangipane.it – Chiuso 1-10 luglio, lunedì

TRAPANI – Trapani → Vedere Sicilia

TRAVERSELLA

✉ 10080 – Torino (TO) – Carta regionale n° **12**–B2 – Carta stradale Michelin 561-F5

🕲 **Le Miniere** ⇔ ⩽ 🍴 🛱 ⟷

TRADIZIONALE · **FAMILIARE** ✗✗ Sulla piazza centrale di un incantevole paese, in una dorsale verde e soleggiata della Val Chiusella, scorcio da cartolina fra maestosi castagni, betulle e ciclamini, sorge quest'albergo-ristorante dalle origini tardo ottocentesche. La cucina è ottima e i suoi ingredienti sono tradizione, stagionalità e un tocco di modernità. Specialità: stracotto di vitello sfumato all'arneis, meringata golosa con spuma di pistacchio.

Specialità: Filetto di trota su letto di patate gialle. Ravioli al Castelmagno con scaglie di tartufo. Bauletto di sfoglia con frutti di bosco e crema allo zabajone.

Menu 18 € – Carta 28/40 €

piazza Martiri 1944 – 𝒞 0125794006 – www.albergominiere.com – Chiuso 7 gennaio-15 febbraio, lunedì, martedì

TREBASELEGHE

✉ 35010 – Padova (PD) – Carta regionale n° **23**–C2 – Carta stradale Michelin 562-F18

🕲 **Baracca-Storica Hostaria** 🍴 🛱 🄿

REGIONALE · **AMBIENTE CLASSICO** ✗✗ Un grande ristorante molto curato nello stile: sedie rivestite con tessuto bianco, porcellane, rapidità nel servizio ed una cucina di buon livello con piatti saporiti e ben presentati. Volete lasciarvi consigliare? Ravioli di borraggine con i suoi fiori - le sfogliatine di Nora con frutti di bosco e crema fresca.

Specialità: Cicheti veneziani. Risotto scampi, zucchine e cedro. Il dolce di Greta.
Menu 12 € (pranzo), 15/35 € – Carta 22/32 €

via Ronchi 1 – ℰ 049 938 5126 – www.ristorantebaracca.it – Chiuso 1-5 gennaio, martedì sera, mercoledì

⑪○ **Osteria V** ⇦ 🏠 🏠 ♻ **P**

CREATIVA • **ELEGANTE** XX Al posto dove un tempo si produceva del buon vino, ora sorge un ottimo ristorante dalla cucina serale inaspettatamente elaborata e creativa, in piccole e raffinate sale. A pranzo, solo menu veloce.
Menu 38/65 € – Carta 45/55 €

via Villanova 22 – ℰ 049 938 7583 – www.anticoveturo.it – Chiuso 1-13 gennaio, 30 luglio-19 agosto, lunedì, martedì-venerdì a mezzogiorno, domenica sera

TREBBO DI RENO – Bologna ➜ Vedere Castel Maggiore

TREBISACCE

✉ 87075 – Cosenza (CS) – Carta regionale n° **3**–A1 – Carta stradale Michelin 564-H31

⑪○ **Da Lucrezia** Ⓐ/Ⓒ **P**

PESCE E FRUTTI DI MARE • **FAMILIARE** XX Madre e figlio, in ambiente classico diviso su due salette, propongono il pesce della zona cucinato in maniera semplice e gustosa, mentre - a sorpresa - nella carta dei vini molto spazio è dedicato ai distillati.
Carta 20/45 €

via XXV Aprile 46 – ℰ 0981 57431 – www.ristorantepizzeriadalucrezia.it –
Chiuso 1 novembre-1 dicembre, martedì

TRECCHINA

✉ 85049 – Potenza (PZ) – Carta regionale n° **2**–B3 – Carta stradale Michelin 564-G29

⑪○ **L'Aia dei Cappellani** 🏠 Ⓐ/Ⓒ **P**

TRADIZIONALE • **RUSTICO** X Tra distese erbose e ulivi, potrete gustare prodotti freschi e piatti locali caserecci: in sala vecchie foto e utensili di vita contadina, dalla terrazza l'intera vallata.
Menu 23/28 €

contrada Maurino – ℰ 0973 826937 – www.laiadeicappellani.com –
Chiuso 5 novembre-3 dicembre, martedì

TREGNAGO

✉ 37039 – Verona (VR) – Carta regionale n° **22**–B2 – Carta stradale Michelin 562-F15

⑪○ **Villa De Winckels** 🎿 ⇦ 🏠 🏠 ♻ **P**

REGIONALE • **ACCOGLIENTE** X Uno scorcio da cartolina per questa villa del XVI secolo con tante intime salette, ad ospitare una cucina improntata alla più radicata tradizione veneta. In omaggio all'ultimo discendente della famiglia, alla Cantina avrete solo l'imbarazzo della scelta fra le migliori annate dei più pregiati vini locali e non solo.
Carta 30/60 €

Hotel Villa De Winckels, via Sorio 30, località Marcemigo – ℰ 045 650 0133 –
www.villadewinckels.it – Chiuso 1-8 gennaio

TREIA

✉ 62010 – Macerata (MC) – Carta stradale Michelin 563-M21

a San Lorenzo Ovest : 5 km – Carta regionale n° **11**–C2

⑱ **Il Casolare dei Segreti** ⇦ 🏠 🏠 **P**

MARCHIGIANA • **CASA DI CAMPAGNA** XX Conduzione familiare di lunga esperienza in un locale - in aperta campagna - con grandi spazi esterni, bella terrazza panoramica per il servizio estivo e sale interne linde e modernamente arredate. L'ospite si sazierà con saporiti e generosi piatti regionali elaborati con una certa personalità.

Specialità: Terrina di vitello profumata alla salsa BBQ e agrumi. Piccione, nocciole e spinaci. Crema al miele millefiori e mele.

Menu 28 € (pranzo), 30/34 € – Carta 26/34 €

contrada San Lorenzo 28 – ☏ 0733 216441 – www.casolaredeisegreti.it –
Chiuso 4-16 novembre, lunedì, martedì

TREISO

✉ 12050 – Cuneo (CN) – Carta regionale n° **14**–A2 – Carta stradale Michelin 561-H6

✿ **La Ciau del Tornavento** (Maurilio Garola)   🏵 ⟺ ⟨ 🏮

MODERNA · ELEGANTE XXX La vista si perde tra i filari di viti in un questo ristorante, ricavato in una tipica costruzione in stile Littorio del 1931. La cucina di Maurilio Garola mette in tavola i classici piemontesi, tra cui frattaglie e interiora, il prodotto iconico della regione – sua maestà il tartufo – ma anche tanto pesce: vera passione del cuoco. In un contesto di grande eccellenza, anche la carta dei vini rivaleggia con ben poche altre: tra le mura di tufo della collina, la cantina conserva più di 65. 000 bottiglie di 450 produttori diversi, per un totale di circa 1800 etichette da tutto il mondo. Insomma, di che soddisfare ogni sete!

Specialità: Tartare di ricciola, avocado, caviale e panna acida. Tournedos di filetto di vitella alla Rossini. Millefoglie con cremoso di nocciola, arachidi salate, gelato di latte e menta.

Menu 90/110 € – Carta 80/130 €

piazza Leopoldo Baracco 7 – ☏ 0173 638333 – www.laciaudeltornavento.it –
Chiuso 31 gennaio-15 marzo, mercoledì, giovedì

⑩ **Profumo di Vino**   🏮 ⛲

TRADIZIONALE · WINE-BAR XX Ristorante e wine-bar: lo stile è contemporaneo, la cucina segue le stagioni e propone, a volte, percorsi gastronomici insoliti, ma sempre con un grande rispetto per la tradizione. A condurvi in questa scoperta, Guillermo Field Melendez, per gli amici "Memo"!

Menu 50/55 € – Carta 44/69 €

viale Rimembranza 1 – ☏ 0173 638017 – www.profumo-divino.com –
Chiuso 9 dicembre-15 gennaio, martedì, mercoledì a mezzogiorno

TREMEZZO

✉ 22019 – Como (CO) – Carta regionale n° **9**–A2 – Carta stradale Michelin 561-E9

⛫ **Grand Hotel Tremezzo**

🏌 ⟨ ⟨ 🛁 ⟆ 🖥 ⑨ 🛎 ♨ 🔄 🔥 🆔 🕌 🅿 🚗

GRAN LUSSO · BORDO LAGO Testimone dei fasti della grande hôtellerie lacustre, questo splendido edificio d'epoca vanta, ora, anche una lussuosa T Spa panoramica, una piscina galleggiante sul lago e spiaggia privata. Fiocco azzurro per il neonato spazio "winter garden", ispirato alle antiche serre, ideale per un evento privato, un concerto, una conferenza, una sfilata. Nella Terrazza Gualtiero Marchesi l'opportunità di degustare alcuni classici del maestro vista lago.

77 camere 🍽 – 🍴 490/2100 € – 13 suites

via Regina 8 – ☏ 0344 42491 – www.grandhoteltremezzo.com –
Chiuso 8 novembre-12 marzo

TREMITI (ISOLE) Foggia (FG) – Carta regionale n° **15**–A1 –

Carta stradale Michelin 564-A28

San Domino (Isola)

⑩ **Da Pio**   🏮 🆔

PESCE E FRUTTI DI MARE · FAMILIARE X Sull'isola di San Domino, la più completa dell'arcipelago in quanto ad offerta turistica, cucina di mare con prodotti provenienti dal peschereccio di famiglia in un ambiente semplice, ma dal servizio gentile e attento.

Menu 20 € (pranzo)/30 € – Carta 23/50 €

via Aldo Moro 12 – ☏ 0882 463269 – Chiuso lunedì a mezzogiorno

TRENTO

⊠ 38122 – Trento (TN) – Carta regionale n° **19**-B3 – Carta stradale Michelin 562-D15

⊶○ Ai Tre Garofani - Antica Trattoria   🏠 🅰🅲 ⇄

MODERNA · ELEGANTE XX Intelligente rivisitazione della cucina trentina in un locale che si è in parte rinnovato e raffinato nel look. Durante il mese di dicembre, in occasione dei celebri mercatini di Natale, la carta si fa più semplice e tradizionale.

Menu 40/60 € – Carta 40/50 €

via Mazzini 33 – ✆ 349 635 8908 – www.aitregarofani.com – Chiuso 3-8 febbraio, 27 giugno-12 luglio, 2-7 novembre, domenica

⊶○ Osteria a Le Due Spade   🏠 🅰🅲

CLASSICA · INTIMO XX Oltre quattrocento anni di storia e una stube settecentesca: è la meta di cene eleganti e romantiche in una sala intima e raccolta. Dalla cucina le specialità regionali alleggerite.

Menu 30 € (pranzo), 65/75 € – Carta 40/68 €

via Don Rizzi 11, ang. via Verdi – ✆ 0461 234343 – www.leduespade.com – Chiuso 22 giugno-5 luglio, lunedì a mezzogiorno, domenica

⊶○ Scrigno del Duomo   🕸 🏠 🅰🅲 ⇄

MODERNA · ACCOGLIENTE XX Sulla piazza centrale - gioiello architettonico della città - il locale occupa un bel palazzo, in cui si rintracciano tutte le vicende storiche che hanno coinvolto il capoluogo trentino. Il menu è un intreccio di preparazioni sofisticate e creative, nonché proposte più semplici e regionali, sempre accompagnato da un'ottima selezione di vini al calice.

Menu 25 € (pranzo), 40/70 € – Carta 42/73 €

piazza Duomo 29 – ✆ 0461 220030 – www.scrignodelduomo.com

a Ravina Sud : 4 km per Verona – Carta regionale n° **19**-B3

🕸 Locanda Margon

CREATIVA · ELEGANTE XXX Locanda Margon volta pagina! Ai fornelli c'è ora un giovane cuoco che approda in questo celebre ristorante con vista su Trento e vallata, forte di un bagaglio internazionale. Dall'Europa agli Stati Uniti, Fumagalli porta con sé tante esperienze, pur dimostrando di sapersi ben presto adattare alla nuova realtà di prodotti regionali: a cominciare dalla trota e dai formaggi, passando per la selvaggina, oltre naturalmente agli abbinamenti in omaggio alla celebre casa di bollicine che lo ospita, la cantina Ferrari.

Tanta poesia nelle originali intitolazioni dei piatti, ma alla fine le portate si dimostrano concrete, frutto di un'imposta gastronomica classica. In sala regna un'atmosfera di elegante rilassatezza, complici le sfumature di verde che sembrano voler portare all'interno il colore dei boschi che si attraversano per raggiungerla. Proposte più semplici ed economiche per chi desidera pasti meno impegnativi sono, invece, servite nell'adiacente Veranda.

Specialità: Spaghetti di ravanello bianco, uova di trota, agrumi ed erba cipollina. Gambero carabiniere, animelle di vitello, croccante alle alghe e insalatina aromatica. Mousse al caffè, cremoso alla banana e gelato all' anice.

Menu 90/200 € – Carta 80/110 €

via Margone 15 – ✆ 0461 349401 – www.locandamargon.it – Chiuso 1-14 gennaio, 9-25 agosto, martedì, domenica sera

a Cognola Est : 3 km per Padova

⊶○ Villa Madruzzo   ⇔ 🛏 🏠 ⇄ 🅿

REGIONALE · AMBIENTE CLASSICO XX Articolata scelta à la carte, con diversi piatti regionali, qualcuno nazionale ed un po' di pesce, da gustare nella sala principale affacciata sul parco o nella più piccola ospitata nella ex cappella della villa.

Menu 32 € – Carta 31/59 €

Hotel Villa Madruzzo, via Ponte Alto 26 – ✆ 0461 986220 – www.villamadruzzo.com – Chiuso domenica

TREQUANDA

✉ 53020 - Siena (SI) - Carta regionale n° **18**-C2 - Carta stradale Michelin 563-M17

🏵 **Il Conte Matto**　　　　　　　　　🦴 ≤ 🏛 AC

REGIONALE · **RUSTICO** ✗ La trecentesca abitazione del guardiacaccia del castello si è stata trasformata in una "vetrina" di prodotti toscani con terrazza panoramica sulle colline e dalle camere scorci della campagna circostante. Specialità: pici al ragù di chianina - tagliata di vitellone ai tre sali e aromi dell'orto - cantucci e vino liquoroso.

Specialità: Degustazione di crostini tipici toscani con cipolle caramellate. Cinghiale alla maniera dolceforte. Parfait alle mandorle e croccantino.

Menu 14 € (pranzo), 28/35 € - Carta 23/45 €

via Taverne 40 - ℰ 0577 6620793 - www.contematto.it - Chiuso 27 gennaio-5 marzo, 9-19 dicembre, martedì

TRESCORE BALNEARIO

✉ 24069 - Bergamo (BG) - Carta regionale n° **10**-D1 - Carta stradale Michelin 561-E11

✡ **LoRo** (Pierantonio Rocchetti)　　　　　　　　AC P

CREATIVA · **ELEGANTE** ✗✗✗ Una casa di origini seicentesche, soffitti in mattoni e camini: in un quadro di sobria eleganza, è la cucina ad accelerare con piatti fantasiosi, talvolta anche nella ricerca dei prodotti o in accostamenti originali, la cucina è colorata, gustosa, con uno stile ben definito: leggera e salutista nel senso migliore del termine. Accostamenti non azzardati, ma talvolta originali, appetizer e dessert che sfiorano la perfezione; due menu degustazione, uno dedicato al pesce e uno alle proposte di carne, nonché una grande carta da cui attingere liberamente. In aggiunta a tutto ciò, LoRo dispone di una ricca cantina guidata con mano esperta dal sommelier Francesco Longhi e una dispensa in cui i migliori prodotti dell'eccellenza italiana possono essere acquistati da ogni ospite.

Specialità: Gamberi, scampi e granchio reale su cremoso di crostacei. Animelle di vitello, aglio nero e yogurt. La frutta e i suoi sorbetti di in diverse consistenze.

Menu 65/85 € - Carta 70/120 €

via Bruse 2 - ℰ 035 945073 - www.loroandco.com - Chiuso 1-7 gennaio, 10-16 agosto, lunedì, martedì-venerdì a mezzogiorno, domenica sera

🍴 **LoRo & Co Bistrò** - Vedere selezione ristoranti

🍴 **LoRo & Co Bistrò**　　　　　　　　　　🏛 AC

REGIONALE · **BISTRÒ** ✗ Un vero e proprio bistrot per una cucina più easy, fatta di salumi, formaggi, ma anche pesce e carne, oltre a una buona lista di pizze: quest'ultime, l'orgoglio dei proprietari!

Menu 16 € (pranzo)/50 € - Carta 35/65 €

LoRo, via Bruse 2/a - ℰ 035 940999 - www.loroandco.com - Chiuso 1-7 gennaio, 10-16 agosto, lunedì

TREVENZUOLO

✉ 37060 - Verona (VR) - Carta regionale n° **23**-A3 - Carta stradale Michelin 562-G14

a Fagnano Sud : 2 km

🍴 **Trattoria alla Pergola**　　　　　　　　　　AC

CLASSICA · **CONTESTO TRADIZIONALE** ✗ Semplice ma invitante, di quelle che ancora si trovano in provincia; giunta con successo alla terza generazione, la trattoria propone la classica cucina del territorio, risotti e bolliti al carrello come specialità.

Carta 30/47 €

via Nazario Sauro 9 - ℰ 045 735 0073 - Chiuso 1 luglio-4 settembre, 23 dicembre-10 gennaio, lunedì, domenica

✉ 24047 – Bergamo (BG) – Carta regionale n° **10**–C2 – Carta stradale Michelin 561-F10

San Martino (Vittorio Colleoni) ⇦ 🛋 & 🔄 ♿ P

PESCE E FRUTTI DI MARE · ELEGANTE ✗✗ Una delle cucine più convincenti del territorio: tanto pesce, tra cui i classici ereditati dall'esperienza paterna, ma anche la creatività introdotta dalla nuova generazione. La famiglia Colleoni non si smentisce mai! Gli ispettori hanno infatti apprezzato la costante ricerca della perfezione da parte dello chef–patron Vittorio. Slancio che si concretizza in un orto privato dedicato alla produzione di verdure e fiori curati personalmente, dimostrando – ancora una volta – l'interesse verso quelle materie prime che andranno a costituire la base di ogni ricetta. Il fratello Paolo, sovraintende, invece, alla cantina: ben strutturata ed articolata, lascia intuire un debole per la Francia. Riapertura dopo l'estate con un rinnovo dei locali.

Specialità: Anguilla alla brace d'ulivo laccata al miele, giardiniera all'italiana. Morone, zabaione alle erbe di Provenza e chartreuse. Meraviglia nocciola.

Menu 110/150 € – Carta 90/145 €

*viale Cesare Battisti 3 – ℰ 0363 49075 – www.sanmartinotreviglio.it –
Chiuso 1-7 gennaio, 3-26 agosto, 26-31 dicembre, lunedì, sabato a mezzogiorno,
domenica*

✉ 00069 – Roma (RM) – Carta regionale n° **7**–B2 – Carta stradale Michelin 563-P18

ⅰ○ Acquarella ⇐ 🛋 🛋 & P

PESCE E FRUTTI DI MARE · CONTESTO TRADIZIONALE ✗✗ Direttamente sul lago che lambisce con il suo giardino e con il suo pontiletto - una favola soprattutto in estate quando si può mangiare sotto il grande gazebo - il locale si farà ricordare per le fragranti specialità di pesce, sia di mare che d'acqua dolce, pur non mancando qualche piatto di carne, oltre alle paste fresche fatte in casa.

Carta 35/60 €

*via Acquarella 4 – ℰ 06 998 5361 – www.ristoranteacquarella.it – Chiuso 7-24 gennaio,
martedì*

– Viterbo ➜ Vedere Acquapendente

✉ 31100 – Treviso (TV) – Carta regionale n° **23**–A1 – Carta stradale Michelin 562-E18

Undicesimo Vineria (Francesco Brutto) 🛋 & 🔄

CREATIVA · MINIMALISTA ✗✗ Inedita eccellenza di Treviso con la creatività del trentenne Francesco Brutto il locale propone piatti "audaci" in bilico tra tecnica e contaminazioni. Lo chef racconta di aver trovato la sua vocazione professionale durante un rave e i percorsi gastronomici che propone sono «concisi, interessanti, ma – talvolta – scomodi". Ma i fatti hanno dissolto ogni dubbio, dandogli ragione della sua caparbietà: chi si accomoda ai tavoli di Undicesimo Vineria ne coglie subito il valore.

Specialità: Creste di gallo, volpina, levistico, dashi. Tortelli di tamarindo fermentato, doppia panna, angostura. Cioccolato, acqua, limone, timut (pepe), basilico.

Menu 60/160 € – Carta 60/127 €

*via della Quercia 8 – ℰ 0422 210460 – www.vineria.it – Chiuso 12-26 agosto, sabato a
mezzogiorno, domenica*

ⅰ○ Le Beccherie ⓝ 🛋 & 🔄 🔄

MODERNA · DI TENDENZA ✗✗ Nel cuore di Treviso, quello che fu un caposaldo della cucina tradizionale è ora uno splendido bistrot di atmosfera e design; i tavoli più ambiti sono quelli lato canale, mentre i piatti parlano di fantasia che si unisce a richiami territoriali. Per i più tradizionalisti, lo storico tiramisù è sempre presente!

Carta 54/76 €

piazza Giannino Ancilotto 9 – ℰ 0422 540871 – www.lebeccherie.it – Chiuso martedì

⑪ **Antico Morer** 🛖 AC

PESCE E FRUTTI DI MARE · CHIC ✕✕ Non lontano dal Duomo, questo storico locale prende il nome da una pianta di gelso - morer, in dialetto - situata davanti all'ingresso, ma che ora non c'è più. Oggi, sotto a travi di legno, in un ambiente sobrio e curato, potrete gustare sapori di mare con tanto spazio ai crudi.

Menu 40€ (pranzo), 50/100€ – Carta 38/70€

via Riccati 28 – ℰ 0422 590345 – www.ristoranteanticomorertreviso.com –
Chiuso 20-31 gennaio, 10-26 agosto, lunedì, domenica sera

⑪ **Il Basilisco** 🛖 AC P

CLASSICA · VINTAGE ✕✕ Il ristorante ruota attorno alla personalità dello chef-patron che costruisce il menu giorno per giorno, partendo dalla spesa quotidiana: pesce, soprattutto "povero", ma anche carne con tagli atipici e quinto quarto. Il tutto fuori dal centro, in un ambiente fresco e colorato in stile pop tra gli anni Cinquanta e Sessanta.

Carta 25/60€

via Bison 34 – ℰ 0422 541822 – www.ristorantebasilisco.com – Chiuso 10-25 agosto,
lunedì a mezzogiorno, domenica

⑪ **MAR diVINO** Ⓝ 🛖 ⅃ AC ⬩⬩

PESCE E FRUTTI DI MARE · ELEGANTE ✕✕ Lui in cucina e lei in sala, un ambiente luminoso, moderno, signorile per piatti curati, dove il pesce è protagonista indiscusso: proposte contemporanee con qualche inserto pugliese, giusto per dare un indizio sulle origine dello chef.

Carta 39/84€

Strada del Nascimben 1a – ℰ 0422 346542 – www.ristorantemardivino.it –
Chiuso 7-20 gennaio, 1-15 settembre, lunedì, sabato a mezzogiorno

TREZZANO SUL NAVIGLIO
✉ 20090 – Milano (MI) – Carta regionale n° **10**–B2 – Carta stradale Michelin 561-F9

⑪ **Bacco e Arianna** ⅃ AC P

MODERNA · CONTESTO CONTEMPORANEO ✕✕ Una piacevole scoperta, a due passi da Milano: raccolto e curato negli arredi, piatti di varia ispirazione, dai classici nazionali a qualche proposta più creativa.

Menu 29€ (pranzo)/52€ – Carta 38/75€

Via Circonvallazione 1 – ℰ 02 4840 3895 – www.baccoearianna.net – Chiuso sabato a
mezzogiorno, domenica

TRICESIMO
✉ 33019 – Udine (UD) – Carta regionale n° **6**–C2 – Carta stradale Michelin 562-D21

⊛ **Miculan** 🛖 AC

REGIONALE · FAMILIARE ✕ Sulla piazza di Tricesimo un piccolo bar, frequentatissimo dalla gente del posto, fa da "anticamera" a questa tipica trattoria con terrazza per la bella stagione, che custodisce un significativo retaggio del passato: il caratteristico camino, el fogher, nonché specialità regionali e qualche divagazione sul pescato. D'estate vi è un menu degustazione a quest'ultimo interamente dedicato.

Specialità: Battuta di manzo marinata. Lombetto di maialino agli aromi. Tris della casa.

Menu 30/35€ – Carta 28/38€

piazza Libertà 16 – ℰ 0432 851504 – www.trattoriamiculan.com –
Chiuso 21 giugno-4 luglio, mercoledì, giovedì

TRIESTE
✉ 34121 – Trieste (TS) – Carta regionale n° **6**–D3 – Carta stradale Michelin 562-F23

⊛ **Harry's Piccolo** 🛖 AC

ITALIANA · VINTAGE ✕✕✕ Nel 2019 il ristorante ha, meritatamente, conquistato il gradino più alto della ristorazione triestina, grazie a un sapiente lavoro di squadra: la prima stella si è accesa nel capoluogo giuliano!

Inaugurato negli anni '70 dallo stesso Arrigo Cipriani, dell'omonimo locale veneziano riprende lo stile dell'arredo. Vi si respira un'atmosfera accogliente ed elegante, ma si consiglia di prenotare visto l'esiguo numero di coperti. I piaceri del palato vengono appagati da varie proposte, che hanno - tuttavia - come comun denominatore una cucina creativa, intrigante, mai scontata, mentre la carta dei vini è ben assortita con molte etichette prestigiose. Un'esperienza unica, affacciati su una delle piazze più belle d'Italia.

Specialità: Toast di scampi e pollo, maionese al wasabi, insalatina di erbe all'aneto. Risotto all'acqua di pomodoro, capperi, basilico, acciughe, plancton. Gianduja esotica.

Menu 115/145 € – Carta 85/109 €

Grand Hotel Duchi d'Aosta, piazza Unità d'Italia 2 – ☎ 040 660606 – www.harrystrieste.it – Chiuso 19-28 gennaio, lunedì, martedì-sabato a mezzogiorno, domenica

ⵔⵔⵔ Menarosti ⛩ 🅰🅲

PESCE E FRUTTI DI MARE · AMBIENTE CLASSICO XX Uno storico ristorante presente in città dal 1903: ambienti caldi e accoglienti, per una cucina di mare che ha nella qualità della materia prima la sua forza. Le elaborazioni volutamente semplici esaltano i sapori.

Menu 35/100 € – Carta 32/67 €

via del Toro 12 – ☎ 040 661077 – Chiuso 1-10 gennaio, 16 agosto-7 settembre, lunedì, domenica sera

ⵔⵔⵔ Pepenero Pepebianco 🅰🅲

MODERNA · CONTESTO CONTEMPORANEO XX Non lontano dalla stazione, locale di taglio moderno gestito con passione da una simpatica coppia: ricette stuzzicanti dove territorio e pesce sono proposti in chiave moderno-creativa. Aperto anche a mezzogiorno, previa prenotazione da effettuarsi almeno con un giorno di anticipo.

Menu 31/67 € – Carta 36/80 €

via Rittmeyer 14/a – ☎ 0407600716 – www.pepeneropepebianco.it – Chiuso 7-15 gennaio, 1-15 luglio, lunedì-sabato a mezzogiorno, domenica

ⵔⵔⵔ Scabar ⇐ ⛩ ♿ 🅿

PESCE E FRUTTI DI MARE · FAMILIARE XX La cordiale gestione familiare vi condurrà in un *excursus* di specialità ittiche e locali, in sale di tono classico o sulla panoramica terrazza. Non è facile da raggiungere, ma merita la sosta... del resto, non per niente, sono qui da 50 anni!

Carta 40/73 €

Erta Sant'Anna 63 – ☎ 040 810368 – www.scabar.it – Chiuso lunedì

ⵔⵔⵔ Al Bagatto 🕸 🅰🅲 ⇌

PESCE E FRUTTI DI MARE · INTIMO X Piccolo ristorante del centro dai toni caldamente rustici e dall'atmosfera signorile (ci sono anche due salette private - una intima, solo per due - ed un altra leggermente più grande). Sulla tavola: piatti a base di pesce con un tocco di modernità.

Menu 50/60 € – Carta 50/60 €

via Cadorna 7 – ☎ 040301771 – www.albagatto.it – Chiuso lunedì a mezzogiorno, domenica

ⵔⵔⵔ Starhotels Savoia Excelsior Palace ⚐ ⇐ 🛋 ⊟ ♿ 🅰🅲 ⚐

PALACE · ELEGANTE Nel cuore della città, affacciato sul golfo di Trieste, l'hotel ripropone il fascino di un imponente palazzo dei primi '900, arricchito da design moderno e confort up-to-date. Originale lounge illuminata da un grande lucernario che ricorda i giardini d'inverno della *Belle Epoque*.

144 camere ⌗ – 🛏 150/600 € – 36 suites

riva del Mandracchio 4 – ☎ 040 77941 – www.starhotels.com

🏨 Grand Hotel Duchi d'Aosta

LUSSO · PERSONALIZZATO In una delle piazze più scenografiche e suggestive del Bel Paese, interni di sobria eleganza - particolarmente nelle piacevoli camere, tutte personalizzate - ed un centro benessere dal nome fortemente evocativo: Thermarium Magnum. Non manca di originalità la moderna dépendance, Vis-à-Vis, con esposizioni di artisti contemporanei.

49 camere ☲ - 👫 119/500€

piazza Unità d'Italia 2 - 𝒞 040 760 0011 - www.magesta.eu

🌸 **Harry's Piccolo** - Vedere selezione ristoranti

TRINITÀ D'AGULTU - Olbia-Tempio → Vedere Sardegna

TROFARELLO

✉ 10028 - Torino (TO) - Carta regionale n° **12**-B2 - Carta stradale Michelin 561-H5

🍴 La Valle

CLASSICA · ACCOGLIENTE XX In zona tranquilla appena fuori paese, un locale ben gestito dallo chef-patron che propone una cucina moderna, ma non scevra di spunti del territorio. Attenzione massima è riservata alla stagionalità ed alle erbe spontanee e, per completare l'offerta, c'è anche una discreta scelta di piatti a base di pesce.

Menu 60€ - Carta 47/82€

Fuori pianta - *via Umberto I 25, località Valle Sauglio - 𝒞 011 649 9238 - www.ristorantelavalle.it - Chiuso 15 agosto-4 settembre, mercoledì*

TROPEA

✉ 89861 - Vibo Valentia (VV) - Carta regionale n° **3**-A2 - Carta stradale Michelin 564-K29

Capo Vaticano Sud - Ovest : 10 km

🏨 Capovaticano Resort Thalasso & Spa

LUSSO · LUNGOMARE In uno scenario naturale di grande impatto, direttamente sul mare e all'orizzonte le isole Eolie, un albergo di grande fascino con camere dai caldi cromatismi, tutte vista mare. Il centro talassoterapico è un'altra importante realtà della risorsa: 3000 mq di eccellenza con tre piscine, cabine attrezzate, personale qualificato.

123 camere ☲ - 👫 125/600€

località Tono - 𝒞 0963 665760 - www.capovaticanoresort.it - Chiuso 1 novembre-10 aprile

TURI

✉ 70010 - Bari (BA) - Carta regionale n° **15**-C2 - Carta stradale Michelin 564-E33

🍴 Menelao a Santa Chiara

CREATIVA · ELEGANTE XXX Nel cuore del centro storico, in un palazzo signorile del 1700 totalmente ristrutturato, un ambiente elegante ed originale distribuito su più piani collegati da un ascensore. La sua cucina creativa trae spunto dal territorio e dal mare. Eventualmente aperto anche a pranzo, ma solo su prenotazione e con almeno un giorno di anticipo.

Menu 75/100€ - Carta 36/89€

via Sedile 45 - 𝒞 080 891 1897 - www.menelaoasantachiara.it - Chiuso 13-16 agosto, mercoledì

UDINE

✉ 33100 – Udine (UD) – Carta regionale n° **6**–C2 – Carta stradale Michelin 562-D21

ⅱ○ Hostaria alla Tavernetta

REGIONALE · **ROMANTICO** ⅩⅩ Intimo, romantico ma anche veloce e informale.
Una proposta variegata con cucina locale che spazia dal mare alla terra senza
esclusione di tartufi e una buona rappresentanza per... Bacco!

Carta 30/80€

*via Artico di Prampero 2 – ℰ 0432 501066 – www.allatavernetta.com –
Chiuso 5-13 gennaio, 2-17 agosto, lunedì, domenica*

ⅱ○ Pepata di Corte

PESCE E FRUTTI DI MARE · **DI TENDENZA** ⅩⅩ Il trittico delle "certezze" - dalla
pepata di cozze in rosso con crostoni croccanti allo spaghetto con le vongole
(servito in rustici cocci), passando per il fritto misto - allarga le braccia per accogliere piatti in prevalenza di mare accompagnati da ottimi vini, nonché un'interessante selezione di birre.

Menu 40€ – Carta 29/59€

*corte Savorgnan 12 – ℰ 0432 294583 – www.pepatadicorte.com –
Chiuso 7-12 gennaio, 1-16 luglio, lunedì*

ⅱ○ Vitello d'Oro

PESCE E FRUTTI DI MARE · **ELEGANTE** ⅩⅩ Nei primi mei del 2019 il ristorante è
stato oggetto di un completo restyling, quindi ancora più nuovo e sempre più
bello. Ma gli ispettori aggiungono, c'è un qualcosa che non è cambiato... il motivo
per cui già a metà Ottocento il locale faceva parlare di sé: l'ottimo pesce!

Menu 58/70€ – Carta 45/79€

*via Valvason 4 – ℰ 0432 508982 – www.vitellodoro.com – Chiuso lunedì a
mezzogiorno, mercoledì*

ⅱ○ Alla Vedova

GRIGLIA · **CONTESTO REGIONALE** Ⅹ Benché in posizione periferica, da oltre un
secolo questa trattoria furoreggia tra i clienti. Merito del piacevole ambiente
rustico - fra trofei di caccia e pentole in rame - delle specialità locali, ma soprattutto della griglia a carbone che troneggia in sala per la cottura delle carni.

Menu 30/45€ – Carta 30/45€

*via Tavagnacco 9 – ℰ 0432 470291 – www.trattoriaallavedova.it –
Chiuso 10-24 agosto, lunedì, domenica sera*

a Godia Nord : 6 km per via Gorizia – Carta regionale n° **6**–C2

✿✿ Agli Amici (Emanuele Scarello)

MODERNA · **DESIGN** ⅩⅩⅩ Cucina d'autore di frontiera, il ristorante Agli Amici è
un indirizzo ai vertici della gastronomia nazionale e, dunque, una delle tappe culinarie imperdibili del Friuli-Venezia Giulia: regione dalle molteplici influenze culturali e ricca di materie prime eccellenti.

Come quelle che ritroviamo nelle gustose ricette di Emanuele Scarello, chef-
patron affiancato nella gestione dalla sorella che si occupa della sala, consapevole
del fatto che la ricchezza di pascoli orti e montagne di questa regione si traduce
in una fonte inesauribile d'ingredienti per le sue "opere" culinarie. Gli ortaggi, ad
esempio, provengono dai contadini della zona e il pesce freschissimo, quasi sempre, dal mercato di Grado. Se i suoi piatti sono diventati nel tempo più tecnici e
riflessivi, anche in virtù delle importanti esperienze maturate dallo chef in Francia
e Spagna, le sue proposte restano sempre accessibili, ma soprattutto comprensibili, pensate per appagare gusto, pensieri e stimolare le memorie gastronomiche.
La visita alla cucina recentemente rinnovata è un'esperienza che il ristorante propone con piacere ai propri ospiti.

Specialità: Gnocchi di Godia, alghe di laguna, calamari e il loro nero al tamarindo.
Bianco di vitello e cipolline cotte al sale. Asparagi, ghiaccio di lamponi, crema e
biscotto d' uovo (primavera).

Menu 95/130€ – Carta 93/120€

*via Liguria 252 – ℰ 0432 565411 – www.agliamici.it – Chiuso 14-20 gennaio,
25 luglio-19 agosto, lunedì, martedì a mezzogiorno, domenica sera*

UGENTO

✉ 73059 – Lecce (LE) – Carta regionale n° **15**–D3 – Carta stradale Michelin 564-H36

sulla strada provinciale Ugento - Torre San Giovanni

Sud - Ovest: 4 km

Masseria Don Cirillo

CASA DI CAMPAGNA · ELEGANTE Abbracciata da profumate distese di ulivi, una piacevole risorsa ricavata da una tenuta nobiliare settecentesca, tra un giardino mediterraneo, profumi di terra e mare (a pochi km), camere che esprimono eleganza in chiare e sobrie tonalità.

6 camere ⬛ – 👫 140/290 €

strada Provinciale Ugento-Torre S. Giovanni Km 3 – ℰ 0833 931432 – www.masseriadoncirilloresort.it – Chiuso 5 novembre-28 marzo

ULTEN • ULTIMO – Bolzano → Vedere Ultimo

ULTIMO • ULTEN

✉ 39016 – Bolzano (BZ) – Carta regionale n° **19**–B2 – Carta stradale Michelin 562-C15

a San Nicolò Sud - Ovest: 8 km

Waltershof

FAMILIARE · STILE MONTANO Elegante struttura nel centro della piccola località. Rusticità e modernità si amalgamo armoniosamente in spazi sempre generosi, nel verde giardino o negli spazi ludici: taverna e fornita enoteca, zona per serate di musica e vino.

37 camere – 👫 117/135 €

Dorf 59 – ℰ 0473 790144 – www.waltershof.it – Chiuso 14 aprile-20 maggio, 8 novembre-26 dicembre

UMBERTIDE

✉ 06019 – Perugia (PG) – Carta regionale n° **20**–B1 – Carta stradale Michelin 563-M18

🍽 San Giorgio Ⓝ 🕷 🏠 Ⓐⓚ ⇧

MODERNA · INTIMO 🕱 Nel centro storico di Umbertide, sotto due archi nella piazza principale dove un tempo sorgeva un convento, il ristorante propone una cucina della tradizione sapida e verace. Decisamente interessante - per ampiezza e tipologia di proposte - la carta dei vini.

Carta 35/60 €

via Mancini 3 – ℰ 075 941 2944 – www.ristorante-sangiorgio.it – Chiuso 7-14 gennaio, 20-31 luglio, martedì

URBINO

✉ 61029 – Pesaro e Urbino (PU) – Carta regionale n° **11**–A1 –
Carta stradale Michelin 563-K19

a Pantiere Nord: 13 km per Pesaro

🍽 Urbino dei Laghi ⇦ ⟨ 🏠 🏠

MODERNA · ALLA MODA 🕱 Splendido il contesto che circonda quest'armonica struttura dall'arredo curato e originale. Piatti stuzzicanti che si legano al territorio con molti prodotti provenienti dall'azienda di proprietà e pizze gourmet.

Carta 39/49 €

Urbino Resort Tenuta Santi Giacomo e Filippo, via San Giacomo in Foglia 15 – ℰ 0722 589426 – tenutasantigiacomoefilippo.it/ristorante – Chiuso lunedì a mezzogiorno, martedì, mercoledì-venerdì a mezzogiorno

USSEAUX

✉ 10060 – Torino (TO) – Carta regionale n° **12**–B2 – Carta stradale Michelin 561-G3

Lago del Laux ⇔ P

REGIONALE · RUSTICO X Affacciato su un laghetto, il ristorante celebra la cucina del territorio con piatti dimenticati come la fonduta, la bagna caoda o lo stracotto di bue alla langarola. E per finire in dolcezza: bunet divisi da piccolo strato di caramello serviti con nocciole. In estate, minigolf e area parcheggio camper.

Specialità: Tonno di coniglio su insalata riccia. Polenta alle tre salse. Gelato con vino cotto.

Menu 30/35 € – Carta 20/36 €

via al Lago 7 – ✆ 0121 83944 – www.hotellaux.it – Chiuso 4-22 maggio, 1-18 ottobre, mercoledì

VAGLIAGLI – Siena → Vedere Siena

VAIRANO PATENORA

✉ 81058 – Caserta (CE) – Carta regionale n° **4**–A1 – Carta stradale Michelin 564-C24

ⅠО Vairo del Volturno ☝ A/C

CAMPANA · AMBIENTE CLASSICO XX La valorizzazione del territorio dalle verdure alle carni, dalle mozzarelle al pesce del vicino Tirreno è una missione per lo chef-patron, che utilizza tali ingredienti per dar vita a piatti di gusto contemporaneo in un ambiente di classica signorilità.

Menu 25/60 € – Carta 48/77 €

via IV Novembre 58 – ✆ 0823 643018 – www.vairodelvolturno.com – Chiuso 1-15 luglio, martedì, domenica sera

VALDAORA • OLANG

✉ 39030 – Bolzano (BZ) – Carta regionale n° **19**–C1 – Carta stradale Michelin 562-B18

Mirabell ✿ ≤ 🏊 🌊 🔆 🐬 🏊 🛁 🖽 🕭 🎿 P 🚗

LUSSO · STILE MONTANO Struttura rinnovata mantenendo inalterato lo stile architettonico locale. L'interno presenta abbondanza di spazi - signorilmente arredati con molto legno - anche nelle camere, nonché un grande, attrezzatissimo, centro benessere.

44 camere – ♀♀ 290/530 € – 11 suites

via Hans Von Perthalern 11, a Valdaora di Mezzo – ✆ 0474 496191 – www.mirabell.it – Chiuso 25 marzo-28 maggio, 8-19 dicembre

VALDASTICO

✉ 36040 – Vicenza (VI) – Carta regionale n° **23**–B2

Elisa e Fausto-Locanda Setteca' Ⓝ 🛖

TRADIZIONALE · FAMILIARE X Uniti nella vita e ai fornelli: Fausto è lo chef ed Elisa un'abile pasticcera. Con una lunga esperienza nel settore, i due portano in tavola piatti del territorio – ottimi i funghi che lui stesso raccoglie e le carni selezionate da allevatori della zona - nonché qualche proposta di pesce fresco. Ambiente curato, famigliare e informale.

Specialità: Trota salmonata. Bocconcini di coniglio avvolti nello speck e profumati al rosmarino. Millefoglie di cialde al caffè e mousse di cioccolato bianco.

Carta 29/33 €

via S. Caterina 11 – ✆ 0445 705252 – www.locandasetteca.com – Chiuso mercoledì

VALDIDENTRO

✉ 23038 – Sondrio (SO) – Carta regionale n° **9**–C1 – Carta stradale Michelin 561-C12

a Bagni Nuovi Est : 6 km

🏨🏨 **Grand Hotel Bagni Nuovi** 🎋 🕥 🚗 🛖 🕼 🖥 🛋 🅿 🚗

LUSSO · STORICO Imponente edificio liberty con ambienti in stile, camere ampie e luminose ed un favoloso centro termale raggiungibile direttamente dalle camere: un inaspettato angolo di Belle Epoque nel parco dello Stelvio.

69 camere – 👫 174/309 € – 5 suites

via Bagni Nuovi 7 – ℰ 0342 910131 – www.bagnidibormio.it

VAL DI LUCE – Pistoia ➜ Vedere Abetone

VALDOBBIADENE

✉ 31049 – Treviso (TV) – Carta stradale Michelin 562-E17

a Bigolino Sud : 5 km – Carta regionale n° **23**-C2

🕲 **Tre Noghere** 🛖 🔠 🅿

REGIONALE · FAMILIARE ⅹ Ambiente rustico-informale avvolto dalla quiete di vigneti e campi coltivati. Nella sala con camino, o all'aperto sotto il porticato, la trattoria sforna piatti del territorio: come la sopa coada servita nel pane o la faraona in salsa peverada. Non manca qualche specialità a base di pesce accompagnata - naturalmente - da un buon prosecco!

Specialità: Flan agli asparagi su fonduta di formaggio Asìago. Faraona in salsa peverada. Zuppa inglese come una volta.

Menu 28/33 € – Carta 28/33 €

via Crede 1 – ℰ 0423 980316 – www.trenoghere.com – Chiuso lunedì, domenica sera

VALEGGIO SUL MINCIO

✉ 37067 – Verona (VR) – Carta regionale n° **23**-A3 – Carta stradale Michelin 562-F14

🍽️ **Alla Borsa** 🛖 🕭 🔠 🗘 🅿

REGIONALE · AMBIENTE CLASSICO ⅹⅹ In attività dal 1959, nel centro storico del paese, è la roccaforte del celebre tortellino di Valeggio, farcito di carne e servito asciutto o in brodo, ma anche di tante altre paste fresche. Ambiente classico indifferente al trascorrere delle mode.

Menu 35 € (pranzo)/40 € – Carta 35/55 €

via Goito 2 – ℰ 045 795 0093 – www.ristoranteborsa.it – Chiuso 7-14 gennaio, 10 luglio-10 agosto, martedì, mercoledì

a Borghetto Ovest : 1 km

🍽️ **Antica Locanda Mincio** 🛖 🔠 🗘

REGIONALE · RUSTICO ⅹⅹ In una fiabesca frazione di origini medioevali in riva al Mincio, storica trattoria con due belle sale dai soffitti storici e un camino del Cinquecento, pareti ornate da dipinti più moderni. Le specialità venete e mantovane arrivano in tavola: paste fresche fatte in casa, nonché pesci e carni alla griglia.

Carta 30/45 €

via Buonarroti 12 – ℰ 045 795 0059 – www.anticalocandamincio.it –
Chiuso 1-29 febbraio, 1-30 novembre, mercoledì, giovedì

🍽️ **Terracqua** 🆕 🛖 🕭 🔠

CREATIVA · ELEGANTE ⅹⅹ Ambienti dal design elegante e pulito - tra muri e soffitti antichi - per piatti d'impostazione creativa di carne e di pesce, quest'ultimo sia di mare che di acqua dolce, nonché proposte vegetariane (tofu, seitan, ...) Anche il nuovo chef non indugia sulla selezione delle materie prime e sulle presentazioni: sempre molto curate e fantasiose. Carta semplice a pranzo.

Menu 23 € (pranzo), 45/60 € – Carta 27/80 €

via Michelangelo Buonarroti 24 – ℰ 045 795 2222 – www.terracqua.it – Chiuso lunedì, domenica sera

VALLECROSIA

⊠ 18019 – Imperia (IM) – Carta regionale n° **8**-A3 – Carta stradale Michelin 561-K4

🍴○ **Giappun**

PESCE E FRUTTI DI MARE · FAMILIARE XX La freschezza delle materie prime è la carta vincente di questo locale, nato come stazione di posta e che ancora ricorda nel nome il suo fondatore. Pesce del giorno e accattivanti presentazioni.
Carta 75/105€

via Maonaira 7 - 𝒞 0184 250560 -
Chiuso 5-20 giugno, 5-25 novembre, mercoledì, giovedì a mezzogiorno

VALLE DI CASIES • GSIES

⊠ 39030 – Bolzano (BZ) – Carta regionale n° **19**-D1

😊 **Durnwald**   🛖 🅿

REGIONALE · FAMILIARE X Un buon piatto di Schlutzkrapfen (ravioli ripieni di spinaci e ricotta) è proprio quello che ci vuole dopo una bella sciata o una passeggiata nei boschi. Ma non finisce qui! Durnwald è un inno al territorio, tanto nel paesaggio, che potrete ammirare dalle finestre, quanto nella cucina, depositaria della genuina tradizione altoatesina. Specialità: formaggio grigio della Valle Aurina con olio di semi di zucca - sfoglie di patate con crauti, salsiccia e burro alla senape.

Specialità: Carpaccio di bue nostrano ripieno alle erbe aromatiche. Gulasch di cervo con polenta o canederli, crauti rossi e funghi. Frittelle di mele con gelato alla vaniglia.

Menu 29/60€ - Carta 29/40€

via Nikolaus Amhof, 6 (località Durna in Selva) - 𝒞 0474 746886 -
www.restaurantdurnwald.it - Chiuso 1-30 giugno, 30 novembre-24 dicembre, lunedì

🏨 **Quelle**   

LUSSO · STILE MONTANO Quelle: una sorgente di piacevolezza! Cinta da un giardino con laghetto balneabile, una bomboniera di montagna, ricca di decorazioni, proposte di svago, curatissime camere e un centro benessere provvisto di "snow room". Profusione di addobbi, legno e bei tessuti, anche nel raffinato ristorante.

54 camere ⌸ - 🛉🛉 330/490€ - 15 suites

via Santa Maddalena alt. 1 398 - 𝒞 0474 948111 -
www.hotel-quelle.com - Chiuso 1 aprile-7 maggio, 25 novembre-14 dicembre

VALLESACCARDA

⊠ 83050 – Avellino (AV) – Carta regionale n° **4**-C1 – Carta stradale Michelin 564-D27

❀ **Oasis-Sapori Antichi** (Lina e Maria Luisa Fischetti)

CAMPANA · FAMILIARE XXX Fiore all'occhiello della gastronomia locale e rigorosa identità gastronomica fedele al motto delle tre "t", terra, territorio e tradizione, sono alla base del menu creato da Michelina Fischetti. L'intento è stato quello di sottoporre le ricette ad un'evoluzione ed adattamento alle nuove esigenze alimentari, ma al tempo stesso garantendo un'adesione e fedeltà ad una cucina semplice, pulita, etica, preparata solo ed esclusivamente con i migliori ingredienti possibili. In un accogliente spazio a conduzione famigliare, il senso dell'ospitalità è nel DNA dei Fiaschetti, Oasis-Sapori Antichi offre una raffinata panoramica su stagionalità e biodiversità attraverso piatti che "parlano" del territorio. Apprezzabile la scelta del titolare di utilizzare almeno il 60% di materie prime locali in cucina.

Specialità: Uovo di gallina ruspante all'occhio di bue con patate, limone e tartufo nero. Filetto di vitello con sedano rapa, pepe rosa e lime. Wafer di nocciole e mosto cotto.

Menu 25€ (pranzo), 40/60€ - Carta 53/70€

via Provinciale 8/10 - 𝒞 0827 97021 -
www.oasis-saporiantichi.it - Chiuso 7-30 gennaio, 6-23 luglio, giovedì, domenica sera

VALLE SAN FLORIANO – Vicenza ➔ Vedere Marostica

VALLO DELLA LUCANIA

✉ 84078 – Salerno (SA) – Carta regionale n° **4**–C3 – Carta stradale Michelin 564-G27

🍲 La Chioccia d'Oro

DEL TERRITORIO · FAMILIARE ✗ Solida gestione padre-figlia nel cuore del Parco Nazionale del Cilento: nella sala classicheggiante o nel dehors estivo, piatti della tradizione locale, con largo utilizzo sia della carne sia delle verdure. Da assaggiare: i paccheri alla carbonara di zucca.

Specialità: Antipasto misto della casa. Paccheri alla carbonara di zucca con burrata, provolone e tempura di zucchine croccanti. Meringata di limone.

Menu 15/30 € – Carta 25/38 €

località Massa-al bivio per Novi Velia – ℰ 0974 70004 – www.chiocciadoro.com – Chiuso 5-11 febbraio, 1-15 settembre, venerdì

VALMADRERA

✉ 23868 – Lecco (LC) – Carta regionale n° **10**–B1 – Carta stradale Michelin 561-E10

⊪○ Villa Giulia-Al Terrazzo ⇦ ≤ 🍴 🛏 ⇔ 🅿

CLASSICA · ROMANTICO ✗✗ Sobria eleganza in una villa di fine Ottocento con un'ampia sala ed altre due salette graziosamente affrescate: se il tempo lo permette non rinunciate al romanticismo della terrazza affacciata sul lago. In menu, i sapori locali esaltati con grande capacità e senza stravolgimenti; bella cantina in sasso fornita di ottime etichette e camere moderne per chi desidera pernottare.

Menu 25 € (pranzo)/35 € – Carta 56/86 €

via Parè 73 – ℰ 0341 583106 – www.villagiulia-alterrazzo.com

VALSOLDA

✉ 22010 – Como (CO) – Carta regionale n° **9**–A2 – Carta stradale Michelin 561-D9

⊪○ Osteria la Lanterna 🍴

REGIONALE · CONTESTO TRADIZIONALE ✗✗ Tornati al paesello dopo lunghe esperienze all'estero, due soci hanno deciso di aprire questo grazioso ristorante con arredi signorili in un contesto comunque rustico, fatto d'intime salette e una bella veranda fruibile anche nella stagione invernale (con vista lago!). Cucina della tradizione realizzata con prodotti spesso locali.

Menu 35/55 € – Carta 35/64 €

via Finali 1, frazione Cressogno – ℰ 0344 69014 – www.osterialalanterna.it – Chiuso 17 febbraio-12 marzo, 4-19 novembre, lunedì a mezzogiorno, mercoledì

VANDOIES

✉ 39030 – Bolzano (BZ) – Carta regionale n° **19**–C1 – Carta stradale Michelin 562-B17

⊪○ La Passion 🍴 🄰🄲 🅿

CLASSICA · FAMILIARE ✗✗ Il quartiere in cui si trova il ristorante è residenziale e contemporaneo, ma, nella sua unica saletta, è stata insospettabilmente trasportata una stube vecchia di quattrocento anni. Cucina creativa sulle orme dei classici locali e nazionali.

Menu 54/78 € – Carta 45/83 €

via San Nicolò 5/b, Vandoies di Sopra – ℰ 0472 868595 – www.lapassion.it – Chiuso lunedì

VARESE

✉ 21100 – Varese (VA) – Carta regionale n° **10**–A1 – Carta stradale Michelin 561-E8

⊪○ La Perla 🍴 🄰🄲

PESCE E FRUTTI DI MARE · ROMANTICO ✗✗✗ Un ristorante da consigliare senza il minimo dubbio: padre e figlio ai fornelli dimostrano grande capacità nel cucinare il mare, secondo ricette saporite e mediterranee. Tuttavia, anche i crudi trovano un loro spazio in menu. Ambiente di raffinata eleganza.

Carta 35/80 €

via Carrobbio 19 – ℰ 0332 231183 – www.perlaristorante.it – Chiuso 1-31 agosto, martedì, mercoledì, giovedì, venerdì, sabato, domenica a mezzogiorno

🍴 **Al Vecchio Convento** ⇦ 🏠 ⅙ 🆎 🅿

TOSCANA · **ELEGANTE** XxX Chiedete un tavolo nella sala principale, d'atmosfera e con arredi eleganti, per gustare una cucina che segue le stagioni e predilige la Toscana. Ampia scelta di carni cucinate alla griglia espressamente sotto i vostri occhi.

Menu 16€ (pranzo), 28/60€ – Carta 30/70€

viale Borri 348 – ☏ 0332 261005 – www.alvecchioconvento.it – Chiuso 1-7 gennaio, 17-24 agosto, lunedì, domenica sera

🍴 **Polpo Fritto** 🆎

PESCE E FRUTTI DI MARE · **ELEGANTE** XX Al primo piano di un edificio otto-centesco, ambiente elegante con pareti affrescate e travi a vista; cucina rigorosa-mente di pesce con molte prelibatezze, dalle ostriche al crudo di pesce, fra i più quotati in città.

Carta 45/90€

piazza XX Settembre 6 – ☏ 0332 237770 – www.polpofritto.it – Chiuso 10-29 agosto, lunedì

🍴 **Teatro** 🏠 🆎

CLASSICA · **VINTAGE** XX Raccontano la storia del teatro, dalle origini greche ai giorni nostri, i quadri alle pareti di un antico locale, in pieno centro e con grazioso dehors nella bella via; a tavola vanno in scena terra e mare.

Carta 32/76€

via Croce 3 – ☏ 0332 241124 – www.ristoranteteatro.it – Chiuso 16-21 agosto, martedì

🍴 **Bologna** ⇦ 🏠 🆎 ⇧ 🚗

EMILIANA · **VINTAGE** X Il ristorante ha una lunga tradizione familiare e le pareti sono tappezzate da ricordi di personaggi (molti sportivi) che da qui sono passati. La cucina attinge alla tradizione emiliana, fidelizzando gli ospiti con sapori decisi, ma equilibrati.

Menu 18€ (pranzo), 30/40€ – Carta 30/60€

via Broggi 7 – ☏ 0332 234362 – www.albergobologna.it – Chiuso 1 gennaio-7 febbraio, 2-23 agosto, sabato a mezzogiorno

🍴 **Vero Restaurant** ⅙ 🆎

VEGETARIANA · **DI TENDENZA** X Un ristorante vegetariano che rinnova quasi giornalmente il proprio menu. La scelta dei prodotti è fondamentale: locali, bio-logici o biodinamici, le preparazioni avvengono nella cucina a vista e sono ser-vite in un locale fortemente personalizzato, realizzato principalmente con mate-riali di riciclo.

Carta 27/44€

piazza XX Settembre 3 int. 5 – ☏ 0332 169 3551 – www.vero.restaurant – Chiuso 2-17 giugno, lunedì, domenica

a Santa Maria del Monte (Sacro Monte) per viale Aguggiari : 8 km

🍴 **Colonne** ⇦ ≤ 🖼 🏠 🅿

MODERNA · **ELEGANTE** XX Bella vista sul lago di Varese e sui dintorni verdeg-gianti, soprattutto dalla piacevole terrazza estiva, in un locale a mezzogiorno sfrutta la parte superiore per il bistrot e la sera, la sala elegante per una cucina più creativa e gourmet. Ai fornelli, uno chef conosciutissimo in zona: Silvio Battistoni.

Menu 55/80€ – Carta 42/85€

via Fincarà 37 – ☏ 0332 220404 – www.albergolecolonne.it – Chiuso 10-20 gennaio, lunedì

a Capolago Sud - Ovest: 5 km

🍴 **Da Annetta** 🏠 🆎 ⇧ 🅿

CLASSICA · **ELEGANTE** XX In un edificio del '700, rustico e al contempo elegante con raffinata cura della tavola e cucina che prende spunto dalla tradizione, ma sa rivisi-tarla con fantasia. Fornitissima e bella cantina dove si può pranzare su richiesta.

Menu 60€ – Carta 35/70€

via Fè 25 – ☏ 0332 490230 – www.daannetta.it

VARIGNANA – Bologna → Vedere Castel San Pietro Terme

VARIGOTTI
✉ 17029 – Savona (SV) – Carta regionale n° **8**–B2 – Carta stradale Michelin 561-J7

🍴○ **Muraglia-Conchiglia d'Oro**
PESCE E FRUTTI DI MARE · **VINTAGE** 🟴🟴 Una sala sobria e luminosa, nonché una piacevole terrazza vista mare: la specialità della casa è il pesce, di grande qualità e freschezza, preparato anche alla brace direttamente in sala. A testimonianza della fragranza la carta varia tutti i giorni.
Carta 60/120€
via Aurelia 133 – ℰ 019 698015 – Chiuso martedì, mercoledì

VARZI
✉ 27057 – Pavia (PV) – Carta regionale n° **9**–B3 – Carta stradale Michelin 561-H9

verso Pian d'Armà Sud: 7 km

🍴○ **Buscone** 🏠 ♻
REGIONALE · **FAMILIARE** 🟴 La difficoltà che forse incontrerete per raggiungere la trattoria, sarà ricompensata dal vivace ambiente familiare e dalla cucina casereccia. Assolutamente da assaggiare: i salumi fatti in casa (a cominciare dal celebre salame di Varzi). In stagione, i funghi.
Menu 15€ (pranzo), 30/35€ – Carta 23/35€
località Bosmenso Superiore 41 – ℰ 0383 52224 – www.ristorantebuscone.it – Chiuso 7-15 gennaio, 26 agosto-8 settembre, lunedì, martedì-giovedì sera, domenica sera

VASTO
✉ 66054 – Chieti (CH) – Carta regionale n° **1**–C2 – Carta stradale Michelin 563-P26

🍴○ **Castello Aragona**
PESCE E FRUTTI DI MARE · **CONTESTO STORICO** 🟴🟴 La suggestiva atmosfera di memoria storica e il servizio estivo sulla terrazza-giardino con splendida vista sul mare caratterizzano questo ristorante, dove potrete gustare specialità di mare.
Menu 45/65€ – Carta 40/75€
via San Michele 105 – ℰ 0873 69885 – www.castelloaragona.it – Chiuso lunedì

VEDOLE – Parma → Vedere Colorno

VELLAU / VELLOI – Bolzano → Vedere Lagundo (Algund)

VELLO
✉ 25054 – Brescia (BS) – Carta regionale n° **10**–D1 – Carta stradale Michelin 561-E12

🍴○ **Trattoria Glisenti**
REGIONALE · **ACCOGLIENTE** 🟴🟴 Fronte lago con bella vista godibile dalla terrazza, il pesce d'acqua dolce anima il menu lasciando – tuttavia – spazio anche a qualche specialità classica della zona; particolare attenzione è riservata alla naturalità degli alimenti con un occhio di riguardo per i vegetariani. "Trattoria" solo nel nome: il locale è signorile!
Menu 40/45€ – Carta 40/65€
via Provinciale 34 – ℰ 030 987222 – www.trattoriaglisenti.it – Chiuso 8 gennaio-8 febbraio, giovedì

VELO D'ASTICO
✉ 36010 – Vicenza (VI) – Carta regionale n° **23**–B2 – Carta stradale Michelin 562-E16

ⅈ○ Giorgio e Flora 〳 〵 ⌂ ⎙ 🅰 🅿

REGIONALE · ACCOGLIENTE XX Una villetta tipo chalet che domina la valle, al suo interno una piacevole sala, raccolta ed elegante grazie anche ad un certo tocco femminile, un panoramico dehors e piatti della tradizione veneta aggiornati.
Carta 32/45€

via Baldonò 1, lago di Velo d'Astico – ℰ 0445 713061 – www.giorgioeflora.it – Chiuso 1-12 gennaio, 16-29 settembre, lunedì, martedì-sabato a mezzogiorno, domenica sera

VELO VERONESE
✉ 37030 – Verona (VR) – Carta regionale n° **23**–B2 – Carta stradale Michelin 562-F15

⊛ 13 Comuni 〳 ⌂ ⎙

REGIONALE · FAMILIARE X A quasi 1100 metri d'altezza, sulla piazza principale del paese, qui troverete una delle migliori espressioni della cucina regionale, basata su una straordinaria ricerca dei prodotti della Lessinia, esaltati in cucina da una mano tanto esperta, quanto rispettosa della tradizione. Luglio e agosto sempre aperti!

Specialità: Gallina della Lessinia in saor con polenta su pesto di sedano. Filetto di vitello cotto al rosa avvolto in pancetta su salsa alla senape. Paletti di polenta con pinoli e uvetta serviti con crema allo zabaione.
Carta 28/45€

piazza della Vittoria 31 – ℰ 045 783 5566 – www.13comuni.it – Chiuso 6-13 giugno, 1-25 ottobre, lunedì, martedì

VENARIA REALE
✉ 10078 – Torino (TO) – Carta regionale n° **12**–A1 – Carta stradale Michelin 561-G4

⊛ Dolce Stil Novo alla Reggia (Alfredo Russo) ⌂ & 🅰 ⎙

MODERNA · ELEGANTE XXX Dov'è finito quel rigore sabaudo che nell'immaginario collettivo è spesso associato al Piemonte? Sembra una provocazione, ma il piatto icona dello chef, Alfredo Russo, è la sua celebre "pasta in bianco con olio e parmigiano". Ospitato all'interno del Torrione del Garove, il ristorante dispone di una bella terrazza affacciata sulle siepi geometricamente scolpite a cesoia dei giardini della Reggia di Venaria, nonché ariose sale arredate con stile minimalista. Il cuoco ridefinisce i piatti del territorio in chiave moderna ed accattivante sorprendendo l'ospite con in aggiunta qualche specialità di mare. Interessante e ben articolata la scelta enoica, con buone proposte anche al calice.

Specialità: Passato di verdura Alfredo Russo. Casseruola di piccione in doppia cottura con riduzione al timo fresco. Zuccotto croccante al gusto di bicerin torinese.

Menu 48€ (pranzo), 80/100€ – Carta 90/110€

piazza della Repubblica 4 – ℰ 346 269 0588 – www.alfredorusso.com – Chiuso 1-14 gennaio, 9-28 agosto, lunedì, martedì a mezzogiorno, domenica sera

ⅈ○ Il Convito della Venaria 〳 ⌂

MODERNA · AMBIENTE CLASSICO XX Proprio di fronte l'ingresso della Reggia, una gestione a due: lei segue la sala, classica ed accogliente, lui la cucina che tra pranzo e sera si sdoppia. Se a mezzodì la carta è più leggera (anche nel prezzo), la sera si amplia, partendo dai piatti regionali per allargarsi al resto d'Italia. Sul retro possibilità di comode camere, due con vista sulla storica dimora.

Menu 20€ (pranzo), 42/55€ – Carta 52/70€

via Andrea Mensa 37/g – ℰ 011 459 8392 – www.ilconvitodellavenaria.it – Chiuso lunedì, domenica sera

VENCÒ – Gorizia ➜ Vedere Dolegna del Collio

AnnaPustynnikova/iStock

VENEZIA

✉ 30124 – Venezia (VE) – Carta regionale n° **23**–C2 –
Carta stradale Michelin 562-F19

Ci piace

Il piacevolissimo dehors nel verde e nella signorile
tradizione veneziana della **Locanda Cipriani** a Torcello.
Soggiornare nell'arte a **Ca' Sagredo**: tra dipinti, affreschi e
stucchi. L'ottima cena con vista su piazza San Marco dal
rinnovato **Caffé Quadri**.

Sono molti i bacari (osterie) dove è possibile trovare il
cicchetto: un piccolo assaggio di pesce o salumi, caldo o
freddo, appoggiato sul pane. Tra le cicchetterie più famose,
gli ispettori consigliano Enoteca Al Volto e Cantinone già
Schiavi. Se si vuole assaporare la vera atmosfera popolare
veneziana visitate il Mercato di Rialto, uno dei più antichi
della città. Due le sue suddivisioni: la parte del pesce, la cui
merce è esposta sotto le logge della Pescheria, e quella
relativa a frutta e verdura. E' qui che vale la pena di
acquistare le castraure di Sant'Erasmo: il carciofo violetto,
una tipicità del luogo!

ventdusud/iStock

Ristoranti

⚜️⚜️ **Glam Enrico Bartolini** ⁂ 🛋️ 🆎

CREATIVA · ROMANTICO XxX All'interno di un sontuoso palazzo d'epoca, un elegante salottino per l'inverno e l'indimenticabile dehors estivo in giardino fra magnolie e vista sul Canal Grande. Con tanta fantasia la carta "pesca" nel mercato di Rialto e non solo per le specialità ittiche, a cui si aggiungono ricette del territorio reinterpretate dall'estro di Donato Ascani. Alla domanda se nelle varie stagioni vi fosse una verdura locale che non si trova in altri posti e che ha colpito il suo interesse? Lo chef ha risposto: le castraure e le erbe aromatiche della laguna che, con la loro sapidità, hanno fatto breccia nel suo cuore.

Specialità: Acquadelle (pesci latterini) in salse. Seppia al mirto. Gelato al gambo di carciofo, wafer con crema di arachidi e spuma d'orzo.

Menu 120/150 € – Carta 120/130 €

Pianta B3-b - *Palazzo Venart, calle Tron 1961, Santa Croce –*
📞 041 523 5676 - www.ristoranteglam.com –
Chiuso martedì

⚜️ **Oro Restaurant** ⁂ ⪍ 🛏️ 🛋️ 🆎

MODERNA · LUSSO XxX Nato da una famiglia trevigiana con una grande passione per la cucina veneta, Davide Bisetto fin da piccolo preparava le conserve e raccoglieva le verdure nell'orto con il nonno. Questo amore all'età di 14 anni si trasforma nella frequentazione della scuola alberghiera di Castelfranco Veneto. Terminati gli studi, Londra e la vivacità dei suoi anni '80 lo attendono: tanto lavoro, grandi esperienze, ma anche indiscussi riconoscimenti... A fine anni '90 sarà la volta di Parigi, al Royal Monceau. Qui lo attende la sfida più grande, quella di portare nella capitale francese la vera cucina italiana: impresa riuscita! Ora il giovane chef allieta i commensali di questo elegante ristorante dall'aureo soffitto con un concept di cucina che punta alla semplicità e all'allontanamento dal superfluo: rispetto delle materie prime, purezza dei sapori e belle coreografie nei piatti.

Specialità: Cannocchia, garusoli, peperone verde e combavas. Spaghetti bloody mary e scampi. Millefiori.

Menu 150/220 € – Carta 180/220 €

Pianta B3-h - *Belmond Hotel Cipriani, isola della Giudecca 10 –*
📞 041 240801 - www.belmond.com –
Chiuso 11 novembre-23 marzo, lunedì-domenica a mezzogiorno

⚜️ **Quadri** (Massimiliano Alajmo) ⪍ 🆎 ⟷

MODERNA · CONTESTO STORICO XxX Ristorante gastronomico con ambizioni internazionali, Quadri è una sorta di "ambasciata" delle Calandre verso una clientela straniera. All'interno di uno dei palazzi più fotografati di Venezia, i cui interni sono stati recentemente rinnovati, troverete menu degustazione pensati da Massimiliano ed attuati da Silvio Giavedoni: si tratta di percorsi gastronomici che valorizzano gli ingredienti della laguna, rappresentando sia la tradizione italiana, rivisitata attraverso la prospettiva della Serenissima, sia lo stile Alajmo in una nuova versione più legata al territorio. Al pian terreno, accanto al bar, il Quadrino è il ristorante informale con proposte tradizionali, prezzi contenuti e una magnifica vista su piazza San Marco.

Specialità: Cappuccino di laguna: cozze, vongole, gamberetti di laguna, seppie, "garusoli" e alghe. Astice tostato con purè aspro e salsa di crescione. Gran gelato alla nocciola.

Menu 160/250 € – Carta 120/250 €

Pianta F2-y - *piazza San Marco 121 (primo piano) –*
📞 041 522 2105 - www.alajmo.it –
Chiuso lunedì

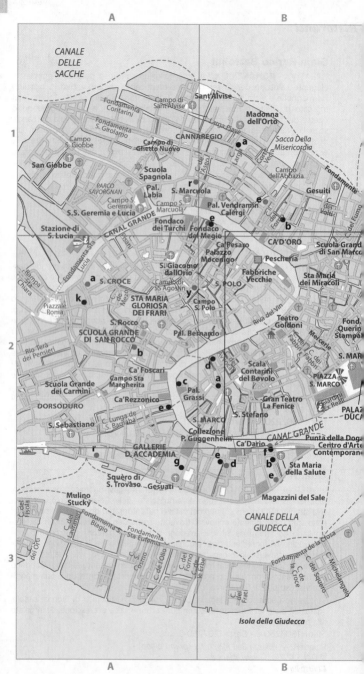

CANALE
DELLE
SACCHE

CANNAREGIO

Fondamenta
Contarini

Campo di
Sant'Alvise

Sant'Alvise

Madonna
dell'Orto

a

Fondamenta
S. Girolamo

Larga Piave

Sacca Della
Misericordia

Campo
S. Giobbe

Campo di
Ghetto Nuovo

Fondamente

San Giobbe

Scuola
Spagnola

Campo
dell'Abbazia

Gesuiti

PARCO
SAVORGNAN

Pal.
Labia

S. Marcuola

r

e

b

Campo S.
Geremia

S.S. Geremia e Lucia

Pal. Vendramin
Calergi

Campo S.
Marcuola

CANAL GRANDE

e

**Stazione di
S. Lucia**

Fondaco
dei Turchi

Fondaco
del Megio

CA' D'ORO

Scuola Grand
di San Marco

Fondamenta Sta
Lucia

Ca' Pesaro
Palazzo
Mocenigo

Pescheria

Sta Maria
dei Miracoli

f

Rampa
Sta
Chiara

a

S. CROCE

S. Giacomo
dall'Orio

Fabbriche
Vecchie

Campo di
SS Agostin

S. POLO

Piazzale
Roma

k

STA MARIA
GLORIOSA
DEI FRARI

y

Campo
S. Polo

Fond.
Querini
Stampa

Riva del Vin

Rio Terà
dei Pensieri

S. Rocco

SCUOLA GRANDE
DI SAN ROCCO

Mercerie

S. MAR

Teatro
Goldoni

b

Pal. Bernardo

d

PIAZZA
S. MARCO

Scuola Grande
dei Carmini

Ca' Foscari

Campo Sta
Margherita

Scala
Contarini
del Bovolo

DORSODURO

Ca'Rezzonico

c

a

PALA
DUC

S. Sebastiano

C. Lunga de
S. Barnaba

e

Pal.
Grassi

Gran Teatro
La Fenice

Punta della Doga
Centro d'Arte
Contemporane

S. MARCO

S. Stefano

GALLERIE
D. ACCADEMIA

Collezione
P. Guggenheim

Ca'Dario

r

CANAL GRANDE

r

e

d

b

e

Sta Maria
della Salute

Squèro di
S. Trovàso

g

Gesuati

Magazzini del Sale

Mulino
Stucky

Fondamenta
Biagio

Fondamenta
Sta. Eufemia

CANALE DELLA
GIUDECCA

Fondamenta de la Crosa

Isola della Giudecca

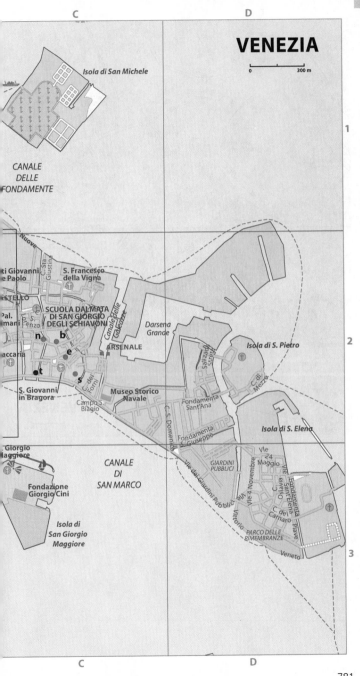

VENEZIA

0 ____ 300 m

Isola di San Michele

CANALE
DELLE
FONDAMENTE

Nuove

ti Giovanni
e Paolo

S. Francesco
della Vigna

ASTELLO

Pal.
imani

SCUOLA DALMATA
DI SAN GIORGIO
DEGLI SCHIAVONI

Canale delle Galeazze

Darsena
Grande

ARSENALE

n   b

e

accaria

t

s   C. del Forni

S. Giovanni
in Bragora

Museo Storico
Navale

Campo S.
Biagio

Salizada Streta

Isola di S. Pietro

C. di
Mezza

Fondamenta
Sant'Ana

C. S. Domenico

Fondamenta
S. Giuseppe

Isola di S. Elena

Giorgio
Maggiore

CANALE
DI
SAN MARCO

GIARDINI
PUBBLICI

Vle
24
Maggio

Fondazione
Giorgio Cini

Isola di
San Giorgio
Maggiore

Vle dei Giardini Pubblici

Vle 4 Novembre

Vittorio

Vle Sant'Elena

C. del
Carnaro

C. Venezia

Fondamenta Sant'Elena

PARCO DELLE
RIMEMBRANZE

Veneto

781

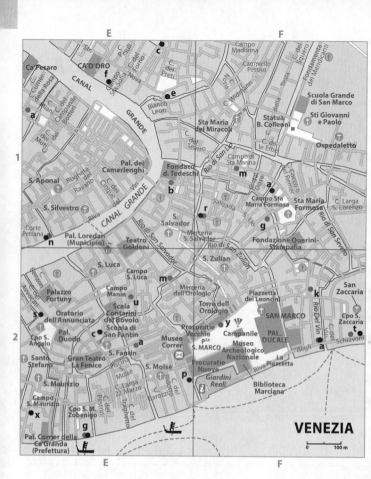

☆ Osteria da Fiore (Mara Zanetti) 🏵 AC ⇔

CLASSICA · ELEGANTE XX Osteria ormai solo nel nome! Interamente rinnovata con un ambiente più moderno, rimangono - tuttavia - i due romantici tavoli affacciati sul canale. Chi ama la cucina veneziana qui si sentirà a casa: Mara Zanetti, chef e titolare, riesce con sapienza a far convivere la tradizione lagunare col proprio tocco personale. Ultima, ma non ultima, è la cantina che dispone di una buona selezione dei più ricercati vini francesi e italiani (circa 800 etichette). Non da meno lo è quella delle grappe, cognac e whisky. Attenzione dress code: abbigliamento anche casual, evitando - tuttavia - pantaloncini corti o magliette senza maniche.

Specialità: Spiedini di ostriche fritte con salsa di zabaione salato. Anguilla di laguna laccata con glassa di birra e miele con crema di sedano. Millefoglie con crema Chantilly e composta di arance.

Menu 46 € (pranzo), 75/160 € – Carta 75/135 €

Pianta B2-y – calle del Scaleter 2202/A, San Polo –
℘ 041 721308 – www.dafiore.net –
Chiuso 5-27 gennaio, 9-25 agosto, lunedì, domenica

☆ Il Ridotto (Nicolò Bonaccorsi) AC

CREATIVA · MINIMALISTA XX Nel Sestiere di Castello (n. 4509), in Campo SS. Filippo e Giacomo, a pochi passi da Piazza San Marco e vicino alla fermata del vaporetto di San Zaccaria, il nome gioca sulla similitudine con un omonimo e antico teatro veneziano delle stesse - ridotte - dimensioni, mentre la cucina colorata di Gianni Bonaccorsi e del figlio Nicolò sfodera le armi di territorialità e stagionalità dei prodotti della terra e del mare, in cui spiccano ingredienti di altissima qualità, per concepire ricette attuali ed accattivanti. La scelta dei vini è un momento topico: la carta elenca - infatti - etichette invecchiate anche di 50 anni, con bottiglie autoctone ed estere.

Specialità: Polpo, fave e fave. Spaghetto nero, ricci di mare, agretti e peperone candito. Torta di mele.

Menu 35 € (pranzo), 95/140 € – Carta 87/137 €

Pianta F2-k – campo SS. Filippo e Giacomo, Castello 4509 – ℘ 041 520 8280 –
www.ilridotto.com – Chiuso mercoledì, giovedì a mezzogiorno

⑩ Club del Doge 🏡 ᕱ AC

CLASSICA · ROMANTICO XXX Ristorante fine dining dove in un'atmosfera di raffinatezza e romanticismo, custodita in sale dall'inconfondibile sapore veneziano, i piatti celebrano la tradizione lagunare con un approccio proiettato al futuro. L'attenzione alle materie prime è quasi maniacale (le verdure, ad esempio, arrivano dalle isole di Sant'Erasmo e Mazzorbetto). La terrazza sul Canal Grande è una delle più ambite in città, mentre cocktail e cicchetti vi attendono al Bar Longhi dall'intrigante parete a specchio.

Menu 130/180 € – Carta 85/152 €

Pianta E2-g – Hotel The Gritti Palace, campo Santa Maria del Giglio 2467, San Marco – ℘ 041 794611 – www.clubdeldoge.com/it

⑩ Terrazza Danieli ⇐ 🏡 AC

MEDITERRANEA · LUSSO XXX Specchi e tessuti impreziosiscono i lussuosi interni, ma è in servizio in terrazza a costituire il fiore all'occhiello del ristorante con una vista mozzafiato a 180° sulla laguna, le isole e i campanili.

Menu 140 € – Carta 118/168 €

Pianta F2-a – Hotel Danieli, riva degli Schiavoni 4196, Castello – ℘ 041 522 6480 –
www.terrazzadanieli.com

⑩ Antinoo's Lounge ᕱ AC

MODERNA · DI TENDENZA XXX Ispirato ad un design moderno e raffinato, la scelta oscilla tra due sale, una rossa e una bianca, con affacci sul Canal Grande. La cucina prende spunto dalla tradizione in un connubio che si fa a tratti molto interessante; romantici tavoli vicino all'acqua in estate (prenotazione consigliata!).

Carta 90/135 €

Pianta B3-f – Hotel Sina Centurion Palace, Dorsoduro 173 – ℘ 041 34281 –
www.centurionpalacevenezia.com

⅋○ Arva ⟨灬 A/C⟩

MODERNA · LUSSO ✕✕✕ Si mangia avvolti da stucchi e dipinti in un'atmosfera di grande lusso; cucina mediterranea e moderna a cui si affiancano le verdure della laguna.

Menu 90€ – Carta 75/150€

Pianta E1-n – Hotel Aman Venice, calle Tiepolo 1364, San Polo –
✆ *041 270 7333 – www.aman.com –*
Chiuso 7-31 gennaio

⅋○ Cip's Club ⟨≤ 灬 A/C⟩

CLASSICA · ROMANTICO ✕✕✕ E' il ristorante più "informale" ed intimo del Cipriani, con un'ambitissima terrazza panoramica estiva sul canale della Giudecca; cucina veneta, piatti stagionali e una pagina dedicata ai classici della casa. E' pur sempre un'istituzione in città!

Carta 92/158€

Pianta B3-c – Belmond Hotel Cipriani, isola della Giudecca –
✆ *041 240801 – www.belmond.com –*
Chiuso 12 novembre-20 marzo

⅋○ Do Leoni ⟨灬 A/C⟩

CLASSICA · LUSSO ✕✕✕ Per un fine dining sulla bella riva degli Schiavoni, il Do Leoni è il posto d'elezione per una proposta gastronomica che parla veneziano con contaminazioni moderne ed afflati internazionali. La carta è servita solo la sera; a pranzo piatti veloci e snack sfiziosi presso il Bistrot 4172 aperto dalle ore 11.

Menu 60/90€ – Carta 82/98€

Pianta F2-t – Hotel Londra Palace, riva degli Schiavoni 4171, Castello –
✆ *041 520 0533 – www.londrapalace.com –*
Chiuso 6 gennaio-6 febbraio, lunedì-domenica a mezzogiorno

⅋○ Alle Corone ⟨& A/C ⟳⟩

MODERNA · AMBIENTE CLASSICO ✕✕✕ Nelle tre salette eleganti o - su richiesta - nell'enoteca circondata da bottiglie di vino, degusterete piatti mediterranei e veneziani in chiave moderna. Le finestre offrono lo spettacolo delle gondole che scivolano sul piccolo canale.

Menu 86€ – Carta 64/86€

Pianta F1-r – Hotel Ai Reali, campo della Fava 5527, Castello –
✆ *041 523 2222 – www.hotelaireali.com*

⅋○ Fiola at Dopolavoro 🅝 ⟨灬 灬 & A/C⟩

CREATIVA · CONTESTO CONTEMPORANEO ✕✕✕ Il Dopolavoro si firma Fiola, sotto la regia del navigato chef marchigiano Fabio Trabocchi, che ha sdoganato il brand in America. La cucina prende spunto dal territorio - locale e nazionale - in colorati piatti di moderna concezione con utilizzo di fiori ed erbe aromatiche. Il ristorante ha come palcoscenico un'isola privata e come sede un edificio del '36.

Menu 90/165€ – Carta 82/138€

Fuori pianta – Hotel JW Marriott Venice Resort & Spa, isola delle Rose, 25 mn di navetta privata dal pontile di San Marco –
✆ *041 852 1300 – www.jwvenice.com –*
Chiuso 1 novembre-31 marzo, lunedì a mezzogiorno, martedì, mercoledì, giovedì-domenica a mezzogiorno

⅋○ Amo ⟨A/C⟩

MEDITERRANEA · ALLA MODA ✕✕ E' il locale più contemporaneo della galassia Alajmo, gastronomico ma casual, dove la condivisione come modalità di servizio lo rende contemporaneo e disinvolto. Design di Philippe Starck per questo "salotto in piazza": sicuramente più tranquillo la sera.

Menu 65/80€ – Carta 35/88€

Pianta E1-b – T Fondaco dei Tedeschi –
✆ *041 241 2823 – www.alajmo.it*

ⅥO **Caffè Centrale** ⛩ AC

MEDITERRANEA · ALLA MODA XX Alla moda e molto giovanile, Caffè Centrale mixa lounge bar e ristorazione di qualità; cucina mediterranea contemporanea con la possibilità di accomodarsi sino all'una di notte: a Venezia, una rarità!

Menu 40/55€ – Carta 55/95€

Pianta E2-a – *Calle De Piscina De Frezzaria 1645 –*
𝒞 041 887 6642 – www.caffecentralevenezia.com – Chiuso lunedì-domenica a mezzogiorno

ⅥO **Ai Gondolieri** AC ⟠

REGIONALE · ROMANTICO XX Alle spalle del museo Guggenheim, questo locale rustico con tanto legno alle pareti propone un fantasioso menu solo di terra legato alla tradizione classica e regionale. Ultimamente, il ristorante si è arricchito di una fornita vineria con vasta selezione di bianchi, rossi e bollicine. Insieme ad un buon calice, Ai Gondolieri offre prodotti tipici veneti come prosciutti stagionati e verdurine in agrodolce.

Menu 50/65€ – Carta 62/74€

Pianta B3-d – *fondamenta de l'Ospedaleto 366, Dorsoduro – 𝒞 041 528 6396 – www.aigondolieri.it*

ⅥO **Ai Mercanti** ⛩ AC

MODERNA · CONTESTO CONTEMPORANEO XX Celato in una piccola corte del centro, nero e beige dominano il moderno aspetto del locale a conduzione familiare. Cucina moderna ricca di fantasia e piacevolezza per un rapporto qualità/prezzo interessante.

Carta 40/58€

Pianta E2-u – *corte Coppo 4346/A, San Marco –*
𝒞 041 523 8269 – www.aimercanti.it – Chiuso 7-28 gennaio, 1-10 agosto, lunedì, domenica

ⅥO **Bistrot de Venise** ⵠ ⛩ AC

VENEZIANA · AMBIENTE CLASSICO XX Cucina veneziana contemporanea, con qualche proposta di piatti d'epoca, in salette avvolte da velluti rossi e dalla musica classica. Tante bottiglie al bicchiere e possibilità d'acquisto a prezzi scontati. Al piano superiore due belle camere in stile locale.

Menu 74/110€ – Carta 64/118€

Pianta E2-g – *calle dei Fabbri 4685, San Marco –*
𝒞 041 523 6651 – www.bistrotdevenise.com

ⅥO **Al Covo** ⛩ AC ⟠

REGIONALE · FAMILIARE XX All'insegna di un'autentica ospitalità familiare, ecco uno dei più rinomati ristoranti di Venezia che fa dei prodotti di nicchia e di ricerca - in prevalenza mare - la propria bandiera. Qualche specialità di terra è pur sempre presente in menu.

Menu 49€ (pranzo)/79€ – Carta 53/85€

Pianta C2-s – *campiello della Pescaria 3968, Castello –*
𝒞 041 522 3812 – www.ristorantealcovo.com – Chiuso 7-24 gennaio, 10-20 agosto, 21-26 dicembre, mercoledì, giovedì

ⅥO **Hostaria da Franz** ⓝ ⛩ ⵚ AC

PESCE E FRUTTI DI MARE · AMBIENTE CLASSICO XX Locale elegante tra boiserie e lampadari di Murano, il tono si fa più informale nell'ordinazione a voce: Maurizio, il patron, v'illustrerà i piatti in carta con grande professionalità, allettandovi con le sue specialità - pesce in primis - proposto in chiave moderna.

Carta 60/106€

Pianta C2-b – *Salizada Sant'Antonin 3499 –*
𝒞 041 522 0861 – www.hostariadafranz.com – Chiuso 6-27 gennaio, 9-23 dicembre, lunedì a mezzogiorno, martedì, mercoledì-venerdì a mezzogiorno

ⅱ○ **Lineadombra**   ⅏ 🏠 ⅊ AC

MODERNA · MINIMALISTA ✗✗ Per chi vuole sfuggire alla tradizione, è uno dei pochi ristoranti veneziani a proporre una cucina contemporanea, nonché una delle migliori cantine della città con più di 1000 etichette; stile sobrio e moderno all'interno, diventa romantico d'estate quando si mangia su una zattera-palafitta affacciata sul canale della Giudecca.

Carta 75/114 €

Pianta B3-e – *ponte dell'Umiltà 19, Dorsoduro* – ☎ *041 241 1881* – *www.ristorantelineadombra.com* – *Chiuso 1 dicembre-29 febbraio, martedì*

ⅱ○ **Local**   ⅏ 🏠 AC ⅗

MODERNA · CONTESTO CONTEMPORANEO ✗✗ Locale di tendenza con cucina a vista ed una certa raffinatezza nelle sue proposte; le ricette si rifanno ai prodotti del territorio, che vengono - tuttavia - rielaborati con una buona dose di creatività e qualche influenza orientale.

Menu 48 € (pranzo), 85/110 € – Carta 72/103 €

Pianta C2-n – *Salizzada dei Greci, Castello 3303* – ☎ *041 241 1128* – *www.ristorantelocal.com* – *Chiuso 1-7 febbraio, 10-21 agosto, martedì, mercoledì a mezzogiorno*

ⅱ○ **L' Osteria di Santa Marina**   🏠 AC

MODERNA · AMBIENTE CLASSICO ✗✗ Il biglietto da visita è un'incantevole credenza vecchio stile, ma il ricordo più vivo lo lascerà la cucina: niente di turistico, ma una gustosa ricerca di ottimi prodotti e ricette della tradizione rivisitate con tocchi fantasiosi. A volte, anche con contaminazioni orientali.

Carta 59/104 €

Pianta F1-m – *Campo Santa Marina 5911* – ☎ *041 528 5239* – *www.osteriadisantamarina.com* – *Chiuso 13-28 gennaio, lunedì a mezzogiorno, domenica*

ⅱ○ **Riviera**   🏠 ⅊ AC

MEDITERRANEA · ROMANTICO ✗✗ Ammaliati dal tramonto con vista sull'isola della Giudecca, questo locale ha un côté decisamente romantico: interni dal mood retrò per un'ottima tavola che si divide tra terra e mare, ma che non si scorda mai di coniugare gusto e leggerezza.

Menu 65/98 € – Carta 65/100 €

Pianta A2-r – *fondamenta zattere al Ponte Longo 1473, Dorsoduro* – ☎ *041 522 7621* – *www.ristoranteriviera.it* – *Chiuso mercoledì*

ⅱ○ **Vecio Fritolin**   AC

REGIONALE · CONTESTO TRADIZIONALE ✗✗ Il "fritolin" era un luogo dove i veneziani potevano trovare il pesce fritto da asporto chiamato "scartosso de pesse". Situato in un palazzo del '500, nei possedimenti di Caterina Cornaro, regina di Cipro, il locale ha perpetuato l'antica tradizione per un lungo periodo; ora questo take-away ante litteram non è più possibile, ma noi v'invitiamo – comunque – ad accomodarvi ai suoi tavoli per gustare una squisita cucina regionale, attenta alla stagionalità dei prodotti.

Menu 35 € (pranzo)/55 € – Carta 52/73 €

Pianta E1-a – *calle della Regina, Rialto 2262* – ☎ *041 522 2881* – *www.veciofritolin.it* – *Chiuso lunedì*

ⅱ○ **Zanze XVI** Ⓝ   AC

CREATIVA · BISTRÒ ✗✗ Con Zanze XVI s'inaugura un nuovo *concept* di osteria che unisce la convivialità propria a questa tipologia di esercizio ad una cucina ricercata, preparata con le migliori materie prime, spesso provenienti da orti di proprietà e da produttori locali di fiducia.

Menu 35 € (pranzo), 70/90 €

Pianta A2-a – *sestiere Santa Croce 231* – ☎ *041 715394* – *www.zanze.it* – *Chiuso lunedì*

🍴 La Colombina 🎐 AC

MODERNA · FAMILIARE 🍴 L'insegna storica con enoteca c'è ancora, ma La Colombina è un delizioso ristorantino a conduzione familiare piccolo nelle dimensioni, ma grande nell'offrire deliziosi piatti che parlano di tradizione veneta e italiana proposti in chiave moderna. Per "calarvi" nell'atmosfera, vi suggeriamo di iniziare con un assaggio di cicchetti.

Menu 49€ – Carta 39/76€

Pianta B1-r – *corte del Pegoloto, Cannaregio 1828* – ☎ *041 522 2616* – *www.ristorantelacolombina.eu* – *Chiuso 7-31 gennaio, lunedì, giovedì a mezzogiorno*

🍴 Corte Sconta 🎐 AC

PESCE E FRUTTI DI MARE · CONTESTO TRADIZIONALE 🍴 Piacevole locale inizio secolo, nato come bottiglieria, con una vite centenaria a pergolato nella corte interna, dove si svolge il servizio estivo; curata cucina veneziana con qualche leggera rivisitazione.

Carta 56/84€

Pianta C2-e – *calle del Pestrin 3886, Castello* – ☎ *041 522 7024* – *www.cortescontavenezia.it* – *Chiuso 7-31 gennaio, 1-18 agosto, lunedì, domenica*

🍴 Estro Vino e Cucina 🕸 AC

MODERNA · WINE-BAR 🍴 Nella Venezia un po' più "segreta", una moderna enoteca con uso cucina. Piatti mediterranei e moderni con 700 etichette di vini biologici. Fuori orario anche bar con sandwich e taglieri.

Carta 50/69€

Pianta A2-b – *sestiere Dorsoduro 3778* – ☎ *041 476 4914* – *www.estrovenezia.com* – *Chiuso martedì*

🍴 Osteria Alle Testiere AC

REGIONALE · SEMPLICE 🍴 A partire dalla vetrina - sino alla sala e ai 10 tavolini che la arredano - è tutto minuscolo in questa bella osteria... salvo la qualità del cibo preparato in chiave leggermente moderna e, soprattutto, dall'esito convincente. Un "bacaro" raffinato!

Carta 55/95€

Pianta F1-g – *calle del Mondo Novo 5801, Castello* – ☎ *041 522 7220* – *www.osterialletestiere.it* – *Chiuso 1 agosto-1 settembre, 18 dicembre-12 gennaio, lunedì, domenica*

🍴 Vini da Gigio 🕸 AC

REGIONALE · FAMILIARE 🍴 Una trattoria familiare dove il benessere e la convivialità sono all'ordine del giorno, così come la qualità della cucina: piatti veneti di terra e di mare, ma la fama del locale è legata anche al bell'approccio della carta dei vini, fonte d'ispirazione per la scelta di bottiglie o singoli bicchieri: più di mille etichette e grandi formati.

Menu 39/56€ – Carta 52/73€

Pianta B1-e – *cannaregio 3628* – ☎ *041 528 5140* – *www.vinidagigio.com* – *Chiuso 13-31 gennaio, 12-27 agosto, lunedì, martedì*

Alberghi

🏨 Belmond Hotel Cipriani 🕸 ⟨ 🛋 ⌇ 🎐 🏊 🔄 AC 🧖

GRAN LUSSO · ELEGANTE Il nome del Cipriani si confonde nel mondo con quello della città: un'enclave di lusso nel silenzio e nel verde della Giudecca, per un soggiorno riservato, esclusivo, soprattutto, coccolato da un eccellente servizio. Al suo interno lo stile locale è rivisitato ed alleggerito; all'orizzonte Venezia le si dona volentieri come una cartolina!

73 camere ⥮ – 🍴 1350/1750€ – 23 suites

Pianta B3-h – *isola della Giudecca 10* – ☎ *041 240801* – *www.belmond.com* – *Chiuso 11 novembre-20 marzo*

🕸 **Oro Restaurant** · 🍴 **Cip's Club** – Vedere selezione ristoranti

🏨 The Gritti Palace ⇗ ≼ 🛖 🖧 🖃 🛗 🔠 🏊

GRAN LUSSO · PERSONALIZZATO Nell'involucro di uno straordinario palazzo del XV secolo, The Gritti Palace è un hotel-museo che raccoglie il meglio dell'artigianato locale: il design interno è ispirato al ricco patrimonio storico veneziano ed ai personaggi illustri che hanno segnato la storia dell'albergo e della città. Raffinato lusso che delizierà i suoi ospiti come una seconda casa dove sarà un piacere e insieme un'emozione scegliere il colore preferito tra quelli offerti da quadri, tessuti e panorama!

61 camere – 🛏️ 650/1900 € – 🍴 53 € – 21 suites

Pianta E2-g – *campo Santa Maria del Giglio 2467, San Marco* – 𝒸 *041 794611* – *www.thegrittipalace.com*

🍴 **Club del Doge** – Vedere selezione ristoranti

🏨 Danieli ≼ 🖧 🖃 🔠 🏊

STORICO · PERSONALIZZATO Tre palazzi risalenti alla fine del '300, al '700 ed all'inizio del '900 riuniti in un unico grande albergo tra i più celebri della città, si presenta con una magnifica hall ricavata dalla ex corte. Al suo interno lo stile veneziano è di volta in volta citato con oggetti storici o rivisitato in chiave più moderna. Il sogno diventa realtà nelle suite. In alternativa all'elegante ristorante, informali, ma stuzzicanti proposte al bistrot.

181 camere – 🛏️ 420/1230 € – 🍴 55 € – 23 suites

Pianta F2-a – *riva degli Schiavoni 4196, Castello* – 𝒸 *041 522 6480* – *www.hoteldanieli.com*

🍴 **Terrazza Danieli** – Vedere selezione ristoranti

🏨 JW Marriott Venice Resort & Spa

⇗ 🏊 ≼ 🛎️ 🗜️ 🖥️ 🧖 🛖 🖧 🖃 🛗 🔠 🏊

RESORT · CONTEMPORANEO Un'intera isola occupata dallo splendido resort, con ambienti moderni, giardini e ulivi secolari per un soggiorno esclusivo. Dopo una giornata di visite culturali o di shopping nella Serenissima, fatevi coccolare nella più grande Spa della città. Al Sagra tanti piccoli assaggi di piatti della cucina italiana, ma se volete qualcosa di più raffinato optate per il Fiola at Dopolavoro.

233 camere 🍴 – 🛏️ 395/1200 € – 33 suites

Fuori pianta – *isola delle Rose, 25 mn di navetta privata dal pontile di San Marco* – 𝒸 *041 852 1300* – *www.jwvenice.com* – *Chiuso 1 novembre-23 marzo*

🍴 **Fiola at Dopolavoro** – Vedere selezione ristoranti

🏨 Baglioni Hotel Luna ⇗ 🖃 🔠 🏊

LUSSO · PERSONALIZZATO Già al tempo delle crociate ostello per templari e pellegrini, Luna Hotel Baglioni è oggi una struttura di aristocratica raffinatezza: suite con terrazza, salone con affreschi della scuola del Tiepolo e l'elegante ristorante, Canova, che propone piatti di cucina classica.

76 camere – 🛏️ 200/2500 € – 🍴 35 € – 15 suites

Pianta E2-p – *calle larga dell'Ascensione 1243, San Marco* – 𝒸 *041 528 9840* – *www.baglionihotels.com*

🏨 Ca' Sagredo ⇗ ≼ 🖃 🛗 🔠

LUSSO · STORICO Più che un albergo, un museo: tra marmi, stucchi, imponenti scaloni ed enormi affreschi di Tiepolo, Longhi ed altri, rivivrete la leggendaria e aristocratica vita della Serenissima all'interno di un palazzo di origine bizantina. Buona linea di cucina al ristorante con piccolo, ma splendido dehors sul Canal Grande.

31 camere – 🛏️ 300/600 € – 🍴 31 € – 11 suites

Pianta E1-f – *campo Santa Sofia 4198, Ca' D'Oro* – 𝒸 *041 241 3111* – *www.casagredohotel.com*

🏨 Aman Venice 🐾 🛗 ⬆️ AC 🧖

GRAN LUSSO · ELEGANTE Non riportano il numero, ma solo il nome, le camere di questo lussuosissimo albergo ospitato in un palazzo del '500 romanticamente affacciato sul Canal Grande. Alcune suite "emozionano" per originalità, come quella con affreschi del Tiepolo e salottino cinese dipinto a mano, la Sansovino con il camino disegnato dal famoso architetto, la Papadopoli con bagno dotato di affreschi...

24 suites 🖙 – 🛏️ 1045/8580 €

Pianta E1-n – *calle Tiepolo 1364, San Polo –* 📞 *041 270 7333 – www.aman.com – Chiuso 7-31 gennaio*

🍴 **Arva** – Vedere selezione ristoranti

🏨 Londra Palace ⬅️ ⬆️ AC

LUSSO · PERSONALIZZATO Affacciato sulla passeggiata più spettacolare di Venezia, all'interno il lusso coniuga atmosfere contemporanee con accenni veneziani e mobili Biedermeier. Luce, armonia e viste mozzafiato soprattutto dal piccolo ed esclusivo terrazzo sul tetto: naturalmente su prenotazione.

52 camere 🖙 – 🛏️ 270/980 € – 1 suite

Pianta F2-t – *riva degli Schiavoni 4171, Castello –* 📞 *041 520 0533 – www.londrapalace.com – Chiuso 6 gennaio-6 febbraio*

🍴 **Do Leoni** – Vedere selezione ristoranti

🏨 Metropole 🍴 ⬅️ 🛗 ⬆️ AC 🧖

GRAN LUSSO · PERSONALIZZATO Come Venezia, il Metropole è un romantico connubio tra occidente ed oriente, propone ambienti di strabiliante raffinatezza, collezioni d'antiquariato e una piccola, ma esclusiva corte-giardino con gelsomini, palme, aranci mentre sul velluto delle fragranze che avvolgono a tutte le ore l'albergo l'amosfera si fa magica. Piatti veloci, cocktail e molta carne all'OrientalBar.

60 camere 🖙 – 🛏️ 250/1450 € – 7 suites

Pianta C2-t – *riva degli Schiavoni 4149, Castello –* 📞 *041 520 5044 – www.hotelmetropole.com – Chiuso 8 gennaio-5 febbraio*

❀ **Met** – Vedere selezione ristoranti

🏨 Sina Centurion Palace ⬆️ 👍 AC 🧖

LUSSO · DESIGN Se cercate un'eleganza moderna differente dal solito stile veneziano, questo è l hotel che fa per voi! Servizio attento e camere in parte che si affacciano sul Canal Grande, per una raffinatezza che non è solo classica.

44 camere 🖙 – 🛏️ 297/1100 € – 6 suites

Pianta B3-f – *Dorsoduro 173 –* 📞 *041 34281 – www.sinahotels.com*

🍴 **Antinoo's Lounge** – Vedere selezione ristoranti

🏨 Palazzina Grassi 🍴 ⬆️ AC

BOUTIQUE HOTEL · DESIGN Romantico mix di antico e moderno nell'accogliente salone in piacevole penombra, lounge e cuore pulsante che diviene anche sala glamour al The Restaurant per una cucina di taglio moderno e "graffiante". Abbagliante modernità nelle camere: è l'albergo secondo Philippe Starck!

17 camere – 🛏️ 300/1500 € – 5 suites

Pianta A2-c – *San Marco 3247 –* 📞 *041 528 4644 – www.palazzinagrassi.com*

🏨 Palazzo Venart 🍴 🛗 ⬆️ 👍 AC

DIMORA STORICA · GRAN LUSSO Palazzo del '500 affacciato sul Canal Grande, la sua posizione defilata e un giardino fiorito dove far colazione lo rendono una piccola bomboniera ricca di storia ed eleganza.

11 camere 🖙 – 🛏️ 290/950 € – 7 suites

Pianta B1-e – *calle Tron 1961, Santa Croce –* 📞 *041 523 3784 – www.palazzovenart.com*

❀❀ **Glam Enrico Bartolini** – Vedere selezione ristoranti

🏨 Ca' Pisani ⭐ 🎐 ♿ AC

TRADIZIONALE · VINTAGE Inusitato, audace connubio per un originale design hotel all'interno di una dimora trecentesca con arredi originali in stile art déco ed opere futuriste. Il ristorante omaggia il pittore Depero: il suo quadro, "La Rivista", ne è infatti un vanto, nonché il nome. A questo punto penserete: e la cucina? Decisamente moderna.

29 camere 🍽 – 👫 150/600 € – 6 suites

Pianta A3-g – rio Terà Foscarini 979/a, Dorsoduro – ☎ 041 240 1411 – www.capisanihotel.it

🏨 Ca Maria Adele AC

LUSSO · ROMANTICO Affacciata sulla Chiesa della Salute, un'affascinante e pittoresca dimora veneziana caratterizzata da uno stile prettamente locale, curata e perfezionata dai due fratelli, i titolari, come fosse casa propria. Lussuose camere, calde e di grande charme; ideale per un romantico soggiorno!

11 camere 🍽 – 👫 330/616 € – 1 suite

Pianta B3-b – rio Terà dei Catecumeni 111, Dorsoduro – ☎ 041 520 3078 – www.camariaadele.it – Chiuso 7 gennaio-6 febbraio

🏨 Ai Reali 🎐 ♿ AC 🛁

LUSSO · STORICO In un palazzo seicentesco, le camere sono un'affascinante crogiuolo di arredi, marmi e tessuti (due sono addirittura affrescate), mentre all'ultimo piano trova spazio il centro benessere, uno dei pochi in città con anche la beauty.

37 camere 🍽 – 👫 200/500 € – 3 suites

Pianta F1-r – campo della Fava 5527, Castello – ☎ 041 523 4064 – www.hotelaireali.com

🍴 **Alle Corone** – Vedere selezione ristoranti

🏨 Palazzo Stern AC

STORICO · PERSONALIZZATO Bel palazzo affacciato sul Canal Grande, di fianco a Cà Rezzonico, caratterizzato da eleganti spazi comuni con statue e mobili di pregio, nonché lussuose camere personalizzate; piacevole terrazza per la prima colazione.

23 camere 🍽 – 👫 150/550 € – 1 suite

Pianta A2-e – Dorsoduro 2792/a – ☎ 041 277 0869 – www.palazzostern.it

🏨 Ai Mori d'Oriente 🎐 ♿ AC

TRADIZIONALE · A TEMA Poco distante dalla chiesa della Madonna dell'Orto che conserva i dipinti del Tintoretto, un albergo dagli originali arredi moreschi ricavato in un palazzo d'epoca - composto da attigue strutture con un'ala di nuove camere - dove sembrerà di dormire sospesi tra Oriente ed Occidente.

29 camere 🍽 – 👫 100/1000 € – 3 suites

Pianta G1-a – fondamenta della Sensa 3319, Cannaregio – ☎ 041 711001 – www.hotelaimoridoriente.it

🏨 Papadopoli Venezia 🎐 AC 🛁

BUSINESS · CLASSICO Vicino alla stazione, ma in un contesto più tranquillo, circondato dall'acqua e dal verde, nelle camere ritroverete i classici arredi veneziani, ma con un tocco di contemporaneità. Scenografico ristorante all'interno di un giardino d'inverno "vestito" di piante; cucina veneta.

88 camere – 👫 205/895 € – 🍽 24 € – 8 suites

Pianta A2-k – Santa Croce 245 – ☎ 041 710400 – www.sofitel.com

🏨 Ruzzini Palace ♿ AC

TRADIZIONALE · PERSONALIZZATO All'interno di un palazzo di origini cinquecentesche, ottima posizione per visitare la città. camere in stile veneziano o più contemporaneo. L'affaccio può essere sulla bella piazza e chiesa o sul piccolo canale.

26 camere 🍽 – 👫 150/450 € – 2 suites

Pianta F1-a – Campo Santa Maria Formosa 5866 – ☎ 041 241 0447 – www.ruzzinipalace.com

Sina Palazzo Sant'Angelo

TRADIZIONALE · PERSONALIZZATO Venezia è una città piena di segreti sorprendenti, ma sempre pronti ad essere svelati... All'interno di un piccolo palazzo direttamente affacciato sul Canal Grande su cui danno alcune camere (le più gettonate!), una risorsa affascinante, apprezzabile anche per il carattere intimo e discreto.

8 camere ⌑ – ♗ 165/495 € – 6 suites

Pianta B2-d – *San Marco 3878/b* – ℰ *041 241 1452* – *www.sinahotels.com*

Corte di Gabriela

CASA PADRONALE · DESIGN Piccolo edificio storico, da sempre utilizzato come residenza privata, l'apertura come hotel a fine 2012 ha consegnato ambienti intimi e raccolti, eccellenti spazi arredati con le migliori firme del design mondiale, ma nel rispetto della tradizione veneziana di muri e soffitti.

13 camere – ♗ 300/800 €

Pianta E2-s – *calle degli Avvocati 3836, San Marco* – ℰ *041 523 5077* – *www.cortedigabriela.com* – *Chiuso 5 gennaio-14 febbraio, 5-27 dicembre*

Palazzo Abadessa

STORICO · PERSONALIZZATO Il sogno di ogni turista in visita a Venezia: preceduto da un incantevole giardino, all'interno di una residenza d'epoca del Cinquecento troverete sontuosi saloni, finestre policrome, lampadari preziosi, arredi d'epoca e affreschi, ma soprattutto una romantica, avvolgente atmosfera.

13 camere ⌑ – ♗ 150/400 € – 2 suites

Pianta B1-b – *calle Priuli 4011, Cannaregio* – ℰ *041 241 3784* – *www.abadessa.com* – *Chiuso 1-19 gennaio*

Antico Doge

DIMORA STORICA · PERSONALIZZATO In uno dei palazzi più antichi di Venezia, la dimora (abitata anche dal doge Falier) risale all'Ottocento e custodisce camere ovattate avvolte da tappezzeria, stucchi, travi a vista e arredi d'epoca. Su due piani, ma senza ascensore. Gli scorci da qui sono strepitosi!

20 camere ⌑ – ♗ 90/440 €

Pianta E1-e – *campo Santi Apostoli 5643, Cannaregio* – ℰ *041 241 1570* – *www.anticodoge.com* – *Chiuso 7-31 gennaio, 9-22 dicembre*

Charming House DD 724

LOCANDA · DESIGN Opere pittoriche si integrano con dettagli high-tech, come la saletta della musica, in questa raffinata casa dal design contemporaneo. Dall'unica camera con terrazzino la vista che vi si propone è quella dell'incantevole giardino della Peggy Guggenheim Collection.

9 camere ⌑ – ♗ 325/625 €

Pianta B3-e – *ramo da Mula 724, Dorsoduro* – ℰ *041 277 0262* – *www.thecharminghouse.com*

Novecento

LOCANDA · PERSONALIZZATO Lungo una calle centrale, ma più tranquilla, la struttura nasce come un tentativo di rinnovare gli antichi legami tra la città e l'oriente: ovunque, dagli spazi comuni alle camere, si ritrovano arredi e suppellettili asiatici e indiani. C'è anche un piccolo cortile per le colazioni.

9 camere ⌑ – ♗ 150/450 €

Pianta E2-x – *calle del Dose da Ponte 2683/84, San Marco* – ℰ *041 241 3765* – *www.novecento.biz*

al Lido 15 mn di vaporetto da San Marco – Carta regionale n° **23**-C3

Favorita

PESCE E FRUTTI DI MARE · FAMILIARE Storica trattoria familiare, qui dal 1950, la Favorita rende omaggio alla cucina locale, in prevalenza pesce, con preparazioni semplici, ma fragranti e gustose. Musica dal vivo, in estate.

Carta 40/70 €

Fuori pianta – *via Francesco Duodo 33* – ℰ *041 526 1626* – *Chiuso 6 gennaio-10 febbraio, lunedì, martedì-giovedì a mezzogiorno*

🏨 Ausonia Hungaria ☆ ⇖ 🎵 ⬆ AC 🎽 P

LUSSO · VINTAGE Totalmente ristrutturato mantiene intatta la strabiliante facciata d'inizio Novecento ricoperta di maioliche: all'interno, il nuovo stile è moderno con linee morbide e concept di ultima generazione. Oggi - ancor di più - Ausonia Hungaria non tradisce la sua vocazione di albergo da sogno!

47 camere ⌑ – 🛏 200/1000€ – 13 suites

Fuori pianta – *gran viale S. M. Elisabetta 28 – ☎ 041 242 0060 – www.ausoniahungaria.com – Chiuso 6-31 gennaio*

🏨 Quattro Fontane ☆ ⌔ ⚷ ⇖ AC 🎽 P

TRADIZIONALE · PERSONALIZZATO Residenza d'epoca che nell'atmosfera e nell'architettura richiama lo stile austriaco, dove due sorelle – da sempre - collezionano ricordi di viaggi e mobili pregiati. D'estate, il servizio ristorante si svolge nel rigoglioso giardino, all'ombra di un enorme platano secolare.

58 camere – 🛏 150/520€ – ⌑ 15€

Fuori pianta – *via 4 Fontane 16 – ☎ 041 526 0227 – www.quattrofontane.com – Chiuso 1 novembre-3 aprile*

a Burano 50 mn di vaporetto da Fondamenta Nuove e 32 mn di vaporetto da Punta Sabbioni – Carta regionale n° **23**-C2

🌸 Venissa ⇦ ⇖ 🍴 AC

MODERNA · DESIGN XX Un ponticello separa Burano da Mazzorbo, dove si apre un mondo bucolico fatto di orti e vigneti che, all'ombra di un campanile, circondano Venissa. E' in questa inusuale isola – almeno per quanto concerne gli itinerari turistici – che una giovane brigata, Chiara, Simone, Francesca, reinterpreta con talento pesce e molluschi dei pescatori locali, le verdure coltivate all'interno della tenuta da indigeni che ogni giorno riforniscono il ristorante, nonché le erbe spontanee che crescono tra i filari delle vigne. Due menu degustazione (5 e 8 portate) sono composti da piatti predefiniti che possono essere scelti anche alla carta, mentre il terzo (10 portate) è a discrezione dello chef. Proposte più semplici vi aspettano, invece, presso l'adiacente Osteria Contemporanea che dalle 15 alle 19 si trasforma in cicchetteria.

Specialità: Anguilla affumicata, rapa rossa e acetosella. Ravioli di burro di artemisia, pinoli e insalate amare. Verde mare.

Menu 110/175€ – Carta 95/114€

Fuori pianta – *isola di Mazzorbo, fondamenta Santa Caterina 3 – ☎ 041 527 2281 – www.venissa.it – Chiuso 11 novembre-31 marzo, martedì*

🍴 Al Gatto Nero-da Ruggero 🍴 AC

REGIONALE · ACCOGLIENTE X Nel cuore pulsante di Burano, una salda e solida gestione familiare che si impegna da oltre 50 anni nella scelta delle materie prime e nell'accoglienza: in definitiva, una trattoria di cucina veneziana e di mare caldamente consigliata. Gradevole dehors estivo, affacciato sul canale.

Menu 50€ (pranzo), 60/80€ – Carta 45/80€

Fuori pianta – *fondamenta della Giudecca 88 – ☎ 041 730120 – www.gattonero.com – Chiuso 1-8 luglio, 10 novembre-5 dicembre, lunedì, mercoledì sera, domenica sera*

a Torcello 45 mn di vaporetto da Fondamenta Nuove e 37 mn di vaporetto da Punta Sabbioni

🍴 Locanda Cipriani ⇦ ⇖ 🍴 AC

MEDITERRANEA · VINTAGE XX Suggestiva locanda di grande tradizione in una location apparentemente atemporale, che si palesa al meglio la sera dove l'isola diventa quasi disabitata. Ideale per godersi la vera laguna e una fuga romantica. Attenzione: aperto solo a pranzo, ma in estate anche a cena nel fine settimana.

Menu 55/75€ – Carta 65/95€

Fuori pianta – *piazza Santa Fosca 29 – ☎ 041 730150 – www.locandacipriani.com – Chiuso 2 gennaio-15 febbraio, lunedì sera, martedì*

VENOSA

✉ 85029 – Potenza (PZ) – Carta regionale n° **2**–B1 – Carta stradale Michelin 564-E29

⅋○ **L'Incanto**

DEL TERRITORIO · ELEGANTE ✕✕ Nei graziosi viottoli del centro storico di Venosa, la città di Orazio, qui troverete una delle più interessanti interpretazioni della cucina del territorio, un intelligente recupero di prodotti locali ed estrose interpretazioni di ricette antiche.

Menu 35/45 € – Carta 31/52 €

discesa Capovalle 1 – ℰ 0972 36082 – www.ristorantelincanto.it – Chiuso 1-10 luglio, 6-13 novembre, lunedì, domenica sera

VENTIMIGLIA

✉ 18039 – Imperia (IM) – Carta regionale n° **8**–A3 – Carta stradale Michelin 561-K4

⅋○ **Il Giardino del Gusto**

MODERNA · DI QUARTIERE ✕✕ Non si trova sul mare, ma un motivo per venire fino a qua c'è ed è presto svelato: il bravo chef-patron, forte e sicuro della tecnica francese appresa in anni di gavetta, propone intriganti menu degustazione, i cui piatti, volendo, sono ordinabili anche à la carte.

Menu 58/95 € – Carta 77/105 €

piazza XX Settembre 6c – ℰ 0184 355244 – www.ilgiardinodelgusto.com – Chiuso 15-30 giugno, 8-16 ottobre, lunedì, martedì a mezzogiorno

verso la frontiera di Ponte San Ludovico

⅋○ **Balzi Rossi**

PESCE E FRUTTI DI MARE · ELEGANTE ✕✕✕ Rinasce questa storica e blasonata insegna della ristorazione italiana sul confine con la Francia: la sala è nuova, elegante e contemporanea, mentre rimane la spettacolare vista dal terrazzino sulla Costa Azzurra. La cucina omaggia il passato e i piatti preparati per decenni, ma li rinnova con il giusto tocco di modernità.

Menu 85 € – Carta 62/105 €

via Balzi Rossi 2 – ℰ 0184 38132 – www.ristorantebalzirossi.it – Chiuso 13-31 gennaio, lunedì a mezzogiorno, martedì, mercoledì a mezzogiorno

VERBANIA

✉ 28922 – Verbano-Cusio-Ossola (VB) – Carta regionale n° **13**–B1 –
Carta stradale Michelin 561-E7

a Suna Nord - Ovest : 2 km

⅋○ **Antica Osteria il Monte Rosso**

CLASSICA · ROMANTICO ✕✕ Sul lungolago della residenziale frazione di Verbania, una piccola realtà in stile Old England, dove assaporare specialità ittiche lacustri e marine. Clima favorevole e disponibilità permettendo, meglio prenotare uno dei pochi tavoli sulla panoramica piccola terrazza.

Menu 16 € (pranzo)/55 € – Carta 44/56 €

via Troubetzkoy 128 – ℰ 0323 506056 – www.osteriamonterosso.com

a Fondotoce Nord - Ovest : 6 km – Carta regionale n° **13**–A1

✿✿ **Piccolo Lago** (Marco Sacco)

MODERNA · LUSSO ✕✕✕ Marco Sacco è lo chef-patron di questo delizioso ristorante sospeso nel tempo. Lasciato il brulicante lago Maggiore, il tranquillo specchio d'acqua di Mergozzo si offre ai tavoli del locale come una romantica cartolina. La cucina presenta i classici del locale e tre menu degustazione a mano libera, dal più breve al più lungo, con i quali il cuoco propone divagazioni moderne sui prodotti delle valli alpine, le carni, i pesci d'acqua dolce e - talvolta - anche di mare. Autore di una delle carbonare più buone, ma più discusse degli ultimi anni - Tajarin al posto dei bucatini, prosciutto della Val Vigezzo invece del guanciale, e la speciale salsa a base di uovo, grana e gin prodotto in loco versata direttamente al tavolo – Marco spiega che in cucina devono poter convivere la tutela e la cura della tradizione, ma anche la voglia e la possibilità di sperimentare, nonché innovare.

Specialità: Cacio e pepe di lago. Gardon (pesce di lago). Oro degli Inca.

Menu 115/220 €

via Turati 87, al lago di Mergozzo –
℘ 0323 586792 – www.piccololago.it –
Chiuso 1 novembre-3 marzo, lunedì, martedì, mercoledì a mezzogiorno

a Pallanza Carta regionale n° **13**–B1

⊗ Il Portale (Massimiliano Celeste)   🛋 AC

MODERNA · CONTESTO CONTEMPORANEO XX Gioca in casa lo chef-patron Massimiliano Celeste che, dopo essersi fatto le ossa presso varie – prestigiose – tavole, è tornato qualche anno fa all'ovile con tanti progetti e la voglia di aprire una realtà tutta sua nella città di origine. E così, la grande cucina attracca a Pallanza, allestendo pentole e fornelli in un bel ristorante sulla piazza centrale proprio di fronte al lago, dove le cene estive all'aperto profumano di relax e vacanza; il menu omaggia in prevalenza il pesce di mare, ma anche qualche proposta lacustre e di carne. Ampia carta dei vini, che spazia dagli intramontabili e mai banali classici, ad esemplari meno conosciuti, ma pur sempre di qualità.

Specialità: Scampi, coste, burrata, riccio di mare e caviale. Aragosta, foie gras, lemongrass e lamponi. Cioccolat-ORO.

Menu 60/150 € – Carta 74/131 €

via Sassello 3 – ℘ 0323 505486 – www.ristoranteilportale.it –
Chiuso 7 gennaio-11 febbraio, 4-17 novembre, lunedì a mezzogiorno, martedì,
mercoledì a mezzogiorno

⋔○ Milano ⓝ   ⟨ 🍴 🛋 & AC P

CLASSICA · CONTESTO STORICO XX Con la terza generazione rinasce questo storico locale ubicato direttamente sul lago (con attracco privato!), da godersi in tutto il suo splendore, soprattutto nella veranda panoramica. Lo chef-patron dal canto suo mantiene uno stile classico, leggermente permeato da tocchi di modernità, forte delle ottime materie prime sia di terra sia di acqua. Un gradito ritorno in guida!

Menu 70/80 € – Carta 76/97 €

corso Zanitello 2 – ℘ 0323 556816 – www.ristorantemilanolagomaggiore.it –
Chiuso 2 gennaio-14 marzo, 18 novembre-6 dicembre, martedì

⋔○ Tacabutun   🛋

MEDITERRANEA · DI QUARTIERE X Piacevole ubicazione sul lungolago del centro, Tacabutun propone un ambiente curato seppure allo stesso tempo informale, con molti tavoli vicini, e soprattutto un'interessante cucina mediterranea. Ottime anche le sue pizze gastronomiche. Visto il successo della formula, è sempre molto frequentato: meglio prenotare!

Carta 32/56 €

viale delle Magnolie 120 – ℘ 0323 503450 –
Chiuso 6 gennaio-28 febbraio, giovedì

🏨 Grand Hotel Majestic

⚜ ⊗ ⟨ 🛋 🍴 🖳 ⓐ 🛀 🎴 ⊞ & AC 🏊 P

PALACE · CLASSICO Direttamente sul lago, abbracciata dal verde e dalla tranquillità dell'acqua, una struttura affascinante con camere spaziose e bagni in marmo, dotata di un centro benessere. Elegante ristorante à la carte, propone la tradizione gastronomica locale interpretata in chiave contemporanea.

74 camere ⊊ – ♥♥ 350/930 € – 6 suites

via Vittorio Veneto 32 – ℘ 0323 509711 – www.grandhotelmajestic.it –
Chiuso 7 ottobre-9 aprile

VERCELLI

⊠ 13100 – Vercelli (VC) – Carta regionale n° **12**-C2 – Carta stradale Michelin 561-G7

ⓈⓈ **Cinzia da Christian e Manuel** (Manuel e Christian Costardi)

ⒷⒷ ⇦ ⒶⒸ

MODERNA · **ELEGANTE** ✕✕ Cinzia è il nome dell'hotel che ospita questo ristorante, ma anche un omaggio alla mamma degli attuali chef, Christian e Manuel, artefici di una cucina creativa, elaborata partendo da materie prime di eccellente qualità, senza dimenticare le tradizioni culinarie della zona. Non meravigliatevi quindi della particolare attenzione riservata al riso: il menu propone una selezione di venti risotti, a cui si aggiungono anche tante gustose specialità di terra e di mare in un ristorante dove neppure l'illuminazione è lasciata al caso. Per la scelta del vino – che poggia su una carta di livello e ben articolata – affidatevi all'esperienza e alle competenza della pluripremiata sommelier.

Specialità: Diversamente tonnato by Costardi Bros. Carnaroli "nuove memorie" (risotto cotto con brodo di grana, mantecato con il suo grasso e alla fine servito con il ghee). GragnuM: gelato al grana padano, cioccolato bianco, riso crunchy caramellato, riduzione di birra e caffè.

Menu 70/130 € – Carta 75/130 €

corso Magenta 71 – ℰ 0161 253585 – www.christianemanuel.it – Chiuso 1-20 agosto, lunedì, domenica sera

ⓘⓄ **Bislakko**   ⇦

DEL TERRITORIO · **CONTESTO CONTEMPORANEO** ✕✕ Si è voluto giocare con le parole, perché "bislacco" lo è solo nel nome ma non nella sostanza! Questo ristorante saprà - infatti - conquistarvi per la sua cucina e i dessert dove il cioccolato è l'elemento principe: come nella fontana a disposizione dei clienti.

Carta 25/60 €

Hotel Garibaldi, via Thaon de Revel 87 – ℰ 0161 302460 – www.bislakko.com

VERDUNO

⊠ 12060 – Cuneo (CN) – Carta regionale n° **14**-A2 – Carta stradale Michelin 561-I5

ⓢ **Trattoria dei Bercau**   ⌂ ⒶⒸ

DEL TERRITORIO · **VINTAGE** ✕ Cucina del territorio di qualità a prezzi onesti, e una simpatica gestione in una moderna trattoria nel centro della località; fresco servizio estivo, sale interne essenziali anche al primo piano. Specialità: agnolotti al sugo d'arrosto - tajarin al tartufo nero - tagliata di coniglio con salsa al gorgonzola - sformato alla panna con latte di capra.

Specialità: Fagottino di carne cruda. Ravioli al sugo d'arrosto. Sformato alla panna con latte di capra.

Menu 40 € – Carta 25/35 €

via Beato Valfré 13 – ℰ 0172 470243 – www.bercau.it – Chiuso lunedì

VERNANTE

⊠ 12019 – Cuneo (CN) – Carta regionale n° **12**-B3 – Carta stradale Michelin 561-J4

ⓘⓄ **Nazionale**   ⒷⒷ ⇦ ⌂ Ⓟ

MODERNA · **ROMANTICO** ✕✕ Lungo la strada principale che taglia in due il paesino, da una parte l'omonimo relais e dall'altra questo ristorante gourmet con camere. In un ambiente di vivace informalità, tanta pietra e legno locale, la famiglia Macario propone una valida cucina occitana - con grande attenzione alla stagionalità dei prodotti - e qualche elemento di modernità.

Menu 48/65 € – Carta 40/74 €

via Cavour 60 – ℰ 0171 920181 – www.ilnazionale.com – Chiuso 14-30 aprile, 21 settembre-1 ottobre, mercoledì

VERONA

✉ 37121 – Verona (VR) – Carta regionale n° **22**–A3 –
Carta stradale Michelin 562-F14

Ci piace

Il clima di una tradizionale trattoria italiana che si respira al
Pompiere. Tour tra le vestigia romane nella cantina del
12 Apostoli. Soggiornare nello charme dell'albergo **Gabbia
d'Oro** con il suo inatteso giardino d'inverno.

Perdersi tra gli effluvi di Bacco al Vinitaly: Salone
Internazionale del vino e dei distillati, che si tiene in città
dal 1967 con cadenza annuale. La manifestazione conta più
di 4 000 espositori l'anno e registra circa 150 000 visitatori
per edizione. Il salone raccoglie produttori, importatori,
distributori, ristoratori, tecnici, giornalisti e opinion leader.
Tra le specialità tipiche della città degli innamorati, gli
ispettori suggeriscono - invece - la Pastissada de Caval,
ovvero: il brasato di cavallo. Ricetta risalente al 489 a. C.
quando, in tempi di carestia, la popolazione tagliava la
carne a pezzi, macerandola nel vino e nelle spezie per
prolungarne la conservazione.

emicristea/iStock

Ristoranti

❀❀ Casa Perbellini   🕸 ♿ AC

CREATIVA · DI TENDENZA XX Verona è un concentrato di arte ed alta gastronomia, dove grandi tavole come il ristorante Casa Perbellini hanno contribuito a
dare ulteriore slancio e creatività alla città scaligera.

Se il cognome Perbellini è una sorta d'istituzione e sinonimo di haute cuisine, Casa
Perbellini è un'oasi sui generis: spazio intimo e quieto, esperienza impostata sulla
vista più che sul racconto (la cucina è praticamente un tutt'uno con la sala). I suoi
piatti seguono le stagioni e coniugano artigianalità, pensiero, memorie e modernità. Tra le specialità cult del bi-stellato c'è il wafer al sesamo, tartare di branzino,
caprino e sensazione di liquirizia, una vera delizia. Se vogliamo dar voce agli
ispettori de la guida MICHELIN, "Casa Perbellini ha uno chef bravissimo e l'apparente informalità dell'offerta si regge su una qualità complessiva di alto livello".

Attenzione, non c'è una vera e propria carta, ma menu degustazione articolati:
"Chi sceglie prova" ovvero un percorso intorno ai prodotti scelti dai clienti da
una mini lista di suggerimenti, o "Assaggi", una carrellata di piatti storici del
cuoco insieme alle più recenti creazioni.

Specialità: Wafer al sesamo, tartare di branzino, caprino e sensazione di liquirizia.
Piccione, purea di mandorle, gel di mirtillo e ajo blanco. Marchesa al cioccolato
con gelato all'orzo e composta di agrumi.

Menu 58€ (pranzo), 124/156€ – Carta 174/232€

Pianta A2-f – *piazza San Zeno 16 – ☎ 045 878 0860 – www.casaperbellini.com –
Chiuso 26 gennaio-11 febbraio, 9-31 agosto, lunedì, domenica*

❀ 12 Apostoli   AC

MODERNA · ROMANTICO XXX Piccola e storica entrata ad un passo dal centro
pedonale, ma abbastanza distante da non percepirne la confusione, al piano
terra di un palazzo antico, 12 Apostoli è un ritorno in grande stile per quello che
fu uno dei migliori ristoranti italiani. La giovane quarta generazione ha dato
nuova luce ai colorati affreschi, rinnovato la sala e, con l'aiuto di un ottimo
cuoco, riportato lustro al locale. La scelta si articola su quattro menu degustazione – specchi, sguardi, riflessi, giravolte - con piatti estraibili singolarmente che
rivedono in versione creativa i classici locali e nazionali, ma è dal quarto che giungono le proposte più personali: una sorta di playlist dello chef che invita ad andar
oltre il concetto di percorso gastronomico guidato.

Specialità: Ostregheta, ostrica e midollo. Pasta grattugiata in brodo di lepre.
Aglio nero, burro di arachidi e mezcal.

Menu 90/110€ – Carta 45/90€

Pianta C2-p – *corticella San Marco 3 – ☎ 045 596999 – www.12apostoli.com –
Chiuso 1-15 marzo, lunedì, domenica*

❀ Il Desco (Elia e Matteo Rizzo)   🕸 AC

CREATIVA · ELEGANTE XXX Immutato da anni, la sua grandezza sta anche in
questo: benché nulla sia cambiato, la signorilità dell'eleganza del Desco è intramontabile, vi si mangia con la consapevolezza di sedersi in uno dei ristoranti più
eleganti almeno della regione, fra travi a vista dipinte, quadri moderni, scenografico lampadario e le celebri sedie in pelle. Qualche novità, invece, fa capolino dalla
cucina: l'ingresso del giovane figlio ha dato un'accelerata sul piano creativo per
piatti costruiti con grande ricerca, tecnica ed attenzione.

Specialità: Scampi fritti con insalatina aromatica all'aceto di lamponi. Polpo e lingua di vitello, purè di topinambour, rapa bianca, salsa verde e mostarda. Sapori di
un tiramisù alle spezie.

Menu 100/150€ – Carta 90/140€

Pianta C2-q – *via Dietro San Sebastiano 7 – ☎ 045 595358 – www.ildesco.com –
Chiuso 22 dicembre-15 gennaio, lunedì a mezzogiorno, domenica*

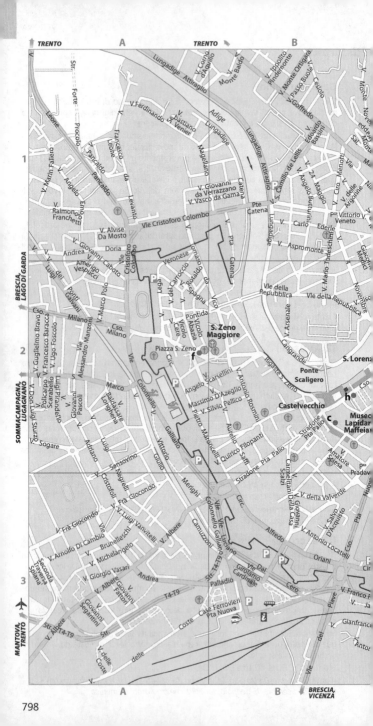

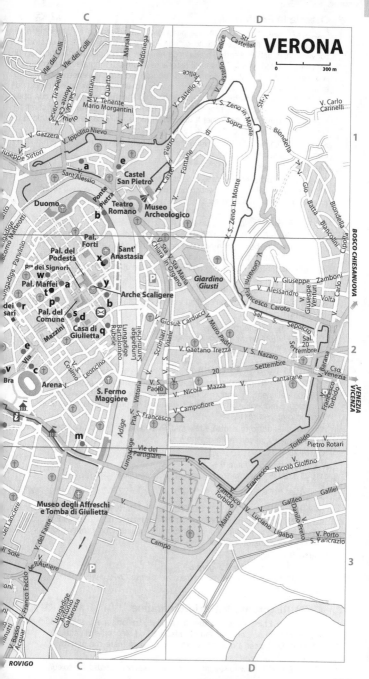

VERONA

0   300 m

❀ Osteria la Fontanina   88 ⛲ AC

CREATIVA · ROMANTICO X A due passi dal Teatro Romano e Ponte Pietra, la Fontanina è una delle più antiche osterie della città (oltre 200 anni di storia e convivialità!), dal 1984 sotto l'egida della famiglia Tapparini. Grandi estimatori di antichità, i titolari hanno investito il ristorante di un'aura intima ed ovattata: ogni suo centimetro è vestito con specchi, oggetti ed arredi d'epoca, stampe ed argenti, mentre il vino è onnipresente grazie ad una carta vasta ed esaustiva. Cucina ricca ed elaborata, le tradizioni venete ed italiane sono rivisitate con opulenza; più sbilanciato sulle proposte ittiche, non mette alla porta coloro che parteggiano per la carne come nel Il brasato di manzo all'amarone (qui si gioca in casa!) o nelle costolette d'agnello in panaché d'erbe aromatiche.

Specialità: "La Nuvola 1999". Faraona con funghi porcini e patate affumicate. Cupola di cioccolato fondente e croccante.

Menu 65€ – Carta 65/100€

Pianta C1-e – *Portichetti Fontanelle Santo Stefano 3* –
☏ 045 913305 – www.ristorantelafontanina.com – *Chiuso 5-10 gennaio, 12-17 agosto, lunedì a mezzogiorno, domenica*

❀ Al Bersagliere   88 ⛲ AC

REGIONALE · CONTESTO TRADIZIONALE X Locale storico traboccante di ricordi, dal juke-box alla macchina per i caffè degli anni '60, così come la gestione, di cui ormai non contano più le generazioni. Cantina visitabile in ambienti risalenti al 1200 e alla quale si unisce un'ottima selezione di distillati, la cucina è ovviamente un baluardo delle tradizioni venete. Specialità: pasta e fagioli, bigoli con anatra, risotto all'Amarone.

Specialità: Salumi tradizionali della Lessinia. Baccalà con polentina. Diplomatico.

Carta 35/50€

Pianta C2-m – *via Dietro Pallone 1* –
☏ 045 800 4824 – www.trattoriaalbersagliere.it – *Chiuso 29 giugno-13 luglio, lunedì, domenica*

❀ San Basilio alla Pergola   ⛲ AC

REGIONALE · RUSTICO X Nel piacevole dehors estivo con pergolato o nelle due sale con pavimenti in legno e mobili rustici, cucina semplice, ma curata, in bilico tra tipico e moderno. Un consiglio sul dessert? Optate per la torta di mele con caramello di vino rosso.

Specialità: Fagotto di ricotta e taleggio. Riso venere nero con gamberi e carciofi. Torta di mele con caramello di vino rosso.

Carta 25/40€

Fuori pianta – *via Pisano 9* –
☏ 045 520475 – www.trattoriasanbasilio.it – *Chiuso domenica*

ⅰ○ Arche   88 AC ⟳

PESCE E FRUTTI DI MARE · CONTESTO TRADIZIONALE XXX La famiglia partì nel 1879 e da allora ha sempre gestito direttamente questo elegante locale del centro. La cucina si rinnova di generazione in generazione, proponendo specialità di terra e di mare, di tradizione e di ricerca.

Carta 26/66€

Pianta C2-y – *via Arche Scaligere 6* –
☏ 045 800 7415 – www.ristorantearche.com – *Chiuso 10-20 gennaio, lunedì, domenica sera*

ⅰ○ Caffè Ristorante Vittorio Emanuele   ⛲ AC ⟳

ITALIANA · ELEGANTE XXX Aperto nel 1895, tra boiserie e scenografici lampadari, siamo in uno dei ristoranti più blasonati ed eleganti della città, con annesso raffinato bar. La carta propone piatti classici sia di mare che di terra.

Pianta C2-v – *piazza Bra 16* –
☏ 045 923 5850 – www.ristorantevittorioemanuele.com – *Chiuso mercoledì*

⬚○ Due Torri Restaurant 🛋 AC ♿

MODERNA · ELEGANTE XxX Nella scenografica lobby dell'omonimo hotel, è un nuovo chef ad occuparsi della cucina – che rimane pur sempre di matrice territoriale ma deliziosamente innovativa – in questo ristorante di collaudata notorietà.

Carta 82/102€

Pianta C2-x – *Hotel Due Torri, piazza Sant'Anastasia 4 – ℰ 045 595044 – hotelduetorri.duetorrihotels.com*

⬚○ Caffè Dante Bistrot 🛋 ♿ AC

CLASSICA · ACCOGLIENTE XX Affacciato sulla bella piazza Dei Signori, palcoscenico del servizio estivo, locale storico con staff giovane e dinamico. La cucina, oltre a qualche piatto locale e nazionale, ha tre priorità: salumi, formaggi e carni alla griglia, che vengono frollate dal ristorante stesso in un maturatore esposto in sala.

Carta 30/85€

Pianta C2-w – *piazza Dei Signori 2 – ℰ 045 800 0083 – www.caffedante.it – Chiuso domenica sera*

⬚○ Al Capitan della Cittadella 🐟 🛋 AC

PESCE E FRUTTI DI MARE · CONTESTO CONTEMPORANEO XX Appena oltre le mura della città, è uno degli indirizzi più noti di Verona per chi vuole soddisfare la voglia di pesce. Gradevole atmosfera contemporanea con tocchi marini, le preparazioni sono in prevalenza quelle classiche italiane che puntano sul prodotto senza eccessive complicazioni.

Menu 28€ (pranzo)/58€ – Carta 50/70€

Pianta C2-k – *piazza Cittadella 7/a – ℰ 045595157 – www.alcapitan.it – Chiuso lunedì a mezzogiorno, domenica*

⬚○ Al Cristo 🐟 🛋 ♿ AC ♿

MODERNA · ACCOGLIENTE XX Nei pressi di Ponte Nuovo, un edificio cinquecentesco accoglie questo ristorante articolato su tre livelli con splendida cantina e bel dehors. Diverse linee di cucina: regionale, internazionale e sushi-sashimi. Al Pintxos Bistrot: tapas basche, stuzzichini preparati al momento e il proverbiale pata negra.

Carta 34/50€

Pianta C2-b – *piazzetta Pescheria 6 – ℰ 045 594287 – Chiuso lunedì*

⬚○ Maffei 🛋 AC ♿

CLASSICA · AMBIENTE CLASSICO XX Ristorante storico del centro, anticipato dalla bella corte dove si svolge il dehors: carne e pesce in egual misura, qualche piatto vegetariano e - sotto il locale dove sono stati rinvenuti dei reperti archeologici romani - si è ricavata la cantina (visitabile), nonché un romantico tavolino per due!

Menu 55/70€ – Carta 50/70€

Pianta C2-a – *piazza delle Erbe 38 – ℰ 045 801 0015 – www.ristorantemaffei.it*

⬚○ Officina dei Sapori AC

PESCE E FRUTTI DI MARE · ELEGANTE XX I nuovi tavoli di abete rosso italiano sono stati volutamente lasciati grezzi e al centro riportano affreschi originali del '700, mentre alcune stoviglie sono state realizzate a mano da artigiani locali. In questo raffinato ristorante si viene per mangiare ottime specialità di pesce, sebbene le origini campane del cuoco s'intuiscano in più di un piatto, in particolare nei dolci, dalla pastiera al babà passando per la caprese.

Menu 55/120€ – Carta 45/90€

Pianta C1-a – *via G.B. Moschini 26 – ℰ 045 913877 – www.officinasapori.com – Chiuso 1-5 gennaio, 12-26 luglio, sabato a mezzogiorno, domenica*

L'Oste Scuro 🛐⬜ 🏠 AC

PESCE E FRUTTI DI MARE · RUSTICO XX Un'insegna in ferro battuto segnala questo locale alla moda dalla simpatica atmosfera familiare. Lo chef punta sulla freschezza del protagonista di ogni piatto elaborato: il pesce, solo pescato!

Carta 70/100 €

Pianta B2-c – vicolo San Silvestro 10 – ☏ 045 592650 – www.ristoranteostescuro.tv – Chiuso 25 dicembre-7 gennaio, lunedì a mezzogiorno, domenica

Trattoria I Masenini 🛐⬜ 🏠 ⅃ AC

TRADIZIONALE · ACCOGLIENTE XX Accogliente locale con due sale dalle tonalità calde e semplici: proposte gastronomiche sia regionali sia italiane, dove le specialità sono le carni allo spiedo, con l'aggiunta di qualche piatto di pesce nella bella stagione.

Carta 45/65 €

Pianta B2-h – via Roma 34 – ☏ 045 806 5169 – www.trattoriaimasenini.com – Chiuso lunedì a mezzogiorno, domenica

Yard Restaurant 🛐⬜ 🏠 ⅃ AC

INTERNAZIONALE · DI TENDENZA XX Nel centro storico, ma con finestre aperte sul mondo: in sale dal design contemporaneo affacciate sulla strada (oppure sulla cucina a vista), lo Yard propone un vasto assortimento di cucina internazionale. Dal sushi al maiale iberico, passando per il fish&chips, la zuppa di cipolle francese e i ravioli cotti al vapore - per citare solo alcuni piatti - neppure l'offerta vegetariana è trascurata, così come la passione per l'astice.

Menu 35/60 € – Carta 35/90 €

Pianta BC2-p – corso Cavour 17a – ☏ 045 464 5069 – www.yardrestaurant.it

Ponte Pietra 🛐⬜ 🕸 🏠 AC ⟳

MODERNA · ROMANTICO X Un antico edificio attiguo a Ponte Pietra, si affaccia sul fiume con un paio di romantici balconcini; sale interne d'indubbio fascino e cucina legata al territorio, ma con spunti creativi e grande attenzione alla cantina.

Menu 60 € – Carta 47/77 €

Pianta C1-b – via Ponte Pietra 34 – ☏ 045 804 1929 – www.ristorantepontepietra.com – Chiuso 15-30 gennaio, domenica

Locanda 4 Cuochi 🛐⬜ 🏠 AC

CLASSICA · SEMPLICE X Il nome allude ai quattro cuochi-soci che gestiscono questo giovane locale di tendenza che coniuga piatti di qualità, talvolta elaborati, talvolta creativi, a prezzi ragionevoli: una formula di successo a pochi passi dall'Arena!

Menu 43 € – Carta 34/48 €

Pianta C2-e – via Alberto Mario 12 – ☏ 045 803 0311 – www.locanda4cuochi.it – Chiuso lunedì, martedì a mezzogiorno

Osteria Mondodoro 🛐⬜ 🏠 AC

TRADIZIONALE · INTIMO X A due passi da via Giuseppe Mazzini, la strada dello shopping cittadino, il ristorante dispone di pochi coperti e un'offerta gastronomica tanto limitata quanto interessante, spesso integrata a voce, fondata su prodotti ricercati e di rimarchevole qualità.

Menu 45/50 € – Carta 38/68 €

Pianta C2-s – via Mondo d'Oro 4 – ☏ 045 894 9290 – www.osteriamondodoroverona.it – Chiuso lunedì, domenica sera

Trattoria al Pompiere 🛐⬜ 🕸 AC ⟳

REGIONALE · CONVIVIALE X Tra boiserie e svariate foto d'epoca, linea gastronomica fedele al territorio, nonché un'ottima selezione di salumi e formaggi italiani, in una storica trattoria del centro.

Carta 34/60 €

Pianta C2-d – vicolo Regina d'Ungheria 5 – ☏ 045 803 0537 – www.alpompiere.com – Chiuso 25 dicembre-3 gennaio, domenica

🍴 Tre Marchetti

REGIONALE · ACCOGLIENTE ⅓ Poltroncine e lampadari di Murano e pareti dipinte in un ambiente accogliente, come del resto l'ospitalità del titolare: i ritmi del servizio sono alquanto veloci, ma non manca l'attenzione al dettaglio. Specialità del territorio, ma anche pesce in una carta dall'ampia scelta.

Menu 35/90€ – Carta 44/91€

Pianta C2-c – *vicolo Tre Marchetti 19/b* – ℰ *045 803 0463* – *www.tremarchetti.it*

Alberghi

🏨 Due Torri

STORICO · GRAN LUSSO Narra la storia della città, l'edificio trecentesco in cui s'inserisce questo prestigioso albergo di tradizione e fascino: nelle raffinate camere, l'arredo s'ispira soprattutto al Settecento e all'Ottocento. Vetturiere per l'auto.

78 camere ⌑ – 🍴 210/900€ – 11 suites

Pianta C2-x – *piazza Sant'Anastasia 4* – ℰ *045 595044* – *www.duetorrihotels.com*

🍴 **Due Torri Restaurant** – Vedere selezione ristoranti

🏨 Gabbia d'Oro

STORICO · PERSONALIZZATO Dalla discrezione e dalla cortesia di un servizio inappuntabile, un opulento scrigno di preziosi e ricercati dettagli che echeggiano dal passato; piccolo hotel di charme e lusso con un suggestivo giardino d'inverno. Qualche proposta di ristorazione, unicamente riservata agli ospiti.

19 suites – 🍴 350/1000€ – ⌑ 23€ – 8 camere

Pianta C2-t – *corso Porta Borsari 4/a* – ℰ *045 800 3060* – *www.hotelgabbiadoro.it*

VERUNO

✉ 28010 – Novara (NO) – Carta regionale n° **13**–A3

🍴 L'Olimpia

PESCE E FRUTTI DI MARE · AMBIENTE CLASSICO ⅔⅔ E' il mare, il grande protagonista della cucina di questo locale caldo ed accogliente. Se c'è posto e tempo permettendo, vi consigliamo di prenotare un tavolo nella piacevole corte interna. Camere moderne e ben accessoriate per chi vuole prolungare la sosta.

Menu 40/50€ – Carta 30/60€

via Martiri 3 – ℰ *0322 830138* – *www.olimpiatrattoria.it* – *Chiuso 3-12 agosto, 27 dicembre-20 gennaio, lunedì*

VETREGO – Venezia ➜ Vedere Mirano

VIAREGGIO

✉ 55049 – Lucca (LU) – Carta regionale n° **18**–B1 – Carta stradale Michelin 563-K12

🌟🌟 Il Piccolo Principe

CREATIVA · LUSSO ⅔⅔⅔ Dal 2014 la seconda stella brilla sul Piccolo Principe! Come in una sinfonia ben orchestrata, lo chef, Giuseppe Mancino, salernitano di nascita, ma con una profonda ammirazione per la cucina francese, fa coesistere nei suoi piatti molteplici elementi tutti armoniosamente orchestrati: creatività, raffinatezza, buona tecnica ed ottime presentazioni. Oltre alla carta, il ristorante propone dei percorsi orientati su terra, mare e - visto il recente interesse per la cucina vegetariana - anche un menu green. Versante vini, la cantina custodisce una selezione di oltre 800 etichette principalmente toscane, sebbene non manchino anche altre regioni, produzioni estere e un buon numero di Champagne. La location meriterebbe un capitolo a sé: situato nell'attico dell'albergo, la terrazza domina costa e mare. L'indugio a trattenersi oltre il tempo è più che una tentazione.

Specialità: Triglia di scoglio croccante: scarola, mozzarella affumicata, essenza di pomodoro, olive e capperi. Scorfano: crema di bietole, farro della Garfagnana, salsa al cacciucco ed intingolo di molluschi e crostacei. La pera: bavarese, la sua composta, cannella, nocciola e gelato di ricotta di capra.

Menu 144/220€ – Carta 125/230€

Grand Hotel Principe di Piemonte, piazza Puccini 1 –
✆ 0584 401806 – www.ristoranteilpiccoloprincipe.it – Chiuso 1 novembre-5 marzo,
lunedì, martedì

☸ Lunasia 🆕

🏠 ⅼ 🅰🅲

MODERNA • ELEGANTE ✕✕✕ Al piano terra dell'albergo Plaza e De Russie, dalla sala elegante e contemporanea s'intravede il celebre lungomare viareggino. E' ancora il blu a tuffarsi nei piatti con diversi prodotti, mentre i ricordi più personali del cuoco, Luca Landi, ripropongono i sapori della terra, dalla Garfagnana alle Alpi Apuane, come il farro, i latticini, le erbe selvatiche, i colombi e le anatre mute. Un bellissimo tavolo dello chef in cucina, ed altre soluzioni sia in termini di design che di servizio rendono la sosta un'esperienza gourmet a tutto tondo!

Specialità: Granchio su letto di riso di Massarosa e alga. Gnocchi di cicale, crema di piselli e menta. Gelato di spiaggia cremoso e meringa di mare con gelato al miele d'elicrisio.

Menu 70/95€ – Carta 73/90€

Plaza e de Russie, piazza d'Azeglio 1 –
✆ 0584 44449 – www.plazaederussie.com – Chiuso lunedì dal 1° ottobre al 31 maggio

☸ Romano

⅋⅋ 🅰🅲

PESCE E FRUTTI DI MARE • ELEGANTE ✕✕✕ Con i suoi ben oltre 50 anni di storia, Romano è una delle insegne più storiche della grande ristorazione italiana; mezzo secolo fatto di splendida accoglienza e professionalità, il locale è una vera istituzione in Versilia. Il pesce di gran qualità è onnipresente, così come il gusto di piatti che piacciono senza indugio. La carta dei vini si fa vanto con bianchi di tutto il mondo, champagne e belle verticali di rossi.

Specialità: Calamaretti ripieni di verdure e crostacei. Bottoni ripieni di triglia, barbabietola, gazpacho e pesto di lattughe di mare. Cioccolato bianco, crumble di erbe profumato alla Biadina (antico liquore lucchese), finocchietto, pomodoro ed olio EVO.

Carta 64/130€

via Mazzini 120 –
✆ 0584 31382 – www.romanoristorante.it – Chiuso 7 gennaio-6 febbraio, lunedì

🍴◯ Da Miro alla Lanterna

⅋⅋ 🏠 🅰🅲

PESCE E FRUTTI DI MARE • FAMILIARE ✕✕ Affacciato sulla darsena, dal 1954 qui regna la cucina di mare viareggina con una rinomata specialità - gli spaghetti alla trabaccolara (ragù di mare) - e una bella carta illustrata dedicata agli Champagne.

Menu 45€ – Carta 35/55€

via Coppino 289 –
✆ 0584 384065 – www.ristorantedamiro.com – Chiuso 10-28 novembre, lunedì,
martedì a mezzogiorno

🍴◯ Pino

⅋⅋ 🏠 🅰🅲

PESCE E FRUTTI DI MARE • FAMILIARE ✕✕ Bottarga e catalana testimoniano le origini sarde della famiglia, ma ormai da decenni il ristorante è un caposaldo della ristorazione viareggina con un'ottima cantina, a cominciare dalla selezione di Champagne.

Carta 63/120€

via Matteotti 18 –
✆ 0584 961356 – www.ristorantepino.it – Chiuso mercoledì, giovedì a mezzogiorno

Grand Hotel Principe di Piemonte

LUSSO · PERSONALIZZATO Non ci sembra azzardato affermare che si tratta di uno dei migliori alberghi della Versilia. Nel 2004, dopo un accurato restyling durato circa due anni, la struttura è ritornata a splendere nel firmamento dell'hôtellerie di lusso in virtù delle sue camere raffinate ed eleganti che presentano stili diversi: impero, coloniale, moderno, classico. Trattamenti vari e relax presso il centro benessere e Spa, mentre la splendida terrazza al quinto piano propone una piscina con jacuzzi e solarium.

106 camere ⌂ – ♥♥ 162/803 € – 19 suites

piazza Giacomo Puccini 1 – ℰ 0584 4011 – www.principedipiemonte.com

⟳⟳ **Il Piccolo Principe** – Vedere selezione ristoranti

Plaza e de Russie ⓝ

LUSSO · CONTEMPORANEO Nel 1871, quando aprì, fu il primo albergo del lungomare viareggino; destinato ad ospitare la clientela russa, nei suoi saloni si poteva sentire suonare anche Puccini. Completamente rinnovato, oggi offre interni dagli arredi contemporanei con penthouse panoramiche all'ultimo piano.

30 camere ⌂ – ♥♥ 140/630 € – 14 suites

piazza d'Azeglio 1 – ℰ 0584 44449 – www.plazaederissie.com

⟳ **Lunasia** – Vedere selezione ristoranti

VIBO VALENTIA

✉ 89900 – Vibo Valentia (VV) – Carta regionale n° **3**–A2 – Carta stradale Michelin 564-K30

a Vibo Valentia Marina Nord : 10 km

⁙◯ Lapprodo

PESCE E FRUTTI DI MARE · STILE MEDITERRANEO ⁙⁙ Di fronte al porto e al suggestivo lungomare di Vibo Marina, la carta è un appetitoso inventario di classici nazionali, in particolare di pesce, sebbene non manchino anche ricette di terra con carni di provenienza locale.

Menu 40/100 € – Carta 45/105 €

Hotel Cala del Porto, via Roma 22 – ℰ 0963 572640 – www.lapprodo.com

VICCHIO

✉ 50039 – Firenze (FI) – Carta stradale Michelin 563-K16

a Campestri Sud : 5 km – Carta regionale n° **18**–C1

🏠 Villa Campestri Olive Oil Resort

DIMORA STORICA · BUCOLICO La natura e la storia ben si amalgamano in questa villa trecentesca immersa in un parco con piscina. Raffinati interni d'epoca ed una ricca oleoteca, dove si organizzano corsi di degustazione dell'extra vergine. Piatti toscani ed un menu interamente dedicato all'oro giallo al ristorante.

25 camere ⌂ – ♥♥ 120/270 € – 3 suites

via di Campestri 19/22 – ℰ 055 849 0107 – www.villacampestri.com –
Chiuso 10 novembre-18 marzo

VICENO – Verbano-Cusio-Ossola → Vedere Crodo

VICENZA

✉ 36100 – Vicenza (VI) – Carta regionale n° **22**–A1 – Carta stradale Michelin 562-F16

🕸 El Coq (Lorenzo Cogo)   AC

CREATIVA · ELEGANTE XxX Nel cuore della città tra un rintocco di orologio ed una loggia del Palladio, al primo piano di un bel palazzo, è qui che troverete proposte alla carta, dove la tradizione si piega all'estro creativo del giovane chef-patron Lorenzo Cogo, ma anche percorsi gastronomici dal titolo fortemente evocativo: sostanza, esperienza. La cucina di Lorenzo è istintiva e azzardata, va al sodo per librarsi – poi – sulle ali della creatività. Al piano terra, c'è anche il Garibaldi, un simpatico bistrò il cui target si rivolge più ad una clientela locale incline alla tradizione o per pranzi veloci (insalate, sandwich, pizze fritte).

Specialità: Granchio reale, gazpacho di mandorla, salsa chilli, olive. Astice blu, pancia di maialino, lenticchie, sedano rapa, prugne salate. Pastis, rosa, levistico.

Menu 130/160€ – Carta 70/120€

piazza dei Signori 1 – ℰ 0444 330681 – www.elcoq.com – Chiuso 3-31 agosto, lunedì, martedì-domenica a mezzogiorno

🍽 Da Biasio   🛜 ♿ AC ⇔ P

MEDITERRANEA · ELEGANTE XxX Sulle colline che circondano la città, con terrazza panoramica coperta (fruibile anche nei mesi invernali), da Biasio troverete un locale moderno ed elegante. Ci sono piatti di carne, ma la giustificata nomea del ristorante è ancorata al pesce.

Menu 40/80€ – Carta 40/110€

*viale 10 Giugno 172 – ℰ 0444 323363 – www.ristorantedabiasio.it –
Chiuso 17 febbraio-2 marzo, 10-24 agosto, lunedì, sabato a mezzogiorno*

🍽 Il Querini da Zemin   ⇐ 🛜 ♿ AC ⇔ P

ITALIANA · ACCOGLIENTE XX Sempre all'interno dell'hotel Da Porto, il ristorante - di grande tradizione familiare - ha apportato migliorie alla suddivisione dei suoi ambienti dedicando la luminosa veranda alla cucina serale, moderna e contemporanea. Per il pranzo, ci si accomoda al Cliòn Bistrò: piatti più easy e sfiziosi.

Carta 40/65€

*Hotel Da Porto, viale del Sole 142 – ℰ 0444 552054 – www.ilquerinidazemin.it –
Chiuso 1-7 gennaio, 8-21 agosto, lunedì, martedì-sabato a mezzogiorno*

🍽 Al Pestello   🛜

REGIONALE · SEMPLICE X L'indirizzo giusto per assaporare la vera cucina veneta, e vicentina in particolare, con tanto di menù in dialetto, è questa piccola trattoria con dehors estivo.

Menu 35€ – Carta 37/51€

contrà Santo Stefano 3 – ℰ 0444 323721 – Chiuso lunedì a mezzogiorno, martedì, mercoledì-venerdì a mezzogiorno

VICO EQUENSE

✉ 80069 – Napoli (NA) – Carta regionale n° **4**–B2 – Carta stradale Michelin 564-F25

🕸 Antica Osteria Nonna Rosa (Giuseppe Guida)   🏖 AC

MODERNA · ROMANTICO XX Sul ciglio della strada verso il Monte Faito, s'incontra questa suggestiva dimora storica che dopo il restyling si presenta ai propri ospiti ancora più calda ed accogliente. Tra pareti color tortora e lampade che scendono ad illuminare i tavoli come piccoli palcoscenici, la cucina si conferma originale e creativa, pur restando fedele alle tradizioni, nonché ai prodotti campani, spesso da produzione propria. Da qualche anno lo chef-patron Giuseppe Guida ha – infatti - acquistato un grande giardino, dove si coltivano per intero tutte le verdure ed ortaggi utilizzati in cucina. Lo slogan del locale? "Un intrigante viaggio nei sapori di una volta, con slanci su terreni più fantasiosi senza mai rinnegare le origini".

Specialità: Gamberi da nord a sud. Linguine, lupini, pomodoro arrosto e cacio e pepe. Babà, cagliata di latte di mandorla e gelato al caffè.

Menu 90 € – Carta 48/70 €

via privata Bonea 4, località Pietrapiano – ℰ 081 879 9055 – www.osterianonnarosa.it – Chiuso 10-20 giugno, lunedì-martedì a mezzogiorno, mercoledì, giovedì-venerdì a mezzogiorno, domenica sera

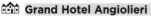 Grand Hotel Angiolieri   ⌘ ≼ ⌂ ⌶ ⊡ 🅰🅲 🚗

LUSSO · CONTEMPORANEO Affacciato sul Golfo, ma in posizione elevata, si tratta di un austero ed elegante edificio storico; servizio squisito, eleganti arredi, ottima la prima colazione. A disposizione c'è anche una cabina per massaggi.

36 camere ⌂ – 🛉🛉 110/450 € – 2 suites

via Santa Maria Vecchia 2, località Seiano – ℰ 081 802 9161 – www.grandhotelangiolieri.it – Chiuso 5 gennaio-9 aprile, 15 novembre-31 dicembre

a Marina Equa Sud : 2,5 km – Carta regionale n° **4**-B2

✿✿ Torre del Saracino (Gennaro Esposito)   ✿ 🏡 🅰🅲 🅿

CREATIVA · CONTESTO CONTEMPORANEO XxX Un'antica torre del 1300, ma non un'architettura semplicemente ancorata alla terra, bensì una costruzione "aperta" al mare che le si dispiega davanti a ricordo della sua funzione originaria, l'avvistamento. Questa simbolica ouverture la si ritrova - ora - nella cucina di Gennaro che in questa singolare costruzione ha posto il ristorante.

La cucina è un omaggio al sud con i suoi sapori, pieni, distinti, rotondi, piatti di contrasti armoniosi - da un lato la stagionalità e il territorio, dall'altro la fantasia e la ricerca – il tutto a servizio della creatività.

La carta dei vini annovera oltre ad un'ampia selezione di bollicine, grandi etichette francesi, internazionali e – naturalmente – italiane, nonché nuove realtà locali, a volte piccolissime, praticamente a dimensione artigianale.

Specialità: Polipetto verace, salsa alla "Luciana", purea di ceci e bietola. Piccione allo spiedo, cipollotto nocerino caramellato, cavolo rosso e funghi. Millefoglie caramellata, cremoso al caffè e datteri, sorbetto al kumquat.

Menu 165/200 € – Carta 102/138 €

via Torretta 9 – ℰ 081 802 8555 – www.torredelsaracino.it – Chiuso 7 gennaio-12 febbraio, lunedì, martedì a mezzogiorno, domenica sera

sulla s. s. 145 panoramica dal centro in direzione Napoli

✿ Maxi   ✿ ≼ ⌂ 🏡 🅿

CREATIVA · ROMANTICO XxX Maxi di nome e di fatto! Se la location ci mette del suo per rendere indimenticabile la sosta offrendo una vista XL su mare e costa, il giovane chef, Graziano, non è da meno nell'intrattenere i suoi ospiti con piatti di gusto mediterraneo, ma dall'impronta creativa. Dopo essersi formato alla "scuola" dei migliori chef campani, la sua cucina non è scevra da questo imprinting, anche se le tante esperienze maturate in giro per il mondo, gli hanno permesso di tornare a casa arricchito di nuovi spunti. Tre i menu degustazione – Graziano (se ci si vuole affidare allo chef), Bianca, Vanessa – ed una ricca cantina: assolutamente da visitare!

Specialità: Caesar salad di piccione. Ravioli ripieni di brasato, burrata, gamberi e nasturzio. Saint-honore.

Menu 90/150 € – Carta 90/140 €

Hotel Capo la Gala, via Luigi Serio 8, s.s. 145 Sorrentina, km 14,500 – ℰ 081 801 5757 – www.hotelcapolagala.com – Chiuso 20 ottobre-10 aprile, lunedì a mezzogiorno, martedì, mercoledì-domenica a mezzogiorno

⭗ Il Bikini   ≼ ⌂ 🏡 🅰🅲 🅿

PESCE E FRUTTI DI MARE · STILE MEDITERRANEO XX La sala ristorante dal respiro mediterraneo, cinta dal terrazzino-dehors, è rialzata rispetto al proprio omonimo stabilimento balneare: anche per questo, quindi, aspettatevi una splendida vista che accompagnerà una cucina di qualità, con molto pesce ed un po' di carne.

Menu 50/70 € – Carta 40/68 €

strada statale 145 Sorrentina, al km 13,900 – ℰ 081 1984 0029 – www.ilbikini.com – Chiuso 1 ottobre-1 aprile, martedì

🍴 La Caletta dello Scrajo ⟨ 🛋 P

MODERNA · INTIMO ✕✕ Partendo dalle terme Scrajo si scende fino al giardino di accoglienza... Che ceniate in pagoda, sulla terrazza o nella storica sala interna troverete piatti mediterranei, ma soprattutto sapori campani in chiave moderna, preparati da uno chef esperto.

Menu 80/110 € – Carta 60/90 €

via Luigi Serio SS145 n.9, presso Scrajo Terme – ☏ 081 19042063 – www.scrajoterme.it – Chiuso 1 novembre-31 marzo, lunedì, martedì-domenica a mezzogiorno

🏨 Capo la Gala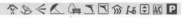

LUSSO · LUNGOMARE Costruito a pelo d'acqua in una romantica baia rocciosa, le camere sono lambite dagli spruzzi del mare e sono impreziosite dalle straordinarie ceramiche vietresi. L'offerta di servizi è davvero eccellente, la piccola spa ne è un esempio. In alternativa alle cene gourmet del Maxi, c'è anche la Taverna del mare Nerea.

22 camere ☲ – 👫 305/910 € – 1 suite

via Luigi Serio 8, s.s. 145 Sorrentina, km 14,500 – ☏ 081 801 5758 – www.hotelcapolagala.com – Chiuso 20 ottobre-20 aprile

❀ **Maxi** – Vedere selezione ristoranti

VICOFORTE

✉ 12080 – Cuneo (CN) – Carta regionale n° **12**–B3 – Carta stradale Michelin 561-I5

🍴 Euthalia &

CREATIVA · INTIMO ✕✕ Euthalia, "fiore che sboccia" in greco, è una passeggiata tra boschi, licheni e abeti in quel Monregalese che è un terra di confine, fra le Langhe e il confine francese. Ed è proprio in questo piccolo e moderno locale dove l'abile chef saprà conquistarvi con i sapori delle sue montagne: erbe, funghi, radici e cortecce, pesci di fiumi locali e prodotti d'alpeggio.

Menu 35/48 € – Carta 45/85 €

strada statale 28 8/c – ☏ 0174 563732 – www.euthaliaristorante.it – Chiuso 7-24 gennaio, 2-11 settembre, lunedì-martedì a mezzogiorno, mercoledì, giovedì-sabato a mezzogiorno

🏠 Duchessa Margherita

DIMORA STORICA · PERSONALIZZATO Una villa della metà del XIX secolo affacciata sul santuario, interni romantici ed eleganti, mobili d'antiquariato: come fil rouge la storia di casa Savoia.

10 camere ☲ – 👫 120/210 €

via San Rocco 29 – ☏ 0174 565022 – www.duchessamargherita.it – Chiuso 7 gennaio-9 febbraio

VICOMERO – Parma ➜ Vedere Torrile

VICOPISANO

✉ 56010 – Pisa (PI) – Carta regionale n° **18**–B2 – Carta stradale Michelin 563-K13

🍴 Osteria Vecchia Noce 🛋 🛋 AC P

TOSCANA · CONTESTO TRADIZIONALE ✕✕✕ All'ingresso di Uliveto Terme, un antico frantoio del 1700 nel centro della minuscola frazione: ambiente caratteristico, elegante e caldo, nonché collaudata gestione familiare. Piatti di terra e di mare elaborati con cura strutturano il menu.

Carta 33/78 €

località Noce 39 – ☏ 050 788229 – www.ostreiavecchianoce.it – Chiuso 10-25 agosto, martedì sera, mercoledì

VIESTE

✉ 71019 – Foggia (FG) – Carta regionale n° **15**–B1 – Carta stradale Michelin 564-B30

ⓐ Il Capriccio

PESCE E FRUTTI DI MARE · ACCOGLIENTE XX Tappa irrinunciabile per chi è alla ricerca dei migliori ristoranti del Gargano, Il Capriccio si affaccia - d'estate - sul porto turistico con tavoli sul pontile e delizia i palati con una cucina creativa di pesce, spesso combinato con il tradizionale amore dei pugliesi per le verdure. Il nostro consiglio: riso patate e cozze, tutta un'altra storia! Per i veri gourmet curioso menu fitoalimurgico a base di radici scomparse.

Specialità: Polpo cotto a bassa temperatura e rosticciato, maionese di acqua di polpo, humus di ceci e ceci fritti. Dentice al vapore aromatico di foglie di limoni su crema di fave e cicorietta selvatica. Rollatina di ricotta agli agrumi, ventaglio di pera e cioccolato.

Menu 35/45 € – Carta 35/55 €

località Porto Turistico – ☏ 0884 705073 – www.ilcapricciovieste.it –
Chiuso 7 gennaio-13 febbraio

ⓐ Al Dragone

REGIONALE · ROMANTICO XX Un ambiente caratteristico ricavato all'interno di una grotta naturale, dove lasciarsi andare ai piaceri della tavola: sapori regionali presentati con cura e fantasia. Specialità: scampi in crosta di mandorle.

Specialità: Sgombro scottato con pomodorino alla pizzaiola e crema d'aglio. Tonno con pistacchi tostato agli agrumi e caponata di melanzane. Tartara di fragole con zenzero, crema al mascarpone e crumble di amaretti.

Carta 35/45 €

via Duomo 8 – ☏ 0884 701212 – www.aldragone.it – Chiuso 2 novembre-28 marzo, martedì

VIGANO – Milano → Vedere Gaggiano

VIGANÒ

✉ 23897 – Lecco (LC) – Carta regionale n° **10**–B1 – Carta stradale Michelin 561-E9

❀ Pierino Penati (Theo Penati)

CLASSICA · ELEGANTE XXX Immersa nel verde delle colline brianzole, una villa alle porte del paese con un grazioso giardino... e la cura prosegue all'interno nell'elegante sala con veranda. Piatti della tradizione e qualche proposta di pesce per una cucina creativa di grande sapore, preparata con materie prime di qualità, selezionate con attenzione e passione, mentre la cantina custodisce etichette importanti e pregiate, che riposano insieme a bottiglie di aziende "minori": meno conosciute, ma non per questo meno buone.

Specialità: Terrina di coniglio, con il suo fegato, spinaci con uvette e pinoli. Risotto d'estate, ai tre pomodori e basilico di montagna. Zabaione alla milanese, biscotti savoiardi.

Menu 30 € (pranzo), 75/90 € – Carta 50/110 €

via XXIV Maggio 36 – ☏ 039 956020 – www.pierinopenati.it – Chiuso 7-31 gennaio, 26-30 dicembre, lunedì, domenica sera

VIGEVANO

✉ 27029 – Pavia (PV) – Carta regionale n° **9**–A3 – Carta stradale Michelin 561-G8

❀ I Castagni (Enrico Gerli)

DEL TERRITORIO · ELEGANTE XXX Nella campagna vigevanese, un rustico ed elegante casolare con portico accoglie i suoi ospiti tra mobili antichi e quadri alle pareti di artisti locali: un ristorante estremamente raffinato composto da tre accoglienti sale, ma con lo stile di una casa privata. Se lo starting block della cucina è la tradizione del territorio lombardo, la ricerca e l'estro gastronomico dello chef-patron la fa volare nel regno della fantasia: piatti sorretti da ottimi prodotti e coreografiche presentazioni. Oltre 600 etichette e bottiglie provenienti da tutto il mondo riposano in cantina.

Specialità: Gamberi in fili croccanti e calamari in farina di riso fritti, riso carnaroli integrale alla milanese al salto, fondo di gamberi ristretto. Piccione in due cotture: coscia ed ala arrostite, petto alla piastra, trombette nere saltate in padella, ciliegie in conserva d'aceto e spezie, raviolo di fegatini nel suo consommè all'anice stellato. Fragola: semifreddo, composta con rabarbaro, gelato alle fragoline di bosco e timo, granita.

Menu 57/67 € – Carta 52/85 €

via Ottobiano 8/20 – ℰ 0381 42860 – www.ristoranteicastagni.com –
Chiuso 1-10 gennaio, 23-30 giugno, 16-31 agosto, lunedì, domenica sera

VIGO DI FASSA

✉ 38039 – Trento (TN) – Carta stradale Michelin 562-C17

a **Tamion** Sud - Ovest : 3, 5 km – Carta regionale n° **19**–C2

⁂ 'L Chimpl

CREATIVA · CONTESTO CONTEMPORANEO XX Circondata da spettacolari massicci dolomitici e attraversata dal torrente Avisio, la Val di Fassa è una meravigliosa destinazione in Trentino-AltoAdige che unisce bellezze primordiali, natura incontaminata, hotel sulle piste da sci, e tappe gourmet come da 'L Chimpl. Al cospetto del Catinaccio-Rosengarten, l'alta cucina si fa strada all'interno dell'albergo Gran Mugon, che ha aperto una sala interamente dedicata al talentuoso cuoco, Stefano Ghetta. Nei suoi piatti i prodotti del territorio sono il trampolino di una fantasia che si tuffa in divagazioni estrose e creative - allegre come l'uccellino a cui il nome dialettale del ristorante allude.

Specialità: Uovo soffice di Tamion, spinaci, patata e tartufo. Caldo e freddo di capriolo cotto nella cenere. Passeggiata per Tamion.

Menu 40/80 € – Carta 70/80 €

Hotel Gran Mugon, strada de Tamion 3 – ℰ 0462 769108 – www.lchimpl.it –
Chiuso 13 aprile-15 giugno, 28 settembre-20 dicembre, lunedì-sabato a
mezzogiorno, domenica

VILLABASSA · NIEDERDORF

✉ 39039 – Bolzano (BZ) – Carta regionale n° **19**–D1

ⅠO Aquila-Adler

REGIONALE · ROMANTICO XX All'interno dell'omonimo albergo, avvolti nel romantico fascino delle stuben, autentici capolavori in legno risalenti al '700, qui troverete la cucina tradizionale tirolese con un pizzico di contemporaneità e stagionalità.

Menu 35/60 € – Carta 35/75 €

Hotel Aquila-Adler, piazza Von Kurz 3 – ℰ 0474 745128 – www.hoteladler.com –
Chiuso 29 marzo-23 maggio, 18 ottobre-4 dicembre, martedì

🏨 Aquila-Adler

DIMORA STORICA · ELEGANTE Ambienti raffinati in questa storica struttura del centro - risalente al 1600 - con camere tutte rinnovate secondo moderne concezioni di confort ma, al tempo stesso, serbando un certo gusto per l'antico. Imperidbili quelle con camino!

15 camere ☑ – 👫 150/340 € – 12 suites

piazza Von Kurz 3 – ℰ 0474 745128 – www.hoteladler.com –
Chiuso 29 marzo-23 maggio, 18 ottobre-4 dicembre

ⅠO **Aquila-Adler** – Vedere selezione ristoranti

VILLA D'ALMÈ

✉ 24018 – Bergamo (BG) – Carta regionale n° **10**–C1 – Carta stradale Michelin 561-E10

⌬ **Osteria della Brughiera** 🛏️🏡🪑

CREATIVA · ROMANTICO XXX Aperta negli anni Novanta da Stefano Arrigoni, insieme a mamma Bruna e papà Valter, l'Osteria della Brughiera offre un viaggio atemporale che accompagna i palati più esigenti e nostalgici tra ricchi broccati e tovaglie di lino. Cullati dal melodico scricchiolio del parquet, avvolti da tappeti, immersi in un'elegante atmosfera, ecco che l'antica casa di ristoro si è evoluta nell'attuale romantico ristorante. La cucina ne ha seguito il passo: creativa ed effervescente, ama sorprendere, dai salumi ai piatti più elaborati, a grandi livelli. Cantina di prestigio con etichette provenienti da tutto il mondo.

Specialità: Patata gialla schiacciata alla forchetta, uovo e caviale. Zucca, zola e zenzero. Meringata alle fragoline di bosco, gelato alla rosa.

Menu 80/100€ – Carta 83/105€

via Brughiera 49 – ☎ 035 638008 –
www.osteriadellabrughiera.it – Chiuso 9-31 agosto, lunedì, martedì a mezzogiorno

VILLA DI CHIAVENNA
✉ 23029 – Sondrio (SO) – Carta regionale n° **9**-B1 – Carta stradale Michelin 561-C10

⌬ **Lanterna Verde** (Roberto Tonola) 🕸️🏡 **P**

MODERNA · STILE MONTANO XX D'inverno, la bella e classica sala interna vi coccolerà con il calore del camino, d'estate sarà la piacevolezza del giardino a conquistarvi. In entrambe le stagioni, il meglio del pescato di lago tra i tratti caratteriali della cucina, in ricette tradizionali ed altre più creative, strizzando sempre l'occhio alla territorialità. Ricapitolando: un ottimo ristorante, un allevamento sostenibile di trote, una piccola centrale idroelettrica che produce energia da fonti rinnovabili, la gestione di un castagneto per la produzione di farina di castagne, una carta dei vini con circa ottomila bottiglie... Difficile pretendere di più!

Specialità: Trittico della trota. Pancia e reale di maialino con cetriolo, albicocche e riso venere. Spuma di kiwi, gelato al mascarpone, opalina.

Menu 50/80€ – Carta 60/85€

frazione San Barnaba 7 – ☎ 0343 38588 –
www.lanternaverde.com – Chiuso 8-19 giugno, 9 novembre-4 dicembre, martedì sera, mercoledì

VILLAFRANCA DI VERONA
✉ 37069 – Verona (VR) – Carta regionale n° **23**-A3 – Carta stradale Michelin 562-F14

a Dossobuono Nord - Est : 7 km

⅋○ **Cavour** 🏡 🅰️ 🪑 **P**

REGIONALE · AMBIENTE CLASSICO XX E' una splendida testimonianza della tradizione gastronomica veneta, fatta di ricette tradizionali, ospitalità familiare e carrelli vecchio stile, da quello dei bolliti e arrosti a quello dei dolci. Si entra con appetito, si esce straordinariamente appagati.

Carta 40/45€

via Cavour 40 – ☎ 045 513038 –
www.ristorantecavourverona.it – Chiuso 15-23 agosto, 31 dicembre-6 gennaio, domenica

🏨 **Veronesi La Torre**

BUSINESS · CONTEMPORANEO E' un monastero la cui parte più antica risale al XIV secolo ad ospitare questo elegante albergo, i cui moderni interni si armonizzano deliziosamente con i muri storici: il risultato è uno spazio confortevole e di grande charme. Navetta gratuita per l'aeroporto.

81 camere ⌧ – ♔♔ 118/490€ – 9 suites

via Monte Baldo 22 – ☎ 045 860 4811 –
www.hotelveronesilatorre.it

VILLANDRO • VILLANDERS

✉ 39040 – Bolzano (BZ) – Carta regionale n° **19**-C2 – Carta stradale Michelin 562-C16

⭕ **Ansitz Zum Steinbock** ⟵ ≤ 🏠 ⟳ 🅿

REGIONALE · ROMANTICO ✕✕ Quasi un castello che troneggia in questo delizioso villaggio di montagna: altrettanto incantevole è l'atmosfera al suo interno, tra le fiabesche stube e le romantiche camere. Ottima ed estrosa, la cucina riesce sempre a sorprendere grazie a richiami alla tradizione, nonché accenni più creativi. Talvolta anche a base di pesce.

Menu 64/105 € – Carta 50/88 €

*vicolo F.V. Defregger 14 – ℰ 0472 843111 – www.zumsteinbock.com –
Chiuso 6 gennaio-12 febbraio, 8-18 novembre, lunedì*

VILLA SAN GIOVANNI

✉ 89018 – Reggio di Calabria (RC) – Carta regionale n° **3**-A3 –
Carta stradale Michelin 564-M28

⭕ **Vecchio Porto** 🏠 🅰🅲

PESCE E FRUTTI DI MARE · AMBIENTE CLASSICO ✕✕ Se i traghettatori conoscono Villa San Giovanni per il suo porto d'imbarco per la Sicilia, i gourmet conoscono invece un altro porto, che è anche uno dei migliori ristoranti della zona, con spettacolare vista dalla terrazza al secondo piano sullo stretto e sull'isola. Vi si serve in prevalenza pesce, di rimarchevole qualità, con tocchi creativi e attenzione alle presentazioni.

Menu 25 € (pranzo), 50/60 € – Carta 40/85 €

*lungomare Cenide 55 – ℰ 0965 700502 – www.ristorantevecchioporto.com –
Chiuso 10-30 gennaio, mercoledì*

a Santa Trada di Cannitello Nord - Est : 5 km – Carta regionale n° **3**-A3

🏨 **Altafiumara Resort & Spa**
🐾 🐕 ≤ 🏠 ⟆ 🕙 🛁 🛗 ⚕ 🅰🅲 🔱 🅿

LUSSO · MEDITERRANEO Grande proprietà, a picco sul mare, in cui domina la fortezza borbonica di fine Settecento all'interno della quale sono state ricavate le camere. Esclusivo centro benessere.

128 camere ⌧ – 👫 172/218 € – 41 suites

via Petrello – ℰ 0965 759804 – www.altafiumarahotel.it – Chiuso 6 ottobre-15 maggio

VILLASIMIUS – Cagliari → Vedere Sardegna

VIPITENO • STERZING

✉ 39049 – Bolzano (BZ) – Carta regionale n° **19**-B1 – Carta stradale Michelin 562-B16

⭕ **Kleine Flamme**

CREATIVA · FAMILIARE ✕✕ Bei palazzi borghesi caratterizzati dagli erker – finestre poligonali – ornati di fiori: questo è il biglietto da visita del centro storico di Vipiteno che ospita Kleine Flamme, ideale connubio tra Oriente ed Occidente, piatti mediterranei e creativi insaporiti da spezie ed erbe aromatiche. Coltivate in loco!

Menu 54/72 € – Carta 69/105 €

*via Cittanuova 31 – ℰ 0472 766065 – www.kleineflamme.com – Chiuso lunedì,
domenica sera*

VITERBO

✉ 01100 – Viterbo (VT) – Carta regionale n° **7**-B1 – Carta stradale Michelin 563-O18

✿ Danilo Ciavattini   ♿ AC

CREATIVA · MINIMALISTA ✕✕ È un ritorno a casa per il giovane cuoco Danilo Ciavattini che, dopo importanti esperienze in giro per l'Italia, nel 2017 ha finalmente aperto il suo ristorante nel cuore di Viterbo. Due sale semplici e sobrie, tutta l'attenzione è per i piatti dove emergono territorio e tecnica, ma soprattutto ingredienti locali: dall'olio all'agnello, dalle patate ai funghi, profumi intensi di memorie antiche, per una solida cucina basata su piccoli produttori della zona. Sapori semplici, ma marcati, sono i pilastri di una cucina autentica, con epicentro nella bella Tuscia.

Specialità: La patata interrata. Agnello della Tuscia con patate al camino e la sua salsa. Terra spaccata.

Menu 35/65€ – Carta 36/55€

via delle Fabbriche 20-22 – ℰ 0761 333767 – www.danilociavattini.com –
Chiuso 18-27 agosto, lunedì a mezzogiorno, mercoledì, domenica sera

⅋○ Il Grottino   AC

DEL TERRITORIO · CONTESTO TRADIZIONALE ✕ L'elegante calligrafia della carta promette un bel tuffo in sapori locali o più creativi, ma non solo. Il Grottino è - senza dubbio - l'indirizzo giusto per una simpatica cenetta.

Menu 30€ – Carta 38/50€

via della Cava 7 – ℰ 0761 290088 – Chiuso 29 giugno-6 luglio, lunedì, domenica sera

VITORCHIANO

✉ 01030 – Viterbo (VT) – Carta regionale n° **7**–B1 – Carta stradale Michelin 563-O18

✿ Casa Iozzìa   ⇔ 🌳 AC P

MODERNA · ELEGANTE ✕✕ In un casolare ristrutturato, nella campagna viterbese, pochi tavoli e un grande camino celebrano i ricordi siciliani del cuoco. E' una cucina di memoria isolana che ritroverete in diversi prodotti e ricette, ma che si permette anche divagazioni più creative: l'una e le altre comunque di grande livello e raffinatezza. E se il mare non è a portata di mano, lo è - però - a portata di piatto in specialità fortemente evocative come nel crudo di Mazara.

Al piano sottostante, l'osteria Basilicò propone un ideale matrimonio fra tradizione locale e sapori siciliani, diversi secondi anche alla brace.

Specialità: Crudo di Mazara del Vallo. Gli spaghetti ricordano il mare. Un salto nella campagna siciliana.

Menu 75/120€ – Carta 75/100€

via della Quercia 15/b – ℰ 0761 373441 – www.casaiozzia.it – Chiuso 7-31 gennaio, lunedì, martedì, mercoledì-sabato a mezzogiorno

VIZZINI – Catania → Vedere Sicilia

VODO CADORE

✉ 32040 – Belluno (BL) – Carta regionale n° **23**–C1 – Carta stradale Michelin 562-C18

✿ Al Capriolo   P

REGIONALE · VINTAGE ✕✕ Nel tipico borgo ladino incorniciato dalle maestose rocce dei Monti Pelmo e Antelao, un'elegante casa d'atmosfera mitteleuropea con una storia di oltre 200 anni narrata da trofei di caccia, orologi ed affreschi, gestita da sempre dalla stessa famiglia: i Gregori. Tanta attenzione al territorio ed ai sapori del passato - attingendo a piene mani alla ricchezza enogastronomica della zona (dagli allevatori alle piccole realtà artigianali) - sono i presupposti di una cucina della tradizione, sebbene creativa, preparata da uno chef che altoatesino non è: Francesco Paonessa. Fratello minore è il Capriolino, osteria con pochi piatti tradizionali ad un prezzo interessante.

Specialità: L'orto e il bosco. Gran piatto di cacciagione. Tiramisù sferico.

Menu 38€ (pranzo), 55/90€ – Carta 38/100€

via Nazionale 108 – ℰ 0435489207 – www.alcapriolo.it – Chiuso 10 aprile-31 maggio, 1-25 novembre, martedì

VOLTERRA

✉ 56048 – Pisa (PI) – Carta regionale n° **18**–B2 – Carta stradale Michelin 563-L14

ⓇO Enoteca Del Duca 🎴 ☎ 🍴 ♿

CLASSICA · CONTESTO STORICO ✕✕ Vicino alla piazza principale e al Castello, il locale ospita una piccola enoteca per la degustazione dei vini ed una sala più elegante dove gustare piatti toscani. Per chi ama gli spazi aperti, anche un caratteristico dehors.

Carta 35/70 €

via di Castello 2, angolo via Dei Marchesi – ℰ 0588 81510 – www.enoteca-delduca-ristorante.it – Chiuso 7 gennaio-7 marzo, 23-27 dicembre, martedì

VOLTIDO

✉ 26030 – Cremona (CR) – Carta stradale Michelin 561-G13

a Recorfano Sud : 1 km – Carta regionale n° **9**–C3

☺ Antica Trattoria Gianna ☎ 🍴 ㏂

REGIONALE · TRATTORIA ✕ Gloriosa trattoria familiare, a pranzo troverete piatti semplici ad un prezzo, per la qualità proposta, quasi imbattibile; la sera – invece - un menu degustazione più lungo, per mangiare in abbondanza non solo ricette della bassa padana.

Specialità: Spalla cotta con gnocco fritto al rosmarino. Risotto Carnaroli stagionale. Dolci della casa.

Menu 15 € (pranzo), 30/35 € – Carta 15/35 €

via Maggiore 12 – ℰ 0375 98351 – www.anticatrattoriagianna.it – Chiuso lunedì sera, martedì

VOLTRI – Genova → Vedere Genova

VOZE – Savona → Vedere Noli

WELSBERG • MONGUELFO – Bolzano → Vedere Monguelfo

WELSCHNOFEN • NOVA LEVANTE – Bolzano → Vedere Nova Levante

WOLKENSTEIN IN GRÖDEN • SELVA DI VAL

GARDENA – Bolzano → Vedere Selva di Val Gardena

ZAFFERANA ETNEA – Catania → Vedere Sicilia

ZELARINO – Venezia → Vedere Mestre

ZERO BRANCO

✉ 31059 – Treviso (TV) – Carta regionale n° **23**–C2 – Carta stradale Michelin 562-F18

ⓇO Ca' Busatti 🛏 ☎ ♿ ㏂ ⟷ 🅿

MODERNA · ELEGANTE ✕✕✕ Un piccolo angolo di signorilità cinto da verde e laghetti: un'elegante casa di campagna con una saletta interna e un dehors coperto, chiuso da vetrate. La cucina? Di terra e di mare, fantasiosa estuzzicante.

Menu 30 € (pranzo), 40/72 € – Carta 42/88 €

via Gallese 26 – ℰ 0422 97629 – www.cabusatti.com – Chiuso 7-20 gennaio, 7-17 agosto, lunedì, domenica sera

ZIBIDO SAN GIACOMO

✉ 20080 – Milano (MI) – Carta regionale n° **10**–B3 – Carta stradale Michelin 561-F9

a Moirago Est: 2 km

Antica Osteria Moirago

ITALIANA CONTEMPORANEA · ROMANTICO XX Nella frazione di Moirago, affacciato sul Naviglio Pavese, nel 1250 nacque un convento, che già nel 1478 funzionava come osteria. Sono passati secoli, ma oggi la tradizione continua, nel portico chiuso e dipinto, così come nelle due sale interne, piene di calore e atmosfera. Le origini pugliesi del cuoco lasciano spazio a verdure e crudità di pesce, mentre in inverno l'impronta dei piatti è più settentrionale. Ampia selezione di vini al bicchiere.

Carta 50/80 €

via Pavese 4 Moirago – 6 02 9000 2174 – www.anticaosteriamoirago.it –
Chiuso 5-29 agosto, 26 dicembre-6 gennaio, lunedì, domenica sera

ZORZINO – Bergamo → Vedere Riva di Solto

Indice tematico

Thematic index

ESERCIZI CON STELLE

STARRED RESTAURANTS

✿

N **Nuova distinzione**
N *Newly awarded distinction*

✿✿✿

Alba	Piazza Duomo
Alta Badia / San Cassiano	St. Hubertus
Brusaporto	Da Vittorio
Canneto sull' Oglio / Runate	Dal Pescatore
Castel di Sangro	Reale
Firenze	Enoteca Pinchiorri
Milano	Enrico Bartolini al Mudec **N**
Modena	Osteria Francescana
Roma	La Pergola
Rubano	Le Calandre
Senigallia	Uliassi

✿✿

Brusciano	Taverna Estia
Campagna Lupia / Lughetto	Antica Osteria Cera
Capri (Isola di) / Anacapri	L'Olivo
Cervere	Antica Corona Reale
Cesenatico	Magnolia
Chiusa	Jasmin
Colle di Val d'Elsa	Arnolfo
Concesio	Miramonti l'Altro
Gargnano	Villa Feltrinelli
Guarene	La Madernassa **N**
Imola	San Domenico
Ischia (Isola d')	daní maison
Licata	La Madia

Lonigo	La Peca
Massa Lubrense / Nerano	Quattro Passi
Massa Marittima / Ghirlanda	Bracali
Milano / Centro Storico	Seta by Antonio Guida
Milano / Centro Storico	Vun Andrea Aprea
Milano / Zona Urbana Sud - Ovest	Il Luogo di Aimo e Nadia
Montemerano	Caino
Mules	Gourmetstube Einhorn
Orta San Giulio	Villa Crespi
Ragusa	Duomo
Rivodutri	La Trota
Roma / centro storico	Il Pagliaccio
Sant' Agata sui Due Golfi	Don Alfonso 1890
Sarentino	Terra
Senigallia / Marzocca	Madonnina del Pescatore
Tirolo	Trenkerstube
Udine / Godia	Agli Amici
Venezia	Glam Enrico Bartolini **N**
Verbania / Fondotoce	Piccolo Lago
Verona	Casa Perbellini
Viareggio	Il Piccolo Principe
Vico Equense / Marina Equa	Torre del Saracino

🏵️

ABRUZZO

Civitella Casanova	La Bandiera
Guardiagrele	Villa Maiella
L'Aquila	Magione Papale
Roseto degli Abruzzi / Montepagano	D.One Restaurant
San Salvo / San Salvo Marina	Al Metrò

BASILICATA

Matera	Vitantonio Lombardo

CALABRIA

Catanzaro	Abbruzzino
Isola di Capo Rizzuto / Praialonga	Pietramare Natural Food
Marina di Gioiosa Ionica	Gambero Rosso
Santa Cristina d'Aspromonte	Qafiz
Strongoli	Dattilo

CAMPANIA

Amalfi	La Caravella dal 1959
Amalfi	Glicine **N**
Bacoli	Caracol
Caggiano	Locanda Severino
Capri (Isola di) / Anacapri - alla grotta Azzurra	Il Riccio
Capri (Isola di) / Capri	Mammà
Capri (Isola di) / Capri	Le Monzù **N**
Caserta	Le Colonne
Castellammare di Stabia	Piazzetta Milù
Conca dei Marini	Il Refettorio
Eboli	Il Papavero
Ischia (Isola d') / Lacco Ameno	Indaco
Ischia (Isola d') / Sant'Angelo	La Tuga **N**
Maiori	Il Faro di Capo d'Orso
Massa Lubrense / Nerano	Taverna del Capitano
Mercato San Severino	Casa del Nonno 13
Napoli	Il Comandante
Napoli	George Restaurant **N**
Napoli	Palazzo Petrucci
Napoli	Veritas
Paestum	Le Trabe
Paestum / Capaccio	Osteria Arbustico
Pompei	President
Positano	La Serra
Positano	Zass
Quarto	Sud
Ravello	Il Flauto di Pan **N**
Ravello	Rossellinis
Salerno	Re Maurì
Sant' Agnello	Don Geppi
Sorrento	Il Buco
Sorrento	Terrazza Bosquet
Telese Terme	Krèsios
Telese Terme	La Locanda del Borgo
Torre del Greco	Josè Restaurant - Tenuta Villa Guerra **N**
Vallesaccarda	Oasis-Sapori Antichi
Vico Equense	Antica Osteria Nonna Rosa
Vico Equense / sulla ss 145 panoramica	Maxi

CITTÀ DI SAN MARINO

San Marino	Righi

EMILIA-ROMAGNA

Bagno di Romagna / San Piero in Bagno	Da Gorini **N**
Bologna	I Portici

Borgonovo Val Tidone	La Palta
Carpaneto Piacentino	Nido del Picchio
Castel Maggiore	Iacobucci **N**
Cesenatico	La Buca
Codigoro	La Capanna di Eraclio
Codigoro	La Zanzara
Modena	L'Erba del Re
Parma	Inkiostro
Parma	Parizzi
Pennabilli	Il Piastrino
Polesine Parmense	Antica Corte Pallavicina
Quattro Castella / Rubbianino	Ca' Matilde
Rimini	Abocar Due Cucine
Rimini / Miramare	Guido
Rubiera	Arnaldo-Clinica Gastronomica
Sasso Marconi	Marconi
Savigno	Trattoria da Amerigo

FRIULI-VENEZIA GIULIA

Colloredo di Monte Albano	La Taverna
Cormons	Trattoria Al Cacciatore-della Subida
Dolegna del Collio / Vencò	L'Argine a Vencò
Rivignano	Al Ferarùt
Ruda	Osteria Altran
San Quirino	La Primula
Sappada	Laite
Trieste	Harry's Piccolo

LAZIO

Acquapendente / Trevinano	La Parolina
Acuto	Colline Ciociare
Fiumicino	Pascucci al Porticciolo
Fiumicino	Il Tino
Genazzano	Aminta Resort
Isola di Ponza / Ponza	Acqua Pazza
Labico	Antonello Colonna Labico
Roma	Bistrot 64
Roma / centro storico	Acquolina
Roma / centro storico	Il Convivio-Troiani
Roma / centro storico	Enoteca al Parlamento Achilli
Roma / centro storico	Idylio by Apreda **N**
Roma / centro storico	Imàgo
Roma / centro storico	Per Me Giulio Terrinoni
Roma / centro storico	Pipero Roma
Roma / Parioli	Assaje
Roma / Parioli	Metamorfosi

Roma / Parioli	All'Oro
Roma / Roma Antica	Aroma
Roma / Roma Antica	Marco Martini Restaurant
Roma / San Pietro (città del Vaticano)	Enoteca la Torre
Roma / San Pietro (città del Vaticano)	Tordomatto
Roma / Stazione Termini	Moma
Roma / Stazione Termini	La Terrazza
Roma / Trastevere - Testaccio	Glass Hostaria
Viterbo	Danilo Ciavattini
Vitorchiano	Casa Iozzìa

LIGURIA

Ameglia	Mauro Ricciardi alla Locanda dell'Angelo
Bergeggi	Claudio
Genova	The Cook
Imperia / Porto Maurizio	Sarri
Noli	Il Vescovado
San Remo	Paolo e Barbara

LOMBARDIA

Albavilla	Il Cantuccio
Almè	Frosio
Bellagio	Mistral
Bergamo	Casual
Bergamo	Impronte **N**
Blevio	L˜Aria **N**
Calvisano	Al Gambero
Campione d'Italia	Da Candida
Cavernago	Il Saraceno
Cernobbio	Materia
Certosa di Pavia	Locanda Vecchia Pavia «Al Mulino»
Como	I Tigli in Theoria
Cornaredo / San Pietro all'Olmo	D'O
Corte Franca / Borgonato	Due Colombe
Desenzano del Garda	Esplanade
Erbusco	Da Nadia
Fagnano Olona	Acquerello
Gardone Riviera / Fasano	Lido 84
Gargnano	La Tortuga
Gargnano	Villa Giulia
Laveno-Mombello	La Tavola
Lecco	Al Porticciolo 84
Madesimo	Il Cantinone e Sport Hotel Alpina
Manerba del Garda	Capriccio
Mantello	La Présef
Milano / Centro Storico	Cracco

Milano / Centro Storico	Felix Lo Basso
Milano / Centro Storico	IT Milano **N**
Milano / Centro Storico	Il Ristorante Trussardi alla Scala
Milano / City Life - Sempione	Iyo
Milano / Isola - Porta Nuova	Berton
Milano / Isola - Porta Nuova	Viva Viviana Varese
Milano / Navigli	Contraste
Milano / Navigli	Sadler
Milano / Navigli	Tano Passami l'Olio
Milano / Navigli	Tokuyoshi
Milano / Romana - Vittoria	L'Alchimia **N**
Milano / Stazione Centrale	Joia
Milano / Zona Urbana Nord - Ovest	Innocenti Evasioni
Milano / Zona Urbana Sud - Ovest	Lume by Luigi Taglienti
Olgiate Olona	Ma.Ri.Na.
Orzinuovi	Sedicesimo Secolo
Pralboino	Leon d'Oro
Quistello	Ambasciata
San Paolo d'Argon	Umberto De Martino
Sirmione	La Rucola 2.0
Stradella	Villa Naj **N**
Torno	Berton al Lago
Trescore Balneario	LoRo
Treviglio	San Martino
Viganò	Pierino Penati
Vigevano	I Castagni
Villa d'Almè	Osteria della Brughiera
Villa di Chiavenna	Lanterna Verde

MARCHE

Loreto	Andreina
Pesaro	Nostrano

PIEMONTE

Acqui Terme	I Caffi
Alba	Larossa
Alba	Locanda del Pilone
Alessandria / Spinetta Marengo	La Fermata
Benevello	Damiano Nigro
Caluso	Gardenia
Canale	All'Enoteca
Cherasco	Da Francesco
Domodossola	Atelier **N**
Grinzane Cavour	Marc Lanteri Al Castello
Isola D'Asti	Il Cascinalenuovo
La Morra	Massimo Camia

La Morra / Annunziata	Osteria dell'Arborina
Monforte d'Alba	Fre **N**
Novara	Cannavacciuolo Cafè & Bistrot
Novara	Tantris
Orta San Giulio	Locanda di Orta
Penango / Cioccaro	Locanda del Sant'Uffizio-Enrico Bartolini
Pinerolo	Zappatori
Pióbesi d'Alba	21.9
Pollone	Il Patio
Priocca	Il Centro
Rivoli	Combal.zero
San Maurizio Canavese	La Credenza
Santo Stefano Belbo	Il Ristorante di Guido da Costigliole
Serralunga d'Alba	La Rei
Serralunga d'Alba / Fontanafredda	Guido
Soriso	Al Sorriso
Tigliole	Ca' Vittoria
Torino	Del Cambio
Torino	Cannavacciuolo Bistrot
Torino	Carignano
Torino	Casa Vicina-Eataly Lingotto
Torino	Condividere **N**
Torino	Magorabin
Torino	Spazio7
Torino	Vintage 1997
Treiso	La Ciau del Tornavento
Venaria Reale	Dolce Stil Novo alla Reggia
Verbania / Pallanza	Il Portale
Vercelli	Cinzia da Christian e Manuel

PUGLIA

Andria	Umami
Barletta	Bacco
Carovigno	Già Sotto l'Arco
Ceglie Messapica	Antonella Ricci-Vinod Sookar
Conversano	Pashà
Lecce	Bros'
Manduria	Casamatta **N**
Ostuni	Cielo
Putignano	Angelo Sabatelli
Savelletri	Due Camini
Trani	Memorie di Felix Lo Basso **N**
Trani	Quintessenza

SARDEGNA

Arzachena / Porto Cervo	ConFusion
Cagliari	Dal Corsaro

SICILIA

Bagheria	I Pupi
Caltagirone	Coria
Catania	Sapio
Eolie (Isole) / Isola Salina	Signum
Eolie (Isole) / Isola Vulcano	Il Cappero
Linguaglossa	Shalai
Modica	Accursio
Palermo / Mondello	Bye Bye Blues
Ragusa	La Fenice
Ragusa	Locanda Don Serafino
Riposto / Archi	Zash **N**
Taormina	Otto Geleng **N**
Taormina	St. George by Heinz Beck
Taormina / Lido di Spisone	La Capinera
Terrasini	Il Bavaglino

TOSCANA

Castelnuovo Berardenga	L'Asinello **N**
Castelnuovo Berardenga	La Bottega del 30
Castiglione d'Orcia / Rocca d'Orcia	Osteria Perillà
Castiglione della Pescaia / Badiola	La Trattoria Enrico Bartolini
Chiusdino	Meo Modo
Chiusi	I Salotti
Cortona / San Martino	Il Falconiere
Firenze	Borgo San Jacopo
Firenze	La Bottega del Buon Caffè
Firenze	Gucci Osteria da Massimo Bottura **N**
Firenze	La Leggenda dei Frati
Firenze	Ora D'Aria
Firenze	Il Palagio
Firenze	Santa Elisabetta **N**
Forte dei Marmi	Bistrot
Forte dei Marmi	Lorenzo
Forte dei Marmi	Lux Lucis
Forte dei Marmi	La Magnolia
Forte dei Marmi	Il Parco di Villa Grey **N**
Gaiole in Chianti	Il Pievano
Lamporecchio	Atman a Villa Rospigliosi
Lucca	Giglio
Lucca / Marlia	Butterfly
Marina di Bibbona	La Pineta
Porto Ercole	Il Pellicano
San Casciano dei Bagni / Fighine	Ristorante Castello di Fighine
San Casciano in Val di Pesa / Cerbaia	La Tenda Rossa
San Gimignano	Cum Quibus
San Gimignano / Lucignano	Ristorante al 43

Scarperia / Lucigliano	Virtuoso - Tenuta le Tre Virtù **N**
Seggiano	Silene
Tavarnelle Val di Pesa	La Torre
Tavarnelle Val di Pesa / Badia a Passignano	Osteria di Passignano
Viareggio	Lunasia **N**
Viareggio	Romano

TRENTINO-ALTO ADIGE

Alta Badia / Corvara in Badia	La Stüa de Michil
Appiano sulla Strada del Vino / San Michele	Zur Rose
Bolzano	In Viaggio - Claudio Melis
Bressanone	Apostelstube **N**
Castelbello Ciardes	Kuppelrain
Cavalese	El Molin
Collepietra	Astra
Dobbiaco	Tilia
Falzes / Molini	Schöneck
Madonna di Campiglio	Dolomieu
Madonna di Campiglio	Il Gallo Cedrone
Madonna di Campiglio	Stube Hermitage
Merano	Sissi
Moena	Malga Panna
Nova Levante	Johannesstube
Ortisei	Anna Stuben
Selva di Val Gardena	Alpenroyal Gourmet
Tesimo	Zum Löwen
Tirolo	Culinaria im Farmerkreuz
Trento / Ravina	Locanda Margon
Vigo di Fassa / Tamion	'L Chimpl

UMBRIA

Baschi	Casa Vissani
Norcia	Vespasia

VALLE D'AOSTA

Cogne	Le Petit Restaurant
Courmayeur	Petit Royal **N**

VENETO

Altissimo	Casin del Gamba
Arzignano	Damini Macelleria & Affini
Asiago	Stube Gourmet
Asiago	La Tana Gourmet

Barbarano Vicentino	Aqua Crua
Bardolino	La Veranda
Borgoricco	Storie d'Amore **N**
Castelfranco Veneto	Feva
Cavaion Veronese	Oseleta
Cortina d'Ampezzo	Tivoli
Follina	La Corte
Isola Rizza	Perbellini
Malcesine	Vecchia Malcesine
Oderzo	Gellius
Pieve d'Alpago	Dolada
Pontelongo	Lazzaro 1915
Puos d'Alpago	Locanda San Lorenzo
San Bonifacio	Degusto Cuisine
Schio	Spinechile
Scorzè	San Martino
Selvazzano Dentro	La Montecchia
Treviso	Undicesimo Vineria
Venezia	Oro Restaurant
Venezia	Osteria da Fiore
Venezia	Quadri
Venezia	Il Ridotto
Venezia / Burano	Venissa
Verona	12 Apostoli
Verona	Il Desco
Verona	Osteria la Fontanina
Vicenza	El Coq
Vodo Cadore	Al Capriolo

BIB GOURMAND

PASTI ACCURATI
A PREZZI CONTENUTI

N Nuovo
N *new*

ABRUZZO

Caramanico Terme	Locanda del Barone
Giulianova Lido	Osteria dal Moro
L'Aquila / Camarda	Casa Elodia
Manoppello / Manoppello Scalo	Trita Pepe
Mosciano Sant' Angelo	Borgo Spoltino
Notaresco	3 Archi
Opi	La Madonnina
Pacentro	Taverna dei Caldora
Pescara	Estrò **N**
Pescara	Taverna 58
Pineto / Mutignano	Bacucco d'Oro
Rivisondoli	Da Giocondo
Sulmona	Clemente
Teramo	Spoon **N**

BASILICATA

Castelmezzano	Al Becco della Civetta
Melfi	La Villa
Terranova di Pollino	Luna Rossa

CALABRIA

Filandari / Mesiano	Frammichè
Gambarie	L'Angolo del Gusto
Mileto	Il Normanno
Sangineto Lido	Convito
Tiriolo	Due Mari

CAMPANIA

Ariano Irpino	La Pignata
Benevento	Pascalucci

Cetara	Al Convento
Massa Lubrense / Santa Maria Annunziata	La Torre
Napoli	Di Martino Sea Front Pasta Bar
Napoli	Il Gobbetto
Napoli	Locanda N'Tretella
Ospedaletto d'Alpinolo	Osteria del Gallo e della Volpe
Palinuro	Da Carmelo
Pisciotta / Marina di Pisciotta	Angiolina
Sant' Agata sui Due Golfi	Lo Stuzzichino
Santa Maria la Carità	Gerani
Vallo della Lucania	La Chioccia d'Oro

EMILIA-ROMAGNA

Argelato	L'800
Bagnolo in Piano	Trattoria da Probo
Bologna	Al Cambio
Bologna	Osteria Bartolini
Bologna	Trattoria di Via Serra
Calestano	Locanda Mariella
Campogalliano	Magnagallo
Cervia / Milano Marittima	Osteria Bartolini
Cesenatico	Osteria Bartolini
Faenza	La Baita
Faenza	Cà Murani
Ferrara	Ca' d'Frara
Ferrara / Gaibana	Trattoria Lanzagallo
Fidenza	Podere San Faustino
Finale Emilia	Osteria la Fefa
Galeata	La Campanara N
Lama Mocogno	Vecchia Lama
Longiano	Dei Cantoni
Meldola	Il Rustichello
Monticelli d'Ongina	Antica Trattoria Cattivelli
Novafeltria	Del Turista-da Marchesi
Parma	Osteria del 36
Parma / Coloreto	Trattoria Ai Due Platani
Parma / Gaione	Trattoria Antichi Sapori N
Ponte dell'Olio	Locanda Cacciatori
Ravenna / Ragone	Trattoria Flora
Rimini / Coriano	Vite
Rivergaro	Caffè Grande
Russi / San Pancrazio	La Cucoma
Salsomaggiore Terme	L'Osteria del Castellazzo
Salsomaggiore Terme / Cangelasio	Trattoria Ceriati
Sasso Marconi / Mongardino	La Grotta dal 1918 N
Torrile / Vicomero	Romani

FRIULI-VENEZIA GIULIA

Buttrio	Trattoria al Parco
Cavasso Nuovo	Ai Cacciatori
Cavazzo Carnico	Borgo Poscolle
Cividale del Friuli	Al Monastero
Mariano del Friuli / Corona	Al Piave
Monfalcone	Ai Campi di Marcello
Pordenone	La Ferrata
Sauris	Alla Pace
Savogna d'Isonzo / San Michele del Carso	Lokanda Devetak
Tarcento	Osteria di Villafredda
Tricesimo	Miculan

LAZIO

Arpino / Carnello	Mingone
Grottaferrata	L'Oste della Bon'Ora **N**
Montefiascone	OSMOSI...osteria moderna
Roma / centro storico	Da Armando al Pantheon **N**
Roma / centro storico	Green T. **N**
Roma / Zona Urbana Sud - Est	Domenico dal 1968
Roma / Zona Urbana Sud - Est	Profumo di Mirto
Roma / Zona Urbana Sud - Ovest	Al Ristoro degli Angeli
Roma / Zona Urbana Sud - Ovest	Trattoria Pennestri **N**

LIGURIA

Genova	L'Osteria del San Giorgio **N**
Genova / San Desiderio	Bruxaboschi
Imperia / Oneglia	Osteria Didù
Lavagna / Cavi	Raieü
Loano	Bagatto
Montoggio	Roma
Ne	La Brinca
Pigna	Terme

LOMBARDIA

Acquanegra sul Chiese	Trattoria al Ponte
Bianzone	Altavilla
Botticino	Trattoria Eva
Bracca	Dentella
Brescia	Trattoria Porteri
Brione	La Madia
Capriate San Gervasio	Kanton Restaurant **N**
Castiglione delle Stiviere	Hostaria Viola

Corte de' Cortesi	Il Gabbiano
Cuasso al Monte	Al Vecchio Faggio
Curtatone / Grazie	Locanda delle Grazie
Gavirate	Tipamasaro
Inverno e Monteleone / Monteleone	Trattoria Righini Ines
Isola Dovarese	Caffè La Crepa
Milano / Isola - Porta Nuova	Serendib
Milano / Romana - Vittoria	Dongiò
Milano / Romana - Vittoria	Trippa
Milano / Stazione Centrale	Da Giannino-L'Angolo d'Abruzzo
Milano / Zona Urbana Nord - Est	Le nove scodelle **N**
Milano / Zona Urbana Sud - Est	Cucina Dei Frigoriferi Milanesi
Morbegno	Osteria del Crotto
Palazzago	Osteria Burligo
Piadena	Dell'Alba
Soiano del Lago	Villa Aurora
Suzzara	Mangiare Bere Uomo Donna
Teglio	Fracia
Toscolano-Maderno / Maderno	Il Cortiletto
Voltido / Recorfano	Antica Trattoria Gianna

MARCHE

Appignano	Osteria dei Segreti
Cagli	La Gioconda
Casteldimezzo	La Canonica
Marotta	Burro & Alici
Offida	Osteria Ophis **N**
Senigallia	Trattoria Vino e Cibo
Treia / San Lorenzo	Il Casolare dei Segreti

PIEMONTE

Arona / Montrigiasco	Castagneto
Bellinzago Novarese / Badia di Dulzago	Osteria San Giulio
Borghetto di Borbera	Il Fiorile
Bra	Battaglino
Bra	Boccondivino
Calamandrana	Violetta
Capriata d'Orba	Il Moro
Casale Monferrato	Accademia Ristorante
Cavatore	Da Fausto
Cherasco	Osteria La Torre **N**
Crodo / Viceno	Edelweiss
Cuneo	4 ciance
Cuneo	Bove's
Cuneo	Osteria della Chiocciola
Cuorgnè	Rosselli 77

La Morra / Annunziata	Osteria Veglio
Masio	Trattoria Losanna
Monteu Roero	Cantina dei Cacciatori
Nizza Monferrato	Le Due Lanterne
Ormea / Ponte di Nava	Ponte di Nava-da Beppe
Quarona	Italia **N**
Roccabruna / Sant'Anna	La Pineta
Roletto	Il Ciabot
Sizzano	Impero **N**
Torino	L'Acino
Torino	Consorzio
Torino	Contesto Alimentare
Torino	Scannabue Caffè Restaurant
Tortona	Vineria Derthona
Traversella	Le Miniere
Usseaux	Lago del Laux
Verduno	Trattoria dei Bercau

PUGLIA

Andria	Il Turacciolo
Andria / Montegrosso	Antichi Sapori
Bisceglie	31.10 Osteria Lorusso
Brindisi	Pantagruele
Ceglie Messapica	Cibus
Crispiano	La Cuccagna
Lesina	Le Antiche Sere **N**
Minervino Murge	La Tradizione-Cucina Casalinga
Monte Sant' Angelo	Medioevo
Ostuni	Osteria Piazzetta Cattedrale
Pulsano / Marina di Pulsano	La Barca
Racale	L'Acchiatura
Ruvo di Puglia	U.P.E.P.I.D.D.E.
San Severo	La Fossa del Grano
Vieste	Il Capriccio
Vieste	Al Dragone

SARDEGNA

Abbasanta	Su Carduleu
Oliena	Sa Corte
Oliena / Sorgente su Gologone	Su Gologone

SICILIA

Agrigento	Osteria Expanificio
Castelbuono	Nangalarruni
Castelbuono	Palazzaccio

Catania	Me Cumpari Turiddu
Messina / Ganzirri	La Sirena
Palazzolo Acreide	Andrea - Sapori Montani
Palermo	Buatta Cucina Popolana
Randazzo	Veneziano **N**
Sclafani Bagni	Terrazza Costantino
Sinagra	Trattoria da Angelo Borrello

TOSCANA

Anghiari	Da Alighiero
Bibbiena	Il Tirabusciò
Carrara / Colonnata	Venanzio
Castagneto Carducci / Bolgheri	Osteria Magona
Castel del Piano	Antica Fattoria del Grottaione
Castiglione della Pescaia	Osteria del mare già Il Votapentole
Cortona	La Bucaccia
Cutigliano	Trattoria da Fagiolino
Firenze	Da Burde
Firenze	Il Latini
Firenze	Podere 39 **N**
Firenze	Trattoria Cibrèo-Cibreino
Firenze	Zeb
Firenze / Galluzzo	Trattoria Bibe
Follonica	Il Sottomarino
Lucca	I Diavoletti
Lucca / Ponte a Moriano	Antica Locanda di Sesto
Montalcino	Taverna del Grappolo Blu
Orbetello	L'Oste Dispensa
Poppi / Moggiona	Il Cedro
Radda in Chianti / Lucarelli	Osteria Le Panzanelle
San Quirico d'Orcia	Fonte alla Vena
Sansepolcro	Fiorentino e Locanda del Giglio
Serravalle Pistoiese	Trattoria da Marino
Siena	La Taverna di San Giuseppe
Tavarnelle Val di Pesa / San Donato in Poggio	Antica Trattoria La Toppa
Trequanda	Il Conte Matto

TRENTINO-ALTO ADIGE

Alta Badia / Badia	Maso Runch-Hof
Anterivo	Kurbishof **N**
Bolzano	Vögele
Bressanone	Alpenrose **N**
Calavino	Cipriano
Chienes	Gassenwirt
Isera	Casa del Vino della Vallagarina
Lavis / Sorni	Trattoria Vecchia Sorni

Moena	Agritur El Mas
Moena	Foresta
Ossana	Antica Osteria
Pergine Valsugana	Osteria Storica Morelli
Romeno	Nerina
San Genesio Antica Locanda al Cervo-Landgasthof zum Hirschen	
San Lorenzo di Sebato	Lerchner's In Runggen
San Vigilio di Marebbe	Fana Ladina
Valle di Casies	Durnwald

UMBRIA

Cannara	Perbacco-Vini e Cucina
Castiglione del Lago	L'Acquario
Ferentillo	Piermarini
Montone	Tipico & La Locanda del Capitano **N**
Orvieto / Morrano Nuovo	Da Gregorio **N**
Spoleto	Il Tempio del Gusto **N**

VALLE D'AOSTA

Aosta	Osteria da Nando
Brusson	Laghetto

VENETO

Alleghe / Masarè	Barance
Asiago	Locanda Aurora
Belluno	Al Borgo
Casier / Dosson	Alla Pasina
Farra di Soligo / Col San Martino	Locanda da Condo
Feltre	Aurora
Forno di Zoldo / Mezzocanale	Mezzocanale-da Ninetta
Galliera Veneta	Al Palazzon
Marostica / Valle San Floriano	La Rosina
Mirano	Da Flavio e Fabrizio «Al Teatro»
Mirano / Vetrego	Il Sogno
Pastrengo / Piovezzano	Eva
Pianiga	Trattoria da Paeto
San Polo di Piave	Osteria Enoteca Gambrinus
San Vito di Leguzzano	Antica Trattoria Due Mori
Sernaglia della Battaglia	Dalla Libera
Trebaseleghe	Baracca-Storica Hostaria
Valdastico	Elisa e Fausto-Locanda Setteca' **N**
Valdobbiadene / Bigolino	Tre Noghere
Velo Veronese	13 Comuni
Verona	Al Bersagliere
Verona	San Basilio alla Pergola

ALBERGHI AMENI

THE MOST DELIGHTFUL PLACES

Alberghi e forme alternative di ospitalità
Hotels & guesthouses

ABRUZZO

Casacanditella	Castello di Semivicoli 🏨
Castel di Sangro	Casadonna 🏨
Pescocostanzo	Il Gatto Bianco 🏨

BASILICATA

Lavello	San Barbato Resort Spa & Golf 🏨
Maratea / Fiumicello Santa Venere	Il Santavenere 🏨
Matera	Palazzo Gattini 🏨
Matera	Palazzo Viceconte 🏨
Matera	Sant'Angelo 🏨
Matera	Sextantio - Le Grotte della Civita 🏨

CALABRIA

Cittadella del Capo	Palazzo del Capo 🏨
Isola di Capo Rizzuto / Praialonga	Praia Art-Resort 🏨
Villa San Giovanni / Santa Trada di Cannitello	Altafiumara Resort & Spa 🏨

CAMPANIA

Amalfi	Grand Hotel Convento di Amalfi 🏨
Amalfi	Santa Caterina 🏨
Baia Domizia	Della Baia 🏨
Capri (Isola di) / Anacapri	Caesar Augustus 🏨
Capri (Isola di) / Anacapri	Capri Palace Hotel 🏨
Capri (Isola di) / Capri	Capri Tiberio Palace 🏨
Capri (Isola di) / Capri	Casa Morgano 🏨
Capri (Isola di) / Capri	Grand Hotel Quisisana 🏨
Capri (Isola di) / Capri	Punta Tragara 🏨
Capri (Isola di) / Capri	La Minerva 🏨
Capri (Isola di) / Capri	Scalinatella 🏨

Capri (Isola di) / Marina Grande	J.K. Place Capri
Castellabate / Santa Maria di Castellabate	Villa Sirio
Castellammare di Stabia	La Medusa Hotel
Conca dei Marini	Monastero Santa Rosa Hotel & Spa
Ischia (Isola d') /	
Casamicciola Terme	Terme Manzi Hotel & Spa
Ischia (Isola d') / Forio	Garden & Villas Resort
Ischia (Isola d') / Forio	Mezzatorre Resort & Spa
Ischia (Isola d') / Ischia	Grand Hotel Excelsior
Ischia (Isola d') /	
Lacco Ameno	L'Albergo della Regina Isabella
Maiori	Botanico San Lazzaro
Massa Lubrense / Termini	Relais Blu
Melizzano	La Pampa Relais
Napoli	Costantinopoli 104
Napoli	Grand Hotel Parker's
Napoli	Grand Hotel Vesuvio
Napoli	Romeo
Positano	Palazzo Murat
Positano	San Pietro
Positano	Le Sirenuse
Praiano / sulla Costiera Amalfitana	Casa Angelina
Ravello	Belmond Hotel Caruso
Ravello	Palazzo Avino
Ravello	Villa Cimbrone
Sant' Agata sui Due Golfi	Don Alfonso 1890
Sant' Agnello	Grand Hotel Cocumella
Sorrento	Bellevue Syrene 1820
Sorrento	Grand Hotel Excelsior Vittoria
Sorrento	Maison la Minervetta
Telese Terme	Aquapetra Resort & Spa
Vico Equense / sulla ss 145 panoramica	Capo la Gala

EMILIA-ROMAGNA

Bologna	Casa Bertagni
Bologna	Commercianti
Bologna	Grand Hotel Majestic già Baglioni
Castelvetro di Modena /	
Levizzano Rangone	Agriturismo Opera|02
Cattolica	Carducci 76
Cesenatico	Casadodici
Cesenatico	Grand Hotel da Vinci
Dovadola	Corte San Ruffillo
Faenza	Relais Villa Abbondanzi
Riccione	Grand Hotel Des Bains
Rimini / al mare	Grand Hotel Rimini
Rimini / al mare	i-Suite
San Giovanni in Marignano	Riviera Golf Resort

FRIULI-VENEZIA GIULIA

Buttrio	Il Castello di Buttrio 🏰
Capriva del Friuli	Castello di Spessa 🏰
Duino-Aurisina / Sistiana	Falisia Resort 🏰
Grado	Oche Selvatiche 🏰
Pasiano di Pordenone / Rivarotta	Villa Luppis 🏰
Trieste	Grand Hotel Duchi d'Aosta 🏰

LAZIO

Campagnano di Roma	Il Postiglione-Antica Posta dei Chigi 🏰
Civita Castellana	Relais Falisco 🏰
Gaeta	Grand Hotel Le Rocce 🏰
Grottaferrata	Park Hotel Villa Grazioli 🏰
Labico	Antonello Colonna Labico Resort 🏰
Ladispoli	La Posta Vecchia 🏰
Rieti	Park Hotel Villa Potenziani 🏰
Roma / centro storico	De Russie 🏰
Roma / centro storico	The First Roma 🏰
Roma / centro storico	Grand Hotel Plaza 🏰
Roma / centro storico	G-Rough 🏰
Roma / centro storico	Hassler 🏰
Roma / centro storico	Indigo Rome St. George 🏰
Roma / centro storico	J.K. Place Roma 🏰
Roma / centro storico	Palazzo Dama 🏰
Roma / centro storico	The Pantheon 🏰
Roma / centro storico	Portrait Roma 🏰
Roma / centro storico	Raphaël 🏰
Roma / centro storico	Vilòn 🏰
Roma / Parioli	H'All Tailor Suite 🏰
Roma / Parioli	Lord Byron 🏰
Roma / Roma Antica	Palazzo Manfredi 🏰
Roma / Roma Antica	47 Boutique Hotel 🏰
Roma / Roma Antica	Sant'Anselmo 🏰
Roma / San Pietro (città del Vaticano)	Gran Melià Roma 🏰
Roma / San Pietro (città del Vaticano)	Rome Cavalieri Waldorf Astoria 🏰
Roma / San Pietro (città del Vaticano)	Villa Laetitia 🏰
Roma / Stazione Termini	Eden 🏰
Roma / Stazione Termini	Grand Hotel Via Veneto 🏰
Roma / Stazione Termini	Regina Hotel Baglioni 🏰
Roma / Stazione Termini	Splendide Royal 🏰
Roma / Stazione Termini	The St. Regis Rome 🏰
Roma / Stazione Termini	Villa Spalletti Trivelli 🏰
Roma / Zona Urbana Nord - Ovest	Castello della Castelluccia 🏰
Tivoli	Torre Sant'Angelo 🏰

LIGURIA

Alassio	Villa della Pergola 🏨
Camogli	Villa Rosmarino 🏨
Finale Ligure	Punta Est 🏨
Garlenda	La Meridiana 🏨
Levanto / Mesco	La Giada del Mesco 🏠
Nervi	Villa Pagoda 🏨
Noli	Residenza Palazzo Vescovile 🏨
Portofino	Belmond Hotel Splendido 🏨
Portofino	Belmond Splendido Mare 🏨
Rapallo	Excelsior Palace Hotel 🏨
San Remo	Royal Hotel Sanremo 🏨
Sestri Levante	Grand Hotel Villa Balbi 🏨
Sestri Levante	Helvetia 🏨

LOMBARDIA

Bellagio	Grand Hotel Villa Serbelloni 🏨
Bergamo	GombitHotel 🏨
Bergamo	Relais San Lorenzo 🏨
Bergamo	Petronilla 🏨
Bergamo	Piazza Vecchia 🏨
Blevio	Mandarin Oriental Lago di Como 🏨
Brusaporto	Relais da Vittorio 🏨
Cernobbio	Villa d'Este 🏨
Cologne	Cappuccini Resort 🏨
Como	Vista Palazzo 🏨
Como	Terminus 🏨
Como	Villa Flori 🏨
Desenzano del Garda	Park Hotel 🏨
Erbusco	L'Albereta 🏨
Gambolò	Villa Necchi 🏨
Gardone Riviera / Fasano	Bella Riva 🏨
Gardone Riviera / Fasano	Grand Hotel Fasano e Villa Principe 🏨
Gardone Riviera / Fasano	Villa del Sogno 🏨
Gargnano	Grand Hotel a Villa Feltrinelli 🏨
Gargnano	Villa Giulia 🏨
Gargnano / sulla sp 9	Lefay Resort & Spa 🏨
Gavardo	Villa dei Campi Boutique Hotel 🏨
Lezzeno	Filario Hotel 🏨
Livigno	Sonne 🏨
Milano / Centro Storico	Armani Hotel Milano 🏨
Milano / Centro Storico	Bulgari 🏨
Milano / Centro Storico	Four Seasons Hotel Milano 🏨
Milano / Centro Storico	Grand Hotel et de Milan 🏨
Milano / Centro Storico	Mandarin Oriental Milano 🏨
Milano / Centro Storico	Milano Scala 🏨
Milano / Centro Storico	Park Hyatt Milano 🏨

Milano / Centro Storico	Sina The Gray
Milano / Centro Storico	Townhouse Duomo
Milano / Stazione Centrale	Château Monfort
Milano / Stazione Centrale	Principe di Savoia
Moltrasio	Grand Hotel Imperiale
Monza	De la Ville
Pellio Intelvi	La Locanda del Notaio
Ranco	Il Sole di Ranco
Salò	Villa Arcadio
Sirmione	Villa Cortine Palace Hotel
Torno	Il Sereno Lago di Como
Tremezzo	Grand Hotel Tremezzo

MARCHE

Ancona / Portonovo	Fortino Napoleonico
Ascoli Piceno	Palazzo dei Mercanti
Castel di Lama	Borgo Storico Seghetti Panichi
Pesaro	Alexander Museum Palace
Pesaro	Vittoria

PIEMONTE

Alba	Palazzo Finati
Benevello	Villa d'Amelia
Cannero Riviera	Cannero
Cannobio	Park Hotel Villa Belvedere
Fossano	Palazzo Righini
Gavi	L'Ostelliere
Guarene	Castello di Guarene
Isola d'Asti	Castello di Villa
La Morra	Palas Cerequio - Barolo Cru Resort
La Morra / Annunziata	Arborina Relais
Mombaruzzo / Casalotto	La Villa
Monforte d'Alba	Villa Beccaris
Oleggio Castello	Castello dal Pozzo
Orta San Giulio	Villa Crespi
Orta San Giulio	San Rocco
Pavone Canavese	Castello di Pavone
Pella	Casa Fantini
Penango / Cioccaro	Relais Sant'Uffizio
Romano Canavese	Relais Villa Matilde
Saluzzo	San Giovanni Resort
San Francesco al Campo	Furno
Santo Stefano Belbo	Relais San Maurizio
Sauze d'Oulx	Chalet Hotel Il Capricorno
Sestriere	Shackleton Mountain Resort
Sinio	Castello di Sinio

Stresa	Villa e Palazzo Aminta 🏨
Torino	Allegroitalia Golden Palace 🏨
Torino	Genova 🏨
Torino	NH Piazza Carlina 🏨
Torino	Victoria 🏨
Tortona	Casa Cuniolo 🏠
Vicoforte	Duchessa Margherita 🏠

PUGLIA

Avetrana	Relais Terre di Terre 🏨
Cutrofiano	Sangiorgio Resort & Spa 🏨
Gallipoli	Palazzo del Corso 🏨
Gallipoli	Relais Corte Palmieri 🏨
Lecce	Patria Palace Hotel 🏨
Lizzano	Masseria Bagnara 🏨
Manduria	Vinilia Wine Resort 🏨
Monopoli	La Peschiera 🏨
Ostuni	Masseria Cervarolo 🏨
Ostuni	Masseria le Carrube 🏨
Ostuni	La Sommità 🏨
Otranto	Relais Valle dell'Idro 🏨
Savelletri	Borgo Egnazia 🏨
Savelletri	Masseria Cimino 🏠
Savelletri	Masseria San Domenico 🏨
Savelletri	Masseria Torre Coccaro 🏨
Savelletri	Masseria Torre Maizza 🏨
Taranto / Masseria San Pietro	Relais Histò 🏨
Torre San Giovanni	Masseria Don Cirillo 🏠

SARDEGNA

Alghero	Villa Las Tronas 🏨
Alghero / Porto Conte	El Faro 🏨
Arzachena	Romazzino 🏨
Arzachena / Baia Sardinia	La Bisaccia 🏨
Arzachena / Baia Sardinia	L'Ea Bianca Luxory Resort 🏨
Arzachena / Bassacutena	Tenuta Pilastru 🏨
Arzachena / Cala di Volpe	Cala di Volpe 🏨
Arzachena / Pitrizza	Pitrizza 🏨
Castelsardo	Bajaloglia 🏨
Olbia / Porto Rotondo	Sporting 🏨
Olbia / sulla ss 125	Ollastu 🏨
Oliena / Sorgente su Gologone	Su Gologone 🏨
Pula	Forte Village Resort 🏨
San Pantaleo	Petra Segreta 🏨
Santa Teresa di Gallura	Resort Valle dell'Erica Thalasso & SPA 🏨

SICILIA

Agrigento	Villa Athena 🏨
Calatabiano	Castello di San Marco 🏨
Catania	Asmundo di Gisira 🏨
Egadi (Isole) / Favignana	Cave Bianche 🏨
Eolie (Isole) / Isola Panarea	Quartara 🏨
Eolie (Isole) / Isola Salina	Signum 🏨
Isola di Pantelleria / Pantelleria	Zubebi Resort 🏨
Linguaglossa	Shalai Resort 🏨
Linguaglossa	Villa Neri Resort & Spa 🏨
Marina di Ragusa	La Moresca 🏨
Menfi	Planeta Estate-La Foresteria Menfi 🏨
Noto	Seven Rooms Villadorata 🏨
Palermo	Grand Hotel Wagner 🏨
Ragusa	Locanda Don Serafino 🏨
Ragusa	Relais Antica Badia 🏨
Ragusa / verso Marina di Ragusa	Eremo della Giubiliana 🏨
Riposto / Archi	Zash Country Boutique Hotel 🏨
San Vito lo Capo	Baglio La Porta di San Gerardo 🏨
Sciacca	Verdura Resort 🏨
Siracusa	Donna Coraly Resort 🏨
Siracusa	Grand Hotel Ortigia 🏨
Siracusa	Henry's House 🏨
Siracusa / Verso Lido Arenella	Grand Hotel Minareto 🏨
Taormina	Belmond Grand Hotel Timeo 🏨
Taormina	Ashbee 🏨
Taormina	El Jebel 🏨
Taormina	Metropole 🏨
Taormina	Nh Collection Taormina 🏨
Taormina	Villa Ducale 🏨
Taormina	Villa Taormina 🏨
Taormina / Mazzarò	Belmond Villa Sant'Andrea 🏨
Taormina / Mazzarò	Grand Hotel Atlantis Bay 🏨
Vizzini / Vizzini Scalo	Castello Camemi 🏨

TOSCANA

Arezzo	Graziella Patio Hotel 🏨
Bagno a Ripoli / Candeli	Villa La Massa 🏨
Casole d'Elsa	Belmond Castello di Casole 🏨
Castellina in Chianti	Castello La Leccia 🏨
Castelnuovo Berardenga	Le Fontanelle 🏨
Castelnuovo Berardenga	Borgo San Felice 🏨
Castelnuovo Berardenga	Castel Monastero 🏨
Castiglione della Pescaia / Badiola	L'Andana-Tenuta La Badiola 🏨
Cavriglia	Le Lappe 🏨
Chiusdino	Borgo Santo Pietro 🏨

Chiusi	Il Patriarca
Cortona / San Martino	Il Falconiere Relais
Cortona / sulla sp 35 verso Mercatale	Relais la Corte dei Papi
Fiesole	Belmond Villa San Michele
Fiesole	Il Salviatino
Firenze	1865 Residenza d'epoca
Firenze	Cellai
Firenze	Four Seasons Hotel Firenze
Firenze	Grand Hotel Minerva
Firenze	Home Florence
Firenze	Brunelleschi
Firenze	Lungarno
Firenze	Portrait Firenze
Firenze	J.K. Place Firenze
Firenze	Leone Blu Suites
Firenze	Palazzo Niccolini al Duomo
Firenze	Regency
Firenze	Relais Santa Croce
Firenze	The St. Regis Florence
Firenze	Villa Cora
Firenze	Villa La Vedetta
Firenze	Ville sull'Arno
Firenze	The Westin Excelsior
Firenze / sui colli	Torre di Bellosguardo
Foiano della Chiana/ Pozzo	Villa Fontelunga
Forte dei Marmi	Augustus Lido
Forte dei Marmi	Byron
Forte dei Marmi	Villa Roma Imperiale
Gaiole in Chianti	Castello di Spaltenna
Greve in Chianti	Villa Bordoni
Lucca / sulla SS 12 R	Villa Marta
Marina di Massa	Villa Maremonti
Montalcino / Castelnuovo dell'Abate	Castello di Velona
Montalcino / Castiglione del Bosco	Castiglion del Bosco
Montalcino / Poggio alle Mura	Castello Banfi-Il Borgo
Montecatini Terme	Columbia
Montepulciano	Villa Cicolina
Montepulciano	Villa Poggiano
Montevarchi / Moncioni	Villa Sassolini
Montignoso	Il Bottaccio
Pienza	La Bandita Townhouse
Pienza / Monticchiello	L'Olmo
Pietrasanta	Albergo Pietrasanta
Pietrasanta	Versilia Golf
Pontedera	Armonia
Porto Ercole	Argentario Golf Resort & Spa
Porto Ercole	Il Pellicano
Porto Santo Stefano / Cala Piccola	Torre di Cala Piccola
Radda in Chianti	Palazzo Leopoldo
Roccastrada	La Melosa

San Casciano dei Bagni	Fonteverde 🏨
San Casciano in Val di Pesa	Villa il Poggiale 🏨
San Casciano in Val di Pesa / Mercatale in Val di Pesa	Agriturismo Salvadonica 🏨
San Gimignano / Lucignano	Locanda dell'Artista 🏨
San Giustino Valdarno	Relais Il Borro 🏨
San Miniato	Relais Sassa al Sole 🏨
San Quirico d'Orcia	Palazzo del Capitano 🏨
Sarteano	La Sovana 🏨
Saturnia / Terme	Terme di Saturnia Spa & Golf Resort 🏨
Scarlino	Relais Vedetta 🏨
Siena	Campo Regio Relais 🏨
Siena	Grand Hotel Continental 🏨
Siena	Palazzetto Rosso 🏨
Siena / Vagliagli	Borgo Scopeto Relais 🏨
Sinalunga	Locanda dell'Amorosa 🏨
Tavarnelle Val di Pesa	Castello del Nero 🏨
Torrita di Siena	Lupaia 🏨
Torrita di Siena	Residenza d'Arte 🏨
Viareggio	Grand Hotel Principe di Piemonte 🏨
Vicchio / Campestri	Villa Campestri Olive Oil Resort 🏨

TRENTINO-ALTO ADIGE

Alpe di Siusi	Alpina Dolomites 🏨
Alpe di Siusi	Seiser Alm Urthaler 🏨
Alta Badia / Corvara in Badia	La Perla 🏨
Alta Badia / San Cassiano	Ciasa Salares 🏨
Alta Badia / San Cassiano	Rosa Alpina 🏨
Appiano sulla Strada del Vino / Cornaiano	Weinegg 🏨
Appiano sulla Strada del Vino / Missiano	Schloss Korb 🏨
Avelengo	Chalet Mirabell 🏨
Avelengo	Miramonti 🏨
Avelengo	San Luis 🏨
Bolzano	Greif 🏨
Bressanone	Elephant 🏨
Campitello di Fassa	Villa Kofler 🏨
Chienes	Gourmethotel Tenne Lodges 🏨
Laces	Paradies 🏨
Lana / Foiana	Alpiana Resort 🏨
Lana / San Vigilio	Vigilius Mountain Resort 🏨
Madonna di Campiglio	Bio-Hotel Hermitage 🏨
Marlengo	Giardino Marling 🏨
Merano	Meister's Hotel Irma 🏨
Merano	Park Hotel Mignon 🏨
Merano	Villa Tivoli 🏨
Merano / Freiberg	Castel Fragsburg 🏨
Monguelfo / Tesido	Alpen Tesitin 🏨
Naturno	Preidlhof 🏨

Nova Levante	Engel 🏨
Ortisei	Alpin Garden Wellness Resort 🏨
Ortisei	Gardena-Grödnerhof 🏨
Ortisei	Montchalet 🏨
Ortisei / Bulla	Uhrerhof-Deur 🏨
Redagno	Zirmerhof 🏨
Renon / Collalbo	Bemelmans Post 🏨
Renon / Soprabolzano	Park Hotel Holzner 🏨
Riva del Garda	Du Lac et Du Parc 🏨
Riva del Garda	Lido Palace 🏨
Ronzone	Villa Orso Grigio 🏨
San Candido	Leitlhof Dolomiten 🏨
San Candido	Post Alpina-Family Mountain Chalets 🏨
San Lorenzo di Sebato	Schloss Sonnenburg 🏨
San Martino di Castrozza	Letizia 🏨
San Martino di Castrozza	Regina 🏨
Sarentino	Bad Schörgau 🏨
Sarentino	Terra - The Magic Place 🏨
Selva di Val Gardena	Alpenroyal Grand Hotel 🏨
Selva di Val Gardena	Portillo Dolomites 1966 🏨
Sesto / Moso	Berghotel 🏨
Tirolo	Erika 🏨
Tirolo	Castel 🏨
Tirolo	Küglerhof 🏨
Valdaora	Mirabell 🏨
Valle di Casies	Quelle 🏨

UMBRIA

Amelia / Macchie	Relais Tenuta del Gallo 🏨
Assisi	Nun Assisi Relais 🏨
Assisi / Armenzano	Le Silve 🏨
Castel Giorgio	Borgo La Chiaracia 🏨
Cortona / sulla sp 35 verso Mercatale	Villa di Piazzano 🏨
Fratta Todina	La Palazzetta del Vescovo 🏨
Gubbio	Park Hotel ai Cappuccini 🏨
Gubbio / Scritto	Relais Castello di Petroia 🏨
Montefalco	Palazzo Bontadosi 🏨
Montefalco / San Luca	Villa Zuccari 🏨
Montone	Torre di Moravola 🏨
Norcia	Palazzo Seneca 🏨
Orvieto / Rocca Ripesena	Altarocca Wine Resort 🏨
Orvieto / Rocca Ripesena	Locanda Palazzone 🏨
Panicale	Villa Rey 🏨
Perugia	Castello di Monterone 🏨
Perugia / Monte Petriolo	Borgo dei Conti Resort 🏨
Piegaro	Ca' de Principi Relais 🏨
Spoleto	Palazzo Leti 🏨
Torgiano	Borgobrufa SPA Resort 🏨

VALLE D'AOSTA

Breuil Cervinia	Bucaneve 🏨
Breuil Cervinia	Hermitage 🏨
Breuil Cervinia	Saint Hubertus 🏨
Cogne	Bellevue Hotel & SPA 🏨
Cogne	Miramonti 🏨
Courmayeur	Le Massif 🏨
Courmayeur / Entrèves	Auberge de la Maison 🏨
la Salle	Mont Blanc Hotel Village 🏨
Saint-Pierre	La Meridiana Du Cadran Solaire 🏨

VENETO

Abano Terme	Tritone Terme 🏨
Arcugnano	Villa Michelangelo 🏨
Asiago	Meltar Boutique Hotel 🏨
Asolo	Villa Cipriani 🏨
Bardolino	Color Hotel 🏨
Casier / Dosson	Villa Contarini Nenzi 🏨
Cavaion Veronese	Villa Cordevigo Wine Relais 🏨
Codognè	Agriturismo Villa Toderini 🏠
Corrubbio	Byblos Art Hotel Villa Amistà 🏨
Cortina d'Ampezzo	Cristallo 🏨
Cortina d'Ampezzo	Rosapetra Spa Resort 🏨
Follina	Dei Chiostri 🏨
Follina	Villa Abbazia 🏨
Garda	Regina Adelaide 🏨
Lido di Venezia	Ausonia Hungaria 🏨
Lido di Venezia	Quattro Fontane 🏨
Lonigo	La Barchessa di Villa Pisani 🏨
Malcesine	Bellevue San Lorenzo 🏨
Mira	Villa Franceschi 🏨
Mira	Villa Margherita 🏨
San Pietro in Cariano / Pedemonte	Villa del Quar 🏨
Susegana	Maso di Villa 🏠
Torri del Benaco	Gardesana 🏨
Venezia	Antico Doge 🏠
Venezia	Baglioni Hotel Luna 🏨
Venezia	Belmond Hotel Cipriani 🏨
Venezia	Ca' Pisani 🏨
Venezia	Ca' Sagredo 🏨
Venezia	Ca Maria Adele 🏨
Venezia	Charming House DD 724 🏠
Venezia	Corte di Gabriela 🏨
Venezia	The Gritti Palace 🏨
Venezia	Ai Reali 🏨
Venezia	Aman Venice 🏨
Venezia	Danieli 🏨

Venezia	Londra Palace
Venezia	Metropole
Venezia	Sina Centurion Palace
Venezia	Novecento
Venezia	Palazzina Grassi
Venezia	Palazzo Abadessa
Venezia	Palazzo Stern
Venezia	Palazzo Venart
Verona	Gabbia d'Oro
Verona	Due Torri

SPA

THE SPAS

ABRUZZO

Roccaraso/ Aremogna   Boschetto 🏰

BASILICATA

Lavello   San Barbato Resort Spa & Golf 🏰

CALABRIA

Tropea/
Faro Capo Vaticano   Capovaticano Resort Thalasso & Spa 🏰
Villa San Giovanni /
Santa Trada di Cannitello   Altafiumara Resort & Spa 🏰

CAMPANIA

Capri (Isola di) / Anacapri   Capri Palace Hotel 🏰
Capri (Isola di) / Capri   Capri Tiberio Palace 🏰
Capri (Isola di) / Capri   Grand Hotel Quisisana 🏰
Ischia (Isola d') /
Casamicciola Terme   Terme Manzi Hotel & Spa 🏰
Ischia (Isola d') / Forio   Garden & Villas Resort 🏰
Ischia (Isola d') / Forio   Mezzatorre Resort & Spa 🏰
Ischia (Isola d') / Ischia   Grand Hotel Excelsior 🏰
Ischia (Isola d') / Ischia   Il Moresco 🏰
Ischia (Isola d') /
Ischia   Punta Molino Hotel Beach Resort & Spa 🏰
Ischia (Isola d') /
Lacco Ameno   L'Albergo della Regina Isabella 🏰
Ischia (Isola d') / Lacco Ameno   San Montano 🏰
Positano   Le Sirenuse 🏰
Praiano / sulla Costiera Amalfitana   Casa Angelina 🏰
Ravello   Palazzo Avino 🏰
Telese Terme   Aquapetra Resort & Spa 🏰

EMILIA-ROMAGNA

Castel San Pietro Terme/ Varignana   Palazzo di Varignana 🏰
Cesenatico   Grand Hotel da Vinci 🏰

Faenza	Relais Villa Abbondanzi 🏨
Riccione	Grand Hotel Des Bains 🏨
Rimini / al mare	Grand Hotel Rimini 🏨
San Giovanni in Marignano	Riviera Golf Resort 🏨

FRIULI-VENEZIA GIULIA

Grado	Savoy 🏨

LAZIO

Roma / centro storico	De Russie 🏨
Roma / San Pietro (città del Vaticano)	Rome Cavalieri Waldorf Astoria 🏨
Roma / Stazione Termini	Grand Hotel Via Veneto 🏨
Roma / Stazione Termini	The Westin Excelsior Rome 🏨

LIGURIA

Alassio	Grand Hotel Alassio 🏨
Rapallo	Excelsior Palace Hotel 🏨

LOMBARDIA

Bellagio	Grand Hotel Villa Serbelloni 🏨
Blevio	Mandarin Oriental Lago di Como 🏨
Cernobbio	Villa d'Este 🏨
Cologne	Cappuccini Resort 🏨
Erbusco	L'Albereta 🏨
Gardone Riviera / Fasano	Grand Hotel Fasano e Villa Principe 🏨
Gargnano / sulla sp 9	Lefay Resort & Spa 🏨
Livigno	Lac Salin Spa & Mountain Resort 🏨
Livigno	Sporting 🏨
Mantello	La Fiorida 🏨
Milano / Centro Storico	Bulgari 🏨
Milano / Centro Storico	Four Seasons Hotel Milano 🏨
Milano / Centro Storico	Palazzo Parigi 🏨
Milano / Stazione Centrale	Château Monfort 🏨
Milano / Stazione Centrale	Excelsior Hotel Gallia 🏨
Milano / Stazione Centrale	Principe di Savoia 🏨
Moltrasio	Grand Hotel Imperiale 🏨
Padenghe sul Garda	Splendido Bay 🏨
Porlezza	Parco San Marco Lifestyle Beach Resort 🏨
Sirmione	Grand Hotel Terme 🏨
Tremezzo	Grand Hotel Tremezzo 🏨
Valdidentro / Bagni Nuovi	Grand Hotel Bagni Nuovi 🏨

MARCHE

Pesaro Vittoria 🏰

MOLISE

Castelpetroso Fonte del Benessere Resort 🏰

PIEMONTE

Guarene Castello di Guarene 🏰
Penango / Cioccaro Relais Sant'Uffizio 🏰
Santo Stefano Belbo Relais San Maurizio 🏰
Serralunga d'Alba Il Boscareto Resort 🏰
Stresa Grand Hotel des Iles Borromées 🏰
Stresa Regina Palace 🏰
Stresa Villa e Palazzo Aminta 🏰
Torino Allegroitalia Golden Palace 🏰
Torino Turin Palace Hotel 🏰
Torino Victoria 🏰
Verbania / Pallanza Grand Hotel Majestic 🏰

PUGLIA

Cutrofiano Sangiorgio Resort & Spa 🏰
Manduria Vinilia Wine Resort 🏰
Savelletri Borgo Egnazia 🏰
Savelletri Masseria San Domenico 🏰
Savelletri Masseria Torre Coccaro 🏰
Taranto / Masseria San Pietro Relais Histò 🏰

SARDEGNA

/ Isola Rossa Marinedda Thalasso & SPA 🏰
Alghero Villa Las Tronas 🏰
Alghero / Porto Conte El Faro 🏰
Arcipelago della maddalena/
La Maddalena Grand Hotel Resort Ma&Ma 🏰
Arzachena Romazzino 🏰
Arzachena / Baia Sardinia L'Ea Bianca Luxory Resort 🏰
Arzachena / Bassacutena Tenuta Pilastru 🏰
Pula Forte Village Resort 🏰
Santa Teresa di Gallura Resort Valle dell'Erica Thalasso & SPA 🏰

SICILIA

Eolie (Isole) / Isola Vulcano	Therasia Resort 🏛
Linguaglossa	Villa Neri Resort & Spa 🏛
Sciacca	Verdura Resort 🏛
Zafferana Etnea	Esperia Palace 🏛

TOSCANA

Casole d'Elsa	Belmond Castello di Casole 🏛
Castagneto Carducci / Marina di Castagneto Carducci	Tombolo Talasso Resort 🏛
Castelnuovo Berardenga	Le Fontanelle 🏛
Castelnuovo Berardenga	Castel Monastero 🏛
Castiglione della Pescaia / Badiola	L'Andana-Tenuta La Badiola 🏛
Cortona / San Martino	Il Falconiere Relais 🏛
Firenze	Four Seasons Hotel Firenze 🏛
Firenze	Villa Cora 🏛
Firenze	Ville sull'Arno 🏛
Forte dei Marmi	Principe Forte dei Marmi 🏛
Monsummano Terme	Grotta Giusti 🏛
Montalcino / Castelnuovo dell'Abate	Castello di Velona 🏛
Montecatini Terme	Columbia 🏛
Porto Ercole	Argentario Golf Resort & Spa 🏛
Portoferraio / Biodola	Hermitage 🏛
Radda in Chianti	Palazzo Leopoldo 🏛
San Casciano dei Bagni	Fonteverde 🏛
San Giuliano Terme	Bagni di Pisa 🏛
Saturnia / Terme	Terme di Saturnia Spa & Golf Resort 🏛
Siena / Vagliagli	Borgo Scopeto Relais 🏛
Tavarnelle Val di Pesa	Castello del Nero 🏛
Val di Luce	Val di Luce SPA Resort 🏛

TRENTINO-ALTO ADIGE

/ San Nicolò / Sankt Nikolaus	Waltershof 🏛
Alpe di Siusi	Alpina Dolomites 🏛
Alpe di Siusi	Seiser Alm Urthaler 🏛
Alta Badia / Colfosco	Colfosco-Kolfuschgerhof 🏛
Alta Badia / Corvara in Badia	La Perla 🏛
Alta Badia / Corvara in Badia	Sassongher 🏛
Alta Badia / San Cassiano	Ciasa Salares 🏛
Alta Badia / San Cassiano	Rosa Alpina 🏛
Appiano sulla Strada del Vino / Cornaiano	Weinegg 🏛
Avelengo	Chalet Mirabell 🏛
Avelengo	San Luis 🏛
Brunico / Riscone	Majestic 🏛

Caldaro sulla strada del vino / al lago	Parc Hotel 🏨
Canazei	Croce Bianca 🏨
Chienes	Gourmethotel Tenne Lodges 🏨
Dobbiaco	Santer 🏨
Laces	Paradies 🏨
Lana / Foiana	Alpiana Resort 🏨
Lana / San Vigilio	Vigilius Mountain Resort 🏨
Madonna di Campiglio	Cristal Palace 🏨
Madonna di Campiglio	Bertelli 🏨
Madonna di Campiglio	Chalet del Sogno 🏨
Madonna di Campiglio	DV Chalet 🏨
Malles Venosta/ Burgusio	Das Gerstl 🏨
Marlengo	Giardino Marling 🏨
Merano	Meister's Hotel Irma 🏨
Merano	Park Hotel Mignon 🏨
Monguelfo / Tesido	Alpen Tesitin 🏨
Naturno	Lindenhof 🏨
Naturno	Preidlhof 🏨
Nova Levante	Engel 🏨
Nova Ponente	Pfösl 🏨
Ortisei	Adler Dolomiti Spa & Sport Resort 🏨
Ortisei	Alpin Garden Wellness Resort 🏨
Ortisei	Gardena-Grödnerhof 🏨
Ortisei	Montchalet 🏨
Renon / Collalbo	Bemelmans Post 🏨
Renon / Soprabolzano	Park Hotel Holzner 🏨
Riva del Garda	Du Lac et Du Parc 🏨
Riva del Garda	Lido Palace 🏨
San Candido	Leitlhof Dolomiten 🏨
San Candido	Post Alpina-Family Mountain Chalets 🏨
San Lorenzo di Sebato	Winkler 🏨
San Martino di Castrozza	Regina 🏨
San Martino in Passiria / sulla strada Val Passiria	Quellenhof Luxury Resort Passeier 🏨
Selva di Val Gardena	Alpenroyal Grand Hotel 🏨
Selva di Val Gardena	Portillo Dolomites 1966 🏨
Sesto	Monika 🏨
Sesto / Moso	Berghotel 🏨
Tirolo	Erika 🏨
Tirolo	Castel 🏨
Valdaora	Mirabell 🏨
Valle di Casies	Quelle 🏨

UMBRIA

Assisi	Nun Assisi Relais 🏨
Castel Giorgio	Borgo La Chiaracia 🏨
Gubbio	Park Hotel ai Cappuccini 🏨
Orvieto / Rocca Ripesena	Altarocca Wine Resort 🏨

Torgiano	Borgobrufa SPA Resort 🏨

VALLE D'AOSTA

Breuil Cervinia	Bucaneve 🏨
Breuil Cervinia	Hermitage 🏨
Breuil Cervinia	Principe delle Nevi 🏨
Breuil Cervinia	Saint Hubertus 🏨
Cogne	Bellevue Hotel & SPA 🏨
Cogne	Miramonti 🏨
Courmayeur	Grand Hotel Royal e Golf 🏨
Courmayeur / Entrèves	Auberge de la Maison 🏨
la Salle	Mont Blanc Hotel Village 🏨
la Thuile	Montana Lodge & Spa 🏨
Saint-Vincent	Grand Hotel Billia 🏨

VENETO

Abano Terme	Abano Grand Hotel 🏨
Abano Terme	Tritone Terme 🏨
Asiago	Meltar Boutique Hotel 🏨
Casier / Dosson	Villa Contarini Nenzi 🏨
Cortina d'Ampezzo	Cristallo 🏨
Cortina d'Ampezzo	Grand Hotel Savoia 🏨
Cortina d'Ampezzo	Rosapetra Spa Resort 🏨
Garda	Regina Adelaide 🏨
Lido di Jesolo	Almar Jesolo Resort & Spa 🏨
Montegrotto Terme	Terme Neroniane 🏨
Ponzano Veneto / Paderno	Relais Monaco 🏨
San Vito di Cadore	Parkhotel Ladinia 🏨
Venezia	Ai Reali 🏨
Venezia	JW Marriott Venice Resort & Spa 🏨
Villafranca di Verona / Dossobuono	Veronesi La Torre 🏨

Michelin Travel Partner

Société par actions simplifiée au capital de 15 044 940 €
27 cours de l'Île Seguin - 92100 Boulogne-Billancourt (France)
R.C.S. Nanterre 433 677 721

© 2020 **Michelin Travel Partner – All rights reserved.**

Legal Deposit : September 2019
Printed in Italy - September 2019
Printed on paper from sustainably managed forests

**Ogni riproduzione, anche parziale e con qualsiasi mezzo effettuata,
è vietata senza la preventiva autorizzazione dell'editore.**

Fotocomposizione: JOUVE, Saran (Francia)
Stampa e Rilegatura: LEGO, Lavis (Italia)

Informazioni relative alle altitudini delle località citate nella guida:
ATKISTM ; GN250. © Federal Agency for Cartography and Geodesy (BKG)
Informazioni relative agli abitanti delle località citate nella guida: www. demo.istat.it

Town plans: © MICHELIN et © 2006-2018 TomTom. All rights reserved.

I dati e le indicazioni contenuti in questa guida, sono stati verificati e aggiornati con la massima cura.
Tuttavia alcune informazioni (prezzi, indirizzi, numeri di telefono, indirizzi internet, etc.) possono
perdere parte della loro attualità a causa dell'incessante evoluzione delle strutture e delle variazioni
del costo della vita: non è escluso che alcuni dati non siano più, all'uscita della guida, esatti o esaustivi.
Queste informazioni non possono comportare responsabilità alcuna per eventuali involontari errori
o imprecisioni.

La vostra opinione c'interessa:
Cosa ne pensate dei nostri prodotti?

Esprimete la vostra opinione

satisfaction.michelin.com